Jessica Heesen (Hg.)

Handbuch Medien- und Informationsethik

J. B. Metzler Verlag

Die Herausgeberin
Jessica Heesen, PD Dr. der Philosophie, ist Leiterin der Nachwuchsforschungsgruppe »Medienethik in interdisziplinärer Perspektive« am Internationalen Zentrum für Ethik in den Wissenschaften der Universität Tübingen.

Bibliografische Information der Deutschen Nationalbibliothek
Die Deutsche Nationalbibliothek verzeichnet diese Publikation in der Deutschen Nationalbibliografie; detaillierte bibliografische Daten sind im Internet über http://dnb.d-nb.de abrufbar.

ISBN 978-3-476-02557-9

Dieses Werk einschließlich aller seiner Teile ist urheberrechtlich geschützt. Jede Verwertung außerhalb der engen Grenzen des Urheberrechtsgesetzes ist ohne Zustimmung des Verlages unzulässig und strafbar. Das gilt insbesondere für Vervielfältigungen, Übersetzungen, Mikroverfilmungen und die Einspeicherung und Verarbeitung in elektronischen Systemen.

© 2016 J. B. Metzler Verlag GmbH, Stuttgart
www.metzlerverlag.de
info@metzlerverlag.de

Gedruckt auf chlorfrei gebleichtem, säurefreiem und alterungsbeständigem Papier

Einbandgestaltung: Finken & Bumiller, Stuttgart
(Foto: photocase)
Satz: Claudia Wild, Konstanz, in Kooperation mit primustype Hurler GmbH, Notzingen

Inhalt

I Einleitung Jessica Heesen

II Kontexte der Medien- und Informationsethik

1 Medienphilosophie Stefan Münker **10**
2 Mediensoziologie Michael Jäckel **17**
3 Technikethik Armin Grunwald **25**
4 Medien- und Kommunikationswissenschaft Barbara Thomaß **33**
5 Angewandte Ethik Alexander Filipović **41**

III Leitwerte der Medien- und Informationsethik

6 Freiheit Jessica Heesen **52**
7 Wahrheit Günter Bentele **59**
8 Öffentlichkeit Christoph Bieber **67**
9 Verantwortung Rüdiger Funiok **74**

IV Mediensteuerung

10 Medienrecht Thomas Vesting **82**
11 Funktionsaufträge des Rundfunks Patrick Donges **89**
12 Freiwillige Medienregulierung Ingrid Stapf **96**

V Journalismus

13 Qualität im Journalismus Marlis Prinzing **106**
14 Nachrichtenwert Patrick Weber **114**
15 Agenda Setting Saskia Sell **121**
16 Embedded Journalism Marc Sehr **126**
17 Anwaltschaftlicher Journalismus Klaus-Dieter Altmeppen **132**
18 Quellenschutz Marie-Theres Tinnefeld **138**

VI Problematische Inhalte

19 Propaganda Guido Zurstiege **146**
20 Diskriminierung Ricarda Drücke **153**
21 Gewaltdarstellungen Petra Grimm **161**
22 Pornografie Doris Allhutter **170**
23 Privatsphäre Petra Grimm / Hans Krah **178**

VII Informationstechnische Herausforderungen

24 Überwachung Dietmar Kammerer **188**
25 Informationelle Selbstbestimmung Silke Jandt **195**
26 Algorithmen Nele Heise **202**
27 Big Data Philipp Richter **210**
28 Umfassende IT-Systeme Klaus Wiegerling **217**
29 Open Data Thilo Hagendorff **227**
30 Digitale Überlieferung Klaus Kornwachs **233**
31 Geistiges Eigentum Hannah Wirtz **241**
32 Anonymität Tobias Matzner **248**
33 Cyberkriminalität Jörg Eisele **255**
34 Cyberwar Andreas Baur-Ahrens **261**
35 Computerspiele Simon Ledder **269**
36 Virtuelle Realität Andreas Kaminski **274**

VIII Ethische Einzeldiskurse

37 Ethik des Internets Jan-Hinrik Schmidt **284**
38 Ethik der Medienwirtschaft Michael Litschka **292**
39 Publikums- und Nutzungsethik Matthias Rath **298**
40 Bildethik Inga Tappe **306**
41 Ethik der Public Relations Günter Bentele **313**
42 Werbeethik Nina Köberer **319**
43 Ethik der TV-Unterhaltung Alexander Filipović **325**
44 Informationsethik und kulturelle Vielfalt Rafael Capurro **331**

45 Informationsgerechtigkeit
   Karsten Weber **337**
46 Hackerethik
   Michael Nagenborg / Saskia Sell **344**
47 **Roboterethik** Michael Decker **351**
48 **Values in Design** Judith Simon **357**

IX Anhang

Autorinnen und Autoren 366
Personenregister 368
Sachregister 372

I Einleitung

Die Konvergenz von Medien- und Informationsethik

Die Medienethik ist ein Teilbereich der angewandten Ethik, der sich im Schwerpunkt auf die Medien der Sender-Empfänger-Kommunikation (Fernsehen, Film, Hörfunk, Presse, Buch) bezieht. Im Unterschied dazu hat sich für ethische Probleme, die aus den Anwendungen des Internets, des Informationsmanagements und der Computernutzung insgesamt hervorgehen, die Benennung Informationsethik etabliert. Die Unterscheidung zwischen Informations- und Medienethik hat historische Gründe und geht insbesondere auf spezifische Fragestellungen im Bibliothekswesen und der Informatik zurück. Hinsichtlich der zunehmenden Integration und Konvergenz der Medien- und Informationstechniken ist diese Unterscheidung jedoch nur als jeweilige Schwerpunktsetzung im untrennbaren Gegenstandsbereich Medien/Information zu verstehen – nicht aber als trennscharfe bereichsspezifische Differenzierung.

In der Medienethik geht es um die normative Dimension der Kommunikation mittels Medien, zu denen in einem erweiterten Verständnis auch die digitalen Informationstechniken gehören. Die Wertorientierungen gründen in der Medienethik als normativer Wissenschaft auf der Informations- und Meinungsäußerungsfreiheit (Art. 5 GG) und dem damit verbundenen Wertekatalog hinsichtlich Öffentlichkeit, demokratischer Willensbildung und individueller Selbstverwirklichung. Das Kerngeschäft der Medienethik betrifft die durch Medien vermittelte Interaktion menschlicher Kommunikationspartner. Der für die Medienethik besonders relevante Bereich bezieht sich daher auf die medialisierte menschliche Kommunikation und weniger auf Fragen der Mensch-Computer-Interaktion oder der Wechselwirkung zwischen informationstechnischen Anwendungen (wie dies eher für die Informationsethik der Fall ist). Die hauptsächlichen Bezugsdisziplinen der Medienethik sind entsprechend Kommunikations- und Medienwissenschaft, Journalistik und Public Relations. Sie fokussiert sich damit auf Mittel für den Austausch zwischen Menschen im Sinne von Verständigung und kommunikativem Handeln. Auch für diese ›natürliche‹ Kommunikation ist jedoch ihre unterliegende technische Gestaltung und Rahmung, z. B. durch Algorithmen, zunehmend wichtig. Die Medienethik steht vor diesem Hintergrund vor der Herausforderung, eine normative Orientierung vermittelter Kommunikation an den sich stetig wandelnden Kommunikationsbedingungen und -techniken zu reflektieren und weiterzuentwickeln.

Nicht nur neue Typen von Kommunikation treten auf, auch die klassischen Massenmedien sind einem Wandel unterzogen, etwa durch ihre Integration in das Internet, die Pluralisierung der Angebote und den Wandel des Journalismus. Daneben gilt es, die neuen Formen der elektronischen Kommunikation spezifisch in Hinsicht ihrer Eigenarten zum Gegenstand normativer Überlegungen zu machen. Informationstechniken vereinen eine Reihe solcher spezifischen Eigenschaften wie Speicherkapazität, Komplexität, Interaktivität, die traditionelle Themen der Ethik auf neue Weise verschärfen und herausfordern (vgl. Maner 1996). Deshalb konnte sich ein eigener Forschungsansatz unter dem Titel ›Informationsethik‹ etablieren, der sich insbesondere auf die Reflexion neuer informationstechnischer Handlungstypen und entsprechend neuer Probleme der Handlungsrechtfertigung konzentriert. Sie resultieren insbesondere aus dem Verschwinden der Mensch-Maschine-Schnittstelle (z. B. in adaptiven und intuitiv nutzbaren Systeme), aus der technischen Erweiterung von Handlungsspielräumen (z. B. durch Softwareagenten oder Virtual Reality) sowie aus der Bewertung von Handlungsfolgen für teils selbst organisierte Systeme (z. B. Big Data, autonome Fahrzeuge). Gleichzeitig sind Computer als so genannte ›Universalmaschinen‹ jedoch auch Mittel der Kommunikation zwischen Menschen in neuen und vielfältigen Erscheinungsformen. Insbesondere an dieser Stelle fließt die Medienethik, die nach der normativen Dimension kommunikativer Verständigungsprozesse fragt, mit den Gegenstandsbereichen der Informationsethik zusammen.

Eine erste systematische Beschäftigung mit den ethischen Problemen der Computertechnologien fand in den 1980ern vor allem in den bereits genannten Bibliothekswissenschaften, aber auch in der Informatik und den Wirtschaftswissenschaften statt. Für wirtschaftliche Zusammenhänge waren Aspekte einer sicheren Funktionalität der Anwendungen durch die

Gewährleistung von Betriebssicherheit, Vertrauenswürdigkeit und Qualität von Bedeutung. Unter dem Begriff ›Computerethik‹ setzten sich Informatikerinnen und Informatiker in diesem Zusammenhang und darüber hinaus insbesondere mit Problemen der Verantwortungszuschreibung im Handeln mit autonomen Systemen oder mit ethischen Fragen der Softwaregestaltung auseinander (vgl. Gotterbarn/Rogerson/Miller 1997; Maner 1980).

Die Bibliothekswissenschaften konzentrieren sich dagegen auf die Rolle der Information in der Datenverarbeitung. Hier standen Fragen des Rechts auf Informationszugang oder Konflikte im Urheberrecht im Vordergrund und hier wurde auch der Begriff ›Informationsethik‹ geprägt (vgl. Capurro 1988; Hauptmann 1988). Mit der in den 1990ern einsetzenden allgemeinen gesellschaftlichen Nutzung des Internets erweiterte die Informationsethik ihr theoretisches Spektrum in Verbindung mit Medienethik, Kommunikationswissenschaft, Computer- und Technikethik. Der Gegenstandsbereich der Informationsethik wurde seit der Jahrtausendwende auf technischer Ebene erneut erweitert durch die Möglichkeit der Miniaturisierung und Implementierung von Informationstechniken in den Bereich der gegenständlichen Umwelt, womit die Herstellung einer ›intelligenten‹ Umgebung und eines Internets der Dinge möglich wird (vgl. Heesen 2012a).

Die Informationsethik ist damit einerseits Teilbereich der Medienethik, geht aber auch über sie hinaus, indem sie Fragen der Mensch-Maschine-Interaktion (z. B. Fragen der Transparenz im Umgang mit informationstechnischen Systemen oder der sozialen Gestaltung der Industrie 4.0) oder auch die Architektur informationstechnischer Systeme (z. B. ethische Aspekte der Netzinfrastruktur oder der Bildung von Algorithmen) integriert und damit Themen der Computer- und Technikethik aufnimmt. Diese und andere Problemlagen zeigen, dass die Gegenstandsbereiche der Informations- und Medienethik zunehmend zusammenfließen. Wichtiger als eine disziplinäre Zuordnung sind die Orientierung an spezifischen Problemlagen und eine daran angepasste Bearbeitung unter Einschluss der jeweils erforderlichen Expertisen.

Informationstechniken als typische Querschnittstechnologien gehen Symbiosen mit anderen Querschnittstechnologien wie Bio- oder Nanotechnologien ein und beruhen auf einer Vielzahl technologischer *enabler*, also technischer Schlüsselanwendungen mit Potenzialen für unterschiedliche Anwendungsbereiche. So weisen etwa ethische Diskussionen zu intelligenten Umgebungen eine Nähe zu Kontroversen um die künstliche Intelligenz auf, z. B. wenn es um die Frage geht, für welche Tätigkeiten und wie weitreichend eine Aufgabendelegation an Systeme überhaupt stattfinden sollte. Ethisch-anthropologische Fragestellungen im Umfeld von Selbstoptimierungsdebatten durch Informationstechniken (*quantified self*), aber auch medizinische Anwendungen (intelligente Implantate, Nanoroboter) sind unter anderem Themen der Medizin- und Bioethik. Diskussionen über eine pandemische Informationstechnik und die Homogenisierung von Kulturen oder einen angenommenen technischen Determinismus verweisen auf klassische Arbeitsbereiche der Technikphilosophie (vgl. Heesen 2012b). Parallel und systematisch im Anschluss an technikphilosophische Debatten zur wechselseitigen Konstituierung von (Medien-)Techniken und Gesellschaft (vgl. Latour 2001) bildete sich innerhalb der Medienwissenschaften ein Diskurs unter den Titeln ›Medialisierung‹ bzw. ›Mediatisierung‹ aus (vgl. Livingstone 2009; Krotz/Hepp 2012).

Medien- und Informationsethik fallen nicht nur vermehrt zusammen, sie sind gleichzeitig notwendig ein interdisziplinäres Unterfangen. Ihr gemeinsamer Aufgabenbereich kann wie folgt zusammengefasst werden: Medien- und Informationsethik beschäftigt sich mit der Bewertung und Steuerung individuellen, gesellschaftlichen und institutionellen Handelns für eine sozialverträgliche Gestaltung von Informations- und Kommunikationstechniken wie auch mit der Verantwortung des und der Einzelnen bei ihrer Entwicklung, Verbreitung und Anwendung.

Individual- und Sozialethik

Ethische Probleme der Informations- und Medientechniken betreffen die *individuelle* Ebene des Handelns mit Medien wie auch die *Rahmenbedingungen* des Handelns im privaten, beruflichen, wirtschaftlichen oder politischen Bereich. In einem individualethischen Verständnis reflektiert die Ethik Orientierungen für das individuelle Handeln wie auch Aspekte der *Wirkungen von Medien* auf das Individuum (s. Kap. II.2). So setzt sie sich beispielsweise mit den Effekten der Medien auf persönliche Haltungen auseinander und geht der Frage nach, ob moralische Einstellungen und Werthaltungen durch Medien verändert werden, etwa mit Untersuchungen zum Einfluss von Castingshows, Computerspielen oder Meinungsumfragen.

Die *individuelle Orientierungsfunktion* der Medienethik wird insbesondere im Bereich der journalistischen Ethik relevant (z. B. Debatin/Funiok 2003; Holderegger 1999; Meyers 2010; Schicha/Brosda 2010; Weischenberg 2004, 177 ff.; Wilkins 2009). Sie diskutiert das Handeln mit und in den Medien an bestimmten Leitvorstellungen. Dazu gehören unter anderem die zentralen Werte Medienfreiheit, Öffentlichkeit und Wahrheit. Mit der journalistischen Ethik widmet sich der bislang breiteste Bereich der Medienethik den Journalisten und Journalistinnen als *gatekeeper* (Torwächtern), die entscheiden, welche Themen besonders stark in das allgemeine Bewusstsein rücken und damit dazu beitragen, Wirklichkeitsvorstellungen und Öffentlichkeit zu konstituieren. Aufgrund dieser prominenten Rolle fällt dem Journalismus eine große Verantwortung zu, die hohe Anforderungen an die Qualität der Berichterstattung in Hinsicht auf Sorgfalt, Ausgewogenheit, Wahrhaftigkeit oder Relevanz umfasst. Dieser Bereich bleibt für die Medienethik von großer Bedeutung, zumal er unmittelbar mit ihrer normativen Fundierung in der Informations- und Meinungsäußerungsfreiheit zusammenhängt.

Zu den individuell Mitwirkenden am Mediengeschehen gehören neben den Journalist/innen jedoch ebenso das Publikum der Massenmedien, wie auch die Nutzer/innen der Onlinemedien. Hier ergeben sich Problemlagen, die insbesondere durch die Publikums- und Nutzungsethik reflektiert werden (s. Kap. VIII.39). Ihre Bedeutung wächst umso mehr, als Qualitätsjournalismus und Verlagswesen durch die Veränderung der Mediennutzung zunehmend ihre prägende Rolle für die Herstellung von Öffentlichkeit in Frage gestellt sehen. Die Online-Medien rücken die einzelnen Netznutzerinnen und -nutzer in das Zentrum der Kommunikationsinfrastruktur, sei es durch personalisierte Angebote, Kurznachrichtendienste, journalistische Blogs oder andere Beteiligungsformen. Der Anspruch einer kritischen Öffentlichkeit auf wahrheitsgemäße Information und Argumentation wird hier nicht durch Redaktionen oder Rundfunkanstalten eingelöst, sondern wandert ab in Fragen der individuellen Entscheidung, aber auch der Infrastruktur und technischer Verfahren des Informationsmanagements. Diese letztgenannten maschinellen Auswertungen von Kommunikation und Nutzungsverhalten z. B. durch Big Data-Analysen haben wie die öffentliche Kommunikation Auswirkungen auf Prozesse der gesellschaftlichen Selbstorganisation und die Konstituierung von öffentlicher Meinung, zum Beispiel wenn man an die prägende Rolle von Algorithmen für das Ergebnis von Suchmaschinenrecherchen denkt. Es treten insofern vermehrt solche Arbeitsbereiche von Medienethik in den Vordergrund, die sich den überindividuellen, sozialethischen Bedingungen des Medienhandelns und dessen Auswirkungen widmen. Es gelangen in der Medienethik also insbesondere solche Aspekte in den Blick, welche die Nutzerperspektive, die Rahmenbedingungen und die indirekten Folgen des Medienhandelns betrachten. Diese Rahmenbedingungen betreffen sowohl institutionelle wie auch technische und wirtschaftliche Kontexte wie z. B. redaktionelle Arbeitsverhältnisse oder die Netzinfrastruktur.

In einem erweiterten Verständnis von Rahmenbedingungen müssen außerdem zusätzlich Fragen der Auswirkungen von Medienkommunikation auf die Realitätswahrnehmung und die Gesellschaftsgestaltung hinzugezogen werden. Die Frage wie Menschen sich selbst, ihre Wirklichkeit und ihre Handlungsmöglichkeiten wahrnehmen, bestimmt in einem erheblichen Maße, wie sie ihr Handeln und letztlich Gesellschaft gestalten (vgl. Luhmann 1996, 156). Insofern ist eine weitere Aufgabe der Medienethik, sich an der Schnittstelle zur Medienphilosophie aus umfassenderer Perspektive mit der Wirkung von Medien auf die Konstruktion von Realität und den damit verbundenen Verantwortlichkeiten auseinanderzusetzen.

Pluralisierung und Personalisierung durch Digitalisierung

Die Durchdringung der Gesellschaft mit vielfältigen Informations- und Kommunikationstechniken sowie die Konvergenz der verschiedenen Anwendungen aus Computertechnik, Rundfunk und Presse haben die Verbreitung elektronischer Medien im gesellschaftlichen Alltag insbesondere seit dem Ende des 20. Jahrhunderts stetig erhöht. Medien sind nicht mehr alleine Mittel der menschlichen Kommunikation, die auf Fernsehgerät, Kinosaal, Buch oder Zeitung festgelegt sind. Medien sind gleichzeitig auch Mittel der Verteilung von Information durch und an technische Systeme. Solche Systeme finden Eingang in neue, bislang nicht medialisierte Verwendungsgebiete und Gesellschaftsbereiche. Die Anwendungen und Angebote reichen von der Digitalisierung sämtlicher Bibliotheks- und Museumsbestände und sogar des immateriellen Kulturerbes, über intelligente Umgebungen bis hin zu den vielfältigen assistierenden oder unterhaltsamen Anwendungen des individuellen Alltags wie digitale soziale Medien, (Gesundheits-)Apps oder Anwendungen aus der Robotik. Viele dieser unterschiedlichen Nutzungsmöglichkeiten von Kommunikationstechniken konzentrieren sich in Geräten wie Smartphones, die als ›Alleskönner‹ die unterschiedlichen Bedürfnisse nutzungsfreundlich integrieren.

Während so genannte Großtechnologien aus den Industrietechniken immanent auf Herstellungsprozesse bezogen sind, wenden sich die neuen Informationstechniken (IT) in einer in der Technikgeschichte noch nicht bekannten Intensität den einzelnen Nutzerinnen und Nutzern zu. Moderne IT bietet die Möglichkeit zur Anpassung an individuelle Nutzungsanforderungen und Persönlichkeitsprofile. Solche IT-Systeme sind Kommunikations- und Handlungsmedien, die sich in unsere alltägliche Lebenswelt integrieren und fast unbemerkt an das Individuum anpassen (kritisch dazu Böhme 2008; Zimmerli 2010). Interaktive und adaptive Kommunikationstechniken werden so zunehmend zum selbstverständlichen Bestandteil des (privaten) Alltagslebens, behalten aber ihre Vernetzung mit der Allgemeinheit, durch welche die Funktion von Medien als ›Fenster zur Welt‹ erst gewährleistet ist.

In diesem Zusammenhang verschwimmt durch die Menge von Anwendungen, Medienerzeugnissen und Geräten die Verwendung der Begriffe ›Information‹ und ›Kommunikation‹. In der mathematisch fundierten Informationstheorie geht es insbesondere um die technischen Aspekte der Nachrichtenübermittlung, für die gesellschaftliche Dimension steht jedoch die Funktion von Information für soziale Verständigung und die Herstellung von Wissen im Vordergrund. Informationstechniken finden entsprechend in zwei sich überschneidenden Bereichen Anwendung. Zum einen als Rechen- und Infrastrukturtechnik für Wissenschaft, Industrie, Vermarktung, Logistik usw.; zum anderen als Mittel für Kommunikation und Informationsaustausch zwischen Menschen, sei es zum Beispiel in journalistischen (Online-)Medien, digitalen sozialen Netzen, dem Bibliothekswesen oder virtuellen Spielplattformen. Beide Bereiche lassen sich in den modernen Mediengesellschaften kaum voneinander trennen – wenn man etwa an die Bedeutung des Datenschutzes, des Values in Design bzw. der Programmierung für die soziale Kommunikation denkt (s. Kap. VII.25, VIII.48). Informationstechniken müssen insofern als *Hybride zwischen Werkzeug und Medium* beschrieben werden. Als Dienste oder Werkzeuge wandern sie in die alltägliche Handlungspraxis ein – als Medien benutzen wir sie in der interpersonalen Kommunikation als Mittel der Verständigung.

Auch für die Massenmedien wurden durch die Möglichkeiten der Digitaltechnik grundlegende Veränderungen angestoßen. Insbesondere gilt, dass hier vom einfachen Modell der Sender-Empfänger-Kommunikation Abschied genommen werden musste. Zwar wird weiterhin die One-To-Many-Kommunikation als solche existieren, aber auch die Nutzerperspektive und -aktivität gewinnen an Bedeutung und die Massenmedien segregieren zunehmend ihr Angebot in Spartenkanälen und orientieren sich an spezifischen Alters- und Interessengruppen. Sie bieten interaktive Anwendungen, pflegen eigene Online-Präsenzen, bauen Mediatheken auf und ermöglichen die zeitversetzte, individuelle Nutzung ihrer Sendeangebote. Was für eine Transformation der Massenmedien – und gleichzeitig als Herausforderung für die Medienethik – ebenfalls stark wiegt, ist ihre Einbettung in einen gewandelten Kontext.

Das betrifft insbesondere die inflationäre Masse von Medieninhalten und den damit verbundenen Bedeutungsverlust von ›Leitmedien‹ und der orientierenden Meinungsbildungsfunktion von öffentlicher Kommunikation. Auf Rezeptionsebene aber entsteht eine neue Art des wechselseitigen Bezugs von Medieninhalten. Der kanadische Medienwissenschaftler Raymond Williams prägte in den 1970er Jahren den Begriff *flow*, um zu verdeutlichen, dass Sendeprogramme nicht als Aneinanderreihungen von einzelnen Produktionen zu verstehen sind, sondern als Kompositionen und Rhythmisierungen verschiedener Elemente, zu denen auch Unterbrechungen durch Werbung, Musik etc. gehören. Dabei betont er, dass einzelne Programmelemente durch Vorausgehendes und Nachfolgendes beeinflusst werden (vgl. Williams 1974, 86 f.). Die Idee vom ›Fernsehabend‹ als von den Sendeanstalten gestaltetem *flow* hat durch ein geändertes Mediennutzungsverhalten schon länger keinen Bestand mehr. Das Konzept transformiert sich nunmehr als *individuelle Komposition* von Medienerlebnissen. Sie setzen sich zusammen aus YouTube-Videos, SMS, dem Fernsehkrimi, Twitter und dem Küchenradio und erzeugen gerade in dieser Zusammensetzung eine spezifische Abfolge, die das Verständnis der einzelnen Nutzerinnen und Nutzer für die verschiedenen Inhalte rahmt und das weitere Nutzungsverhalten disponiert.

Die Ausführungen zu den Folgen der Digitalisierung für Struktur und Inhalt der Medienkommunikation zeigen einen durch Pluralisierung und Individualisierung geprägten Problemhorizont einer zeitgenössischen Ethik der digitalen Kommunikation. Dieser Problemhorizont findet sich jedoch nicht nur in Bezug auf den Gegenstandsbereich, sondern hat auch Auswirkungen auf den medienethischen Wertekanon.

Schlüsselbegriffe der Medien- und Informationsethik

Obwohl der Medienethik bislang ein weitgehend unkontroverses Wertverständnis zugrunde liegt (u. a. Medienfreiheit, Öffentlichkeit, Unabhängigkeit, Ausgewogenheit, Wahrheit, Schutz der Privatsphäre, Sorgfaltspflicht) müssen sich diese Werte immer wieder an neuen Umsetzungsfragen messen. Zum Beispiel verliert die Herstellung von *Öffentlichkeit* als zentraler Aufgabe der Medien aus ethischer Perspektive zunehmend ihren Bezug zu einer breiten Allgemeinheit; stattdessen gewinnen virtuelle soziale Bezugsgruppen, Teilöffentlichkeiten und Überwachungsöffentlichkeiten an Bedeutung (s. Kap. III.8). Neben Öffentlichkeiten, die durch die aktive und bewusste Kommunikation von Journalistinnen, Bürgern oder Politik zustande kommen, entstehen neue Formen von Öffentlichkeiten, die auf die maschinelle Auswertung des Nutzerverhaltens zurückzuführen sind (z. B. durch die Personalisierung von Suchanfragen). Sie stellen ebenso wie neue Formen der medialen Vergemeinschaftung über Lebensstil und Konsumverhalten das durch Jürgen Habermas etablierte normative Konzept von Öffentlichkeit als interpersonalem Diskurszusammenhang in Frage.

Auch Konzepte von *Medienfreiheit* stehen angesichts von Globalisierung, Medienkonvergenz und Dichte der Medieninhalte vor Herausforderungen. Mit der Umsetzung des individuellen Rechts auf freie Meinungsäußerung durch die Internetkommunikation ist kein Anspruch auf öffentliche Aufmerksamkeit verbunden (s. Kap. III.6). Wie lassen sich angesichts dieser Superpluralität noch Hinweise auf eine mögliche Meinungsbildungsrelevanz finden? Auch der Umschlag von Freiheit in Regellosigkeit und der Verlust der Rechtsordnung werden immer wieder in Hinsicht auf die transnationale Kommunikation und die Globalität der Internet-Infrastruktur diskutiert, insbesondere in Hinsicht auf unterschiedliche Auffassungen zu Meinungsäußerungsfreiheit und Datenschutz.

Ebenso zentral und problematisch ist der Stellenwert von *Wahrheit* und *Wahrhaftigkeit* (s. Kap. III.7). Schon wenn es um konzeptionelle Fragen der Professionsethik bzw. des journalistischen Ethos geht, stoßen diese Begriffe an ihre Grenzen. Die Verpflichtung zur Wahrheit der Berichterstattung meint im Zusammenhang der journalistischen Ethik das Bemühen, ein größtmögliches Maß an Objektivität bzw. Ausgewogenheit zu erlangen. Sie zielt ab auf Meinungsbildung und gesellschaftliche Orientierung. Das ist jedoch nicht vordringlich die Ausrichtung der Internetkommunikation. Im Gegenteil, Kommunikation in Chats oder Foren hat häufig nicht den Anspruch, auf Allgemeingültigkeit abzuheben. Die genrespezifische Möglichkeit zur Verschleierung der Autorschaft ermöglicht das Spiel mit persönlichen Identitäten und eine gleichsam fiktionale Erweiterung der Kommunikation. Hier sind nicht Wahrheit oder Wahrhaftigkeit oberstes Bewertungskriterium, und im Vordergrund steht nicht unbedingt die Realitätsnähe des Kommunizierten nach den Vorstellungen einer breiten Allgemeinheit. Eher geht es hier um die Attraktivität der Kommunikationssituation und die rekursive Bestätigung innerhalb einer bestimmten Gemeinschaft, die gegebenenfalls ihre eigenen Vorstellungen von Wahrheit erzeugt.

In die Frage der Umsetzung ethischer Normen und Werte sind darüber hinaus Überlegungen zu neuen strukturellen Herausforderungen einzubeziehen. Sie betreffen insbesondere die Phänomene der Deinstitutionalisierung und der Verantwortungsdiffusion (s. Kap. III.9). Vor dem Aufkommen der interaktiven Mediennutzungsmöglichkeiten waren fast immer verschiedene Institutionen wie Redaktionen oder Produktionsmittel ein Katalysator oder aber ein Hürde für individuelle Aktivitäten. Sie waren an ein bestimmtes Berufsethos gebunden und es war häufig nötig, andere Personen für eine Idee zu gewinnen und sich mit bestimmten Normen auseinanderzusetzen. Nun ist es dagegen Einzelpersonen und Gruppen möglich, das Geschehen in der Medienöffentlichkeit direkt mitzugestalten. In diesem Zusammenhang hat sich in jüngerer Zeit der Begriff ›Produser‹ (vgl. Bruns 2006) etabliert, um auf die Doppelung der Rolle von *producer* und *user* hinzuweisen. Handeln erfolgt hier an etablierten Institutionen vorbei, stattdessen entstehen neue Formen von ›lockeren‹ Institutionalisierungen und Handlungskonditionierungen.

Auch andere Fragen der Verantwortungswahrnehmung (s. Kap. III.9) erschweren sich. Ein Grund liegt in der Komplexität und Reichweite der Kommunikationstechniken: IT vergrößert durch *Virtualisierung* und Lösung der Handlungen vom ›hier und jetzt‹ den Adressatenkreis des kommunikativen Handelns wie auch den räumlichen Handlungskreis (z. B. durch die

Adressierung einer transnationalen Öffentlichkeit oder durch die Bedienung der Haustechnik von unterwegs mit dem Smartphone). Aber auch durch *autonome Anwendungen* (Robotik, virtuelle Agenten) und *anonyme Handlungen* stellt sich die Verantwortungs- und Haftungsfrage neu. Die Zuschreibung und Wahrnehmung von Verantwortung ändern und erschweren sich, wenn die Folgen von Handlungen in unsichtbaren und verteilt handelnden IT-Systemen mit teils anonymen oder pseudonymisierten Akteuren kaum zu erkennen und zuzuordnen sind. Darüber hinaus verändern sich die Handlungsoptionen in einer von Digitalisierung geprägten Gesellschaft durch die *Schaffung neuer Informations- und Wissensbestände*. Umfassende Datenerhebungen etwa durch Big Data-Verfahren können selbst ethisch problematisch sein, aber auch die Formen von Wissen, die sie generieren, wie z. B. Vorhersagen über mögliche Erkrankungen, können moralische Fragen aufwerfen.

Einmal mehr bewahrheitet sich hier, dass Medien nicht nur Mittel, sondern eben auch Faktoren sind, die das menschliche Wahrnehmen und Handeln maßgeblich mitbestimmen. Umso mehr Relevanz erhält diese Akteurrolle, wenn Medien nicht mehr als Apparate, Bücher oder Filme vorliegen, sondern einwandern in fast jeden Bereich einer digitalen Gesellschaft. Medienethik hat vor diesem Hintergrund die Aufgabe, die mediale Prägung lebensweltlicher Kontexte ethisch lesbar zu machen. Notwendig ist für diese Aufgabe, die Forschung zur Ethik der digitalen Medien als ein interdisziplinäres Projekt zu verstehen, an dem die Kommunikations- und Medienwissenschaft genauso beteiligt ist wie Technikethik, angewandte Ethik und viele andere mehr.

Zu diesem Handbuch

Aufgrund eines interdisziplinären Zugangs versammelt dieses Handbuch Beiträge aus vielen unterschiedlichen Fachrichtungen. Bei der Auswahl der Beiträge stand neben der Relevanz die Anforderung im Vordergrund, möglichst exemplarisch auch für andere Themengebiete zu stehen bzw. solche anzuschneiden, die nicht durch einen eigenen Beitrag vertreten sind. Ein umfangreiches *Personen- und Sachregister* hilft bei der Suche nach einzelnen Themen und Begriffen.

Das Handbuch hat sich die Aufgabe gestellt, die wichtigsten Elemente aus dem Spektrum der Medien- und Informationsethik aufzuzeigen und gleichzeitig einen Überblick über die thematischen Zusammenhänge und die spezifischen Forschungszugänge zu geben. So unterschiedlich die Themen sind, so verschieden sind auch die fachlichen und persönlichen Herangehensweisen. Gerade diese Vielstimmigkeit der Perspektiven eröffnet einen Einblick in die Vielfalt der Aspekte zu den grundlegenden Gegenstandsbereichen der Medien- und Informationsethik. In diesem Zusammenhang habe ich mich auch dazu entschieden, die verschiedenen Präferenzen im Zusammenhang einer geschlechtergerechten Schreibweise nicht zu vereinheitlichen. Den Leserinnen und Lesern begegnet nun also ein ›Leser_innen‹, ein ›Leser/innen‹ wie auch ein ›Leserinnen‹ (wobei Männer natürlich immer mitgedacht sind …).

Der systematische Ausgangspunkt des Handbuchs liegt in der angewandten Ethik. Trotzdem entwickelt nicht jeder Beitrag seine Fragestellungen aus der Perspektive der Ethik, sondern vertieft zumeist erst Aspekte aus den jeweiligen Bezugsdisziplinen der Medien- und Informationsethik, um anschließend die in diesem Gebiet spezifischen ethischen Konflikte zu diskutieren. Diese Herangehensweise entspricht einer Ethik, die den Einbezug ihres Anwendungsbereichs ernst nimmt und abstrakte Konzepte an den Erfordernissen der Handlungspraxis reflektiert und neu- oder weiterentwickelt.

Zum Aufbau des Handbuchs: Das Handbuch gliedert sich nach dieser *Einleitung* (I) in sieben Teilbereiche. Es beginnt mit einer Darlegung der Kontexte und bedeutendsten Bezugsdisziplinen der Medien- und Informationsethik (II *Kontexte*). Dann startet der konkrete ethische Diskurs mit Ausführungen zu den zentralen Werten der Informations- und Medienethik (III *Leitwerte*). Teil IV betrachtet Normativität aus Perspektive der *Mediensteuerung* und der anschließende Abschnitt beschäftigt sich mit ethisch bedeutsamen Aspekten des *Journalismus* (V). Im folgenden Kapitel werden ethisch fragwürdige Phänomene wie Gewalt, Diskriminierung, Pornografie auf Ebene der Medieninhalte diskutiert (VI *Problematische Inhalte*). Im VII. Teil stehen einerseits die Herausforderungen etablierter Normen durch die Eigenarten der Digitaltechnologien im Vordergrund und andererseits die Missbrauchspotenziale dieser technischen Möglichkeiten (VII *Informationstechnische Herausforderungen*). Im letzten Kapitel werden Wert- und Normenkonflikte behandelt, zu denen sich bereits eine eigenständige ethische Diskussion ausgebildet hat wie etwa Roboter- oder Werbeethik (VIII *Ethische Einzeldiskurse*).

Dank

Dem Metzler Verlag sei gedankt für die Initiative zu diesem Handbuch sowie für die kompetente und reibungslose logistische Unterstützung. Mein besonderer Dank gilt hier Ute Hechtfischer und Franziska Remeika für ihre freundliche und offene Begleitung der gesamten Buchproduktion. Ebenso danken möchte ich den Kolleginnen und Kollegen des Internationalen Zentrums für Ethik in den Wissenschaften der Universität Tübingen, ohne die die Umsetzung dieses Projekts so nicht möglich gewesen wäre. Besonderer Dank gilt hier Jonathan Steinhauser für seinen unermüdlichen Einsatz für das richtige Quellenformat und Milan Babić, Andreas Baur-Ahrens, Thilo Hagendorff, Alexander Hauschild, Jutta Krautter, Tobias Matzner, Mara Mühleck, Maria Pawelec, Marc Sehr, Anna Tilling und Regina Ammicht Quinn für redaktionelle Unterstützung und hilfreiche Kritik.

Vor allem aber sei allen Autorinnen und Autoren gedankt für ihre Beteiligung – sie gibt dem Handbuch erst die eigentliche fachliche Substanz und Identität –, aber auch für die Geduld mit meinem Lektorat und den Nachfragen, und für das, was ich bei der Lektüre der Beiträge lernen konnte.

Literatur

Böhme, Gernot: *Invasive Technisierung. Technikphilosophie und Technikkritik*. Kusterdingen 2008.

Bruns, Axel: Towards Produsage: Futures for User-Led Content Production. In: Fay Sudweeks/Herbert Hrachovec/Charles Ess (Hg.): *Proceedings: Cultural Attitudes towards Communication and Technology*. Perth 2006, 275–284.

Capurro, Rafael: Informationsethos und Informationsethik. Gedanken zum verantwortungsvollen Handeln im Bereich der Fachinformation. In: *Nachrichten für Dokumentation* 39 (1988), 1–4.

Debatin, Bernhard/Funiok, Rüdiger (Hg.): *Kommunikations- und Medienethik*. Konstanz 2003.

Gotterbarn, Don/Miller, Keith/Rogerson, Simon: Software Engineering Code of Ethics, Version 3.0. In: *Computer* 30/10 (1997), 88–92.

Hauptman, Robert: *Ethical Challenges in Librarianship*. Phoenix, Ariz. 1988.

Heesen, Jessica: Computer and Information Ethics. In: Ruth Chadwick (Hg.): *Encyclopedia of Applied Ethics*, Bd. 1. San Diego ^{2}2012a, 538–546.

Heesen, Jessica: Informationsethik und Technikphilosophie. In: Peter Fischer/Andreas Luckner/Ulrike Ramming (Hg.): *Die Reflexionen des Möglichen. Zur Dialektik von Handeln, Erkennen und Werten*. Münster 2012b, 251–261.

Himma, Kenneth E./Tavani, Herman T. (Hg.): *The Handbook of Information and Computer Ethics*. Hoboken, NJ 2008.

Holderegger, Adrian (Hg.): *Kommunikations- und Medienethik. Interdisziplinäre Perspektiven*. Freiburg i. Ü. ^{2}1999 (zuerst: Ethik der Medienkommunikation 1992).

Johnson, Deborah: *Computer Ethics*. Englewood Cliffs, NJ 1985.

Krotz, Friedrich/Hepp, Andreas (Hg.): *Mediatisierte Welten. Forschungsfelder und Beschreibungsansätze*. Wiesbaden 2012.

Latour, Bruno: *Das Parlament der Dinge. Naturpolitik*. Frankfurt a. M. 2001.

Livingstone, Sonia M.: On the Mediation of Everything. In: *Journal of Communication* 59/1 (2009), 1–18.

Luhmann, Niklas: *Die Realität der Massenmedien*. Opladen ^{2}1996.

Maner, Walter: *Starter Kit in Computer Ethics*. Hyde Park, NY 1980.

Maner, Walter: Unique Ethical Problems in Information Technology. In: *Science and Engineering Ethics* 2/2 (1996), 137–154.

Meyers, Christopher (Hg.): *Journalism Ethics: A Philosophical Approach*. New York 2010.

Moor, James H.: What Is Computer Ethics? *Metaphilosophy* 16/4 (1985), 266–75.

Schicha, Christian/Brosda, Carsten (Hg.): *Handbuch Medienethik*. Wiesbaden 2010.

Weischenberg, Siegfried: *Journalistik. Theorie und Praxis aktueller Medienkommunikation*, Bd. 1: *Mediensysteme, Medienethik, Medieninstitutionen*. Wiesbaden ^{3}2004.

Wilkins, Lee/Christians, Clifford G. (Hg.): *Handbook of Mass Media Ethics*. New York 2009.

Williams, Raymond: *Television: Technology and Cultural Form*. London 1974.

Zimmerli, Walter Ch.: Kolonialisierung – revisited. Aspekte einer Philosophie der technologischen Zivilisation. In: Carl Friedrich Gethmann (Hg.): *Lebenswelt und Wissenschaft. Deutsches Jahrbuch für Philosophie*, Bd. 2. Hamburg 2010, 692–708.

Jessica Heesen

II Kontexte der Medien- und Informationsethik

1 Medienphilosophie

Medienphilosophie bezeichnet die philosophische Beschäftigung mit medialen Objekten, Phänomenen und Effekten. Die Differenz der Medienphilosophie zu verwandten (etwa soziologischen oder kulturwissenschaftlichen) Medientheorien mit analogen Gegenstandsbereichen ergibt sich sowohl durch die Kontextualisierung dieser Gegenstandsbereiche in dem begrifflichen Rahmen philosophischer Theorien als auch durch die sukzessive Herausbildung einer genuin philosophischen Reflexion der Begriffe Medium/Medien sowie Medialität. Das Medienspezifische der Medienphilosophie besteht aus der Verknüpfung ihrer Theoriebildung mit im weitesten Sinne medialen Phänomenen; spezifisch philosophisch ist die Medienphilosophie, insofern sie aus der Beschäftigung mit diesen Phänomenen abstrakte und nicht-empirische, begriffliche Probleme herausarbeitet.

Innerhalb des damit erst grob umrissenen, gemeinsamen Reflexionsfelds versammeln sich unter dem noch jungen Titel der Medienphilosophie eine Vielzahl unterschiedlichster Positionen, deren Vertreter zum Teil aus dem Bereich der akademischen Philosophie, zum Teil aber auch aus anderen geisteswissenschaftlichen Disziplinen wie der Filmwissenschaft oder der Literaturwissenschaft, vor allem aber der kulturwissenschaftlich orientierten Medienwissenschaft respektive -theorie stammen. Gegenwärtig forschen und lehren die meisten Vertreter der Medienphilosophie zudem nicht an philosophischen, sondern an medienwissenschaftlichen Seminaren und Instituten.

Die philosophische Beschäftigung mit medialen Objekten, Phänomenen und Effekten ist allerdings viel älter als der Begriff der Medienphilosophie, weswegen die zeitgenössischen Vorstellungen von Medienphilosophie von der Entwicklung des medienphilosophischen Denkens *avant la lettre* zu unterscheiden ist.

Die (Vor-)Geschichte der Medienphilosophie

Wenn auch nur vereinzelt, so haben Philosophen doch immer wieder, und das von Anfang an, über mediale Phänomene und Effekte nachgedacht. Das wahrscheinlich prominenteste Beispiel für eine sehr frühe philosophische Reflexion ist die Auseinandersetzung mit dem Medium der Schrift, die Platon in seinem Dialog *Phaidros* formuliert (vgl. Platon 1990, 274bff.). In dem fiktiven Gespräch lässt Platon Sokrates zur Kritik der Schrift unter anderem den Gedanken entwickeln, dass die Verwendung der Schrift als Speichermedium dem Menschen nachhaltig schade, weil er damit sein Gedächtnis schwäche, gerade indem er es entlaste. Die platonische Schriftkritik kann auch als philosophische Reflexion des medialen Übergangs von der Kultur der Oralität zur Kultur der Literatität verstanden werden (vgl. Ong 1987). Der medienskeptische Gestus der Kritik ist in seiner strukturkonservativen und kulturpessimistischen Haltung nicht untypisch für philosophische Einlassungen zu (neuen) Medien; die Argumentationsfigur wiederum, mit der Platon das Medium der Schrift kritisiert, tritt seit der Antike in verschiedenen Formen immer wieder im Umfeld medialer Umbrüche auf.

Ein weiteres, zentrales Beispiel für eine philosophische Beschäftigung mit Fragen des Medialen aus der Antike stammt von Aristoteles; und es wird im Kontext zeitgenössischer Medientheorie (nicht nur philosophischer Prägung) gern zitiert (vgl. Hagen 2008; Mersch 2015). In seiner Schrift *Über die Seele* (*Peri Psyches*) entwickelt Aristoteles im Kontext wahrnehmungsphilosophischer Überlegungen den Gedanken, dass Wahrnehmung nur möglich ist, wenn es zwischen dem, was wahrgenommen wird (etwa einer Farbe) und dem, das wahrnimmt (hier: das Auge) etwas Vermittelndes geben muss, das Beides miteinander in Beziehung setzt. *To Metaxy* nennt Aristoteles dieses Vermittelnde (vgl. Aristoteles 1986, 37), und die lateinische Übersetzung durch Thomas von Aquin machte daraus den Begriff ›Medium‹. Damit ist zuerst formuliert, was als allgemeinste Definition eines Mediums bis heute gilt: Ein Medium markiert ein ›Dazwischen‹ (vgl. Roesler 2003, 39), das in keiner Form von Vermittlung fehlen kann. Im 20. Jahrhundert ist es zunächst Fritz Heider, der in seiner u. a. für Niklas Luhmanns Medientheorie grundlegenden Schrift *Ding und Medium* den aristotelischen Gedanken aufnimmt und weiterentwickelt (vgl. Heider 2005).

Mit den beiden Beispielen von Platon und Aristoteles sind über die historische Dimension hinaus zugleich zwei Strömungen des medienphilosophischen Denkens markiert, die, ohne immer strikt getrennt zu sein, bis heute nebeneinander existieren. Der theoretischen Auseinandersetzung mit philosophisch bestimmbaren Effekten der Verwendung von (Einzel-) Medien auf der einen Seite steht die philosophische Erörterung medialer Grundlagen menschlicher Selbst- und Weltverhältnisse in Wahrnehmung, Erkenntnis und Kommunikation auf der anderen Seite gegenüber.

Von der Antike durchziehen Spuren medienphilosophischen Denkens die gesamte Philosophiegeschichte, eine systematische Rekonstruktion freilich ist bis heute ein Desiderat. Verfolgen lassen sich diese Spuren etwa in der scholastischen Wahrnehmungstheorie des Mittelalters, die ausgehend von Aquins Übersetzung an Aristoteles' medientheoretische Überlegungen anschließt, wie auch in der Naturphilosophie der frühen Neuzeit. Auch in Isaac Newtons wirkungsmächtigem Begriff des Äthers scheint das aristotelische Metaxy wieder auf (vgl. Hagen 2008, 13 ff.). Der Begriff Medium avanciert später zum Fachterminus der physikalischen Optik, etwa bei René Descartes, und wird dann, gerade gegen die rationalistische Deutung zuvor, vom deutschen Idealismus bei Herder, Schelling und vor allem Hegel spekulativ aufgeladen – zu einer Zeit, die zugleich mit dem spirituellen Medium eine Begriffsvariante erfand, welche danach bis in die Mitte des 20. Jahrhunderts die dominante Verwendung des Terminus bleiben sollte.

Die Geburt der Medienphilosophie *avant la lettre* aus dem Geist der Moderne

Spuren medienphilosophischen Denkens lassen sich aber nicht nur entlang der Begriffsgeschichte des Terminus Medium finden. So zeigt beispielsweise Frank Hartmann am Beispiel von René Descartes, dass sich die Entstehung des philosophischen Rationalismus aus heutiger Perspektive als eine Reaktion auf das Aufkommen des Buchdrucks rekonstruieren lässt, freilich ohne dass Descartes selber das Medium des gedruckten Buchs und den mit seinem Aufkommen verbundenen kulturellen Wandel explizit zu seinem Thema gemacht hätte (vgl. Hartmann 2000, 31 ff.). Eine theoretische Reflexion des Zusammenhangs der spezifischen Medialität eines Mediums und der generativen Dynamik, die das jeweilige Medium als Bedingung der Möglichkeit von symbolischen Interaktionen, künstlerischen und wissenschaftlichen Arbeiten, sozialen Interaktion etc. entfalten kann, beginnt überhaupt erst mit den medientechnischen Umbrüchen zur Moderne. Beim Namen genannt wird das Verhältnis von Medien und Philosophie allerdings noch lange nicht. Dennoch folgt dem Weg der medientechnischen Innovationen der letzten anderthalb Jahrhunderte – von der Erfindung von Fotografie, Telegrafie und Telefon über die Schreibmaschine, das Radio, Film oder Fernsehen bis zum digitalen Universalmedium Computer in all seinen hybriden Erscheinungsformen – die Entstehungsgeschichte einer genuin medientheoretischen Diskursbildung, die nicht nur, aber zunehmend auch von Philosophen vorangetrieben wird.

Eines der frühesten Zeugnisse ist der von Medientheoretikern gleich welcher Art wohl meistzitierte Satz von Friedrich Nietzsche: »Unser Schreibwerkzeug arbeitet mit an unseren Gedanken« (Nietzsche 1986, 172). Nietzsche hatte diesen Satz, der seine eigenen Erfahrungen mit der Arbeit an der Schreibmaschine reflektiert, 1882 in einem Brief formuliert. Dennoch ist der Satz kanonisch geworden, weil er zuerst pointiert die These formuliert, dass Medien ganz wesentlich prägen, was sie vermitteln; eine These, die heute in verschiedenen Varianten eine der Grundüberzeugungen der meisten Vertreter der Medienphilosophie darstellt. Und so ist es ein durchaus passender Zufall, dass der Begriff ›Medienphilosophie‹ als Titel eines philosophischen Buchs das erste Mal von Rudolf Fietz Anfang der 90er Jahre des 20. Jahrhunderts in einer Arbeit über Nietzsche verwendet wurde (vgl. Fietz 1992) – einer Arbeit, die unter anderem zeigen will, dass »Nietzsches textuelle Strategien […] konstitutiv für die mitzuteilenden ›Inhalte‹« sind (ebd., 5). Nietzsche legt zwar in seinen ästhetischen und vor allem sprachphilosophischen Arbeiten eine Basis für weiterreichende medientheoretische Überlegungen, eine explizite Philosophie des Medialen allerdings formuliert er selbst nicht.

Mit dem 20. Jahrhundert beginnt eine neue Phase technischer Medien, in der soziale und kulturelle Veränderungen als Effekte medialer Entwicklungen unübersehbar werden. Der Erfolg des Telefons ändert radikal individuelle Kommunikationsweisen und soziale Interaktionen, die Erfindung des Radios markiert die Geburt des Zeitalters elektronischer Massenmedien; in Fotografie und Film entstehen neue technische Kunstformen. Parallel dazu erscheinen erste medientheoretische Untersuchungen zu einzelnen Medien wie zum noch jungen Film: 1924 publiziert Béla Balász seine Studie *Der sichtbare Mensch*, die als eine der ersten Versuche der Kinoästhetik gilt; 1926 erscheint Rudolf Harms' *Philosophie des Films. Seine ästhetischen und metaphysischen Grundlagen*. Bertolt Brecht legt mit seiner so genannten ›Radiotheorie‹ kanonisch gewordene Texte über die politischen Potenziale medialer Interaktivität vor.

Von besonders nachhaltiger Bedeutung ist zweifellos Walter Benjamins 1936 zuerst erschienene Studie »Das Kunstwerk im Zeitalter seiner technischen Reproduzierbarkeit«: Benjamin formuliert hier nicht nur am Beispiel von Film und Fotografie (und im Anschluss an Brecht) eine ästhetische Theorie über den (gesellschaftlichen) Status des Mediums Kunst aufgrund veränderter, technischer Möglichkeiten seiner Realisierung; die Studie enthält darüber hinaus erste Ansätze einer philosophischen Theorie der kulturhistorischen Bedeutung von Medien überhaupt: »Die Art und Weise, in der die menschliche Wahrnehmung sich organisiert – das Medium, in dem sie erfolgt – ist nicht nur natürlich, sondern auch geschichtlich bedingt« (Benjamin 1991, 439). Neben die aristotelische Einsicht, dass Wahrnehmung auf Medien angewiesen ist, rückt mit einer These wie dieser explizit die Feststellung einer durch den technischen Wandel von Medien induzierten Historizität der Wahrnehmung. Benjamin begrüßt den Medienwandel im Kunstwerkaufsatz ausdrücklich. Kinofilme sieht er zugleich als Medien der Unterhaltung *und* der politischen Emanzipation, gerade weil »die massenhafte Reproduktion der Reproduktion der Massen besonders entgegenkommt« (ebd., 467): »Unter den gesellschaftlichen Funktionen des Films ist die wichtigste, ein Gleichgewicht zwischen den Menschen und der Apparatur herzustellen« (ebd., 460).

Nur wenige Jahre nach Benjamins Kunstwerkaufsatz reagieren seine beiden Kollegen Theodor W. Adorno und Max Horkheimer in ihrem Buch *Dialektik der Aufklärung* auf die sich formierenden Massenmedien mit einer radikalen Kritik der ›Kulturindustrie‹. Die beiden führenden Köpfe der Kritischen Theorie, der auch Benjamin nahe stand, argumentieren wie dieser aus der Perspektive einer marxistisch orientierten Sozialphilosophie. Die Vergemeinschaftung durch Medien, die Benjamin als Mittel politischer Emanzipation wertet, gilt ihnen als Mittel der Gleichschaltung und Kontrolle. Ihr kritisches Verdikt erläutern Adorno und Horkheimer unter anderem an einem, aufgrund der medialen Differenzen allerdings ein wenig naiv gedachten, vermeintlichen Übergang vom Telefon zum Radio: Während das Telefon, so schreiben die beiden, »den Teilnehmer noch die [Rol-

le; SM] des Subjekts spielen [ließ]«, mache das Radio »alle gleichermaßen zu Hörern, um sie autoritär den unter sich gleichen Programmen der Stationen auszuliefern« (Adorno/Horkheimer 1971, 109). Massenmedien erscheinen aus dieser Perspektive vor allem als Werkzeuge der Manipulation.

Seine Kritik hat Adorno später am Beispiel des Fernsehens noch einmal verschärft; und er wird nicht der einzige Philosoph bleiben, dem das erfolgreichste Medium des 20. Jahrhunderts zutiefst suspekt ist. So ähnelt Adornos kulturpessimistische Perspektive auf die Massenmedien beispielsweise in etlichen Punkten der Kritik am Fernsehen, die Günter Anders zeitgleich formuliert. Gemeinsam ist Adorno und Anders die These, dass der Gebrauch des Mediums Fernsehen den Zuschauer intellektuell beschädige: »Das kommerzielle Fernsehen«, so Adorno, »bildet das Bewusstsein zurück« (Adorno 1977, 511) – eine These, die unschwer als eine Variation der platonischen Schriftkritik erkennbar ist, wie sie medienhistorisch immer dann wieder auftaucht, wenn neue Medien tradierte Kulturtechniken der Wissensgenerierung, -tradierung oder -speicherung zu verändern beginnen. Explizit kritisiert Anders die Darstellung der Welt durch das Fernsehen: Im medialen Abbild, so Anders, werde die Welt zum bloßen »Phantom« – zugleich werde die Wirklichkeit in Vorwegnahme ihrer Medialisierung zur »Matrize« (Anders 1956, 129). Hier taucht als Kritik an der massenmedialen Konstruktion von Wirklichkeit ein Gedanke auf, den die Philosophie in Debatten um das Verhältnis von Sein und Schein einerseits schon seit Platons Höhlengleichnis kennt, und der andererseits gerade in einer von Bildern zunehmend geprägten Wirklichkeit (Stichwort: *pictorial turn*) auch in gegenwärtigen Diskussionen um den Status von medialen Darstellungen (etwa im Kontext virtueller Realitäten) eine wichtige Rolle spielt.

Während um die Mitte des 20. Jahrhunderts Philosophen beginnen, die aufkommende Mediengesellschaft mit kritischen Interventionen zu begleiten, rückt zur gleichen Zeit der Begriff des Mediums selbst das erste Mal in seiner heute geläufigen Bedeutung in den Fokus des wissenschaftlichen Erkenntnisinteresses – wenn auch immer noch nicht im Rahmen philosophischer Forschungen. Es ist der Medientheoretiker Marshall McLuhan, der im Anschluss an Harold Innis den Versuch unternimmt, die unterschiedlichsten technischen Medien (McLuhan zählt hierzu nicht nur Medien wie Fernsehen, Radio oder Telefon, sondern auch Autos, Strom oder Waffen) gleichermaßen als Ausdruck einer Bestimmung des Medialen an sich (nämlich: der Funktion, eine Ausweitung unserer Sinnesorgane zu repräsentieren) zu erläutern.

In hoch assoziativen und phänomenologisch dichten Beschreibungen forscht McLuhan den prägenden Wirkungen von Medien vor allem für die Selbst- und Weltwahrnehmung ihrer Nutzer nach. Seine Theorie radikalisiert die u. a. von Nietzsche formulierte Einsicht in die konstitutive Leistung von Medien für die Inhalte der medialen Vermittlung mit der ebenso programmatischen wie berühmt gewordenen These, dass für ein Verständnis medialer Prozesse inhaltliche Fragen gänzlich irrelevant seien – denn: »Das Medium ist die Botschaft« (McLuhan 1994, 21); und diese Botschaft ist, je nach Beschaffenheit des Mediums, immer eine andere. Doch natürlich gilt: Von welchen Medien wir reden, und wie auch immer sie beschaffen sind – immer reden wir von Prozessen der Vermittlung, immer geht es um Formen der Interaktion, der Verbindung, in denen das jeweilige Medium eine weiter zu bestimmende Mitte darstellt.

Wenngleich McLuhan als Wegbereiter der kulturwissenschaftlich geprägten Medienphilosophie mittlerweile in mehr oder weniger kritischer Abgrenzung auch philosophisch anschlussfähig geworden ist, so führt der Weg der Philosophie zur Herausbildung eigener medientheoretischer Positionen in der zweiten Hälfte des 20. Jahrhunderts doch vor allem über den Umweg sprachphilosophischer und zeichentheoretischer Reflexionen.

Philosophieren ist eine Tätigkeit, die sich im Medium der Sprache vollzieht. Die Sprache spielt für die Philosophie aber noch eine weitere Rolle. Für den, der in der Nachfolge von Ludwig Wittgenstein und anderen die sprachkritische Wende der Philosophie im 20. Jahrhunderts, den so genannten *linguistic turn* mitvollzieht, gilt schließlich, »dass philosophische Probleme Probleme sind, die entweder durch eine Umformung [*reforming*] der Sprache oder durch ein besseres Verständnis der Sprache, die wir gegenwärtig verwenden, gelöst (oder aufgelöst) werden können« (Rorty 1967, 3). Das aber bedeutet: Die Sprache ist sowohl das Medium als auch der Inhalt des Philosophierens; weswegen Philosophie immer dann, wenn sie die Sprache selbst zu ihrem Gegenstand macht, zumindest implizit ebenso selbst- wie medienkritisch reflektiert. Explizit wird dieser medienkritische Selbstbezug auf eine exemplarische Art in den Arbeiten von Jacques Derrida, dessen kritische Lektüren kanonischer Texte der Philosophiegeschichte immer auch als Auseinandersetzung mit der medialen Verfasstheit des Philosophierens selbst gelesen werden können. Die Abwertung der Schrift gegenüber der Sprache, wie sie Platons Schriftkritik formuliert, entlarvt Derrida beispielsweise in seinem Hauptwerk *De la Grammatologie* (dt.: *Grammatologie*) auch als Verdrängung der medialen Grundlagen noch dieser Schriftkritik selber.

In den 1970er und 1980er Jahren sind es neben Derrida in Frankreich weitere Philosophen und Soziologen aus dem Kreis des so genannten Poststrukturalismus, die sich zunehmend medialen Themen zuwenden. So hat Jean Baudrillard u. a. in kritischen Analysen von Massenmedien eine zeitdiagnostische Zeichentheorie entwickelt und bereits Ende der siebziger Jahre postuliert, dass wir im Zeitalter der Simulation »die Substituierung des Realen durch Zeichen des Realen« (Baudrillard 1978, 9) erleben würden. Wichtige Impulse verdankt der medienphilosophische Diskurs bis heute Gilles Deleuze – vor allem, wenn auch nicht nur, angeregt durch seine eigenen Arbeiten zu Kino und Film. In zwei Bänden hat Deleuze Mitte der 1980er Jahre die Geschichte des Kinos als mediales Dispositiv erzählt (vgl. Deleuze 1989/1990) und dabei zugleich eine Philosophie des Bild- und Zeitmediums Film formuliert, die über das eine Medium hinaus Züge einer allgemeinen Philosophie des Medialen trägt. Das »Wesen des Kinos«, so Deleuze im offenen Widerspruch zu nahezu allen filmwissenschaftlichen Theorien, hat »als oberstes Ziel das Denken und nichts als das Denken und seine Funktionsweise« (Deleuze 1990, 220) – ein Ziel, welches das Medium Film mit den vorsprachlichen Mitteln seiner Bilder dann allerdings nur indirekt verfolgt, durch Effekte, die zeigen, »was sich im Denken nicht denken lässt« (ebd.). Erwähnt sei zudem noch Jean-François Lyotard, dessen 1979 zuerst erschienenes Buch *La condition postmoderne* (dt.: *Das postmoderne Wissen*), Auslöser einer weltweiten Debatte, in wesentlichen Teilen aus Überlegungen zu epistemologischen und politischen Auswirkungen der zunehmenden Verbreitung von digitalen Maschinen und ihren Programmen in den verschiedensten Bereichen der Wissensproduktion besteht.

Wenn die im Laufe des 20. Jahrhundert zögerlich aufkommende Beschäftigung von Philosophen mit medialen Themen als eine Reaktion auf die immer weiter wachsende Bedeutung von Medien in den modernen und spätmodernen Gesellschaften zu verstehen ist, so ist es die mit dem Stichwort der Digitalisierung verbundene Zäsur in der (technischen und kulturellen) Geschichte der Medien selbst, die aufgrund der nunmehr total gewordenen Durchdringung aller gesellschaftlicher Bereiche mit digitalen Medien eine sowohl personell als auch inhaltlich breiter aufgestellte philosophische Auseinandersetzung mit dem Begriff und Phänomen des Medialen in Gang gesetzt hat.

Ein wichtiger Wegbereiter der Medienphilosophie ist gerade auch in dieser Hinsicht ohne Zweifel Friedrich Kittler. Von Hause aus Literaturwissenschaftler, hat Kittler als einer der ersten die Impulse des französischen Poststrukturalismus im deutschen Wissenschaftsdiskurs wirksam werden lassen. Seine eigene Medientheorie verfolgt Gedanken von Derrida, Foucault aber auch Heidegger sowohl konsequent zu Ende als auch historisch als präzise informierte Theorie digitaler Maschinen weiter. In seinen Untersuchungen zu technischen Aufschreibesystemen oder optischen Medien hat Kittler gezeigt, wie sehr das Nachdenken über Medialität gewinnt, wenn es sich an den technischen Bedingungen der medialen Prozesse orientiert.

Medienphilosophie als Philosophie der Medien: Institutionalisierung und Positionen

Am Ende des 20. Jahrhunderts nun kommt es parallel zur ubiquitären Ausbreitung von Computern und dem Aufstieg des Internets zum weltweiten Symbol der Digitalisierung in den Kulturwissenschaften zu einem *medial turn*, der auch die Philosophie erfasst (vgl. Münker 2009) und schließlich zur Entstehung einer explizit *als* Medienphilosophie auftretenden philosophischen Strömung führt.

Nicht nur in Deutschland nimmt die Anzahl der Publikation zu medialen Themen signifikant zu. Die Philosophen Esa Saarinen und Mark C. Taylor reflektieren kulturelle Veränderungen durch das aufkommende Internet in ihrem Buch *Imagologies. Media Philosophy* (Saarinen/Taylor 1994), und geben damit eines der bis heute seltenen Beispiele für die Verwendung des Terminus Medienphilosophie im angelsächsischen Raum. Der Computer wird in den neunziger Jahren erstmals eigenständiger Gegenstand philosophischer Untersuchungen (vgl. Bolz/Kittler/Tholen 1994; Krämer 1998). Es erscheinen programmatische Monographien und Einführungen in das neue Feld (vgl. Hartmann 2000; Sandbothe 2001; Margreiter 2015) ebenso wie Anthologien, die Begriff und mögliche Programme der Medienphilosophie durch eine Vielzahl unterschiedlicher philosophischer Interventionen zu beschreiben versuchen (vgl. Münker/Roesler/Sandbothe 2003; Nagl/Sandbothe 2005).

Der akademische Status der Medienphilosophie bleibt allerdings weiterhin vage. Zudem versammelt sich unter dem Titel der Medienphilosophie mittlerweile eine zunehmende Vielzahl unterschiedlicher und zum Teil widersprüchlicher Positionen. Während die meisten Vertreter der Medienphilosophie dieselbe als eine wie auch immer näher zu bestimmende Form philosophischer Theoriebildung verstehen – und manche gar so weit gehen, die Medienphilosophie als neue »zeitgemäße Gestalt einer ›prima philosophia‹« zu beschreiben (Margreiter 2003, 151) –, sehen andere Medienphilosophie im Gegenteil gerade nicht als eine neue Form (akademischer) Philosophie, ausgeführt von Philosophen, sondern »als ein Geschehen, möglicherweise eine Praxis, und zwar eine der Medien. Sie wartet nicht auf Philosophen, um geschrieben zu werden. Sie findet immer schon statt, und zwar in den Medien und durch die Medien« (Engell 2003, 53).

Medienphilosophie umfasst heute ein breites Feld verschiedenster Themen und Bereiche, das hier nur grob dargestellt werden kann. Ein Teil der medienphilosophischen Forschungen und Publikationen lässt sich in einem weiten Sinne als eine alternative Fortführung der philosophischen Ästhetik beschreiben. Dazu zählen beispielsweise zahlreiche Arbeiten zur Philosophie des Films bzw. des Kinos (vgl. Früchtl 2013; Seel 2013) oder zur Philosophie des Fernsehens (vgl. Engell/Fahle 2005) ebenso wie Untersuchungen zur Philosophie und Phänomenologie des Bildes und der Bildlichkeit (vgl. Wiesing 2005; Heßler/Mersch 2009) oder dem Verhältnis von Kunst und Medien (vgl. Schade/Tholen 1999; Mersch 2003).

Manche Vertreter der Medienphilosophie sehen die spezifische Differenz zu anderen medienwissenschaftlichen Forschungen gerade darin, dass Medienphilosophie es eben nicht mit Medien an sich zu tun habe, sondern mit Begriffen, die im Mediendiskurs verwendet werden bzw. deren Sinn und Bedeutung sich aufgrund medialer Phänomene und Entwicklungen verändert haben (vgl. Münker 2009). Medienphilosophie erscheint hier als ein theoretisches Unternehmen, dessen Aufgabe die (je nach Methode unterschiedlich durchgeführte) Untersuchung der Auswirkungen des Medienwandels auf philosophische Ideen (wie ›Wahrheit‹ oder ›Wirklichkeit‹) ist. Ein Teil dieser Untersuchungen wiederum führt unmittelbar in die praktische Philosophie: Die gesellschaftlichen und kulturellen Veränderungen, die der Medienwandel evoziert, machen eine philosophische Neubewertung eben auch ethischer und moralischer Kategorien und

Ideen notwendig. Programmatisch wird dies in den Arbeiten von Mike Sandbothe, der seinen Entwurf einer »pragmatischen Medienphilosophie« ausdrücklich als (kultur-)politische Intervention versteht, die eine »aufklärerisch-demokratische Gestaltung menschlichen Zusammenlebens« befördern will (Sandbothe 2001, 151). Philosophische Vertreter dezidert medienethischer Positionen wie Rafael Capurro oder Klaus Wiegerling, die seit längerer Zeit an ethischen Fragestellungen des Informationszeitalters arbeiten (vgl. Capurro/Wiegerling/Brellochs 1995), können in einem weiten Sinne der Medienphilosophie zugeordnet werden; Wiegerling selbst hat 2008 seine Version der »Medienethik als Medienphilosophie« (Wiegerling 2008) vorgelegt. Dennoch stellen medienethische Perspektiven innerhalb des explizit als medienphilosophisch auftretenden Diskurses (noch) eine Ausnahme dar.

Für die meisten Vertreter der Medienphilosophie markiert das Nachdenken über die Begriffe Medium und/oder Medien das Zentrum des eigenen Gegenstandsbereichs. Philosophische Untersuchungen zu Geschichte, Idee und Phänomen von Medium/Medien machen entsprechend einen wichtigen Teil der medienphilosophischen Forschung aus. Damit verbindet sich die Hoffnung, die Medienphilosophie könnte strukturell die Funktion einer erkenntnistheoretischen Metatheorie zu den anderen Medienwissenschaften übernehmen, die in ihrer wissenschaftlichen Arbeit den Medienbegriff weitgehend unproblematisiert verwenden. Medienphilosophie, so verstanden, könnte demnach die Aufgabe übernehmen, »den in den ›Medien-Wissenschaften‹ ausgebliebenen Begründungs- und Klärungsdiskurs überhaupt erst zu führen« (Mersch 2015, 19).

Dieser Diskurs beginnt, darin sind sich die meisten Vertreter medienphilosophischer Positionen einig, mit der Zurückweisung der naiven Unterstellung, Medien seien neutrale Übermittler von Inhalten. Der Begriff Medium als »Relationskategorie« (ebd., 14) bezeichnet vielmehr eine vermittelnde Instanz, die konstitutiv ist für einen bedeutungshaften Weltbezug: »Ohne Medium gibt es keine Bedeutung« (Roesler 2003, 48) – denn »alles, was Menschen beim Wahrnehmen, Kommunizieren und Erkennen ›gegeben‹ ist, ist in Medien gegeben« (Krämer 2003, 83). Medien eröffnen ihrer je spezifischen Medialität entsprechende Möglichkeiten der Kommunikation und Horizonte von Wahrnehmung und Erkenntnis, die es ohne die jeweiligen Medien nicht gäbe. Wenn Medien aber Bedingungen der Möglichkeit von Wahrnehmung,

Kommunikation und Erkenntnis sind, dann liegt es nahe, kantianisch von einem (transzendentalen) Apriori der Medien zu reden (vgl. Krämer 2004, 70 ff.; Münker 2009, 20 ff.; Mersch 2015, 37). Versteht man diese Konstitutionsthese in einem starken Sinn, so erscheint sie manchen problematisch: Wenn Medien allem bedeutungshaften Weltbezug immer schon vorausgesetzt sein müssen, so Sybille Krämer, wird eine philosophische Reflexion von Medien selbst zwangsläufig aporetisch (vgl. Krämer 2004, 21). Ähnlich ein Argument von Dieter Mersch: »Denn wenn ›alles‹, was ist, in Medien gegeben ist […] ergibt sich das Problem, wie Medien selbst gegeben sind […] Offenbar bekommen wir es mit einer Paradoxie zu tun« (Mersch 2006, 222). Auf Basis dieser analogen Diagnose entwickeln Krämer und Mersch ihre unterschiedlichen Programme. Bei Krämer tritt an die Stelle der ihrer Meinung nach unmöglichen philosophischen Untersuchung von Medien selbst das Projekt einer »Metaphysik der Medien«, welches darauf zielt, »im platonischen Sinne zu reflektieren, was hinter dem Gegenstand einer Erscheinung – und zwar realiter – liegt« (Krämer 2004, 21; vgl. auch Krämer 2008). Mersch wiederum hat angesichts der als prinzipiell unterstellten »Unbestimmbarkeit« von Medien ein an Heidegger und Derrida geschultes »Programm einer negativen Medientheorie« entwickelt (Mersch 2006, 224; vgl. auch Mersch 2008; Mersch 2015), also einer Medientheorie, die von einer nur indirekten Erfassung, *ex negativo*, des Medienbegriffs ausgeht. In eine ähnliche Richtung geht auch die in konkreter Auseinandersetzung mit den medialen Bedingungen der digitalen Technik entstandene philosophische Medientheorie von Georg Christoph Tholen: »Die gestaltwechselnde Offenheit der Digitalität supplementiert jedwede ›ontologische‹ Identität des Computers als Rechner« (Tholen 2002, 52). Das aber bedeutet für Tholen: »Das digitale Medium ek-sistiert nur in seiner vielgestaltigen Metaphorizität« (ebd., 49) – weswegen die philosophische Reflexion von Medialität zu einem Prozess wird, in dessen Verlauf sich die Bestimmung des Sinns immer wieder entzieht.

Die unter Medienphilosophen verbreitete Unterstellung, Medien seien nur indirekt oder negativ beschreibbar, wird gern präzisiert mit dem Hinweis darauf, dass der Prozess der Vermittlung durch Medien unmittelbar mit dem Prozess des Verbergens des Mediums einhergeht: »Medien bringen etwas zum Vorschein, *indem* sie sich selbst dabei verbergen« (Krämer 1998, 83 – Hervorhebung SM; vgl. Mersch 2015, 38). Allerdings ist diese Position unter Medienphilosophen nicht unwidersprochen geblieben. So weist Reinhard Margreiter auf die Differenz von konkreten Medien einerseits und dem Phänomen des Medialen andererseits hin. Die Figur der Unbestimmbarkeit, so Margreiter, kann »kaum dem *konkreten Medium* zugeschrieben werden, wohl aber dem *Phänomen des Medialen*« (Margreiter 2015, 215).

Ein alternatives Gegenmodell ergibt sich, wenn der konstitutive Charakter von Medien in einem schwächeren Sinn verstanden wird. Medien sind diesem Verständnis nach zwar eine notwendige, aber keine hinreichende Bedingung eines bedeutungshaften Weltbezugs. Zugleich sind Medien nie Akteure der Welterschließung, auch wenn sie deren Sinn prägen: Die welterschließende und bedeutungskonstitutive Funktion von Medien ist vielmehr immer schon gebunden an kulturelle Praktiken der Mediennutzung (vgl. Münker 2009, 51). Aus der Perspektive einer derart pragmatisch argumentierenden Medienphilosophie sind es zugleich diese Praktiken, die im Vollzug medialer Vermittlungen die konkreten Medialitäten der verwendeten Medien erst erzeugen – und zum Vorschein bringen. Der zunächst offensichtliche Gegensatz zur negativen Medientheorie allerdings löst sich zumindest teilweise auf, wenn auch Mersch im Rahmen von Überlegungen zum performativen Charakter medialer Prozesse darauf hinweist, »dass eine Analyse des Medialen vor allem von den Praktiken und ihren Möglichkeiten und Grenzen auszugehen hat« (Mersch 2015, 44). Die philosophische Untersuchung konkreter medialer Praktiken aber kann dann durchaus dazu beitragen, die charakteristische Medialität konkreter Medien in spezifischer Differenz zu anderen zu bestimmen. So lässt sich beispielsweise die Frage nach einer eindeutigen Bestimmung der Medialität *des* Computers als sinnlos zurückweisen – und durch die Frage nach der Bestimmung der Medialität konkreter medialer Anwendungen digitaler Technologien ersetzen (vgl. Münker 2009, 49).

Wurde der Medienphilosophie zu Beginn ihrer Karriere prophezeit, sie sei eine »vorübergehende Sache« (Seel 2003, 30), scheint ihre gegenwärtige Vitalität, ihr Auftreten in immer wieder neuen Erscheinungen auf einen anhaltenden Erfolg hinzudeuten. Ein einheitliches Bild vermittelt die Medienphilosophie nicht, und es ist auch nicht zu erwarten, dass sie dies als ein intrinsisch interdisziplinäres und philosophisch stark diversifiziertes Projekt je tun wird. In einer Zeit, die wie keine andere zuvor von Medien und ihren Effekten geprägt ist, hat allerdings gerade eine vielgestaltig operierende Medienphilosophie mit Schnittstellen zu anderen wissenschaftlichen Disziplinen und Öffnungen in kulturelle und gesellschaftliche Diskussionen gute Chancen, sich auch ohne eindeutigen akademischen Status dauerhaft zu etablieren.

Literatur

Adorno, Theodor W.: Prolog zum Fernsehen. In: Ders.: *Gesammelte Schriften*, Bd. 10.2. Frankfurt a. M. 1977.
Adorno, Theodor W./Horkheimer, Max: *Dialektik der Aufklärung* [1947]. Frankfurt a. M. 1971.
Anders, Günter: *Die Antiquiertheit des Menschen. Über die Seele im Zeitalter der zweiten industriellen Revolution*. München 1956.
Aristoteles: *Über die Seele*. Berlin 1986.
Baudrillard, Jean: *Agonie des Realen*. Berlin 1978.
Benjamin, Walter: Das Kunstwerk im Zeitalter seiner Reproduzierbarkeit. In: *Gesammelte Schriften*, Bd. I/2. Hg. von Rolf Tiedemann. Frankfurt a. M. 1991.
Bolz, Norbert/Kittler, Friedrich A./Tholen, Christoph (Hg.): *Computer als Medium*. München 1994.
Capurro, Rafael/Wiegerling, Klaus/Brellochs, Andreas: *Informationsethik*. Konstanz 1995.
Deleuze, Gilles: *Das Bewegungs-Bild. Kino 1* und *Das Zeit-Bild. Kino 2*. Frankfurt a. M. 1989/1990 (frz. 1983/1985).
Derrida, Jacques: *Grammatologie*. Frankfurt a. M. 1968 (frz. 1967).
Engell, Lorenz: Tasten, Wählen, Denken. Genese und Funktion einer philosophischen Apparatur. In: Münker/Roesler/Sandbothe 2003, 53–77.
Engell, Lorenz/Fahle, Oliver: *Philosophie des Fernsehens*. Paderborn 2005.
Fietz, Rudolf: *Medienphilosophie. Musik, Sprache und Schrift bei Friedrich Nietzsche*. Würzburg 1992.
Früchtl, Joseph: *Vertrauen in die Welt. Eine Philosophie des Films*. München 2013.
Hagen, Wolfgang: Metaxy. Eine historiosemantische Fußnote zum Medienbegriff. In: Stefan Münker/Alexander Roesler (Hg.): *Was ist ein Medium?* Frankfurt a. M. 2008, 13–29.
Hartmann, Frank: *Medienphilosophie*. Wien 2000.
Heider, Fritz: *Ding und Medium* [1926]. Berlin 2005.
Heßler, Martin/Mersch, Dieter (Hg.): *Logik des Bildlichen. Zur Kritik der ikonischen Vernunft*. Bielefeld 2009.
Krämer, Sybille (Hg.): *Medien, Computer, Realität. Wirklichkeitsvorstellungen und Neue Medien*. Frankfurt a. M. 1998.
Krämer, Sybille: Erfüllen Medien eine Konstitutionsleistung? In: Münker/Roesler/Sandbothe 2003, 78–90.
Krämer, Sybille: Die Heteronomie der Medien. Versuch einer Metaphysik der Medialität im Ausgang einer Reflexion des Boten. In: *Journal Phänomenologie* 22 (2004), 18–38.
Krämer, Sybille: *Medium, Bote, Übertragung. Kleine Metaphysik der Medialität*. Frankfurt a. M. 2008.
Lyotard, Jean-François: *Das postmoderne Wissen*. Wien 1986 (frz. 1979).
Margreiter, Reinhard: Medien/Philosophie: Ein Kippbild. In: Münker/Roesler/Sandbothe 2003, 150–171.
Margreiter, Reinhard: *Medienphilosophie. Eine Einführung*. Berlin ²2015.

Mayer, Michael/Mersch, Dieter (Hg.): *Internationales Jahrbuch für Medienphilosophie*. Berlin 2015.
McLuhan, Marshall: *Die magischen Kanäle. Understanding Media*. Dresden 1994 (engl. 1964).
Mersch, Dieter (Hg.): *Die Medien der Künste*. München 2003.
Mersch, Dieter: *Medientheorien zur Einführung*. Hamburg 2006.
Mersch, Dieter: Tertium datur. Einleitung in eine negative Medientheorie. In: Stefan Münker/Alexander Roesler (Hg.): *Was ist ein Medium?* Frankfurt a. M. 2008, 304–321.
Mersch, Dieter: Wozu Medienphilosophie? Eine programmatische Einleitung. In: Michael Mayer/Ders. (Hg.): *Internationales Jahrbuch für Medienphilosophie*. Berlin 2015, 13–48.
Münker, Stefan: *Philosophie nach dem ›Medial Turn‹. Beiträge zur Theorie der Mediengesellschaft*. Bielefeld 2009.
Münker, Stefan/Roesler, Alexander/Sandbothe, Mike (Hg.): *Medienphilosophie. Beiträge zur Klärung eines Begriffs*. Frankfurt a. M. 2003.
Nagl, Ludwig/Sandbothe, Mike (Hg.): *Systematische Medienphilosophie*. Deutsche Zeitschrift für Philosophie, Sonderbd. 7. Berlin 2005.
Nietzsche, Friedrich: *Sämtliche Werke. Kritische Studienausgabe*, Bd. 6. Hg. von Giorgio Colli und Mazzino Montinari. Berlin 1986.
Ong, Walter: *Oralität und Literalität. Die Technologisierung des Wortes*. Opladen 1987.
Platon: *Phaidros*. Darmstadt 1990.
Roesler, Alexander: Medienphilosophie und Zeichentheorie. In: Münker/Roesler/Sandbothe 2003, 34–52.
Rorty, Richard: *The Linguistic Turn. Recent Essays in Philosophical Method*. Chicago 1967.
Saarinen, Esa/Taylor, Mark C.: *Imagologies. Media Philosophy*. London 1994.
Sandbothe, Mike: *Pragmatische Medienphilosophie. Grundlegung einer neuen Disziplin im Zeitalter des Internet*. Weilerswist 2001.
Schade, Sigrid/Tholen, Georg Christoph (Hg.): *Konfigurationen. Zwischen Kunst und Medien*. München: 1999.
Seel, Martin: Medienphilosophie. Eine vorübergehende Sache. In: Münker/Roesler/Sandbothe 2003, 30–40.
Seel, Martin: *Die Künste des Kinos*. Frankfurt 2013.
Tholen, Georg Christoph: *Die Zäsur der Medien. Kulturphilosophische Konturen*. Frankfurt a. M. 2002.
Wiegerling, Klaus: Medienethik als Medienphilosophie. In: Volker Steenblock (Hg.): *Kolleg Praktische Philosophie*, Bd. II: *Ethik*. Stuttgart 2008, 223–253.
Wiesing, Lambert: *Artifizielle Präsenz. Studien zur Philosophie des Bildes*. Frankfurt 2005.

Stefan Münker

2 Mediensoziologie

Narkotisierende Effekte

An der Wiege der ›modernen Medien‹ standen nur wenige, die ihnen eine gute Zukunft bescheinigten. Als Daniel Boorstin den Begriff der »graphischen Revolution« prägte, bezog er sich noch auf die Bilderflut, die in der zweiten Hälfte des 19. Jahrhunderts ihren Ausgang nahm (zit. nach Gabler 1999, 67). Heute ist die Flut multimedial. Zugleich hat sich das Feld der Massenkommunikation gewandelt, maßgeblich durch das Aufkommen einer (technischen) Mediengeneration, die vernetzte und mobile Formen der Kommunikation etablierte. Steven Johnson meinte euphorisch: »Mit seinem rasanten Aufstieg hat das Internet unseren kognitiven Apparat gleich dreifach auf Touren gebracht. Erstens, weil es uns zur Anteilnahme auffordert. Zweitens, weil es uns gezwungen hat, neue Schnittstellen zu meistern, und drittens, weil es uns neue Möglichkeiten bietet, mit anderen Menschen in Kontakt zu treten« (Johnson 2006, 125 f.).

Den Pionieren der Kommunikationsforschung ist bewusst gewesen, dass die Themen, die im Zentrum des Interesses stehen, auch von historischen Zufällen beeinflusst werden. Paul Felix Lazarsfeld und Robert King Merton leiteten eine der frühen Erörterungen der Wirkungsaspekte von Massenmedien zudem mit dem Hinweis auf die »narkotisierende Dysfunktion« (Lazarsfeld/Merton 1973, 457 f.) der Massenkommunikation ein, die aus den Vorzügen der leichten Unterhaltung abgeleitet und als Symptom politischer Entfremdung gewertet wurde.

Ungeachtet dessen müssen die Fragestellungen und Themen jeweils präzisiert werden. Die verbindende Klammer lag und liegt in dem Interesse an der gesellschaftlichen Bedeutung der Massenmedien. Lazarsfeld und Merton sprechen hinsichtlich dieses verbindenden Elements jedoch von einer »schlecht definierte[n] Fragestellung« (ebd., 450). Die Vergangenheit und die Gegenwart verbindet gleichwohl das Bedürfnis nach schnellen Antworten auf häufig diffuse Eindrücke. Mit einem Kernsatz der Innovationsforschung lässt sich dies kurz verdeutlichen: »So diffusion is a very social process«, ist eine Feststellung von Everett Rogers (2003, 18), die das Wechselverhältnis sachlicher und sozialer Motivationen im Zuge der Verbreitung (technischer) Neuerungen beschreibt. Sachlich meint in diesem Zusammenhang, dass der Anlass der Nutzung auf ein Zweck-Mittel-Denken zurückgeht, sozial meint eine Orientierung an den Erwartungshaltungen Dritter (vgl. Keuschnigg 2012). Im Jahr 1997 durfte man beispielsweise noch unbefangen die Frage stellen, was einen die Angebote und Möglichkeiten des Internets eigentlich angehen (vgl. Zorn 1997, 14). Im Jahr 2015 lauten die Themen Big Data, Surveillance, Algorithmen (vgl. Hofmann/Schölkopf 2015, 14).

Die Sorge, die den Wirkungsfragen mehr oder weniger stark mitgegeben wurde, drehte sich mit den Worten des französischen Soziologen Émile Durkheim um das rechte Maß. Die Pioniere der Soziologie haben, wenn sie sich der Bedeutung der Medien zuwandten, einhellig deren enervierenden Effekt als solchen hervorgehoben, nämlich die Durchdringung der Gesellschaft: »[…] every book helps to form a channel of communication between author and reader. The rapid multiplication of volumes which are thereby made available to a correspondingly large number of readers, is, in the light of our dissection an increase of communicating channels, or a higher nervous organization, in society« (Small/Vincent 1894, 222). In der frühen Analyse von Small und Vincent bilden die Medien das Rückgrat der sozialen Kommunikation. Sie werden als »social nervous system« zusammengefasst und als essentieller Bestandteil des regulierenden Systems umschrieben (vgl. Small/Vincent 1894, 215). Die Kanäle der sozialen Kommunikation durchziehen die gesamte Gesellschaft und werden – einer Vorliebe für Organismusanalogien folgend – als Nervenzellen bezeichnet. Später wird im Umfeld der Opinion Leader-Forschung dann gerne von Relaisfunktionen gesprochen: Kommunikation durchläuft Schaltkreise und kann dabei Spannungen erzeugen. Shannon und Weaver (1949) sprachen neutral von *noise*.

Eine ähnliche Sichtweise findet sich bei John Dewey. Für ihn liegt die Bedeutung der Kommunikation darin, dass sie Individuen hilft, sich in einer Welt voller Impulse zurechtzufinden und den Zusammenhalt von Gesellschaft möglich macht. Die Industrialisierung und das schnelle Wachstum der Wirtschaft sind seiner Ansicht nach die Auslöser für ein Auseinanderdriften der Gesellschaft. In dem von ihm so genannten »Machine Age« ist eine Öffentlichkeit entstanden, die irritiert und unfähig ist, sich selbst Identität zu verleihen (Dewey 1954, 26 f.). Der Zusammenhalt der Menschen könne nur ermöglicht werden, wenn den ehemals kleinen dörflichen Gemeinschaften, die im Zeitalter der Maschinen zerfielen, eine »great society« folgt, die auch gegenseitiges Mitfühlen ermöglicht. Für Dewey spielen bei der Herstellung dieses Mitgefühls die Kommunikationstechnologien, wie z. B. Telefon oder Radio, eine wichtige Rolle.

Die Medien als Nervenzellen der Gesellschaft: Schaltkreise, die Kaskaden auslösen. Aber die Richtung solcher Kaskaden kannte neben dem ›Verständigungsmodus‹ in Bezug auf die Herausforderungen einer urbanen Welt eben von Beginn an die Instrumentalisierung des technischen Instrumentariums für Zwecke der Ablenkung, Zerstreuung, Entfremdung.

Das große Thema ›Integration‹

Bereits in der Frühphase der Massenkommunikation wurden also sehr interessante Äußerungen darüber formuliert, dass Kommunikation mit der Erwartung verknüpft wird, integrativ zu wirken. Aber bedeutet die Aussage »Kommunikation ist der Kitt, der die Gesellschaft zusammenhält« gleichzeitig, dass sich dieser Zusammenhalt im Sinne von Harmonie, Gleichklang oder ähnlichem vollziehen muss? Am Beispiel der Arbeiten von John Dewey hat Schultz gezeigt, dass die Vorstellung, moderne Gesellschaften seien homogene Einheiten mit einem umfassenden gemeinsamen Wissen, illusorisch ist. In Deweys Überlegungen zum *public journalism* wird bereits ein Verständnis von Integration artikuliert, das diese auf das Erleiden von Widersprüchen zurückführt. Betont wird nicht die herkömmlich immer wieder bemühte normative Integration durch Verpflichtung auf gemeinsame Werte und Traditionen. Im Gegenteil: Gerade dieses Bedürfnis nach »Gleichklang der gesellschaftlichen Verhältnisse« könnte ja auf das verweisen, was man nicht sieht: »Gefordert ist […], dass gemeinsame Erfahrungswelten durch eine reichhaltige kommunikative Infrastruktur überhaupt geschaffen und gegenseitig für einander durchlässig gehalten werden« (Schultz 2002, 43). Die Lösung heißt hier also: Integration durch kontinuierliche Thematisierung, die nicht Konsens, sondern Präsenz voraussetzt. Massenkommunikation mit Integration gleichzusetzen, ist insofern prinzipiell nicht falsch. Nur soll diese Integration der Aufrechterhaltung eines öffentlichen Dialogs dienen.

Es können in diesem veränderten bzw. erweiterten Integrationsverständnis zwei Entwicklungen beobachtet werden: (1) Eine Verlagerung der gesellschaftlichen Verantwortung von Fremdkontrolle auf Selbstkontrolle. Letzteres impliziert gleichsam die Vorstellung einer hohen unstrukturierten Reflexionslast, die auf die Individuen verlagert wird. (2) Der Einzelne empfindet dies als wirkliche Last, da ihm Angebote ohne Begrenzung gemacht werden (mit Ausnahmen in Bezug auf Gewalt, Pornografie und ähnliche Phänomene, die darauf verweisen, dass es ohne Normen doch nicht geht). Aus der Bevormundung wird Selbstverantwortung (s. Kap. IV.12); die Individuen werden auf sich selbst verwiesen. In diesem »Kult des Individuums« (Durkheim 1996, 227) wird das neue Prinzip der Vergesellschaftung artikuliert: Individualität wird vom Ausnahmefall zur sozialen Norm erklärt. Im Kontext der Vielfaltsdebatte findet diese Verlagerung ihre Fortsetzung in der Vorstellung von Medienangeboten, die für Nutzerinnen und Nutzer maßgeschneidert werden. Die Ausweitung der Video on Demand-Dienste, das vermehrte Auftreten neuer Anbieter wie Netflix, Maxdome oder Amazon (vgl. den Überblick bei Puffer 2015) verdeutlicht die Dynamik dieses Marktes, der sich vordergründig nur im Dienste des Kunden agieren sieht. Eine frühe Beobachtung, erneut von Lazarsfeld und Merton formuliert, wird gleichsam in einem Do-it-yourself-Gewand erneut bestätigt:

> »Die Massenmedien erwecken den Anschein, als ob sie die Reformer geradezu um die Früchte ihrer Arbeit gebracht hätten. Sie hören Radio und gehen ins Kino. Der Kampf um die Freiheit der Muße, für allgemeine Schulbildung und soziale Sicherheit wurde in der Hoffnung geführt, daß die Leute, wenn sie erst einmal von ihren engen Fesseln befreit wären, sich den großen kulturellen Gegenständen unserer Gesellschaft widmeten [...]« (Lazarsfeld/Merton 1973, 452).

Wiederum also ein Beleg für eine Verlagerung der Diskussionsschwerpunkte, der zugleich mit veränderten Vorstellungen von Normalität einhergeht.

Ein Blick auf die Rolle, die Medien für die Orientierung in unterschiedlichen Lebenslagen zugeschrieben wird, führt zu zwei populären Sichtweisen, die sich nahezu diametral gegenüberstehen (vgl. Ellrich 2006, 156). Für Jürgen Habermas einerseits stellen Medien durch eine bestimmte Art der Vermittlung von Wissen öffentliche Arenen für eine Kontroverse über geltende Normen und Werte bereit, die dann vor allem durch den »eigentümlich zwanglosen Zwang des besseren Arguments« (Habermas 1984, 161) bestimmt wird. Dabei ist es vor allem die Sprache, die als »Haus der Vernunft« (Bolz 2010, 38) fungiert. Diesem Ansatz liegt also die Vorstellung zu Grunde, Normen und Werte könnten eine Art verbindende Klammer für Gesellschaften darstellen, innerhalb derer dann Handlungen gesteuert und koordiniert werden können. Niklas Luhmann andererseits hat dieser Position immer wieder entgegengehalten, dass diese normativen Vorfestlegungen sich durch keine theoretischen Überlegungen rechtfertigen lassen. Vielmehr müsse man davon ausgehen, dass in einer funktional differenzierten Gesellschaft der Einzelne vor allem in die Lage versetzt werden muss, in irgendeiner Weise anschlussfähig zu bleiben. Axel Honneth (1992) hat die These formuliert, dass wir so etwas wie eine radikale Öffnung des ethischen Werthorizonts beobachten können, so dass es in dieser Öffnung nicht mehr um endgültige Festlegungen im Sinne Habermas' geht, sondern darum, die Chance auf eine Wertschätzung des Selbst zu steigern. Statt monothematischer Festlegungen steht hier eine größere Offenheit gegenüber dem, was die Umwelt für den Nutzer an Möglichkeiten bereithält im Vordergrund.

Interessant ist die mittlere Position zwischen Habermas und Luhmann, weil sie etwas vermittelt, das mehr und mehr die Grundlage unterschiedlichster alltäglicher Diskurse zu beschreiben scheint. Jürgen Link (1999) stellt im Rahmen seiner Normalismustheorie die These auf, dass starke inhaltliche Orientierungen zwar unabdingbar seien, jedoch nicht zwangsläufig in Form normativer Vorschriften. Vielmehr wird in den Medien einerseits ein breites Spektrum an Vorschlägen über ›normales Verhalten‹ bereitgestellt und wahrgenommen, zu denen andererseits zugleich entsprechende Experimentierfelder geboten werden – seien es die Diskurse der klassischen Art oder deren in Form von Talkshows oder Reality Soaps popularisierte Formen, sei es in zunehmendem Maße eine Vermischung von Unterhaltung und Realität oder nicht zuletzt auch Spielshows, die wie moderne Assessment-Center interpretiert werden könnten (s. Kap. VIII.43). Bei diesen Gelegenheiten kann beobachtet werden, was normal, was akzeptabel oder verwerflich ist – oder, um es genauer zu sagen: was andere dafür zu halten scheinen. Diese Bühnen haben einen nicht zu unterschätzenden Ausstrahlungseffekt auf die Art und Weise, in der man sich innerhalb bestimmter gesellschaftlicher Zusammenhänge orientiert. Was ›normal‹ ist, wird also weniger an einem bestimmten, unumstößlichen Werthorizont festgemacht; sondern es scheint mehr und mehr normal zu sein, sich in unterschiedlichen Wertsphären mit unterschiedlichen Formen von Akzeptanz zu arrangieren. Dies stellt in vielen Fällen – nicht zuletzt für ältere Generationen – eine Herausforderung dar, weil unumstößliche Vorstellungen und Traditionen auf einen Marktwert reduziert werden.

Für die Forderung von Bernhard Debatin, dass »Kernkompetenzen in der Zivilgesellschaft« immer wieder neu hergestellt werden müssen (2012, 84), ist dieser »Diskurswandel« ein wichtiger Beleg. Er betrifft – um einmal die Feld-Metapher zu bemühen – gleich mehrere Verantwortungsebenen und Kräfteverhältnisse. Letzteres erinnert an Kurt Lewins Feldtheorie, die das Individuum als Teil eines »dynamischen Ganzen« (1963, 156) aufgefasst hat. Wie sich diese Dynamik heute darstellt, soll im Folgenden dargestellt werden.

Die Dynamik der Mediengesellschaft

Dynamik 1 – Deregulierung des Rundfunkwesens: Die Deregulierung des Rundfunkwesens in Deutschland hat eine lange Vorgeschichte. Die konkreten Anfänge im Jahr 1984 (vgl. die Beiträge in Jäckel/Brosius 2005) wurden begleitet von Zweifeln an der versprochenen Vielfalt, von Sorgen um das gesellschaftliche Miteinander und einem weiteren Privatisierungsschub im Bereich der Freizeitgestaltung – um nur wenige wichtige Aspekte zu nennen. Der Vorwurf ›Amerikanisierung‹ erinnerte dabei an eher negativ gefärbte Erfahrungen mit dem privat-kommerziellen Rundfunk in den USA und anderen europäischen Ländern. Eine Bilanz nach zehn Jahren beklagte den »Bedeutungsverlust der Wörter« und sah darin ein »Symptom für die nahende Inflation der Töne und Bilder« (Hömberg 1996, 11). Die »graphische Revolution«, von der Boorstin sprach (s. o.), wurde zwar nicht explizit erwähnt, aber ihre Fernwirkung war wohl erneut gemeint. Jedenfalls war auch die Revolutionsmetapher populär: »Man sprach von Rundfunk-Revolution, Medien-Revolution oder gar Kommunikations-Revolution« (Hömberg 1996, 11). Heute werden diese und andere Metaphern kaum noch bemüht. Dennoch besteht kein Anlass, ausschließlich verhaltene Töne anzuschlagen. Die Provokation der Medienkontrolle gehörte und gehört heute zum Geschäft ebenso wie die Durchdringung des Alltags durch Mediensymbolik. Die Qualitätsdebatte wird nicht mehr ernsthaft vor dem Hintergrund eines Grundversorgungsauftrags geführt, dennoch ist sie nach wie vor von Relevanz (s. Kap. V.13). Die Linien der Kontroverse verlaufen nicht nur zwischen öffentlich-rechtlicher oder privater Trägerschaft allein, Geldkanäle sind (nahezu) alle Sender geworden (s. Kap. IV.11). Auch für die Konvergenzthese, die die Debatte um die Programmqualität lange beherrscht hat und eine Angleichung der Niveaus der konkurrierenden Systeme (öffentlich-rechtlich versus privat) diskutierte, streitet man heute nicht mehr. Gebühren für Fernsehen werden nicht mehr als selbstverständlich angesehen. Allenthalben hat sich eine neue Fernsehkultur durchgesetzt, an die man sich gewöhnt hat. Selbst von den ›guten alten Zeiten‹ ist nur noch selten die Rede. Eine neue technisch induzierte Debatte dominiert, die zu einer Neubewertung des Verhältnisses von häuslicher und außerhäuslicher Mediennutzung beigetragen hat und die Ubiquität der Medien in den Mittelpunkt stellt. Der Mensch ›verwächst‹ auch durch Social Media mehr und mehr mit seiner Medienumwelt.

Dynamik 2 – Vernetzte Gesellschaft: Zu den Leitgedanken der Medienwirkungsforschung (vgl. Jäckel et al. 2015) gehört der Zwei-Stufen-Fluss der Kommunikation, der wiederum eine unter vielen Revisionen des Stimulus-Response-Modells darstellt. Die damit verbundenen Hinweise auf die Entdeckung von Meinungsführern gingen häufig einher mit der Bobachtung hierarchischer Strukturen. Personen, denen man folgt, genießen in der Regel Ansehen und werden aufgrund ihrer Vorbildfunktion oder ihres Rats geschätzt. In der jüngeren Diskussion der Meinungsführer-Forschung nehmen Stimmen zu, die dem Urteil oder der Empfehlung einzelner bedeutsamer Personen den bislang zugedachten hohen Stellenwert absprechen. Begründet werden diese Einschränkungen häufig durch Hinweise auf Kommunikationsflüsse in Netzwerken, die es erschweren, von einem Sender als Ursache und vielen, sich ähnelnden Effekten bei Empfängern auszugehen. Simulationsstudien konnten zeigen, dass in den meisten Fällen leicht beeinflussbare Individuen bzw. die Nachahmungswilligsten unter den Nachahmungswilligen verantwortlich für das Entstehen von Einflusskaskaden sind (vgl. Watts/Dodds 2007). Diese bilden eine Art kritische Masse, die andere Individuen erst veranlassen, bestimmte Beurteilungen zu übernehmen. Darüber hinaus ist die Struktur des Netzwerkes entscheidender für den erfolgreichen Verlauf der Diffusion als persönlicher Einfluss. Anstelle des klassischen Zwei-Stufen-Fluss-Modells wird ein *network model of influence* favorisiert, in dem der Einfluss über mehrere Schritte in alle Richtungen fließen kann. In einer Analyse des Effekts von Bestsellerlisten wird beispielsweise der Begriff »Nachfragekonformität« (Keuschnigg 2012, 3) verwandt.

Von neuen Technologien/Medien geht somit zumeist auch eine Herausforderung bestehender Wissensordnungen aus. Beate Schneider stellt hierzu fest: »Wissen und jene, die es innehaben, passen sich einander an, kommunizieren untereinander und werden zunehmend austauschbar« (Schneider 2006, 89). Die Chancen, Wissen unter den Bedingungen heutiger Informationsdistribution exklusiv zu halten, schwinden zunehmend. Die Dispositive des Wissens verschieben sich und es kommt zu einer radikalen Zunahme der Formenvielfalt, in der uns Wissen gegenüber treten kann.

In den Produktionsweisen, die sich in einer vernetzten Umwelt im Allgemeinen und im Internet im Speziellen beobachten lassen, finden sich Tendenzen ähnlich der von Alvin Toffler erwarteten Verschmelzung von Produktion und Konsum (s. Kap. VIII.37). Axel Bruns spricht im Falle des Web 2.0 – beispielsweise bei der Entwicklung von Open Source-Produkten (oder sonstigen Formen von *user generated content*) – von einer Vermischung von Produktion und Nutzung, die sich im Deutschen im Begriff der »Produtzung« niederschlägt. Hersteller und Nutzer von Wissen befinden sich im vergleichsweise neutralen Internet auf Augenhöhe. Das führt zu einer Entwicklung von etablierten Wissensstrukturen hin zu neuen, veränderbaren Wissenssammlungen – »vom Leser zum Autor, vom Konsumenten zum Nutzer, vom Nutzer zum Produtzer« (Bruns 2010, 203). Die derartige gemeinsame Schöpfung von Inhalten ist nur in einem Umfeld möglich, in dem der Nutzer Informationen sowohl wahrnehmen als auch verändern, relativieren oder ergänzen kann.

Dynamik 3 – Transformation der Sender-Empfänger-Beziehungen: Vom Publikum wird also noch mehr Aufmerksamkeit erwartet: auf der kognitiven und auf der partizipativen Ebene. Gleichwohl erlebt auch das Internet eine Fortsetzung von Verknappung, die dem klassischen Feld der Massenmedien seit jeher vorgehalten wurde: Partizipation zu ermöglichen, die den Namen verdient. Nach wie vor kommt daher Skepsis auf, wenn dem Publikum eine aktive Rolle zugesprochen wird (s. Kap. VIII.39).

Die Einschätzung des Stellenwerts des Publikums wird bei jeder medientechnologischen Innovation geführt, da stets eine Neubestimmung des Verhältnisses von Sender und Empfänger erforderlich zu sein scheint. In Deutschland wird dem Rezipienten spätestens seit der Liberalisierung des Rundfunkwesens eine besonders aktive Rolle, vornehmlich die des »Programmdirektors«, nahegelegt (vgl. Jäckel 1996, insb. 247 ff.). Noch weitergehend war dann die Idee vom *message creator* (vgl. Godlewski/Perse 2007), die den Rollenwechsel hervorhebt.

Publikumsaktivität wurde aber bereits weit früher unter dem Gesichtspunkt diskutiert, was Menschen dazu motiviert, sich in diesen Prozess einzubringen, und zwar nicht nur als aktiver Rezipient im Sinne einer gezielten Auswahl aus konkurrierenden Angeboten, sondern weitergehend in Gestalt von Zustimmung, Mitwirkung, Protest oder Verweigerung in unorganisierter oder organisierter Form (vgl. Jäckel 2008, 171 ff.). Zu nennen sind hier auch ältere Studien, die sich mit Zuschauerpost, Leserbriefen, Anrufen und Hörerpost befasst haben, die im Vorfeld des heutigen Internetzeitalters die bestimmenden Protest- bzw. Mitwirkungsformen von Zuschauern gegenüber Medienanbietern darstellten. Möglichkeiten der (kritischen) Zuschaueraktivität sind inzwischen stärker institutionalisiert und haben zugenommen. Die Formen der Zuschauerbeteiligung reichen von der Repräsentation in Aufsichtsgremien über regelmäßige Umfragen, in denen die Befragten explizit aufgefordert werden, ihre Belange zu artikulieren, bis hin zu Sendungskonzepten, die ohne aktive Beteiligung der Rezipienten nicht funktionieren könnten, schließlich zu Kommunikationsplattformen im Internet (vgl. Jäckel 2008). Nunmehr hat sich ›Social TV‹ als neuer Begriff für Zuschauerbeteiligung etabliert.

Die Interessen und Bedürfnisse, die sich über neue Artikulationsformen zur Geltung bringen, können auf der Ebene von Ab- oder Zustimmungen verharren oder auch größeres Engagement an den Tag legen. So, wie die politische Partizipationsforschung den *spectator* und den *gladiator* kennt, vollziehen sich auch hier Formen der Differenzierung, die dann das bestätigen, was Jürgen Gerhards als »Aufstand des Publikums« (2001) beschrieb, aber eben auch das niedrigschwellige Einbringen in Situationen, die man subjektiv als *low cost* verbucht. Hinzu kommt, dass die erfolgreichste Umsetzung von Beteiligung durch Formate realisiert wird, die ohne Akteure aus dem Publikum nicht vorstellbar wären (»Unsere heutigen Kandidaten sind …«). Für ein insgesamt verhaltenes Involvement sprechen zudem Ergebnisse zur Second Screen-Nutzung (vgl. ausführlich ARD-Forschungsdienst 2014). Die »90–9–1«-Faustregel, wonach die neuen Beteiligungsmöglichkeiten 90 % dennoch passiv lassen, 9 % zu diskontinuierlichem Engagement und 1 % zur aktiven Nutzung animiert (vgl. Schmidt 2013, 76), erinnert an eine Beobachtung von Ralf Dahrendorf aus dem Jahr 1967, wonach die politisch aktive Öffentlichkeit nie große Teile der Gesellschaft umfasste (vgl. Dahrendorf 1967, 1114). Man müsste nunmehr ergänzend fragen, ob sich das im Feld der Unterhaltungsbeteiligung wiederholt.

Jedenfalls wird das Publikum immer häufiger feststellen, dass es nicht nur über Angebote, sondern auch über sich selbst urteilt. Wohl auch aus diesem Grund meinte Luhmann: »Es macht [...] guten Sinn, die reale Realität der Massenmedien als die in ihnen ablaufenden, sie durchlaufenden Kommunikationen anzusehen« (1996, 13).

Neue medienethische Herausforderungen

Zur Geschichte der Medienethik gehört daher aus mediensoziologischer Sicht auch ein Wandel der Bewertungsmaßstäbe und der Verantwortungszuschreibung. Unter der Überschrift »Wenn die Bilder Terror machen« beschreibt Charlotte Klonk etwa die Folgen eines Wegfalls von »Schwellenhütern« (2015, 12). Während sich die amerikanische Regierung wegen der Nicht-Veröffentlichung von Bildern des getöteten Osama Bin Laden der Kritik stellen musste, gelangen zunehmend private Aufnahmen von Terroranschlägen ungehindert ins Netz (vgl. ebd.).

Debatin und Funiok eröffneten ihren Beitrag zum Thema »Begründungen und Argumentationen der Medienethik – ein Überblick« mit der Feststellung: »Die präzise Analyse der ethischen Konflikte und Herausforderungen der Mediengesellschaft ist notwendiger denn je. Mit zunehmender Komplexität des Mediensystems vermehren sich nicht nur die möglichen Probleme, sie werden auch komplizierter« (2003, 9). Eine Individualisierung der Medienethik müsste dann wohl am ehesten davon überzeugt werden, dass die Vorstellungen vom »Normalen« und Zulässigen vielleicht gar nicht so unterschiedlich sind. Denn »[d]ie Wirksamkeit der Medienethik [..] hängt entscheidend davon ab, wie gut es gelingt, ethische Strukturen im Mediensystem und moralische Orientierungen in den Individuen zu verankern« (ebd., 10). Zwei Beispiele sollen dieses Argument vertiefen:

Unterhaltung im Wandel: Neal Gabler wählte in *Das Leben, ein Film* (1999) ein Zitat von Philip Roth als Leitgedanken: »Was, wenn die Welt eine Art – Show wäre! [...] Was, wenn wir alle nur Talente wären, vom großen Talentsucher dort oben zusammengestellt? Die große Show des Lebens! Jeder ein Schauspieler! Was, wenn Unterhaltung der Sinn des Lebens wäre!« Man könnte ihm Erving Goffman zur Seite stellen und ergänzen: »Natürlich ist nicht die ganze Welt eine Bühne, aber die entscheidenden Punkte, in denen sie es nicht ist, sind nicht leicht zu finden« (2013, 67). In historischer Hinsicht ist Unterhaltung in der Tat zunächst ein psychologisches und soziales Grundphänomen (s. Kap. VIII.43). Seit Menschen für und vor Menschen Leistungen unterschiedlicher Art erbringen, gehören Lob und Tadel zu den Gradmessern gelungener Kommunikation. Zu dieser Sender-Empfänger-Beziehung gehört auch ein weites Spektrum an Wertschätzungen auf beiden Seiten. Bezogen auf das Fernsehen und die Geschichten, die es Tag für Tag erzählt, hat Raymond Williams von einer »dramatisierten Gesellschaft« gesprochen, für die die regelmäßige Ablenkung durch unterschiedlichste Medien der Zerstreuung in den Rang »eines grundlegenden Bedürfnisses« aufgerückt sei (1998, 241). Dieses Grundbedürfnis lässt viel Raum für Variation. Ebenso wird es nicht eine verbindliche Antwort auf die Frage geben können, was die Menschen an bestimmten Medienangeboten fasziniert und welchen Gewinn sie aus der Nutzung ziehen – sofern überhaupt von einem Gewinn gesprochen werden kann. Ein seit dem Jahr 2011 vorhandenes Publikumsbeteiligungskonzept trägt den vielsagenden Namen »Joiz« (vgl. Klemm/Michel 2014) und baut, bei entsprechender Aussprache, die Brücke zum Wählen.

Eine Gesellschaft, die unentwegt umworben wird und die sich in Auseinandersetzung mit populärkulturellen Inhalten ständig auch mit sich selbst beschäftigt, gewährleistet somit auf subtile Weise die permanente Kommunikation über Kommunikation. Anschlussfähigkeit ist sehr wahrscheinlich, und häufig ist es auch eine Notwendigkeit, der man sich nicht entziehen kann. Die so genannte ›Mediengesellschaft‹ schafft sich auf diese Art und Weise ihre eigene Endlosserie. Vieles bleibt ohne Zweifel inszeniert – aber auch mit diesen Illusionen muss man umzugehen lernen. Eine Sendung, die anfänglich als undenkbar galt, erfährt im Laufe der Jahre ganz neue Lesarten, z. B. das *Dschungelcamp*. In einem Interview meinte der Schauspieler Ulrich Matthes (2015) etwa:

> »Das Dschungelcamp ist eine hochtheatrale Angelegenheit, weil die Teilnehmer gleichzeitig als Individuen und als Rollenträger unterwegs sind. Das macht die Sache aus einem theatralen und einem psychologischen Aspekt interessant – und, wenn man die Votings des Publikums berücksichtigt, auch aus einem soziologischen. Es werden den Teilnehmern bei der Auswahl und dann im Camp Charaktermasken zugeschrieben: die böse Sexy, die Mutta vons Janze, der gutaussehende Frauenaufreißer und so weiter. Diese Rollen sind verteilt. Die aufregende Frage ist nun, wie sie von den verschiedenen Teilnehmern ausgefüllt werden.«

Die Unterhaltungsindustrie gibt der Gesellschaft planmäßig Rätsel auf. Lösungsvorschläge gehören zur Kreativität der Moderne.

Öffentlichkeit und Privatheit: Bleibt man bei der ›Theater‹-Terminologie, dann lassen sich Rückzugsoasen als Hinterbühnen des Lebens definieren. Privatheit ist ein Schutzmechanismus gegenüber unerwünschtem Zutritt. Wer diese Grenzziehung verletzt, muss in der Regel mit unangenehmen Reaktionen der Betroffenen rechnen. Die Verletzung wird als massiver Eingriff in das ureigene Territorium empfunden. Zum Privaten gehört natürlich auch das Privateigentum, aber vor allem Informationen über die eigene Person und die eigenen Lebensverhältnisse (s. Kap. VI.23).

Am augenfälligsten ist auch in diesem Bereich die Verschiebung der Diskussionsschwerpunkte. Zu Beginn der 2000er Jahre wurde vor allem über das Zeigen des Unzulässigen debattiert, über eine Erosion der öffentlichen Moral durch die Verletzung von Tabus. Das Medium Fernsehen saß erneut auf der Anklagebank. Man sorgte sich um eine Zunahme der teilnahmslosen Teilhabe an den Schicksalen und Verfehlungen anderer Menschen. Öffentlichkeit, so Jürgen Habermas bereits in den 1960er Jahren, wird zur Sphäre der Veröffentlichung privater Lebensgeschichten, sowohl des kleinen Mannes als auch der Stars mit Publizität (vgl. Habermas 1990, 262). Die Dynamik der Kommunikationsgesellschaft wurde hier durch die systematische Erzeugung des Ungewöhnlichen in Gang gehalten. Bestätigt wurde: Es liegt im Wesen der Neugier, dass sie vor nichts Halt macht.

Heute verschiebt sich die Debatte aber vermehrt auf Beobachtung von Personen, oder noch enger gefasst: Daten über Personen. Das zeigt sich auch an einer Renaissance der Arbeiten von Michel Foucault (1976), der die Undurchschaubarkeit einer komplexen Umwelt als dämonisches Phänomen interpretieren würde. Aber auch seine Überlegungen zu Formen der Überwachung und Kontrolle werden häufig bemüht. Das Prinzip des Panoptikums beispielsweise, bei dem schon die Chance darauf ausreicht, überwacht und beobachtet zu werden, um sein Verhalten danach auszurichten, findet seine Entsprechung in modernen Formen der Kommunikation, bei denen man nie vollständig sicher sein kann, wer private Informationen wann liest – und ob nicht beispielsweise ein technischer Algorithmus Sachverhalte in Zusammenhang zu bringen und Konsequenzen zu ziehen vermag, die der Nutzer unmöglich antizipieren kann (s. Kap. VII.24). Das moderne Gedankenlesen, von dem Richard Sennett unlängst gesprochen hat, beunruhigt, weil viele nicht daran glauben, dass Spuren, die im Netz hinterlassen werden, so wertvoll sind. Seit das Internet hinzugekommen ist, hat sich die Diskussion um die Privatsphäre also nicht nur verstärkt, sondern auch andere Schwerpunkte hervorgebracht. Die Gesellschaft wird nicht nur kontrolliert, sie soll sich auch selbst kontrollieren. Diese Botschaft ist ambivalent, weil sie sowohl die Aufforderung enthält, sich selbst zu erkunden, sondern auch die Funktion des Datenlieferanten meint: »Daten und nicht nur Algorithmen werden so zu einer Quelle von Innovation und Wertschöpfung« (Hofmann/Schölkopf 2015, 14). Vor allem aber kennt diese Datenerfassung keine Grenze mehr (vgl. ebd.).

Fazit

Was bedeutet dies für den Zusammenhang von Mediensoziologie und Medienethik? Die narkotisierenden Effekte, von denen Lazarsfeld und Merton in den Anfangsjahren der Massenkommunikation sprachen, mögen nunmehr in stärkerem Maße als Generationendifferenz aufscheinen, da das Diktum der Beteiligung, die Mitmach-Medien, dem passiven Zuschauen/Hören etc. nun ein belebendes Element mitgeben. Aber im Ergebnis erfährt auch eine auf Beteiligung ausgelegte Medienkultur Differenzierungen, die den alten Verhältnissen – auch zahlenmäßig – ähneln. Alle suchen nach Anschluss an Themen und Moden in einem Umfeld, das nur darauf aus ist, der Konkurrenz den Rang abzulaufen. Die Mediennutzer laufen mit, können dem vielkanaligen Medienrauschen aber häufig nichts von dauerhaftem Wert abgewinnen, liefern quasi en passant, ob intendiert oder nicht, Verwertbares für andere. Viele bevorzugen nach wie vor den Beobachterstatus und warten neugierig darauf, ob und welche Gratifikationen Nicht-Beteiligung an Beteiligung mit sich bringen kann.

Im Jahr 1995 beschrieb Gerhard Schulze das »Medienspiel« des dualen Rundfunks mit den Worten: »König Kunde hat zwei Möglichkeiten: Er kann sein Zepter dem Hofnarren übergeben oder sein Rolle annehmen. Dieser Dualismus beschreibt den Markt der Zukunft« (1995, 372). Technische Innovationen haben damals neue Rollen eröffnet und eröffnen diese heute noch in stärkerem Maße. Ob es um gute Mienen zum bösen Spiel oder böse Mienen zum guten Spiel gehen wird, kann nur beurteilt werden, wenn der Zweck des Ganzen bekannt und gemeinsam geteilt wird. Eher scheint für dieses Medienspiel die Empfehlung von Zygmunt Bauman (1995) passend zu sein. Er sprach von einer Philosophie der Fitness und wollte damit eine erforderliche Grundhaltung der Moderne beschreiben. Sie lautet sinngemäß: Bei der ständigen Suche nach Glück sollte man auf alle Umstände gefasst sein.

Literatur

ARD-Forschungsdienst: Second Screen und Social-Media-Nutzung. In: *Media Perspektiven* 2 (2014), 111–117.
Bauman, Zygmunt: Zeit des Recycling: Das Vermeiden des festgelegt-Seins. Fitneß als Ziel. In: *Psychologie und Gesellschaft* 19 (1995), 7–23.
Bolz, Norbert: Gewinn für alle. Soziale Gerechtigkeit im 21. Jahrhundert (2010). In: http://www.swr.de/-/id=5866852/property=download/nid=660374/gvhlr/swr2-wissen-20100228.pdf (19.4.2016).
Bruns, Axel: Vom Prosumenten zum Produzer. In: Birgit Blättel-Mink/Kai-Uwe Hellmann (Hg.): *Prosumer revisited. Zur Aktualität einer Debatte*. Wiesbaden 2010, 191–205.
Dahrendorf, Ralf: Aktive und passive Öffentlichkeit. In: *Merkur* 12 (1967), 1109–1122.
Debatin, Bernhard: Kernkompetenzen in der Zivilgesellschaft. In: Alexander Filipović et al. (Hg.): *Medien- und Zivilgesellschaft*. Weinheim 2012, 84–94.
Debatin, Bernhard/Funiok, Rüdiger: Begründungen und Argumentationen der Medienethik – ein Überblick. In: Dies. (Hg.): *Kommunikations- und Medienethik*. Konstanz 2003, 9–20.
Dewey, John: *The Public and its Problems*. Chicago 1954.
Durkheim, Émile: *Über soziale Arbeitsteilung. Studie über die Organisation höherer Gesellschaften*. Frankfurt a. M. 1996 (frz. 1893).
Ellrich, Lutz: Die ›Digitale Elite‹ als Impulsgeber für sozialen Wandel. In: Andreas Ziemann (Hg.): *Medien der Gesellschaft – Gesellschaft der Medien*. Konstanz 2006, 141–160.
Foucault, Michel: *Überwachen und Strafen*. Frankfurt a. M. 1976.
Gabler, Neal: *Das Leben, ein Film*. Berlin 1999.
Gerhards, Jürgen: Der Aufstand des Publikums. Eine systemtheoretische Interpretation des Kulturwandels in Deutschland zwischen 1960 und 1989. In: *Zeitschrift für Soziologie* 30/3 (2001), 163–184.
Godlewski, Lisa R./Perse, Elizabeth M.: Audience Activity and Reality Television: Identification, Online Activity, and Satisfaction. In: *Annual Meeting of the NCA 93rd Annual Convention*. TBA, Chicago, Nov. 15, 2007, 1–38.
Goffman, Erving: *Wir alle spielen Theater*. München 2013 (engl. 1959).
Habermas, Jürgen: *Vorstudien und Ergänzungen zur Theorie des Kommunikativen Handelns*. Frankfurt a. M. 1984.
Habermas, Jürgen: *Strukturwandel der Öffentlichkeit. Untersuchungen zu einer Kategorie der bürgerlichen Gesellschaft* [1962]. Frankfurt a. M. 1990.
Hofmann, Thomas/Schölkopf, Bernhard: Vom Monopol auf Daten ist abzuraten. In: *Frankfurter Allgemeine Zeitung* (29.1.2015), 14.
Hömberg, Walter: Zur Einführung: Transformation statt Revolution. In: Walter Hömberg/Heinz Pürer (Hg.): *Medientransformation. Zehn Jahre dualer Rundfunk in Deutschland*. Konstanz 1996, 11–16.
Honneth, Axel: *Kampf um Anerkennung. Zur moralischen Grammatik sozialer Konflikte*. Frankfurt a. M. 1992.
Jäckel, Michael: *Wahlfreiheit in der Fernsehnutzung. Eine soziologische Analyse zur Individualisierung der Massenkommunikation*. Opladen 1996.
Jäckel, Michael: Macht und Ohnmacht des Publikums. In: Michael Jäckel/Manfred Mai (Hg.): *Medienmacht und Gesellschaft. Zum Wandel öffentlicher Kommunikation*. Frankfurt a. M. 2008, 171–195.
Jäckel, Michael et al.: Traditionen der Medienwirkungsforschung im Überblick. In: Friederike von Gross et al. (Hg.): *Die Geschichte der Medienpädagogik in Deutschland*. Weinheim 2015, 131–155.
Jäckel, Michael/Brosius, Hans-Bernd (Hg.): *Nach dem Feuerwerk: 20 Jahre duales Fernsehen in Deutschland*. München 2005.
Johnson, Steven: *Neue Intelligenz. Warum wir durch Computerspiele und TV klüger werden*. Köln 2006.
Keuschnigg, Marc: Konformität durch Herdenverhalten. In: *Kölner Zeitschrift für Soziologie und Sozialpsychologie* 64/1 (2012), 1–36.
Klemm, Michael/Michel, Sascha: Social TV und Politikaneignung. Wie Zuschauer die Inhalte politischer Diskussionssendungen via Twitter kommentieren. In: *Zeitschrift für angewandte Linguistik* 60/1 (2014), 3–35.
Klonk, Charlotte: Wenn die Bilder Terror machen. In: *Frankfurter Allgemeine Zeitung* (20.1.2015), 12.
Lazarsfeld, Paul F./Merton, Robert K.: Massenkommunikation, Publikumsgeschmack und organisiertes Sozialverhalten [1948]. In: Jörg Aufermann et al. (Hg.): *Gesellschaftliche Kommunikation und Information*. Frankfurt a. M. 1973, 447–470.
Lewin, Kurt: *Feldtheorie in den Sozialwissenschaften. Ausgewählte theoretische Schriften*. Hg. v. Dorwin Cartwright. Bern/Stuttgart 1963.
Link, Jürgen: *Versuch über den Normalismus. Wie Normalität produziert wird*. Opladen [2]1999.
Luhmann, Niklas: *Die Realität der Massenmedien*. Opladen [2]1996.
Matthes, Ulrich (im Gespräch): Sie rufen fürs Dschungelcamp an? In: *Frankfurter Allgemeine Zeitung* (FAZ.Net) (16.1.2015), http://www.faz.net/aktuell/feuilleton/medien/schauspieler-ulrich-matthes-im-interview-zum-dschungelcamp-13363270.html (22.4.15).
Puffer, Hanna: Video-on-Demand: Neue Schubkraft durch Netflix? In: *Media Perspektiven* 1 (2015), 17–29.
Rogers, Everett M.: *Diffusion of Innovations*. New York [5]2003.
Schmidt, Jan-Hinrik: *Social Media*. Wiesbaden 2013.
Schneider, Irmela: Zur Archäologie der Mediennutzung. Zum Zusammenhang von Wissen, Macht und Medien. In: Barbara Becker/Josef Wehner (Hg.): *Kulturindustrie reviewed. Ansätze zur kritischen Reflexion der Mediengesellschaft*. Bielefeld 2006, 83–102.
Schultz, Tanjev: Große Gemeinschaft und Kunst der Kommunikation. Zur Sozialphilosophie von John Dewey und

ihrem Revival im Public Journalism. In: Kurt Imhof et al. (Hg.): *Integration und Medien*. Wiesbaden 2002, 36–55.
Schulze, Gerhard: Das Medienspiel. In: Stefan Müller-Doohm/Klaus Neumann-Braun (Hg.): *Kulturinszenierungen*. Frankfurt a. M. 1995, 363–378.
Shannon, Claude E./Weaver, Warren: *The Mathematical Theory of Communication*. Urbana, Ill. 1949.
Small, Albion W./Vincent, George E.: *An Introduction to to the Study of Society*. New York 1894.
Watts, Duncan J./Dodds, Peter Sheridan: Influentials, Networks, and Public Opinion Formation. In: *Journal of Consumer Research* 34/4 (2007), 441–458.
Williams, Raymond: Drama in einer dramatisierten Gesellschaft [1984]. In: Udo Göttlich et al. (Hg.): *Kommunikation im Wandel. Zur Theatralität der Medien*. Köln 1998, 238–252.
Zorn, Werner: Wie das Internet unsere Welt verändert. In: *Süddeutsche Zeitung*, Beilage SZ – Technik Telekommunikation (25.6.1997), 14.

Michael Jäckel

3 Technikethik

Im wissenschaftlich-technischen Fortschritt werden neue Handlungsoptionen entwickelt und Eingriffsmöglichkeiten des Menschen verfügbar gemacht, wodurch vielfach ethische Fragen aufgeworfen und traditionelle Selbstverständlichkeiten aufgelöst werden. Aufgabe der Technikethik ist es, die normativen Hintergründe dieser Fragen in der Gestaltung des wissenschaftlich-technischen Fortschritts und im Umgang mit seinen Folgen nach Maßstäben rationaler Argumentation zu rekonstruieren, um auf diese Weise zu ethisch reflektierten und verantwortbaren Entscheidungen beizutragen (vgl. Hubig 1993; Grunwald 2013).

Ethische Fragen der Technik liegen vor, wenn durch neue Technologien und ihre Folgen normative Unsicherheit entsteht, entweder als moralische Technikkonflikte (z. B. zwischen den Wünschen nach Sicherheit und Terrorabwehr auf der einen und dem Schutz von Privatheit auf der anderen Seite) oder wenn eingespielte moralische Üblichkeiten und Regeln angesichts neuer technischer Möglichkeiten nicht ausreichen, um anstehende Entscheidungen zu orientieren (vgl. Grunwald 2012a). Dabei nimmt Technikethik in der Regel nicht die Technik *als solche* in den Blick, sondern betrachtet sie in Anwendungskontexten und gesellschaftlichen Zusammenhängen. Ob nun Folgen und Implikationen von Ideen zum zukünftigen Internet reflektiert werden oder ob Nanopartikel zu Gefahren für Umwelt und Gesundheit führen können, und inwieweit und nach welchen Kriterien dies ethisch zu beurteilen wäre, muss im jeweiligen sozio-technischen Zusammenhang (vgl. Ropohl 1979) reflektiert werden. Häufig geht es dabei weniger um bereits vorhandene Technik, als um »Technikzukünfte« (Grunwald 2012b), also um eine Reflexion zukünftig möglicher Technik und zukünftig möglicher Folgen. Das Ziel ist dann, Beiträge zu einer proaktiven Technikgestaltung zu ermöglichen, im Gegensatz zu einer bloß nachträglichen »Reparaturethik« (Mittelstraß 1989; s. Kap. VIII.48).

Technikethik benötigt spezifisches Wissen über den Gegenstand ›Technik‹ und über seine gesellschaftlichen Kontextfaktoren, um die normativen Unsicherheiten rekonstruieren und analysieren zu können. Dies erfordert zum einen interdisziplinäre Kooperation mit den Technikwissenschaften, zum anderen die Zusammenarbeit mit den Sozialwissenschaften, die das Entstehen von, die Entscheidungsprozesse über und die Verbreitung und Nutzung von

Technik empirisch erforschen. Je nach technikethischer Herausforderung kann dies z. B. das Wissen über Laborkontexte, über Unternehmensführung, über politische und rechtliche Prozesse zur Setzung der Rahmenbedingungen für Technik oder über zivilgesellschaftliche Verhältnisse sein, in denen Technik eine Rolle spielt. Technikethik ist daher grundsätzlich in einen interdisziplinären Dialog eingebunden.

Darüber hinaus hat Technikethik Verbindungen zu übergreifenden philosophischen Debatten wie z. B. zur Diskussion um die Zukunft der Natur des Menschen angesichts der in das Blickfeld geratenen Möglichkeiten seiner ›technischen Verbesserung‹, zur Auseinandersetzung über das ›Ende der Natur‹ angesichts ihrer fortschreitenden technischen Überformung, zur gerade neu auflebenden Debatte über das Verhältnis von Technik und Leben oder auch zur Debatte um die Bedrohung menschlicher Selbstbestimmung in der Folge zunehmender Vernetzung durch elektronische Medien. Hierbei geht es nicht um diese oder jene konkrete Technik, sondern um die Reflexion bisheriger Perspektiven und Positionen zur Stellung des Menschen in der Welt angesichts neuer wissenschaftlich-technischer Möglichkeiten. Die Aufgabe der Technikethik in diesen Fragen ist zuallererst die einer *Hermeneutik* der sich im Zuge des wissenschaftlich-technischen Fortschritts neu oder verändert stellenden Fragen, weit im Vorfeld konkreter Überlegungen im Sinne der angewandten Ethik (vgl. Grunwald 2012b; s. Kap. II.5). Ein solcher hermeneutischer Zugang fragt einerseits nach den impliziten kognitiven und evaluativen Vorannahmen von Techniken bzw. technischen Systemen und der Sprache, in der über diese geredet wird, sowie andererseits selbstreflexiv nach den Vorannahmen der Technikbewertung als Verfahren.

Historische Entwicklung

Der wissenschaftlich-technische Fortschritt erweitert die menschlichen Handlungsmöglichkeiten und macht vieles, was menschlichem Zugriff bis dato entzogen war, zum Gegenstand zweckgerichteter Gestaltbarkeit. Allerdings zeigen sich diesbezüglich tief greifende Ambivalenzen (vgl. Höffe 1993; Grunwald 2010). Beispielsweise kommt es vielfach zu nicht intendierten Folgen wie z. B. Unfällen in technischen Anlagen, langfristigen und schleichenden Folgen für die natürliche Umwelt und problematischen sozialen und kulturellen Folgen des technischen Fortschritts, etwa für die Arbeitswelt im Zuge der Automatisierung. Diese führen zu teils schwierigen Abwägungsproblemen zwischen den erwarteten positiven und den möglichen nicht intendierten negativen Folgen und damit zu einem Bedarf nach Technikfolgenabschätzung (vgl. Grunwald 2010) und Technikethik.

Am Ursprung einer breiteren Befassung mit ethischen Fragen des wissenschaftlich-technischen Handelns standen spektakuläre Ereignisse wie die Entwicklung der Atombombe im Zweiten Weltkrieg und die Konferenz von Asilomar (1975), auf der Gentechniker sich zu Verantwortungsübernahme und Vorsorge verpflichteten. In den 1970er Jahren setzten Diskussionen um ein Standesethos für Ingenieure und seine Kodifizierung ein (z. B. Lenk/Ropohl 1993, 194ff). Den Durchbruch für eine philosophische Diskussion über ethische Fragen der Technik brachte das *Prinzip Verantwortung* von Hans Jonas (1979), in dem vor allem die langfristigen Risiken des technischen Fortschritts für den Bestand der Menschheit thematisiert wurden (s. Kap. III.9). In der Folge setzte eine breite ethische Diskussion ein, die durch folgende Entwicklungen charakterisiert werden kann:

- ging es bei Hans Jonas (1979) zunächst um die Verhinderung einer globalen Apokalypse, so hat sich die Technikethik in der Folge mehr und mehr konkreten Fragen spezifischer Technikfelder zugewandt (z. B. der fortschreitenden Digitalisierung);
- dabei wurde die ursprüngliche antizipativ ausgerichtete Folgenperspektive auf Fragen der proaktiven *Gestaltung* von Technik ausgeweitet. Der in der Anfangszeit verbreiteten Sorge, Technikethik komme grundsätzlich zu spät (vgl. Mittelstraß 1989; Ropohl 1995), wurde ethische Reflexion in zunehmend frühen Phasen der Technikentwicklung entgegen gesetzt (z. B. Rip/Swierstra 2007);
- die generelle gesellschaftliche Öffnung in vielen vorwiegend westlichen Ländern hin zu partizipativen Prozessen hat auch die Technikethik mit vollzogen, insbesondere in Form diskursethischer Ansätze (vgl. Skorupinski/Ott 2000);
- gegenwärtig werden in der internationalen Debatte um *responsible research and innovation* (Owen et al. 2013) technikethische Fragen gemeinsam mit politik- und sozialwissenschaftlichen Aspekten sowie der Technikfolgenabschätzung diskutiert.

Technikbegriff

Das ›Gemacht-Sein‹ von Techniken ist unmittelbar in die Zweck-Mittel-Rationalität eingebunden. In der klassischen handlungstheoretischen Deutung dienen Techniken, sowohl geregelte Verfahren als auch Artefakte wie Werkzeuge oder Maschinen, zu *außerhalb ihrer selbst liegenden* Zwecken. Technik ist damit ein »Inbegriff der Mittel« (Hubig 2006). *Effektivität*, also die Aussicht darauf, die intendierten Zwecke durch den Einsatz der jeweiligen Technik zu erfüllen, und *Effizienz*, also ein günstiges Verhältnis der eingesetzten Mittel (z. B. Geld, aber auch Materialien) zur Zweckerreichung, sind in diesem Verständnis von Technik wesentliche Kriterien der Auswahl zwischen mehreren Techniken.

Technik geht handlungstheoretisch jedoch nicht in ihrem Mittelcharakter auf. Mittel sind Mittel immer nur relativ zu Zweck-Mittel-Relationen, die kontextabhängigen Interpretationen und gegebenenfalls auch Umdeutungen ausgesetzt sind. Technik wird zwar in der Regel als Mittel zu vorab festgelegten Zwecken hergestellt. Das Vorhandensein technischer Mittel regt jedoch vielfach zur Erfindung neuer Zwecke an (›Überschießen der Mittel‹, Rohbeck 1993). Ablesbar ist dies z. B. an der Einführung des Short Message Service (SMS), der ursprünglich nur für die automatisierte Versendung technischer Information eingeführt worden war, dann aber eine eigene Dynamik als Medium für soziale Interaktion entwickelt hat und eine eigene Kultur des sprachlichen Ausdrucks hervorbrachte. Die handlungstheoretische Struktur des Technikbegriffs ist erheblich komplexer als es das einfache Bild von Technik als Mittel für vorab festgelegte Zwecke suggeriert.

Eine ontologische Einteilung der Welt in technische und nichttechnische Einheiten ist nicht möglich. Technik kann nur *als Technik* oder *als etwas anderes* thematisiert werden, je nach der Zuschreibung von Zweck-Mittel-Zusammenhängen. Gegenstände und Verfahren, die *als Technik* bestimmt wurden, sind Technik ›zu etwas‹. Das gleiche betreffende Objekt kann jedoch immer auch anders thematisiert werden, z. B. als Kunstwerk, als persönliches Andenken oder als Ware. Daher stellt der Technikbegriff einen *Reflexionsbegriff* dar (vgl. Janich 2001, 151 f.). Die Reflexion kann auf verschiedene Weise erfolgen: als Differenzbestimmung durch unterscheidende Abgrenzung der Technik von Nichttechnik, als Funktionsdeutung durch Angabe von (z. B. anthropologischen) Funktionen der Technik, durch Bestimmung ihres Ortes in Handlungskontexten und Kulturen und durch den Bezug auf Reproduzierbarkeit und Regelhaftigkeit (vgl. Grunwald/Julliard 2005).

Gegenwärtig wird Technik vielfach jenseits der Zweck-Mittel-Relationen als zentrales *Medium* der menschlichen Existenz in der Moderne bestimmt (z. B. Hubig 2006). Während in vielen anderen Feldern der Begriff Medium für technische Apparaturen oder Technologien und Infrastrukturen der Verbreitung von Information oder der Ermöglichung von Kommunikation steht, geht es hier um eine philosophische Deutung des Verhältnisses von Mensch und Welt, vermittelt eben durch das ›Medium‹ Technik. In diesem Medium mit seinen Möglichkeiten und Restriktionen finden demnach individuelle wie gesellschaftliche Prozesse der Weltaneignung, der Weltkonstruktion und der Welterkennung sowie der gesellschaftlichen Reproduktion und Entwicklung statt. Der Mensch begegne nicht mehr einzelnen technischen Artefakten im traditionellen Subjekt/Objekt-Schema, sondern bewege sich in einer technisch grundlegend präformierten ›Zweiten Natur‹. Die Rede vom Internet als dem ›Nervensystem‹ der modernen Gesellschaft ist ein aktuelles Beispiel hierfür. Mit dem *Ubiquitous Computing* als einem anderen Beispiel würde eine Welt geschaffen, in der wir von Technik umgeben sind, ohne diese noch zu bemerken (s. Kap. VII.28).

Wertgehalt von Technik

Dass Technik moralisch relevante Gehalte haben und damit überhaupt ein Gegenstand für ethische Reflexion sein könnte, war lange Zeit durchaus umstritten. Die bis in die 1990er Jahre des vergangenen Jahrhunderts hinein dominante Wertneutralitätsthese besagt, dass Technik ausschließlich Mittelcharakter besitze und für sich genommen moralisch neutral sei; moralische Probleme könne höchstens ihr Gebrauch aufwerfen (erläuternd und kritisch dazu Hubig 1993). Als klassisches Beispiel dient das Brotmesser: wenn dieses zweckentfremdet wird, um einen Menschen zu erstechen statt Brot zu schneiden, liege das ausschließlich in der Verantwortung des jeweiligen Menschen. Weder der Hersteller des Messers noch die Vertriebskette seien dafür in irgendeiner Weise verantwortlich zu machen. Wertgehalt habe nicht das Messer, sondern die das Messer nutzende menschliche Handlung.

Dieses Beispiel ist offenkundig schlagend. Der verallgemeinernde Schluss auf eine vermeintlich generelle Wertneutralität von Technik geht jedoch fehl (vgl. Hubig 1993). Technik ist wertneutral nur in ihrer bloßen Werkzeugfunktion, wenn nämlich der nutzende Mensch die volle Verfügungsgewalt hat und damit auch die volle Verantwortung trägt. Allerdings erschöpft sich moderne Technik nicht in ihrem Werkzeugcharakter, sondern besteht aus Maschinen oder komplexen technischen Systemen (ebd.). In Maschinen sind Zweck-Mittel-Relationen durch den Hersteller festgelegt. So kann etwa der Nutzer einer Waschmaschine zwar zwischen verschiedenen Programmen wählen – die Programme selbst sind jedoch vom Hersteller vorgegeben. In dieser Festlegung haben normative Aspekte eine Rolle gespielt, die durchaus ethische Qualität haben können (z. B. durch die Vorfestlegungen zu ökologisch relevanten Folgen wie Strom- oder Wasserverbrauch). Analog werden durch Hersteller von Automobilen im Design und in der Auslegung Werte wie Sportlichkeit, Männlichkeit, Eleganz, Umweltverträglichkeit oder Robustheit konstruiert.

In technischen Systemen wie z. B. dem Internet werden durch Festlegungen der Hersteller, der Regulatoren oder der Betreiber ebenfalls werthaltige Festlegungen vorgenommen, die in der Verfügungsgewalt und damit Verantwortung dieser Gruppen und nicht beim Nutzer liegen. Beispielsweise haben Softwaresysteme einen stark regulativen Charakter und können den Status von handlungsregulierenden Institutionen annehmen (vgl. Orwat et al. 2010; Lessig 2001). Regelungen mittels Software oder Internetarchitekturen können konventionelle Regeln und Wertvorstellungen konterkarieren. Beispielsweise kann der Einsatz von softwarebasierten Systemen des digitalen Rechtemanagements in der Medienindustrie rechtlich gegebene Nutzungsmöglichkeiten einschränken (vgl. Samuelson 2003; s. Kap. VII.31). Bei den großen technischen Systemen, vor allem Infrastrukturen, ist auch an informelle aber faktisch hoch wirksame Tendenzen der Anpassungserzwingung zu denken (vgl. Hubig 1993): niemand ist z. B. verpflichtet, das Internet zu nutzen, aber wer es nicht tut, ist von relevanten Informations- und Beteiligungsoptionen abgeschnitten. Die Machtförmigkeit von Infrastrukturen macht sie per se zu Gegenständen ethischer Reflexion.

Die Wertneutralitätsthese ist also nicht haltbar. Technik ist immer in gesellschaftliche Zielsetzungen, Problemdiagnosen und Handlungsstrategien eingebettet. In ihr verfestigen sich Wertvorstellungen durch Zielvorgaben und Designentscheidungen (vgl. Rapp 1999). Beispielsweise sind Sicherheitsvorgaben nicht objektiv gegeben, sondern müssen ethisch reflektiert und gesellschaftlich ausgehandelt werden. In den technischen Mitteln sind also über Wertentscheidungen im Entstehungsprozess auch machtförmige, bewertende und normative Anteile enthalten. Dementsprechend wurde seit den 1990er Jahren in vielen Fallstudien der Wertgehalt von Technik (vgl. Radder 2009) und im technischen Handeln aufgedeckt, wurden die normativen Hintergründe von Entscheidungen über Technik (insbesondere von solchen im Design, vgl. van de Poel 2009) erkannt und zum Gegenstand der Forschung und Reflexion gemacht.

Untersuchungsgegenstände

Die Untersuchungsgegenstände der Technikethik richten sich nach den im Zuge des wissenschaftlich-technischen Fortschritts auftretenden Herausforderungen normativer Unsicherheit (siehe oben) und entziehen sich damit einer inhaltlichen Kategorisierung. In einer handlungstheoretischen Struktur lassen sie sich auf (1) mit Technik verfolgte *Ziele*, (2) die zur Realisierung eingesetzten *Mittel* und (3) die *Folgen* (einschließlich der nicht intendierten *Nebenfolgen*) beziehen (vgl. Grunwald 2013):

1. *Ziele und Zwecke* von Technik bilden die mit ihr ex ante verbundenen erwünschten und intendierten Folgen und Erwartungen. Sie werden von ihren Verfechtern als allgemein wünschenswert angesehen – was aber nicht in allen Teilen der Gesellschaft geteilt werden muss, sondern zu normativen Unsicherheiten und moralischen Konflikten führen kann.
2. Die im Zuge der technischen Forschung und Entwicklung zum Einsatz kommenden *Instrumente und Mittel* weisen ebenfalls vielfach moralisch umstrittene Aspekte auf. Beispiele sind Experimentalpraktiken wie Tierversuche oder die Forschung am Menschen, menschlichen Embryos oder Stammzellen oder bestimmte Aspekte von Experimenten wie z. B. Freilandexperimente mit gentechnisch veränderten Pflanzen.
3. Entwicklung, Produktion, Einsatz und Entsorgung von Technik haben *Folgen*, die in der Regel auch nicht intendierte und teils unvorhergesehene Folgen umfassen. Hierzu gehören z. B. Risiken technischer Entwicklungen für Gesellschaft und Umwelt, die häufiger Gegenstand der Technikfol-

genabschätzung (vgl. Grunwald 2010) und moralischer Erwägungen sind.

Ohne Zweifel weist das Feld der Folgen die für die Technikethik höchste Relevanz auf. Aufgrund ihrer notwendigerweise prospektiven Ausrichtung – es soll um eine ethische Reflexion von noch nicht eingetretenen Folgen gehen, um Einfluss auf Gestaltung nehmen zu können – ist Technikethik dadurch mit der Herausforderung unsicherer Wissensbestände konfrontiert. Denn die Folgen ergeben sich üblicherweise nicht unmittelbar aus dem Konstruktionsplan neuer Techniken, sondern aus komplexen Wechselwirkungen zwischen Eigenschaften der Technik und der Art und Weise, wie sie in gesellschaftliche Nutzung überführt und von den Nutzern angenommen und eingesetzt wird. Hier kommen gesellschaftliche Einflüsse durch Nutzergewohnheiten, Lebensstile und Werte genauso ins Spiel wie politische oder ökonomische Randbedingungen. Die schlechte Prognostizierbarkeit bzw. positiv gesprochen, die Offenheit der Zukunft führen dazu, dass Technikethik nicht nur mit normativen, sondern auch mit epistemischen Unsicherheiten konfrontiert ist. Dies führt zu erheblichen erkenntnistheoretischen Problemen (vgl. Nordmann 2014) und hat Anlass gegeben, das Augenmerk auf hermeneutische Aspekte jenseits der konsequentialistischen Perspektive zu lenken (vgl. Grunwald 2014).

Auch in anderer Hinsicht übersteigen die Herausforderungen häufig den üblichen Rahmen angewandter Ethik. So geraten in Technik- und Technikfolgedebatten immer wieder ethisch-philosophische Grundsatzfragen jenseits der Folgen der Entwicklung und des Einsatzes konkreter Techniken in den Blick. Zum Gegenstand der Technikethik gehören auch übergreifende Fragen nach den Folgen der fortschreitenden Technisierung für Mensch und Gesellschaft, für Menschenbilder und die *conditio humana*, für das Verhältnis des Menschen zur natürlichen Umwelt und zum ›Leben‹, für die Abwägung zwischen Sicherheitsansprüchen und Freiheitswünschen, aber auch für das Mensch/Technik-Verhältnis oder die Frage nach der ›Natur‹ des menschlichen Bewusstseins. Gesellschaftstheoretische, kulturphilosophische, anthropologische und geschichtsphilosophische Argumentationsmuster verbinden sich hier mit ethischer Reflexion unter dem Ziel der Aufklärung über sich im Zuge des wissenschaftlich-technischen Fortschritts real oder möglicherweise einstellenden Veränderungen der *conditio humana*, also der Konstellationen, in denen menschliches Leben individuell wie kollektiv sich ereignet.

Konzeptionelle Ansätze

In der Technikethik sind verschiedene wesentliche Konzeptionen entwickelt worden, in denen sich die bekannten ethischen Schulen wiederfinden (vgl. darüber hinaus Grunwald 2013, Teil B):

Die *Verantwortungsethik* reagiert ursprünglich auf die durch den technischen Fortschritt denkbar gewordene Gefährdung des Fortbestandes der Menschheit angesichts einer Vielzahl globaler Schreckensszenarien. Normativer Ausgangspunkt für Beurteilungen der Folgen des wissenschaftlich-technischen Fortschritts ist im ›Prinzip Verantwortung‹ die ›unbedingte Pflicht der Menschheit zum Dasein‹ (Jonas 1979): »Niemals darf Existenz oder Wesen des Menschen im Ganzen zum Einsatz […] gemacht werden« (ebd., 81). Es resultiere ein kategorischer Imperativ, so zu handeln, dass »die Wirkungen deiner Handlungen verträglich sind mit der Permanenz echten menschlichen Lebens auf der Erde« (ebd., 36). Um diese Gedanken operabel zu machen, wird eine »Heuristik der Furcht« vorgeschlagen, nach der man sich Vorstellungen vom *worst case* beschaffen solle. Der »Vorrang der schlechten Prognose« dient sodann in Fällen, wenn in den *worst case*-Vorstellungen der Fortbestand der Menschheit gefährdet erscheinen könnte, als Prinzip, um eine Abwägung zwischen erwarteten Vorteilen und den Risiken zu verhindern und einen Verzicht auf die betrachtete Technik zu legitimieren. Neuere Ansätze stellen das Adressatenproblem der Verantwortung in den Mittelpunkt: angesichts komplexer arbeitsteiliger Handlungszusammenhänge gehe es darum, das Subjekt der Verantwortung zu bestimmen, um zu verhindern, dass Verantwortungsethik zu einem adressatenlosen Moralisieren werde. Durch die seit Jahren erfolgende Konzentration der internationalen Debatte zur Technikethik und Technikfolgenabschätzung auf *responsible research and innovation* (Owen et al. 2013) ist zurzeit ein stark wachsendes Interesse am Verantwortungsbegriff und an Verantwortungsethik zu beobachten.

Provisorische Moral: Im Rahmen einer ›technischen Gesinnungsethik‹ werden basale Werte betrachtet, »die noch jenseits der Wertevielfalt liegen, weil sie den Umgang mit diesen Wertvorstellungen zuallererst ermöglichen« (Hubig 1993, 139). Sie werden in Options- und Vermächtniswerte unterteilt (vgl. Hubig 2007, 137 ff.): Optionswerte beinhalten die Aufforderung, dass das gegenwärtige technische Handeln die Bedingungen der Möglichkeit der Zukunftsfähigkeit beachten soll, Vermächtniswerte fassen die Bedingungen der Möglichkeit zusammen, dass das Individuum seine Identität entwickeln und entsprechend als moralisch verantwortliche Person handeln kann. Die Regulierung von Wertkonflikten wird letztlich durch Klugheitsregeln, insbesondere Prioritätsregeln, vorgestellt, die im Rahmen einer auf Descartes aufbauenden ›Morale Provisoire‹ Richtschnur des technischen Handelns sein sollen und die aufgrund der vielfältigen Handlungs- und Wertekonflikte eines »Dissensmanagements« bedürfen (ebd., 147 ff.).

Nutzenmaximierung: Im utilitaristischen Paradigma geht es darum, die Technikfolgen – positive und negative – zu quantifizieren und zu einem Gesamtnutzen zu aggregieren. Schäden treten als negative Nutzenwerte auf, Risiken entsprechend gewichtet mit der Eintrittswahrscheinlichkeit. In die Bestimmung des Gesamtnutzens des zu einer wissenschaftlich-technischen Entwicklung vorgestellten Folgenbündels gehen die zu erwartenden Folgen für den Handelnden genauso ein wie die Folgen für andere Betroffene einschließlich gegebenenfalls zukünftiger Generationen (vgl. Birnbacher 1988). Räumliche und zeitliche Distanz der Folgen führen nicht zu einer Minderung der Einbeziehung in den Gesamtnutzen. Die Quantifizierung aller Folgenwerte zu einem Gesamtnutzen und das Maximierungsgebot bringt eine Nähe zu ökonomischen Entscheidungskalkülen mit sich.

Diskursethik: Diskursethische Konzeptionen der Wissenschafts- und Technikethik stellen die Rationalität des nach kommunikativen Regeln ablaufenden Diskurses in den Vordergrund. Damit wird das prozedurale Element des Beurteilungs*verfahrens* in den Blick gerückt, nicht die Orientierung an wie auch immer formulierten und begründeten substanziellen Werten. Aus gesellschaftlicher Perspektive ist die Frage von besonderem Interesse, inwieweit es unter ›Gemeinwohlaspekten‹ vertretbar ist, bestimmten Personen und Gruppen *zuzumuten,* eine technische Entwicklung zu akzeptieren. In partizipativen Verfahren geht es darum, Postulate der Fairness und der Symmetrie in der Möglichkeit der Intervention und dem Zugang zu Informationen zwischen allen Beteiligten zugrunde zu legen. Die spezifische Leistung bezogen auf Technik besteht in der Bereitstellung von Kriterien für gerechte und faire Beratungsverfahren (vgl. Skorupinski/Ott 2000), in der Beurteilung der Verallgemeinerbarkeit von Argumenten (vgl. Gethmann/Sander 1999) sowie in der Beurteilung von Konstellationen der Rechtfertigung und von Beweislastfragen.

Praxisfelder technikethischer Reflexion

Technikethische Reflexion und ihre Ergebnisse stellen, pragmatisch gesehen, Beratungsleistungen in Fragen möglicher normativer Unsicherheiten hinsichtlich bereits vorliegender oder angesichts zukünftiger Technik dar. Als Orientierungsangebote müssen sie in die jeweils betroffenen gesellschaftlichen Debatten eingebracht werden. Dem weiten Spektrum der Themen der Technikethik entspricht die große Vielfalt der praktischen Konstellationen, in denen sie tätig ist oder sein kann. Sie reicht von der Begleitung konkreter Laborforschung (vgl. van der Burg/Swierstra 2013) bis zur Forschungsförderung, von der Politikberatung (vgl. Grunwald 2008) bis zu Debatten in den Feuilletons, von der Wirtschaft bis zur Nachhaltigkeitsdebatte. Folgende Konstellationen mit je verschiedenen Fragestellungen, Akteurskonstellationen und Technikbezügen sind klassische Praxisfelder der Technikethik (vgl. Grunwald 2013):

Politik: Die Beeinflussung von Technik durch politische Maßnahmen z. B. der Regulierung, der Forschungsförderung oder des staatlichen Technikeinsatzes schafft Verbindlichkeiten für alle. In einer moralisch pluralistischen Gesellschaft ist das Auftreten von normativen Unsicherheiten durchaus wahrscheinlich. Beratung durch Technikethik kann z. B. im Vorfeld politischer Entscheidungen ethische Reflexion hinsichtlich der involvierten Normativität leisten. Beispiele sind die immer wiederkehrenden Debatten um die Regulierung des Internets oder umstrittene Sicherheitstechnologien wie der so genannte Körperscanner an Flughäfen oder der Einsatz von Drohnen zum Töten von Menschen.

Wirtschaft: In der Entwicklung neuer Produkte, Dienstleistungen und Systeme in der Wirtschaft werden Annahmen über spätere Konsumenten und Nutzer der Technik gemacht. In diese gehen Menschenbilder und Zukunftsentwürfe über die gesetzten Ziele und Zwecke der Technik ein, genauso wie auch Folgenüberlegungen, die einer ethischen Reflexion durchaus zugänglich sind. Insofern normative Unsicherheiten in diesen Bereichen eine Rolle spielen, ist hier ein Feld für Technikethik. Dies ist freilich in der Regel schwer anzugehen, da die entsprechenden Diskussionen nicht im öffentlichen, sondern im privaten Raum der Wirtschaftsakteure stattfinden.

Forschung: Ingenieure und Wissenschaftler sind durch ihre enge Verbindung mit den Prozessen der Erforschung, Entwicklung, Produktion, Nutzung und Entsorgung von Technik in besonderer Weise mit Verantwortungszuschreibungen konfrontiert (z. B. Ropohl 1996). Insofern es dort zu normativer Unsicherheit kommt – z. B. in Fällen von Konflikten zwischen Ingenieuren als Arbeitnehmern und Unternehmern als Arbeitgebern in der Beurteilung von Sicherheits- oder Umweltfragen oder in Wertfragen zu Designentscheidungen über Technik (vgl. van de Poel 2009) –, stellt die Reflexion der moralischen Grundlagen des Handelns und der anstehenden Entscheidungen im Labor oder Management ebenfalls eine Aufgabe der Technikethik dar (Beispiele in Lenk/Ropohl 1993). Der Verein Deutscher Ingenieure hat eigens zur Orientierung in diesem Feld eine Richtlinie zur Technikbewertung verabschiedet (VDI 1991; vgl. auch Rapp 1999).

Nutzerverhalten: Nutzer und Konsumenten von technischen Systemen und Produkten (individuelle Bürgerinnen und Bürger genauso wie Techniknutzer in Politik, Wirtschaft und Wissenschaft) entscheiden auf der Basis ihrer Präferenzen und Anforderungen an technische Problemlösung auf zwei Weisen über Technikentwicklung und -einsatz mit: einerseits über das Kauf- und Nutzungsverhalten, andererseits (wenig beachtet) über ihre Äußerungen im Rahmen der prospektiven Marktforschung. Technikethik kann hier über moralische Implikationen bestimmter Nutzungsformen oder von Erwartungen an zukünftige Technik aufklären, die moralische Sensibilität erhöhen und auf die Notwendigkeit des Aufbaus entsprechender Beurteilungskompetenzen bei den Nutzern aufmerksam machen. Dies betrifft insbesondere die Nutzung neuer Medientechnologien.

Öffentliche Debatte: Über den Gang der technischen Entwicklung entscheiden auch öffentliche, d. h. vor allem über Massenmedien laufende Debatten. Sie beeinflussen politische Meinungsbildung und die gesellschaftliche Akzeptanz. So hat die öffentliche Diskussion zur Kernenergie politische Entscheidungen maßgeblich beeinflusst und damit den Atomenergieausstieg herbeigeführt. Ebenso hat die öffentliche Diskussion über gentechnisch veränderte Organismen die regulatorische Haltung der Europäischen Union und die Verankerung des Vorsorgeprinzips beeinflusst. Auch haben die meist massenmedial geführten öffentlichen Debatten Einfluss auf die Ausgestaltung der politischen Rahmenbedingungen mit ihrem indirekten Einfluss auf Technik. Insbesondere sind Vorstellungen über zukünftige Technik, häufig vorgebracht in Form von visionären Utopien einerseits und von dystopischen Befürchtungen andererseits ein zentrales Medium öffentlicher Technikdebatten (vgl. Grunwald 2012b), etwa zur Nanotechnologie oder zur Synthetischen Biologie. Technikethik kann in diesem Feld Aufklärungsarbeit über die normativen Anteile und evaluativen Prämissen in den verhandelten Technikzukünften leisten und dadurch zu einer transparenten demokratischen Debatte beitragen.

In allen diesen Feldern kommt es auf *Differenzierungen* ethischer Reflexion je nach Entwicklungsphase, Problemstellung, Akteurskonstellation und Validität des verfügbaren Folgenwissens an. Ethische Reflexion muss beispielsweise konzeptionell und methodisch anders ausfallen, ob sie nun angesichts wissenschaftlich plausibilisierter oder nur spekulativ vorgestellter Technikfolgen erfolgt. Ist die Frage z. B. nach der Verantwortbarkeit des Einsatzes von Nanopartikeln in Lebensmitteln eine konkrete Frage im Rahmen von Überlegungen zu Verbraucherschutz, Regulierung, Kennzeichnungspflicht, Selbstverpflichtung von Unternehmen oder individueller Verantwortung mit ihren jeweiligen ethisch relevanten Hintergründen, so dienen Überlegungen zur Synthetischen Biologie oder zum Ubiquitous Computing eher der gesellschaftlichen und ethischen Selbstverständigung und zur hermeneutischen Aufklärung dessen, worum es dabei geht, was moralisch auf dem Spiel steht und in welcher Weise unsere Urteilsbildung herausgefordert werden können.

Entwicklungsbegleitende Technikethik beginnt in sehr frühen Entwicklungsstufen zunächst mit eher explorativen Überlegungen zu möglichen Folgen der technischen Entwicklungslinien. Es stehen hermeneutische Fragen dessen an, worum es geht, im Vordergrund, so können gegebenenfalls auch bereits wertvolle Hinweise für den weiteren Entwicklungsweg und absehbare Reflexionsnotwendigkeiten gegeben werden, z. B. durch frühzeitige Hinweise auf mögliche Technikkonflikte oder im Hinblick auf Gerechtigkeits- und Beteiligungsfragen. Im Verlauf der fortwährenden Konkretisierung der Anwendungsmöglichkeiten in diesem Prozess und mit entsprechend verbessertem Folgenwissen wird es dann möglich, die zunächst abstrakten Orientierungen immer weiter zu konkretisieren.

Offene Fragen

Technikethik bezieht, wie oben verdeutlicht, ihre Themen aus den normativen Unsicherheiten, die der technische Fortschritt mit sich bringt. Von daher ist ihr Feld selbst einem ständigen Wandel unterworfen.

Gegenwärtig sind folgende Themenfelder von übergreifendem Interesse.

Technik und Nachhaltigkeit: Das Leitbild der nachhaltigen Entwicklung fordert zu entsprechender Technikentwicklung und -einsatz auf. Fragen der Klima- und Umweltverträglichkeit, des gerechten Zugangs zu den Vorteilen moderner Technik und der Langzeitverantwortung (z. B. im Hinblick auf den Umgang mit hoch radioaktivem Abfall) stellen sich (z. B. Birnbacher 1988).

Verhältnis von Technik und Leben: Im Zuge des Fortschritts der modernen Biotechnologien wie der Synthetischen Biologie und der Nanobiotechnologie werden traditionelle Grenzen zwischen technischen Artefakten und Lebewesen zusehends durchlässig, bin hin zur möglichen Schaffung von künstlichem Leben (vgl. Giese et al. 2014). Ethische Fragen betreffen Sicherheits- und Risikoaspekte, aber auch Veränderungen im Lebensbegriff.

Autonome Technik: Schnelle Fortschritte in Sensorik, Aktorik und Informatik haben neue Entwicklungen einer zunehmend autonomen Technik ermöglicht. Der Ersatz des Menschen durch autonome Roboter oder Softwaresysteme schreitet fort (s. Kap. VIII.47). In diesem Ersetzungsprozess entstehen neue ethische Fragen, z. B. Probleme der Verantwortungszuschreibung, wenn technischen Systemen weit reichende Entscheidungen übertragen werden. Beispielsweise müssten autonom fahrende Automobile im Zweifelsfall über Probleme von Tod und Leben entscheiden.

Verteilungsgerechtigkeit: Die Verteilung der durch Technik bereit gestellten neuen Möglichkeiten, z. B. hinsichtlich Wohlstand und Gesundheit, aber auch der möglichen nicht intendierten Folgen für Personen und Gruppen, führt häufig zu normativen Unsicherheiten (s. Kap. VIII.45). So sind die Nutznießer der Technik oftmals andere Personen und Gruppen als die von möglichen Risiken Betroffenen, z. B. bei Standortentscheidungen für Kernkraftwerke, Müllverbrennungsanlagen, Autobahntrassen oder Fabrikanlagen.

Literatur

Birnbacher, Dieter: *Verantwortung für zukünftige Generationen*. Stuttgart 1988.

Gethmann, Carl Friedrich/Sander, Torsten: Rechtfertigungsdiskurse. In: Armin Grunwald/Stephan Saupe (Hg.): *Ethik in der Technikgestaltung. Praktische Relevanz und Legitimation*. Berlin 1999, 117–151.

Giese, Bernd/Pade, Christian/Wigger, Henning/von Gleich, Arnim (Hg.): *Synthetic Biology. Character and Impact*. Heidelberg 2014.

Grunwald, Armin: *Technik und Politikberatung*. Frankfurt a. M. 2008.

Grunwald, Armin: *Technikfolgenabschätzung. Eine Einführung*. Berlin ²2010.

Grunwald, Armin: Was ist ein moralisches Problem der Technikethik? In: Michael Zichy/Jochen Ostheimer/Herwig Grimm (Hg.): *Was ist ein moralisches Problem? Zur Frage des Gegenstandes angewandter Ethik*. Freiburg 2012a, 412–435.

Grunwald, Armin: *Technikzukünfte als Medium von Zukunftsdebatten und Technikgestaltung*. Karlsruhe 2012b.

Grunwald, Armin (Hg.): *Handbuch Technikethik*. Stuttgart 2013.

Grunwald, Armin: The hermeneutic side of Responsible Research and Innovation. In: *Journal of Responsible Innovation* 1/3 (2014), 274–291.

Grunwald, Armin/Julliard, Yannick: Technik als Reflexionsbegriff – Überlegungen zur semantischen Struktur des Redens über Technik. In: *Philosophia naturalis* 42 (2005), 127–157.

Höffe, Otfried: *Moral als Preis der Moderne*. Frankfurt a. M. 1993.

Hubig, Christoph: *Die Kunst des Möglichen I. Grundlinien einer dialektischen Philosophie der Technik*, Bd. 1: *Philosophie der Technik als Reflexion der Medialität*. Bielefeld 2006.

Hubig, Christoph: *Die Kunst des Möglichen II. Grundlinien einer dialektischen Philosophie der Technik*, Bd. 2: *Ethik der Technik als provisorische Moral*. Bielefeld 2007.

Hubig, Christoph: *Technik- und Wissenschaftsethik. Ein Leitfaden*. Berlin 1993.

Janich, Peter: *Logische Propädeutik*. Weilerswist 2001.

Jonas, Hans: *Das Prinzip Verantwortung. Versuch einer Ethik für die technologische Zivilisation*. Frankfurt a. M. 1979.

Lenk, Hans/Ropohl, Günter (Hg.): *Technik und Ethik*. Stuttgart 1993.

Lessig, Lawrence: *Code: Version 2.0*. New York 2001.

Mittelstraß, Jürgen: Auf dem Weg zu einer Reparaturethik? In: Jean-Pierre Wils/Dietmar Mieth (Hg.): *Ethik ohne Chance?* Tübingen 1989.

Nordmann, Alfred: Responsible Innovation, the Art and Craft of Future Anticipation. In: *Journal of Responsible Innovation* 1/1 (2014), 87–98.

Orwat, Carsten/Raabe, Oliver/Buchmann, Ernst et al.: Software als Institution und ihre Gestaltbarkeit. In: *Informatik-Spektrum* 33/6 (2010), 626–633.

Owen, Richard/Bessant, John/Heintz, Marion (Hg.): *Responsible Innovation: Managing the Responsible Emergence of Science and Innovation in Society*. Wiley 2013.

Radder, Hans: Why technologies are inherently normative. In: Antonie Meijers (Hg.): *Philosophy of Technology and Engineering Sciences*, Bd. 9. Amsterdam 2009, 887–922.

Rapp, Friedrich (Hg.): *Normative Technikbewertung. Wertprobleme der Technik und die Erfahrungen mit der VDI-Richtlinie 3780*. Düsseldorf 1999.

Rip, Arie/Swierstra, Tsjalling: Nano-ethics as NEST-ethics: Patterns of Moral Argumentation About New and Emerging Science and Technology. In: *NanoEthics* 1 (2007), 3–20.

Rohbeck, Johannes: *Technologische Urteilskraft. Zu einer Ethik technischen Handelns*, Frankfurt a. M. 1993.
Ropohl, Günter: Die Dynamik der Technik und die Trägheit der Vernunft. In: Hans Lenk, Hans Poser (Hg.): *Neue Realitäten – Herausforderung der Philosophie*. Berlin 1995.
Ropohl, Günter: *Eine Systemtheorie der Technik*. Frankfurt a. M. 1979.
Ropohl, Günter: *Ethik und Technikbewertung*. Frankfurt a. M. 1996.
Samuelson, Paul: DRM {and, or, vs.} the law. In: *Communications of the ACM* 46/4 (2003), 41–45.
Skorupinski, Barbara/Ott, Konrad: *Ethik und Technikfolgenabschätzung*. Zürich 2000.
van de Poel, Ibo: Values in engineering design. In: Antonie Meijers (Hg.): *Philosophy of Technology and Engineering Sciences*, Bd. 9. Amsterdam 2009, 973–1006.
van der Burg, Simone/Swierstra, Tsjalling (Hg.): *Ethics on the Laboratory Floor*. Hampshire, England 2013.
VDI – Verein Deutscher Ingenieure: Richtlinie 3780 Technikbewertung, Begriffe und Grundlagen. Düsseldorf 1991.

Armin Grunwald

4 Medien- und Kommunikationswissenschaft

Ethik in der Medien- und Kommunikationswissenschaft ist eine relativ junge oder auch eine sehr alte Disziplin – je nach Betrachtungsweise. Einerseits ließe sich argumentieren, dass sie ja nur seit der Zeit bestehen kann, seit es eine Medien- und Kommunikationswissenschaft gibt. Andererseits ist das Nachdenken über die Sollensvorstellungen kommunikativen Handelns so alt wie die menschliche Kommunikation überhaupt und mindestens so lange existierend, wie es Medien der öffentlichen Kommunikation gibt. Beide Perspektiven sollen in diesem Beitrag eingenommen werden, um eine Entwicklung der Teildisziplin im Fach historisch und aktuell nachzuzeichnen. Um die Medien- und Informationsethik in der Medien- und Kommunikationswissenschaft zu verorten, werden die wichtigsten theoretischen Ansätze beschrieben und das Verhältnis von Medien- und Kommunikationswissenschaft und Medienethik diskutiert. Betrachtungen zum Stellenwert von Normativität in der Medien- und Kommunikationswissenschaft runden diesen Beitrag ab. Dabei werden auch Fragen der impliziten und expliziten Normativität und deren Einfluss auf die Forschungsarbeit, den Lehrkanon und Beratungstätigkeiten berücksichtigt. Zunächst aber soll eine kurze Darstellung der wesentlichen Gegenstandsbereiche der Medien- und Kommunikationswissenschaft aufzeigen, welche Entwicklung das Fach seit seinen Anfängen und durch die Digitalisierung der Medienkommunikation genommen hat.

Die Gegenstandsbereiche der Medien- und Kommunikationswissenschaft

Zunächst ist eine kurze Klärung notwendig, von welcher Disziplin hier die Rede sein soll: Zumindest im deutschsprachigen Wissenschaftsraum hat sich die Trennung zwischen einer ›Medien- *und* Kommunikationswissenschaft‹ als einer quantitativ und qualitativ-empirischen Sozialwissenschaft einerseits und einer überwiegend qualitativ heuristisch arbeitenden ›Medienwissenschaft‹ andererseits herausgebildet. Der vorliegende Beitrag bezieht sich insbesondere auf die Medien- und Kommunikationswissenschaft. Ihre Entwicklung vollzog sich über verschiedene Stationen. Sie ging als Zeitungswissenschaft aus den Wirtschaftswissenschaften hervor und entwickelte sich dann über verschiedene Schritte von einer ideologisch verzerrten ›Propagandawissenschaft‹ über eine vermeintlich werturteilsfreie, am Behaviorismus orientierte empirische Verhaltensforschung bis hin zu einer breit aufgestellten Wissenschaft der gesellschaftlichen Kommunikation und ihrer Medien. Ihre Geschichte zeichnet nicht nur die Indienstnahmen ihres Gegenstandes durch die jeweils dominierenden Vorstellungen von der Nutzung von Medien für bestimmte Interessen nach, sondern ist auch und vor allem auf die Entwicklung der Medien und ihrer Bedeutung im sozialen Zusammenleben zurückzuführen. Heute lautet das Selbstverständnis des Faches, dass es sich »mit den sozialen Bedingungen, Folgen und Bedeutungen von medialer, öffentlicher und interpersonaler Kommunikation« (DGPuK 2008) beschäftigt. Diese breite Gegenstandsbeschreibung ist das Ergebnis fortgesetzter Diskussionen zum Verhältnis von Kern und Peripherie des Faches, über Teildisziplinen und ihre Formierung, neue Frage- und Problemstellungen sowie Wiederentdeckungen vergessener Quellen, die die Fachdiskussion belebt haben.

Schienen die ›Massenmedien‹ in den siebziger Jahren in der Publizistikwissenschaft ein klar umgrenzter Gegenstand zu sein, über den man bestenfalls streiten konnte, welche Methoden für ihre Erforschung am besten geeignet sind, so hat die Digitalisierung aller Kommunikationskanäle und -praktiken die lange Zeit geltende Trennung von Massen- und Individualkommunikation obsolet gemacht. Da die Logik der Gegenstandsbereiche aber seit je nicht dem einzelnen Medium als Gattung folgte, sondern auf einer teildisziplinären Fachperspektive gründete, ist die Vervielfältigung der Plattformen, über die gesellschaftliche Kommunikation erfolgt, kein gravierendes Problem für die Ausdifferenzierung des Faches gewesen. Die bekannte Lasswell-Formel »Wer sagt was zu wem über welchen Kanal mit welcher Wirkung«, die einst die Unterteilung in Kommunikatorforschung, Inhaltsanalyse, Medienanalyse, sowie Rezipienten- und Wirkungsforschung als Gegenstandsbereiche nahelegte, wurde abgelöst durch die Orientierung an benachbarten Wissenschaften, die letztlich ›Bindestrichdisziplinen‹ hervorbrachte: Mediensoziologie, -ökonomie, -politik, -philosophie usw.

Die Funktion von Medien – welcher Medien auch immer – in der Gesellschaft ist seit jeher mit Erwartungen und Kritik, wenn diese Erwartungen nicht eintrafen, verbunden. Daraus ist erkennbar, dass der Kommunikations- und Medienwissenschaft, entgegen ihres lange aufrechterhaltenen Eigenpostulats, eine Dimension des Normativen schon immer eingeschrieben gewesen ist.

An einigen Teildisziplinen lässt sich das besonders deutlich exemplifizieren: Schon in Kommunikationstheorien sind normative Vorstellungen zugrunde gelegt, da sie nach dem Sinn und Zweck von Kommunikation fragen und aus den Antworten auf diese Frage Werte resultieren, die wiederum in Normen umgesetzt werden (vgl. Burkart 2013). Der für die Kommunikations- und Medienwissenschaft so zentrale Begriff der Öffentlichkeit ist mit Normativität förmlich geladen, und Öffentlichkeitstheorien, die die verschiedenen Konzepte von Öffentlichkeit spezifizieren, sind fast durchgehend von Idealen von Gesellschaft inspiriert, an denen die verschiedenen Formen von Öffentlichkeit gemessen werden (vgl. Jünger/Donges 2013; s. Kap. III.8). Eng damit verbunden ist die politische Kommunikationsforschung, die das Funktionieren der medialen Infrastruktur an Maßstäben orientiert, die aus demokratietheoretischen Überlegungen gewonnen werden (vgl. Eilders 2013). Die wissenschaftliche Medienpolitik ist stärker an ethischen Prämissen als an Kategorien der realen Erfahrung orientiert (vgl. Kleinsteuber 2013), und das Medienrecht, selbst normsetzend, wird von normativen Vorannahmen über die Verhältnisse, die es regulieren will, geleitet (vgl. Schulz 2013; s. Kap. IV.10). Innerhalb der Medienökonomie sind auch im Rahmen einer oftmals als ›wertfrei‹ bezeichneten neoklassischen Ökonomie Wertungen sowie eine implizit wertorientierte Methodologie zu finden, die sich in medienökonomischen Lehrbüchern niederschlagen (vgl. Karmasin/Litschka 2013; s. Kap. VIII.38). Der internationalen und interkulturellen Kommunikationsforschung ist Normativität insofern eingeschrieben, als der möglichst konfliktfreie Austausch bzw. die Verminderung von Konflikten Zielperspektive der Untersuchung von globalisierter Kommunikation ist (vgl. Thomaß 2013; s. Kap. VIII.44). Besonders deutlich ist dies bei der Erforschung der Rolle der Medien in Krisen und Konflikten sowie der Entwicklungskommunikation. Aber auch in der vergleichenden Mediensystemforschung ist es erforderlich, die normative Bedingtheit der verschiedenen Mediensysteme mit zu reflektieren. Feministische Medienanalysen arbeiten mit normativer Orientierung, wenn sie die klassischen feministischen Theorieansätzen inhärente Forderung nach Überwindung hierarchischer gesellschaftlicher Verhältnisse thematisieren (vgl. Thomas 2013; s. Kap. VI.20).

Auch in Forschungsfeldern der Medien- und Kommunikationswissenschaft lässt sich die Präsenz von

Normativität aufzeigen. Die Journalistik orientiert sich seit ihrem Bestehen an Leitbildern und lässt damit implizite und explizite Normen in Forschungsfragen und Ergebnisinterpretationen einfließen. Dazu gehören z. B. die Objektivitätsnorm und die Orientierung an Aufklärung und Debatte, die im Übrigen auch die westliche Dominanz des Normativitätsverständnis im Journalismus belegen (vgl. Rothenberger/Auer 2013; s. Kap. V.13). Die Forschung zu Public Relations hat alleine schon durch die Tatsache, dass sie aus so genannten Praktiker-Theorien hervorging, starke normative Bezüge und ist auch in der gegenwärtigen Vertiefung und Verbeiterung stark darum bemüht, normsetzende Grundlegungen für die Praxis der Public Relations zu liefern (vgl. Bentele/Grünberg 2013). Auch in die empirisch-analytisch verfahrende Medienwirkungsforschung fließen normative Prämissen ein, wenn negativ konnotierte und für den einzelnen Menschen wie für die Gesamtgesellschaft dysfunktional betrachtete Wirkungen der Medien untersucht und bewertet werden (vgl. Bonfadelli 2013; s. Kap. II.2).

Mit der Digitalisierung der Medienkommunikation werden vielfältige Aspekte der normativen Dimensionen der Medien-und Kommunikationswissenschaft und ihrer Gegenstände neu akzentuiert. Dies lässt sich unter anderem am Beispiel der politischen Kommunikationsforschung zeigen (vgl. Eilders 2013). Die Untersuchung neuerer Phänomene der Onlinekommunikation belegt die Fruchtbarkeit normativer Ansätze für diesen Forschungszweig, indem sich mit ihnen die entstehenden neuen Kommunikationssysteme einer öffentlichkeitstheoretischen Prüfung unterziehen lassen. Der Norm- und Wertaspekt wird in der kommunikationswissenschaftlichen Befassung mit Online-Medien besonders deutlich, wenn man berücksichtigt, welche Wertkonflikte auf unterschiedlichen Ebenen entstehen (vgl. Grimm 2013). Dazu gehören Verschiebungen der Grenzen zwischen Öffentlichkeit und Privatheit, ubiquitäre Verunglimpfungen, die in der Anonymität des Netzes gedeihen, die technisch bedingte Ausgrenzung ganzer gesellschaftlicher Gruppierungen oder auch Fragestellungen im Zusammenhang der Veränderungen von Austauschbeziehungen in der Gesamtgesellschaft.

Wie bereits angesprochen, wurde und wird die Medien- und Kommunikationsethik innerhalb ihres Fachs als eine eigene Teildisziplin betrachtet. Ethische Fragen werden so förmlich ausgelagert bzw. an die Teildisziplin delegiert. Angesichts der Durchdringung aller Teilgebiete der Medien- und Kommunikationswissenschaft von normativen Aspekten stellt sich allerdings die Frage, ob und inwieweit ethische Betrachtungen nicht quer durch alle Gegenstandsbereiche von Relevanz sind und insofern auch ein genuines Anliegen des gesamten Fachs sein sollten. Bevor dieser Gedanke eingehender diskutiert wird, soll ein Überblick über die historische Entwicklung der Medien- und Informationsethik gegeben werden.

Historische Ursprünge der Medien- und Informationsethik

Nach den Ursprüngen der Sollensvorstellungen der Medien- und Informationsethik zu suchen, heißt, nach den Begründungen der Normen kommunikativen Handelns zu fragen. Dies wiederum bedeutet, in die Geschichte der Ethik zu blicken. Denn das, was in der (post-)modernen Gesellschaft als Medien- und Informationsethik gehandelt wird, ist im Kern das Unterfangen, Reflexionen zu den Werten, die den Formen und Inhalten der Kommunikation zugrunde liegen, nachvollziehbar zu begründen. Die Ethik der Medien und Informationen wird in diesem Beitrag also immer in Rückgriff auf ihre kommunikativen Funktionen, also als Kommunikationsethik betrachtet.

Medien- und Informationsethik lässt sich zu den Anfängen der Ethik generell zurückführen, die Aristoteles als eine eigenständige Disziplin neben der Physik und Metaphysik begründet hat. Seitdem haben die Philosophen zu verschiedenen Zeiten unterschiedliches Gewicht auf die vielfältigen Bereiche ethischer Überlegungen gelegt. So wurde die Akzentuierung philosophisch-theoretischer Fragestellungen, die seit der Wende vom 19. zum 20. Jahrhundert einsetzte, in den 60er Jahren von einer »Rehabilitierung der praktischen Philosophie« abgelöst (Riedel 1972/74). Sie machte den Wert ethischer Reflexionen in so unterschiedlichen gesellschaftlichen Bereichen wie dem der Medizin, der Wirtschaft oder auch der Ökologie deutlich. Wissenschaftlich-technische Entwicklungen, die neue Handlungsoptionen und damit neue Probleme der Bewertung hervorrufen, haben auch immer aufs Neue ethische Fragestellungen hervorgebracht. Das war auch bei der Entstehung von Presse, Radio und Fernsehen gegeben. So fand Ethik letztlich auch Eingang in die Medien- und Kommunikationswissenschaft.

Das Nachdenken über die Frage, was Medien sollen oder dürfen, ist allerdings älter – älter auch als der Begriff der Medien selbst. Es ist wiederum die Philosophie, die die Vorstellungen moderner westlicher Demokratien von der Rolle der Presse, später der Medien in einer Gesellschaft geprägt hat. Seit der Einführung von gedruckten Periodika im späten 15. und frühen 16. Jahrhundert wurden auch die mit ihnen verbundenen Rechte und Pflichten debattiert. Im 18. und 19. Jahrhundert drängte die neue bürgerliche Klasse danach, sich neben der bisher herrschenden Aristokratie zu behaupten und verteidigte selbstbewusst ihren Beitrag zur Modernisierung der Gesellschaft (vgl. White 1986, 41). Neue Berufe, die sich die Ideologie vom wissenschaftlichen und technischen Fortschritt zu Eigen machten, rangen um Anerkennung. Druckunternehmer und Verleger waren Teil dieser neuen gesellschaftlichen Schichten, die nach der Absicherung ihres gesellschaftlichen und ökonomischen Status' suchten, und innerhalb ihres Berufsstandes wandelte sich eine allgemeine liberale Weltauffassung, die die Freiheit des Individuums gegenüber den Ansprüchen des damals autoritären Staates vertrat, zu einem professionellen liberalen Ethos, das dem späteren journalistischen Ethos zugrunde lag. Die skizzierte Entwicklung, die in Europa ihren Ausgang nahm, setzte sich – insbesondere im 18. und 19. Jahrhundert – in den jungen USA fort, wo sie im 20. Jahrhundert schließlich ihre eigene Ausprägung erhielt. Hier entstanden die ersten Journalistenschulen und journalistischen Berufskodizes.

Die philosophische Diskussion des 18. Jahrhunderts entwickelte in ihrem Nachdenken über die Rolle von Staat, Gesellschaft und Individuum ein System von Normen, welche auch die Verpflichtungen und Freiheiten der Presse und der in ihr Tätigen berührten (vgl. John Stuart Mill, Charles de Montesquieu). Inspiriert von ethischen Grundpositionen einerseits und andererseits beeinflusst vom sozialen und politischen Wandel fand ein Teil dieser Normen Eingang in die Verfassungen und in die juristischen Interpretationen dieser Verfassungen: Gedankenfreiheit, Meinungsfreiheit, Pressefreiheit (s. Kap. III.6).

Mit der Ausdifferenzierung der Gesellschaft, der Entwicklung eines modernen Staatswesens und der Herausbildung der Rolle des Individuums im staatlichen Gemeinwesen sind somit auch seit jeher ethische Fragen verbunden gewesen, die der Klärung des Verhältnisses von Einzelnem und Gesellschaft, von individueller Freiheit und staatlichen Ansprüchen dienen sollten. Im Laufe der Geschichte der Ethik lassen sich immer wieder Grundtypen ethischen Argumentierens identifizieren, die auch für die Medien- und Informationsethik relevant sind. Diese werden im folgenden Abschnitt erläutert.

Theoretische Ansätze der Medien- und Informationsethik

Der Glaube an absolute ethische Werte und die Konzentration auf eine Individualethik sind seit Hegel und Marx durch die Überzeugung von gesellschaftlich-kultureller Relativität von Normen und Werten abgelöst worden. Damit stellt sich in der pluralistischen Gesellschaft das Problem, dass alle Werte, deren absolute Setzung vormals noch eine weitgehende Zustimmung erfahren hat, einer zunehmenden Relativierung unterliegen. Der parallel damit entstandene Wertepluralismus scheint sich geradezu gegen eine geschlossene Antwort auf die Fragestellung nach begründeten Normen, die das Handeln leiten sollen, zu sperren.

Dennoch wurde zu Beginn der wissenschaftlichen Befassung mit Medienethik das einzelne selbstverantwortliche Individuum – vornehmlich der Journalist – in den Mittelpunkt der Betrachtung gestellt; doch wich diese reduzierte Sichtweise bald der Erkenntnis, dass Journalistinnen und Journalisten in ein Geflecht von ökonomischen, technischen und hierarchischen Strukturen eingebunden sind. Die Konsequenzen dieser Erkenntnis haben zu der Auseinandersetzung zwischen individualethisch argumentierenden und systemtheoretisch orientierten Positionen geführt (vgl. Thomaß 2016). Im Zuge der weiteren Debatte wurde der Blick auf das gesamte Mediensystem erkenntnisleitend.

Die verschiedenen medienethischen Positionen lassen sich zunächst danach unterscheiden, auf welche Abstraktionsebene sie den Fokus legen: Geht es um die Begründung der Existenz von Kodizes, wird eine umfassende Philosophie der Kommunikation entwickelt, oder wird diese sogar in die politisch-ökonomische Organisation einer Gesellschaft eingebettet? Andere Positionen – wiederum vornehmlich in der Journalistik – räumen der Entwicklung und Begründung von Normen einen wichtigen Stellenwert ein (z. B. Weischenberg et al. 2006; Quandt et al. 2006; Singer 2006). Des Weiteren wurde die Frage nach der ökonomischen Rationalität ethischer Forderungen in den Medien gestellt (vgl. Fink 1988) und die Globalisierung der Medienlandschaft in die Forderung nach einer Kommunikationsethik im globalen Kontext (vgl. Christians 1986) übersetzt.

Eine grundlegende Unterscheidung ist die zwischen deontologischer und teleologischer Ethik. Deontologische Ansätze legen den Fokus auf die Motivationen, die Handlungen zugrunde liegen, teleologische Ethiken fragen demgegenüber nach den Konsequenzen von Handlungen. Diese unterschiedliche Herangehensweise wird vereinfachend auch mit dem Begriffspaar Gesinnungs- und Verantwortungsethik, wie bei Max Weber ausgeführt, umschrieben (vgl. Weber 1973). Insgesamt lässt sich in den Begründungsansätzen der Ethik ein umfänglicher Theoriepluralismus beobachten wie an unterschiedlichen Zugängen wie z. B. Wertethik, Kohärentismus, Kontraktualismus oder narrativer Ethik abgelesen werden kann (s. Kap. II.5).

Begründungskontexte medienethischer Konzeptionen lassen sich auch in Theorien großer Reichweite finden. Die Bedeutung systemtheoretisch argumentierender Ansätze ist eben schon genannt worden. Nur zwei weitere Beispiele sollen hier kurz genannt werden. Konstruktivistische Ansätze haben zwar kein konsistentes Handlungsprogramm vorgelegt, aber eine Sensibilisierung für die erkenntnistheoretischen Bedingungen ethisch-moralischen Handelns entwickelt (vgl. Pörksen 2010, 65). Wenn »die Annahme der Entscheidungsfreiheit des Einzelnen; die Betonung und Anerkennung von Eigenverantwortung, die jedem Individuum zugebilligt werden muss; die Bereitschaft [zu dauerhafter] Reflexion und [produktiver] (Selbst-)Verunsicherung« (ebd.) postuliert werden, dann wird hier mehr auf den Kontext und auf die Voraussetzungen ethischer Reflexion abgestellt.

Ähnlich stellt die Diskursethik nach Jürgen Habermas das Prozesshafte der Ethik gegenüber der Aufstellung und Begründung materialer Normen in den Vordergrund und reagiert damit auf das Problem, dass in einer fragmentierten und sich beschleunigt verändernden Medienwelt Werte immer aufs Neue in einem Konsensprinzip entwickelt werden müssen. Diese Theorie, die sich explizit als eine Ethik der Kommunikation versteht, bettet sich in ein wesentlich umfangreicheres Netzwerk von Reflexionen ein, welche eine Theorie des kommunikativen Handelns begründen sollen (u. a. Habermas 1993, 1992, 1983). Habermas geht davon aus, dass Normen rational begründet werden müssen und auch begründbar sind, und beantwortet die Frage, *wie* Normen begründet werden können: »Der Diskursethik zufolge darf eine Norm nur dann Geltung beanspruchen, wenn alle von ihr möglicherweise Betroffenen als *Teilnehmer eines praktischen Diskurses* Einverständnis darüber erzielen (bzw. erzielen würden), daß diese Norm gilt« (1983, 76).

Diesem diskursethischen Grundsatz stellt er den Universalisierungsgrundsatz, für den der Kategorische Imperativ das Modell abgab, als Argumentationsregel zur Seite: »[…] bei gültigen Normen müssen Ergebnisse und Nebenfolgen, die sich voraussichtlich aus einer allgemeinen Befolgung für die Befriedigung der Interessen eines jeden ergeben, von allen zwanglos akzeptiert werden können« (1991, 12). Habermas benutzt den Begriff des Diskurses für eine Argumentation, von der die Teilnehmer idealerweise annehmen können, dass sie – bei der Berücksichtigung angemessener demokratischer Regeln – potenziell zu einem einvernehmlichen Ende führen kann. Dieses anspruchsvolle Projekt für eine Informations- und Medienethik zu konkretisieren, steht allerdings noch aus.

Als Begründungskontexte ganz anderer Provenienz sollen hier noch die Cultural Studies und die Postcolonial Studies genannt werden. Während erstere mit dem Fokus auf die Logik der Alltagswelt und dem Postulat, dass Kultur (also auch Kommunikation) der sozialen und politischen Teilhabe zu dienen habe, die medien- und informationsethische Reflexion bereichert haben (vgl. Dörner 2010, 125), haben letztere mit ihrer grundsätzlichen Kritik an eurozentristischen Sichtweisen auch für die Medien- und Informationsethik darauf verwiesen, wie notwendig die Infragestellung von normativen Setzungen aus dieser Perspektive ist (z. B. Wasserman 2012). Unabhängig davon, ob man dabei dem *linguistic turn* folgt und ökonomische oder soziale Machtkonstellationen als auf Text und Diskurs basierend betrachtet, oder ob man auf faktische Kommunikationsbedingungen und mediale Repräsentationen rekurriert – der kritische Blick auf die (westlich normierten und präformierten) Grundlagen der Kommunikation ist Programm und somit auch im weiteren Sinne medienethisch relevant.

Diese pointierte Auswahl von theoretischen Ansätzen für eine Medien- und Informationsethik verweist darauf, wie breit der Gedankenhorizont aufgespannt werden kann, aus dem sich die Fundierungen einer Ethik der Kommunikation inspirieren lassen sollten.

Verhältnis von Medien- und Kommunikationswissenschaft und Medienethik

In den vorangehenden Darstellungen sollte deutlich geworden sein, dass normative Fragestellungen und Zugrundelegungen fast alle Gegenstandsbereiche des Faches Medien- und Kommunikationswissenschaft durchdringen. Allerdings – und hier setzt eine relativ neue Entwicklung ein – stellt sich zunehmend die Frage, ob und inwieweit normexplizierende und -begründende Reflexionen, also ethische Betrachtungen quer durch alle Gegenstandsbereiche von Relevanz sind und entsprechend berücksichtigt werden sollten.

Die Frage nach der Normativität in der Medien- und Kommunikationswissenschaft wirft somit die Frage nach dem Stellenwert der Medienethik auf. Matthias Rath plädiert für eine explizit philosophische Medienethik, die integrativ mit der Medien- und Kommunikationswissenschaft nicht nur kooperiert, sondern als kommunikations- und medienwissenschaftliche Teildisziplin Forschungsimpulse an die empirischen Teildisziplinen ebenso gibt wie auch empfängt (vgl. Rath 2013). Eine *philosophische* Medienethik zielt danach auf die wissenschaftlich-rationale Legitimation von Prinzipien und unterzieht den Anspruch auf moralische Handlungen einer Kritik. Um nun aber solcherart legitimierte moralische Ansprüche zu fundieren, ist ein Bezug auf empirische Erkenntnisse vonnöten, der die Kenntnis um die Rahmenbedingungen medialen Handelns herstellt. Rath nennt dies die »Realitätsadäquatheit« normativer Sollensanforderungen (ebd., 296). Diese muss ergänzt werden durch die »Phänomentreue« (ebd.). Damit wird sichergestellt, dass die Perspektiv und die Methode, mit der die Realitätserfassung erfolgt und auf der dann die Beurteilung medialer Realität vorgenommen wird, angemessen sind.

Dieses Programm einer philosophischen Ethik für die Kommunikationswissenschaft lässt sich durch die oben vorgenommene Betrachtung der historischen Entwicklung der Medien- und Informationsethik plausibilisieren. Auch die Betrachtung der theoretischen Ansätze der Medienethik, die erkennen lässt, wie sehr deren Argumentationen in verschiedene Teildisziplinen hineinreichen, verweist darauf, dass eine Reduktion der Medienethik auf eine Teildisziplin unbefriedigend ist. Sie ist als normativer Teil einer integrativen Kommunikations- und Medienwissenschaft zu betreiben (vgl. Karmasin/Rath/Thomaß 2013).

Umgekehrt folgt aus dieser Positionierung, dass die Medien- und Kommunikationswissenschaft sich gegenüber der Ethik öffnen muss. Erst eine Medien- und Kommunikationswissenschaft, die anerkennt, dass ihre Problem- und Fragestellungen, gewählten Gegenstandsbereiche, Methoden, Variablenselektionen, Definitionen, Abbruchpunkte der Erklärungen etc. immer auch normative Setzungen zur Voraussetzung haben, integriert die Kommunikationsethik und expliziert, wann und wie sie normative Orientierungen in ihren Leistungen bemüht. Welche Leistungen davon berührt sind, soll im folgenden Abschnitt ausgeführt werden.

Der Stellenwert von Normativität in der Medien- und Kommunikationswissenschaft

Es sind die normativen Erwartungen einer Gesellschaft an ihre Medien und die permanente Enttäuschung, dass diese angesichts anderer – ökonomischer – Prärogative nicht oder nicht genügend erfüllt werden, die immer wieder aufs Neue Anlass zu medienethischen Diskussionen geben. Dass ein gestiegener Ethikbedarf konstatiert wird, ist aber erst der Fall seit das Leitmedium Fernsehen in kommerzieller Orientierung am Markt agiert. Dass seitdem auch verstärkt von der Ökonomisierung des Mediensystems gesprochen wird, steht damit in engem Zusammenhang. Ist das öffentlich-rechtliche Hörfunk- und Fernsehmonopol aufgrund des gesetzlich fundierten Programmauftrages einst noch leicht in normative Standards einzubinden gewesen, so ist dies für den kommerziellen Rundfunk nicht mehr so einfach möglich (s. Kap. IV.11). Seine Selektions- und Darstellungslogiken haben ihrerseits wiederum den Printsektor beeinflusst, der in den letzten zehn Jahren massiv unter der intermediären Konkurrenz mit den vielfältigen neuen Online-Angeboten leidet. Und die Kommunikationsangebote im Internet sind schon gar nicht mehr unter dem Aspekt von professionellen Berufsethiken einzufrieden, da ihnen das Novum innewohnt, dass jeder Konsument auch zum Produzenten werden kann.

In dieser sich exponentiell in ihren Angeboten vervielfältigenden Medienwelt nimmt das Recht als Steuerungsressource gegenüber dem Markt eine bescheidenere Position ein. Und die Medienethik erscheint als gravierend schwächere Steuerungsressource, wird aber als allgemeine Reflexionsgrundlage umso wichtiger, weil die Rückbindung von Kommunikationsangeboten an professionelle Akteure und ihre professionsethischen Standards abnimmt.

Die Herausforderungen, die vor einer so zu erneuernden Medienethik stehen, sind enorm. Sie muss vor allem den sich allseitig entwickelnden Entgrenzungen in territorialer und kultureller Hinsicht gerecht werden und berücksichtigen, dass sich die Handlungsbedingungen von Medienakteuren in einer global vernetzten Mediengesellschaft grundlegend geändert haben.

Doch auch die gesamte Wissenschaft, die sich der gesellschaftlichen Medienkommunikation widmet, muss die – oft divergierenden – normativen Anforderungen, die sich aus dem gesellschaftlichen Diskurs an Medien stellen, reflektieren und berücksichtigen. Denn ihre Leistungen wirken auf vielfältige Weise auf Normvorstellungen über Medienfunktionen und auf die Gestaltung von medialen Bedingungen ein. Wenn in grundlagenorientierter Forschung nach dem Wechselverhältnis von Kommunikation, Medien und Gesellschaft gefragt wird, dann ist das ein Beitrag zur Aufklärung über gesellschaftliche und mediale Bedingungen der Kommunikation, und allein der Anspruch, diese Aufklärung zu leisten, ist eine normative Setzung, die letztlich zur Begründung der Existenzberechtigung des Faches und seiner Institutionalisierung dient.

Mehr noch aber sind die Problemlösungen, die das Fach für die Praxis in Form angewandter Forschung bietet, ohne eine medienethische Fundierung nicht vollständig. Das Aufzeigen von Medienwirkungen und Fehlentwicklungen, die Vermittlung von Medienkompetenz, Daten für Entscheidungen und Problemlösungen – alle diese Leistungen sind normativ voraussetzungsvoll. Denn die Ergebnisse der angewandten Forschung, wie sie in der Nutzungsforschung, in Medienresonanzanalysen oder zum Beispiel in vielen Untersuchungen zum Journalismus erhoben werden, erhalten ihre Relevanz erst durch Einordnung und Bewertung. Diese Forschungen unterliegen ihrerseits bestimmten organisatorischen und ökonomischen Bedingungen, die präformieren, welche Problemlagen überhaupt zu wissenschaftlichen Fragestellungen werden – und welche nicht. Gerade das Nicht-Aufgreifen bestimmter Forschungsfragen ist aber Ausdruck bestimmter Wertvorstellungen oder Akzeptanz von Gegebenheiten, die aus medienethischer Sicht zu hinterfragen sind.

Es ließe sich eine Kommunikationswissenschaft denken, die mehr als bisher den Bezug zu den normativ-praktischen Strukturbedingungen der medial verfassten Öffentlichkeit im Blick hat; sie kann dabei empirisch-analytisch den technischen und kommunikativen Medienwandel zugrunde legen. Denn sie verfügt über das Wissen, den Medienwandel zu erfassen; Vorhersagen zu seinen weiteren Entwicklungsschritten bedürfen der begründeten Ergänzung dessen, was problematisch und was wünschbar ist. Aus der Sicht von Akteuren aus der Medienpolitik gibt es hier durchaus Bedarf:

»Leider tut sich die Kommunikationswissenschaft – wie Wissenschaft generell – schwer damit, eine zukunftsgerichtete Anwendungsorientierung und den Dialog mit der Medienpolitik systematisch zum Bestandteil ihres Programms zu machen, um aus eigener Logik normative Orientierung und empirische Evidenz in die Meinungs- und Willensbildungsprozesse einzubringen« (Brosda 2015, 25).

Letztlich verweist auch die Tatsache, dass die Kommunikations- und Medienwissenschaft in einschlägigen Studienangeboten für Tätigkeiten im Bereich Medien und Kommunikation ausbildet – und diese Ausbildungsleistungen auch immer mit normativen Vorstellungen von der Art und Weise, wie Professionalität in Journalismus, Kommunikationsberatung, Medienforschung, Medienmanagement, Medienproduktion, Werbung oder Public Relations ausgeübt werden – auf den normativen Gehalt der Studieninhalte, welcher einer soliden medienethischen Begründung bedarf.

Diesen vielfältigen Implikationen der Medienethik für die gesamte Medien- und Kommunikationswissenschaft ist sie aber bislang nicht gerecht geworden. Es ist an dieser Stelle eine offene Frage, ob hier das gesamte Fach oder die Teildisziplin eines Versäumnisses schuldig ist, ob sich also die Medienethik nicht genügend in die jeweiligen Fachdiskurse eingemischt hat, um ihr Leistungspotenzial geltend zu machen, oder ob die verschiedenen Teildisziplinen der Medien- und Kommunikationswissenschaft sich ignorant gegenüber den Erkenntnissen der Medienethik verhalten haben. Erste Entwicklungen deuten darauf hin, dass daran gearbeitet wird, diese Distanz in der deutschsprachigen Fachgemeinde zu überwinden (vgl. Karmasin/Rath/Thomaß 2014a; DGPuK Jahrestagung 2015).

Literatur
Bentele, Günter/Grünberg, Patricia: Normative Aspekte der PR und der PR-Wissenschaft. In: Matthias Karmasin/Matthias Rath/Barbara Thomaß (Hg.): *Normativität in der Kommunikationswissenschaft*. Wiesbaden 2013, 49–74.
Bonfadelli, Heinz: Normativität in der Wirkungsforschung. In: Matthias Karmasin/Matthias Rath/Barbara Thomaß (Hg.): *Normativität in der Kommunikationswissenschaft*. Wiesbaden 2013, 101–114.
Brosda, Carsten: Orientierung in der digitalen Unübersichtlichkeit. Zur medienpolitischen Relevanz der Kommunikationswissenschaft. In: Martin Emmer/Christian Strippel (Hg.): *Kommunikationspolitik für die digitale Gesellschaft*. Berlin 2015, 25–40.
Burkart, Roland: Normativität in der Kommunikationstheorie. In: Matthias Karmasin/Matthias Rath/Barbara Thomaß (Hg.): *Normativität in der Kommunikationswissenschaft*. Wiesbaden 2013, 133–150.

Christians, Clifford G.: Ethical Theory in a Global Setting. In: Thomas W. Cooper (Hg.): *Communication Ethics and Global Change*. Philadelphia 1986.

DGPuK: Kommunikation und Medien in der Gesellschaft: Leistungen und Perspektiven der Kommunikations- und Medienwissenschaft. Eckpunkte für das Selbstverständnis der Kommunikations- und Medienwissenschaft (2008). In: http://www.dgpuk.de/wp-content/uploads/2012/01/DGPuK_Selbstverstaendnispapier-1.pdf (21.9.2015).

Dörner, Andreas: Cultural Studies. In: Christian Schicha/Carsten Brosda (Hg.): *Handbuch Medienethik*. Wiesbaden 2010, 124–135.

Eilders, Christiane: Öffentliche Meinungsbildung in Online-Umgebungen. Zur Zentralität der normativen Perspektive in der politischen Kommunikationsforschung. In: Matthias Karmasin/Matthias Rath/Barbara Thomaß (Hg.): *Normativität in der Kommunikationswissenschaft*. Wiesbaden 2013, 329–352.

Fink, Conrad C.: *Media Ethics in the Newsroom and Beyond*. New York 1988.

Grimm, Petra: Werte- und Normenaspekte der Online-Medien – Positionsbeschreibung einer digitalen Ethik. In: Matthias Karmasin/Matthias Rath/Barbara Thomaß (Hg.): *Normativität in der Kommunikationswissenschaft*. Wiesbaden 2013, 371–396.

Habermas, Jürgen: *Moralbewußtsein und kommunikatives Handeln* [1983]. Frankfurt a. M. ⁶1996.

Habermas, Jürgen: *Erläuterungen zur Diskursethik*. Frankfurt a. M. 1992.

Habermas, Jürgen: *Faktizität und Geltung. Beiträge zur Diskurstheorie des Rechts und des demokratischen Rechtsstaates*. Frankfurt a. M. 1993.

Jünger, Jakob/Donges, Patrick: Normativität in den Öffentlichkeitstheorien. In: Matthias Karmasin/Matthias Rath/Barbara Thomaß (Hg.): *Normativität in der Kommunikationswissenschaft*. Wiesbaden 2013, 151–170.

Karmasin, Matthias/Litschka, Michael: Normativität in der Medienökonomie. In: Matthias Karmasin/Matthias Rath/Barbara Thomaß (Hg.): *Normativität in der Kommunikationswissenschaft*. Wiesbaden 2013, 191–208.

Karmasin, Matthias/Rath, Matthias/Thomaß, Barbara (Hg.): *Kommunikationswissenschaft als Integrationsdisziplin*. Wiesbaden 2014.

Karmasin, Matthias/Rath, Matthias/Thomaß, Barbara: Abschlussbetrachtung und Ausblick: Kommunikationskommunikationswissenschaft – Von der Notwendigkeit normativer Fragestellungen. In: Matthias Karmasin/Matthias Rath/Barbara Thomaß (Hg.): *Normativität in der Kommunikationswissenschaft*. Wiesbaden 2013, 467–490.

Kleinsteuber, Hans J.: Normativität und Medienpolitik. In: Matthias Karmasin/Matthias Rath/Barbara Thomaß (Hg.): *Normativität in der Kommunikationswissenschaft*. Wiesbaden 2013, 171–190.

Netzwerk Werte und Normen: Werte und Normen als Forschungsgegenstände und Leitbilder in der Kommunikationswissenschaft. In: http://netzwerk-werte-normen.com/ (21.9.2015).

Pörksen, Bernhard: Konstruktivismus. In: Christian Schicha/Carsten Brosda (Hg.): *Handbuch Medienethik*. Wiesbaden 2010, 53–67.

Quandt, Thorsten/Löffelholz, Martin/Weaver, David H./Hanitzsch, Thomas/Altmeppen, Klaus-Dieter: American and German Online Journalists at the Beginning of the 21st Century. In: *Journalism Studies* 7/2 (2006), 171–186

Rath, Matthias: Medienethik – zur Normativität in der Kommunikationswissenschaft. In: Matthias Karmasin/Matthias Rath/Barbara Thomaß (Hg.): *Normativität in der Kommunikationswissenschaft*. Wiesbaden 2013, 289–302.

Riedel, Manfred: *Rehabilitierung der praktischen Philosophie*, 2 Bde. Freiburg i. Br. 1972, 1974.

Rothenberger, Liane/Auer, Claudia: Normativität in der Kommunikatorforschung: Journalistik. In: Matthias Karmasin/Matthias Rath/Barbara Thomaß (Hg.): *Normativität in der Kommunikationswissenschaft*. Wiesbaden 2013, 19–48.

Schicha, Christian/Brosda, Carsten: Einleitung. In: Dies.: *Handbuch Medienethik*. Wiesbaden 2010, 9–17.

Schulz, Wolfgang: Normativität in der Kommunikationswissenschaft – die medienrechtliche Perspektive. In: Matthias Karmasin/Matthias Rath/Barbara Thomaß (Hg.): *Normativität in der Kommunikationswissenschaft*. Wiesbaden 2013, 209–225.

Singer, Jane B.: Partnerships and Public Service: Normative Issues for Journalists in Converged Newsrooms. In: *Journal of Mass Media Ethics* 21/1 (2006), 30–53.

Thomas, Tanja: Feministische Kommunikations- und Medienwissenschaft. Positionen zu Gesellschaftskritik, Erkenntniskritik und Emanzipationsvision. In: Matthias Karmasin/Matthias Rath/Barbara Thomaß (Hg.): *Normativität in der Kommunikationswissenschaft*. Wiesbaden 2013, 397–420.

Thomaß, Barbara: Normativität in der internationalen und interkulturellen Kommunikation. In: Matthias Karmasin/Matthias Rath/Barbara Thomaß (Hg.): *Normativität in der Kommunikationswissenschaft*. Wiesbaden 2013, 353–370.

Thomaß, Barbara: Ethik des Journalismus. In: Martin Löffelholz/Liane Rothenberger (Hg.): *Handbuch Journalismustheorien*. Wiesbaden 2016, 537–550.

Wasserman, Herman: Towards a Global Journalism Ethics via Local Narratives. Southern African Perspectives. In: Mohammad Ayish/Shakuntala Rao (Hg.): *Explorations in global media ethics*. London 2012, 74–86.

Weber, Max: *Soziologie, Universalgeschichtliche Analysen und Politik*. Stuttgart 1973.

Weischenberg, Siegfried/Malik, Maja/Scholl, Armin: *Die Souffleure der Mediengesellschaft. Report über die Journalisten in Deutschland*. Konstanz 2006.

White, Robert A.: Social and Political Factors in the Development of Communication Ethics. In: Thomas W. Cooper et al. (Hg.): *Communication Ethics and Global Change*. Philadelphia 1986, 40–65.

Barbara Thomaß

5 Angewandte Ethik

Die Informations- und Medienethik wird üblicher Weise als eine *angewandte Ethik* verstanden. Eine solche Klassifizierung setzt dabei ein bestimmtes wissenschaftssystematisches Verständnis voraus: Was angewandte Ethik ist, wovon sich eine angewandte Ethik abgrenzt und was ihr Spezifikum ist, ist nicht von vorne herein klar und bedarf einer Diskussion. Die Klärung der Frage, wie die Informations- und Medienethik als angewandte Ethik verstanden werden kann, betrifft das Selbstverständnis der Informations- und Medienethik in entscheidender Weise. Insofern ist die angewandte Ethik und die wissenschaftliche Diskussion um ihre Methoden, Leistungen und Aufgaben ein bedeutender Kontext der Informations- und Medienethik.

Diese wissenschaftliche Kontextualisierung der Informations- und Medienethik ist zudem wichtig, weil dadurch erstens Fragen nach ihrer praktischen Relevanz und Expertise beantwortet werden können und sie sich zweitens dadurch als eigenständige Disziplin ausweisen können. Die angewandte Ethik ist auf praktische Orientierung und Beurteilung von konkreten Handlungen, Strukturen und Handlungsmöglichkeiten ausgerichtet. Die theoretischen und konzeptionellen Überlegungen um die angewandte Ethik reagieren auf diese Ausrichtung. Damit geht es für die Bereichsethiken bei einer Thematisierung des Kontextes angewandter Ethik um die Frage, mit welcher Kraft und Verbindlichkeit Informations- und Medienethikerinnen und Medienethiker ihren Gegenstand oder eine Sachlage kritisieren, etwas als moralisch gut und richtig einschätzen und anderes als schlecht und falsch. Kurz: Was leistet Informations- und Medienethik als wissenschaftliche Disziplin für konkrete Problemlagen, wie macht sie das, was ist ihre spezifische Expertise und warum ist sie gesellschaftlich gesehen eine hilfreiche Wissenschaft? Wird Informations- und Medienethik nach wissenschaftlichen Kriterien betrieben, dann reagiert sie als Wissenschaft auf diese Fragen mit theoretischen und methodischen Anstrengungen. Dies tut sie als praktische Wissenschaft in der Hoffnung, dass sie damit kurz- oder langfristig eine Lösung praktischer Probleme und eine Orientierung im Bereich Information und Medien befördert.

Angewandte Ethik – Historisch-ideengeschichtliche Entwicklungen

Die Entwicklungsgeschichte der angewandten Ethik zeigt insbesondere, wie im Zuge sozialer und technischer Veränderungen die Frage nach dem guten bzw. richtigen Handeln komplizierter geworden ist. Sicher kann man schon bei den antiken Klassikern philosophischer Ethik bzw. praktischer Philosophie (als Moralphilosophie) Konzeptionen angewandter Ethiken entdecken. Bei Aristoteles schließt die politische Ethik als Ethik eines bestimmten, nämlich des gesellschaftlich-sozialen bzw. staatlichen Kontextes an seine allgemeine Ethik an. Diese Art der besonderen Kontextualisierung allgemeiner praktisch-philosophischer Überlegungen hat seitdem nicht aufgehört.

Erst aber im Zuge massiver sozialer Innovationen und technischer Revolutionen erhöht sich dieser Kontextualisierungsdruck so, dass angewandte Ethiken oder Bereichsethiken als solche nach und nach eigens immer stärker problematisiert werden und als Phänomene selber in den Blick geraten. Beispielhaft seien hier kurz genannt: die Romantik (ca. 1795–1848) proklamiert freie Kunstproduktion und kann als kritische Reaktion (unter anderem) auf die frühe Industrialisierung interpretiert werden, John Stuart Mill reagiert mit seiner Verteidigung des grundlegenden Rechts auf freie Meinungsäußerung auf die Meinungsmacht der bürgerlichen Öffentlichkeit, und Norbert Wiener antwortet mit seiner *Cybernetics* auf eine »great mechanization of the Second World War« (Wiener 1961, 43) und ihre Ausgriffe auf zivile Prozesse und macht schon damals auf die ethischen Herausforderungen eines informatisierten und automatisierten Zeitalters aufmerksam.

Mit der weiteren Durchsetzung technologischer Erfolge und dem Siegeszug der Naturwissenschaften bis hin zur Wendemarke ›Atombombe‹ (1945) wird dieser Bereich nach und nach gesellschaftlich und politisch so wichtig, dass sich hierfür langsam eine eigene erste Bereichsethik ausbildet. Allerdings ist diese Phase des Aufstiegs von Technik und Naturwissenschaft interessanterweise mit einem Niedergang der praktischen Philosophie schlechthin verbunden. Am Beispiel einer eigentlich ja normativ angelegten Theorie des Wirtschaftens bei Adam Smith, die ebenfalls eine frühe Bereichsethik ist, kann man das erkennen: Sie verlor Mitte des 19. Jahrhunderts ihre normativen Elemente in dem Moment, in dem die Erklärungskraft der Mathematik, der Naturwissenschaften und sogar der Evolutionsbiologie auf ökonomische Fragen übertragen wurde. Dieser allgemeine Szientismus in den Wissenschaften der Gegenstandsbereiche Wirtschaft, Technik und Soziales wirkte auch auf die Ethik zurück bzw. lässt sich auch in der praktischen Philosophie sehen: Die »szientistische Orientierung der praktischen Philosophie« (Riedel 1972, 10) ließ diese, wie sie in der Nachfolge auf Kant und Hegel als philosophische Reflexion auf die praktische Vernunft etabliert war, mehr oder weniger verschwinden und machte in den frühen 1970er Jahren eine Rehabilitierung der praktischen Philosophie notwendig (vgl. Riedel 1972).

Seit den 1970er Jahren ist dann auch zu beobachten, wie sich die angewandte Ethik im Windschatten dieser Diskussionen mehr und mehr etablierte, um dann mit Hans Jonas' *Das Prinzip Verantwortung* (1979) und Peter Singers *Praktische Ethik* (1979/1994) schließlich auch in der öffentlichen Wahrnehmung anzukommen. Spätestens ab dieser Zeit haben wir es mit einer enormen Ausdifferenzierung der Bereichs- und angewandten Ethiken zu tun. Entwicklungen in der Medizin, den Biowissenschaften allgemein, der Technik, die fortschreitende Ökonomisierung und die Bewusstwerdung der ökologischen Krise ließen ungefähr ab den 1960er Jahren, wie oft formuliert wird, den Ruf nach der Ethik immer lauter werden. Die Folge ist eine Ausdifferenzierung der einzelnen Bereichsethiken. Ethik wird heute sogar vielfach mit angewandter Ethik identifiziert und nicht mehr als rein akademisches Unterfangen der Reflexion und des begrifflichen und methodisch geleiteten Denkens auf bzw. über Moralfragen verstanden, sondern im Feld der Politik und der gesellschaftlichen Verständigung lokalisiert.

Unter angewandter Ethik wird somit heute in der Regel eine Teildisziplin der normativen Ethik verstanden, »welche die in der Allgemeinen Ethik entwickelten allgemeinen Prinzipien auf konkrete praktische Probleme ›anwendet‹« (Fenner 2009, 100). Eine Erweiterung erfährt diese Definition durch die Berücksichtigung der Möglichkeit, gleiche oder ähnliche praktische Probleme zusammenzufassen oder einzelne Handlungsbereiche zu fokussieren und so Bereiche gleicher oder ähnlicher praktischer Probleme und Herausforderungen zu identifizieren. Informationsethik und Kommunikations- und Medienethik bezeichnen in dieser Weise eine ethische Beschäftigung mit Bereichen, die durch ähnliche konkrete praktische Probleme gekennzeichnet sind. Die angewandte Ethik ist in diesem Sinne eine »philosophische Disziplin«, die eine »systematische Anwendung normativ-ethischer Prinzipien auf Handlungsräume, Berufsfelder und Sachgebiete« (Thurnherr 2000, 14) unternimmt.

Wissenschaftssystematische Dimensionen angewandter Ethik

Das wissenschaftssystematische Konzept, nach der die Informations- und Medienethik als angewandte Ethik verstanden werden kann, hat eine horizontale und eine vertikale Dimension. In der vertikalen Dimension geht es um eine Einordnung zwischen den Polen allgemeine Ethik und konkrete Ethik, in der horizontalen Dimension geht es um eine Beiordnung zu anderen angewandten Ethiken, etwa zur Technik- und Wirtschaftsethik. Anders formuliert: In der vertikalen Dimension geht es um die Spezifizierung und Situierung der Informations- und Medienethik im Bereich der philosophischen Ethik bzw. praktischen Philosophie. Auf der horizontalen geht es um eine Spezifizierung und Situierung auf der Ebene der verschiedenen Gegenstandsbereiche.

Die philosophische Thematisierung der angewandten Ethik in der vertikalen Dimension versucht die Zuordnung von Metaethik, allgemeiner Ethik und angewandter Ethik zu klären, die als Ausformungen der Moralphilosophie betrachtet werden. Die Metaethik untersucht die Sprache, mit der über Moral gesprochen wird und reflektiert auf die Möglichkeiten der Begründung moralischer Sätze. Insoweit die (sprach-)analytische Philosophie die vorherrschende philosophische Richtung seit Anfang des 20. Jahrhunderts war, avancierte in ihrem Sog die Metaethik zur hauptsächlichen und bei vielen auch zur einzig sinnvollen moralphilosophischen Frageperspektive. Im Zuge dessen kam es gar zu einer Abwertung der Sollensperspektive schlechthin. Wenn, wie in dieser Tradition, die Metaethik für die Moralphilosophie in ihrer Gesamtheit steht, hat Ethik die Aufgabe, ethische Begriffe und Normen zu analysieren und ihren Bedeutungsgehalt zu klären, geht also nicht normativ vor, sondern deskriptiv-analytisch.

Nur ein für normative Begründungen offenes Verständnis von allgemeiner Ethik, sekundiert von einer entsprechenden Metaethik, hält dann überhaupt einen Platz für eine angewandte Ethik frei, von der man allgemein erwartet, für einen Themen- oder Sachbereich begründete handlungsorientierende Aussagen zu machen. Deutlich wird dies an der für jede Ethik fundamentalen Unterscheidung von Ethik und Moral. Moral ist als lateinischer Ausdruck die Übersetzung des griechischen Wortes *Ethos*. Ethos meint Sitte, Brauch und Gewohnheit, also ein Set an überlieferten und durch ihren Gebrauch etablierten Regeln, die das menschliche Zusammenleben betreffen (vgl.

Fenner 2008, 3). Bei der Moral bzw. dem Ethos geht es um Handlungsregeln, und zwar um spezifische Regeln, die ein Alleinstellungsmerkmal gegenüber anderen Regeln haben. Der Ausdruck ›moralisch‹ bezeichnet also eine spezifische Eigenschaft von Handlungs- und Verhaltensregeln. Diese spezifische Eigenschaft der moralischen Regeln zu bestimmen, ist nicht ganz leicht. Man spricht hier von der Differenz des Moralischen und des Außermoralischen. Ein Versuch, diese Differenz zu bestimmen, besteht darin davon auszugehen, dass es bei moralischen Regeln und moralischen Urteilen immer um *das humane Ganze* geht, um Fragen nach den »letzten Orientierungsgesichtspunkten für Entscheidungen« (Ricken 2003, 20). Bei Moral geht es um Normen, die »der Einsicht entspringen, dass sie die bestmögliche Form des menschlichen Zusammenlebens garantieren« (Fenner 2008, 6). Wo es bei rein sachlich begründeten oder pragmatischen Regeln und Urteilen um eine kluge Entscheidung geht, die nicht unbedingt oder in erster Linie die Qualität menschlicher Interaktion und Identität betrifft, geht es in unserem heutigen Verständnis nicht um Moral. Ob wir auf der linken oder rechten Straßenseite fahren, mag eine wichtige Regel sein, die unser Leben beeinflusst, aber sie zählt nicht zu den moralischen Regeln. Allerdings ist die Unterscheidung moralisch/außermoralisch nicht kategorisch zu fassen. Der Bereich zwischen diesen beiden Polen ist eher fließend.

Diese ›Moral‹ kann in unterschiedlicher Weise Gegenstand der wissenschaftlichen Beschäftigung sein. Die philosophische Ethik gibt sich eine *normative Aufgabe*, hat also ein *spezifisches* Erkenntnisinteresse gegenüber der Moral. Sie kann zunächst als eine *bewertende, evaluierende Ethik* beschrieben werden, die eine gegebene Moral (im Sinne eines Sets an momentan geltenden moralischen Regeln) beurteilt anhand einer (aus Gründen) zu Recht geltenden Moral (Höffe 2007, 20). Es kann nämlich auch eine Moral geben, die aus ethischer Perspektive zu Unrecht gilt, weil für deren Geltung keine akzeptierbaren Gründe angegeben werden können. Dieses Urteil über moralische Fragen ist das Kerngeschäft der Ethik und damit auch der angewandten Ethik: Ethik reflektiert eine Praxis (die des guten und richtigen Handelns), aber sie geht über eine soziologische Beobachtung hinaus, weil sie »unter der erkenntnisleitenden Maxime des Urteils über das Sollen« (Mieth 1999, 35) denkt. Mit diesem ›Sollen‹ ist schließlich der zweite Teil der normativen Aufgabe angesprochen, die man *präskriptive (vorschreibende) Ethik* nennt: Menschen handeln nicht immer gemäß zu Recht geltender moralischer Normen, so dass eine Bewertung dieser Handlung im Modus einer Sollensaussage vorgebracht wird (vgl. Höffe 2007, 20). Dieses bewertende oder vorschreibende Urteil über Moralfragen als Kennzeichen einer normativen Ethik kann unterschiedlich starke oder schwache Ansprüche an Begründungsverfahren haben; Kennzeichen bleibt, dass am Ende einer Analyse eine (oder mehrere) Handlung(en) begründet als besser oder vorzugswürdig ausgewiesen und vorgeschlagen bzw. zur Diskussion gestellt wird.

Die methodisch geleitete Reflexion der Ethik auf die Moral ist vielgestaltiger, als hier beschrieben werden kann. Eine wichtige Unterscheidung ist etwa die Unterteilung in eher kontingente, bedingte moralische Regeln, die eine Strebensethik oder eine Ethik des guten Lebens behandelt, und in kategorische, unbedingt geltende moralische Regeln, die eine Sollensethik thematisiert. Ebenso bedeutsam ist die Differenz (die kein Gegensatz ist) von Individual- und Sozialethik, nach der einerseits Handlungen von Individuen beurteilt, andererseits aber auch soziale Strukturen einer ethischen Reflexion unterzogen werden, da diese das Handeln Einzelner prägen.

Deutlich wird an dieser nur sehr rudimentären Skizze, wie das Verständnis von allgemeiner Ethik und Metaethik auf die angewandte Ethik durchschlagen muss. Selbst innerhalb der normativen Ethik gibt es eine Vielzahl von unterschiedlichen moralphilosophischen Konzepten, die üblicher Weise unterschieden werden nach teleologischen, deontologischen, hermeneutischen und kohärentistischen Ansätzen. Je nachdem welche moralphilosophische Grundtheorie vertreten wird, stellt sich anders dar, was überhaupt unter ›Anwendung‹ verstanden werden kann bzw. sollte. Vor allem dies macht die Klärung der angewandten Ethik als Kontext der Informations- und Medienethik recht schwierig. Auch mit dem Begriff der ›Bereichsethik‹ (vgl. Nida-Rümelin 2005), der ›bereichsspezifischen Ethik‹ (vgl. Düwell 2002) oder der ›Spezialethik‹ (vgl. Pieper/Thurnherr 1998, 10) entkommt man nicht dieser Schwierigkeit, weil auch hier das Verhältnis von ›allgemein‹ und ›Bereich‹ zur Debatte steht.

Etwas holzschnittartig aber das wesentliche Problem scharf stellend kann man unterscheiden zwischen einem *Top-down-Modell* und einem *Bottom-up-Modell* angewandter Ethik (vgl. dazu Fenner 2009, 100–104). Im Top-down-Modell werden die in der allgemeinen Ethik festgelegten Prinzipien und Grundsätze auf konkrete Probleme oder einen spezifischen

Bereich ›angewendet‹. Hier soll die für richtig befundene Handlungsweise aus einem universellen bzw. allgemeingültigen Prinzip für eine konkrete Situation abgeleitet werden. Diesem Verständnis angewandter Ethik liegt ein deduktives Verständnis von Moral zu Grunde, nach dem eine moralische Handlungsregel immer zuerst in einem formal-universalen Moralprinzip seine Begründung findet und erst dann im Hinblick auf die Besonderheiten der Handlungssituation ›angepasst‹ wird. Das Modell abstrahiert also für ein moralisches Urteil systematisch zunächst von konkreten Erfahrungen. Gewonnen wird durch diese Praxisferne auf der Begründungsebene die Möglichkeit eines begründeten, universalen Moralprinzips, dessen Geltung im Prinzip nicht abhängig ist von konkreten Situationen und Veränderungen. Beispiele für in Frage kommende Ethiktypen dieses Verständnisses angewandter Ethik sind die Deontologie Kants oder der Utilitarismus Mills oder Singers.

Im Bottom-up-Modell werden dagegen Handlungsregeln nicht deduziert, sondern induziert. Startpunkt sind Einzelfragen und Situationen, in denen moralrelevante Problemlösungen und Aspekte identifiziert, gesammelt und systematisiert werden. Auf dieser Grundlage können Leitlinien des Handelns gewonnen werden, bei denen davon ausgegangen werden kann, dass sie auch für ähnliche, aber andere Situationen hilfreich sein können. Schon diese Beschreibung erinnert an ein pragmatisches Problemlösen, wie es etwa in der Politik gebräuchlich ist. Das Modell fokussiert also für ein moralisches Urteil systematisch zunächst die konkreten Erfahrungen. Gewonnen wird durch diese Prinzipienferne (im Sinne eines Verzichts auf eine universale Begründung eines Moralprinzips) eine praxisrelevante Perspektive, die sich nicht mit abstrakten Überlegungen aufhält, sondern problem- und lösungsorientiert denkt und direkte, umsetzbare Handlungsempfehlungen verspricht.

Die induktiv vorgehende angewandte Ethik ist daher eher in den anwendungsspezifischen Handlungsfeldern selbst zu Hause, also in der Medizin oder in der Technik. In diesem Typ angewandter Ethik scheint das Wort der ›Anwendung‹ nicht mehr passend, weil ein fest begründetes Prinzip, was angewendet werden könnte, ja nicht angenommen wird. Dafür wurde der Begriff ›anwendungsorientierte Ethik‹ vorgeschlagen. Wie auch immer man die Terminologie festlegt: Das Verhältnis von theoretischer Reflexion auf Grundbegriffe, Grundfragen und Grundprinzipien der Moral (Metaethik, allgemeine Ethik) und praktischer Orientierung in spezifischen Bereichen bleibt komplex. Das Problem löst sich etwas auf, wenn ›Anwendung‹ nicht instrumentell verstanden wird, sondern im Sinne des hermeneutischen Begriffs der Applikation, der eine »Aktualisierung philosophischer Einsichten in veränderten Lebenskontexten« (Düwell 2002, 243) meint. Auf diese Weise ist ein Mittelweg zwischen ethischer Theoriebildung und erfahrungsbezogener Normfindung skizziert, der auch für die Informations- und Medienethik gangbar ist.

Eine Herausforderung auch für die Informations- und Medienethik bleibt allerdings die Tatsache, dass sich durch den Typ der in der angewandten Ethik verhandelten Fragen der Diskurs nicht mehr nur und gar nicht mehr hauptsächlich in den akademischen Disziplinen abspielt. Themen der Informations- und Medienethik, etwa Datensicherheit oder die Qualität des Journalismus, werden in vielen Bevölkerungsschichten und öffentlich diskutiert und sind selber Thema öffentlicher Kommunikation. Angewandte Informations- und Medienethik wird so zu einem aktuellen politischen Verständigungsdiskurs bzw. dieser erhält das Label ›Ethik‹. Für Wissenschaftler stellt dies allerdings ein Dilemma dar: Zwar akzeptiert jede Ethikerin und jeder Ethiker, dass es um praktische Orientierung geht. Sie bzw. er wird dennoch auf den Unterschied von Ethik und Politik aufmerksam machen und mit der Betonung der Differenz von Politik, Kritik und Ethik selber vor einer Vermischung warnen (vgl. Filipović 2014). Dabei geht es nicht darum, sich in einen ›Elfenbeinturm‹ zurückzuziehen, sondern um die Möglichkeit, zu recherchieren, zu lesen und Argumente und Einschätzungen zunächst jenseits von politischen Möglichkeiten und Dringlichkeiten zu testen und zu formulieren. Der Zeitdruck, unter dem eine informations- und medienethische Expertise von Wissenschaftlern erwartet wird, ist zwar in praktischer Hinsicht verständlich, kollidiert aber nicht selten mit dem wissenschaftlichen Selbstverständnis des Medien- und Informationsethikers.

In der horizontalen Dimension, also hinsichtlich der Beiordnung zu anderen angewandten Ethiken, stellen diese einen anderen wichtigen Kontext der Informations- und Medienethik dar. Die Veränderungen in der Gesellschaft und die technischen und sozialen Innovationen führen zu einer Veränderung der Bereichsethiken selbst und auch zu einer Zunahme ihrer Anzahl. Dies wird zum Teil kritisch gesehen und vor einer Inflation der Bereichsethik ebenso gewarnt wie mit anderen Argumenten eingetreten für neue Bereichsethiken. Das Verhältnis der angewandten Ethiken bzw. Bereichsethiken untereinander ist zunächst eines der Kooperation. In Orientierung an der Aufgabe angewandter Ethiken, für Handlungsbereiche konkrete Orientierung zu geben, ziehen die Bereichsethiken an einem Strang. Viele Bereiche sind zudem Querschnittsfelder, auf denen eine Zusammenarbeit der Bereichsethiken notwendig ist, beispielsweise die Umweltethik. Dies betrifft auch und vor allem in jüngerer Zeit die Informations- und Medienethik: Im Zuge der Digitalisierung entgrenzen sich sowohl informationsethische als auch medienethische Fragen und betreffen Wirtschaft, Politik, Kultur, Technik, Medizin und weitere Felder.

Für die Informationsethik sind die Bezüge zu den technischen Bereichsethiken besonders einschlägig. Insofern Informationsethik recht breit als »ethische Beschäftigung mit der Digitalisierung« (Hausmanninger/Capurro 2002, 9) verstanden wird, wird dies besonders augenfällig. Die Beziehung zur Kommunikations- und Medienethik ist dennoch eng, weil Kommunikation und medienvermittelte Kommunikation natürlich von dieser Digitalisierung in eigener Weise betroffen sind. Insofern macht es an dieser Stelle kaum Sinn, zwischen Informations- und Kommunikations- und Medienethik zu unterscheiden. Tendenziell kann man allerdings festhalten, dass die Informationsethik eher technisch orientiert ist und die Kommunikations- und Medienethik eher kulturell und gesellschaftlich, wobei auch hier die Grenzen recht frei überschritten werden. Der Journalismus war beispielsweise vor einigen Jahrzehnten eigenes Thema einer Ethik massenmedialer bzw. öffentlicher Kommunikation. Seit der Journalismus im Zuge der Digitalisierung selbst ›informationstechnischer‹ geworden ist, ist auch er ein informationsethischer Forschungsgegenstand. Die Digitalisierung, so könnte man sagen, treibt eine Integration der Bereichsethiken Informations- und Medienethik an.

Es bleibt für jede Bereichsethik schwierig bzw. eine Herausforderung, ihren Gegenstand zu bestimmen. Für eine Bereichsethik als angewandte ethische Disziplin ist es typisch, dass sie um eine Beschreibung ihres Gegenstandes ringt und sich in dieser Frage entwickelt. Sie findet, wenn man ein kritisches oder konstruktivistisches Wissenschaftsverständnis auch für die angewandte Ethik anlegt, ihre Probleme nicht einfach vor, sondern sie konstruiert sie in dem Sinne, dass sie wissenschaftsfähige Probleme aufgrund von geltenden Paradigmen, Methoden und einer spezifischen wissenschaftlichen Sprache als solche erkennt. Es ist die wissenschaftliche Disziplin also selbst, die bestimmt, was ihr Gegenstand ist, was als Problem in diesem Gegenstandsbereich gelten soll und wie das Problem wissenschaftlich gelöst oder bearbeitet wird. Dies ist geradezu ein Spezifikum der angewandten Ethik als Wissenschaft. Eine öffentliche Debatte oder ein politisch-gesellschaftlicher ethischer Diskurs bringt dieses selbstvergewissernde und problematisierende Element in dieser Weise nicht mit.

Die Informations- und Medienethik betrifft dies ebenso: Die Bezeichnungen Informationsethik und Medienethik beschreiben höchst unscharf, mit welchen Themen sich die Bereichsethiken beschäftigen. Medienethik wird beispielsweise gemeinhin nicht als ›Mediums-Ethik‹ verstanden, sondern als Ethik medial vermittelter öffentlicher Kommunikation. Hier spielen kulturelle (z. B. Unterhaltung), politische (z. B. Journalismus) und material-technische Aspekte (z. B. computerunterstützte Kommunikation) eine Rolle, die selbst sehr unterschiedlich sind. Obwohl sich also der Medienbegriff als Identifikationsbegriff für die Bereichsethik ›Medienethik‹ gar nicht so sehr eignet, wird aus guter Gewohnheit an ihm festgehalten – und die Debatten um den Gegenstand der Medienethik gehen weiter. Ähnliches ließe sich für den Begriff der Information für die Informationsethik sagen.

Als wissenschaftliche Disziplinen mit gewisser Tradition, Lehrstühlen und entsprechendem Nachwuchs trachten einige Bereichsethiken nach einer Schärfung ihres Profils und organisieren wissenschaftliche Selbstverständigungsdiskurse über Grundfragen (für die Kommunikations- und Medienethik vgl. Prinzing et al. 2015). Noch zu selten wird dabei auf die methodischen Diskussionen anderer Bereichsethiken geschaut. Ein verstärkter interdisziplinärer Dialog zwischen den Bereichsethiken wäre sowohl auf der sachlichen wie auch auf der methodischen Ebene wünschenswert.

Eine letzte wissenschaftssystematische Schwierigkeit liegt darin, dass bei den Bereichs- und angewandten Ethiken jeweils mehrere Disziplinen beteiligt sein können. So sind die Informations- und Kommunikations- und Medienethik als akademische Fächer auch *ad intra* interdisziplinär verfasst, insofern sich am informations- und medienethischen Diskurs praktische Philosophen, Medienphilosophen, (kulturtheoretisch orientierte) Medienwissenschaftler, (sozialwissenschaftlich orientierte) Kommunikations- und Medienwissenschaftler, Informatiker, Ingenieure, Theologen, Literaturwissenschaftler und andere beteiligen. Unter diesen beteiligten Wissenschaftlern eine Übereinkunft zur Methodik, Gegenstands- und Problembeschreibung und Problemlösung zu erzielen, ist nicht selten recht schwierig.

Ethiktypen und ethisches Argumentieren in der angewandten Ethik

Wissenschaftlich gesehen bleibt die angewandte Ethik eine Theorieform, die sich über ihre Situierung in der oben erwähnten vertikalen und horizontalen wissenschaftssystematischen Dimension bewusst sein muss. In der vertikalen Dimension der wissenschaftssystematischen Zuordnung der angewandten Ethik ist schon angesprochen worden, dass unterschiedliche Ethikverständnisse zu unterschiedlichen Konzeptionen angewandter Ethik führen. Wir lassen hier jetzt die grobe Differenzierung in Top-Down- und Bottom-Up-Modelle beiseite und fragen genauer nach den Formen ethischer Argumentation innerhalb der angewandten Ethik. Angesetzt werden kann dabei an der ebenfalls schon problematisierten Tendenz, dass die Funktion angewandter Ethik nicht allein nur in der philosophischen Überprüfung der Qualität von Argumenten und Sollensurteilen besteht, sondern mehr und mehr Adressatin politisch-gesellschaftlicher Fragestellungen wird, also als Bestandteil eines Selbstverständigungsdiskurs der Gesellschaft mit dem Ziel einer Übereinkunft in heiklen Fragen des (zukünftigen) Zusammenlebens verstanden und ›gebraucht‹ wird. Die Akteure sind hierbei nicht Wissenschaftler, sondern im Prinzip alle direkt und indirekt Betroffenen. Dies wiederum bedeutet, und hier bewegen wir uns nun wieder auf das Ethische in der angewandten Ethik zu, dass in den ethischen Diskursen im Feld der Informations- und Medienethik notwendigerweise eine Vielzahl von moralischen Überzeugungen des guten Lebens und des richtigen Handelns nebeneinander existieren. Zugleich herrscht ein gewisser Einigungszwang im Hinblick auf konkrete moralische Normen und Handlungsoptionen, damit der ethische Diskurs überhaupt zu seinem praktischen Ende kommt, also überhaupt Auswirkungen zeitigen kann auf die in den Blick genommene Praxis. Von der wissenschaftlichen Disziplin der Informations- und Medienethik wird man in solchen Diskursen nicht ein letztes Wort erwarten dürfen, sondern eine bewusstere, reflektiertere Verwendung von ethischen Theorien und moralischen Argumenten.

Der Grund dafür liegt nicht zuletzt auch darin, dass im Feld der Wissenschaft eine Einigung auf eine wissenschaftliche Theorie kaum möglich ist. In der ›reinen‹ Wissenschaft ist dieser methodologische Dissens möglich und sogar gewollt, weil hier im Hinblick auf grundlegende (meta-)ethische Fragen gar kein Einigungszwang vorliegt (vgl. Tetens 2011, 20). Eine unter dem Leitgedanken der Praxisrelevanz arbeitende angewandte Ethik kann sich dies nicht leisten. Daher werden in der angewandten Ethik ethische Theorien und Methoden bevorzugt, die einen Pluralismus von ethischen Theorien und moralischen Überzeugungen integrieren können. Auch eine formale Betrachtung der Argumentationsweisen im Rahmen einer logischen Argumentationstheorie kontroverser (nicht rein wissenschaftlicher) Debatten in der angewandten Ethik weist darauf hin, dass dort ethische Fragen so geklärt werden, »dass der immer zu erwartende Dissens in den Grundlagen der Ethik und Metaethik gar nicht erst zum Tragen kommt« (ebd.). Wissenschaftliche Debatten um die Vorzugswürdigkeit deontologischer, teleologischer, kontextueller oder konstruktivistischer Ansätze in der Informations- und Medienethik sind daher für die moralische Beurteilung eines Sachproblems nicht der allein entscheidende Schlüssel (vgl. Winkler 1998, 193).

Hilfreich ist vielmehr die Fähigkeit, eine praxisrelevante Argumentationsposition einzunehmen (und theoretisch-methodisch zu rechtfertigen), ohne damit ein wissenschaftliches Reflexionsniveau, den Vernunftanspruch der Ethik, den Gedanken der Begründung und die allgemeine Nachvollziehbarkeit der Argumentation aufzugeben. Oben wurde schon in der Kritik an der vereinfachenden Perspektive von Top-Down- und Bottom-Up-Modellen angedeutet, dass und wie ein Mittelweg zwischen ethischer Theoriebildung und erfahrungsbezogener Normfindung in der angewandten Ethik zu suchen ist. In der ethischen Theorie kann für eine solche Ethik das Label ›Kohärentismus‹ verwendet werden, für den hier der Sache nach argumentiert wird, ohne tief in die philosophische Diskussion einzusteigen (vgl. Badura 2002). Nikolaus Knoepffler nennt diesen Mittelweg ein »holistisches Modell« (Knoepffler 2010, 53–63).

Dieses hier vertretene Verständnis von angewandter Ethik geht dabei selbstverständlich davon aus, dass vor einer moralischen Beurteilung bzw. genauer als Teil dieser Beurteilung eine Kenntnisnahme der Sachlagen und spezifischen Probleme notwendig ist. Jede angewandte Ethik steht daher in engem Kontakt nicht nur zu der Praxis und ihren Akteuren selbst, sondern auch mit den Disziplinen, die sich wissenschaftlich mit diesen Bereichen beschäftigen. Diese Wissenschaften bieten nicht nur Theorien und Methoden zur

Beschäftigung mit diesem Feld an, sondern leisten auch empirisch Arbeit, auf die die angewandte Ethik jeweils unbedingt angewiesen ist.

Drei dieser Theorien, die diesen beschriebenen Ansprüchen genügen wollen und in den aktuellen Diskussionen im Bereich der angewandten Ethik herangezogen werden und auch für die Informations-, Kommunikations- und Medienethik in Frage kommen, sollen hier genannt werden: die kasuistische Argumentationsform, die Theorie der Prinzipien mittlerer Reichweite und das Konzept des Überlegungsgleichgewichts.

Die kasuistische Argumentationsform wird auch als *case-based reasoning* bezeichnet. In einem »Vergleich mit einem typisierten Einzelfall« (Tetens 2011, 19) wird argumentiert, dass in moralisch gleichen Situationen die gleichen moralischen Gebote gelten. Nach Holm Tetens hilft diese kasuistische Form des Argumentierens, insofern sie auf moralische Intuitionen als Quellen moralischer Einsichten zurückgreift und darauf aufbauend eine nachvollziehbare Argumentation entwirft. Zwar sind auch Intuitionen keine letzten moralischen Gesichtspunkte, die vor Vernunftgründen jederzeit zu schützen wären, aber dennoch, so Tetens, »teilen wir viele moralische Intuitionen, und mit ihnen lassen sich über kasuistische Argumente viele Probleme der angewandten Ethik jenseits des Streits um die Prinzipien angehen« (ebd., 21). Zwar tendieren etwa Albert R. Jonson und Stephen Toulmin in ihrem Klassiker *The abuse of casuistry* (1988) dazu, der Ethik jeglichen Anspruch auf allgemeingültige Urteile zu versagen, aber sie verweisen doch auch auf die Kraft der praktischen Klugheit im Feld der angewandten Ethik, und überführen damit die aristotelische *phronesis* in die Zeit hochkomplexer moralischer Probleme. Die hermeneutische Perspektive macht zudem darauf aufmerksam, dass eine reflektierte Urteilskraft, die sich am Einzelfall zeigt, Auswirkungen auf den allgemeinen Maßstab hat und insofern nicht für sich steht, sondern in einer gegenseitig dynamischen Weise zwischen Einzelfall und allgemeinem Maßstab steht.

Eine Theorie der Prinzipien mittlerer Reichweite ist im Kontext bioethischer Fragestellungen von Tom L. Beauchamp und James F. Childress entwickelt worden (vgl. Beauchamp/Childress 1979). Der Kerngedanke des Ansatzes liegt darin, dass die Prinzipien nicht deduktiv im Rückgriff auf Letztbegründungsbemühungen entwickelt werden, sondern in Bezug auf eine *common morality*, einen unkontroversen Bestand moralischer Normen. Das Ergebnis ist ein Set an Prinzipien mittlerer Reichweite, die konkreter sind als fundamentale Prinzipien, aber allgemeiner als nur situationsbezogene Regeln. Der *Principalism* von Beauchamp/Childress sieht *autonomy* (Selbstbestimmung), *beneficence* (Fürsorge), *nonmaleficince* (Nichtschädigung) und *justice* (Gerechtigkeit) als moralische Referenzen für jeden bioethischen Diskurs vor. Damit gelingt es dem Ansatz, traditionelle ethische Imperative der Medizin ebenso einzufangen wie auf moderne und neue Herausforderungen eine Antwort geben zu können. Die Prinzipien halten sich in der Mitte zwischen praxisfernen und kontroversen Fundamentalnormen und –ansätzen einerseits und bloß situationsbezogenen, nur einen Fall im Blick haltenden Praxisnormen.

Auch das Konzept des Überlegungsgleichgewichts versucht, für die Begründung von Urteilen eine Balance herzustellen zwischen einer qualifizierten moralischen Praxis und (anders begründeten) Prinzipien. Das *reflective equilibrium* geht im Kern auf John Rawls zurück, der von einer »Wechselseitige[n] Anpassung von Grundsätzen und überlegten Urteilen« spricht (Rawls 1979, 38). Das Modell, in der Literatur spricht man auch von Metapher oder von ethischer Methode (vgl. Badura 2002, 200), wurde aber aus dessen vertragstheoretischem Entwurf herausgelöst und für ethisches Argumentieren schlechthin erweitert. Darin geht es darum, bestehende Urteile, begründete Prinzipien und die im Hintergrund wirkenden Theorien gleichgewichtig in die Überlegungen für ein praktisches Urteil einzubeziehen. Moralische Intuitionen, Traditionen und die erwiesene Problemlösekraft eines klugen Urteils werden so nicht zum Ausgang für ein Urteil in der angewandten Ethik oder zu dessen Determinanten, sondern werden einbezogen in ein so erst zu begründendes Urteil, zu dem Prinzipien und Theorien hinzugezogen und im Abgleich praktisch oder gedanklich getestet werden.

Gerade weil diese Theorien (je verschieden) in der Mitte zwischen Ethikkonzepten mit äußerst starken (aber abstrakten) Begründungen von Erst-, Letzt- oder Zielnormen und Konzepten mit rein sach- und situationsbezogenen Praxisreflexionen angesiedelt sind, ziehen sie oftmals Kritik von diesen beiden Seiten auf sich: Die Vertreter der ersten Perspektive wittern Relativismus und eine Aufweichung der ethischen Perspektive schlechthin, Vertreter der zweiten wittern Praxisferne und praktische Irrelevanz. Andere wenden sich explizit gegen eine Integration pluraler Werte und einen integrativen Ansatz zur Überwindung unterschiedlicher Theorieansätze und suchen nach Theorien, die sich davon unabhängig machen.

Dennoch, so muss im Blick auf die dargestellte wissenschaftliche und gesellschaftliche Situation heute *für die angewandte Ethik* festgehalten werden, sind die wissenschaftliche und gesellschaftliche Pluralismusfähigkeit und die Praxisrelevanz der angewandten Ethik zentrale Leitgedanken und auch Leitwerte, an denen sich die konkreten Ausgestaltungen solcher Ethiken zu orientieren haben. Methodisch ist das sicher eine Herausforderung, der in den einzelnen Bereichsethiken zu begegnen ist. Auch gibt es keine Lösung dieses Problems in dem Sinne, dass die Problemstellung damit aufgehoben wäre. Aber sie gilt es in der Theoriearbeit an der jeweils eigenen angewandten Ethik zu berücksichtigen.

Probleme und Herausforderungen der Informations- und Medienethik als angewandte Ethik(en)

Die zentralen Probleme der Informations- und Medienethik als angewandte Ethik, also ihre zentralen Probleme in methodischer Hinsicht, liegen vor allem darin, wie sie auf diese zuletzt genannten Herausforderungen reagiert. Zur Debatte steht in diesem Zusammenhang also *die Form ihrer Theorie als angewandte Ethik*. In der Informations- und Medienethik wird dies allerdings selten explizit zum Thema gemacht, jedenfalls gilt dies etwa im Vergleich mit der Medizin- oder Bioethik, was sicher daran liegt, dass sie noch am Anfang ihrer eigenen Institutionalisierung als wissenschaftliche Disziplin steht. Aber auch hier gibt es Bewegung (als Auswahl: Filipović 2014; Köberer 2015; Paganini 2012; Rath 2013, Kap. 2).

Für die Informations-, Kommunikations- und Medienethik besteht in einigen Hinsichten die besondere Herausforderung, ihren ethischen Zugriff überhaupt zu rechtfertigen. Wo sie besondere institutionelle Kontakte zu sozialwissenschaftlich-empirischen Wissenschaften hält, also etwa zu den Kommunikationswissenschaften, da hat sie es nicht immer leicht, ihren spezifisch ethisch-normativen Zugang deutlich zu machen (s. Kap. II.4). Natürlich kann man sich der Moral im Bereich Information, Kommunikation und Medien auch empirisch nähern. Eine solche empirische Ethik richtet sich in ihrer deskriptiven (beschreibenden) Variante auf das tatsächlich vorhandene Ethos mit dem Ziel einer Darstellung, und in ihrer explanatorischen (erklärenden) Variante auf die Herkunft und die Funktionen der tatsächlichen Moral mit dem Ziel einer Erklärung, wozu sie auf eine größere (Handlungs-, Gesellschafts-, ...-)Theorie angewiesen ist (vgl. Höffe 2007, 19). Diese Art und Weise der Beschäftigung mit dem Bereich der Moral herrscht in den Sozialwissenschaften, also auch in den Kommunikationswissenschaften vor. Moral wird hier als spezifische Normativität verstanden und beschrieben oder erklärt (vgl. Rath 2013). Das eigentliche Geschäft der angewandten Ethik ist aber mit dem oben beschriebenen normativen Erkenntnisinteresse beschrieben. Die Verwechselung von Moralempirie (im Bereich Medien) und Medienethik ist sicher ein Erbe positivistischer Verengungen der Sozialwissenschaften.

Aber auch für die Ethik gibt es Fallen: Beispielsweise kann man logisch zwingend nicht direkt von Seinsaussagen (»So ist es!«) auf Sollensaussagen (»So soll es sein!«) schließen. Auch wenn man eine normativ eher zurückhaltende Ethik vertritt, unterscheiden sich doch wahr/falsch-Urteile von gut/schlecht-Urteilen, was aber noch nichts über ihre Verbindung aussagt. Ebenso bedenklich ist die Falle des Moralismus, nach der eine Ethik in bloßen Sollensaussagen verbleibt und meint, alleine durch Begründung und Moralitätstests Handlungsregeln rechtfertigen zu können. Eine Ethik hat, wie betont wurde, vielmehr immer auch den Bezug auf die Erfahrung und die Wirklichkeit nötig (vgl. Höffe 2007, 38 f.).

Die existierenden Entwürfe der Informations- und Medienethik versuchen auf unterschiedliche Weise, die methodische und theoretische Problemstellung der angewandten Ethik anzugehen, auch wenn sie selten Bezug nehmen auf die theoretisch-methodischen Diskurse der angewandten Ethik. Sie versuchen es mit einem Fokus auf den Verantwortungsbegriff, der von sich aus Pflichtethik mit Klugheitsethik verbindet (vgl. Funiok 2007), durch eine Unterscheidung einer Steuerungs- und einer Reflexionsfunktion der Medienethik (vgl. Debatin 1999) oder durch die Lokalisierung der Medienethik zwischen der Philosophie und den Kommunikations- und Medienwissenschaften (vgl. Rath 2013). Diese Informations- und Medienethiken verstehen sich als normativ arbeitende angewandte Ethiken. Das Verhältnis dieser Versionen zu eher deskriptiven (also normativ enthaltsamen) medien- und technikphilosophischen Entwürfen (vgl. Wiegerling 1998) oder medientheoretischen Beiträgen (vgl. Leschke 2001) gilt es überhaupt erst noch zu klären.

Die Informations- und Medienethik als angewandte Ethik hat sich bereits als eigenständige Bereichsethik etabliert, ist aber weiterhin dabei, ihre eigenen methodischen und theoretischen Voraussetzungen zu klären und im Hinblick auf ihre Praxisrelevanz zu überlegen. Die vielfältigen und mehrdimensionalen interdisziplinären Bezüge dieser Bereichsethik in der beschriebenen vertikalen und horizontalen Dimension, aber auch ihre eigene durch viele beteiligte Disziplinen sehr heterogene Gestalt nach innen, stellen dafür eine Herausforderung dar, die in den nächsten Jahren und im Zuge ihrer fortschreitenden Entwicklung hin zu einer eigenen Disziplin angegangen werden müssen. Dieser disziplinäre Diskurs soll nicht die wünschenswerte plurale Gestalt der Bereichsethik überwinden, sondern eine Verständigung über verschiedene Ansätze und praktische Vorschläge zum Ziel haben.

Literatur

Badura, Jens: Kohärentismus. In: Marcus Düwell/Christoph Hübenthal/Micha H. Werner (Hg.): *Handbuch Ethik*. Stuttgart 2002, 194–205.

Beauchamp, Tom L./Childress, James F.: *Principles of Biomedical Ethics*. New York 1979.

Debatin, Bernhard: Medienethik als Steuerungsinstrument? Zum Verhältnis von individueller und kooperativer Verantwortung in der Massenkommunikation. In: Adrian Holderegger (Hg.): *Kommunikations- und Medienethik. Interdisziplinäre Perspektiven*. Freiburg i. Ue. ²1999, 39–53.

Düwell, Marcus: III. Angewandte oder Bereichsspezifische Ethik: Einleitung. In: Marcus Düwell/Christoph Hübenthal/Micha H. Werner (Hg.): *Handbuch Ethik*. Stuttgart 2002, 243–247.

Fenner, Dagmar: *Ethik*. Tübingen 2008.

Fenner, Dagmar: Angewandte Ethik zwischen Theorie und Praxis. Systematische Reflexionen zum Theorie-Praxis-Verhältnis der jungen Disziplin. In: *Zeitschrift für philosophische Forschung* 63/1 (2009), 99–121.

Filipović, Alexander: Eine angemessene Ethik für das Netz. In: Martin Dabrowski/Judith Wolf/Karlies Abmeier (Hg.): *Ethische Herausforderungen im Web 2.0*. Paderborn 2014, 109–126.

Funiok, Rüdiger: *Medienethik. Verantwortung in der Mediengesellschaft*. Stuttgart 2007.

Hausmanninger, Thomas/Capurro, Rafael: Einleitung: Eine Schriftenreihe stellt sich vor. In: Dies. (Hg.): *Netzethik. Grundlegungsfragen der Internetethik*. München 2002, 7–12.

Höffe, Otfried: *Lebenskunst und Moral. Oder macht Tugend glücklich?* München 2007.

Jonas, Hans: *Das Prinzip Verantwortung. Versuch einer Ethik für die technologische Zivilisation*. Frankfurt a. M. 1979.

Jonsen, Albert R./Toulmin, Stephen: *The Abuse of Casuistry. A History of Moral Reasoning*. Berkeley 1988.

Knoepffler, Nikolaus: *Angewandte Ethik. Ein systematischer Leitfaden*. Köln 2010.

Köberer, Nina: Medienethik als angewandte Ethik – eine wissenschaftssystematische Verortung. In: Prinzing et al. 2015, 99–113.

Leschke, Rainer: *Einführung in die Medienethik*. München 2001.

Mieth, Dietmar: *Moral und Erfahrung I. Grundlagen einer theologisch-ethischen Hermeneutik*. Freiburg i. Ue. ⁴1999.

Nida-Rümelin, Julian (Hg.): *Angewandte Ethik. Die Bereichsethiken und ihre theoretische Fundierung. Ein Handbuch*. Stuttgart ²2005.

Paganini, Claudia: Medienethik als Prinzipienethik. Gibt es in der Medienethik einen Kernbestand ethischer Ansprüche? In: Alexander Filipović/Michael Jäckel/Christian Schicha (Hg.): *Medien- und Zivilgesellschaft*. Weinheim 2012, 144–158.

Pieper, Annemarie/Thurnherr, Urs: Einleitung. In: Dies. (Hg.): *Angewandte Ethik. Eine Einführung*. München 1998, 7–13.

Prinzing, Marlis/Rath, Matthias/Schicha, Christian/Stapf, Ingrid (Hg.): *Neuvermessung der Medienethik. Bilanz, Themen und Herausforderungen seit 2000*. Weinheim 2015.

Rath, Matthias: Medienethik – zur Normativität in der Kommunikationswissenschaft. In: Matthias Karmasin/Matthias Rath/Barbara Thomaß (Hg.): *Normativität in der Kommunikationswissenschaft*. Wiesbaden 2013, 289–302.

Rawls, John: *Eine Theorie der Gerechtigkeit*. Frankfurt a. M. 1979.

Ricken, Friedo: *Allgemeine Ethik*. Stuttgart ⁴2003.

Riedel, Manfred (Hg.): *Rehabilitierung der praktischen Philosophie*, Bd. I: *Geschichte, Probleme, Aufgaben*. Freiburg 1972.

Singer, Peter: *Praktische Ethik*. Stuttgart ²1994 (engl. 1979).

Tetens, Holm: Argumentationsstrukturen in der Angewandten Ethik. In: Ralf Stoecker/Christian Neuhäuser/Marie-Louise Raters (Hg.): *Handbuch Angewandte Ethik*. Unter Mitarbeit von Fabian Koberling. Stuttgart 2011, 18–22.

Thurnherr, Urs: *Angewandte Ethik zur Einführung*. Hamburg 2000.

Wiegerling, Klaus: *Medienethik*. Stuttgart 1998.

Wiener, Norbert: *Cybernetics; or, Control and Communication in the Animal and the Machine* [1948]. New York ²1961.

Winkler, Earl R.: Overview Applied Ethics. In: Ruth Chadwick/Dan Callahan/Peter Singer (Hg.): *Encyclopedia of Applied Ethics*. San Diego 1998, 191–196.

Alexander Filipović

III Leitwerte der Medien- und Informationsethik

6 Freiheit

Freiheit als politisch-philosophischer Begriff ist einerseits grundlegend für ein demokratisches Gesellschaftsverständnis und andererseits Ausgangspunkt für die anthropologische Verortung des Menschen als selbstbestimmter Existenz. Diese beiden Aspekte – Demokratie und individuelle Freiheit – sind gleichzeitig die Wurzeln des Rechts auf freie Meinungsäußerung. Die Freiheit zur Meinungsäußerung ermöglicht die Teilhabe des oder der Einzelnen an Prozessen der öffentlichen Meinungsbildung. Meinungsäußerungsfreiheit ist somit eine Bedingung für die Vereinigung individueller und kollektiver Interessen im Prozess der gesellschaftlichen Selbstregulierung.

Das Grundrecht auf freie Meinungsäußerung ist normative Grundlage der Informations- und Medienethik wie sie im bundesdeutschen Grundgesetz, der UN-Menschenrechtscharta oder auch der Europäischen Menschenrechtskonvention zum Ausdruck kommt (vgl. Gordon/Newton 2011; Wunden 1998). Weitere wichtige Aspekte dieses Grundrechts, die mit dem Aufkommen des Internets ins Zentrum rückten, sind freie Informationsbeschaffung, Zugangsfreiheit und das Recht zu kommunizieren, also »[...] über Medien jeder Art und ohne Rücksicht auf Grenzen Informationen und Gedankengut zu suchen, zu empfangen und zu verbreiten« (Allgemeine Erklärung der Menschenrechte, Artikel 19). Hier besteht ein fester Kern der Informations- und Medienethik, der an die Bürgerrechtsbewegung anknüpft, an Ideale von Öffentlichkeit sowie Gerechtigkeits- bzw. Gleichheitsgrundsätze von universaler Ausdehnung. Die Interpretation und Umsetzung dieser Grundrechte sind geleitet durch eine allgemeine Idee von Freiheit, die gemäß verschiedenen Weltanschauungen variiert und entsprechend der verschiedenen Medientechniken und ihren Nutzungsweisen unterschiedlich zum Ausdruck kommt (vgl. Heesen 2008, 150 ff.). Die Konzepte von Freiheit und ihre Verwirklichungsweisen müssen sich durch die Praxiswelten einer digitalen Gesellschaft teils neu bewähren; leitend sind für die folgende Ausführung die Handlungsfelder ›umfassende informationstechnische Systeme‹, ›Internet‹ und ›Rundfunk‹.

Rundfunk: Freiheit als gemeinsame Aufgabe

Die Presse- und Rundfunkfreiheit wird aus der Meinungsfreiheit abgeleitet. Bei den übergeordneten Zielvorgaben der öffentlich-rechtlichen Medienordnung geht es an erster Stelle um die Förderung von Freiheit. Im gesamten westeuropäischen Raum hat sich die Rundfunkfreiheit innerhalb einer vom Staat gerahmten Medienordnung konstituiert (vgl. Brantner/Langenbucher 2003). Diese Rahmung beruht auf einer bestimmten Interpretation des Grundrechtskatalogs, die davon ausgeht, dass dem Staat die so genannte Daseinsvorsorge nicht nur in Bezug auf die öffentliche Infrastruktur (etwa für das Bildungswesen und die Wasserversorgung), sondern auch im Bereich liberaler Freiheitsrechte anzuvertrauen ist (vgl. Klein 1999). Bestimmend ist hier die Ansicht, dass Individuen vor allem deshalb frei sind, weil sie in einer Gesellschaft leben, die aufgrund bestimmter Vorgaben und Beschränkungen partikularen Handelns ein Höchstmaß an potenzieller Freiheit für alle ihre Mitglieder ermöglicht. Die Redewendung »Die Freiheit der Wölfe ist der Tod der Lämmer« verweist auf die Schwierigkeit, bei ungleich verteilten Voraussetzungen zu einer gleichen Verteilung von Freiheitsrechten zu kommen. An dieser Stelle setzen dann Regularien ein, die wir im wirtschaftlichen Bereich z. B. aus der Beschränkung von Monopolbildungen kennen. Entsprechend unterliegt der Rundfunk seit Gründung der Bundesrepublik der öffentlichen Hand und muss bestimmten gesetzlichen Vorgaben entsprechen. Diese Vorgaben haben den Sinn, der Bevölkerung ein hohes Maß an unabhängiger und vielseitiger Information zu bieten. Es handelt sich hierbei um eine normgeprägte Veranstaltungsfreiheit oder auch ›dienende Freiheit‹ (vgl. BverfGE 97, 298 (310); Stock 1999, 11; Badura 2008), die von einer ›natürlichen‹, unreglementierten Freiheit nach liberalistischem Verständnis unterschieden werden muss.

Die gesellschaftlichen Funktionsaufgaben der Medien schlagen sich in den Programmaufträgen der öffentlich-rechtlichen Rundfunkanstalten nieder. Der Funktionsauftrag ist im Rundfunkstaatsvertrag und durch verschiedene Bundesverfassungsgerichtsurteile bestimmt als Vermittlung bzw. Austausch zwischen der Bevölkerung und den Staatsorganen, der Kontrolle des

Staates und seiner Funktionsträger/innen und der Integration der Gemeinschaft (vgl. BverfGE 35, 202 (222) – Lebach – 1973). Die öffentlich-rechtlichen Sender sollen zudem mit einem Vollprogramm den Informations- und Unterhaltungsinteressen des gesamten Hörfunk- und Fernsehpublikums nachkommen. Einer möglichst umfassenden und vollständigen Meinungsvielfalt im Bereich der Sendeinhalte wird zudem eine quantitative Vollständigkeit an die Seite gestellt, nach welcher die Sender durch Bereitstellung verschiedener Empfangsmöglichkeiten eine umfassende Versorgung ermöglichen sollen. Dieser so genannte Universaldienst erfüllt die gesetzlichen Forderungen nach einer informationellen Grundversorgung der gesamten Bevölkerung. Die Grundversorgung liegt dabei nicht notwendig in der Hand der öffentlich-rechtlichen Rundfunkanstalten. Bislang ist jedoch keine zufriedenstellende Regelung in Sicht, die eine Grundversorgung durch den privaten Rundfunk sicherstellen könnte. Aus dieser Perspektive legitimiert sich die Integration von gebührenfinanzierten und privaten Sendern in einer dualen Rundfunkordnung (vgl. Herzog: Grundgesetzkommentar, Art. 5, Rn. 238 ff.; Wissenschaftlicher Beirat beim Bundesministerium der Finanzen 2014; s. Kap. IV.10, 11). Zu den angestrebten Qualitäten des öffentlich-rechtlichen Rundfunks gehört vor allem die Interessenferne, das heißt sowohl Staatsferne als auch Unabhängigkeit von der Beeinflussung durch Wirtschaftsunternehmen und Interessengruppen sowie die weitgehende Unabhängigkeit von Werbeeinnahmen.

Aufgrund der Gebührenfinanzierung soll es den öffentlich-rechtlichen Rundfunkanstalten möglich sein, auch solche Sendungen in ihr Programm aufzunehmen, die nicht nur für eine Mehrheit des Publikums von Interesse sind. Die Finanzierung des Rundfunks durch die Allgemeinheit soll also eine Programmvielfalt ermöglichen, welche Minderheiten besonders berücksichtigt. Diese integrative Funktion der Massenmedien soll wiederum zum Vorteil der Gesamtheit des demokratischen Gemeinwesens sein.

Die Schaffung des öffentlichen Rundfunks und der zunächst damit einhergehende Ausschluss eines privaten Rundfunks wurden bis 1984 mit der Exklusivität des Mediums begründet. Zusätzlich fanden Radio und insbesondere das Fernsehen aufgrund ihrer hohen suggestiven Kraft durch das Ordnungsrecht besondere Aufmerksamkeit. Die Möglichkeit zur Manipulation der Meinungsbildung ist nach der Interpretation des Bundesverfassungsgerichts durch die Kombination der an sich schon suggestivkräftigen bewegten Bilder mit einer One-to-Many-Sendeform gegeben. Nachdem das Fernsehen das Radio und damit auch den ›Volksempfänger‹ der Nationalsozialisten in der Gunst des Publikums abgelöst hatte, war man sich der manipulativen Kraft der neuen Medientechnik besonders bewusst.

Der technische Grund für die Besonderheit des Rundfunks lag in der bis in die 1980er bestehenden technisch bedingten Senderknappheit. Außerdem war der Senderbetrieb mit sehr hohen Kosten verbunden, die von privater Seite das Aufkommen einer größeren Anzahl von Sendern nicht in Aussicht stellte. Die auf dem Zeitungsmarkt übliche Vielzahl von Anbietern war nicht gegeben; sie ist jedoch Voraussetzung für die Gewährleistung eines Höchstmaßes an Informationsmöglichkeiten. Wenn verschiedene Perspektiven der Berichterstattung nicht in einem Medienprodukt – wie auf dem Zeitungsmarkt in der Regel der Fall, sondern auf unterschiedliche Presseerzeugnisse verteilt vorliegen, spricht man in Bezug auf die Meinungsvielfalt von einem *außen*pluralistischen Modell. Unter den oben genannten Bedingungen der Senderknappheit und der hohen Kosten musste für den Rundfunk ein anderer Weg gesucht werden. Es bot sich als Lösung die öffentliche Finanzierung einer Sendeanstalt an, deren pluralistisches und freiheitliches Erscheinungsbild über gesetzliche Regelungen vorgegeben wurde. Die Vertretung der verschiedenen innergesellschaftlichen Meinungen und Perspektiven wurde nach einem *binnen*pluralistischen Modell den öffentlich-rechtlichen Rundfunkanstalten überantwortet.

»Es liegt vielmehr in der Verantwortung des Gesetzgebers, daß ein Gesamtangebot besteht, in dem die für die freiheitliche Demokratie konstitutive Meinungsvielfalt zur Darstellung gelangt. Es muß der Gefahr begegnet werden, daß auf Verbreitung angelegte Meinungen von der öffentlichen Meinungsbildung ausgeschlossen werden und Meinungsträger, die sich im Besitz von Sendefrequenzen und Finanzmitteln befinden, an der öffentlichen Meinungsbildung vorherrschend mitwirken« (Drittes Fernsehurteil des Bundesverfassungsgerichts vom 16. Juni 1981, BverfGE 57, 295).

Abgesehen von diesen strukturellen Rahmungen sollte sich der Rundfunk jedoch möglichst frei von weiteren äußeren Vorgaben entfalten können. Auch aus diesem Grund ist in den Medien insgesamt das Modell der freiwilligen *Selbst*regulierung vorherrschend. Qualitätsstandards, ethische Verpflichtungen und der Jugendmedienschutz liegen somit in der eigenen Verantwortung der Medienschaffenden und ihrer Selbstregulierungsorgane. Sie können sich als Kodizes Geltung verschaffen, aber auch als öffentliche Rügen oder Indizierungen.

Internet: Freiheit im individualisierten Verständnis

Schon in den 1920er Jahren wurden in die aktive Mediennutzung große Hoffnungen für eine Stärkung der menschlichen Selbstbestimmungsfähigkeit gesetzt. Bertolt Brecht etwa forderte damals, also zurzeit der breiteren Etablierung des Radios, »eine Art Aufstand des Hörers, seine Aktivisierung und seine Wiedereinsetzung als Produzent« (Brecht 1967, 126). Auf den ersten Blick erscheint das Internet aufgrund seiner zahlreichen Beteiligungsmöglichkeiten als ideales Medium zur größtmöglichen Umsetzung solcher medialen Freiheitsrechte. Die Internetnutzung entspricht der Vorstellung von aktiver Teilhabe und der Freiheit zu umfassender Informationssammlung, Dokumentation und Meinungsäußerung. Die Möglichkeiten zur Produktion eigener Beiträge sind im Internet zwar nicht schrankenlos, aber doch wesentlich erleichtert im Vergleich zu Hörfunk und Fernsehen. Auch im Unterschied zu den Anforderungen, die zur Herstellung eines Presseerzeugnisses notwendig sind, wie Druck und Vertrieb, ist die aktive Internetnutzung mit weniger Aufwand verbunden.

Das Internet vereinigt potenziell alle bis dato existenten Medientypen auf einer digitalen Plattform und ermöglicht zudem die aktive Beteiligung von Einzelpersonen, Gruppen, Organisationen oder Dienstleistern. Gemessen an der Pluralität der Inhalte und Beteiligungsformen ist das Internet somit das Medium mit dem höchsten Grad an Medien- und Meinungsfreiheit. Gleichzeitig aber ist es ein Medium, das die Registrierung und Verwertung der Art seiner Nutzung im Vergleich zu anderen Medien stark erleichtert. Wegen dieser erweiterten Überwachungsmöglichkeiten fühlen sich viele Nutzerinnen und Nutzer in ihren Freiheiten eingeschränkt (vgl. Stoycheff 2016; PEN American Centre 2015).

Noch ein weiterer Aspekt relativiert die Wahrnehmung und Umsetzung von Freiheitsrechten im Internet. Meinungsfreiheit impliziert die Freiheit zur Äußerung, sonst endet sie als Verweis auf einen bloß selbstbezüglichen Begriff der *Gedanken*freiheit. Wie ist es jedoch in einer auf Pluralisierung und Spezialisierung ausgelegten Medienlandschaft zu gewährleisten, dass Meinungsäußerungen öffentliche Aufmerksamkeit finden? Aus den neu gewonnenen Möglichkeiten zur medialen Meinungsäußerung folgt kein Anspruch auf öffentliche Wahrnehmung (Herzog, Grundgesetzkommentar Abs. I, II Art. 5, Rn. 64 »Kein Recht auf Ermöglichung der Meinungsäußerung durch den Staat«). Der neue *Superpluralismus* der Medien muss als ironische Wendung von Freiheit beschrieben werden, wenn die Masse der Meinungsäußerungen und Medienangebote das Diskurs-, Verständigungs- und Orientierungsangebot der Medien konterkariert und als ›Informationsflut‹ (vgl. Toffler 1984, 350 f.; Lincoln 2011) die Aufnahmekapazitäten der Adressat/innen überfordert.

Für die Beschreibung des Freiheitsbegriffs in der Internetkommunikation muss darüber hinaus noch eine weitere Ebene erwähnt werden. Die Internetnutzung entspricht tendenziell einem Verständnis, das Freiheit als Unabhängigkeit von allen Beschränkungen interpretiert. Dafür spricht der hohe Stellenwert des Individuums im Internet, der sich in der Personalisierung von Diensten, Suchmaschinen und Benutzeroberflächen zeigt, aber auch die generelle Affinität der Online-Kommunikation zu direkter und ›unvermittelter‹ Kommunikation – etwa mit der Abgeordneten des Wahlbezirks, ohne dass journalistische Medien dazwischen geschaltet wären. Die gesellschaftliche Etablierung des Internets war auch deshalb so erfolgreich, weil es individuelle und freiere Kommunikations- und Informationsmöglichkeiten abseits der konventionellen Mainstream-Medien versprach.

Diese individuelle Freiheit im Internet wird dabei häufig auch als Freiheit von leiblichen Erscheinungsformen (wie es beispielsweise der populäre Cartoon von Peter Steiner, »On the internet, nobody knows you're a dog«, 1993 illustrierte) sowie generell lebensweltlichen und institutionellen normativen Rahmungen interpretiert. Dazu gehört die Freiheit von nationalstaatlichen Grenzen ebenso wie die Freiheit zur Erschaffung anonymer oder pseudonymer Identitäten. Entsprechend stand zu Beginn der allgemeinen Internetnutzung der Glaube an die Selbstregulierung einer freien Netzgemeinde, die gesetzliche Vorschriften überflüssig macht, im Vordergrund (vgl. Barlow 1996).

Die Nutzerinnen und Nutzer virtueller Internetkommunikation wären insofern losgelöst von ihrer leiblichen Existenz (*disembodiment*) und strukturellen Benachteiligungen. Online-Identitäten sind in diesem Sinne als freiere, teils selbst-kreierte Identitäten zu verstehen. An eine ähnliche Denkfigur knüpfen Diskurse unter den Schlagworten *global brain*,

Schwarmintelligenz oder *collective intelligence* an (vgl. Jenkins 2006, 258 ff.; Lévy 1997). Maßgeblich ist hier die Vorstellung von einem gleichsam verselbstständigten Intellekt, der sich neu mit anderen verbinden und die Kompetenzen des einzelnen Menschen übersteigen kann. In die gleiche Richtung gehen auch manche Überlegungen zu den Vorteilen der Anonymisierung bzw. Pseudonymisierung in der Internetkommunikation. In diesem Fall geht es um eine befreiende Verbergung der leiblichen Existenz und der Lösung von realen Zwängen oder auch Repressionen (s. Kap. VII.32). Freiheit kann hier jedoch auch umschlagen, in eine Freiheit zur Enthemmung (*online disinhibition effect*), die dann als *hate speech* oder Gewalt gegenüber anderen virtuellen Identitäten in Erscheinung tritt (vgl. Ess 2009, 114 f.).

Der Gedanke, den menschlichen Geist als autonom und damit als unabhängig von weltlichen Einschränkungen und Bindungen zu verstehen, ist nicht neu. Ähnliche, jedoch philosophische Begründungsversuche einer bedingungslosen Freiheit wurden in der Aufklärung insbesondere durch Immanuel Kant ausgearbeitet. Der Autonomiebegriff war gleichzeitig Fundament der Französischen Revolution 1789 und prägte insbesondere den Liberalismus. Konzepte zur Abstrahierung von der leiblichen Existenz des Menschen knüpfen an die ethischen Topoi von der vor-lebensweltlichen Gleichheit aller Menschen an, die auf normativer Ebene durch Gedankenspiele wie beispielsweise den ›Schleier des Nichtwissens‹ (*veil of ignorance*) bei John Rawls fruchtbar gemacht werden (vgl. Rawls 1979). Ähnlich wie dieser Ansatz basieren die Vorstellungen von virtueller Freiheit als *disembodiment* auf einem negativen Begriff von Freiheit. Demzufolge ist zumindest analytisch die Lösung des geistigen Subjekts von seinen leiblichen und lebensweltlichen Konstitutionsbedingungen denkbar. Von einem solchen negativen Freiheitsbegriff ist also die Rede, wenn es darum geht, von etwas frei zu sein. Demgegenüber spricht man von positiver Freiheit, wenn die Freiheit gegeben ist, etwas Bestimmtes zu tun (Freiheit *von* – Freiheit *zu*). Dieser positive Begriff fragt nach größtmöglicher Selbstbestimmung in Form einer graduellen Handlungsfreiheit im Kontext der vielfältigen Determinanten des menschlichen Handelns.

Der Ansatz, Identitäten (bzw. Geist oder Subjektivität) und letztlich Autonomie, losgelöst von allen Kontexten zu konzipieren, bezieht sich auf ein Menschenbild, wie es in der Kritik des Kommunitarismus, rationalitätskritischer Ansätze, der feministischen Philosophie, des Neoaristotelismus oder des *new materialism* steht (z. B. Benhabib 1989; Coole/Frost 2010). Für das Cyber-Subjekt zeigen sich allerdings schnell die Bedingungskontexte seiner Identität, wenn man sich vor Augen hält, dass es in seiner Existenz sowohl vom kommunikativen Austausch mit anderen abhängt, als auch von Software, Netzinfrastruktur und Elektrizität. Und nicht zuletzt erweist sich aus erkenntnistheoretischer Perspektive die Unterscheidung zwischen virtuellen und realen Identitäten grundsätzlich als brüchig (s. Kap. VII.36); vielmehr müssen sie als Kontinuitäten in verschiedenen Handlungswelten verstanden werden (s. Kap. VIII.37; vgl. Capurro/Eldred/Nagel 2013, 118 ff.). Darüber hinaus verweist die Diskussion um die Repräsentation von Körpern in der Internetkommunikation auf das anhaltende Bedürfnis des Menschen, sich über leibliche Repräsentationen zu identifizieren – selbst wenn sie künstlich kreiert sind (vgl. White 2006).

Was sind die Faktoren für den Erhalt und die Garantie von Freiheit in der Internetnutzung? Von der herausgehobenen und grundlegenden Rolle der Meinungsäußerungsfreiheit für den Erhalt und die Ausweitung von Handlungsfreiheiten wird später noch die Rede sein. Einer der weiteren Schlüssel zu einer nicht virtuell, sondern lebensweltlich und praxisorientierten Bestimmung von Freiheit ist die Wahrung von Privatheit und informationeller Selbstbestimmung (s. Kap. VI.23, VII.25): Geht es bei der Herstellung von Privatheit doch grundlegend um die Abwehr und Einhegung hegemonialer, totalitärer Ansprüche über individuelle und gesellschaftliche Handlungsbereiche.

»Mit dem Begriff des Privaten grenzen wir [...] Bereiche oder Dimensionen ab für ein Individuum, die es braucht, um die in modernen Gesellschaften beanspruchte und rechtlich gesicherte individuelle Freiheit leben zu können. Solche Bereiche oder Dimensionen des Privaten substantiieren nämlich die gesicherten Freiheiten, weil mit der bloßen Sicherung von Freiheit [...] noch nicht notwendig und zugleich die Bedingungen dafür gesichert sind, dass wir die Freiheiten so leben können, wie wir wirklich wollen« (Rössler 2001, 138).

Ein weiteres, komplementäres Element für die Sicherung von Freiheit in der Internetkommunikation ist die Ermöglichung von Pluralität sowohl auf Ebene der Netzinfrastruktur wie auch in Hinsicht auf Dienste und Inhalte. In diesen Bereich fallen Diskussionen um

Zugangsgerechtigkeit (*digital divide*), Netzneutralität oder auch die Schaffung von monopolartigen Strukturen durch kostenlose Angebote (*zero rating*) insbesondere in ärmeren Weltregionen. Nur durch die Schaffung eines breiten Angebotsspektrums ist eine echte Freiheit zur Wahl und damit zu mehr oder weniger Datenschutz, Kontrolle, Partizipation oder Meinungsäußerung gegeben.

Freiheit in allgegenwärtigen informationstechnischen Systemen

Die Internetkommunikation erstreckt sich nicht nur auf die Kommunikation von Menschen mit Menschen. Sie weitet sich zunehmend aus in den Bereich der dinglichen Umgebungen. In einer von Informationstechniken (IT) durchdrungenen Welt (Internet der Dinge, *ubiquitous computing*, *ambient intelligence*) treffen Nutzerinnen und Nutzer in fast allen gesellschaftlichen Bereichen auf einen Bestandteil des Gesamtsystems, ob in einem Smart Home, dem Büroalltag oder dem eigenen Smartphone. Im Hintergrund der Anwendungen steht stets die Vorstellung einer allgegenwärtigen Assistenz. Umfassende IT-Systeme machen die Welt in einem hohen Maße verfügbar, erfassbar und kontrollierbar (s. Kap. VII.28). Aus verschiedenen Gründen, nicht nur aufgrund ihrer Allgegenwart und Personalisierungseigenschaften, haben digitale Dienste eine *totalitäre* Tendenz. Eine allgegenwärtige IT-Infrastruktur erzeugt hybride Formen von *Öffentlichkeit* und stellt ihre Nutzerinnen und Nutzer immerwährend in einen Kontext von sozialer Kontrolle und allgemeinen Normvorgaben (vgl. Reichert 2015). Für ihre totalitäre Tendenz spricht auch, dass sie wie namentlich im *calm* oder *pervasive computing* häufig unsichtbar und damit der Wahrnehmung der Nutzerinnen und Nutzer und ihren aktiven Entscheidungsprozessen entzogen sind.

Gerade der letztgenannte Punkt ist von Bedeutung, wenn es um Big Data-Analysen geht. Die Nutzung von Big Data baut auf den zahlreichen direkten und indirekten Spuren des individuellen Handelns auf, die durch die Durchdringung der Alltagswelt mit Informationstechniken vorliegen. Eine allgemeine ›Datafizierung‹ ist somit eine der Bedingungen für die erfolgreiche Durchführung von Big Data-Analysen. In solchen Analysen findet eine Erfassung der öffentlichen, aber auch der alltäglichen und privaten Verhaltensweisen statt. Alle Personen, die (unwillkürlich) Daten generieren, wirken mit an der Herstellung eines allgemeinen Datenpools. Fast jede Aktivität mit digitaler Unterstützung, wie Kommunikation, Konsum oder Reiseentscheidungen, kann unter Beobachtung stehen und zum Gegenstand strategischer Entscheidungen in Wirtschaft, Versicherungswesen und Politik werden. In einer solchen Situation der umfassenden Verhaltensanalyse durch IT-Systeme, gibt es entsprechend kaum noch nicht-politische Handlungsweisen. Auf diese Weise ist dem Eindringen einer politischen bzw. ideologischen Komponente in den privaten Bereich, der technische Weg gebahnt (vgl. Heesen 2016). Jede Handlung kann als Baustein für die Messung von Vorlieben und Einstellungen dienen.

Das Aufkommen von Medientechniken, die in den Alltag einwandern, die Grenze zwischen Privat- und Arbeitswelt aufweichen und über mobile Endgeräte wie Smartphones oder Wearables unsere ständigen Begleiter werden, beleuchtet somit einen weiteren Aspekt des Freiheitsverständnisses: Nun kann die Person als frei gelten, die nicht von Medientechniken belagert wird. Diese Form der Beanspruchung einer negativen Freiheit ist nicht alleine auf den Wunsch einer ›guten‹ und ruhigen Lebensführung und der Abweisung des Zwangs immer erreichbar zu sein, zurückzuführen. Sie ist gleichzeitig verknüpft mit dem Wunsch und dem Recht, nicht analysiert und überwacht zu werden. Moderne Informations- und Kommunikationstechniken (vom Fernseher, über das elektronische Buch bis zur Smartwatch) sind immer auch Überwachungstechniken (s. Kap. VII.24). Hier erlangen dann mit dem Recht auf informationelle Selbstbestimmung oder dem Recht auf kommunikative Selbstbestimmung (vgl. Roßnagel 1990) weitere Konzepte Bedeutung für die Bestimmung des Freiheitsbegriffs, um einer vermeintlichen Unvermeidlichkeit der Mediennutzung entgegen zu steuern. Das Recht auf kommunikative Selbstbestimmung basiert auf dem Recht auf eine freie Entfaltung der Persönlichkeit. Es ist das Recht des oder der Einzelnen, selbst zu bestimmen, ob, wann, über was und mit wem er oder sie kommunizieren will (vgl. ebd., 283). Bei diesem Recht geht es damit auch um den Schutz der wesentlichen Voraussetzungen von Handlungsfreiheit überhaupt (vgl. ebd., 280). Demzufolge ist nicht nur wie im Fall der *informationellen* Selbstbestimmung die Freiheit gegeben, über die eigenen Daten zu verfügen, sondern auch die Freiheit, sich fremder Kommunikation zu verweigern.

Darüber hinaus sollte es in einer radikaleren Variante auch möglich sein, sich für eine zumindest partielle *nicht-Nutzung* von IT zu entscheiden und trotzdem nicht von relevanten Diensten und Informationen ausgeschlossen zu sein. Diese Option impliziert die Notwendigkeit, neben den häufig unsicheren und störungsanfälligen IT-Systemen eine parallele Offline-Infrastruktur zu erhalten. Auf diese Weise werden nicht nur totalitäre Tendenzen informationstechnischer Systeme zurückgedrängt, sondern gleichzeitig mehr Sicherheit hergestellt, indem die Unabhängigkeit von Systemen gewahrt bleibt, die durch informationstechnische Attacken gefährdet werden (s. Kap. VII.33, 34).

Aus abstrakterer Perspektive der Informations- und Medienethik geht es im Umgang mit umfassenden informationstechnischen Systemen also immer auch um die Wahrung eines möglichst großen Spektrums von Handlungsoptionen. Diese Wahrung von Handlungsfreiheiten ist eine praktische Voraussetzung zur Vermeidung einer technokratischen Vereinnahmung im Kontext der gesellschaftlichen Digitalisierung. Hierzu gehört einerseits die Entfaltung von Freiheitsrechten durch Abwehr, andererseits aber auch die Schaffung von Rahmenbedingungen für die positive, aktive Umsetzung von Medienfreiheit. Dazu zählen die Zugangsfreiheit zu Informationen wie auch die Grundversorgung mit entsprechenden technischen Geräten und Diensten sowie die gleichberechtigte Nutzung der Kommunikationsinfrastruktur durch alle Teilnehmer und Teilnehmerinnen (Netzneutralität). Ein weiterer wichtiger Baustein ist die Schaffung von Transparenz. Transparenz ist eine Bedingung für die bewusste Entscheidung für oder wider die Akzeptanz einer technischen Anwendung. Die Forderung nach Transparenz bezieht sich insbesondere auf die Systemarchitektur wie auch auf die Form der Verarbeitung personenbezogener und personenbeziehbarer Daten. Transparenz ist eine der Voraussetzungen für die Entwicklung von Kompetenz und schließlich auch einer demokratisch legitimierten Partizipation bei der Entwicklung, Nutzung und Weiterentwicklung informationstechnischer Anwendungen.

Eine solidarische Verwirklichung von Medienfreiheit

Die unterschiedlichen Umsetzungsformen von Freiheit in Rundfunk, Internet und umfassenden informationstechnischen Systemen haben verdeutlicht, dass es sich bei der Verwirklichung von Medien- und Informationsfreiheit um einen komplexen Prozess handelt. Weder kann es nur um individuelle Freiheit gehen, noch dürfen die Rahmenbedingungen im Vordergrund stehen. Die Verwirklichung von Freiheiten hängt ab von beidem und vor allem auch davon, dass Medienfreiheiten durch Meinungsvielfalt, Anbietervielfalt und einer Vielfalt der Formate – von der politischen Berichterstattung über die Dokumentation bis zur Unterhaltung – mit Leben gefüllt wird.

Grundsätzlich jedoch können die Pluralität und Unabhängigkeit und somit die Freiheit der Medien *und* die individuelle Freiheit insgesamt nur dann gewahrt werden, wenn Freiheit einerseits institutionell durch normative Rahmenbedingungen etabliert und andererseits durch das *solidarische* Handeln von Individuen, Gruppen und Gemeinschaften unterstützt wird. Auch wenn die individuellen Freiheitsrechte im Zentrum einer demokratischen Gesellschaftsordnung stehen, kann eine völlig individualisierte Kommunikation allein die Herstellung einer demokratischen Öffentlichkeit nicht gewährleisten.

»[...] die Aussicht darauf, daß mit Hilfe der Medien in Zukunft jeder zum Produzenten werden kann, bliebe unpolitisch und borniert, sofern diese Produktion auf individuelle Bastelei hinausliefe. [...] Die Diapositiv-Serie von der letzten Urlaubsreise kann hierfür als Muster gelten« (Enzensberger 1970, 179).

Zu diesem Fazit kam Hans Magnus Enzensberger 1970 in Bezug auf die individualisierte Medienproduktion mit Fotoapparaten, Super-8-Kameras und Kurzwellensendern und es gilt gleichermaßen für das Internet. Mediale Öffentlichkeit als Ausdruck und Vollzug individueller und kollektiver Freiheit reflektiert notwendig auf eine *solidarische Verwirklichung der Freiheitsidee*: Im Unterschied zu einem negativen Freiheitsbegriff, der darauf abzielt, die Freiheitsrechte anderer nicht zu beschneiden, bezeichnet ein solidarischer Freiheitsbegriff komplementär eine positive Pflicht zur Aufrechterhaltung der öffentlichen Kommunikation in Hinblick auf Gemeinwohlorientierung und die *res publica*. Hierin steckt die eigentliche ethische Dimension der Medienfreiheit (vgl. Heesen 2008, 189 f.). Die Aufgabe der solidarischen Strukturierung von Öffentlichkeit in den herkömmlichen Massenmedien lag beim Gesetzgeber und damit einem demokratisch legitimierten Organ. Der Impuls zu einer solidarischen Verankerung der öffentlichen Kommunikation in den Online-Medien dagegen geht von den einzelnen Medienteilnehmerinnen und -teilnehmern aus.

Vielfalt und Unabhängigkeit sind die Kriterien zur Bewertung von Medienfreiheit. Sie lassen sich nur dann herstellen, wenn der Gedanke der Individualisierung mit dem der Differenz verbunden ist. Individuelle Freiheit kann auch die Freiheit zur Einförmigkeit bedeuten. Der emanzipatorische Anspruch einer individualisierten wie auch öffentlichen Mediennutzung wird nur dann eingelöst, wenn der Vielzahl der Mediennutzerinnen und -nutzer auch eine Vielfalt von Medienproduktionen und Medientechniken entspricht. Die Wahrnehmung individueller Freiheitsrechte steht damit im Kontext einer freiheitlichen Medienordnung insgesamt. Die Potenziale des Internets für die demokratische Willensbildung werden nur dann ausgeschöpft, wenn es als Medium der spontanen, nicht reglementierten Medienproduktion Bestand hat. Die Freiheit des Internets bedarf an dieser Stelle jedoch wiederum einer institutionellen und strukturellen Absicherung, denn wie die Entwicklung der Online-Medien bislang vor Augen geführt hat, stehen die Freiheit des Marktes und die Freiheit der Medien hier einmal mehr in einem Konkurrenzverhältnis.

Literatur
Badura, Peter: Rundfunkfreiheit als ›dienende Freiheit‹ – ein Relikt? In: Institut für Rechtspolitik an der Universität Trier (Hg.): *Bitburger Gespräche. Jahrbuch 2007/I, 48. Bitburger Gespräche zum Thema ›Die duale Organisation (Struktur) des Rundfunks in Deutschland – ein Auslaufmodell?‹* München 2008, 9–20.
Barlow, John Perry: Unabhängigkeitserklärung des Cyberspace (1996). In: http://www.heise.de/tp/artikel/1/1028/1.html (7.4.2016).
Benhabib, Seyla: Der verallgemeinerte und der konkrete Andere: Ansätze zu einer feministischen Moraltheorie. In: Elisabeth List/Herlinde Studer (Hg.): *Denkverhältnisse: Feminismus und Kritik*. Frankfurt a. M. 1989, 454–487.
Brantner, Cornelia/Langenbucher, Wolfgang R.: *Medienkonzentration – Kontrollmechanismen innerhalb der Staaten der EU – Vergleichendes Forschungsvorhaben*. Forschungsbericht. Im Auftrag des Bundesministerium für Justiz. Wien 2003.
Brecht, Bertolt: Radiotheorie. In: Ders. (Hg.): *Gesammelte Werke*, Bd. 18. Frankfurt a. M. 1967, 119–134.
Capurro, Rafael/Eldred, Michael/Nagel, Daniel: *Digital Whoness: Identity, Privacy and Freedom in the Cyberworld*. Fankfurt a. M. 2013.
Coole, Diana/Frost, Samantha (Hg.): *New Materialisms: Ontology, Agency, and Politics*. Durham 2010.
Enzensberger, Hans Magnus: Baukasten zu einer Theorie der Medien. In: *Kursbuch* 20 (1970), 159–186.
Ess, Charles: *Digital Media Ethics*. Cambridge 2009.
Gordon, A. David/Newton, Julianne H.: Chapter 1. Ethics and Freedom: Mass Media Accountability. In: A. David Gordon/John Michael Kittross/John C. Merrill/William Babcock/Michael Dorsher (Hg.): *Controversies in Media Ethics*. New York [3]2011, 33–58.
Heesen, Jessica: Medienethik und Netzkommunikation. *Öffentlichkeit in der individualisierten Mediengesellschaft*. Frankfurt a. M. 2008.
Heesen, Jessica: Big Data for a Fairer Democracy? In: *International Review for Information Ethics (IRIE)* 24 (2016), http://www.i-r-i-e.net/ (20.5.2016).
Herzog, Roman: Artikel 5 GG. In: Maunz Theodor/Dürig Günter (Hg.): *Grundgesetz. Loseblatt-Kommentar*. München 2006.
Jenkins, Henry: *Convergence Culture: Where Old and New Media Collide*. New York 2006.
Klein, Eckart: Maßstäbe für die Freiheit der öffentlichen und privaten Medien – Unter besonderer Berücksichtigung internationaler Verpflichtungen. In: *Die öffentliche Verwaltung* 52/18 (1999), 758–766.
Lévy, Pierre: *Collective Intelligence. Mankind's Emerging World in Cyberspace*. London 1997.
Lincoln, Anthony: Toward a Holistic Social Theory of Information Overload. In: *First Monday* 16/3–7 (2011), http://firstmonday.org/ojs/index.php/fm/article/view/3051/2835 (14.4.2016).
PEN American Centre: Global Chilling. The Impact of Mass Surveillance on International Writers. Results from PEN's International Survey of Writers (2015). In: http://www.pen.org/sites/default/files/globalchilling_2015.pdf (13.4.2016).
Rawls, John: *Eine Theorie der Gerechtigkeit*. Frankfurt a. M. 1979.
Reichert, Ramón: Digitale Selbstvermessung. Verdatung und soziale Kontrolle. In: *Zeitschrift für Medienwissenschaft* 13 (2015), 66–77.
Rössler, Beate: *Der Wert des Privaten*. Frankfurt a. M. 2001.
Roßnagel, Alexander: Das Recht auf (tele-)kommunikative Selbstbestimmung. In: *Kritische Justiz* 23/3 (1990), 257–289.
Steiner, Peter: Cartoon »On the internet nobody knows you're a dog«. In: *The New Yorker* (5.7.1993).
Stock, Martin: Zwischenbilanz der Rechtsprechung zur Rundfunkregulierung: Anspruch, Wirklichkeit, Perspektiven. In: *Zeitschrift für Gesetzgebung* 14 (1999), Sonderheft: Mediengesetzgebung – Zukunftsgestaltung oder Wettbewerbshindernis?, 5–17.
Stoycheff, Elisabeth: Under Surveillance: Examining Facebook's Spiral of Silence Effects in the Wake of NSA Internet Monitoring. Published online before print, in: *Journalism & Mass Communication Quarterly*, March 8, 2016, 1–16. DOI: 10.1177/1077699016630255.
Toffler, Alvin: *Future Shock* [1970]. New York 1984.
United Nations Human Rights Office of the High Commissioner: *Allgemeine Erklärung der Menschenrechte* (1948). In: http://www.ohchr.org/EN/UDHR/Pages/Language.aspx?LangID=ger (7.4.2016).
White, Michele: *The Body and the Screen: Theories of Internet Spectatorship*. Cambridge 2006.
Wissenschaftlicher Beirat beim Bundesministerium der Finanzen: *Öffentlich-rechtliche Medien – Aufgabe und Finanzierung*. Berlin 2014.
Wunden, Wolfgang (Hg.): *Freiheit und Medien. Beiträge zur Medienethik*, Bd. 4. Frankfurt a. M. 1998.

Jessica Heesen

7 Wahrheit

Wahrheit ist eine für die öffentliche Kommunikation und ihre verschiedenen Typen wie Journalismus, Public Relations (PR), Werbung sowie Propaganda zentrale Kommunikationsnorm bzw. ein zentraler Kommunikationswert. Symbolisch kommt dies beispielsweise im ersten Satz des Deutschen Pressekodex, der 1973 verabschiedet worden ist, zum Ausdruck: »Die Achtung vor der Wahrheit, die Wahrung der Menschenwürde und die wahrhaftige Unterrichtung der Öffentlichkeit sind oberste Gebote der Presse.«

Wahrheit bzw. Wahrhaftigkeit werden insbesondere als Qualitätskriterium von Medien (vgl. Wunden 1996), als logisch-begriffliche Voraussetzung für journalistische Objektivität (vgl. Bentele 1982; 1988), als »oberste Norm des publizistischen Ethos« und zugleich als Voraussetzung für Freiheit (Deussen 1996, 65) verstanden (s. Kap. V.13). Eine ganz andere Funktionszuschreibung für Wahrheit ist, Wahrheit als ›falschen Anspruch‹ zu betrachten, als Ziel, das prinzipiell nicht erreichbar scheint (vgl. Epstein 1974). Diese Position wird meist auf dem Hintergrund eines erkenntnistheoretischen Konstruktivismus vertreten und mündet bei manchen Autoren des ›radikalen Konstruktivismus‹ in der Annahme, dass journalistische Objektivität »völlig unrealistisch« sei (Schmidt 1994, 18).

Wahrheitstheorien

Spätestens seit der antiken Philosophie machen sich Philosophen Gedanken darüber, was Wahrheit ist und was darunter verstanden werden kann (ausführlicher zu Wahrheitstheorien vgl. Skirbekk 1977; Enders/Szaif 2006; Heinrich 2009; Glanzberg 2014; Dowden/Schwarz 2016). In der Philosophie werden heute eine Reihe unterschiedlicher *Wahrheitstheorien* unterschieden. Wahrheitstheorien beschäftigen sich u. a. mit den Fragen: Was ist Wahrheit? Oder: Was verstehen wir oder können wir sinnvoll unter ›Wahrheit‹ verstehen? Von welchen Phänomenen kann überhaupt gesagt werden, dass sie ›wahr‹ sein können? Kandidaten für solche ›Wahrheitsträger‹ sind z. B. Sätze, Propositionen (Satzinhalte), Aussagen, Urteile, Äußerungen, Sprechakte, Behauptungen und Theorien. Es leuchtet unmittelbar ein, dass Fragen beispielsweise nicht wahr oder falsch sein können, also nicht wahrheitsfähig sind: Sie können allerdings (situativ) angemessen oder unangemessen sein.

Einige der prominentesten Typen von heute unterschiedenen Wahrheitstheorien sind die *Korrespondenztheorie* der Wahrheit (z. B. Aristoteles, Thomas von Aquin), die *logisch-semantische Wahrheitstheorie* (Alfred Tarski), die *Widerspiegelungstheorie* (Wladimir I. Lenin), die *Kohärenztheorie* der Wahrheit (z.B. Nicholas Rescher), die *pragmatische Wahrheitstheorie* (William James), und die *Konsenstheorie* der Wahrheit (Jürgen Habermas).

Unter anderem auf Aristoteles (384–322 vor unserer Zeit) geht die *Korrespondenztheorie der Wahrheit* zurück: er hat in seiner Metaphysik eine Art Korrespondenzprinzip formuliert, ohne allerdings den Begriff ›Korrespondenz‹ zu benutzen: »Das aber wird klar, wenn man erst einmal feststellt, was wahr ist und was falsch. Denn zu behaupten, das Seiende sei nicht oder das Nichtseiende sei, ist falsch. Aber zu behaupten, dass das Seiende sei und Nichtseiende nicht sei, ist wahr« (Aristoteles 1970, IV. Buch, 1011b). In den *Quaestiones disputatiae de veritate* (*Über die Wahrheit*) von Thomas von Aquin (um 1225–1274) findet sich in der ersten quaestio (»Was ist Wahrheit«) eine klassische Formulierung für die Kernaussage der Korrespondenztheorie: Nach dem mittelalterlichen Philosophen muss es eine Übereinstimmung zwischen dem *intellectus*, dem Verstand, einerseits und der ›Sache‹ andererseits geben: »Veritas est adaequatio intellectus et rei« ist die dem Sinn nach gleichlautende Formulierung von Thomas von Aquin (Thomas von Aquin 2013, 27).

In der modernen Philosophie trat die Korrespondenztheorie der Wahrheit mit George Edward Moore und Bertrand Russell in moderneren Varianten wieder in Erscheinung. Nachdem beide zunächst die Korrespondenztheorie abgelehnt hatten, näherten sie sich dieser Spielart zum Anfang des 20. Jahrhunderts wieder an. Eine klassische, definitorische Formulierung ist dann »A belief is true if and only if it corresponds to a fact« (Glanzberg 2014, 4; vgl. auch Moore 1953; Russell 1912). Korrespondenztheorien der Wahrheit beruhen auf einem erkenntnistheoretischen Realismus, wonach prinzipiell Objekte existieren, die von der menschlichen Beobachtung in der Form ihrer Erscheinung zumindest teilweise unabhängig sind.

Alfred Tarski entwickelte 1935 in seinem berühmten Aufsatz »Der Wahrheitsbegriff in den formalisierten Sprachen« eine »semantische Konzeption von Wahrheit« und eine entsprechende Definition, die allerdings nur für die »formalisierten Sprachen der deduktiven Wissenschaften« (Tarski 1935, 266) volle Gültigkeit beansprucht. Wichtig ist bei Tarski die erstmals in Bezug auf den Wahrheitsbegriff eingeführte Unterscheidung von Objektsprache und Metasprache. Die Metasprache liegt dabei auf einer Ebene ›über‹ der Objektsprache. Wenn die Objektsprache das Deutsche ist, wäre die Metasprache eine, mit der über das Deutsche gesprochen wird. Tarski möchte, dass eine moderne und präzise Wahrheitsdefinition den »Intuitionen der klassischen, aristotelischen Konzeption der Wahrheit gerecht wird« (ebd., 142). Den Kern dieser Konzeption sieht er in der ›Übereinstimmung‹ mit der Wirklichkeit. »x ist eine wahre Aussage dann und nur dann, wenn p« (ebd., 268). Weil durch bestimmte Beispiele (z. B. ›Ich lüge‹) Probleme auftreten, schränkt Tarski diese Definition auf formale Sprachen ein. Eine kurze Erläuterung der Tarskischen Wahrheitstheorie einschließlich einiger kritischer Aspekte findet sich bei Richard Heinrich (2009, 78 ff.), eine ausführliche Auseinandersetzung bei Wolfgang Stegmüller (1968).

Eine andere Variante der Korrespondenztheorie der Wahrheit ist die (materialistische) ›Widerspiegelungstheorie‹ von Wladimir I. Lenin, die er in seinem Werk *Materialismus und Empiriokritizismus* im Jahr 1908 entwickelt hat. In diesem Hauptwerk setzt sich Lenin aus Perspektive des ›dialektischen Materialismus‹, d. h. unter Rückgriff auf die Schriften von Karl Marx und Friedrich Engels insbesondere mit der zeitgenössischen Philosophie von Ernst Mach und Richard Avenarius, die er unter das Label ›Empiriokritizismus‹ verortet, auseinander. Erkenntnis, so Lenin in der Tradition von Friedrich Engels, sei eine *Widerspiegelung* der Wirklichkeit: »[…] die Dinge existieren außer uns. Unsere Wahrnehmungen und Vorstellungen sind Abbilder. Durch die Praxis werden diese Abbilder einer Probe unterzogen, werden die richtigen von den unrichtigen unterschieden« (Lenin 1970, 103). Die materialistische Widerspiegelungstheorie, die erkenntnistheoretische Auffassung von Lenin galt für die gesamte marxistisch-leninistische Philosophie in allen Staaten des ›real existierenden Sozialismus‹ als Dogma, dem nicht zu widersprechen war.

Kritische Argumente gegen die Korrespondenztheorie sind insbesondere immer wieder aus erkenntnistheoretischen Positionen formuliert worden, die nicht-realistisch argumentieren: es sei keine ›objektive‹ Wirklichkeit erkennbar, es gebe keinen Standpunkt außerhalb der erkennenden Subjekte, von dem aus Übereinstimmung oder Nicht-Übereinstimmung auszumachen sei. Auch die Unklarheit der Begriffe (z. B. des Begriffs ›Übereinstimmung‹) wird moniert oder der ›naive Realismus‹ der semantischen Wahrheitstheorie bzw. der Leninschen Widerspiegelungstheorie. Alle diese Vorwürfe werden von den Verfechtern der Korrespondenztheorie wiederum zurückgewiesen (vgl. z. B. Stegmüller 1968, 234 ff.).

Auch die *Kohärenztheorie der Wahrheit* hat ältere Wurzeln in der Philosophiegeschichte (vgl. Glanzberg 2014, 6), z. B. formulierte Harold H. Joachim im Jahr 1906: »Truth in its essential nature is the systematic coherence which is the character of a significant whole« (Joachim 1906, 76). Nicholas Rescher (1973, 337 ff.) unterscheidet zwischen definitorischen und kriterienbezogenen Wahrheitstheorien und versteht die Kohärenztheorie der Wahrheit als eine Theorie, die sich nicht an der Frage, was Wahrheit sei, sondern an *Wahrheitskriterien* orientiert. Die allgemeine Form der Kohärenztheorie der Wahrheit formuliert Glanzberg (2014, 6) wie folgt: »A belief is true if and only if it is part of a coherent system of beliefs.«

Der amerikanische Pragmatismus von Charles Sanders Peirce und William James entwickelte eine *pragmatische Wahrheitskonzeption*. James (1977, 36) geht zwar von der Selbstverständlichkeit der ›klassischen‹ Wahrheitsdefinition als Übereinstimmung von Vorstellungen mit der Wirklichkeit aus, sieht die Probleme aber darin, wie ›Übereinstimmung‹ und ›Wirklichkeit‹ verstanden werden. »Wahre Vorstellungen sind solche, die wir uns aneignen, die wir geltend machen, in Kraft setzen und verifizieren können. Falsche Vorstellungen sind solche, bei denen dies alles nicht möglich ist« (ebd., 37). Glanzberg sieht die Quintessenz des pragmatischen Wahrheitsbegriffs in der Feststellung: »Truth is satisfactory to believe« (Glanzberg 2014, 7).

Eine neuere, vieldiskutierte Wahrheitskonzeption entwickelte Jürgen Habermas mit der *Konsens- oder Konsensustheorie der Wahrheit*. Diese Theorie geht davon aus, dass die Wahrheit von Aussagen auch davon abhängt, ob sich bezüglich der Geltung von Aussagen über Argumente ein zwangfreier, allgemeiner Konsens herstellen lässt. »Darüber, ob Sachverhalte der Fall oder nicht der Fall sind, entscheidet nicht die Evidenz von Erfahrungen, sondern der Gang von Argumentationen. Die Idee der Wahrheit lässt sich nur mit Bezugnahme auf die diskursive Einlösung von Geltungsansprüchen entfalten« (Habermas 1984, 135).

Habermas unterscheidet in seiner Theorie des kommunikativen Handelns fundamental unterschiedliche Handlungstypen wie instrumentelles, strategisches; kommunikatives und dramaturgisches Handeln (Habermas 1981, Bd. 1, 384 ff.). Bezüglich des kommunikativen Handlungstyps nennt er unter Rückgriff auf die Sprechakttheorie von John L. Austin und John R. Searle vier implizite und gleichzeitig universal vorhandene *Geltungsansprüche,* die jeder kommunikativ Handelnde im Vollzug von Sprechhandlungen erhebt: Verständlichkeit, Wahrheit, Richtigkeit und Wahrhaftigkeit. *Verständlichkeit* ist ein universaler Geltungsanspruch, der jedem Sprechakt zugrundliegen muss, damit sich die Kommunikationspartner verstehen können. *Wahrheit* bezieht sich auf die Darstellung von Sachverhalten und die objektive Welt, *Richtigkeit* auf die Geltung von Normen, *Wahrhaftigkeit* auf die subjektiven Intentionen des Sprechers, die zur Glaubwürdigkeit und der Vertrauenswürdigkeit des Sprechers maßgeblich beiträgt (vgl. Habermas 1971, 131). Werden eine oder mehrere dieser Geltungsansprüche brüchig und in Frage gestellt, können wir in *Diskurse* eintreten, in denen diese Geltungsansprüche verhandelt bzw. diskutiert werden. Auch dann, wenn diese Diskurse nicht explizit stattfinden, werden die Geltungsansprüche Verständlichkeit, Wahrheit, Richtigkeit und Wahrhaftigkeit implizit in der Kommunikationssituation immer vorausgesetzt. Habermas geht davon aus, dass »wir in jedem Diskurs genötigt sind, eine ideale Sprechsituation zu unterstellen, d. h. kontrafaktisch in derselben Weise zu antizipieren, wie die Zurechnungsfähigkeit der handelnden Subjekte in Zusammenhängen der Interaktion« (ebd., 122). Was den Geltungsanspruch der Wahrheit anbelangt, so wird als Wahrheitskriterium somit nur ein argumentativ erzielter, begründeter Konsens zugelassen (Habermas 1984, 160).

Abgrenzungen

Der Begriff Wahrheit taucht häufig zusammen und in Abgrenzung zu anderen, benachbarten Begriffe auf. Insbesondere Begriffe wie *Wahrhaftigkeit*, *Richtigkeit*, *Geltung* sind Begriffskandidaten, die von Wahrheit möglichst präzise unterschieden werden sollen. Aber auch Negationen von Wahrheit bzw. wahrheitsgemäßen Aussagen, nämlich Lügen, müssen hier kurz behandelt werden.

Richtigkeit ist einerseits Alltagsbegriff, der dort in etwa synonym zu ›Wahrheit‹ verwendet wird. »Das ist richtig...«, die Zahl, das Gewicht, etc. ist richtig, heißt, dass die Angaben stimmen, wahr sind. Der Geltungsanspruch ›Richtigkeit‹ in der Habermasschen Kommunikations- und Wahrheitstheorie bezieht sich allerdings auf die ›normative Angemessenheit‹ von Aussagen.

Wahrhaftigkeit wird in der Regel immer als eine auf das handelnde Subjekt bezogene Norm verstanden, möglichst wahrheitsgemäß zu kommunizieren. Wahrhaftigkeit bringt das Verhältnis von Menschen zur Wahrheit zum Ausdruck und bezeichnet das subjektive ›Für-wahr-halten‹ von etwas. Eine wahrhaftig formulierte Aussage eines Kommunikanden A (z. B. Hans kam gestern nach Hause) muss deshalb nicht automatisch wahr sein, dann nämlich, wenn sich später herausstellt, dass er tatsächlich gar nicht nach Hause kam oder kommen konnte. Kommunikand B konnte über A zwar nach bestem Wissen annehmen, dass Hans tatsächlich nach Hause gekommen ist Ein unvorhersehbarer Umstand, der nämlich, dass der letzte Zug, den Hans nehmen wollte, wegen eines Unglücksfalls ausgefallen war und er aus diesem Grund anderswo übernachten musste, hat dazu geführt, dass diese Aussage zwar wahrhaftig, aber objektiv falsch war. Man kann hier nicht von Lügen, sondern muss von *Irrtum* sprechen. Irrtümer beruhen auf falschen Annahmen, Behauptungen, Glauben. Derjenige, der den Irrtum eingesteht, konnte aber immer – wahrhaftig – von der Übereinstimmung seiner Aussage mit der Wirklichkeit ausgehen. Neben dem Irrtum ist es auch die Unwahrhaftigkeit des Ausdrucks, also die ›Unechtheit‹, die nur vorgespielte Authentizität in Unterhaltungssendungen oder im Verkaufsfernsehen, die als Form nicht-wahrhaftiger, öffentlicher Kommunikation beobachtbar ist.

Können solche Formen sicher schon als weitgehend intentional bezeichnet werden, sind Lügen eindeutig *intentionale Falschaussagen* über die Wirklichkeit, die den oder die Kommunikationspartner über die richtige Wahrnehmung dieser Wirklichkeit täuschen sollen (vgl. zu dieser Definition Bentele 2013a; Müller/Nissing 2007). Ein Lügner kennt die Wahrheit, d. h. die richtigen Aussagen über bestimmte Sachverhalte, macht aber aus irgendwelchen Gründen eine Falschaussage. Im Alltagssprachgebrauch wird auch das bewusste Verschweigen oder Auslassen von Tatsachen(-beschreibungen) als Lügen verstanden, wenn damit solche Täuschungen verbunden sind. Lügen sind innerhalb von Kommunikationsvorgängen eingesetzte Mittel, um bestimmte Täuschungen oder Irreführungen des Kommunikationspartners zu erwirken. Täuschungen können weitere Effekte nach sich ziehen. Lügen müssen auch nicht unbedingt sprachlich, mündlich oder schriftlich, stattfinden, sie können auch nonverbal oder innerhalb anderer Zeichensysteme vollzogen werden.

Für das Lügen kann es jedoch durchaus moralisch legitime Gründe geben, z. B. um einen Menschen, der sich versteckt hat, vor Verfolgung zu retten. Aber auch die Legitimation einer Lüge in bestimmten Umständen ändert nichts daran, dass es Lügen, d. h. intentionale Falschaussagen über die Wirklichkeit sind.

›Wahrheit‹ in der Ethik der öffentlichen Kommunikation

In einer Ethik der öffentlichen Kommunikation – dieser Begriff wird dem Begriff ›Medienethik‹ (vgl. z. B. Haller/Holzhey 1992; Funiok/Schmälzle/Werth 1999; Funiok 2011; Schicha/Brosda 2010) aus Präzisionsgründen vorgezogen – werden Werte und Normen der Tätigkeits- und Berufsfelder Journalismus, Public Relations und Werbung thematisiert, deren Akteure professionell öffentliche Kommunikation betreiben. Die Berufsfelder lassen sich selbst als berufsbezogene, soziale Systeme verstehen, die individuelle Akteure und Organisationen (als korporative Akteure) sowie deren Beziehungen zueinander und zu anderen Systemen enthalten. Sie sind mit einem oder mehreren gesellschaftlichen Teilsystemen wie Politik, Wirtschaft, Wissenschaft verbunden. Tätigkeitsbereiche, Tätigkeiten in ihnen und ihre Muster lassen sich als *Typen öffentlicher Kommunikation* definieren. Mit Propaganda als Typ öffentlicher Kommunikation verhält es sich etwas anders: er tritt nicht nur, aber vor allem innerhalb bestimmter Konstellationen politischer Systeme auf. Propaganda lässt sich sinnvoll auffassen als Teil politisch ausgerichteter Public Relations, die vor allem unter Bedingungen totalitärer politischer Systeme praktiziert werden, die keinerlei Pluralismus innerhalb der Sphäre öffentlicher Kommunikation zulassen (s. Kap. VI.19).

Es fällt auf, dass sowohl im Journalismus, wie in der PR, als auch in der Werbung – ja selbst bei der Propaganda – zentrale Normen wie Wahrheit und Wahrhaftigkeit als *konstitutive Kennzeichen* (in der Propaganda allerdings meist in der Negation) vorhanden sind. Wahrheit taucht außerdem als Voraussetzung oder Teilnorm von wichtigen Normen der öffentlichen Kommunikation wie ›Objektivität‹ beispielsweise der journalistischen Berichterstattung auf (vgl. Bentele 1982; 1988).

Wahrheit wird dabei sowohl in beruflichen Ethikkodizes, wie auch in Praxisreflexionen vor allem als *Alltagsbegriff*, als »Grundbegriff unserer lebensweltlichen Orientierung« (Horn 2008, 335), nicht auf Basis wissenschaftstheoretischer oder philosophischer Reflexionen benutzt. Alltagsbegriffe entstehen aus der alltäglichen Erfahrung und dem alltäglichen Gebrauch. Und hinter dem Alltagsbegriff der Wahrheit steht vor allem die Korrespondenztheorie der Wahrheit. Fragte man Journalisten, PR-Experten oder Werbeexperten danach, was sie unter Wahrheit verstehen, kämen vor allem Antworten, die auf Wahrheit als Übereinstimmung von Aussagen mit der Wirklichkeit abheben. Diese Norm lässt sich auf dem Hintergrund des »rekonstruktiven Ansatzes« (Bentele 2008; 2015) ›Norm des Wirklichkeitsbezugs‹ nennen. Der »rekonstruktive Ansatz« ist eine erkenntnistheoretisch (evolutionäre Erkenntnistheorie, hypothetischer Realismus) basierte, kommunikationswissenschaftliche Theorie, die im Kern das Verhältnis zwischen Wirklichkeit und medial dargestellter Wirklichkeit thematisiert. Sie argumentiert im Ansatz realistisch, d. h. stützt sich auf korrespondenztheoretische Positionen, nimmt aber – ebenso wie der Konstruktivismus – biologische Argumente auf. Das Verhältnis zwischen Wirklichkeit und Medienwirklichkeit wird normativ mit dem (biologischen) Begriff der *Passung*, d. h. einer Strukturähnlichkeit zwischen dargestellter Wirklichkeit und darstellender Medienwirklichkeit gefasst (vgl. Bentele 2013a, 270 ff.; Vollmer 1975, 54 ff.). Rekonstruktion lässt sich dabei definieren als der Informations-, Wahrnehmungs- oder Beobachtungsprozess, in dem auf unterschiedlichen Ebenen (Wahrnehmung, Denken/Kognition, Kommunikation) Wirklichkeit, die außerhalb von Lebewesen existiert, von den Lebewesen durch ihre Wahrnehmungs- und Kognitionsorgane hindurch verarbeitet wird, und zwar so, dass isomorphe (strukturähnliche) Konstrukte, eben *Rekonstrukte* entstehen (vgl. Bentele 2015, 195). Der rekonstruktive Ansatz ist mit zentralen Argumenten der Konsensustheorie der Wahrheit gut verträglich. Die Feststellung einer ›adäquaten‹ Darstellung von Wirklichkeit in den Medien, die die Grundlage für das Erreichen von ›journalistischer Objektivität‹ ist, ist nur durch eine Art Konsensprinzip feststellbar. Ähnlichkeiten bestehen auch zu vielen Argumenten des »Neuen Realismus« (Gabriel 2014).

Im Gegensatz zu manchen Auffassungen des radikalen Konstruktivismus (vgl. Schmidt 1990; 1993), die die Existenz solcher Wirklichkeitsbezüge ignorieren, übersehen oder in Abrede stellen, hat es die Praxis der öffentlichen Kommunikation überall dort, wo es um

Informationsangebote und -leistungen geht, mit solchen Wirklichkeitsbezügen unausweichlich zu tun. Kommunikatoren müssen über etwas, über Sachverhalte, Ereignisse, Prozesse in der Welt informieren. Dazu sind Nachrichten und insgesamt informierende Textgattungen da, dazu ist man als Nachrichtenjournalist, als Pressesprecher und auch als Mitarbeiter von Werbeagenturen normativ verpflichtet. Die Kommunikatoren müssen diese Informationsleistung so umsetzen, dass das, worüber informiert wird, in der Kommunikation für jeden Rezipienten erkennbar bleibt.

Journalismus

In der Ziffer 1 des Deutschen Pressekodex, der mit »Wahrhaftigkeit und Achtung der Menschenwürde« überschrieben ist, heißt es:

> »Die Achtung vor der Wahrheit, die Wahrung der Menschenwürde und die wahrhaftige Unterrichtung der Öffentlichkeit sind oberste Gebote der Presse. Jede in der Presse tätige Person wahrt auf dieser Grundlage das Ansehen und die Glaubwürdigkeit der Medien« (Deutscher Pressekodex 2016, Art. 1).

Es wird zwar *nicht* festgestellt, dass Wahrheit zu erreichen, eine Pflicht sei, oder überhaupt erreichbar sei; es wird nur gesagt, dass Journalisten *Achtung vor der Wahrheit* haben sollen: sie sollen einem Wert bzw. einer Norm, der Wahrheit, Achtung (selbst ein Wert) entgegenbringen. Was die eigentliche Informationstätigkeit von Journalisten anbelangt, so wird sie mit dem Wahrhaftigkeitsbegriff benannt: »wahrhaftige Unterrichtung der Öffentlichkeit« wird gefordert und es wird eine Art von Begründung nachgeliefert: »Jede in der Presse tätige Person wahrt auf dieser Grundlage das Ansehen und die Glaubwürdigkeit der Medien« (ebd.). Übersetzt heißt dies: wenn Journalisten diese Norm nicht befolgen, wenn diese Norm immer wieder durchbrochen wird, dann wird solches Verhalten von Rezipienten durch Unglaubwürdigkeitseffekte und Vertrauensverluste sanktioniert. Reputation und Glaubwürdigkeit journalistischen Handelns und damit auch des Journalismus insgesamt werden darunter leiden. Aus vielen empirischen Studien ist bekannt (vgl. Infratest Dimap 2015), dass Reputation und Ansehen der journalistischen Medien in der Bevölkerung höchst ungleich verteilt ist, etwa zwischen Boulevard- und so genanntem Qualitätsjournalismus. Implizit stellt Paragraph 1 des Deutschen Pressekodex damit auch fest, dass es einen Zusammenhang zwischen der Produktionsnorm ›Wahrhaftigkeit‹ und der Glaubwürdigkeitsbewertung auf Rezeptionsseite gibt (vgl. Bentele 2008). In der Tat zeigt die Prozessanalyse, dass es einen gemeinsamen Bezugspunkt zwischen Produktionsnorm und Bewertung auf der Rezeptionsseite gibt: den *Wirklichkeitsbezug*.

Wenn Medien in ihrer Berichterstattung sachliche Fehler begehen, die nicht nur durch Irrtum, mangelnde zeitliche und Personalressourcen, etc. entstanden sind, sondern wenn Medien *bewusste einseitige Auswahl* oder *Falschdarstellungen* nachgewiesen werden können, dann macht sich dies negativ bemerkbar, was Ansehen und Glaubwürdigkeit des Journalisten, des Mediums oder – bei entsprechender Häufung – des Journalismus anbelangt

Die Wahrheitsnorm im Journalismus gilt international: eine Durchsicht europäischer Kodizes ergibt, dass die Wahrheitsnorm in fast allen dieser Kodizes zentraler und wichtiger Bestandteil ist (vgl. die Sammlung von Journalismus-Kodizes in EthicNet).

Normen journalistischer Berichterstattung werden schon bei Kaspar Stieler, in einer der ersten zeitungswissenschaftlichen Reflexionen aus dem Jahr 1695, thematisiert; also etwa 85 Jahre nach dem Beginn der periodisch gedruckten Presse (vgl. Stieler 1969). So soll für Stieler ein Journalist, ein »Zeitunger«, »unpartheyisch« und »nicht alzuleichtgleubig« sein, was die Nachrichtenquellen angeht, bei denen oft »die Parteylichkeit über die Warheit herschet« (ebd., 49). In diesem Zitat wird deutlich, dass auch schon zu Ende des 17. Jahrhunderts Teilnormen der heutigen Objektivitätsnorm, wie ›Unparteilichkeit‹ sowie ein Verständnis dessen, was heute unter dem Begriff ›journalistische Sorgfaltspflicht‹ (»nicht alzuleichtgleubig«) firmiert, vorhanden waren. Stieler vertritt 1695 auch die explizite Auffassung, dass eine Zeitung *nur Informationen* und *keine Kommentare* enthalten solle. Die journalistische Norm, die hier propagiert wird, ist eine der Enthaltsamkeit von Kommentaren, nicht die Trennungsnorm, die sich erst in der angelsächsischen Presseethik im 19. Jahrhundert entwickelt hat und nach Ende des Zweiten Weltkriegs von den westlichen Alliierten auch als wichtige Norm im westdeutschen Mediensystem implementiert wurde und zwar wesentlich über Formulierungen in Presse- und Rundfunkgesetzen.

Was die Norm ›wahrheitsgemäßer Berichterstattung‹ anbelangt, die auch innerhalb des Regelsystems interpersonaler Kommunikation eine zentrale Rolle spielt, wenn man z. B. das Lügenverbot im biblischen Dekalog als Beispiel nimmt, so war die möglichst präzise Einhaltung des Ziels, richtig und wahrheitsgemäß zu berichten, schon damals für die Leser eine wichtige Forderung bzw. ein wichtiges Beurteilungskriterium unterschiedlicher Quellen. Dies umso mehr, als die Möglichkeit für den Leser, die Richtigkeit und Zuverlässigkeit der Berichterstattung nachzuprüfen, mit zunehmender örtlicher Entfernung von Ereignissen abnimmt. Die Glaubwürdigkeit und das Vertrauen in unterschiedliche Medien sind seit langem ein wichtiges Beurteilungskriterium für deren Qualität, Akzeptanz und Nutzung. Durch den Anstieg der Nutzung von Internetquellen hat sich auch das Vertrauen in diese Quellen und die Einschätzung von deren Zuverlässigkeit stark ausdifferenziert. Etwa ein Fünftel der Bevölkerung nutzt und vertraut ›ihren eigenen‹ Internetquellen; das Vertrauen in traditionelle Medien, auch Qualitätsmedien, ist in den letzten Jahren nochmals gefallen, immerhin ein Fünftel der Bevölkerung hält den Begriff ›Lügenpresse‹ für gerechtfertigt (vgl. Infratest Dimap 2015).

Public Relations

Was die Public Relations angeht, so ist nach heutigem Wissensstand der erste schriftlich fixierte Kodex die 1906 erschienene »Declaration of Principles« von Ivy Ledbetter Lee. Dort wird zwar der Wahrheitsbegriff nicht erwähnt, aber Normen wie *accuracy* (Genauigkeit) und Offenheit finden sich dort ebenso, wie der Anspruch, dass PR-Berater als Kommunikationsspezialisten den Journalisten beim Verifizieren der Sachverhalte helfen sollten, anstatt ihnen nichts zu sagen oder sie zu täuschen. Es existierte also schon vor über hundert Jahren eine implizite Wahrheitsnorm in der (amerikanischen) PR.

Einige Normen, wie z. B. die Norm, Absendertransparenz in der öffentlichen Kommunikation herzustellen, eine Norm, die eine Voraussetzung für die Wahrhaftigkeitsnorm darstellt, haben sich allerdings verändert: was wir heute ›verdeckte PR‹ nennen, wird als Intransparenz zumindest in den Ethikkodizes geächtet – während dieses Vorgehen in den USA des 19. Jahrhunderts, im deutschen Kaiserreich und bei Bismarck und seiner Pressepolitik gang und gäbe war (vgl. Sösemann 1992; Bentele 2013b). Die Technik der verdeckten Beeinflussung wurde immer, und wird auch heute vielfach, vor allem in der digitalen Kommunikation, angewandt, weil man sich Vorteile von der Beeinflussung der öffentlichen Meinung erhofft. In den mittlerweile formulierten Normen, z. B. in der »Richtlinie zur PR in digitalen Medien und Netzwerken« des Deutschen Rats für Public Relations (2010) und vielfach auch in der kommunikativen Wirklichkeit hat sich dies aber geändert.

Allerdings sind in der unendlichen Vielfalt gerade der Social Media viele Formen (z. B. Webforen, Kommunikationskanäle wie YouTube, etc.) zu finden, in denen Anonymität, d. h. individuell ›verdeckte Kommunikation‹, d. h. Kommunikationsaktivitäten, ohne den Absender offen zu legen, an der Tagesordnung sind. Aber auch dort, wo man sich, z. B. in *real-time-chats* (wie YouNow) häufig offen zeigt, bleiben zumindest Inszenierungsdistanzen und -mechanismen, die Wahrhaftigkeit und Authentizität meist relativieren.

Im Code d'Athènes und dem Code de Lisbonne, den beiden europäischen PR-Kodizes, die 1965 und 1978 verabschiedet worden sind, wird die Wahrheitsnorm jeweils formuliert: Jedes Mitglied der Verbände, die sich hinter den Code d'Athènes stellen, sollte nicht »die Wahrheit anderen Ansprüchen unterordnen« (Code d'Athènes 1965; wie abgedruckt in: Avenarius/Bentele 2009, 279; s. Kap. VIII.41). Im Code de Lisbonne (vgl. CERP 1978) heißt es in Artikel 3: »In der Ausübung ihres Berufes beweisen die Public Relations-Fachleute *Aufrichtigkeit*, moralische Integrität und Loyalität. Insbesondere dürfen sie keine Äußerungen und Informationen verwenden, die nach ihrem Wissen oder Erachten falsch oder irreführend sind.« Artikel 4 fordert, dass »Public Relations-Aktivitäten *offen* durchgeführt werden [müssen]. Sie müssen leicht als solche erkennbar sein, eine klare Quellenbezeichnung tragen und dürfen Dritte nicht irreführen.« Und im Artikel 15 heißt es: Jeder Versuch, die Öffentlichkeit oder ihre Repräsentanten zu *täuschen*, ist nicht zulässig« (ebd.). Auch die »Sieben Selbstverpflichtungen«, die Horst Avenarius 1991 auf den Weg brachte, führen aus: »Mit meiner Arbeit diene ich der Öffentlichkeit. Ich bin mir bewusst, dass ich nichts unternehmen darf, was die Öffentlichkeit zu irrigen Schlüssen und falschem Verhalten veranlasst. Ich habe *wahrhaftig* zu sein« (Avenarius/Bentele 2009, 285). Und in ähnlicher Weise sind auch die Normen des Deutschen Rats für Public Relations (DRPR) verfasst: »PR- und Kommunikationsfachleute sind der *Wahrhaftigkeit* verpflichtet, verbreiten wissentlich keine falschen oder irreführenden Informationen oder ungeprüfte Gerüchte« (vgl. DRPR 2012).

In Bezug auf Ad-hoc-Meldungen der Finanzkommunikation wird zudem ausgeführt, dass sich PR- und

Kommunikationsfachleute bei Ad hoc-Mitteilungen auf »erheblich kursrelevante, nicht öffentlich bekannte Umstände [konzentrieren], deren Neuigkeitswert [beachten] und nicht durch *unwahre oder verschleiernde Angaben in die Irre* [führen]« (vgl. DRPR 2005). Im Bereich der *Finanzkommunikation,* ist die Wahrheitsnorm nicht nur besonders wichtig, weil dort von der (objektiven) Wahrheit der Informationen, nicht nur der Wahrhaftigkeit der Kommunikatoren, viel Geld der Anleger abhängt. Einige der – auf wahrheitsgemäße Information bezogenen – Normen haben Gesetzescharakter, beispielsweise die Ad-hoc-Publizität in § 15, Wertpapierhandelsgesetz.

Werbung

Jenseits aller mehr oder weniger berechtigten Manipulationsvorwürfe der Werbung gegenüber muss festgestellt werden, dass es auch in der Werbung für Waren und Dienstleistungen die Wahrheitsnorm gibt und damit ein normativer Wirklichkeitsbezug existiert (s. Kap. VIII.42). In den Werbegesetzen wird vor allem die nachweislich falsche Darstellung von Produkten und Dienstleistungen geächtet, welche teilweise auch strafbar ist. Die Ächtung geschieht nicht nur in einer ethischen Dimension, sondern hat sich auch im deutschen und im europäischen Recht im Verbot der Täuschungsabsicht festgesetzt. Konkret wird dies z. B. in einer Richtlinie des Europäischen Parlaments und des Rates (2000) zur Etikettierung von Lebensmitteln (vgl. Richtlinie 2000/13/EG) formuliert, in der allgemein die Verwendung von Informationen untersagt wird, die den Käufer irreführen könnten, wie z. B. Lebensmitteln medizinische Eigenschaften zuzuschreiben. Auch das deutsche Gesetz gegen Unlauteren Wettbewerb (UWG) spricht in § 5 von »Irreführende[n] geschäftliche[n] Handlungen« und definiert: »(1) Unlauter handelt, wer eine irreführende geschäftliche Handlung vornimmt. Eine geschäftliche Handlung ist irreführend, wenn sie unwahre Angaben enthält oder sonstige zur Täuschung geeignete Angaben über folgende Umstände enthält« (vgl. BMJV 2016).

Zusammenfassend lässt sich also feststellen, dass die Wahrheits- und die Wahrhaftigkeitsnorm, ebenso wie das Täuschungsverbot (das meines Erachtens nur eine andere Formulierung der Wahrheitsnorm darstellt), wohl in allen Formen öffentlicher Kommunikation einen zentralen Platz einnimmt. Sicher existieren innerhalb der beruflichen Wirklichkeit vielerlei Normabweichungen und Übertretungen: Unehrlichkeiten, Übertreibungen, Verzerrungen, Lügen, etc. Verletzungen dieser Normen sind gang und gäbe, aber das macht die Normen nicht weniger wichtig.

Literatur

Aristoteles: *Metaphysik. Schriften zur Ersten Philosophie.* Übers. und hg. von Frank F. Schwarz. Stuttgart 1970.

Avenarius, Horst/Bentele, Günter (Hg.): *Selbstkontrolle im Berufsfeld Public Relations. Reflexionen und Dokumentation.* Wiesbaden 2009.

Bentele, Günter: Objektivität in den Massenmedien – Versuch einer historischen und systematischen Begriffsklärung. In: Günter Bentele/Robert Ruoff (Hg.): *Wie objektiv sind unsere Medien?* Frankfurt a. M. 1982, 111–155.

Bentele, Günter: Wie objektiv können Journalisten sein? In: Lutz Erbring/Stephan Ruß-Mohl/Berthold Seewald/Bernd Sösemann (Hg.): *Medien ohne Moral. Variationen über Journalismus und Ethik.* Berlin 1988, 196–225.

Bentele, Günter: *Objektivität und Glaubwürdigkeit. Medienrealität rekonstruiert.* Wiesbaden 2008.

Bentele, Günter: Lüge. In: Günter Bentele/Hans-Bernd Brosius/Ottfried Jarren (Hg.): *Lexikon Kommunikations- und Medienwissenschaft.* Wiesbaden ²2013a, 191–192.

Bentele, Günter: Der Diskurs über PR-Geschichte und PR-Historiographie in Deutschland und international. In: Olaf Hoffjann/Simone Huck-Sandhu (Hg.): *UnVergessene Diskurse. 20 Jahre PR- und Organisationskommunikationsforschung.* Wiesbaden 2013b, 197–235.

Bentele, Günter: Rekonstruktiver Ansatz. In: Romy Fröhlich/Peter Szyszka/Günter Bentele (Hg.): *Handbuch der Public Relations. Wissenschaftliche Grundlagen und berufliches Handeln. Mit Lexikon.* Wiesbaden ³2015, 191–204.

Bundesministerium für Justiz und Verbraucherschutz [BMJV]: Gesetz gegen den unlauteren Wettbewerb (UWG, 2016). In: http://www.gesetze-im-internet.de/bundesrecht/uwg_2004/gesamt.pdf (20.4.2016).

Confederation Europeenne des Relations Publiques [CERP]: Code de Lisbonne – Europäischer Kodex der Verhaltensgrundsätze in der Öffentlichkeitsarbeit (1978). In: http://drpr-online.de/wp-content/uploads/2013/09/CodeDeLisbonne.pdf (20.4.2016).

Deussen, Giso: Ohne Wahrheit keine Freiheit. Wahrheitserkenntnis und publizistische Medien in der katholischen Soziallehre. In: Wolfgang Wunden (Hg.): *Wahrheit als Medienqualität. Beiträge zur Medienethik,* Bd. 3. Frankfurt a. M. 1996, 63–72.

Deutscher Pressekodex: Publizistische Grundsätze (Pressekodex). Richtlinien für die publizistische Arbeit nach den Empfehlungen des Deutschen Presserats (2016). In: http://www.presserat.de/fileadmin/user_upload/Downloads_Dateien/Pressekodex_BO_2016_web.pdf (28.4.2016).

Deutscher Rat für Public Relations [DRPR]: DRPR-Richtlinie zur ordnungsmäßigen Ad-hoc-Publizität (2005). In: http://drpr-online.de/wp-content/uploads/2013/09/DRPR_AdhocRichtlinie.pdf (20.4.2016).

Deutscher Rat für Public Relations [DRPR]: Richtlinie zu PR in digitalen Medien und Netzwerken (2010). In: http://drpr.eu/wp-content/uploads/2013/09/DRPR_Richtlinie-Online-PR_100827.pdf (20.4.2016).

Deutscher Rat für Public Relations [DRPR]: Deutscher Kommunikationskodex (2012). In: http://www.kommunikationskodex.de/wp-content/uploads/Deutscher_Kommunikationskodex.pdf (20.4.2016).

Dowden, Bradley/Swartz, Norman: Truth. In: Chase B. Wrenn (Hg.): *The Internet Encyclopedia of Philosophy*, http://www.iep.utm.edu/truth/ (2.5.2016).

Enders, Markus/Szaif, Jan (Hg.): *Die Geschichte des philosophischen Begriffs der Wahrheit*. Berlin 2006.

Epstein, Edward J.: Journalism and Truth. In: *Commentary* 57 (1974), 36–40.

EthicNet: Journalism Ethics. In: http://ethicnet.uta.fi/ (18.4.2016).

Europäisches Parlament/Rat der Europäischen Union: Richtlinie 2000/13/EG zur Angleichung der Rechtsvorschriften der Mitgliedsstaaten über die Etikettierung und Aufmachung von Lebensmitteln sowie Werbung hierfür (2000). In: http://www.bvl.bund.de/SharedDocs/Downloads/01_Lebensmittel/Rechtsgrundlagen/01_eu/RL_2000_13_EG.pdf?__blob=publicationFile&v=2 (20.4.2016).

Funiok, Rüdiger/Schmälzle, Udo F./Werth, Christoph H. (Hg.): *Medienethik – die Frage der Verantwortung*. Bonn 1999.

Funiok, Rüdiger: *Medienethik. Verantwortung in der Mediengesellschaft*. Stuttgart ²2011.

Gabriel, Markus (Hg.): *Der Neue Realismus*. Frankfurt a. M. 2014.

Glanzberg, Michael: Truth. In: Edward N. Zalta (Hg.): *The Stanford Encyclopedia of Philosophy* (Fall 2014 Edition), http://plato.stanford.edu/archives/fall2014/entries/truth/ (28.4.2016).

Habermas, Jürgen: Vorbereitende Bemerkungen zu einer Theorie der kommunikativen Kompetenz. In: Ders./Niklas Luhmann (Hg.): *Theorie der Gesellschaft oder Sozialtechnologie – Was leistet die Systemforschung?* Frankfurt a. M. 1971, 101–141.

Habermas, Jürgen: *Theorie des kommunikativen Handelns*, Bd. 1: *Handlungsrationalität und gesellschaftliche Rationalisierung* und Bd. 2: *Zur Kritik der funktionalistischen Vernunft*. Frankfurt a. M. 1981.

Habermas, Jürgen: Wahrheitstheorien. In: Helmut Fahrenbach (Hg.): *Wirklichkeit und Reflexion. Walter Schulz zum 60. Geburtstag*. Pfullingen 1973, 211–265; Nachdr. in: Habermas, Jürgen: *Vorstudien und Ergänzungen zur Theorie des kommunikativen Handelns*. Frankfurt a. M. 1984, 127–183.

Haller, Michael/Holzhey, Helmut (Hg.): *Medien-Ethik. Beschreibungen, Analysen, Konzepte. Für den deutschsprachigen Journalismus*. Wiesbaden 1992.

Heinrich, Richard: *Wahrheit*. Wien 2009.

Horn, Chistoph: Wahrheit. In: Otfried Höffe (Hg.): *Lexikon der Ethik*. München ⁷2008, 335–337.

Infratest Dimap: Glaubwürdigkeit der Medien. Eine Studie im Auftrag des WDR (2015). In: http://www1.wdr.de/nachrichten/umfrage-glaubwuerdigkeit-medien-100.pdf (20.4.2016).

James, William: Der Wahrheitsbegriff des Pragmatismus [1907]. In: Skirbekk 1977, 35–58.

Joachim, Harold H.: *The Nature of Truth. An Essay*. Oxford 1906.

Lenin, Wladimir I.: *Materialismus und Empiriokritizismus* [1909]. In: Ders.: *Werke*, Bd. 14. Berlin ⁴1970.

Moore, George E.: *Some Main Problems of Philosophy*. London 1953.

Müller, Jörn/Nissing, Hanns-Gregor (Hg.): *Die Lüge. Ein Alltagsphänomen aus wissenschaftlicher Sicht*. Darmstadt 2007.

Post, Sonja: *Wahrheitskriterien und Journalisten und Wissenschaftlern*. Baden-Baden 2013.

Rescher, Nicholas: Die Kriterien der Wahrheit. In: Skirbekk 1977, 337–390.

Russell, Bertrand: *The Problems of Philosophy*. London 1912.

Schicha, Christian/Brosda, Carsten (Hg.): *Handbuch Medienethik*. Wiesbaden 2010.

Schmidt, Siegfried J.: Der Radikale Konstruktivismus: Ein neues Paradigma im interdisziplinären Diskurs. In: Ders. (Hg.): *Der Diskurs des Radikalen Konstruktivismus*. Frankfurt a. M. 1990, 11–88.

Schmidt, Siegfried J.: Kommunikation – Kognition – Wirklichkeit. In: Günter Bentele/Manfred Rühl (Hg.): *Theorien öffentlicher Kommunikation. Problemfelder, Positionen, Perspektiven*. München 1993, 105–125.

Schmidt, Siegfried J.: Die Wirklichkeit des Beobachters. In: Klaus Merten/Ders./Siegfried Weischenberg (Hg.): *Die Wirklichkeit der Medien. Eine Einführung in die Kommunikationswissenschaft*. Opladen 1994, 3–19.

Skirbekk, Gunnar (Hg.): *Wahrheitstheorien. Eine Auswahl aus den Diskussionen über Wahrheit im 20. Jahrhundert*. Frankfurt a. M. 1977.

Sösemann, Bernd: Publizistik in staatlicher Regie. Die Presse- und Informationspolitik der Bismarck-Ära. In: Johannes Kunisch (Hg.): *Bismarck und seine Zeit*. Berlin 1992, 281–308.

Stegmüller, Wolfgang: *Das Wahrheitsproblem und die Idee der Semantik. Eine Einführung in die Theorien von A. Tarski und R. Carnap*. Wien ²1968.

Stieler, Kaspar: *Zeitungs Lust und Nutz* [1695]. Bremen 1969.

Tarski, Alfred: Der Wahrheitsbegriff in den formalisierten Sprachen. In: *Studia Philosophica* 1 (1935), 261–405.

Thomas von Aquin: *Über die Wahrheit (Quaestiones I) Disputatiae De Veritate*. Wiesbaden 2013.

Vollmer, Gerhard: *Evolutionäre Erkenntnistheorie*. Stuttgart 1975.

Wunden, Wolfgang (Hg.): *Wahrheit als Medienqualität. Beiträge zur Medienethik*, Bd. 3. Frankfurt a. M. 1996.

Günter Bentele

8 Öffentlichkeit

Der Begriff der Öffentlichkeit spielt in Debatten um die Bedeutung medialer Kommunikation für den politischen Prozess eine zentrale Rolle; hinsichtlich medien- und informationsethischer Aspekte moderner Medienumgebungen stellt Öffentlichkeit einen Leitwert dar. Ausgelöst von Jürgen Habermas' wegweisender Publikation zum *Strukturwandel der Öffentlichkeit* aus den 1960er Jahren hat sich ein nachhaltiger und aktueller Diskurs um die Bedeutung des Begriffs für politische Praxis und politikwissenschaftliche Theorie entwickelt, der mit dem Aufkommen digitaler, interaktiver Medienumgebungen in den 1990er Jahren eine neue Dynamik erhalten hat.

Die umfangreiche Literatur zur Thematik zeigt dabei zwei Zugänge: einerseits unternehmen zahlreiche empirisch-deskriptive Ansätze den Versuch, technologisch bedingten Wandel von Kommunikationsstrukturen und -prozessen als Schrittmacher für Veränderungen öffentlicher Räume bzw. Raumkonzeptionen von Öffentlichkeit zu beschreiben (vgl. Benkler 2011; Gerhards 2000; Kantner 2004; Neidhardt 1994). Andererseits thematisieren parallel dazu normativ-erkenntnistheoretische Beiträge Öffentlichkeit als Basis für gesellschaftliches Wissen und *modus operandi* eines demokratischen Zusammenlebens (vgl. Castells 2004; Habermas 1990; 1992; Papacharissi 2010; Volkmer 2014). Die ›Werthaltigkeit‹ des Begriffs lässt sich unmittelbar aus der zweiten Perspektive ableiten, dabei hilft die Formel des ›öffentlichen Vernunftgebrauchs‹ als Prämisse für eine durch Öffentlichkeit von und über sich selbst informierte Gemeinschaft: erst im offenen, auf Deliberation angelegten Austausch gelingt die Realisierung von Normen demokratischer Politik (vgl. zur Einordnung von Öffentlichkeit als »Grundbegriff einer normativen Demokratietheorie« auch Habermas 1990, 38). Jegliche Einflussnahme auf und Verengung von Kommunikation in öffentlichen Räumen ist aus dieser Perspektive mit medien- und informationsethischen Überlegungen verbunden – Öffentlichkeit fungiert dabei als »Schlüssel zum Verständnis menschlicher Wirklichkeitswahrnehmung« (Heesen 2008, 28). Doch auch die vermeintlich ›nur‹ deskriptive Auseinandersetzung mit neuen Formaten öffentlicher Kommunikation leistet einen Beitrag zur Strukturierung des Feldes, denn gerade die Charakteristika neuer Entstehungskontexte von Öffentlichkeit – Digitalisierung, Vernetzung, Personalisierung, Programmierung – skizzieren Grundelemente eines anspruchsvollen, modernen Gesellschaftsmodells.

Im Kontext des vorliegenden Handbuchs bietet sich eine zweigeteilte Herangehensweise an. Der Bereich der *Medien*ethik eignet sich dazu, die Digitalisierung, Mediatisierung und Globalisierung öffentlicher Räume und deren fortschreitenden Strukturwandel in den Blick zu nehmen. Das Feld der *Information*sethik eröffnet Verbindungen zu Prozessen der Personalisierung, Automatisierung und Datenorientierung, die insbesondere das Verhältnis von Öffentlichkeit und Privatheit thematisieren. Ein konzeptuelles Scharnier zwischen den beiden Segmenten markiert die Entstehung ›persönlicher Öffentlichkeiten‹ – als zeitgemäße Erscheinungsform verbinden sich hier besonders anschaulich medien- und informationsethische Aspekte. Dabei gerät schließlich die Frage nach der Bedeutung von Transparenz im Zusammenhang mit Politik und damit auch öffentlichen Debatten in den Blick – möglicherweise ist dies sogar der relevantere Ansatz für die Modellierung eines Leitwertes für die Medien- und Informationsethik.

Entwicklungspfade der Öffentlichkeitsforschung

Den zentralen Bezugspunkt für die sozialwissenschaftliche Diskussion um Öffentlichkeit liefern die Arbeiten von Jürgen Habermas, dessen Grundlegungen noch immer Geltung beanspruchen dürfen. Zwar stellt das ›Ebenen-Modell‹ aus begrenzten (Begegnungs- und Veranstaltungsöffentlichkeit) und reichweitenstarken Teilöffentlichkeiten (massenmediale Öffentlichkeit) inzwischen keine hilfreiche Heuristik mehr dar, eröffnet aber dennoch Einstiege in die empirische wie theoretische Auseinandersetzung. Die von Habermas unter dem Eindruck der Etablierung elektronischer Massenmedien entwickelte These der ›Vermachtung von Öffentlichkeit‹ hat über lange Zeit eine Folie für Denkmodelle geliefert, die von einer Einengung politischer Kommunikation durch vorauseilende Medienorientierung ausgehen und somit negative Mediatisierungseffekte in den Vordergrund stellen (vgl. Habermas 1990, 28). Durch die große Resonanz auf die ›Strukturwandel-These‹ ist in der sozialwissenschaftlichen Forschung eine Fixierung auf Öffentlichkeit unter den Bedingungen elektronischer Massenmedien erfolgt, die erst seit den 2000er Jahren allmählich eine Neuausrichtung und Ausweitung auf digitale, interaktive Medienumgebungen erhalten hat.

Digitale Öffentlichkeit

Dabei hat Habermas selbst überaus anschlussfähige Überlegungen formuliert, die auch in die Debatte um vernetzte Kommunikation hineinführen: »Die Öffentlichkeit lässt sich am ehesten als ein Netzwerk für die Kommunikation von Stellungnahmen, also von *Meinungen* beschreiben; dabei werden die Kommunikationsflüsse so gefiltert und synthetisiert, daß sie sich zu themenspezifisch gebündelten *öffentlichen* Meinungen verdichten« (Habermas 1992, 432). Der Soziologe Manuel Castells stellt in seinem einflussreichen Entwurf der Netzwerkgesellschaft die sukzessive Verschiebung öffentlicher Kommunikation in den Bereich der Medien nahezu beiläufig fest und betont die demokratietheoretische wie –praktische Verzahnung der beiden Felder: »[T]he relationship between citizens and politics, between the represented and the representative, depends essentially on what happens in this media-centered communication space. Not that the media dictate politics and policies. But it is in the media space that political battles of all kinds are fought, won and lost« (Castells 2004, 30).

Dass gesellschaftliche Kommunikations-, Verdichtungs- und Filterungsprozesse *grosso modo* medienvermittelt verlaufen, während die Face-to-Face-Ebene aus Begegnungen und Veranstaltungen nur noch komplementär fungiert, wird in jüngeren Forschungsbeiträgen kaum mehr in Frage gestellt. Der zunächst von den ›elektronischen‹, dann von ›digitalen Medien‹ vorangetriebene Wandel öffentlicher Kommunikation lässt sich als technologiegetriebene Verformung und Umgestaltung entlang unterschiedlicher ›Medialisierungsschübe‹ konzeptualisieren (vgl. dazu einführend Bösch 2011 sowie zum Zusammenhang von Medienwandel und sozialer Transformation Bösch/Frei 2006).

Mediendemokratie

Die deutschsprachige Öffentlichkeitsforschung, die im Dialog zwischen Politik- und Kommunikationswissenschaft zu verorten ist, hat als analytischen Rahmen den Begriff der ›Mediendemokratie‹ etabliert. Dabei wird ebenfalls von einer engen Verflechtung der beiden Gesellschaftsbereiche ausgegangen: »Die Regeln der massenmedialen Herstellung und Bereitstellung von Themen für öffentliche Kommunikation werden als Anreizsysteme verstanden, die politische Prozesse (a) in entscheidender Weise kontextualisieren oder (b) aktiv mitgestalten bzw. auf sie einwirken« (Marcinkowski/Pfetsch 2009, 13). Hier spiegeln sich auch die im europäischen Forschungsdiskurs wichtigen Konzepte der ›Mediatization‹ (für den deutschen Kontext in der Regel als Mediatisierung übersetzt, vgl. Meyen 2009) sowie der ›Medienlogik‹ (vgl. Strömbäck/Esser 2014a, 2014b).

Aus dieser zentralen Positionierung politischer Kommunikation in öffentlichen Räumen ergibt sich die ungebrochene Relevanz des Konzepts der Öffentlichkeit für politische Systeme. Zugleich erhalten so aber auch Innovationen im Medienbereich unmittelbare Relevanz, denn dadurch werden nicht allein technologische, sondern ebenfalls gesellschaftliche Veränderungen vorbereitet und bisweilen auch umgesetzt. Genau diese ›Kupplungsfunktion‹ erfordert die Auseinandersetzung mit den Nutzungsmustern neuer Medienumgebungen und unterstreicht die Wichtigkeit des Aufkommens digitaler Kommunikationsformate und -netzwerke.

Öffentlichkeit 2.0

Für den Begriff der Öffentlichkeit spielen Digitalisierung und Vernetzung daher eine wichtige Rolle, um rezente Veränderungen und Einschnitte zu markieren. So verändert bereits die digitale Grundstruktur des Internets (vgl. Bunz 2012, 113 ff.) zentrale Funktionsbedingungen massenmedialer Kommunikation: sie vervielfacht die ›Sprecher und Kommunikateure‹ (vgl. Neidhardt 1994) und verändert Konfigurationen im massenmedialen Gefüge (vgl. Bieber 2002). Mit diesen Entwicklungen verbunden ist auch die Annahme einer wachsenden Zersplitterung der Öffentlichkeit (vgl. Jarren/Imhof/Blum 2000). Dieser Fragmentierungsthese steht jedoch die Annahme gegenüber, dass durch den vernetzten Charakter der Online-Kommunikation noch immer die Herstellung eines auf zentrale Inhalte orientierten Publikums möglich ist. Auch wenn die Rezeption von Medienangeboten in immer stärker differenzierten Nutzungsformen erfolgt, so können gerade die Vernetzungs- und Empfehlungsmöglichkeiten der Online-Kommunikation zur Umformung eines interessierten Publikums in eine politische Öffentlichkeit führen (vgl. Benkler 2011; Friedrich 2011; Livingstone/Das 2013).

Besonders sichtbare Zeichen dieser Digitalisierung stellen neue publizistische Akteure dar, die mit den Strukturen und Formaten der Online-Kommunikation experimentieren und als Konkurrenz zu etablierten journalistischen Angeboten wahrgenommen werden: Typischerweise übernehmen Online-Magazine,

Blogs, Twitter- oder YouTube-Nutzer die Rollen als ›Botschafter‹ neuer Öffentlichkeitsstrukturen. Bruns (2008) beschreibt diese Entwicklung mittels der Figur des ›Produser‹ – die Mischform aus ›Produzent‹ und ›Nutzer‹ unterstreicht die digital veränderten Kommunikationsverhältnisse.

Eingefasst werden diese neuen Erscheinungsformen öffentlicher Kommunikation oftmals in abgrenzbare Plattformen und Intermediären, die ihrerseits netzwerkartig organisiert sind:

> »The manifestation of networked publics is most visible with the current wave of online communities – social network sites like MySpace and Facebook, media-sharing sites like YouTube and Flickr, and blogs. These sites are not simply spaces for information dissemination; they are networked publics where people gather en masse to do the things that they would normally do in public places. In doing so, they help construct a new public sphere« (boyd 2008, 91).

Insbesondere mit Blick auf die Verbindungen neuer quasi-journalistischer Akteure zu den klassischen Medienvertretern hat Yochai Benkler (2011) auf die Entstehung einer ›vernetzten 4. Gewalt‹ hingewiesen, die perspektivisch die Beobachtungs- und Kontrollfunktion von Medienakteuren gegenüber dem politischen Institutionensystem übernehmen werde.

Europäische/Globale Öffentlichkeit

Schließlich bilden Reichweite und Rezeption von Kommunikation und Medienereignissen über die Sphäre der Nationalstaaten hinaus einen weiteren Entwicklungsstrang der Öffentlichkeitsforschung. Empirische Anknüpfungspunkte sind dabei die schwierige Formierung einer ›Europäischen Öffentlichkeit‹ (vgl. Gerhards 2000; Kantner 2004; Koopmanns/Statham 2010; Pfetsch/Heft 2009; Risse 2002) sowie die Internet-bezogenen Gegenstände weltweiter Berichterstattung wie etwa WikiLeaks- oder NSA-Affäre (vgl. Beckett/Ball 2012; Bieber 2014; Volkmer 2014).

Medienethische Implikationen

Aus diesen vielschichtigen Veränderungsprozessen öffentlicher Kommunikation und kommunikativer Konstellationen lassen sich zahlreiche Verbindungslinien zu medienethischen Diskursen ziehen. So ließe sich zunächst theoretisch eine Begründung aus der im Entstehen befindlichen sozialwissenschaftlichen Online- bzw. Internetforschung entwickeln, die der Digitalisierung einen zentralen Stellenwert für die Adressierung wichtiger gesellschaftlicher Fragen zuweist. Gerade die medienethische Reflexion ist in der Lage, die Ausbildung neuer Öffentlichkeiten jenseits technischer, journalistischer oder politischer Wirkungsdimensionen zu begleiten und in Bezug auf Normen und Werte zu deuten. Z. B. umfasst die Diskussion um unterschiedliche Ausprägungen einer »digitalen Kluft« (vgl. Bieber 2014) nicht nur technologische und ökonomische Komponenten, sondern schließt auch Fragen von Gleichheit und Gerechtigkeit ein. Moderne Gesellschaftstheorien verweisen zudem auf die ethischen Implikationen, die sich aus den basalen Annahmen zur Rolle von Öffentlichkeit für globale Zusammenhänge in einer von Vernetzung und Risiken geprägten Welt ergeben (vgl. Beck 1993; Castells 2004; Couldry 2012).

Im Sinne einer Anwendungsorientierung geraten typische Institutionen der Medienethik in den Blick, die sich ebenfalls den Auswirkungen der Digitalisierung stellen müssen und dabei ihre Gemeinwohlorientierung bisweilen neu ›erlernen‹ müssen. Während sich für die traditionellen Massenmedien im Spannungsfeld von Meinungs- und Pressefreiheit, Medienökonomie und Medienpolitik verschiedene Systeme einer Medienregulierung herausgebildet haben, müssen die Leitlinien einer an den Kontext der Digitalisierung angepassten ›Media Governance‹ neu erarbeitet werden (vgl. zu diesem Konzept die Beiträge in Donges 2007). Die kommerzielle Organisation von als öffentlich wahrgenommenen Intermediären wie sozialen Netzwerken (und deren internen Ordnungsprinzipien oder Verhaltenskodizes) oder die gesellschaftliche Prägekraft von Suchmaschinen und deren Algorithmen sind auch für die medienethische Reflexion neuartige Gegenstandsbereiche.

Besonders relevant ist für die Entwicklung und Ausgestaltung neuer Öffentlichkeiten das Zusammenspiel kommerzieller Akteure und öffentlich-rechtlicher Medienorganisationen, die Wirkung von Einrichtungen der Medien(selbst)kontrolle, sowie Verfasstheit und Bewusstsein eines zunehmend aktiven Publikums. Exemplarisch zeigt sich dies in Deutschland an der Diskussion um den Gehalt eines zeitgemäßen Rundfunkbegriffs, der die erweiterte Konstellation der Öffentlichkeitsakteure beachtet und zugleich die wachsende Aktivierung des Publikums reflektiert. Die Orientierung auf einen auch medienethischen Ansprüchen gerecht werdenden *public service* schließt nicht mehr nur die informationelle Grundversorgung der passiven Zuschauer ein, sondern erfordert auch die Integration neuer ›Sprecher und Kommunikateure‹ in bislang hermetisch konstruierte Körperschaften öffentlichen Rechts. Am deutlichsten wird diese neuartige Situation entlang der Debatte um den Rundfunkbeitrag, der emphatisch als Mittel zur gemeinschaftlichen Finanzierung von Öffentlichkeit verstanden werden kann. Normativ sollte damit jedoch auch die Anerkennung von Leistungen verbunden sein, die nicht mehr allein von journalistischen Akteuren erbracht werden, um die Integration neuer Stakeholder im dezentralen Herstellungsprozess digitaler Öffentlichkeiten gewährleisten zu können.

In der noch immer anhaltenden Veränderung ihrer Materialität, Reichweite und Rezeption werfen die Formen von Online-Kommunikation neben der klassischen Frage nach dem Ort politischer Öffentlichkeit somit eine weitere Frage auf: ›Was‹ konstituiert heute eigentlich Öffentlichkeit? Dabei erfährt der Medienbegriff eine durchaus fundamentale Ausweitung – waren zumeist als Distributionsmedien konstruierte Strukturen die Grundpfeiler eines kommunikativen Austauschs unter Abwesenden, so sind schon jetzt nicht mehr nur Menschen daran beteiligt, sondern auch Algorithmen, Code und künstliche Intelligenzen. Was diese Akzentverschiebung für eine Wertorientierung öffentlicher Kommunikation bedeutet, dürfte einer der zentralen Ansatzpunkte für künftige medien- und informationsethische Debatten sein.

Privatheit, Transparenz und Informationsethik

Im Sinne einer heuristischen Trennung zwischen Medien- und Informationsethik sowie der besonderen Dynamik der Herausbildung digitaler, vernetzter und durch die individuelle Nutzung immer wieder neu strukturierter Kommunikationsszenarien erscheint eine Fokussierung auf die Besonderheiten persönlicher Kommunikation vielversprechend. Vor allem in Verbindung mit informationsethischen Aspekten entsteht damit eine weitere Dimension in der wertorientierten Auseinandersetzung mit Öffentlichkeit, die weniger auf die Beschaffenheit von Öffentlichkeit(en), Mediensystemen und Journalismus, sondern stärker auf den Gegensatz zu ›Privatheit‹ abzielt.

Persönliche Öffentlichkeiten

Ein wichtiges Charakteristikum derart vernetzter Öffentlichkeiten sind die durch Personalisierung erzeugten Kontakte und Verbindungen zwischen individuellen Nutzerprofilen, die den sozialen Netzwerken einerseits deren interne Struktur einschreiben, andererseits als eine neuartige Form individuellen Kommunikationsmanagements gedeutet werden können. Jan-Hinrik Schmidt (2013, 126 f.) beschreibt den zentralen Nutzungsmodus sozialer Netzwerke dabei als »Konversation« und nicht als »Publizieren«, für ihn erhält daher der Begriff der »persönlichen Öffentlichkeit« besondere Bedeutung. Dessen Ambivalenz verdeutlicht Schmidt durch die Betonung der Schwierigkeit, eher private, an einen begrenzten Empfängerkreis gerichtete Botschaften zu verbreiten und dem Effekt, lediglich ein ›intendiertes Publikum‹ erreichen zu können: Größe und Zusammensetzung des Adressatenkreises sind für die Urheber von Informationen in sozialen Netzwerken nicht mehr abzugrenzen. Aufgrund der komplexen Vernetzung der Nutzer sowie den Gestaltungsmöglichkeiten der Plattform-Anbieter bleiben Kommunikationsprozesse nicht mehr steuer- und kontrollierbar. Die Online-Kommunikation unter den Bedingungen des *social web* ist somit nie ›rein privat‹, sondern stets ›latent öffentlich‹.

Ganz ähnlich entwickelt Zizi Papacharissi (2010) das Modell einer *private sphere* als Zuschreibung für die bislang unter den Bedingungen traditioneller Massenmedien nur schwer realisierbare Vermengung privater und öffentlicher Kommunikationsmodi. Die Konvergenz der Medien führt demnach auch zu einem Verschmelzen öffentlicher und privater Räume und Kommunikationen; diese Gegensätzlichkeit kommt im scheinbaren Widerspruch des englischen Begriffs der *private sphere* in bewusster Gegenüberstellung zur *public sphere* zur Geltung. Der Begriff bezeichnet gerade *nicht* die Abgeschlossenheit der ursprünglichen Privatsphäre, die als durch das Individuum begrenzbarer und uneinsehbarer Rückzugsraum konzipiert ist (nicht zufällig schließt die Bedeutung von *privacy* im Englischen auch ›Eigentum‹ ein; s. Kap. VI.23). Papacharissis *private sphere* ist vielmehr als Modell eines persönlichen, medial konstruierten und vernetzten Korridors gedacht, entlang dessen wiederum Verbindungen zu anderen *private spheres* sowie der *public sphere* als politische Öffentlichkeit entstehen können (vgl. Papacharissi 2010, Position 2686). Diese absichtsvoll ambivalente Kombination von ›öffentlicher Privatheit‹ und ›persönlicher Öffentlichkeit‹ findet sich ähnlich konstruiert auch im Modell der *third spaces*, die sowohl öffentliche wie auch private Kommunikationszusammenhänge beherbergen können (vgl. Ess 2015, 100 ff.). Hier findet sich auch ein Verweis auf die wichtige Rolle von Raum- bzw. Grenzkonstellationen für das Konzept von Öffentlichkeit, die sich zunehmend schwerer realisieren lassen und auch anderen Einflüssen ausgesetzt sind. Gerade in der Nutzung von (kommerziellen) Online-Angeboten im privaten, häuslichen Umfeld oder durch den Einsatz von Geräten zur Mobilkommunikation im öffentlichen Raum zeigen sich typische ›Grenzkonflikte‹ solcher *third spaces*. Papacharissi beurteilt, ob einer »Amalgamierung privater und kommerzieller Interessen«, die demokratische Qualität solcher hybrider Kommunikationsräume zurückhaltend (vgl. Papacharissi 2010, Position 2019). Die verschiedenen Formen der Online-Kommunikation eröffnen demnach noch keine echte Öffentlichkeit; ein genuin politischer Charakter kann lediglich durch die Ausübung neuer ›bürgerschaftlicher Praktiken‹ (*civic habits*) entstehen.

Technologien des Selbst

Für informationsethische Perspektiven liefert die Auseinandersetzung mit den Implikationen für Persönlichkeitsbildung und –entwicklung umfangreiches Material. Zahlreiche Publikationen widmen sich dem ›vernetzten Selbst‹ und schreiben so die Diskussion um Privatheit (und die damit stets verwobenen Öffentlichkeiten) fort. Sherry Turkle (2011) geht in ihrer Studie *Alone Together* davon aus, dass die Phase der Identitätsbildung junger Menschen maßgeblich durch die digitale Mediennutzung beeinflusst wird. Julie E. Cohen (2012) skizziert diesen Prozess noch weiter gefasst als »Konfiguration des vernetzten Selbst« und verweist auf die spezifischen Bedingungen kultureller Praktiken und Kontexte digitaler Mediennutzung. Dabei ist stets die Findung und Abgrenzung des Selbst durch kommunikative Aneignungsprozesse sowie auch die politische Sozialisation betroffen – die klassischen Prägekräfte und Institutionen (z. B. Familie, Freunde, Bildungseinrichtungen, politische Parteien) werden zugleich ergänzt und herausgefordert. Neue Muster digitaler Kommunikation und Online-Gemeinschaften können im durch eine ständige Verfügbarkeit gekennzeichneten ›tethered life‹ (Turkle), dem durch Kommunikationsgeräte ›angeketteten Leben‹ im Netz, ebenfalls Anknüpfungspunkte für eine Politisierung bilden.

Daten

Große Bedeutung erhält in diesem Kontext die Möglichkeit zur dauerhaften Beobachtung und datenorientierten Überwachung der Online-Nutzung. Neue Entwürfe für ›digitale Lebenspraktiken‹ deuten an, dass ganz unterschiedliche Optionen entstehen, sich dem Wandel zu stellen und individuelle Entscheidungen im Umgang mit Daten zu treffen. So geht die unter dem Begriff ›Post-Privacy‹ entwickelte, explizit datenschutzkritische Haltung davon aus, dass in digitalen Medienumgebungen der Rückzug in einen ›privaten Innenraum‹ grundsätzlich nicht mehr möglich ist. Wesentliche Gründe dafür seien die persönliche Identifikation in Kommunikationsprozessen, die dauerhafte Ein- und Weitergabe personenbezogener Daten sowie deren permanente Verarbeitung in unterschiedlichen Nutzungskontexten (vgl. Heller 2011). Michael Seemann (2014) markiert diesen Prozess als ›Kontrollverlust‹, der mit einer Krise der gesellschaftlichen Institutionen einhergehe (s. Kap. VII.25). Die dauerhafte und unvermeidbare Produktion, Freigabe und Bewirtschaftung von Daten unterschiedlichster Art führt dabei zu einem enormen Anwachsen eines globalen Datenvorrats, der nur noch durch Algorithmen lesbar zu machen ist (s. Kap. VII.26). Mercedes Bunz (2012) beschreibt das Aufkommen dieser Such-, Sortier- und Strukturierungsroutinen als ›stille Revolution‹, die sich unmittelbar auf den Umgang mit und die Ordnung von Wissen auswirkt. Laut Roberto Simanowski (2014) führt die anhaltende gesellschaftliche Affinität zu Daten jedoch geradewegs in eine neue Form der Umweltkatastrophe:

> »Man muss diese ›Katastrophe‹ verstehen als Indikator eines gesellschaftlichen Mentalitätswechsels, der vor allem von den Digital Natives getragen wird. Dass diese so wenig Anstoß nehmen am Verlust der Privatsphäre, mag für viele – und vor allem für Vertreter der älteren Generation – als Ausdruck von Ignoranz und Gleichgültigkeit erscheinen. Aus sozialpsychologischer Perspektive ließe sich der mangelnde Protest aber auch als Emanzipationsversuch verstehen. Als Sehnsucht nach einem Raum, der Privates und Öffentliches nicht mehr unterscheidet« (Simanowski 2014, 42).

Informationsethische Implikationen

Die mit den WikiLeaks-Enthüllungen seit 2010 begonnene Welle von Enthüllungs- und Überwachungsskandalen unterstreicht die Wichtigkeit der Frage nach dem Umgang mit persönlichen Daten im Zeitalter der Digitalisierung. In seinen Veröffentlichungen und Interviews hat Julian Assange die Position einer ›radikalen Transparenz‹ entwickelt, die angelehnt an die so genannte ›Hackerethik‹ von einer Pflicht zur Veröffentlichung ethisch, politisch oder historisch bedeutsamer Materialien ausgeht, wobei die Identität der Quellen bedingungslos zu schützen sei (vgl. Assange 2010; s. Kap. V.18, VIII.46). Die praktische Umsetzung dieser Überlegungen erfolgte mittels der Online-Plattform WikiLeaks, die fortan als Blaupause für zahlreiche internet-gestützte Enthüllungsvorgänge fungierte (vgl. dazu Benkler 2011; Beckett/Ball 2012; Bieber 2014 sowie Greenwald 2014). Eine ähnliche Konstruktion führte seit dem Sommer 2013 im Rahmen der so genannten ›NSA-Affäre‹ zur Intensivierung der Frage nach dem Umgang mit digital verfügbaren Datenmaterial (vgl. dazu ausführlich Greenwald 2014). Nach der Weitergabe von Geheimdienstunterlagen durch den ehemaligen CIA-Mitarbeiter Edward Snowden sowie die kooperative Publikation im Rahmen eines Verbundes etablierter und alternativer Medienanbieter offenbarte sich eine massive staatliche Überwachungstätigkeit, die sich insbesondere in den Räumen der semi-öffentlichen *private sphere* (Papacharissi) vollzieht.

WikiLeaks- und NSA-Affäre verweisen somit auf zwei zentrale informationsethische Aspekte der Diskussion um die Zukunft vernetzter Öffentlichkeiten. Einerseits zeigt sich hier die zunehmende Bedeutung von Transparenz als umkämpftem Begriff, der geeignet scheint, sowohl als Macht-, Legitimations- und Kontrollinstrument in politischen Prozessen wirken zu können. Andererseits erfordern solche Leaking-Prozesse programmiertechnische Formalisierungen und bilden dadurch eine spezifische, durch Code gestaltete Form ›programmierter Öffentlichkeit‹ heraus (vgl. Bieber 2014; Bunz 2012, 85–112; Gillespie 2013). Im Gegensatz zu den bisherigen Formen massenmedialer Öffentlichkeiten konstituieren nicht die Redaktions-, Produktions- und Distributionsstrukturen journalistischer Akteure einen für Nutzer zugänglichen Informationsraum. Stattdessen formieren sich ›programmierte Öffentlichkeiten‹ durch die Entgegennahme, Verwahrung, Aufbereitung, Strukturierung und Publikation des digitalen Datenmaterials auf den entsprechend dafür ausgerichteten digitalen Plattformen bzw. Netzwerkstrukturen. Zu beachten ist dabei ein Widerspruch zwischen informeller Informationsweitergabe im Verborgenen (etwa wie im Watergate-Fall durch einen anonymen Informanten in einer Tiefgarage) und der notwendigen Re-Formalisierung für die Prozessierung in digitalen Datennetzen. Um einen Leaking-Akt überhaupt erfolgreich gestalten zu können, müssen Whistleblower (wie Edward Snowden oder Chelsea Manning) und Informations-Verwalter (wie Julian Assange oder Glenn Greenwald) über entsprechende Kenntnisse und Fertigkeiten verfügen, um belastende Daten aufbewahren, verschlüsseln und unbeobachtet weitergeben zu können. Erst dann können die quasi-journalistischen Aufgaben wie Storytelling und die Gewinnung von Aufmerksamkeit erfolgen – die Herstellung von Öffentlichkeit wird demzufolge zu einem stark arbeitsteilig organisierten Prozess.

Die skizzierten Beispiele verdeutlichen in Gestalt ihrer Protagonisten zudem unmittelbar die Gefahren, die sich für neue ›Transparenzakteure‹ ergeben. Für die Veranschaulichung informationsethischer Aspekte digitaler Öffentlichkeiten ist mit dem ›Whistleblower‹ eine Schlüsselfigur entstanden. Die willentliche Freisetzung sensibler, kritischer, gefährlicher Informationen ist normativ wie politisch hoch umstritten und stets sind bei diesen Prozessen moralorientierte Entscheidungen notwendig. Dies betrifft zum einen die Einsichtnahme und Weitergabe des Materials durch Transparenzaktivisten, andererseits auch die Kontroll- und Schutzmaßnahmen staatlicher Akteure. Wie das erhebliche Ausmaß der Ausspäh- und Spionagetätigkeiten im Rahmen der NSA-Affäre gezeigt hat, werden vormals als ›privat‹ wahrgenommene Räume in digitalen Öffentlichkeiten kaum respektiert. Deren Gestalt als *third spaces*, als ambivalenter Zwischenraum, erleichtert die Einschätzung der Legitimität solcher Eingriffe nicht, vielmehr tritt die hohe Relevanz dieser Beschaffenheit für eine wertorientierte Einschätzung moderner Konzepte von Öffentlichkeit zu Tage.

Insofern nehmen Transparenz und die politische wie kulturelle Auseinandersetzung um den Umgang mit sensiblen, personenbezogenen Daten für die Betrachtung aus medien- und informationsethischer Perspektive eine wichtige Position ein und ergänzen die dynamische Entwicklung des Öffentlichkeitsbegriffs unter den Bedingungen ihrer fortschreitenden Digitalisierung.

Literatur
Assange, Julian: State and Terrorist Conspiracies [2006]. In: http://cryptome.org/0002/ja-conspiracies.pdf (3.11.2015).
Beck, Ulrich: *Die Erfindung des Politischen. Zu einer Theorie reflexiver Modernisierung*. Frankfurt a. M. 1993.
Beckett, Charlie (with James Ball): *WikiLeaks. News in the Networked Era*. Cambridge 2012.
Benkler, Yochai: A Free Irresponsible Press. WikiLeaks and the Battle over the Soul of the Networked Fourth Estate.

Online Working Paper (2011). In: http://www.benkler.org/Benkler_Wikileaks_current.pdf (3.11.2015).

Bieber, Christoph: Digitaler Strukturwandel der Öffentlichkeit? Zur Re-Konfiguration politischer Akteure durch Neue Medien. In: Patrick Rössler/Heribert Schatz/Jörg-Uwe Nieland (Hg.): *Politische Akteure in der Mediendemokratie. Neue Anforderungen an die politische Kommunikation.* Wiesbaden 2002, 113–128.

Bieber, Christoph: Auf dem Weg zu einer Ethik des Lecks. WikiLeaks als programmierte Öffentlichkeit. In: Inge Baxmann/Timon Beyes/Claus Pias (Hg.): *Soziale Medien – Neue Massen.* Zürich 2014, 301–323.

Bösch, Frank: *Mediengeschichte.* Frankfurt a. M. 2011.

Bösch, Frank/Frei, Norbert: Die Ambivalenz der Medialisierung. Eine Einführung. In: Bösch, Frank/Frei, Norbert (Hg.): *Medialisierung und Demokratie im 20. Jahrhundert.* Göttingen 2006, 7–23.

boyd, danah: Digital Handshakes in Networked Publics: Why Politicians Must Interact, Not Broadcast. In: Ben Rigby (Hg.): *Mobilizing Generation 2.0.* San Francisco 2008.

Bruns, Axel: *Blogs, Wikipedia, Second Life, and Beyond. From Production to Produsage.* Frankfurt a. M. 2008.

Bunz, Mercedes: *Die stille Revolution. Wie Algorithmen Wissen, Arbeit, Öffentlichkeit und Politik verändern, ohne dabei viel Lärm zu machen.* Berlin 2012.

Castells, Manuel: Informationalism, Networks, and the Network Society. A Theoretical Blueprint. In: Ders. (Hg.): *The Network Society: A Cross-Cultural Perspective.* New York 2004, 3–43.

Cohen, Julie E.: *Configuring the Networked Self. Law, Code, and the Play of Everyday Practice.* New Haven 2012.

Couldry, Nick: *Media, Society, World: Social Theory and Digital Media Practice.* Cambridge 2012.

Donges, Patrick (Hg.): *Von der Medienpolitik zur Media Governance?* Köln 2007.

Ess, Charles: The Onlife Manifesto: Philosophical Backgrounds, Media Usages, and the Futures of Democracy and Equality. In: Luciano Floridi (Hg.): *The Online-Manifesto: Being Human in a Hyperconnected Era.* Heidelberg 2015, 89–110.

Friedrich, Katja: Publikumskonzeptionen und Medienwirkungsmodelle politischer Kommunikationsforschung. Wiesbaden 2011.

Gerhards, Jürgen: Europäisierung von Ökonomie und Politik und die Trägheit der Entstehung einer europäischen Öffentlichkeit. In: Maurizio Bach (Hg.): *Die Europäisierung nationaler Gesellschaften.* Opladen 2000, 277–305.

Gillespie, Tarleton: The Relevance of Algorithms. In: Ders./Pablo Boczkowski/Kirsten Foot (Hg.): *Media Technologies: Essays on Communication, Materiality, and Society.* Cambridge 2013, 167–194.

Greenwald, Glen: *Die globale Überwachung. Der Fall Snowden, die amerikanischen Geheimdienste und die Folgen.* München 2014.

Habermas, Jürgen: *Strukturwandel der Öffentlichkeit.* Frankfurt 1990.

Habermas, Jürgen: *Faktizität und Geltung.* Frankfurt 1992.

Heesen, Jessica: *Medienethik und Netzkommunikation. Öffentlichkeit in der individualisierten Mediengesellschaft.* Frankfurt a. M. 2008.

Heller, Christian: *Post-Privacy. Prima leben ohne Privatsphäre.* München 2011.

Jarren, Otfried/Imhof, Kurt/Blum, Roger (Hg.): *Zerfall der Öffentlichkeit.* Wiesbaden 2000.

Kantner, Cathleen: *Kein modernes Babel. Kommunikative Voraussetzungen europäischer Öffentlichkeit.* Wiesbaden 2004.

Koopmanns, Ruud/Statham, Paul (Hg.): *The Making of a European Public Sphere. Media Discourse and Political Contention.* Cambridge 2010.

Livingstone, Sonia/Das, Ranjana: The End of Audiences? Theoretical Echoes of Reception Amid the Uncertainties of Use. In: John Hartley/Jean Burgess/Axel Bruns (Hg.): *A Companion to New Media Dynamics.* Chichester 2013, 104–121.

Marcinkowski, Frank/Pfetsch, Barbara (Hg.): *Politik in der Mediendemokratie.* Wiesbaden 2009.

Meyen, Michael: Medialisierung. In: *Medien & Kommunikationswissenschaft* 57/1 (2009), 23–38.

Neidhardt, Friedhelm: Öffentlichkeit, öffentliche Meinung, soziale Bewegungen. In: Ders. (Hg.): Öffentlichkeit, öffentliche Meinung, soziale Bewegungen. In: *Kölner Zeitschrift für Soziologie und Sozialpsychologie.* Sonderheft 34 (1994), 7–41

Papacharissi, Zizi: *A Private Sphere: Democracy in a Digital Age.* Cambridge 2010.

Pfetsch, Barbara/Heft, Annett: Europäische Öffentlichkeit. In: *Aus Politik und Zeitgeschichte* 23/24 (2009), 36–41.

Risse, Thomas: Zur Debatte um die (Nicht-) Existenz einer europäischen Öffentlichkeit. In: *Berliner Debatte* 5/6 (2002), 15–23.

Rushkoff, Douglas: *Program or Be Programmed. Ten Commands for a Digital Age.* New York 2010.

Schmidt, Jan-Hinrik: Persönliche Öffentlichkeiten und Privatsphäre im Social Web. In: Stefan Halft/Hans Krah (Hg.): *Privatheit. Strategien und Transformationen.* Passau 2013, 121–138.

Seemann, Michael: *Das neue Spiel. Strategien für die Welt nach dem digitalen Kontrollverlust.* Freiburg 2014.

Simanowski, Roberto: *Data Love.* Berlin 2014.

Strömbäck, Jesper/Esser, Frank (Hg.): Mediatization of Politics: Facets of Media Logic. In: *Journalism Practice* 8/3 (2014a).

Strömbäck, Jesper/Esser, Frank (Hg.): Mediatization of Politics: Theoretical and Empirical Perspectives. In: *Journalism Studies* 15/3 (2014b).

Turkle, Sherry: *Alone Together. Why We Expect More from Technology and Less from Each Other.* New York 2011.

Volkmer, Ingrid: *The Global Public Sphere. Public Communication in the Age of Reflective Interdependencies.* Cambridge 2014.

Christoph Bieber

9 Verantwortung

Verantwortung ist ein zentraler Begriff angewandter Ethiken geworden. Er verweist »unverkennbar auf die Praxis des ›Für-etwas-Rede-und-Antwort-Stehens‹« (Werner 2011, 541).

> »Mit dem Begriff Verantwortung will [...] nicht bloß in der Wissenschafts-, sondern auch in der Umgangssprache verdeutlicht werden, dass die Handlungssubjekte komplexe, mit schwer einschätzbaren Wagnissen behaftete Prozesse, kumuliertes Wissen und konzentrierte Macht nicht einfach einem urwüchsigen Kräftespiel überlassen dürfen, sondern bewusst zu steuern und in die Hand zu nehmen haben« (Holderegger 2006, 394 f.).

Dies gilt deutlich z. B. für die Bedrohung der Bio- und Ökosphäre. Aber auch in der medienvermittelten Kommunikation gibt es Prozesse, durch welche Freiheit und Selbstbestimmung, Partizipation und Inklusion sowie der Schutz der Privatsphäre bedroht sind. Der Verantwortungsbegriff will Motor sein, diese Werte zu sichern. Er tut das, indem er erstens die zuständigen Akteure zu identifizieren und zweitens ihnen moralische Rechte und Pflichten zuzuordnen versucht.

Vom Verantwortungsbegriff auszugehen – wie dies u. a. Bernhard Debatin (1997; 1998) und Rüdiger Funiok (2011) systematisch begonnen haben –, bedeutet einen integrativen und in der ethischen Theoriebildung *bewährten Ansatz* aufzugreifen. Der Sache nach schon bei Aristoteles und Immanuel Kant zu finden, hat Verantwortung terminologisch erst im 20. Jahrhundert Karriere gemacht (zur historischen Entwicklung z. B. Bayertz 1995; Werner 2011, 543–545; Schönwälder-Kuntze 2014). Dabei hat Verantwortung sowohl die alten Konzepte von Pflicht, Schuld, Sittlichkeit – also das deontologische Element moralischer Argumentation – in sich aufgenommen wie das Anliegen der praktischen Umsetzung eingefordert. Bei letzterer werden auch klugheitsethische Argumentationen, also teleologische oder utilitaristische Güterabwägungen praktiziert. Das Argumentieren mit Verantwortung ist also einer Zwei-Ebenen-Ethik verpflichtet, innerhalb derer sowohl intuitive Wert- und Pflichtannahmen wie auch kritische Überlegungen zu den Randbedingungen und Folgen des Handelns Platz haben (vgl. Hare 1992, 70 ff.).

Ein Spezifikum des verantwortungsethischen Ansatzes ist sein Ausgehen von der *Akteursperspektive*. Nimmt man als eingängige Kurzformel die W-Frage ›Wer (Subjekt) ist für was (Objekt: Handlung/Unterlassung), wem gegenüber (Adressat), vor welcher Instanz, warum (Normen) und in welcher Zeitperspektive verantwortlich?‹, so beginnt der gedankliche Prozess bei den individuellen, korporativen und gesellschaftlichen *Verantwortungssubjekten*. Die nationalen *Parlamente* und internationalen Organisationen sind für eine demokratische Medienordnung zuständig, die *Medienunternehmen* für eine, mit ihrer Unternehmensethik kongruente Produktion und Distribution der Medienangebote, die *Medienschaffenden* (samt deren Selbstkontrollgremien) für das Einhalten und Fortentwickeln ihres jeweiligen Berufsethos und die *Rezipienten* oder Nutzer für eine kritische und selbstbestimmte Aneignung. So lassen sich die vier klassischen Unterbereiche von Medienethik – demokratische Funktion der Medien, Ethos der Medienschaffenden, Ethik der Medienunternehmen, Publikumsethik – umreißen (vgl. Funiok 2011, 14 ff.). Der Art nach handelt es sich in Einzelfällen um Folgeverantwortung, meist aber um Aufgaben- und Rollenverantwortung.

Die Akteursperspektive ist jedoch zu erweitern um die *System- und Systemdesignperspektive* (vgl. Bühl 1998). Das gilt schon für die Massenkommunikation, vor allem für das Internet. Der Handlungskontext wird hier durch die computertechnische Datenverarbeitung und die Nutzung globaler Netze bestimmt. Mit den digitalen Netzen ist eine allgemeine technische *Infrastruktur* angesprochen, die nicht nur für öffentliche Kommunikation genutzt wird (wobei Rezipienten zu Produzenten werden können), sondern auch für private Mitteilungen (in sozialen Netzwerkdiensten), für Kauf- und Buchungsvorgänge, für den Datenaustausch zwischen Alltagsgeräten *(ubiquitous computing)*, für die Kooperation zwischen Unternehmen u. a. mehr. Eine, die Medienethik erweiternde Informations- und Netzethik problematisiert Chancen und Gefahren dieser verschiedenartigen Datenaustausch- und -nutzungsformen. Die daraus abzuleitenden Verpflichtungen werden verantwortungsethisch an den Akteuren festzumachen sein – auch wenn diese schwerer zu identifizieren sind und ihr Verbleiben im Hintergrund zur Strategie der neuen IT-Dienstleister gehört.

Nicht unerwähnt bleiben sollen die *Grenzen* des Operierens mit dem Verantwortungsbegriff. Vor allem was wie *Begründung* von Pflichten und Unterlassungen angeht, ist auf die verschiedenen Traditionslinien der philosophischen Ethik zu verweisen. Mit welchen Maximen wird die Pflicht, moralisch zu handeln, begründet und wie lassen sich diese den konkreten Praxisnormen zuordnen? Einige medienethische Entwürfe schließen sich der Tugendethik an, andere der Pflichtethik, die meisten jedoch der *Diskursethik* (vgl. grundlegend: Werner 2003). Dieser unverzichtbaren Arbeit der normbegründenden Ethik gegenüber bezeichnet Verantwortung lediglich »eine moralische, ganz allgemein gehaltene Grundeinstellung der ›verbindlichen Sorge‹ für jemanden oder für etwas«, ist also »der *Haltungs*-Ethik zuzuordnen« (Holderegger 2006, 394). Oder anders ausgedrückt: Verantwortungsethik ist keine Prinzipienethik, aber sie kann »im Rahmen einer ›Ethik der zweiten Linie‹ die Aufgaben eines regulativen Leitprinzips übernehmen. Ethiken der zweiten Linie regulieren Lebens- und Sachbereiche, deren Abgrenzungen und Grundnormen bereits vorgegeben sind« (Wieland 1999, 95 f.).

Trotz dieses formalen oder »parasitären« (Bayertz 1995, 5) Charakters lassen sich mit dem Verantwortungsbegriff wichtige Probleme der Medien- und Informationsethik benennen und ihnen die anderswo erbrachten Ergebnisse ethischen Argumentierens zuordnen. Im Folgenden wird weniger von den klassischen Autoren (wie Max Weber, Wilhelm Weischedel, Georg Picht oder Hans Jonas) ausgegangen als von den Systematisierungen, wie sie sich in der Technikethik, der Wirtschafts- und Wissenschaftsethik relativ übereinstimmend gebildet haben (vgl. Lenk 1993; Maring 2014).

Wesentliche Theorieelemente verantwortlichen Medienhandelns

Ein grundlegender Impuls, der vom Verantwortungsdenken ausgeht, besteht darin, die *moralische Perspektive* aufzuzeigen. Das sollte freilich nicht in der Form anklagenden Moralisierens geschehen, sondern indem – z. B. ausgehend von den Gefährdungen von Freiheit und Teilhabe durch Big Data – eine letzte Sinnperspektive angesprochen wird, welche das Handeln oder Unterlassen in diesem Bereich als gelungen oder misslungen erscheinen lässt. Im Sinne »einer universalgültigen Meta-Verantwortung« (Werner 2003, 29) stellt die moralische Perspektive die Wurzel aller anderen Verantwortungsarten dar, z. B. der juridischen Haftungsidee (Haftung im Sinne der Pressegesetze), der professionellen Standards in den Medienberufen, der Rollenverantwortung der Nutzer. So werden mit Verantwortung auch normative Sätze formuliert, die »nicht einen

immer primär moralischen Geltungssinn haben«, sie können »auch auf rechtliche, politische, berufliche oder sonst irgendwie konventionelle Verpflichtungen […] bezogen sein. […] Diese Verantwortlichkeiten können miteinander kollidieren, aber auch einander unter- oder übergeordnet sein« (Werner 2011, 542). Die Moral ist dabei vielleicht nicht die erstzuständige, wohl aber letzte Prüfungsinstanz, die formuliert, »wozu wir *überhaupt* verpflichtet sind« (ebd.), die unser Handeln und Unterlassen unter der Rücksicht des schlechthin Guten betrachtet – und so die anderen Arten von Verpflichtungen begründet, sie aber auch begrenzt oder relativiert.

Ein Kennzeichen moralisch-normativer Aussagen besteht außerdem darin, dass sie – soweit sie ethisch gut begründet sind – kontrafaktische Geltung besitzen. Diesen gesellschaftlichen Geltungsanspruch übersehen viele Skeptiker der Medienethik, wenn sie z. B. die mangelnde Unabhängigkeit von Journalisten beklagen und dann feststellen, die entsprechende Norm im Pressekodex sei ›obsolet‹ oder überholt.

Der Verantwortungsbegriff wendet diesen Geltungsanspruch aber auch dezidiert an das Individuum. Diesem wird Verantwortung von anderen ›zugeschrieben‹. Verantwortung ist *Ausdruck eines Sozialverhältnisses*, dem man nicht wirklich entfliehen kann. Die Verantwortungszuschreibung »erfüllt ihren Zweck aber erst, wenn die angesonnene Verantwortung in der Selbstverpflichtung und Selbstbindung des Angesprochenen – also des Angeklagten oder des Beauftragten – akzeptiert wird« (Bühl 1998, 11). Die freiwillige *Selbstverpflichtung* – des Einzelnen wie der Korporationen – gehört zu den wesentlichen Elementen von Moral.

Bei der Verantwortungszuschreibung und -übernahme sind alle sozialen Ebenen zu berücksichtigen, es ist also von einem mehrschichtigen Verantwortungssystem auszugehen, »in das die verschiedenen Verantwortungsbereiche und Funktionsebenen eingebettet sind« (Bühl 1998, 23). Da gibt es die *individuelle* Handlungs- oder Ergebnisverantwortung des Einzelnen, auch dessen individuelle Aufgaben- und Rollenverantwortung (sowohl der Nutzer in ihrer privaten Lebenswelt wie der Angehörigen von Medienberufen). Dem steht die *kollektive* Verantwortung von Gruppen und Korporationen gegenüber. Korporationen sind im Unterschied zu Gruppen durch klare Aufgaben- und Kompetenzverteilung charakterisiert, sie tragen *korporative oder institutionelle* Verantwortung, auch *Systemverantwortung* genannt – und zwar eine *interne* Verantwortung gegenüber ihren Mitarbeiterinnen und Mitarbeitern und eine *externe* gegenüber dem gesellschaftlichen Umfeld, das sind andere Unternehmen, die Anteilseigner (*shareholder*), Kunden und andere Bezugsgruppen (*stakeholder*). Aber es gibt in Korporationen auch individuelle Verantwortung im Sinne einer »Mitverantwortung entsprechend der strategischen Zentralität im Wirkungs- und Handlungsmuster, im Macht- und Wissenszusammenhang des Systems« (Lenk 1993, 126).

Eine weitere soziale und Funktionsebene ist die *gesellschaftliche* Verantwortung des Nationalstaates, des Parlaments und der Gerichte, aber auch der zivilgesellschaftlichen Gruppen. Sie alle sind aufgerufen, eine demokratische Medienordnung zu erhalten und weiterzuentwickeln. Für eine global gültige Medienordnung trägt die *Staatengemeinschaft* Verantwortung. Gerade das Internet als globale Größe bedarf transnationaler Regelungen, damit die Inklusion aller, der Erhalt kultureller Vielfalt und der Schutz der Privatsphäre nicht nur deklariert, sondern auch praktiziert werden.

Eine ausgewogene Informations- und Medienethik muss von einer (gestuften) *Mitverantwortung* ausgehen, welche die Akteure auf allen diesen Ebenen verpflichtet, an der Bereitstellung und Nutzung eines globalen Medienangebots mitzuwirken, das sich nicht nur an ökonomischen Kriterien, sondern auch humanen Werten orientiert. Diese ›Gesamtverantwortung‹ lässt sich auch als *sozialethische* bezeichnen. Wenn man für die Publikumsethik von der Idee einer verantwortlichen Mediennutzung ausgeht, so bedeutet das – bei aller freien Ausrichtung an den individuellen Interessen – die Mitsorge um Medienqualität. Diese gilt es zu bevorzugen und einzufordern. Ferner ist das Eintreten für eine gemeinwohlorientierte Medienordnung angesagt (durch Unterstützung medienpolitischer Forderungen, durch Rückmeldungen an Medienunternehmen und Kontrollorgane) sowie die umweltverträgliche Entsorgung der Mediengeräte (vgl. Fenner 2010, 318; Funiok 2011, 169 f.).

Analoges gilt beim Jugendmedienschutz: Wie können Kinder vor der Konfrontation mit Inhalten, deren Verarbeitung ihnen Schwierigkeiten bereitet, geschützt werden bzw. bei der Verarbeitung Hilfe erfahren? Dazu ist ein Zusammenwirken der verschiedenen Akteure nötig. Die Verantwortung des Staates bzw. der Staatengemeinschaft ist es, durch rechtliche Regelungen Alterskennzeichnungen verpflichtend zu machen; die Sender oder Spieleproduzenten müssen die entsprechenden Hinweise dem Produkt beigeben. Und die Aufgabe der Eltern ist es, im Gespräch mit ihren Kindern diese Hinweise dazu zu nutzen, die Sendung nicht anschauen zu lassen oder das Spiel nicht zu erwerben bzw. bei ihrer Verarbeitung behilflich zu sein (s. Kap. IV.12).

Ein weiterer Impuls des Verantwortungsbegriffs besteht darin, dem *Anwendungsbezug* von Ethik größere Aufmerksamkeit zu schenken – zugegebenermaßen ein Anliegen, das alle angewandten Ethiken vertreten (s. Kap. II.5). Neben das Argumentieren auf der deontologischen Ebene müssen Diskurse darüber treten, wie die akzeptierten Normen angewendet und vor allem durchgesetzt werden können. Dabei ist, auch mit Bezug zu divergierenden (außermoralischen) Interessen »nach Wegen zur Realisierung der Moral zu suchen, die faktisch wirksam und moralisch akzeptabel sind« (Bayertz 1991, 28). Das Ziel ist, zu konkreten Lösungen und Institutionalisierungen von Verantwortung zu gelangen. Damit wird einerseits einer möglichen Verantwortungsdiffusion und Verantwortungsabwehr entgegengetreten und andererseits eine *prospektive* Verantwortung übernommen. Verantwortung gibt es ja in den zeitlichen Richtungen Vergangenheit und Zukunft, kann also retrospektiver oder prospektiver Art sein. Die retrospektive Verantwortung betont das Einstehen für die Folgen des Handelns und Unterlassens. Die Suche nach den Verantwortlichen für journalistische Fehlleistungen ist ein Beispiel dafür. In der Technikethik spielt diese Ethik der Folgen – der schon eingetretenen, aber auch der abschätzbaren, zukünftigen – eine herausragende Rolle (s. Kap. II.3).

Für die prospektive Blickrichtung sind Vorsorge und Fürsorge zentrale Begriffe. Hans Jonas hatte sie zur Erhaltung der Natur eingeführt. Für die Informations- und Medienethik geht es um Berücksichtigung von Rechten und den legitimen Erwartungen aller Akteure im Medienbereich, vor allem der schwächeren. Das können die jugendlichen Nutzer sein, deren Wertorientierung – als Voraussetzung selbstbestimmter Medienwahl – sich erst festigen muss. Zu den Schwachen zählen aber auch einzelne Bevölkerungsgruppen (alte Menschen, Kranke, Ausländer), deren Zugang zu allen wichtigen Medienangeboten – im Sinne der Beteiligungsgerechtigkeit (Filipović 2007, 245 ff.) – zu garantieren ist. Das ermögliche es ihnen, ihre Alltagsliteralität (als eine Form der Medienkompetenz) weiter zu entwickeln. Die verantwortungsethische Handlungsorientierung nimmt dabei z. B. die normative Idee einer kommunikativ verfassten Gesellschaft (Jürgen Habermas) in Anspruch (vgl. Holderegger 2006, 400).

Wandel der Verteilung und Wahrnehmung von Verantwortung durch digitale Techniken

Die bisherigen medienethischen Überlegungen bezogen sich weitgehend auf die verantwortliche Herstellung, Verteilung und Nutzung der klassischen massenmedialen Angebote. Mit dem Internet ist seit Mitte der 1990er Jahre nicht nur ein schnellerer, mit Rückkanal ausgestatteter Verbreitungsweg globalen Ausmaßes entstanden, sondern auch ganz neue Nutzungsarten. Diese betreffen nicht nur die soziale Kommunikation, für welche das Internet so etwas wie ein virtueller ›Lebensraum‹ geworden ist, sondern auch den Datenaustausch zwischen Geräten und Maschinen, das ›Internet der Dinge‹. Die Entwicklung verläuft schnell, ist komplex und von Nicht-Experten schwer verstehbar. Alte sozialethische Konzepte wie Inklusion und Beteiligungsgerechtigkeit sowie die individualethischen Ansprüche der informationellen Selbstbestimmung oder des Schutzes personenbezogener Daten müssen diesen Entwicklungen angepasst werden. Umso wichtiger ist es, mit dem Verantwortungsbegriff die Frage nach realistischen Steuerungsmöglichkeiten und der Verteilung von Verantwortung zu stellen.

Noch im Zusammenhang mit der herkömmlichen Medienethik stehen die Veränderungen in der *Wahrnehmung journalistischer Verantwortung*. Mit den disruptiven Veränderungen, denen Zeitungen wie auch gedruckte Lexika unterworfen sind, arbeiten immer mehr Journalisten ohne feste Anstellung. Wenn beim Nachwuchs, der zunächst im Online-Journalismus mit Zuverdienst in den Public Relations (PR) und der Werbung arbeitet, die berufliche Sozialisation in einer Redaktion ausfällt, kann sich das Professionsethos (z. B. Kenntnis des Pressekodex und Selbstverpflichtung auf ihn) weniger gut entwickeln. Zumindest hat das Auswirkungen auf das Verhältnis individueller und korporativer Verantwortung. Mit ihrem Artikel zum 25jährigen Bestehen des Deutschen Presserates haben Manfred Rühl und Ulrich Saxer (1981) für das, von Arbeitsteilung geprägte journalistische Handeln die korporative Verantwortung als die entscheidende hervorgehoben (ähnlich Debatin 1997, 290 ff.). Wenn auch schon damals die individuelle Verantwortung in Gewissensfragen wichtig blieb, so hängt die Verpflichtung auf journalistische Qualität heute noch stärker als früher vom individuell verankerten Berufsethos ab. Einführungen in die journalistische Ethik sind Teil vieler wissenschaftlicher oder praxisorientierter Studiengänge und können zu einer ersten Sensibilisierung beitragen. Vertiefte Kenntnisse und ernsthafte Selbstverantwortung müssen sich dann im Selbstlernprozess und durch eigene Erfahrungen (mit negativen Folgen auch für andere) bilden.

Dies gilt auch für die Web-Blogs, die sich als Ergänzung oder kritische Gegenöffentlichkeit zu den etablierten Medien verstehen. Einzelne oder Gruppen von Bürgerinnen und Bürgern übernehmen im partizipativen oder Graswurzel-Journalismus eine aktive Rolle bei der Recherche und Analyse von Vorgängen sowie beim Formulieren und Verbreiten daraus entstandener Nachrichten und Informationen. Ihre Glaubwürdigkeit und Relevanz hängt aber wesentlich von der *Einhaltung journalistischer Qualitätskriterien* ab (s. Kap. V.13). Auch wenn diese Bürgergruppen Beteiligte oder Betroffene der Geschehnisse sind, von denen sie berichten, so können sie sich doch um Objektivität und Überparteilichkeit bemühen – wie ein Schiedsrichter, der ja auch am Spiel beteiligt ist und doch gehalten ist, ein unparteiisches Urteil zu fällen. Mit der Demokratisierung journalistischer Tätigkeiten darf nicht eine Entprofessionalisierung im Sinne der Nichtbeachtung gewachsener Qualitätsstandards um sich greifen. Analoges gilt für das Einsenden von Fotos und Videos; hier sind Authentizität, zutreffende Autoren- und Quellenangabe sowie Kenntlichmachung bzw. Verzicht auf Bildbearbeitung wichtig.

Gravierender als diese Veränderungen auf der personalen Ebene der journalistisch Arbeitenden sind jedoch die Bedrohungen von Medienfreiheit und Informationsvielfalt durch *Algorithmen* (vgl. Filipović 2013; s. Kap. VII.26). Diese erstellen Nachrichtentexte oder Lexikonartikel automatisch und richten sie gleichzeitig auf den Ort und die Person des nachfragenden Nutzers aus. Diese Individualisierung hat eine Engführung der Informationsgabe zur Folge; denn der Algorithmus trifft seine Auswahl aus den im System gespeicherten Daten nach den vorangegangenen Sucheingaben, Käufen und Klicks. Dadurch sitzen wir Nutzer fest im »Tunnel unserer Vergangenheit« und verlieren den Kontakt zur Vielfalt und Weite öffentlicher Kommunikation. Die persönliche Meinungsfreiheit hat, wie Alexander Filipović (2013, 199) deutlich macht, die Freiheit thematisch unbeschränkter und unabhängiger Medien zur Voraussetzung.

Diese Medienfreiheit und -vielfalt ist aber nicht gegeben, wenn die Algorithmen ausschließliches Eigentum und Betriebsgeheimnis der so genannten Big Four bleiben. Längst beschränken diese Weltfirmen sich nicht mehr auf ihr ursprüngliches Geschäftsfeld: also Google auf Suchanfragen, Facebook auf soziale Netzwerke, Apple auf Geräteherstellung und Amazon auf Produktvertrieb. Sie sind (fast) alle zugleich Medienorganisationen, die Nachrichten verteilen, Videos (Youtube, Pay TV) oder Audio-Files verbreiten, verstehen sich aber nicht als solche Institutionen mit Verpflichtungen gegenüber der demokratischen Öffentlichkeit und liberalen Freiheitsrechten der Einzelnen. Durch ihre natürliche Verbindung zur werbetreibenden Industrie und ihre exorbitante Gewinnorientierung fehlt ihnen das Bewusstsein, hier einen Dienst an der öffentlichen Kommunikation und Wissensbildung zu leisten.

Veränderungen könnte eine Wirtschaftsethik bringen, in welcher der vernetzte Konsument als »Wirtschaftsbürger« mit liberalen Freiheitsansprüchen gesehen wird, sowie eine Unternehmensethik, welche die global agierenden Firmen dazu bringt, integer mit diesen Ansprüchen ihrer Stakeholder umzugehen (vgl. Ulrich 2011, 299 ff.). Diese Veränderungen kommen aber nicht ohne eine liberal-demokratische Medienpolitik (mit supranationaler Perspektive) und auch nicht ohne IT-Ingenieure aus, die entsprechende Freiheitsoptionen technisch vorsehen (Values in Design).

Noch stärker als bei den Browsern ist die Gefahr einer unbegrenzten Datennutzung bei den Betreibern von Sozialen-Netzwerk-Diensten gegeben. Weil in den *social communities* eine Vertrautheit entsteht, welche der Face-to-Face-Kommunikation ähnelt, wird vergessen, dass im Hintergrund immer ein oder mehrere Dritte anwesend sind: der Netzbetreiber, die werbetreibende Industrie, an welche ein Teil der Daten weitergereicht wird (z. B. durch den Klick ›Gefällt mir‹), und oft auch Geheimdienste. Diese Dritte haben andere Interessen als die Beziehungsgestaltung zwischen ›Freunden‹, nämlich den Weiterverkauf der Daten, Werbeabsichten und Interesse an umfassender Überwachung (s. Kap. VII.24). Die persönlichen Daten werden von den Facebook-Nutzern nicht nur kostenlos gegeben, sondern auch scheinbar freiwillig; denn man muss, um Facebook nutzen zu können, allen Geschäftsbedingungen (die man wegen ihrer Länge meist kaum durchliest) zustimmen. Facebook kann seine Geschäftsbedingungen jederzeit einseitig ändern; denn die Firma setzt voraus, dass man der Änderung zustimmt, wenn man Facebook weiter nutzt.

Ethische Positionen und Lösungsvorschläge

Es geht hier ganz allgemein um die Verteilung der Verantwortung für den effektiven Schutz personenbezogener Daten: Schutz durch andere – z. B. gesetzliche Auflagen oder technische Vorkehrungen – oder *Selbstschutz*? Seine Daten selbst zu schützen oder nur soweit wie nötig preiszugeben, bedarf eines sorgfältigen Privacymanagements. Dieses setzt die Kenntnis und Nutzung der Privacy-Einstellungen voraus, aber auch eine bewusste Selbstbeschränkung bei der Bereitstellung und Weitergabe von Bildern und Informationen. Das bedeutet sich immer zu fragen, ob man will, dass sie von der ganzen Welt eingesehen werden können (Debatin 2012, empfiehlt, diesen Kantischen Universalisierungstest zu machen). Aber auch bei vorhandenem Problembewusstsein verhalten sich viele Nutzer inkonsequent, nämlich sorglos – von der Forschung wird diese Einstellungs-Verhaltens-Diskrepanz als Privacy-Paradox bezeichnet (vgl. Grimm/Neef 2012, 55 f.).

Hier ausschließlich *Eigenverantwortung* zu verlangen, würde die meisten Nutzer überfordern. Ihnen sind die im Netz erfahrbaren Gratifikationen (wie soziale Anerkennung und erfolgreiche Selbstdarstellung) wichtiger als der Schutz ihrer Daten und sie haben ein nur begrenztes Wissen über die Infrastruktur und Praktiken der datensammelnden Akteure. Dieses Wissen wird größer, je stärker der Datenschutz öffentlich diskutiert wird – was wiederum auf die Bedeutung eines unabhängigen, öffentlichen Diskurses verweist. Für diejenigen, die statt sprachlicher Diskurse spielerische Simulationen der Chancen und Risiken bevorzugen, könnten Serious Games entwickelt werden (vgl. Forum Privatheit 2014, 1). Auch wenn man den Selbstdatenschutz als wichtige Ermächtigung der Nutzer ansieht, die sich dadurch auch gegen den eigenen Staat wehren lernen, darf man ihnen nicht die alleinige Bringschuld zumuten – wie das gern die Internetprovider aus Eigeninteresse und Staaten tun, weil sich eine international wirksame Regulierung als schwierig erweist.

Eine andere Möglichkeit ist es, den Datenschutz *stellvertretend* wahrnehmen zu lassen – durch Einrichtungen wie eine Stiftung Datenschutz oder Selbstkontrollgremien, die freilich bisher nur nationale Zuständigkeit haben. Ob es gelingt, für den Datenschutz staatliche Aufsichtsorgane ähnlich der Bundesprüfstelle für jugendgefährdende Medien zu gründen, ist sehr unwahrscheinlich; man würde einem solchen Aufsichtsorgan – wegen des Einflusses von Sicherheitsbehörden – auch viel misstrauischer begegnen.

Einzig von den Parlamenten und den Verfassungsgerichten (auch auf europäischer Ebene) sollte man eine Fortentwicklung der Garantien für die Persönlichkeitsrechte unter den Bedingungen der digitalen Techniken erwarten dürfen. Um Firmen mit einer derart marktbeherrschenden Stellung wie Google und Facebook zur Berücksichtigung liberaler Freiheitsrechte zu bewegen, braucht es noch mehr weltweit vernetzte Protestbewegungen von Netzaktivisten, aber auch öffentliche Aufmerksamkeit. Die Neuformulierungen dieser Rechte müssen inter- und transdisziplinär wissenschaftlich fundiert und begleitet werden.

Selbst wenn diese Initiativen bisher nur national institutionalisiert sind, so sind sie doch als Teil einer langsam entstehenden ethischen Weltordnung (nach Bühl 1998) zu sehen. Nicht zu dispensieren von dieser »Ordnungs-Verantwortung« (vgl. Schönwälder-Kuntze 2014, 257 mit Bezug auf Karl Homann) sind die Gesetzgeber und Gerichte der Staatengemeinschaft. Ihre »Schutzpflicht gebietet […] vielmehr, die rechtlichen Voraussetzungen eines wirkungsvollen informationellen Selbstschutzes bereitzustellen« (Gerhart R. Baum zitiert bei Funiok 2012, 114; s. Kap. VII.25). Eine andere Möglichkeit ist die staatliche Förderung von Software-Entwicklungen, welche den Datenschutz verbessern. Diese technischen Möglichkeiten aufzugreifen oder selbst zu entwickeln, wäre ein passender Ausdruck von *corporate citizenship* der Netzunternehmen – sind sie doch nicht nur dem Geschäft mit den Daten (*shareholder value*), sondern auch den Freiheitsansprüchen ihrer Nutzer (*stakeholder-value*) verpflichtet.

Andere Themen der Netzethik, bei denen es primär um die Verantwortung der Nutzer geht, sollen hier nur kurz genannt werden: Cyber-Mobbing im Internet, Psychoterror in Onlinespielen, das Zerstören oder Verändern der Homepages oder Profile anderer, das Hacken insbesondere personenbezogener Daten. Hier sind neben den Netzcommunities und Peergruppen auch die Schulen in der Pflicht, ein Nutzerethos in Form von Regeln entwickeln zu lassen und auf deren Einhaltung zu drängen. Wenn es richtig ist, dass das Internet für sehr viele ein zentraler Lebensraum geworden ist, so sind alle Beteiligten dafür verantwortlich, dass in diesem Raum mit den Persönlichkeitsrechten anderer respektvoll umgegangen wird. Was die Achtung der geistigen Eigentumsrechte angeht, so sind die Nutzer auch dafür zu sensibilisieren (s. Kap. VII.31). Aber es ist auch Aufgabe der Gesetzgeber, hier genügend Ausnahmen und Spielraum zu ermöglichen, damit nicht Jugendliche wegen ein paar Takte ihrer Lieblingsmusik auf ihrer Homepage überzogen kriminalisiert werden.

Offene Fragen der weiteren Forschung und Reflexion

Ohne Zweifel muss das Medienrecht, vor allem der Datenschutz, neu gefasst werden, damit er den modernen und zukünftigen Anwendungen und Techniken, aber auch den Wachstumschancen der digitalen Wirtschaft gerecht wird. Um den Kern der Freiheits- und Persönlichkeitsrechte zu wahren und gleichzeitig den Entwicklungen anzupassen, braucht es »die Zusammenarbeit von Geistes- und Gesellschafts- und Wirtschaftswissenschaften mit ingenieur- und technikwissenschaftlichen Disziplinen im Verbund mit Akteuren aus institutionellen Anwendungsbereichen« (Forum Privatheit 2014, 3).

Weitere Fragen stellen sich beim ›Internet der Dinge‹. Welche Ansprüche auf Transparenz und Selbstbestimmung sind bei der (Selbst)Steuerung von Haushaltsgeräten (Smart Home), von Autos (Smart Cars), von Leihmaschinen oder produzierenden Unternehmen (Industrie 4.0) angemessen? Die menschliche Letztverantwortung – und die dafür nötigen Freiheitsgrade – zu bestimmen, gehört zu den Aufgaben der genannten interdisziplinären Forschung. Aber Verantwortung für das, was die Technik tut, setzt transparente Rückmeldungen der technischen Systeme sowie die Bereitstellung von Wahlmöglichkeiten voraus. Freiheit und Selbstbestimmung sind nicht nur Werte in der sozialen Kommunikation, sondern auch in der Mensch-Maschine-Interaktion (ausführlicher dazu: Heesen 2014). Auch hier hilft die Akteursperspektive des Verantwortungsbegriffs, die relevanten ethischen Fragen zu stellen und an liberalen Werten festzuhalten bzw. ihre Realisierungschancen unter den Bedingungen der digitalen Technik weiter zu entwickeln.

Literatur

Bayertz, Kurt: Praktische Philosophie als angewandte Ethik. In: Ders. (Hg.): *Praktische Philosophie. Grundorientierungen angewandter Ethik*. Hamburg 1991, 7–47.

Bayertz, Kurt: Eine kurze Geschichte der Herkunft der Verantwortung. In: Ders. (Hg.): *Verantwortung. Prinzip oder Problem?* Darmstadt 1995, 3–71.

Bühl, Walter L.: *Verantwortung für Soziale Systeme. Grundzüge einer globalen Gesellschaftsethik*. Stuttgart 1998.

Debatin, Bernhard: Medienethik als Steuerungsinstrument? Zum Verhältnis von individueller und korporativer Verantwortung in der Massenkommunikation. In: Hartmut Weßler et al. (Hg.): *Perspektiven der Medienkritik. Die gesellschaftliche Auseinandersetzung mit gesellschaftlicher Kommunikation in der Mediengesellschaft.* Opladen 1997, 287–303.

Debatin, Bernhard: Verantwortung im Medienhandeln. Medienethische und handlungstheoretische Überlegungen zum Verhältnis von Freiheit und Verantwortung in der Massenkommunikation. In: Wolfgang Wunden (Hg.): *Freiheit und Medien.* Frankfurt a. M. 1998, 113–130.

Debatin, Bernhard: Soziale Online-Netzwerke aus medienethischer Perspektive. In: Petra Grimm/Oliver Zöllner (Hg.): *Schöne neue Kommunikationswelt oder Ende der Privatheit? Die Veröffentlichung des Privaten in Social Media und populären Medienformaten.* Stuttgart 2012, 83–96.

Fenner, Dagmar: *Einführung in die Angewandte Ethik.* Tübingen 2010, 260–331.

Filipović, Alexander: *Öffentliche Kommunikation in der Wissensgesellschaft. Sozialethische Analysen.* Bielefeld 2007.

Filipović, Alexander: Die Enge der weiten Medienwelt. Bedrohen Algorithmen die Freiheit öffentlicher Kommunikation? In: *Communicatio Socialis* 46/2 (2013), 192–208.

Forum Privatheit und selbstbestimmtes Leben in der Digitalen Welt: Policy Paper Forschungsprioritäten (2014). In: http://www.forum-privatheit.de/forum-privatheit-de/texte/veroeffentlichungen-des-forums.php (16.3.2015).

Funiok, Rüdiger: *Medienethik. Verantwortung in der Mediengesellschaft.* Stuttgart ²2011.

Funiok, Rüdiger: Wertorientierte Strategien zum Schutz der Privatheit in Sozialen Netzwerken. In: Petra Grimm/Oliver Zöllner (Hg.): *Schöne neue Kommunikationswelt oder Ende der Privatheit? Die Veröffentlichung des Privaten in Social Media und populären Medienformaten.* Stuttgart 2012, 97–118.

Grimm, Petra/Neef, Karla: Privatsphäre 2.0? Wandel des Privatheitsverständnisses und die Herausforderungen für Gesellschaft und Individuen. In: Petra Grimm/Oliver Zöllner (Hg.): *Schöne neue Kommunikationswelt oder Ende der Privatheit? Die Veröffentlichung des Privaten in Social Media und populären Medienformaten.* Stuttgart 2012, 41–81.

Hare, Richard M.: *Moralisches Denken: seine Ebenen, seine Methode, sein Witz.* Frankfurt a. M. 1992 (engl. 1981).

Heesen, Jessica: Ethische Aspekte einer Handlungspartnerschaft zwischen Personen und Robotern. In: Eric Hilgendorf (Hg.): *Robotik im Kontext von Recht und Moral.* Baden-Baden 2014, 190–205.

Holderegger, Adrian: Verantwortung. In: Jean-Pierre Wils/Christoph Hübenthal (Hg.): *Lexikon der Ethik.* Paderborn 2006, 394–403.

Lenk, Hans: Über Verantwortungsbegriffe und das Verantwortungsproblem in der Technik. In: Ders./Günter Ropohl (Hg.): *Technik und Ethik.* Stuttgart 1993, 112–146.

Maring, Matthias: Ein verantwortungsethischer Ansatz für die Technik-, Wirtschaft- und Wissenschaftsethik. In: Ders. (Hg.): *Bereichsethiken im interdisziplinären Dialog.* Karlsruhe 2014, 113–130.

Rühl, Manfred/Saxer, Ulrich: 25 Jahre deutscher Presserat. Ein Anlaß für Überlegungen zu einer kommunikationswissenschaftlich fundierten Ethik des Journalismus und der Massenkommunikation. *Publizistik* 26/4 (1981), 471–507.

Schönwalder-Kuntze, Tatjana: ›Verantwortung‹ im Fluss. Oder: (Wie) lässt sich sinnvollerweise am Verantwortungsbegriff festhalten? In: Jürgen Boomgaarden/Martin Leiner (Hg.): *Kein Mensch, der der Verantwortung entgehen könnte. Verantwortungsethik in theologischer, philosophischer und religionswissenschaftlicher Perspektive.* Freiburg 2014, 225–272.

Ulrich, Peter: Wirtschaftsethik. In: Marcus Düwell/Christoph Hübenthal/Micha H. Werner (Hg.): *Handbuch Ethik.* Stuttgart ³2011, 297–302.

Werner, Micha H.: *Diskursethik als Maximenethik. Von der Prinzipienbegründung zur Handlungsorientierung.* Würzburg 2003.

Werner, Micha H.: Verantwortung. In: Marcus Düwell/Christoph Hübenthal/Micha H. Werner (Hg.): *Handbuch Ethik.* Stuttgart ³2011, 541–548.

Wieland, Wolfgang: *Verantwortung – Prinzip der Ethik? Vorgetragen am 28. Juni 1997.* Heidelberg 1999.

Rüdiger Funiok

IV Mediensteuerung

10 Medienrecht

Medienrecht und Schrift

Medienrecht knüpft an den Gebrauch von Medien wie Buch, Film, Radio, Fernsehen und Internet an, ein Gebrauch, der seinerseits auf technischen Medien wie der Druckpresse, der Elektronik schaltbarer Bilder oder dem Computer basiert. Die Geschichte des Medienrechts beginnt in gewisser Weise mit der Schrift. Mittels Schrift können Texte in dingliche Schriftwerke ausgelagert werden. Deshalb ermöglichte der Schriftgebrauch bereits in der Antike eine stärkere Distanzierung vom gelebten Augenblick und damit eine Kritik an der oral und rituell eingebetteten Überlieferung. Auch wenn die Zahl zirkulierender Papyrusrollen oder Pergamentkodizes überschaubar und Literalität auf eine kleine (aristokratische) Minderheit beschränkt blieb, eröffnete die Schrift etwa dem Judentum die Chance der Bindung des Ritus an die Schrift (vgl. Assmann 2000, 164), und den Griechen, dialektisches und philosophisches Argumentieren gegen die homerische *paideia* in Anschlag bringen zu können (vgl. Havelock 1963, 234 ff.). Alle medienbezogenen Regeln, wie etwa die schon in der babylonischen Kultur bekannte Wortlautformel (»nichts hinzufügen, nichts wegnehmen«), blieben aber integraler Bestandteil der Auslegungspraktiken von Textgemeinschaften, deren Kanon es zu schützen galt. Das gilt auch für die Spätantike und das christlich-römische Recht, wie beispielsweise für Justinians Verbot der Digestenkommentierung (die Digesten sind eine Zusammenstellung römischer Rechtstexte, die 533 n. Chr. von Kaiser Justinian in Konstantinopel als geltendes Recht verkündet wurden). Diese Einheit von Mediengebrauch und Medienkontrolle hatte zur Folge, dass medienbezogene Normen bis zur frühen Neuzeit innerhalb lokaler und partikularer Textgemeinschaften verankert wurden oder, im Fall des Christentums, durch den Aufbau einer hierarchischen Organisation mit einem die Einheit und Wahrheit der göttlichen Botschaft sichernden Letztentscheidungsrecht an der Spitze (Papsttum).

Diese Lage ändert sich sichtbar und nachhaltig mit dem Aufstieg des Buchdrucks seit dem 15. Jahrhundert. Der Buchdruck vereinfacht die Herstellung, Distribution und Speicherung von Information und Wissen, wird zum Träger von Neuerungen und erlangt nicht zuletzt eine konstitutive Rolle für die Bildung des modernen liberalen Rechts. Dieses differenziert dann seinerseits medienbezogene Normen und Rechte aus, um die neuen kulturellen Formen und Strukturen zu stabilisieren. Es kommt einerseits zu einer wachsenden Kritik an der katholischen Kirche und dem Primat des Papsttums, die sich mittels gedruckter Flugblätter und Bilder wie ein Lauffeuer verbreitet und schließlich zur Spaltung des westlichen Christentums führt. Andererseits (und damit teilweise einhergehend) entstehen jetzt weiträumige künstlerische, wissenschaftliche und literarische Publikumsöffentlichkeiten mit Ansprüchen auf selbständiges Urteilsvermögen, eigene Rechte, Regeln und Konventionen. Diese Entwicklung erfasst seit dem späten 17. Jahrhundert England und das französische Ancien Régime, dessen umfassende Repräsentationskultur paradoxerweise selbst die Entstehung einer vom Staat unabhängigen Öffentlichkeit forciert, wobei die Musik ein frühes Experimentierfeld für die Einübung einer neuartigen, vom Geschmack des Königs abweichenden Meinungsfreiheit gewesen zu sein scheint (vgl. Blanning 2006, 39 ff., 105 ff., 329 ff.).

Im 18. Jahrhundert ist es der moderne Roman, der eine sich von der Tradition und ihren Regeln lösende (freie) Kommunikation vorantreibt: Indem der Roman das Schreiben von Texten und die Selbstlektüre des Subjekts aneinander koppelt, befördert er eine neue Kultur der Sensibilität, ohne die die Idee universaler Menschen- und Bürgerrechte nicht hätte popularisiert, ja nicht hätte erfunden werden können (vgl. Hunt 2007). Die neue Kultur der Sensibilität beeinflusst auch die bürgerliche Verfassungsbewegung in den englischen Kolonien (vgl. Knott 2009). Freie Buchmärkte, Leihbüchereien und Lesegesellschaften tragen in den Vereinigten Staaten noch im 19. Jahrhundert dazu bei, eine neuartige nationale Verfassungskultur und die Werte der Freiheit und Selbstbestimmung im öffentlichen Bewusstsein zu verankern (vgl. Meltzer 2005).

Die auf dem Buchdruck basierenden Öffentlichkeiten bringen darüber hinaus das moderne Urheberrecht hervor. Ein Urheberrecht im Sinne eines Rechts an literarischen Werken kam im antiken und mittelalterlichen Recht nicht vor. Auch das gelehrte römische Zivilrecht kannte nur Eigentum an Schriftwerken in ihrer dinglichen, materialen Gestalt als Rolle oder Kodex, nicht aber an Gedichten, Geschichten oder Reden. Allerdings sichert das frühe Urheberrecht – und noch das englische *Copyright-Law* von 1709/10 – zunächst nur die Vervielfältigungsrechte an Buchtexten. Erst im Zuge des Aufstiegs der modernen Literatur entsteht die Vorstellung der Autorschaft, des Werkes und des geistigen Eigentums.

Das Urheberrecht wird um die Form eines subjektiven Rechts zentriert, das den Autor als Urheber von Neuheit und Originalität schützt (in England bereits ab 1774), nicht aber mehr die Überlieferung als solche (vgl. Bender/Wellbery 1990, 3 ff., 16). Daran schließt die deutsche Diskussion an, die das Urheberrecht zunächst als Persönlichkeitsrecht konstruiert, aber im 19. Jahrhundert um den Gedanken eines personenunabhängigen Immaterialgüterschutzes ergänzt. Dieser Entwicklung steht auf dem europäischen Kontinent jedoch noch lange eine umfangreiche Zensurpraxis und -gesetzgebung gegenüber, die die Verbreitung von Druckwerken aller Art einzuschränken und die öffentliche Kommunikation auch inhaltlich zu beeinflussen versucht, im absolutistischen Frankreich beispielsweise im Fall von Gedichten, die Ludwig den XV. als Monster bezeichneten. Auch das Allgemeine Preußische Landrecht kannte einen Hunderte von Vorschriften umfassenden Kanon zum Schutz des preußischen Staates und seines Oberhauptes vor Beleidigungen (vgl. ALR II.20.2, §§ 91 ff.).

Mit der Durchsetzung der Meinungs- und Pressefreiheit in den Verfassungsrevolutionen des letzten Viertels des 18. Jahrhunderts verliert die monarchische Zensurpraxis langsam an Bedeutung. In Frankreich wird die Pressefreiheit, angeregt durch die Grundrechtsdeklarationen von Massachusetts und Virginia, aber eingerahmt durch das Gesetz, in die Erklärung der Menschen- und Bürgerrechte von 1789 aufgenommen (Artikel XI). In den Vereinigten Staaten ist sie seit 1791 durch einen Zusatzartikel geschützt. Während dabei im revolutionären Frankreich die Lösung der öffentlichen Meinungsbildung von klerikaler Bevormundung im Vordergrund steht, kommt es mit dem Aufkommen des Massenmediums Zeitung auch im übrigen Europa zu einer umfangreichen Deregulierung des Pressemarktes. Diese schließt unter anderem die Aufhebung des Konzessionszwangs ein, wie er für den monarchischen Staat üblich war. Auch wenn diese Bewegung hin zur Institution einer freien Presse gerade in Deutschland immer wieder von Rückschlägen gekennzeichnet ist (Karlsbader Beschlüsse, Sozialistengesetze, Kriegszensur), erweitert sich doch allmählich das Spektrum der Möglichkeiten: Die Massenpresse steigt im letzten Drittel des 19. Jahrhunderts zum zentralen Organ der öffentlichen Meinungsbildung auf, und ihre ›Freiheit‹ wird im Reichspressegesetz von 1874 vom Staat prinzipiell anerkannt. Darauf reagiert auch das entstehende Allgemeine Staatsrecht, das – wie schon zuvor die praktische Philosophie – beginnt, die neue Publikumsöffentlichkeit als zentrales kollektives Phänomen der Fremd- und Selbstbeobachtung des Staates wahrzunehmen. Die Massenpresse mutiert zur ›vierten Gewalt‹.

Presserecht

In diesem Kontext entsteht das Presserecht als bis heute relativ klar begrenztes Feld des Medienrechts. Seine ordnungsrechtliche Struktur wird für das liberale Medienrecht paradigmatisch: Wie schon die Freiheit als solche nach liberalem Verständnis durch die Schadensgrenze limitiert wird (*harm principle*), so findet nun auch die Freiheit der Presse ihre Handlungsgrenzen in Gestalt allgemeiner Gesetze, die auf potenzielle Schädigungen verweisen. Das bedeutet, dass jeder Autor, Verleger, Journalist usw. seine Sicht auf das kulturelle oder politische Geschehen grundsätzlich frei wählen kann, solange er nicht subjektive Rechte anderer verletzt und solange sein Handeln keine Gefahr für die öffentliche Sicherheit und Ordnung darstellt.

Auch die Pressegesetze der Länder sind bis heute – von wenigen Ausnahmen abgesehen (innere Pressefreiheit, Pressesubventionierung) – am Vorbild des liberalen Ordnungsrechts orientiert. Nur noch das Pressekartellrecht ist ein primär grenzziehendes Recht: Es überlässt die Entwicklung des Pressemarktes den ihm eigenen Mechanismen und interveniert erst dann, wenn der Pressemarkt durch Marktbeherrschung und/oder Fusionen in seiner Funktionsfähigkeit gefährdet erscheint (§ 36 Gesetz gegen Wettbewerbsbeschränkungen). Eine liberale Sicht auf das Medienrecht wird bis heute etwa im Verband der Deutschen Zeitschriftenverleger, dem Studienkreis für Presserecht (seit 1956) sowie in wissenschaftlichen Periodika wie dem *Archiv für Presserecht* (seit 1963) gepflegt.

Das ordnungsrechtliche Modell ist keinesfalls spannungsfrei vorzustellen. Vielmehr hat die Beschränkung der Pressefreiheit durch allgemeine Gesetze und Grenzbegriffe immer wieder grundlegende

Konflikte provoziert und die weitere Ausdifferenzierung des Medienrechts vorangetrieben. Ein erstes Feld, auf dem sich das beobachten lässt, sind die Fälle der Störung der öffentlichen Ordnung, der sich die Meinungs- und Pressefreiheit schon in der französischen Erklärung der Menschen- und Bürgerrechte von 1789 unterordnen musste (während die Amerikaner die Freiheit in ihren Deklarationen aussprachen, ohne sie sogleich wieder einzuschränken). Die dadurch eröffneten Beschränkungsmöglichkeiten der Pressefreiheit sind von staatlicher Seite immer extensiv gehandhabt worden. Hier genügt es vielleicht, an das politische Strafrecht zu erinnern, das der Meinungs- und Pressefreiheit noch bis in die Zeit des Kalten Krieges hinein enge Grenzen gezogen hat, sobald die freiheitlich demokratische Grundordnung und/ oder der Tatbestand des Landesverrats durch öffentliche Meinungsäußerungen berührt worden sind (Spiegel-Affäre). Auch die »Gotteslästerung« ist in der Form der friedensstörenden »Verletzung religiöser Gefühle« bis in die Gegenwart weiter tradiert worden (§ 166 Strafgesetzbuch).

Zu den Grenzen der Pressefreiheit gehört ferner der unter anderem in §§ 185, 186 Strafgesetzbuch verankerte Ehrenschutz. Der Ehrenschutz schließt in Europa an das aristokratische Moment des »Respekts« und der »Satisfaktionsfähigkeit« gegenüber anderen an – und wird dementsprechend bis in das 20. Jahrhundert hinein unabhängig von Erfahrungen mit der Massenpresse bestimmt (vgl. Ladeur 2007, 11, 12). Noch im Bürgerlichen Gesetzbuch von 1900 fand ein medienbezogenes Persönlichkeitsrecht keinen Platz: § 823 Abs. 2 BGB und die an ihn geknüpften Schadenersatzansprüche verweisen auf den herkömmlichen strafrechtlichen Ehrenschutz wie Beleidigung und Verleumdung, während § 824 BGB lediglich die in erster Linie wirtschaftlich zu verstehende Kreditwürdigkeit schützt. Der Aufstieg der Massenpresse forciert dann jedoch rasch die Evolution spezifisch medienbezogener Schutz- und Persönlichkeitsrechte. Durch immer neue ›Skandale‹ wird die Eigendynamik und Eigenrationalität der Medien forciert, und die damit entstehenden neuen Persönlichkeitsrechte überlagern allmählich das alte Regime des Ehrenschutzes sowie die ihn tragenden gesellschaftlichen Konventionen.

Das zeigte sich schnell im Fall des »Rechts am eigenen Bild«. Dieses Recht nimmt zwar erst im 19. Jahrhundert juristische Konturen an, beruht aber auf der alten Infrastruktur der rhetorischen Ökonomie des Bildes, dem *decorum*, das man in der Literatur zu Recht als protojuristische Lehre der Angemessenheit von Bilddarstellungen charakterisiert hat (vgl. Steinhauer 2009, 119 ff., 102 ff., 174 ff.). Hier geht es weniger um eine Persönlichkeitsverletzung durch öffentliche Herabsetzung im Sinne einer Verletzung sozialer Geltungsansprüche, sondern eher um Fragen der Zulässigkeit und des Formats des Abdrucks von Fotos von Prominenten. Das neuartige Recht auf das eigene Bild, das zunächst im Zivilrecht formuliert wird, tritt zum ersten Mal im Bismarckfall – im Streit um die Veröffentlichung von heimlich aufgenommenen Fotos Bismarcks auf dem Sterbebett – in das öffentliche Bewusstsein. Dieser Konflikt hat sich heute vor allem auf Auseinandersetzungen von Prominenten mit der Regenbogenpresse und *people magazines* verlagert, bei denen nicht zuletzt das Verfassungsrecht und die europäische Menschenrechtskonvention von 1950 und die darauf jeweils Bezug nehmende Rechtsprechung des Bundesverfassungsgerichts sowie des Europäischen Gerichtshofs für Menschenrechte an Bedeutung gewonnen haben.

Neuartige Konflikte evoziert die Massenpresse auch durch eine die Erziehung von Kindern und Jugendlichen gefährdende Verbreitung von ›Schmutz- und Schund‹. Erziehung war bis in das späte 19. Jahrhundert hinein in eine kulturelle Normalitätsunterstellung eingebettet, die ›ordentliche Erziehung‹, die auf das ›Schickliche und Gemeine‹ verwies und deren Kehrseite die ›Verrohung‹ und ›Verwahrlosung‹ von Heranwachsenden bildete. Diese Verankerung des Jugendschutzes in einer kollektiven (geteilten) Infrastruktur von gesellschaftlichen Regeln, Konventionen, Verhaltens- und Bewertungsmustern, die in die (bürgerlichen) Lebensformen eingeschrieben waren (vgl. Ladeur 2009, 159, 160), wird nach dem Zweiten Weltkrieg mehr und mehr durch medienrechtliche Regeln und eine sie begleitende Fachexpertise ersetzt.

Der Jugendmedienschutz wird damit sehr stark auf eine (pädagogische und juristische) Expertenpraxis verlagert. Diese wird inzwischen auch auf andere Medien wie Fernsehen und Online-Medien erstreckt und innerhalb eines Netzwerks aus Landesmedienanstalten, öffentlich-rechtlichen Anstalten, privaten Rundfunkunternehmen und den darin integrierten Jugendschutzbeauftragten sowie einer darauf bezogenen Gutachtenindustrie produziert und reproduziert. Das ist auch insofern eine nicht unproblematische Entwicklung, als das Paradigma des liberalen (Presse-) Ordnungsrechts im Jugendmedienschutz bis heute dominant geblieben ist: Die Eingriffsschwelle wird an eine besondere Form der Gefahrengrenze – die »Jugendgefährdung« bzw. »Entwicklungsbeeinträchtigung« (vgl. § 4 Abs. 2 Nr. 2, § 5 Abs. 1 Jugendmedienschutzstaatsvertrag) – geknüpft, die jetzt aber subjektiv, personenbezogen interpretiert wird. Das hat in der Praxis zum Aufstieg empirischer Kausalitätsstrategien geführt, dem Nachweis von Ursache-Wirkungszusammenhängen beim individuellen Konsum etwa gewalthaltiger oder pornografischer Inhalte, ein Verfahren, das die notwendige Bindung von Erziehungsleistungen an Lebensformen und deren Gepflogenheiten aus dem Blick zu verlieren droht.

Rundfunkrecht

Mit der Emergenz der elektronischen Massenmedien im 20. Jahrhundert entwickelt sich neben dem liberalen Presserecht das Rundfunkrecht. Dadurch wird das Medienrecht in ein komplexes ›Mehrebenensystem‹ transformiert. Auch wenn die Rechtsprechung des Bundesverfassungsgerichts den Schutz der Pressefreiheit seit jeher auf die Produktionsbedingungen der Presse als Medium der öffentlichen Meinungsbildung (und nicht nur auf die inhaltliche und wirtschaftliche Betätigungsfreiheit von Verlegern) bezieht (st. Rpsr. seit BVerfGE 10, 118, 121), stellt sich das Presserecht doch eher als ein Recht der Mittelbarkeit und des Institutionenschutzes dar.

Dagegen ist das Rundfunkrecht von Anfang an weiter für regulatorische Ansprüche und politische Einflussnahmen geöffnet. Das hängt vermutlich mit der – besonders von Friedrich Kittler betonten – ursprünglich engen Verknüpfung der technischen (Übertragungs-)Infrastrukturen des Rundfunks mit militärischen Interessen zusammen, wohingegen sich die Presse in größerer Distanz zum Staat als privatrechtliche Institution hat entwickeln können. Möglicherweise deshalb und auch aufgrund der großen staatspolitischen Bedeutung, die man Radio und Wochenschau bereits in der Weimarer Republik zumisst, erfahren die elektronischen Medien im Weimarer Staats- und Verfassungsrecht eine erhöhte Aufmerksamkeit. Das gilt insbesondere im Hinblick auf ihre Einflussmöglichkeiten in der (politischen) Öffentlichkeit, die sich hier in der Annahme einer wachsenden Abhängigkeit der staatlichen Willensbildung von den neuen Medien und ihrer thematischen Bündelungsfunktion geltend macht; Carl Schmitt etwa beschwört in seiner Parlamentarismuskritik das Verschwinden des Austauschs von Argumenten zu Lasten einer »plakatmäßig eindringlichen Suggestion« (Schmitt 1985, 11). Die Suggestivkraft der audiovisuellen Massenmedien haben sich auch die großen totalitären Bewegungen des 20. Jahrhunderts – allen voran der Nationalsozialismus – zu Nutze gemacht, indem sie Radio, Wochenschau und Film aus ihren Verankerungen in der Privatrechtsgesellschaft gelöst und in effektvolle ›Propagandainstrumente‹ unter staatlicher Kontrolle verwandelt haben.

Auf der Grundlage der Neustrukturierung der Medienlandschaft durch die Alliierten kann sich das Rundfunkrecht in der Bundesrepublik schnell als eigene Subsparte des Medienrechts etablieren. Inhaltlich ist das Rundfunkrecht zunächst auf eine materiale Regulierung von Organisationen festgelegt, die anfänglich ausschließlich die öffentlich-rechtlichen Rundfunkanstalten betrifft. Insbesondere in Gestalt eines aus Art. 5 Abs. 1 Grundgesetz entwickelten richterrechtlichen Rundfunkverfassungsrechts zielt das Rundfunkrecht einerseits auf die Sicherung der Autonomie des öffentlich-rechtlichen Rundfunks gegenüber dem Staat (BVerfGE 12, 205 ff.), andererseits auf die dauerhafte Stabilisierung seiner Öffnung gegenüber dem Gruppenpluralismus der Nachkriegszeit und seinen parteipolitischen und verbändeförmigen Milieus. Dazu wird der Gesetzgeber verpflichtet, die Rundfunkfreiheit durch ein Organisationsgesetz zu realisieren und dem Rundfunk eine »positive Ordnung« zu geben (BVerfGE 57, 295, 320), die auch verfahrensförmig auf Verwirklichung und Aufrechterhaltung von Programmvielfalt angelegt ist. Ein so verstandenes gruppenpluralistisches Rundfunkrecht wird bis heute auf juristischen Lehrstühlen, meistens solchen des öffentlichen Rechts, und zugeordneten (Universitäts-)Instituten gepflegt. Dazu gehören etwa das Hans-Bredow-Institut (seit 1950), das Kölner Institut für Rundfunkrecht (1967) oder das Mainzer Medieninstitut. Es entstehen rundfunkrechtliche Monographien, auch als Habilitationsschriften und Dissertationen, außerdem Publikationsmöglichkeiten in Zeitschriften wie *Rundfunk und Fernsehen* (seit 1953), dem *Archiv für Presserecht* (seit 1963) und der *Zeitschrift für Urheber- und Medienrecht* (seit 1957).

Seitdem der Konsens über die Ausgestaltung der Rundfunkordnung im politischen Raum in den 1980er Jahren zerbrochen ist, ist das öffentlich-rechtliche durch ein kommerzielles Rundfunkregime ergänzt worden. Damit hat das Medienrecht seine interne Komplexität ein weiteres Mal gesteigert: Das kommerzielle Rundfunkregime folgt in seinem Handeln viel unmittelbarer spezifisch medienwirtschaftlichen und kulturökonomischen Zwängen als der öffentlich-rechtliche Rundfunk, d. h. Bedingungen, die sowohl durch die Abhängigkeit des privaten Rundfunks von der Werbefinanzierung als auch durch die Zwänge der massenmedialen »Ökonomie der Aufmerksamkeit« gesetzt sind (Hutter 2006, 95 ff., 104, 184; vgl. auch Franck 1998). Darauf haben die Rechtsprechung des Bundesverfassungsgerichts und die Medienpolitik der Länder mit der Konstruktion eines ›dualen Rundfunksystems‹ reagiert, das seit 1991 in einem ›Rundfunkstaatsvertrag‹ (RStV) verankert ist und innerhalb dessen Rahmen die jeweiligen Landesmediengesetze unter Einschluss laufender Updates koordiniert werden.

Der Kern des Rundfunkstaatsvertrags besteht in einer präventiven Zulassungskontrolle mit Erlaubnisvorbehalt (§§ 20 ff. RStV), an die eine konzentrationsrechtliche Überprüfung von Medienunternehmen anschließt (§§ 25 ff. RStV). Diese ist inzwischen – durch Zusatzeinrichtungen wie die Kommission zur Ermittlung der Konzentration im Medienbereich (KEK, § 35 RStV) und die Kommission für Zulassung und Aufsicht (ZAK, § 35 RStV) – leicht unübersichtlich geworden. Auf das duale Rundfunksystem und seine Probleme bezieht sich eine umfangreiche medienrechtliche Literatur in Form von Lehrbüchern, Handbüchern, Kommentaren, Fallsammlungen, Monographien und Aufsätzen, die im *Archiv für Presserecht*, in der *Zeitschrift für Urheber und Medienrecht* und in *Kommunikation und Recht* ihre wichtigsten Organe haben. Eher medienpolitische Debatten werden auch in *epd-medien* und in der *Funkkorrespondenz* geführt.

Die inzwischen lang anhaltende (medienrechtliche) Diskussion über das duale Rundfunksystem hat die Problematik seiner Konstruktion offensichtlich gemacht: Der öffentlich-rechtliche Rundfunk gilt normativ als maßstabsbildend. Das gilt sowohl für das öffentlich-rechtliche Programm als dem eigentlich vielfältigen Programm mit »besonderen normativen Erwartungen« (BVerfGE 119, 181, 217) als auch für die Formulierung von Anforderungen an die organisatorische Ausgestaltung der gesamten Rundfunkverfassung. Diese hierarchische Konstruktion erweist sich jedoch immer weniger als adäquat: Mit der Zulassung des privaten Rundfunks sind auch die Produktionsbedingungen des öffentlichen-rechtlichen Rundfunks grundlegend verändert worden: Der öffentlich-rechtliche Rundfunk muss in einem einheitlichen Rundfunkmarkt und damit in einer Wettbewerbsbeziehung zum privaten Rundfunk agieren, der sich mehr und mehr auch als Intermedienwettbewerb etwa zwischen Rundfunk, Presse und Internet darstellt. Dieser Wettbewerb ist aber nicht nur publizistisch determiniert (wie das Bundesverfassungsgericht annimmt), sondern wird zumindest auch durch medienökonomische und spezifisch medienkulturelle Parameter wie die schon angesprochene Ökonomie der Aufmerksamkeit bestimmt. Das hat zur Folge, dass der öffentlich-rechtliche Rundfunk sein Programm – das gilt insbesondere während der Prime Time – den Zwängen einer neuartigen ereignisbasierten Unterhaltungsöffentlichkeit hat anpassen müssen und seit langem auch angepasst hat. Das schlägt sich auch in einer Auflösung des alten ›Integrationsrundfunks‹ in eine Vielzahl von Programmschienen nieder, ein Prozess der Fragmentierung der Rundfunköffentlichkeit, die im Radio noch weiter als im Fernsehprogramm fortgeschritten ist (s. Kap. IV.11).

Medienrecht und digitale Medien

Damit ist die Frage nach der Zukunft des Medienrechts in einer Welt digitaler (Speicher-)Medien bereits angesprochen. Vom Rundfunkrecht her gesehen, scheint die jüngste Entwicklung eine Ausfransung des herkömmlichen Programmrundfunks nach mehreren Seiten auszulösen. Mit der Ingebrauchnahme und Vernetzung von Computern und der neuen Allgegenwart digitaler Kommunikation (via Smartphone, Laptop etc.) sind eine neuartige Universalmaschine und ein darauf basierendes »Netzwerk von Netzwerken« (s. Kap. VII.28) entstanden, das alle anderen Medien transformiert, ja ›kassiert‹. Die Konsequenzen dieses ›Medienumbruchs‹ sind insgesamt schwer abschätzbar, jedenfalls weitreichend: Computer und Internet destabilisieren die Unterscheidung der Medien selbst, sie unterlaufen die Unterscheidung zwischen Individual- und Massenkommunikation, von Öffentlichkeit und Privatheit sowie die alte Unterscheidung zwischen Medieninhalt und (Übertragungs-)Technik. Alle diese Differenzierungen sind jedoch für die Herausbildung der herkömmlichen Rundfunkordnung und des Rundfunkrechts konstitutiv gewesen.

Der (Rundfunk-)Gesetzgeber hat auf diesen Transformationsprozess jüngst mit der Unterscheidung von linearem Programmrundfunk und Telemedien innerhalb des Rundfunkstaatsvertrages reagiert und dessen Regulierungsregime damit der Sache nach weiter aufgespalten. Die Telemedien (als Teil der Internetkommunikation) werden damit einer presseähnlichen Minimalregulierung unterworfen (§§ 54 ff. RStV), wie es auch verfassungsrechtlich geboten erscheint. Es erscheint aber zweifelhaft, ob das neue Netzwerk der (medialen) Netzwerke auch künftig sinnvoll in einem Rundfunkstaatsvertrag reguliert werden kann, der allein auf ordnungsrechtliche und gruppenpluralistische Komponenten setzt. Hier wird es künftig vielmehr darauf ankommen, das ›Mehrebenensystem‹ des Medienrechts auf noch mehr Komplexität einzustellen und ein Modell zu entwerfen, das das relativ starre, auf der Verhaltenskontrolle nach ex ante formulierten allgemeinen Gesetzen und Grenzbegriffen basierende Ordnungsrecht nicht nur um gruppenpluralistische Organisations- und Verfahrenslösungen ergänzt, sondern um Strategien der Institutionenbildung in Form der Prozeduralisierung sowie der Anregung von Selbstorganisation und Selbstregulierung in Netzwerken (zuletzt vgl. Ladeur 2012).

Begreift man Medientechniken wie Schrift, Buchdruck, Fernsehen und Computernetzwerke als Träger von Kultur und Sprache (und nicht nur als ›Kanäle‹ oder ›Mittel‹ der Kommunikation), liegt die Dramatik des Übergangs zur Digitalisierung in einer weiteren Fragmentierung und Hybridisierung der sozialen Kommunikationsströme, insbesondere der Auflösung der Öffentlichkeit in immer kleinere Teilforen und Netzöffentlichkeiten, in denen auch die Grenze zwischen Privatheit und Öffentlichkeit durchlässiger wird; man denke nur an soziale Medien wie Facebook oder neuere Kommunikationsformen wie Blogs (s. Kap. III.8). Die amerikanische Federal Communications Commission (FCC) hat diesen Trend einer Zerklüftung der Medienlandschaft in immer kleinere Bruchstücke kürzlich treffend als ein *great unbundling* charakterisiert. Die ›große Entbündelung‹ bedeutet nicht nur eine Schrumpfung der herkömmlichen Programmformate, mit ihr ist darüber hinaus die Gefahr verbunden, dass bestimmte Formate und Inhalte künftig ganz verlorengehen.

Wenn Kultur das Symbol für ein ursprüngliches, latentes, gesellschaftlich geteiltes Wissen ist (wie der Philosoph Claude Lefort einmal formuliert hat) und die Öffentlichkeit seit dem 17. und 18. Jahrhundert das Forum repräsentiert, auf dem das gesellschaftlich geteilte Wissen in Form eines kollektiven Bestands von Themen zirkulieren kann, dann liegt die Herausforderung für ein Medienrecht in der Erhaltung der Durchlässigkeit der vielen Teilforen und Netzöffentlichkeiten für eine multimediale ›Hintergrundkultur‹, auf die sich alle beziehen können. Die neue Kultur der Netzwerke, die auch die soziale Epistemologie und damit das Wissen und die Verfahren der Wissensgenerierung überhaupt verändert, wirft mit anderen Worten die Frage auf, wie ein gemeinsames Wissen über gesellschaftliche Entwicklungen, die alle betreffen, erhalten werden kann – und ein Informationsniveau, das der erreichten Komplexität der Gesellschaft angemessen ist. Es geht also um die Erhaltung eines Wissens, auf dessen Grundlage komplexe Entscheidungen in einem öffentlichen Raum einigermaßen sinnvoll diskutiert werden können – und nicht nur jeweils system- und organisationsspezifisch, etwa ausschließlich innerhalb des Politikbetriebs oder der Finanzmarktindustrie. Von hier aus ließe sich ein normativer Ansatzpunkt gewinnen (und im Medienrecht verankern), der den Umbau der Medienverfassung leiten und zur Institutionalisierung der digitalen Kommunikation, zum Aufbau einer »Rechtsverfassung der Internetkommunikation« (Ladeur 2012), beitragen könnte.

Ein solches Modell wird allerdings nur an Kontur gewinnen können, wenn es die Ebene des Allgemeinen verlässt und sektorspezifisch differenziert wird. In einer Art Rückkopplungsschleife müsste die dabei gewonnene Diversität dem Allgemeinen dann wieder zugeführt werden, um die allgemeine Ebene selbst mit mehr Differenz anreichern zu können.

Zusammenfassung

Mit Blick auf das herkömmliche (publizistische) Rundfunkrecht stellt sich die Notwendigkeit seiner Ergänzung durch ein horizontales Regelwerk, das den Wettbewerb zwischen öffentlich-rechtlichem und privatem Rundfunk etwa auf der Ebene der Refinanzierung der Programme genauer konturiert (Sportrechte, Filmrechte, Werbung etc.). Es müsste des Weiteren darum gehen, den wachsenden Wettbewerb zwischen früher getrennten Medien, wie etwa Presse- und Rundfunkunternehmen, bei konfliktintensiven Überlappungen, wie sie beispielsweise anlässlich der Tagesschau-App aufgetreten sind, durch meta-förmige Kollisionsregeln genauer zu konturieren.

In einem solchen Modell müsste und könnte auch das Persönlichkeitsrecht besser auf die neue Welt digitaler Kommunikationsformen eingestellt werden. Hier käme es etwa darauf an, die Persönlichkeitsrechte genauer mit der Eigenlogik der Medien zu konfrontieren und etwa medienbezogene Strategien des Aufbaus von Prominenten als Marke und ›Persönlichkeitsrechte‹ deutlicher zu unterscheiden lernen. Persönlichkeitsrechte müssen auch in neuen Kommunikationsforen zur Geltung gebracht werden können. Auch das Urheberrecht müsste viel mehr als Institutionenschutz unter neuen Bedingungen begriffen werden:

Die Karriere des Plagiats (in der Musik, in der Literatur, in der Wissenschaft) kann nur im Zusammenhang mit tiefgreifenden Veränderungen der Form der (literarischen) Subjektivität begriffen werden, in der das Zusammenfügen und Überstülpen vorgedachter und geliehener Versatzstücke Authentizität und personale Verantwortung für Texte abgelöst hat; aber diese Verantwortung kann nicht einfach durch Mischen, Sampeln und das ›Recht zum Kopieren‹ ersetzt werden (vgl. Theisohn 2012, 40, 49, 57; s. Kap. VII.31). Dieser Gedanke lässt sich auch auf andere Konflikte der neuen Netzwerkkultur übertragen, etwa den Streit um das Einfordern neuartiger ›Leistungsschutzrechte‹, die die Zeitungsverleger gegenüber der Zweitverwertung von Schlagzeilen und ›Snippets‹ durch Google einfordern. Auch in diesem Kontext wird versucht, eine Form der Zweitverwertung von Texten zu etablieren, die nichts Neues schafft, aber die medialen Produktions- und Reproduktionsbedingungen zu Lasten innovativer und reflexiver Formate verändert.

Der Katalog ließe sich weiter fortsetzen und beispielsweise auch auf Fragen des Telekommunikationsrechts oder des Datenschutzrechts beziehen. Es dürfte aber deutlich geworden sein, dass der Übergang zu einer neuartigen Kultur der Netzwerke das Medienrecht derzeit vor große Herausforderungen stellt.

(Dieser Artikel erschien zuerst im Handbuch Medienwissenschaft. Hg. von Jens Schröter. Stuttgart 2014, 477–483.)

Literatur

Assmann, Jan: *Religion und kulturelles Gedächtnis. Zehn Studien*. München 2000.
Behrends, Okko/Knütel, Rolf/Kupisch, Berthold/Seiler Hans H.: *Corpus Iuris Civilis I – Institutionen*. Heidelberg ²1997.
Bender, John B./Wellbery, David E.: Rhetoricality. On the Modernist Return of Rhetoric. In: Dies. (Hg.): *The Ends of Rhetoric. History, Theory, Praxis*. Stanford, Cal. 1990, 3–39.
Blanning, Tim C. W.: *Das alte Europa 1660–1789. Kultur der Macht und Macht der Kultur*. Darmstadt 2006.
Franck, Georg: *Ökonomie der Aufmerksamkeit – ein Versuch*. München 1998.
Havelock, Eric A.: *Preface to Plato*. Cambridge, Mass. 1963.
Hunt, Lynn A.: *Inventing Human Rights. A History*. New York 2007.
Hutter, Michael: *Neue Medienökonomik*. München 2006.
Knott, Sarah: *Sensibility and the American Revolution*. Chapel Hill 2009.
Ladeur, Karl-Heinz: *Das Medienrecht und die Ökonomie der Aufmerksamkeit. In Sachen Dieter Bohlen, Maxim Biller, Caroline von Monaco u. a.* Köln 2007.
Ladeur, Karl-Heinz: Theoretische Überlegungen zu einer Neukonzeption des Jugendmedienschutzes. Von der Jugendgefährdung zum Risikomanagement? In: Reinhard Bork/Tilman Repgen (Hg.): *Das Kind im Recht*. Berlin 2009, 159–184.
Ladeur, Karl-Heinz: Ein »Leistungsschutzrecht« für Presseverlage und die Rechtsverfassung der Internetkommunikation. In: *AfP (Archiv für Presserecht)* 43 (2012), 420–427.
Meltzer, Mitchell: *Secular Revelations. The Constitution of the United States and Classic American Literature*. Cambridge, Mass. 2005.
Schmitt, Carl: *Die geistesgeschichtliche Lage des heutigen Parlamentarismus* [1926]. Berlin 1985.
Steinhauer, Fabian: *Bildregeln. Studien zum juristischen Bilderstreit*. München 2009.
Theisohn, Philip: *Literarisches Eigentum. Zur Ethik geistiger Arbeit im digitalen Zeitalter*. Stuttgart 2012.

Thomas Vesting

11 Funktionsaufträge des Rundfunks

Inhalt der Funktionsaufträge

Rundfunk- wie auch seit neusten Telemedien unterliegen in Deutschland mehreren Funktionsaufträgen. Die wichtigste Quelle hierfür ist der von den Bundesländern geschlossene Staatsvertrag für Rundfunk und Telemedien (Rundfunkstaatsvertrag). Dieser schreibt in § 11 zunächst einen Auftrag für die öffentlich-rechtlichen Rundfunkanstalten fest:

»(1) Auftrag der öffentlich-rechtlichen Rundfunkanstalten ist, durch die Herstellung und Verbreitung ihrer Angebote als Medium und Faktor des Prozesses freier individueller und öffentlicher Meinungsbildung zu wirken und dadurch die demokratischen, sozialen und kulturellen Bedürfnisse der Gesellschaft zu erfüllen. Die öffentlich-rechtlichen Rundfunkanstalten haben in ihren Angeboten einen umfassenden Überblick über das internationale, europäische, nationale und regionale Geschehen in allen wesentlichen Lebensbereichen zu geben. Sie sollen hierdurch die internationale Verständigung, die europäische Integration und den gesellschaftlichen Zusammenhalt in Bund und Ländern fördern. Ihre Angebote haben der Bildung, Information, Beratung und Unterhaltung zu dienen. Sie haben Beiträge insbesondere zur Kultur anzubieten. Auch Unterhaltung soll einem öffentlich-rechtlichen Angebotsprofil entsprechen.
(2) Die öffentlich-rechtlichen Rundfunkanstalten haben bei der Erfüllung ihres Auftrags die Grundsätze der Objektivität und Unparteilichkeit der Berichterstattung, die Meinungsvielfalt sowie die Ausgewogenheit ihrer Angebote zu berücksichtigen.«

Dieser Programmauftrag gilt für alle öffentlich-rechtlichen Fernseh- und Hörfunkprogramme sowie für Telemedien, wie der Gesetzgeber Internetangebote bezeichnet. Für Telemedien gibt es eine zusätzliche Bestimmung in § 11 d (3) des Rundfunkstaatsvertrages: »(3) Durch die Telemedienangebote soll allen Bevölkerungsgruppen die Teilhabe an der Informationsgesellschaft ermöglicht, Orientierungshilfe geboten sowie die technische und inhaltliche Medienkompetenz aller Generationen und von Minderheiten gefördert werden.«

An den privat-kommerziellen Rundfunk werden im Rundfunkstaatsvertrag deutlich geringere Anforderungen adressiert. Diese finden sich in § 25 zur Meinungsvielfalt:

»(1) Im privaten Rundfunk ist inhaltlich die Vielfalt der Meinungen im Wesentlichen zum Ausdruck zu bringen. Die bedeutsamen, politischen, weltanschaulichen und gesellschaftlichen Kräfte und Gruppen müssen in den Vollprogrammen angemessen zu Wort kommen; Auffassungen von Minderheiten sind zu berücksichtigen. Die Möglichkeit, Spartenprogramme anzubieten, bleibt hiervon unberührt.
(2) Ein einzelnes Programm darf die Bildung der öffentlichen Meinung nicht in hohem Maße ungleichgewichtig beeinflussen.«

Unterhalb des Rundfunkstaatsvertrages gelten weitergehende Funktionsaufträge in den Rundfunkgesetzen der Länder bzw. bei Rundfunkanstalten in mehreren Ländern in Staatsverträgen (s. Kap. IV.10).

Entstehungsgeschichte

Die in Deutschland an den Rundfunk adressierten Funktionsaufträge lassen sich nur vor dem Hintergrund der Erfahrungen des Nationalsozialismus angemessen verstehen. In der Weimarer Republik war der Rundfunk (damals nur das Radio) in Form regionaler Rundfunkgesellschaften organisiert, deren Dachgesellschaft ab 1925 die Reichs-Rundfunk-Gesellschaft (RRG) wurde. Die Mehrheit der Geschäftsanteile der RRG lag wiederum bei der Deutschen Reichspost. Zudem hatte die Regierung seit 1930 die Möglichkeit, sich in Form der so genannten ›Reichssendung‹ direkt und ohne journalistische Einflussnahme an alle Rundfunkteilnehmerinnen und -teilnehmer in Deutschland zu wenden. Daher verlief die so genannte ›Machtergreifung‹ durch die Nationalsozialisten 1933 unspektakulärer, als es der Name suggeriert: Der Rundfunk war so eng an den Zentralstaat gekoppelt, dass er den neuen Machthabern gleichsam in den Schoß fiel. Diese nutzten ihre Möglichkeiten und entwickelten den Rundfunk bekanntlich zu einem zentralen Instrument ihrer Propaganda.

Nach Ende des zweiten Weltkrieges wurden von den westlichen Alliierten und dem Parlamentarischen Rat daher wichtige rundfunkpolitische Weichenstellungen getroffen (vgl. Vowe et al. 2008). 1948 wurden die ersten öffentlich-rechtlichen Rundfunkanstalten nach Vorbild des britischen Public Broadcasting und der Organisation der BBC gegründet. Deren Auftrag formulierte ihr erster Generaldirektor John Reith in der legendären Formel *inform, educate and entertain*, die sich bis heute im Mission Statement der BBC wie auch in abgewandelter Form im Programmauftrag des öffentlich-rechtlichen Rundfunks findet. Im Grundgesetz (GG) 1949 wurden nicht nur die Kommunikationsfreiheiten in Artikel 5, sondern auch das föderale Kompetenzgefüge festgeschrieben. Rundfunk (und später auch Telemedien) ist seitdem Sache der Länder, nicht des Bundes.

Diese rundfunkpolitischen Weichenstellungen nach Kriegsende wurden jedoch nicht von allen politischen Eliten geteilt. Die Bundesregierung unter Konrad Adenauer (CDU) orientierte sich weniger am britischen als am Modell der Weimarer Republik und wollte 1960 ein eigenes bundesweites Fernsehprogramm unter dem Dach der Deutschland-Fernsehen GmbH gründen. Dagegen klagten einige SPD-geführte Bundesländer vor dem Bundesverfassungsgericht, das am 28. Februar 1961 das so genannte »1. Fernsehurteil« fällte und den klagenden Ländern Recht gab. Es bestätigte die Gesetzgebungskompetenz der Länder über den Rundfunk nach Artikel 30 GG und verwies in seinem Urteil auch auf die Kommunikationsfreiheiten des Artikels 5: Der Rundfunk gehöre »ebenso wie die Presse zu den unentbehrlichen modernen Massenkommunikationsmitteln, durch die Einfluss auf die öffentliche Meinung genommen und diese öffentliche Meinung mitgebildet wird. Der Rundfunk ist mehr als nur ›Medium‹ der öffentlichen Meinungsbildung; er ist ein eminenter ›Faktor‹ der öffentlichen Meinungsbildung« (BVerfG 12, 205 vom 28. Februar 1961). Dabei machte das Gericht auch klar, dass sich dieser Funktionsauftrag nicht allein auf Informationsprogramme bezieht:

> »Diese Mitwirkung an der öffentlichen Meinungsbildung beschränkt sich keineswegs auf die Nachrichtensendungen, politischen Kommentare, Sendereihen über politische Probleme der Gegenwart, Vergangenheit oder Zukunft; Meinungsbildung geschieht ebenso in Hörspielen, musikalischen Darbietungen, Übertragungen kabarettistischer Programme bis hinein in die szenische Gestaltung einer Darbietung« (BVerfGE 12, 205 vom 28. Februar 1961).

Der Funktionsauftrag an den Rundfunk, ›Medium und Faktor‹ der Meinungsbildung zu sein, findet sich bis heute im Programmauftrag des öffentlich-rechtlichen Rundfunks. Daher ist das 1. Fernsehurteil des Bundesverfassungsgerichtes eine weitere wichtige medienpolitische Weichenstellung in Deutschland (vgl. Vowe/Opitz/Dohle 2008).

Die weiteren Weichenstellungen waren 1982 die Entscheidung zum Ausbau des Kabelnetzes und 1984 die damit ermöglichte Zulassung privat-kommerzieller Rundfunkanbieter. An diese werden, wie oben erwähnt, deutlich niedrigere Funktionsaufträge adressiert. Damit einher geht ein anderes Verständnis publizistischer Vielfalt: Während der öffentlich-rechtliche Rundfunk binnenpluralistisch sein soll, d. h. innerhalb eines Programmangebots vielfältig und ausgewogen berichten soll, gilt im privaten Rundfunk der Grundsatz der Außenpluralität: Nicht innerhalb eines einzelnen Programms, sondern durch die Vielzahl von Programmen soll publizistische Vielfalt ermöglicht werden. Auch dieser Funktionsauftrag geht im Wesentlichen auf das Bundesverfassungsgericht zurück. In seinem 4. Rundfunkurteil, dem so genannten »Niedersachsen-Urteil«, adressiert das Bundesverfassungsgericht den Auftrag der Grundversorgung an die öffentlich-rechtlichen Anbieter:

> »In dieser Ordnung ist die unerlässliche ›Grundversorgung‹ Sache der öffentlich-rechtlichen Anstalten, zu der sie imstande sind, weil ihre terrestrischen Programme nahezu die gesamte Bevölkerung erreichen und weil sie nicht in gleicher Weise wie private Veranstalter auf hohe Einschaltquoten angewiesen, mithin zu einem inhaltlich umfassenden Programmangebot in der Lage sind.«

An die privaten Rundfunkanbieter werden vom Bundesverfassungsgericht bezüglich der Breite ihres Programmangebots und der Sicherung gleichgewichtiger Vielfalt nicht die gleich hohen Anforderungen gestellt. Interessant ist die Begründung: Die Anforderungen an den privaten Rundfunk sind niedriger, weil, solange und soweit die publizistische Grundversorgung durch öffentlich-rechtliche Anbieter gewährleistet ist (BVerfGE 73, 118 vom 4. November 1986). Die Erfüllung des Funktionsauftrages durch den öffentlich-rechtlichen Rundfunk ist damit die Voraussetzung der Zulassung privat-kommerzieller Anbieter – ein Fakt, der in medienpolitischen Debatten mitunter verloren geht.

Für die Geschichte der Funktionsaufträge des Rundfunks weiterhin relevant ist die in den 1980er Jahren beginnende Europäisierung der Rundfunkpolitik, die in der so genannten »Fernsehrichtlinie« der Europäischen Union gipfelte (Richtlinie 89/552/EWG erlassen am 3. Oktober 1989). Die EU behandelt in dieser Richtlinie Fernsehen als eine Dienstleistung, deren Verkehr gemäß § 49 des Vertrages der Europäischen Gemeinschaft innerhalb der Gemeinschaft nicht beschränkt werden dürfe. Diese Sichtweise ist bereits 1989 heftig mit dem Argument kritisiert worden, dass Rundfunk primär eine kulturelle Veranstaltung sei, die in die Zuständigkeiten der einzelnen Mitgliedsstaaten falle. Mit der Kennzeichnung von Rundfunk als Wirtschaftsgut durch die EU wurden jedoch auch andere europäische Regeln wirksam, so dass Verbot staatlicher Beihilfen nach Artikel 87 EGV. Ende der 1990er Jahren entstand daher sowohl auf europäischer wie auch nationaler Ebene eine heftige Diskussion darüber, ob Rundfunkgebühren als staatliche Beihilfen zu klassifizieren und damit mit dem europäischen Recht nicht vereinbar seien. Die EU-Kommission war 2005 zu der Ansicht gelangt, dass die Finanzierungsregelung zugunsten der öffentlich-rechtlichen Rundfunkanstalten in Deutschland nicht mehr mit dem EG-Vertrag vereinbar sei. Sie beharrte auf einer Konkretisierung des Funktionsauftrages der öffentlich-rechtlichen Rundfunkanstalten, beispielsweise in Form von Positiv- und Negativlisten, aus denen hervorgeht, für welche Leistungen Rundfunkgebühren verwendet werden dürfen und für welche nicht. Aus Sicht der Rundfunkanstalten stellt diese Konkretisierung jedoch einen Eingriff in die Programmautonomie dar. Im Frühjahr 2007 wurde dieser Streit mit dem so genannten Beihilfekompromiss beigelegt. Aufgrund von Zusicherungen der Länder, u. a. die Einführung des so genannten Public-Value- bzw. Drei-Stufen-Testes zur Prüfung der Zulässigkeit von Online-Angeboten, stellte die Kommission das Verfahren ein (vgl. Europäische Kommission 2007).

Mechanismus der Funktionsaufträge: Gestaltung durch Strukturvorgaben

Die Funktionsaufträge formulieren ethisch relevante Leitwerte wie Mitwirkung an der Meinungsbildung, Information, gesellschaftliche Integration, Meinungsvielfalt etc. Sie tun dies in einer eher allgemeinen Form, ohne beispielsweise Kennziffern zur Überprüfung der Einhaltung dieser Leitwerte zu nennen. Damit bilden die genannten Werte einen Rahmen, innerhalb dessen der öffentlich-rechtliche Rundfunk frei agieren kann. Dieser Mechanismus lässt sich z. B. aus einer institutionenökonomischen Perspektive betrachten. In der Institutionenökonomie werden Funktionsaufträge in Form eines Prinzipal-Agenten-Problems thematisiert. Dabei beauftragt ein Prinzipal (hier: der Gesetzgeber) einen Agenten (hier: eine öffentlich-rechtliche Rundfunkanstalt) damit, eine bestimmte Leistung zu erbringen (hier: ein Programm mit bestimmten Anforderungen). Sowohl dem Prinzipal als auch dem Agenten wird dabei ein opportunistisches Verhalten unterstellt, d. h. beide sind primär an ihrem eigenen Nutzen orientiert (vgl. u. a. Ebers/Gotsch 2014). Dem Gesetzgeber kann beispielsweise unterstellt werden, dass er den Rundfunk primär aus einer politischen Perspektive heraus betrachtet. Politische Akteure sind in der heutigen Mediengesellschaft zwingend auf die Vermittlungsleistung von allgemeinen Massen- und Onlinemedien angewiesen. Das Fernsehen, und hier insbesondere die Nachrichten des öffentlich-rechtlichen Fernsehens, sind für weite Teile der Bevölkerung die primäre Quelle politischer Informationen (vgl. u. a. Hasebrink/Schmidt 2013). Politische Akteure beauftragen in ihrer Rolle als Gesetzgeber die Rundfunkanstalten damit, über sie zu berichten und den wichtigsten Kanal für Informationen über sie bereitzustellen. Dies führt zwangsläufig zu einem Dilemma. Das Grundgesetz der Bundesrepublik Deutschland sieht in Artikel 5 vor, dass die Pressefreiheit und die Freiheit der Berichterstattung durch Rundfunk und Film zu gewährleisten ist. Es ist daher weder rechtlich möglich noch (staats-)politisch erwünscht, dass politische Akteure sich in die Art der Berichterstattung einmischen. Über die Formulierung von Funktionsaufträgen wirken sie aber an der Festlegung des Rahmens mit, in dem diese Berichterstattung stattfindet. Den Rundfunkanstalten wiederum kann als Eigeninteresse unterstellt werden, Kontrolle über das eigene Handeln und die Zufuhr von Ressourcen zu erhalten, ohne hierbei dem Einfluss politischer Akteure ausgesetzt zu sein. Da Informations- und Kulturprogramme teuer sind und auf eher geringere Resonanz beim Publikum stoßen kann Rundfunkveranstaltern das Eigeninteresse unterstellt werden, die Kosten dafür möglichst gering zu halten. Sie werden aus Sicht der Institutionenökonomie also versuchen, Programmanforderungen nur minimal zu erfüllen.

Dieser Umstand ist insbesondere in der Diskussion um eine präzisere Festlegung des Funktionsauftrages relevant, wie ihn beispielsweise die Europäische Union im Rahmen der Beihilfediskussion gefordert hat. Je präziser der Gesetzgeber Anforderungen an den Rundfunk formuliert bzw. formulieren kann, desto mehr ist die Freiheit des Rundfunks vor staatlichen Einflüssen gefährdet. Umgekehrt kann den Rundfunkanstalten unterstellt werden, an eher allgemeinen Formulierungen interessiert zu sein.

Im Fall des öffentlich-rechtlichen Rundfunks ist bedeutsam, dass es kein Gremium außerhalb der Rundfunkanstalten selbst gibt, das die Einhaltung der Funktionsaufträge prüft und Vorschläge für ihre weitere Entwicklung macht. Staatliche Akteure können dies aus guten Gründen nicht tun. Mitte der 1990er Jahre kam in der rundfunkpolitischen Debatte der Gedanke auf, dass Akteure aus dem Bereich der Zivilgesellschaft, der Wissenschaft und des Journalismus hier eine unabhängig prüfende Funktion übernehmen könnten. Die Diskussion bündelte in dem Vorschlag, nach dem Vorbild der Stiftung Warentest eine Stiftung Medientest einzurichten (vgl. bilanzierend Krotz 2010). Die Stiftung hätte die Aufgabe, Medienangebote unabhängig und systematisch zu prüfen und die Mediennutzer in ihrer Rolle als Verbraucher zu informieren und zu beraten. Ihre Aufgabe wäre auch gewesen, breitere gesellschaftliche Debatten über die Erfüllung des Programmauftrages anzustoßen und damit die Partizipation der Gesellschaft an ›ihrem‹ Rundfunk zu fördern. Damit könnte auch eine ethische Reflexion der Aufgaben des öffentlich-rechtlichen Rundfunks ohne den Druck politischer und rechtlicher Entscheidungen geleistet werden.

Bezogen auf die privaten Rundfunkveranstalter, für die geringere Programmanforderungen gelten, wurde ferner angeregt, die Funktionsaufträge um Anreize zu ergänzen (vgl. Schulz/Held 2011). Hintergrund des Vorschlages ist die Beobachtung, dass der Gesetzgeber den privaten Rundfunkanbietern aus den oben genannten Gründen gerade im Informationsbereich »hinterher reguliert«. Schulz und Held verweisen in ihrem Gutachten jedoch auch darauf, dass der Gesetzgeber den Rundfunkveranstaltern Privilegien im Tausch gegen entsprechend höhere Programmleistungen gewähren kann. Beispiele für solche Privilegien wären Zugang zu Infrastrukturen, Werbeerleichterungen oder finanzielle Anreize wie ein vergünstigter Zugang zu Distributionswegen etc. Das oben skizzierte Problem, wer die Erfüllung entsprechender Leistungen unabhängig prüfen soll, stellt sich jedoch auch hier.

Wertpluralität als Gestaltungsaufgabe

Adressat der Funktionsaufträge sind Rundfunkbieter, die Aufträge selbst beziehen sich aber auf Inhalte von Programmen, die von diesen Organisationen produziert und bereitgestellt werden. Das ist in heutigen differenzierten und pluralistischen Gesellschaften nicht unproblematisch. Während es in den 1960er Jahren zu Zeiten des ersten Fernsehurteils des Bundesverfassungsgerichtes vielleicht noch möglich war, einen Grundkonsens über die »demokratischen, sozialen und kulturellen Bedürfnisse der Gesellschaft« herzustellen (wie im Programmauftrag formuliert), so dürfte das heute nicht mehr möglich sein. Unsere heutige Gesellschaft ist individualisierter, vielfältiger, mit unterschiedlichen Wert- und Normauffassungen. Die verschiedenen Gruppen der Gesellschaft stellen verschiedene und zum Teil widersprüchliche Anforderungen an den Rundfunk. Diese Anforderungen können sich auch ändern. Daher erscheint eine Festlegung auf statische, festdefinierte Anforderungen an Programminhalte wenig sinnvoll. Sie dienen allenfalls als normatives Ideal, das von den verschiedenen gesellschaftlichen Gruppen unterschiedlich interpretiert wird. Die ethisch und politisch relevante Frage dabei ist, welche gesellschaftlichen Gruppen ihre Interpretationen durchsetzen können und welche nicht. Betrachtet man beispielsweise die Gremien der öffentlich-rechtlichen Rundfunkanbieter, so zeigt sich, dass dort nicht die Gesellschaft insgesamt repräsentiert wird, sondern eher der ältere, männliche und statushohe Teil davon.

Prozeduralisierung von Funktionsaufträgen

Die angesprochene Wertpluralität führt zur Diskussion, den Funktionsauftrag nicht länger auf Programminhalte zu beziehen, sondern auf das Verfahren, in dem diese Inhalte produziert werden. Man spricht hier von einer prozeduralen Regulierung oder einer »Ethik als Prozess« (Stapf 2005, 32).

Ein Beispiel hierfür ist der so genannte Drei-Stufen-Test, mit dem Telemedienangebote der öffentlich-rechtlichen Rundfunkanstalten auf ihre Kompatibilität mit den europäischen und nationalen Rechtsnormen geprüft werden. Diese Prüfung erfolgt durch die Gremien der Rundfunkanstalten selbst, es werden jedoch die Fragen vorgeschrieben, die in diesem Test beantwortet werden sollen. § 11f (4) des Rundfunkstaatsvertrages regelt daher:

> »Ist ein neues Angebot oder die Veränderung eines bestehenden Angebots nach Absatz 1 geplant, hat die Rundfunkanstalt gegenüber ihrem zuständigen Gremium darzulegen, dass das geplante, neue oder veränderte, Angebot vom Auftrag umfasst ist. Es sind Aussagen darüber zu treffen,

1. inwieweit das Angebot den demokratischen, sozialen und kulturellen Bedürfnissen der Gesellschaft entspricht,
2. in welchem Umfang durch das Angebot in qualitativer Hinsicht zum publizistischen Wettbewerb beigetragen wird und
3. welcher finanzielle Aufwand für das Angebot erforderlich ist.
Dabei sind Quantität und Qualität der vorhandenen frei zugänglichen Angebote, die marktlichen Auswirkungen des geplanten Angebots sowie dessen meinungsbildende Funktion angesichts bereits vorhandener vergleichbarer Angebote, auch des öffentlich-rechtlichen Rundfunks, zu berücksichtigen. Darzulegen ist der voraussichtliche Zeitraum, innerhalb dessen das Angebot stattfinden soll.«

Durch diesen Drei-Stufen-Test wird der Programmauftrag zum Prozess seiner Begründung (vgl. Schulz 2008). Der Gesetzgeber verzichtet auf eine (vermutlich ohnehin nicht mögliche) inhaltliche Bestimmung der Telemedienangebote, sondern reguliert das Verfahren, durch den diese entstehen. Dieser Test könnte daher auch ein Vorbild für die Prozeduralisierung des Funktionsauftrages insgesamt sein. Der Gesetzgeber könnte beispielsweise verlangen, dass der öffentlich-rechtliche Rundfunk die Gesellschaft stärker als über die vorhandenen Gremien einbindet, dass er Transparenz schafft, um Partizipation zu ermöglichen, Konsultationsverfahren durchführt, in denen normative und ethische Diskussionen um den Funktionsauftrag stattfinden können (vgl. Jarren et al. 2001). Das Ziel wäre damit eine »Institutionalisierung von Ethik« in dem Sinne, »Verantwortung und Transparenz auf der Professions- und der Unternehmensebene einzufordern und die Öffentlichkeit als Rechtfertigungs- und Sanktionskraft zu stärken« (Stapf 2005, 32).

Diskutiert werden solche stärker prozessorientierten Formen der Gestaltung gesellschaftlicher Kommunikation auch unter dem Stichwort einer *media governance*. *Governance* meint nach der vielzitierten Definition von Renate Mayntz das »Gesamt aller nebeneinander bestehenden Formen der kollektiven Regelung gesellschaftlicher Sachverhalte: von der institutionalisierten zivilgesellschaftlichen Selbstregulierung über verschiedene Formen des Zusammenwirkens staatlicher und privater Akteure bis hin zu hoheitlichem Handeln staatlicher Akteure« (Mayntz 2005, 15). Zentral für die Perspektive des *governance* ist, dass hier auch für die Medienpolitik nicht mehr von dem Staat bzw. dem Gesetzgeber als zentraler und einheitlicher Akteur ausgegangen wird, sondern von einem Netzwerk miteinander verbundener staatlicher, politischer, medialer und gesellschaftlicher Akteure. Im Zentrum stehen damit die institutionellen Regelungsstrukturen wie beispielsweise das Verhältnis von staatlich-hoheitlicher und Selbstregulierung, und nicht mehr ein einzelner Steuerungsakteur und seine Möglichkeiten. Die *governance*-Perspektive macht damit Anleihen bei einem angelsächsischen Verständnis von Politik: Nicht die Regierung oder der Staat, sondern gesellschaftliche Akteure und ihre Beziehungen untereinander sollen für die Realisierung öffentlicher Interessen sorgen. Gleichwohl bleibt der Staat auch in *governance*-Arrangements häufig im Hintergrund, so indem er Verfahren gesellschaftlicher Selbstregulierung reguliert (beispielsweise beim Jugendschutz) oder zumindest eine Regulierung androht, wenn Mechanismen der Selbstregulierung versagen sollten (vgl. u. a. Donges/Puppis 2010; Jarren/Donges 2006; Puppis 2010a).

Ein zweites wichtiges Stichwort neben der *governance*-Perspektive ist das der *media accountability*. Mit diesem nicht direkt übersetzbaren englischsprachigen Begriff wird angedeutet, dass es im Medienbereich nicht nur um eine ethische und moralische Verantwortung (im Sinne von *responsibility*) der Medienorganisationen oder einzelner Journalistinnen und Journalisten gegenüber der Gesellschaft geht, sondern auch um die Verfahren, in denen entsprechende Anforderungen ausgehandelt und umgesetzt werden (vgl. u. a. Bardoel/D'Haenens 2004; s. Kap. III.9). *Media accountability* weist damit ein interaktionales Element auf, es geht um die Mittel, durch die Verantwortung erreicht wird (vgl. Plaisance 2000, 266). Angewandt auf die Funktionsaufträge bedeutet *media accountability* nicht nur, den »demokratischen, sozialen und kulturellen Bedürfnisse der Gesellschaft« zu entsprechen, sondern verlangt, diese Bedürfnisse bei den einzelnen Anspruchsgruppen abzufragen, in einen Dialog darüber einzutreten, was diese Bedürfnisse sind und wie sie erfüllt werden könnten. Solche Dialoge können nicht ›nebenbei‹ geführt, sondern müssen organisiert und institutionalisiert werden, auch weil die dabei geäußerten Bedürfnisse der einzelnen Anspruchsgruppen (wie etwa Politik, Wirtschaft, Gesellschaft, andere Medien) unterschiedlich sein oder sich widersprechen können.

Konkrete Instrumente zur Prozeduralisierung von Funktionsaufträgen im Sinne einer *media governance* und *media accountability* wären beispielsweise Konsultations- und Beschwerdemöglichkeiten, die Festlegung und Dokumentation eigener Standards (*codes of practices*), Transparenz von Entscheidungen, die Pflicht zur Anhörung oder Beteiligung bestimmter gesellschaftlicher Gruppen (vor allem in Fällen von Benachteiligung) die Ausweitung der Gremien der öffentlich-rechtlichen Anbieter (Gruppenrepräsentanz) sowie die generelle Vernetzung der einzelnen Regelungsstrukturen und -arenen (öffentlicher Rundfunk, privater Rundfunk, Internet). Der öffentlich-rechtliche Rundfunk konkretisiert sich damit in seinen Beziehungen zur Politik, Wirtschaft, Zivilgesellschaft und anderen Medienanbietern.

Konvergenz als offene Frage der weiteren Forschung und Reflexion

Funktionsaufträge sind in ihrem Kern an Rundfunk gebunden. Rundfunk wiederum wird im Rundfunkstaatsvertrag als linearer Kommunikationsdienst definiert, der Programme entlang eines Sendeplans zum zeitgleichen Empfang anbietet (§ 2 (1) RStV). Mit der technischen Entwicklung, und hier insbesondere die Digitalisierung und die durch sie ausgelöste Konvergenz der Medien, lösen sich solche Merkmale wie Linearität, Programm, Sendeplan und zeitgleicher Empfang immer mehr auf. Konvergenz ist dabei ein komplexer Prozess der wechselseitigen Annäherung von Objekten, hier des Rundfunks und des Internets. Wir können dabei unterscheiden zwischen einer technischen Konvergenz (Verschmelzung von Empfangsgeräten, z. B. Fernsehempfang mit Computer), Nutzungskonvergenz (Nutzung von Angeboten auf unterschiedlichen Geräten), inhaltlicher Konvergenz (Mehrfachverwertung von Angeboten auf verschiedenen Plattformen, wechselseitige Imitation) und ökonomischer Konvergenz (Auflösung von Branchengrenzen, Herausbildung von Multimedia-Unternehmen) (vgl. u. a. Latzer 2007; Meier 2000). Mit der durch Konvergenz ausgelösten Auflösung von Grenzen werden auch »Hybridformen aus Information, Unterhaltung, Service und Beratung, aus Fiktion und Dokumentation« entstehen, deren Informationscharakter umstritten ist (Hasebrink/Domeyer 2010, 50). All diese Entwicklungen implizieren den Druck nach einer regulativen Konvergenz, d. h. der Integration der Ordnungsrahmen von Rundfunk und Internet. Wie aber können Funktionsaufträge aussehen, die sich nicht mehr auf Programme und ihre Veranstalter beziehen, sondern auf einzelne Beiträge, die von einem Provider zum Download bereitgestellt, oder auf Plattformen geteilt werden?

Die Konvergenz wird auch zum Anlass genommen, eigentlich alte rundfunkpolitische Ideen durchzusetzen. Eine davon ist beispielsweise die unter dem Begriff ›Subsidiaritätsprinzip‹ diskutierte Forderung, den öffentlich-rechtlichen Rundfunk auf jene Funktionen zu begrenzen, die privat-kommerzielle Anbieter nicht erbringen wollen oder können (vgl. exemplarisch Wissenschaftlicher Beirat beim Bundesministerium der Finanzen 2014). Der öffentlich-rechtliche Rundfunk hätte dann hauptsächlich eine Informations- und Bildungsfunktion wahrzunehmen, während die Funktion der Unterhaltung eher der privat-kommerziellen Säule zuzurechnen wäre. Eine solche Beschränkung des öffentlich-rechtlichen Rundfunks widerspräche allerdings der oben genannten Rechtsprechung des Bundesverfassungsgerichtes. Eine weitergehende Nutzung des Rundfunks über das Internet könnte auch dazu führen, so genannte Subskriptionsmodelle technisch durchzusetzen. Die Rundfunkgebühr wäre dann nicht mehr pauschal an die Empfangsmöglichkeit, sondern ähnlich dem Abonnement einer Tageszeitung an die konkrete Nutzung öffentlich-rechtlicher Angebote gekoppelt. Von Befürwortern einer Zurückdrängung des öffentlich-rechtlichen Rundfunks wird gelegentlich auch auf das neuseeländische Modell der Rundfunkfinanzierung verwiesen. Neuseeland gestaltete in den 1990er Jahren sein Rundfunksystem komplett um und führte das Prinzip ein, dass nicht mehr öffentliche Rundfunkanbieter durch Gebühren finanziert werden, sondern konkrete Rundfunkangebote wie etwa Informations- oder Kulturprogramme. Dadurch können auch private Anbieter bezuschusst werden, wenn sie entsprechende Sendungen im Programm haben (vgl. Comrie 1999).

Der Übergang eines traditionellen Mediensystems, das auf der Unterscheidbarkeit von Medien wie Rundfunk, Presse und Telekommunikation basiert (vgl. u. a. Puppis 2010), zu einer konvergenten Medienwelt, in der diese Medien nicht mehr unterscheidbar sind, wird sich nicht schlagartig vollziehen. Unsere gegenwärtige Medienwelt lässt sich mit Andrew Chadwick (Chadwick 2013) als hybrides Mediensystem bezeichnen, das von einem Neben- und Miteinander ›alter‹ und ›neuer‹ Medien geprägt ist. Die traditionellen Massenmedien, etwa der Rundfunk, sind für die öffentliche Kommunikation weiterhin wichtig. Die Technologien, Organisationen und institutionellen Regeln, die publizistische Medien ausmachen, verändern sich jedoch rasant. Mit dem Begriff des *hybrid media systems* plädiert Chadwick dafür, das ›Alte‹ und das ›Neue‹ nicht durch die Brille eines ›entweder oder‹

zu betrachten, sondern von einem ›sowohl als auch‹ auszugehen. In hybriden Mediensystemen sind technische, organisationale und institutionelle Logiken verschiedener Medien gültig und reagieren aufeinander. Daher strahlen Funktionsaufträge, die an den Rundfunk adressiert werden, auch auf andere Medien aus. Sie schaffen Standards, die einerseits von den Medienanbietern, aber auch von den Nutzerinnen und Nutzern als solche wahrgenommen und vorausgesetzt werden. Daher bleibt eine Diskussion um normative und ethische Anforderungen an den Rundfunk und die Ausgestaltung der an ihn adressierten Funktionsaufträge wichtig. Sie ist auch zu relevant, um sie allein staatlichen Akteuren und den Autorinnen und Autoren des Rundfunkstaatsvertrages zu überlassen. Die Regelung gesellschaftlicher Kommunikation sollte eine Frage der Gesellschaft insgesamt sein (vgl. Jarren/Donges 2006).

Literatur

Bardoel, Jo/D'Haenens, Leen: Media Responsibility and Accountability: New Conceptualizations and Practices. In: *Communications: The European Journal of Communication Research* 29/1 (2004), 5–25.

Chadwick, Andrew: *The Hybrid Media System. Politics and Power*. Oxford 2013.

Comrie, Margie: Television News and Broadcast Deregulation in New Zealand. In: *Journal of Communication* 49/2 (1999), 42–54.

Donges, Patrick/Puppis, Manuel: Kommunikations- und medienpolitische Perspektiven: Internet Governance. In: Wolfgang Schweiger/Klaus Beck (Hg.): *Handbuch Online-Kommunikation*. Wiesbaden 2010, 80–104.

Ebers, Mark/Gotsch, Wilfried: Institutionenökonomische Theorien der Organisation. In: Alfred Kieser/Mark Ebers (Hg.): *Organisationstheorien*. Stuttgart 2014, 195–255.

Europäische Kommission: Staatliche Beihilfe E 3/2005 (ex-CP 2/2003, CP 232/2002, CP 43/2003, CP 243/2004 und CP 195/2004) – Deutschland. *Die Finanzierung der öffentlich-rechtlichen Rundfunkanstalten in Deutschland*. K(2007) 1761 endg. vom 24. April 2007.

Hasebrink, Uwe/Domeyer, Hanna: Zum Wandel von Informationsrepertoires in konvergierenden Medienumgebungen. In: Maren Hartmann/Andreas Hepp (Hg.): *Die Mediatisierung der Alltagswelt*. Wiesbaden 2010, 49–64.

Hasebrink, Uwe/Schmidt, Jan-Hinrik: Medienübergreifende Informationsrepertoires. Zur Rolle der Mediengattungen und einzelner Angebote für Information und Menungsbildung. In: *Media Perspektiven* 1 (2013), 2–12.

Jarren, Otfried/Donges, Patrick: Medienpolitik: Zwischen Politikverzicht, parteipolitischer Interessenwahrung und transnationalen Einflüssen. In: Manfred G. Schmidt/Reimut Zohlnhöfer (Hg.): *Regieren in der Bundesrepublik Deutschland. Innen- und Außenpolitik seit 1949*. Wiesbaden 2006, 385–403.

Jarren, Otfried/Donges, Patrick/Künzler, Matthias/Schulz, Wolfgang/Held, Thorsten/Jürgens, Uwe: *Der öffentliche Rundfunk im Netzwerk von Politik, Wirtschaft und Gesellschaft. Eine komparative Studie zu Möglichkeiten der Absicherung des Public Service*. Baden-Baden/Hamburg 2001.

Krotz, Friedrich: Zivilgesellschaft und Stiftung Medientest. In: Christian Schicha/Carsten Brosda (Hg.): *Handbuch Medienethik*. Wiesbaden 2010, 244–254.

Latzer, Michael. Unordnung durch Konvergenz – Ordnung durch Mediamatikpolitik. In: Otfried Jarren/Patrick Donges (Hg.): *Ordnung durch Medienpolitik?* Konstanz 2007, 147–167.

Mayntz, Renate: Governance Theory als fortentwickelte Steuerungstheorie? In: Gunnar Folke Schuppert (Hg.): *Governance-Forschung. Vergewisserung über Stand und Entwicklungslinien*. Baden-Baden 2005, 11–20.

Meier, Werner A.: Was macht die Publizistik- und Kommunikationswissenschaft mit der Konvergenz? In: Michael Latzer/Ursula Maier-Rabler/Gabriele Siegert/Thomas Steinmaurer (Hg.): *Die Zukunft der Kommunikation. Phänomene und Trends in der Informationsgesellschaft*. Innsbruck, Wien 2000, 29–42.

Plaisance, Patrick Lee: The Concept of Media Accountability Reconsidered. In: *Journal of Mass Media Ethics* 15/4 (2000), 257–268.

Puppis, Manuel: Media Governance: A New Concept for the Analysis of Media Policy and Regulation. In: *Communication, Culture & Critique* 3/2 (2010a), 134–149.

Puppis, Manuel: *Einführung in die Medienpolitik*. Konstanz 2010.

Schulz, Wolfgang/Held, Thorsten: *Regulierung durch Anreize. Optionen für eine anreizorientierte Regulierung der Leistungen privater Rundfunkveranstalter im Rundfunkstaatsvertrag*. Berlin 2011.

Schulz, Wolfgang: *Der Programmauftrag als Prozess seiner Begründung. Vorschläge zu Verfahren und Organisation des »Drei-Stufen-Tests« zur Selbstkonkretisierung des Funktionsauftrags öffentlich-rechtlicher Rundfunkanstalten. Kurzstudie im Auftrag der Friedrich-Ebert-Stiftung*. Berlin 2008.

Staatsvertrag für Rundfunk und Telemedien vom 31.08.1991, in der Fassung des Fünfzehnten Staatsvertrages zur Änderung rundfunkrechtlicher Staatsverträge vom 15./21. Dezember 2010 (vgl. GVBl. Berlin 2011 S. 211), in Kraft getreten am 01.01.2013.

Stapf, Ingrid: Medienselbstkontrolle – Eine Einführung. In: Achim Baum/Wolfgang R. Langenbucher/Horst Pöttker/Christian Schicha (Hg.): *Handbuch Medienselbstkontrolle*. Wiesbaden 2005, 17–36.

Vowe, Gerhard/Opitz, Stephanie/Dohle, Marco: Medienpolitische Weichenstellungen in Deutschland – Rückblick und Vorausschau. In: *Medien & Kommunikationswissenschaft* 56/2 (2008), 159–186.

Wissenschaftlicher Beirat beim Bundesministerium der Finanzen: *Öffentlich-rechtliche Medien – Aufgabe und Finanzierung*. Berlin 2014.

Patrick Donges

12 Freiwillige Medienregulierung

Die Livestream-Plattform YouNow verzeichnet wachsenden Zuspruch. Die Nutzerzahlen des US-amerikanischen Internetdienstes sollen seit 2014 in Deutschland um 250 Prozent gestiegen sein. Weltweit werden rund 100 Millionen Livestreams pro Monat (vgl. Gratzlat/Marakovic-Schomburg 2015) produziert. Darunter sind viele von Kindern. Offiziell ab 13 Jahren, da aber nicht kontrolliert de facto schon viel früher, können sie sich durch ein Profil in einem sozialen Netzwerk über eine Webcam vor einem unbekannten anonymen Publikum weltweit live präsentieren. Zusehen kann dabei jedermann – auch ohne Anmeldung.

Kritik wie »Ein bisschen ›Big Brother‹, ein bisschen Video-Selfie und ein bisschen Stalking« (vgl. Belschner 2015) ließ nicht auf sich warten: Die für Kinder problematische Verwendung von Realnamen, Anbahnung von Kontakten durch Erwachsene, Beleidigungen, oder das Zeigen nackter Haut finden ebenso statt, wie sich Fragen des Persönlichkeitsschutzes (Streaming aus dem Klassenzimmer) oder des Urheberrechtes (Musikverwendung) in neuen Kontexten stellen.

Was die Regulierung angeht, ist die Inhaltskontrolle als klassische Form des Kindermedienschutzes aufgrund des Live-Geschehens schwierig, das nachträgliche Entfernen als Pflicht der Anlieger bleibt weitgehend nutzlos. Eine Zugangsbeschränkung ist problematisch, da YouNow über eine App mobil aktiviert werden kann. Der Kindermedienschutz greift hier nicht mehr, da er nur jugendgefährdende Inhalte reglementiert, nicht aber die sie anbietenden (globalen) Plattformen. Diese sind rechtlich nur in dem Land regulierbar, in dem das Unternehmen seinen Sitz hat.

Dieser Fall zeigt beispielhaft, dass die Medienregulierung in ihrer bisherigen Form nicht angemessen auf die Konsequenzen der Digitalisierung, Globalisierung und Mediatisierung der Lebenswelten reagieren kann. Im Zuge der Medienkonvergenz ist das Internet nicht mehr wie klassische Massenmedien regulierbar. Denn mit der Netznutzung geht ein Öffentlichkeitswandel einher, der durch die Integration von Individual- und Massenkommunikation, professionellen und privaten Akteuren und Gruppen, Foren und Plattformen in einem gemeinsamen globalen Raum gekennzeichnet ist. Das Internet erfordert aufgrund der Mobilität der Endgeräte, der Vermischung traditionell getrennter Sphären, der Soforthaftigkeit und globalen Entgrenzung von Kommunikation eine Regulierungswende.

Der vorliegende Beitrag nimmt dies zum Ausgangspunkt, um die (ethische) Idee der Selbstregulierung im Medienbereich zu skizzieren, sie dabei vom Medienrecht abzugrenzen und Überlegungen anzustellen, welchen Herausforderungen sich die Medienregulierung durch die bisherige Ausrichtung an den klassischen Massenmedien stellen muss und welche Potenziale sich ergäben, wenn die Medienregulierung an die Konsequenzen des Medienwandels angepasst würde (vgl. Stapf 2006; 2010; 2015).

Die Idee der Selbstregulierung und ihre Institutionalisierung

Für die Medienregulierung (vgl. Baum et al. 2005; Seufert/Gundlach 2012) koexistieren verschiedene Bezeichnungen. Sie reichen von Presse-Selbstkontrolle (vgl. Wiedemann 1992), Medien-Selbstkontrolle (vgl. Eisermann 1993; Stapf 2006) über Selbstregulierung der Medien (vgl. Widmer 2003; Schulz/Held 2002), publizistische Selbstkontrolle (vgl. Baum et al. 2005) und Medien-Selbstorganisation (vgl. Puppis 2009). Daneben hat sich der Begriff der *media accountability* etabliert (vgl. Bertrand 2000; Eberwein et al. 2015), der über die klassische Selbstregulierung hinaus zivilgesellschaftliche Maßnahmen und außerjournalistische Medienbeobachtung und -kritik einbezieht. Diese Kategorisierungen haben durchlässige Grenzen. So bezeichnet regulierte Selbstregulierung (oder Ko-Regulierung) eine Mischform zwischen staatlicher und freiwilliger Selbstregulierung. Hier nimmt der Staat im Kindermedienschutz Einfluss, um die Schutzziele zu unterstützen oder selbst zu erreichen (vgl. Schulz/Held 2002, F-6). In diesem Beitrag wird der Begriff Medienregulierung als übergeordnetes Konzept verwendet, das sich auch auf andere Akteursebenen als die Profession (zivilgesellschaftliche Gruppen, Medienanbieter, Nutzer) bezieht und auf Medien im breiten Sinne unter Einbezug des Internets rekurriert.

Die Medien-Selbstregulierung existiert in der Bundesrepublik aufgrund des Prinzips der Staatsferne und der verfassungsrechtlich garantierten Medienfreiheiten (§ 5 GG). Diese gewähren den Medien wegen ihrer besonderen Funktionen für die Demokratie und Öffentlichkeit die autonome Regelung ihrer Kontrolle. Selbstkontrolle impliziert, anders als die Fremdkontrolle (durch Gesetzesgrundlagen oder staatliche Behörden), die Aspekte *Freiheit, Anerkennung durch die Kontrollierten* sowie eine *primär sym-*

bolische Form der Kontrolle. Dies zeigt sich in den Komponenten des Begriffs Presse-Selbstkontrolle, wie ihn Verena A.-M. Wiedemann (1992, 19 ff.) verwendet. Danach verweist »Freiwilligkeit« auf die Absenz von einem Zwang zur Selbstkontrolle (ohne politischen Druck, nicht aufgrund von Gesetzen), »*Selbst*-Kontrolle« rekurriert auf die Schaffung der Einrichtungen in Eigenverantwortung der Profession, und »Kontrolle« bezieht sich auf eine Aufsichtsform, die normgerechtes Verhalten bewirkt und Abweichungen davon zu verhindern versucht. Sie hat symbolischen Charakter, indem öffentliche Rügen ausgesprochen werden.

Aufgrund der besonderen Macht, die Medien im Zuge der öffentlichen Meinungs- und Urteilsbildung zugeschrieben wird, ist es Ziel der Selbstregulierung, die Medienfreiheiten verantwortlich im gesellschaftlichen Interesse zu nutzen. Der durch den möglichen Machtmissbrauch entstehende Normierungs- und Regelungsbedarf der Medien erfolgt durch Moral und Recht, die sich als Steuerungsinstrumente der Medien ergänzen (vgl. Widmer 2003, 113 ff.). Selbstkontrolle als eine ethische Frage definiert sich in Abgrenzung zur Fremdkontrolle als primär rechtliche Frage (s. Kap. IV.11). Anders als die Moral regelt das Recht die äußeren Handlungen von Menschen und bedarf aufgrund seiner Setzung nicht der individuellen Anerkennung oder Einsicht (vgl. Birnbacher 2007). Als äußerer Steuerungsmechanismus verfügt das Recht über Zwangsmittel zur Sanktionierung. Dagegen bedürfen moralische Normen der inneren Anerkennung von Menschen. Die Einforderung von Verantwortung ist nicht mit äußerem Zwang vereinbar und strebt vielmehr eine freiwillige Selbstbindung an. Selbstregulierung als Frage der Ethik übt damit eine Normierungs-, Steuerungs- und Orientierungsfunktion aus.

Die Medienregulierung befindet sich folglich in einem Dilemma: Traditionelle staatliche Regulierungskonzepte im Medienbereich sind aufgrund der besonderen Freiheiten im Zuge des Zensurverbots (Art. 5 GG) nur auf eine Rahmenkompetenz (Art. 75 Ziffer 2 GG) des Staates limitiert. Andererseits besteht trotzdem Regulierungsbedarf in Bezug auf andere Grundrechtsgüter, voran die Allgemeinen Gesetze sowie den Jugendmedienschutz (Art. 2 /Art. 5 Abs. 2 GG). Denn generell gilt mediale Freiheit als mit Macht (von Meinungen, Themen, Interessen) verbunden, insofern können hier ethisch relevante asymmetrische Machtstrukturen entstehen oder verstärkt werden, welche wiederum die Freiheiten von Individuen oder Gruppen einengen (vgl. Stapf 2015).

Hinsichtlich dieser Spannungsfelder wird es zur Verantwortung einer effektiven Selbstregulierung, die Reflexion und Einhaltung ethischer Normen durch die Herstellung von Öffentlichkeit als primär symbolische Sanktionsmaßnahme anzuregen, Fehlverhalten zu thematisieren und auf seine nachhaltige Überwindung hinzuarbeiten. Die Medienregulierung bewegt sich zwischen einer Innenfunktion (durch die Wahrung der professionellen Berufsethik) und einer Außenfunktion (durch die Verteidigung von Medienfreiheit gegenüber dem Staat, einer Lobbyfunktion und den Schutz der Öffentlichkeit; vgl. Stapf 2010, 171). Dieses Spektrum verdeutlichen die Funktionen des Deutschen Presserats:

»(1) Missstände im Pressewesen feststellen und auf ihre Beseitigung hinzuwirken,
(2) Beschwerden über einzelne Zeitungen, Zeitschriften oder Pressedienste und journalistisch-redaktionelle Telemedien der Presse sowie sonstige Telemedien mit journalistisch-redaktionellen Inhalten außerhalb des Rundfunks zu prüfen und in begründeten Fällen Hinweise, Missbilligungen und Rügen ... auszusprechen,
(3) Empfehlungen und Richtlinien für die publizistische Arbeit zu geben,
(4) für den unbehinderten Zugang zu den Nachrichtenquellen einzutreten,
(5) im Einvernehmen mit den Trägerorganisationen Entwicklungen entgegenzutreten, die die freie Information und Meinungsbildung des Bürgers gefährden können,
(6) die Selbstregulierung im Bereich des Redaktionsdatenschutzes einschließlich des präventiven Datenschutzes sowie der Anlassaufsicht zu organisieren« (Deutscher Presserat 2010).

Ziel der medialen Regulierung ist eine verantwortete Freiheit sowie die Wahrung der Freiheit aller an diesem Prozess Beteiligten (vgl. Stapf 2015). Denn Freiheit ist in der philosophischen Tradition die Basis für (Selbst-)Verantwortung, Grundstock einer freiheitlichen medialen Regulierung und politischer, gesellschaftlicher und kultureller Teilhabe. Entscheidend für eine verantwortete Freiheit und die Wahrung kommunikativer Rechte aller Menschen ist, dass der Medienzugang, die Beteiligung sowie die mediale Repräsentation und Mediennutzung nach Prinzipien der Gerechtigkeit, Fairness, Vielfalt und Transparenz erfolgt, dass Unterdrückung oder Exklusion vermieden und Schutz für besonders verletzbare Akteure (voran Kinder) garantiert werden können. Die freiwillige Selbstregulierung umfasst damit die Gesamtheit der von den Medien oder Teilen der Medien anerkannten und freiwillig auferlegten Normen, Verfahrensweisen und Institutionen, die der besonderen Verantwortung freier Medien gegenüber dem Gemeinwohl und der Öffentlichkeit gerecht zu werden versucht. Die freiwillige Selbstregulierung dient der Wahrung der Berufsethik nach innen, der Unterbindung von Fehlverhalten vor allem im Rahmen des Machtmissbrauchs der Medien gegenüber potenziell Betroffenen und verfolgt nach außen das Ziel, die Medienfreiheiten gegenüber dem Staat zu verteidigen (vgl. Stapf 2010, 170).

In der Bundesrepublik ist eine Vielzahl von Institutionen mit der Selbstregulierung betraut, die sich aufgrund der unterschiedlichen rechtlichen Ausgangslagen für Printmedien, öffentlich-rechtliche bzw. private Rundfunkanbieter sowie Informations- und Kommunikationsdienste verschieden ausdifferenziert haben (vgl. Fechner 2002; Seufert/Gundlach 2012). Grundsätzlich werden drei Bereiche der Medienregulierung differenziert:

1. Die *freiwillige Selbstkontrolle* erfolgt aus den Prinzipien Freiwilligkeit und *Selbst-*Kontrolle über eine weitgehend symbolische Kontrolle. Institutionen wie der Deutsche Presserat, der Deutsche Werberat sowie der Deutsche Rat für Public Relations sind durch die Profession organisiert und ihre Gremien durch sie zusammengesetzt. Diese wachen über die Einhaltung berufsethischer Standards in Form von Kodizes. In Form der Beschwerdearbeit behandeln und sanktionieren sie Fehlverhalten vorrangig über Rügen, die Öffentlichkeit für den Normverstoß herstellen sollen.
2. *Regulierte Selbstregulierung/Ko-Regulierung:* In diesen durch staatliche Aufsicht überwachten und auf den Kinder- und Jugendmedienschutz rekurrierenden Bereich fallen *Offline- bzw. Trägermedien* einerseits sowie *Online-Medien* andererseits. Offline- bzw. Trägermedien (Film, Video, DVD und Computerspiele) werden über eine Vorabkontrolle und die Setzung einer Altersfreigabe [Freiwillige Selbstkontrolle der Filmwirtschaft (FSK), Unterhaltungssoftware Selbstkontrolle (USK)] reguliert. Durch das *Jugendschutzgesetz* (JuSchG) geregelt, arbeiten diese bei Altersfreigaben und der Prüferbestellung eng mit den Obersten Landesjugendbehörden (OLJB) zusammen. Zwar besteht keine Vorlagepflicht von Produkten und es existieren bloß Selbstverpflichtungen der Mitglieder zur Übernahme der Empfehlungen, dennoch ist die Freiwilligkeit nur bedingt gegeben, da z. B. Filme in Deutschland nur mit einer FSK-Freigabe öffentlich vorgeführt oder auf dem öffentlichen Markt erscheinen können. Zudem kann die übergeordnete Bundesprüfstelle für jugendgefährdende Medien (BPjM) mediale Produkte indizieren.
    Online-Medien (Rundfunk sowie Online-Dienste) werden durch die Freiwillige Selbstkontrolle Multimedia Diensteanbieter (FSM) und die Freiwillige Selbstkontrolle Fernsehen (FSF) reguliert und von Anbietern und Institutionen der Profession getragen. Die Gutachterkommission der FSM setzt sich allerdings aus Juristen, die Gremien der FSF aus gesellschaftlich relevanten Gruppen zusammen. Zudem müssen sie von der Kommission für Jugendmedienschutz (KJM) als freiwillige Selbstkontrolle anerkannt, von dieser überwacht und durch sie zugelassen werden. Haupttätigkeit sind eine vorausgehende Programmprüfung hinsichtlich der Vorgaben des Jugendmedienschutz Staatsvertrags (JMStV) (u. a. gewalthaltige und sexuelle Darstellungen, Verletzungen der Menschenwürde), gemäß denen bei der FSF eine Sendezeitbeschränkung und bei der FSM Zugangsbeschränkungen über Altersverifikationssysteme erfolgen müssen. Bei Verstößen kann die KJM über die Landesmedienanstalten härtere, v. a. finanzielle Sanktionen aussprechen, die zum Ausschluss in der Institution führen können. Daneben spielt der Jugendmedienschutz im Bereich der Medienkompetenzförderung eine wichtige Rolle.
3. Das Modell der *Gesellschaftskontrolle* besteht nur im *öffentlich-rechtlichen Rundfunk*. Durch sachverständige Vertreter plural zusammengesetzter gesellschaftlicher Gruppen soll die Verantwortung des Rundfunks abgesichert werden. Anders als die freiwillige und die regulierte Selbstregulierung agieren die Rundfunkräte organisationsintern, indem sie in Programmangelegenheiten beraten. Da ihre Mitglieder als ›Sachwalter der Allgemeinheit‹ agieren, aber maßgeblich von politischer Seite benannt werden, besteht hierbei weder eine professionelle Selbstkontrolle noch eine reine Gesellschaftskontrolle.

Damit ist die freiwillige Medienregulierung skizziert, wie sie sich seit der Nachkriegszeit in der Bundesrepublik entwickelt hat. Seit seinem Bestehen wird das Internet in dieses Modell eingepasst und von verschiedenen Institutionen (z. B. FSK online, USK.online) abgedeckt. Es stellt sich allerdings die Frage, ob dieses Modell dem Internet gerecht wird und welche Herausforderungen sich für die Medienregulierung im Zuge des Medienwandels ergeben.

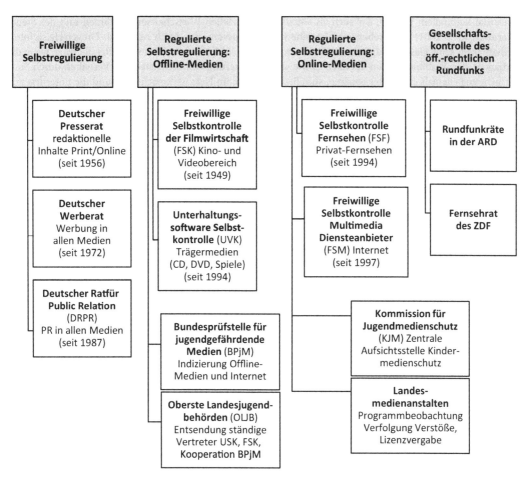

Abb. 12.1 Bereiche und Institutionen der Medienregulierung in Deutschland

Herausforderungen für bisherige Medienregulierungskonzepte durch den Medienwandel

Das Beispiel YouNow veranschaulicht, dass die bisherige Konzeption und institutionelle Umsetzung der Medienregulierung nicht mehr auf die aktuellen Phänomene passt. Im Zuge der Medienkonvergenz kann Medienregulierung nicht mehr auf die Bedingungen der klassischen Massenmedien rekurrieren und damit keine rein professionsethische Regulierung bleiben. Eine zukünftige Medienregulierung hat vielmehr die anthropologische und sozial-gesellschaftliche Dimension des Phänomens Internet zu berücksichtigen. Bei der Regulierung geht es nicht mehr nur um mediale Inhalte, die von Akteuren mit einem Professionalisierungsgrad eines organisatorisch strukturierten Berufsbildes zu bestimmten Zeiten und an bestimmten Orten von Empfängern rezipiert werden. Charakteristisch für die sich ständig neu generierende Netzlandschaft ist, dass sie von professionellen klassischen Medienanbietern, Wirtschaftsunternehmen, Parteien, Regierungen sowie zivilgesellschaftlichen Initiativen gleichermaßen als Plattform für informationelle, kommerzielle, unterhaltungsorientierte, bildende oder politische Interessen genutzt wird. Im Netz können Individuen jederzeit über nationale Grenzen hinweg kommunizieren, sich informieren, unterhalten, rezipieren, einkaufen, arbeiten, ohne selbst ortsgebunden zu sein.

Demzufolge ist das Internet als ein konvergenter Öffentlichkeitsraum und damit als »prägender Sozial- und Lebensraum« (Röll 2012) zu begreifen. Neuartig an den Folgen des Medienwandels als technischem sowie sozial-kulturellem Wandel, der auch als »Mediatisierung« (Krotz 2001) beschrieben wird, ist seine Soforthaftigkeit, seine Geschwindigkeit, die Unkontrollierbarkeit der Verbreitung von Inhalten sowie die Vermengung ehemals getrennter Sphären, so z. B. die zunehmende Vermischung von privat und öffentlich, von informierenden und werbenden Inhalten, die Überschreitung nationaler Grenzen, die Möglichkeit gezielter Datenauswertung oder die Informationssteuerung über Algorithmen bei Suchmaschinen. Die Begriffe und Modelle zur Behandlung der Phänomene sind durch neue Kontexte anders besetzt, ebenso wie neuartige Problemlagen im Zuge von Hypertextualität, Multimedialität und Globalität nicht mehr effektiv durch die bestehenden Institutionen der Medienregulierung (medienspezifisch, national, langwierige Verfahren, Kontrolle der Zugangswege) adressiert werden können.

Beispielsweise kann der Kinder- und Jugendmedienschutz Pornografie-Portale wie YouPorn oder RedTube nicht problemlos über die bestehenden Institutionen regulieren. So sind die teils professionellen, teils von Amateuren geteilten Clips zum Großteil in Deutschland jederzeit kostenfrei abrufbar, sie sind aber – obwohl gemäß des deutschen Jugendmedienschutzes teilweise verboten bzw. nur eingeschränkt zulässig – weder sanktionierbar noch in der Verbreitung beschränkbar, wenn das Portal seinen Sitz nicht in Deutschland hat. Zudem ist unklar, ob Plattformen, die ihre Inhalte nicht selbst produzieren, für Inhalte auf ihren Portalen verantwortlich gemacht werden können. In der Konsequenz können selbst Kinder pornografische Inhalte über ihr Smartphone abrufen, da die technischen Filter für mobile Endgeräte nicht sicher greifen oder einzelne Clips über soziale Medien verbreitet werden können. Ähnlich werden online angebotene Filme oder Spiele zwar über bestehende Institutionen im Online-Bereich (FSK-Online, USK-Online) reguliert, doch stößt die Verantwortungszuschreibung an Grenzen, wenn die Inhalte von privaten Nutzern über soziale Netzwerke oder Short Message-Diensten wie WhatsApp weiter geleitet und damit ihre Verbreitung (z. B. auch nach einer Sanktionierung) nicht problemlos gestoppt werden kann. Abseits der Frage nach transnationalen Regulierungsmöglichkeiten verweisen diese Beispiele auf neuartige Herausforderungen des Urheber- und Persönlichkeitsschutzes in globalen Zusammenhängen.

Klassische Medienregulierungsfragen treten damit in Kontexte der kommunikativen Grundrechte einzelner Nutzer, der Interessen von Anbietern als kommerziellen Wirtschaftsunternehmen und der Steuerungsversuche durch *code* (vgl. Dreyer/Heise/Johnsen 2013). *Code* ist Thema der Regulierung, wenn die Steuerung von menschlichem Verhalten durch Software im Netz wirkmächtig ist und die unterliegende politische oder wirtschaftliche Agenda unsichtbar (für die Nutzer) bleibt. Erforderlich für die Regulierungspraxis wird eine »Metaperspektive der technischen und softwaremäßigen Infrastruktur beim Umgang mit Informationen« (Dreyer/Heise/Johnsen 2013, 356), womit Informationsregulierung dringliches Thema der Medienregulierung wird.

Für die zukünftige Medienregulierung wäre daher zu fragen, was eigentlich reguliert werden soll: geht es um Medien als Vertriebswege (dann auch um Plattformanbieter), um bestimmte mediale Inhalte (unabhängig davon, auf welchen Medien sie verfügbar sind) oder einfach um Inhalte im medial-öffentlichen Raum? Für wen wird reguliert, in welchem Umfang und was sind die Ziele der Medienregulierung? Ohne eine kritische Reflexion dieser Grundlagen, der daraus folgenden Prozesse und ihrer normativen Regelung besteht im Internet noch stärker als bisher die Gefahr »struktureller Verantwortungslosigkeit« (Künzli 1992, 285). Daher hat die Medienregulierung die Frage nach der Verantwortung im Zuge neuer Kontexte neu zu stellen.

Freiheit als Bedingung von Selbstbestimmung und Freiwilligkeit bedarf aus ethischer Sicht der Selbstregulierung. Der Begriff der (moralischen) Verantwortung als »ethischer Schlüsselkategorie« (Bayertz 1995) gilt als Grundlage einer ethisch fundierten Medienregulierung (vgl. Funiok 2007; Stapf 2010; s. Kap. III.9). Sie umfasst die Elemente: Ein Handlungssubjekt (Wer?) verantwortet sich für eine Handlung (Was?) und deren Folgen (Wofür?) gegenüber davon Betroffenen (Wem?) oder Normen (Weswegen?) (Debatin 1998, 117 ff.). Um Verantwortung zuschreiben zu können, wird die Frage nach den Handlungsträgern relevant. Aufgrund der komplexen und teilweise intransparenten Zusammenhänge (Anonymität, Handlungsketten, Transnationalität) im Internet besteht allerdings die Gefahr einer Zersplitterung von Verantwortung.

Um folglich zu bestimmen, nach welchem Modell die multimedialen Inhalte im Netz reguliert werden können, muss untersucht werden, ob ›das Internet‹ als ein Akteur gilt bzw. unter welchen Umständen welche Akteure für welche Handlungsanteile verantwortlich sein können. Zu fragen ist: Soll das Internet als Ganzes reguliert werden (ähnlich der Regulierung des Rundfunks oder der Presse) oder bezieht sich die Regulierung auf einzelne Akteure, Gruppen oder Institutionen? Richtet sie sich auf journalistisch-redaktionelle Formen und den Medienauftrag in der Demokratie oder sind die Akteurskonstellationen zweitrangig, indem es um Inhalte und nicht um die Art ihrer Herstellung oder Verbreitung geht? Soll aus einer internationalen oder nationalen Perspektive heraus reguliert werden? Beanspruchen mögliche Kodizes dann (überkulturelle) Geltung für das ganze Netz? Und welche Regulierungsinstitutionen wären zuständig?

Anders als z. B. ein Fernsehsender oder ein Verlag ist das Internet kein Akteur oder eine Korporation, die über spezifische Kanäle an ein bestimmtes Publikum Botschaften sendet. Im Internet agiert eine Vielzahl von medialen und nicht-medialen Akteuren, aber das Internet ist kein identifizierbarer Akteur. Damit kann es zwar Normierungen des Netzes geben, die möglichst verallgemeinerbar und überkulturell Geltung beanspruchen, sie beziehen sich aber nicht auf ›das Internet‹, sondern auf die jeweils tätigen Akteure, denen Verantwortung für ihr Handeln und dessen Folgen zugeschrieben werden kann. Zukünftige Regulierungsmodelle müssten eine Verantwortungszuschreibung entwickeln, die unter diesen Gegebenheiten greift.

Die Digitalisierung, Ökonomisierung und Globalisierung, die mit einem sozial-kulturellen und auch medialen Wandel einhergehen, sind wiederum selbst Teil politischer, rechtlicher und technischer Wandlungsprozesse, welche die Medienregulierung prägen. Medienregulierung war zu keinem Zeitpunkt ›effektiv‹. Seit den 1980er Jahren wird der Presserat immer wieder als »zahnloser Tiger« (Rühl/Saxer 1981) kritisiert. Da eine freiwillige Selbstregulierung primär symbolische Kontrolle durch die Herstellung von Öffentlichkeit ausübt, trägt sie eine prozesshafte, d. h. nie völlig abgeschlossene und immer aufs Neue Diskurse auslösende Komponente in sich (vgl. Stapf 2006; 2010). Auch sollten die normativen Implikationen des Medienwandels sowohl hinsichtlich ihrer Herausforderungen als auch ihrer Potenziale differenziert analysiert werden.

Prinzipiell sind die Veränderungen in Umfang, Schnelligkeit und den Auswirkungen aber so neuartig und wirkmächtig, dass ein Umdenken in Bezug auf die Medienregulierung dringlich wird. Denn mit dem Wandel durch das Netz einher geht ein grundlegender Strukturwandel von Öffentlichkeit(en) (vgl. Heesen 2008). Daraus folgt, dass die Phänomene langfristig nicht über die klassischen Regulierungswege erfassbar sind, sowie dass sich die Prozesshaftigkeit des Netzes noch stärker in der Regulierung selbst wiederfinden sollte.

Zukunftspotenziale im Zuge eines Regulierungswechsels

Genau in der Prozesshaftigkeit und dem Vernetzungsprinzip des Internets liegt eine Chance für den Regulierungswechsel, wenn die beschriebenen Herausforderungen aufgegriffen und die ethische Fundierung der Medienregulierung gestärkt würde. Ohne die Verantwortung auf einzelne Akteure abzuwälzen, erscheint eine verstärkt individualethische Ausrichtung der Medienregulierung (als eigentliche Selbstregulierung) vielversprechend, die als Teil eines Modells vernetzter Selbstregulierung (vgl. Stapf 2006) auch Unternehmen, die Profession, die Nutzer und die Zivilgesellschaft einbezieht.

Hierzu gälte es, die Selbstregulierung und ihre Verfahren prozesshafter zu verstehen, sie im Netzwerk zu organisieren und als eine gesamtgesellschaftliche Aufgabe zu etablieren. Die Medienprofession könnte dabei eine Vermittlungsfunktion einnehmen. Das Medienrecht hätte einen grundlegenden Schutz sowie rechtlich relevante Überschreitungen zu regulieren. Die Medienpolitik hätte die Rahmenbedingungen für die Möglichkeiten dieses Modells zu setzen: Sie könnte über positive Anreizsysteme für die Etablierung von *media accountability*-Maßnahmen auf Unternehmensseite *positive content* (also altersangemessene, attraktive und nutzungsfreundliche Inhalte) und eine Medienqualitätskultur voranbringen. Über eine unabhängige Medienforschung wären Feedback- und Evaluierungsprozesse hin zu *evidence-based media policies* (EU Kids Online 2014) sinnvoll. Und die Nutzer wären durch Medien-(Selbst-)Bildungsprozesse in ihren medialen Kompetenzen zu stärken, um eine Kultur der *user-generated media regulation* anzustreben. Kurz: Eine für das Internet tragende Medienregulierung integriert individual-, unternehmens-, professions- und nutzerethische Modelle.

Da der Orientierungsbedarf angesichts der Pluralität von medialen Angeboten und Anbietern stetig weiter wachsen wird, könnten die professionsethischen Institutionen auf ihre zentrale Expertise zurückgreifen und als Schnittstelle agieren. Hierzu müsste sich allerdings die klassische Regulierungsarbeit verändern. Nicht nur gilt es zu hinterfragen, ob in Zukunft nach Mediensparten reguliert werden sollte und ob es ausreicht, dass die Institutionen Online-Niederlassungen einrichten. Empfehlenswert wäre es vielmehr, die Wichtigkeit der Diskurse selbst herauszustellen und sich als gesellschaftlich relevante Orientierungs- und Vernetzungsstellen auf nationaler Ebene und international vernetzt zu etablieren.

Zu diskutieren gilt es überdies, ob die Trennung der Kodizes für verschiedene Medienbereiche angesichts der Medienkonvergenz zukünftig sinnvoll ist oder ob vielmehr ein übergreifender Medienkodex allgemeine Leitlinien aufstellen sollte, die über vertiefende Richtlinien (und eine zugeordnete Kasuistik) für bestimmte Anwendungsbereiche oder Einzelmedien spezifiziert werden. Maßgebend sein könnten Kodizes wie die Publizistischen Grundsätze des Deutschen Presserats oder die Verhaltenskodizes der Freiwilligen Selbstkontrolle Multimedia-Dienste-Anbieter (FSM). Erste Schritte zu einem medienübergreifenden Kodex für Journalisten finden sich im Medienkodex des Netzwerks Recherche. Auch aus der Netzgemeinde selbst heraus entwickelte Codes für Blogs (z. B. Rebecca Blood oder Jonathan Dube) gilt es wahrzunehmen sowie erste Versuche der Erarbeitung eines Kodexes für digitale Medien (vgl. Kreutzer 2013).

Wird Medienregulierung zukünftig nicht mehr als rein professionsethische Regulierung konzipiert, bietet sich die stärkere Einbindung weiterer Akteursgruppen an. Eberwein, Fengler, Karmasin, Porlezza und Ruß-Mohl (2015) plädieren dafür, medienregulierende Maßnahmen primär auf der Ebene der Redaktion und des Medienhauses, z. B. über die Einrichtung von Ombudsleuten oder Unternehmenskodizes, anzusiedeln. Als ein medienpolitischer Auftrag der Medienregulierung könnte auch die strukturelle Qualitätssicherung und -förderung verstanden werden. Dann wäre es auch Aufgabe der Medienregulierung, die Nachhaltigkeit qualitätshaltiger Angebote zu sichern und dem Best Practice-Bereich mehr Sichtbarkeit zu geben (s. Kap. V.13).

Diese vernetzte Sichtweise impliziert, dass auch nicht-mediale Akteure stärker einzubinden wären. Die Zivilgesellschaft trägt eine wachsende Mitverantwortung für das Gelingen einer gesamtgesellschaftlich getragenen Medienregulierung, indem sie die Regulierungsarbeit aktiv unterstützt und kritisch begleitet. In Form einer *crowd-sourced media accountability* (vgl. Fengler 2012) könnten bestehende Gegenöffentlichkeiten (z. B. Blogger) ebenso wie soziale Netzwerke Überschreitungen von Normen publik machen und Betroffene rehabilitieren. Verstanden als eine Form von Befähigung erfordert dies Partizipationsräume und -kompetenzen. Zentral wird die Erarbeitung und Umsetzung pädagogischer Konzepte, die Medienkompetenz und -bildung als lebenslangen Prozess verstehen.

Ein Modell auf der Grundlage einer Medienregulierung als Selbstregulierung (vgl. Stapf 2006) könnte – im Interesse der Sicherung von Medien- und Informationsfreiheit – eine stärkere Verrechtlichung der Medienregulierung vermeiden. Die Frage, wie eine gestufte Verantwortung im Internet konkret aussehen könnte, ist grundlegend für die Medienregulierung. Ist das Internet kein Akteur mit direkter Eigenverantwortung, gilt es zu erörtern, wie Verantwortung im Internet für Handeln und daraus resultierende Folgen spezifiziert wird, welchen Individuen oder kollektiven Akteuren sie zugeschrieben werden kann, wem gegenüber sie erfolgt und gemäß welcher ethischer Prinzipien und Handlungsnormen sie von wem eingefordert und bei Fehlverhalten sanktioniert wird.

Anstehende Aufgabe der Medienethik ist es daher, über neue Sichtweisen oder Modelle nachzudenken, welche die Begriffe und theoretischen Grundlagen für eine Umgestaltung liefern. Zentral für das Umdenken ist es, die Potenziale des Netzes selbst für partizipative Formen der Regulierung zu nutzen (s. Kap. VII.26). Die Medienethik könnte neben der Theoriebildung auf der Praxisebene die Entscheidungsfindung medienregulierender Maßnahmen über eine handlungsleitende Kasuistik verbessern und dabei Theorie und Praxis miteinander verzahnen. Diese Kasuistik wäre grundlegend für die Aus- und Weiterbildung von Journalisten und anderen medialen Akteuren. Will die mediale Selbstregulierung der Zukunft einen gesellschaftlichen Stellenwert haben, so sind jedoch alle Maßnahmen an der Forderung nach medialen Freiheiten auszurichten. Diese Fragen sind in Zeiten des Netzes als sozial-öffentlichem Raum immer auch als kulturelle Fragen zu verhandeln.

Fazit: Medienregulierung auch als Frage des gelingenden Lebens

Kein Medienwandel ist jemals ganz neu. Wandlungen als Entwicklungsprozesse sind wesentlicher Bestandteil auch von medialen Phänomenen. Dennoch entsteht mit dem Medienwandel über Fragen der Regulierung hinaus auch Zugang zu Fragen des öffentlichen und sozialen Miteinanders in der Sphäre der Netzöffentlichkeit(en). Medienregulierungsfragen werden damit stärker zu Fragen der gesellschaftlichen Selbstregulierung und sind als gesamtgesellschaftliches und kulturelles Anliegen zu verstehen.

Diese Wandlungsprozesse sollten am Normenverständnis einer demokratischen und freiheitlichen Gesellschaft ausgerichtet werden. Wesentlich wird dabei der Blick auf die demokratischen und befähigenden Potenziale, die vor wirtschaftlicher Monopolisierung, interessengesteuerter Instrumentalisierung und ungeschützter Steuerung (durch *code*, Algorithmen usw.) oder Ausgrenzung zu schützen sind. Das Internet ist, wie der öffentliche Raum auch, als ein öffentliches Gut zu verstehen. Damit sind Forderungen nach Netzneutralität als ethisches Desiderat zu begreifen und Medienpolitik und Regulierungsformen daran auszurichten. Ist das Netz nämlich kein Raum für alle, dann scheitern sämtliche Konzepte von Demokratisierung, Partizipation oder Befähigung.

Dies geht mit der Wichtigkeit zukünftiger Bildungs- und Selbstbildungsprozesse einher, welche sich von der Idee der Medienkompetenz hin zur Selbstkompetenz in mediatisierten Lebenswelten orientieren. Die Medien- und Kommunikationsethik erlangt für zukünftige Prozesse eine zentrale Rolle als Schnittstellendisziplin: indem sie Begriffe fundiert und als kontextsensible Ethik ihre Theorie auf eine Praxis hin ausrichtet, die ihre Theorien wiederum bereichert. Damit bedarf es einer ›kontextsensiblen Medienethik‹ wie einer ›kontextsensiblen Medienregulierung‹.

Werden die anthropologischen und kulturellen Aspekte des Internets herangezogen, so zeigt sich, dass die Medienethik, verstanden als »Ethik der mediatisierten Welt« (Rath 2014), immer auch Fragen des gelingenden Lebens mitverhandeln muss. Und hierbei kommen wir zurück zum Beginn der antiken Philosophie und ihrer Ausrichtung auf Fragen des guten Lebens.

Literatur

Baum, Achim/Langenbucher, Wolfgang R./Pöttker, Horst/Schicha, Christian (Hg.): *Handbuch Medienselbstkontrolle*. Wiesbaden 2005.
Bayertz, Kurt (Hg.): *Verantwortung. Prinzip oder Problem?* Darmstadt 1995.
Belschner, Mike: Younow: Wie gefährlich ist das Streaming-Portal? Nackte Haut und Mobbing gefährden den Jugendschutz (2015). In: http://www.netzwelt.de/news/151037-younow-gefaehrlich-streaming-portal.html (26.8.2015).
Bertrand, Claude-Jean: *Media Ethics & Accountability Systems*. New Brunswick 2000.
Birnbacher, Dieter: *Analytische Einführung in die Ethik*. Berlin 2007.
Debatin, Bernhard: Verantwortung im Medienhandeln. Medienethische und handlungstheoretische Überlegungen zum Verhältnis von Freiheit und Verantwortung in der Massenkommunikation. In: Wolfgang Wunden (Hg.): *Freiheit und Medien. Beiträge zur Medienethik*. Frankfurt a. M. 1998, 113–130.
Deutscher Presserat: Satzung und Geschäftsordnung des Deutschen Presserats, Oktober 2010. In: http://www.presserat.de/fileadmin/user_upload/Downloads_Dateien/Satzung_Okt2010.pdf (1.7.2015).
Dreyer, Stephan/Heise, Nele/Johnsen, Katharina: ›Code as code can‹. Warum die Online-Gesellschaft einer digitalen Staatsbürgerkunde bedarf. In: *Communicatio Socialis* 46/3–4 (2013), 348–358.
Eberwein, Tobias/Fengler, Susanne/Karmasin, Matthias/Porlezza, Colin/Ruß-Mohl, Stephan: Eine Frage des Gewissens? Zur Wirksamkeit journalistischer Selbstregulierung unter den Bedingungen des Medienwandels. In: Marlis Prinzing/Matthias Rath/Christian Schicha/Ingrid Stapf (Hg.): *Neuvermessung der Medienethik*. Weinheim 2015, 224–242.
Eisermann, Jessica: Selbstkontrolle in den Medien: Der Deutsche Presserat und seine Möglichkeiten. In: *Veröffentlichungsreihe der Abteilung Öffentlichkeit und soziale Bewegungen des Forschungsschwerpunktes Sozialer Wandel, Institutionen und Vermittlungsprozess des Wissenschaftszentrums Berlin für Sozialforschung. FSIII*. Berlin 1993, 93–102.
EU Kids Online: EU Kids Online: Findings, Methods, Recommendations. London 2014, http://eprints.lse.ac.uk/60512/ (28.9.2015).
Fechner, Frank: *Medienrecht: Lehrbuch des gesamten Medienrechts unter besonderer Berücksichtigung von Presse, Rundfunk und Multimedia*. Tübingen 2002.
Fengler, Susanne: From Media Self-Regulation to ›Crowd-Criticism‹. Media Accountability in the Digital Age. In: *Central European Journal of Communication* 5 (2012), 175–189.
Funiok, Rüdiger: *Medienethik. Verantwortung in der Mediengesellschaft*. Stuttgart 2007.
Gratzla, Fabian/Markovic-Schomburg, Goran: Live-Sendung aus dem Kinderzimmer (2015). In: http://www1.wdr.de/fernsehen/ratgeber/servicezeit/sendungen/younow-streaming-dienst-kinder-100.html (14.4.2015).
Heesen, Jessica: *Medienethik und Netzkommunikation. Öffentlichkeit in der individualisierten Mediengesellschaft*. Frankfurt a. M. 2008.
Kreutzer, Till: Was ist ein Digitaler Kodex? Überlegungen zu möglichen Anwendungsbereichen, Adressaten und zum Begriff ›Digitaler Kodex‹ (2013). In: https://www.divsi.de/wp-content/uploads/2013/08/Themenpapier-Was-ist-ein-Digitaler-Kodex.pdf (1.7.2015).
Krotz, Friedrich: *Die Mediatisierung kommunikativen Handels. Der Wandel von Alltag und sozialen Beziehungen, Kultur und Gesellschaft durch die Medien*. Wiesbaden 2001.
Künzli, Arnold: Vom Können des Sollens. Wie die Ethik unter den Zwängen der Ökonomie zur Narrenfreiheit verkommt. In: Michael Haller/Helmut Holzhey (Hg.): *Medien-Ethik. Beschreibungen, Analysen, Konzepte für den deutschsprachigen Journalismus*. Opladen 1992, 280–293.
Puppis, Manuel: *Organisationen der Medienselbstregulierung. Europäische Presseräte im Vergleich*. Köln 2009.
Rath, Matthias: *Ethik der mediatisierten Welt. Grundlagen und Perspektiven*. Wiesbaden 2014.
Röll, Franz-Josef: Gesellschaft erleben und Gesellschaft gestalten: Das Internet als Sozialraum für Kinder. In: Ingrid

Stapf/Achim Lauber/Burkhard Fuhs/Roland Rosenstock (Hg.): *Kinder im Social Web. Qualität in der KinderMedienKultur*. Baden-Baden 2012, 71–87.

Rühl, Manfred/Saxer, Ulrich: 25 Jahre Deutscher Presserat. Ein Anlaß für Überlegungen zu einer kommunikationswissenschaftlichen Ethik des Journalismus und der Massenkommunikation. In: *Publizistik* 26 (1981), 471–507.

Schulz, Wolfgang/Held, Thorsten: *Regulierte Selbstregulierung als Form modernen Regierens*. Hamburg 2002.

Seufert, Wolfgang/Gundlach, Hardy: *Medienregulierung in Deutschland. Ziele, Konzepte, Maßnahmen*. Baden-Baden 2012.

Stapf, Ingrid: *Medien-Selbstkontrolle. Ethik und Institutionalisierung*. Konstanz 2006.

Stapf, Ingrid: Selbstkontrolle. In: Carsten Brosda/Christian Schicha (Hg.): *Handbuch Medienethik*. Wiesbaden 2010, 164–185.

Stapf, Ingrid: Überlegungen zur Neuvermessung der Medienregulierung – 10 Thesen. In: Marlis Prinzing/Matthias Rath/Christian Schicha/Ingrid Stapf (Hg.): *Neuvermessung der Medienethik*. Weinheim 2015, 273–299.

Widmer, Michael: *Das Verhältnis zwischen Medienrecht und Medienethik. Unter besonderer Berücksichtigung der ›Erklärung der Rechte und Pflichten der Journalistinnen und Journalisten‹ und des Schweizer Presserats*. Bern 2003.

Wiedemann, Verena A.-M.: *Freiwillige Selbstkontrolle der Presse: Eine länderübergreifende Untersuchung*. Gütersloh 1992.

Ingrid Stapf

V Journalismus

13 Qualität im Journalismus

Qualität im Journalismus ist multiperspektivisch. Der Diskurs über sie ist umfangreich, aber schwer zu systematisieren und einzugrenzen. Die Vorstellungen von Qualität verändern sich, beispielsweise durch technische Entwicklungen, oder im historischen Verlauf – im Deutschen Kaiserreich verstand man unter Qualität im Journalismus etwas anderes als heutzutage –, oder durch den Bezug zum politischen System: im sozialistischen Journalismus der DDR galt als Qualität, »prinzipienfester Funktionär« (Budzislawski 1966) und damit verlängerter Arm der Sozialistischen Einheitspartei Deutschlands (SED) zu sein; die Journalismuskultur der Bundesrepublik hingegen sah in der kritischen Beobachterposition eine Qualität.

Dieser Beitrag beschränkt sich auf Qualität im Journalismus in einer demokratischen Gesellschaft. Er geht von einer historischen Heranleitung und einer Begriffsbeschreibung aus, benennt zentrale Qualitätskriterien, beschreibt, wie sich Qualität messen, managen, und sichern lässt, und erläutert, weshalb für eine Qualitätskultur der ständige Qualitätsdiskurs notwendig ist.

Der Begriff Qualität – zwischen Wein, Kultur und Kulturgut

Qualität beschreibt im Wortsinn zunächst einfach die Beschaffenheit und die Eigenschaften eines Objekts oder eines Prozesses oder Systems. Zu diesem neutral ausgerichteten Inhalt kommt häufig ein bewertender: die beschriebenen Merkmale werden kategorisiert und gewichtet. Dass solcherlei Unterscheidungen auf Begriffsebene wichtig sind, zeigt ein Vergleich mit dem Wein. Die Qualität eines Weines umfasst vielerlei Merkmale: die verwendeten Traubensorten, ebenso die Art, wie der Wein produziert, präsentiert, vertrieben wird, und auch die chemischen Prozesse, die er durchlaufen hat – im Eichenfass, im Aluminiumkessel. Die Gewichtung dieser Merkmale ermöglicht die Unterscheidung – und die Etikettierung mancher Weine als Qualitätswein. Damit ist immer Wein gemeint, der ein Prädikat oder ein Siegel für außergewöhnliche Güte hat, eine Auszeichnung, die an bestimmte, auch subjektive Kriterien gebunden ist. Dies begründete letztlich eine Weinkultur, die sogar den Beruf des Weinkritikers hervorbrachte.

Journalismus kann sein wie Wein: Auf Kunden ausgerichtet, die ihn mögen, von außerordentlicher Güte, aufwändig gedruckt und stets auch Spiegel jeweiliger Moden: *Beef* ist ein schön gemachtes Magazin für den kochenden und grillenden Mann, *Flow* spricht mit Retroschick eine an urbanem Idyll interessierte Klientel an. Und wenn Kunden kaum genug bekommen an Magazinen wie *Landlust* und dem darin gefeierten fröhlichen Landleben, dann soll es solche Magazine in Vielzahl und in ›Geschmacksvarianten‹ geben, solange sich das rechnet, so wie es Wein aus alten Trauben, Trockenbeerenauslesen, Cuvées gibt. Journalismus darf durchaus unterhalten, kann großes Volkstheater sein, kleines Spartenprogramm. Er kann so vielfältig sein wie die Interessen, Weltanschauungen oder demografischen Merkmale des Publikums. Und man darf mit ihm reich werden – auf allen Ausspielkanälen, ob Print, Hörfunk, TV, Online. Qualität von solchem Journalismus errechnet sich aus einer Summe an Merkmalen: wie er dargeboten wird, in welchem Medienstil, welche Funktionen erfüllend, welchen Konzepten folgend. Den Theoriezugriff hierfür liefern die Cultural Studies.

Margreth Lünenborg (2005) bezeichnet Journalismus als »kulturellen Prozess« und will die gesellschaftliche Kontextuierung von Journalismus erfassen. Dieser kulturorientierte Journalismus-Begriff schließt auch dessen triviale und boulevardeske Formen ein. Der Kommunikationsprozess steht im Mittelpunkt: Wie wird ein Medientext produziert, rezipiert und angeeignet? Zentral ist ferner die Auffassung, dass Journalismus eine eigene Medienwirklichkeit erzeugt und nicht einfach Wirklichkeit abbildet über den Transport von Informationen. Kulturelle Veränderungen und damit Veränderungen im Publikumsgeschmack und in dem, was ein Publikum als Qualität empfindet, prägen auch die Qualität im Journalismus bzw. deren Wahrnehmung. Auch boulevardeske Spielarten können folglich Qualität haben.

Journalistenpreise gelten in der Regel als Instrumente der Qualitätssicherung, und so markiert die Vergabe des Henri-Nannen-Preises 2012 das Ende der bis dahin fast als Naturgesetz erscheinenden Kategorisierung: Preiswürdiger Journalismus ist anspruchsvoll und seriös, Boulevard hat kein Niveau. Denn die Jury aus führenden Journalisten überregionaler Printmedien (*Geo*, *Die Zeit*, *NZZ am Sonntag* etc.), die traditionell ›Qualitätsmedien‹ genannt werden, vergab einen Preis an die *Bild*-Redaktion mit der Begründung, sie habe durch den Text »Hat Wulff das Parlament getäuscht?« (*Bild*, 12.12.2011) einen wichtigen Stein ins Rollen gebracht. Hans Leyendecker, der für eine Recherche der *Süddeutschen Zeitung* ebenfalls ausgezeichnet werden sollte, seinen Preis aber aus Protest gegen den Preisträger *Bild* ablehnte, bezeichnete diese Vergabe als »Kulturbruch« (Schneider 2012). Tatsächlich ist dies ein Zeichen für einen Paradigmenwechsel sowie dafür, dass Qualität im Journalismus nicht zwingend von einem Medienstil und dem Medientypus abhängt. Qualitätsmerkmale können sich summieren zu Qualitäts-Boulevardjournalismus, Qualitäts-Regionaljournalismus, Qualitäts-Kulturjournalismus, Qualitäts-Lifestyle-Journalismus, Qualitäts-Segeljournalismus. Und ähnlich wie Weinjournalist Parker (2015) das Kundeninteresse an gutem Wein als Motiv für seine Weinkritiken nennt, mag hier das Kundeninteresse an gutem Lifestyle, an guter Unterhaltung, Segelkultur, Grillkultur etc. wegleitend sein.

Doch darf es nicht das einzige Kriterium sein für die Etikettierung von Qualität im Journalismus. Nach wie vor bedarf es einer Form von Journalismus, die sich relativ unabhängig von der Nachfrage an das bürgerschaftliche Interesse richtet, also nicht den homo oeconomicus und ›Bourgeois‹, sondern den homo politicus und ›Citoyen‹ bedient. Journalismus ist nicht nur ein Wirtschaftsgut, das primär auf Gewinnbedürfnisse ausgerichtet ist, sondern auch ein Kulturgut, und dies in doppelter Hinsicht: Erstens schafft er das mediale Forum, auf dem sich Facetten gesellschaftlichen Miteinanders und menschlicher Bedürfnisse artikulieren, und zweitens erbringt er ähnlich wie Gesundheitsvorsorge oder Bildung eine meritorische Leistung, indem er aufklärt und die Teilhabe an der demokratischen Gesellschaft ermöglicht. Es braucht folglich eine doppelte Qualitätsperspektive – aus Marktsicht und aus Demokratiesicht (s. Kap. VIII.38).

Qualität im Journalismus beschreibt also eine Kultur eines möglichst verantwortungsbewussten und fehlerfreien medial konstruierten Abbilds von Wirklichkeit; sie umfasst die Medieninhalte, sowie die Art, wie diese produziert und reflektiert werden, sie bezieht sich auf Varianten von Journalismus, die vor allen Dingen auf das Wirtschaftsgut gerichtet sind, auf Varianten, die vor allem die meritorische Kraft von Journalismus anspielen, und auf Varianten, in denen sich Journalismus als Kulturleistung spiegelt. Kurz: Es gibt Boulevardstorys von hoher Qualität und Nachrichten von lausiger.

Qualitätsjournalismus ist demnach eine Form von Journalismus, die sich dieser Art von Qualität verschreibt; das kann erfolgen bezogen auf Sparten, Stile, spezielle Zielgruppen, und das muss erfolgen bezogen auf allgemeine gesellschaftliche Ziele in einer demokratischen Gesellschaft. Qualität und damit Qualitätsjournalismus ist daher sowohl in so genannten Qualitätsmedien möglich als auch in Boulevardmedien. Die lange postulierte Dichotomie Boulevardjournalismus versus Qualitätsjournalismus hat ihre Erklärungskraft durch die digitale Mediengesellschaft und die in ihr weiter beschleunigte Konvergenz der Medienstile endgültig verloren; diese ermöglicht und erzwingt zudem, bekannte Qualitäten wie zum Beispiel den Publikumsbezug neu zu gewichten. Medien, die sich als Qualitätsmedien verstehen, setzen sich Qualitätsjournalismus als Ziel und wollen insbesondere ein gehobenes Publikum ansprechen, Qualität im Journalismus hingegen ist eine alle Arten von publizistischen Medien (und Zielgruppen) umfassende Kategorie.

Doppelte Qualitätsperspektive – Schlüsselrolle hat die Medienforschung

Für die Betrachtung von Qualität im Journalismus aus Marktsicht lässt sich vieles aus der Qualitätsforschung der Wirtschaftswissenschaften und aus der Wirtschaftspraxis nutzbar machen. Das branchenübergreifend übliche Qualitätsverständnis will *total quality*. Qualität erschöpft sich also nicht in der Kundenorientierung, sondern umfasst auch die Art, wie ein Unternehmen den Markt bedienen möchte, und orientiert sich zugleich an den Mitarbeitenden, den Kapitalgebern und der ›breiten Öffentlichkeit‹. Produkt-, Service- und Prozessqualität sollen sich zum Qualitätsprodukt verbinden. Philip C. Crosby postulierte: »Quality is free« (Crosby 1979). Nicht die Qualität kostet, sondern das Nichterfüllen von Qualitätsforderungen. Qualitätssicherung bedeute, im ersten Anlauf alles richtig zu machen – *zero defects* sind das Ziel. Qualitätsmessung sei nicht, einen Kriterienkatalog abzuhaken, sondern zu prüfen, ob Anforderungen und Ansprüche eingelöst wurden. Absolute Qualität gebe es dennoch nie, weil es stets die gibt, die die Qualität eines Produkts positiv bewerten, und jene, die das anders sehen (vgl. Garvin 1984).

Für die Qualitätsanalyse aus Demokratieperspektive gelten teilweise andere Prioritäten. Diese Medieninhalte werden nicht primär angeboten, weil das Publikum sie nachfragt, sondern weil das Publikum sie in seiner Rolle als Bürgergesellschaft braucht. Aus demokratietheoretischen Gründen obliegt Medienunternehmen im Vergleich zu anderen Branchen eine besondere Verantwortung für die ›breite Öffentlichkeit‹. Tatsächlich bezogen viele Medienunternehmen lange Zeit den Qualitätswettbewerb vor allem auf die Werbekunden und vernachlässigten die Entwicklung von journalistischen Marken und damit die Citoyens als ›Kunden‹, gaben journalistische Inhalte zu billig her und online zunächst gratis (vgl. Hess 2003; Akerlof 1970). Diese Vernachlässigung blieb weithin wenig kritisiert, weil gerade hier eine wichtige Instanz der Beobachtung und Kritik einen blinden Fleck hat: Wirtschaftsjournalisten beäugen andere Branchen meist kritischer als die Medienbranche, Medienjournalismus insgesamt hat nachweislich häufig Mühe mit der Selbstbeobachtung.

Kritische Instanz kann am ehesten eine verlässliche Medienforschung sein, die kontinuierlich überprüft, wie es um die Qualität der Medien nicht nur mit Bezug auf den Markt, sondern gerade mit Bezug auf die Demokratie bestellt ist. Ein doppelter Auftrag: qualitätsbewusste Medienhäuser müss(t)en dies einfordern, Forschende, die sich dieser Verantwortung bewusst sind, müss(t)en diesen Wissenstransfer anbieten.

Der Diskurs über Qualität im Journalismus

Historisch betrachtet, fachten beide, Praxis und Forschung, den Diskurs über Qualität im Journalismus an. Der Deutsche Presserat verabschiedete 1973 mit dem Pressekodex auch Empfehlungen für qualitätsbewusstes Handeln; Medienskandale wie die Veröffentlichung der gefälschten »Hitler-Tagebücher« im *Stern* 1983 oder die Interviews von Journalisten mit den Geiselnehmern von Gladbeck 1988 heizten Diskussion über die Qualität journalistischer Arbeit an. Der Kommunikationsforscher Wolfgang Langenbucher bewog 1984 mit einem Aufsatz über Qualitätssicherung im Journalismus seine Kollegen im Fach, sich dem Thema Medienqualität stärker zuzuwenden. Um 2000 gründeten sich im deutschsprachigen Raum Qualitätsinitiativen wie »Qualität im Journalismus« in der Schweiz, »Initiative Qualität im Journalismus« (IQ) in Österreich, »IQ – Initiative Qualität im Journalismus« in Deutschland.

Qualität im Journalismus wirkt sich auf das Ansehen von Journalismus nicht in eindeutiger Weise aus. Gerade ein Journalismus, der hohe Qualitätsansprüche erfüllt, aber zum Beispiel Personen kritisiert, die in der Bevölkerung (noch) sehr angesehen sind, wird oft zunächst gering geschätzt. Eindeutig aber besteht ein Bezug zum Vertrauen – sowohl *durch* Journalismus als auch *in* Journalismus. Denn Journalismus prägt stark, wem eine Gesellschaft vertraut, und er erbringt eine Leistung, der das Publikum vertrauen können muss. Die zentralen Dimensionen beschreiben auch Dimensionen von Qualität im Journalismus: Vertrauen in die Auswahl der Themen, die Auswahl der Fakten, in Bewertungen und in die Richtigkeit (vgl. Kohring 2004). Vertrauen ist der Goldstandard des Journalismus. Und so muss alarmieren, wenn medial vermittelte Fakten und Bewertungen überwiegend nicht mehr geglaubt werden, was zum Beispiel deutschlandweite Umfragen 2014 und 2015 illustrieren (vgl. Infratest dimap 2015): 60 Prozent der Befragten vertrauten der Berichterstattung deutscher Medien über Politik und Gesellschaft wenig oder gar nicht; Tendenz: weiter sinkend; auch öffentlich-rechtliche Medien wurden Zielscheibe vehementer Publikumskritik.

Medienverdrossenheit ist kein neues Phänomen. Wolfgang Donsbach et al. (2009) analysierten sie auch als Gegenüber zur Politikverdrossenheit. Der Befund: Journalismus ist den Bürgern oft zu unmoralisch, kommerzialisiert, boulevardesk und beliebig; vor allem die Gruppe der höher Gebildeten zeigt sich enttäuscht. Letzteres verweist auf ein Versäumnis: Das Publikum, und dabei gerade das interessierte, wird offenbar anhaltend weder ernst genug genommen, noch beteiligt am Qualitätsdiskurs.

Damit gelangen wir zu einem Dilemma, in dessen Mittelpunkt die Frage nach der Qualität *im* Journalismus und nach der Qualität des Diskurses in einer Gesellschaft *durch* Journalismus steht: Der Beruf ›Journalist‹ steht einerseits zunehmend unter Druck – etwa durch das Publikum, das sich oft nicht verstanden fühlt und viele Berichterstattungsweisen nicht nachvollziehen kann; oder durch Verleger und Medienmanager, die ihren Redaktionen oft prekäre Arbeitsbedingungen zumuten. Andererseits ist dem Journalismus eine höchst verantwortungsvolle Aufgabe übertragen. Ähnlich wie Ärzte beitragen zur Volksgesundheit, tragen Journalisten bei zu einem gesunden Diskurs über die Art, wie wir in einer Gesellschaft leben wollen. Das Dilemma verweist auf eine enge Verknüpfung: Medienethik liefert Regeln für einen fair ablaufenden gesellschaftlichen Diskurs, viele Qualitätskriterien sind auch ethische Kriterien, es gibt jeweils Ermessensspielräume und die Notwendigkeit, die Kriterien zu gewichten. Im Idealfall ergänzen und bestärken sich Qualitätsansprüche und ethische Ansprüche.

Die Berichterstattung über den Absturz der *Germanwings*-Maschine am 24. März 2015 in den französischen Alpen löste beim deutschen Publikum Kritik in einem bis dahin nicht da gewesenen Ausmaß aus. Beim Deutschen Presserat gingen 430 Beschwerden ein, so viele wie noch nie bei einem Medienereignis, – die meisten bezogen sich auf den die Katastrophe verursachenden Co-Piloten und auf Galerien mit Bildern der Opfer. Und nicht nur zu diesem Fall werden auch die Entscheidungen des Presserats breit diskutiert (Deutscher Presserat 2015). Dies lässt sich auch positiv als Publikumsinteresse an Medienberichterstattung interpretieren und illustriert ferner, wie bedeutsam die Auseinandersetzung zwischen Journalisten und ihrem Publikum ist.

Qualitätskriterien

Qualitätskriterien sind Anforderungen an Medienleistungen in redaktioneller, visueller, technischer, ökonomischer, ethischer, diskurstheoretischer und demokratieverpflichteter Hinsicht. Je umfassender diese Anforderungen erfüllt werden, umso höher ist die journalistische Qualität.

Kern der Qualitätsausrichtung im Journalismus ist der ethische Kompass. Qualität und Werteorientierung sind untrennbar. Folgerichtig beginnen die Chartas der Schweizer wie der deutschen Qualitätsinitiativen mit der Verpflichtung auf den Pressekodex. Als weiteres Qualitätskriterium nennen sie das Beherrschen des journalistischen Handwerks, das wiederum ethische Normen impliziert: intensive Recherche, Unabhängigkeit, Sorgfalt bei der Quellenprüfung, Informantenschutz. Die Chartas zählen ferner die Kritikkultur aus internen und externen Beiträgern auf sowie die Arbeitsbedingungen und damit letztlich eine (medien-)unternehmensethische Norm. Sie schnüren ein Paket, das dem Prinzip der gestuften Verantwortung für ethisches Handeln (vgl. Loretan 1999) folgt, wonach neben Journalisten auch Politik, Unternehmen und Gesellschaft in der Pflicht sind.

Qualitätskriterien unter handwerklichen Aspekten werden meist in folgende sechs Kernfelder sortiert: Verständlichkeit (Anschaulichkeit, klare Sprache, Vermeidung kognitiver Dissonanz, Komplexitätsreduktion), Objektivität, Originalität, Aktualität/Relevanz, Interaktivität, Transparenz/Reflexivität (Bezüge herstellen: Herunterbrechen von internationalen und nationalen Themen auf die eigene Stadt und Region, Vergleiche: Wie lösen z. B. die Franzosen dasselbe Problem?). Stephan Ruß-Mohl (1994, 2011) visualisiert sie als magisches Vieleck. Er will damit eine Orientierungshilfe geben und Zielkonflikte bewusst machen: Diese Qualitätskriterien konkurrieren, ergänzen, überlappen sich – Schnelligkeit kann beispielsweise konkurrieren mit dem Kriterium der Reflexivität. Redaktionen müssen Prioritäten setzen, Zielgruppen und Rahmenbedingungen beachten.

Qualitätsmessung

Qualität wird hauptsächlich aus vier Blickwinkeln heraus gemessen: Erstens am Markterfolg des Medienprodukts. Zweitens direkt am Medienprodukt (Ist die Berichterstattung ausgewogen oder tendenziös? Werden alle relevanten Akteure am Diskurs beteiligt? Lassen sich Lücken feststellen? Wird skandalisiert?). Drittens indirekt am Produktionsumfeld (durch Indikatoren, die Rückschlüsse zulassen wie z. B. Redaktionsstatute, Blatt- und Sendekritik etc.). Viertens an Dritt-Reaktionen (Expertenbewertung, Zitate-Rankings, Publikumsreaktionen etc.). Die Medienforschung analysiert Medien und Medienecho, liefert Datensätze, die für Kunden in Unternehmen und Institutionen, aber auch für die Wissenschaft ausgewertet werden. Auf kommerzieller Basis agieren z. B. Prime Research mit Sitz in Mainz, Zürich und Oxford sowie Media Tenor mit Sitz in Rapperswil und Wien, auf gemeinnütziger Basis etwa das von der Universität Zürich und der Stiftung Öffentlichkeit und Gesellschaft finanzierte gleichnamige Forschungsinstitut in Zürich.

Die gemeinnützige Kommunikationsforschung ist ein zentraler Beobachter und Seismograf für die demokratieorientierte Qualität im Journalismus; sie muss in der Empirie werturteilsfrei, aber im Theoriezugriff wertbezogen sein, soll also nicht einfach nur messen, sondern Bezüge herstellen und damit auf Normen zugreifen.

Die erste systematische und regelmäßige Dokumentation der Qualitätsentwicklung in publizistischen Massenmedien lieferte die Stiftung Project for Excellence (PEW) in den USA für den amerikanischen Informationsjournalismus. 2015 erschien mit »The State of the News Media« der 12. Jahresbericht. Daraus geht hervor, dass immer mehr Menschen Nachrichten auf ihren mobilen Geräten lesen, aber die meisten sich dafür weniger Zeit pro Seite denn je lassen. Journalisten können aus dieser Studie für ihre Arbeit ableiten, dass sie die kostbare Zeit ihres Publikums noch konstruktiver und kreativer packen müssen, um ihren Demokratie-Auftrag zu erfüllen, nämlich über Relevantes aktuell, geprüft, kurz und bildhaft zu berichten.

Eine erste systematische empirische Qualitätsforschung im deutschsprachigen Raum leistete der Mediensoziologe Kurt Imhof mit seinem seit 2010 erscheinenden *Jahrbuch Qualität der Medien Schweiz*. Er wollte damit beim Publikum und bei den Medienschaffenden ein höheres Bewusstsein für Qualität schaffen: Das Publikum solle ermessen und entscheiden lernen, welchem Journalismus es sich aussetzen will; Medienschaffende sollten einen Maßstab finden, an dem sie ihre Arbeit orientieren. Imhof leitet sein Qualitätsverständnis normativ aus dem Aufklärungsliberalismus her und stützt darauf seine für den Informationsjournalismus notwendigen Kriterien zur Qualitätsmessung ab (Fög 2014, 15). Er argumentiert: Der öffentliche Diskurs in einer funktionierenden demokratischen Gesellschaft müsse universal, ausgewogen, relevant und möglichst objektiv geführt werden. Diese Ansprüche ließen sich durch bestimmte Qualitätsnormen einlösen und in die vier Messgrößen Relevanz, Aktualität, Vielfalt (von Themen, Angeboten und Meinungen) sowie die Professionalität kategorisieren. Die Messgröße Vielfalt erfasse den Anspruch auf Universalität. Den Anspruch auf Ausgewogenheit lösten Normen ein wie Fairness und Vermeiden von Einseitigkeit. Der Anspruch auf Objektivität lasse sich einlösen über Professionalität (u. a. Sachlichkeit, Eigenleistung und damit Verantwortlichkeit, Faktentreue, Quellentransparenz, Sachgerechtigkeit). Relevanz und Aktualität erfassen den Anspruch darauf, das für die Allgemeinheit Bedeutsame zu erfahren und nicht vor allem das Private, Partikulare. Der Gesetzgeber schrieb solcherlei Normen im Public Service-Auftrag nieder; Medienhäuser, Redaktionen und Institutionen gossen sie in Leitbilder, Kodizes, Satzungen, Leitlinien; Kommunikationsforscher verglichen Norm und Wirklichkeit in etlichen Einzelstudien. Imhofs *Jahrbuch* bündelt vieles und dokumentiert – sehr zum Missbehagen mancher Verleger – als Ergebnis der Qualitätsmessungen und -analysen bedenkliche Abwärtstrends zumindest in den Schweizer Medien. Diese beschleunigten sich durch zunehmende Kommerzialisierung, steigende Personalisierung, sinkende Sachkompetenz, Berichterstattung im Konzerninteresse und ›Rudeljournalismus‹.

In der Forscher-Community besteht bislang keine Einigkeit über die anzuwendenden Messgrößen. Während Imhof (vgl. Fög 2014, 17) Relevanz, Aktualität, Vielfalt und Professionalität misst, fokussieren andere die politische, gesellschaftliche Relevanz und das *objective reporting* (vgl. Reinemann et al. 2011) oder setzen an bei Themen und Akteuren, der Debattenqualität und dem Bezug zu politischen Entscheidungen (vgl. Wessler/Rinke 2014). Jandura/Friedrich (2014) schlagen als Konsens die Messgrößen Vielfalt, Transparenz, Stile, deliberative und analytische Qualität sowie Nachrichtenauswahl vor.

Qualitätsforschung umfasst Produzent, Produkt, Produktionsprozess und Publikum. Das Feld ist unterschiedlich intensiv bestellt. Relativ viele Daten gibt es bezogen auf die Kommunikatoren und so weiß man recht genau, welche Berufsnormen Journalisten als für sich leitend betrachten, um Qualität zu produzieren, sowie welche Funktionen und Rollen sie dabei wahrnehmen (z. B. Weischenberg/Scholl/Malik 2006). Wie genau sie ein Thema erfassen, ermittelt die *Accuracy*-Forschung z. B. indem Experten befragt werden (vgl. Porlezza/Maier/Ruß-Mohl 2012). Durch Jurorenbefragungen wurden die Kriterien transparenter, welche eine journalistische Arbeit preiswürdig machten (z. B. Wilke 1998).

Vergleichsweise wenig und eher Pauschales weiß man über das Publikum und das Potenzial, das in ihm bezogen auf eine Qualitätskultur steckt. Die Interaktionsvielfalt im Digitalen gibt der Publikumsforschung noch größere Bedeutung. Sie könnte Hinweise liefern, inwiefern das Publikum Qualität erkennen, beurteilen und zu ihrer Sicherung und Förderung beitragen kann – und weshalb sich in Teilen des Publikums so viel Medienverdrossenheit ausbreitete. Richtungsweisend erscheint hier ein Projekt des Hans Bredow-Instituts, das sinnig überschrieben ist: »Die (Wieder-)Entdeckung des Publikums« und in dem neuartige Formen der Publikumsbeteiligung angeschaut werden (vgl. Heise et al.). Julia Serong (2015) plädiert für ein integratives Publikumskonzept, das den Gemeinsinn der Rezipienten anspricht; das Publikum stärker in den Qualitätsdiskurs einzubinden, könne die Medienqualität erhöhen.

Gegenwärtig überwiegt noch die dichotome Sicht. Das Publikum tritt auf in der Rolle des egozentrierten Konsumenten, der das kriegen soll, was er will, und in der Rolle des Bürgers, der aufzuklären und zu informieren ist. Bezogen auf das Internet unterscheidet die Dichotomie zwischen den Anständigen und der Horde unflätiger Motzer und trollender Facebook-Spinner. Das Publikum wird zwar oft befragt, aber meist nach individuellen Bedürfnissen und Gratifikationen und selten danach, wie es sich für andere engagieren oder worüber es gerne mehr erfahren würde.

Forschende und Medienschaffende müssten mehr differenzieren: So wie Journalisten verschiedene Rollen und Funktionen erfüllen und sich auch selber mit verschiedenen Hüten wahrnehmen (z. B. Weischenberg/Scholl/Malik 2006) – in der Rolle des Pädagogen, Vermittlers, Kritikers, Anwalts, Watchdogs etc. –, so kann auch das Publikum in verschiedene Rollen schlüpfen, etwa in die Rolle des Experten, Hilfsbereiten etc. Es kann rezipieren, konsumieren, produzieren, partizipieren, vielfältig ein Ereignis deuten – und es könnte entsprechend auch vielfältig beitragen zum Diskurs über die Qualität im Journalismus und über die gesellschaftliche Entwicklung. Und auch das Publikum müsste mehr differenzieren und nicht länger tendenziell Journalismus pauschal verurteilen. Bislang wirft das Publikum die zweifellos großen Leistungen, die unabhängiger Journalismus für die demokratische Gesellschaft erbringt, kaum als Gegengewicht in die Waagschale und erkennt darin selten ein Argument für Qualität im Journalismus: Enthüllungen rund um den NSA- und BND-Skandal beispielsweise oder der Missbrauchsfälle in der katholischen Kirche, die Aufdeckung von Steuerhinterziehungspraktiken, die Geldtransfers am Fiskus vorbei in Übersee (Offshore-Leaks) und andere investigative Leistungen werden wenig gewürdigt. All dies mahnt dazu, eine Qualitätskultur aufzubauen, die Qualität zielorientiert managt, kommuniziert – und diskutiert.

Qualitätsmanagement

Eine systematisch betriebene innerredaktionelle Qualitätssicherung orientiert sich, wie auch in vielen anderen Branchen üblich, an Prinzipien des Total Quality Managements (TQM). Wyss (2002) und Hermes (2006) übertrugen sie auf den Journalismus. Im Zuge eines Prozesses seien vordefinierte Qualitätsziele zu erreichen, die aber nicht zementiert sind, sondern angepasst werden an Medienentwicklungen, Publikums- und Redaktionserwartungen. Als zentrale Instrumente des Qualitätsmanagements gelten (vgl. Hermes 2006; Meier 2007): Prozesshaftigkeit, Kundenorientierung, Mitarbeiterorientierung, Kontrollen (Gegenlesen, Korrektorat etc.), regelmäßige Überprüfung der Redaktionsstrukturen (Ressorts, Newsdesks etc.), ganzheitlicher und integrativer Qualitätsanspruch im Medienunternehmen (der neben der Qualität der redaktionellen Leistung auch die des Vertriebs und der Akquise von Werbekunden umfasst und damit ein gelingendes Management der Kommunikation verlangt) sowie Gesellschaftsorientierung (Kooperation mit Selbstregulierern und Ausbildern). Diesen letzten Punkt muss man dringend durch eine institutionalisierte Kooperation mit dem Publikum ergänzen, beispielsweise mit Publikumsinitiativen. Qualitätsmanagement ist interne Qualitätsarbeit. Sie ist Teil der Qualitätssicherung, die auch externe Qualitätsarbeit einschließt.

Qualitätssicherung

Das Sichern von Qualität im Journalismus umfasst einen Prozess aus Planung, Planumsetzung und Kontrolle mittels Evaluation. Qualitätssicherung ist ein ökonomisches und ein zivilgesellschaftliches Ziel. Stephan Ruß-Mohl (1994, 2011) bringt außer- und innerredaktionelle Sicherungsmaßnahmen unter dem Begriff des Infrastruktur-Faktors (»I-Faktor«) auf den Punkt und teilt sie in drei Phasen ein: vorbeugend, begleitend, nachträglich korrigierend. Zu vorbeugenden Sicherungsmechanismen zählt er ein redaktionsintern in Leitbildern, Statuten und Guidelines fixiertes Qualitätsmanagement sowie extern eine entsprechende Aus- und Weiterbildung. Interne, produktbegleitende Maßnahmen sind: das überprüfbare journalistische Handeln entlang gesetzter Qualitätskriterien, Redaktionskonferenzen mit echter Planungs- und Kritikkultur, Faktenchecks, systematisches Gegenlesen; letzteres könnten – als externe Sicherung – auch Experten übernehmen. Nachgeschaltete und korrigierende Sicherungen aus der Mitte der Redaktion sind zum Beispiel: eigene Publikumsforschung, Auswertung von Publikumsbeiträgen und moderierte Publikumsgespräche. Infrastrukturen externer Qualitätssicherung sind Selbstregulierer (Presserat, Ombudspersonen), Ethiknetzwerke und Qualitätsinitiativen, Berufsverbände, Medienkritiker, Medienjournalisten und Mediawatchblogs, Medienforscher sowie Juroren von Journalistenpreisen (s. Kap. IV.12).

Die Qualitätsbewertung erfolgt extern über Forscher-, Experten- und Publikumsurteile. Publikumsurteile spiegeln sich indirekt in Auflagen, Einschaltquoten, Klicks, Abonnements und Werbeumfang oder direkt in unaufgeforderten oder systematisch eingeholten Reaktionen (Blickaufzeichnung, Rezipientenumfragen).

Wird Qualität nicht nur gesichert, sondern auch systematisch verbessert, erwächst Qualitätskultur (vgl. Held/Ruß-Mohl 2000). Diese wird aber erst wirklich lebendig, wenn die Zivilgesellschaft über Qualität im Journalismus kontinuierlich diskutiert. Medien müssen hierfür Impulsgeber und Gesprächspartner sein. Das beginnt bei einer Fehlerkultur z. B. in Korrekturspalten, reicht über das Erläutern von redaktionellen Entscheidungen oder von Recherchen bis hin zum ständigen strukturierten Dialog mit dem Publikum im Social Web.

Warum der Diskurs über Qualität im Journalismus notwendig ist

»Wenn es ein Wort gibt, das ich nicht mehr hören kann, dann ist es das Q-Wort: Qualitätsjournalismus«, klagt der Schweizer Kolumnist Kurt Zimmermann (vgl. Zimmermann 2015). Damit rede sich die Branche ins Verderben. Qualitätsjournalismus sei weder in der Krise, noch müsse er gefördert werden. Er bedürfe eines solchen Wortes ebenso wenig wie der Lippenstift des Begriffs Qualitätslippenstift. Es stimmt: Das Etikett Qualitätsjournalismus ist problematisch, und zwar weil es darauf ankommt, ob man Markt- oder Demokratiequalität meint. Es stimmt auch, dass es heute Journalismus von außerordentlicher Qualität gibt, aber, wie zu allen Zeiten, auch schlechten.

Aber: Qualität ist das Ergebnis eines Prozesses und gerade deshalb ist es zwingend und sinnvoll, kontinuierlich den Diskurs über Qualität und damit über die Verantwortung im Journalismus zu führen. Es gibt nicht *den* Journalismus, nicht *die* Medien, nicht *die* Qualität im Journalismus. Sicher ist aber, dass Qualität *das* Rückgrat ist für Glaubwürdigkeit, Verantwortung und Wert von Journalismus.

Gewiss: Manche Medienhäuser, Redaktionen und Journalisten zeigen sich gegenüber Qualitätskritik resistent, reden sich mit ökonomischem Druck und Personalknappheit heraus, attackieren oder ignorieren die Qualitätsforschung und das Paradigma, dass Qualität und *zero defect* günstiger sind als das Nichterfüllen von Qualitätsforderungen. Es gibt ›schwarze Schafe‹ unter den Redaktionen, die es an sich schon als ›Qualitäts-Kriterium‹ betrachten, Politiker aus dem Amt zu jagen. Vielen Redaktionen fällt schwer, ihre Fehleranfälligkeit einzugestehen und auch, wie rasch sie sich fremdsteuern lassen.

Aber es gibt auch andere Beispiele. Das Magazin *Rolling Stone* erlebte mit einer Geschichte über eine Gruppenvergewaltigung auf dem Gelände der University von Virginia Ende 2014 ein rufschädigendes Debakel, als sich herausstellte, dass die Geschichte zumindest so nicht gewesen sein kann. Statt sich endlos zu rechtfertigen, gab das Medienhaus der Columbia University Graduate School of Journalism den Auftrag, aus Forscherperspektive zu analysieren, was falsch lief und wie sich dies vermeiden lässt (vgl. Coronel/Coll/Kravitz 2015).

Es lässt sich festhalten: Ökonomische Krise und technischer Wandel bewirken zwar oft zunächst Einbußen an Qualität, sie motivieren aber auch zu Veränderungen, zu mehr Qualitätsbewusstsein, -sicherung und -förderung und damit zu einer differenzierten Qualitätskultur. Es genügt aber nicht, wenn dies einen ökonomischen Qualitätswettbewerb anfacht. Es bedarf auch einer gesellschaftlichen Qualitätskultur.

Literatur

Akerlof, George A.: The Market for Lemons: Quality Uncertainty and the Market Mechanism. In: *Quarterly Journal of Economics* 84/3 (1970), 488–500.

Budzislawski, Hermann: *Sozialistische Journalistik*. Leipzig 1966.

Charta – Verein Qualität im Journalismus: Charta und Statuen. In: http://www.quajou.ch/verein/charta-und-statuten/ (14.7.2015).

Coronel, Sheila/Coll, Steve/Kravitz, Derek: Rolling Stone's Investigation: A Failure that was Avoidable (2015). In: *Columbia Journalism Review*, http://www.cjr.org/investigation/rolling_stone_investigation.php (14.7.2015).

Crosby, Philip B.: *Quality is Free: The Art of Making Quality Certain*. New York 1979.

Deutscher Journalisten-Verband: Checkliste zur Charta ›Qualität im Journalismus‹. In: http://www.initiative-qualitaet.de/fileadmin/IQ/Qualitaet/Sicherung/charta_check.pdf (15.5.2015).

Deutscher Presserat: Germanwings-Beschwerden: Co-Pilot durfte benannt werden. Pressemitteilung 4. Juni 2015. In: http://www.presserat.de/presserat/news/pressemitteilungen/ (6.6.2015).

Donsbach, Wolfgang/Rentsch, Matthias/Schielicke, Anna-Maria/Degen, Sandra: *Entzauberung eines Berufs. Was die Deutschen vom Journalismus erwarten und wie sie enttäuscht werden*. Konstanz 2009.

Fög – Forschungsinstitut Öffentlichkeit und Gesellschaft/ Universität Zürich (Hg.): *Jahrbuch 2013 Qualität der Medien*. Basel 2014.

Garvin, David A.: What does ›Product Quality‹ Really Mean? In: *MIT Sloan Management Review* 26/1 (1984), 25–45.

Heise, Nele/Loosen, Wiebke/Schmidt, Jan-Hinrik/Reimer, Julius: Die (Wieder-)Entdeckung des Publikums. In: http://jpub20.hans-bredow-institut.de/ (31.5.2015).

Held, Barbara/Ruß-Mohl, Stephan (Hg.): *Qualität durch Kommunikation sichern*. Frankfurt a. M. 2000.

Hermes, Sandra: *Qualitätsmanagement in Nachrichtenredaktionen*. Köln 2006.

Hess, Constanze: *Determinanten im Lesermarketing regionaler Tageszeitungen in Deutschland und den Niederlanden*. Amsterdam 2003.

Infratest dimap: Wenig Vertrauen in Medien-Berichterstattung (2015). In: http://www.infratest-dimap.de/umfragen-analysen/bundesweit/umfragen/aktuell/wenig-vertrauen-in-medienberichterstattung/?cHash=1d22f33a168df158be302516cb58a937 (14.7.2015).

Jandura, Olaf/Friedrich, Katja: The quality of political media coverage. In: Carsten Reinemann (Hg.): *Political Communication. Handbooks of Communication Science*, Bd. 18. Berlin 2014, 351–373.

Kohring, Matthias: *Vertrauen in Journalismus*. Konstanz 2004.

Langenbucher, Wolfgang R.: Qualitätssicherung im Journalismus. In: Hans-Konrad Selbmann (Hg.): *Qualitätssicherung ärztlichen Handelns*. Gerlingen 1984, 23–31.

Loretan, Matthias: Grundriss einer Medienethik als Theorie des kommunikativen Handelns. In: Adrian Holderegger (Hg.): *Kommunikations- und Medienethik. Interdisziplinäre Perspektiven*. Freiburg, Schweiz 1999, 153–183.

Lünenborg, Margreth: *Journalismus als kultureller Prozess*. Wiesbaden 2005.

Meier, Klaus: *Journalistik*. Konstanz 2007.

Parker, Robert: The Independent Consumer's Guide to Fine Wines. In: https://www.erobertparker.com/info/wstandards.asp (14.7.2015).

Pew – The Pew Research Center's Project for Excellence in Journalism: The State of the News Media. In: http://www.stateofthemedia.org (12.5.2015).

Porlezza, Colin/Maier, Scott R./Ruß-Mohl, Stephan: News Accuracy in Switzerland and Italy. A transatlantic comparison with the US press. In: *Journalism Practice* 6/4 (2012), 530–546.

Prinzing, Marlis/Rath, Matthias/Schicha, Christian/Stapf, Ingrid (Hg.): *Neuvermessung der Medienethik. Bilanz, Themen und Herausforderungen seit 2000*. Weinheim 2015.

Reinemann, Carsten/Stanyer, James/Scherr, Sebastian/Legnante, Guido: Hard and Soft News: A Review of Concepts, Operationalizations and Key Findings. In: *Journalism* 13/2 (2012), 221–239.

Ruß-Mohl, Stephan: *I-Faktor*. Zürich 1994.

Ruß-Mohl, Stephan: Von der Qualitätssicherung zur Qualitätskultur (2011). In: http://de.ejo-online.eu/qualitat-ethik/von-der-qualitatssicherung-zur-qualitatskultur (14.7.2015).

Schneider, Jens: SZ-Redakteure lehnen Henri-Nannen-Preis ab (15.5.2012). In: *Süddeutsche Zeitung*. http://www.sueddeutsche.de/medien/eklat-bei-journalisten-ehrung-sz-redakteure-lehnen-henri-nannen-preis-ab-1.1355532 (14.7.2015).

Serong, Julia: *Medienqualität und Publikum. Zur Entwicklung einer integrativen Qualitätsforschung*. Konstanz 2015.

Weischenberg, Siegfried/Scholl, Armin/Malik, Maja: *Die Souffleure der Mediengesellschaft. Report über die Journalisten in Deutschland*. Konstanz 2006.

Wessler, Hartmut/Rinke, Eike Mark: Deliberative Performance of TV News in Three Types of Democracies. In: *Journal of Communication* 64/5 (2014), 827–851.

Wilke, Jürgen: Was heißt journalistische Qualität: Auch ein Versuch zur Bestimmung ihrer Kriterien. In: Wolfgang Duchkowitsch et al. (Hg.): *Journalismus als Kultur. Analysen und Essays. Festschrift für Wolfgang R. Langenbucher*. Opladen 1998, 133–142.

Wyss, Vinzenz: *Redaktionelles Qualitätsmanagement: Ziele, Normen, Ressourcen*. Konstanz 2002.

Zimmermann, Kurt: Das Q-Wort. In: *Weltwoche* (26.3.2015), 25.

Marlis Prinzing

14 Nachrichtenwert

Konzeptualisierungen des Nachrichtenwertes

Obwohl der Nachrichtenwert in der Kommunikationswissenschaft eine eigene Theorie hat, gibt es wenig Reflexion (und auch keinen Konsens) darüber, was der Nachrichtenwert ist, also welches Phänomen der Begriff bezeichnet. Walter Lippmann wird häufig als einer der Ersten genannt, die den Begriff des Nachrichtenwertes gebrauchten (z. B. bei Staab 1990, 40; Uhlemann 2012a, 114). Tatsächlich findet sich in seinem Buch zur »Öffentlichen Meinung« (Lippmann 1922/1990) aber keine Spezifikation des Begriffs; er wird dort verwendet im Kontext einer Reflexion über die Frage, wann ein Ereignis ›berichtenswert‹ ist (ebd., 230–243).

Für die Weiterentwicklung solcher Überlegungen zu einer Theorie waren zwei Arbeiten von norwegischen Friedensforschern, Einar Östgaard (1965) sowie Johan Galtung und Mari Holmboe Ruge (1965), zentral. Hintergrund war die Suche nach Faktoren, die den internationalen Nachrichtenfluss und dadurch die Repräsentation anderer Länder in den inländischen Nachrichtenmedien beeinflussen.

Einar Östgaard verwendet den Begriff *newsworthiness* als Merkmal einer Nachricht im Zusammenhang mit dem (antizipierten) Publikumsinteresse an der Nachricht, das alle Entscheidungen im Prozess der Nachrichtenvermittlung (z. B. Sammlung, Auswahl und Präsentation von Informationen) an die Öffentlichkeit beeinflusse (vgl. Östgaard 1965, 40). Allerdings wird die Bedeutung des Begriffs inhaltlich nicht präzisiert. Östgaard sieht aber u. a. den Einfluss bestimmter Ereigniseigenschaften auf die Nachrichtenvermittlung in diesem Merkmal begründet. Galtung und Ruge (1965) griffen diese Überlegungen auf und schlugen eine Konzeptualisierung des Nachrichtenwertes vor, deren Grundidee bis heute der Kern der Nachrichtenwerttheorie ist: Der Nachrichtenwert eines Ereignisses ist eine Funktion bestimmter Ereignismerkmale, die Nachrichtenfaktoren genannt werden. Auf Basis einer Übertragung wahrnehmungspsychologischer Prinzipien der Signaldetektion auf die Verarbeitung von Ereignissen innerhalb des Nachrichtensystems (Analogieschluss) bestimmen Galtung und Ruge zunächst acht Nachrichtenfaktoren: zeitliche Kongruenz, Intensität (mit den Subfaktoren absolute Intensität und Schwellenfaktor), Eindeutigkeit, Bedeutsamkeit (Subfaktoren kulturelle Nähe/Ethnozentrismus und Relevanz/Betroffenheit), Konsonanz (Subfaktoren Erwartung/Vorhersagbarkeit und Wünschbarkeit), Überraschung (Subfaktoren Unvorhersehbarkeit und Seltenheit), Kontinuität und Variation. Neben diesen als kulturunabhängig klassifizierten Faktoren nennen sie vier kulturabhängige Merkmale: Elitestatus von Nationen, Elitestatus von Personen, Personalisierung und Negativität.

Nach Galtung und Ruge sind diese 12 Nachrichtenfaktoren die Konstituenten bzw. Ursachen des Nachrichtenwertes. Im Rahmen ihrer Additivitätshypothese (ebd., 71) verknüpfen sie ihn mit zwei Wahrscheinlichkeiten als abhängigen Variablen: der Publikationswahrscheinlichkeit eines Ereignisses und der Wahrscheinlichkeit, dass es intensiv von den Medien beachtet wird (›Schlagzeilen macht‹). Die Orientierung von Publikations- und Aufmachungsentscheidungen am Nachrichtenwert dient nach Galtung und Ruge dazu, die Kompatibilität des Nachrichtenangebots mit dem (von den Medien) antizipierten Publikumsinteresse zu gewährleisten.

Winfried Schulz (1976) schließt an diese Überlegungen an, verortet den Nachrichtenwert aber nicht als abstrakte Größe im Gesamtsystem der Nachrichtenvermittlung, sondern auf Ebene der handelnden Journalisten: »*Nachrichtenwert* ist eine journalistische Hilfskonstruktion zur Erleichterung der notwendigen Selektionsentscheidungen. Je größer ihr Nachrichtenwert, desto größer die Chance, daß die Meldung [...] berücksichtigt und veröffentlicht wird« (ebd., 30). Und wie Galtung und Ruge sieht Schulz nicht nur die Publikationswahrscheinlichkeit als abhängig vom Nachrichtenwert, sondern auch das Ausmaß der Beachtung, das eine Nachricht nach positiver Selektionsentscheidung erfährt. Der Beachtungsgrad einer Nachricht in den Medien (d. i. ihr relativer Umfang, ihre Aufmachung und Platzierung) galt deshalb neben Selektionsentscheidungen lange Zeit als einer der besten empirischen Indikatoren des Nachrichtenwertes.

Auch Pamela Shoemaker (2006) diskutiert den Nachrichtenwert auf der Individualebene, spezifiziert aber, worin die von Schulz so genannte »Hilfskonstruktion« bestehen könnte. Sie konzeptualisiert den Nachrichtenwert als ein kognitives Konstrukt, als eine Einschätzung bzw. ein Urteil über ein Nachrichtenereignis, das nicht nur Journalisten, sondern beispielsweise auch das Publikum oder Public Relations-Praktiker treffen können. Shoemaker sieht in Nachrichtenwerturteilen »assessments of what would be of interest to the public« und Einschätzungen, »what other people want to know« (ebd., 109). Das Kriterium, das durch Nachrichtenwerturteile bewertet wird, ist die Publikations- bzw. Berichtenswürdigkeit eines Ereignisses in einem Nachrichtenmedium (basierend auf der Wichtigkeit, die dem Nachrichtenereignis persönlich beigemessen wird; vgl. Shoemaker/Cohen 2006, 33; ähnlich Kepplinger 2011b). Shoemaker argumentiert zudem, dass nicht alles, was als berichtenswert eingeschätzt wird, auch tatsächlich publiziert und in den Medien prominent behandelt wird. Selektions- und Aufmachungsentscheidungen würden von einer großen Zahl weiterer Faktoren beeinflusst (siehe auch Kepplinger 2011a), so dass der Beachtungsgrad einer Nachricht in den Medien auch kein gut geeigneter Indikator des Nachrichtenwertes sei (vgl. auch Shoemaker/Cohen 2006, 335–354).

Nach traditioneller Auffassung ist der Nachrichtenwert also ein Merkmal von Ereignissen (vgl. auch Fretwurst 2008, 102–112) und kennzeichnet deren eingeschätzte Publikationswürdigkeit. Im Rahmen der Zwei-Komponenten-Theorie der Nachrichtenauswahl schlägt Hans Mathias Kepplinger eine etwas andere Konzeptualisierung vor (zusammenfassend Kepplinger 2011a; 2011b): ›Träger‹ des Nachrichtenwertes sind im Rahmen dieser Theorie nicht ganze Nachrichtenereignisse, sondern einzelne Nachrichtenfaktoren, hier verstanden als beliebige Ereignismerkmale. Nur wenn Nachrichtenfaktoren mit journalistischen Selektionskriterien übereinstimmen, haben sie einen Nachrichtenwert. In dieser Konzeptualisierung bezeichnet der Nachrichtenwert die Stärke des Einflusses eines Ereignismerkmals auf die Verarbeitung eines Ereignisses durch Journalisten, z. B. auf Publikations- und Aufmachungsentscheidungen.

Nachrichtenwert-Urteilsmodelle

In der Tradition von Galtung und Ruge (1965) basieren Vorstellungen von Zusammenhängen zwischen Nachrichtenfaktoren und Nachrichtenwert(urteilen) sowie Publikations- und Aufmachungsentscheidungen auf einem Kausalmodell: Nachrichtenfaktoren werden als Ursachen (unabhängige Variablen) verstanden, der Nachrichtenwert als von ihnen abhängige Variable (vgl. Staab 1990). Es liegen mehrere Modelle vor, die die konkrete Form der funktionellen Abhängigkeit unterschiedlich spezifizieren. Das einfachste modelliert den Nachrichtenwert als Summe der auf ein Ereignis zutreffenden dichotomen Nachrichtenfaktoren (vgl. Galtung/Ruge 1965, 68). Ähnlich konzeptualisieren Shoemaker und Cohen (2006) den Nachrichtenwert als eine Funktion der Anzahl der Nachrichtenfaktoren, die auf ein Ereignis zutreffen (unabhängig von der Intensität ihrer Ausprägung).

Ein stark erweitertes Modell stellt Fretwurst (2008) vor. Es integriert insbesondere zwei Ideen:
1. Der Einfluss einzelner Nachrichtenfaktoren auf den Nachrichtenwert eines Ereignisses kann von Randbedingungen abhängig sein, z. B. vom Medium, in dem es publiziert werden soll (u. a. Staab 1990; Kepplinger 2011a; 2011b).
2. Nachrichtenfaktoren allein sind für die Konstitution des Nachrichtenwertes nicht ausreichend – ein Ereignis muss zusätzlich noch einen Neuigkeitswert haben (u. a. Schwiesau/Ohler 2003).

Unter Berücksichtigung dieser Ideen ergibt sich der Nachrichtenwert aus $nf = 1, 2, …, k$ Nachrichtenfaktoren wie folgt (Fretwurst 2008, 144):

$$NW = NK \times \sum_{nf=1}^{k} (NFG_{nf} \times NFI_{nf})$$

wobei
NW = Nachrichtenwert
NK = Neuigkeit
NFG = Nachrichtenfaktorengewicht
NFI = ereignisspezifische Nachrichtenfaktorenintensität.

Neuigkeit fungiert dabei als ein theoretisches Maß für den Informationsgehalt einer Nachricht: Ist über das Ereignis bereits alles bekannt, hat es keinen Neuigkeitswert (und kann laut Modell auch keinen Nachrichtenwert haben). Das Nachrichtenfaktorengewicht ist ein Maß für den durchschnittlichen Einfluss eines Nachrichtenfaktors auf den Nachrichtenwert, der sich zwischen Mediengattungen und -genres unterscheiden kann.

Ingrid Andrea Uhlemann (2012b) hält die bisher vorgestellten Modelle für wirklichkeitsfremd, da sie auf Seiten der urteilenden Journalisten einen systematischen Urteilsprozess unterstellten, in den eine große Anzahl von Informationen integriert werden müssten. Die Notwendigkeit schneller (Publikations- und Aufmachungs-)Entscheidungen in der Realität des journalistischen Arbeitsalltags spräche aber eher für einen heuristischen Urteilsprozess, in dem lediglich die Anzahl der auf ein Ereignis zutreffenden Nachrichtenfaktoren (keine, wenige, viele) sowie die Anzahl der sehr stark ausgeprägten Nachrichtenfaktoren (keine, wenige, viele) als Hinweisreize für Nachrichtenwerturteile fungierten. Auf dieser Basis schlägt sie ein Modell für Nachrichtenwerturteile vor, bei dem der Nachrichtenwert zwischen so genannten ›Muss-Nachrichten‹ mit dem höchsten Nachrichtenwert und so genannten ›Kaum-Nachrichten‹ mit dem geringsten Nachrichtenwert schwankt.

Alle vorgestellten Modelle unterstellen eine kausale Beziehung zwischen Nachrichtenfaktoren und Nachrichtenwert. In Ergänzung dazu weist Staab (1990) darauf hin, dass die Beziehung zwischen Nachrichtenfaktoren und Nachrichtenwert auch funktional sein kann. In dieser Sichtweise ist der Nachrichtenwert und in der Folge die Selektion von Nachrichten nicht kausal durch Nachrichtenfaktoren beeinflusst, sondern es wird angenommen, dass Journalisten Ereignisse primär intentional auswählen und berichten, z. B. um bestimmte politische oder ideologische Ziele zu erreichen. In solchen Situationen dient die Zuschreibung von Nachrichtenfaktoren zu bereits (auf Basis anderer Kriterien) selektierten Nachrichtenereignissen der Rechtfertigung dieser Selektions- und Aufmachungsentscheidungen, weil den Nachrichtenereignissen durch die Zuschreibung von Nachrichtenfaktoren quasi in einem zweiten Schritt erst ein Nachrichtenwert verliehen wird.

Bei der Verarbeitung von Ereignisinformationen durch den Journalismus greifen vermutlich beide Prozesse unauflöslich ineinander (Uhlemann 2012a, 95): Auf ein Ereignis zutreffende Nachrichtenfaktoren werden erkannt und führen zur Wahrnehmung eines Nachrichtenwertes. In der Folge wird das Ereignis journalistisch weiterverarbeitet (z. B. Recherche von Zusatzinformationen). In diesem Prozess werden dann weitere Nachrichtenfaktoren identifiziert und ›produziert‹, sodass der Nachrichtenwert des Ereignisberichts weiter ansteigt.

Nachrichtenfaktoren – Bausteine des Nachrichtenwertes

Was sind die relevanten Ereignismerkmale, die zum Nachrichtenwert integriert werden? In der nachrichtenwerttheoretischen Forschung ist eine Orientierung an existierenden Faktorenkatalogen vorherrschend, wobei der von Galtung und Ruge (1965) entwickelte Katalog bis heute das Rückgrat der empirischen Forschung bildet (siehe zur Entwicklung der Faktorenkataloge Eilders 1997, 31–42; Ruhrmann et al. 2003, 44–50; Uhlemann 2012a, 64–65).

Versuchen der Herleitung und Begründung von Nachrichtenfaktoren liegen in der Regel ein oder auch mehrere grundsätzliche Verständnisse von Nachrichtenfaktoren zu Grunde. Das in der Nachrichtenwerttheorie dominierende ist ein Verständnis von Nachrichtenfaktoren als universellen Selektionskriterien: Nachrichtenfaktoren sind demnach (Ereignis-)Merkmale, auf die Menschen auf Grund ihrer evolutionären Entwicklung, ähnlichen kulturellen und sozialen Prägungen und der grundlegenden Verfasstheit ihres psychischen Systems universell reagieren. Bereits die Formulierung des Faktorenkatalogs durch Galtung und Ruge (1965) folgt dieser Idee. In ähnlicher Weise interpretiert Eilders (1997) die klassischen Nachrichtenfaktoren aufmerksamkeitspsychologisch und entwickelt daraus das Konzept von Nachrichtenfaktoren als Relevanzindikatoren (Merkmale von Nachrichtenereignissen, die die Zuweisung subjektiver Bedeutsamkeit im Prozess der kognitiven Ressourcenallokation bei der Informationsverarbeitung beeinflussen). Eilders begründet evolutionstheoretisch, sozialisationstheoretisch und auf Grundlage allgemeiner psychologischer Gesetzmäßigkeiten, dass Nachrichtenfaktoren Relevanzzuweisungen nicht nur individuell, sondern kollektiv übereinstimmend beeinflussen (s. Abb. 14.1).

Ähnlich fundiert Shoemaker (vgl. Shoemaker/Cohen 2006) ihren Nachrichtenfaktorenkatalog. Sie argumentiert, dass Journalismus in komplexen Gesellschaften eine institutionalisierte Form der Umweltbeobachtung darstelle, die evolutionär erworbenen Prinzipien der Umweltbeobachtung folgt. Sowohl Prozesse der biologischen als auch der kulturellen Evolution hätten dazu geführt, dass Nachrichten besonders sensitiv gegenüber zwei Arten von Informationen sind, die Menschen grundsätzlich interessieren: a) Informationen über abweichende Personen, Ideen und Ereignisse und b) Informationen über Personen, Ideen und Ereignisse, die Auswirkungen auf das soziale System haben. Die verschiedenen Dimensionen von Abweichung und sozialer Bedeutsamkeit konstituieren einen abstrakten Nachrichtenfaktorenkatalog (s. Abb. 14.2).

Eine Ergänzung zum Verständnis von Nachrichtenfaktoren als universellen Selektionskriterien bildet die Überlegung, dass Nachrichtenereignisse unterschiedlich gut den Anforderungen an eine mediale Vermittlung entsprechen. Merkmale, die grundsätzlich die Eignung für eine mediale Vermittlung beeinflussen (u. a. Kontinuität, abnehmende Kompliziertheit) werden als Kriterien der journalistischen Bearbeitbarkeit bezeichnet (vgl. Emmerich 1984). Merkmale, die die Anforderungen an ein Nachrichtenereignis für die Vermittlung in einer spezifischen Mediengattung beschreiben (z. B. Visualität bzw. Verfügbarkeit von Filmmaterial bei Fernsehnachrichten,

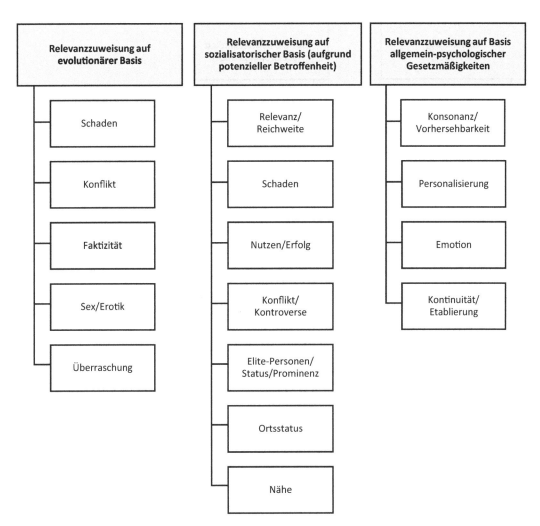

Abb. 14.1 Nachrichtenfaktoren als kollektive Relevanzindikatoren
Quelle: eigene Darstellung auf Basis von Eilders 1997

vgl. Ruhrmann et al. 2003) werden als mediengattungsspezifische Selektionskriterien bezeichnet. Es wird angenommen, dass neben Selektionskriterien, die sich auf den Inhalt von Nachrichtenereignissen beziehen, auch solche vermittlungs- und mediengattungsspezifischen Kriterien den Nachrichtenwert beeinflussen (vgl. auch Uhlemann 2012a, 48–49).

Basis für ein weiteres Verständnis von Nachrichtenfaktoren ist die Annahme, dass Nachrichten beim Publikum unterschiedliche Bedürfnisse ansprechen und ihnen unterschiedliche Gratifikationen bieten. So sollen Nachrichten dem Publikum u. a. Orientierung bieten, es unterhalten, nützlich sein und Gesprächsstoff liefern. Entsprechend gehen beispielsweise Dietz Schwiesau und Josef Ohler (2003) davon aus, dass der Nachrichtenwert eines Ereignisses von seinem Wissens- und Orientierungswert, seinem Gebrauchswert sowie seinem Gesprächs- und Unterhaltungswert abhängt. Entsprechend der Überlegung, dass bestimmte Nachrichtenmerkmale mit einzelnen Gratifikationen korrespondieren, werden Nachrichtenfaktoren also auch als Publikumsattraktoren verstanden (so bereits bei Östgaard 1965).

Den empirischen Wissensstand zur relativen Bedeutung einzelner Nachrichtenfaktoren hat Fretwurst (2008) auf Grundlage einer Metaanalyse zentraler inhaltsanalytischer Studien zur Nachrichtenwerttheorie dargestellt. Empirisch gut belegt sind demnach

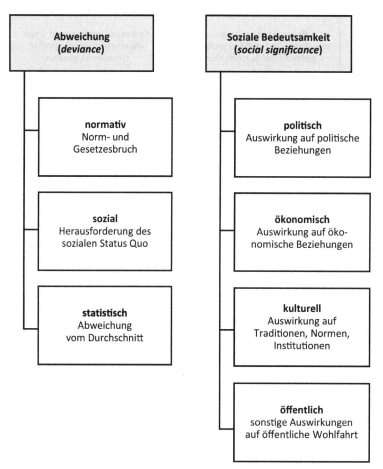

Abb. 14.2 Abweichung und soziale Bedeutsamkeit als Nachrichtenfaktoren
Quelle: eigene Darstellung auf Basis von Shoemaker/Cohen 2006

Einflüsse der Nachrichtenfaktoren Kontinuität/Themenetablierung, Negativismus/Schaden, Personalisierung, Prominenz, Nähe, Einfluss, Relevanz/Reichweite, Überraschung und Kontroverse auf den Nachrichtenwert.

Schwerpunkte und Herausforderungen nachrichtenwerttheoretischer Forschung

Die Nachrichtenwerttheorie in der Tradition von Galtung und Ruge (1965) ist eine abstrakte Theorie der Nachrichtendiffusion. Ausgangspunkt ist die Feststellung, dass Ereignisse von ihrem Geschehen über ihre Vermittlung im Nachrichtensystem bis zur Wahrnehmung durch Rezipienten vielfältigen Selektions- und Verzerrungsprozessen unterliegen. Das Augenmerk der Theorie liegt auf der Frage, welche Merkmale von Ereignissen (Nachrichtenfaktoren) Selektivität in diesem Vermittlungsprozess beeinflussen und sowohl ihre mediale Repräsentation als auch ihre Repräsentation auf Seiten der Rezipienten prägen. Das Hauptanliegen kommunikationswissenschaftlicher Forschung ist deshalb die Prüfung von Selektionseffekten der Nachrichtenfaktoren auf verschiedenen Stufen und Ebenen dieses Vermittlungsprozesses und die Spezifikation, wie Nachrichtenfaktoren die jeweils entstehenden Repräsentationen prägen (vgl. Weber 2013). Dabei ist es nicht das Ziel, die stufenspezifischen Selektionsphänomene möglichst erschöpfend zu erklären, sondern (ggf. stufenspezifische) Hypothesen über den Einfluss von Nachrichtenfaktoren auf die Selektion und Repräsentation von Ereignissen zu prüfen, die Einflüsse über die unterschiedlichen Vermittlungsstufen hinweg zu vergleichen und dadurch Hypothesen über den stufenübergreifenden Einfluss von Nachrichtenfaktoren zu formulieren und zu testen, sodass empirisch fundierte Aussagen über den Einfluss von Nachrichtenfaktoren und –wert auf den Nachrichten*fluss* möglich werden (vgl. Weber 2013).

Der Großteil nachrichtenwerttheoretischer Forschung untersucht die Bedeutung von Nachrichtenfaktoren für frühe Stufen der Nachrichtendiffusion. Die Frage, wie Journalisten (und Menschen allgemein) Nachrichtenfaktoren zu Nachrichtenwert-Urteilen integrieren, spielt dabei nur eine untergeordnete Rolle (vgl. Kepplinger 2011b; Shoemaker/Cohen 2006; Uhlemann 2012b); hauptsächlich die Publikationsentscheidungen von Journalisten sollen so gut wie möglich erklärt werden. Heute ist klar, dass solche Entscheidungen von einer Vielzahl von Faktoren beeinflusst werden und Nachrichtenwert und –faktoren vermutlich nicht einmal die bedeutendsten Einflussgrößen darstellen (vgl. Engelmann 2012). Entsprechend löst sich die Forschung aus dem ursprünglichen Theoriezusammenhang, um komplexere Modelle für journalistische Selektionsentscheidungen zu entwickeln (z. B. Engelmann 2012). Daneben exploriert die Forschung die Bedeutung von Nachrichtenfaktoren für den Nachrichtenwert in der Online-Kommunikation. Forschungsleitend ist die Vermutung, dass sich auf Grund onlinespezifischer Rahmenbedingungen der journalistischen Aussagenproduktion die Bedeutung einzelner Nachrichtenfaktoren verändert (vgl. Weber/Engelmann 2014). Tatsächlich weisen erste Befunde darauf hin, dass viele für den traditionellen Offline-Journalismus relevanten Nachrichtenfaktoren unbedeutend für die journalistische Beachtung online sind (ebd.). Weitgehend offen ist derzeit aber die Frage, welche anderen Faktoren den Nachrichtenwert online bestimmen und ob ggf. Nutzerreaktionen entscheidenden Einfluss auf Nachrichtenwerturteile von Journalisten gewinnen.

Spätestens seit Christiane Eilders' (1997) Beschreibung von Nachrichtenfaktoren als kollektiven Relevanzindikatoren wird verstärkt auch der Einfluss von Nachrichtenfaktoren auf Nutzungs- und Rezeptionsprozesse untersucht, z. B. selektive Nachrichtennutzung (u. a. Donsbach 1991), Bewertungen von Nachrichtenereignissen (u. a. Weber/Wirth 2013) sowie selektives Erinnern an Nachrichten (u. a. Ruhrmann et al. 2003). Die aktuelle Forschung fokussiert eine weitere, der Rezeption nachgelagerte Stufe der Nachrichtenvermittlung: Anschlusskommunikation. Diese Erweiterung des Gegenstandsbereichs der Theorie greift häufig Phänomene im Online-Kontext auf, z. B. Anschlusskommunikation in Form von Leserkommentaren in Online-Zeitungen (u. a. Weber 2012). Aber auch die Bedeutung von Nachrichtenfaktoren für die Weitergabe von Wissen über Nachrichtenereignisse in persönlichen Gesprächen wird untersucht (u. a. Weber/Wirth 2015).

Eine zentrale Herausforderung für die künftige Forschung in dieser umfassenden Nachrichtenwert-Perspektive ist, Nachrichtenfaktoren als universelle Selektionskriterien zumindest plausibel zu begründen. Ein stufenübergreifend zu testender Nachrichtenfaktorenkatalog sollte einen hohen Allgemeinheitsgrad haben und keine Faktoren berücksichtigen, die sich aus medienspezifischen Erfordernissen der Nachrichtenvermittlung ableiten lassen.

Normative Dimension des Nachrichtenwertes

Ausgehend vom Leitwert der (Presse-, Meinungs- und Informations-)Freiheit in demokratisch verfassten Gesellschaften gibt Erbring (1989) zu bedenken, dass insbesondere die Informationsfreiheit der Bürger nur bei »unbeeinflusster und umfassender Information« (ebd., 302) durch Nachrichtenjournalisten gewährleistet ist. Deshalb unterliege Nachrichtenjournalismus bestimmten Professionalitätsnormen, die den Journalisten vor seiner eigenen Subjektivität bei der (Re-)Konstruktion von Realität in den Nachrichten und das Publikum vor Manipulation schützen solle. Die Orientierung journalistischer Arbeit am Nachrichtenwert bzw. an Nachrichtenfaktoren sieht Erbring als eine solche ethisch verbindliche Professionalitätsnorm. Einige Nachrichtenfaktoren gelten deshalb auch als journalistische Qualitätskriterien (vgl. Schatz/Schulz 1992) und sie sind von zentraler Relevanz in der Journalistenausbildung (vgl. Ruhrmann/Göbbel 2007; s. Kap. V.13).

Aufgrund der zentralen Bedeutung von Nachrichtenfaktoren in der journalistischen Arbeit ist die Orientierung am Nachrichtenwert ein wesentliches Kennzeichen der so genannten Medienlogik (vgl. Altheide/Snow 1979), an der sich im Zuge der Medialisierung von (öffentlicher) Kommunikation nicht zuletzt Politiker orientieren (vgl. Strömbäck/Esser 2014). Die Kriterien des journalistischen Nachrichtenwertes bestimmen damit ganz wesentlich die Möglichkeiten und Grenzen politischer Wahrnehmung und öffentlicher Diskussion – und in der Konsequenz auch das Weltbild des Publikums (vgl. Erbring 1989, 305).

Gerechtfertigt wird die Orientierung journalistischer Arbeit an Nachrichtenfaktoren dadurch, dass sich hinter ihnen »sozial und kulturell bedingte *Konventionen* von Interesse und Wichtigkeit [verbergen], die freilich nicht beliebig von Journalisten erfunden werden können, sondern letztlich vom Publikum ausgehen« (ebd., 304). Angesichts der Diversität der zur Diskussion stehenden Nachrichtenfaktorenkataloge ist es jedoch fraglich, ob diese Rechtfertigung bei allen Nachrichtenfaktoren gleichermaßen trägt. Einen nachrichtenwerttheoretisch fundierten Ansatzpunkt für die ethische Diskussion journalistischen Handelns bildet deshalb die Frage, welche Nachrichtenfaktoren den Nachrichtenwert von Ereignissen (und zumindest teilweise dadurch vermittelt die Nachrichtenrealität) beeinflussen sollten, und bei welchen Faktoren ein solcher Einfluss nicht gerechtfertigt ist. So dürfte zum Beispiel eine Orientierung an Nachrichtenfaktoren, die die soziale Bedeutsamkeit eines Ereignisses indizieren (vgl. Shoemaker/Cohen 2006) wenig strittig sein, da dadurch die Information der Bürger über solche Ereignisse sichergestellt wird, die Auswirkungen auf ihre politische, ökonomische, kulturelle und öffentliche Umwelt haben und deshalb für die Erfüllung ihrer Bürgerrolle relevant sein können. Eine dominante Orientierung an anderen Nachrichtenfaktoren, besonders solchen, die primär als Publikumsattraktoren fungieren (z. B. Emotionalisierung), könnte hingegen kritischer gesehen werden. Hier wäre zu begründen, warum und wie sie zur Gewährleistung der Informationsfreiheit der Bürger beitragen und deshalb als Professionalitätsnormen gerechtfertigt sind.

Literatur
Altheide, David L./Snow, Robert P.: *Media Logic*. Beverly Hills 1979.
Donsbach, Wolfgang: *Medienwirkung trotz Selektion*. Köln 1991.
Eilders, Christiane: *Nachrichtenfaktoren und Rezeption*. Opladen 1997.
Emmerich, Andreas: *Nachrichtenfaktoren. Die Bausteine der Sensation*. Saarbrücken 1984.
Engelmann, Ines: *Alltagsrationalität im Journalismus*. Konstanz 2012.
Erbring, Lutz: Nachrichten zwischen Professionalität und Manipulation. In: *Kölner Zeitschrift für Soziologie und Sozialpsychologie* Sonderheft 30 ›Massenkommunikation‹ (1989), 301–313.
Fretwurst, Benjamin: *Nachrichten im Interesse der Zuschauer*. Konstanz 2008.
Galtung, Johan/Ruge, Mari Holmboe: The Structure of Foreign News. In: *Journal of Peace Research* 2/1 (1965), 64–91.
Kepplinger, Hans Mathias: Der Nachrichtenwert der Nachrichtenfaktoren. In: Ders. (Hg.): *Journalismus als Beruf*. Wiesbaden 2011a, 61–75.
Kepplinger, Hans Mathias: Der prognostische Gehalt der Nachrichtenwerttheorie. In: Ders. (Hg.): *Journalismus als Beruf*. Wiesbaden 2011b, 77–99.
Lippmann, Walter: *Die öffentliche Meinung*. Bochum 1990 (engl. 1922).
Östgaard, Einar: Factors Influencing the Flow of News. In: *Journal of Peace Research* 2/1 (1965), 39–63.
Ruhrmann, Georg/Göbbel, Roland: *Veränderung der Nachrichtenfaktoren und Auswirkungen auf die journalistische Praxis in Deutschland*. Wiesbaden 2007.
Ruhrmann, Georg/Woelke, Jens/Maier, Michaela/Diehlmann, Nicole: *Der Wert von Nachrichten im deutschen Fernsehen*. Opladen 2003.
Sande, Øystein: The Perception of Foreign News. In: *Journal of Peace Research* 8/3 (1971), 221–237.
Schatz, Heribert/Schulz, Winfried: Qualität von Fernsehprogrammen. In: *Media Perspektiven* 11 (1992), 690–712.
Schulz, Winfried: *Die Konstruktion von Realität in den Nachrichtenmedien*. Freiburg 1976.
Schwiesau, Dietz/Ohler, Josef: *Die Nachricht in Presse, Radio, Fernsehen, Nachrichtenagentur und Internet*. München 2003.
Shoemaker, Pamela J.: News and Newsworthiness. In: *Communications* 31/1 (2006), 105–111.
Shoemaker, Pamela J./Cohen, Akiba A.: *News Around the World*. New York 2006.
Staab, Joachim Friedrich: *Nachrichtenwert-Theorie. Formale Struktur und empirischer Gehalt*. Freiburg 1990.
Strömbäck, Jesper/Esser, Frank: Mediatization of Politics. Towards a Theoretical Framework. In: Dies. (Hg.): *Mediatization of Politics*. New York 2014, 3–27.
Uhlemann, Ingrid Andrea: *Der Nachrichtenwert im situativen Kontext*. Wiesbaden 2012a.
Uhlemann, Ingrid Andrea: Nachrichtenwertbestimmung aus Nachrichtenfaktoren – theoretische Konstruktion(en) journalistischer Praxis? In: Susanne Fengler/Tobias Eberwein /Julia Jorch (Hg.): *Theoretisch praktisch!? Anwendungsoptionen und gesellschaftliche Relevanz der Kommunikations- und Medienforschung*. Konstanz 2012b, 185–200.
Weber, Patrick: Nachrichtenfaktoren & User Generated Content. Die Bedeutung von Nachrichtenfaktoren für Kommentierungen der politischen Berichterstattung auf Nachrichtenwebsites. In: *Medien & Kommunikationswissenschaft* 60/2 (2012), 218–239.
Weber, Patrick: Die Nachrichtenwert-Perspektive in der Kommunikationsforschung. Empirische Analysen zu theoretischen Erweiterungen, Differenzierungen und methodischen Herausforderungen (2013). In: http://opac.nebis.ch/ediss/20141954.pdf (20.7.2015).
Weber, Patrick/Engelmann, Ines: *Der Nachrichtenwert von Nachrichtenfaktoren im redaktionsgebundenen Online-Journalismus*. Vortrag auf der 59. Jahrestagung der DGPuK, Passau 28.–30.5.2014.

Weber, Patrick/Wirth, Werner: Nachrichtenfaktoren und Relevanzattribution. Der Einfluss von Nachrichtenfaktoren auf Relevanzurteile von Rezipienten und die moderierende Rolle von Civic Pride. In: *Medien & Kommunikationswissenschaft* 61/4 (2013), 514–531.

Weber, Patrick/Wirth, Werner: Selektionseffekte von Nachrichtenfaktoren in der interpersonalen Nachrichtendiffusion: Die vermittelnde Rolle von Involvement und Elaborationen. In: *Publizistik* 60/2 (2015), 187–203.

Patrick Weber

15 Agenda Setting

Der Agenda Setting Ansatz bzw. die Thematisierungstheorie erklärt, wie bestimmte Themen von den Massenmedien aufgegriffen und priorisiert werden. Er stammt aus der amerikanischen Kommunikationsforschung der 1960er und frühen 1970er Jahre, die insbesondere auf Medienwirkungsforschung fokussiert war, wurde dort eingeführt von Bernhard Cohen (1963) und systematisch entwickelt von Maxwell McCombs und Donald Shaw (1972). Anfang der 1980er Jahre wurde er weitergeführt von Kurt Lang und Gladys Lang (1981). Im Vordergrund der Analysen stehen kontroverse Fragen und gesellschaftliche Probleme, die als Medienthema erfasst werden. Innerhalb der Medien- und Kommunikationswissenschaft hat der Ansatz bis heute zentrale Bedeutung (vgl. Huck 2009). Marcus Maurer (2010) hat in seiner Überblicksdarstellung zum Konzept des Agenda Settings den Agendabegriff auf Basis der klassischen Studien und theoretischen Modelle definiert als »Rangfolge der Themenprioritäten in den Medien (Medienagenda), bei den Rezipienten (Publikumsagenda) und bei politischen Akteuren (Policy Agenda)« (Maurer 2010, 11). Mit dem Einfluss der Policy Agenda auf die Medienagenda haben sich insbesondere Lang und Lang (1981) unter dem Stichwort Agenda Building beschäftigt. Dass sich diese drei Agenden einander wechselseitig beeinflussen, konnten James Dearing und Everett Rogers (1996) herausstellen.

Neben der Thematisierungsfunktion wird auch die Strukturierungsfunktion der Massenmedien im Agenda Setting Modell in den Blick genommen. Dem Ansatz folgend beeinflussen die Medien nicht nur die Publikumsagenda, sie beeinflussen auch die Bedeutung bestimmter Themen für die Mediennutzer, thematisieren und gewichten also bestimmte Probleme und beeinflussen so den gesellschaftlichen Diskurs zu dem jeweiligen Problem und damit auch mögliche Problemlösungsprozesse. Shaw und McCombs (1977) formulieren in ihrer Auseinandersetzung mit dem Prozess des Agenda Settings drei Modelle: das Aufmerksamkeitsmodell (*awareness*), das Thematisierungsmodell (*salience*) und das Themenstrukturierungsmodell (*priorities*). Das Awareness-Modell unterstellt, dass Rezipienten durch Medienberichterstattung auf Themen aufmerksam werden. Das Salience-Modell geht darauf aufbauend davon aus, dass die Häufigkeit der Berichterstattung über ein Thema auch zu einer höheren Einschätzung seiner Wichtigkeit durch das Publikum führt. Das Priorities-Modell besagt, dass sich die thematische Rangfolge der Medienagenda in der Rangfolge der Publikumsagenda widerspiegelt. Empirische Forschung und theoretische Weiterentwicklungen des Agenda Setting Ansatzes nutzen bis heute diese Modelle, um die Wechselwirkung zwischen den Agenden und die damit verbundene Verteilung von Aufmerksamkeit zu analysieren.

Die gesellschaftliche Relevanz des hier dargestellten Prozesses stellt sich vor dem Hintergrund pluralistischer Demokratien wie folgt dar:

»Konfligierende Interessen drücken sich in der sozialen Kommunikation der Gesellschaft in Form von Issues [Themen] aus. Diese Issues konkurrieren um Aufmerksamkeit in der Öffentlichkeit und bei den politischen Entscheidungsträgern. Die Frage, welche Probleme Aufmerksamkeit erhalten, hat entscheidenden Einfluß auf die Ressourcenverteilung in der Gesellschaft. Themenstrukturierungsprozesse spielen damit aus demokratietheoretischer Sicht eine entscheidende Rolle für die Möglichkeiten von organisierten gesellschaftlichen Gruppen, ihre Interessen im politischen System durchzusetzen. Sie stellen damit ein zentrales Instrument der Komplexitätsreduktion im Prozeß der öffentlichen Meinung dar« (Eichhorn 2005, 249 f.).

Maurer (2010, 84) betont ebenfalls die funktionale Relevanz der Agenda Setting Effekte für die Gesellschaft und schreibt den Massenmedien eine »Warn- und Integrationsfunktion« zu, sie erzeugten öffentliche Aufmerksamkeit für zu lösende Probleme (ebd.). Er gibt allerdings zu bedenken:

»Funktional ist dies nur dann, wenn sich die Massenmedien vor allem den Themen zuwenden, die objektiv betrachtet die größte Relevanz besitzen – andernfalls beschäftigen sich die Menschen mit irrelevanten Themen und verlieren die dringlichen Probleme aus den Augen. Die Frage nach der Funktionalität des Agenda-Setting-Effekts ist folglich eng verbunden mit der Frage nach Objektivität der journalistischen Nachrichtenauswahl« (ebd.).

Diese Form des auf Objektivität basierenden funktionalen Agenda Settings ist dabei nur bedingt kompatibel mit journalistischen Nachrichtenfaktoren (s. Kap. V.14), die Wichtigkeit u. a. auch anhand von Aktualität, Nähe und Prominenz der beteiligten Personen konzipieren. Agenda Setting Effekte können also auch dysfunktional für eine Gesellschaft sein, wenn ein dringliches Thema aus der öffentlichen Wahrnehmung verdrängt wird durch Berichte über weniger wichtige, aber möglicherweise aktuellere Themen oder Themen, die zunächst lokal näher dran erscheinen (vgl. Maurer 2010, 86), was in Anbetracht globaler Interdependenzen nur bedingt auch die wichtigeren Themen sind.

Realitätsvorstellungen werden durch den hier beschriebenen Prozess beeinflusst, weshalb diejenigen, die bestimmte Partikularinteressen vertreten, Agenda Setting nutzen um selbige voranzutreiben. Lobbyismus und politische Public Relations (PR) versuchen, Themen und Bewertungsmuster im öffentlichen Diskurs zu platzieren, die Publikumsagenda über den Weg der Medienagenda also entsprechend der eigenen Position zu prägen. Diese Art der Einflussnahme auf die Medienagenda lässt sich folgendermaßen auf den Punkt bringen: »Lobbyists consciously frame and define issues in an effort to encourage policy makers both to share the lobbyist's perspective on a given policy problem, and to suggest to those policy makers what policy solution ought to be adopted« (McGrath 2007, 269). Mittels persuasiver Kommunikationsstrategien werden also nicht nur Themen gesetzt, sondern auch Bewertungen transportiert. Diese Beeinflussung der öffentlichen Agenda durch politische PR ist ebenfalls nicht unproblematisch.

»Media agendas are often set by ›authoritative sources‹ in government and industry upon which news organizations rely. The primary concern is that those in power thus call attention to issues that suit their agendas and distract attention from those that undermine them« (Chandler/Munday 2011).

Wird die Medienagenda einseitig von PR-Quellen bestimmt, lassen sich opportune Themen stärker verbreiten, was von relevanteren, aber nicht machtstabilisierenden oder -erweiternden Themen ablenken kann. Mittlerweile ist jedoch von wechselseitiger Beeinflussung der medialen und der politischen Agenda auszugehen (vgl. Fawzi 2014). Das Agenda Setting wird im Rahmen politischer Entscheidungsfindungen der Phase der Konsenssuche vorangestellt – wie es Iris-Niki Nikolopoulos für verfassungsändernde Prozesse herausgestellt hat. Mit dem Modell lassen sich allgemein also nicht nur bestimmte Entwicklungen im öffentlichen Diskurs erklären, sondern auch Veränderungen der rechtsstaatlichen Grundlagen in demokratischen Gesellschaften, er hat also auch im engeren Sinne normative Relevanz (vgl. Nikolopoulos 2014).

Unter dem Begriff des Second-Level Agenda Settings geht das Agenda Setting über den Prozess der Themensetzung hinaus und nimmt ausgehend von Priming- und Framing-Effekten in den Blick, wie über bestimmte Themen gedacht wird. Affektive Attribute werden für ebenso wichtig erachtet wie der Transfer von Salienz auf der rationalen Ebene der Bedeutungszuschreibung (vgl. McCombs et al. 1997; Coleman/Wu 2010). Das schließt neben den Themen und mit ihnen verbundenen rationalen Argumentations- und Bewertungsmustern auch emotionale Aspekte der Bedeutungsgenerierung ein. Der Priming-Effekt besagt, dass vorangegangene Informationen zu einem Thema bei erneuter Auseinandersetzung damit wieder aktiviert werden. Framing beschreibt, dass Medien durch bestimmte Hervorhebungen oder Auslassungen oder auch sprachliche Verknüpfungen mit anderen Bereichen und Gegenständen bestimmte Bewertungen nahelegen. Nicht nur worüber nachgedacht und was für wichtig erachtet wird, sondern auch wie über etwas nachgedacht wird und wie sich bestimmte Bewertungsweisen durchsetzen, kann darüber erforscht werden. Dass die nahegelegten Bewertungen vom Publikum jedoch nicht notwendigerweise übernommen werden müssen und dass bewusste Auslassungen kritisch hinterfragt werden können, lässt sich durch eine Gegenüberstellung des Modells mit Stuart Halls (1980) Encoding-Decoding Modell erklären. Hall konnte herausstellen, dass es in der Auseinandersetzung mit Medieninhalten drei unterschiedliche Lesarten gibt: die hegemoniale Lesart, die temporär dominanten gesellschaftlichen Diskursmustern folgt, die ausgewogene Lesart, die die Bewertungsvorschläge durch die Medien in Teilen übernimmt und die oppositionelle Lesart, die den vorgegebenen Bewertungsmustern kritisch gegenübersteht und zu gegenteiligen Schlüssen kommt.

Seit der Jahrtausendwende haben sich für die Agenda Setting Forschung insbesondere durch die globale Nutzung des Internets und vernetzter, mobiler Geräte und Anwendungen neue empirische und theoretische Herausforderungen ergeben. Insbesondere Fragen des Intermedia Agenda Settings, der wechselseitigen Beeinflussung der Medienagenda beispielsweise zwischen politischen Blogs und etablierten politischen (Leit-)Medien spielen in der neueren Forschung eine zentrale Rolle (vgl. Tran 2014, 219 f.; Rußmann 2007). Barbara Thomaß spricht in diesem Zusammenhang insbesondere von der Relevanz des *audience-driven* Agenda Settings, in dem konventionelle Medien im Wettbewerb um Aufmerksamkeit mit Internetangeboten und von den Nutzern und Nutzerinnen selbst generierten Inhalten stehen (vgl. Thomaß 2008). Des Weiteren wurden Zusammenhänge zwischen der Medienberichterstattung über politische Themen und den Anfragen in Online-Suchmaschinen als Agenda Setting Effekte interpretiert: die Häufigkeit der Suche nach bestimmten Begriffen wurde als Indikator für die Publikumsagenda interpretiert. Thomas Holbach und Marcus Maurer (2014) konnten jedoch belegen, dass das Suchverhalten nicht nur die Publikumsagenda, sondern auch bestehende Unsicherheit bei einem bestimmten Thema abbildet.

Aktuellere theoretische Weiterführungen des Agenda Settings in Verbindung mit neuen Kommunikationskanälen finden sich beispielsweise im Network-Agenda-Modell (McCombs et al. 2014), was auch als »Third-Level Agenda Setting« bezeichnet wird (Guo et al. 2012). Einzelne Elemente der Bedeutungskonstruktion (Objekte und Attribute) durch Medien werden als Netzwerk modelliert, dessen Vernetzungsmuster durch das Publikum übernommen werden. Wie Thomaß (2008) in ihrem Modell des *audience-driven* Agenda Setting darstellt, verläuft politisches Agenda Setting jedoch nicht notwendigerweise einseitig von Massenmedien zum Publikum. Dies belegt eine Big Data Analyse von Russel Neuman et al. (2014). Hier wurden Aufmerksamkeit und Framing in traditionellen Medien für 29 verschiedene politische Themen verglichen mit dem Äußerungsverhalten zu diesen Themen in sozialen Medien. Die Forschungsgruppe kommt zu dem Schluss, dass es sich um komplexe dynamische Interaktionsprozesse handelt, und dass die Publikumsagenda auch wiederum die Medienagenda beeinflussen kann. Diese Relativierung der Dominanz der medialen Agenda über die Publikumsagenda hat auch bereits Einzug in einschlägige Nachschlagewerke des Fachs genommen: »More recent academic research raises the possibility that the media agenda may be influenced by the public as much as the other way around« (Harcup 2014).

Eine ähnliche Bezeichnung bei etwas anderer Bedeutung findet sich bei dem Ansatz des »Third-Level« oder »Networked Agenda Building« (Schultz et al. 2012), der im Rahmen einer Input-Output Studie zur Krisenkommunikation genutzt wurde. Mittels automatisierter Inhaltsanalysen wurden Differenzen zwischen PR-Inhalten und der amerikanischen und britischen Nachrichtenberichterstattung zu einer Krise des Ölkonzerns BP, der für die Ölpest im Golf von Mexiko (2010) verantwortlich war, ermittelt. Die Studie dokumentiert den Erfolg der Kommunikationskampagne des Konzerns. Dieser konnte sich der Verantwortung für die Ursache – die Explosion der Ölbohrplattform Deepwater Horizon – erfolgreich entziehen und zugleich als aktiver Problemlöser bei der Bekämpfung der Ölpest darstellen. Im dargestellten Fall haben insbesondere die US-amerikanischen Medien die Darstellung des Konzerns übernommen und politische Akteure so dargestellt, als ob sie an Problemlösungen wenig beteiligt gewesen wären. Die Forschungsgruppe kommt zu dem Schluss, dass im Bereich der Krisenkommunikation durch den Konzern gesteuerte »assoziative Frames« teilweise von den Nachrichtenmedien übernommen werden (ebd.). Assoziative Frames beschreiben eine komplexe Verknüpfung von Themen, Akteuren und Attributen, die als semantische Netzwerke messbar werden (vgl. Schultz et al. 2012, 104). Die Salienz semantischer Netzwerke in Pressemitteilungen wird als »teilweise übereinstimmend mit der Salienz semantischer Netzwerke in den Medien« beschrieben. Weitere Forschung in diese Richtung, die auch soziale Netzwerke einbezieht, wird hier ebenfalls unter dem Terminus »Network Agenda Building« gefasst (ebd.).

Medienethische Perspektiven auf den Agenda Setting Prozess: die Notwendigkeit thematischer Kontinuität

Sowohl klassische Agenda Setting Effekte und die damit verbundenen Entscheidungen bezüglich der medialen Relevanzsetzung bestimmter Themen, als auch Thematisierungs- und Gewichtungs-Wechselwirkungen im Kontext von Netzkommunikation sind auch für den Bereich der Medienethik zentral. Die medienethische Perspektive auf den Prozess des Agenda Settings erlaubt es, Entscheidungen im Rahmen der journalistischen Themenauswahl und der Abwägung zwischen verschiedenen Nachrichtenfaktoren entlang ethischer Prinzipien zu begründen. Journalisten und Journalistinnen können gesellschaftlich relevante Themen in den Vordergrund der Öffentlichkeit rücken, die als politische Form eines individuellen wie kollektiven Bewusstseins verstanden wird (vgl. Gerhardt 2012).

Durch die Feedbackstrukturen digitaler öffentlicher Räume und den möglichen Dialog mit dem Publikum findet das journalistische Agenda Setting bzw. finden journalistische Auswahl- und Gewichtungsprozesse ein neues Korrektiv. Ein anschauliches Beispiel zeigt die kollektive Einforderung ethisch begründeter Auswahlentscheidungen in Redaktionen: Die Berichterstattung über die Entführung von 276 Schülerinnen in Chibok, im Nordosten Nigerias, durch die islamistische Terrororganisation Boko Haram am 14. April 2014 war zunächst kaum vorhanden. Die Mädchen im Alter zwischen 15 und 18 wurden aus ihren Schlafräumen heraus verschleppt, die meisten von ihnen sollen offenbar als Sklavinnen zwangsverheiratet werden (vgl. Süddeutsche Zeitung 2014). Während ein Großteil der westlichen Berichterstattung dieser schnell um die Welt gehenden Nachricht zunächst, wenn überhaupt, nur geringe Aufmerksamkeit schenkte (vgl. Pickette 2014), wurden vereinzelte Stimmen innerhalb großer Medienhäuser laut, die eben dies beklagten (vgl. Perkins 2014).

Für mehr Aufmerksamkeit als die Kritik innerhalb der klassischen Medien sorgte allerdings die von Obiageli Ezekwesili gestartete Grassroots-Kampagne #BringBackOurGirls, die sich weltweit über Twitter verbreitete und innerhalb der ersten drei Wochen bereits über eine Million Mal benutzt wurde – was als Prozess des *audience-driven* Agenda Setting verstanden werden kann. Unter dem Hashtag wurde sowohl mangelndes Handeln und das Fehlen klassischer Berichterstattung beklagt, als auch globales Hinsehen und lokales Handeln, um die Mädchen doch noch zu retten, eingefordert (vgl. Shearlaw 2015). Letzteres war bis dato nicht erfolgreich, den lokalen Verantwortlichen wird zum Jahrestag der Entführung mangelnder politischer Wille vorgeworfen (vgl. Gänsler 2015). 57 der entführten Schülerinnen konnten inzwischen selbst fliehen, 219 seien noch immer in der Gewalt von Boko Haram (vgl. Spiegel-Online 2015). Das Beispiel zeigt die Relevanz von kontinuierlicher Berichterstattung, aber zugleich auch, dass sich mediale Aufmerksamkeit nicht immer eins-zu-eins in politisches Handeln umsetzt. Im Sinne des von Maurer eingeforderten funktionalen Agenda Settings muss jedoch aus medienethischer Perspektive in Fällen andauernder Gewalt, wie in diesem, aber auch bei anderen andauernden Problemen, das Agenda Setting verbunden sein mit einem ›Agenda Sustainment‹, mit dem Aufrechterhalten einer kontinuierlichen Berichterstattung auch über einen längeren Zeitraum hinweg und jenseits des Neuigkeits- und Aktualitätsdrucks, den entsprechende Nachrichtenfaktoren begünstigen.

Literatur
Chandler, Daniel/Munday, Rod: Agenda Setting. In: *Oxford Dictionary of Media and Communication (Online Version)*. Oxford 2011.

Cohen, Bernhard: *The press and foreign policy*. Princeton 1963.

Coleman, Renita/Wu, Denis H.: Proposing Emotion as a Dimension of Affective Agenda Setting: Separating Affect into Two Components and Comparing their Second-Level Effects. In: *Journalism and Mass Communication Quarterly* 87/2 (2010), 315–327.

Dearing, James W./Rogers, Everett M.: *Agenda-Setting*. Thousand Oaks 1996.

Eichhorn, Wolfgang: *Agenda-Setting-Prozesse. Eine theoretische Analyse individueller und gesellschaftlicher Themenstrukturierung*. München ²2005.

Fawzi, Nayla: Chronisten, Agenda-Setter oder Politikmacher? Der Einfluss der Medien im politischen Prozess. In: *Zeitschrift für Politik* 61/4 (2014), 437–460.

Gänsler, Kathrin: #BringBackOurGirls – Schülerinnen vor einem Jahr entführt (14.4.2015). In: http://www.taz.de/!5012802/ (30.5.2015).

Gerhardt, Volker: *Öffentlichkeit. Die politische Form des Bewusstseins*. München 2012.

Guo, Lei/Vu, Hong Tien/McCombs, Maxwell: An Expanded Perspective on Agenda-Setting Effects. Exploring the Third Level of Agenda Setting. In: *Revista de Comunicación* 11 (2012), 51–68.

Hall, Stuart: Encoding/Decoding. In: Stuart Hall/Dorothy Hobson/Andrew Love/Paul Willis (Hg.): *Culture, Media, Language*. London 1980, 128–38.

Harcup, Tony: Agenda Setting. In: *Oxford Dictionary of Journalism (Online Version)*. Oxford 2014.

Holbach, Thomas/Maurer, Marcus: Wissenswerte Nachrichten – Agenda-Setting-Effekte zwischen Medienberichterstattung und Online-Informationsverhalten am Beispiel der EHEC-Epidemie. In: *Publizistik* 59 (2014), 65–81.

Huck, Inga: *Wahrnehmungen und Wahrnehmungsphänomene im Agenda-Setting-Prozess*. Baden-Baden 2009.

Lang, Gladys Engel/Lang, Kurt: Watergate. An Exploration of the Agenda-Building Process. In: G. Cleveland Wilhoit/Harold de Bock (Hg.): *Mass Communication Review Yearbook*. Beverly Hills 1981, 447–468.

Maurer, Marcus: *Agenda-Setting*. Baden-Baden 2010.

McCombs, Maxwell E./Shaw, Donald L./Weaver, David H.: New Directions in Agenda-Setting Theory and Research. In: *Mass Communication and Society* 17/6 (2014), 781–802.

McCombs, Maxwell E./Shaw, Donald Lewis: The Agenda-Setting Function of the Mass Media. In: *Public Opinion Quarterly* 36 (1972), 176–187.

McCombs, Maxwell/Llamas, Juan Pablo/Lopez-Escobar, Esteban/Rey, Federico: Candidate Images in Spanish Elections: Second-Level Agenda-Setting Effects. In: *Journalism & Mass Communication Quarterly* 73 (1997), 703–717.

McGrath, Conor: Framing Lobbying Messages: Defining and Communicating Political Issues Persuasively. In: *Journal of Public Affairs* 7 (2007), 269–280.

Neuman, Russel W./Guggenheim, Lauren/Jang, S. Mo/Bae, Soo Young: The Dynamics of Public Attention: Agenda-Setting Theory Meets Big Data. In: *Journal of Communication* 64 (2014), 193–214.

Nikolopoulos, Iris-Niki: *Der Kampf um den Konsens. Verfassungsändernde Prozesse: Vom Agenda Setting bis zur Endabstimmung*. Wiesbaden 2014.

Perkins, Anne: 200 Girls are Missing in Nigeria – So Why Doesn't Anybody Care? (23.4.2014). In: http://www.theguardian.com/commentisfree/2014/apr/23/200-girls-missing-nigeria-care-sewol-tragedy (30.5.2015).

Pickette, Samantha: The Ethics of Agenda Setting (5.8.2014). In: http://www.faspe.info/journalism2014/?p= 373 (30.5.2015).

Rußmann, Uta: *Agenda Setting und Internet. Themensetzung im Spannungsfeld von Onlinemedien und sozialen Netzwerken*. München 2007.

Schultz, Friederike/Kleinnijenhuis, Jan/Oegema, Dirk/Utz, Sonja/Van Atteveldt, Wouter: Strategic Framing in the BP Crisis: A Semantic Network Analysis of Associative Frames. In: *Public Relations Review* 38 (2012), 97–107.

Shaw, Donald Lewis/McCombs, Maxwell E.: *The Emergence of American Political Issues. The Agenda-Setting Function of the Press*. West St. Paul 1977.

Shearlaw, Maeve: Did the #bringbackourgirls Campaign Make a Difference in Nigeria? (14.4.2015). In: http://www.theguardian.com/world/2015/apr/14/nigeria-bring backourgirls-campaign-one-year-on (30.5.2015).

Spiegel-Online: Ein Jahr #BringBackOurGirls: Spurlos verschwunden (14.4.2015). In: http://www.spiegel.de/politik/ausland/boko-haram-in-nigeria-entfuehrte-maedchen-sind-spurlos-verschwunden-a-1028434.html (30.5.2015).

Süddeutsche Zeitung: Boko Haram bekennt sich zu Entführung von Mädchen (5.5.2014). In: http://www.sueddeutsche.de/news/politik/konflikte-nigeria-boko-haram-bekennt-sich-zu-entfuehrung-von-maedchen-dpa.urn-newsml-dpa-com-20090101-140505-99-08100 (30.5.2015).

Thomaß, Barbara: Das Ende der Eindeutigkeiten – Aporien und Dilemmata journalistischer Ethik in einer global vernetzten Mediengesellschaft. In: Bernhard Pörksen/Wiebke Loosen/Armin Scholl (Hg.): *Paradoxien des Journalismus. Theorie – Empirie – Praxis*. Wiesbaden 2008, 297–312.

Tran, Hai: Online Agenda Setting. A New Frontier for Theory Development. In: Thomas J. Johnson (Hg.): *Agenda Setting in a 2.0 World. New Agendas in Communication*. London/New York 2014, 205–229.

Saskia Sell

16 Embedded Journalism

Das Prinzip des so genannten *embedding*, also der Integrierung von Journalisten in kämpfende Truppen, ist nicht erst seit dem Irakkrieg 2003 ein probates Mittel, um von einem Krieg zu berichten: Bereits im amerikanischen Bürgerkrieg sollen Kriegsreporter die Truppen begleitet haben (vgl. Brandenburg 2005, 225). Neu und noch nie zuvor dagewesen war in den Kriegsvorbereitungen zum War on Terror nach 9/11 allerdings – und aus diesem Grund hat sich das Phänomen des *embeddings* oder besser gesagt das Stichwort des *embedded journalist* mit dem Irakkrieg 2003 eingeprägt – eine systematische Planung und Strategie vonseiten des Militärs, um Journalisten in die amerikanischen Truppen zu integrieren. Dieses Vorgehen ist daher ein bereits in anderen Konflikten genutztes, modifiziertes System und muss als Ergebnis eines historischen Prozesses betrachtet werden (vgl. Schwarte 2007, 80). Ziel dieses Systems war eine veränderte Berichterstattung im Vergleich zu jener im Golfkrieg 1991, als das US-Militär auf ein Poolsystem mit ausgewählten Journalisten zurückgriff, die keinen Zugang zu den eigentlichen Kampfzonen erhielten und lediglich vom Militär mit ausgewähltem Bildmaterial versorgt wurden. Diese Art der Berichterstattung war geprägt von der Vorstellung von einem technischen, sauberen Krieg ohne menschliche Verluste. Die amerikanische Regierung betrieb eine Strategie der Informationsverknappung bei gleichzeitiger Überthematisierung der gegebenen Informationen. Die veränderte Presse- und Informationspolitik der US-Administration sah vor allem vor, die Bildmedien aktiv einzubinden. Ziel war eine Entertainisierung und Re-Humanisierung des Krieges. Die *embedded journalists* sollten »›human touch stories‹ über den blutjungen Soldaten A aus dem Ort B bis zur erfahrenen Hubschrauberpilotin Y vom Stützpunkt Z« (Paul 2005, 83) senden, um so auch den Rückhalt an der Heimatfront zu sichern und Identifikationsmöglichkeiten mit den Truppen zu liefern. Hauptinteresse des Militärs war eine systematische Meinungssteuerung, die die amerikanische Bevölkerung positiv zum Kriegseinsatz stimmen sollte. Es ging dabei in erster Linie um ein so genanntes *perception-management*, um sowohl das nationale wie internationale Publikum in der Wahrnehmungsfähigkeit zu beeinflussen (vgl. Schwarte 2007, 102). Eine offizielle Definition des *embeddings* lässt sich bereits 1997 im Field Manual FM 46–1 des Department of the Army finden:

»Embedding is the act of assigning a reporter to a unit as a member of the unit. The reporter eats, sleeps, and moves with the unit. The reporter is authorized open access to all sections of the unit and is not escorted by public affairs personnel. Rather, the unit is the reporter's escort. Reporters file their stories from unit locations and security is accomplished at the source, by establishing with the reporter what can be covered and reported on and what cannot be reported on, or when material can be reported« (Department of the Army 1997, 25).

Embedding zielt demnach in der US-Armee darauf ab, eine offizielle Zensur zu umgehen. Zudem wird mit diesem System eine Bindung zwischen Journalist und Truppe geschaffen und damit auch Identifikation mit den Personen, den Taten und dem Militär an sich. So bemerkt Douglas Kellner unter anderem, dass »die eingebetteten Journalisten dazu neigten, sich mit der Truppe zu identifizieren und oft zum Überleben auf sie angewiesen waren« (Kellner 2007, 31). Dies wurde bereits in den so genannten Boot Camps für angehende *embeds* begünstigt. In dieser der militärischen Ausbildung ähnlichen Grundausbildung wurden die Journalisten von US-amerikanischen Soldaten auf die Anforderungen im Irak trainiert. Die Strategie hinter den Boot Camps sah vor, die Journalisten zunächst auf ihre zukünftige militärische Umgebung und mögliche Gefahrensituationen vorzubereiten, zugleich aber auch eine Identifikation mit dem Militär zu schaffen, um in einer positiven Grundstimmung über das Militär bzw. den Einsatz im Irak zu berichten. Diese Gefahr wurde allerdings bereits von einigen Journalisten gesehen, die sich zunehmend Sorgen um ihre Reputation machten. So sahen sie durch die Ausbildung im Boot Camp mögliche Vorwürfe einer dadurch entstehenden parteiischen Berichterstattung bereits voraus (vgl. Schwarte 2007, 85). Neben den Boot Camps und dem anschließenden eigentlichen Einbettungsprozess beeinflussten auch die so genannten *ground rules*, deren Zustimmung unabdingbar war, die Arbeit der Journalisten. In diesen Grundregeln war festgeschrieben, was Journalisten tun durften, welche Rechte sie hatten und was sie unterlassen mussten (vgl. U.S. DOD 2003, 1 ff.). Die Journalisten hatten keine andere Wahl, als mit der Truppe zu reisen und über das zu berichten, was die Truppe erlebte. Die Freiheit der Berichterstattung war somit, wie Sorana Scholtes festhält, lediglich simuliert, da die Arbeit der Journalisten durch das *embedding* stark eingeschränkt wurde (vgl. Scholtes 2007, 52). Zudem konnte ein Verstoß gegen den Regelkatalog mit einem Ausschluss geahndet werden (vgl. Katovsky 2003, 406 f.). Nicht nur dies macht deutlich, dass sich die Kriegskorrespondenten in einem Spannungsfeld von journalistischen Werten, Forderungen der Medieninstitutionen, des Staates und des Militärs sowie der öffentlichen Meinungen befanden (vgl. Kellner 2007, 21).

Digitalisierung und alternative Informationsquellen

Umfassend für eine größere Anzahl von Medientypen konnte das System des *embeddings* allerdings erst mit dem Fortschritt der Digitalisierung funktionieren. Obwohl es erste Überlegungen zum *embedding* bereits in den 1990er Jahren gab, verwundert es nicht, dass es vor allem ab Mitte der 2000er zur Kontrolle des Journalismus von Seiten des Militärs eingesetzt wurde. Die Digitalisierung, gepaart mit der globalen Verbreitung des Internets, ermöglichte es auch TV-Journalisten, mit relativ wenig technischem Gerät qualitativ hochwertige Beiträge zu produzieren und in die heimischen Sender überall auf der Welt binnen weniger Minuten zu versenden. Die ersten technologischen Innovationen konnten bereits im Golfkrieg 1991 genutzt werden (E-Mail, Satellitentechnik, Laptops), hinzu kamen aber noch kompakte Kameras mit HD-Auflösung oder größere Bandbreiten zur Übertragung des Materials. Medienanstalten mussten keine kompletten Teams mehr in die Kriegsgebiete schicken – wenige Mitarbeiter konnten nun die Berichterstattung realisieren, die dann auch während des *embeddings* ein geringeres Risiko für die Soldaten darstellten.

Obgleich die Digitalisierung es erst ermöglichte, das *embedding* als System zu perfektionieren, entstand damit auch der größte Gegenspieler der Kommunikationsstrategen des Weißen Hauses: Die Möglichkeiten des *World Wide Web* (vgl. Paul 2005, 111). Bereits während der Kriegsvorbereitungen für einen Einsatz in Afghanistan unmittelbar nach 9/11 wurde die stark einseitige Berichterstattung der klassischen Medien in den USA durch eine Vielzahl von Newsblogs ergänzt, die sich auf das Sammeln und Kommentieren von Meldungen zu eben jenen Kriegsvorbereitungen spezialisierten (vgl. Roering 2012, 80). Mit den Vorbereitungen auf den Irakkrieg etablierte sich die Bezeichnung *warblog*. Bis zum eigentlichen Beginn des Irakkriegs am 20. März 2003 konnten sich westliche Blogger selten auf eigenständig recherchierte Informationen beziehen. Sie nahmen jedoch ihre Rolle als so genannte *citizen journalists* wahr, um als Korrektiv der Berichterstattung zu fungieren. Allerdings gab es, noch bevor der Krieg begann, erste Blogs aus dem Irak selbst. Als Beispiel sind hier die Pseudonyme Salam Pax und Riverbend zu nennen, die die Kriegsvorbereitungen in Bagdad in Augenzeugenberichten festhielten (vgl. Kellner 2007, 35). Mit dem Kriegsbeginn änderte sich auch die Berichterstattung der Blogger. Soldaten, die mit der Hilfe von Blogs ihre Erlebnisse aus dem Irak in erster Linie ihren Familien und Freunden berichten wollten, erlangten teilweise große Aufmerksamkeit. So sehr, dass sie unter anderem auch in der klassischen Berichterstattung verwendet wurden. Dass dies nicht im Sinne einer gelenkten Berichterstattung vonseiten des Militärs war, konnte daran erkannt werden, dass viele Blogs wenige Monate nach Kriegsbeginn zensiert wurden. Bevor diese Zensur jedoch eintrat, standen die Erfahrungsberichte der Soldaten den Eindrücken der *embedded journalists* teilweise gegenüber oder ergänzten diese zumindest in einigen Teilen. Die Blogs, egal ob von Soldaten, von *citizen journalists* in Amerika oder von Zivilisten in den Kriegsgebieten, stellten ein alternatives Informationsangebot zu dem vom *embedding* geprägten Mainstream-Journalismus dar. Die *warblogs* als Korrektiv der klassischen Medien wurden insbesondere in der Mitte der 2000er Jahre nach und nach durch diverse Social-Media-Angebote abgelöst. Der Vorteil liegt darin, dass die Vernetzung von Social-Media-Plattformen, beispielsweise von Facebook mit Twitter, zu einer deutlich erhöhten Reichweite beiträgt. Festzuhalten ist auch, dass dieses Korrektiv durch engagierte Bürgerjournalisten, das ursprünglich für Nachrichten über einen Krieg entstand, inzwischen in vielen unterschiedlichen Ressorts vorzufinden ist. Im Umkehrschluss verstärkt der allgemeine Zugriff auf öffentliche Medien allerdings auch das Aufkommen von diversen Verschwörungstheorien oder dem in Deutschland wieder aufkommenden Vorwurf einer Lügenpresse. Allerdings liegt insbesondere in den Informationen, die über das Internet verbreitet werden, die Schwierigkeit, dass sie häufig auf bloßen Meinungen basieren, nicht selbst recherchiert wurden und/oder die Quellen nicht eindeutig zuzuordnen sind.

Anders verhält es sich allerdings mit einer weiteren alternativen Informationsquelle, mit der sich die gelenkte Berichterstattung der *embeds* konfrontiert sah: arabische Fernsehsender, allen voran *Al Jazeera*. Auf dem 1996 ins Leben gerufenen Nachrichtensender *Al Jazeera* konnte auch in Europa der Krieg aus einer nicht-westlichen Perspektive verfolgt werden – und dies unter Berücksichtigung journalistischer Qualitätskriterien. Allerdings wurde auch hier in einigen Fällen Kritik laut, dass *Al Jazeera* das Sprachrohr Osama Bin Ladens sei und somit als Gegenpropaganda einzuordnen sei. Zudem wurde von amerikanischer Seite die Arbeit des Senders als minderwertig und unprofessionell eingestuft (vgl. Biernatzki 2002, 11). Dadurch war jedoch erstmals das westliche Informationsmonopol durch den medialen Globalisierungsprozess gebrochen und ließ eine neue Dimension der Berichterstattung zu (vgl. Volkmer 2003, 1; zitiert nach Schwarte 2007). Neben den Blogs oder anderen Informationen, die über das Internet verbreitet wurden, stellen somit auch arabische Fernsehsender, die weltweit empfangbar sind, ein Korrektiv zur amerikanischen Berichterstattung dar.

Kritik am Embedded Journalism

Das *embedding* und insbesondere die Berichterstattung der *embedded journalists* im Irakkrieg 2003 ist nicht zuletzt durch diese alternativen Informationsquellen mehrfach in die Kritik geraten (grundsätzlich als Gegenentwurf zur Kriegsberichterstattung vgl. den ›Friedensjournalismus/Peace Journalism‹, zurückgehend auf Johan Galtung und Jake Lynch). Meistens bezog sich die Kritik auf fehlende Objektivität oder zu unkritische bzw. zu unreflektierte Berichterstattung. Aus medienethischer Sicht wird dies dann relevant, wenn die Form des *embeddings* die gegebenen ethischen Richtlinien auf individueller (Journalisten) wie auf institutioneller Ebene (Medienunternehmen) beschneidet oder gänzlich aushebelt. Nach dem Irakkrieg bemängelten viele Journalisten, die eingebettet waren, die Einschränkungen, die sie durch das Militär erfahren haben, andere wiederum sahen auch positive Aspekte wie die Unterstützung seitens des Militärs (vgl. Schechter 2003, 19). Danny Schechter führt aus: »Manipulation is always more insidious as well when the manipulated do not fully recognize how they are being used in a carefully calibrated media spin operation« und verdeutlicht damit, dass die Form des *embeddings* Teil einer militärischen Public Relations-Strategie war, obgleich sie einen neuen Blick auf einen Krieg erlaubte (ebd., 19). Auch aus diesem Grund sprechen viele Kritiker vom größten Public Relations-Coup des Pentagons (vgl. Katovsky/Carlson 2003, XIX). Die Kritik der fehlenden Objektivität bezieht sich allerdings weniger auf die Form des *embeddings*, sondern vielmehr auf die Art und Weise, wie über den Krieg berichtet wurde. In vielen Teilen war die Berichterstattung stark subjektiviert (vgl. Volkmer 2003, 1), was mit der Nähe der Journalisten zum Militär und den damit gemachten eigenen Erfahrungen zusammenhängt: Die Bilder und Berichte suggerieren Teilhabe und Nähe und durchlaufen so einen Prozess der Personalisierung (vgl. Paul 2005, 68). Es verschwimmt zudem die Grenze von Beobachtung und Teilhabe. Der Journalist kann in vielen Fällen nicht mehr nur objektiver Beobachter bleiben, sondern ist selbst Teil seiner Beobachtung geworden (vgl. Scholtes 2007, 54). Ebenfalls Ziel der Kritik sind die unterschiedlichen Darstellungsmodi des Krieges geworden. So wird der Irakkrieg Teils als Reality-Soap (vgl. Seifert 2007, 109), Sportereignis (vgl. Schechter 2003, 20) oder Computerspiel (vgl. Sehr 2011) inszeniert. Der starke Inszenierungscharakter hängt einerseits mit der Informationsarmut durch das *embedding* zusammen, ist andererseits allerdings auch der seit dem Golfkrieg 1991 üblichen 24-Stunden-Berichterstattung geschuldet. Der Tenor der Berichterstattung über *embedded journalism* ist jedoch, dass es sich hierbei in der Regel um eine sehr einseitige, dem Militär und damit auch den amerikanischen Interessen positiv gesinnte und soldatenfreundliche und darüber hinaus teilweise ins so genannte ›Militainment‹ gehende Berichterstattung handelt. Andrew Hoskins führt weiter aus, dass hier ein kritischer Journalismus nicht möglich sei: »Living with a story simply does not afford time or space for open and critical journalism« (Hoskins 2004, 61). Das *embedding* liefert, so Ferrari (2003, 221), in erster Linie gute Fernsehbilder, aber keinen guten Journalismus und zeigte auch nur einen kleinen Ausschnitt von dem, was tatsächlich passiert.

Hierin liegt auch eines der grundlegenden Probleme des *embedded journalism*. Die Berichte sind in ihrer Räumlichkeit sehr begrenzt und zeigen nur kleine Ausschnitte aus einem komplexen Sachverhalt: »But embedding comes at a price. We are observing these wars from just one perspective, not seeing them whole« (Ignatius 2010). Es ist daher schwer, die einzelnen Berichte von eingebetteten Journalisten als umfassende Kriegsberichterstattung zu sehen. Es verhält sich in diesem Fall wie bei einem Mosaik, in welchem die einzelnen Berichte oder Sichtweisen nur durch das Zusammenfügen vieler Perspektiven unterschiedlicher Journalisten ein Gesamtbild ergeben können. Und auch dann ist es schwierig, aus den einzelnen Berichten, die in die Kontexte des Krieges einzuordnen sind, ein detailliertes Bild zu zeichnen. Mit nur einer

Perspektive eines *embeds* gelingt dies nicht, da diese Perspektive nur eine bestimmte Wirklichkeit des Krieges zeigt; die aus der Sicht einer kämpfenden Partei in einem bestimmten Handlungsraum, losgelöst vom Gesamtbild. Allerdings muss beachtet werden, dass die Situation der nicht-eingebetteten Journalisten teils deutlich schwieriger war, wie das Zitat des ARD-Reporters Peter Puhlmann, der lediglich im Pressezentrum in Dohar der Informationspolitik der Amerikaner ausgeliefert war, verdeutlicht: »Wir sind hier eingesperrt hinter Stacheldraht und kriegen keine Informationen. Die verarschen uns doch. Wir verplempern hier das Geld der Gebührenzahler« (zitiert nach Paul 2005, 93). Die Verwendung der Berichterstattung von eingebetteten Journalisten in der Irakkriegsberichterstattung 2003 wurde stark kritisiert, da es sich nicht um die Kriegsrealität handelte, sondern nur um eine Form von Kriegswirklichkeit, in deren Darstellung zudem auch nicht gekennzeichnet war, unter welchen Bedingungen sie entstanden ist. Diese Kriegswirklichkeit war geprägt davon, dass sie nur die Perspektive des US-Militärs einnahm und dabei die Perspektive der irakischen Armee und vor allem der irakischen Bevölkerung nahezu ausklammerte. Sorana Scholtes schlägt in diesem Zusammenhang eine Kennzeichnung der Berichte als Erfahrungsberichte von Journalisten vor, die dem Zuschauer verdeutlichen, was er tatsächlich präsentiert bekommt (vgl. Scholtes 2007, 54). Hierbei geht es um eine fehlende Transparenz gegenüber dem Rezipienten, die insbesondere mit dem *embedding* zugenommen hat. Diese fehlende Transparenz zeigt sich auch in einer Studie der *Cardif School of Journalism*, die zeigt, dass fast sechs Monate nach dem Irakkrieg drei Viertel der britischen Bevölkerung nichts unter dem Begriff *embedded reporter* verstehen konnten (vgl. Brandenburg 2005, 226). Aber auch die amerikanischen Zuschauer, wie auch die Zuschauer anderer Länder, seien komplett unvorbereitet auf diese neue Art der Kriegsberichterstattung gewesen (vgl. Schwarte 2007, 83).

Neben einer fehlenden Transparenz gegenüber dem Zuschauer gibt es zudem in der Berichterstattung von *embedded journalists* die generelle Grundproblematik der undurchsichtigen Kontexte. Als *embed* ist es nahezu unmöglich, die eigenen Erfahrungen mit jenen der anderen *embeds* ins Verhältnis zu setzen oder gar das selbst Erlebte in den Gesamtkontext des Krieges einzuordnen: »[…] they did not always know what they were witnessing, nor were they completely free to report it« (Gasher 2005, 211). Durch diesen Umstand ist es schwierig, die sonst für einen Korrespondenten so wichtige Funktion der Augenzeugenschaft in vollem Umfang ausspielen zu können. Insbesondere spielt die Korrespondenten-Persönlichkeit im *embedded journalism* eine besondere Rolle. Die Rolle der Kriegsberichterstatter hat sich im Laufe der Jahre ohnehin verändert und mit dem *embedding* rückten auch die Journalisten noch mehr in den Fokus der Berichterstattung. Die *embeds* wurden nicht selten ikonisiert und erlangten durch ihre ständige Präsenz auf dem Fernsehbildschirm einen Prominentenstatus. Greg McLaughlin bezeichnet dieses Phänomen als *celebrity journalism*, bezieht sich dabei allerdings nicht explizit auf die *embeds* (vgl. McLaughlin 2002, 4). Diese Form von Prominenz scheint jedoch mit den *embeds* ihren bisherigen Höhepunkt erreicht zu haben – so schildert Journalist Phillip Knightley unter anderem selbst, dass es nach Kriegsende in Großbritannien T-Shirts mit seinem Konterfei zu kaufen gab (vgl. Knightley 2004, 543). Die Persönlichkeit des Korrespondenten wird durch das *embedding* unweigerlich zum Gegenstand der eigentlichen Berichterstattung, wie unter anderem auch das Forscherteam Esser, Schwabe und Wilke feststellen (vgl. Esser/Schwabe/Wilke 2005). In der Konsequenz bedeutet dies, dass die Form des auf Subjektivität getrimmten Berichterstattens eine Selbstinszenierung begünstigt. Die Problematik, die damit einhergeht, ist die einer möglichen Abschwächung bzw. Boulevardisierung des Krieges, über den berichtet wird. Es ist allerdings anzumerken, dass dies immer eine individuelle Entscheidung des jeweiligen Journalisten ist und somit in den Bereich der Individualethik fällt. Allerdings, und dies darf man dabei auch nicht vergessen, kann auch das jeweilige Medienunternehmen, für den der Berichterstatter tätig ist, Einfluss auf die (Selbst-)Darstellung des Berichterstatters vor Ort nehmen und muss somit, zumindest teilweise, in Verantwortung genommen werden.

Nicht nur im Zusammenhang mit diesem Phänomen, sondern allgemein mit der Rolle, die Journalisten im System des *embeddings* spielen, lässt sich feststellen, dass nach dem Irakkrieg eine verstärkte Selbstreflexion bei einzelnen Journalisten oder allgemein im Journalismus stattfindet. Einzelne Journalisten, die teilweise einen mehr oder weniger ausgeprägten Prominentenstatus durch ihre Berichterstattung erreicht haben, veröffentlichen Bücher, um ihre Erlebnisse zu verarbeiten – und um in einigen Fällen auch kritisch die Form des *embedding* zu betrachten (vgl. u. a. Schechter 2003; Junger 2010; Dermansky 2009). Kritischer mit dem Phänomen des *embedding* wird allerdings weniger in den Büchern, sondern vielmehr in den eigentlichen Medien selbst umgegangen. So erscheinen insbesondere online diverse Berichte, die die Rolle der Journalisten reflektieren (vgl. u. a. Ignatius 2010; Cockburn 2010). Dieser Umstand verdeutlicht, dass mit dem Ausgang des Krieges und der Offenlegung der amerikanischen Unwahrheiten bezüglich angeblicher Beweise für irakische Massenvernichtungswaffen auch das System des *embeddings* erneut hinterfragt und die Rolle des Journalisten in der Kriegsberichterstattung auf den Prüfstand gestellt wurde. Das *embedding* bzw. die dadurch entstandene Berichterstattung wurde im Nachgang, wenn auch mit einigen Jahren Verzögerung, im Journalismus selbst gründlich thematisiert. Es fällt auf, dass in dieser Selbstreflexion die Transparenz gegenüber dem Publikum gewahrt und besonders auf Problematiken eingegangen wird, die während des Irakkriegs oder unmittelbar danach in Zusammenhang mit der neuen Art der Berichterstattung außerhalb des Journalismus formuliert werden. Zum einen mag die doch große Zeitspanne damit begründet sein, dass selbst nach dem Fall Bagdads noch immer einige Journalisten eingebettet waren. Auch wenn nach dem offiziellen Ende des Irakkriegs das *embedding* als etablierte Form der Berichterstattung inzwischen Teil einer umfassenden Kriegsberichterstattung geblieben ist, muss festgehalten werden, dass sie selten als alleinige Informationsquelle besteht. Dass der *embedded journalism* sich behauptet hat, liegt unter anderem auch daran, dass die 24-Stunden-Berichterstattung während des Irakkriegs einen hohen Aktualitätswert erzeugte und keine Alternativen zuließ. Gleichzeitig hat jedoch die Kritik, egal ob von außerhalb des Journalismus oder von innerhalb, ein Bewusstsein dafür geschaffen, dass Berichte von *embeds* nur *einen* Teil der Kriegswirklichkeit darstellen können.

Das System der Einbettung als Propagandainstrument oder zumindest als gelenkten Journalismus im Sinne einer PR-Strategie für einen Krieg scheint gegen einen neutralen, objektiven Journalismus zu sprechen. Dem entgegen spricht allerdings, dass jeder einzelne Journalist im Rahmen seiner Professionsethik selbst entscheiden kann, wie sehr er sich instrumentalisieren lässt und inwieweit er die Selektivität der Berichterstattung selbst bestimmt. Mit diesem Ansatz bewertet ZDF-Redakteur Nikolas Brendner die Rolle von eingebetteten Journalisten neu: »Es kommt eben sehr auf die Professionalität und die ethische Einstellung des einzelnen Journalisten an, ob er als eingebetteter Journalist gut sein kann oder nicht« (Kraschinski 2003, 3). Darüber hinaus müsste man auch bei den Institutionen der Journalisten ansetzen und zugleich fordern, dass es auch Aufgabe der Nachrichtenagentur oder des Medienunternehmens ist, im Sinne einer institutionellen Ethik zu handeln, um eine Kollision von individueller Professionsethik mit institutionellen Faktoren (bspw. ökonomische oder zeittechnische) zu vermeiden.

Macht Embedding heute noch Sinn? (oder die Zukunft des Embedding)

Für das Militär bedeutete der Einsatz des *embedding* zunächst einen Erfolg in Bezug auf eine strategisch gesteuerte Berichterstattung aus dem Kriegsgebiet. Die neuen Formen der Kommunikation, die insbesondere das Internet zunächst in Form von Blogs und später in Form von diversen Social-Media-Angeboten mit sich brachte, grenzten die uneingeschränkte Informationsmacht jedoch relativ schnell ein. Es verdeutlicht sich, dass es hier neue Formen von Technologien waren, die als Korrektiv zur etablierten massenmedialen Kriegsberichterstattung von engagierten Bürgerjournalisten genutzt wurden. Alleine dieser Umstand macht eine erneute Nutzung des *embeddings* als strategische Komponente der Kommunikation für das Militär äußerst schwierig – vor allem dann, wenn es in Form von Propaganda oder dem so genannten *perception-management* genutzt werden soll.

Das *embedding* von Journalisten in kämpfende Truppen kann sowohl als Bereicherung wie auch als Verschlechterung der Kriegsberichterstattung gesehen werden. Zum einen wird durch das Einbetten in militärische Kampfeinheiten der Zugang zu umkämpften Gebieten möglich, in welche ein unabhängiger Journalist nur mit Schwierigkeiten vordringen kann, zugleich wird der Radius des Journalisten allerdings auf eben jene Einheit, in die er eingebettet ist, eingegrenzt. Sicherlich als Vorteil gegenüber nicht eingebetteten Journalisten ist zu werten, dass eine gänzlich neue Perspektive auf einen Krieg eingenommen werden konnte. Allerdings ist es auch eben diese neue Perspektive, die ohne Transparenz gegenüber dem Zuschauer und ohne weitere, zusätzliche Formen der Berichterstattung nur *eine* Wirklichkeit eines Krieges zeigt. Was allerdings am positivsten an der Form des *embedding* zur Zeit des Irakkriegs gesehen werden kann, ist die anschließende Selbstreflexion des Journalismus und die Erkenntnisse, die Medienvertreter und Unternehmen aus ihrer Rolle gezogen haben. Unter bestimmten Voraussetzungen, sprich einer definierten ethischen Haltung gegenüber der Rolle als Journalist und/oder Medienunternehmen, einer deutlichen Transparenz gegenüber dem Publikum und einer klaren Abgrenzung zu den Informationen, die ausschließlich vom Militär stammen, kann das Einbetten von Journalisten und Journalistinnen auch eine Bereicherung für die Kriegsberichterstattung darstellen.

Inzwischen wird der Begriff des eingebetteten Journalisten auch außerhalb der Kriegsberichterstattung verwendet. Hierbei handelt es sich dann um Journalisten, die sich politischen Strukturen oder Erwartungen anpassen, um beispielsweise als Sprachrohr einer Regierung zu fungieren. Dabei können laut Uwe Krüger Journalisten zu stark in ein Elitenmilieu eingebunden sein, um noch als Anwälte des öffentlichen Interesses kritisch-kontrollierend zu wirken (vgl. Krüger 2013). Unabhängig vom Bereich bzw. von Ressorts, aus welchen ein eingebetteter Journalist berichtet, ist es am Ende eine Frage der eigenen ethischen Positionierung, auf Individual- wie auf Institutionenebene, die ein Eingebettet-Sein als Bereicherung oder Verschlechterung der journalistischen Praxis verstehen lassen.

Literatur

Biernatzki, William E.: Terrorism and Mass Media. In: *Communication Research Trends* 21/1 (2002).

Brandenburg, Heinz: Journalists Embedded in Culture: War Stories as Political Strategy. In: Lee Artz/Yahya R. Kamalipour (Hg.): *Bring 'em on – Media and Politics in the Iraq War*. Maryland 2005, 225–238.

Cockburn, Patrick: Embedded Journalism: A Distorted View of War (2010). In: http://www.independent.co.uk/news/media/opinion/embedded-journalism-a-distorted-view-of-war-2141072.html (15.4.2015).

Department of the Army: FM 46–1 (1997). In: http://www.enlistment.us/field-manuals/fm-46-1-public-affairs-operations.shtml (20.5.2016).

Dermansky, Julie: *Dispatches from Iraq: Five Months as an Embedded Journalist*. San Francisco 2009.

Esser, Frank/Schwabe, Christine/Wilke, Jürgen: Metaberichterstattung im Krieg. Wie Tageszeitungen die Rolle der Nachrichtenmedien und der Militär-PR in den Irakkonflikten 1991 und 2003 framen. In: *Medien & Kommunikationswissenschaft* 53/2 (2005), 314–332.

Ferrari, Michelle (Hg.): *Reporting America at War – an Oral History*. New York 2003.

Gasher, Mike: Might Makes Right: News Reportage as Discursive Weapon in the War in Iraq. In: Lee Artz/Yahya R. Kamalipour (Hg.): *Bring 'em on – Media and Politics in the Iraq War*. Maryland 2005, 209–224.

Hoskins, Andrew: *Televising War – from Vietnam to Iraq*. London/New York 2004.

Ignatius, David: The Dangers of Embedded Journalism, in War and Politics (2010). In: http://www.washingtonpost.com/wp-dyn/content/article/2010/04/30/AR2010043001100.html (15.4.2015).

Junger, Sebastian: *War*. New York 2010.

Katovsky, Bill/Carlson, Timothy: *Embedded: The Media at War in Iraq*. New York 2003.

Kellner, Douglas: Kriegskorrespondenten, das Militär und Propaganda. Eine kritische Betrachtung. In: Barbara Korte/Horst Tonn (Hg.): *Kriegskorrespondenten: Deutungsinstanzen in der Mediengesellschaft*. Wiesbaden 2007.

Knightley, Phillip: *The First Casualty: The War Correspondent as Hero and Myth-Maker from the Crimea to Iraq* [2000]. Baltimore 2004.

Kraschinski, Antje: Kriegsberichterstattung – tendenziöses Militainment? In: *Message* 5/3 (2003), 30–33.

Krüger, Uwe: *Meinungsmacht. Der Einfluss von Eliten auf Leitmedien und Alpha-Journalisten – eine kritische Netzwerkanalyse*. Köln 2013.

McLaughlin, Greg: *The War Correspondent*. London 2002.

Paul, Gerhard: *Der Bilderkrieg. Inszenierungen, Bilder und Perspektiven der »Operation Irakische Freiheit«*. Göttingen 2005.

Peace Journalism. In: http://sydney.edu.au/arts/peace_conflict/research/peace_journalism.shtml (26.6.2015).

Roering, Johanna: *Krieg bloggen: Soldatische Kriegsberichterstattung in digitalen Medien*. Bielefeld 2012.

Schechter, Danny: *Embedded: Weapons of Mass Deception*. New York 2003.

Scholtes, Sorana: *Der Krieg und die Medien. Die Berichterstattung über den Irakkrieg 2003*. Saarbrücken 2007.

Schwarte, Kristina Isabel: *Embedded Journalists – Kriegsberichterstattung im Wandel*. Münster 2007.

Sehr, Marc: *Die virtuellen Facetten des Krieges: Zur Berichterstattung des Irakkriegs 2003 auf CNN*. Hamburg 2011.

Seifert, Thomas: Die Schlacht der Lügen? Kriegs- und Krisenberichterstattung zwischen Objektivität und Manipulation. In: Österreichisches Studienzentrum für Frieden und Konfliktlösung (Hg.): *Gute Medien – Böser Krieg? Medien am schmalen Grat zwischen Cheerleadern des Militärs und Friedensjournalismus*. Wien 2007, 107–113.

U. S. DOD: PUBLIC AFFAIRS GUIDANCE (PAG). In: http://www.defense.gov/news/Feb2003/d20030228pag.pdf (15.4.2015).

Volkmer, Ingrid: Die deutsche Berichterstattung ist sehr differenziert. Der »Embedding journalism« im Irak kann solide Informationen nicht ersetzen. In: *Die Tagespost. Katholische Zeitung für Politik, Gesellschaft und Kultur* (5.4.2003).

Marc Sehr

17 Anwaltschaftlicher Journalismus

Als anwaltschaftlicher Journalismus wird ein Berichterstattungsmuster bezeichnet, dem entsprechend Journalistinnen und Journalisten Partei ergreifen für die Berichterstattung über Ereignisse, Personen oder gesellschaftliche Verhältnisse, die in den Medien unterrepräsentiert sind. Dabei kann es um die Interessen von Minderheiten und um die von (machtlosen) Mehrheiten gehen, über die in den Medien unverhältnismäßig wenig berichtet wird. Beim anwaltschaftlichen Journalismus handelt es sich nicht zwangsläufig um Meinungsjournalismus, aber die Position der Neutralität wird aufgegeben (vgl. Forster 2006; Haas/Pürer 1991; Saxer 1994).

Im Journalismus gibt es eine Vielzahl von Berichterstattungsmustern, die sich durch übereinstimmende Merkmale auszeichnen, die zugleich aber Unterschiede aufweisen können. Die Neutralität aufzugeben ist eines der Merkmale, die anwaltschaftlichen Journalismus unterscheidet. Berichterstattungsmuster insgesamt sind Teil der Programme des Journalismus, die wiederum als Organisations- und Arbeitsprogramme den Analysen der Journalismusforschung entstammen. Die Forschung versucht damit, die Regeln, Standards und Verfahren der Aussagenproduktion im Journalismus in systematischer Weise zu ordnen und zusammenzufassen, um Journalismus über gemeinsame Strukturmerkmale zu identifizieren und um Übereinstimmungen und Unterschiede der verschiedenen Formen von Journalismus erkennen zu können, um also beispielsweise Informations- und anwaltschaftlichen Journalismus zu differenzieren.

Die komplexen journalistischen Tätigkeiten, die für alle Berichterstattungsmuster notwendig sind, bestehen aus unterschiedlichen Schritten und werden durch eine Reihe formalisierter Kriterien strukturiert: den Selektionskriterien (wie Nachrichtenfaktoren), den Bearbeitungsroutinen (wie Recherchieren und Nachrichtenschreiben), den Darstellungsformen (zur Gestaltung und Präsentation von Medienangeboten) und den Arbeitsrollen (wie Fachredakteur und Reporter) (vgl. Weischenberg 1995, 111 ff.). Ein Ordnungsversuch sind Berichterstattungsmuster, die wiederum den Programmen des Journalismus zugeordnet werden. Der Informationsjournalismus ist das bekannteste Berichterstattungsmuster. Es integriert ein Rollenbild (Vermittler), eine Funktionszuweisung (Information), einen Maßstab der Faktenpräsentation (objektiv) und darüber hinaus spezielle Regeln der Selektion, Produktion und Präsentation (vgl. Weischenberg 1995, 111 ff.) sowie nicht zuletzt auch ethische Kategorien, die die jeweiligen Muster prägen. Die Komplexität von Berichterstattungsmustern entsteht aus den unterschiedlichen Ebenen, die zusammengeführt werden: Wert- und Normvorstellungen sowie Funktionen werden ebenso umschlossen wie organisationsspezifische Ziele und Praktiken (Gewinnmaximierung und Organisationsgliederung) und berufsstrukturelle Aspekte (konkrete Arbeitsanleitungen).

Innerhalb der Berichterstattungsmuster nimmt der anwaltschaftliche Journalismus nur eine Randstellung ein, dessen Bedeutung in den letzten Jahrzehnten noch abgenommen hat (vgl. Weischenberg/Malik/Scholl 2006, 107). Dies hat weniger damit zu tun, dass seine »demokratietheoretisch zu begrüßende Funktion« (Wallisch 1995, 65) nicht mehr erforderlich ist, es rührt vielmehr aus dem Wandel des Mediensystems, in dem frühere gesellschaftskritische Funktionen nicht kompatibel mit der Massenfähigkeit angesehen werden. Journalismus wird nicht mehr danach beurteilt, welche Relevanz er für die gesellschaftliche Kommunikation und die Herstellung notwendiger kritischer Öffentlichkeiten hat, sondern danach, ob er massentauglich ist.

Merkmale des anwaltschaftlichen Journalismus

Während es für eine ganze Reihe von Berichterstattungsmustern wie Informationsjournalismus, investigativer Journalismus oder auch Bürgerjournalismus umfangreichere Analysen, theoretische Erklärungen und begriffliche Präzisierungen gibt (vgl. zusammenfassend Weischenberg 1995, 110 ff.), ist der anwaltschaftliche Journalismus ein randständiges Thema. In den 1990er Jahren lassen sich wenige kurze Erläuterungen zu diesem Typus finden (vgl. Haas/Pürer 1991; Wallisch 1995; Saxer 1994).

In der deutschsprachigen Journalismusforschung ist es mittlerweile, auch jenseits systemtheoretischer Diktionen (vgl. Blöbaum 1994), üblich geworden, von Programmen als Strukturmomenten des Journalismus zu sprechen. Mit Organisations- und Arbeitsprogrammen wurden Begrifflichkeiten gefunden, die es erlauben, die komplexen und polymorphen Tätigkeiten und Arbeitsvorgänge zusammenzufassen (vgl. Altmeppen 2006, 94 ff.). Unterscheidbar sind Organisationsprogramme, die unterschiedliche Formen organisationaler Gliederung (Redaktionen, Ressorts, Newsrooms) bezeichnen, und Arbeitsprogramme, die konkrete Tätigkeiten und ihre Regeln benennen. Berichterstattungsmuster liegen nicht nur der Produktion, sondern auch der Rezeption der Medienangebote zugrunde, denn sie geben »Auskunft über die Kommunikationsabsichten und Kommunikationserwartungen im Bereich der Medienkommunikation« (Weischenberg 1995, 124).

Darstellungsformen zum Beispiel haben sowohl für den Journalismus wie für das Publikum eine orientierende Funktion. Mit der Auswahl an Darstellungsformen kann der Journalismus die Präsentation seiner Medienangebote hinsichtlich des Themas, der Themenvermittlung und der Spezifika des Mediums und der Rezipienten abstimmen. Die Rezipienten orientieren sich durch habitualisierte Selektion an den unterschiedlichen Darstellungsformen: Sie treffen ihre Wahl aufgrund der bekannten und gewohnten Muster der Berichterstattung. Investigativer Journalismus z. B. verpflichtet die Journalist/innen auf intensive Recherchearbeit, während das Publikum bei diesem Muster Enthüllungen und kritische Berichterstattung erwartet.

Anwaltschaftlicher Journalismus ist ebenfalls auf die journalistischen Programme angewiesen, die er zu seiner Konstitution und Ausübung benötigt. Zur Ausübung des anwaltschaftlichen Journalismus müssen die Programme jedoch angepasst werden. Dies hat damit zu tun, dass anwaltschaftlicher Journalismus als Teil des Meinungsjournalismus angesehen wird, worüber man jedoch streiten kann. Unzweifelhaft aber benötigt anwaltschaftlicher Journalismus ein hohes Maß an Subjektivität und tritt damit – auch aus ethischer Sicht – klar in eine Gegenposition zum Objektivitätsideal. Die Subjektivität entsteht aus der Mandatur, die der anwaltschaftliche Journalismus ganz dezidiert übernehmen will.

»Noch einen Schritt weiter in die parteiliche (nicht parteipolitische) Subjektivität tut der anwaltschaftliche Journalismus. Als Advokat von Personen oder Gruppen, die selber keinen Zugang zu den Medien oder zu repräsentativen Interessenvertretungen haben, übernimmt der Journalist deren Mandat. Er leiht gewissermaßen jenen seine Stimme, die etwas zu sagen hätten, aber nichts zu reden haben« (Haas/Pürer 1991, 74).

Die Übernahme eines Mandats trägt nolens volens die problematische Entwicklung in sich, dass sehr schnell der Blick für die notwendige Distanz zum Berichterstattungsobjekt verloren gehen kann, was zu unzulässiger einseitiger Verengung von Recherche und Berichterstattungsinhalt führen kann oder zur Instrumentalisierung. Auch wird anwaltschaftlicher Journalismus schnell überhöht und mit falschen Etikettierungen belegt, etwa wenn er eine Stiftung Warentest »zum Schutz für legitime Ansprüche der Bürger« bilden soll (Wallisch 1995, 65). Anwaltschaftlicher Journalismus ist von seinen Ansprüchen und seiner Machart her deutlich umstrittener als der Informationsjournalismus, daher steht er auch deutlich stärker im Fokus ethischer Fragen.

Während Ulrich Saxer noch 1994 anwaltschaftlichen Journalismus zu den Typen von Informationsjournalismus zählt, taucht er bei Siegfried Weischenberg ein Jahr später (1995, 114) nicht auf. Beide Autoren gehen aber davon aus, dass anwaltschaftlicher Journalismus wie die anderen Typen auch als interne Differenzierung zu verstehen ist, als komplementäre statt konkurrierende Struktur (vgl. Saxer 1994, 20; Weischenberg 1995, 113, 117). Das Grundmuster ist der Informationsjournalismus; die Öffentlichkeit zuverlässig mit Informationen zu versorgen ist die »primäre gesellschaftliche Rollenerwartung« (Weischenberg/Malik/Scholl 2006, 102). Auf diesem Grundmuster bauen alle weiteren Rollenselbstverständnisse auf.

Diese Muster lassen sich nach verschiedenen Merkmalen unterscheiden. Die zwischen Saxer und Weischenberg übereinstimmenden Kriterien zur Unterscheidung der Typen von Berichterstattung sind Rollenbild, Intention/Funktion, Ethik, Faktenpräsentation und Kompetenz/Recherche. Saxer (1994, 19) fügt Autonomie als Kriterium hinzu, Weischenberg (1995, 114) Rollenwahrnehmung, Relevanz, Medientyp, journalistische Berufsrolle, Darstellungsformen und Validitätsanspruch. In diesen Rastern ist der anwaltschaftliche Journalismus nach Saxer (1994, 19) geprägt durch das Rollenbild als Anwalt, die Intention dieses Rollenverständnisses ist die Solidaritätsweckung, die Autonomie ist groß, die Berufsethik an sozialen Kriterien orientiert, die Recherche stützt sich auf inoffizielle Quellen und die Faktenpräsentation ist die eines Betroffenheitsjournalismus.

Anwaltschaftlicher Journalismus als Rollenselbstverständnis oder, wie es Scholl und Weischenberg (1998, 161) formulieren, als berufliche Selbstdefinition, sind ein Einstellungskonstrukt und bezeichnet ein potenziell mögliches, nicht ein zwangsläufig aktuell betriebenes Muster (hierzu und zum Folgenden Scholl/Weischenberg 1998, 161), es steht für einen voluntaristischen Handlungsaspekt, nicht für eine tatsächlich ausgeübte Rolle. Unzweifelhaft muss aber diese individuelle Zielsetzung vorliegen, damit von anwaltschaftlichem Journalismus gesprochen werden kann, denn es ist nicht davon auszugehen, dass journalistische Organisationen anwaltschaftlichen Journalismus initiieren, als grundlegende Erwartung formulieren oder zur redaktionellen Linie erklären. Der Wille von einzelnen Journalist/innen wie von journalistischen Organisationen, anwaltschaftlichen Journalismus zu betreiben, ist entscheidend dafür, dass er in der Gesellschaft existiert.

Anwaltschaftlicher Journalismus ist nicht zwangsläufig Meinungsjournalismus, nur weil die Neutralität häufig aufgegeben oder gar nicht beansprucht wird. Anwaltschaftlicher Journalismus kombiniert Standards (Regeln) des Journalismus mit eigenen Kriterien. Der Typus des anwaltschaftlichen Journalismus weist beispielsweise die Vorstellung von Objektivität und Neutralität zurück. Er berichtet bevorzugt über eine Seite eines Themas, und ist dabei nicht beschränkt auf die Beobachterrolle, sondern beabsichtigt durchaus, durch seine Arbeit die Wirklichkeit zu verändern.

Dieses Selbstverständnis führt nicht zu anderen Ausprägungen von Ethik und Verantwortung, sehr wohl aber zu veränderter Gewichtung und Akzentuierung. Gemäß der Verantwortungsrelationen ist Journalismus für die Berichterstattung verantwortlich, insbesondere für einen professionellen, ethisch fundierten Produktionsprozess. Für dessen Erfüllung bedient sich der anwaltschaftliche Journalismus der professionellen Kriterien des Journalismus. Mit dem Anspruch, anwaltlich aufzutreten, richtet der anwaltschaftliche Journalismus jedoch manche seiner Relevanzkriterien anders aus als andere Berichterstattungsmuster. Nicht das, was für viele interessant ist oder das, was aktuell von Interesse ist, wird als Thema ausgewählt, sondern das, was Personen oder Gruppen angeht, die üblicherweise nicht im Fokus der Berichterstattung stehen. Was die weiteren Arbeitsweisen und Regeln des anwaltschaftlichen Journalismus angeht, so bewegen diese sich innerhalb der Programme des Journalismus. Die Wege der Recherche, die Darstellungsformen, die Themen werden aber dem Verständnis des anwaltschaftlichen Journalismus angepasst. Aber Wahrheitstreue und Akkuresse gehören ebenso dazu, um Glaubwürdigkeit zu behalten, Faktentreue und kritische Distanz gegenüber Informanten und Unterstützern sind Kriterien wie auch die Nennung der Quellen. Auch das *audio et altera pars* ist ein Grundsatz des anwaltschaftlichen Journalismus, in dem Sinne, gegnerische oder widerstreitende Argumente nicht zu ignorieren.

Der anwaltschaftliche Journalismus ergreift Partei ohne parteiisch zu sein, was durchaus zu Problemen führt. Zu den Problemen, für die anwaltschaftlicher Journalismus kritisiert wird, gehört, Meinungen als Fakten zu präsentieren und falsch zu informieren und insgesamt damit die Verlässlichkeit des gesamten Journalismus zu untergraben. Das macht den anwaltschaftlichen Journalismus besonders sensibel für ethische Grundsätze. Bedrohlicher für die weitere Existenz eines anwaltschaftlichen Journalismus sind jedoch die Wandlungen im Gefüge von Mediensystem und Publikumssegmenten.

Der Wandel des anwaltschaftlichen Journalismus und seine Gründe

Der Journalismus wandelt sich beständig, die Wandlungsphasen sind mal mehr mal weniger intensiv. Seit Beginn des Jahrtausends ist eine stete Zunahme der Wandlungsprozesse zu beobachten, die vor allem auf die Digitalisierung und ihre Folgen zurückzuführen ist (vgl. Altmeppen 2015; Hohlfeld/Meier/Neuberger 2002; Neuberger/Langenohl/Nuernbergk 2014; Lilienthal et al. 2014). Viele Folgen der Digitalisierung kann der Journalismus durch seine Programme auffangen, die der Routinisierung der Nachrichtenproduktion dienen. Aber als Folge der Umweltveränderungen wandeln sich auch die Programme. Sie entstehen »im Handeln, und einmal entstanden, ›steuern‹ sie Handeln ihrerseits mittels verinnerlichter Normen und äußerer Zwänge« (Luckmann 1992, 2). Umgekehrt passen Journalist/innen ihr Handeln an die veränderten Umweltbedingungen an und verändern darüber die Programme. Diese Selbstorganisation der journalistischen Arbeit erfolgt vor allem nach Maßgabe des Organisationsziels.

Unter Druck gerät der Journalismus durch Distributionsplattformen wie Facebook, YouTube, Google und Twitter sowie durch Drohnen, Roboter und Daten. Diese werden zu Werkzeugen des Journalismus, sie dienen der Recherche und Aktualitätssteigerung und bieten neue Darstellungsformen.

Facebook, Google und die anderen Internetkonzerne dienen einerseits der Kundengewinnung und -bindung. Gleichzeitig avancieren diese Technologiekonzerne selbst zu Medien und setzen den traditionellen Journalismus unter den Druck zum Wandel. Für ambitionierte Berichterstattungsmuster, wie Kritiker und Kontrolleur, Investigativ- und anwaltschaftlicher Journalismus, ist in diesen ökonomisch getriebenen Entwicklungen kaum Platz mehr, denn das Erfolgskriterium ist Massentauglichkeit. Dem entsprechen ambitionierte Berichterstattungsmuster jedoch in der Regel nicht.

Dies führt dazu, dass der anwaltschaftliche Journalismus innerhalb des journalistischen Feldes am Rande zu verorten ist, hinsichtlich der Bedeutung wie hinsichtlich des Umfangs seiner Anwendung. Das lässt sich an den Zustimmungswerten der Journalist/innen zu diesem Berichterstattungsmuster ablesen, die über die Jahre deutlich abnehmen. Gemessen werden diese Werte mit bestimmten *items*, so beispielsweise dem *item* ›sich für die Benachteiligten in der Bevölkerung einsetzen‹ und/oder ›normalen Leuten eine Chance geben, ihre Meinung zu Themen von öffentlichem Interesse zum Ausdruck zu bringen‹.

Die Zustimmung zu diesen Indikatoren, die im weitesten Sinne ein Rollenverständnis des anwaltschaftlichen Journalismus repräsentieren, sank in den vergangenen Jahrzehnten kontinuierlich (vgl. Weischenberg/Malik/Scholl 2006, 106 f.). 2005 konnte sich nicht einmal mehr ein Drittel der Journalist/innen vorstellen, eine anwaltschaftliche Rolle einzunehmen und auch die Umsetzbarkeit dieser Rolle schätzen immer mehr Journalist/innen skeptisch ein. Insgesamt scheint es so, dass in dem Moment, in dem die Funktionen des Journalismus auf Kritik, Kontrolle, Anwaltschaft zugespitzt werden, die Zustimmungswerte sinken.

Doch die Situation ist ambivalent. Die gleichen Digitaltechnologien, die die Macht der Internetkonzerne begründen, verhelfen z. B. über Crowdfunding-Modelle auch Online-Magazinen wie *Krautreporter* oder Recherchezentren wie *CORRECT!V* zu existieren. Beide Organisationen leisten ausweislich ihrer Regeln und Statute Formen des Journalismus, die ansatzweise dem anwaltschaftlichen Journalismus entsprechen.

Probleme des anwaltschaftlichen Journalismus und seine Ethik

Der anwaltschaftliche Journalismus dient als »kompensatorisches Instrument für jene Interessen, die keinen Zugang zum Medienmarkt haben« und er soll dafür sorgen, dass »eine echte, das Ideal der Chancengleichheit realisierende pluralistische Demokratie« hergestellt wird (Detjen 1998, 283). Durch anwaltschaftlichen Journalismus soll folglich Ungleichheit eingeebnet werden beim Zugang zur Öffentlichkeit, es soll eine *countervailing power* etabliert werden, um der Machtlosigkeit derjenigen entgegenzutreten, die nicht zu den Eliten der Gesellschaft gehören.

Es gibt jedoch auch eine Gegenargumentation, die dem Journalismus zwar die Rolle zuteilt, gesellschaftliche Kommunikation für alle herzustellen, aber die Verantwortungslast grundlegender ansiedelt. Danach sei auch Minderheiten Raum in der Berichterstattung zu gewähren, aber die Beseitigung von Ungleichheit und die Schaffung gleicher Lebenschancen sei Aufgabe des Staates, nicht der Medien (vgl. Oberreuter 1982).

Die gegensätzlichen Argumentationen weisen auf die problematische Bedeutung von Ungleichheit und Gerechtigkeit innerhalb der Berichterstattung hin. Es kann immer gefragt werden: Wessen Gerechtigkeit ist gemeint? Gerechtigkeit für die Quellen oder für involvierte Personen oder Gruppen oder für Minderheiten oder für die Öffentlichkeit?

An diesen Fragen ist erkennbar, dass die Anforderung an den Journalismus, ganz gleich, welchem Selbstverständnis er folgt, ihn dazu verpflichtet, sozialverantwortlich zu handeln. In diesem Sinne hat der Report der »Commission on the Freedom of the Press« (1947) schon damals angesichts der Bedrohungen durch Medienkonzentration und dominierender ökonomischer Orientierung Standards für die Idee der Sozialverantwortung formuliert. Faktizität, die Trennung von Nachricht und Kommentar, Vielfalt der Meinungen, Vermeidung von Stereotypen und Diskussion der Werte und Ziele der Gesellschaft gehörten dazu.

Die Sozialverantwortung des Journalismus basiert auf ethischen und professionellen Fundamenten mit drei Schichten: der Individualethik, der Organisationsethik und der Professionsethik. Professioneller Journalismus ist eingebettet in organisationale Settings, die die Arbeit determinieren. Journalist/innen sind Mitglieder der Redaktionen, in denen sie ihre Rollen als Reporter, Redakteur und Produzent erfüllen müssen. Die Redaktion ist darüber hinaus der organisationale Hintergrund für die öffentlichen Rollen der Journalist/innen, wie Vermittler, *watchdog* oder Anwalt.

Die gesellschaftliche Rolle von Journalist/innen steht generell im Konflikt mit ihrer Rolle in Medienorganisationen, wo die Erfolgsregeln der Organisation gelten. Um zu entscheiden, welche Themen eines anwaltschaftlichen Journalismus Publizität haben sollen, ist Relevanz ein wichtiger Aspekt. Die Bestimmung dessen, was als relevant betrachtet wird, unterliegt aber unterschiedlichen Kriterien und Wertsetzungen (s. Kap. V.13, 14). Wie bereits angesprochen, sind für den anwaltschaftlichen Journalismus insbesondere solche Themen relevant, die für Gerechtigkeitsproblematiken stehen. Nicht nur die etablierten Eliten, sondern ebenso Minoritäten und randständige Interessen, die nicht durch wohl organisierte Gruppen gefördert werden, müssen Zugangsmöglichkeiten zur Berichterstattung erhalten. Ein weiteres Kriterium für Journalismus generell wie auch für den anwaltschaftlichen Journalismus ist die Faktizität. Fakten sollten akkurat sein, Zitate korrekt und Fakten und Meinungen sollten in einer Weise arrangiert und verbunden sein, dass sie auseinandergehalten werden können und dass Ursachen und Folgen klar bestimmbar sind. Zur Transparenz der Berichterstattung gehört es, dass die Quellen genannt und beschrieben werden, damit die Rezipienten deren Interessen und Argumente einordnen können.

Viele der journalistischen Berufsnormen sind am Standardmodell des Nachrichtenjournalismus orientiert. Ihre Anwendung macht bei anderen Berichterstattungsmustern durchaus Probleme. Ein zentraler Begriff hierfür ist der der Fairness. Die Vorwürfe der ›Lügenpresse‹, die aus den Reihen der Demonstranten für ›Pegida‹ an die Medien gerichtet wurden, sind das prominenteste Beispiel aus der jüngsten Gegenwart. Aber der Vorwurf, die Medien würden falsch, überzogen und von einseitigen Interessen geleitet berichten, wird mittlerweile gern genutzt von allen Personen und Gruppierungen, deren Handeln von den Journalist/innen kritisch begleitet wird. Die Reaktionen sind mittlerweile ebenso standardmäßig routiniert wie die Berichterstattung: Unternehmen z. B. wiegeln erstmal ab bei kritischer Berichterstattung, die Kirchen verdrehen die Realität und prangern die Berichterstattung als Skandal an, anstatt die Ereignisse zu reflektieren, die tatsächlichen Geschehnisse werden nur scheibchenweise zugegeben. Alle von der Berichterstattung Betroffenen beklagen, nicht fair behandelt zu werden. Je anwaltschaftlicher die Berichterstattung ist, umso schärfer sind die Reaktionen der Betroffenen.

Doch es gibt gute Gründe dafür, nicht sklavisch am Ideal eines objektiven Journalismus festzuhalten (vgl. Altmeppen/Arnold/Kössler 2012). Das wird einsichtig schon allein daraus, dass auch Journalist/innen, die ihre soziale Verantwortung ernst nehmen, in ihrer Arbeit aber die Mächtigen kritisieren sowie Skandale, Machtmissbrauch und Korruption aufdecken, schwerlich ausgewogene Berichterstattung leisten können, die alle Parteien fair behandelt. Die, die kritisiert werden, werden immer über unfaire Berichterstattung klagen.

Es lassen sich permanent Beispiele dafür finden, dass journalistische Berichterstattung nicht fair im Sinne von ausgleichend sein kann und auch gar nicht fair sein soll in bestimmten Fällen. Die Missbrauchsfälle in den Kirchen, die Korruption im Sport, die Betrügereien der Großbanken, die demokratiefeindlichen Pöbeleien von Neo-Nazis sind Ereignisse, deren Narration in den Medien nach Fairnessregeln, ausgewogen und objektiv, nicht korrekt wiedergegeben werden könnten.

Journalist/innen sollen, und bei einem anwaltschaftlichen Journalismus müssen sie, in bestimmten Fällen diejenigen, die die Regeln brechen, ›unfair‹ behandeln, sie können nicht ausgewogen berichten, wenn sie als Anwälte auftreten für diejenigen, die selbst unfair oder verbrecherisch behandelt werden, sie sollen Partei ergreifen für diejenigen, die keine Lobby haben in den gesellschaftlichen Entscheidungsprozessen.

Im Hinblick auf die Dimensionen journalistischer Ethik lässt sich festhalten:

1. *Publikumsethik* bedeutet im Hinblick auf anwaltschaftlichen Journalismus, dass das Publikum oder Teilöffentlichkeiten damit leben müssen, dass die Berichterstattung nicht in jedem Fall ausgewogen bzw. fair ist und dies auch weder sein kann noch sein darf. Die Ereignisse um die ›Pegida‹-Demonstrationen und die daraus resultierenden Vorwürfe der ›Lügenpresse‹ haben, jenseits aller Fehler der Berichterstattung, schmerzhaft deutlich gemacht, dass die Funktionen und Leistungen des Journalismus nicht ausreichend bekannt sind (was auch am mangelnden Medienjournalismus liegt) noch ausreichend als eminent wichtiges Grundrecht geachtet werden. Befördert wird die Erosion der journalistischen Leistungen durch permanente verbale Angriffe aus Politik, Wirtschaft und Gesellschaft gegen die Berichterstattung.

2. *Individualethisch fundierte Interessen von Journalist/innen* am anwaltschaftlichen Journalismus können sich nur entfalten, wenn dieses Berichterstattungsmuster in der praktischen Arbeit angewendet und in der Ausbildung gelehrt wird. Beides ist in den traditionellen Medien und in der Ausbildung auf dem Rückzug. Es sind derzeit eher die journalistischen Experimente wie *CORRECT!V* oder *Krautreporter*, die ein Fortdauern des anwaltschaftlichen Journalismus sichern.

3. Redaktionen und Redaktionsbüros sind die Sachwalter einer *Organisationsethik*, die die individuelle Ethik fördert und unterstützt. Es sind also auf der organisationalen Ebene die Fragen zu stellen, die sich mit den Standards eines anwaltschaft-

lichen Journalismus befassen. Und, noch weitergehender, müssen die journalistischen Organisationen die Frage beantworten und die Entscheidung fällen darüber, ob das Muster eines anwaltschaftlichen Journalismus betrieben wird. Derzeit fällt diese Entscheidung, wenn sie überhaupt in den Medienorganisationen angesprochen wird, nur bei wenigen so genannten Elitemedien positiv aus. Nur wenn ein individuelles Selbstverständnis als anwaltschaftlicher Journalist und eine organisationale Akzeptanz und Unterstützung dieses Selbstverständnisses zusammenkommen, kann anwaltschaftlicher Journalismus betrieben werden.

4. In die gleiche Richtung weist die Bedeutung eines anwaltschaftlichen Journalismus auf der Ebene der *Institutionenethik*. Wenn Journalistengewerkschaften diesen Typus des beruflichen Selbstverständnisses gar nicht mehr erwähnen in ihren Berufsbildern und wenn die Entscheider/innen im Presserat nicht bereit sind, die Besonderheiten einer Berichterstattung von anwaltschaftlichen Journalist/innen anzuerkennen, wird der gesellschaftliche, organisationale und individuelle Stellenwert des anwaltschaftlichen Journalismus noch weiter marginalisiert werden.

Literatur

Altmeppen, Klaus-Dieter: *Journalismus und Medien als Organisationen. Leistungen, Strukturen und Management.* Wiesbaden 2006.
Altmeppen, Klaus-Dieter: Automaten kennen keine Moral. Metamorphosen des Journalismus und die Folgen für die Verantwortung. In: *Communicatio Socialis* 48/1 (2015), 16–33.
Altmeppen, Klaus-Dieter/Arnold, Klaus: Ethik und Profit. In: Carsten Schicha/Carsten Brosda (Hg.): *Handbuch Medienethik*. Wiesbaden 2010, 331–347.
Altmeppen, Klaus-Dieter/Arnold, Klaus/Kössler, Tanja: Are the Media Capable of Fair Reporting? Remarks on the Principle of Fairness in Professional Journalism. In: Elisabeth Kals/Jürgen Maes (Hg.): *Justice and Conflicts. Theoretical and Empirical Contributions*. Berlin/Heidelberg 2012, 329–343.
Blöbaum, Bernd: *Journalismus als soziales System. Geschichte, Ausdifferenzierung und Verselbständigung*. Opladen 1994.
CORRECT!V: Redaktionsstatut und Satzung. In: https://correctiv.org/correctiv/redaktionsstatut/ (22.9.2015).
Detjen, Joachim: Pluralismus. In: Otfried Jarren/Ulrich Sarcinelli/Ulrich Saxer (Hg.): *Politische Kommunikation in der demokratischen Gesellschaft*. Opladen 1998, 275–284.
Forster, Klaus: *Journalismus im Spannungsfeld zwischen Freiheit und Verantwortung. Das Konzept des ›Public Journalism‹ und seine empirische Relevanz*. Köln 2006.
Haas, Hannes/Pürer, Heinz: Berufsauffassungen im Journalismus. In: Heinz-Werner Stuiber/Heinz Pürer (Hg.): *Journalismus. Anforderungen, Berufsauffassungen, Verantwortung*. Nürnberg 1991, 71–85.
Hohlfeld, Ralf/Meier, Klaus/Neuberger, Christoph: Innovativer Journalismus – Neuer Journalismus. Zur Einführung. In: Dies. (Hg.): *Innovationen im Journalismus. Forschung für die Praxis*. Münster 2002, 11–22.
Hohlfeld, Ralf: Vom Informations- zum Pseudojournalismus. Berichterstattungsmuster im Wandel. In: *Communicatio Socialis* 36/3 (2003), 223–243.
Krautreporter: Über uns. In: https://krautreporter.de/pages/ueber_uns (22.9.2015).
Lilienthal, Volker/Weichert, Stephan/Reineck, Dennis/Sehl, Annika/Worm, Silvia: *Digitaler Journalismus. Dynamik – Teilhabe – Technik*. Leipzig 2014.
Luckmann, Thomas: *Theorie des sozialen Handelns*. Berlin/New York 1992.
Neuberger, Christoph/Langenohl, Susanne/Nuernbergk, Christian: *Social Media und Journalismus*. Düsseldorf 2014.
Oberreuter, Heinrich: *Übermacht der Medien. Erstickt die demokratische Kommunikation?* Zürich 1982.
Saxer, Ulrich: Medienkonkurrenz und Journalismustypen. Thesen aus der Sicht eines Kommunikationswissenschaftlers. In: Walter Hömberg/Jan Tonnemacher (Hg.): *Journalisten in der Medienkonkurrenz*. Eichstätt 1994, 16–27.
Scholl, Armin/Weischenberg, Siegfried: *Journalismus in der Gesellschaft*. Opladen/Wiesbaden 1998.
Schütz, Alfred/Luckmann, Thomas: *Strukturen der Lebenswelt*, Bd. 1. Frankfurt a. M. ³1988.
Wallisch, Gianluca: *Journalistische Qualität. Definitionen – Modelle – Kritik*. Konstanz 1995.
Weischenberg Siegfried: *Journalistik. Theorie und Praxis aktueller Medienkommunikation*, Bd. 2: Medientechnik, Medienfunktionen, Medienakteure. Opladen 1995.
Weischenberg, Siegfried/Malik, Maja/Scholl, Armin: *Die Souffleure der Mediengesellschaft. Report über die Journalisten in Deutschland*. Konstanz 2006.

Klaus-Dieter Altmeppen

18 Quellenschutz

Das Menschen- und Grundrecht auf Medienfreiheit, insbesondere auf Pressefreiheit gewährleistet europaweit die ungehinderte Sammlung, Veröffentlichung und Verbreitung von Nachrichten und Meinungen in Staat und Gesellschaft. Den im Pressebereich Tätigen steht ein publizistisches Zeugnisverweigerungsrecht hinsichtlich des Quellmaterials zu. Presse- und Medienprodukte genießen Rechtsschutz, insbesondere gegen Maßnahmen der Beschlagnahme von Redaktionsmaterial und der Durchsuchung im Pressebereich. Grundlage für den Umgang mit Nachrichten- und Informationsquellen sind jenseits zwingender rechtlicher Normen auch weitergehende ethische Anforderungen, die eine spezifische Medienverantwortung begründen.

Schutz der Meinungs- und Medienfreiheit im nationalen und internationalen Recht

In der europäischen, insbesondere aber in der amerikanischen Verfassungstradition ist die Öffentlichkeit ein Mittel zur Befreiung der Person, der Demokratisierung der Gesellschaft und des Zustandekommens einer Republik. Staatstätigkeit ist grundsätzlich ›Res Publica‹, also eine ›öffentliche Sache‹, und vor den Bürgerinnen und Bürgern offenzulegen. Dazu muss die Hermetik politischer Macht aufgebrochen werden. Eine wesentliche Voraussetzung ist der freie Zugang zu Informationen über den Staat, damit sich die Menschen eine Meinung darüber bilden können, worüber sie entscheiden. An dieser Schnittstelle kommt den Medien die wichtige Aufgabe zu, Informationen zu sammeln, aufzubereiten und öffentlich zu machen ohne dabei durch einen fehlenden Schutz ihrer Quellen behindert zu werden.

Die Meinungs- und Medienfreiheit sichert die öffentliche Kommunikation. Sie gehört zu den grundlegenden allgemeinen Menschenrechten wie sie die französische ›Deklaration der Menschen- und Bürgerrechte‹ bereits im Jahre 1789 zum Ausdruck gebracht hat. Die Deklaration der menschenrechtlichen Freiheiten in der Europäischen Menschenrechtskonvention spiegelt den gesamteuropäischen ›ordre public‹ wider (vgl. Borowsky in: Meyer, Vorbem. Art. 1 Rn. 5). Artikel 11 der EU-Grundrechte-Charta basiert vor allem auf Artikel 10 der Europäischen Menschenrechtskonvention (vgl. Bernsdorff, in Meyer, Art. 11 Rn. 1); beide Normen grundieren die presse- und medienrechtlichen Grundrechte in den nationalen Verfassungen der EU-Mitgliedstaaten (vgl. Hoffmeister 2001, 349, 3533 ff.), etwa Artikel 5 des deutschen Grundgesetzes. In den USA werden die Rede- und Pressefreiheit durch den bis heute maßgeblichen ersten Zusatzartikel (*First Amendment*) zur Bundesverfassung ausdrücklich geschützt. Der Schutz knüpft an die *Bill of Rights* des Staates Virginia von 1776 an, die die erste verfassungsrechtliche Verankerung der Meinungsfreiheit (*free speech*) beinhaltete.

Einen wichtigen Auslegungsmaßstab zu Begriff und Inhalt der Medienbestimmungen bildet Artikel 19 der *Allgemeinen Erklärung der Menschenrechte* (AEMR) von 1948, der durch den so genannten UN Menschenrechtspakt ausgearbeitet, 1966 zur Ratifikation in den Unterzeichnerstaaten freigegeben wurde (vgl. Schiedermair 2012, 72 ff.) und 1976 in Kraft trat.

Die wichtigsten Rechtsquellen, um die Anforderungen der Meinungs- und Pressefreiheit zu interpretieren, sind die Rechtsprechung der höchsten europäischen Gerichte: der Europäische Gerichtshof für Menschenrechte (EGMR) in Straßburg, der Gerichtshof der Europäischen Union (EuGH) in Luxemburg sowie unabhängige nationale Verfassungsgerichte, z. B. das deutsche Bundesverfassungsgericht (BVerfG) in Karlsruhe. Im außereuropäischen Raum ist insbesondere der Supreme Court in Washington D. C., das oberste Gericht der Vereinigten Staaten, zu nennen.

Medienfreiheit und Demokratie

Demokratie und Meinungsfreiheit bedingen einander (BVerfGE 7, 198). Das Demokratieprinzip setzt die Möglichkeit voraus, dass Bürgerinnen und Bürger informiert sind (Recht auf Informationsfreiheit) und in einem offenen Willensbildungsprozess Stellung beziehen können. Zugleich ist die Meinungsfreiheit ein wesentliches Element der Presse- und Medienfreiheit (BVerfGE 20, 176, vgl. BVerfGE 117, 244, 258 f.). Die Journalisten garantieren die Verbreitung individuellbürgerlicher Äußerungen in einem Staat mit funktionierenden Medien. Diese Freiheit ist insbesondere dann gefährdet, wenn Staatsanwälte und Polizisten Redaktionen durchsuchen und Informationsquellen in Aktenordnern oder auf Festplatten beschlagnahmen. Im Spiegel-Urteil aus dem Jahr 1966 und im Cicero-Urteil aus dem Jahre 2007 hat sich das deutsche Bundesverfassungsgericht mit dieser Frage befasst. Das Gericht hat die Durchsuchung der Spiegel-Redaktion zum Anlass genommen, um die grundsätzliche Bedeutung kritischer Journalisten für die Demokratie darzulegen. Es betont im Spiegel-Urteil (BVerfGE 20, 162, 174):

> »Eine freie, nicht von der öffentlichen Gewalt gelenkte, keiner Zensur unterworfenen Presse ist ein Wesenselement des freiheitlichen Staates; insbesondere ist eine freie, regelmäßig erscheinende politische Presse für die moderne Demokratie unentbehrlich. Soll der Bürger politische Entscheidungen treffen, so muss er umfassend informiert sein, aber auch Meinungen kennen und gegeneinander abwiegen können, die andere sich gebildet haben. Die Presse hält diese ständige Diskussion in Gang; sie beschafft die Informationen, nimmt dazu selbst Stellung und wirkt damit als orientierende Kraft in der öffentlichen Auseinandersetzung.«

Die Entscheidung umreißt den normativen Gehalt der Meinungs- und Medienfreiheit, insbesondere der Pressefreiheit, die dem Einzelnen Autonomie, das heißt Selbstbestimmung, erlaubt, die nach Immanuel Kant zum »Ausgang des Menschen aus seiner selbst verschuldeten Unmündigkeit« führt (Kant 1784).

Die Freiheit der Meinungsäußerung gilt nach der Rechtsprechung des Europäischen Gerichtshofs für Menschenrechte nicht nur für Informationen oder Ideen, die Zustimmung finden und als harmlos betrachtet werden, sondern auch für solche, »die verletzend, schockierend oder beunruhigend wirken« (Spielmann/Schuster 2013, 165 f.).

Medienfreiheit und Datenschutz

Grundsätzlich ist im politischen Meinungskampf Kritik auch in überspitzter und polemischer Form erlaubt. Seit den Terroranschlägen des 11. Septembers 2001 in New York schränken auch rechtsstaatliche Demokratien die freie Meinungsäußerung durch verschiedene Methoden unverhältnismäßig ein, etwa durch das anlassfreie weltweite Abhören der Telekommunikation, also insbesondere der Kommunikation per Internet. Wenn Menschen aber befürchten müssen, dass ihnen aus ihrer Meinungsäußerung offline oder online Nachteile erwachsen, selbst wenn es sich nur um die Rechtfertigung einer Äußerung handelt, werden sie solche Äußerungen auch gegenüber Medienvertretern unterlassen (vgl. Tinnefeld/Buchner/Petri 2012, 5 f., 7 ff.). Die amerikanische Verfassungsrechtsprechung spricht hier von einem »Chilling Effect«, von einer vereisenden Wirkung (U. S. Supreme Court 1952). Sie beeinflusst das freiheitliche Klima der politischen Auseinandersetzung, insbesondere auch das Grund- und Menschenrecht auf informationelle Selbstbestimmung (BVerfGE 65, 1), wonach der Einzelne selbst entscheiden können soll, ob er persönliche Meinungen preisgeben oder ihre Äußerung unterlassen will (s. Kap. VII.25).

In einem Klima der Angst vor Überwachung und der »Furcht vor einer unkontrollierbaren Persönlichkeitserfassung« (BVerfGE 65, 13 f.) werden Menschen eingeschüchtert und unterlassen kritische Äußerungen (s. Kap. VII.24). Die Freiheit der Meinungsäußerung ist daher auf informationelle Selbstbestimmung bzw. auf den Datenschutz angewiesen, der als ausgleichende Reaktion auf den informationellen Machtgewinn des Staates durch die elektronische Datenverarbeitung entstanden ist.

Das Bundesverfassungsgericht hat das Grundrecht auf Datenschutz 1983 aus dem verfassungsrechtlichen Persönlichkeitsschutz geschöpft und ihm eigene Konturen verliehen. Das Gericht (BVerfGE 65, 1, 45) betont, dass eine Person über den Verwendungszweck ihrer Daten Kenntnis haben müsse: »Erst wenn Klarheit darüber besteht, zu welchem Zweck Angaben verlangt werden, und welche Verknüpfungs- und Verwendungsmöglichkeiten bestehen, lässt sich die Frage nach einer zulässigen Beschränkung des Rechts auf informationelle Selbstbestimmung beantworten.« Diese Forderung kann zu Spannungen zwischen einer effektiven Berichterstattung der Medien etwa bei der Aufklärung von Straftaten und der informationellen Selbstbestimmung bzw. dem Datenschutz des Beschuldigten führen. Dieser Gegensatz ist in der Sache vorgezeichnet.

Soweit Medien personenbezogene oder -beziehbare Daten ausschließlich zu eigenen journalistisch-redaktionellen Zwecken verarbeiten und nutzen, unterliegen sie europaweit einem datenschutzrechtlichen Presseprivileg (vgl. Tinnefeld/Buchner/Petri 2012, 169 ff., 174 f.). Es war bisher in der EU-Datenschutzrichtlinie von 1995 geregelt und wurde nun in der EU- Datenschutzgrundverordnung verankert, die am 25. Mai 2016 in Kraft getreten und ab dem 25. Mai 2018 anwendbar ist. Die Grundverordnung weist wie bereits die Richtlinie (Art. 9 DSRL und Erwägungsgrund 72) den EU-Mitgliedstaaten die verfassungsmäßig vorgegebene Aufgabe (Art. 85 DSGVO) zu, den Datenschutz mit dem Recht auf freie Meinungsäußerung und Informationsfreiheit, einschließlich der Verarbeitung personenbezogener Daten zu journalistischen Zwecken und zu wissenschaftlichen, künstlerischen oder literarischen Zwecken, in Einklang zu bringen. Mit anderen Worten, abweichende Regelungen in den Mitgliedstaaten sind zulässig, soweit sie zu diesem Zweck erforderlich sind. Das heißt, dass die in Spannung stehenden Rechte in der konkreten Situation ihres Aufeinandertreffens im Wege der Lösung von Normenkollisionen (also der praktischen Konkordanz) angemessen gewichtet werden müssen.

Bei der Abwägung zwischen der Medienfreiheit und dem Datenschutz muss berücksichtigt werden, ob die Journalisten im konkreten Fall eine Angelegenheit von öffentlichem Interesse ernsthaft und sachbezogen darstellen. Dies ist in der Regel bei investigativer Arbeit (kritischer Qualitätsjournalismus) der Fall. Jede Art von Presse, auch die so genannte ›Regenbogenpresse‹ und ›Guerillapresse‹ sind zwar schützenswert; andernfalls würde eine Zensur greifen. Bei der Abwägung mit dem Datenschutz einer betroffenen Persönlichkeit kommt aber der Medienfreiheit ein umso größeres Gewicht zu, je höher das Informationsinteresse am Inhalt eines Berichts für die Öffentlichkeit einzustufen ist. Bei Berichterstattung und Bildveröffentlichung ist die Privatsphäre auch von wichtigen Persönlichkeiten besonders zu berücksichtigen, wenn es sich nicht um einen Beitrag von öffentlichem Interesse handelt. Der Europäische Gerichtshof für Menschenrechte (EGMR NJW 2004, 2647 ff.) hat in seiner Rechtsprechung deutlich diese Richtung vorgegeben.

Die Meinungs- und Medienfreiheit bezieht ihren Sinn nicht zuletzt aus der Sicherung einer geschützten Privatsphäre und einer sicheren vertraulichen Telekommunikation. Der Privatheitsschutz und das Kommunikationsgeheimnis (Art. 8 EMRK) sind im digitalen Zeitalter eine Bedingung dafür, dass der Einzelne seine Meinung in der vernetzten Welt frei äußern kann (vgl. Tinnefeld 2015, 26 f.; s. Kap. VI.23). Fehlen die Voraussetzungen für eine vertrauliche Kommunikation etwa mit Informanten bzw. externen Quellen, dann ist vor allem die Recherchefreiheit des investigativen Journalisten gefährdet, die ein hohes Maß an gesellschaftlicher (sozialer, wirtschaftlicher, politischer usw.) Relevanz hat.

Die vielfältigen öffentlichen Aufgaben kritischer Medienvertreter in Hinsicht auf Meinungs- und Medienfreiheit werden staatlicherseits, aber auch durch Dritte bedroht, wie etwa im Fall der Erstveröffentlichung und der Frage des ›Ob‹ einer Zweitveröffentlichung von bissigen religiös-politischen Karikaturen aus Dänemark und Frankreich im Internet (vgl. Ash 2015, 4 ff.). Karikaturen sind nicht universal verständlich. Bei weltweit zugänglichen Karikaturen könnte es für Betrachter schwierig werden, die Bilder aus ihrem kulturellen Kontext heraus zu deuten.

Medienfreiheit und Quellenschutz

Medien sollen Bürger und Bürgerinnen über alles Relevante verlässlich informieren, damit sie trotz digitaler Informationsüberflutung nicht »over-newsed and underinformed« kommunizieren müssen und gleichzeitig die »Pluralität der Meinungen« hinreichend gewahrt ist (Kühling, in: Wegener 2014, § 7, Einleitung Rn. 7).

Die funktionale Bedeutung der Meinungs-, Presse- und Medienfreiheit kann für die Berichterstattung und freie Kommunikation in einer Demokratie kaum hoch genug eingeschätzt werden. Presse und Medien werden daher häufig auch als vierte Gewalt im Staat bezeichnet. Bei den drei staatlichen Gewalten – Gesetzgebung, Verwaltung und Rechtsprechung – handelt es sich jedoch um eine unterscheidbare Funktionstrennung, um die Machtbalance und Kontrolle im Staat selbst zu erhalten.

Die Medienfreiheit ist kein Produkt der Gewaltenteilung. Für sie trifft das Wort des berühmten amerikanischen Verfassungsrichters Benjamin N. Cardozo zu, der die Pressefreiheit als »Matrix« und unverfügbare Bedingung jeder anderen Freiheit bezeichnet (vgl. US Supreme Court, Palko v. State of Connecticut, Urt. v. 06.12.1937, 302 U. S. 379 [1937]). Diese Formulierung wurde von vielen höchsten Gerichten weltweit aufgegriffen, insbesondere auch vom Europäischen Gerichtshof für Menschenrechte. Der Straßburger Gerichtshof bezeichnet die Pressefreiheit als »Fundament und Basis jeder demokratischen Gesellschaft«, als *public watchdog* einer Demokratie (vgl. z. B. EGMR, Observer and Guardian vs. Vereinigtes Königreich, Nr. 13585/88, A/216 [1991], Ziff. 59 b, EuGRZ 1995, 16). Als solcher ist die zensurfreie Presse ein unverzichtbarer Stabilisationsfaktor in einer Demokratie. Mit besonderer Aufmerksamkeit behandelt der Gerichtshof Satire und Ironie als eine Form von künstlerischen Ausdruck und Sozialkommentar, der darauf abzielt zu provozieren (EGMR, Vereinigung Bildender Künstler vs. Österreich, Nr. 2773/94, Urteil v. 25.01.2007, NL. 2007, 19.) Der ironische Dichter und Jurist Heinrich Heine (in: Vorbaum 2006, 59) spricht vom Segen der Pressefreiheit: »[…] sie raubt der kühnen Sprache der Demagogen allen Zauber der Neuheit, und sie erstickt in der Geburt schon die Lügengerüchte […], die im hellen Sonnenlicht aber elendig und jämmerlich verdorren.« Dazu dient der besondere Schutz des Informationsmaterials von Presse und Medien vor fremdem Zugriff.

Nach der ständigen Rechtsprechung des Europäischen Gerichtshof für Menschenrechte ist der Schutz journalistischer Quellen, eine der »Grundbedingungen der Pressefreiheit«, durch Artikel 8 EMRK abgesichert; eine Offenlegung dieser Quellen darf nur erzwungen werden, wenn ein überragendes öffentliches Interesse daran besteht (EGMR, Goodwin vs. Vereinigtes Königreich [GK], Nr. 17488/90, Urteil v. 27.03.1996. NL 1996, 83; Voskuil vs. Niederlande [Ziff. 65], Nr. 64752/01, Urteil v. 22.11.2007, NL 2007, 310).

Ein solches Interesse verneinte das Bundesverfassungsgericht nicht nur im Zusammenhang mit der Durchsuchung des Spiegels im Jahre 1966 und des Cicero-Magazins im Jahre 2003. In einer weiteren Entscheidung stellte das Bundesverfassungsgericht im Jahre 2011 (Aktenzeichen: 1 BvR 1739 und 2020/04) fest, dass die Hausdurchsuchung bei dem Hamburger Lokalradio Freies Sender Kombinat verfassungswidrig war. Der Sender hatte im Jahr 2003 einen Beitrag zu angeblichen Übergriffen von Polizisten bei einer Demonstration ausgestrahlt. Der Moderator spielte dazu den Mitschnitt von zwei Telefonaten mit einem Pressesprecher der Hamburger Polizei ein, der mit diesem nicht abgesprochen worden und somit strafbar war. Die daraufhin eingeleiteten Durchsuchungsmaßnahmen stuften die Verfassungsrichter als unverhältnismäßig ein, zugleich übten sie eine einschüchternde Wirkung auf den Pressebetrieb aus. Das verfassungsrechtlich begründete Redaktionsgeheimnis, das grundsätzlich Journalisten von Presse und Rundfunk zusteht, schützt nach dem Beschluss des Gerichts nicht nur Informationsquellen, sondern auch die Vertraulichkeit der Redaktionsarbeit.

Außer dem Recherchematerial fallen nach der Rechtsprechung des Gerichts auch Unterlagen zu Organisation, Arbeitsabläufen, redaktionellen Projekten oder zur Identität der Mitarbeiter unter diesen Schutz. Nach den höchstrichterlichen Ausführungen sind die Redaktionsräume zwar nicht völlig tabu. Gegebenenfalls kann eine Straftat von Gewicht die Durchsuchung rechtfertigen. In diesem Sinn entschied auch der deutsche Bundesgerichtshof (BGHZ 80, 25). Der Geheimbereich einer Redaktion ist danach grundsätzlich auch gegenüber Privaten, etwa Unternehmern, gegen die Ausforschung geschützt.

Es ist staatlichen, aber auch privaten Stellen grundsätzlich verwehrt, sich einen Einblick in die Vorgänge zu verschaffen, die zur Entstehung von Nachrichten oder Beiträgen führen, die schwere Vorwürfe z. B. wie die der Korruption bei der Vergabe von Bauaufträgen behandeln.

Auch dann, wenn das Grund- und Menschenrecht der Presse- und Medienfreiheit mit einem öffentlichen ›Gegeninteresse‹ kollidiert, etwa durch die Verletzung eines strafrechtlich geschützten Staatsgeheimnisses oder Dienstgeheimnisses durch einen Informanten, kann grundsätzlich nichts anderes gelten.

Medien und Informantenschutz

Das Bundesverfassungsgericht (BVerGE 117, 244 ff.-Cicero) betont, dass Durchsuchungen und Beschlagnahmen in einem Ermittlungsverfahren gegen Presseangehörige verfassungsrechtlich unzulässig sind, wenn sie ausschließlich oder vorwiegend dem Zweck dienen, die Person des Informanten zu ermitteln. Dies ist in Deutschland, aber auch europaweit, insbesondere vom Europäischen Gerichtshof für Menschenrechte immer wieder gerügt worden (EGMR NJW 2008; 2563: Zwangshaft zur Erzwingung einer journalistischen Quelle). Es wird zwar immer wieder den Versuch geben, Journalisten durch Beugehaft zu bewegen, die Person ihres Informanten preiszugeben, ›Informantenjagd‹ zu betreiben statt ›Informantenschutz‹ zu gewährleisten. Die Identität des Informanten ist jedoch grundsätzlich tabu. Die freie Beschaffung von Informationen, die für die demokratische Aufgabe der Presse unverzichtbar ist, ist dann nicht mehr gewährleistet, wenn sie ihrer Quelle nicht glaubwürdig versichern können, dass sie nicht offengelegt wird. Diesen Informantenschutz kann man daher auch Quellenschutz nennen. Unter den Informanten nehmen Whistleblower eine besondere Stellung ein. Als solche werden Personen bezeichnet, die erhebliche Missstände in ihrem Arbeitsumfeld verantwortungsvoll und couragiert aufdecken (vgl. Tinnefeld/Rauhofer 2008, 717 ff.). Sie nehmen aus Gewissensgründen ihr Recht auf Meinungsfreiheit wahr und dienen auch Journalisten als seriöse Quellen, um rechtswidrige Zustände öffentlich zu machen. Sie werden dafür mit Sanktionen bedroht, im Falle der angeblichen Verletzung von Staatsgeheimnissen mit Gefängnis bzw. im Fall der angeblichen Verletzung von Betriebsgeheimnissen mit einer fristlosen Kündigung. Deshalb agieren Whistleblower häufig unter einem Pseudonym.

Der amerikanische Whistleblower Edward Snowden hat sich in der National Security Agency-Affäre selbst als Informant geoutet. Auf das brisante Material, das er Journalisten und Redaktionen überlassen hat, darf der Staat nach der oben zitierten Rechtsprechung des Europäischen Gerichtshofs für Menschenrechte und des Bundesverfassungsgerichts jedoch grundsätzlich nicht zugreifen.

Einen Rechtsschutz für den Whistleblower Edward Snowden, der die weltweiten Verstöße von Geheimdiensten gegen das informationelle Selbstbestimmungsrecht bzw. den Datenschutz von Bürgern offengelegt hat, gibt es (noch) nicht (zur Frage illegaler Dienst- und Staatsgeheimnisse in Demokratien vgl. Deiseroth 2014, 11 ff.).

Eine freie journalistische Recherche ist ohne eine vertrauliche Zusammenarbeit mit Informanten, Einsendern und Gewährsleuten nicht möglich. Die Person des Informanten ist rechtlich ohne Schutz gestellt. Der unbekannte Informant ist dagegen durch das verfassungsrechtlich begründete Redaktionsgeheimnis dann geschützt, wenn der Journalist davon Gebrauch macht.

Redaktionsgeheimnis und verfahrensrechtlicher Quellenschutz im deutschen Recht

Artikel 5 Abs. 1 des Grundgesetzes bestimmt: »Jeder hat das Recht, seine Meinung in Wort, Schrift und Bild frei zu äußern und zu verbreiten und sich aus allgemein zugänglichen Quellen zu unterrichten. Die Pressefreiheit und die Freiheit der Berichterstattung durch Rundfunk und Film werden gewährleistet. Eine Zensur findet nicht statt.«

Das Grundgesetz schützt die Eigenständigkeit von Presse und anderen Medien von der Beschaffung der Information (Informationsfreiheit) bis zur Verbreitung der Nachricht in Staat und Gesellschaft (BVerfGE 66, 116, 133). Das Grundrecht ist nicht nur ein Abwehrrecht gegenüber Eingriffen des Staates. Der Schutz der Verfassung besteht auch gegenüber nichtstaatlichen Eingriffen etwa von Wirtschaftsunternehmen, die Einsicht in das Recherchematerial nehmen wollen.

Die grundrechtliche Qualifikation des Zugriffs »aus allgemein zugänglichen Quellen« hat im Verhältnis zu Medien grundsätzlich keine einschränkende Bedeutung. Die Freiheit der Presse bedeutet, dass Journalisten das Recht zustehen muss, sich aus allen verfügbaren Quellen zu informieren, solange Allgemeinbelange und Rechte anderer nicht in verfassungsrelevanter Weise beeinträchtigt werden. Andernfalls würde die grundrechtlich verbürgte Aufgabe der Medien unterbunden und insbesondere die Aufgabe investigativer Journalisten, das soziale Umfeld minutiös zu beobachten und Skandale aufzudecken, blockiert (vgl. Tinnefeld/Buchner/Petri 2012, 48).

Zum Schutzbereich der Presse, der nicht auf die seriöse Presse beschränkt ist, gehört jede Tätigkeit, die den Druck oder die mit ihm bezweckte Veröffentlichung von Tatsachen und Meinungen online und offline ermöglicht oder vorbereitet. Dazu gehört auch das Aufspüren von Nachrichten, das Ermitteln von Tatsachenmaterial oder das Beschaffen und Aufbewahren von Bildmaterial (BVerfGE 77, 65, 71: Sicherung der Freiheit journalistischer Arbeit). Nicht dazu gehört die unbearbeitete Verbreitung von Informantenmaterial wie sie beispielsweise Wikileaks teilweise betrieben hat.

Zulässig ist grundsätzlich auch die Verbreitung rechtswidrig erlangter Informationen. Ein gänzlicher oder nur vorgreiflicher Ausschluss der Verbreitung rechtswidrig beschaffter Informationen aus dem Schutzbereich des Grundrechts würde dazu führen, dass der verfassungsrechtlich verankerte Medienschutz von vornherein auch in den Fällen entfallen würde, in denen er nach den Zielen der Verfassung etwa für die Aufdeckung von Korruption oder Drogenhandel gerade notwendig ist (BVerfGE 66, 116, 137 f.).

Die in Artikel 5 Abs. 1 Satz 2 des deutschen Grundgesetzes gewährleistete Pressefreiheit ragt in der rechtsstaatlichen Demokratie in spezifischer Weise aus dem Kreis der übrigen Grundrechte heraus. Dieser Umstand erklärt auch die Notwendigkeit des Berufs- bzw. Redaktionsgeheimnisses (BVerfGE 66, 116, 133 ff., 135: Wallraff; BVerfGE 77, 65, 74 f.) sowie den grundrechtlich gewährleisteten Schutz im Strafrecht (BVerfGE 35, 202, 221 f.; BVerfGE 117, 244, 258) und im Zivilrecht.

Das Standesrecht der Presse umfasst nicht nur die einschlägigen rechtlichen Bestimmungen, sondern auch die Grundsätze, die einem verantwortungsbewussten Publizisten obliegen. Der deutsche Pressekodex in der Fassung vom 3.12.2008 hat die berufsethischen Standards zur Einhaltung des Redaktionsgeheimnisses festgeschrieben und bestimmt in Ziffer 5 des Kodex, dass jede in der Presse tätige Person das Berufsgeheimnis wahrt, vom strafrechtlich bewehrten Zeugnisverweigerungsrecht Gebrauch macht und Informationen nicht ohne deren ausdrückliche Zustimmung preisgibt, etwa den Namen eines noch unbekannten Whistleblowers oder anderer Informanten. Der persönlichkeitsrechtliche Informantenschutz ist somit ein Segment des Redaktionsgeheimnisses.

Nach der Strafprozessordnung sowie der Zivilprozessordnung sind die berufsmäßig an einem Presseprodukt offline oder online mitwirkenden Personen ›nur‹ berechtigt, aber nicht verpflichtet das Zeugnis über die Person des Informanten, das ihnen übergebene Quellenmaterial (Beiträge, Unterlagen, Mitteilungen) einschließlich des selbst recherchierten Materials zu verweigern (vgl. Ricker/Weberling 2012, 9. Kap., Rn. 4; 30. Kap., Rn. 31 ff.).

Ebenfalls darf gegen Verleger, Redakteure usw. kein Zeugniszwang ausgeübt werden. Sie dürfen nicht mit Geldstrafen belegt oder in Zwangshaft genommen werden, damit sie den Informanten oder den Inhalt der Mitteilung oder die Identität des Verfassers preisgeben. Immer dann, wenn ein Zeugnisverweigerungsrecht zu bejahen ist, ist auch eine Durchsuchung der Informationsquellen unzulässig (§§ 94 ff.; §§ 111m, 111n Strafprozessordnung). Unzulässig ist insbesondere eine Durchsuchung, die allein auf die Ermittlung eines Informanten gerichtet ist (BVerfGE, NJW 2007, 117, 1120).

Medien, Suchmaschinen und Drohnen

Das Internet bietet vielfältige technikgestützte Informations- und Kommunikationsangebote unter Einbezug von einzelnen und vielen Personen gleichzeitig. Die Informationsquellen werden dadurch erheblich erweitert. Staatliche oder nichtstaatliche Eingriffe in die vertrauliche journalistische Telekommunikation (Art. 10 GG) sind nur bedingt geschützt (§§ 100 ff. StPO) und werden insbesondere in der Debatte gegen eine anlasslose Vorratsdatenspeicherung thematisiert. Dabei geht es um die Telekommunikationsverbindungsdaten, aus denen auch ein Rückschluss auf die Kommunikationspartner von Journalisten, insbesondere auf Informanten möglich ist (zur Geschichte und Kritik an der Vorratsdatenspeicherung vgl. Leutheusser-Schnarrenberger 2014, 589–592).

Umstritten ist, ob Suchmaschinen als Medien eingeordnet werden können (Art. 5 Abs. 1 GG, Art. 10 Abs. 1 EMRK, Art. 11 GRC). Nach der Google-Spain Rechtsprechung des Europäischen Gerichtshofs zu Artikel 11 GRC (EuGH, Urteil v. 13.5.2014 – C-131/12, MMR 2014, 455 ff.) verarbeitet Google personenbezogene Informationen, die im Internet bereits vorhanden sind. Der Suchmaschinenbetreiber greift auf Webseiten Dritter zu und fügt die Inhalte zusammen (vgl. Petri 2015, 103 f.). Der Gerichtshof geht von dem Konzept einer Suchmaschinenöffentlichkeit aus und verneint insoweit ausdrücklich die Einordnung von Suchmaschinen als Medien. Er begründet dies mit der Verknüpfbarkeit und Strukturierbarkeit von (massenhaften) Informationen aus Suchmaschinen, die mit der Gefahr der Erstellung von Persönlichkeitsprofilen verbunden sind. Der Gerichtshof gesteht den Nutzern ein Recht auf Datenschutz im vollen Umfang zu, so dass Betroffene Auskunft auch über das zugrundeliegende Quellmaterial der weiterverbreiteten Informationen verlangen können.

Ein generelles Überwachungs- und Erhebungsverbot besteht jedoch für Presseangehörige gegenüber geschützten Wohnbereichen (Art. 13 GG) nicht unmittelbar. Dies spielt auch eine Rolle beim Einsatz von unbemannten Flugkörpern (Drohnen) zur Berichterstattung, die räumliche Privatsphären verletzen (vgl. The Professional Society of Drone Journalists). Der Einsatz von Drohnen durch Journalisten ist zwar umstritten, doch US-amerikanische Medien wie die *New York Times* und die *Washington Post* befürworten den Drohnenjournalismus im Zeichen der verfassungsrechtlich geschützten Meinungs- und Medienfreiheit im *First Amendment*. In der Europäischen Union sind solche Einsätze mit Rücksicht auf die räumliche Privatsphäre im engeren Sinn (Wohnung) und im weiteren Sinn (geschützte Örtlichkeiten) grundsätzlich unzulässig. Ein Quellenschutz kommt im Zweifel nicht in Betracht.

Zusammenfassung

Die elementare Bedeutung der Meinungs-, Presse- und Medienfreiheit kann in einer gelebten Demokratie kaum überschätzt werden. Dies gilt insbesondere für den sensiblen Bereich des investigativen Journalismus. Der Watergate-Skandal in den USA oder der weltweite NSA-Skandal wären ohne mutige Journalist/innen nie aufgedeckt bzw. veröffentlicht worden. Whistleblower nehmen dabei oft Aufgaben wahr, die Strafbehörden zukommen würden. Wären Medien gezwungen, Informanten und andere geheime Quellen preiszugeben, würde ihnen im Zweifel niemand mehr solche Informationen liefern. Es geht nicht um einen Guerilla-Journalismus. Es geht um die wirksame Sicherung unabhängiger und kritischer Medien. Dazu bedarf es eines Redaktionsgeheimnisses und prozessualer Regelungen, die Journalisten und Redakteure gegen Zeugniszwang schützen. Ohne Eigenverantwortung der im Medienbereich Tätigen ist die Objektivität oder auch nur Wahrhaftigkeit der Berichterstattung jedoch gefährdet. Um die professionellen Standards eines verantwortungsvollen Journalisten durchzusetzen, bedarf es daher berufsethischer Normen, welche die wirklichen Konflikte – hier etwa zwischen Geheimnisschutz und staatlich geforderter Preisgabe des Quellema4terials – aufgreifen.

Literatur

Ash, Timothy G.: Defying the Assassin's Veto. In: *The New York Review of Books* 62/3 (2015), 4–6.
Deiseroth, Dieter: Enthüllung illegaler Dienst- und Staatsgeheimnisse in Demokratien. In: Dieter Deiseroth/Annegret Falter (Hg.): *Whistleblower in der Sicherheitspolitik – Preisverleihung 2011/2013*. Berlin 2014.
Hoffmeister, Frank: Die Europäische Menschenrechtskonvention als Grundrechtsverfassung und ihre Bedeutung für Deutschland. In: *Der Staat* 40 (2001), 349–381.
Kant, Immanuel: Beantwortung der Frage: Was ist Aufklärung? In: *Berlinische Monatsschrift* 12 (1784), 481–494.
Leutheusser-Schnarrenberger, Sabine: Die Beerdigung 1. Klasse der anlasslosen Vorratsdatenspeicherung in Europa. In: *Datenschutz und Datensicherheit* 9/9 (2014), 589–592.
Meyer, Jürgen (Hg.): *Charta der Grundrechte der Europäischen Union*. Baden-Baden ⁴2014.
Petri, Thomas: Datenschutzrechtliche Verantwortung im Internet. In: *Zeitschrift für Datenschutz* 5/3 (2015), 103–106.
Ricker, Reinhart/Weberling, Johannes: *Handbuch des Presserechts*. München ⁶2012.
Schiedermair, Stephanie: *Der Schutz des Privaten als internationales Grundrecht*. Tübingen 2012.
Spielmann, Dean/Schuster, Susette: Anstößige Meinungen – ein Blick auf neuere Rechtsprechung des Europäischen Gerichtshofs für Menschenrechte. In: Sabine Leutheusser-Schnarrenberger (Hg.): *Vom Recht auf Menschenwürde*. Tübingen 2013, 165–174.
The Professional Society of Drone Journalists: A Code of Ethics for Drone Journalists. In: http://www.dronejournalism.org/code-of-ethics (20.5.2016).
Tinnefeld, Marie-Theres/Rauhofer, Judith: Verantwortungsvolle Whistleblower oder Denunzianten. In: *Datenschutz und Datensicherheit* 3/11 (2008), 717–723.
Tinnefeld, Marie-Theres/Buchner, Benedikt/Petri, Thomas: *Einführung in das Datenschutzrecht. Datenschutz und Informationsfreiheit aus europäischer Sicht*. München ⁵2012.
Tinnefeld, Marie-Theres: Meinungsfreiheit durch Datenschutz. In: *Zeitschrift für Datenschutz und Datensicherheit* 5/1 (2015), 22–26.
U. S. Supreme Court: Wieman v. Updegraff. 344 U. S. 183 (1952). In: https://supreme.justia.com/cases/federal/us/344/183/case.html (20.5.2016).
Vorbaum, Thomas (Hg.): *Recht, Rechtswissenschaft und Juristen im Werk Heinrich Heines*. Berlin 2006.
Wegener, Bernhard W. (Hg.): *Europäische Querschnittspolitiken*, Bd. 8. Baden-Baden 2014.

Marie-Theres Tinnefeld

VI Problematische Inhalte

19 Propaganda

Der Begriff Propaganda (gemäß lateinisch *propagare* = verbreiten) verweist in seiner Bedeutung ursprünglich auf die von Papst Gregor XV. 1622 als Instrument der Gegenreformation eingerichtete *Sacra Congregatio Christiano Nomini Propaganda* (vgl. Buchli 1962, 155 ff.). Seit jeher hatten alle Arten von Streitschriften, Briefen und Botschaften zum Handwerkszeug nicht nur der christlichen Missionstätigkeit gehört. Mit der Erfindung und Nutzbarmachung der Druckerpresse potenzierte sich jedoch der Einfluss des geschriebenen Wortes um ein Vielfaches, und »das Ringen zwischen Katholizismus und Protestantismus [geriet] nicht zuletzt [zu einem] Kampf um die Macht der Druckerpresse« (Buchli 1962, 227). Aus diesem Grund wurde der *Congregatio* schon bald nach ihrer Gründung eine leistungsfähige Druckerei zur Seite gestellt. Diese galt bereits gegen Ende des 17. Jahrhunderts immerhin als eine der bedeutendsten Druckereien ihrer Zeit (vgl. Buchli 1962, 176). Ganz im Sinne der ursprünglichen persuasiven Funktion und medientechnologischen Ausstattung der Propaganda im Zuge der missionarischen Rekatholisierung des Abendlandes ist noch heute mit dem Begriff Propaganda die systematische und in aller Regel mediengestützte Beeinflussung kollektiver Einstellungen gemeint.

Dieser vergleichsweise klar bestimmbare terminologisch-konzeptionelle Ursprung darf nicht darüber hinwegtäuschen, dass der Propaganda-Begriff seit seiner Einführung Mitte des 17. Jahrhunderts eine lange und durchaus wechselvolle Geschichte durchlaufen hat, deren Folge die Ausweitung und normative Aufladung des Begriffs ist. Mit Blick auf die jüngere Vergangenheit wird Propaganda oft als Mediatisierungsphänomen des politischen Systems beschrieben, das durch die zunehmende Durchdringung der Politik mit den Spielregeln der Wirtschaftswerbung gekennzeichnet ist (siehe etwa Qualter 1962, 5). Den stärksten Einfluss auf die Bedeutung des Propaganda-Begriffs hat bis heute wohl dessen zentrale Rolle bei der systematischen Dissemination der nationalsozialistischen Ideologie durch Joseph Goebbels' Ministerium für Volksaufklärung und Propaganda gehabt. Diese Begriffskarriere macht es schwer, den Propaganda-Begriff eindeutig zu definieren und von angrenzenden Begriffen wie etwa dem der Agitation, der Indoktrination, der Manipulation aber auch dem der Werbung oder der Public Relations (PR) trennscharf abzugrenzen. Welche deutlichen Anleihen die Propaganda etwa stets bei der Werbung und die Werbung ihrerseits bei der Propaganda gemacht hat, kommt in Goebbels bekannter Anweisung zum Ausdruck, wonach der Begriff Propaganda ausschließlich auf die Aktivitäten des gleichnamigen Ministeriums anzuwenden sei (vgl. Stöber 1997, 210 f.).

Angesichts dieser Tradition der Begriffsverwendung ist es kaum verwunderlich, dass Propaganda in den meisten Fällen konkreten Akteuren zugeschrieben und darüber hinaus vor allem mit repressiven, diktatorischen Gesellschaften in Verbindung gebracht wird. Eine der wenigen, viel zitierten aber auch viel kritisierten Ausnahmen hiervon bildet der Ansatz, den Edward S. Herman und Noam Chomsky in ihrem 1988 publizierten Buch *Manufacturing Consent: The Political Economy of the Mass Media* formuliert haben (zu einer ausführlichen Auseinandersetzung siehe Pedro 2011a; 2011b). In kapitalistischen, liberalen Gesellschaften werden Informationen gleichsam durch institutionelle Filter »gesiebt«, bevor sie zu einer Nachricht werden können (zum Folgenden siehe Pedro 2011a): Medien befinden sich überwiegend im privaten Besitz und operieren daher gewinnorientiert (s. Kap. VIII.38). Dies ist der erste dieser Filter. Medien finanzieren sich zweitens stark über die Vermarktung von Werberaum und befinden sich daher in großer Abhängigkeit von der werbetreibenden Wirtschaft. Drittens sind sie in ihrer Berichterstattung in vielen Fällen auf offizielle Quellen angewiesen. Auch dies beeinflusst sehr stark, welche Informationen zur Nachricht werden können und welche nicht. Überdies bestimmt diese Abhängigkeit in einem weit umfassenderen Sinne die gegenseitige Ermöglichung, mit anderen Worten, die »intereffikative« Beziehung (nach Bentele/Liebert/Seeling 1997) zwischen Journalisten und ihren Quellen. Viertens sind die Massenmedien immer wieder Zielscheibe von Beeinflussungsversuchen, die ihre Abhängigkeit von politischen und ökonomischen Eliten weiter erhöhen. Ein fünfter Filter resultiert aus das Tatsache, dass die Massenmedien sich in einer sehr grundsätzlichen Weise an der Lebenswelt ihrer Rezipienten orientieren und damit das andere, nicht aus unserem thematischen und geografischen Nahraum Stammende, systematisch ausklammern. Die Nachrichtenwertforschung, deren Ursprung eben nicht zufällig in der Friedensforschung liegt, hat darauf sehr nachdrücklich hingewiesen: Die Medien orientieren sich an der Nähe, auch an der kulturellen Nähe, von Ereignissen und vernachlässigen Entfernteres. Die Folge dieser intentionalen Filterung, so fassen Herman und Chomsky ihr Propaganda Modell zusammen, besteht darin, dass die inhaltlichen Angebote, die die Massenmedien gesellschaftsweit, für alle, distribuieren, im Grunde nur den Interessen der politischen und ökonomischen Eliten dienen: »[A] propaganda model suggests that the ›societal purpose‹ of the media is to inculcate and defend the economic, social, and political agenda of privileged groups that dominate the domestic society and the state« (Herman/Chomsky 2002, 298).

Vor dem Hintergrund der ebenso langen wie historisch belasteten Begriffskarriere hat Thymian Bussemer (2005, 30) in seiner einschlägigen Begriffs- und Theoriegeschichte der Propaganda eine Synthese vorliegender Definitionen versucht. Bussemer etikettiert seine Definition bescheiden als »catch-all-Definition«. Gemessen an dem ideologiekritischen Zugang von Herman und Chomsky handelt es sich bei seiner Definition tatsächlich jedoch um eine vergleichsweise enge, die dominanten Strömungen der Propagandaforschung gut zusammenfassende Definition. Bussemer hebt die folgenden Charakteristika von Propaganda im engeren Sinne hervor: Propaganda erfolgt in aller Regel *medienvermittelt*. Sie zielt mit Blick auf *politische oder soziale Großgruppen* darauf ab, durch *symbolische Kommunikation* handlungsrelevante *Meinungen und Einstellungen* zu beeinflussen. Das Selbstbild des Absenders der Propaganda ist dabei in aller Regel *überhöht*, sein Bild vom Andersdenkenden ist oft *denunzierend*. In vielen Fällen formuliert die Propaganda mögliche Sanktion für den Fall der Nichtbefolgung der Botschaft (vgl. Merten 2000, 161). Die Botschaften der Propaganda kommen in aller Regel unmittelbar einleuchtend und selbstverständlich daher. Dennoch ist die Wahrheit der mitgeteilten Information in der Propaganda dem Propagandazweck stets untergeordnet (s. Kap. III.7). So hat bereits Terence H. Qualter (1962) den Zusammenhang von Wahrheit und Propaganda mit Blick auf die in der Propaganda-Forschung immer wieder diskutierte Beziehung zwischen Propaganda und Erziehung folgendermaßen präzisiert: Wenn etwas als Wahrheit gelehrt wird, das anerkanntermaßen unwahr ist, kann es sich um Propaganda, niemals aber um Erziehung handeln. Wenn etwas als Wahrheit mitgeteilt wird, das anerkanntermaßen als wahr gilt, kann es sich um Propaganda oder um Erziehung handeln. Propaganda, heißt das, definiert sich nicht über die Wahrheit einer Information, sondern über die Effizienz einer Mitteilung zum Zwecke der Beeinflussung von Wissen und Einstellungen. Die Erziehung zielt ebenfalls auf die Beeinflussung von Wissen und Einstellungen, definiert sich aber im Gegensatz zur Propaganda nicht über die Effizienz der Mitteilung, sondern über die Wahrheit der Information (vgl. ebd., 21).

Die Wahrheit der Propaganda liegt an den Bruchkanten unseres Wissens

Das Verhältnis von Wahrheit, Propaganda und Erziehung ist in der Propagandaforschung vor allem deshalb so intensiv diskutiert worden, weil man hiermit einen der zentralen Pfade betritt, auf dem die Wirkung von Propaganda sich schrittweise zu entfalten beginnt. In ihrem sehr einflussreich gewordenen, die kommunikationswissenschaftliche Medienwirkungsforschung bis heute prägenden Buch *The People's Choice* (1944), auf Deutsch (1969) unter dem Titel *Wahlen und Wähler* erschienen, haben Paul F. Lazarsfeld und seine Kollegen diesen Wirkungspfad metaphorisch wie folgt beschrieben: Die politische Propaganda funktioniere wie ein Bleistift, mit dessen Hilfe man eine unter einem Blatt Papier liegende Münze sichtbar machen könne. Die Münze stehe für die politischen Überzeugungen des Publikums, die durch Propaganda sichtbar gemacht, wie sie sich ausdrückten »aktiviert« würden. Die Propaganda definiert sich also nicht über den Wahrheitsgehalt der Informationen, die sie mitteilt. Die meisten Versuche der Definition des Begriffs Propaganda, darauf hat Klaus Merten hingewiesen, gehen davon aus, dass Propaganda »nicht als wahrheitsfähig angesehen werden kann« (Merten 2000, 148). Dieser Befund liegt in beeindruckender Konsonanz vor. Er darf indessen nicht darüber hinwegtäuschen, dass die Wahrheit doch einen Wert für die Propaganda besitzt. Fehlende Wahrheitsfähigkeit bedeutet nicht notwendigerweise, dass die Propaganda stets lügt, wie in der öffentlichen Diskussion oftmals fälschlich angenommen wird. Beinahe kann man sagen, dass das Gegenteil der Fall ist. Denn was in den Augen ihrer Betrachter als wahr gelten könnte, ist vielmehr einer der wichtigsten Rohstoffe der Propaganda (vgl. Qualter 1962, 22).

In vielen Fällen basiert die öffentliche Meinung auf »operativen Fiktionen« (Schmidt 2014, 38 f.), auf ungeprüften Vorstellungen von den Tatsachen der Welt, gleichsam von verkürzten und stenographierten Wahrheiten. Wie kein anderer hat dies der amerikanische Publizist Walter Lippmann in seinem einflussreichen Buch *Public Opinion* (1922) sehr deutlich dargestellt. In einer hochkomplexen Welt, in der ferne Ereignisse medial in die Nähe gerückt und dadurch für das tägliche Leben relevant werden, bleibt den Menschen nichts anderes übrig, als sich mit Hilfe so genannter Stereotype ein Bild von der Wirklichkeit zu machen. Diese ›Bilder im Kopf‹ macht sich ihrerseits nun die Propaganda zunutze, wie schon Lippmann befürchtete. Stereotype Vorstellungen sind vor allem aufgrund ihrer Kürze und Prägnanz nachgerade das wichtigste Instrument der Propaganda. Dies macht Medien wie Twitter, Facebook und Whatsapp, die die stenographierte Kommunikation geradezu kultiviert und gesellschaftlich normalisiert haben, heute zu den wichtigsten und wirkungsmächtigsten Trägern der Propaganda. Stereotype aufzugreifen, umzuformen und in andere thematische Zusammenhänge einzupassen, dies ist daher auch heute noch eine der zentralen Persuasionsstrategien der Propaganda. Der aus Österreich stammende, im amerikanischen Exil berühmt gewordene Vordenker der modernen Public Relations, der Neffe Siegmund Freuds, Edward Bernays (1891–1995), hat als einer der ersten auf diesen Zusammenhang hingewiesen, freilich nicht wie Lippmann, um ihn zu kritisieren, sondern um ihn für die strategische Kommunikation zu instrumentalisieren. Obwohl den Menschen in vielen relevanten Angelegenheiten ihres Lebens der direkte Weltbezug abhandengekommen sei, so schreibt Bernays ganz im Sinne Lippmanns in seinem Buch *Crystallizing Public Opinion* (1923/2011, 68 f.), nähmen sie in Bezug auf viele dieser Angelegenheiten dennoch einen festen Standpunkt ein (ebd., 88). Die Konsequenz für die strategische Kommunikation kommt einer Synthese der Positionen von Lazarsfeld und Lippmann gleich: »The influence of any force which attempts to modify public opinion depends upon the success with which it is able to enlist established points of view« (ebd., 106).

Propaganda ist also nicht ohne Medien zu denken. Zum einen begründet die mediale Durchdringung der Lebenswelt, der besondere Stellenwert von Stereotypen und distanzierten Beobachterpositionen ihr großes Beeinflussungspotenzial. Medien schaffen Teilnahme auf Distanz, fragiles Wissen ohne unmittelbare Erfahrung, an dessen Bruchkanten sich Propaganda festsetzen und ausbreiten kann. Gleichzeitig eröffnen die Medien aber auch den wichtigsten Zugang zum Publikum und sind damit ein unverzichtbares Instrument der gezielten Ansprache jener politischen und sozialen Großgruppen, die die Propaganda anvisiert. Es ist daher kein Wunder, dass vom Beginn der Propagandaforschung an die klassischen Massenmedien stark im Fokus der Forschung standen. Am Anfang der systematischen wissenschaftlichen Propagandaforschung, die untrennbar mit dem Namen des amerikanischen Politologen Harold D. Lasswell (2013 [1927]) verbunden ist, stand zunächst einmal die Sammlung und inhaltsanalytische Untersuchung großer Textmengen. Hier ging es vor allem um die Analyse der Berichterstattung in Tageszeitungen. Ganz im Sinne der beschriebenen unterschwelligen Kollaboration zwischen Propagandist und Propagandaempfänger ging auch Lasswell davon aus, dass die Propaganda ihren Ausgang bei den vorhanden Einstellungen ihrer Adressaten zu nehmen habe und von hier aus Angebote machen müsse, die die Annahme der propagandistischen Information erleichtere (vgl. Bussemer 2005, 286). Dieser konzeptionelle Fokus auf die vorhandenen Einstellungen der Rezipienten wurde in der späteren experimentellen psychologischen Propagandaforschung, wie sie federführend von Carl Iver Hovland während des Zweiten Weltkriegs im Auftrag des Pentagons durchgeführt wurde, programmatisch als so genannte Prädisposition des Rezipienten weiter zentriert und ausdifferenziert. Die Forschungsgruppe um Hovland ist bekannt geworden durch die experimentellen Untersuchungen zur Wirkung der von Frank Capra produzierten Propagandafilmserie *Why we Fight*, mit deren Hilfe das Pentagon über die Gründe des Eintritts der Vereinigten Staaten von Amerika in den Zweiten Weltkrieg aufklären wollte. Es ging dabei zum einen darum, die allgemeine Öffentlichkeit, zum anderen aber auch junge Rekruten für den Kriegseintritt zu motivieren (vgl. Stouffer 1949). Viele der hier gewonnenen Erkenntnisse bilden bis heute zentrale Befunde der Medienwirkungs- und Persuasionsforschung. Strategien und Techniken der Propaganda haben in diesem Sinne eine enorme Ausweitung jenseits der politischen Kommunikation erfahren. Die Geschichte der Propaganda ist also nicht nur eine Geschichte der voranschreitenden Mediatisierung des politischen Systems im Sinne einer zunehmenden Durchdringung der Politik durch die Prinzipien der Werbung. Vielmehr haben Werbung, Propaganda und in einem umfassenden Sinne die strategische Kommunikation Erkenntnisse der systematisch betriebenen Propaganda aufgegriffen und in ihre Wirkungskalküle inkludiert. Die Geschichte der Propaganda ist eine Geschichte dieser wechselseitigen Beeinflussung von politischer Kommunikation, Werbung und Public Relations (s. Kap. VIII.41 und 42).

Propaganda und Krieg – Professionalisierung, Entgrenzung und Privatisierung

Wie schon in den Ursprüngen der religiösen Propaganda sind es bis heute vor allem die kriegerischen Auseinandersetzungen, in denen der Propaganda-Apparat auf Hochtouren läuft. An diesen heißen Phasen der Propagandaarbeit lassen sich daher markante Prozesse in der Entwicklung der Propaganda festmachen. Betrachtet man die Entwicklung der Kriegspropaganda seit dem Ersten Weltkrieg, dann lassen sich drei solcher Prozesse hervorheben, die teilweise nacheinander, teilweise aber auch nebeneinander abgelaufen sind und weiter ablaufen. Dies sind die zunehmende Professionalisierung und Verwissenschaftlichung der Propaganda, deren voranschreitende Entgrenzung sowie die zunehmende Privatisierung der Propaganda. Die Propaganda des 21. Jahrhunderts, heißt das, bedient sich einer großen Bandbreite an Medien. Sie wird professionell, auf der Grundlage gesicherten Wissens, arbeitsteilig und in weiten Teilen gewerbsmäßig betrieben. All dies zeigt sich besonders deutlich in der Kriegspropaganda.

Seit dem Ersten Weltkrieg ist die zunehmende *Professionalisierung* und *Verwissenschaftlichung* der Propaganda zu beobachten. Es ist kein Zufall, dass die ersten Institute für Zeitungskunde etwa in Leipzig (1916) oder in Münster (1919) genau in jener Zeit gegründet wurden, in der im Urteil vieler Beobachter die Propaganda der Siegermächte ihre Leistungsfähigkeit unter Beweis gestellt hatte. Umgekehrt begründete die militärische Elite in Deutschland die Niederlage Deutschlands mit dem Erfolg der gegnerischen Propaganda gegenüber der deutschen Bevölkerung. Kein Wunder, dass nach dem ersten Weltkrieg die ersten wissenschaftlichen Abhandlungen zu Propaganda veröffentlicht werden. Die wegweisende Arbeit *Propaganda Technique in the World War* (1927/2013) des bereits erwähnten Politologen Harold D. Lasswell ist darunter besonders hervorzuheben. Lasswell bezieht sich in der Einleitung zu dieser grundlegenden Studie seinerseits bereits auf eine Reihe von Vorarbeiten, viele davon aus Deutschland »where the best work has been done« (ebd., 1). Johann Plenges Arbeit *Deutsche Propaganda* (1922) findet hier besondere Erwähnung, Ferdinand Tönnies' Buch *Kritik der öffentlichen Meinung* (1922/2002) ebenso wie Edgar Stern-Rubarths *Die Propaganda als politisches Instrument* (1921) oder Kurt Baschwitz' Buch *Der Massenwahn* (1924). Die Propagandaforschung jener Zeit folgte dem bis dahin wichtigsten Instrument der Propaganda, dem gedruckten Wort. Die zunehmende Verwissenschaftlichung der Propaganda bezieht sich vor allem auf die gleichsam archivarische Dokumentation dieser gedruckten Kriegspropaganda. Lasswell, der kurz vor dem Ausbruch des Zweiten Weltkriegs zum Leiter der interdisziplinären »Experimental Division for the Study of War Time Communications« ernannt wurde, forschte daher nicht zufällig in der Library of Congress in Washington, D. C. Die hier vor allem inhaltsanalytisch zusammengetragenen Informationen sollten – nicht zuletzt im Rahmen der Klärung von Schuldfragen nach Kriegsende – eine wichtige Quelle sein und als Verhandlungsgrundlage dienen.

Die zunehmende *Entgrenzung* der Propaganda ist durch die deutliche Ausweitung der medialen Propaganda-Instrumente gekennzeichnet. Seit den 1930er Jahren brachte die nationalsozialistische Propaganda ganz wesentlich den Film und vor allem das Radio in Stellung. Man kann sagen, dass die Nationalsozialisten die deutschen Wohnzimmer mit dem Volksempfänger gleichsam für die Propagandaschlachten des Zweiten Weltkriegs aufgerüstet haben. Die nationalsozialistische Propaganda fußte institutionell stark auf der so genannten Gleichschaltung des öffentlichen Lebens in Deutschland. Als wichtige Quellen der öffentlichen Meinungsbildung waren von dieser rigiden Politik vor allem die Medien stark betroffen. Kaum ein Medium konnte nicht zum Träger von Propaganda werden. Ob Rundfunk, Zeitung oder Schulbuch, ob Journalismus, Literatur oder Werbung – Propaganda war allgegenwärtig. Die zunehmende Relevanz der wissenschaftlichen Forschung für die Propaganda zeigte sich in dieser Zeit vor allem in der gestiegenen Bedeutung der experimentellen und wirkungsbezogenen Forschung. Die bekanntesten Vertreter dieser neuen Forschungsrichtung arbeiteten im Umfeld des bereits erwähnten Psychologen Carl Iver Hovland, der ab den 1950er Jahren das für seine Persuasionsforschung bekannt gewordene Yale Communication Research Program leitete.

Die voranschreitende *Professionalisierung* der Propaganda lässt sich rund zwanzig Jahre nach dem Ende des Zweiten Weltkriegs unter veränderten Bedingungen aber in der gleichen Dynamik beobachten. Den Beginn dieser Entwicklungsstufe markiert der Vietnam-Krieg. Erstmals übertrugen Medien einen Krieg direkt in die Wohnzimmer des Publikums. Dieses wandte sich nicht zuletzt aufgrund der verstörenden, eine ganze Nation geradezu traumatisierenden Bilder eben dieser Berichterstattung zunehmend gegen den Krieg in Vietnam. Freie, demokratisch legitimierte Gesellschaften, so lautete die Schlussfolgerung der politischen Eliten, sind in Kriegszeiten auch an der ›Heimatfront‹ verletzbar. Darauf muss sich die Propaganda einstellen. Dieses bereits nach dem ersten Weltkrieg in Anschlag gebrachte Argument führte zu einer Art *backlash* in Richtung einer neuen Presselenkung unter grundsätzlich veränderten Bedingungen. Nicht die diktatorische Unterwerfung der Medien kennzeichnet diese Form der Presselenkung. Ihr kategorischer Imperativ lautet nicht mehr: Tilge Fremdbeobachtung. Er lautet: Gestalte sie (s. Kap. V.16).

Einer der ersten viel diskutierten Anwendungsfälle dieser neuen Form von Presselenkung war der Falkland-Krieg zwischen Großbritannien und Argentinien im Jahr 1982. Als Krieg ohne Bilder ist er in die Geschichte eingegangen (vgl. Pensold 2015, 131). Rund 640 Kilometer vor Argentinien liegen die Falkland Inseln im Atlantischen Ozean. Für Kriegsreporter zu erreichen waren sie nur mit Hilfe von britischen Kriegsschiffen. Journalisten, die mit von der Partie sein wollten, mussten sich zuvor schriftlich auf die festgelegten Spielregeln der Berichterstattung verpflichten. Sie wurden im Verlauf ihrer Reise dann von Presseoffizieren selektiv mit Informationen versehen. In zugespitzter Form haben die drei Irak-Kriege (1980–1988; 1990–1991; 2003–2011) die Macht dieser Form von Presselenkung unter Beweis gestellt. Journalisten wurden sehr genau ausgewählt, in ›Media Pools‹ zusammengefasst und auf die ›Ground Rules‹ verpflichtet. In das Kriegsgeschehen ›eingebettete‹ Journalisten konnten hautnah und vermeintlich objektiv direkt vom Kriegsgeschehen berichten und fungierten dennoch nur als verlängertes Sprachrohr des Militärs. Die vermeintliche Objektivierung der Berichterstattung durch Live-Bilder und Kameras auf Smart Bombs zählt ebenso zu dieser Propaganda-Strategie der »Ablenkung durch Hinlenkung« (Westerbarkey 1998, 180).

Auf die voranschreitende *Privatisierung* der Propaganda hat Michael Kunczik (2004, 87–96) hingewiesen. Der Beginn dieses Prozesses, so Kunczik, lässt sich gewiss schon auf die Zeit der amerikanischen Gründerväter zurückdatieren. Schon lange, möglicherweise aber auch schon immer, haben privatwirtschaftlich arbeitende Experten ihr Wissen und ihre Erfahrung in den Dienst der Propaganda gestellt. Am Anfang dieser Entwicklung standen einzelne Persönlichkeiten, die über herausragende Kenntnisse der Propaganda verfügten. Zu nennen sind hier etwa der Vorreiter der amerikanischen Public Relations Ivy Ledbetter Lee, der im Auftrag der Nationalsozialisten Propaganda betrieben hat (ebd., 89). Aber auch der bereits erwähnte Edward Bernays ist hier noch einmal hervorzuheben. Mitte der 1950er Jahre hat er im Auftrag eines der damals größten und einflussreichsten Unternehmen der USA, United Fruit, durch den systematischen Aufbau und die mediale Unterfütterung von Feindbildern auf den Sturz der demokratisch gewählten Regierung Guatemalas hingewirkt. In der jüngeren Vergangenheit sind hochspezialisierte Agenturen in die Fußstapfen dieser Propaganda-Strategen getreten. 1991 war die amerikanische Agentur Hill & Knowlton maßgeblich an der Konstruktion der Legende beteiligt, irakische Soldaten hätten in einem kuwaitischen Krankenhaus Säuglinge aus den Brutkästen gerissen und getötet. Die PR Agentur Ruder-Finn hat sich im Rahmen des Kosovo-Krieges im Auftrag der kroatischen Regierung systematisch an der Diffamierung der serbischen Seite durch Gräuelgeschichten wie die ›Cash for a Corpse-Story‹ beteiligt, wonach serbische Soldaten für jeden ›Abschuss‹ eine Prämie erhalten würden (ebd., 93).

Digitale Propaganda – Echo-Kammern sind die Treibhäuser der Radikalisierung

Nach weitgehend übereinstimmender Auffassung vieler Beobachter bergen in der heutigen Zeit vor allem die digitalen Medien große Wirkungsrisiken, die gezielt durch die Propaganda radikaler Gruppen ausgelöst werden. Als einer der ersten hat der amerikanische Rechtswissenschaftler Cass Sunstein (2007) auf diesen Zusammenhang hingewiesen. Sunsteins wichtiger Diskussionsbeitrag ist in der Fachdebatte ein wenig durch die populären Thesen des amerikanischen Publizisten Eli Pariser (2011) überlagert worden. Dieser warnt in seinem viel gelesenen Buch *The Filter Bubble* vor dem Zerfall der Öffentlichkeit. Die digitalen Medien böten im höchsten Maße personalisierte Informationen, die an individuellen nicht aber an gesellschaftlichen Relevanzstrukturen ausgerichtet seien und jedem einzelnen *more of the same* böten. Die These Sunsteins geht in eine andere Richtung. Nicht der Zerfall der Öffentlichkeit sei das primäre Problem, sondern die Radikalisierung bestehender und potenzieller Mitglieder gesellschaftlicher Splittergruppen. Das Netz bietet zahlreiche Plattformen, auf denen sich Mitglieder und Sympathisanten solcher Gruppen zusammenfinden. Diese nutzen die Plattformen, um dann gleichsam von innen heraus die Außengrenzen dieser Gruppen gegenüber der Umwelt zu härten. Auf öffentlich zugänglichen Plattformen wie YouTube, Facebook oder Twitter ebenso wie mit Hilfe von weit verbreiteten Shortmessenger-Diensten wie Whatsapp, aber auch in abgeschirmten, durch herkömmliche Recherchen nicht ohne Weiteres auffindbaren Bereichen des Internets (Dark Web) entstehen dadurch ›Echo-Kammern‹ (Sunstein), in denen sich die Mitglieder solcher Gruppen nicht zuletzt auch aufgrund des Einflusses von Propagandamaterial mit Argumenten und Informationen gegenseitig buchstäblich aufrüsten. Nicht nur die propagandistische Information, sondern auch die informationsbezogene Interaktion ist in diesen Wirkungszusammenhängen einer der entscheidenden Persuasionsfaktoren.

Besonders intensiv beobachtet wird aktuell die Propaganda jihadistischer Terrorgruppen, die sich zum Zwecke der Nachwuchs-Rekrutierung in immer stärkerem Maße digitaler Medien bedienen. Die hier betriebene Propaganda wird professionell produziert und distribuiert. Zu diesem Zweck verfügt etwa der ›Islamische Staat‹ (IS) über ein eigenes in mehreren Sprachen international tätiges Medienzentrum (das ›al-Hayat Media Center‹; vgl. Bundesministerium des Innern 2015, 95). Die von hier aus global distribuierte digitale Propaganda entfaltet ihren Einfluss ganz wesentlich auf der Grundlage sozialer Medien, sie versucht propagandistisch zu informieren und vor allem zu verstricken, Interaktionen zwischen den Mitgliedern und Sympathisanten auszulösen, einen sozialen Zusammenhang herzustellen.

Die Instrumentalisierung des Web 2.0 durch jihadistische Gruppen setzt in etwa seit Anfang der 2000er Jahre ein und ist durch zwei scheinbar gegenläufige Entwicklungen gekennzeichnet. Beide Entwicklungen sind vermutlich in gleichem Maße der zunehmenden Überwachung durch staatliche Sicherheitsbehörden geschuldet. Zum einen adressiert die jihadistische Propaganda stärker als in den frühen 1990er Jahren die allgemeine Öffentlichkeit. Die Propaganda dieser Gruppen verlässt also die ohnehin lückenlos überwachte Nische der Sympathisantenmedien und sucht das Licht der Öffentlichkeit. Sie bedient sich zu diesem Zweck frei zugänglicher Mainstreammedien sowie insbesondere der sozialen Medien. Zum anderen konzentriert die jihadistische Propaganda der vergangenen Jahre zunehmend ihre Angebote im Dark Web (vgl. El Difraoui 2012, 13). Die vor allem an jugendliche Sympathisanten gerichteten populären Angebote stellen die jihadistische Propaganda auf eine breite gesellschaftliche Basis, sie instrumentalisieren Rezipienten als ›Relais‹ zwischen der virtuellen Propaganda auf der einen Seite und realen sozialen Netzwerken auf der anderen Seite. Mit den sozialen Medien hat ein vergleichsweise junges Phänomen Einzug in die Propagandaarbeit jihadistischer Gruppen gehalten: der so genannte Jihad cool. Diese Form der Propaganda richtet sich sehr gezielt an Sympathisanten in westlichen Industrienationen und inszeniert propagandistische Inhalte im Stile jugendkultureller Angebote. Die Propaganda greift hier im Wesentlichen die Ästhetik der Rap- und Hiphop-Szene auf und inszeniert den Jihad als coole Revolte. Während Angebote wie diese vergleichsweise breit gestreut werden und weitgehend frei zugänglich sind, richten sich Angebote im Dark Web an Zielgruppen, die bereits tiefer eingetaucht sind und nach konkreten Informationen wie etwa Anleitungen für den Bombenbau oder Attentatspläne suchen (ebd., 14).

Herausforderungen für die ethische Urteilsbildung

Propaganda hat in den zurückliegenden Jahrzehnten keineswegs an Relevanz verloren und ist auch in heutiger Zeit gegenwärtig. Ihre Relevanz erkennt man nicht zuletzt darin, dass sie nicht nur in kriegerischen Auseinandersetzungen vorkommt, sondern in manchen Fällen mit diesen geradezu gleichzusetzen ist. Der Kalte Krieg war möglicherweise der erste Krieg, in dem in diesem Sinne mit Mitteln der symbolischen Kommunikation gekämpft wurde. Propaganda wird nicht nur von staatlicher oder korporativer Seite, sondern darüber hinaus von einer Vielzahl gesellschaftlicher Gruppen unterschiedlicher Größe und Ausrichtung angewendet. Seit ihren Ursprüngen sind die Instrumente und Strategien der Propaganda stets verfeinert und professionalisiert worden. Eine entscheidende Rolle haben dabei stets Medieninnovationen gespielt. Derzeit sind es vor allem die digitalen Medien, die das Methodenarsenal der Propaganda erheblich aufgerüstet und global verfügbar gemacht haben.

Mit Blick auf die Propaganda stellt sich heute für

die ethische Urteilsbildung eine Reihe von Herausforderungen. Im Wesentlichen handelt es sich dabei um drei Identifikationsprobleme, die im Folgenden abschließend resümiert werden sollen. Diese sind: die Identifikation der Materialbasis, die Identifikation der Aussagenbasis für Täuschungsunterstellungen sowie die Identifikation von Akteuren für Verantwortungszuschreibungen.

Identifikation der Materialbasis für Propagandaanalysen: Propaganda zu betreiben, so hat Harold D. Lasswell einmal gesagt, sei so moralisch oder unmoralisch wie der Gebrauch einer Pumpe (vgl. Bussemer 2005, 298). Es ist kein Wunder, dass das, woran Lasswell, Hovland und viele andere in den ersten Dekaden des 20. Jahrhunderts zu forschen begannen, heute zum allgemeinen Wissensstand einer globalen Persuasionsindustrie geworden ist. Die Probleme, Propaganda definitorisch einwandfrei von benachbarten Phänomenen wie Werbung und Public Relations abzugrenzen, schlägt auf der Ebene der ethischen Urteilsbildung voll durch. Was ist Propaganda? Diese Frage ist mit Blick auf konkrete Phänomene eben nicht immer leicht zu beantworten, in einer Zeit, in der sich Propaganda über die klassischen Massenmedien bis hin zu YouTube-Videos, Facebook-Accounts oder Whatsapp-Kurzmitteilungen erstreckt.

Identifikation der Aussagenbasis für Täuschungsunterstellungen: Propaganda sucht in vielen Fällen zu beeinflussen, indem sie gezielt bereits vorliegende Gefühle und Befindlichkeiten ihrer Zielgruppen an- und ausspricht. Sie sucht dadurch zu beeinflussen, dass sie in diesem übertragenen wie aber auch im direkten Sinne Wahrheiten sagt, zumindest aber dadurch, dass sie diese Wahrheiten für ihre Zwecke verwendet. Von einer Lüge im engeren Sinne kann dann schon nicht mehr die Rede sein, setzt die Lüge doch die Falschheit einer Aussage voraus. Im Zuge der ethischen Urteilsbildung müsste also angegeben werden, inwiefern und vor allem für wen eine gegebene Aussage als falsch zu bezeichnen ist und ob die Absicht einer Täuschung tatsächlich vorliegt. Ein in eine Kampfeinheit eingebetteter Journalist, der über eine konkrete Kampfhandlung berichtet, berichtet etwa über ein reales Ereignis, von dem auch seine ›Kameraden‹ in der gleichen Weise berichten könnten. Dennoch kann man von einer absichtlichen Täuschung im Sinne der Konstruktion eines reflexiven Geheimnisses (also eines Geheimnisses, dessen Existenz geheim gehalten wird) sprechen, wenn möglicherweise durch die Hinlenkung der Aufmerksamkeit auf einen Kriegsschauplatz absichtlich von einem anderen abgelenkt werden sollte.

Identifikation von Akteuren für Verantwortungszuschreibungen: Die im Rahmen der ethischen Urteilsbildung wichtige Zuschreibung von Verantwortung stellt angesichts der zunehmenden Privatisierung und Professionalisierung der Propaganda eine große Herausforderung dar. Die wachsende Bedeutung von privatwirtschaftlich organisierten Agenturen erschwert die Identifikation und Zurechnung von Propaganda auf staatliche oder korporative Akteure. Was die Propaganda in Kriegszeiten angeht, ist damit im Bereich der ›psychologischen Kriegsführung‹ etwas ganz Ähnliches zu beobachten wie im Bereich der klassischen militärischen Kriegsführung. In den kriegerischen Auseinandersetzungen der vergangenen Jahre hat der Stellenwert von privaten Sicherheitsunternehmen deutlich zugenommen. Neben dieser Entwicklung erschwert auch die zunehmende Professionalisierung die Zuschreibung von Verantwortung. Propaganda ist in immer stärkerem Maße das Ergebnis eines arbeitsteiligen Planungs- und Produktionsprozesses. Wer genau womit die Grenzen legitimer Propaganda überschritten hat, lässt sich damit nicht immer eindeutig bestimmen. In digitalen Medien verschärft sich dieses Problem noch einmal, da durch die schnelle, virale Verbreitung von Inhalten durch Rezipienten Verantwortungszuschreibungen deutlich komplizierter geworden sind.

Literatur

Baschwitz, Kurt: *Der Massenwahn. Seine Wirkung und seine Beherrschung.* München ²1924.
Bentele, Günter/Liebert, Tobias/Seeling, Stefan: Von der Determination zur Intereffikation. Ein integriertes Modell zum Verhältnis von Public Relations und Journalismus. In: Günter Bentele/Michael Haller (Hg.): *Aktuelle Entstehung von Öffentlichkeit. Akteure, Strukturen, Veränderungen.* Konstanz 1997, 225–250.
Bernays, Edward L.: *Crystallizing Public Opinion* [1923]. Brooklyn, N. Y. 2011.
Buchli, Hans: *6000 Jahre Werbung. Geschichte der Wirtschaftswerbung und der Propaganda,* Bd. II: *Die neuere Zeit.* Berlin 1962.
Bundesministerium des Innern: *Verfassungsschutzbericht 2014.* Berlin 2015.
Bussemer, Thymian: *Propaganda: Konzepte und Theorien.* Wiesbaden 2005.
El Difraoui, Asiem: *jihad.de. Jihadistische Online-Propaganda: Empfehlungen für Gegenmßnahmen in Deutschland.* Berlin 2012.
Herman, Edward S./Chomsky, Noam: *Manufacturing Consent: the Political Economy of the Mass Media.* New York 2002.
Kunczik, Michael: Die Privatisierung der Kriegspropaganda. Öffentlichkeitsarbeit in Kriegszeiten von der Revolution

1776 bis zum Irak-Krieg 2003. In: Martin Löffelholz (Hg.): *Krieg als Medienereignis II. Krisenkommunikation im 21. Jahrhundert.* Wiesbaden 2004, 81–98.
Lasswell, Harold D.: *Propaganda Technique in the World War* [1927]. Mansfield Centre 2013.
Lazarsfeld, Paul F./Berelson, Bernard/Gaudet, Hazel: *The People's Choice; How the Voter Makes Up His Mind in a Presidential Campaign.* New York 1944.
Lazarsfeld, Paul F./Berelson, Bernard/Gaudet, Hazel: *Wahlen und Wähler. Soziologie des Wahlverhaltens.* Neuwied 1969.
Lippmann, Walter: *Public Opinion.* New York 1922.
Merten, Klaus: Struktur und Funktion von Propaganda. In: *Publizistik* 45/2 (2000), 143–162.
Pariser, Eli: *The Filter Bubble. What the Internet is Hiding from You.* New York 2011.
Pedro, Joan: The Propaganda Model in the Early 21st Century Part I. In: *International Journal of Communication* 5 (2011a), 1865–1905.
Pedro, Joan: The Propaganda Model in the Early 21st Century Part II. In: *International Journal of Communication* 5 (2011b), 1906–1926.
Pensold, Wolfgang: Golfkrieg 1991: What Bodies? In: Ders. (Hg.): *Eine Geschichte des Fotojournalismus.* Wiesbaden 2015, 131–137.
Plenge, Johann: *Deutsche Propaganda.* Bremen 1922.
Qualter, Terence H.: *Propaganda and Psychological Warfare.* New York 1962.
Schmidt, Siegfried J.: *Kulturbeschreibung Beschreibungskultur. Umrisse einer Prozess-orientierten Kulturtheorie.* Weilerswist 2014.
Stern-Rubarth, Edgar: *Die Propaganda als politisches Instrument.* Berlin 1921.
Stöber, Rudolf: Odysseus zwischen Skylla und Charybdis. Von der Pressepolitik über Propaganda zur politischen PR? In: Peter Szyszka (Hg.): *PR-Geschichte als Theoriebaustein.* Berlin 1997, 197–218.
Stouffer, Samuel A.: *The American Soldier. Studies in Social Psychology in World War II.* Princeton 1949.
Sunstein, Cass R.: *Republic.com 2.0.* Princeton 2007.
Tönnies, Ferdinand: *Kritik der öffentlichen Meinung* [1922]. Berlin 2002.
Westerbarkey, Joachim: *Das Geheimnis. Die Faszination des Verborgenen.* Leipzig 1998.

Guido Zurstiege

20 Diskriminierung

Einleitung: Medienethische Perspektiven auf Ungleichheiten

Ungleichheiten können durch gesellschaftliche Machtverhältnisse entstehen, aber auch durch normative Wertsetzungen, die in öffentlichen und medialen Diskursen verhandelt und gefestigt werden. Aus einer medienethischen Perspektive interessiert dann, wo sich Ungleichheiten manifestieren und inwieweit gleiche Freiheitsrechte unabhängig von beispielsweise Geschlecht, Ethnizität oder Religion für alle verwirklicht sind und wo dies nicht der Fall ist. Die Betrachtung der Ungleichheiten impliziert aus einer makrotheoretischen Perspektive Fragen nach der Herausbildung von gesellschaftlichen Normen und wie diese angewendet werden sowie die daraus resultierenden Inklusions- und Exklusionsprozesse (vgl. Grimm 2014). In den Blick geraten dann die Öffentlichkeiten, die Medien für verschiedene Themen und Akteursgruppen herstellen. Des Weiteren bedeutet für Medienunternehmen – also auf der Mesoebene – das Gleichheitspostulat, dass alle gesellschaftlichen Gruppen beispielsweise in Redaktionen oder Fernsehräten vertreten oder repräsentiert sein sollen. Auf der Subjektebene und damit der gesellschaftliche Mikroebene geht es um konkrete Diskriminierungserfahrungen und die Frage danach, wie Differenzkategorien auf unterschiedliche persönliche Entwicklungschancen Einfluss haben und so auch darüber mit entscheiden, wer Journalist oder Redakteurin werden kann. Auf all diesen Ebenen finden medienethische Fragestellungen und Perspektiven Anwendung. In diesem Beitrag stehen die diskriminierenden Darstellungen in den Medien im Fokus.

In solchen Medienprozessen sind verschiedene gesellschaftliche Ebenen miteinander verwoben. So können auch mangelnde Repräsentationen bestimmter gesellschaftlicher Gruppen in Redaktionen Einfluss auf die Berichterstattung haben bzw. verzerrende Perspektiven hervorrufen. In diesem Zusammenhang spielt die Anerkennung von Differenzen eine zentrale Rolle, welche auf eine Berücksichtigung von Vielfalt in der Darstellung und eine Vermeidung diskriminierender Repräsentationen verweist. Aus einer medienethischen Perspektive ist es darüber hinaus wichtig, nicht nur Differenzen anzuerkennen, sondern vor allem auch Teilhabe herauszustellen, denn nach Bärbel Röben (2013, 10) ist es eine zentrale Aufgabe der Medienethik, »die kommunikative Teilhabe *aller sozialen Gruppen* am Selbstverständigungsprozess der Gesellschaft« zu fordern (vgl. auch Klaus 2015). Auf der Ebene der medialen Repräsentationen lassen sich dann Normierungen und Werte in Inhalten, also verschiedene Formen von möglicherweise stereotypen Darstellungen in den Medien in den Blick nehmen. Aus medienethischer Perspektive haben Medien dementsprechend vielfältige Aufgaben und Funktionen in einer demokratischen Gesellschaft. In demokratietheoretischen Ansätzen werden die Funktionen von Medien vor allem in der Informations-, Legitimations-, Artikulations- und Integrationsfunktion gesehen (s. Kap. IV.11). Medien gelten als Mittlerinnen zwischen Institutionen und Bürger/innen, da politische Kommunikation heutzutage zumeist medial vermittelt verläuft. Darüber hinaus sollen Medien vor allem Transparenz herstellen und dazu beitragen, ein Forum für vielfältige gesellschaftliche Gruppen zu schaffen. Durch die Ansprache aller gesellschaftlichen Gruppen kann ein gesellschaftlicher Zusammenhalt hergestellt sowie deren Teilhabe am politischen Meinungs- und Willensbildungsprozess ermöglichen werden. Nach Rüdiger Funiok (2007, 92 f.) vermitteln Medien Wissen, schaffen Gesprächsthemen, Identifikationsangebote und fordern zu sozialem Handeln auf; diese Aufgaben gehen eng mit Verantwortung im Medienhandeln einher. Denn nur so sind die Voraussetzungen für das Funktionieren einer Demokratie gegeben, da Medien dann an einer freien, individuellen und öffentlichen Meinungsbildung mitwirken.

Diese Aufgaben werden in verschiedenen Gesetzen präzisiert, wie beispielsweise in den Presse- und Mediengesetzen der Länder, aber auch in Forderungskatalogen wie des World Summit on the Information Society. Besonders umfassend ist der ›Programmauftrag‹ für die öffentlich-rechtlichen Rundfunkanstalten, darin werden Minderheitenschutz und Vielfalt festgeschrieben. So streicht beispielsweise der Programmauftrag des ORF das Bemühen um »Gleichberechtigung« heraus (vgl. Publikumsrat ORF 2005). In Deutschland ist eine »integrierende Funktion« der Massenmedien für das »Staatsganze« im 2. Rundfunkurteil des Bundesverfassungsgerichts festgehalten (vgl. BverfGE 12, 150). Auch Journalist/innen haben sich, wie in verschiedenen Ethikkodizes ausgeführt, an der Bereitstellung einer Vielfalt an Themen sowie an einer objektiven Berichterstattung zu orientieren. So ist ein wichtiger Punkt in den als Pressekodex bezeichneten Publizistischen Grundsätzen des Deutschen Presserates die »Vermeidung von Diskriminierungen« (vgl. Presserat 2015). Diese kurzen Ausführungen zeigen, dass es eine gesamtgesellschaftliche Aufgabe ist, eine faire und ausgewogene mediale Berichterstattung zu unterstützen und auf eine angemessene Repräsentation der gesellschaftlichen Vielfalt zu achten.

Um den angesprochenen Fragen nach medialer Repräsentation und den damit einhergehenden Ungleichheiten nachzugehen, wird im Beitrag zunächst auf ethische Prinzipien der Gerechtigkeit und der Inklusion verwiesen. Darauf aufbauend liegt der Fokus auf Normen in medialen Repräsentationen und der Frage danach, wie sich durch solche Setzungen Normierungen vollziehen. Normierungen haben auch immer die Funktion einer Normalisierung, indem sie über Sag- und Sichtbarkeiten mitbestimmen. Ziel des vorliegenden Beitrags ist es, Bilder und Zuschreibungen in der Darstellung verschiedener gesellschaftlicher Gruppen aufzuzeigen und nach Unterschieden in den Darstellungen entsprechend der Medienformate und Genres zu fragen. Dabei wird exemplarisch auf zwei Differenzkategorien Bezug genommen; so sollen einerseits Mediendiskurse nachgezeichnet werden, die Migrant/innen thematisieren und zum anderen die Kategorie Geschlecht auf ihre medialen Konstruktionsweisen hinterfragt werden. Herausgearbeitet werden verschiedene ungleiche Darstellungsweisen als auch Stereotype, die den Blick auf einzelne gesellschaftliche Gruppen bestimmen. Im Anschluss wird diskutiert, welche Anforderungen an ein Medienhandeln formuliert und wie aus einer Kritik an diskriminierenden Darstellungen heraus entsprechende Verbesserungsvorschläge entwickelt werden können.

Mediale Öffentlichkeit und Gerechtigkeit

Öffentlichkeit gilt als konstitutives Element jedweder Demokratietheorie; ihr wird eine zentrale – wenn auch unterschiedlich akzentuierte – Rolle in der Konzeption von Demokratie eingeräumt (s. Kap. III.8). Je nach demokratietheoretischem Modell sind unterschiedliche Parameter entscheidend, die als wichtig für Funktion und Ausgestaltung von Öffentlichkeit erachtet werden. Medien spielen dabei eine zentrale Rolle und werden in Verbindung zu demokratischen Vorstellungen, Werten und Normen gestellt. Das Verhältnis von Medien und Demokratie beinhaltet damit ethische Aspekte wie Fairness im Sinne einer gleichberechtigen Anerkennung sowie Teilhabe und Inklusion aller Kommunikationsteilnehmer/innen und gesellschaftlicher Gruppen. Normen im Journalismus lassen sich dann aus dem Prinzip der Öffentlichkeit heraus begründen und so Handlungsorientierungen formulieren (vgl. Brosda 2010, 262). Aus medienethischer Sicht greifen also insbesondere zwei Konzepte, die Diskriminierungen in medialen Repräsentationen in den Blick nehmen. So ist es zum einen das Konzept der Gerechtigkeit und die Frage nach einer fairen Darstellung. Des Weiteren wird das Konzept der Inklusion berührt, also die Vorstellung davon, wie alle gesellschaftliche Gruppen angemessen in Medien dargestellt werden können, ohne dass es zu einer Exklusion bestimmter Gruppen von Akteur/innen kommt. Dahinter stehen ergänzend die Vermeidung von Stereotypen in der Darstellung und die Forderung nach Pluralität in der medialen Berichterstattung.

Nach John Rawls sollen soziale Ungleichheiten durch eine besondere Begünstigung Benachteiligter ausgeglichen werden, da alle Menschen ein gleiches Recht auf Grundfreiheiten haben. Rawls (1979, 60 f.) definiert zwei Prinzipien von Gerechtigkeit: Mit dem ersten Prinzip wird allen Personen ein gleiches Recht auf Grundfreiheiten zugesprochen. Im zweiten Prinzip werden Bedingungen dafür genannt, die es erlauben soziale Ungleichheit zu akzeptieren. Nach Rawls kann Ungleichheit dann anerkannt werden, wenn sie zum Vorteil Aller gereicht und wenn der Bezugspunkt für Ungleichheit nicht Personen, sondern Positionen sind. Denn Ungleichheit von Positionen kann akzeptiert werden, vorausgesetzt, dass diese prinzipiell allen Bürger/innen offen stehen. Um diese Chancengleichheit zu erreichen, ist es nach Thomas H. Marshall (1992) zentral, den Staatsbürgerstatus nicht nur als juristisches Recht zu sehen, sondern auf zwei weitere Rechte zurückzuführen, nämlich auch politische und soziale Rechte als konstitutiv für das Funktionieren von Gesellschaften zu verstehen. Klaus und Lünenborg (2012) plädieren unter Bezugnahme auf das Konzept des *cultural citizenship* dafür, außerdem kulturelle Teilhabe einzubeziehen. Diese Erweiterung umfasst auch das Recht an Medien teilzuhaben und zu kommunizieren. So hängen also Gerechtigkeit, Chancengleichheit und Gleichberechtigung unmittelbar mit Forderungen nach einer medialen Inklusion zusammen und damit mit der Forderung nach einer prinzipiellen Teilhabe und Repräsentation aller gesellschaftlichen Gruppen. Mit Fragen der Inklusion hängen aber auch Prozesse der Exklusion zusammen und damit Ungleichheiten in und durch Medien. Aus der Perspektive der Ungleichheitsforschung werden Erscheinungsformen und auch die Zusammenhänge der Ursachen in den Blick genommen. Die Analyse von Inklusions- und Exklusionsprozessen kann sich dabei sowohl auf eine bestimmte Gruppe konzentrieren (z. B. Menschen unterschiedlicher sozialer und/oder kultureller Herkunft) als auch auf bestimmte gesellschaftliche Bereiche in einem weiten Sinne, die Analyse kann z. B. Handeln im Internet oder mediale Darstellungen von Migrant/innen in den Blick nehmen. Ungleichheiten, die durch Inklusions- und Exklusionsprozesse bedingt werden, werden in konkreten Situationen immer wieder neu hergestellt bzw. reproduziert. Wird der Fokus auf eine Verminderung der sozialen Ungleichheit durch Inklusion gelegt, wird Vielfalt in einer positiven Sichtweise gesehen und gleichberechtigte Entfaltungs- und Lebensmöglichkeiten für alle vorausgesetzt – ein Prozess, der sich ständig weiter entwickelt.

Verhandlungen über Geschlecht und Migration in den Medien

Ungleiche Darstellungsweisen in den Medien bzw. problematische Darstellungen, die zu einer Diskriminierung oder Stereotypisierung beitragen können, beruhen meist auf Unterscheidungsmerkmalen, die als Differenzkategorien wirksam werden können. In westlichen Gesellschaften werden heutzutage zumeist Ethnie, Gender und Klasse als wirkmächtig genannt, da sie als Strukturkategorien gelten, die zu einer Positionierung von Menschen in einer Gesellschaft beitragen können (vgl. Winker/Degele 2009). Daneben sind noch zahlreiche weitere Kategorien, wie Religion, Körper oder Sexualität, von Bedeutung, die Auswirkungen darauf haben, wie Menschen in einer Gesellschaft wahrgenommen werden, und die Ungleichheiten in und durch Medien bedingen. All diese Kategorien sind miteinander verwoben und die Bedeutungen der Kategorien nicht ein für alle Mal fixiert, sondern sie werden durch und in Aushandlungsprozessen hergestellt, die durch Machtverhältnisse geprägt sind. An solchen Aushandlungsprozessen sind heutzutage in großem Ausmaß Medien beteiligt, die bestimmte Darstellungen anbieten und so bestimmte Repräsentationen herstellen sowie gesellschaftliche Deutungsweisen (re-)produzieren. Im Folgenden wird anhand zweier Differenzkategorien, nämlich Gender und ›Rasse‹/Ethnizität, die mediale Darstellungsweise reflektiert und herausgearbeitet, inwieweit sich hier einseitige und/oder diskriminierende Darstellungen finden lassen. Exemplarisch wird in der Darstellung der Kategorien Gender und ›Rasse‹/Ethnizität auf Studien zurückgegriffen, die sich mit medialen Repräsentationen in Fernsehen und Printmedien beschäftigen, seltener lassen sich Studien finden, die die Inhalte von Online-Medien analysieren, was allerdings mit der Polysemie der Webinhalte zusammenhängen dürfte. In Bezug auf die genannten Differenzkategorien Gender und ›Rasse‹/Ethnizität finden sich im Internet vor allem zahlreiche alltägliche Diskurse in Foren, in den Kommentarspalten der Online-Auftritte von Tageszeitungen, in Blogs und weiteren sozialen Medien, die sexistisch oder rassistisch sind (vgl. Drüeke/Klaus 2014). Auch Kategorien wie Religion oder Klasse bedingen spezifische diskriminierende mediale Darstellungen. Insbesondere Religion wird in der westlichen Welt heutzutage häufig einseitig mit Islamismus und Fundamentalismus verbunden und so als Bedrohung wahrgenommen. Auch Auswirkungen spezifischer Lebenssituationen auf Medienkommunikation, wie z. B. in Bezug auf Menschen, die sich im ›abgehängten Prekariat‹, in den ›Unterschichten‹, wiederfinden, sind für Analysen von Bedeutung (vgl. Klaus 2016).

Gender und mediale Repräsentationen

Dass Gender heute als eine bedeutsame Analysekategorie innerhalb der Kommunikationswissenschaft gilt, ist vor allem das Ergebnis der durch die Frauenbewegung inspirierten theoretischen Ausarbeitungen zur Wirkung und Macht der Kategorie Geschlecht sowie vielfältiger Studien zu den Konstruktionsweisen von Geschlecht in Kommunikationsprozessen zu verdanken. Geschlecht wird hier verstanden als soziale Strukturkategorie, die in scheinbar individuelle Handlungen eingeschrieben ist und nicht als etwas, das natürlich gegeben ist, sondern durch Handlungen hergestellt wird. Die Kategorie Geschlecht entfaltet also Wirkung und Macht auch für die Kommunikationswissenschaft. Dies impliziert dann die Fragen, wie Medientexte und -bilder geschlechtsgebunden konstruiert sind und nach den medialen Repräsentationen von Geschlecht. Hier steht also das Problem des ›wie‹ der Darstellung im Mittelpunkt.

In der Reflexion von Medieninhalten wie Texten, Bildern, Filmen geht es neben der Frage danach, welche medialen Repräsentationen von Männern und Frauen in Medien vorherrschen, vor allem um die Konstruktionen und Diskurse, die spezifische Bedeutungszuschreibungen von Weiblichkeit und Männlichkeit bedingen. Mit Hilfe von quantitativen und qualitativen Inhaltsanalysen sowie Diskursanalysen wurde in Studien zu Männer- und Frauenbildern in Fernsehen und Werbung die Muster in der Darstellung herausgearbeitet sowie gleichzeitig die sozialen und kulturellen Konstruktionen der Geschlechterverhältnisse hinterfragt. Dabei lassen sich Unterschiede feststellen in Bezug auf die Entwicklung, aber auch zwischen einzelnen Mediengattungen und vor allem zwischen Print und Fernsehen im Vergleich zur Werbung.

Quantitative Inhaltsanalysen fokussieren zunächst vor allem auf die Unterrepräsentanz von Frauen in vielen medialen Bereichen der Darstellung. In den ersten Studien zum Frauen- und Männerbild im Fernsehen wurde noch festgestellt, dass Frauen in wenigen Berufen und insgesamt den Männern untergeordnet dargestellt werden (so z. B. Küchenhoff 1975), mit der Herausbildung des dualen Rundfunksystems werden die angebotenen Frauenbilder vielfältiger, neben der Darstellung auch von berufstätigen Frauen kommt aber vor allem eine zunehmend sexualisierte Darstellung von Frauen hinzu (vgl. Weiderer 1993). Vor allem variieren nun die Bilder von Frauen je nach Gattung, Genre und Thema. Klaus und Kassel (2007, 313) konstatieren jedoch im Großen und Ganzen eine »Beibehaltung stereotyper Muster«. Brigitte Spieß (1992) zeigt, dass zwar einerseits nach wie vor traditionelle Rollen existieren, also die der Ehefrau und Mutter, zunehmend aber auch Berufstätige auftauchen und seit dem Ende 1980er Jahre mit der »coolen, androgynen Frau« auch ein neuer Weiblichkeitstypus. Seit dieser Zeit zeigen sich also leichte Veränderungen in den Stereotypen.

Eine ähnliche Festschreibung auf bestimmte Männer- und Frauenrollen findet sich auch in der deutschsprachigen Printpresse. Dabei zeigt sich vor allem, so Magin und Stark (2010), eine geschlechtsspezifische Attribuierung, auch wenn die Medienbilder hinsichtlich öffentlichem und privatem Umfeld sowie beruflichem Status variabler geworden sind. Nach wie vor sind jedoch traditionelle Geschlechterstereotype und Geschlechterrollen in der Presseberichterstattung vorherrschend. Ähnliches gilt für die Darstellung von Politikerinnen in der medialen Printberichterstattung. Diese greift zwar nur selten auf »grobe Klischees« zurück, allerdings zeigen sich Geschlechterskripte wie »mütterliche, fürsorgliche Weiblichkeit« versus »heroischer, kämpferischer Männlichkeit« (vgl. Lünenborg/Maier 2013, 161). Auch visuelle Bilder von Frauen und/oder Politikerinnen zeigen Stereotype auch wenn diese mittlerweile weniger stark ausgeprägt sind, sind sie dennoch immer noch vorhanden (vgl. Kinnebrock/Knieper 2008).

In der Werbung insgesamt sind bei den Darstellungen von Frauen traditionelle Rollen seltener geworden (vgl. Eck/Jäckel 2009). Allerdings greifen geschlechtsspezifische Produkte stärker auf traditionelle Stereotype zurück. Vennemann und Holz-Bacha (2011) weisen darauf hin, dass in der Fernsehwerbung Frauen auch häufig als Sex-Objekt gezeigt werden. Sexistische Werbung ist immer wieder Gegenstand von Beschwerden beim Werberat.

Insgesamt zeigen sich also Veränderungen in den Darstellungen von Frauen und Männern in medialen Repräsentationen, aber auch zugleich die Dominanz stereotyper Darstellungen, die in unterschiedlichen Formaten immer wieder aufscheinen. Frauenbilder werden in medialen Darstellungen modernisiert, die Hausfrau und Mutter wird seltener, dafür kommen auch Politikerinnen zu Wort und Macht wird anerkannt. Geschlechterdifferenzierungen und damit Zuschreibungen bestimmter Rollen für Männer und Frauen finden sich nach wie vor, allerdings handelt es sich dabei im Unterschied zu früher weniger um einfache Defizitdiskurse, also um Zuschreibungen von mangelhaften Fähigkeiten.

Migranten und Migrantinnen in den Medien

In den Debatten um mediale Repräsentationen von Migranten und Migrantinnen in den Medien spielen verschiedene Differenzkategorien, wie ›Rasse‹ und Ethnizität und damit Konstruktionen eines ›Anderen‹ eine Rolle. Der Begriff Ethnizität zielt zumeist auf Zugehörigkeit zu einer bestimmten kulturellen Gemeinschaft, in der das Subjekt sich selbst positioniert oder aber von anderen soziokulturell positioniert wird. Er dient damit eher als Unterscheidungskriterium zur jeweils dominanten Kultur während ›Rasse‹ zumeist biologisch konnotiert ist und z. B. auf körperliche Merkmale verweist (vgl. dazu auch Knapp 2012). In den Bedeutungszuweisungen an ›Rasse‹ zeigen sich insofern häufig essentialisierende Tendenzen, die auf bestimmte Äußerlichkeiten verweisen. Ethnizität und ›Rasse‹ erscheinen dann zunächst als austauschbare Kategorien. Eine synonyme Verwendung dieser Identitätskonstruktionen kann zu ihrer Naturalisierung und Vereinheitlichung führen. Wichtig ist es also, die Kategorien als grundsätzlich unterscheidbar und sich nur teilweise in ihrer Bedeutung überlappend zu konzeptualisieren, um den Blick auf die jeweils dahinterliegenden spezifischen Prozesse der Identitätskonstruktion nicht zu verstellen (vgl. Cornell/Hartmann 1992).

Innerhalb der Medien- und Kommunikationswissenschaft ist die Auseinandersetzung mit ›Rasse‹ begleitet von einer kritischen Analyse der jeweils zugrundeliegenden Identitätspolitiken. Medien wird eine entscheidende Rolle bei der Artikulation kultureller Identitäten eingeräumt. Stuart Hall (1997) verweist darauf, dass mit der Konstruktion von Differenzen immer der Versuch verbunden ist, eine eigene einheitliche Identität zu bestimmen, die jedoch brüchig und instabil ist. Dabei bieten Medien nur ein bestimmtes Repertoire an Identitäten an, das häufig rassistische Stereotype verstärkt. So werden in medialen Repräsentationen Schwarze ungeachtet aller Differenzen häufig als einheitliche Gruppe dargestellt und entsprechend homogenisiert und stereotypisiert (vgl. Hall 1997). In den Beiträgen des Readers *Gender, Race and Class in Media* (Dines/Humez 2011) scheint ›Rasse‹ als eine der zentralen Identitätskategorien auf. Wie in Bezug auf die theoretische Berücksichtigung von ›Rasse‹ zeigt sich auch in der empirischen Forschung ein deutlicher Unterschied zwischen den deutschsprachigen und insbesondere den US-amerikanischen Forschung. In der deutschsprachigen Forschung spielt eher die Kategorie der Ethnizität eine zentrale Rolle. Unter Bezugnahme auf bell hooks und Gayatri Spivak sind hier vor allem mediale Repräsentationen von Migrant/innen ein zentrales Untersuchungsfeld.

In der deutschsprachigen Printberichterstattung, so zeigen verschiedene Studien (z. B. Geissler/Pöttker 2008), werden mediale Repräsentationen von Migrant/innen zumeist als ›Andere‹ bzw. ›Fremde‹ exkludiert und mit Themen wie Unsicherheit, Bedrohung, Verbrechen und als Last des Wohlfahrtstaates verbunden. In den letzten Jahren kommt ein Diskurs über religiösen Fanatismus und Terrorismus hinzu (vgl. Hafez/Richter 2008). Darüber hinaus finden sich vor allem Unterschiede in der Darstellung verschiedener Gruppen von Migrant/innen; so erscheinen die einen als ›erwünscht‹ während andere ausgeschlossen werden, da sie zu den ›unerwünschten‹ Migrant/innen gehören (vgl. Klaus/Drüeke 2011). Damit werden Kategorien verbunden, die Kriterien einer erfolgreichen bzw. misslungenen Integration benennen, so sind Darstellungen von Migrant/innen zumeist mit der Frage einer ›erfolgreichen‹ Integration verbunden (vgl. Geissler/Pöttker 2008). Insbesondere die Migrantin erscheint dabei als mystische Exotin oder Opfer einer »rückständigen Kultur« (vgl. Lünenborg/Fritsche/Bach 2010), was sich vor allem durch die mediale Rahmung des Kopftuchs ausdrückt (vgl. Drüeke/Kirchhoff/Klaus 2012).

Für das deutschsprachige Fernsehen zeigt Bärbel Röben (2013) auf, wie Asylbewerber/innen aus Nordafrika und Arbeitsmigranten/innen aus Osteuropa häufig in Verbindung zu einer Frage nach ›Nützlichkeit‹ oder ›Belastung des deutschen Sozialsystems‹ gestellt werden. Frauen mit Kopftuch werden in deutschen Fernsehdokumentationen dazu benutzt, Unterdrückung und religiöse Fremdheit zu symbolisieren. Häufig wird so an das Medienbild der verschleierten Frau die Gleichberechtigungsfrage gekoppelt. In den Nachrichtensendungen von ARD und SAT 1 und deren Berichterstattung über Migranten, so fanden Ruhrmann, Sommer und Uhlemann (2005) heraus, wurde der Interpretationsrahmen Kriminalität, der die bisherige Berichterstattung über Migrant/innen prägte, zunehmend durch stark visualisierte Beiträge zu Terror und Terrorismus abgelöst. Im Fernsehen werden Migrant/innen zumeist als das ›Andere‹ fixiert, das im Gegensatz zu der einheimischen Gesellschaft stehe (vgl. Lünenborg et al. 2012). Zugleich wird in den Medien häufig eine weiße Identität als Norm gesetzt und das Verbrechen wie beispielsweise in der Fahndungsreihe *Aktenzeichen XY ungelöst* vor allem als Bedrohung für weiße, heterosexuelle Paare und Kleinfamilien gezeigt und damit zugleich als fremd ausgeschlossen (vgl. Pinseler 2008). Ähnlich werden in der ZDF-Krimi-Reihe *Der Alte* durch eine Normierung von Weißsein Ungleichheiten aufgrund von ›Rasse‹ (re-)produziert (vgl. Fox 2008). Aus der vermeintlichen Sichtbarkeit von Migrant/innen in Casting Shows wie *Deutschland sucht den Superstar* oder *Germany's Next Topmodel* resultieren keine vielfältigen Identitätspositionen, da Migrant/innen weiterhin als ›die Anderen‹ markiert werden (vgl. Lünenborg et al. 2012).

Durch solche stereotypen Darstellungen bleiben die medialen Repräsentationen zumeist auf wenige, binäre Positionen beschränkt. Differenz wird so durch die Konstruktion eines gemeinschaftlichen ›Wir‹ und eines fremden ›Anderen‹ hergestellt. Die Medienbilder bzw. die medialen Repräsentationen von Migrant/innen variieren vor allem nach Sozialstatus, Herkunft, Geschlecht; dieses Ergebnis findet sich sowohl im Printbereich als auch in audiovisuellen Medien. Wie bereits angesprochen fokussieren die Forschungen und Studien zu Migration und Medien dabei zumeist auf eine Gegenüberstellung von Integration und Desintegration. In Mediendiskursen über Migrant/innen finden sich entsprechend vor allem Dichotomien wie gut ausgebildet/schlecht ausgebildet bzw. erwünscht/unerwünscht. Integration in diesem Zusammenhang verweist weniger auf eine Bewegung als auf einen gewünschten Ist-Zustand, den Migrant/innen erreichen sollen. Dabei werden allgemeine Normen und Werte verhandelt, vor allem aber Grenzen einer Gemeinschaft deutlich und kollektive Identitäten durch Abgrenzung gebildet. Implizit wird dabei von einer Homogenisierung von Kultur ausgegangen und eine Gefahr in ihrer Heterogenität gesehen.

Fazit: Weniger Ungleichheit durch medienethische Reflexionen?

Eine Erforschung von Ungleichheiten in den Medien steht vor dem generellen Problem, dass Fragestellungen nach einer Stereotypisierung bzw. allgemeiner nach den medialen Repräsentationen von Migrant/innen oder Geschlechtsidentitäten mit einer Essentialisierung einhergehen, d. h. es werden Kategorien reproduziert und Zuschreibungen getroffen, die vor dem Hintergrund der Genderforschung eigentlich dekonstruiert werden sollten. Die Dekonstruktion binärer und essentialistischer Zuschreibungen zeigt sich insbesondere die Relevanz intersektionaler Analysen, die die Wechselwirkungen zwischen verschiedenen sozialen Kategorien in ihren Auswirkungen auf Inklusions- und Exklusionsprozesse in den Blick nehmen. Dennoch lassen sich medienethische Perspektiven aufzeigen, die zu dazu beitragen können, kritische Reflexionen anzustoßen.

In Bezug auf mediale Repräsentationen sind Forderungen nach Anwendung der gleichen Maßstäbe für alle sowie nach einer fairen und gleichberechtigten Berichterstattung zu stellen. Denn nur wenn bei bestimmten Gruppen bestimmte Merkmale herausgestellt werden, führt dies zu ungleicher Anerkennung in Folge der medialen Darstellung und zum Vorherrschen stereotyper Bilder von Männern, Frauen, Migrantinnen, Schwulen oder Lesben. Die Verantwortung von Medien resultiert also aus dieser Forderung, Journalist/innen und Medienmacher/innen sind aufgefordert, einmal mehr zu hinterfragen, inwieweit ständige Wiederholungen bestimmter Themen oder Merkmale zu einer Stereotypisierung aber auch zu ungleicher Behandlung in der Darstellung beitragen können (vgl. als kritische Handreichung für rassismuskritische bzw. gendergerechte Sprache AntiDiskriminierungsBüro Köln 2014 und Bundesministerium für Wirtschaft und Arbeit o. J.). Hinsichtlich diskriminierender Werbeanzeigen ist insbesondere der Werberat ein effizientes Instrument um in Normverletzungen einzugreifen. Dieser nimmt dabei vor allem die inhaltliche Gestaltung von Werbung in den Blick; auch Bürger/innen können sich mit Eingaben an den Werberat wenden, um auf anstößige Werbung hinzuweisen (vgl. Bohrmann 2010). Sowohl im Journalismus als auch in der Werbung könnte dann eine Berufsethik wirksam werden, wenn die entsprechenden Akteur/innen ihre Rolle in der Herstellung von Wirklichkeit kritisch reflektierten (vgl. ebd.). Aber auch eine Ethik von Seiten der Rezipierenden kann greifen, insofern Reaktionen auf diskriminierende Berichterstattung oder Werbung möglich sind. Allerdings dürfen ethische Fragen nicht individualisiert werden, sondern müssen als Teil einer Medienethik verstanden werden, die die Konstruktionsweisen gesellschaftlicher Normen generell in den Blick nimmt, reflektiert und auch zu einer Umdeutung beitragen kann. Darüber hinaus bedeutet eine bloße Sichtbarkeit von vielen gesellschaftlichen Gruppen in den Medien nicht gleich Anerkennung, sondern kann auch eine Einbindung in normative Identitätsvorgaben und eine Disziplinierung nach sich ziehen (vgl. Schaffer 2008) und vor allem tradierte Vorstellungen über Frauen oder Migrant/innen reproduzieren. Nancy Fraser (2003) stellt heraus, dass für eine Anerkennung auch immer eine Umverteilung von Nöten ist, d. h. die Anerkennung von Differenzen in einer Gesellschaft muss auch zu einer Verteilung gesellschaftlicher Ressourcen führen. Neben einer fairen medialen Darstellung ist also insbesondere auch die Partizipation möglichst aller gesellschaftlichen Akteursgruppen an Medien und den damit verbundenen Prozessen zu stärken.

Literatur
AntiDiskriminierungsBüro Köln: Sprache schafft Wirklichkeit. Glossar und Checkliste zum Leitfaden für einen rassismuskritischen Sprachgebrauch (2014). In: http://www.oegg.de/index.php?de_ab-2008 (19.6.2015).
Bohrmann, Thomas: Werbung. In: Christian Schicha/Carsten Brosda (Hg.): *Handbuch Medienethik*. Wiesbaden 2010, 293–303.
Brosda, Carsten: Journalismus. In: Christian Schicha/Carsten Brosda (Hg.): *Handbuch Medienethik*. Wiesbaden 2010, 257–277.
Bundesministerium für Wirtschaft und Arbeit: Leitfaden für einen nicht diskriminierenden Sprachgebrauch (2008). In: http://www.uibk.ac.at/gleichbehandlung/sprache/leitfaden_nicht_diskr_sprachgebrauch.pdf (8.5.2015).
Cornell, Stephen E./Hartmann, Douglas: The puzzle of ethnicity and race. In: Dies. (Hg.): *Ethnicity and Race. Making Identities in a Changing World*. Thousand Oaks 1992, 1–15.
Deutscher Presserat: Publizistische Grundsätze (Pressekodex). Richtlinien für die publizistische Arbeit nach den Empfehlungen des Deutschen Presserats (2015). In: http://www.presserat.de/fileadmin/user_upload/Downloads_Dateien/Pressekodex_bo_web_2015.pdf (10.5.2015).
Dines, Gail/Humez, Jean M. (Hg.): *Gender, Race, and Class in Media. A critical Reader*. Thousand Oaks/California 2011.
Drüeke, Ricarda/Kirchhoff, Susanne/Klaus, Elisabeth: Positioning the Veiled Woman. An Analysis of Austrian Press Photographs in the Context of the European Headscarf Debates. In: Celine-Marie Pascale (Hg.): *Inequality & The Politics of Representation: A Global Landscape*. Thousand Oaks 2012, 189–208.
Drüeke, Ricarda/Klaus, Elisabeth: Öffentlichkeiten im Internet: Zwischen Feminismus und Antifeminismus. In: *Femina Politica. Zeitschrift für feministische Politikwissenschaft* 23/2 (2014), 59–70.
Eck, Cornelia/Jäckel, Michael: Werbung mit dem kleinen Unterschied. In: Herbert Willems (Hg.): *Theatralisierung der Gesellschaft, Bd. 2: Medientheatralität und Medientheatralisierung*. Wiesbaden 2009, 171–185.
Fox, Caterina G.: Hände hoch! Sie sind entlarvt! Eine Whitenesskritische Analyse der Krimi-Reihe ›Der Alte‹. In: Ulla Wischermann/Tanja Thomas (Hg.): *Medien-Diversität-Ungleichheit. Zur medialen Konstruktion sozialer Differenz*. Wiesbaden 2008, 107–123.
Fraser, Nancy: *Umverteilung oder Anerkennung? Eine politisch-philosophische Kontroverse*. Frankfurt a. M. 2003.
Funiok, Rüdiger: *Medienethik. Verantwortung in der Mediengesellschaft*. Stuttgart 2007
Geissler, Rainer/Pöttker, Horst: Mediale Migration von Migranten. Ein Problemaufriss. In: Dies. (Hg.): *Migration und Medien*. Bielefeld 2008, 13–44.
Grimm, Petra: Gender aus medienethischer Sicht – eine Einführung. In: Petra Grimm/Oliver Zöllner (Hg.): *Gender im medienethischen Diskurs. Medienethik Band 12*. Stuttgart 2014, 7–18.
Hafez, Kai/Richter, Carola: Das Islambild von ARD und ZDF. Themenstrukturen einer Negativagenda (2008). In: http://www.fachjournalist.de/PDF-Dateien/2012/05/FJ_3_2008-Das-Islambild-von-ARD-und-ZDF.pdf (14.2.2015).
Hall, Stuart: Old and New Identities, Old and New Ethnicities. In: Anthony King (Hg.): *Culture, Globalisation and the World-System: Contemporary Conditions for the Representation of Identity*. Minneapolis 1997, 31–68.
Kinnebrock, Susanne/Knieper, Thomas: Männliche Angie und weiblicher Gerd? Visuelle Geschlechter- und Machtkonstruktionen auf Titelseiten von politischen Nachrichtenmagazinen. In: Christina Holtz-Bacha (Hg.): *Frauen, Politik und Medien*. Wiesbaden 2008, 83–103.
Klaus, Elisabeth: Klasse. In: Andreas Hepp/Friedrick Krotz/Swantje Lingenberg/Jeffrey Wimmer (Hg.): *Handbuch Cultural Studies und Medienanalyse*. Wiesbaden 2015, 39–47.
Klaus, Elisabeth: ›Moral ist grauslich‹ – Ethik auch? Das Verhältnis von Medien, Ethik und Geschlecht als Suchbewegung zwischen Gleichheit und Differenz. In: Sigrid Kannengießer/Larissa Krainer/Claudia Riesmeyer/Ingrid Stapf (Hg.): *Eine Frage der Ethik? Eine Ethik des Fragens –*

transdisziplinäre Untersuchungen zu Medien, Ethik und Geschlecht. Weinheim 2016.

Klaus, Elisabeth/Drüeke, Ricarda: More or Less Desirable Citizens: Mediated Spaces of Identity and Cultural Citizenship. In: *Global Media Journal* 1/2 (2011), http://www.db-thueringen.de/servlets/DerivateServlet/Derivate-24461/GMJ2_klaus_drueeke_final.pdf (14.2.2015).

Klaus, Elisabeth/Kassel, Susanne: Das Frauen- und Männerbild im österreichischen Fernsehen. Ein Überblick über die vorliegenden Forschungsergebnisse. In: Christian Steininger/Jens Woelke (Hg.): *Fernsehen Österreich 2007*. Konstanz 2007, 301–321.

Klaus, Elisabeth/Lünenborg, Margreth: Cultural Citizenship. Participation by and through Media. In: Elke Zobl/Ricarda Drüeke (Hg.): *Feminist Media. Participatory Spaces, Networks and Cultural Citizenship*. Bielefeld 2012, 197–212.

Knapp, Gudrun-Axeli: *Im Widerstreit. Feministische Theorie in Bewegung*. Wiesbaden 2012.

Küchenhoff, Erich (Hg.): *Die Darstellung der Frau und die Behandlung von Frauenfragen im Fernsehen – eine empirische Untersuchung der Universität Münster*. Stuttgart 1975.

Lünenborg, Margreth/Fritsche, Katharina/Bach, Annika: *Migrantinnen in den Medien. Darstellungen in der Presse und ihre Rezeption*. Bielefeld 2010.

Lünenborg, Margreth/Linke, Christina/Konrad, Lisa/Fritsche, Katharina/Flecke, Stefan: Geschlecht und Ethnizität in audiovisuellen Medien. Methodologische und methodische Herausforderungen intersektionaler Medieninhaltsanalyse. In: Tanja Maier/Martina Thiele/Christine Linke (Hg.): *Medien, Öffentlichkeit und Geschlecht in Bewegung. Forschungsperspektiven der kommunikations- und medienwissenschaftlichen Geschlechterforschung*. Bielefeld 2012, 99–114.

Lünenborg, Margreth/Maier, Tanja: *Gender Media Studies*. Wiesbaden 2013.

Magin, Melanie/Stark, Birgit: Mediale Geschlechterstereotype. Eine ländervergleichende Untersuchung von Tageszeitungen. In: *Publizistik* 55/4 (2010), 383–404.

Marshall, Thomas H.: *Bürgerrechte und soziale Klassen: zur Soziologie des Wohlfahrtsstaates*. Frankfurt a. M. 1992.

Pinseler, Jan: ›Nur auf den ersten Blick ein ganz normaler Stadtpark‹. Konstruktionen von Normalität und Abweichung in Fahndungssendungen. In: Ulla Wischermann/Tanja Thomas (Hg.): *Medien – Diversität – Ungleichheit. Zur medialen Konstruktion sozialer Differenz*. Wiesbaden 2008, 69–86.

Publikumsrat ORF: Programmrichtlinien (P-RL). Allgemeine Richtlinien des Österreichischen Rundfunks (ORF) für Programmgestaltung, Programmerstellung und Programmkoordination in Hörfunk, Fernsehen, Onlinediensten und Teletext (2005). In: http://publikumsrat.orf.at/prl2006.pdf (10.5.2015).

Rawls, John: *Eine Theorie der Gerechtigkeit*. Frankfurt a. M. 1979.

Röben, Bärbel: *Medienethik und die ›Anderen‹: Multiperspektivität als neue Schlüsselkompetenz*. Wiesbaden 2013.

Ruhrmann, Georg/Sommer, Denise/Uhlemann, Heike: TV-Nachrichtenberichterstattung über Migranten – von der Politik zum Terror. In: Rainer Geißler/Horst Pöttker (Hg.): *Massenmedien und die Integration ethnischer Minderheiten in Deutschland*, Bd. 2. Bielefeld 2005.

Schaffer, Johanna: *Ambivalenzen der Sichtbarkeit*. Bielefeld 2008.

Spieß, Brigitte: Frauenbilder in der Fernseh-Werbung. Gefangen zwischen alten Leitbildern und neuen Rollenvorstellungen. In: Dieter Schmidt-Sinns (Hg.): *Frauenbilder im Fernsehen*. Bonn 1992, 91–108.

Vennemann, Angela/Holtz-Bacha, Christina: Mehr als Frühjahrsputz und Südseezauber? Frauenbilder in der Fernsehwerbung und ihre Rezeption. In: Christina Holtz-Bacha (Hg.): *Stereotype? Frauen und Männer in der Werbung*. Wiesbaden [2]2011, 88–118.

Weiderer, Monika: *Das Frauenbild im Deutschen Fernsehen – Eine inhaltsanalytische Untersuchung der Programme von ARD, ZDF und RTL Plus*. Regensburg 1993.

Winker, Gabriele/Degele, Nina: *Intersektionalität. Zur Analyse sozialer Ungleichheiten*. Bielefeld 2009.

Ricarda Drüeke

21 Gewaltdarstellungen

Wie wir mit den zahlreichen Bildern der Gewalt in den Medien umgehen und wo die Grenzen des Darstellbaren liegen sollen, ist im Wesentlichen eine ethische Frage. Sie ist dadurch begründet, dass Gewaltdarstellungen negative Wirkungen zugeschrieben werden, seien es individuelle, wie z. B. Angst, Aggression, antisoziales Verhalten, oder gesellschaftliche, wie z. B. eine ›Veralltäglichung‹ der Gewalt. Die Wirkungen von Gewaltdarstellungen wurden in der Gewaltmedienforschung mittels unterschiedlicher Theorieansätze eingehend untersucht.

Als Rezipienten stehen im Fokus der Wirkungsforschung und auch in der öffentlichen Gewaltdebatte insbesondere Kinder und Jugendliche, da diesen ein erhöhter *Schutzbedarf* zugesprochen wird. Sich mit dem Gewaltphänomen auseinanderzusetzen, heißt also, sich den Schutzbedarf von Kindern und Jugendlichen, der gemäß unserer demokratischen Rechtsauffassung in verschiedenen rechtlichen Grundlagen (Grundgesetz, Jugendmedienschutz-Staatsvertrag, Jugendschutzgesetz) verankert ist, zu vergegenwärtigen. Die Verbreitung gewalthaltiger Internetangebote wird jedoch nicht nur unter dem Aspekt des Jugendschutzes, also als Darstellungen, die eine spezielle Gefährdung für Kinder und Jugendliche beinhalten, rechtlich eingeschränkt, sie kann auch unter dem Aspekt des Strafrechts, das heißt im Hinblick auf das Verbot generell gefährlicher Handlungen, unzulässig sein, wobei beide Aspekte in der Praxis ineinandergreifen können.

Der Versuch, sich aus ethischer Perspektive der medialen Gewaltproblematik zu nähern, impliziert, sich erstens über den Gegenstand selbst zu verständigen, zweitens die empirischen Medienwirkungsbefunde darzulegen, drittens sich mit der Bewertung medialer Gewalt und der Begründung normativer Orientierungen auseinanderzusetzen. Diese drei Aspekte sollen im Folgenden erläutert werden.

Begriff und Medialität

In unserem Alltagsverständnis gilt Gewalt als ein Phänomen, das auf einer klaren Prämisse beruht: der zumeist körperlichen Schädigung eines Lebewesens gegen dessen Willen. In der wissenschaftlichen Beschreibung unterliegt der Gewaltbegriff jedoch einer großen Spannbreite an Interpretationen, abhängig von dem jeweiligen Diskurs, in dem Gewalt thematisiert wird. Die Mehrdimensionalität und Disparatheit des Gewaltbegriffs kommt allein schon dadurch zum Ausdruck, dass sowohl personale als auch strukturelle Gewalt (vgl. Galtung 1975) sowie symbolische Gewalt (vgl. Bourdieu 2005) in der Gewaltforschung untersucht werden. Neben der Orientierung an strafrechtlichen, soziologischen, psychologischen und nicht zuletzt auch an philosophischen Aspekten muss eine Definition medialer Gewalt in der Medienforschung und Medienethik der *Medialisierung* von Gewalt Rechnung tragen. Medien entwerfen *Modelle der Welt*, oft reduzieren sie komplexe Strukturen auf einfache Handlungsmuster, die unter Umständen ganz anders funktionieren als komplexe soziale Prozesse. Aspekte der Medialisierung umfassen zum einen Merkmale der Darstellung (wie Kamera, Schnitt, Special Effects), die als wahrnehmungsverstärkende Kategorien gelten, und zum anderen Elemente, die für die Realitätskonstruktion konstitutiv sind. Die Darstellung von Gewalt kann *fiktiv* sein wie in einem Fantasyfilm oder *real* wie in journalistischen Sendungen. Der mediale Gewaltbegriff umfasst zum einen realitätsnahe und reale Gewalt, zum anderen aber auch rein medial existente Gewalt, die so in der Wirklichkeit nicht vorkommen kann.

Gewalt in den Medien kann in verschiedenen Formen auftreten, abhängig von der Schadensabsicht, den eingesetzten Mitteln oder der Art des Objekts. Es lassen sich drei wesentliche *Formen* von Gewalt unterscheiden: physische, psychische und materielle Gewalt. Unter *physischer* Gewalt ist die körperliche Schädigung einer Person, Medienfigur oder eines Tieres mit einem physischen Gewaltmittel zu verstehen. Die Schädigung kann in der Schmerzzufügung liegen sowie eine Verletzung und/oder eine Gesundheitsschädigung bewirken. In allen Fällen ist das Objekt der Schädigung der Körper des anderen; physische Gewalt stellt also immer einen Angriff auf die körperliche Integrität, die Gesundheit und die Leistungsfähigkeit dar. *Psychische* Gewalt umfasst alle nichtkörperlichen Gewaltformen, deren Intention und Folge die »psychische Verletzung oder Beschränkung ist, die also die geistige und seelische Verfassung der Betroffenen schädigen« (Theunert 1996, 89).

Uneinheitlich wird in der Gewaltmedienforschung der Gewaltbegriff hinsichtlich der Täter- bzw. Opferzentriertheit, der Eingrenzung auf absichtliche Gewalt (Intentionalität) und der Berücksichtigung psychischer Schäden gehandhabt (vgl. Grimm/Kirste/Weiß 2005, 24 f.). Die jeweilige Definition des medialen Gewaltbegriffs beeinflusst nicht nur die Ergebnisse inhaltsanalytischer Untersuchungen, sie weist auch eine ethische Dimension auf. Ein sehr eng gefasster Gewaltbegriff, der nur *intentionale physische* Gewalt berücksichtigt bzw. nur Schädigungen erfasst, die absichtlich und bewusst erfolgen, tendiert zu einer täterzentrierten Perspektive. Ein opferzentrierter Zugang zur Gewaltproblematik wird hingegen dann vertreten, wenn sowohl intentionale als auch intentions-unabhängige Gewalt berücksichtigt wird. Damit wird der Tatsache Rechnung getragen, dass durch die mediale Präsentation auch bestimmte intentions-unabhängige Vorfälle, bei denen Menschen zu Schaden kommen, auf die Rezipienten ängstigend wirken können. Werden Schmerzen und Leiden der Opfer gezeigt, die z. B. von einem schweren Unfall herrühren, wird dies in der Regel als gewaltsam empfunden, vor allem dann, wenn die Darstellung drastisch und deutlich ist und eine Identifikation mit den Opfern erfolgt. Die Reaktion auf einen Mord wird zwar eine ganz andere sein als die auf einen Unfall, da hier moralische Kategorien mit ins Spiel kommen und die Handlung des Täters in der Regel negativ bewertet wird. Dennoch sollte die intentions-unabhängige Gewalt nicht unberücksichtigt bleiben. Insbesondere Szenen, die reale Opfer von Naturkatastrophen, Krieg oder Unfällen zeigen und bei denen extreme Verletzungen bzw. Todesfolgen detailliert fokussiert werden, sind insbesondere für Jugendliche aufgrund ihrer Drastik als auch Authentizität schwer zu verdauen (vgl. Grimm/Rhein/Clausen-Muradian 2008, 139 f.; s. Kap. IV.12).

Wirkungen von Gewaltdarstellungen

Strittig ist heute nicht mehr, dass mediale Gewaltdarstellungen ein negatives Wirkungsrisiko bedeuten können. Allenfalls bestehen unterschiedliche Auffassungen darüber, wie Gewaltdarstellungen im Einzelnen wirken und welche Voraussetzungen für eine negative Wirkung von Gewalt in welchem Maße relevant sind. Weitgehend übereinstimmend wird heute in der Medienforschung davon ausgegangen, dass die Wirkungen nicht generalisierbar und monokausal erklärt werden können. Vielmehr muss von komplexen Wirkungsprozessen ausgegangen werden, die die Voraussetzungen des Rezipienten, dessen Umwelt und die Medien selbst betreffen. Meta-Analysen von Gewaltstudien und Übersichten über die Ergebnisse der Gewaltwirkungsforschung (vgl. Comstock 2008; Feilitzen 2001; Kunczik/Zipfel 2010; Perse 2001) zeigen, dass die Positionen der Wissenschaftler hinsichtlich der Effekte von gewalthaltigen Medieninhalten und deren Interpretation zwar divergieren, sich gleichwohl aber bestimmte Faktoren herauskristallisieren, die als Wirkungsparameter fungieren können. Für eine ethische Beurteilung des Gewaltphänomens sind die Befunde der empirischen Mediengewaltforschung differenziert zu betrachten. So lassen sich fünf Ebenen unterscheiden, die Gewalt als Wirkungsphänomen konstituieren und für eine ethische Urteilsbildung zu berücksichtigen sind: die Ebene der Rezeption, des Inhalts, der Mediengattung/des Formats, der Kultur und der Mediengesellschaft.

Die *Rezipienten-bezogene* Dimension berücksichtigt, dass bestimmte Faktoren die Wahrnehmung und Verarbeitung von medialer Gewalt beim Rezipienten beeinflussen, dazu gehören u. a. dessen individuelle Persönlichkeit, Medienkompetenz sowie familiäre und soziale Umwelt. Tendenziell weisen Kinder ein erhöhtes Risiko auf, wenn sie ihrem sozialen Umfeld Gewalt erfahren, sie einen hohen Erregungsgrad (*sensation seeking*) haben, sie bereits aggressiv sind, ihre Eltern ihnen kein Vorbild sind und sie über kein stabiles Wertegerüst verfügen. (vgl. Kunczik/Zipfel 2013) Die Perspektive auf die Rezipienten und ihre soziale bzw. familiäre Lebenssituation berücksichtigt, dass Menschen die Medienangebote unterschiedlich rezipieren und verhindert eine verkürzte Sichtweise, die den Medien allein eine Wirkungsgefahr zuschreibt. Die *inhalts-bezogene* Dimension bezieht sich auf das Medienangebot selbst, also die Frage, welche Faktoren der Gewaltdarstellung ein negatives Wirkungsrisiko darstellen können. Systematisiert man die in der Wirkungsforschung genannten Faktoren, so lassen sich wiederum drei Ebenen unterscheiden: a) die Darstellungsebene (z. B. Visualisierung/Verbalisierung der Gewalt, Darstellungsmittel), b) die Ebene des Dargestellten (z. B. Figuren, Gewalthandlung, Normierung) und c) das Genre bzw. Format. Auf jeder Ebene können bestimmte Merkmale die Authentizität bzw. Fiktionalität des Gezeigten signalisieren und damit den Realitäts- bzw. Fiktionalitätscharakter der Gewalt codieren. Der Code der »Echtheit« ist ein zentraler Wirkungsparameter. Er ist nicht nur bei Fernsehinhalten, sondern bei allen Medientypen für die Verarbeitung gewalthaltiger Darstellungen relevant.

Die *medienbezogene* Dimension umfasst diejenigen Faktoren, die aus medienspezifischer Sicht den Wirkungsprozess beeinflussen. So können Medientypen und deren Formate unterschiedliche Rezeptionsmodalitäten bedingen: Ob mediale Gewalt beispielsweise während eines Computerspiels interaktiv erlebt oder während eines Fernsehkrimis konsumiert wird, kann unterschiedliche Auswirkungen auf den Aufmerksamkeitsgrad, das Erregungsniveau oder das Involvement des Nutzers haben. Zu den medienspezifischen Faktoren, die den Wirkungsprozess beeinflussen, zählen z. B. auch die wahrnehmungsästhetischen Möglichkeiten, die technischen Nutzungsmodalitäten und die Kommunikationsmöglichkeiten des jeweiligen Mediums.

Die *kulturelle* und *mediengesellschaftliche* Dimension berücksichtigt, dass Medien ein Teilsystem unserer Gesellschaft darstellen. Medien sind an unserer sozialen, kulturellen und politischen Wirklichkeitskonstruktion beteiligt und sind somit ein gesamtgesellschaftlicher Faktor. Die Frage der ›Mediengewalt‹ (korrekter: der ›Gewalt in den Medien‹) kann nicht unabhängig von unserem gesellschaftlichen Umgang mit Gewalt, kulturellem Gewaltverständnis und sozialem Wert- und Normensystem beantwortet werden. In diesem Zusammenhang sind auch kulturspezifische und kulturübergreifende Aspekte von Bedeutung. Kinder, die in sozial-politischen Brennpunkten dieser Welt aufwachsen, rezipieren mediale Gewaltangebote anders als Kinder, die in weitgehend gesicherten Orten aufwachsen. Mediengesellschaftlich ist ebenfalls relevant, welchen Zugang wir zu drastischen Gewaltdarstellungen haben und wie verbreitet solche Darstellungen sind. Die mit dem Internet entstandene neue Situation, dass brutale Bilder, wie z. B. Enthauptungsvideos, einfach und ubiquitär zugänglich sind, wirft die Frage auf, ob das Internet unseren Umgang mit Gewaltbildern verändert. Dazu gehört auch die Frage nach der Habitualisierung von Gewaltdarstellungen, also inwieweit ein Gewöhnungseffekt hinsichtlich der Gewaltbilder erkennbar ist. Im weiteren Sinn ist auch das gesellschaftliche Klima für die Wirkungsfrage von Bedeutung. So führte z. B. die Sensibilität hinsichtlich der Wirkungsrisiken von Gewaltdarstellungen im Fernsehen Anfang der 1990er Jahre dazu, dass die Freiwillige Selbstkontrolle Fernsehen (FSF) seitens der privaten Fernsehanbieter gegründet wurde, um den Umgang mit gewaltbezogenen Inhalten in der Programmpraxis selbst zu regulieren.

Gewalt in verschiedenen Medien

Eine Differenzierung der Gewalt nach verschiedenen Medien ist mit dem Fokus auf die medientypspezifischen Angebote insofern sinnvoll, als Gewaltdarstellungen in Fernsehgenres sich von im Internet verbreiteten Videos maßgeblich unterscheiden. So weisen die im Internet verbreiteten Inhalte (z. B. authentische Gewaltszenen, Exekutionsvideos, Videos mit Kriegsbildern, schweren Unglücksfällen und *happy slapping*) ein weitaus extremeres Gewaltprofil auf als die bislang im Fernsehen problematisierten Gewaltdarstellungen (vgl. Grimm/Rhein/Clausen-Muradian 2008). Hinzu kommt, dass im Internet auch Filme abrufbar sind, die keine Jugendfreigabe haben oder einer Sendezeitbeschränkung wie im Fernsehen unterliegen, und damit jederzeit angesehen werden können. Ebenso sind die ungekürzten Versionen von Videos online verfügbar, in denen gerade die problematischen Filmszenen noch enthalten sind und die z. B. über die einschlägigen Videoportale verbreitet werden.

Andererseits ist der Trend zu berücksichtigen, dass in zunehmendem Maße auch originäre Fernsehinhalte (Serien, Filme, Reality-TV etc.) von den Nutzern via Internet über Mediatheken bzw. Videoplattformen abgerufen werden und Kinofilme – zum Teil auch auf umstrittenen bzw. illegalen Portalen – rund um die Uhr zum Download oder Streaming bereitstehen. Zudem bieten Videotheken eigen- und fremdproduzierte Filme und Serien ausschließlich im Internet an. Das heißt, der Kommunikationskanal für Unterhaltungs- und Informationsangebote wird zunehmend das Internet. Originäre TV-Sendungen sind aus Rezipientenperspektive nicht mehr ausschließlich an das Medium Fernsehen als Vermittlungskanal gebunden. Gewaltdarstellungen hinsichtlich der Medientypen zu unterscheiden, ist unter Wirkungs- und Darstellungsaspekten jedoch sinnvoll.

Fernsehen

Das Fernsehprogramm hat seit den 1990er Jahren wesentliche *strukturelle* und *inhaltliche Veränderungen* erfahren. Es entstanden *neue Formate*, wie z. B. Boulevardmagazine, TV-Movies, Reality-TV, die den Programmalltag prägen und mittlerweile weiter ausdifferenziert wurden. Ein Großteil der neu etablierten Formate verweist auf einen Trend zur *Hybridisierung* von Medieninhalten, das heißt zur Vermischung von *Fakten* und *Fiktionen*. Die in früheren Programmanalysen tendenziell noch vorausgesetzte bzw. deutlich erkennbare Trennung von Fiktion und Non-Fiktion ist ebenso wie die einfache Zuordenbarkeit der Sendungen zu bestimmten Genres und Formaten heute nicht immer eindeutig gegeben. Insbesondere das so genannte Scripted Reality-TV, bei dem die Protagonisten nach einem Drehbuch agieren, aber den Eindruck des Authentischen vermitteln, lässt den Zuschauer im Unklaren über den Realitätscharakter des Dargestellten.

So zeigt die letzte vorliegende Untersuchung zum Gewaltprofil des deutschen Fernsehens »Gewalt zwischen Fakten und Fiktionen« (Grimm/Kirste/Weiß 2005), dass realitätsnahe bzw. faktische Gewalt häufiger gezeigt wird als realitätsferne Gewalt. Somit zeichnet sich ein Paradigmenwechsel hinsichtlich des Gewaltvorkommens ab: Gewalt im Fernsehen nimmt eher Bezug auf die »echte« Welt als auf eine unrealistische. Reality-TV weist im Vergleich mit anderen Formaten den höchsten Gewaltanteil auf. Die Vermischung von Fakten und Fiktionen bei Gewaltdarstellungen ist kritisch zu bewerten, da bei hybriden Sendungen schwer zu erkennen ist, was inszeniert oder authentisch ist. Zweck einer solchen Vermischungs-Strategie ist es, die Aufmerksamkeit durch Emotionalisierung und Dramatisierung von realer Gewalt zu erhöhen. Gleichzeitig wird damit auch das Wirkungspotenzial der Gewaltdarstellungen erhöht.

Des Weiteren zeigen die Befunde der o. g. Studie, dass Gewalt relativ häufig sehr intensiv dargestellt wird. So sind die physischen Gewaltfolgen in fast einem Drittel der Fälle als extrem zu bezeichnen. Betrachtet man die Intensität des physischen Schadens bezogen auf einzelne Formate, so ergibt sich folgendes Bild: Extreme physische Gewaltfolgen, also lebensgefährliche Verletzungen oder Tötungen, werden vor allem in Publizistikformaten und Reality-Sendungen gezeigt. Bei Publizistikformaten ist allerdings zu berücksichtigen, dass insbesondere Ereignisse mit schweren Folgen einen hohen Nachrichtenwert aufweisen. Die Gestaltung der Nachrichtensendungen ist jedoch senderspezifisch: Je weniger Nachrichten ein Sender ausstrahlt, umso häufiger wird Gewalt in diesen Nachrichten gezeigt. Gewaltdarstellungen fungieren in diesem Fall – so könnte man schlussfolgern – als probates Mittel der Aufmerksamkeitsökonomie.

Unter ethischen Gesichtspunkten sind des Weiteren die Befunde zu den Tätern bzw. Opfern von Bedeutung. Was das Geschlecht des Täters betrifft, so ist auffällig, dass Männer unabhängig vom Realitätscharakter einer Sendung mehrheitlich als Täter auftreten. Aber auch die Opfer sind überwiegend männlich. Das heißt, Gewalt gehört im Fernsehen weitgehend zum festen Bestandteil einer männlichen Welt. Unter gender-ethischen Gesichtspunkten ist zu bedenken, dass Jungen damit Gewalt als stereotypes Konfliktlösungsmuster offeriert wird.

Internet und Handy

Aus Sicht der Gewaltmedienforschung stellt die Gewalt im Internet eine neue Dimension der Gewaltproblematik dar, was zum einen den Inhalt und zum anderen die neuen Aneignungsmuster der medialen Gewalt betrifft: Nicht mehr allein die Rezeption von gewalthaltigen Inhalten, sondern auch deren Produktion, Bearbeitung und Verbreitung im Internet (Verlinkung und Verschlagwortung) sowie deren ständige Verfügbarkeit auf dem Smartphone sind für die aktuelle Gewaltproblematik signifikant. Das Zusammenspiel von Handy und Internet im Kontext von gewalthaltigen Inhalten ist als *violente Konvergenz* zu bezeichnen. So stellt die Tatsache, dass Jugendliche selbst als Produzenten von Gewalt auftreten, indem sie Prügeleien mit dem Handy (*happy slapping*) filmen und diese dann ggf. über das Internet weiterverbreiten oder indem sie Videos produzieren, bei denen andere in schlimmen bzw. peinlichen Situationen gefilmt werden (*mobile-bullying* bzw. *cyber-mobbing*), eine neue Herausforderung für den Jugendmedienschutz dar, da Jugendliche hier sowohl Täter als auch Opfer sein können. Insofern erhalten die Paradigmen *Selbstgefährdung* der Jugendlichen und *präventiver Selbstschutz* eine größere Relevanz als je zuvor. Bezeichnend für die neue Gewaltproblematik sind drei Aspekte: a) die raum-zeitliche Unabhängigkeit des Konsums, b) die leichte Vervielfältigungs- und Kopiermöglichkeit der Inhalte sowie c) die strafrechtlich relevante Ausübung von Gewalt zur Erzeugung echter bzw. authentischer Gewaltbilder und die physische bzw. psychische Verletzung der Opfer. Das heißt, findet reale Gewalt statt, dann wird sie tendenziell auch medial festgehalten und verbreitet, womit der Opferstatus eines Menschen medial fixiert wird. Diese Praxis hat zur Folge, dass eine Grenze zwischen dem Jugendmedienschutz und der Kriminalitätsprävention kaum noch zu ziehen ist. Im Fall von *happy slapping* (vgl. Grimm/Rhein 2007) verschmelzen des Weiteren die Kategorien ›Gewalt in den Medien‹ (die Prügelvideos stellen Gewalt dar) und ›Gewalt via Medien‹ (durch die Weiterverbreitung der Videos kann das Opfer der realen Gewalt sichtbar als Typ ›Opfer‹ stigmatisiert werden).

Die meisten Jugendlichen, die gewalthaltige Internetseiten kennen, sind mit fiktionaler Gewalt, wie Bildern aus Horrorfilmen, Gewalt in Computerspielen oder nachgestellter extremer Gewalt konfrontiert worden. Vor dem Hintergrund, dass reale bzw. realistische Gewaltdarstellungen ein höheres Wirkungsrisiko bei Kindern und Jugendlichen haben, ist der relativ hohe Anteil der Befragten, die Fotos bzw. Videos mit Krieg, Folter und/oder Hinrichtungen sowie Darstellungen von echter extremer/brutaler Gewalt gesehen haben, als problematisch einzustufen. Dass gewalthaltige Internet-Inhalte in der Peergroup eine Rolle spielen, lässt sich daraus ableiten, dass die Kinder und Jugendlichen ihre Information über solche Seiten vor allem von Freunden oder von der Clique beziehen. Gewaltdarstellungen werden hauptsächlich Peer to Peer verbreitet. Auch wenn es nur jeder Vierte ist, der gewalthaltige Seiten selbst schon mal gesehen hat, so haben doch fast die Hälfte der Kinder und Jugendlichen Freunde oder Mitschüler, die gewalthaltige Seiten kennen. Jungen haben insgesamt eher als Mädchen mit Gewalt im Internet zu tun. Je älter die Kinder und Jugendlichen sind, desto häufiger kennen sie gewalthaltige Internetseiten (vgl. Grimm/Rhein/Clausen-Muradian 2008).

Dass die Gewaltdarstellungen im Internet eine andere *Qualität* und *Wirkung* als die des regulierten Fernsehens aufweisen, wird von den Jugendlichen übereinstimmend bestätigt. So wird das Gewaltprofil des Internets im Vergleich zu dem des Fernsehens aus Sicht der befragten Jugendlichen als extremer wahrgenommen. Als wichtige Unterscheidungskriterien werden von ihnen die *Intensität*, die *Kontextlosigkeit* der Videos, die *Echtheit* und die *Detailliertheit* der dargestellten Gewaltinhalte im Internet genannt. Des Weiteren werden die Anonymität der User im Internet und die sendezeitunabhängige Zugänglichkeit zu Filmen als charakteristische Produktions- und Rezeptionskontexte für die Gewalt im Internet beschrieben. Bei den Gewaltvideos, die die Jugendlichen als Beispiele für echte, extreme Gewalt nannten, handelt es sich nach ihren Aussagen häufig um ›echte‹ Gewalt, die allerdings mit ihrer eigenen Lebensumwelt nichts zu tun hat. ›Hinrichtungen‹, ›Tötungsszenen‹, ›Folter‹, ›Steinigung‹ etc. sind Beispiele für Gewaltvideos, die die Jugendlichen als authentisch einstufen und gerade deshalb als besonders drastisch empfinden. Des Weiteren werden auch Videos beschrieben, die sie mit ihrer eigenen Lebenswelt in Verbindung bringen und sie daher überfordern: Dabei handelt es sich z. B. um Videos, die schwere Unfälle und tödlich Verunfallte zeigen oder brutale Schlägereien. Abhängig von ihrer jeweiligen individuellen Wahrnehmungsbrille legen die Jugendlichen einen unterschiedlichen Fokus auf das, was sie als besonders intensive reale Gewalt empfinden.

Was die *Wirkungen* von Gewaltvideos im Web 2.0 betrifft, ist ersichtlich, dass für die Jugendlichen besonders solche Videos schwer zu bewältigen sind, die Darstellungen von extremer realer Gewalt (z. B. Enthauptungen, Tötungen, Selbstverstümmelungen) und extremen realen Verletzungen zeigen. Ebenso belastend sind für die Jugendlichen Szenen, bei denen sie sich mit dem gezeigten Opfer oder der dargestellten Gewaltsituation stark identifizieren. Sie berichten in den Interviews angesichts dieser, größtenteils sehr drastischen, Videos und Fotos glaubwürdig von starken emotionalen Reaktionen wie Ekel, Schock und Angst, die bei ihren Schilderungen richtiggehend noch einmal aufleben. Zum Teil berichten sie auch von Albträumen und länger anhaltenden körperlichen Reaktionen, die sie aufgrund der Rezeption extrem brutaler Videos erlebt haben. Ersichtlich ist, dass den Jugendlichen das Ansehen solcher Videos durchaus Probleme bereitet und sie durch unterschiedliche Bewältigungsstrategien versuchen (z. B. nur zusammen oder nur einmal ansehen), diese in den Griff zu bekommen. Da die Rezeption solcher Videos jedoch zum Teil als Mutprobe gilt, ist deren Attraktivitätsfunktion innerhalb der Peergroup kritisch zu hinterfragen. Kaum untersucht wurde bislang, inwieweit bei einem häufigen Konsum gewalthaltiger Internetinhalte weitere negative Wirkungspotenziale bestehen können, wie z. B. die Übernahme aggressiver Scripts, die Herausbildung problematischer Wertebilder oder ein enges Gewaltverständnis (Gewalt wird nur wahrgenommen, wenn sie in extremer Form auftritt).

Auf die Frage, warum die Jugendlichen Gewaltdarstellungen im Internet konsumieren, geben sie ein Motivbündel an: Bei drastischen Gewaltdarstellungen steht als Motiv der Kick, die emotionale Grenzerfahrung, im Zentrum. Prinzipiell dominieren Unterhaltungs- und *Sensation Seeking*-Motive – es geht darum, Langeweile abzuwenden, etwas Aufregendes und Neuartiges zu erleben und Spaß zu haben. Insbesondere bei den Tötungsvideos spielen auch der Tabubruch und das Interesse am Tod bzw. am Prozess und Moment des Sterbens eine Rolle. Neben inhaltsbezogenen Rezeptionsmotiven werden von den Jugendlichen auch soziale Motive genannt: Die regelmäßigeren Nutzer violenter Inhalte betonen das Gemeinschaftserlebnis, das gemeinsame Durchstehen von emotionalen Grenzerfahrungen und das gemeinsame Spaß haben. Gerade bei brutalen und drastischen Inhalten wird zumindest die punktuelle Bildung einer Art emotionalen Schicksalsgemeinschaft angestrebt, die beim Aushalten drastischer Bilder und bei der Verarbeitung hilft. Das klassische sozial-integrative Motiv – nämlich der Wunsch, mitreden zu können, dazuzugehören – spielt ebenfalls eine wichtige Rolle. Sich besonders gewalthaltige Inhalte im Internet anzusehen, stellt für männliche Jugendliche eine Art Initiation dar, bei der es um das eigene Erwachsenwerden sowie um die Konstruktion von Männlichkeit über Härte und Stärke geht. Die Rezeption von Gewaltvideos wird von den befragten Jugendlichen eindeutig als Männerdomäne betrachtet, das Aushaltenkönnen der Bilder wird offensichtlich als Zeichen für Männlichkeit interpretiert.

Bewertung medialer Gewalt und normative Orientierung

Für eine ethische Reflexion der Gewalt in den Medien sind drei grundlegende Aspekte vorauszuschicken: 1. Wir leben in einer Welt, die von Gewalterfahrungen geprägt ist. Eine von Gewalt befreite Gesellschaft ist nicht existent. Thomas Hausmanninger (2002, 29) folgert daraus: »Da Gewalt aus der Wirklichkeit nicht auszutreiben ist, kann sie nur eingehegt, minimiert und domestiziert werden«. 2. Jemandem Verletzungen zuzufügen, heißt, dessen Integrität zu beschädigen. Gewalt richtet sich gegen die Subjekthaftigkeit eines Menschen: »Sie missachtet die Selbstzwecklichkeit und Würde des Menschen […] und sie erweist sich in solcher Missachtung als nicht universalisierbar« (ebd.). 3. Jeder Mensch ist verletzbar. Die Verwundbarkeit des Menschen ist eine *conditio humana* – eine Bedingung des Menschseins. Anthropologisch gesehen beruht das zum einen auf der Sensitivität des Körpers und zum anderen auf der seelischen Verfasstheit: Man spricht von der *Verletzungsoffenheit* des Menschen. Komplementär zur Verletzungsoffenheit steht die *Verletzungsmacht*, also die Möglichkeit des Subjekts, andere physisch, psychisch oder materiell zu schädigen.

Angesichts der Bedeutung, die Gewalt gesellschaftlich und individuell einnimmt, wäre eine Forderung nach gewaltfreien Medien nicht begründbar. Das Bedürfnis, sich mittels Medien kognitiv und emotional mit Gewalt auseinanderzusetzen, sei es in Unterhaltungs- oder Informationskontexten, ist dagegen begründbar. So ist dem Rezipienten per se eine Autonomie zuzusprechen, nach der er selbstbestimmt und selbstverantwortlich entscheiden kann, ob und in welchem Ausmaß er sich mit Gewaltdarstellungen konfrontiert. Gleichwohl findet diese Autonomie ihre Grenzen, wenn es um den Schutzbedarf anderer Menschen geht. So besteht sowohl rechtlich als auch moralisch ein Konsens darüber, dass bestimmte Gewaltdarstellungen nicht zugänglich gemacht werden sollten. Im Bereich der non-fiktionalen Gewaltdarstellungen sind es z. B. menschenwürdeverletzende Darstellungen, bei denen Menschen gezeigt werden, die schwer verletzt, gefoltert oder gar getötet wurden. Sie zum Objekt der Sensationslust zu machen, heißt, ihre Würde erneut zu verletzen.

Konsens besteht in unserer Gesellschaft darüber, dass Kinder und Jugendliche einen besonderen Schutzbedarf haben. Im Sinne einer Care-Ethik (vgl. Conradi 2001; Tronto 1993) sind Fürsorge und Schutz im Bereich der medialen Gewalt insbesondere Kindern und Jugendlichen zu gewähren, wenn das Risiko besteht, dass ihre Entwicklung negativ beeinflusst wird, sie durch die Gewaltdarstellung überfordert sind und sie in ihrer Wertebildung desorientiert werden können.

Ausgehend von dem Care-Prinzip kann ›Schutz‹ in Bezug auf mediale Gewalt bedeuten, zum einen die Verbreitung von Gewaltdarstellungen, die ein Wirkungsrisiko für Kinder und Jugendliche haben, einzuschränken und zum anderen ihnen die Möglichkeit zum *Selbstschutz* zu geben. Letzteres hieße, ihnen die Chance zu geben, Gewaltdarstellungen reflektieren zu lernen und eine eigene Haltung zu entwickeln (vgl. Klicksafe 2015).

Grundsätzlich ist die Frage nach den Wirkungen bzw. Wirkungsrisiken von ethischer Relevanz, weil sie bei der *Begründung* von ethischen Normen mit zu berücksichtigen sind. Gleichwohl können empirische Befunde zur Medienwirkung von Gewalt nicht für sich schon eine ethische Normierung fundieren. Vielmehr geht dieses nur im Zusammenspiel mit einer Verständigung über ein gesellschaftlich anerkanntes Wertesystem. Eine angewandte Medienethik sollte auch bereit sein, sich mit ggf. konkurrierenden Wertevorstellungen auseinanderzusetzen.

Nicht verhandelbar sind jedoch die drei »ethischen Grundprinzipien« der Moderne, über die ein gesellschaftlicher Konsens vorauszusetzen ist (Hausmanninger 1992, 566–567): »das *Personprinzip*, das mit dem Subjektgedanken koinzidiert und den Anspruch auf Wahrung der Personwürde impliziert«, »das *Autonomieprinzip* […], das mit dem Personprinzip verknüpft ist und Recht und Anspruch auf freie Persönlichkeitsentfaltung, auf einen selbstbestimmten existentiellen Entwurf und eine selbstbestimmte Lebensgestaltung bei sich führt«, und »das *Demokratieprinzip*, das den als autonome Subjekte aufzufassenden Personen eine entsprechende freiheitliche Gesellschaftsform bereitzustellen sucht, in der diese sich als Gesellschaftsmitglieder und soziale Wesen organisieren und zugleich als individuelle Personen entfalten können«.

(Il)legitime und legale Gewalt

Bei Gewaltdarstellungen unterscheidet man, ob Gewalt gesellschaftlich legitimiert oder antisozial angewendet wird. Dennoch impliziert das Kriterium der Schädigung, das dem oben eingeführten Gewaltbegriff immanent ist, bereits eine negative Wertung. Diese Wertgebundenheit des Gewaltbegriffs ist wiederum Ausdruck eines gesellschaftlich anerkannten Wertesystems, in dem Gewalt mehrheitlich als antisozial bzw. dysfunktional beurteilt wird.

Ein wichtiger Aspekt, der die Wahrnehmung von medialen Gewaltinhalten steuert, ist die interne Bewertung von Gewalt, d. h. wie violente Handlungen bewertet, eingeordnet und kontextualisiert werden. Ob die dargestellte Gewalt legitim erscheint oder nicht, hängt in starkem Maße mit dem vermittelten Werte- und Normensystem zusammen, das in einem Video bzw. Film oder Computerspiel konstruiert oder auf das Bezug genommen wird.

Dass auch ein gesellschaftlicher Konsens hinsichtlich der Illegitimität bestimmter Gewaltangebote besteht, lässt sich anhand der einschlägigen Bestimmungen des deutschen Strafrechts und des Jugendschutzes bzw. Jugendmedienschutzes darstellen. So sind zum einen gewalthaltige Angebote in den Medien verboten, für die eine gesamtgesellschaftliche sozialschädlichen Wirkung (welche eine Jugendgefährdung impliziert, aber nicht auf diese beschränkt ist) präsupponiert wird, zum anderen Tatbestände, die gerade unter dem Aspekt ihrer Auswirkungen auf Kinder und Jugendliche untersagt sind oder zumindest Beschränkungen unterliegen (vgl. Grimm/Rhein/Clausen-Muradian 2008, 293–318). Ebenso gelten bestimmte Ausdrucksformen der Gewalt via Internet als Straftatbestände, dazu gehören: üble Nachrede, Verleumdung, Nachstellung, Nötigung und Bedrohung (ebd., 318–326).

Trotzdem darf nicht außer Acht gelassen werden, dass Gewalt unter bestimmten Voraussetzungen auch mit einer prosozialen Begründung eingesetzt und dementsprechend bewertet werden kann. Werner Früh (2001, 47) spricht in diesem Fall von einer Relativierung und meint damit verschiedene Legitimierungsstrategien, die den ethisch negativen Wertgehalt von Gewalt mindern. Zum einen führt er die gesetzliche Legitimation an, die auf das seit dem 16. Jahrhundert definierte Gewaltmonopol des Staates zurückzuführen ist. Im Falle von *legaler* bzw. *institutioneller* Gewalt habe der Staat per Gesetz die Aufgabe, allgemeine Interessen im Sinne des Allgemeinwohls auch mit Gewalt durchzusetzen. Institutionelle Gewalt müsse jedoch nicht immer gesellschaftlich legitimiert sein. Das Gewaltmonopol des Staates wurde beispielsweise Ende der 60er, Anfang der 70er Jahre – beginnend mit der Studentenbewegung – vielfach in Frage gestellt. Daraus resultierte die Bereitschaft, Gewalt gegen den Staat als Ausdruck des Bürgerwillens zu rechtfertigen (Schwind et al. 1990, 53). Eine weitere Art der Relativierung des negativen Bedeutungsgehaltes von Gewalt besteht nach Früh (2001, 48) in der psychologischen Legitimation, die sich ebenfalls auf gesellschaftliche Normen und Werte bezieht. Sie vollziehe sich im Gegensatz zur auf Konventionen beruhenden Legitimation jedoch auf der Ebene des Individuums. Früh unterscheidet zwei Gruppen von subjektiven Gewalt-Motivarten: zum einen »niedere Motive« wie Rache, Geldgier oder Neid, zum anderen höherwertige Motive wie Hilfeleistung für andere, Notwehr oder Schutz des Eigentums. Die Kategorie der höheren Motive ist nicht nur gesellschaftlich legitimiert, sondern auch wie das Gewaltmonopol des Staates rechtlich verankert (§ 32 Abs. 1 StGB).

Legale Gewalt ist also von legitimierter Gewalt zu unterscheiden. Nach Klaus Merten (1999, 27) beruht die legitime Gewalt auf variablen normativen Einstellungen. Das, was in einer Gesellschaft an Gewaltformen akzeptiert wird, und demzufolge oftmals gar nicht als Gewalt empfunden wird, hängt stark mit den gegebenen Moralvorstellungen zusammen. Welche Art von Gewalt in einer Kultur legitimiert erscheint und welche nicht, unterliegt demnach einem Wandlungsprozess.

Mediale Gewaltdarstellungen sind in der Regel immer in Bewertungskontexte eingebunden und weisen durch verschiedene Signale darauf hin, ob ein Gewaltakt legitimiert ist oder nicht. Diese Signale können auf unterschiedlichen Ebenen angesiedelt sein, so auf der Ebene der dargestellten Welt, die auch die Figuren einschließt, auf der Ebene der Handlung oder der Darstellungsebene selbst. Gewalt erscheint in medialen Angeboten oftmals dann legitim, wenn sie von positiven Protagonisten ausgeübt wird, wenn staatliche Organe sie zur Durchsetzung von sozialkonformen Zielen anwenden oder wenn sie der Selbstverteidigung bzw. der Verteidigung anderer dient. Die Legitimierungsstrategien in medialen Angeboten korrespondieren damit zumeist mit den gesellschaftlich verankerten Legitimierungen wie auch der als legal angesehenen Gewalt. Doch muss ein Film oder eine Sendung anerkannte soziale Wertesysteme nicht zwingend übernehmen. Problematisch sind Sendungen in der Regel insbesondere dann, wenn sie Gewalt im Gegensatz zu allgemeinen moralischen Positionen legitimieren, also sozial geächtete Gewalt wie beispielsweise Selbstjustiz positiv bewerten. Gerade im Hinblick auf die Wahrnehmung der Rezipienten ist eine möglichst genaue Differenzierung der einzelnen Gewaltakte auch bezüglich ihrer Relativierung durch medientext-interne Legitimierungen unerlässlich. Des Weiteren ist aber auch das Fehlen von Bewertungskontexten bei isolierten Gewaltakten, die in Videoschnipseln auf Internetplattformen präsentiert werden, zu problematisieren, da somit auch Sanktionen illegitimer Gewalt, die in narrativen Formaten häufig erfolgen, nicht vorhanden sind und eine Einordnung der Gewalt vor dem Hintergrund eines anerkannten Wertesystems unmöglich wird.

Grenzen der Gewalt

Eine ethische Bewertung medialer Gewaltdarstellungen impliziert, sich über die Grenzen gewalthaltiger Darstellungen zu verständigen. Angesichts der zunehmenden Funktionalisierung von Gewaltbildern als visuelle Waffen in kriegerischen Auseinandersetzungen sollte der ethische Fokus auf diesem Problembereich liegen. Die mit den brutalen Gewaltvideos, wie z. B. den Enthauptungsvideos der IS-Propaganda, sich zeigende Entgrenzung von medialer Gewalt im Internet wirft die Frage auf, ob und wie einer Verbreitung solcher Videos entgegengewirkt werden kann. Wenngleich deren vollständige Löschung im Netz nicht möglich ist, stehen die sozialen Online-Netzwerke (wie Facebook, Twitter, Instagram, YouTube etc.) und die Provider hier in der Verantwortung, entsprechende technische und personelle Maßnahmen zu ergreifen, um die Verbreitung solcher menschenwürdeverletzender Videos zu verhindern. Das Verantwortungsprinzip betrifft aber auch die Nutzer (s. Kap. VIII.39). Solche Videos nicht anzusehen, nicht zu verlinken bzw. weiterzureichen, würde die Intention der Produzenten, Propaganda, Schrecken oder Angst zu verbreiten, ins Leere laufen lassen (s. Kap. VI.19).

Forschungsdesiderate, die sich im Kontext dieser entgrenzten Gewaltvideos erkennen lassen, betreffen zum einen deren propagandistische Wirkung, zum anderen deren Auswirkungen auf die ethischen Standards im Journalismus. So ist bislang ungeklärt, inwieweit Internetpropaganda zur Rekrutierung und Radikalisierung junger Menschen führt. Was die ethischen Standards im Journalismus betrifft, so stellen solche aufmerksamkeitsstarken Bilder eine Herausforderung für das journalistische System dar. Sich nicht bei der Berichterstattung zu den im Internet verbreiteten Gewaltbildern in Konkurrenz zu setzen, bedeutet ggf. den Wettbewerb um Aufmerksamkeit punktuell zu verlieren. Andererseits ist langfristig gesehen die Aufrechterhaltung der sich im Journalismus herausgebildeten ethischen Normen (z. B. nicht um der ›Sensationsgier‹ willen menschenwürdeverletzende Bilder zu zeigen) ein Garant für Glaubwürdigkeit und Qualität.

In Anlehnung an Jean Baudrillard, der angesichts der Folterbilder von Abu Ghraib den Begriff »Pornographie de la guerre« (2004) prägte und den Paul A. Taylor (2005) ins Englische mit *war porn* übersetzte, sind die brutalen Gewaltvideos, die im Zuge kriegerischer Auseinandersetzungen zunehmend via Internet verbreitet werden, als *Pornografisierung der Gewalt* zu verstehen: Wenn menschliches Leiden, Folter oder gar Tötungen in Videos bzw. auf Fotos gezeigt werden, die zum Zweck der Instrumentalisierung produziert und verbreitet werden, entspricht dies einer Verdinglichung der dargestellten Opfer. Das heißt, ihr Subjektsein wird negiert. Der Aspekt der *Verdinglichung* (eine Person bloß als Mittel zu behandeln) bedeutet, jemanden in ethisch unzulässiger Weise zu instrumentalisieren (vgl. Nussbaum 2002, 102). Das Instrumentalisierungsverbot stellt in der Ethik ein Grundprinzip der Moral dar: Nach Immanuel Kants ›Selbstzweckformel‹ dürfe man weder andere noch sich selbst nie bloß als Mittel behandeln. Eine Person zu verdinglichen heißt, sie als Objekt zu behandeln und zu instrumentalisieren. In den Propagandavideos wird die Verdinglichung der Gewaltopfer in ihrer extremsten Form vorgeführt. Wenngleich anzunehmen ist, dass diese Gewaltvideos nicht ihre Schockwirkung verlieren (werden), bleibt offen, welche Wirkung sie kurz- und langfristig haben. Ob sie ggf. Kultivierungseffekte verursachen, z. B. das Weltbild der Nutzer beeinflussen, oder zur Desensibilisierung gegenüber Gewaltbildern führen, müsste empirisch untersucht werden.

Literatur

Baudrillard, Jean: Pornographie de la guerre. In: *Liberation* (19.5.2004), http://www.liberation.fr/tribune/2004/05/19/pornographie-de-la-guerre_480052 (18.5.2015).

Bourdieu, Pierre: *Die männliche Herrschaft*. Frankfurt a. M. 2012 (frz. 1995).
Comstock, George: A Sociological Perspective on Television Violence and Aggression. In: *American Behavioral Scientist* 51/8 (2008), 1184–1211.
Conradi, Elisabeth: *Take Care. Grundlagen einer Ethik der Achtsamkeit*. Frankfurt a. M. 2001.
Feilitzen, Cecilia von: Influences of Media Violence. In: Cecilia von Feilitzen/Catharina Bucht (Hg.): *Outlooks on Children and Media. Children and Media Violence Yearbook 2001. The Unesco International Clearinghouse on Children and Violence on the Screen*. Göteborg 2001, 107–122.
Früh, Werner: *Gewaltpotentiale des Fernsehangebots. Programmangebot und zielgruppenspezifische Interpretation*. Wiesbaden 2001.
Galtung, Johan: *Strukturelle Gewalt: Beiträge zur Friedens- und Konfliktforschung*. Reinbek bei Hamburg 1975.
Grimm, Petra/Kirste, Katja/Weiß, Jutta: *Gewalt zwischen Fakten und Fiktionen. Eine Untersuchung von Gewaltdarstellungen im Fernsehen unter besonderer Berücksichtigung ihres Realitäts- und Fiktionalitätsgrades*. Berlin 2005.
Grimm, Petra/Rhein, Stefanie/Clausen-Muradian, Elisabeth: *Gewalt im Web 2.0: Der Umgang Jugendlicher mit gewalthaltigen Inhalten und Cyber-Mobbing sowie die rechtliche Einordnung der Problematik*. Berlin 2008.
Grimm, Petra/Rhein, Stefanie: *Slapping, Bullying, Snuffing! Zur Problematik von gewalthaltigen und pornografischen Videoclips auf Mobiltelefonen von Jugendlichen*. Berlin 2007.
Hausmanninger, Thomas: *Kritik der medienethischen Vernunft. Die ethische Diskussion über den Film in Deutschland im 20. Jahrhundert*. München 1992.
Hausmanninger, Thomas: Voraussetzungen: Was in diesem Buch unter Ethik und unter Gewalt verstanden wird. In: Thomas Hausmanninger/Thomas Bohrmann (Hg.): *Mediale Gewalt: interdisziplinäre und ethische Perspektiven*. München 2002, 11–32.
Klicksafe (Hg.): *Ethik macht klick. Wert-Navi fürs digitale Leben. Arbeitsmaterialien für Schule und Jugendarbeit*. Ludwigshafen 2015.
Kunczik, Michael/Zipfel, Astrid: *Medien und Gewalt. Befunde der Forschung 2004–2009. Bericht für das Bundesministerium für Familie, Senioren, Frauen und Jugend* (2010). In: http://www.bmfsfj.de/RedaktionBMFSFJ/Broschuerenstelle/Pdf-Anlagen/Medien-und-Gewalt-Befunde-der-Forschung-Langfassung,property=pdf,bereich=-bmfsfj,sprache=de,rwb=true.pdf (10.4.2015).
Kunczik, Michael/Zipfel, Astrid: Mediengewalt in Film und Fernsehen. In: Henrike Friedrichs/Thorsten Junge/Uwe Sander (Hg.): *Jugendmedienschutz in Deutschland*. Wiesbaden 2013, 297–302.
Merten, Klaus: *Gewalt durch Gewalt im Fernsehen?* Opladen 1999.
Nussbaum, Martha C.: *Konstruktion der Liebe, des Begehrens und der Fürsorge. Drei philosophische Aufsätze*. Stuttgart 2002.
Perse, Elizabeth M.: *Media Effects and Society*. Mahwah, NJ 2001.
Schwind, Hans-Dieter et al. (Hg.): *Ursachen, Prävention und Kontrolle von Gewalt. Analysen und Vorschläge der Unabhängigen Regierungskommission zur Verhinderung und Bekämpfung von Gewalt (Gewaltkommission)*, Band III: Sondergutachten. Berlin 1990.
Taylor, Paul A.: War Porn. In: *International Journal of Baudrillard Studies* 2/1 (2005), http://www.ubishops.ca/baudrillardstudies/vol2_1/taylor.htm (18.5.2015).
Theunert, Helga: *Gewalt in den Medien – Gewalt in der Realität. Gesellschaftliche Zusammenhänge und pädagogisches Handeln*. München 1996.
Tronto, Joan: *Moral Boundaries. A Political Argument for an Ethic of Care*. New York 1993.

Petra Grimm

22 Pornografie

2016 fiel der Startschuss für die nächste Generation massenvermarktbarer Pornografie. ›3D Virtual Reality (VR) Porn‹ soll Konsument_innen mit der Oculus Rift, einer VR-Brille mit einem Sichtfeld von 110 ° und Bewegungssensoren, den Eindruck in der pornografischen Szene körperlich anwesend zu sein, und damit eine völlig neue Qualität von Immersion und Intimität vermitteln (vgl. Rubin 2015). Die Herstellung von ›Oculus Rift Porn‹ sei noch zeit- und kostenaufwändig, traditionelle Filmkonventionen seien für VR nicht gültig und die technische Ausstattung für ihre Produktion erst in Entwicklung. Immersive Rezeptionserlebnisse – etwa wenn sich die Darstellerin im harmlosesten Fall dem Zuseher dreidimensional nähert und ihm durch die Sound-Ausstattung des Geräts ins Ohr flüstert – werden Medienberichten zufolge begeistert bis befremdet aufgenommen (vgl. Diaz 2015; Eordogh 2014). Die Firma Oculus VR wurde 2014 für zwei Milliarden US-Dollar von Facebook übernommen. Neben VR-Porn Start-ups wie VirtualRealPorn.com wollen auch etablierte Porno-Anbieter wie der Netflix ähnliche Streaming Service SugarDVD ihre Kund_innen wie auf einem Holodeck unmittelbar in pornografische Fantasien hinein platzieren und so bald als möglich auch interaktive Anwendungen auf den Markt bringen. Um VR-content zu produzieren, der optimal auf Oculus Rifts Technologie abgestimmt ist, arbeitet SugarDVD mit motion-capture Studios in Los Angeles (vgl. Grubb 2014).

Die Soziologin Jennifer Johnson (2011) zeigt anhand einer Sozialen Netzwerkanalyse wie die kommerzielle online Pornografie in ein Netzwerk von affiliierten Websites und etablierten online Diensten eingebunden ist, in dem die Vertriebspartner mit jedem Click auf pornografische Angebote oder je abgeschlossener Mitgliedschaft mitprofitieren: »[T]he online commercial pornography industry […] extract[s] maximum profit by capturing what it calls ›surfer traffic‹ or men who are casually browsing a website and ›converting‹ them into ›members‹« (ebd., 190). Im Zentrum des Netzwerks stehen nach Johnson in den USA die zwei großen globalen Anbieter Playboy und Hustler. »The core is surrounded by marketing tentacles designed to infiltrate and cultivate niche areas of the market« (ebd., 197). Die extreme Diversifizierung von Genre-Nischen durch das Internet sei daher nicht zufällig und nachfragegesteuert, sondern eine koordinierte Business-Strategie der industriellen Player. Die Medienwissenschaflerin Feona Attwood (2010) beschreibt die ›new economy of Porn 2.0‹ im Gegenzug dazu als ein diverses Set an pornografischen Praktiken innerhalb umfassender ökonomischer und kultureller Transformationen. Die Produktion und Verbreitung von Hetero-Hardcore, schwuler, lesbischer und queerer Pornografie, *shock sites* und Amateurpornografie, die Kommunikation der *online porn fan community* oder Interaktionen wie *sex blogging* und *erotic rate-me sites* würden in der Sexualität des 21. Jahrhunderts eine wichtige Rolle spielen. Auf diese Weise will Attwood ein monolithisches Verständnis der Funktionsweise der Porno-›Industrie‹ problematisieren und neue Formen pornografischer Produktion in den Blick rücken (ebd., 241).

Die Veränderungen von informationstechnischen Alltagspraxen spiegeln sich auch in den wirtschaftlichen, politischen und wissenschaftlichen Sichtweisen auf Pornografie wider. Anbieter_innen von Porno-Websites oder Computerspielen bezeichnen Pornografie als *adult entertainment*. Vollständig computergenerierte Pornografie, also pornografische 3D-Modellierung und Animation, wird auch als digitale Kunst verstanden. Produzent_innen digitaler Pornografie vertreten dabei im Rahmen der Medienfreiheit ihr Recht, Pornografie als kommerzielles Produkt zu nutzen. In der politischen Debatte, wie beispielsweise im Rahmen der Politik der Europäischen Union zu Internetinhalten, wird Pornografie je nach strategischer Positionierung der Akteur_innen in Zusammenhang mit dem Jugendschutz gebracht, mit dem Verbraucher_innenschutz, mit Grundrechten wie dem Recht auf freie Meinungsäußerung oder dem Schutz ethischer Bedürfnisse, sowie mit den wirtschaftlichen Interessen der Internetbranche (vgl. Allhutter 2009; s. Kap. IV.12).

Informationsethische Auseinandersetzungen stellen konkret die Frage, ab wann das Recht auf freie Meinungsäußerung und Informationsfreiheit, den Schutz der Privatsphäre und den Schutz vor Diskriminierung und sexueller Belästigung einschränken (s. Kap. VI.20). Eine starke Politisierung von Sexualität und der Ausbeutung aber auch Disziplinierung von Körpern fand ab den 1970er Jahren in der Frauenbewegung und der feministischen Wissenschaft statt. Der Wertmaßstab des Sittlichkeitsempfindens der Bevölkerung wurde dabei zunehmend durch eine Diskussion von gesellschaftlichen Gleichheitswerten und struktureller Diskriminierung ergänzt. Mit der vermehrten Aufmerksamkeit, die Pornografie seit Beginn der 1990er Jahre in den Film- und Medienwissenschaften erhält, hat sich der Diskurs immer mehr von gesellschaftlich-strukturellen Betrachtungen hin zur Analyse von Pornografie als ›Körpergenre‹, ähnlich dem Melodrama oder Horrorfilm (vgl. Williams 1995), entwickelt. Die Erforschung unterschiedlicher pornografischer Genres differenziert sich mit der Verbreitung digitaler Pornografie nochmals mehr aus. Allerdings rückt mit den immersiven Strategien und interaktiven Anwendungen der Computertechnologien noch mehr die affektive Einbindung der digitalen Herstellungs- Zirkulations- und Interaktionspraktiken in pornografische Phantasmen in den Fokus (vgl. Allhutter 2009; Attwood 2010; Paasonen 2011).

Visuelle Pornografie und Medientechnologien

Die Verbreitung von Pornografie wurde im Laufe der Geschichte immer wieder mit der Erfindung und Entwicklung neuer Medien in Verbindung gebracht, die jeweils unter dem Verdacht standen, ihrem gesteigerten Grad an ›Realismus‹ wohne eine noch nie zuvor da gewesene Obszönität inne. Die Herstellung pornografischer Texte, und mit der Entstehung visueller Traditionen insbesondere auch pornografischer Bilder, erlebte tatsächlich nicht zuletzt im Zuge der Entwicklung verschiedener Technologien einen extremen Aufschwung. Eine der ersten wichtigen Entwicklungsstationen der Pornografie ist in der Verbreitung der Druckkunst zwischen der Renaissance und der Französischen Revolution zu verorten (vgl. Hunt 1994). Erst als der Buchdruck den breiten Bevölkerungsschichten Zugang zu Schrift und Bild eröffnete, entwickelte sich die Pornografie als separates Repräsentationsgenre. Während die explizite Beschreibung von Sexualität bis Ende der 1790er Jahre auch zum Zwecke subversiver Kritik an religiösen und staatlichen Autoritäten eingesetzt wurde, entwickelte sie sich gegen Ende des 18. Jahrhunderts zu einem kommerziellen Geschäft (ebd.). Vorherrschend war bis dahin die bloße Beschreibung von Genitalien, während die Darstellung von Geschlechtsakten in eher geringem Umfang vorkam (vgl. Trumbach 1994).

Die wichtigsten Stationen visueller Pornografie und der damit einhergehenden Veränderungen des Genres lassen sich entlang der Entwicklung von Medientechnologien festmachen und können vom Entstehen optischer Apparate (vgl. Hentschel 2001) und der Fotografie (vgl. Solomon-Godeau 1991), über die Entwicklung bewegter Bilder (vgl. Williams 1995) bis hin zu digitalen Darstellungsformen und zur Produktion und Modellierung von virtuellen 3D-Szenarien nachgezeichnet werden. Die Filmwissenschaftlerin Linda Williams (1996) gibt einen Überblick über die Phasen der Entwicklung der amerikanischen Hardcore-Pornografie: Von der Geburt des Pornofilms um 1920 bis in die späten 1960er Jahre wurden kurze, pornografische Schwarz-Weiß-Stummfilme (*stag films*) produziert, die Anfang der 1970er Jahre von Kinofilmen in Spielfilmlänge abgelöst wurden. Dänemark und Schweden waren 1969 bzw. 1971 weltweit die ersten Länder, in denen der Vertrieb von Hardcore-Pornografie legalisiert wurde (vgl. Arnberg/Larsson 2014). Die späten 1980er Jahre brachten mit der Verbreitung der Videopornografie bedeutende Veränderungen mit sich. Im Vergleich zu Spielfilmen konnte sie billig produziert und in den eigenen vier Wänden konsumiert werden. Damit entwickelt sich eine größere Vielfalt an Subgenres und es entstehen erstmals z. B. »Erotika mit weiblichem Touch« oder »für Lesben produzierte Pornos« (Williams 1996, 114). Im historischen Rückblick wird der Rezeptionskontext von Pornografie durchwegs als vorwiegend männlich beschrieben (vgl. Hunt 1994; Trumbach 1994). Erst als Pornofilme in öffentlichen Kinos vorgeführt wurden und mit der inhaltlichen Ausdifferenzierung durch die Videopornografie begann sich auch der Markt für Frauen zu entwickeln (vgl. Williams 1996; Arnberg/Larsson 2014).

Aus Linda Williams' Beschreibung des frühen *stag films* sowie der pornografischen Spielfilme und der Videopornografie werden die wichtigsten Konventionen der Hardcore-Pornografie deutlich: Hardcore bezeichnet die explizite »Darstellung [von] gewöhnlich nicht gestellten Geschlechtsakten mit dem vorrangigen Ziel, die Zuschauer zu stimulieren« (Williams 1995, 59). Die auf den Körper zentrierte Präsentation der Darsteller_innen lässt die Fiktionalität der Figuren zurücktreten. Im Gegensatz zu Sexszenen in Softcore-Filmen wird der sexuelle Akt in Hardcore-Filmen möglichst in Realzeit vorgeführt, wodurch die Handlung oftmals lediglich aus einer Aneinanderreihung von Episoden oder sexuellen Nummern besteht. Diese »Aneinanderreihung pornografischer Effekte« war eine Spezialität de Sades, in dessen Schriften aus den 1790er Jahren bereits alle Themen der modernen Pornografie zu finden seien, so die Historikerin Lynn Hunt (1994, 31). Die Fragmentierung der Narration setzt sich ästhetisch in fragmentierten Nahaufnahmen von Genitalien und Penetration, so genannten *meat* shots fort. Mit dem Spielfilm manifestiert sich eine weitere zentrale Genrekonvention, die von nun an unablässig wiederholt wird: der *money shot*, der sichtbar ejakulierende Penis erbringt den visuellen Lustbeweis und erhält seinen Namen, da er monetär am besten honoriert wird (vgl. Hentschel 2001, 70).

Ein wesentliches Merkmal der Hardcore-Pornografie ist die zunehmend detailliertere Darstellung der sexuellen Aktivitäten. Sie zielt in ihrer »widersprüchlichen Mischung aus dokumentarischem Realismus und äußerster Phantasie« einerseits darauf, »die für gewöhnlich verborgenen visuellen ›Wahrheiten‹ der sexuellen Funktion und Lust des Körpers [zu] dokumentieren« (Williams 1996, 123). Andererseits sieht Williams gerade in dem »Glaube[n], die Hardcorepornographie könne tatsächlich die sichtbare Wahrheit der Lust einfangen, [...] die phantastischste Phantasie dieses Genres« (ebd., 106). Die Kulturwissenschaftlerin Marie-Luise Angerer (2007, 120) hebt dagegen das »Begehren nach dem Affekt«, das Interesse an Emotionen und Gefühlen als ein Dispositiv hervor, nach dem immersive Erlebnisse den Körper in Besitz nehmen sollen.

Der Übergang von analogen zu digitalen Repräsentationsformen, zu interaktiven Angeboten und computergenerierten Animationen bringt eine Veränderung der ästhetischen Ausdrucksweisen der Pornografie mit sich. Digitale Darstellungskonventionen beziehen sich weiterhin stark auf Sehtraditionen im Porno-Film und Video, wiederholen und simulieren sie. Allerdings lösen sie sich ästhetisch auch vom filmischen Apparat und entwickeln sich in Relation zu informationstechnischen Herstellungs- und Nutzungspraktiken. Beispielsweise werden in Computeranimationen nicht alle Körperteile einer 3D-Figur gleich detailliert dargestellt. In der Modellierung und Animation wird ein Fokus auf pornografisierte Körperzonen wie Geschlechtsteile und Brüste gelegt, während andere Teile des Bildes, wie etwa die Gesichter der 3D-Modelle, eine vergleichbar minimale Animation aufweisen. Der Blick richtet sich dorthin, wo Bewegung im Bild stattfindet, also z. B. auf die Penetration der Vagina. Für den *meat shot* bedarf es in diesem Sinne keiner Nahaufnahme, denn die Fokussierung vollzieht sich im Blick, der damit selbst fragmentiert ist.

Das Experimentieren mit Genrekonventionen, wie es auch im Zusammenhang mit ›Oculus Rift Porn‹ beschrieben wird, und das Basteln an technischen Lösungen werden zum Bestandteil pornografischer Praktiken in denen die Grenzen zwischen Pornoproduzent_innen, Entwickler_innen und Nutzer_innen verschwimmen. Nutzer_innen werden in interaktiven Anwendungen dazu eingeladen, pornografische Szenen nach ihren eigenen Fantasien mitzugestalten. Das Design von Immersionsstrategien soll sie affektiv involvieren. Zabet Patterson (2004, 108 f.) beschreibt etwa die besondere Lust der Frustration, die sich Porno-Websites zu Nutze machen: »[The] physical habits of looking – of pointing and clicking, of pushing the refresh button on Webcams, of delays and frustrations of opening and closing windows [...] push the viewer into a particular kind of interaction with the Internet.« Das Durchklicken der Gratisangebote von Porno-Websites inkludiert das Versprechen im Mitgliedsbereich das ultimative Video zu finden.

Die enorme Diversifizierung und Menge digitaler Pornografie macht es schwierig einen Überblick über ihre Inhalte zu geben. In den Geschichts- und Kulturwissenschaften gibt es unterschiedliche Ansätze, Pornografie als Genre zu systematisieren, etwa im Hinblick auf inhaltlich-thematische Aspekte, Funktion (z. B. politische Karikatur oder Stimulation), Darstellungsästhetik und Adressierung. Im Zusammenhang mit digitaler Pornografie können hier Porno-Suchmaschinen eine Hilfestellung geben. Ihre Datenkategorien werden auf Basis von Programmierentscheidungen und antizipierten Nutzer_innen-Präferenzen gebildet. Sie eignen sich nicht für eine wissenschaftliche Kategorienbildung, vermitteln aber eine grobe Vorstellung darüber, was aktuell Mainstream ist. Die Suche in pornografischen Datenbanken funktioniert etwa nach ästhetischer Darstellungsweise (z. B. *amateur, gonzo, porn stars, reality porn*), nach Sexpraktiken (z. B. *gang bang, kissing, masturbation, oral*), Objektfetischen (z. B. *cars'n chicks, fur, girls and guns, girls with glasses*) oder Körperfetischen (z. B. *asses, big beautiful woman (BBW), big cocks, green eyes, pregnant, tranny*), nach Szenarien (z. B. *sex for cash, streetblowjob*), nach rassisierenden Kategorien (z. B. *Asians, black/ebony, Euro/Russian girls, interracial*), sexueller Adressierung (*gay, lesbian, bi*) und Alter (z. B. *college girls, milf, mature women*). Im Laufe der 1990er und 2000er haben insbesondere Genres wie Gonzo und Amateurpornografie an Bedeutung gewonnen. Gonzo bezeichnet *point-of-view videos*, d. h. die Kameraführung erfolgt aus der Position des (meist) männlichen Darstellers und suggeriert den Zuschauer_innen eine aktive Teilnahme am Sexakt. Als Spur des Realen inszenieren diese beiden Genres eine Authentizität der Protagonist_innen und des Geschlechtsaktes, die den Zuseher_innen durch die Ästhetik von Homevideos Intimität, Unmittelbarkeit und Präsenz vermittelt (vgl. Hofer 2014).

Pornografie, die ausdrücklich ein weibliches, lesbisches und queeres Publikum adressiert, findet mit dem Internet erstmals Möglichkeiten der Verbreitung, die ihnen in früheren etablierten Distributionskanälen erschwert waren (vgl. Cornell 2000, 5). Die Menge an alternativen pornografischen Ausdrucksformen steht allerdings in keinem Verhältnis zur Masse an Mainstream-Pornografie, die vorwiegend an hetero- und homosexuelle Männer vermarktet wird. Die Verwaltung und Verbreitung des enormen pornografischen Angebots durch technologische Infrastrukturen führt also zu einer fetischistischen Ausdifferenzierung von Porno-Subgenres, hält zugleich jedoch die hegemoniale Stellung mainstream-pornografischer Repräsentationen weitgehend aufrecht.

Was als Mainstream oder als alternative Pornografie bezeichnet werden kann, ist weder eindeutig definierbar noch gibt es eine objektive Interpretation. Nach Annette Kuhn (1985, 24) produziert Pornografie gemeinhin Bedeutungen, »die vom Geschlechtsunterschied handeln«. Heterosexualität und Geschlechterdifferenz werden normalisiert und idealisiert, in dem die Vorstellung einer spezifisch männlichen und einer spezifisch weiblichen komplementären Sexualität und Körperlichkeit ständig wiederholt wird. D. h. Mainstream-Pornografie beruht auf einer Repräsentation von Sexualität, die das sexuell Imaginäre weitgehend geschlechtlich dichotom und hierarchisch besetzt. Die Grenze zwischen Mainstream und alternativen Repräsentationen kann jedoch nicht entlang der Linie zwischen heterosexuell und lesbisch/schwul/bi adressiertem Material gezogen werden, welches grundsätzlich ebenfalls bipolare Geschlechtervorstellungen reproduzieren kann. Anstatt »pornographische Darstellungen bezüglich sexueller Identitäten« zu unterscheiden, schlägt Marion Herz (2001, 216) vor, den analytischen Blick »auf die Konstruktion von Sex, Sexualität und Geschlecht innerhalb der pornographischen Darstellungskonventionen […] zu richten.«. Als alternative Pornografie können in diesem Sinne Repräsentationen verstanden werden, die Sexualität*en* vielschichtig und mehrdeutiger darstellen und mit klassischen Genrekonventionen experimentieren, sie ironisieren, konterkarieren und damit implizit thematisieren. Queere oder feministische Pornografie stellt etwa queeres Begehren dar, rückt spielerisch die Inszeniertheit von Pornografie in den Vordergrund und dekonstruiert die phallozentrische Lustökonomie hetero-normativer Blickregime (vgl. Méritt 2012; Schaschek 2013; Taormino et al. 2013).

Pornografie als Schaden, Ärgernis oder Diskriminierung

Die informationsethische Auseinandersetzung mit Pornografie beschäftigt sich mit den ethischen Implikationen des Zugangs zu pornografischen Inhalten und ihrer rechtlichen oder technischen Regulierung. Sie bezieht sich dabei auf das Recht auf freie Meinungsäußerung und die Bedingungen, unter denen eine Einschränkung dieses Grundrechts für notwendig erachtet wird. Ein Eingriff in die freie Meinungsäußerung sei dann sinnvoll, wenn Medieninhalte einen konkreten Schaden, eine Verletzung gesellschaftlicher Werte oder ein öffentliches Ärgernis verursachen. Eine weitere Sichtweise stellt demokratische Prinzipien von gleichem Respekt für Männer und Frauen und deren gleichberechtigte gesellschaftliche Teilhabe in den Mittelpunkt ihrer Argumentation. Auch diese Perspektive rekurriert auf das Schadens- bzw. das Ärgernisprinzip. Geklärt werden soll allerdings nicht vorrangig, ob bestimmte Materialien zensiert werden, sondern ob sie verfassungsrechtlichen Schutz genießen sollen.

In der Tradition von John Stuart Mills (1859) Ausführungen *Über die Freiheit* ist eine Einschränkung der individuellen Freiheit nur gerechtfertigt, um Schaden von anderen abzuwenden, und zwar konkret eine Verletzung individueller Personen oder eine Beeinträchtigung institutioneller Praktiken öffentlichen Interesses. Zu diesem Zweck unterscheidet Mill einen abgrenzbaren privaten Bereich der Freiheit, der dem Individuum überlassen bleiben soll, und einen Bereich öffentlicher Angelegenheiten. Nach Joel Feinbergs (1985) Ärgernisprinzip sollen manche Meinungsäußerungen auch untersagt werden, um über einen konkreten Schaden hinaus, die Erregung öffentlichen Ärgernisses zu vermeiden. Ausschlaggebend für einen Eingriff wäre die Zumutbarkeit einer potenziellen Ausweichmöglichkeit. So könne man der Pornografie ausweichen, indem man sie nicht konsumiert; eine öffentliche Werbung dafür müsse allerdings strengeren Kriterien unterliegen. Feinberg führt damit die Trennung der öffentlichen und privaten Sphäre weiter. Konkret stellt sich allerdings die Frage, was genau als Schaden in einem relevanten Sinn zählt, wann von einer ›direkten Ursache‹ eines Schadens gesprochen werden kann und schließlich, wie viel Schaden oder Ärgernis ›ausreichend groß‹ wäre, um Eingriffe in die Meinungsfreiheit zu rechtfertigen (vgl. West 2004). In Bezug auf Pornografie wird zwischen potenziell schädlichen Effekten des Pornokonsums, der in Verdacht steht, bestimmte Handlungen wie sexuellen Missbrauch und sexistische Diskriminierung zu verursachen, und den Gefahren der Zensur abgewogen. Dabei wird meist von *der* Pornografie als einheitlichem Genre gesprochen, wobei kaum auf qualitative Merkmale wie Inhalt, ästhetische Gestaltung, transportierte Ideologien oder Produktionsbedingungen eingegangen wird. Neben der Undurchsichtigkeit der Wirkungszusammenhänge und der anzuwendenden Kriterien erweisen sich zwei weitere Aspekte als kritisch: Zum einen geht es um die von feministischer Seite oftmals kritisierte Trennung der öffentlichen und privaten Sphäre, zum anderen um die normative Grundlage der Konzeption von Medienfreiheit.

Die Politikwissenschaftlerin Birgit Sauer (2001, 5) stellt in Frage, ob »das liberale Trennungsdispositiv zwischen öffentlich und privat als Schutz vor staatlicher Intrusion in die ›Privatsphäre‹« gelobt werden soll (s. Kap. VI.23). Wie sich deutlich anhand von Debatten zu Abtreibung, Vergewaltigung in der Ehe oder zur ›Homoehe‹ zeigt, ist selbst der private Bereich der Intimität rechtlich und kulturell geschaffen und durch geschlechtliche Machtverhältnisse strukturiert. Privatheit als machtfreier und unpolitischer Raum erweist sich als liberale Fiktion. Mit dem Leitsatz ›Das Private ist politisch‹ machte die Neue Frauenbewegung scheinbar private Lebensbereiche wie Sexualität und Pornografie einem öffentlichen Diskurs zugänglich. Eine geschlechtersensible Neufassung von Privatheit muss nach Sauer (2001, 6 f.) beachten, dass Privatheit »ein Aspekt staatlich-politischer Öffentlichkeit« ist und soll in diesem Sinne »als Recht und Raum der Autonomie und Fürsorge« konzipiert werden. Eine »feministische Reformulierung des Privaten muss zwei Aspekte unterscheiden, nämlich erstens Privatheit als ein Menschenrecht auf Würde sowie körperliche und seelische Integrität und zweitens als die stets riskierte Freiheit von staatlichen Eingriffen« (ebd., 10). Sauer schlägt daher vor, Privatheit als jenen Raum zu fassen, »in dem die Realisierung von Menschenrechten möglich wird, also als gegenhegemoniale Möglichkeit« (ebd., 7). Die Medienethikerin Jessica Heesen (2002) stellt die normative Fassung des Rechts auf freie Meinungsäußerung und auf freie Informationsbeschaffung zur Disposition. Ähnlich wie Sauer kritisiert sie die negative Konzeption des Freiheitsbegriffs, der lediglich vor Eingriffen in Freiheitsrechte

schützen soll. Im Gegensatz zum Rundfunk würde im Zusammenhang mit dem Internet ein Verständnis von Freiheit gelten, das als unabhängig von normativen und materiellen Beschränkungen interpretiert werde. Vielmehr müssten aber Vielfalt und Unabhängigkeit die Kriterien zur Bewertung von Medienfreiheit sein. Heesen (ebd., 177) bringt daher den Begriff der »solidarischen Freiheit« ein, der »eine positive Pflicht zur Aufrechterhaltung der öffentlichen Kommunikation in Hinblick auf eine Gemeinwohlorientierung« fordert. Im Zusammenhang mit pornografischen Internetinhalten birgt der negative Freiheitsbegriff die Gefahr, dass sich die Pluralität der Netzinhalte und die Unabhängigkeit des Internets im Konkurrenzverhältnis der Freiheit des Marktes und der Freiheit der Medien auflösen.

Bringt man beide Aspekte zusammen, kann eine »gegenhegemoniale Möglichkeit« beispielsweise in einer Vielfalt pornografischer Repräsentationen bestehen, die den Anspruch verfolgt, nicht-hierarchische Imaginationen von Geschlecht und Sexualität anzuregen. Eine weitere Möglichkeit besteht in der Präferenz von Ausdrucksformen eines nicht-pornografisierten, nicht-kommerzialisierten Verständnisses von Sexualität. Privatheit als Raum für Intimität erfordert damit auf der einen Seite einen Schutz alternativer und/oder nicht-kommerzieller Pornografien vor Marginalisierung durch die hegemonialen Imaginationen (kommerzieller) Mainstream-Pornografien und eine öffentliche Diskussion über ihre Inhalte und geschlechterdifferenzierenden Repräsentationsmuster und Genrekonventionen. Auf der anderen Seite ist eine (Re-)Politisierung der kapitalistischen Produktionsbedingungen, der kommerziellen Vermarktungs- und Vertriebspraktiken sowie der damit zusammenhängenden vergeschlechtlichten Rezeptionskontexte von Pornografie nötig.

Feministische Positionen

Die unter dem Großlabel der feministischen Pornografie-Debatte subsumierten Positionen umfassen unterschiedliche politische und theoretische Zugänge und unterscheiden sich sowohl in ihrer Konzeption von Pornografie und ihren politischen Zielsetzungen sowie in ihrem Umgang mit der eigenen Normativität.

Gegen Ende der 1970er begannen so genannte Radikalfeministinnen Pornografie als sexuell explizites Material, das Frauen durch Bilder und Worte degradiert, zu politisieren (vgl. MacKinnon 2000, 104). Pornografie bringe Männer dazu, Frauen als minderwertige Objekte wahrzunehmen und führe zu Diskriminierung, die sexuelle Gewalt gesellschaftlich akzeptabel macht. Aus einer differenztheoretischen Position bestimmt Andrea Dworkin (2000) Männer als Hersteller und Konsumenten von Pornografie und Pornodarstellerinnen, Frauen die Pornografie konsumieren und Frauen generell als Opfer von Pornografie. Pornografie stelle männliche Werte, ja sogar eine männliche Wahrheit dar (ebd., 42): »The most terrible thing about pornography is that it tells male truth. The most insidious thing about pornography is that it tells male truth as if it were universal truth.« Zur Bekämpfung von Pornografie gehen Vertreterinnen der Anti-Porno Position ein politisches Bündnis mit konservativen Kräften ein (vgl. Cornell 2000, 4) und greifen über die Definition von Pornografie als diskriminierende Handlung und damit zivilrechtlich verfolgbaren Tatbestand auf staatliche Eingriffe in das Recht auf freie Meinungsäußerung zurück. Gegnerinnen der Anti-Porno Position würde schlichtweg das nötige Bewusstsein fehlen. Diese Zuschreibung eines ›richtigen‹ oder ›falschen‹ feministischen Bewusstseins wurde von liberalen Feministinnen und postmodernen Theoretiker_innen als identitätspolitische Vereinnahmung kritisiert.

Liberale Feministinnen wie Nadine Strossen (1997) sprechen sich gegen rechtliche Einschränkungen von Pornografie aus. Staatliche Eingriffe stellen für sie kein adäquates Mittel dar, denn Zensur wurde traditionell eher gegen feministisches oder aus dem LGBTQ Kontext (*lesbian, gay, bisexual, transsexual, queer*) stammendes Material über Sexualität eingesetzt. Liberalfeministische Positionen kritisieren die Disziplinierung der Sexualität von Frauen und minorisierten Gruppen und wollen eine positive Auseinandersetzung mit sexueller Lust anregen. Sie konzipieren Pornografie nicht als Handlung sondern als Repräsentation von Sexualität und trennen damit argumentativ die Sphäre der Porno-Produktion vom Produkt bzw. dem Dargestellten. Dieser Aspekt wird weiterhin heftig von Vertreter_innen von Anti-Porno Argumenten kritisiert, die etwa wie Karen Boyle (2010, 2) einfordern, Pornografie »as *both* a genre of representation *and* a distinct form of industrial practice« zu analysieren. Die Rezeption von Pornografie wird von liberalen Feministinnen nicht mehr ausschließlich männlich konnotiert, dennoch stufen sie einen Großteil mainstream-pornografischer Repräsentationen als diskriminierend ein. Aus dieser Haltung begründet sich die Bewegung der so genannten Pro-Sex-Feministinnen. ›Sex radicals‹ wie Gayle Rubin (2003), Candida Royalle oder Annie Sprinkle betonen das befreiende Potenzial, das Pornografie für die Fantasie und sexuellen Praktiken von Frauen habe. Sie rufen dazu auf, lustvolle Pornos herzustellen, und sind zum Teil selbst in deren Produktion tätig.

Poststrukturalistische Theoretiker_innen lassen sich keiner einheitlichen Anti- oder Pro-Porno-Position zuordnen. Vielmehr verbindet sie eine gemeinsame Herangehensweise an das Thema, die die Normativität der Debatte an sich hinterfragt. Pornografie teile ein unbewusstes Phantasma mit, so Drucilla Cornell (1997, 97 ff.). Sie könne nicht von tiefgreifenden unbewussten Phantasien darüber getrennt werden, wie und was Geschlecht und Sexualität oder Begehren sind. Ein großer Teil des pornografischen Mainstreams unterminiere daher weibliche Selbstentwürfe. Judith Butler (1998, 124 ff.) betont hingegen, dass Pornografie nicht nur einen einzelnen Identifikationspunkt für ihre Betrachter_innen eröffnet. Diese seien einer potentiellen Verletzung nicht passiv ausgesetzt und müssen nicht notwendigerweise einer heteronormativen Interpretation folgen. Das pornografische Bild habe, »gerade weil es nicht in der Lage ist, die gesellschaftliche Wirklichkeit zu konstruieren, seine phantasmatische Macht« (ebd., 101). Pornografie beinhalte damit als »Text der Unwirklichkeit von Geschlechtsidentität« die Möglichkeit der Resignifizierung, d. h. der Umkehrung ihrer Performativität durch queere Lesarten.

Darüber hinaus werfen insbesondere postkoloniale sowie klassenbewusste Zugänge die Frage auf, welche Frauen in feministischen Debatten über Pornografie und Sexarbeit überhaupt zu Wort kommen. Die Arbeiten von Patricia Hill Collins (1993), bell hooks (1994) und Constance Penley (2004) heben das Zusammenwirken von Rassismus und Sexismus und/oder von sozialen Hierarchien und Geschlechterhierarchien hervor, wobei Sexualisierung als rassistische und klassistische Praktik untersucht wird und rassisierenden und sozialchauvinistischen Strategien in pornografischen Repräsentationen aber auch im wissenschaftlichen Schreiben über Pornografie nachgegangen wird (vgl. auch Taormino et al. 2013). Mireille Miller-Young (2014) untersucht auf Basis von zahlreichen Interviews mit afro-amerikanischen Sexarbeiter_innen die ungleichen Arbeitsbedingungen in der *adult entertainment industry*. Sie kommen dabei weniger als Ausbeutungsverhältnisse sondern als Strategien beruflicher Selbstermächtigung und als selbstbestimmte Umschreibung kolonialistischer Stereotype zur Sprache.

Pornografie als visuelle Politiken

Wenn Pornografie, bestimmte pornografische Genres oder bestimmte Repräsentationen als sexistisch und menschenverachtend oder als subversiv und lustvoll erachtet werden, kann dies sicherlich nicht als unabhängig von den Produktions- und Verwertungsverhältnissen, aus denen sie hervorgehen, betrachtet werden. Eine (positive oder negative) Kritik von Repräsentationen oder deren Wirkungen kann aber nicht allein aus dieser Sichtweise argumentieren. Der Begriff der *visuellen Politiken* verweist in diesem Zusammenhang darauf, dass pornografische Genrekonventionen und ihre Relation zur symbolischen Ordnung gesellschaftlicher Differenzsysteme als politisch relevant und diskursiv produktiv zu verstehen sind. Mainstream-pornografische Genrekonventionen werden weitgehend über geschlechterdifferente, heteronormative, rassisierende und klassenstereotype Repräsentationspraktiken vermittelt. Interessant ist dabei einerseits, welche medialen Strategien eingesetzt werden um pornografische Effekte in unterschiedlichen Medien zu reproduzieren, wie Darstellungskonventionen und -ästhetiken intertextuell verhandelt werden und sich auch verändern. Andererseits stellt sich die Frage, wie uns die impliziten Differenzregime unterschiedlich ins Verhältnis zu pornografischen Bildern und Praktiken setzen. Die Affektivität des Körper-Genres Pornografie kann nicht von ihrer strukturellen und symbolischen Einbindung in eine gesellschaftliche Ordnung, wie sie im Begriff der visuellen Politiken angelegt ist, getrennt werden. Die Medienwissenschaftlerin Susanna Paasonen (2011) hat diese Affektivität als Resonanzen zwischen Körpern und Pornografien beschrieben, die als angenehm und lustvoll, als verstörend und unangenehm oder beides gleichzeitig empfunden werden können. Affektive Erfahrungen sind jedoch nicht nur individuell und subjektiv, sie werden durch Empathie, Imagination und ihre Eingebundenheit in gesellschaftliche Diskurse mit anderen Menschen geteilt. Sie verweisen auf ein Zusammenwirken von materiellen Körpern und Gesellschaft. Die Politikwissenschaftlerin Brigitte Bargetz (2013, 217) beschreibt Affekt als »Modus der Involviertheit« in gesellschaftliche Strukturen: »Affekte beschreiben die Art und Weise, wie sich […] Herrschaftsverhältnisse in alltäglichen Praktiken und persönlichen Beziehungen manifestieren, wie sie affektiv belebt und reproduziert werden.« Vor diesem Hintergrund muss auch nochmals gefragt werden, wie sich durch die affektive Involviertheit in pornografische Phantasmen und Praktiken gesellschaftliche Differenzregime (re-)konstituieren oder wie sie auch affektiv in Bewegung gebracht werden.

Literatur

Allhutter, Doris: *Dispositive digitaler Pornografie. Zur Verflechtung von Ethik, Technologie und EU-Internetpolitik*. Frankfurt 2009.
Angerer, Marie-Luise: *Vom Begehren nach dem Affekt*. Zürich 2007.
Arnberg, Klara/Larsson, Mariah: Benefits of the In-Between: Swedish Men's Magazines and Sex Films 1965–1975. In: *Sexuality & Culture* 18/2 (2014), 310–330.
Attwood, Feona (Hg.): *porn.com. Making Sense of Online Pornography*. New York 2010.
Bargetz, Brigitte: Markt der Gefühle, Macht der Gefühle. Konturen eines emotionstheoretischen Machtverständnisses. In: ÖZS 38/2 (2013), 203–220.
Boyle, Karen (Hg.): *Everyday Pornography*. London 2010.
Butler, Judith: *Hass spricht. Zur Politik des Performativen*. Berlin 1998.
Collins, Patricia Hill: The Sexual Politics of Black Womanhood. In: Dies. (Hg.): *Black Feminist Thought*. London 2009, 133–160.
Cornell, Drucilla: *Die Versuchung der Pornographie*. Frankfurt 1997.
Cornell, Drucilla: Introduction. In: Dies. (Hg.): *Feminism & Pornography*. New York 2000, 1–15.
Diaz, Angel: This Is What Happens When People Watch Virtual Reality Porn for the First Time. In: *Complex* (21.1.2015), http://www.complex.com/pop-culture/2015/01/vr-adult-film-reactions-from-first-time-users (24.6.2015).
Dworkin, Andrea: Pornography and Grief. In: Drucilla Cornell (Hg.): *Feminism & Pornography*. New York 2000, 39–44.
Eordogh, Fruzsina: When Porn and Virtual Reality Collide (NSFW). In: *Gizmodo* (20.11.2014), http://gizmodo.com/when-porn-and-virtual-reality-collide-nsfw-1660603261 (24.6.2015).
Feinberg, Joel: *Offense to Others: The Moral Limits of the Criminal Law*. Oxford 1985.
Grubb, Jeff: Strap On Your Oculus Rift and Get Ready: Interactive Porn is Coming. In: *Gizmodo* (21.5.2014), http://venturebeat.com/2014/05/21/strap-on-your-oculus-rift-and-get-ready-interactive-porn-is-coming/ (24.6.2015).
Heesen, Jessica: Kontextueller Liberalismus: Individuelle Freiheitsrechte als Grundlage einer Ethik des Internet. In: Thomas Hausmanninger/Rafael Capurro (Hg.): *Netzethik. Grundlegungsfragen der Internetethik*. München 2002, 163–177.
Hentschel, Linda: *Pornotopische Techniken des Betrachtens. Raumwahrnehmung und Geschlechterordnung in visuellen Apparaten der Moderne*. Marburg 2001.
Herz, Marion: Die Aporie des Lesbenpornos oder: Was ist lesbische Sexualität? In: Meike Penkwitt (Hg.): *Entfesselung des Imaginären?* Freiburg 2004, 275–291.
Hofer, Kristina Pia: Pornographic Domesticity: Amateur Couple Porn, Straight Subjectivities, and Sexual Labour. In: *Porn Studies* 1/4 (2014), 334–345.

hooks, bell: Heiße Mösen zu verkaufen. Der Kulturmarkt und seine Bilder von der Sexualität schwarzer Frauen. In: Dies. (Hg.): *Black Looks. Popkultur – Medien – Rassismus*. Berlin 1994, 81–100.

Hunt, Lynn: Obszönität und die Ursprünge der Moderne (1599–1800). In: Dies. (Hg.): *Die Erfindung der Pornographie. Obszönität und die Ursprünge der Moderne*. Frankfurt a. M. 1994, 7–43.

Johnson, Jennifer A.: Mapping the Feminist Political Economy of the Online Commercial Pornography Industry: A Network Approach. In: *International Journal of Media & Cultural Politics* 7/2 (2011), 189–208.

Kuhn, Annette: *The Power of the Image: Essays on Representation and Sexuality*. London 1985.

MacKinnon, Catharine: Only Words. In: Drucilla Cornell (Hg.): *Feminism & Pornography*. New York 2000, 94–120.

Méritt, Laura: PorYes! Feministische Pornos und die sex-positive Bewegung. In: Martina Schügraf/Angelika Tillmann (Hg.): *Pornografisierung von Gesellschaft*. Konstanz 2012, 371–380.

Mill, John Stuart: *Über die Freiheit*. Stuttgart 2004 (engl. 1859).

Miller-Young, Mireille: *A Taste for Brown Sugar: Black Women in Pornography*. Durham 2014.

Paasonen, Susanna: *Carnal Resonance: Affect and Online Pornography*. Massachusetts 2011.

Patterson, Zabet: Going On-line: Consuming Pornography in the Digital Era. In: Linda Williams (Hg.): *Porn Studies*. Durham 2004, 104–123.

Penley, Constance: Crackers and Whackers: The White Trashing of Porn. In: Linda Williams (Hg.): *Porn Studies*. Durham 2004, 309–320.

Rubin, Gayle S.: Sex denken. Anmerkungen zu einer radikalen Theorie der sexuellen Politik. In: Andreas Kraß (Hg.): *Queer denken. Queer Studies*. Frankfurt a. M. 2003, 31–79.

Rubin, Peter: Virtual-Reality Porn Is Coming, and Your Fantasies May Never Be the Same. In: *Wired* (16.2.2015), http://www.wired.com/2015/02/vr-porn/ (24.6.2015).

Sauer, Birgit: Öffentlichkeit und Privatheit revisited. Grenzziehungen im Neoliberalismus und die Konsequenzen für die Geschlechterpolitik. In: *Kurswechsel* 4 (2001), 5–11.

Schaschek, Sarah: *Pornography and Seriality: The Culture of Producing Pleasure*. New York 2013.

Solomon-Godeau, Abigail: Reconsidering Erotic Photography: Notes for a Project of Historical Salvage. In: Dies. (Hg.): *Photography at the Dock*. Minneapolis 1991, 220–237.

Strossen, Nadine: *Zur Verteidigung der Pornographie. Für die Freiheit des Wortes, Sex und die Rechte der Frauen*. Zürich 1997.

Taormino, Tristan/Penley, Constance/Shimizu, Celine Parrenas/Miller-Young, Mireille (Hg.): *The Feminist Porn Book. The Politics of Producing Pleasure*. New York 2013.

Trumbach, Randolph: Erotische Phantasie und männlicher Libertinismus in England während der Aufklärung. In: Lynn Hunt (Hg.): *Die Erfindung der Pornographie*. Frankfurt a. M. 1994, 183–220.

West, Caroline: Pornography and Censorship. In: Edward N. Zalta (Hg.): *The Stanford Encyclopedia of Philosophy* (Summer 2004 Edition), http://plato.stanford.edu/archives/sum2004/entries/pornography-censorship/ (4.7.2015).

Williams, Linda: Die visuelle und körperliche Lust der Pornographie in bewegten Bildern. Ein kurzer historischer Überblick. In: Jörg Huber/Alois M. Müller (Hg.): *Die Wiederkehr des Anderen*. Basel 1996, 103–128.

Williams, Linda. *Hard Core. Macht, Lust und die Tradition des pornographischen Films*. Frankfurt a. M. 1995.

Doris Allhutter

23 Privatsphäre

Privatheit bzw. Privatsphäre ist ein vielschichtiges und vielfältiges Phänomen. Die Privatsphäre ist ein Bedeutungsraum, in dem je nach System verschiedene Handlungen, Situationen, Zustände mentaler oder körperlicher Art des oder der Subjekte stattfinden, die in historisch und sozial variablem Ausmaß der Kontrolle des Außenraums entzogen werden. Privatheit ist zunächst und genuin ein ›räumliches‹ Phänomen und mit bestimmten topographischen Räumen korreliert (Privathaus, Privatwohnung), wenngleich sie nicht auf diese lokale Dimension beschränkt ist. Die Relevanz des *Raumes* für das traditionelle Konzept Privatheit ergibt sich, da sich Privatheit insofern räumlich definiert, als sie sich durch Grenzen und Grenzziehungen auszeichnet und durch Zugangskontrollen manifestiert. Der Raum des Privaten ist aber nur im engeren Sinn als konkreter Raum zu verstehen; im weiteren Sinn ist er als abstrakter Bedeutungsraum zu verstehen. Dementsprechend unterscheidet Beate Rössler (2001) neben der lokalen Privatheit die dezisionale und informationelle. Genau hier beeinflussen insbesondere die so genannten Neuen Medien die Informations-, Interaktions- und Kommunikationsmöglichkeiten des Einzelnen nachhaltig.

Die Relevanz von Privatsphäre für moderne Gesellschaften ergibt sich nach Rössler (2001) dadurch, dass erst durch die Existenz eines privaten Raumes es zur Ausübung von Autonomie kommen kann; private Bereiche sind für die Autonomie unabdingbar. Ebenso wie Rössler versteht auch der viel zitierte Politologe und Jurist Alan F. Westin (1967) Privatheit als notwendige Voraussetzung für die individuelle Autonomie, Identität und Integrität einer Person. Dieser Eigenwert der Privatsphäre als Grundrecht des Menschen dokumentiert sich etwa in der Resolution 217 A (III) der Vereinten Nationen vom 10. Dezember 1948, in Artikel 12 der »Allgemeinen Erklärung der Menschenrechte«. Nach Westin erfüllt Privatheit vier Funktionen (ebd., 32–39): *Personal autonomy* bezieht sich auf das Bedürfnis, von anderen nicht manipuliert oder dominiert zu werden. *Emotional release* rekurriert auf die Rückzugsfunktion der Privatsphäre, die es ermöglicht, frei von sozialem Druck und gesellschaftlichen Erwartungen Stress abzubauen, die innere Ruhe zu finden und ›ganz man selbst zu sein‹. Weiterhin besteht für Westin die Bedeutung der Privatsphäre darin, in Form der *self-evaluation* die Erfahrungen und Eindrücke aus dem Alltag zu reflektieren, einzuordnen und Schlüsse daraus abzuleiten. Das sei notwendig, um sich selbst zu finden und ein authentisches, selbstbestimmtes Leben zu führen. Schließlich sieht Westin eine wesentliche Funktion der Privatsphäre darin, eine *limited and protected communication* zu führen, also zwischen den Adressaten seiner personenbezogenen Informationen zu differenzieren, die Grenzen zwischenmenschlicher mentaler Nähe bzw. Distanz zu anderen zu definieren und private Informationen in einem geschützten ›Raum‹ mit Vertrauten auszutauschen.

Privatsphäre ist der zentrale Wertbegriff im digitalen Zeitalter und von zunehmender Relevanz im Hinblick auf die Gestaltung von Politik und Öffentlichkeit, Kommunikations- und Medienangeboten sowie der rechtlichen, sozialen und kulturellen Rahmenbedingungen der so genannten Informations- und Wissensgesellschaft. Die Konzeption des Privaten hat dabei Auswirkungen auf alle Mitglieder der Gesellschaft bis in den Bereich der Intimsphäre hinein. Aufgrund des sich ändernden Verständnisses von Privatheit stellen sich – gepaart mit neuen technischen Möglichkeiten – auch neue Herausforderungen im Verhältnis von Sicherheit und Freiheit bzw. Anonymität (s. Kap. III.6, VII.32).

Dass das Private ein hohes, zu schützendes Gut ist, ist historisch, kulturell und sozial bedingt und variabel. Gleiches gilt für seine Inhalte, seine Abgrenzungen, vom Nicht-Privaten wie von anderen Formen des Persönlichen und Intimen, und für die Formen solcher Abgrenzungen. Und wohl auch für das Interesse, dennoch Einblicke in diesen abgegrenzten Bereich zu erhalten – oder freiwillig Einblicke zu gewähren. Wie das Subjekt Privatheit für sich definiert und mit ihr umgeht, ist Produkt epochen- und schichtspezifischer, familiärer wie sonstiger Sozialisationsprozesse.

Die Kulturabhängigkeit von Privatheit artikuliert sich auch darin, dass es in unterschiedlichen Kulturen nicht nur unterschiedliche Auffassungen von Privatheit, sondern auch ihrer jeweiligen kulturellen Leistung und ihres jeweiligen Stellenwerts gibt. Dies betrifft etwa sozialräumliche Abgrenzungsrituale, kulturell unterschiedliche Gewichtungen von Arbeits- und Privatleben sowie unterschiedliche Akzeptanzschwellen von Kameraüberwachung.

Wo historisch Privatheit zunächst Selbstbehauptung gegen die Systeme des Nicht-Privaten ist (die Privatsphäre als Freiraum), tendiert Privatheit heute zur öffentlichen Selbstdarstellung (exhibitionistische Präsentationen des Intimen). Wo früher Privatheit die nicht zur Privatsphäre gehörigen Fremden ausschloss, werden sie jetzt in bestimmten Subkulturen zugelassen oder gar zum willkommenen Publikum. Wo die Grenze zwischen ›privat‹ und ›nicht-privat‹ verläuft, wie durchlässig sie in welcher Richtung ist, welcher der beiden Räume in den anderen über- und eingreifen kann, ist ebenfalls eine Variable. Was als ›privat‹ gilt und als ›privat‹ akzeptiert wird, wurde früher vom Raum des Nicht-Privaten, also von sozialen Institutionen definiert; heute definiert der Raum der Privatheit zumindest selbst mit, was als ›privat‹ gelten soll.

Historische Skizze: Privatsphäre und Massenmedien

Wie die Ausführungen bereits zeigen, ist Privatheit einem kulturellen Wandel unterworfen. In der Folge der Aufklärung fand eine Emotionalisierung und Aufwertung von Familie, Freundschaft und Liebe statt, die es möglich machte, diese als Bereiche wahrzunehmen, in denen sich der individuelle Glücksanspruch verwirklichen lässt. Damit etablierte sich der Bereich des Privaten als semantisch-ideologischer und wurde dadurch gleichzeitig auch öffentlicher Diskussion und Reflexion zugänglich.

Den Wandel des Privatheitskonzepts ideengeschichtlich nachzuzeichnen, wäre an dieser Stelle ein Zuviel. Festzuhalten ist: Dass wir in liberal-demokratischen Gesellschaften das Verhältnis von Privatem und Öffentlichem als dualistisch bzw. gegensätzlich einstufen, kann als »ideengeschichtliche Tiefenwirkung« (Imhof 1998, 16) begründet werden, die seit der Aufklärung und deren Rückbezug auf das aristotelische Politikverständnis bis heute präsent ist.

Medienhistorisch wurde der Schutz der Privatsphäre erstmals durch die Etablierung neuer (Medien-)Technologien seit der Mitte des 19. Jahrhunderts virulent. Dazu gehörten u. a. die Entwicklung der Massenpresse, Boulevardzeitung und Fotografie, die die massenhafte Verbreitung von Informationen aus dem Privatleben von Personen des so genannten ›Öffentlichen Lebens‹ ermöglichten. Samuel D. Warren und Louis D. Brandeis problematisierten in ihrem Aufsatz »The Right to Privacy« (1890) erstmals die Veröffentlichung des Privaten durch Massenmedien aus juristischer und theoretischer Perspektive. Sie definieren darin Privatheit als »the right to be let alone«, das auf dem generellen Recht auf Schutz der *inviolate personality* basiert. In Hinblick auf die veränderten Distributionsbedingungen auf dem Zeitungsmarkt fordern Warren und Brandeis ein prinzipielles Verbot der Veröffentlichung von Informationen aus dem Privatleben Dritter.

Bezog sich der Aufsatz von Warren und Brandeis in erster Linie auf den Schutz des Privatlebens von ›öffentlichen Personen‹ in Amerika, so spitzte sich die Diskussion um die Veröffentlichung des Privaten in den Medien mit der Etablierung des Fernsehens in der zweiten Hälfte des 20. Jahrhunderts zu. Bereits in den 1960er Jahren formulierte Jürgen Habermas mit dem Fokus auf ›Funk und Fernsehen‹ in seiner Habilitationsschrift *Strukturwandel der Öffentlichkeit* (1990, 261) eine Auflösung privater und öffentlicher Räume – sowohl für Personen des öffentlichen Lebens als auch für ›Jedermann‹: »Die durch Massenmedien erzeugte Welt ist Öffentlichkeit nur noch dem Scheine nach; aber auch die Integrität der Privatsphäre, deren sie andererseits ihre Konsumenten versichert, ist illusionär.« Als zwei Seiten einer Medaille wird sowohl die »Privatisierung des Öffentlichen« – in Form von Personalisierung und Affektation des politischen Geschehens – als auch die »Veröffentlichung des Privaten« kritisiert.

Bedingt durch die One-to-Many-Struktur der klassischen Massenmedien beschränkte sich allerdings die Veröffentlichung des Privaten auf wenige von den Sendern ausgewählte Personen und blieb rein rezeptiv orientiert. Daran änderte sich strukturell nichts, als mit der Etablierung des Privatfernsehens in den 1990er Jahren der Prozess der Veröffentlichung des Privaten und Intimen einen neuen Schub erhielt. Beispielhaft hierfür waren Daily Talkshows (*Bärbel Schäfer* und *Arabella Kiesbauer*), die als das so genannte »Affektfernsehen« (Bente/Fromm 1997) bezeichnet wurden, sowie die Reality-TV-Sendung *Big Brother* (vgl. hierzu und zu Reality-TV im Allgemeinen Herz 2015).

Diese Entwicklung (»das Privateste wird nach außen gekehrt«) prognostizierte Knut Hickethier (1985, 87) bereits Mitte der 1980er Jahre als »konsequente Fortsetzung einer ohnehin in den Medien angelegten Tendenz zur Intimisierung von Lebensweisen und politischen Verhältnissen.« Auch wenn sich die Anzahl der Personen, die sich auf der öffentlichen Bühne der Sender in zahlreichen Sendungen inszenieren, und der Intimisierungsgrad des Dargestellten erhöhen, bleibt dies in einem medialen Rahmen, der »Modi der Transformation und Distanzierung« (Rössler 2001, 318) ermöglicht: Die Medialisierung des Privaten im Fernsehen löst nicht die außermedial bestehende Grenze zwischen privat und öffentlich auf. Auch die Kommunikationsstruktur des One-to-many-Mediums spielt hier eine Rolle: Was an Privatem wie veröffentlicht wird, entscheiden die Gatekeeper bzw. die

Fernsehsender, nicht die ›many‹. Gleichwohl ist unbestreitbar, dass die Massenmedien, insbesondere das Fernsehen als Leitmedium, einen wesentlichen Anteil am Wandel der Privatheit (und Öffentlichkeit) hatte. Das Fernsehen hat zur Kultivierung eines dynamischen Konzepts von Privatheit und Öffentlichkeit beigetragen und eine Kultur des medialen Selbst-Exponierens begünstigt: Sich im öffentlichen Raum privat zu zeigen, erscheint nicht nur legitim, sondern für viele No-Names erstrebenswert.

Verletzungen der Privatsphäre

Es lassen sich zwei Arten der Verletzung von Privatsphäre unterscheiden: 1. die mediale Verletzung, bei der die Medien (journalistische Medien, Blogs etc.) oder ›Produser‹ als Akteure auftreten, und 2. die computerisierte Verletzung, bei der durch die Nutzung von Medien eine Datafizierung der Privatsphäre erfolgt. Entsprechend oszilliert das komplexe Feld der Verletzungen zwischen vier Polen: auf der Achse der medialen Verletzung zwischen den Polen Zurückhaltung und Sensibilität einerseits und Voyeurismus und Exhibitionismus andererseits; auf der Achse der computerisierten Verletzung zwischen den Polen Schutzbedürfnis und Teilhabe, womit zum einen der Wunsch nach Kontrolle der privaten Daten und zum anderen der Wunsch, in kommunikative Gemeinschaften eingebunden zu sein, einander gegenüberstehen. So ist generell zu konstatieren, dass Medien und Privatsphäre die Affinität aufweisen zu kollidieren.

Mediale Verletzung der Privatsphäre

Mediale Verletzung beruht vor allem darauf, dass die Privatsphäre als Thema Ereigniswert besitzt. Denn der klassische Fall des Verhältnisses von Medien und Privatheit ist derjenige, dass Medien Privatheit dokumentieren, wobei der Begriff ›dokumentieren‹ nicht neutral zu verstehen ist, da es im Kontext von Privatheit nie nur um die Vermittlung eines bereits vormedial existenten Privaten geht. Indem Medien Privatheit dokumentieren, veröffentlichen sie sie zugleich. Die öffentliche Dokumentation eines genuin und konstitutiv sich dem Öffentlichen Entziehenden impliziert aber an sich eine Grenzüberschreitung und ist damit potenziell narrativ. Diese strukturelle Ereignishaftigkeit ist eine Qualität, die dann dem Gegenstand selbst bzw. der medialen Dokumentation des Gegenstands ein-

geschrieben werden kann. Dokumentation in diesem Sinne ist also immer zugleich auch Zurschaustellung und Effekt, der Konsument mehr oder weniger Voyeur. Es lassen sich hier eine ganze Bandbreite verschiedenster Arten dieses ›Einblicks‹ unterscheiden, je nachdem, wer ihn begeht/veranlasst und wem gegenüber er stattfindet, je nachdem, wie weit er geht, also wie weit andere Bereiche der Gesellschaft tangiert werden, und je nachdem, wie tabuisiert/unerlaubt oder gar freiwillig gewährt er ist. Insbesondere die Bildberichterstattung, Stichwort Paparazzi, ist hier repräsentativ bei der Verletzung von Persönlichkeitsrechten zu nennen, aber auch die zumeist eher unter Kunst (und damit der Kunstfreiheit) subsumierte literarische Verhandlung in Form von autobiografischen Texten oder Schlüsselromanen, wobei eben gerade das spezifische Oszillieren von Fiktionalität und Faktualität bei der Bewertung der Verletzung von Persönlichkeitsrechten eine entscheidende Rolle spielt (als Fallbeispiele sei auf die Veröffentlichung von Klaus Manns *Mephisto* in der BRD 1966 oder in jüngerer Zeit Maxim Billers *Ezra* von 2003 verwiesen).

Solche Kollisionen, werden sie selbst ereignishaft, gehen häufig mit neuen Justierungen hinsichtlich des Aushandelns von Privatsphäre-Einstellungen einher. Historisch sei hier an Bismarck auf dem Sterbebett und den Skandal, den diese nicht autorisierte Fotografie 1898 hervorrief, erinnert. Die Bemühungen um das Recht am eigenen Bild führten zum »Gesetz betreffend das Urheberrecht an Werken der bildenden Künste und der Photographie« (Kunsturhebergesetz, KUG) von 1907, das in den §§ 22 und 23 noch heute gültig und Grundlage auch aktueller Verhandlungen ist, wie stellvertretend die Caroline von Monaco-Urteile zeigen (vgl. Schwabenbauer 2014).

Folgenreiches Beispiel bezüglich des Abwägens von Medienfreiheit und Persönlichkeitsrechten ist nach wie vor das so genannte Lebach-Urteil des Bundesverfassungsgerichts von 1973, das als Grundsatzurteil in die deutsche Rechtswissenschaft eingegangen ist. Das ZDF musste 1972 die Ausstrahlung des Dokumentarspiels *Der Soldatenmord von Lebach*, das den vierfachen Soldatenmord bei einem Überfall auf das Bundeswehrmunitionsdepot Lebach 1969 zum Inhalt hatte, unterlassen. Der verurteilte und kurz vor der Prüfung auf Reststrafaussetzung stehende Mittäter hatte geklagt, da durch diese Veröffentlichung die Chancen auf seine Resozialisierung deutlich beeinträchtigt wären. In diesem Kontext von Opfer- und eben auch Täterschutz fallen in jüngerer Zeit auch die verschiedenen Wikipedia-Artikel um Straftaten, in denen die

Problematik der Namensnennung durchaus im Einzelfall unterschiedlich geregelt ist. Aktuell lässt sich dies am Umgang mit dem Flugzeugabsturz des Germanwings-Flug 4U9525 Ende März 2015 nachzeichnen: Während in manchen Berichterstattungen der Name des Kopiloten mit der Initiale L. abgekürzt und sein Facebookbild, das ihn an der Golden Gate Bridge zeigt, nur verpixelt gezeigt wurde, veröffentlichten gleichzeitig einige Internetportale und private Fernsehsender den vollen Namen, das unverpixelte Bild und Daten zu Wohnort und Eltern.

Medien und Privatsphäre – Formen des Umgangs

Neben der für die Privatsphäre stets problematischen Dokumentation von Privatheit lassen sich weitere Formen unterscheiden, in denen sich Privates medial artikulieren kann bzw. in denen mit dem Konzept Privatheit medial operiert wird. So sind Medien selbst am Konstituierungsprozess von Privatheit beteiligt, sie transportieren Privatheit, schaffen also erst einen Raum der Privatheit. Dies scheint auf den ersten Blick paradox, doch Privatheit, als etwas, was sozial verhandelbar ist, ist nicht nur insofern von Medien abhängig, als dass überhaupt über dieses Konstrukt kommuniziert wird, sondern auch insofern, als es sich an bestimmte Medien – in Abgrenzung zu anderen – bindet. Diesen Medien wird aufgrund ihrer spezifischen Medialität und ihrer medialen Bedingtheiten zugesprochen, für einen eigenen, spezifisch privaten Diskurs geeignet zu sein. Historisch wären hier etwa der Brief und das Tagebuch zu nennen, doch auch für neue Medien kann diese Form der Aneignung etabliert werden. So konstatiert die Studie von Grimm und Rhein (2007) zur Problematik von gewalthaltigen und pornografischen Videoclips auf Mobiltelefonen von Jugendlichen, dass ein Handy zu besitzen, es den Jugendlichen ermöglicht, ihren eigenen privaten Raum zu definieren.

Insofern ein Privates in unserer Gesellschaft an sich einen hohen Stellenwert einnimmt, kommt es zu Instrumentalisierungen der Privatsphäre im Sinne einer Rhetorik des Privaten. Privates kann dazu dienen, anderem einen semantischen Mehrwert zu verschaffen. Mit dem Privaten lässt sich werben, das Private kann als politische Strategie eingesetzt sein, etwa im Sinne der Personalisierung politischer Inhalte, der ›Humanisierung‹ von Kandidaten oder der Ablenkung/Vereinfachung von Inhalten.

Medien reproduzieren nicht Realität, sondern etablieren eigene Vorstellungswelten und können selbst wieder Medien der kulturellen Selbstverständigung sein. Sie können Wert- und Normensysteme vermitteln, die sie dem Benutzer zur Verhaltensorientierung anbieten. Medien verarbeiten Haltungen, Einstellungen, Mentalitäten. In diesem Sinne ist auch die Privatsphäre als solcher kultureller Diskurs Gegenstand von Medien, die dann in der jeweiligen Darstellung von Privatheit zugleich Relevanzsetzungen vornehmen, Möglichkeiten ausblenden, narrative Modelle und Lösungen vorgeben, Rhetoriken und Semantiken prägen, Symbole schaffen, insgesamt also Problematiken konturieren. Damit können Medien einen Metadiskurs etablieren, etwa ethischer oder politischer Provenienz (vgl. Krah 2012, 150 ff.). Die Reflexion der Privatheit in den Medien ist dabei letztlich immer mit einer gewissen Selbstreflexion verbunden, insofern es auch um eine Verortung der Medien und deren Relevanz geht: Wie spiegeln (welche) Medien selbst ihren Anteil an der Konstruktion eines Privaten?

Wenn privat konnotierte Handlungen und Werte in den öffentlichen medialen Raum überführt werden, kann dies als Raumaneignung, als Privatisierung der Öffentlichkeit verstanden werden. Durch das Eindringen des Privaten in den öffentlichen Raum kommt es zu einer (scheinbaren) Entgrenzung. Die mediale Inszenierung einer permanenten Grenzüberschreitung in den Bereich des Privaten führt zur Normalisierung der Inszenierung von Privatem, die Veröffentlichung wird selbst zur Ordnung. Diese Entgrenzung zwischen privat und nicht-privat korreliert mit der Entgrenzung zwischen medial und nicht-medial. Das Verwischen der Grenzen zwischen den Polen ›öffentlich‹ versus ›privat‹ geht also damit einher, dass eine Unterscheidung zwischen Schein und Sein oftmals nur noch schwer möglich ist. Die wachsende Dynamik der Informationsverbreitung resultiert in Authentizitätseffekten, die das Dargestellte als ›wirklicher‹ konstruieren als die außermediale Wirklichkeit selbst. Die Frage nach der unterstellten Authentizität und ›Echtheit‹ des Mitgeteilten, mithin der Komplex von Fälschung, Verzerrung, Fakes, stellt sich nicht mehr bzw. wird als obsolet gesetzt. In diesen Fällen einer Inszenierung von Privatheit geht es nicht um Privatheit an sich. Das Private dient als Indikator für Realität/Authentizität. Wo es eigentlich um das Konstrukt Realität geht und als Zeichen für Realität in unserer Gesellschaft konsensual immer noch Privatheit gilt, wird Realität über den (Um-)Weg des Privaten verdeutlicht und zu installieren versucht.

So zeigt die Fernsehdokumentation *Der Papst privat* über Benedikt XVI. (vgl. zum Folgenden Krah 2012, 144 ff.) nichts an sich Privates; sie spielt mit dieser Ereignisqualität, inszeniert aber nur einerseits Öffentliches und andererseits Belangloses als Privates und instrumentalisiert damit zunächst das Private als Verkaufs- und Vermarktungsstrategie. Bereits der Titel dient einer Aufwertung, da damit Attraktives und Interessantes versprochen wird. Wenn dann eine Privatsphäre Benedikts gesetzt wird, die in keiner Weise von seinem öffentlichen Auftreten abweicht, wird durch diese semantische Auflagung letztlich nur vermittelt, dass Privates und Öffentliches Hand in Hand gehen. Damit wird nicht nur der Eindruck erzeugt, dass der Papst immer ›im Dienst‹ ist, sondern vor allem auch, dass er seine öffentliche Rolle nicht spielt, sondern lebt. Durch diese Engführung erhält der Zuschauer also weniger einen Einblick in ein – wie immer geartetes wirkliches – Privatleben Benedikts, sondern dieser dient vielmehr gerade funktional als Authentifizierung seines öffentlichen Auftretens.

Computerisierte Verletzung der Privatsphäre

Die bisher tiefgreifendsten Veränderungen hinsichtlich des Konzepts der Privatheit ergeben sich aus der technischen Weiterentwicklung des Internets – Web 2.0 oder auch soziale Medien genannt – sowie durch die Digitalisierung unserer gesamten Lebenswelt. War früher der Zugang zur Öffentlichkeit nur über (mächtige) Medieninstitutionen wie Verlage, Fernsehsender oder Radioanstalten möglich, so kann nun im Web 2.0 jeder mitmachen und ein Millionenpublikum erreichen. Die Digitalisierung bzw. digitale Infrastruktur hat eine neue Dimension der Datensammlung, -auswertung und -verwendung eröffnet und damit den Zugang zu und die Verfügbarkeit von privaten Information erleichtert. Der Kommunikationswissenschaftler Friedrich Krotz (2013) sieht denn auch nicht in den digitalen Daten, sondern in der computergesteuerten Infrastruktur selbst die eigentliche Transformation der Kommunikation.

Ein zunehmend an Popularität gewinnendes Narrativ ist Big Data. Big Data steht als Sammelbegriff für solch »massive Datenmengen, die mit herkömmlichen Speicherungs- und Analysewerkzeugen nicht mehr zu bewältigen sind und in Terabytes oder Petabytes gemessen werden« (Heuer/Tranberg 2013, 40 f.). Das war der Anlass zur Entwicklung von Werkzeugen wie Google Cloud Dataflow oder Hadoop von Yahoo, mit denen gewaltige Datenmengen verarbeitet werden können – vor allem auch dann, wenn sie nicht bereits in Datenbanken strukturiert, sondern unstrukturiert vorliegen, wie es z. B. bei allen Daten aus sozialen Medien (Texte, Bilder, Videos) der Fall ist. So verwundert es auch nicht, dass die Internetanbieter schnell zu den führenden Anwendern dieser Werkzeuge wurden, da sie über die größten Datenmengen verfügen und ein finanzielles Interesse daran haben, aus den von ihnen gesammelten Daten einen möglichst großen Nutzen zu ziehen (vgl. Mayer-Schönberger/Cukier 2013, 13). Über eine intelligente Auswertung großer Datenmengen und die Kombination von Daten verschiedener Quellen können weitgehende Schlussfolgerungen gezogen werden. Die Daten können zu beliebigen Zwecken genutzt werden – auch unabhängig davon, zu welchem Zweck sie einmal erhoben wurden – z. B. um Beziehungen zwischen einzelnen Merkmalen (Muster) zu erkennen und, viel wichtiger, statistische Trends bzw. zukünftiges Verhalten vorherzusagen.

Der Preis, den der Einzelne für die Errungenschaften einer digitalisierten Welt zahlen muss, ist die Datafizierung seiner Privatsphäre. Damit verbunden ist die Einschränkung seiner Entscheidungs- und Handlungsfreiheit. So können IT-Unternehmen ihre Kunden ›tracken‹, ›scoren‹, ›taxieren‹ und deren zukünftiges Verhalten bzw. Befinden prognostizieren. Wie erfolgreich solche Prognosen sein können, veranschaulicht die Studie von Kluemper, Rosen und Mossholder (2012), bei der die aus Profilen von sozialen Online-Netzwerken gewonnenen Daten bessere Ergebnisse über die Leistungsfähigkeit von Job-Bewerbern vorhersagen konnten als klassische Eignungs-Tests (s. Kap. VII.25).

Menschen werden bei der Datensammlung auf der Basis von Korrelationen als Digitales Double klassifiziert mit der Folge, dass ihnen bestimmte Angebote und Optionen unterbreitet oder auch vorenthalten werden. Die Nutzer werden dabei nicht als Individuen erfasst, sondern als ein Daten-Puzzle, das quantifizierbar und kapitalisierbar ist. Durch Big Data werden schützenswerte Daten erfasst, die sich in folgende Gruppen unterscheiden lassen:

1. mentale Daten wie Einstellungen und Gefühle,
2. Basis-Nutzerdaten wie E-Mail, Telefonkontakte, Browserverhalten,
3. Daten des privaten, häuslichen Lebens,
4. Bewegungsdaten,
5. beziehungsbezogene Daten,
6. Konsumdaten,

7. Daten zu Gesundheit und Körper,
8. Daten über Arbeitsleistung und
9. biometrische, mimische und kinesische Daten (vgl. zu den Datengruppen (1) bis (4) Seubert 2011, 220).

Hinzu kommt eine Informationsasymmetrie zwischen Nutzer und Datensammler: Weder wissen die Nutzer, welche Daten in und aus welchem Kontext genutzt werden, noch ist ihnen der Algorithmus bekannt, mittels dessen sie klassifiziert werden (s. Kap. VII.26). Die von den Nutzern oftmals freiwillig gegebenen (oder auch von den Anbietern geforderten) privaten Daten werden zu einem digitalen Double korreliert und auf der Grundlage intransparenter Formeln interpretiert. Korrelationen, die für Bewertungen und Vorhersagen genutzt werden, scheinen das neue Diktum zu sein, das paradigmatisch für die Wissensgenerierung im digitalen Zeitalter steht. Vorhersagen hinsichtlich des Verhaltens von Menschen auf der Basis von Korrelationen zu berechnen, bedeutet aber letztendlich, »Handlungsfreiheit und Autonomie« des Menschen in Abrede zu stellen (vgl. Filipović 2014).

Privacy-Paradox

Seit dem Aufkommen und spätestens seit der massenhaften Nutzung von sozialen Medien hat sich die empirische Forschung mit den Spezifika der Kommunikation in sozialen Online-Netzwerken und dem Privatheitsverständnis der Nutzer befasst.

Ein zentraler Befund ist, dass trotz einer zunehmenden Sensibilität für den Schutz der Privatsphäre – nicht zuletzt bedingt durch die NSA-Affäre – nach wie vor das Phänomen des so genannten ›Privacy-Paradox‹ (Barnes 2006; Taddicken 2011) ersichtlich ist. Damit ist gemeint, dass die Nutzer, obwohl sie den Schutz ihrer Privatsphäre generell für wichtig halten, diese Sorge um ihre privaten Informationen nicht unbedingt in ihr Handeln übertragen.

Bei dieser Diskrepanz von Wissen und Praxis spielen die Medien als Teil unserer Kultur selbst eine Rolle. Was in den Medien, in Facebook etwa, als kein Problem angesehen wird, erscheint in der außermedialen Realität durchaus als eines, so, wenn Studierende es als Verletzung ihres Persönlichkeitsrechts ansehen, auf einer Teilnehmerliste in einer Veranstaltung ihre Adresse anzugeben. Hier artikuliert sich etwas, was als eine Bewusstheit um personenbezogene Daten erscheinen mag, eine allerdings, die von spezifischen Parametern abhängt, etwa davon, was jeweils als Freiwilligkeit/Freiheit und Heteronomie wahrgenommen wird. Privatheitsüberlegungen korrelieren also mit den jeweiligen Vorstellungen von autonomem Handeln.

Privatsphäre und Digitalisierung – Offene Fragen

Angesichts der derzeitigen Entwicklung der digitalen Vernetzungs-, Sicherheits- und Überwachungstechnologien ist erkennbar, dass Big Data vor allem Big Power und Big Money bedeutet. Aus ökonomischer Sicht definiert sich der Wert der Privatheit in Abhängigkeit von dem Systemcode der Wirtschaft, also der Profitmaximierung. Die Kapitalisierung bzw. Kommerzialisierung privater Daten kann aus ökonomischer Sicht sowohl für Kunden vorteilhafte Leistungen bieten (personalisierte Dienste und Angebote, günstige Preise, Anpassung der Produkte an Kundenwünsche, schneller und einfacher Konsum etc.) als auch negative Konsequenzen mit sich bringen wie z. B. Preisdiskriminierung (Apple-Nutzer erhielten z. B. von einem amerikanischen Reiseveranstalter höhere Preisangebote als Windows-Nutzer).

Kommunikationswissenschaftliche Befunde für Deutschland, die die Perspektive der Unternehmen aufzeigen, nämlich inwieweit der ökonomische ›Wert‹ privater Daten mit dem (gesellschaftlichen) Wert der Privatheit kollidiert, liegen unseres Wissens nach nicht vor; hier besteht somit ein Forschungsdefizit.

Unternehmen, Staat und öffentliche Organisationen sollten sich dazu verpflichten, bei der Datenerhebung den Grundsätzen Verhältnismäßigkeit (Zweckbindung) und Quid-pro-quo-Transparenz soweit als möglich gerecht zu werden. Ebenso sollte den Nutzern offen gelegt werden, welche Algorithmen und Parameter zur Anwendung kommen (Bewusstsein über Selektivität und Qualität der Auswahl; vgl. European Group on Ethics in Science and New Technologies 2014). Inwieweit Unternehmen bzw. öffentliche Organisationen bereit und willens wären, solche Maßnahmen bzw. Gütekriterien zum Schutz der Privatsphäre, z. B. in Form eines freiwilligen Big-Data-Kodex, zu implementieren, ist derzeit offen.

Wenngleich systematische Diskursanalysen zu dem Meta-Narrativ der Privatheit im digitalen Zeitalter bislang noch kaum vorliegen, ist ersichtlich, dass nicht erst seit den Enthüllungen Edward Snowdens im Juni 2013 über die Überwachungsprogramme des US-Nachrichtendienstes National Security Agency (NSA)

»Prism« und des britischen Government Communications Headquarters (GCHQ) »Tempora« vor allem in Technologiekreisen das Ende der Privatsphäre postuliert wird. Auch die so genannte Post-Privacy-Bewegung ist davon überzeugt, dass die Privatsphäre ein Auslaufmodell sei und setzt auf vollständige Transparenz. Datenschutz sei aufgrund der globalen Struktur des Internets, in der nationale Gesetzgebungen nicht greifen, nicht umsetzbar.

Ein Ende der Privatheit durch deren Datafizierung hätte massive Auswirkungen auf Individuum und Gesellschaft: Wie bereits im Volkszählungsurteil erwähnt, kann die Tatsache der ständigen Datenerfassung zu Normierung und Selbstzensur führen, d. h., Menschen dazu veranlassen, sich in ihrem Verhalten einzuschränken, nicht aufzufallen bzw. sich an vermeintlich Normatives zu halten (s. Kap. VII.24). Sich nur stromlinienförmig zu verhalten und zu äußern bzw. die eigene Meinung zu verschweigen oder gar den Kontakt zu Menschen zu unterbinden, die sich politisch kritisch äußern, hätte fatale Folgen für eine auf Meinungsfreiheit und Autonomie begründete Demokratie. Es würde sich damit im digitalen Zeitalter eine selbstzensorische Schweigespirale in Gang setzen.

Digitalisierte Daten bzw. Informationen sind nicht flüchtig, sondern beständig und langfristig verfügbar; sie sind mithilfe von Suchmaschinen auffindbar und auf diese Weise auch aggregierbar; sie lassen sich beliebig vervielfältigen und damit aus ihrem ursprünglichen Kontext lösen und in einen anderen übertragen, digitalisierte Informationen sind durch Verlinkungen potenziell für viele, auch nicht intendierte Nutzer, also für eine unsichtbare Öffentlichkeit, zugänglich (vgl. Boyd 2008, 27). Durch diese Eigenschaften können auch die Inhalte klassischer Medien einer neuen Medialität zugeführt werden; für die Privatsphäre können sich durch diese neuen Verhältnisse jedoch neue Problematiken ergeben. Medien wurden früher hinsichtlich ihrer Qualität als Leitmedien bewertet; ihr unterstelltes Potenzial, Privatheit zu verletzen, richtete sich danach aus. So war und ist die Fernsehdokumentation zum Fall Lebach nach wie vor im Archiv des ZDF (und selbst dort nicht so ohne weiteres einsehbar), während das Buch *Kleinstadtmörder. Spur 1081. Hintergründe zum Fall Lebach* von 1971, das neben den Angaben der persönlichen Daten auch umfangreiches Bildmaterial (von Opfern wie Tätern) enthält, nie Gegenstand des Lebach-Urteils geworden, also frei verfügbar mit allen Informationen – während wiederum die wissenschaftliche Studie *Sendefertig abgesetzt. ZDF, SAT.1 und der Soldatenmord von Lebach* von 2001 die Täter nur mehr mit Täter A, B und C benennt. So sehr das Buch als Printerzeugnis nun als veraltet, da nicht neu aufgelegt, erscheint, und somit und durch die geringere Reichweite gegenüber dem Fernsehen sich ein unterschiedlicher Umgang begründen ließ, wird durch die Digitalisierung diese Sachlage in gewisser Weise ad absurdum geführt. So lässt sich eben das Buch über ZVAB (Zentrales Verzeichnis Antiquarischer Bücher) im Internet problemlos auffinden und bestellen. Noch einfacher, da unmittelbar zugänglich, verhält es sich mit den diversen Zeitschriftenberichten (etwa des *Spiegels*), die Fall und Prozess publizistisch begleiteten und nun in den entsprechenden Onlinearchiven ohne großen Rechercheaufwand aber mit allen Namen, Bildern und sonstigen Informationen, wie sie damals veröffentlicht waren, zur Verfügung stehen.

Privatsphäre heute

Solange Privatheit und insbesondere Privatheitsverletzungen Thema sind oder sogar Skandalpotenzial haben, solange also ein Prozess kommunikativen, gesellschaftlichen Aushandelns in Gang ist, solange wird die Antwort auf die Frage nach dem Ende der Privatheit noch verhandelbar sein. Die vielfältigen Medienberichte, spezifischen Medienformate und medialen Privatheitsszenarien allein bedeuten nichts hinsichtlich der Frage nach dem Ende, denn welche kulturelle Leistung diese hervorbringen und ob diese in Richtung Inszenierung oder in Richtung Reflexion von Privatheit zielen, ist aus dem Sachverhalt der Thematisierung allein nicht zu bestimmen. Privatheit muss aber nicht zu Ende gehen. Dies ist allerdings kein Selbstgänger, sondern dazu sind Bewusstheit und Maßnahmen, die den Schutz des Privaten steuern, nötig. Gerade Autonomie als relevanter Aspekt muss gepflegt und vermittelt werden. Als zentrales Mittel fungiert eine digitale *Privatheitskompetenz* (*privacy literacy*), wobei eine solche nicht erst bei der technischen Anwendung von Medien ansetzt. In summa können folgende Fähigkeiten für eine Privatheitskompetenz stehen:

a) das Wissen, wie Medien Privatheit semiotisch kommunizieren und konstruieren (Medialitätskompetenz),
b) die Reflexionsfähigkeit, warum private Daten als schützenswert einzustufen sind (ethische Kompetenz),
c) das Wissen, wer private Daten zu welchem Zweck erhebt, verarbeitet und weitergibt (strukturelle Kompetenz),

d) die Abschätzung der Folgen, die sich aus der Veröffentlichung privater Daten ergeben könnten (Risikokompetenz),
e) das Wissen über mögliche (Selbst-)Schutzmaßnahmen und Privatheit schützende Kommunikationsmedien (Handlungskompetenz) sowie
f) die Befähigung, über Machtaspekte der Digitalisierung – kurz Big Data, Big Power und Big Money – zu reflektieren (systemische Analyse und politisches Wissen).

Um im Zuge der Digitalisierung unserer Lebenswirklichkeit eine Balance von Datafizierung und Schutz der Privatsphäre zu erlangen, bedarf es der Bereitschaft, auf politische Entscheidungsträger einzuwirken und sich der eigenen politischen Handlungsfähigkeit bewusst zu werden.

Wie in anderen Bereichen auch, ist Wissen hier der Schlüssel, und insofern ist die Frage nach Privatsphäre auch eine, die mit ungleichen Bildungschancen und sozialen Schichtrealitäten einhergehen dürfte. Mit der Frage nach Medienkompetenz lassen sich jedenfalls medienethische und mediensemiotische Anliegen kurzschließen. Da es insbesondere die neuen, digitalen Medien sind, deren Dispositivcharakter noch wenig durchdrungen ist, müsste dabei zudem eine Medienethik im Sinne einer digitalen Ethik im Fokus stehen.

Literatur

Bente, Gary/Fromm, Bettina (Hg.): *Affektfernsehen. Motive, Angebotsweisen und Wirkungen*. Opladen 1997.
Barnes, Susan B.: A Privacy Paradox: Social Networking in the United States. In: *First Monday* 11/9 (2006), http://firstmonday.org/ojs/index.php/fm/article/view/1394/1312 (30.6.2015).
boyd, danah: Taken Out of Context: American Teen Sociality in Networked Publics. Dissertation, University of California, Berkeley 2008. In: http://www.danah.org/papers/TakenOutOfContext.html (30.6.2015).
European Group on Ethics in Science and New Technologies to the European Commission (EGE): Ethics of Security and Surveillance Technologies. In: *Opinion* 28 (2014).
Filipović, Alexander: Big Data: Medienethische Fragen zur digitalen Vermessung der Welt. Keynote anlässlich der Verleihung des META 2013/14. Hochschule der Medien Stuttgart, 25.6.2014. In: https://www.hdm-stuttgart.de/meta/meta_preis/2013_14/filipovic/ (30.6.2015).
Garnett, Simon et al. (Hg.): *Medien und Privatheit*. Passau 2014.
Grimm, Petra: Ist Privatsphäre im digitalen Zeitalter noch ein Wert? Die Perspektive der Digitalen Ethik. In: Tobias Arns et al. (Hg.): *Zukunft der Wissensarbeit. Kongressband zur KnowTech 2014 – 16. Kongress zum Wissensmanagement und Social Media in Unternehmen und Organisationen*. Berlin 2014, 15–28.
Grimm, Petra/Rhein, Stefanie: *Slapping, Bullying, Snuffing! Zur Problematik von gewalthaltigen und pornografischen Videoclips auf Mobiltelefonen von Jugendlichen*. Berlin 2007.
Grimm, Petra/Neef, Karla: Privatsphäre 2.0? Wandel des Privatheitsverständnisses und die Herausforderungen für Gesellschaft und Individuen. In: Petra Grimm/Oliver Zöllner (Hg.): *Schöne neue Kommunikationswelt oder Ende der Privatheit? Die Veröffentlichung des Privaten in Social Media und populären Medien*. Stuttgart 2012, 41–81.
Habermas, Jürgen: *Strukturwandel der Öffentlichkeit. Untersuchungen zu einer Kategorie der bürgerlichen Gesellschaft* [1962]. Frankfurt a. M. 1999.
Halft, Stefan/Krah, Hans (Hg.): *Privatheit. Strategien und Transformationen*. Passau 2013.
Herz, Matthias: *Das Privat-Fernsehen. Reality TV als Trägerkonzept medienvermittelter Privatheit im deutschen Fernsehen*. Passau 2015. Diss. masch.
Heuer, Steffen/Tranberg, Pernille: *Mich kriegt ihr nicht! Die wichtigsten Schritte zur digitalen Selbstverteidigung*. Hamburg 2013.
Hickethier, Knut: Intimes (im) Fernsehen. In: *Ästhetik und Kommunikation* 57/58 (1985), 87–99.
Imhof, Kurt: Die Verankerung der Utopie herrschaftsemanzipierten Raisonnements im Dualismus Öffentlichkeit und Privatheit. Einführung. In: Kurt Imhof/Peter Schulz (Hg.): *Die Veröffentlichung des Privaten – Die Privatisierung des Öffentlichen*. Opladen 1998, 15–24.
Kluemper, Donald H./Rosen, Peter A./Mossholder, Kevin W.: Social Networking Websites, Personality Ratings, and the Organizational Context: More than Meets the Eye? In: *Journal of Applied Social Psychology* 42 (2012), 1143–1172.
Krah, Hans: Das Konzept ›Privatheit‹ in den Medien. In: Petra Grimm/Oliver Zöllner (Hg.): *Schöne neue Kommunikationswelt oder Ende der Privatheit? Die Veröffentlichung des Privaten in Social Media und populären Medienformaten*. Stuttgart 2012, 127–158.
Krotz, Friedrich: Von den digitalen Medien zur computergesteuerten Infrastruktur (2013). In: https://www.bpb.de/dialog/netzdebatte/170932/von-den-digitalen-medien-zur-computergesteuerten-infrastruktur (6.7.2015).
Mayer-Schönberger, Viktor/Cukier, Kenneth: *Big Data. Die Revolution, die unser Leben verändern wird*. München 2013.
Rössler, Beate: *Der Wert des Privaten*. Frankfurt a. M. 2001.
Schwabenbauer, Thomas: Zum (un-)angemessenen Schutz der Selbstdarstellung, Selbstdistanzierung und Selbstvergewisserung durch das Kunsturhebergesetz. In: Simon Garnett et al. (Hg.): *Medien und Privatheit*. Passau 2014, 139–157.
Seubert, Harald: Privatsphäre. In: Ralf Stoecker/Christian Neuhauser/Marie-Luise Raters (Hg.): *Handbuch Angewandte Ethik*. Stuttgart 2011, 219–222.
Taddicken, Monika: Selbstoffenbarung im Social Web. In: *Publizistik* 56/3 (2011), 281–303.
Warren, Samuel D./Brandeis, Louis D.: The Right to Privacy. In: *Harvard Law Review* 4/5 (1890), 193–220. DOI: 10.2307/1321160.
Westin, Alan F.: *Privacy and Freedom*. New York 1967.

Petra Grimm / Hans Krah

VII Informationstechnische Herausforderungen

24 Überwachung

Definition und Darstellung der wesentlichen Überwachungspraktiken

Überwachung lässt sich vorläufig definieren als das routinemäßige und systematische Beobachten und Prüfen personenbeziehbarer (persönlicher) Daten, mit dem allgemeinen Ziel, Kontrolle (oder zumindest Einfluss) über individuelles Handeln oder gesellschaftliche Prozesse zu erlangen. Überwachung ist mithin eine Form zweckgerichteter Wissensgenerierung. Eine solche Bestimmung ist mit der Einschränkung zu versehen, dass Überwachung sich einer endgültigen Definition entzieht (vgl. Zurawski 2007, 9). Diese begriffliche Unschärfe lässt sich damit erklären, dass Überwachung nicht nur Normalität herstellt, sondern selbst zur normalen Ausstattung des Alltagslebens gezählt werden muss, wo sie automatisiert und zumeist unterhalb der Schwelle der Aufmerksamkeit derjenigen operiert, die sie betrifft. Überwachung ist, mit anderen Worten, derart tief ins Gefüge moderner Gesellschaften eingelassen, dass sie den Status eines sozialen Totalphänomens angenommen hat und somit definitorisch nur schwer zu umreißen ist. Sie ist zudem nicht nur auf die Erhaltung von Ordnung durch Zwang ausgerichtet, sondern wird ebenso zum Zweck der Fürsorge für andere und zur Daseinsvorsorge eingesetzt.

Drei Akteursebenen können (schematisch) in der Praxis der Überwachung unterschieden werden. Erstens staatliche Institutionen, die in umfassender Weise und kontinuierlich personenbeziehbare Daten erheben. Die allgemeine Verwaltung, die Verpflichtung zur Gefahrenabwehr (Strafverfolgung, Kriminalprävention), das Gesundheitswesen, sozialstaatliche Aufgaben sowie das Schul- und Bildungswesen sind hier als diejenigen Bereiche zu benennen, in denen in besonderem Umfang persönliche Daten erhoben und ausgewertet werden. Grundsätzlich gilt, dass staatliche Datenverarbeitung einer gesetzlichen Erlaubnis bedarf. Einen Sonderfall stellen die nachrichtendienstlichen Behörden dar, deren Datenerhebungen zum Zweck der inneren und äußeren Gefahrenabwehr nur einer stark eingeschränkten demokratischen Transparenzpflicht unterliegen.

Während der Staat den ältesten Akteur für Überwachung darstellt (Volkszählungen gehen dem modernen Nationalstaat sogar voraus), haben mit der Einführung von Technologien elektronischer Datenverarbeitung – zweitens – auch privatwirtschaftliche Unternehmen die Erhebung, Verarbeitung und den Verkauf persönlicher Daten als profitable Strategie entdeckt. Hier gehören Banken, Kreditkartenunternehmen, Versicherungen und Werbeagenturen zu den Pionieren, die bereits in den 1960er Jahren umfangreiche Dossiers zu Kunden anlegten. Die Steigerung der Arbeitsleistung sowie Versuche, unerwünschte Handlungen am Arbeitsplatz zu unterbinden, haben ebenfalls zu umfassenden und vielfältigen Praktiken der Überwachung von Arbeitnehmern geführt, die von Videoüberwachung bis zu Urintests reichen können.

Heute zählen Internetdienstleister zu den größten Aggregatoren persönlicher Daten überhaupt, und zwar aus zweierlei Gründen: zum einen um die entgeltfreie Dienstleistung durch die Platzierung personalisierter Werbung refinanzieren zu können; zum anderen, um die Dienstleistungen möglichst gezielt (*targeted*) auf die je spezifischen Bedürfnisse der Nutzer abzustimmen. Zu solchen Dienstleistern zählen vor allem Suchmaschinendienste sowie die so genannten sozialen Netzwerke (eigentlich: internetbasierte Plattformen, die eine Mischung aus sozialer und parasozialer, technisch vermittelter Interaktion ermöglichen).

Diese Netzwerke spielen – drittens – auch im Bereich der Überwachung zwischen Individuen eine gewichtige Rolle, indem sie ihre Teilnehmer ermutigen, persönliche Daten in kontinuierlicher Weise und zunehmend automatisiert in einem (quasi-)öffentlichen Forum preiszugeben. Zur Überwachung auf individueller Ebene muss zudem der (meist illegale) Einsatz von Überwachungs-Elektronik (Videokameras, Mikrofone) gegen andere Personen gezählt werden. Zuletzt sind hier auch Techniken der Selbstverdatung (Lifelogging) zu nennen, die aktuell noch marginal sind, aber vor allem im Bereich Lifestyle und Gesundheit von wachsender Bedeutung sind.

Technische Überwachung erfasst keine Individuen, sondern visuelle, akustische und quantitative Informationen (Spuren), die Individuen oder Gruppen erst noch zugerechnet werden müssen: Eine gespeicherte

IP-Adresse oder die Teilnehmerkennung eines Mobiltelefons (IMSI) sagen noch nichts darüber aus, welche Person das jeweilige Gerät tatsächlich genutzt hat. Zu den für Überwachungsmaßnahmen wichtigsten Datentypen gehören, neben den Bildern und Tönen (die meist ebenfalls digital produziert und ausgewertet werden): semantische Daten (Kommunikationsinhalte, E-Mail, SMS); biometrische Daten (Maße und Funktionen des Körpers); Geodaten und Zeitangaben nach internationaler Norm (UTC) zur präzisen Lokalisierung eines Ereignisses; schließlich ›Metadaten‹, die Informationen über andere Daten enthalten. Die technische Überwachung von Kommunikationsnetzwerken hat neuartige Formen der *mass* oder *bulk surveillance* (generalisierte Überwachung) ermöglicht, die – anders als die *targeted surveillance* (gezielte Überwachung) konkreter Personen oder Gruppen – ohne vorherigen Anlass oder Verdacht operiert bzw. diesen Verdacht erst nach der massenhaften Erhebung von Daten durch Mustererkennung generiert.

Theorien der Überwachung

Das immer noch am meisten rezipierte theoretische Modell zur Beschreibung von Überwachung hat Michel Foucault mit dem ›Panoptismus‹ vorgelegt (Foucault 1994, 251–292). Foucault nimmt dabei Bezug auf die Idee des englischen Philosophen Jeremy Bentham, der 1786 ein damals neuartiges Gefängnis in Form eines ringförmigen Baus entworfen hat. Ein Wachturm im Zentrum der Konstruktion würde es einer kleinen Zahl von Überwachern erlauben, die Zellen in der Peripherie des Gebäudes einzusehen, ohne selbst dabei beobachtbar zu sein. Die Prinzipien der Asymmetrie der Sichtbarkeit sowie der vollständigen Isolation der Insassen an einem definierten Ort im Raum gewährleisten, so das Kalkül, die quasi-automatische Internalisierung der vorgeschriebenen Normen des Handelns und Verhaltens und sorgen, so der Clou der Analyse Foucaults, in der Folge erst für die Subjektwerdung und Individualisierung der Insassen (vgl. Kammerer 2008, 110–130).

Mittlerweile wird deutliche Skepsis an der Brauchbarkeit dieses Modells geäußert (vgl. Lyon 2006). Vor allem die Merkmale der Einschließung und Isolierung scheint unvereinbar mit den gegenwärtigen Phänomenen gesteigerter Mobilität und ubiquitärer Vernetzung. Ein Lösungsvorschlag stammt von Gilles Deleuze, der in einem knappen, aber einflussreichen Essay die Ablösung der (panoptischen) Disziplinar- durch die Kontrollgesellschaft skizziert hat (vgl. Deleuze 2004; Kammerer 2011). Diese operiert nicht länger durch rigiden Ein-/Ausschluss und Stilllegung, sondern mit Hilfe stets revidierbarer Anordnungen, mit der kontinuierlichen Kontrolle aller Ströme und mit Anforderungen an ›dividuelle‹ Subjekte, die ins Unendliche verlängerbar sind (vgl. Elmer 2012). Ebenfalls auf Deleuze berufen sich die Kriminologen Kevin D. Haggerty und Richard Ericsson, die mit dem Konzept der *surveillant assemblage* den Umstand beschreibbar machen, dass Überwachung nur als sich ständig modifizierendes Aggregat zu begreifen ist, das unablässig neue Kombinationen heterogener Objekte (Menschen, Apparate, Normen, Zeichen, Wissen, Institutionen u. a. mehr) funktionalisiert (vgl. Haggerty/Ericsson 2006).

Auch andere Ansätze erkennen Überwachung zwar als überhistorisches Phänomen an, sehen ihre Gegenwart aber durch einen radikalen Wandel oder Bruch charakterisiert. Je nach disziplinärem Hintergrund wird diese Differenz in Entwicklungen des Rechts, der Technologien oder der Wissensformen verortet. Zentrale theoretische Referenzen sind dabei Risikogesellschaft, Neoliberalismus und Postmoderne. David Lyon (2007, 46–72) unterscheidet zwischen modernen und postmodernen Theorien der Überwachung. Während moderne Theorien Überwachung als Ausfluss kapitalistischer Entwicklung, bürokratischer Organisation und dem Nationalstaat sehen, betonen postmoderne Ansätze die Alltäglichkeit technologisch gestützter und weitgehend automatisierter Überwachung, die auch von den Subjekten selbst ausgehen kann. Für Gary T. Marx (vgl. Marx 2004) liegt die Neuheit der *new surveillance* vor allem darin, dass sie nicht mehr Individuen aus unmittelbarer Nähe, sondern Relationen, Muster, Kategorien in technisch vermittelten Settings in den Blick nimmt. Vertreter einer ›neuen Pönologie‹ wiederum beschreiben einen Wandel in den Mechanismen der Sozialkontrolle: weg von den Idealen der Disziplinierung, hin zur (statistischen) Verwaltung des empirisch Normalen, die Normabweichung nicht mehr sanktioniert, sondern nur noch als Risiko bewertet, unter enormer Ausweitung staatlicher Kontroll- und Eingriffsbefugnisse (vgl. Singelnstein/Stolle [2]2008).

Ansätze zur Erforschung von Überwachung, ihren Voraussetzungen und ihren Folgen versammeln sich seit einigen Jahren unter dem Label ›Surveillance Studies‹. Damit ist ein Forschungsfeld umrissen, in dem soziologische, kriminologische und politologische

Studien dominieren, das insgesamt aber transdisziplinär angelegt ist und etwa auch philosophische, historische, anthropologische oder medienwissenschaftliche Perspektiven auf Überwachung umfasst. Eine Grundüberzeugung hierbei ist, den Blick nicht auf Institutionen, Recht und Technologie zu beschränken, sondern Überwachung als genuin modernes Phänomen zu begreifen, das sich in so unterschiedlichen Bereichen wie Strafrecht, Migration, Gesundheit, Online-Kommunikation oder populärer Kultur manifestieren kann. Ursprünglich im anglo-amerikanischen Raum entstanden, sind Surveillance Studies heute international vertreten (vgl. Zurawski 2007; Ball/Haggerty/Lyon 2012).

Werte und Wertekonflikte

Während ethische Urteilsbildung sich auf explizite Werte berufen muss, stehen diese Werte regelmäßig in mannigfaltiger Weise miteinander im Konflikt und bedürfen daher der begründeten Abwägung. Es gibt keine absoluten Werte. Darüber hinaus muss ethisches Urteilen das Handeln Einzelner ebenso berücksichtigen wie den Kontext (die gesellschaftliche Realität), in dem dieses Handeln vollzogen wird und je spezifische Resultate zeitigt. Diese doppelte Relativität (Kontextbezogenheit und Nicht-Absolutheit) aller Werte – die nicht als deren Beliebigkeit gedeutet werden darf – verbietet es, Überwachung auf einen nicht weiter vermittelbaren Gegensatz zwischen Sicherheit und Freiheit zu reduzieren. Das ist Befürwortern von Überwachungsmaßnahmen entgegenzuhalten, die Sicherheit als absoluten Zweck setzen, der ein unbegrenztes Repertoire an Mitteln rechtfertigen würde. Ebenso wenig hilfreich ist es freilich (wie es z. B. Ropohl 2008 unternimmt), Überwachung aufgrund ihrer Ubiquität als totale, monolithische und effiziente Maßnahme zu charakterisieren, um daraus die (letztlich banale) Schlussfolgerung zu ziehen, dass diese mit demokratisch-rechtsstaatlichen Grundsätzen nicht länger vereinbar wäre.

Eine weitere Dichotomie in der Diskussion um Überwachung setzt ›Öffentlichkeit‹ oder das ›Öffentliche‹ gegen ›Privatheit‹ (s. Kap. VI.23). In diesem Diskurs stellt Privatheit keine deskriptive, sondern eine normative Kategorie dar, einen Wert, der gegen die Zumutungen der Überwachung verteidigt werden muss (vgl. Heesen 2008; Koch 2014). Die Frage nach dem Wert der Privatheit stellt Beate Rössler ins Zentrum: »Privatheit ist [...] in ihrem Wert funktional bezogen auf den der Autonomie« (Rössler 2003, 16). Zu ergänzen wäre, dass individuelle Autonomie wiederum sich nur intersubjektiv, in der Auseinandersetzung mit anderen, folglich: nur als öffentliche manifestieren kann und mithin die Differenz übersteigt, die sie begründet. Rössler fasst Privatheit allgemein als »Zugangskontrolle« (ebd.) in drei Dimensionen: Privatheit ist *lokal*, insofern sie die Unverletzlichkeit der Wohnung betrifft; sie ist *dezisional*, insofern private Entscheidungen und Handlungen (z. B. Partnerwahl, Berufswahl) gegenüber anderen keiner Rechtfertigung bedürfen; sie ist *informationell*, insofern die oder der Einzelne jederzeit selbst bestimmen können soll, was andere über sie oder ihn wissen. Rösslers Überlegungen sind hierzulande breit rezipiert, aber auch immer wieder kritisiert worden (vgl. Rothe 2003; Degeling 2014): Dahinter steht der mit Foucault geführte Verdacht, dass Überwachung und Disziplinierung das Individuelle erst hervorgebracht hat, das nun angeblich von ihr bedroht ist. Auch in den Surveillance Studies besteht, aus anderen Gründen, eine deutliche Skepsis gegenüber Versuchen, sich auf Privatheit als Gegenmittel zur Überwachung zu berufen (vgl. Marx 2001; Stalder 2002; Haggerty/Ericsson 2006).

Alternative Vorschläge einer Wertediskussion jenseits der Berufung auf Freiheit oder Privatheit haben unter anderem Benjamin J. Goold und Lyon vorgelegt. Goold (2009a) betont, dass in einer Kultur der Überwachung nicht nur die Freiheit, sondern auch das institutionelle Vertrauen (des Bürgers in den Staat und vice versa) erodieren. Wird Vertrauen als notwendige Bedingung demokratischer Rechtsstaatlichkeit abgebaut, so Goold, droht ein Rückfall in autoritäre Strukturen. Lyon entwirft (unter Berufung auf Emmanuel Lévinas und dessen Betonung des ›Antlitz des Anderen‹), eine Ethik der *embodied personhood*, die er den Techniken automatisierter Kategorisierung und Klassifizierung, die mit Überwachung einhergehen, entgegenhält (vgl. Lyon 2001; Stoddart 2012).

Herausforderungen der ethischen Urteilsbildung

Überwachung stellt ethische Urteilsbildung vor eine Reihe besonderer Herausforderungen. Die folgende Auflistung ist keinesfalls vollständig, sondern soll die Problematik lediglich im Aufriss verdeutlichen.

Mehrdimensionalität von ›Sicherheit‹. Die Berufung auf Sicherheit als Wert verschleiert, dass hiermit eine Größe angesprochen ist, die nicht den ontologischen

Status einer Sache besitzt, sondern das (stets revidierbare) Ergebnis zahlreicher Aushandlungs- und Konstruktionsprozesse darstellt, deren subjektive (affektive) und objektive Anteile nicht immer trennscharf darstellbar sind (vgl. Singelnstein/Stolle ²2008). Durch Prozesse der Versicherheitlichung (vgl. Waever 1995) wird der Begriff zudem beträchtlich erweitert und kann in fast allen Lebensbereichen Anwendung finden. Von daher ist sowohl die Entscheidung darüber, was als Sicherheit zu gelten habe, als auch die Frage, auf welche Weise sie hergestellt wird, von ethischer Relevanz (vgl. Rampp 2014). Die Umstellung der Einschätzung der Sicherheitslage von konkreten Bedrohungen hin zur versicherungs-technischen Konzeption des Risikos sorgt weiterhin für die Verselbstständigung (und angebliche Selbstverständlichkeit) von Sicherheitsmaßnahmen sowie für die Omnipräsenz des Konzepts.

Strukturelles Informationsdefizit. Ethische Urteilsbildung kann dann nicht angemessen vollzogen werden, wenn ihr wesentliche Informationen vorenthalten werden. Als Kontrollinstrument beruht Überwachung auf einer strategischen Asymmetrie zwischen Beobachtern und Beobachteten: Nur wenn Letztere nicht wissen, dass und welche Informationen über sie gesammelt werden, wird der Zweck der Kontrolle erreichbar. Dieses Prinzip erstreckt sich auch auf die Umstände der Überwachung selbst, wenn wesentliche Details ihrer Ausgestaltung – oder gar die Existenz der Programme und Institutionen überhaupt – geheim gehalten werden (*security by obscurity*).

Alltäglichkeit von Überwachung. Überwachung ist alltäglich geworden, und zwar im doppelten Sinn. Zum einen beruht sie auf Techniken und Geräten, mit denen im Alltag gewohnheitsmäßiger Umgang besteht (z. B. Mobiltelefone, Computer, Geldautomaten, elektronische Zahlungsmittel). Alle diese Geräte sind Knotenpunkte vernetzter Infrastrukturen, die Spuren individuellen Handelns erzeugen, die gespeichert, ausgewertet und zurückverfolgt werden können. Zum anderen werden zunehmend nicht nur punktuelle und potenziell normverletzende Ereignisse und Handlungen, sondern die ›normalen‹, d. h. routinemäßigen Handlungen und Wege, Gesten und Kommunikationen Ausgang und Ziel von Überwachungsmaßnahmen. In der *everyday surveillance* (vgl. Lyon 2001) ist Überwachung weder exzeptionell noch konspirativ, sondern wie selbstverständlich eingeflochten in das Gewebe des sozialen wie privaten Lebens, Kommunizierens und Handelns. Wenn Ethik wesentlich darauf zielt, Kriterien anzugeben für die Unterscheidung regulärer und irregulärer Handlungen, dann sieht sie sich vor eine Situation gestellt, in der sie nicht einzelne, klar separierbare Spezialbereiche menschlichen Handelns, sondern deren Summe zum Gegenstand hat. Dieses Problem verschärft sich, insofern Überwachung gerade darauf zielt, scheinbar insignifikante Daten und belanglose Ereignisse in signifikante Informationen und berechenbare Muster zu übersetzen. Will sie diese Entwicklungen korrigierend begleiten, muss Ethik, ähnlich wie Überwachung selbst, eine Aufmerksamkeit entwickeln, der auch das kleinste Detail nicht als irrelevant gilt.

Ambiguität. Lyons Formel von Überwachung als *care and control* suggeriert, dass Überwachung sich trennscharf in (akzeptable) Fürsorge und (abzulehnende) Kontrolle separieren ließe. Verdeckt wird dadurch die grundlegende Ambiguität von Überwachung. Kontrolle dient oft dem Schutz oder der Erhaltung von Werten; Sorge und Fürsorge kann umschlagen in gängelnde Bevormundung und Unfreiheit. Daher ist Überwachung stets hinsichtlich beider Dimensionen ethisch zu befragen.

Freiwilligkeit der Überwachung. Ethik hat nicht nur urteilenden, sondern auch den Charakter eines Handlungsappells. Sie richtet sich dabei nicht an wenige Einzelne, sondern muss dem Anspruch genügen, verallgemeinerbar zu sein. Die Alltäglichkeit der Überwachung besteht jedoch auch darin, dass eine große Zahl von Menschen ohne Zwang und in hinreichendem Bewusstsein Technologien nutzt, die ihre Überwachung möglich oder wahrscheinlich machen. Überwacht zu werden wird vielfach in Kauf genommen oder sogar aktiv betrieben (Lifelogging). Ethische Einreden gegen Überwachung müssen solche Entscheidungen zur Selbstpreisgabe respektieren, wollen sie nicht Gefahr laufen, als Moralismus abgelehnt zu werden. Allerdings gilt ebenfalls der Einwand, dass Freiwilligkeit die Möglichkeit einer anderen Entscheidung zur Voraussetzung hat. Ist die Nutzung von Technologien alternativlos geworden, kann von einem echten Einverständnis nicht die Rede sein.

Zirkuläre Struktur der Präventionslogik. Überwachungsmaßnahmen, die für die präventive Abwehr von Gefahren und zur Risikominderung dienen sollen, beruhen auf einer zirkulären Logik: Tritt ein Schadensfall ein, wird dieser als Begründung genommen, neue Maßnahmen der Überwachung einzuführen bzw. existierende Maßnahmen, die sich als unzureichend erwiesen haben, durch massiv erweiterte Maßnahmen zu ersetzen. Tritt kein Schadensfall ein, wird dieses Ausbleiben als Beleg für die Wirksamkeit der

Prävention angeführt, bis zum Beweis des Gegenteils. Ist die Logik der Prävention einmal akzeptiert, kann sie nicht (empirisch) widerlegt werden.

Lösungsvorschläge

Aktuell wird eine Reihe von Lösungsvorschlägen diskutiert oder praktiziert, um die potenziell negativen Konsequenzen von Überwachung aufzuheben oder zu minimieren. Ganz allgemein können Lösungsvorschläge rechtlicher, normativer, organisatorischer oder technischer Natur sein.

Datenschutz. Datenschutzrecht soll einen Ausgleich schaffen zwischen den Erfordernissen elektronischer Datenverarbeitung in staatlichen und nichtstaatlichen Kontexten einerseits, den Schutzbedürfnissen der Individuen und ihren Persönlichkeitsrechten andererseits. Zentrale Prinzipien und Forderungen des Datenschutzes sind: Datensparsamkeit; Zweckbindung; explizite Einwilligung in Datenerhebung und -verarbeitung; Transparenz über Zwecke der Verarbeitung; Recht auf Auskunft, Einsicht, Korrektur oder Löschung von Daten. Allerdings zeigt sich, dass gesetzgeberische Initiativen sich gegenüber den Entwicklungen der Informationstechnologie oft in Verspätung befinden. Die Uneinheitlichkeit datenschutzrechtlicher Normen auf regionaler, nationaler, europäischer und internationaler Ebene sowie die oft unzureichende Ausstattung der Datenschutz- und Kontrollinstanzen verhindern zudem, dass die Normen des Datenschutzes ihre volle Wirkung entfalten.

Recht auf Vergessenwerden (RaV). Mit dem RaV verbinden sich Forderungen danach, rechtliche, technische oder organisatorische Voraussetzungen dafür zu schaffen, dass personenbezogene Informationen aus elektronischen Netzwerken oder Datenbanken gezielt (auf Antrag oder automatisiert) entfernt werden können. Als eine Ausprägung des RaV wird das Urteil des Europäischen Gerichtshofs (EuGH) vom 13. Mai 2014 gesehen, das Suchmaschinen dazu verpflichtet, auf Antrag bestimmte Suchergebnisse aus ihrem Index zu entfernen. Kritiker monieren, dass das RaV mit dem Recht auf Presse- und Meinungsfreiheit kollidiere (vgl. Shoor 2014).

Datenbriefe, Auskunftspflicht. Die Pflicht aller datenverarbeitenden (staatlicher oder nicht-staatlicher) Institutionen, auf Verlangen den Betroffenen Auskunft darüber zu erteilen, welche personenbezogenen Informationen sie von diesen vorhalten. Diese Pflicht erstreckt sich auch auf visuelle Informationen, z. B. Aufnahmen aus Überwachungskameras. In der Praxis allerdings wird das Auskunftsrecht selten eingefordert, zudem wenden datenverarbeitende Institutionen zahlreiche Strategien der Verzögerung oder Blockade an, um keine Auskunft erteilen zu müssen. Fraglich ist zudem, welche Aussagekraft isolierte Daten haben, wenn zugleich unklar bleibt, wie diese Daten verarbeitet werden und auf welcher Grundlage sie für Entscheidungen herangezogen werden (z. B. im Schufa-Score, vgl. Degeling 2014).

Privacy enhancing technologies (PET) verwirklichen Datenschutz durch technische Verfahren. Dabei wird dieser technisch implementiert oder gefördert. PETs können sowohl auf datenverarbeitender Seite (Anpassung an datenschutzrechtliche Vorgaben) als auch individuell zur Abwehr von Überwachung bzw. zur Verschleierung von Datenspuren eingesetzt werden (ebd., 87–88). PETs zeichnen sich dadurch aus, dass sie, anders als gesetzliche Vorgaben oder Normen, nur schwer umgangen werden können; dass sie proaktiv statt reaktiv zum Einsatz kommen; dass sie den Wunsch nach Privatheit nicht als Ausnahme, sondern als Regel betrachten (vgl. Goold 2009b). Nachteilig ist zu vermerken, dass sie zumindest teilweise zur Legitimierung von Überwachungsmaßnahmen beitragen.

Selbstdatenschutz. Selbstdatenschutz umfasst sowohl den Einsatz von PET (z. B. Pretty Good Privacy (PGP)-Verschlüsselung, Nutzung des Tor-Netzwerks, Cookie-Blocker) als auch allgemeiner taktisches Handeln (Vermeidung bestimmter digitaler Dienste und Medien), kulturelles Umdenken sowie den Erwerb medientechnischer Kompetenzen. Individuen sollen in die Lage versetzt werden, Risiken im Umgang mit Informationstechnologien selbst einschätzen sowie alle erforderlichen Maßnahmen treffen zu können, um dem Risiko, überwacht zu werden, so weit als möglich zu entgehen. Aus ethischer Perspektive haben solche Appelle an die Steigerung der Medienkompetenz zum Nachteil, dass mit ihnen ein gesellschaftliches Problem individualisiert wird; zudem sind viele Verhaltensweisen mit Einschränkungen der Handlungs- und Bewegungsfreiheit verbunden.

Counter-Surveillance. Ebenfalls auf individuelle Initiative sowie gesteigerte medientechnische Kompetenz setzen Taktiken der *counter-surveillance.* Darunter sind allgemein widerständige Praktiken zu verstehen, Überwachungstechnologie außer Kraft zu setzen, sie zweckzuentfremden oder gegen die überwachenden Institutionen zu richten. Aufgrund ihres oftmals experimentellen, vorläufigen Charakters sind viele Taktiken der *counter-surveillance* ursprünglich im künstlerischen Bereich entstanden und erprobt worden (vgl. Kammerer 2008, 323–344). Aus ethischer Perspektive ist *counter-surveillance* insofern als ambivalent anzusehen, als sie sich der Mittel bedient, die sie zu kritisieren vorgibt. Zudem gilt erneut, dass strukturelle Probleme auf individueller Ebene adressiert werden und institutionelle oder politische Voraussetzungen von Überwachung unangetastet bleiben (vgl. Monahan 2006).

Offene Fragen der weiteren Forschung und Reflexion

Für ethische Reflexion muss die Frage nach dem Individuum im Mittelpunkt stehen. Der Anspruch des Individuums auf Nicht-Überwachung gründet auf seinem Recht, selbstbestimmt Handeln zu dürfen. Wie aber kann die Freiheit des Handelns gesichert werden in einem Kontext, der solche Selbstbestimmung gerade unterminieren will, und zwar ohne manifeste Zwangsandrohung? Was, wenn das ›Recht auf informationelle Selbstbestimmung‹ von Individuen als Freibrief dafür ausgelegt wird, Informationen über sich preiszugeben (*post privacy*)? (s. Kap. VII.25). Dabei ist stets zu prüfen, inwiefern die Berufung auf ›Freiwilligkeit‹ sinnvoll ist in Zusammenhängen, in denen alternative Entscheidungen zwar denkbar (z. B. im Verzicht, ein Mobiltelefon zu nutzen), aber nicht praktikabel sind.

Überwachung unterläuft das liberale Konzept des *Individuums* und seiner Freiheitsrechte. Folgt man Foucault, dann nimmt das moderne Individuum in der Disziplinargesellschaft seinen Ursprung. Damit aber wären alle Versuche, Überwachung unter Bezug auf individuelle Autonomie in die Schranken zu weisen oder abzuschaffen, schlechterdings zum Scheitern verurteilt (vgl. Rothe 2003). Für Deleuze wiederum läutet die Kontrollgesellschaft das Ende des Individuums ein, das sich fortan netzwerkförmig auf Datenbanken verteilt und dergestalt ›dividuell‹ wird, unendlich teilbar und in sich selbst geteilt. Auf welches Recht kann sich ein Subjekt berufen, dessen Individualität aufgelöst, verteilt ist? Greifbar wird dieses nicht bloß theoretische Problem etwa in Praktiken des *data mining*, die nicht mehr auf personenbezogene Daten zurückgreifen müssen, um automatisierte Entscheidungen zu treffen, die massiven Einfluss auf die Lebenschancen von Individuen zeitigen. Solche Praktiken sind zwar rechtskonform, lassen aber das liberale Verständnis von Datenschutz und Individuum zunehmend porös werden (vgl. Degeling 2014). Dasselbe gilt für Modelle zur statistischen Berechnung künftiger Verhaltensweisen, wie sie z. B. für *predictive policing* eingesetzt werden.

Überwachung unterläuft zudem den Begriff des *Eigentums*. Der überwachungskritische Diskurs beruft sich vielfach auf ein Eigentumsrecht der Individuen an ›ihren‹ Daten. Dem muss aus ethischer Sicht zweierlei entgegengehalten werden: Zum einen, dass Ansprüche auf ein ›Eigentum‹ zumindest dort fragwürdig werden, wo es um Kommunikationsakte geht, die ja mindestens zwei Teilnehmer voraussetzen. Zum anderen, dass in solcher Rede persönliche Daten nicht als unveräußerlich, sondern als (ökonomisierbarer) Gegenstand von Tauschakten dargestellt werden. Ethische Reflexion sieht sich hier vor der Aufgabe, den überwachungskritischen Diskurs aufzuklären.

Überwachung unterläuft den Begriff der *Handlung*. Handeln wird definiert als »die zielstrebige Einwirkung menschlicher Personen und Einrichtungen auf ihre natürliche und gesellschaftliche Umgebung« (Ropohl 2008, 269). Im Kontext von Überwachung allerdings werden Entscheidungen regelmäßig auf algorithmische Berechnungen gestützt, deren Logik und Ablauf uneinsehbar ist (s. Kap. VII.26). So kann etwa das Sicherheitspersonal eines Flughafens nicht einschätzen, aus welchen Gründen eine bestimmte Person auf einer Flugverbotsliste gelandet ist. Die Möglichkeit der Zuschreibung von Verantwortlichkeit (*accountability*) wird in solch komplexen und zudem höchst restriktiven Zusammenhängen weitgehend außer Kraft gesetzt (s. Kap. III.9). Dazu kommt, dass Befürworter der Überwachung sich auf oben genannte Definition berufen können, insofern mit der bloßen Beobachtung (Erhebung von Daten) noch keine »Einwirkung« auf andere verbunden sein muss. Auch ist ›Zielstrebigkeit‹ kein Merkmal gegenwärtiger *mass surveillance*, die sich im Gegenteil durch ihre Ungerichtetheit auszeichnet. In *bulk* oder *mass surveillance* wird weder das Individuum noch eine Gruppe, sondern Netzwerke (Relationen) von Individuen zum Ziel der Beobachtung, die mit Hilfe von Mustererkennung ausgewertet werden. Auch die Erhebung und Verarbeitung von ›Metadaten‹ ist keinesfalls eine nur technische oder unpersönliche Angelegenheit. Ethische Reflexion muss ihre Perspektive hier vom Schutz des Einzelnen (Menschen) zum Schutz von Netzwerken, (unpersönlichen) Kommunikationsakten und Metadaten ausweiten.

Literatur

Ball, Kirstie/Haggerty, Kevin D./Lyon, David (Hg.): *Routledge Handbook of Surveillance Studies*. Abingdon/New York 2012.

Degeling, Martin: Profiling, Prediction und Privatheit. Über das Verhältnis eines liberalen Privatheitbegriffs zu neueren Techniken der Verhaltensvorhersage. In: Simon Garnett/Stefan Halft/Matthias Herz/Julia Maria Mönig (Hg.): *Medien und Privatheit*. Passau 2014, 69–91.

Deleuze, Gilles: Postskriptum über die Kontrollgesellschaften. In: Ders.: *Unterhandlungen 1972–1990*. Frankfurt a. M. 2004, 254–262.

Elmer, Greg: Panopticon – Discipline – Control. In: Kirstie Ball/Kevin D. Haggerty/David Lyon (Hg.): *Routledge Handbook of Surveillance Studies*. Abingdon/New York 2012, 21–29.

Foucault, Michel: *Überwachen und Strafen. Die Geburt des Gefängnisses*. Frankfurt a. M. 1994.

Goold, Benjamin J.: Technologies of Surveillance and the Erosion of Institutional Trust. In: Katja Franko Aas/Helene O. Gundhus/Heidi M. Lomell (Hg.): *Technologies of InSecurity. The Surveillance of Everyday Life*. Abingdon/New York 2009a, 207–218.

Goold, Benjamin J.: Building it in. The Role of Privacy Enhancing Technologies (PETs) in the Regulation of Surveillance and Data Collection. In: Benjamin J. Goold/Daniel Neyland (Hg.): *New Directions in Surveillance and Privacy*. Cullompton 2009b, 18–38.

Haggerty, Kevin D./Ericson, Richard: The New Politics of Surveillance and Visibility. In: Dies. (Hg.): *The New Politics of Surveillance and Visibility*. Toronto 2006, 3–34.

Heesen, Jessica: Keine Freiheit ohne Privatsphäre. Wandel und Wahrung des Privaten in informationstechnisch bestimmten Lebenswelten. In: Sandro Gaycken/Constanze Kurz (Hg.): *1984.exe. Gesellschaftliche, politische und juristische Aspekte moderner Überwachungstechnologien*. Bielefeld 2008, 231–246.

Kammerer, Dietmar: *Bilder der Überwachung*. Frankfurt a. M. 2008.

Kammerer, Dietmar: Das Werden der ›Kontrolle‹. Herkunft und Umfang eines Deleuze'schen Begriffs. In: Nils Zurawski (Hg.): *Überwachungspraxen – Praktiken der Überwachung. Analysen zum Verhältnis von Alltag, Technik und Kontrolle*. Opladen 2011, 19–34.

Koch, Heiner: Privatheit. In: Regina Ammicht Quinn (Hg.): *Sicherheitsethik*. Wiesbaden 2014, 125–133.

Lyon, David: Facing the Future. Seeking Ethics for Everyday Surveillance. In: *Ethics and Information Technology* 3/3 (2001), 171–180.

Lyon, David (Hg.): *Theorizing Surveillance. The Panopticon and Beyond*. Cullompton 2006.

Lyon, David: *Surveillance Studies. An Overview*. Cambridge 2007.

Marx, Gary T.: Murky Conceptual Waters: The Public and the Private. In: *Ethics and Information Technology* 3/3 (2001), 157–169.

Marx, Gary T.: What's New About the ›New Surveillance‹? Classifying for Change and Continuity. In: *Knowledge, Technology & Policy* 17/1 (2004), 18–37.

Monahan, Torin: Counter-Surveillance as Political Intervention? In: *Social Semiotics* 16/4 (2006), 515–534.

Rampp, Benjamin: Zum Konzept der Sicherheit. In: Regina Ammicht Quinn (Hg.): *Sicherheitsethik*. Wiesbaden 2014, 51–61.

Ropohl, Günter: Der heimliche Terror der Prophylaxe. Eine ethische Einrede gegen das ›Prinzip Überwachung‹. In: Sandro Gaycken/Constanze Kurz (Hg.): *1984.exe. Gesellschaftliche, politische und juristische Aspekte moderner Überwachungstechnologien*. Bielefeld 2008, 265–281.

Rössler, Beate: Der Wert des Privaten. In: Ralf Grötker (Hg.): *Privat! Kontrollierte Freiheit in einer vernetzten Welt*. Hannover 2003, 15–32.

Rothe, Matthias: Big Brother im Panopticon? Überwachung aus liberaler und aus autonomiekritischer Sicht. In: Ralf Grötker (Hg.): *Privat! Kontrollierte Freiheit in einer vernetzten Welt*. Hannover 2003, 33–42.

Shoor, Emily: Narrowing the Right to Be Forgotten. Why the European Union Needs to Amend the Proposed Data Protection Regulation. In: *Brooklyn Journal of International Law* 39/1 (2014), 487–519.

Singelnstein, Tobias/Stolle, Peer: *Die Sicherheitsgesellschaft. Soziale Kontrolle im 21. Jahrhundert*. Wiesbaden 2008.

Stalder, Felix: Privacy is not the Antidote to Surveillance. In: *Surveillance and Society* 1/1 (2002), 120–124.

Stoddart, Eric: A surveillance of Care. Evaluating Surveillance Ethically. In: David Lyon/Kevin D. Haggerty/Kirstie Ball (Hg.): *Routledge Handbook of Surveillance Studies*. Abingdon/New York 2012, 369–376.

Waever, Ole: Securitization and Desecuritization. In: Lipschutz, Ronnie (Hg.): *On Security*. New York 1995, 46–86.

Zurawski, Nils: Einleitung. In: Ders. (Hg.): *Surveillance Studies. Perspektiven eines Forschungsfeldes*. Opladen 2007, 7–24.

Dietmar Kammerer

25 Informationelle Selbstbestimmung

Schutzbereich, Funktionen und Schutzkonzept der informationellen Selbstbestimmung

Der im deutschen Grundgesetz enthaltene Grundrechtekatalog hat auch die Funktion einer gesellschaftlichen Werteordnung (BVerfGE 7, 198, 205). Jedes einzelne Grundrecht ist eine Wertentscheidung des Verfassungsgebers, an die nicht nur die Staatsorgane gebunden sind, sondern die insgesamt gesellschaftsprägend sein soll. Durch die objektive Wertordnung der Grundrechte wird beschrieben, wie die Wirklichkeit sein soll, um ein harmonisches Miteinander zu gewährleisten. Sie kann daher immer nur in Bezug auf feststehende Realitätsbedingungen für die Grundrechte zutreffend sein. Da sich die Wirklichkeit insbesondere auch durch technische Innovationen, wie die modernen Informations- und Kommunikationsmittel, stetig verändert, müssen regelmäßig neue oder ergänzende Wertentscheidungen aus dem Schutzgedanken der Grundrechte abgeleitet werden. Mit den Worten des Bundesverfassungsgerichts muss das aus den Grundrechten abgeleitete Wertesystem für die Gesellschaft einen »dynamischen Grundrechtsschutz« im Sinne einer zeitbezogenen Grundrechtsinterpretation gewährleisten (BVerfGE 49, 89, 89 ff.). Der Aktualisierungsgedanke ergibt sich auch aus der Bedingung der Lückenlosigkeit des Grundrechtsschutzes, der aus der Menschenwürdegarantie gemäß Art. 1 Abs. 3 GG abgeleitet wird. Die Funktion der Lückenschließung übernimmt dabei regelmäßig das so genannte Auffanggrundrecht des allgemeinen Persönlichkeitsrechts. Zeitgemäße Anpassungen der Grundrechte können entweder durch den Gesetzgeber durch eine Verfassungsänderung erfolgen, oder – und dies ist praktisch weitaus häufiger der Fall – durch das Bundesverfassungsgericht im Wege der Grundrechtsentwicklung durch die Rechtsprechung.

Eine der wohl bedeutendsten Ausprägungen des allgemeinen Persönlichkeitsrechts ist das Recht auf informationelle Selbstbestimmung. Inhalt und Reichweite dieses Grundrechts werden nach wie vor durch das Volkszählungsurteil des Bundesverfassungsgerichts vom 15. Dezember 1983 bestimmt (BVerfGE 61, 1). Es ist als Reaktion auf die besonderen Risiken der automatisierten Datenverarbeitung vor dem Hintergrund der gesellschaftlichen Diskussion um die Volkszählung zu verstehen. Das Datenschutzrecht trat in eine neue Phase ein, indem erstmals in Deutschland höchstrichterlich festgestellt wurde, dass dem Datenschutz Verfassungsrang zukommt. In dieser Entscheidung leitet das Gericht aus dem allgemeinen Persönlichkeitsrecht »die aus dem Gedanken der Selbstbestimmung stammende Befugnis des Einzelnen ab, grundsätzlich selbst über die Preisgabe und Verwendung seiner persönlichen Daten zu bestimmen«. Das allgemeine Persönlichkeitsrecht wurde so weiterentwickelt, dass es den tatsächlichen Veränderungen durch die – damalige – Informationstechnologie Rechnung trägt.

Schutzgut der informationellen Selbstbestimmung ist die Selbstbestimmung hinsichtlich der Daten, die einen Bezug zu der konkreten natürlichen Person aufweisen. Das Recht schützt vor dem Feststellen, Verwenden, Speichern, Weitergeben und Veröffentlichen dieser Daten ohne Rücksicht auf den Betroffenen. Der Betroffene soll grundsätzlich selbst entscheiden können, wann und innerhalb welcher Grenzen er persönliche Lebenssachverhalte offenbart und wie er gegenüber Dritten auftritt (vgl. Starck, in: Mangoldt/Klein/Starck 2005, Art. 2 GG, Rn. 114). Die informationelle Selbstbestimmung umfasst daher die Ausprägungen der Selbstbestimmung und der Selbstdarstellung jeweils in Form der Selbstverleugnung und Selbstoffenbarung. Bedeutsam an der Entscheidung des Bundesverfassungsgerichts ist auch die Abkehr von der bis dahin vorherrschenden »Sphärentheorie« für den Persönlichkeitsschutz (vgl. Simitis 1984, 402), die je nach Betroffenheit der Intim-, Privat- oder Sozialsphäre von einer unterschiedlichen Schutzbedürftigkeit und Eingriffsresistenz ausging. Im Volkszählungsurteil machte das Bundesverfassungsgericht den Schutz der Daten nicht mehr von der Sphäre abhängig, aus der sie stammen. Es erkannte, dass es aufgrund der durch moderne Informations- und Kommunikationstechnologien möglichen Verarbeitung und Verknüpfung der Informationen unter den »Bedingungen der automatisierten Datenverarbeitung kein belangloses Datum mehr« gibt (BVerfGE 62, 1, 45). Jeder Umgang mit personenbezogenen Daten gegen den Willen der betroffenen Person ist daher ein Eingriff in das Recht auf informationelle Selbstbestimmung, unabhängig davon, ob die Informationen positiv oder negativ, richtig oder falsch, wahr oder unwahr sind.

Die informationelle Selbstbestimmung schützt wie alle Grundrechte vorrangig vor staatlichem Handeln. Dem Staat werden somit klare Grenzen gesetzt, dass er nicht beliebig und willkürlich persönliche Informationen von den Bürgern einfordern darf, sondern diese grundsätzlich berechtigt sind, eine Auskunft abzulehnen. Wie bei jedem Grundrecht ist ein Eingriff – hier das Ignorieren der Selbstbestimmung – nur mit einer gesetzlichen Erlaubnis zu legitimieren. Darüber hinaus entfaltet die informationelle Selbstbestimmung auch gesellschaftliche Wirkungen. Spätestens seit der Etablierung des Internets erfolgen Datensammlungen nicht mehr primär durch den Staat. Die Kommunikationsdaten der Internet-, Telefon- und Mobilfunknutzung liegen z. B. den privatwirtschaftlichen Telekommunikationsdienstleistern vor. Zahlreiche private Stellen haben den wirtschaftlichen Wert von personenbezogenen Datensammlungen längst erkannt. Der Ausspruch »Wissen ist Macht« gilt mehr denn je. In Bezug auf private Stellen ist damit allerdings vorrangig die Wirtschaftsmacht gemeint. Verfassungsrechtliche Aufgabe des Staats ist es, Beeinträchtigungen der informationellen Selbstbestimmung durch private Stellen vorzubeugen und dem einzelnen Bürger rechtliche Instrumente zur Verteidigung seines Grundrechts zur Verfügung zu stellen. Gleichzeitig wecken die Datensammlungen privater Stellen auch Begehrlichkeiten beim Staat für ihre Nutzung zu ganz unterschiedlichen Zwecken, wie insbesondere die Strafverfolgung.

Neben dieser auf den Einzelnen bezogenen Schutzrichtung ist die informationelle Selbstbestimmung zugleich Grundlage eines freien und demokratischen Rechtsstaats. Die Furcht vor einer umfassenden Datenverarbeitung kann eine Abschreckung vor der Ausübung anderer Grundrechte zur Folge haben: »Wer damit rechnet, dass etwa die Teilnahme an einer Versammlung oder einer Bürgerinitiative behördlich registriert wird und dass ihm dadurch Risiken entstehen können, wird möglicherweise auf eine Ausübung seiner entsprechenden Grundrechte (Art. 8, 9 GG) verzichten« (BVerfGE 65, 1, 43). Dies führt zu einer Beeinträchtigung nicht nur der individuellen Entfaltungschancen, sondern auch des Gemeinwohls, da die Selbstbestimmung eine »elementare Funktionsbedingung eines auf Handlungs- und Mitwirkungsfähigkeit seiner Bürger begründeten freiheitlichen demokratischen Gemeinwesens« ist. Schutzzweck ist die Sicherung der allgemeinen Handlungsfreiheit, des Willensbildungsprozesses und der Meinungsfreiheit des Einzelnen, aber auch die Gewährleistung der Grundlagen für einen freiheitlich demokratischen Rechtsstaat. Der Grundrechtsschutz durch die informationelle Selbstbestimmung soll verhindern, dass die Verhaltensweisen des Einzelnen jederzeit registriert werden sowie durch Speicherung und Verarbeitung als Information dauerhaft zur Verfügung stehen. Diese Verbindung mit dem kommunikativen und somit gesellschaftlichen Aspekt verleiht dem Recht auf informationelle Selbstbestimmung ein besonderes Gewicht.

Grundrechte werden durch ihre Ausgestaltung in einfachgesetzlichen Vorschriften zu normativen Verhaltensregeln konkretisiert. Über die Verfassungskonformität dieser Gesetze wacht das Bundesverfassungsgericht. Im Volkszählungsurteil hat das Bundesverfassungsgericht bereits wesentliche Gestaltungsanforderungen der informationellen Selbstbestimmung als normatives Schutzprogramm des Datenschutzrechts festgelegt, indem es Grundprinzipien vorgegeben hat. Dies sind im Einzelnen die Zulässigkeit, Erforderlichkeit, Datenvermeidung und Datensparsamkeit, Zweckbindung, Transparenz, Betroffenenrechte und Datenschutzkontrolle.

Jeder Umgang mit personenbezogenen Daten stellt nach der Konzeption der informationellen Selbstbestimmung einen Eingriff in dieses Grundrecht dar. Die Datenverwendung ist daher nur zulässig, wenn der Gesetzgeber sie in Form einer Erlaubnisvorschrift oder der Betroffene sie selbst durch seine Einwilligung gebilligt hat. Die Prinzipien der Datenvermeidung und Datensparsamkeit erfordern, dass sich die Gestaltung und Auswahl von Datenverarbeitungssystemen an dem Ziel orientiert, keine oder so wenig personenbezogene Daten wie möglich zu erheben, zu verarbeiten oder zu nutzen, wobei Datenvermeidung entgegen seinem Wortlaut nicht die Vermeidung von Daten schlechthin, sondern nur die Vermeidung des Personenbezuges von Daten beinhaltet. Die gesetzlichen Erlaubnisvorschriften und auch die Einwilligung müssen sich immer auf einen bestimmten Zweck beziehen und sind auf diesen begrenzt. Sollen die Daten für weitere Zwecke verwendet werden, ist für diese Zweckänderung eine eigenständige Erlaubnis erforderlich. Ziel der datenschutzrechtlichen Zweckbindung ist es, Betroffene in die Lage zu versetzen, die Verwendung der auf ihre Person bezogenen Daten entsprechend ihrer sozialen Rolle im jeweiligen sozialen Kontext selbst zu steuern. Die Verwendung personenbezogener Daten ist immer nur dann zulässig, wenn sie erforderlich ist, um den zulässigen Zweck zu erreichen. Dies ist nur der Fall, wenn die verantwortliche Stelle die sich aus dem Zweck ergebende Aufgabe ohne die Datenverarbeitung nicht, nicht rechtzeitig, nicht vollständig oder nur mit unverhältnismäßigem Aufwand erfüllen könnte. Informationelle Selbstbestimmung setzt voraus, dass die Datenverarbeitung gegenüber der betroffenen Person transparent ist. Sie muss in der Lage sein zu erfahren, »wer was wann und bei welcher Gelegenheit über sie weiß«. Nur wenn der Betroffene über ausreichende Informationen verfügt, kann er die Rechtmäßigkeit des Datenumgangs überprüfen und seine Rechte in Bezug auf die Datenverarbeitung, wie Auskunfts-, Berichtigungs- und Löschungsansprüche, geltend machen. Schließlich erfordert informationelle Selbstbestimmung übergreifende und unabhängige Datenschutzkontrolleinrichtungen. Sie haben zum einen die Funktion, dem Betroffenen bei der Durchsetzung seiner Rechte behilflich zu sein, zum anderen, in präventiver Weise die Einhaltung der Datenschutzbestimmungen zu überwachen.

Einen Grundrechtsschutz gegenüber privatwirtschaftlichen ›Datenkraken‹ erfährt der Einzelne mangels einer unmittelbaren Drittwirkung der Grundrechte nur aufgrund der Schutzfunktion der informationellen Selbstbestimmung. Dem Gesetzgeber obliegt deswegen die Verpflichtung, einen Ausgleich der privatrechtlichen Beziehungen aller Beteiligten zur Gewährleistung der informationellen Selbstbestimmung durch die einfachgesetzliche Ausgestaltung der Privatrechtsordnung zu gewährleisten. Der Schutz gegenüber Drittstaaten ist dagegen deutlich komplexer. Gegenüber Maßnahmen von Mitgliedstaaten der Europäischen Union gewährleistet Artikel 8 der Grundrechtecharta ein der informationellen Selbstbestimmung vergleichbares Grundrecht auf Schutz personenbezogener Daten. Im Verhältnis zu Drittstaaten außerhalb der Europäischen Union besteht kein unmittelbarer Grundrechtsschutz. Auch hier ist der deutsche Staat aber aufgrund der aus den Grundrechten resultierenden Schutzpflichten gehalten, sich schützend und fördernd vor das Grundrecht der informationellen Selbstbestimmung seiner Bürger zu stellen.

Grundrechtliche Interessenkonflikte

Grundrechte werden nicht schrankenlos gewährleistet. Die Freiheitssphäre des Einzelnen findet ihre Grenzen in anderen individuell geschützten Freiheitsräumen und gesellschaftlichen Interessen. Grundrechtsgewährleistung und Grundrechtsbeschränkung sind die Instrumente, um Interessenkollisionen aufzulösen. Nach dem verfassungsrechtlichen Prinzip der praktischen Konkordanz darf im Rahmen der normativen Abwägung kein geschützter Belang zu Lasten des anderen aufgegeben werden und die widerstreitenden Interessen sind durch eine simultane Optimierung in einen möglichst schonenden Ausgleich zu bringen. Die informationelle Selbstbestimmung steht im Zeitalter des Internets insbesondere zu der Meinungs- und Informationsfreiheit und zu den Mediengrundrechten gemäß Art. 5 Abs. 1 GG in einem Grundkonflikt.

Die in Art. 5 Abs. 1 Satz 1 GG enthaltenen Grundrechtsgewährleistungen der Meinungs- und der Informationsfreiheit bilden zusammen das Grundrecht der Kommunikationsfreiheit. Sie ergänzen sich spiegelbildlich, indem sie zwischen dem Kommunikator oder Absender und dem Rezipienten oder Empfänger von Informationen differenzieren.

Das Grundrecht der Meinungsfreiheit bezieht sich auf den Kommunikator, indem es jedermann das Recht garantiert, sich in Wort, Schrift und Bild frei zu äußern. Es gewährleistet insbesondere das Recht auf freie Rede gerade auch im Bereich des öffentlichen Lebens (BVerfGE 7, 198, 208). Jeder soll frei mitteilen können, was er denkt, ohne dass er hierfür nachprüfbare Gründe anführen muss. Meinungen sind durch das Element der Stellungnahme, des Dafürhaltens, der Beurteilung geprägt (BVerfGE 61, 1, 8) und im Unterschied zu Tatsachen nicht der Bewertung als richtig oder falsch, wahr oder unwahr zugänglich. Da eine strenge Trennung dennoch nicht möglich ist, wird ein weites Begriffsverständnis zugrunde gelegt. Die Meinungsäußerungsfreiheit umfasst neben Meinungen alle Tatsachen, die meinungsbezogen sind und damit zur Meinungsbildung beitragen. Nur wenn jeglicher Meinungsbezug fehlt, dies wird z. B. bei rein statistischen Erhebungen angenommen (BVerfGE 65, 1, 41), oder wenn die Tatsache unwahr ist, entfällt der Schutz der Meinungsäußerungsfreiheit (BVerfGE 99, 185, 197).

Als Reaktion auf die Erfahrungen mit staatlichen Informationssperren durch das nationalsozialistische Regime garantiert die Informationsfreiheit das Recht des Einzelnen, sich aus allgemein zugänglichen Quellen ungehindert informieren zu können (BVerfGE 27, 71, 79 f.). Das Bundesverfassungsgericht sieht die Informationsfreiheit als Voraussetzung der freien Meinungsbildung und somit der Meinungsfreiheit (BVerfGE 20, 162, 174). Dennoch steht sie als eigenständiges und gleichwertiges Grundrecht neben der Meinungs- und Pressefreiheit. Für den Schutzbereich der Informationsfreiheit ist es unerheblich, ob es sich um Tatsachen, Meinungen oder sonstige Mitteilungen handelt. Die Informationsquelle muss allgemein zugänglich in dem Sinne sein, dass sie geeignet ist, einem individuell nicht bestimmbaren Personenkreis Informationen zu verschaffen (BVerfGE 27, 71, 83). Ursprünglich waren dies v. a. die Massenkommunikationsmedien Presse, Rundfunk und Film.

Meinungen können in Form von Lob oder Kritik über Personen des öffentlichen Lebens, aber auch über jeden anderen Bürger geäußert werden. Die Informationsfreiheit schließt ebenfalls Informationen über andere Personen und damit den Umgang mit personenbezogenen Daten ein. Werden Meinungen oder Informationen über Personen digital verbreitet, stellt dies datenschutzrechtlich einen Umgang mit personenbezogenen Daten dar, so dass gleichzeitig deren Grundrecht auf informationelle Selbstbestimmung tangiert ist.

Erfolgt die Kommunikation durch Massenkommunikationsmittel, gewährleistet Art. 5 Abs. 1 Satz 2 GG einen die Meinungs- und Informationsfreiheit ergänzenden medienbezogenen Grundrechtsschutz. Die Medienfreiheiten werden differenziert in die Pressefreiheit und die Freiheit der Berichterstattung durch Rundfunk und Film. Die die Medienfreiheiten verbindende Eigenschaft – die Kommunikation mittels Massenmedien – liegt vor, wenn ein der Allgemeinheit zugängliches Kommunikationsmittel gewählt wird und sich die Kommunikation somit an eine unbestimmte Anzahl von Personen richtet. Der Schutzumfang reicht bei allen drei Varianten von der Beschaffung der Informationen über die Herstellung bis zur Verbreitung der Kommunikationsmedien (BVerfGE 20, 162, 176; 91, 125, 134). Bezogen auf die Inhalte der Kommunikation sind die Medienfreiheiten ebenso wie die Meinungs- und Informationsfreiheit wertneutral (BVerfGE 25, 296, 307; 34, 269, 283). Die Inhalte, die über Presse, Rundfunk und Film verbreitet werden, müssen daher kein Mindestniveau erfüllen, damit der Schutzbereich von Art. 5 Abs. 1 Satz 2 GG eröffnet ist.

Die verschiedenen Varianten der Medienfreiheit ergeben sich durch die abschließende Auflistung unterschiedlicher Trägermedien für die Kommunikationsinhalte. Der Begriff der Presse umfasst alle zur Verbreitung geeigneten und bestimmten einmalig oder periodisch erscheinenden Druckerzeugnisse, wie Bücher, Zeitungen oder Zeitschriften (BVerfGE 66, 116, 134). Der Rundfunkfreiheit sind entgegen dem umgangssprachlichen Verständnis der Hörrundfunk und das Fernsehen zugeordnet (BVerfGE 12, 205, 226). Rundfunk ist jede an eine unbestimmte Anzahl von Personen gerichtete Übermittlung von Gedankeninhalten durch physikalische, insbesondere elektromagnetische Wellen. Die Übermittlung kann drahtlos oder über Leitungen erfolgen, so dass sowohl der Kabelhörfunk und das Kabelfernsehen als auch Satellitenübertragungen von Hörfunk und Fernsehen umfasst sind. Die Unterscheidung zwischen Rundfunk und Fernsehen basiert allein auf den unterschiedlichen Darstellungsformen der Informationen. Beim Hörrundfunk erfolgt die Informationsübermittlung ausschließlich auf akustischem Weg und beim Fernsehen ergänzend auf visuellem Weg (BVerfGE 57, 295, 318 ff.). Ebenso wie die Meinungs- und Informationsfreiheit stehen insbesondere die Presse- und Rundfunkfreiheit in Konflikt mit der informationellen Selbstbestimmung der Personen, über die berichtet wird.

Die beschriebenen Grundkonflikte zwischen informationeller Selbstbestimmung einerseits und Kommunikations- oder Mediengrundrechten andererseits sind in der Vorzeit des Internets unterschiedlich bewertet worden. Der Grundrechtskonflikt zwischen informationeller Selbstbestimmung und den Kommunikationsgrundrechten ist grundsätzlich einzelfallbezogen durch eine umfassende Interessenabwägung zu lösen, die sowohl zugunsten des einen als auch des anderen Grundrechts ausgehen kann. Das Schutzkonzept der informationellen Selbstbestimmung sieht vor, dass der Umgang mit personenbezogenen Daten immer einer gesetzlichen Erlaubnis oder einer Einwilligung des Betroffenen bedarf. Gleichzeitig bezieht sich die Informationsfreiheit nur auf rechtmäßig in allgemein zugänglichen Quellen veröffentlichte Informationen. Es existieren aber spezifische Erlaubnisvorschriften, wie z. B. öffentlich-rechtliche Bekanntmachungsvorschriften, aus denen sich die datenschutzrechtliche Zulässigkeit ergeben kann.

Der Konflikt zwischen der Meinungsfreiheit und der informationellen Selbstbestimmung ist bisher deutlich weniger thematisiert worden. Der Schutz der Person, über die eine Meinung geäußert wird, wird primär über das allgemeine Persönlichkeitsrecht und dieses konkretisierende einfachgesetzliche Vorschriften gewährleistet. Nicht dem Schutz der Meinungsfreiheit unterliegen Äußerungen, die den Straftatbestand der Beleidigung gemäß § 185 StGB erfüllen. Hierzu ist v. a. die so genannte Schmähkritik zu rechnen, bei der nicht die Auseinandersetzung in der Sache, sondern die Diffamierung des Betroffenen im Vordergrund steht (BVerfGE 82, 272, 284). Im Übrigen sind Werturteile über eine Person, wie z. B. die Bonitätsbewertung einer Person durch ein Unternehmen, durch die Meinungsfreiheit geschützt und es besteht in der Regel kein datenschutzrechtlicher Löschungsanspruch.

Der Grundkonflikt zwischen informationeller Selbstbestimmung und den Mediengrundrechten besteht v. a. aufgrund der konträren Ansätze im Schutzkonzept. Der Schutz der informationellen Selbstbestimmung basiert u. a. auf der spezifischen Zweckbindung des Datenumgangs. Den Medien wird eine sehr große Bedeutung für die Demokratie zugesprochen, da ihre Berichterstattung eine Grundvoraussetzung für die individuelle und öffentliche Meinungsbildung ist (BVerfGE 95, 220, 236). Um diese Aufgabe zu erfüllen, ist insbesondere die Recherchetätigkeit von Journalisten umfassend geschützt, die unspezifisch auf Neugierde ausgerichtet ist. Auf einfachgesetzlicher Ebene ist dieser Grundrechtskonflikt zugunsten der Medienfreiheit entschieden worden. Nach dem so genannten Medienprivileg, das in § 41 BDSG, § 47 RStV mit Verweis auf § 57 RStV und entsprechenden Vorschriften in den Landesdatenschutz- und Landespressegesetzen geregelt ist, gelten für den Umgang mit personenbezogenen Daten zu ausschließlich eigenen journalistisch-redaktionellen oder literarischen Zwecken nur die datenschutzrechtlichen Vorschriften der §§ 5, 7, 9 und 38a BDSG – insbesondere das Datengeheimnis und die Datensicherheit (s. Kap. V.18). Einer gesetzlichen Erlaubnis oder einer Einwilligung des Betroffenen zur Legitimierung des Datenumgangs bedarf es gerade nicht. Der Schutz des Individuums in der Medienöffentlichkeit wird vorrangig durch das allgemeine Persönlichkeitsrecht und die daraus abgeleiteten zivilrechtlichen Ansprüche auf Unterlassung, Widerruf und Schadensersatz sowie den presserechtlichen Anspruch auf Gegendarstellung gewährleistet.

Realitätsveränderungen durch Informations- und Kommunikationstechnik

Moderne Informations- und Kommunikationstechnik und v. a. das Internet haben zu einem enormen Bedeutungszuwachs der informationellen Selbstbestimmung geführt. Nahezu jeder Lebensbereich hat durch den Einsatz moderner Informations- und Kommunikationstechnik massive Veränderungen erfahren, sei es durch Smartphones, Tablets, Notebooks, Fitness-Armbänder, Smartwatches, Dash-Cams oder sonstige mit IT-Technik ausgestattete Gegenstände wie z. B. Fahrzeuge. Ergänzend zur Hardware existieren unzählige Anwendungen und Dienstleistungen zur Information und Kommunikation. Ein entscheidender Mehrwert dieser Informations- und Kommunikationstechnik beruht auf der weltweiten Vernetzung über die Kommunikationsnetze, insbesondere das Internet.

Damit moderne Informations- und Kommunikationstechniken einschließlich ihrer Anwendungen ihre Funktionen erfüllen, sind zahlreiche Datenverarbeitungsvorgänge erforderlich. Bei jedem Kommunikationsvorgang, sei es über das Festnetz, Mobilfunknetz oder das Internet, fallen Kommunikationsdaten an. Aus diesen lassen sich weitgehende Rückschlüsse über das Kommunikationsverhalten ziehen, d. h., wer sich mit wem, wie lang und wie oft austauscht. Die Anzahl der Kommunikationsvorgänge hat sich durch E-Mail, SMS, MMS und Smartphone-Messaging-Dienste wie WhatsApp extrem erhöht. Bei der Nutzung von mobilen Endgeräten ist es zudem über Standortdaten der Mobilfunknummer und IP-Adressen möglich, Bewegungsprofile zu erstellen. Durch das so genannte Always-Online-Phänomen werden somit ständig Daten erzeugt und dem Nutzer sind diese Datenverarbeitungsprozesse häufig nicht einmal bewusst. Bei der Nutzung von Internetdiensten werden mehr oder weniger im Hintergrund Daten generiert, wie Cookies und Browsereinstellungen, durch die das Nutzungsverhalten im World Wide Web (im Folgenden kurz Web) nachverfolgt werden. Die Inanspruchnahme von Internetdiensten und Applikationen auf dem Smartphone (Apps) erfordert zudem häufig Nutzerdaten, wie Anmeldedaten oder auch Nutzerprofile.

Neben diesen so genannten Nutzungsdaten generieren die Nutzer selbst zahlreiche Daten – die so genannten Inhaltsdaten. Dies sind zum einen jegliche Inhalte digitaler Kommunikation per E-Mail und Messaging-Dienste. Bei der Nutzung des Web werden zum anderen ständig Daten eingegeben, angefangen bei Suchmaschinen oder Suchfunktionen auf Homepages über Bestellvorgänge bei Online-Shops, Social Networks, Foren, Blogs, Foto- und Videoplattformen bis hin zu Abrechnungsdaten für kostenpflichtige Dienste. Die durchschnittliche Nutzungsdauer des Web in Deutschland ist seit 1997 von zwei auf 111 Minuten pro Tag im Jahr 2014 angestiegen. Sie beschränkt sich nicht auf einen Lebensbereich, sondern erfolgt sowohl beruflich während der Arbeitszeit als auch privat während der Freizeit. Zwar weisen nicht alle diese Daten ausnahmslos einen Personenbezug auf, faktisch wird es aber ein Großteil davon sein. Indem moderne Informations- und Kommunikationstechnik und ihre Anwendungen aktiv genutzt werden, erfolgt nicht nur die Kommunikation zunehmend digital, sondern es werden auch immer mehr alltägliche

Handlungen im Beruf und in der Freizeit digital abgebildet.

Es besteht oft die Erwartungshaltung, dass Suchmaschinen, E-Mail-Plattformen, Lexika, Filme, Bilder, Musik, Nachrichten, Zeitschriften, Social Networks, Foren und Blogs und viele andere Dienstleistungen keine Bezahlung erfordern. Diese Kultur des Umsonst, die sich v. a. im Web entwickelt hat, ist allerdings ein Trugschluss. Das Angebot der Dienstleistungen setzt Hardware und Software, Ideen und Energie, Kapital und Arbeit voraus – die jeweils Geld kosten. Gleichzeitig erwirtschaften reine Internetdienstleister, wie z. B. Google und Facebook, Milliardengewinne. Richtig ist, dass die Nutzer von Internetdienstleistungen diese häufig nicht mit Geld bezahlen müssen; die Gegenleistung besteht in der Preisgabe personenbezogener Daten. Aufgrund der Auswertung der Daten kann individualisierte Werbung angeboten werden, für die andere Unternehmen bezahlen (s. Kap. VIII.42). Google z. B. erzielt 97 % seines Umsatzes durch gezielte, personenbezogene Werbung. Die Währung im Internet sind somit personenbezogene Daten. Um die Gegenleistung der Nutzer in die Höhe zu treiben, werden viele Internetdienste so konzipiert, dass sie einen möglichst hohen Anreiz für die Preisgabe personenbezogener Daten bieten. Das Herunterladen von Apps setzt regelmäßig voraus, dass der Nutzer weitgehende Zugriffsrechte auf alle möglichen Daten des Smartphones, wie z. B. Kontakte, Status, Verbindungsdaten, Dateien, SMS-Nachrichten oder GPS-Daten akzeptiert. Differenzierte Auswahlmöglichkeiten gibt es meist nicht, so dass die Nutzer lediglich entweder den Bedingungen zustimmen oder auf die App verzichten können.

Über nahezu jede Person werden zukünftig Informationen im Web verfügbar sein, sei es in Schulchroniken, auf privaten oder Firmenhomepages, in öffentlichen Verzeichnissen oder Presseberichten und Social Networks. Diese Daten sind weltweit recherchierbar und dauerhaft – da faktisch keine Möglichkeit zur Löschung der Daten besteht – verfügbar. Suchmaschinen, Auswertungstools und insbesondere Big Data-Technologien können zudem zahlreiche Einzelinformationen zusammenführen, so dass grundsätzlich auch das Risiko einer Profilbildung über Personen enorm ansteigt (s. Kap. VII.27).

Aus einer anderen Perspektive betrachtet ist das Web eine Möglichkeit, Meinungen ohne großen technischen Aufwand gegenüber einer potenziell unbegrenzten Anzahl von Rezipienten zu verbreiten. Insbesondere Bewertungsplattformen über Lehrer, Ärzte, Arbeitgeber und Restaurants, aber auch Foren, Blogs, Social Networks oder Twitter zielen darauf ab, sich über Mitmenschen positiv oder negativ zu äußern und auszutauschen. Die Hürde für Klatsch und Tratsch, aber auch Beleidigungen und Verleumdungen mit strafrechtlicher Relevanz scheint im Internet deutlich niedriger zu sein als unter Anwesenden, da sie unter dem Deckmantel der Anonymität erfolgen kann (s. Kap. VII.32). Die potenziell dauerhafte Recherchierbarkeit der Meinungen im Web erschwert es dem Einzelnen zum einen, dass neue Kontakte unvoreingenommen auf ihn zugehen, und zum anderen, dass er eine einmal über ihn geäußerte negative Meinung tilgen kann.

Das Web ist auch ein Pool unzähliger Informationen. Es ist als für jeden zugängliches Massenkommunikationsmittel eine bedeutsame Informationsquelle und dient damit der gesellschaftlichen Interaktion und Kommunikation. Es ermöglicht die Informationsbeschaffung potenziell zu jeder Zeit und von jedem Ort weltweit. Ohne Unterstützung durch technische Hilfsmittel, wie Domain-Name-Services, Suchmaschinen, Hyperlinks und Browserlesezeichen, aber auch durch Newsletter wäre diese Informationsflut durch den Einzelnen nicht mehr zu durchdringen. Gedruckte Lexika als Nachschlagewerk sind nahezu vollständig durch Wikis verdrängt worden. Der Gang in Bibliotheken wird durch die Digitalisierung von Büchern und die Verbreitung elektronischer Zeitschriften vielfach überflüssig. Staatliche Stellen der Exekutive, Judikative und Legislative sowie politische Parteien betreiben Homepages zur Informationsverbreitung und auch für offizielle öffentliche Bekanntmachungen. Die klassischen Medien haben bisher für die Rezipienten die Informationssammlung, -selektion, -auswertung und -repräsentation übernommen. Diese Prozesse waren mit dem Risiko verbunden, dass eine mangelnde Informationsvielfalt oder sogar Informationslücken entstehen konnten. Im Web werden die genannten Prozesse immer mehr auf die Rezipienten verlagert und zudem sowohl durch die schiere Fülle an Informationen als auch deren teils zweifelhafte Qualität oder sogar Banalisierung deutlich erschwert. Das Risiko eines Informationsdefizits droht mittlerweile eher aufgrund der Informationsüberflutung, die der Einzelne nicht mehr bewältigen kann.

Die Medienkultur hat sich dadurch verändert, dass klassische Medien, wie insbesondere Zeitungen, Hörfunk- und Fernsehsender mit dem Internet über einen zusätzlichen Verbreitungskanal verfügen. Die Informationsverbreitung kann über eine Homepage für alle Medien einheitlich multimedial erfolgen. V. a. Zeitschriften können durch den Wegfall des Druckprozesses online in viel kürzeren zeitlichen Intervallen über aktuelle Ereignisse berichten. Radio- und Fernsehprogramme werden über eine Mediathek auch nach der Ausstrahlung dauerhaft abrufbar gehalten. Da das Internet zudem keine Staatsgrenzen kennt, wird auch von einer Globalisierung der Medien gesprochen – wenn auch nicht weltweit, so ist doch zumindest von einem europäischen Kommunikationsraum auszugehen. Mit dem Web verfügt zudem potenziell jeder über die technischen Voraussetzungen, um – unabhängig von Hierarchien, institutionellen Anbindungen oder nationalen Begrenzungen – Informationen an die nahezu unbegrenzte Anzahl der Internetnutzer und somit die Öffentlichkeit weiterzugeben. Der bisher überschaubare und quasi privilegierte Kreis der Medienschaffenden wird hierdurch geöffnet und der so genannte Jedermann-Journalismus erhält eine neue Bedeutung. Im Web stehen zudem nicht mehr nur einzelne Persönlichkeiten in der Öffentlichkeit, sondern jeder kann potenziell zum Subjekt der Informationen und damit zu einer »öffentlichen Person« gemacht werden, indem über ihn »berichtet« wird (Schertz 2013, 721).

Neue Schutzkonzepte?

Die Realität hat sich seit 1983 durch moderne Informations- und Kommunikationstechnik massiv verändert. Nicht nur die Chancen, sondern auch die Risiken für die Grundrechtsverwirklichung der informationellen Selbstbestimmung sind enorm angestiegen. Die unterschiedlichen Konfliktlösungsstrategien in Bezug auf die Kommunikations- und Mediengrundrechte werden zudem in Frage gestellt, da sich deren klare Trennung in die Bereiche Individual- und Massenkommunikation nahezu aufgelöst hat. Es ist aber nicht nur eine Aufgabe der Rechtswissenschaft zu untersuchen, ob Anpassungen des Grundrechts, seines Schutzkonzepts und auch der Konfliktlösungsstrategie in Bezug auf die Kommunikations- und Mediengrundrechte erforderlich sind. Es ist auch eine ethische Frage, wie die Gesellschaft zukünftig mit diesen technischen Möglichkeiten umgehen möchte.

Die Medienethik fragt verstärkt nach einer Verteilung von Verantwortlichkeiten, in der Erwartung, dass durch die Verantwortlichen ethische Grundsätze entwickelt und eingehalten werden. Das Recht normiert Verantwortlichkeiten, um den Verantwortlichen Rechte und Pflichten aufzuerlegen und Interessenkonflikte zu lösen. Es bezieht aber auch ethische und gesellschaftliche Werte jenseits gesetzlicher Vorgaben ein, die zur Konfliktbewältigung beitragen. Ein Beispiel ist hier die Presseregulierung, auf die zur Gewährleistung der grundrechtlichen Zielsetzung der Staatsferne der Presse weitgehend verzichtet und stattdessen auf freiwillige Selbstverpflichtung und -kontrolle gesetzt wird (s. Kap. IV.12). Die Presse hat sich mit den Richtlinien für die publizistische Arbeit nach den Empfehlungen des Deutschen Presserats – so genannter Pressekodex – eine eigene und verbindliche Wertordnung auferlegt. Wahrhaftigkeit und Achtung der Menschenwürde sind die obersten Gebote, die u. a. durch die Verpflichtung zur Wahrung weiterer Grundrechte – insbesondere des redaktionellen Datenschutzes, aber auch der Sorgfaltspflichten, der Pflicht zur Richtigstellung und des Trennungsgebots – konkretisiert werden. Für den Rundfunk finden sich vergleichbare Vorgaben im Rundfunkstaatsvertrag, so dass von einem Wertekanon der Medien gesprochen werden kann, der einen wesentlichen Beitrag zum Schutz der informationellen Selbstbestimmung leistet.

Die genannten Veränderungen der Medienwelt führen zwar nicht dazu, dass das Medienprivileg für ›jedermann‹ gilt, aber umgekehrt fühlt sich auch nicht jeder an den Medienkodex gebunden und beachtet ihn. Jeder kann potenziell Subjekt der Berichterstattung sein, aber nur gegenüber den klassischen Medien bestehen spezifische Beschwerdemöglichkeiten z. B. beim Presserat. Die Medien haben sich verpflichtet, Leserbriefe oder Statements der Rezipienten als Reaktion auf mediale Inhalte nur mit Abdruck des bürgerlichen Namens zu veröffentlichen. Im Web gilt aber als Ausprägung der informationellen Selbstbestimmung der Grundsatz, dass die anonyme und pseudonyme Nutzung von Diensten möglich sein soll, also gerade nicht jeder sich verantwortlich zeichnen muss. Schließlich zeigt sich der normative Unterschied zwischen Veröffentlichungen von Medien und sonstigen Meinungen und Informationen im Web auch an den unterschiedlichen Vorgaben für Archive, indem zwar die langfristige Verfügbarkeit von Informationen in Pressearchiven nicht als Verstoß gegen die informationelle Selbstbestimmung angesehen wird, der Verweis auf die gleiche Webseite in einer Suchergebnisliste aber durchaus (EuGH, NJW 2014, 2257). Welche Vorgabe für andere Informationsangebote im Internet gilt, die auf eine langfristige Verfügbarkeit angelegt sind (wie z. B. Wikis), ist aber unklar. Wie diese Widersprüche aufzulösen sind, müssen Recht und Ethik gemeinsam entscheiden.

Literatur

Jandt, Silke/Roßnagel, Alexander: Rechtsgutachten zu Datenschutz und zu Persönlichkeitsrechten im Social Web, insbesondere von Social Networking Sites. In: Schenk, Michael/Niemann, Julia/Reinmann, Gabi/Roßnagel, Alexander (Hg.): *Digitale Privatsphäre – Heranwachsende und Datenschutz auf Sozialen Netzwerkplattformen.* Düsseldorf 2012, 309–398.

Mangoldt, Hermann v./Klein, Friedrich/Starck, Christian: *Kommentar zum Grundgesetz, Band 1: Präambel, Artikel 1 bis 19*. München 2010 (zitiert: Bearbeiter, in: Mangoldt/Klein/Starck Bd. I 2005).

Schertz, Christian: Der Schutz des Individuums in der modernen Mediengesellschaft. In: *Neue Juristische Wochenschrift* 66/11 (2013), 721–727.

Simitis, Spiros: Die informationelle Selbstbestimmung – Grundbedingung einer verfassungskonformen Informationsordnung. In: *Neue Juristische Wochenschrift* 37/8 (1984), 398–405.

Silke Jandt

26 Algorithmen

Als Kernelemente von Computersoftware sind Algorithmen eine wichtige Grundlage heutiger Medien- und Informationssysteme. Im informationstheoretischen Sinne bezeichnet der Begriff ›Algorithmus‹, der auf die Übersetzung einer Schrift des persischen Gelehrten Muhammed al-Chwarizmi zurückgeht, eindeutig definierte Handlungsvorschriften zur Lösung von Problemen. Dieses abstrakt-funktionale Verständnis von Algorithmen als deterministe Abfolge elementarer Operationen wurde in der formalen Mathematik der 1930er Jahre begründet, wobei die Arbeit von Alan Turing hervorzuheben ist (vgl. Röhle 2010): »The algorithm, which Turing understood as an effective process for solving a problem, is merely the set of instructions fed into the machine to solve that problem. Without the algorithm then, there would be no computing« (Goffey 2008, 16).

Die Syntax von Algorithmen beschreibt eine Befehlsstruktur, eine Reihe von Operationen bzw. ein Set schrittweiser Instruktionen, die durchgeführt werden sollen, um aus einem Input – der Eingabe durch Nutzer oder Sensoren – eine Ausgabe zu erzeugen (vgl. Mahnke 2015). Damit die Hardware den gewünschten Output erzeugen kann, müssen die Softwareinstruktionen bzw. algorithmischen Vorschriften in binären Maschinen-Code ›übersetzt‹ werden – sie werden von Programmierern definiert oder entstehen z. B. bei lernfähigen Systemen (*machine learning algorithms*) dynamisch (vgl. Introna/Wood 2004, 180 f.). Als der erste Computeralgorithmus gilt eine 1843 von Ada Lovelace programmierte Vorschrift zur Berechnung von Bernoulli-Zahlen.

Die wissenschaftliche Auseinandersetzung mit Algorithmen war lange Zeit eine Domäne von Mathematik und Informatik. Erst ab den 1960er/70er Jahren widmeten sich neue Felder wie die Science and Technology Studies der Emergenz und den gesellschaftlichen Einflüssen (digitaler) Informations- und Kommunikationstechnologien. Mit der fortschreitenden Computerisierung sowie der Entstehung interdisziplinärer Forschungsfelder wie den Software Studies Mitte der 2000er Jahre, intensivierte sich die Debatte um die sozialen, kulturellen und politischen Implikationen von Algorithmen. Etwa zu den Folgen der Formalisierung und Reduktion sozialer Praktiken usw. in numerische Repräsentationen: »recoding things, actions, or processes as information, fundamentally changes their status« (Goffey 2008, 18). Oder zur Entstehung neuer Machtverhältnisse und Dynamiken durch und mittels algorithmischer Prozesse als Formen einer ›power through the algorithm‹ oder ›algorithmic power‹ (vgl. Bucher 2012; Röhle 2010; Beer 2009).

Diese Perspektivenvielfalt in Disziplinen wie Soziologie, Philosophie, Medien- oder Rechtswissenschaften verweist auf die multiplen Bedeutungsebenen von Algorithmen: Aus technischer Sicht sind sie formalisierte Rechen- und Prozessvorschriften und Grundlage informationsverarbeitender Maschinen. Zugleich können sie als soziotechnischer Prozess und Raum mikropolitischer Aushandlung, als Institution, als spezifische Form der Entscheidungsfindung, als ›Statement‹, semiotische Figur oder Ausdruck eines Modus der Rationalität und sozialen Ordnung bis hin zu einer universellen Logik der Produktion von Wissen und kultureller Bedeutung verstanden werden (vgl. Bächle 2015; Gillespie 2014; Napoli 2014; Barocas/Hood/Ziewitz 2013; Röhle 2010; Goffey 2008). Ein neuerlicher Impuls für die Debatte um Algorithmen war das Aufkommen von Big Data-Ansätzen, also die Analyse großer Datensätze mittels komplexer algorithmischer Verfahren (s. Kap. VII.27).

Der *algorithmic turn* und seine Bedeutung

Nicht nur in Wissenschaft und Forschung ist ein »algorithmic turn« (Napoli 2014, 341) erkennbar – Algorithmen werden heute in nahezu allen Gesellschaftsbereichen zu unterschiedlichsten Zwecken genutzt (z. B. zur Simulation, Mustererkennung, Risikoanalyse oder Kontrolle; vgl. Introna/Wood 2004). Aus der immensen Vielfalt seien hier exemplarisch einige Einsatzfelder so genannter »algorithmic media« (McKelvey 2014) hervorgehoben:

- Algorithmen zur *Produktion von (Medien-)Inhalten*: Dazu zählen Dienste wie Narrative Science oder Programme wie Quakebot, die automatisch Texte, Grafiken, Visualisierungen usw. erzeugen (so genannte ›Journobots‹ bzw. ›Roboterjournalismus‹), wobei der Algorithmus z. B. einen Lückentext mit bestimmten Daten (Namen, Spielergebnisse usw.) füllt. Im ›Computational Journalism‹ unterstützen algorithmische Tools die Analyse und Aufbereitung großer Datensätze oder übernehmen journalistische Aufgaben, wie das Monitoring und Filtern diverser Datenquellen zur Identifikation aktueller Themen (vgl. Carlson 2014).
- Algorithmen als »demand predictor« (Napoli 2014, 348): Medienunternehmen wie Netflix und BuzzFeed oder so genannte *content farmen* nutzen algorithmische Tools, um z. B. anhand der Nutzungsmuster oder populärer Suchbegriffe zu analysieren, welche Inhalte auf dem Werbe- und Publikumsmarkt gefragt sind bzw. sein könnten. Auch Dienste wie Epagogix prognostizieren auf Basis von Plot-Elementen in Drehbüchern und historischen Zuschauerdaten den kommerziellen Erfolg von Filmen oder ermitteln mittels demografischer Daten usw. den Bedarf an Lokalnachrichten.
- Eine zentrale Rolle kommt Algorithmen bei der *Nutzung und Selektion von (Medien-)Inhalten* zu, da die Navigation in digitalen Medienumgebungen angesichts der Vielfalt und Menge verfügbarer Inhalte ohne technische Unterstützung kaum möglich wäre. Der Zugang zu vielen Diensten, Informationen, Inhalten usw. wird mittels Such-, Empfehlungs- oder Aggregationsalgorithmen, wie dem News Feed-Algorithmus von Facebook oder Googles Suchalgorithmus PageRank, gefiltert und durch implizite bzw. explizite Personalisierung auf individuelle Interessen zugeschnitten (vgl. Mahnke 2015; Bozdag 2013). Grundlage hierfür sind Daten zum Surf- und Konsumverhalten, Profil-Informationen, Metadaten, ›soziale Signale‹, Profile ähnlicher User usw., die automatisch ausgewertet werden, um Nutzungsmuster, soziale Bedürfnisse, Geschmäcker und Wünsche zu erkennen und zu antizipieren (vgl. Gillespie 2014; Beer 2009). Mittels dieser »databases of intentions« und algorithmischer Interferenzen lassen sich Nutzer identifizieren und anhand dieser »algorithmic identity« kategorisieren (Cheney-Lippold 2011, 164 ff.). Dies wiederum ermöglicht es Anbietern, Unternehmen usw. Nutzergruppen gezielt zu adressieren, für sie passende Informationen zu selektieren oder »to allocate different levels of service to different users« (Beer 2009, 990).
- Suchmaschinen und andere algorithmische Medien bieten Orientierung und steuern die Sichtbarkeit von Inhalten und Personen; sie definieren Trends, schlagen Freunde vor oder identifizieren Produkte, die für den Einzelnen interessant sein könnten (vgl. McKelvey 2014). Sie sind für den Zugang sowie die *Produktion, Zertifizierung und Bewertung von Wissen* über Belange des Alltags und öffentlichen Lebens zunehmend unentbehrlich. Ähnlich wie klassische Medien haben so genannte »public relevance algorithms« (Gillespie 2014, 168) eine *Gatekeeper-Funktion* und, indem

sie die Entstehung von Publika und Diskursräumen strukturieren, eine Art *governmental power* (vgl. Schuster et al. 2015; Bucher 2012; Rieder 2005). Ihre Bedeutung und ›Wirkmacht‹ besteht v. a. darin, dass sie auf komplexe, teils kaum vorhersehbare Weise Auswahlen treffen und Verbindungen herstellen und so auf subtile Weise die kulturellen und sozialen Erfahrungen der Nutzer sowie die individuelle und öffentliche Meinungs- und Willensbildung prägen.

Indem sie materiale und symbolisch gehaltvolle Praktiken und Prozesse codieren und miteinander verknüpfen, determinieren Algorithmen die Organisation vieler symbolisch-kommunikativer Prozesse und soziales Handeln (vgl. Bächle 2015). Damit werden die Dynamiken sozialer Beziehungen und der Formierung von Wissen im Zuge des *algorithmic turn* neben tradierten Regeln von Märkten, Gesetzen und Normen zunehmend auch von Code, d. h. den in Hard- und Software eingeschriebenen Regeln gesteuert, die nicht mehr nur konstitutiv oder regulierend, sondern generativ und produktiv sind (vgl. Beer 2009; Spinello 2001). All dies verweist auf die Relevanz von Algorithmen und ihre tiefgreifenden Auswirkungen auf bestehende soziale, politische oder kulturelle Prozesse und Strukturen. Für die Informations- und Medienethik ergeben sich daraus neue Gegenstandsbereiche, aber auch besondere Herausforderungen, die in den Eigenschaften algorithmischer Medien (Dynamik, Komplexität und Opazität) begründet liegen.

›Black box‹ Algorithmus

Im Gegensatz zu ›salienten‹ Technologien gelten Algorithmen als ›still‹, weil sie unsichtbar und passiv, also mit geringer aktiver Nutzereinbindung operieren. Ihre Form, Funktionsweisen und Ergebnisse sind undurchsichtig (vgl. Introna/Wood 2004, 183), was die Analyse und Einordnung von Algorithmen erschwert:

Komplexität und Dynamik: Viele algorithmische Medien basieren auf einer verteilten Softwarearchitektur und dem Zusammenspiel einer Vielzahl separater algorithmischer Prozesse mit unterschiedlichen Funktionen, Aufgaben und Zielen. Eine Suchmaschine etwa besteht aus diversen Modulen (einem vordefinierten Daten-Set; dem daraus erzeugten Index; einer Retrieval-Technik, mit der auf den Index zugegriffen wird; einem Repräsentationsmodus zur Ergebnisdarstellung), die oft unabhängig voneinander entwickelt werden (vgl. Rieder 2005) und in Echtzeit dynamische Outputs generieren: »One algorithm informs another, creating a continuous modulation […] that dynamically adjust[s] outputs and inputs« (McKelvey 2014, 598). Zudem befinden sich viele Anwendungen in einem permanenten Beta-Stadium, d. h. die zugrunde liegenden Algorithmen werden zur Verbesserung der Performance kontinuierlich angepasst (*tweaking*) oder es werden Tests mit verschiedenen Varianten eines Algorithmus durchgeführt (*A/B testing*). Und sie werden auch von den Anwendern beeinflusst: »[…] algorithms are made and remade in every instance of their use because every click, every query, changes the tool incrementally« (Gillespie 2014, 173). Angesichts der disparaten Inputs einer Vielzahl von Individuen in spezifischen Kontexten sowie der funktionalen Interdependenz und technischen Schichtung, wird es selbst für die Entwickler algorithmischer Medien im Laufe der Zeit immer schwieriger, sie in ihrer Gänze zu verstehen oder ihr ›Verhalten‹ vorherzusagen (vgl. Napoli 2014; Rieder 2005; Introna/Wood 2004).

Opazität: Algorithmen agieren im Unterbau (Back-End) vieler Dienste in einer für Menschen kaum nachvollziehbaren Form und Geschwindigkeit. Einmal ist ihr »running code« (McKelvey 2014, 599) oft nicht fassbar, so dass algorithmische Abläufe zumeist nicht ›in operation‹ beobachtet werden können: »[…] as it becomes implemented through multiple layers of translation for its execution […] [it is] impossible to know if the code you inspected is the code being executed, when executed. […] *software algorithms are operationally obscure*« (Introna/Wood 2004, 183). Zum anderen sind viele Algorithmen proprietäre, von den Anbietern geschützte Softwareobjekte, d. h. ihr Code ist oft nicht direkt einsehbar – aus geschäftspolitischen Gründen oder zur Verhinderung von Missbrauch durch Manipulation und so genannte *Gaming the System*-Taktiken (vgl. Schuster et al. 2015; Napoli 2014; Gillespie 2014; McKelvey 2014). In viele algorithmische Prozesse sind Menschen zudem nicht aktiv involviert, da sie automatisch z. B. zwischen Datenbanken und Geräten, sozusagen im »technological unconscious« (Beer 2009, 987) ablaufen. Die Anwender nehmen ihre Operationen daher häufig gar nicht oder nur in Ausnahmefällen, z. B. bei Fehlermeldungen, wahr: »[…] algorithms remain outside our grasp, and they are designed to be« (Gillespie 2014, 192).

Diese gegenwärtig realisierte »Materialität« (Mahnke 2015, 37) algorithmischer Medien birgt gewisse Ambivalenzen: Für die meisten Menschen sind algorithmengesteuerte Systeme ›black boxes‹, über deren interne Funktionen sie nur wenig wissen bzw.

derer Wirkweisen sie sich kaum bewusst sind: »users may be affected without ever being informed« (McKelvey 2014, 603). Zugleich gehen viele Nutzer, z. B. von Suchmaschinen, davon aus, dass die Ergebnisse ein neutrales Abbild relevanter Inhalte sind (vgl. Schuster et al. 2015). Gerade in Momenten der Unsicherheit würden algorithmische Outputs gegenüber menschlichen Urteilen oft als verlässlicher wahrgenommen und kaum hinterfragt (vgl. Citron 2007; Introna/Wood 2004). Diese *algorithmic authority* ist bedingt durch den obskuren, technischen Charakter und die Raffinesse algorithmischer Operationen, verbunden mit der Annahme, dass algorithmische bzw. technische Systeme unvoreingenommen, objektiv und (wert-)neutral arbeiten, »an automation process removing human biases and analytical prowess to generate meaning from complex data« (Carlson 2014, 12). Algorithmen operieren aber nicht in einem Vakuum – sie werden von Menschen entwickelt, modifiziert und nachträglich angepasst. Diese Prozesse und die daran beteiligten Akteure gilt es hinsichtlich der normativen Implikationen von Algorithmen zu berücksichtigen.

Die soziale Konstruktion von Algorithmen und ihre Auswirkungen

Die Verfasstheit von Algorithmen wird von einer Vielzahl an Akteuren – Unternehmen, Anbietern von Inhalten, Werbetreibenden, dritten Parteien usw. – sowie deren strategischen Erwägungen, Interessen und Zielen beeinflusst. Sie sind Resultat komplexer sozialer Konstruktionsprozesse und Aushandlungen, in denen individuelle (z. B. persönliche Urteile von Designern oder Klienten), organisationale (z. B. Unternehmensleitlinien) oder externe (z. B. Anfragen von Regierungen) Faktoren eine Rolle spielen (vgl. Bozdag 2013, 214). Dadurch kann es zu Verzerrungen, so genannten *biases*, kommen, die neben vorhandenen sozialen Praktiken und (individuellen) Einstellungen der Entwickler u. a. durch technische Grenzen im Design-Prozess bedingt sind oder erst im Anwendungskontext entstehen (vgl. Napoli 2014). Dies kann unbeabsichtigte Folgen haben, bis hin zur systematischen, unfairen Diskriminierung von Individuen oder Gruppen durch ein algorithmengesteuertes System, »if it denies an opportunity or a good or if it assigns an undesirable outcome […] on grounds that are unreasonable or inappropriate« (Friedman/Nissenbaum 1996, 332).

Nachgewiesen wurden *algorithmic biases* z. B. in automatischen Gesichtserkennungssystemen, deren Algorithmen mit Blick auf Geschlecht, Alter oder Rasse der Probanden unterschiedlich effizient waren (vgl. Introna/Wood 2004); in Plagiatserkennungssoftware, deren algorithmische Mustererkennung Nicht-Muttersprachler benachteiligt oder in der auf populären Suchanfragen basierenden *Auto Complete*-Funktion von Google, die Stereotype über vulnerable soziale Gruppen reproduziert – »a move away from offline stereotypes […] into a form of statistical stereotyping« (Cheney-Lippold 2011, 171). In dieser Hinsicht umstritten sind automatisierte Entscheidungssysteme (Data Matching-Systeme usw.), die von Behörden oder Unternehmen z. B. zur Evaluation der Kreditwürdigkeit genutzt werden. Einerseits können unvollständige bzw. falsche Daten, Systemversagen, fehlerhafte algorithmische Inferenzen oder Analysemodelle zu verzerrten Empfehlungen führen, die von den Anwendern aber selten hinterfragt werden. Andererseits werden die Betroffenen oft nicht darüber in Kenntnis gesetzt, dass bestimmte Entscheidungen und Einstufungen auf Basis algorithmischer Analysen, Korrelationen oder Mustererkennung gefällt wurden: »These systems offend basic norms […] by failing to provide both notice of the basis of their decisions and the means to review them« (Citron 2007, 1257). Dadurch sind negative Folgen, wie die ökonomische oder soziale Benachteiligung aufgrund von *racial profiling*, oft nur schwer nachweis- oder korrigierbar (vgl. Gillespie 2014; Gandy 2010).

Mit Blick auf Leitwerte wie Freiheit (s. Kap. III.6), Öffentlichkeit oder Verantwortung wirft der *algorithmic turn* viele Fragen auf. Etwa, inwieweit Formen der algorithmischen Überwachung digitaler Kommunikation (s. Kap. VII.24) eine Einschränkung von (Kommunikations-)Freiheiten bedeuten, oder welche Auswirkungen die Sammlung und kommerzielle Verwertung persönlicher Daten bzw. Informationen auf Normen wie Vertrauen, (individuelle/gruppenbezogene) Privatsphäre, informationelle Selbstbestimmung oder Erwartungen an *personal information flows* (vgl. Zimmer 2010) hat. Neben dem Einsatz von Algorithmen durch staatliche Institutionen (z. B. in Cyberkriegen; s. Kap. VII.34), stehen hier v. a. privatwirtschaftliche Anbieter in der Kritik. So wird unter dem Schlagwort *search engine bias* diskutiert, welche Auswirkungen die Wettbewerbs- und Profitorientierung der Suchmaschinenanbieter auf die Auswahl und Definition von Wissen sowie das Design von Suchalgorithmen hat (z. B. Nicht-Neutralität durch bezahlte Suchergebnisse). Bis hin zu der Gefahr, durch die Kommerzialisierung und Zentralisierung des Zugangs zu Informationen usw. und eine kapitalistisch geprägte »algorithmic ideology« (Mager 2012) die Idee vom Internet als egalitär und demokratisch strukturiertem Raum zu unterlaufen (vgl. Schuster et al. 2015; Spinello 2001).

Auch vor dem Hintergrund der zunehmenden Abhängigkeit von algorithmischen Diensten und Orientierung an algorithmischen Parametern, z. B. im Mediensektor oder der Wissenschaft (vgl. Gillespie 2014; Napoli 2014), sowie anti-demokratischen Aspekten wie der Manipulation der öffentlichen Meinung (z. B. durch Twitter-Bots oder so genanntes ›Astroturfing‹), der Zensur von Inhalten oder Blockierung von Diensten durch lokale Autoritäten und Staaten (vgl. Zwitter 2014; Zimmer 2010) werden mögliche Folgen für die Unabhängigkeit der Medien oder das Recht auf freie Meinungsäußerung als wichtige Garanten von Freiheit diskutiert (vgl. Filipovic 2013; Spinello 2001). Dieser kontinuierliche »threat of invisibility« (Bucher 2012) kann als eine neue Qualität algorithmisch kalkulierter und gefilterter Öffentlichkeiten angesehen werden.

Einige Autoren sehen gar den Gemeinschaftsbezug und die Bedeutung von Öffentlichkeit (s. Kap. III.8) als Raum reflexiver Kooperation, Verständigung und Problemlösung gefährdet. So würden die Nutzer aufgrund von Filterungs- und Personalisierungsprozessen v. a. mit eigenen Sichtweisen und Präferenzen konfrontiert, wodurch wichtige Informationen oder unbequeme, unerwartete Perspektiven an ihnen vorbei gingen. Für die Entstehung so genannter ›Filterblasen‹ gibt es bislang aber kaum empirische Belege; zudem können ansonsten kaum beachtete (Nischen-)Inhalte mittels Such- oder Empfehlungsalgorithmen Aufmerksamkeit erhalten oder bestimmte Informationen und Quellen (Datenbanken, Karten usw.) überhaupt erst zugänglich gemacht werden. Und nicht zuletzt sind algorithmische Prozesse wie Personalisierung nicht als lineare Entscheidungsprozesse zu verstehen, sondern als Ergebnis reflexiver und dynamischer »Kommunikationsprozess[e] zwischen Algorithmus und Nutzer« (Mahnke 2015, 43), da die algorithmischen Outputs, zumindest anteilig, das Nutzerverhalten widerspiegeln.

Die damit verknüpfte Frage, ob algorithmenbasierte automatisierte Prozesse eine Ablösung menschlicher Handlungsautonomie implizieren (vgl. Bächle 2015, 24) und was dies für die Zuordnung von Verantwortung bedeutet, ist ebenso umstritten. Zwar besitzen Algorithmen »material agency« (Napoli 2014, 344), also die Fähigkeit ohne menschliche Interventionen zu agieren und Entscheidungen zu treffen. Die Handlungen algorithmengesteuerter Systeme sind aber oft von anderen Akteuren abhängig (»dependent agency«; Zwitter 2014, 3) bzw. werden von einer Vielzahl (nicht-)menschlicher Akteure beeinflusst: »Algorithms act, but they do so as [...] part of a complex of power-knowledge relations, in which unintended consequences, like the side effects of a program's behavior, can become critically important« (Goffey 2008, 19). In solchen neuartigen »networks of accountability« (Barocas/Hood/Ziewitz 2013, 6) sind Bedingungen von Verantwortlichkeit wie Kausalität, Wissen oder Wahlfreiheit schwer abzuschätzen und Folgenverantwortung meist nicht klar zuzuweisen (vgl. Rieder 2005, 30; s. Kap. III.9).

Grundzüge einer Algorithmen-Ethik

Die Relevanz algorithmischer Medien für die Konstitution von Öffentlichkeit, den Zugang zu Informations- und Kommunikationsressourcen sowie Prozesse gesellschaftlicher Teilhabe ist unbestritten. Die Möglichkeiten zur (Mit-)Gestaltung und Kontrolle sind jedoch stark eingeschränkt, weil konventionelle politische Interventionen kaum greifen bzw. die Regulierung u. a. aufgrund der Dynamik und globalen Reichweite vieler Dienste problematisch ist und die Operationen algorithmischer Medien wegen ihrer Eigenschaften der öffentlichen Debatte zumeist unzugänglich sind (vgl. Schuster et al. 2015; Cheney-Lippold 2011). Die Anbieter wiederum haben eine privilegierte Position, da die Logik, Aufrechterhaltung und (Um-)Gestaltung algorithmischer Medien in ihrer Hand liegt, sie eine starke Stimme auf dem Markt haben und vermehrt Einfluss auf politische Debatten und Gesetzgebung nehmen (vgl. Gillespie 2014). Dies führt zu der Frage, wie sich langfristig gewährleisten lässt, dass algorithmische Systeme Werten wie Freiheit oder Sicherheit sowie demokratischen Idealen und einer informierten Bürgerschaft zuträglich sind.

Ein Lösungsansatz sind *(ethische) Selbstverpflichtungen* und die Bindung der Anbieter an normative Grundsätze wie Fairness oder Gerechtigkeit. Aus Sicht vieler Autoren sollten v. a. die Entwickler mehr (soziale) Verantwortung übernehmen, moralische Kompetenzen erlernen und gewährleisten, dass der von ihnen geschriebene Code grundlegende Normen wahrt (vgl. Spinello 2001): »[...] a designer must envision the design, the algorithms, and the interfaces in use so that technical decisions do not run at odds with moral values« (Friedman/Nissenbaum 1996, 344). Der ›Ethical Protocols Design‹-Ansatz sieht z. B. die Implementierung normativer *constraints* in den Spezifikationen autonomer Systeme vor, d. h. die algorithmischen Funktionen müssen bestimmte ethische Bedingungen erfüllen (vgl. Turilli 2007). Insbesondere bei der Gestaltung autonomer, lernender Systeme solle abgewogen werden, welche Entscheidungen automatisierbar sind und wann menschliche Intervention geboten ist (vgl. Van de Voort/Consoli/Pieters 2015; Grodzinsky/Miller/Wolf 2008). Zudem sollten sie so gestaltet sein, dass die Fähigkeit der Nutzer zum selbstbestimmten Handeln weitgehend gewahrt bleibt, also z. B. ethische Abwägungen möglichst den Anwendern algorithmengesteuerter Systeme überlassen werden und ethisch relevante Design-Entscheidungen, wie die Abwägung von »false positives and false negatives amounts« (z. B. bei der Klassifizierung von Krebszellen durch Bilderkennungsalgorithmen), leicht identifizierbar sind (vgl. Kraemer/Peterson/von Overveld 2011, 259 f.; s. Kap. VIII.48).

Angesichts potenziell schwerwiegender Folgen werden für den Einsatz von Algorithmen in sensiblen Bereichen wie Sicherheit oder Medizin klare *gesetzliche Rahmen und Kontrollen*, z. B. im Hinblick auf die Sammlung und Verarbeitung von Daten, sowie technische und rechtliche Mechanismen zur Verringerung von Verzerrungen usw. gefordert (vgl. Gandy 2010; Citron 2007; Introna/Wood 2004). Auch für essentielle Dienste und *public relevance algorithms* sollten adäquate regulative Bedingungen geschaffen werden, so schlagen Schuster et al. (2015) für den Suchmaschinenmarkt unter Abwägung normativer Konzepte wie Informations- und Meinungsvielfalt, Datenschutz oder Medienkonzentrations- und Wettbewerbsrecht eine regulierte Selbstregulierung vor.

Ein weiterer Ansatz zur Behebung des Ungleichgewichts der Machtverhältnisse zielt auf die *Stärkung der Nutzer* ab, die gegenüber den (Webseiten-)Anbietern am ehesten benachteiligt sind (vgl. Zwitter 2014). Das Prinzip der »Minimum Information Asymmetry« etwa will die Informationsflüsse zwischen »data owner« und »data controller« ausgeglichener gestalten (vgl. Röhle 2010, 227). Auch wird der Einsatz von Interfaces diskutiert, die den Nutzern bessere Einsicht und Kontrolle über die Erfassung und Übertragung von Daten sowie eine flexible Anpassung von Filter- und Personalisierungsalgorithmen, z. B. die Aktivierung mittels Opt-In, erlauben (vgl. Schuster et al. 2015; Filipovic 2013). Da Ansätze der Regulierung oder die Förderung technischer Alternativen aber häufig auch an Bequemlichkeit scheitern, wird die Eigenverantwortung der Nutzer betont. Neben der Sensibilisierung sei die Ausbildung einer *algorithmic literacy* notwendig, also Kompetenzen zum kritisch-reflexiven Umgang mit algorithmischen Medien, z. B. hinsichtlich der Verarbeitung persönlicher Informationen (vgl. Schuster et al. 2015): »Retaining the individual's agency […] is one of the main challenges for the governance of socio-technical epistemic systems« (Zwitter 2014, 3). Zudem müssten Prozeduren etabliert werden, die es ermöglichen, die Korrektheit algorithmenbasierter Entscheidungen zu überprüfen und anzufechten (vgl. Citron 2007).

Eine zentrale Forderung zielt auf mehr *Transparenz* ab – hinsichtlich der Beteiligung von Menschen beim Design, Anpassungen usw., der Ziele und Zwecke, genutzten Daten (Qualität, Verarbeitung, Herkunft) und Modelle (Variablen, Fehlerraten usw.) eines Algorithmus bis hin zum Einsatz von Filtern, Personalisierung oder A/B-Testing (vgl. Diakopoulos 2015): »Automated systems must be designed with transparency and accountability as their primary objectives, so as to prevent inadvertent and procedurally defective rulemaking« (Citron 2007, 1308). Neben technischen Lösungen, transparenten Designs, einer Stärkung der Nutzer und Regulierungsmaßnahmen sprechen sich viele Autoren für eine stärkere Einbindung der Betroffenen und zivilgesellschaftlicher Akteure aus (vgl. Rieder 2005; Spinello 2001). Um algorithmische Medien zugänglich für öffentliche Aushandlungsprozesse zu machen, brauche es reflexive Instrumente und Mediatoren, »that translate their operations into something publicly tangible« (McKelvey 2014, 597). Beispielsweise Forscher, Hacker oder Journalisten, die die Operationen von Algorithmen untersuchen, Belege für ihre Wirkweisen öffentlich machen und so *algorithmic accountability* herstellen (vgl. Diakopoulos 2015). Diese Form der Transparenz hat aber Grenzen, wenn die Algorithmen z. B. auf Zufälligkeit basieren oder ihre Inputs legitimer Weise geheim sind, wie im Falle so genannter *no fly*-Listen. Auch eine stärkere *Einbindung der Öffentlichkeit* in die kritische Begleitung und Gestaltung algorithmengesteuerter Systeme wird angeregt, etwa durch die Möglichkeit, Designs und Tests automatisierter Systeme einzusehen und zu kommentieren. Oder mittels *unabhängiger Kontrollinstanzen* (z. B. Information Technology Review Boards, vgl. Citron 2007) und einer fortlaufenden ethischen Begleitung der Entwicklungsprozesse, »to trace all the moral implications […] from what seems to be simple pragmatic or technical decisions – at the level of code, algorithms« (Introna 2007, 16). So ließen sich im Sinne einer *disclosive ethics* nicht nur problematische Aspekte von Algorithmen offenlegen, sondern auch Handlungs- und Gestaltungsoptionen sowie (technische) Alternativen aufzeigen (vgl. Mager 2012; Röhle 2010).

Dabei scheint v. a. den Designern eine besondere Rolle zuzukommen: Da sie bei der Entwicklung von Algorithmen mitunter Werturteile treffen bzw. die Autonomie der Systeme im Gestaltungsprozess einschränken könnten, seien sie für etwaige (negative) Konsequenzen moralisch mitverantwortlich (vgl. Kraemer/Peterson/von Overveld 2011; Grodzinsky/Miller/Wolf 2008). Gerade bei lernfähigen, autonomen Agenten oder Systemen, die auf genetischen, sich selbst programmierenden Algorithmen beruhen, zeichnet sich aber ein »responsibility gap« (vgl. Matthias 2004) ab: Einmal weil die Intentionalität der Entwickler mit der Zeit von Lernprozessen des Systems überlagert werde und sich ihr Verhalten daher kaum vorhersagen lasse. Zum anderen sei die algorithmische Entscheidungsfindung solcher Systeme (aufgrund der Geschwindigkeit, Komplexität usw.) nur unzureichend durch menschliche Akteure kontrollierbar. Ob Algorithmen selbst für mögliche Konsequenzen verantwortlich sind, also eine Art *moral agency* besitzen, ist aber umstritten – zumal das Bild von Algorithmen als autonome Entscheidungsinstanzen es den Anbietern leicht macht, die Verantwortung für negative Folgen abzuweisen oder auf technische Fehler zu schieben (vgl. Barocas/Hood/Ziewitz 2013). Bei Systemen, die sich selbst neu konfigurieren können und explizite Entscheidungen in Bezug auf Menschen treffen bzw. Handlungen zwischen Menschen vermitteln, zeichnen sich neue Formen von moralischer Mediation (*moral mediation*) ab, die von bisherigen ethischen Ansätzen nur unzureichend adressiert werden (vgl. Van de Voort/Consoli/Pieters 2015).

Ausblick

Als Analysegegenstand stellen Algorithmen u. a. aufgrund ihrer Merkmale, der Heterogenität involvierter Akteure und Einsatzfelder sowie neuartiger Verantwortungsrelationen eine Herausforderung dar. Dem gegenüber steht der überwiegend normativ geführte öffentliche Diskurs, der sich oft eher einseitig mit Aspekten wie der »algorithmischen Macht« (Mahnke 2015, 35), potenziellen Risiken und dominanten Akteuren wie Google oder Facebook befasst. Derartige Debatten, die einen tiefgreifenden kulturellen Konflikt zwischen technischem Fortschrittsglauben und dem Misstrauen gegenüber Maschinen als »dehumanizing forces« (Carlson 2014, 15) widerspiegeln, tragen weder zu einem elaborierten Verständnis der technischen und sozialen Prozesse und Dynamiken bei, noch werden sie der Komplexität der Machtverhältnisse gerecht (vgl. Röhle 2010; Rieder 2005). Notwendig ist ein differenzierter, interdisziplinärer Diskurs, der ethische Implikationen und Probleme, aber auch Chancen des Einsatzes von Algorithmen präzise benennt.

Die Analyse der sozialen, kulturellen und politischen Folgen des *algorithmic turn* sollte bei den menschlichen Akteur(sverbünd)en ansetzen, also jenen, die algorithmische Dienste gestalten, und jenen, die sie alltäglich nutzen – hier braucht es u. a. mehr Forschung zur Entstehung, Aneignung und Akzeptanz algorithmischer Medien und ihrem Einfluss auf etablierte Praktiken, Qualitätskriterien, Selbstverständnisse, Normen usw. Zugleich gilt es, die Mensch-Maschine-Interaktionen und die Algorithmen selbst einzubeziehen: Welche Algorithmen werden wo und zu welchen Zwecken eingesetzt (Funktionen, Aufgaben, Ziele)? Wie autonom agieren und entscheiden sie, an welchen Stellen sind Menschen involviert und bei wem liegt die Folgenverantwortung? Auf welche Daten greifen sie zu und wie beeinflussen sie z. B. den Zugang zu Inhalten? Welche Formen der Kontrolle bzw. Regulierung sind in welchen Kontexten angemessen? Was wissen die Nutzer über die Funktion und Auswirkungen algorithmischer Prozesse wie Personalisierung? Und wie gehen sie mit den Vorgaben algorithmischer Medien um, inwieweit passen sie ihr Verhalten an und welche Formen des reflexiven Umgangs mit Algorithmen lassen sich identifizieren?

Der Bedarf einer ethischen Begleitung wird angesichts der steigenden Verbreitung algorithmengesteuerter Systeme und Automatisierung von (Entscheidungs-)Prozessen zunehmen. So wirft etwa die Einbettung vernetzter, kontextsensitiver und autonom handelnder Artefakte in den Alltag zahlreiche Fragen auf, z. B. ob der Einsatz von genetischen Algorithmen ethisch vertretbar ist, wenn selbst die Entwickler ihr Verhalten weder vorhersehen noch hinreichend kontrollieren können. Für die Informations- und Medienethik bedeutet dies eine Anpassung bzw. Erweiterung ihrer Gegenstände, Heuristiken und Methoden an die von Automatisierung und ubiquitären (Medien-)Technologien geprägten Bedingungen des 21. Jahrhunderts.

Literatur

Bächle, Thomas: *Mythos Algorithmus. Die Fabrikation des computerisierbaren Menschen.* Wiesbaden 2015.

Barocas, Solon/Hood, Sophie/Ziewitz, Malte: Governing Algorithms: A Provocation Piece (2013). In: http://ssrn.com/abstract= 2245322 (19.1.2016).

Beer, David: Power through the Algorithm? Participatory Web Cultures and the Technological Unconscious. In: *New Media & Society* 11/6 (2009), 985–1002.

Bozdag, Engin: Bias in Algorithmic Filtering and Personalization. In: *Ethics and Information Technology* 15/3 (2013), 209–227. Bucher, Taina: Want To Be on the Top? Algorithmic Power and the Threat of Invisibility on Facebook. In: *New Media & Society* 14/7 (2012), 1164–1180.

Carlson, Matt: The Robotic Reporter. In: *Digital Journalism* 3/3 (2014), 416–431.

Cheney-Lippold, John: A New Algorithmic Identity: Soft Biopolitics and the Modulation of Control. In: *Theory, Culture and Society* 28/6 (2011), 164–181.

Citron, Danielle K.: Technological Due Process. In: *Washington University Law Review* 85 (2007), 1249–1313.

Diakopoulos, Nicholas: *Towards a Standard for Algorithmic Transparency in the Media* (2015). In: http://towcenter.org/towards-a-standard-for-algorithmic-transparency-in-the-media/ (19.1.2016).

Filipović, Alexander: Die Enge der weiten Medienwelt. Bedrohen Algorithmen die Freiheit öffentlicher Kommunikation? In: *Communicatio Socialis* 46/2 (2013), 192–208.

Friedman, Batya/Nissenbaum, Helen: Bias in Computer Systems. In: *ACM Transactions on Information Systems* 14/3 (1996), 330–347.

Gandy, Oscar: Engaging Rational Discrimination: Exploring Reasons for Placing Regulatory Constraints on Decision Support Systems. In: *Ethics and Information Technology* 12/1 (2010), 29–42.

Gillespie, Tarleton: The Relevance of Algorithms. In: Tarleton Gillespie/Pablo Boczkowski/Kirsten Foot (Hg.): *Media Technologies. Essays on Communication, Materiality, and Society.* Cambridge 2014, 167–194.

Goffey, Andrew: Algorithm. In: Matthew Fuller (Hg.): *Software Studies: A Lexicon.* Cambridge 2008, 15–20.

Grodzinsky, Frances/Miller, Keith/Wolf, Marty: The Ethics of Designing Artificial Agents. In: *Ethics and Information Technology* 10/2 (2008), 115–121.

Introna, Lucas/Wood, David: Picturing Algorithmic Surveillance. The Politics of Facial Recognition Systems. In: *Surveillance & Society* 2/2–3 (2004), 177–198.

Kraemer, Felicitas/Peterson, Martin/van Overveld, Kees: Is There an Ethics of Algorithms? In: *Ethics and Information Technology* 13/3 (2011), 251–260.

Mager, Astrid: Algorithmic Ideology. How Capitalist Society Shapes Search Engines. In: *Information, Communication & Society* 15/5 (2012), 769–787.

Mahnke, Martina: Der Algorithmus, bei dem man mit muss? Ein Perspektivwechsel. In: *Communicatio Socialis* 48/1 (2015), 34–45.

Matthias, Andreas: The Responsibility Gap: Ascribing Responsibility for the Actions of Learning Automata. In: *Ethics and Information Technology* 6/3 (2004), 175–183.

McKelvey, Fenwick: Algorithmic Media Need Democratic Methods: Why Publics Matter. In: *Canadian Journal of Communication* 39/4 (2014), 597–613.

Napoli, Philip M.: Automated Media: An Institutional Theory Perspective on Algorithmic Media Production and Consumption. In: *Communication Theory* 24/3 (2014), 340–360.

Rieder, Bernhard: Networked Control. Search Engines and the Symmetry of Confidence. In: *International Review of Information Ethics* 3/6 (2005), 26–32.

Röhle, Theo: *Der Google-Komplex: Über Macht im Zeitalter des Internets.* Bielefeld 2010.

Schuster, Simon/Jürgens, Pascal/Dörr, Dieter/Stark, Birgit/Magin, Melanie: Neutralität, Transparenz und Kompetenz. Rechtliche Ansatzpunkte für eine Neuregulierung des Suchmaschinenmarktes. In: Martin Emmer/Christian Strippel (Hg.): *Kommunikationspolitik für die digitale Gesellschaft.* Berlin 2015, 87–118.

Spinello, Richard: Code and Moral Values in Cyberspace. In: *Ethics and Information Technology* 3 (2001), 137–150.

Turilli, Matteo: Ethical Protocols Design. In: *Ethics and Information Technology* 9/1 (2007), 49–62.

Van de Voort, Marlies/Consoli, Luca/Pieters, Wolter: Refining the Ethics of Computer-Made Decisions: A Classification of Moral Mediation by Ubiquitous Machines. In: *Ethics and Information Technology* 17/1 (2015), 41–56.

Zimmer, Michael: Web Search Studies: Multidisciplinary Perspectives on Web Search Engines. In: Jeremy Hunsinger/Lisbeth Klastrup/Matthew Allen (Hg.): *International Handbook of Internet Research.* Dordrecht 2010, 507–521.

Zwitter, Andrej: Big Data Ethics. In: *Big Data & Society* (2014), 1–6.

Nele Heise

27 Big Data

Big Data verspricht gesellschaftliche Vorteile, die seine Nutzung nahelegen können, wie z. B. neue Wertschöpfungsketten in der Industrie zu eröffnen, die Gesundheitsvorsorge zu verbessern oder Straftaten und Terrorakte zu verhindern. Big Data fordert aber auch, insbesondere wenn es zur Prognose menschlicher Merkmale und menschlichen Verhaltens eingesetzt wird, zentrale Ziele des Grundgesetzes heraus.

Technik und Anwendung

›Big Data‹ steht für ein Datenverarbeitungskonzept, dem derzeit »revolutionierende« (Mayer-Schönberger/Cukier 2013) Auswirkungen auf Wirtschaft, Wissenschaft und Gesellschaft zugeschrieben werden. Durch die Nutzung von elektronischen Informations- und Kommunikationsmedien stehen riesige Mengen von Daten zur Verfügung. Der wachsende Datenberg besteht aus den Inhalten der Social Media, aus E-Mails, aus Verbindungsdaten, aus Standortdaten mobiler Dienste, aus Vitaldaten, die z. B. mit Fitness Trackern erhoben werden, aus freigegebenen Verwaltungsdaten (Open Data), in der Zukunft auch aus den Daten autonomer Kraftfahrzeuge, Smart Homes und vielem mehr. Big Data steht für die Möglichkeit, diese *riesigen Datenmengen* (*volume*), die in *uneinheitlichen Formaten* vorliegen (*variety*), *in hoher Geschwindigkeit* (*velocity*) gewinnbringend (*value*) nutzen zu können. Der technische Ansatz von Big Data besteht darin, die Analyse der Daten verteilt und parallel durchzuführen, wofür das Cloud Computing und Software für verteiltes Rechnen entscheidende Voraussetzungen sind (vgl. Steinebach et al. 2014, 10 ff.).

Der Gewinn besteht darin, Daten miteinander korrelieren zu können, bei denen dies bisher nicht mit verhältnismäßigem Aufwand oder in der benötigten Geschwindigkeit möglich war. Big Data hilft dabei, in den Daten Muster zu erkennen und Fragen zu beantworten, die bisher nicht beantwortet werden konnten. Es entstehen aber auch neue Fragestellungen, die eine veränderte Sicht auf die Welt und neue Handlungsstrategien erlauben. Big Data-Analysen ermöglichen es insbesondere, in kürzester Zeit Wahrscheinlichkeitsprognosen für unbekannte Merkmale und zukünftige Ereignisse, inklusive menschlichen Verhaltens, zu errechnen. Big Data kann zur Effizienzsteigerung in der Industrie eingesetzt werden, zur simulationsgestützten Forschung, zur Effizienzsteigerung in der Medizin, zur Voraussage von Wählerverhalten für politische Kampagnen oder zum Erkennen kognitiver Zustände von Menschen für gezieltes Marketing, Produktentwicklung und Selbstoptimierung. Auch im Sicherheitsbereich wird Big Data angewendet. Dabei werden Merkmale bekannter Terroristen mit den Daten der Bürger abgeglichen, um anhand von Ähnlichkeiten mögliche zukünftige Täter zu identifizieren. Eine weitere Ausprägung ist das *predictive policing*, bei dem sich die Aussage über zukünftige Straftaten eher auf bestimmte Orte und Tageszeiten bezieht als auf einzelne Personen.

Geistesgeschichtliche Einordnung

Die Fähigkeit, unbekannte und zukünftige Zustände von Dingen und Menschen zu prognostizieren, erinnert zunächst an den ›Laplaceschen Dämon‹, der durch seine Rechenkraft in der Lage wäre, alle künftigen Zustände der Welt aus allen vergangenen zu errechnen (vgl. Laplace 1990). Träfe diese Assoziation zu, würde sie Big Data-Prognosen deterministischen Weltbildern zuordnen. Das Erkenntnisverfahren des Dämons bei Pierre Laplace war aber kausal konzipiert, ging von der strengen Determiniertheit des Weltgeschehens aus und diente zur Erläuterung von Gewissheit gegenüber Wahrscheinlichkeit (vgl. Cassirer 1990, 368), während bei Big Data-Prognosen gerade nur korrelative Wahrscheinlichkeitsaussagen getroffen werden.

Einen nicht so offensichtlichen, aber treffenderen Bezug weist Big Data zur ›Kybernetik‹ auf. Diese beschäftigte sich mit der Steuerung von Maschinen, Organismen und Gesellschaften (vgl. Wiener 1948). Kybernetische Modelle beinhalten das Konzept der ›Rückkopplung‹ (engl. *feedback*). Dies bedeutet, dass eine Systemkomponente Zustandsveränderungen rückmeldet und so adäquate Reaktionen einer Steuerungseinheit möglich werden. Dies war auch schon vor der Kybernetik typisch für viele Automatisierungsprozesse, z. B. bei Dampfdruckreglern, und war auch zuvor schon Vorbild für staatliche Reg(ul)ierungsmethoden (vgl. Nordmann 2014, 27). Die Kybernetik übertrug das Modell aber systematisch auf soziale Prozesse (vgl. Wiener 1950). Überdies haben Kybernetiker daran gearbeitet, Systemreaktionen auf ungewisse Zustände zu ermöglichen und unklare Signale zu klären. Hierbei spielen Statistik und Wahrscheinlichkeitsrechnung eine große Rolle. So kam es z. B. bei der Automatisierung von Flugabwehrgeschützen darauf an, die wahrscheinlichste Flugbahn eines Piloten – Verhalten eines Menschen – vorauszusagen (vgl. Wiener 1962, 208 ff.). Die Kybernetik hatte mit ihrem Modell von Steuerung durch Kommunikation erheblichen Einfluss auf viele Wissensgebiete und Gesellschaftsbereiche, von der Unternehmensführung über die Pädagogik bis in die Politikwissenschaft (z. B. Deutsch 1970). In Technikvisionen wie dem ›Ubiquitous Computing‹ spielen kybernetische Modellierungen von Menschen heute wieder eine große Rolle. Als soziale Steuerungswissenschaft wird sie aktuell unter dem Begriff ›Social Physics‹ (vgl. Pentland 2014) weiter betrieben.

Zur kybernetischen Steuerung bedarf es einer Möglichkeit, Zustandsmeldungen von den Systemkomponenten zu erhalten, einer Möglichkeit, dieses Feedback zu interpretieren und über Reaktionen zu entscheiden, sowie einer Möglichkeit, Steuerungssignale zurückzusenden. Bezogen auf Menschen sind die erste und letzte Voraussetzung insbesondere durch Smartphones weit verbreitet. Dem Internet der Dinge geht insofern ein Internet der Menschen voraus. Für die Interpretation der Signalmassen und die Reaktionsentscheidung in Echtzeit könnte Big Data die entscheidende Rolle spielen.

Big Data und informationelle Selbstbestimmung

Die informationelle Selbstbestimmung aus Art. 2 Abs. 1 i. V. m. Art. 1 Abs. 1 Grundgesetz postuliert das Recht, selbst darüber bestimmen zu können, welche Informationen über die eigene Person wem bekannt werden (s. Kap. VII.25). Hieraus sind eine Reihe von Datenschutzprinzipien abgeleitet und im deutschen und europäischen Datenschutzrecht verankert worden. Die Herausforderungen, die Big Data für diese Prinzipien bedeutet, wurden mehrfach untersucht (z. B. Weichert 2013; Roßnagel 2013).

Das Datenschutzrecht ist auf *personenbezogene Daten* anwendbar. Anonyme Daten fallen nicht darunter. Big Data bietet aber effiziente Mittel, um Daten zu deanonymisieren. Damit erhöht sich das Risiko, dass eigentlich anonymisierte Daten, die ohne rechtlichen Schutz verarbeitet werden können, im Nachhinein doch Personenbezug erhalten. Teilweise wird diskutiert, ob Wahrscheinlichkeitsprognosen überhaupt personenbezogene Daten sein können (Überblick bei Schefzig 2014). Dies ist eindeutig anzunehmen, wenn Prognosen Personen Merkmale mit einem Wahrscheinlichkeitswert zuordnen, also z. B. eine bestimmte sexuelle Orientierung oder eine bestimmte politische Einstellung. Die Richtigkeit einer Aussage ist für den Personenbezug irrelevant.

Der Grundsatz der *Zweckbindung* verlangt, dass der Umgang mit personenbezogenen Daten auf vorab festgelegte Zwecke begrenzt wird. Das Konzept von Big Data ist es hingegen, Daten auf Vorrat zu halten und stets frei kombinieren zu können. Ohne bestimmte Zwecke läuft zwangsläufig auch die Prüfung der *Erforderlichkeit* des Umgangs mit Daten für diese Zwecke leer. Auch der Grundsatz, dass jeder Umgang mit personenbezogenen Daten einer *Einwilligung des Betroffenen* oder einer *gesetzlichen Erlaubnisvorschrift* bedarf, ist an das Vorliegen bestimmter Zwecke geknüpft. Der Grundsatz der *Transparenz* kann bei Big Data kaum umgesetzt werden, da die Datenmengen zu groß und unstrukturiert sind und selbst die Anwender der Analysetools häufig nicht überblicken können, welche Daten jeweils verwendet werden. Der Grundsatz der *Datenvermeidung und Datensparsamkeit* (ausführlich Roßnagel 2011) stellt den krassesten Gegensatz zu Big Data dar.

Big Data eröffnet wie keine andere Technik zuvor die Möglichkeit, persönliche Merkmale zu prognostizieren, bis hin zu politischen Einstellungen (vgl. Theile 2013) und aktuellen Gemütszuständen (vgl. Christl 2014, 21). Hierbei werden die fehlenden Merkmale durch statistische Vergleiche mit anderen Menschen mit übereinstimmenden anderen Merkmalen in Form von Wahrscheinlichkeitsaussagen prognostiziert. Dies steht in Konflikt mit dem Verbot, *Persönlichkeitsprofile* anzulegen (BVerfGE 65, 1, [53]). Überdies wird die Möglichkeit untergraben, über den eigenen Datenstrom durch bewusste Auswahl von publizierten Informationen *selbst zu bestimmen*. Big Data umgeht die individuelle Datenaskese, indem aus den Daten ähnlicher Personen, die nicht so zurückhaltend sind, zurückgeschlossen wird. Big Data kann so die Betroffenen in gegenseitige Sicherheitslücken verwandeln. Überdies wird das Recht der Betroffenen auf *Korrektur falscher Angaben* konterkariert. Zwar besteht das Recht, die Datengrundlage von Prognosen zu vervollständigen oder zu korrigieren. Die Berechnungsverfahren selbst können aber als Geschäftsgeheimnisse einer Überprüfung entzogen sein (BGH BKR 2014, 193). Der Wahrscheinlichkeitswert selbst als personenbezogenes Datum kann überdies nicht als richtig oder falsch eingeordnet werden, solange er anhand korrekter Daten errechnet wurde, denn er enthält eben nur eine Wahrscheinlichkeitsaussage. Big Data steht insgesamt zentralen Ausprägungen der informationellen Selbstbestimmung antithetisch gegenüber.

Big Data, Handlungs- und Willensfreiheit

Durch die informationelle Selbstbestimmung werden das Recht auf freie Persönlichkeitsentfaltung und Handlungsfreiheit in Art. 2 Abs. 1 Grundgesetz geschützt. Der Einzelne soll nicht durch die Befürchtung, dass seine Handlungen beobachtet und registriert werden, in seiner persönlichen Entfaltung eingeschränkt werden. Vielmehr soll es möglich sein, Lebenswege abseits gesellschaftlicher Konventionen auszuprobieren. Diese individuelle Freiheit ist auch gesellschaftlich wertvoll, denn sie bietet die Möglichkeit, Alternativen zum Hergebrachten aufzuzeigen. Indem durch Big Data immer weitere Persönlichkeitsmerkmale zu günstigen oder ungünstigen Indikatoren für andere Merkmale werden, könnte sich der gesellschaftliche Konformitätsdruck deutlich verschärfen. Wer die Nachteile einer negativen Verhaltensprognose fürchtet, hat eigentlich nur zwei Alternativen, um die Prognosen positiv zu beeinflussen: Entweder muss er sich völlig verstellen oder er muss immer weitere Persönlichkeitsmerkmale der Konvention (z. B. gegenüber Sicherheitsbehörden) oder dem jeweils relevanten Segmentideal (z. B. gegenüber Arbeitgebern) anpassen.

Big Data ermöglicht auch direkte Einwirkungen auf die Willensbildung des Einzelnen. Mittels Sensordaten, z. B. Gesichtserfassung durch Kameras oder Auswertung der Tippdynamik auf Touch Displays, wird es inzwischen möglich, menschliche Gemütszustände automatisiert zu erkennen. Big Data erlaubt es, diese Berechnungen in Echtzeit mit Daten aus sozialen Netzwerken, Standortdaten, Kaufverhalten und weiteren Informationen zu verknüpfen und damit auf die aktuelle Situation eines Menschen inklusive seines aktuellen Gemütszustands zu reagieren. So wird es möglich, das Verhalten der Nutzer mit verschiedensten Mitteln zu optimieren (vgl. Staun 2014) oder z. B. in Momenten schwacher Impulskontrolle gezielt Kaufangebote zu unterbreiten (vgl. Krempl 2015). Die Echtzeiterkennung von Situation und Gemütszustand könnte in Zukunft auch allgemein zugänglich werden, z. B. durch Kamerabrillen. Die Möglichkeit, Kommunikationsstrategien automatisiert an die aktuelle Gefühlslage und weitere Informationen über das Gegenüber anzupassen, könnte völlig neue Bedingungen der Willensbildung mit sich bringen.

Big Data und Selbstdarstellung

Die Herstellung von Persönlichkeitsprofilen steht auch in Konflikt mit dem im Allgemeinen Persönlichkeitsrecht aus Art. 2 Abs. 1 i. V.m Art. 1 Abs. 1 Grundgesetz enthaltenen Recht zur Selbstdarstellung in der Öffentlichkeit und in unterschiedlichen sozialen Situationen. Persönlichkeitsprofile erschweren die Selbstdarstellung. Sie können die enthaltenen Daten aus dem Lebenszusammenhang reißen und das Persönlichkeitsbild verzerren. Sie können überdies die Darstellung der Person auf die erfassten Merkmale reduzieren und ein trügerisches Gesamtbild erzeugen. Sie erschweren es, sich gegenüber anderen selbstbestimmt zu präsentieren, wenn diese anhand eines Persönlichkeitsprofils bereits voreingenommen sind (vgl. Jandt/Laue 2006, 317). Big Data verschärft diese Auswirkungen auf das Selbstdarstellungsrecht, da immer weitere und immer tiefgreifendere Persönlichkeitsmerkmale in kürzester Zeit prognostiziert werden können.

Big Data, Gleichbehandlung und Sozialstaat

Big Data könnte eingesetzt werden, um bestehende Diskriminierungen offenzulegen und gesellschaftliche Güter in Zukunft gerechter zu verteilen. Big Data könnte aber auch Diskriminierungsprobleme, die sich ohnehin bei der Anwendung von Algorithmen und Statistik ergeben, verschärfen, indem es diese in immer weitere Gesellschaftsbereiche trägt und immer weitere Persönlichkeitsmerkmale in kürzester Zeit zu berechnen ermöglicht. Die Auswahl von Kriterien und Merkmalen der Prognosen kann erhebliche Nachteile für Menschen mit sich bringen (vgl. Türpe et al. 2014, 34), die einzelne Merkmale mit nachteilig bewerteten Gruppen teilen oder Merkmale nicht aufweisen, die als Indikatoren für relevante Eigenschaften eingesetzt werden. Ungerechtfertigte Benachteiligungen können gegen die Gleichheitsgrundsätze aus Art. 3 Grundgesetz verstoßen. Big Data erschwert aufgrund seiner hohen Intransparenz das Erkennen solcher Benachteiligungen und könnte sie in besonders prekäre Gesellschaftsentscheidungen wie z. B. die öffentliche Infrastrukturplanung und Daseinsvorsorge hineintragen und damit auch das Sozialstaatsprinzip berühren.

Big Data und demokratische Willensbildung

Big Data hält neben den allgemeinen negativen Effekten eines verstärkten Konformitätsdrucks spezifische Herausforderungen für die demokratische Willensbildung bereit, die hier nur angerissen werden (ausführlich Richter 2015).

Positiv auf die öffentliche Meinungsbildung könnten sich Big Data-Analysen auswirken, wenn sie komplexe wissenschaftliche Sachverhalte für die Bevölkerung verständlich aufbereiten. Andererseits könnten die Ergebnisse von Big Data-Analysen mit solcher Überzeugungskraft ›alternativlose‹ Entscheidungen empfehlen, dass eine normative politische Debatte versiegen könnte. Big Data könnte durch seine Analysefähigkeiten auch die bereits bestehende Tendenz verschärfen, eine öffentliche Willensbildung durch das Erheben privater Einzelinteressen (Meinungsumfragen) zu ersetzen, und hierdurch gemeinwohlorientiertes Denken zurückdrängen. Auch bei der individualisierten Auswahl von Nachrichtenthemen in Suchmaschinen kann Big Data eine Rolle spielen und damit Einfluss auf die öffentlich sichtbaren Themen erlangen.

Im US-amerikanischen Wahlkampf 2012 wurden Big Data-Analysen angewendet, um das Wahlverhalten einzelner Wähler personengenau zu prognostizieren. Anhand dieses Wissens konnten maßgeschneiderte Einwirkungsstrategien für einzelne Wahlberechtigte eingesetzt werden, inklusive des Rekrutierens von Vertrauenspersonen aus dem Umfeld der jeweiligen Wahlberechtigten. Durch solche Verfahren geraten geheime und freie Wahlen und mit ihnen die Legitimation demokratischer Parlamente unter erheblichen Druck (ausführlich Richter 2013).

Weitere Bereiche

Weitere Probleme sind z. B. die potenzielle Umgehung des Rechts auf Nicht-Äußerung einer Meinung (negative Meinungsfreiheit), die Verschärfung der Vorverlagerung von Verdachtsgewinnung in der Gefahrenabwehr und Strafverfolgung oder die Infragestellung rechtlicher Konzepte von Verantwortlichkeit, wo Entscheidungen durch Big Data-Analysen vorbereitet und von den menschlichen Entscheidern kaum wirksam hinterfragt und eingeordnet werden können. Einen besonderen Bereich mit Bezügen zu vielen hier dargestellten Problemen stellen Fragen von Big Data in der Medizin und in der Gesundheitsversorgung dar.

Der Grundkonflikt: Big Data und Menschenwürde

Die bisher besprochenen Probleme kreisen um einen tiefer liegenden Konflikt. Die Menschenwürdegarantie in Art. 1 Abs. 1 Grundgesetz beinhaltet das Gebot, den Menschen nicht als bloßes Objekt, sondern als Zweck zu behandeln (vgl. Kant 1870, 52 ff.). Hierzu gehören die Anerkennung der Subjektqualität jedes Menschen und eine dementsprechende Behandlung (vgl. Dreier 2004; Art. 1 I GG Rn. 60). Dabei ist zu betonen, dass die Subjektqualität des Menschen und seine in dieser enthaltene Fähigkeit zu (schicksals-)freiem Handeln im Rahmen von Art. 1 Grundgesetz keine naturwissenschaftlich beweisbare oder widerlegbare Tatsache sein kann, sondern ein normatives Zugeständnis unter Menschen darstellt.

Der Umgang mit Informationen über Menschen steht in direktem Zusammenhang mit der Anerkennung ihrer Subjektqualität: »Mit der Menschenwürde wäre es nicht zu vereinbaren, wenn der Staat das Recht für sich in Anspruch nehmen könnte, den Menschen zwangsweise in seiner ganzen Persönlichkeit zu registrieren und zu katalogisieren, sei es auch in der Anonymität einer statistischen Erhebung, und ihn damit wie eine Sache zu behandeln, die einer Bestandsaufnahme in jeder Beziehung zugänglich ist« (BVerfGE 27, 1[6]; vgl. auch BVerfGE 65, 1 [53]; BVerfGE 125, 260 [324]).

Hier wird zum Schutz vor Verdinglichung von Menschen ein Restbereich gefordert, in dem die anonyme Datenerhebung nicht ausreicht, sondern gar keine Daten erhoben werden dürfen. Nicht jede statistische Erhebung stellt einen Eingriff in die Menschenwürde dar, sondern erst die Registrierung und Katalogisierung der gesamten Persönlichkeit. Auch wenn Big Data einer totalen Vermessung so nahe kommt wie keine Technik zuvor und im großen Maßstab weit bis in innerste Bereiche vordringt, werden selbst hier Merkmale übrig bleiben, die unbeachtet bleiben. Wann die Schwelle der ›Totalerfassung‹ erreicht wäre, wurde bisher nicht geklärt, Big Data lässt diese Frage aber so aktuell werden wie nie zuvor. Unabhängig davon kann das bloße Vorhandensein einer Analysetechnik die Menschenwürde nicht verletzen. Es bedarf des Eingriffs durch einen Anwender. Aktuell ist es aber eher wahrscheinlich, dass nicht *ein* Akteur (der Staat) das gesamte durch Big Data zu erlangende Wissen ansammelt, sondern viele verschiedene auch private Akteure nur den jeweils für sie relevanten Anteil.

Die gesellschaftliche Wirkung von Big Data könnte aber dennoch der Herabsetzung der Menschen zu bloßen Objekten wie bei einer staatlichen Totalerfassung nahe oder gleich kommen. Herabsetzung zum Objekt kann nicht nur dadurch erreicht werden, dass das Wissen über Menschen tatsächlich total wird. Auch indem Menschen wie Sachen *behandelt* werden, die in jeder Hinsicht erfasst werden können, wird ihnen ihre Subjektqualität abgesprochen. Totalität des Wissens entsteht nicht erst dadurch, dass tatsächlich alles erfasst wird, sondern auch dann, wenn das Erfassbare und Vergleichbare zum einzig relevanten Bewertungsmaßstab wird. Big Data enthält durchaus das Potenzial zur Totalität, dies aber trotz seiner immensen Analysefähigkeiten nicht durch völlige Durchleuchtung, sondern durch die *Vortäuschung* und *Imagination* völliger Berechenbarkeit menschlichen Verhaltens (vgl. zur Wirkung imaginierten technischen Könnens Nordmann 2014, 35 ff.). Wirkung entfaltet hier nicht die tatsächliche Fähigkeit, menschliches Verhalten vorherzusagen, sondern die *Suggestion* der Determiniertheit menschlichen Verhaltens. Diese wird erreicht, indem erstens Persönlichkeiten auf das vorhandene, handhabbare und vergleichbare Wissen verkürzt (vgl. Dany 2014, 96) und zweitens Wahrscheinlichkeiten zur ausreichenden Gewissheit erklärt werden. Dabei werden drittens alle Möglichkeiten der Abweichung in eine einzelne Position des Unwahrscheinlichen zusammengedampft. Erst diese dreifache Reduktion entfernt das störende ›Rauschen‹ (zum Begriff Wiener 1962, 213) der Individualität und führt zu einem klaren und verwertbaren Feedbacksignal der Systemkomponente Mensch. Es gibt Antworten, die ein kybernetisches Regelungssystem nicht akzeptieren kann, z. B.: ›Ich weiß nicht‹, ›Ich will dazu nichts sagen‹ oder ›Keins von beidem‹. Big Data sorgt für die benötigten Antworten.

Ein Handeln anhand von Wahrscheinlichkeiten lohnt sich über viele Anwendungen hinweg, da es ausreicht, *insgesamt* richtig zu liegen. Dabei wird aber in Kauf genommen, dass viele Fälle falsch bewertet werden. Durch die Vorhersage menschlichen Verhaltens anhand des Vergleichs mit gemeinsamen Merkmalen anderer Menschen wird die Einzigartigkeit des Individuums weniger bestritten, als vielmehr ignoriert. Wer Verhaltensprognosen zur Entscheidungsgrundlage nimmt, weiß zwar, dass die Information gerade nicht einen strengen Determinismus von Welt und Mensch aufzeigt (vgl. auch Wiener 1962, 283), behandelt Menschen aber dennoch so, weil dies als die rationalere Alternative in einem aus Gründen der Entscheidbarkeit auf Binarität reduzierten Handlungsraum erscheint (vgl. Mersch 2013, 45 f.). Diese Entscheidbarkeit bezieht sich auf einen außerhalb des betroffenen Menschen selbst liegenden Zweck und eine Funktion, die für ihn bezüglich dieses Zwecks determiniert wurde (vgl. Selke 2015).

Der Menschenwürde widerspricht auch die geistige Steuerung von Menschen, etwa in Form des Extrembeispiels Gehirnwäsche, aber auch dadurch, »[…] Menschen durch Datensetzungen so einzuspinnen, dass deren Mehrzahl nur noch in einer bestimmten Richtung handeln und denken kann« (Starck 2010, Rn. 88). Big Data-Prognosen ermöglichen Verhaltenssteuerung, indem sie gezielte Informations-, Einwirkungs- und Ausschlussmechanismen auf kollektiver und individueller Ebene erlauben. Das entscheidende Merkmal an Big Data ist nicht die Durchleuchtung der Menschen. Big Data durchleuchtet Menschen weniger, als dass es sie so sortiert und formatiert, dass informationstechnische Einwirkungsprozesse an sie geknüpft werden können (vgl. Selke 2015). Dabei ist es wiederum nicht wichtig, immer richtig zu liegen. Es reicht aus, häufig richtig zu liegen. Aber selbst da, wo die Prognosen falsch liegen, schlägt die Steuerung nicht per se fehl, denn es bleibt auch hier die Furcht, zum Objekt von Freiheitseingriffen zu werden. Das gesellschaftliche Bewusstsein darum, welches Verhalten die Steuerungsmechanismen auslösen könnte, setzt Anreize zur Selbstregulation. Das Ergebnis könnte ein subtiler und diffuser, aber weitreichender Konformismus sein, der das Ausbleiben nachteiliger Prognosen abwenden soll. Von einer basisdemokratischen *Selbst*regulation, wie sie manchen Kybernetikern wohl vorschwebte, dürfte die Wirklichkeit dabei weit entfernt sein. Durch die bestehende Informationsasymmetrie wird das gezielte steuernde Setzen von Informationen vor allem für die großen Akteure der Informationstechnik möglich. Dies verdeutlichen die Beispiele der Werbeeinblendung über das Smartphone in emotionalen Schwächemomenten, die gezielte Ansprache ›überzeugbarer‹ Wähler im US-Wahlkampf, die individualisierte Auswahl von Nachrichtenmeldungen durch Suchmaschinen oder die emotionale Manipulation von Nutzern sozialer Netzwerke (vgl. Wendt/Beuth 2014; s. Kap. VIII.41, 42).

Diese Handlungsmuster des ›Einschätzens‹ und ›Beeinflussens‹ existieren nicht erst seit Big Data. Sie sind in vielen Lebensbereichen längst zur Normalität geworden, vom Kreditscoring über die Rasterfahndung und Arbeitnehmerauswahl bis hin zur Partnersuche im Internet, Kaufempfehlungen anhand von Nutzerprofilen und den Optimierungsempfehlungen von Fitness Apps. Aber mit Big Data findet diese Herangehensweise ihren bisher pointiertesten Ausdruck. Big Data ist, wenn es zur Prognose menschlichen Verhaltens angewendet wird, der konsequente technische Ausdruck einer Gesellschaft, zu deren charakteristischen Merkmalen der allgegenwärtige Versuch des Umgangs mit ›Risiken‹ (vgl. Beck 1986) – auch menschlichen Risiken – und der hiermit teilweise verschränkte ebenfalls allgegenwärtige Versuch der ›Kontrolle‹ menschlichen Verhaltens (vgl. Deleuze 2014) zählen. Big Data hält die Mittel bereit, diese Verhaltensmuster in immer weitere Lebensbereiche zu tragen und sie in unzähligen Alltagssituationen in Echtzeit praktikabel werden zu lassen, so dass Menschen nicht mehr in einzelnen Situationen, sondern regelmäßig wie berechenbare und dadurch steuerbare Objekte behandelt werden und sich trotz des Fehlens einer zentralen Informationsmacht ein dezentrales, aber durchaus umfassendes System kybernetischer Steuerungsstellen um sie schließt (vgl. Tiqqun 2001, 47).

Diskussionsrahmen für Lösungen

Zu diskutieren ist, ob und wie ein kollektiver Bereich zu erhalten wäre, in dem Anonymität nicht ausreicht, sondern Geheimhaltung herrscht. Dieser könnte davor schützen, dass die Persönlichkeitsprofile immer totaler werden und würde die Behauptung ein Stück weit entkräften, tatsächlich in der Lage zu sein, menschliches Verhalten vorherzusagen. Allgemeingültige Festlegungen dessen, was verborgen werden darf oder sogar muss, widersprechen aber der informationellen Selbstbestimmung. Selbstbestimmung als Schutzmechanismus wird jedoch dadurch gegen sich selbst gekehrt, dass eine Entscheidung der einen zur Offenbarung die gegenteilige Entscheidung anderer aufheben kann. Big Data fordert zum *Zusammenhalt in der Geheimhaltung* heraus. Überdies tritt das Problem der Verdinglichung von Menschen durch Totalisierung des Wissens auch bei anonymen Daten auf, so dass der Schutz der informationellen Selbstbestimmung auch konzeptionell nicht ausreicht. An dieser Stelle treten also zunächst ethische Reflexionen zu Fragen der Solidarität und der gemeinschaftlichen Wertorientierung in den Vordergrund sowie im Anschluss Fragen ihrer rechtlichen Regulierbarkeit. Regelungen zum Scoring (§ 28b BDSG) und zu automatisierten Einzelentscheidungen (§ 6a BDSG) sollten unbedingt als existierende rechtliche Ansätze einer Regulierung von Big Data aufgegriffen und fortentwickelt werden.

Fazit

Big Data verspricht viele gesellschaftliche Vorteile. Solange Big Data nur auf Dinge und Naturphänomene angewendet wird, bestehen die potenziellen Nachteile hauptsächlich in mittelbaren Diskriminierungseffekten und alternativlos erscheinenden Handlungsvorschlägen. Schon dies sind ernst zu nehmende Probleme, die aber durch kluge Gestaltung und Aufklärung noch lösbar erscheinen. Wird Big Data genutzt, um menschliches Verhalten vorherzusagen und zu beeinflussen, ergeben sich Anwendungen, die in scharfem Kontrast zu einer auf Menschenwürde und demokratischer Freiheit beruhenden Gesellschaftsordnung stehen. Solche Anwendungen lassen die Dystopie einer kybernetischen Kontrollgesellschaft als real implementierbare Möglichkeit die Bühne betreten. In kybernetischen Modellen, insbesondere in gesellschaftlichen, drängen sich folgende Fragen auf: Wer steuert die Steuerungseinheit? Wer legt die Systemnormen fest? Und: Wer determiniert die Funktionen der Systemkomponenten? Das Grundgesetz gibt hierauf klare Antworten. Sie müssen auch in Zeiten von Big Data durchgesetzt werden.

Literatur
Beck, Ulrich: *Risikogesellschaft – Auf dem Weg in eine andere Moderne*. Frankfurt a. M. 1986.
Cassirer, Ernst: Determinismus und Indeterminismus in der modernen Physik [1936]. In: Karl von Meyenn (Hg.): *Triumph und Krise der Mechanik*. München 1990, 367.
Christl, Wolfie: *Kommerzielle digitale Überwachung im Alltag – Studie im Auftrag der österreichischen Bundesarbeitskammer*. Wien 2014.
Dany, Hans-Christian: *Morgen werde ich Idiot – Kybernetik und Kontrollgesellschaft*. Hamburg 2014.
Deleuze, Gilles: Postskriptum über die Kontrollgesellschaften. In: Ders: *Unterhandlungen 1972–1990*. Frankfurt a. M. 2014 (frz. 1990), 254.
Deutsch, Karl W.: *Politische Kybernetik, Modelle und Perspektiven*. Freiburg 1970 (engl. 1966).
Dreier, Horst: *Grundgesetz Kommentar Band I*. Tübingen 2004.

Jandt, Silke/Laue, Philip: Voraussetzungen und Grenzen der Profilbildung bei Location Based Services. In: *Kommunikation & Recht* 9 (2006), 316–322.

Kant, Immanuel: *Grundlegung zur Metaphysik der Sitten* [1785]. Herausgegeben und erläutert von Julius Hermann von Kirchmann. Berlin 1870.

Krempl, Stefan: transmediale: Die wahren Augen von Big Brother (2015). In: http://heise.de/-2534698 (2.2.2015).

Laplace, Pierre S. de: Philosophischer Versuch über die Wahrscheinlichkeit. In: Karl von Meyenn (Hg.): *Triumph und Krise der Mechanik*. München 1990 (frz. 1812).

Mayer-Schönberger, Viktor/Cukier, Kenneth: *Big Data – Die Revolution, die unser Leben verändern wird*. München 2013 (engl. 2013).

Mersch, Dieter: *Ordo ab chao – Order from Noise*. Zürich 2013.

Nordmann, Alfred: Sanfte Technik – Vom Mythos der Maschine zum Mythos nicht-maschineller Maschinen. In: Andreas Kaminski/Andreas Gelhard (Hg.): *Zur Philosophie informeller Technisierung*. Darmstadt 2014, 21.

Pentland, Alex: *Social Physics*. New York 2014.

Richter, Philipp: Die Wahl ist geheim… so what? Big Data Mining im US-Wahlkampf. Und hier? In: *Die öffentliche Verwaltung* 66/24 (2013), 961–969.

Richter, Philipp: Big Data und demokratische Willensbildung aus verfassungsrechtlicher Sicht. In: Ders.: *Privatheit, Öffentlichkeit und demokratische Willensbildung in Zeiten von Big Data*. Baden-Baden 2015, 45.

Roßnagel, Alexander: Das Gebot der Datenvermeidung und -sparsamkeit als Ansatz wirksamen technikbasierten Persönlichkeitsschutzes? In: Wolfgang Hoffmann-Riem (Hg.): *Innovation, Recht und öffentliche Kommunikation*. Berlin 2011, 41.

Roßnagel, Alexander: Big Data – Small Privacy? In: *Zeitschrift für Datenschutz* 3/11 (2013), 562–567.

Selke, Stefan: Leben mit Entscheidungsmaschinen – Vom Trend der freiwilligen Selbstüberwachung in der Kontrollgesellschaft (2015). In: http://www.heise.de/tp/artikel/44/44051/1.html (8.2.2015).

Staun, Harald: Wie wir gern leben sollen – Big Data & Social Physics (2014). In: http://www.faz.net/aktuell/feuilleton/big-data-social-physics-wie-wir-gern-leben-sollen-13126401.html (11.5.2016).

Starck, Christian: Art. 1 Abs. 1 GG. In: Hermann von Mangoldt/Friedrich Klein/Christian Starck (Hg.): *Kommentar zum Grundgesetz Band 1*. München 2010.

Steinebach, Martin/Halvani, Oren/Schäfer, Marcel/Winter, Christian/Yannikos, York: *Big Data und Privatheit*. Darmstadt 2014.

Schefzig, Jens: Big Data = Personal Data? Der Personenbezug von Daten bei Big Data-Analysen. In: *Kommunikation & Recht* 17/12 (2014), 772–777.

Theile, M.: Liken, posten und wählen. In: Die ZEIT, 8.8.2013, 8.

Tiqqun: *Kybernetik und Revolte*. Zürich 2011 (frz. 2001).

Türpe, Sven/Selzer, Annika/Poller, Andreas/Bedner, Mark: Denkverbote für Star-Trek-Computer? Big Data, statistische Modelle und lernende Maschinen. In: *Datenschutz und Datensicherheit* 9/1 (2014), 31–35.

Weichert, Thilo: Big Data und Datenschutz. In: *Zeitschrift für Datenschutz* 2/6 (2013), 251–258.

Wendt, Johannes/Beuth, Patrick: Facebook-nutzer als Versuchskaninchen (2014). In: http://www.zeit.de/digital/internet/2014-06/facebook-studie-nutzerdaten-datenschutz (11.5.2016).

Wiener, Norbert: *Cybernetics – or Control and Communication in the Animal and the Machine*. New York 1948.

Wiener, Norbert: *The Human Use of Human Beings – Cybernetics and Society*. Boston 1950.

Wiener, Norbert: *Mathematik – Mein Leben*. Düsseldorf/Wien 1962 (engl. 1956).

Philipp Richter

28 Umfassende IT-Systeme

Eine neue informationstechnologische Disposition unseres Weltzugriffs

Was ist gemeint, wenn von ›umfassenden IT-Systemen‹ gesprochen wird? Rafael Capurro formulierte in den 1990er Jahren den von George Berkeley inspirierten Leitsatz *esse est computari*, mit dem er auf eine Wende im menschlichen Selbstverständnis, Informations- und Kommunikationsverhalten, aber auch in der Weltwahrnehmung aufmerksam machen wollte (vgl. Capurro 1999). Mit der Dominanz digitaler und miteinander vernetzter Informations- und Kommunikationsmedien und dem unabgeschlossenen, aber politisch und ökonomisch geförderten Projekt einer radikalen Vernetzung und digitalen Durchdringung der Welt, geht ein ontologisches Programm einher, das nur dem ein Sein zuspricht, das sich digital durch skalierende und kalkulierende Systemtechnologien fassen und vermitteln lässt. Was sich diesem ontologischen Prinzip nicht fügt und der digitalen Wahrnehmbarkeit entzieht ›ist nicht‹. Dies hat nicht nur Auswirkungen auf die Wahrnehmung der Dinge und deren Relationen in der Welt, sondern auch auf den Menschen, der diese Dinge und Relationen wahrnimmt bzw. herstellt.

Im gegenwärtigen Forschungsdiskurs ist dieses Programm insoweit abgeschwächt vorzufinden, als es ›noch‹ etwas zulässt, das sich der Digitalisierung und algorithmischen Vermittlung entzieht, und zwar als ›inspirierender‹ Widerstand, den es technisch zu überwinden gilt. Die ›ganze‹ Welt – physikalische Außen-, soziale Mit- und psychische Innenwelt – soll digital erfasst und in ihren möglichen Relationen und Entwicklungen berechnet werden. Informationen über alle möglichen Weltverhältnisse sollen Nutzern im Alltagsleben, im beruflichen Leben und in der Forschung anwendungsorientiert zur Verfügung gestellt werden. Mit Hilfe von Mess- und Rechenvorgängen sollen digitale Doubles der Welt hergestellt werden, womit sich die Welt besser verstehen und gestalten lässt. Die Welt selbst wird hier mit Daten und Modellen gleichgesetzt, deren Komplexität zwar permanent wächst, aber prinzipiell rechnend zu durchdringen ist. Datenbasiert ist dann nicht nur die Informatik, sondern ein erheblicher Teil der positiven Wissenschaften, von der Biologie (vgl. Venter 2014) bis hin zur Soziologie (vgl. Helbing 2015). Aus dem Blick rückt dabei, dass jeder Weltzugriff, auch der messende und rechnende, eine Artikulation und Desartikulation von Momenten voraussetzt, denn das intendierte Ding oder der intendierte Sachverhalt ist unendlich ausdifferenzierbar und in unterschiedlichster Weise erfassbar.

Die Entwicklung informatischer Systemtechnologien gleicht somit einem permanenten Ausbreitungs-, Durchdringungs- und Automatisierungsprozess. Weltteile und -sphären sollen informatisch erschlossen und vernetzt, belebte und unbelebte Entitäten durchdrungen, verbessert oder optimiert werden. Sogar im eigenen Körper sollen intelligente Implantate die Überwachung und Steuerung von Vitalfunktionen übernehmen. Umfassende IT-Systeme sollen die gesamte handlungsrelevante Mesosphäre durchdringen und sich nahtlos mit der physikalischen Welt verbinden. Auf alles, was digital erfasst wird, kann in einer ›intelligenten‹ Umgebung jederzeit und überall zugegriffen werden. Datenverknüpfungen sollen zu neuen Einsichten in Weltverhältnisse und Ablaufprozesse führen. Im Sinne einer rationalen Planung und Beherrschung solcher Prozesse sollen nach den Vorstellungen der Ingenieure eines smarten Planeten Systemtechnologien kontrollierend und steuernd eingreifen können.

Die Idee umfassender IT-Systeme kann als eine Aufstufung bestehender Netzwerkideen, die unter Begriffen wie Internet der Dinge, *pervasive computing*, *ambient intelligence* oder *ubiquitous computing* gefasst werden. *Internet der Dinge* betont die Möglichkeit der informatischen Verknüpfung unbelebter Entitäten, so dass jedes Ding der Mesosphäre zur Datenerhebung und Datenweitergabe fähig ist. Jeder Gegenstand soll Auskunft über sich, den Umgang mit sich und seine Umgebung geben und sich mit anderen Gegenständen austauschen können. Die Antwort wird mir auf dem Display meines Endgeräts, auf der intelligenten Tischplatte, auf meinen Brillengläsern oder über Kopfhörer gegeben. *Pervasive computing* betont, dass informatische Elemente und Sensoren alle Alltagsgegenstände durchdringen und wir jederzeit Informationen über sie und ihre Umgebung abrufen können. In diesen Szenarien ist die Welt, in der wir leben, informatisch durchdrungen und die Dinge um uns erfahren eine informatische Belebung. *Augmented reality*, also eine informatische Ergänzung der Realität, benennt insbesondere diesen Tatbestand.

Die Durchdringung reicht insofern über die Alltagsgegenstände hinaus als der Mensch selbst observierender und von innen und außen observierter Teil einer informatisch erschlossenen Welt sein kann. Er ist Nutzer von Informationen, aber auch ständiger ›Informationsspender‹. Handlungen erfahren somit eine informatische Unterstützung und werden damit rationaler und effizienter. *Ambient intelligence* hebt gegenüber kommerziellen Überlegungen die soziale Einbettung und die Interaktion hervor. Betont wird, dass 1) in der Handlungsumgebung eine informatische Intelligenz liegt, dass 2) Informationen kontextgebunden sind, dass 3) der englische Begriff *intelligence* wie in *intelligence service* mit der Idee der Vertraulichkeit konnotiert ist und es um Informationen geht, die nicht jedem zur Verfügung stehen, und dass 4) eine personalisierte und intuitive Systembedienung angestrebt ist, z. B. ein *intelligent user interface* entwickelt werden soll, das Maus, Tastatur und Monitor durch Stifte, Schreibtischutensilien und Tischoberfläche ersetzt; Bedienungselemente sollen also personalisiert und dem Kontext angepasst sein. Der älteste und gebräuchlichste Begriff aber heißt *ubiquitous computing*, der 1991 von Mark Weiser eingeführt wurde. Weiser bediente sich eines Konzeptes der mittelalterlichen Metaphysik. Der lateinische Begriff *ubiquitas* (Allgegenwärtigkeit) ist ein Attribut Gottes, der allein überall und gleichzeitig wirken kann. Im Wesentlichen liegen bei den erwähnten Begriffen nur Betonungsverschiebungen vor. In der Forschung kommt es faktisch zu einer Konvergenz der Visionsbezeichnungen. Es geht also um eine die gesamte Mesosphäre durchdringende informatische Ausstattung, die unser Leben nicht nur begleitet, sondern unsere Welt- und Selbsterfahrung bis in die Erfahrung des eigenen Leibes verändert. Alles wird zur medialen Apparatur, alles soll ein Gedächtnis erhalten, Vermittlungsleistungen erbringen und zu Zentrierungsleistungen fähig sein. Es soll weder nennenswerte Bedienungsanforderungen noch Hardwarebelastungen geben.

Umfassende IT-Systeme sind in unterschiedlichen informatischen und nachrichtentechnischen Technologien konkretisiert und agieren unsichtbar im Hintergrund. ›Virtuelle Agenten‹ sollen uns bei Alltagsgeschäften entlasten und unsere Intentionen vorauseilend unterstützen. Unsere Handlungsumgebung soll zum Informanten und Kommunikationspartner werden. Dazu erfahren die Dinge meiner Umgebung eine informatische Ergänzung unter bestimmten Handlungsoptionen. IT-Systeme arbeiten also mit spezifischen Handlungsstereotypen, die sich daraus ergeben, dass mich das System in einer Rolle, als Kranker etwa, wahrnimmt und mich in ihr unterstützt. Die angestrebte Individualisierung der Systemnutzung ist jedoch prinzipiell begrenzt und wäre kontraproduktiv, wenn das System ein neurotisches Verhalten unterstützen würde. Widerstände sollen aber ausgeschaltet oder umgangen, meine Intentionen mit allgemeinen Interessen kompatibel gemacht werden.

Fassen wir zusammen: zentrale Charakteristika ubiquitärer smarter Systeme, der technologischen Basis umfassender IT-Systeme, sind:
1. weitgehendes Verschwinden von Hardwarekomponenten und der Mensch-System-Schnittstelle;
2. Adaptivität bzw. Smartness der Systeme;
3. Selbstorganisiertheit und Kontextwahrnehmung der Systeme;
4. informatische Auflagung der Mesosphäre;
5. ubiquitäre Nutzbarkeit sowie die handlungsrelevante Verknüpfung lokaler und globaler Informationen.

Es geht bei umfassenden IT-Systemen um den Anspruch, dass überall und jederzeit, möglichst auch ohne ausdrückliche Bedienung, handlungsrelevante Informationen zur Verfügung stehen und Volitionen in automatisierten Prozessen eine Unterstützung erfahren, die zu ihrer effizienten Erfüllung führen ohne dass allgemeine Interessen – seien es ökonomische, sicherheitsrelevante oder kulturelle – gestört werden. Dazu ist es notwendig, dass sich jede mediale Äußerung in einem digitalen Trägersystem einschreibt und der Datenzugriff sich jederzeit und überall bewerkstelligen lässt. Die Idee umfassender IT-Systeme hat eine ausdrückliche Zukunftsorientierung. Sie sollen an der Gestaltung des Künftigen mitwirken, indem sie alles Ereignishafte einem Kalkül unterwerfen. Die Erschließung und Relationierung großer Datenmengen (Big Data) zu unterschiedlichen Zwecken dient der Zukunftsbewältigung, etwa zur präventiven Verbrechensbekämpfung (*predictive policing*).

Digitalisierung als Dekontextualisierung

Der entscheidende Einspruch gegen die Ansprüche, die mit umfassenden IT-Systemen verbunden werden, lautet, dass es keine Möglichkeit der Verdoppelung der Welt gibt und eine unüberbrückbare Distanz zwischen dem Digitalisat und dem, was digital erfasst werden soll, bleibt. Die Welt ist in ihrer naturalen Dimension sowohl als Makro- wie als Mikrokosmos unendlich ausdifferenzierbar. Es gibt keine Möglichkeit die Welt zu verdoppeln, auch wenn dies die – freilich unartikulierte – gegenwärtige Metaphysik der Wissenschaften suggeriert. Es finden stattdessen Artikulationen und Desartikulationen von Phänomenbereichen statt. Die in Daten erfasste und mit Algorithmen analysierte Welt ist nicht identisch mit der nicht-digitalisierten, die ein historisches Vermittlungsprodukt ist. Mit anderen Worten, Datendoubles sind nicht identisch mit den Dingen, auf die sie referieren. Allerdings können sie selbst den Status eines Dinges erlangen und zum Referenzobjekt werden, wenn sie unter bestimmten Zwecksetzungen analysiert werden. Die Ergebnisse einer Analyse haben aber nur innerhalb eines Deutungs- und Handlungsrahmens Sinn; etwa im Rahmen einer ökonomischen oder technischen Zwecksetzung, oder im Rahmen der wissenschaftlichen Intention zu einer Gesetzesaussage zu gelangen. Diese Rahmungen sind selbst keine technischen Erzeugnisse, sondern historische. Wir können ein naturales Phänomen nur in endlich vielen Daten unter einem bestimmten Bewertungsgesichtspunkt, aber niemals an sich erfassen. Was wir digital erfassen und kodieren, ist etwas anderes als das unendlich ausdifferenzierbare und in unendlich vielen Perspektiven erfassbare Referenzobjekt. Was von naturalen Referenzobjekten gesagt werden kann, gilt auch für soziale. Auch in ihrem Fall findet eine vorgängige Bewertung des zu Messenden statt. An die Grenze der Skalierbarkeit geraten wir bei historisch-kulturellen Phänomenen, die sich als Ereignisse der Berechenbarkeit entziehen. Dennoch gehen Ansprüche der Entwickler und Nutzer umfassender IT-Systeme zuweilen so weit, auch das Ereignishafte einem Kalkül zugänglich zu machen und damit zum Verschwinden bringen zu können. Dies artikuliert sich auch darin, dass die sich historischen Phänomenen widmende Geisteswissenschaft sich teilweise zu *digital humanities* zu transformieren versucht. In diesem Unterfangen wird zuweilen der Versuch sichtbar, dem an Anwendbarkeit und Skalierbarkeit ausgerichteten Maßstab für wissenschaftliches Wirken, Genüge zu tun. Problematisch ist nicht der Einsatz von Rechensystemen in der Geisteswissenschaft, sondern der gelegentlich erhobene Anspruch, dass *digital humanities* eine ›wissenschaftlichere‹ Geisteswissenschaft sei, da ihre Ergebnisse messbar geworden sind. Geisteswissenschaften können aber niemals ihre verstehend-auslegendende Position, die mit der Selbstpositionierung des Interpreten verbunden ist, zum Verschwinden bringen und bleiben in einer Sphäre, die sich der Berechenbarkeit entzieht.

Autonomie vernetzter Systeme

Die Voraussetzungen für die Realisierung umfassender IT-Systeme sind nun folgende:

1. es muss eine weitgehende Vernetzung aller Rechensysteme gegeben sein;
2. es muss die gesamte physikalische Welt, die Mikro- und Makrosphäre in ihren Prozessen in Daten erfassbar sein; nur so lassen sich Relationen sowie immer genauere Zusammenhänge einsehen;
3. es muss die handlungsrelevante Mesosphäre von informatischen Elementen, also Sensoren, RFID-Chips und lokalen Rechenkapazitäten durchdrungen sein; die gesamte Welt soll von kalkulierenden Systemen, die permanent jede erkennbare Äußerung des Welt- bzw. Lebensprozesses vermessen, erfasst werden – und zwar so, dass das Modell quasi selbst Ausdruck des Weltgeschehens ist; in einem strengen Sinne gibt es auch keinen Datenabfall mehr, sondern nur noch ungenutzte Daten;
4. es müssen Systeme über eine gewisse Autonomie verfügen, also selbstständig steuern und manipulieren können, da nur so Entlastungsfunktionen zu erlangen sind; auch wenn diese Autonomie nicht als starke, selbst Gesetze hervorbringende Technologie zu verstehen ist, so kann von einer schwachen, Gesetze anerkennenden Systemtechnologie, die im Rahmen dieser Gesetze Entscheidungen trifft, ausgegangen werden.

Sinn der totalen Vernetzung ist zum einen die Möglichkeit einer totalen Kommunikation zwischen Menschen, Menschen und Dingen und der Dinge untereinander zu gewähren, zum anderen sollen alle Natur- und Weltereignisse dem menschlichen Gestaltungswillen unterworfen werden. Die Entwicklung umfassender IT-Systeme ist also insbesondere durch einen Zuwachs an ›Autonomie‹ gekennzeichnet. Im Begriff der Informatik ist Systemautonomie schon mitgedacht. Informationen sollen selbstständig von Rechnern verarbeitet werden, ohne dass jeder Rechenschritt vom Menschen gesteuert wird. Der lateinische Terminus *automatus* heißt ›selbstständig handelnd‹. Im Begriff der Autonomie, der seinen Ursprung in der politischen Theorie hat, steckt freilich mehr. Es geht nicht nur darum, dass etwas ohne ausdrückliche Kontrolle selbstständig erledigt wird – wie es bei einer autonomen Technik der Fall ist –, sondern darum, dass ein Subjekt sich in einem starken Sinne selbstständig Gesetze gibt bzw. aber auch in einem schwachen Sinne gegebene Gesetze aus freien Stücken anerkennt und sich auch an sie hält.

Es fällt schwer, im Falle medialer Systemtechnologien von Handeln zu sprechen, da Handeln die Möglichkeit einer Wahl einschließt. Was ein technisches System ›wählt‹, erweist sich als eine Scheinwahl oder bestenfalls ›gerahmte‹ Wahl in einem Feld von im wahrsten Sinne des Wortes gleich ›gültigen‹ Entscheidungen. Gäbe es eine berechenbare Präferenz, würden wir von einem System, das unser Werkzeug sein soll, erwarten, dass es uns diese mitteilt. Von Fahr- bis zu Pflegeassistenzsystemen schreitet eine wie auch immer zu differenzierende Autonomie von Systemtechnologien voran. Es kündigt sich mit einer ›autonom‹ werdenden Informationstechnik etwas an, das sich unter dem Begriff des Zauberlehrlingsproblems fassen lässt, nämlich, dass sich der Mensch in die Hände einer Technologie begibt, die er zwar hervorgebracht hat, die er aber weder zu kontrollieren, noch zu steuern vermag. In der Entwicklung autonomer Informationstechnologien artikuliert sich allerdings ein grundlegender Widerspruch. Ein wirklich autonomes System hätte seinen Werkzeugcharakter verloren. Es stellt sich aber die Frage, warum wir ein System herstellen sollten, das Eigeninteressen artikuliert und uns in seiner angenommenen Autonomie selbstverständlich auch Dienste verweigern würde.

Ethische Schlüsselfragen

Es ist zunächst ein mit umfassenden IT-Systemen verbundener Geltungsanspruch zu prüfen, der die Bedingungen des ethisch-normativen Diskurses betrifft, nicht den normativen Diskurs selbst. Diese Bedingungen sind:
1. die Bestimmung der Wirklichkeit, in der verantwortlich gehandelt werden soll: Es muss klar sein, dass ich nicht genötigt bin einzugreifen, wenn auf der Bühne Wallenstein ermordet wird;
2. die Identität des Subjekts, dem Handlungen zugeschrieben werden sollen: Wer wie ein Schizophrener in seiner Identität nicht eindeutig zu fassen ist, kann auch nicht für seine Taten verantwortlich gemacht werden;
3. die Möglichkeit der Wahl: Wir können nur verantworten, was wir auch gewählt haben.

Diese Bedingungen werden durch die Entwicklung umfassender IT-Systeme in besonderer Weise herausgefordert – und damit die Möglichkeit eines verantwortlichen Handelns. Zwar können angewandte Ethiken die allgemeine Ethik nicht fundieren, es zeigt sich aber, dass neue mediale Bedingungen Einfluss auf die *conditio humana*, unser Handeln und damit die Grundlagen ethischer Erörterungen haben. Ab einer bestimmten Entwicklungsstufe der Informationstechnologie findet insofern eine Entethisierung des Menschen statt als Handlungszuschreibung, Wirklichkeitsbestimmung und Wahl nicht mehr möglich sind. Eine Handlungszuschreibung ist nicht mehr oder nur bedingt möglich, wenn nicht der Mensch, sondern ein autonomes System agiert. Wirklichkeitsbestimmung ist nicht mehr möglich, wenn smarte Systeme die Widerständigkeit der Wirklichkeit ausschalten oder umgehen; es ist ja die Widerständigkeit gegen unseren Formwillen, der Wirklichkeit verbürgt. Man kann im Deutschen zwischen Realität als konkreter und sachhaltiger Gegebenheit und Wirklichkeit als Verknüpfung von Realitätsstücken und Erfahrbarkeit von Widerständigkeit gegen unseren Formwillen unterscheiden. Eine Wahl ist nicht mehr gewährleistet, wenn IT-Systeme für uns und zu unserem vermeintlich Besten entscheiden und agieren.

Es ist zu fragen, ob eine normative Ethik überhaupt möglich ist, wenn die personale Identität eines Handlungssubjekts nicht mehr eindeutig zu bestimmen ist, wenn es etwa zwischen Online- und Offline-Existenz nur noch einen unverbindlichen Zusammenhang gibt und Aktionen zwar mit dem Subjekt in Verbindung stehen, nicht aber als Handlungen im Sinne bewusster Entscheidungen interpretiert werden können. Die personale Identität des Handlungssubjekts bildet sich in Widerstandserfahrungen, der Ausbildung von Widerstandpotenzialen, in Kompetenzerlangung und in Erfahrungen der Anerkennung bzw. Nichtanerkennung von Handlungen. Welche Folgen aber wird es haben, wenn Widerstandserfahrungen immer mehr reduziert werden, die Rolle des Mitmenschen in der täglichen Lebensführung schwindet und die mediale Mittelbarkeit voranschreitet? Gerät die Widerständigkeit der Wirklichkeit aus dem Blick, kann es zu Fehleinschätzungen und Fehlinterpretationen kommen wie es der Fall war als 2003 in Singapur der Versuch unternommen wurde, an den Schädeln zusammengewachsene siamesische Zwillinge zu trennen. Man verwechselte Bilder, die aus Kernspintomographen gewonnen wurden, mit der Wirklichkeit. Man vergaß, dass sie aufgrund von Messungen und Hochrechnungen generiert werden. Es handelte sich bei den gewonnenen Bildern um Modelle, nicht aber um eine Spiegelung der Verhältnisse in den verwachsenen Schädeln. Die übersehene Kluft zwischen wirklichen Verhältnissen und Bildmaterial war letztlich für den Tod der beiden Mädchen verantwortlich (vgl. Müller-Jung 2003).

Das Problem einer ›autonomen‹ Technik liegt darin, dass sie sich unserer Kontrolle und Steuerung entzieht, wenn sie ohne ausdrückliche Bedienung unsichtbar agiert und das Medium sich von den Gegenständen der Umgebung nicht mehr trennen, sich eine Schnittstelle nicht mehr wahrnehmen lässt. Das alte Paradigma einer integrierten Technik, die sich wie eine gut sitzende Brille zum Verschwinden bringt, wird angesichts einer autonom werdenden Informationstechnologie zum Problem.

Zentrale ethische Problemfelder

Nicht zuletzt die Affäre um die US-amerikanische National Security Agency hat belegt, dass umfassende IT-Systeme überwachen und manipulieren sowie Privatheit desavouieren können (s. Kap. VI.23, VII.24, 25). Dies ist die Schattenseite der Kommunikations- und Informations-, der Produktivitäts- und Effizienzgewinne, die wir durch digitale Medien erfahren. Neue Observations- und Manipulationsmöglichkeiten sind automatisierten Prozessen geschuldet. Dabei geht es nicht um gezielte geheimdienstliche Aktionen, sondern um die flächendeckende Überwachung von Kommunikations- und Informationsverhalten, um einen wissenschaftlichen, ökonomischen oder sicherheitsrelevanten Mehrwert zu erzielen. Wir alle können durch Verknüpfungs- und Zuordnungsverfahren in anonyme Gemeinschaften geraten, ohne von der Mitgliedschaft in solchen Gemeinschaften zu wissen.

Viele ethische Probleme umfassender IT-Systeme werden heute unter dem Aspekt der Analyse und Relationierung großer Datenmengen (Big Data) und der Idee ubiquitärer Netzwerktechnologien erörtert. Dabei werden bereits seit längerem diskutierte Probleme unter neuen informationstechnologischen Automatisierungs- und Handlungsoptionen diskutiert. Letztere stehen aus ökonomischen, rechtlichen, politischen und technischen Gründen nicht jedermann zur Verfügung. In informatisch hocherschlossenen Weltteilen ist trotzdem nahezu jeder von diesen Entwicklungen betroffen. Grundsätzlich müssen ethische Probleme wie der Privatheitsschutz aus diesem Grund höherstufig, d. h. in neuer technischer Einbettung diskutiert werden. Relevant ist dabei insbesondere der mit der Idee umfassender IT-Systeme verbundene Anspruch, auf das künftige Verhalten von Menschen schließen zu können. Von Bedeutung sind fünf, vom Allgemeinen zum Besonderen abgestufte, Problemfelder:

1. Die totale Berechenbarkeit der Welt und des menschlichen Lebens, mit dem eine zunehmende Entethisierung des Menschen einhergeht.
2. Die Entindividualisierung unseres Lebens, indem wir verstärkt nur noch als Rollenvertreter wahrgenommen werden.
3. Die Entmüdigungspotenziale und der Paternalismus einer zunehmend ›autonom‹ agierenden Technologie.
4. Das Verschwinden von Privatheit als Sphäre radikaler Selbstbestimmung und die Dominanz des Transparenzprinzips.
5. Neue Formen militärischer Strategien, die unter dem Stichwort Cyberwar gefasst werden.

1) *Berechenbarkeit und Entethisierung:* Mit Hilfe von Big Data-Analysen sollen Aussagen über zukünftiges Verhalten gemacht und Ereignishaftigkeit reduziert werden. Dabei wird in personalen Entwicklungen in der Regel von stabilen, kontinuierlichen und deterministisch deutbaren Entwicklungen ausgegangen. Dies ist kein grundsätzliches Problem, solange Ergebnisse nicht auf Individuen und ihr Verhalten heruntergebrochen werden. Genau das wird aber angestrebt. Man versucht Verbrechensprävention zu betreiben, indem man ›Verbrecherpersönlichkeiten‹ zu ›errechnen‹ versucht. Immanuel Kants Modell, wonach der Mensch prinzipiell imstande ist, seine Anlagen und sozialen Dispositionen zu beherrschen, kommt dabei ebenso wenig in Anschlag wie Erfahrungen der Wandelbarkeit menschlicher Einstellungen. Die Berechnung künftigen Verhaltens hat allerdings nur Sinn, wenn Konsequenzen aus ihnen gezogen werden. Diese konfligieren jedoch mit Leitwerten wie der Würde als Grundsatz der Selbstzweckhaftigkeit des Individuums oder der Autonomie als Fähigkeit des Individuums sein Leben selbst zu führen. Der Mensch wahrt nur seine Würde, wenn er als ein Wesen gefasst wird, das nicht auf erwartbare Entwicklungen reduziert wird. Würde artikuliert sich nicht nur in der Vernunft- und damit Moralfähigkeit des Menschen, sondern auch dadurch, dass er in der Einmaligkeit der Person dem Individuationsprinzip untersteht und an einem konkreten Ort und zu einem konkreten Zeitpunkt moralisches Handeln auch tatsächlich realisieren kann. Verantworten können wir nur, was auch die Möglichkeit des Scheiterns, also ein Moment der Ungewissheit impliziert. Die Reduzierung von Ungewissheit kann mit einer Entethisierung des Individuums einhergehen, denn wo es keine Wahl gibt, ist man in einem ethischen Sinne auch nicht gefordert. D. h. nicht, dass rechnende Vorgriffe auf die Zukunft ›unethisch‹ seien, problematisch ist nur, wenn ein System die Bedeutung der Wahl einschränkt oder ausschließt.

2) *Entindividualisierung:* Für umfassende IT-Systeme kommt der einzelne als Typus in den Blick. Die Rede von der Individualisierung der Systemnutzung geht insofern fehl als das System nicht ein Individuum, sondern einen Rollenvertreter fokussiert. Die Frage ist, wie das Individuum gegenüber den Ansprüchen berechenbarer Typologien bestehen kann. Da Systeme uns als Typus erfassen und unterstützen, läuft das für unser Selbstverständnis fundamentale Prinzip der Verantwortung Gefahr ausgehöhlt zu werden, denn verantwortlich handeln kann nur ein Individuum. Ein menschlicher Typus verhält sich immer nur, er handelt nicht. Das System unterstützt uns als sich verhaltende, nicht als handelnde Wesen. Dies ist solange kein Problem als es nicht um Entscheidungen geht, die mit Veränderungen einhergehen, sondern auf die Erhaltung oder Optimierung des Bestehenden bezogen sind. Auch aus dieser Perspektive wird wieder das Spannungsverhältnis von Berechenbarkeit und Verantwortung deutlich: Wird unser Leben berechenbar und in dieser Berechenbarkeit durch Systeme unterstützt, muss es auch nicht mehr geführt werden. Die Entlastung durch die Systemunterstützung kann mit Entmündigung und Entmächtigung von Individuum und Gesellschaft einhergehen, wenn sich Handeln in Verhalten auflöst.

3) *Paternalismus:* Umfassende IT-Systeme implizieren Entmündigungspotenziale und paternalistische Effekte, wenn sie kontrollierend und steuernd in allen Lebenssphären zum Einsatz gelangen, um einen Beitrag zur Rationalisierung und Optimierung bestehender Verhältnisse zu leisten. Die Systemunterstützung soll individuelle Wünsche mit den Wünschen anderer und allgemeinen Interessen kompatibel machen. Der Imperativ, der solche Systeme an uns richtet, fordert ein systemgerechtes Verhalten seiner Nutzer ein. Er lautet: Handle so, dass deine Rolle optimal ausgefüllt wird! Dabei wird dich das System unterstützen und leiten. Auch dein Wünschen wird durch das System eine sanfte Steuerung erfahren, aber es wird dafür auch eine Erfüllung erfahren. Die Systemunterstützung setzt einen Nutzer voraus, der sich auf die rationalisierende, Welt ordnende und moderierende Funktion des Systems einlässt. Dabei kann das System, das im Idealfall Ausdruck einer rational konstituierten Gesellschaft ist, versuchen, den Nutzer von der Sinnhaftigkeit der Systemunterstützung und der Anpassung an Systemvorgaben zu überzeugen. Unter dem Titel *persuasive computing* werden Versuche unternommen, insbesondere ältere, behinderte, kranke und pflegebedürftige Menschen für die Empfehlungen des Systems und dessen Nutzung einzunehmen. In der Systemunterstützung artikuliert sich sozusagen eine übergreifende Vernunft, die am besten weiß, was für den Einzelnen und die Gesellschaft gut ist. Dabei können Sonderinteressen stören. Die optimale Systemunterstützung erfährt man, wenn man in Rollen aufgeht. Tendenziell findet damit auch hier eine Reduzierung, Entmächtigung und Entmündigung des Menschen statt. Entscheidungen bezüglich seiner Lebensführung werden ihm in bestimmten Lebenssituationen nicht mehr zugetraut. Exemplarisch zeigen sich paternalistische Effekte bei der Entwicklung von Assistenzsystemen für alte Menschen, die keine Ausstiegsoption aus der Systemunterstützung vorsehen. Auch wenn es zutrifft, dass die Pflege alter, kranker und behinderter Menschen in einer sich demographisch wandelnden Gesellschaft nicht nur ein individuelles Problem ist, so widersprechen solche Systemeinrichtungen Grundsätzen unseres Selbstverständnisses, der Würde und Autonomie des Menschen sowie der Subsidiaritätsidee als Absicherung gegenüber Bevormundung. Würde und Autonomie können sich auch darin äußern, dass man gegen sein vermeintlich Bestes handelt.

4) *Privatheit:* Das derzeit meist diskutierte Problem betrifft die zunehmende Aushöhlung von Privatheit. Angesichts der Enthüllungen über Machenschaften von Geheimdiensten, aber auch der ungehemmten Nutzung privater Daten durch Facebook, nimmt das Problem im öffentlichen Diskurs eine zentrale Stelle ein. Die Gewährung von Privatheit ist eine Bedingung für die Autonomie und Würde des Einzelnen. Positiv bestimmt ist Privatheit die Idee einer radikalen Selbstbestimmung aufgrund einer Selbstbesinnung. Die Privatheitsidee ist aufs engste mit dem antiken Musebezirk (σχολή) verknüpft, der als Kernbereich des Reiches der Freiheit dem Reich der Notwendigkeit und damit der Fremdbestimmung entzogen ist. Für die antiken Griechen war das Verfügen über einen solchen Bezirk eine Bedingung zur Entfaltung des Menschseins. Der Musebezirk ist keineswegs im Sinne einer Privation negativ konnotiert, sondern notwendiges Korrelat zum öffentlichen Leben. In ihn darf kein ungebetener Gast eindringen, keine heterogene Kraft walten und keinerlei Observation betrieben werden, denn diese würden ihn zerstören. Schon die geringste Öffentlichkeit würde Selbstbestimmung einschränken, denn wir verhalten uns unbeobachtet anders als beobachtet. Freundschaft und Liebe werden durch sie verunmöglicht bzw. zerstört.

Die Frage der Möglichkeit von Privatheit als Bereich radikaler Selbstbestimmung stellt sich in Zeiten verschärfter Observation durch Sicherheitsdienste und Netzunternehmen in neuer Weise dar. Ist Privatheit im Sinne der Unbeobachtetheit zur Ausbildung einer autonomen Persönlichkeit, also als Sphäre radikaler Selbstbestimmung, in umfassenden IT-Systemen überhaupt noch möglich? Wir sind an einem Punkt angelangt, an dem sich das Verhältnis von privater und öffentlicher Existenz verschoben hat. Die normale Existenzform ist nicht mehr die der Öffentlichkeit entzogene private, sondern zunehmend die, die sich etwa in Sozialnetzen artikuliert. Der nahezu vollkommene Zugriff auf unsere Lebensäußerungen kann enorme Auswirkungen auf unser Verhalten haben. Und zwar nicht nur, weil wir im Wissen um die Observation möglicherweise unser Verhalten im Alltag disziplinieren und es allgemeinen Erfordernissen anpassen, wie es Jeremy Bentham in seinem Panoptikumsentwurf anstrebte, sondern weil wir in Beobachtungsdaten nicht mehr als veränderliches Individuum wahrgenommen, sondern in unserer Personalität festgelegt und anonymen Gemeinschaften, den Feierabendtrinkern etwa, zugewiesen werden.

Durch umfassende IT-Systeme kann das Gleichgewicht zwischen öffentlich und privat gefährdet werden. Öffentlichkeit ist heute in erster Linie nicht die Sphäre des Politischen, sondern das allgemein Zugängliche oder Unverborgene. Zugänglich sind dort vor allem die Subjekte selbst und nicht die gemeinsame Welt. Gerade letztere verschwindet aus dem Fokus, wenn Individuen in der Monade ihrer Suchanfragen gefangen sind. Eli Pariser bezeichnet die Gefangenschaft in der eigenen Weltsicht *filter bubble*. Im gleichnamigen Buch von 2012 wird die Transformation eines selbstbestimmten Ichs in einen fremdgesteuerten Konsumenten diskutiert. Seines Erachtens stehen wir am Anfang einer Ära personalisierter Weltsichten, die durch das Netz geschaffen und verfestigt werden. Mit dem von Suchmaschinen gesammelten personalen Wissen wird ein Spiegel-Ich geschaffen, das zunehmend persönliche Entscheidungen vorweg nimmt. Hochgerechnete und selbst artikulierte Interessen lassen sich kaum mehr unterscheiden. Subjektzentrierte Angebote, die von Suchmaschinenbetreibern entwickelt werden, führen zu einem Subjektverlust. Die Personalisierung der Mediennutzung führt nicht zu einem allgemein interessierten Bürger, sondern zu einem selbstzufriedenen Konsumenten. Pariser prognostiziert eine Lähmung des politischen Verhaltens und eine Zunahme isolierter Individuen. Wir werden immer weniger mit Zufälligem und Missliebigem konfrontiert, obwohl dies für die Entfaltung schöpferischen Denkens große Bedeutung hat. Man bewegt sich zwar immer im Kreis seiner Vorlieben, in einem personalisierten Netz erfährt man aber nichts mehr von der Informationsselektion. Die Individualisierung der Netzangebote schlägt um in eine Isolierung vom Gesellschaftlichen und Gemeinsamen. Die sich informierenden Subjekte werden voneinander separiert, worin Hannah Arendt das politische Programm von Diktaturen ausmachte (vgl. Arendt 1981). Privatheit wird als ein zu minimierender Bestand personaler Äußerungen gesehen, denn das Leben soll so geführt werden, dass es berechenbar ist und zu meinem und dem Wohl der Allgemeinheit auf die optimale Ausgestaltung von Rollen reduziert werden kann. Individuelle Äußerungen, die nicht einem typischen Verhalten zugeordnet werden können, gelten unter Sicherheitsgesichtspunkten möglicherweise als verdächtig. Mit dem Eindringen ins Private findet eine Einschränkung der Selbstbestimmung statt, wenn umfassende IT-Systeme uns Entscheidungen abnehmen, uns Entscheidungsspielräume nicht mehr wahrnehmen lassen und bestimmte Volitionen nicht unterstützen. Damit sind wir genötigt unsere Volitionen Systempräferenzen anzupassen, womit eine umgekehrte Adaption entsprechend des genannten Imperativs stattfindet.

Zuletzt wird Privatheit unter dem Schlagwort *forget privacy* als historisch bedingt definiert, das im Zeitalter umfassender IT-Systeme zu überwinden sei. Die Transparenz individueller und gesellschaftlicher Prozesse brächte nicht zuletzt auch politische Vorteile. Der Transparenzbegriff wird im öffentlichen Gebrauch häufig unreflektiert als demokratische Leitkategorie gesetzt. Byung-Chul Han hat in seiner Streitschrift *Transparenzgesellschaft* von 2012 auf die Schattenseiten einer totalen Transparenz hingewiesen, die eher an Nivellierung, Exhibitionismus und Voyeurismus interessiert ist als an Aufklärung. Zwar ist Transparenz eine wichtige demokratische Forderung, es muss aber bedacht werden, dass die Praxis eines bedingungslosen Öffentlichmachens mit Werten wie Vertraulichkeit, Privatheit und Intimität konfligiert.

5) *Cyberwar*: Die Idee des Cyberwars, also der Nutzung des Cyberspace als strategischen Raum und als Kampfzone setzt die Existenz umfassender IT-Systeme voraus (s. Kap. VII.34). Es geht dabei nicht nur um smarte Waffensysteme, die immer präziser, situationsangepasster und autonomer agieren, nicht nur um Logistik, sondern v. a. um die Einbettung militärischer Handlungen und deren Anschluss an zivile. Schon

Ernst Jünger macht 1931 in seinem Begriff der ›totalen Mobilmachung‹ deutlich, wie umfassend die kommunikative und technische Abstimmung in einer hochtechnisierten Gesellschaft reichen muss, wenn die militärisch-strategische Effizienz erhöht werden soll. Um dies zu erlangen, muss alles mit allem vernetzt werden. Bereits in Friedenszeiten soll die gesamte Gesellschaft auf die finale kriegerische Aktion abgestimmt werden. Jünger hat wesentliche Aspekte des Cyber Warfare vorweggenommen, wenn er feststellt, dass die totale Mobilmachung erst dann erreicht ist, wenn ihre technische Seite bereits in der Ordnung der Zivilgesellschaft sichtbar ist. Militärische Effizienz hängt von der Effizienz des Gesellschaftssystems ab, die letztlich durch informatische Dispositionen gewährleistet wird.

Das Internet hat schon in seinen Anfängen eine militärisch-strategische Rolle gespielt als man an seine Nutzung als dezentrales Informationssystem dachte, das auch nach atomaren Verwüstungen einsatzfähig bleibt. Im Cyberwar sind die Grenzlinien zwischen kriegerischen, geheimdienstlichen oder terroristischen Aktionen, zwischen Computerkriminalität und Cyberkrieg fließend. Eine völkerrechtlich verbindliche Definition des Cyberwars gibt es nicht. Es lässt sich nur schwer zurückverfolgen, wer Urheber eines Angriffs ist. Cyberangriffe sind verdeckte Angriffe. Man weiß selten, wann ein Verteidigungsfall vorliegt. Wann gibt ein Szenario eindeutige Hinweise? Etwa wenn die Energieversorgung zusammenbricht oder die Finanzsysteme? Zwischen Abwehrmaßnahmen und Angriffen, zwischen militärischen und zivilen Zielen kann kaum unterschieden werden.

Von Cyberattacken betroffen sein kann jede gesellschaftliche Einrichtung, die mit dem World Wide Web vernetzt ist. Und selbst insulare Systeme können über W-Lan, Laptops oder Sticks vom Wartungstechniker infiziert werden. Der Cyberwar findet permanent, also auch in Friedenszeiten statt. Die informatischen Bomben, also Programme, die die Logistik des potenziellen Feindes zerstören, Waffensysteme unbrauchbar machen oder die zivile Infrastruktur lahmlegen, sind schon platziert und können jederzeit zum Einsatz gebracht werden. Das Ideal des Cyberwars wäre der unbemerkte Angriff, der den Gegner militärisch handlungsunfähig macht, bevor es zu einer kriegerischen Auseinandersetzung im klassischen Sinne kommt. Trotz erheblicher Kosten für die Entwicklung von Cyberwaffen handelt es sich aber durchaus um eine preisgünstige Alternative zur Entwicklung bzw. Anschaffung herkömmlicher Waffensysteme. So könnten Staaten, aber auch nichtstaatliche Organisationen, denen Ressourcen für herkömmliche kriegerische Handlungen fehlen, den Cyberwar für ihre Zwecke nutzen. Der asymmetrische Krieg wird damit auf eine neue Stufe gehievt. Ein Trugschluss ist es aber anzunehmen, dass der Cyberkrieg unblutig sei. Zwar ist er als eine ergänzende Strategie zu verstehen, aber natürlich sterben Zivilisten, wenn Flugleitsysteme nicht mehr funktionieren und Kraftwerke in die Luft fliegen.

Lösungsstrategien

Auch wenn mit umfassenden IT-Systemen Fragen verbunden sind, die unser Selbst- und Menschenbild betreffen, müssen die derzeit sichtbaren Probleme pragmatisch angegangen werden. Der Pragmatismus speist sich aus der Einsicht, dass die mit diesen Systemen verbundenen Ansprüche hinter den technischen und ökonomischen Möglichkeiten zurückbleiben. Die Erfahrung zeigt, dass auch in technischen Entwicklungen – ähnlich wie es die Metapher der Pascalschen Wissenskugel für die Entwicklung des Verhältnisses von Wissen und Nichtwissen nahelegt – gilt, dass sich mit jedem technisch gelösten Problem eine Vielzahl neuer technischer Probleme stellt. Erfahrungsgemäß tauchen bei Systemen, die Widerstandserfahrungen reduzieren, neue ›interne‹ Widerstandserfahrungen auf.

Es erscheint sinnvoll, parallel zu einer permanenten Metaphysikkritik, die die Ansprüche bestimmter Netzentwickler, -betreiber und -propagandisten prüft, verschärft über die Entwicklung von Entnetzungsstrategien nachzudenken. Dies bedeutet nicht, dass die Systemunterstützung des Alltagslebens generell abzulehnen sei. Abzulehnen sind aber Unterstützungsmaßnahmen, die zu Fehleinschätzungen der Wirklichkeit, zu einer Identitätsschwächung oder zu einer Reduzierung von Wahlmöglichkeiten, die nicht überschaubar bleiben, führen. Identitätsschwächungen finden statt, wo es zu einem Kompetenzabbau ohne Kompensationen durch neue Handlungsoptionen kommt. Wichtig für die Handlungsfähigkeit ist, informationstechnologische Abhängigkeiten zu verringern, wenngleich eine völlige Unabhängigkeit nicht möglich ist, ohne dass kulturelle Präferenzen, die sich nun einmal auch medial äußern, infrage gestellt werden. Ein wichtiges Moment bei der Reduzierung von Abhängigkeit ist die zeitweilige und situationsabhängige Möglichkeit des Ausstiegs aus der Systemunterstützung, um wenigstens ein Stück weit Sphären der

Selbstbestimmung zu wahren. Freilich hinterlässt auch der Ausstieg eine Datenspur, die Rückschlüsse auf den Unterstützungsverweigerer zulässt. Dennoch scheint die Möglichkeit eines Ausstiegs ein erstrebenswertes Ziel, wenn sich dadurch heteronome Einflüsse auf die Gestaltung des eigenen Lebens reduzieren lassen. Neben Ausstiegsoptionen sollten auch gesetzlich Sphären garantiert sein, die keine mediale Durchdringung aufweisen. Es bedarf sowohl technischer Hilfen, gesetzlicher Regelungen als auch eines exekutiven Verfolgungswillens gegen Eindringlinge um solche Sphären zu gewähren. In einem absoluten Sinne kann natürlich keine Garantie gegeben werden. Doch darum geht es nicht. Der Staat garantiert zwar ein Recht auf Unversehrtheit, und dennoch kommt es zu Verstößen gegen dieses Recht. In einem pragmatischen Sinne geht es aber um das ernsthafte Bemühen, elementare Werte wie Würde, Autonomie und Subsidiarität zu wahren.

Es ist für einen sinnvollen instrumentellen Umgang mit umfassenden IT-Systemen wichtig, dass jederzeit Ausstiegsoptionen aus der Systemunterstützung gewährleistet werden. Dazu müssen Schnittstellen und Systemfunktionen wahrnehmbar bleiben. Des Weiteren sollten Sphären ausgewiesen werden, in denen Systeme und ihre Betreiber keine oder nur unter strengsten Auflagen Daten erheben dürfen. Insbesondere medizinische, therapeutische und pädagogische Institutionen, aber auch bestimmte ökonomische Sphären wären hier zu erwähnen; letzteres, da zunehmend marktwirtschaftliche Ungleichgewichte zu verzeichnen sind, wenn im ökonomisches Handeln aufgrund leistungsstarker Rechenkapazitäten Monopolisierungstendenzen voranschreiten.

Sinnvoll erscheint die Herstellung und Nutzung neuer Rechnerarchitekturen, die Entwicklung von Programmen, die Datensätze unverkettbar machen und Netzstrukturen, die Wahlmöglichkeiten lassen und Netzwerke stärker separieren. Auch wenn eine völlige Autonomie bei der Netznutzung illusorisch ist, sind dennoch Möglichkeiten einer sichereren, individuelleren und wertbasierten Nutzung gegeben. Es ist eine politische und technische Aufgabe, Netzwerke so zu konzipieren, dass ein Einfluss auf Datenströme genommen werden kann. Das Recht auf informationelle Selbstbestimmung und der Schutz vor dem unerlaubten Zugriff auf eigene Daten durch Dritte dürfen nicht in einen Gegensatz geraten. Dazu müssen auch europäische oder nationale Alleingänge, so problematisch diese sein mögen, in Erwägung gezogen werden, wenn die Durchsetzbarkeit globaler Regelungen nicht möglich ist. Probleme gehen derzeit von Tendenzen des Aufschubs und Abwartens aus, die nur zur Verfestigung unhaltbarer Zustände führen.

Offene Fragen der Forschung und Reflexion

Es kündigt sich im Gebiet der Aufrüstung des menschlichen Körpers eine neuartige Vernetzung einer durch umfassende IT-Systeme intelligent gewordenen Lebenswelt mit intrakorporalen Prozessen an. Über intelligente Implantate werden automatisierte Steuerungsprozesse und Eingriffe von außen möglich, die sich nicht zuletzt auch auf unsere psychische Verfassung und unser Denkvermögen auswirken können. Unser Selbst- und Weltverständnis könnte sich im Rahmen einer ›Cyborgisierung‹ unserer körperlichen Dispositionen und deren umfassenden Vernetzung mit der Lebenswelt radikal verändern – und damit auch anthropologische Fundamente. Die gattungsethische Basis unseres Zusammenlebens könnte, wie Jürgen Habermas bereits 2001 festgestellt hat, infrage gestellt werden, wenn die wechselseitige Anerkennung menschlicher Individuen aufgrund einer Überwindung der Einheit der Gattung nicht mehr gewährleistet ist. Körperliche Schwächen wären nicht mehr Gegenstand menschlicher Empathie und Hilfsbereitschaft, sondern eine technische Regulierungsangelegenheit.

Ein besonderes Problem kann sich auch aus Virtualisierungsprozessen ergeben, wenn die Welt zunehmend ihre Widerständigkeit verliert und damit Wirklichkeit nicht mehr oder nur bei Katastrophen und Systemzusammenbrüchen wahrgenommen wird. Der Wirklichkeitsverlust hat Auswirkungen auf die metaethischen Bedingungen. Die Gefahr einer Manipulation und Fremdsteuerung kann sich noch deutlich erhöhen. Selbst unsere Raum- und Zeiterfahrung kann einen Wandel erfahren, wenn umfassende IT-Systeme Raum und Zeit für uns gliedern, d. h. Nähen und Fernen festlegen und zeitliche Abläufe beschleunigen und verlangsamen können.

Die durch Analysen und Relationierung von großen Datenmengen erlangten Erkenntnisse dienen ökonomischen, gesundheits- und sicherheitspolitischen sowie gesellschaftsorganisatorischen Zwecken. Die Frage ist, wer diese Zwecke für den Einsatz umfassender IT-Systeme festlegt. Wie selbstbestimmt werden wir in einer skalierten, berechenbaren Gesellschaft noch leben können? Wird ein wirklich selbstbestimmtes Leben in einer Gesellschaft, die Privatheit nicht mehr kennt, überhaupt noch möglich sein?

Ethische Forschung wird sich verstärkt mit Fragen der Technikfolgenabschätzung beschäftigen müssen und Auswirkungen einer invasiven Technik, die in alle Felder des Lebens, in belebte und unbelebte Entitäten dringt, in den Blick bringen müssen, um Entwicklungen verantwortlich steuern zu können.

Literatur
Arendt, Hannah: *Vita Activa oder Vom tätigen Leben* [1971]. München ³1981.
Böhme, Gernot: *Invasive Technisierung. Technikphilosophie und Technikkritik.* Kusterdingen 2008.
Capurro, Rafael: Digitaler Weltentwurf (1999). In: www.capurro.de/digit.html (1.4.2015).
Capurro, Rafael: *Ethik im Netz.* Wiesbaden 2003.
Gaycken, Sandro: *Cyberwar – Das Wettrüsten hat längst begonnen. Vom digitalen Angriff zum realen Ausnahmezustand.* München 2012.
Geiselberger, Heinrich/Moorstedt, Tobias (Hg.): *Big Data – Das neue Versprechen der Allwissenheit.* Berlin 2013.
Habermas, Jürgen: *Die Zukunft der menschlichen Natur – Auf dem Weg zu einer liberalen Eugenik?* Frankfurt a. M. 2001.
Han, Byung-Chul: *Transparenzgesellschaft.* Berlin 2012.
Helbing, Dirk: *Thinking Ahead – Essays on Big Data, Digital Revolution, and Participatory Market Society.* Berlin 2015.
Heesen, Jessica: *Medienethik und Netzkommunikation. Öffentlichkeit in der individualisierten Mediengesellschaft.* Frankfurt a. M. 2008.
Hubig, Christoph: *Die Kunst des Möglichen I. Technikphilosophie als Reflexion der Medialität.* Bielefeld 2006.
Hubig, Christoph: *Die Kunst des Möglichen II. Ethik der Technik als provisorische Moral.* Bielefeld 2007.
Jünger, Ernst: Die totale Mobilmachung. In: Ders.: *Sämtliche Werke*, Bd. 7, Abt. 2, Essays I. Stuttgart 1980, 119–142.
Lanier, Jaron: *Wem gehört die Zukunft?* Hamburg 2014.
Müller-Jung, Joachim: Verblutete Zwillinge – Eine Operation, die nicht hätte stattfinden dürfen. In: *Frankfurter Allgemeine Zeitung* (10.7.2003).
Nissenbaum, Helen: *Privacy in Context. Technology, Policy and the Integrity of Social Life.* Palo Alto 2009.
Pariser, Eli: *Filter Bubble. Wie wir im Internet entmündigt werden.* München 2012.
Reichert, Ramon (Hg.): *Big Data – Analysen zum digitalen Wandel von Wissen, Macht und Ökonomie.* Bielefeld 2014.
Tavani, Herman: *Ethics & Technology. Ethical Issues in an Age of Information and Communication Technology.* Hoboken 2007.
Venter, Craig J.: *Leben aus dem Labor – Die neue Welt der synthetischen Biologie.* Frankfurt a. M. 2014.
Verbeek, Peter-Paul: *Moralizing Technology. Understanding and Designing the Morality of Things.* Chicago 2011.
Weiser, Mark: The Computer of the 21st Century. In: *Scientific American* 265/3 (1991), 94–104.
Wiegerling, Klaus/Heesen, Jessica/Siemoneit, Oliver/Hubig, Christoph: Ubiquitärer Computer – Singulärer Mensch. In: Dieter Klumpp/Herbert Kubicek/Alexander Rossnagel/Wolfgang Schulz (Hg.): *Informationelles Vertrauen für die Informationsgesellschaft.* Berlin 2008, 71–84.
Wiegerling, Klaus: *Philosophie intelligenter Welten.* München 2011.
Wiegerling, Klaus: Leib und Lebenswelt – Zum Wandel ihres Verhältnisses in intelligenten Umgebungen. In: Peter Fischer/Andreas Luckner/Ulrike Ramming (Hg.): *Reflexion des Möglichen.* Münster 2012, 225–238.
Wiegerling, Klaus: Ubiquitous Computing. In: Armin Grunwald (Hg.): *Handbuch Technikethik.* Stuttgart 2013, 374–378.
Wiegerling, Klaus: Entlastung vs. Entmündigung – Assistenz- und Pflegesysteme in Zeiten des demographischen Wandels. In: *Technikfolgenabschätzung – Theorie und Praxis* 23/1 (2014), 69–74.
Wiegerling, Klaus: The Question of Ethics in Ambient Intelligence. In: Katharina Kinder-Kurlanda/Céline Ehrwein Nihan (Hg.): *Ubiquitous Computing in the Workplace: What Ethical Issues?* Heidelberg 2015, 37–44.

Klaus Wiegerling

29 Open Data

Der digitale Wandel sowie die immer stärkere Verbreitung von untereinander vernetzten Informations- und Kommunikationstechnologien erleichtert nicht nur die Erhebung, sondern auch die Verbreitung großer Informationsmengen und führt somit zu einer neuen Diskursführung in vielen Bereichen der Gesellschaft. Es kommt zu einer Neuaushandlung darüber, welche Informationen frei und öffentlich zugänglich sein sollten – wobei sowohl Informationen von öffentlichen als auch von privaten Institutionen gemeint sind. Diese Aushandlung ist von entscheidender Bedeutung, da frei zugängliche Informationen gerade aus der Politik, der Verwaltung oder der Wirtschaft maßgeblich die öffentliche Meinungsbildung beeinflussen können. Anhand der Tatsache, dass an verschiedensten Stellen mit ›Transparenzoffensiven‹ geworben wird, wird ersichtlich, dass die öffentliche Verfügbarkeit von Daten gesellschaftlich erwünscht ist (s. Kap. III.8). Offenheit und die Nachvollziehbarkeit von Entscheidungsgrundlagen steigern Vertrauensniveaus. Ausgeprägte Vertrauensverhältnisse wiederum schaffen Akzeptanz und Legitimation für Entscheidungen. So wird das Konzept der öffentlichen Daten häufig in einen Zusammenhang mit der Idee des Open Government gestellt; d. h., durch die öffentliche Zugänglichkeit von Daten werden die Voraussetzungen für die bürgerliche Mitgestaltung der Politik und für eine verstärkte Einbindung der Öffentlichkeit in staatliche Entscheidungsfindungsprozesse geschaffen. Insofern werden die Bedingungen politischer Entscheidungsfindungsprozesse durch die Verfügbarkeit von Informationen in digitaler Form im Internet maßgeblich beeinflusst. Open Data steht dafür, dass Transparenz und Partizipation ineinandergreifen und dass die politische Willensbildung auf eine breitere Basis gestellt wird.

Die weitreichende Umsetzung von Open Data Konzepten erfordert eine entsprechende Aufrüstung und Anpassung digitaler Technologien und juristischer Rahmenbedingungen. Dazu gehören insbesondere datenschutzrechtliche Vorgaben, welche Missbrauchspotenziale von Daten reduzieren. Dem vorausgehend müssen geeignete Informationsbestände digitalisiert und in die Form maschinenlesbarer Daten gebracht werden. Anschließend müssen übersichtliche Datenportale und -kataloge bzw. entsprechende Web 2.0 Anwendungen erstellt werden, um die Daten nutzerfreundlich auszugeben. Schlussendlich müssen die Veränderungsmaßnahmen kommuniziert werden, sodass die neu erstellten Informationsportale breite Aufmerksamkeit finden können und es zu einer möglichst umfangreichen Nutzung öffentlicher Daten kommen kann.

Open Data bietet zahlreiche Möglichkeiten für fach- und bereichsspezifische Applikationen. Im Bereich etwa der Politik können Plattformen genutzt werden, in denen sich die Bürger über das Abstimmungsverhalten von Parlamentariern informieren. Auf kommunalen Transparenzportalen können Bürger städtische Verwaltungsdokumente, Beschlüsse, Statistiken, Verkehrsinformationen einsehen. Allgemein liegen darüber hinaus wissenschaftliche Publikationen, Hörfunk- und Fernsehsendungen, Umwelt- und Geodaten sowie Daten zum Thema Gesundheit, Justiz, Infrastruktur, Kultur, Soziales und Verbraucherschutz online vor. Infrastrukturen können besser verwaltet werden, indem sich Bürger auf einfachen Wegen mit Behörden austauschen. Auch in anderen Bereichen können Bürger selbst zu Datenlieferanten werden, etwa indem sie geografische Angaben in Datenbanken einspeisen und so frei verfügbare, digitale Karten erstellen und bei der Kartographierung von Straßen mithelfen. So gibt es zahlreiche Bereiche, in denen Daten aus unterschiedlichen Feldern frei und öffentlich zugänglich gemacht werden.

Konzepte

Open Data bedeutet, eine strukturelle Ergänzung von Informationsfreiheits- und Informationszugangsrechten vorzunehmen. Die Idee der öffentlichen Daten steht dafür, dass Daten frei und ohne Einschränkungen zur allgemeinen Nutzung zugänglich gemacht werden. Das Internet stellt hierbei die technische Infrastruktur zur Verbreitung der Daten dar, welche sowohl von öffentlichen oder privat(wirtschaftlich)en Stellen, von Hochschulen, Rundfunksendern oder anderen Organisationen stammen können. Sie werden in maschinenlesbaren, durchsuchbaren und interoperablen, d. h. untereinander kombinierbaren Formen aufbereitet und in entsprechenden Informationsportalen frei zur Verfügung gestellt. Ausdrücklich dem Konzept von Open Data entspricht die proaktive Bereitstellung von Daten. Gerade mit Blick auf Behörden wird eine Einsicht in Akten und Datenbestände bislang nur auf Anfrage hin im Rahmen des Informationsfreiheitsgesetzes (IFG) gewährt. Bevor das Internet als zentrales Informations- und Meinungsfindungsportal der Gesellschaft fungierte, bezogen sich Bemühungen um Transparenz in erster Linie auf Möglichkeiten der Einsichtnahme in Akten. Informationen wurden so auf Nachfrage bekannt. Open Data erleichtert diesen Vorgang, indem Informationen in digitaler Form proaktiv im Internet veröffentlich werden – und somit gesonderte Anfragen und aufwändige Auskunftsverfahren bei Behörden, deren genaue Modalitäten im Informationsfreiheitsgesetz geregelt sind, oder anderen Stellen überflüssig werden. Anzumerken ist, dass das Informationsfreiheitsgesetz, welches festlegt, wie weit Behörden Informationen in außer-behördlichen Kontexten bereitstellen dürfen, von der Idee der Open Data nur insofern beeinflusst wird, dass es sich hierbei um eine mögliche Ergänzung von Informationsfreiheitsrechten handelt, nicht um einen Ersatz (vgl. Buhr 2014, 98).

Open Data bedeutet jedoch, dass Datensätze proaktiv publiziert werden, dass also die Initiative zur Veröffentlichung von den Behörden selbst ausgeht und es keiner gesonderten Anfragen mehr bedarf (vgl. Darbishire 2010). Akten, welche auf Anfrage hin dem Antragsteller zur Verfügung gestellt worden sind, dürfen in der Regel nur in einem durch restriktive Nutzungsrechte definierten Rahmen, welcher von Datenschutzbestimmungen und Urheberrechten flankiert ist, verwendet werden. Im Kontext von Open Data jedoch erweitern sich Nutzungsrechte von Daten, sodass veröffentlichte Akten und Daten ohne Einschränkungen auch für kommerzielle Zwecke weiterverwendet werden dürfen. Geheimhaltungsgrundsätze und eingeschränkte Nutzungsrechte weichen Offenheit und Transparenz, welche wiederum demokratische Kontrollmöglichkeiten auf Seiten der Bürger stärken (vgl. Lucke 2010, 7).

Der Begriff Open Data unterliegt keiner klaren Definition. Lediglich der Begriff ›Open‹ wird – etwa von Seiten der Open Knowledge Foundation – einer Definition unterzogen. Daten, Informationen oder Wissen sind demnach dann ›offen‹, wenn sie ohne zeitliche Limitierung für jeden frei zugänglich sind und benutzt, modifiziert und geteilt werden können. Öffentliche Daten sind mit einer entsprechenden Lizenz versehen. Diese gestattet, zumindest gemäß der Angaben der Open Knowledge Foundation, eine Weiterverwendung der Daten zu beliebigen, also auch ökonomischen Zwecken. Sobald öffentliche Daten aus unterschiedlichen Quellen über Organisations- und Ländergrenzen hinweg miteinander vernetzt werden, spricht man von Linked Open Data (vgl. Berners-Lee, Bizer/Heath 2009). Durch eine erweiterte Auswertung interoperabler Datenmengen können durch die Verknüpfung von Datenbeständen neue Zusammenhänge erkannt werden.

Open Data insgesamt stellt lediglich einen Oberbegriff dar, welcher durch Unterbegriffe wie Open Science, Open Government oder Open Source auf unterschiedliche Bereiche angewendet wird. In jedem Bereich verspricht man sich durch nicht-restringierte, frei zugängliche Daten- und Informationsströme, durch Weiterverarbeitungsmöglichkeiten von Informationen – deren genaue Modalitäten im Informationsweiterverwendungsgesetz (IWG) geregelt sind – sowie durch eine vermehrte Transparenz bereichsspezifische Nutzengewinne, seien es gesteigerte Problemlösungskapazitäten in der Wissenschaft, neue Partizipationsmöglichkeiten in der Politik oder die bessere Nachvollziehbarkeit der Funktionalität quelloffener Software und nicht-proprietärer Dateiformate. Indem Institutionen Daten frei zur Verfügung stellen, öffnen sie sich für Umwelteinflüsse in Form von Reaktionen auf die verfügbaren Daten. Damit werden neue Modi der Diskursführung etabliert, welche die Kommunikationsdichte, den *idea flow* und damit die Innovativität in der Gesellschaft erhöhen können (vgl. Pentland 2014).

Signifikant an Popularität gewonnen hat das Konzept Open Data durch ein veröffentlichtes Memorandum des amerikanischen Präsidenten Barack Obama mit dem Titel »Transparency and Open Government« (vgl. Obama 2009). Hier werden Transparenz, Partizipation und Kollaboration als Leitorientierungen der Politik genannt. Weitere Organisationen, welche sich für die Verbreitung von offenen und öffentlichen Daten einsetzen, sind etwa die bereits genannte Open Knowledge Foundation oder die Sunlight Foundation, welche neben anderen Organisationen in der Global Open Data Initiative zusammengefasst sind. Während jene Organisationen zur Förderung von Open Data eine maximale Öffentlichkeit und Transparenz der Daten anstreben, ist in der Praxis zu beobachten, dass bei vielen Open Data Initiativen diese Öffentlichkeit dennoch eingeschränkt ist, so beispielsweise durch die Unvollständigkeit von Datensätzen, durch deren fehlende Maschinenlesbarkeit oder proprietäre Dateiformate, durch entstehende Kosten etwa durch Datenvolumengebühren oder andere Zugangshürden. Gerade Akteure der Wirtschaft versuchen, Imagegewinne über Open Data zu erzielen, stehen dabei jedoch in der Kritik, bloßes ›open-washing‹ zu betreiben. »We are seeing a rising trend of what can be termed ›open-washing‹ (inspired by ›greenwashing‹) – meaning data publishers that are claiming their data is open, even when it's not – but rather just available under limiting terms« (Villum 2014). Darüber, wie weitreichend sich die Idee der offenen Daten tatsächlich entsprechenden Initiativen in den verschiedenen gesellschaftlichen Bereichen realisieren, kann nur spekuliert werden. Anhand verschiedener Anwendungsbereiche kann jedoch zumindest ein Trend erkannt werden, welcher Open Data zu einem Konzept mit Zukunft macht.

Anwendungsbereiche

Wie ausgeführt, steht Open Data dafür, Daten in Form digital verfügbarer Informationen öffentlich zugänglich zu machen. Die Daten stammen dabei aus unterschiedlichen Kontexten. In erster Linie geht es um Daten aus der Politik bzw. der Verwaltung, aber auch aus der Wissenschaft, der Wirtschaft oder anderen Bereichen. Konkret können dies Datenbanken und Statistiken sein, wissenschaftliche Paper, Unternehmens-, Umwelt-, Wetter- oder Verkehrsdaten, Mediatheken, Lexika, Daten aus den Bereichen der Städte- und Wohnungsplanung, des Entsorgungswesens oder Gesundheitsdaten, Bevölkerungsdaten, Bildungsinhalte, Rechtsinhalte oder auch Tickermeldungen. Ungeachtet der Vielfalt der Einsatzgebiete von Open Data sollen im Folgenden schwerpunktmäßig die Bereich Politik und Wissenschaft beleuchtet werden.

»[…] despite their special position in capturing information, governments have often been ineffective at using it. Recently the idea has gained prominence that the best way to extract the value of government data is to give the private sector and society in general access to try« (Mayer-Schönberger/Cukier 2013, 116). Open Government Data stehen für die Öffnung von Staat und Verwaltung, für einen Ausbau von bürgerlichen Beteiligungsrechten an der Politik sowie für die Modernisierung demokratischer Meinungs- und Willensbildungsprozesse in einer digitalen, vernetzten Welt. Die ›offene Staatskunst‹ soll die Effektivität und Legitimität von Politik und Verwaltung verbessern (vgl. Internet & Gesellschaft Co:llaboratory 2010). Es geht nicht nur um die Offenheit des Staates und seiner Verwaltung für Zugriffe auf Informationen von nichtstaatlichen Akteuren, sondern gleichsam um eine Offenheit für Ideen und Anregungen seitens der Bürgerschaft (*e-participation*).

In einem politischen Kontext steht Open Data in Zusammenhang mit drei Kerngrößen demokratisch organisierter politischer Systeme: Transparenz, Partizipation und Kollaboration (vgl. Martini 2014, 13). Transparenz ermöglicht es, politische Interessenlagen und Entscheidungsfindungen nachvollziehen, überwachen und kritisieren zu können – und somit gleichsam eine staatliche Rechenschaftspflicht sowie ein breiteres Verantwortungsbewusstsein zu etablieren (vgl. Brin 1998, 119). Die ausführliche Kenntnis über jene Entscheidungsfindungen wiederum ist die beste Grundlage für politische Partizipation, also für die Einbeziehung der kollektiven Intelligenz informierter Bürger in das politische Geschehen. Die Möglichkeit der Bürger, durch Einsicht in bundes-, landes- oder kommunalbehördliche Verwaltungsdaten an politischen Entscheidungsfindungsprozessen aktiv mitwirken zu können, ergibt sich unter den Vorzeichen von Open Data und Open Government nicht mehr allein zu bestimmten Zeitpunkten während demokratischen Wahlen, sondern permanent. »Consequently, public involvement, getting ideas and suggestions, is a daily activity, aiming to have a wider inspiration in managing and to collect feedback in already started actions« (Murgante/Borruso 2013, 633). Die konstante Einbeziehung der Bürger über Wikis, soziale Netzwerke, Foren oder Blogs steigert die Qualität und stärkt die Legitimation politischer Entscheidungen, sodass eine Zusammenführung von bürgerlichen und staatlichen Kompetenzen stattfinden kann. Letztlich handeln politische Entscheidungsträger unter diesen Vorzeichen immer in dem Bewusstsein, dass eine Vielzahl ihrer Entscheidungen öffentlich nachvollziehbar und kontrollierbar ist. Schlussendlich können Initiativen für Open Government Data die allgemeine Identifikation der Bürger mit der Demokratie sowie mit den demokratischen Werten stärken.

Für Open Data im Bereich der Behörden- und Staatsinformationen hat die Sunlight Foundation zehn Prinzipien herausgegeben (vgl. Sunlight Foundation 2010), in denen verschiedene Anforderungen, welchen die öffentlichen Daten genügen müssen, beschrieben werden. So müssen Datensätze vollständig sein und sollten keine Lücken enthalten, es muss sich um behördliche Primärquellen handeln – die Daten müssen also von den Behörden selbst erhoben worden sein –, die Daten dürfen in keinem allzu großen Abstand zum Zeitpunkt ihrer Erhebung stehen, sie müssen leicht, diskriminierungsfrei und ohne unnötige Hürden – wie zum Beispiel Logins – zugänglich sowie maschinenlesbar und in einem gängigen Datenformat verfügbar sein. Auch veraltete Datensätze müssen archiviert werden und sollten permanent auffindbar sein (s. Kap. VII.30).

Auch im Bereich der Wissenschaft kündigen sich mit den Möglichkeiten vernetzter Kommunikationstechnologien auf der einen und mit Open Data Initiativen auf der anderen Seite neue Formen der Organisation von Informationen an. Bereits in seinen Anfängen ist das Internet für wissenschaftliche Zwecke entwickelt worden. Es sollte der engeren Vernetzung von Forschern dienen und den raschen Austausch von Forschungsergebnissen erleichtern. Dieser Idee folgend, hat sich das Internet zu der einschlägigen Plattform für den Austausch und die Verbreitung wissenschaftlichen Wissens entwickelt. Im Zusammenhang mit Open Data wird mit Begriffen wie Open Science, Open Research, Science 2.0, Digital Humanities, eScience oder auch Mode 2 (vgl. Bartling/Friesike 2014, 9; Gibbons et al. 1994) versucht, die neuen Formen der Organisation wissenschaftlichen Wissens zu beschreiben. Das Konzept Open Data beschäftigt sich hier mit einer veränderten informationstechnischen Infrastruktur der Wissensverbreitung, mit veränderten Möglichkeiten der Kollaboration zwischen Wissenschaftlern, mit veränderten Bedingungen der Zugänglichkeit von Wissen und damit auch mit neuen Rezipienten und Fachöffentlichkeiten wissenschaftlicher Arbeiten sowie mit neuen Möglichkeiten der Evaluation von Forschungsergebnissen (vgl. Fecher/Friesike 2014).

Gedruckte Journals, über welche die Verbreitung sowie die Bedeutung von Beiträgen in der Regel bemessen, kontrolliert und vor allem limitiert wird, verlieren durch Open Science ein Stückweit an Bedeutung. Die Publikationspraxis unter Open Science ist ›lockerer‹. Bisweilen entfällt die ›Gatekeeper-Funktion‹ der klassischen Fachzeitschriften. In diesem Zusammenhang kann sich die fehlende Qualitätssicherung publizierter Forschungsergebnisse als problematisch erweisen. Andererseits können Fachaufsätze im Internet offen und für eine breite Allgemeinheit zur Diskussion gestellt werden. Die Forschungspraxis bekommt zudem einen stärker kollaborativen Charakter. »[...] problems have become more complex and often require a joint effort in order to find a solution« (Tacke 2010, 37). Open Data steigert das soziale Kapital von Forschungsgemeinden. Es ermöglicht eine leichtere Zusammenarbeit zwischen Forschern, zunehmende Innovationsimpulse durch wertvolle gegenseitige Anregungen und damit eine effizientere Erkenntnisproduktion. Damit einhergeht, zumindest der Möglichkeit nach, eine gesteigerte Problemlösungskapazität der Wissenschaften insgesamt.

Open Science Data ist als eine Art Gegenmodell zur restriktiven Verbreitungspraxis wissenschaftlicher Forschungsergebnisse über Journals zu sehen sowie als Gegenmodell zu einer insgesamt ungleichen Verteilung von Wissen in der Gesellschaft (vgl. Cribb/Sari 2010).

»Science is built on data: its collection, analysis, publication, reanalysis, critique, and reuse. However, the current system of scientific publishing works against maximum dissemination of the scientific data underlying publications. Barriers include inability to access data, restrictions on usage applied by publishers or data providers, and publication of data that is difficult to reuse [...]« (Molloy 2011, 1).

Open Data hebt die Zugangsbarrieren zu Forschungstexten auf – und fördert so den Ausbau der Wissensgesellschaft insgesamt. Die freie Verfügbarkeit von wissenschaftlichen Veröffentlichungen steigert gleichsam die Effektivität und den Innovationsprozess von Forschung selbst, da die Wahrscheinlichkeit, dass für einen Forschungskontext relevante Daten übersehen oder nicht zugänglich gemacht werden können, sinkt.

Diskussion

Die Idee der Open Data hat in den verschiedenen Bereichen der Gesellschaft, in denen sie sich niederschlägt, positive und negative Auswirkungen. Einige dieser Auswirkungen sollen im Folgenden diskutiert werden. Sie beziehen sich auf die Bereiche des Staates bzw. der Verwaltung, auf Geheimhaltungsinteressen, die Aufbereitung, Selektion und Interpretation von Daten sowie den Datenschutz. Beginnend beim Feld des *Staates bzw. der Verwaltung* ist zu konstatieren, dass zwischen der Theorie der gemeinwohl- und demokratiefördernden Auswirkungen von Open Data und Open Government und der Realität bürokratischer Transparenzniveaus eine Lücke klafft. Nicht überall, wo ein Bürgerinteresse vorhanden ist, ist auch ein entsprechender Wille zu staatlicher bzw. behördlicher Auskunfts- und Öffentlichkeitsarbeit (vgl. Gusy 2014, 83). Angebot und Nachfrage gehen nicht in eins. Allzu oft überwiegen staatliche Geheimhaltungsinteressen die Interessen der Öffentlichkeit an der freien Zugänglichkeit zu Daten. Staatliche Geheimhaltungsinteressen setzen ganz generell dort ein, wo die Funktionsfähigkeit der Staatsgewalt durch Transparenz gefährdet würde. »[...] to the extent that code becomes open, government's power is reduced« (Lessig 2006, 152). Der Wunsch nach Geheimhaltung besteht dort, wo der Staat durch die Einrichtung einer Zugangsmöglichkeit zu Daten eine Einschränkung politischer Operationen etwa bei der Strafverfolgung zu befürchten hat oder wo die Rechte Dritter, etwa die Privatsphäre der Bürger, verletzt würden. Hierbei geht es zumeist um sicherheits- oder personenbezogene Daten. In vielen Bereichen, in denen Zugangsbeschränkungen über Staatsinformationen etabliert sind, wird dies unter Berufung auf den Grundsatz der Eigenverantwortlichkeit der Staatsgewalt legitimiert. Der Staat, so die Überlegung, verantwortet selbstständig die Geheimhaltung bestimmter Daten. So können Auskunftsansprüche nicht an Amts- oder Staatsgeheimnisse gerichtet werden.

Wirtschaftliche Geheimhaltungsinteressen dagegen beziehen sich in der Regel auf Aspekte des Wettbewerbs. Es geht um den Schutz von Geschäfts- oder Betriebsgeheimnissen. Sofern beispielsweise privatwirtschaftliche Unternehmen Auskunftsansprüche gegenüber dem Land geltend machen, um Informationen über Landesunternehmen, welche ebenfalls wirtschaftlich tätig und damit Mitbewerber auf dem Markt sind, zu erhalten, können Wettbewerbsnachteile für die Landesunternehmen entstehen (vgl. Dreyer 2014). Weniger ›legitime‹ Geheimhaltungsinteressen auf Seiten der Wirtschaft beziehen sich auf die Verschleierung von Korruption, Untreue, Betrug, Spionage etc.

Die Verbreitung und Verwendung von Open Data setzt das Vorhandensein und die Benutzung informationstechnischer Systeme voraus. Die in diesem Zusammenhang erforderlichen Verfügbarkeiten von Geräten und Kompetenzen unterliegen gewissen Einschränkungen. Diese betreffen die unter dem Begriff *digital divide* gefasste Kluft zwischen Personen, welche Zugang zu digitalen Kommunikationstechniken haben und diese bedienen können und Personen, denen dies mehr oder weniger verwehrt ist. Indem der Zugang zum Internet zur Bedingung wird, um von Open Data zu profitieren, werden bestimmte Gesellschaftsgruppen strukturell benachteiligt.

Problematisch ist darüber hinaus die Frage nach der *Aufbereitung*, *Selektion* und *Interpretation* von Daten. Dass Daten verbreitet und öffentlich zugänglich gemacht werden, reicht allein nicht aus. Sie müssen lesbar oder anderweitig visuell aufbereitet und von einem Empfänger aufgenommen und verstanden werden. Allerdings dürfte in der Regel kaum jemand die Menge der zu einem Sachverhalt anfallenden Daten insgesamt einsehen und analysieren können. Die Beschränkung der Aufnahmekapazität einer Person kann allein durch eine organisierte Sichtung von Informationen und Daten durch größere Personengruppen erweitert werden. Weitere, jedoch weniger befriedigende Möglichkeiten, mit einem Überangebot an Informationen umzugehen, bestehen darin, sie selektiv nach individuellen Gesichtspunkten zu sondieren. Dies erfordert eine gezielte Durchsuchbarkeit der Daten. Indem Datenmengen jedoch durchsuchbar gemacht werden, wird zwischen den Datenmengen und ihren Rezipienten eine Zwischeninstanz in Form von Suchalgorithmen geschaltet, welche wiederum Relevanzkriterien bestimmt und vorfiltert, welche Daten über welche Suchanfrage eingesehen werden können. Den gleichen Effekt besitzt eine händische Vorsortierung von Datenmengen. »Die Bereitstellung der Daten auf Portalen und in Datenkatalogen ist […] nur ein erster Schritt. Damit Open Data zum gewünschten Erfolg führt, braucht es Nutzer und Multiplikatoren, die Daten in Anwendungen und Services aufbereiten und damit für eine breite Masse an Menschen zugänglich und nutzbar machen« (Kloiber 2014, 203). Um dies zu erreichen, muss das potenzielle Überangebot an Informationen, welches durch Open Data entsteht, auf bestimmte wesentliche Aspekte reduziert werden. Hier knüpfen neue Formen des Journalismus an, welche sich der Aufbereitung großer Datenmengen widmen. Im Datenjournalismus werden unübersichtliche Datenmengen gesammelt, analysiert, über journalistische Relevanzkriterien gefiltert und zentrale Kenntnisse über verständliche, zumeist visuelle Darstellungsformen aufbereitet.

Ein weiterer Diskussionspunkt ist das Spannungsverhältnis, welches mitunter zwischen Open Data und Bemühungen um den *Datenschutz* identifiziert wird. Daten können personenbezogene Informationen enthalten, sodass durch die öffentliche Zugänglichkeit personenbezogene Informationen freigegeben werden. Insbesondere können durch die Kombination und Verknüpfung verschiedener öffentlicher, von Personenbezügen gereinigter und somit anonymisierter Datensätze unter Umständen dennoch Personenbezüge hergestellt werden. Auch in diesem Zusammenhang können datenschutzrechtliche Regelungen verletzt werden. Daten müssen demnach entweder so publiziert werden, dass personenbezogene Inhalte aus diesen herausgekürzt werden und möglichst auch durch die Kombination mit anderen Datensätzen nicht wieder rekonstruiert werden können. Oder es muss zu einer fallbezogenen Abwägung der widerstreitenden Interessen kommen, wobei die Interessen des Antragstellers gegen die Interessen der von der

Dateneinsicht betroffenen Personen abgewogen werden. Faktisch sind datenschutzrechtliche Überlegungen sowie strenge Urheber- und Wettbewerbsrechte zumindest in Deutschland dafür verantwortlich, dass Bemühungen um mehr öffentliche Daten behindert werden. In diesem Kontext steht ebenfalls der Kritikpunkt, dass der im Datenschutz verankerte Grundsatz der Zweckgebundenheit von Daten verletzt werden kann, indem Daten, welche öffentlich zugänglich gemacht werden, zu Zwecken verarbeitet werden, welche nicht im Zusammenhang jener Zwecke stehen, zu denen sie erhoben worden sind.

Initiativen für Open Data fordern, abstrakt gesagt, freie, liquide Daten- und Informationsflüsse. Doch je mehr Daten aus vormals zugangsgeschützten digitalen Kontexten freigesetzt werden, desto mehr Daten können auf einfachem Wege von Geheimdiensten und großen IT-Unternehmen gesammelt werden. Open Access fördert die ohnehin bereits gigantische Informationsmacht dieser Akteure in noch stärkerem Maße (vgl. Lanier 2013). Daten haben einen ökonomischen Wert. Statistiken, Geodaten, Verkehrsdaten, Umweltdaten etc. können in Wertschöpfungsprozesse eingebunden und kapitalisiert werden. Die Weiterverwendung und kommerzielle Nutzung von öffentlichen, kostenlos zugänglichen Daten ist jedoch insofern problematisch, als dass die Erhebung der Daten unter Umständen durch Steuergelder finanziert worden ist und eine Weitergabe der Daten für kommerzielle Zwecke daher unangemessen sein kann.

Open Data begründet trotz aller kritischen Aspekte in vielen Bereichen der Gesellschaft neue Modi der Diskursführung. Insbesondere in der Politik und der Wissenschaft sind konkrete Entwicklungen auszumachen, die bedingen, dass Daten freigegeben werden, also dass Zugangsbarrieren zu Daten aufgehoben werden und eine freie Weiterverwendung der Daten erlaubt wird. Neben den genannten, kritisch zu betrachtenden Aspekten zeichnet Open Data für viele Veränderungen verantwortlich, welche durchaus positiv zu bewerten sind. Open Data steht für eine Stärkung demokratischer Werte und Verfahrensweisen, für eine freie und innovative Wissenschaft sowie für eine transparente Wirtschaft. All dies sind wünschenswerte Aspekte, welche an Open Data festgemacht werden können.

Literatur

Bartling, Sönke/Friesike, Sascha: Towards Another Scientific Revolution. In: Sönke Bartling/Sascha Friesike (Hg.): *Opening Science. The Evolution Guide on How the Internet is Changing Research, Collaboration and Scholarly Publishing.* Heidelberg 2014, 3–16.

Berners-Lee, Tim/Bizer, Christian/Heath, Tom: Linked Data: The Story So Far. In: *International Journal on Semantic Web and Information Systems* 5/3 (2009), 1–22.

Brin, David: *The Transparent Society. Will Technology Force Us to Choose Between Privacy and Freedom?* New York 1998.

Buhr, Carl-Christian: Open Data in Europa – 10 Thesen. In: Hermann Hill/Mario Martini/Edgar Wagner (Hg.): *Transparenz, Partizipation, Kollaboration. Die digitale Verwaltung neu denken.* Baden-Baden 2014, 97–107.

Cribb, Julian/Sari, Tjempaka: *Open Science: Sharing Knowledge in the Global Century.* Collingwood 2010.

Darbishire, Helen: *Proactive Transparency: The Future of the Right to Information? A Review of Standards, Challenges, and Opportunities.* Washington, D. C. 2010.

Dreyer, Malu: Moderner Staat und mündige Bürger und Bürgerinnen: Chancen der digitalen Entwicklung für das demokratische Gemeinwesen. In: Hermann Hill/Mario Martini/Edgar Wagner (Hg.): *Transparenz, Partizipation, Kollaboration. Die digitale Verwaltung neu denken.* Baden-Baden 2014, 19–24.

Fecher, Benedikt/Friesike, Sascha: Open Science: One Term, Five Schools of Thought. In: Sönke Bartling/Sascha Friesike (Hg.): *Opening Science. The Evolution Guide on How the Internet is Changing Research, Collaboration and Scholarly Publishing.* Heidelberg 2014, 17–47.

Gibbons, Michael/Limoges, Camille/Nowotny, Helga/Schwartzman, Simon/Scott, Peter/Trow, Martin: *The New Production of Knowledge. The Dynamics of Science and Research in Contemporary Societies.* London 1994.

Gusy, Christoph: Der transparente Staat. In: Hermann Hill/Mario Martini/Edgar Wagner (Hg.): *Transparenz, Partizipation, Kollaboration. Die digitale Verwaltung neu denken.* Baden-Baden 2014, 81–93.

Internet & Gesellschaft Co:llaboratory: »Offene Staatskunst«: Bessere Politik durch »Open Government«? (2010). In: http://dl.collaboratory.de/reports/Ini2_Offene-Staatskunst.pdf (11.5.2016).

Kloiber, Julia: Von offenen Daten zu nützlichen Anwendungen – Ein kollaborativer Prozess. In: Hermann Hill/Mario Martini/Edgar Wagner (Hg.): *Transparenz, Partizipation, Kollaboration. Die digitale Verwaltung neu denken.* Baden-Baden 2014, 203–209.

Lanier, Jaron: *Who Owns the Future?* New York 2013.

Lessig, Lawrence: *Code: Version 2.0.* New York 2006.

Lucke, Jörn von/Geiger, Christian P.: *Open Government Data: Frei verfügbare Daten des öffentlichen Sektors. Gutachten für die Deutsche Telekom AG zur T-City Friedrichshafen.* Friedrichshafen 2010.

Martini, Mario: Transparenz, Partizipation und Kollaboration als Leitbilder einer digitalen Zeitwende. In: Hermann Hill/Mario Martini/Edgar Wagner (Hg.): *Transparenz, Partizipation, Kollaboration. Die digitale Verwaltung neu denken.* Baden-Baden 2014, 11–15.

Mayer-Schönberger, Viktor/Cukier, Kenneth: *Big Data: A Revolution Than Will Transform How We Live, Work, and Think.* New York 2013.

Molloy, Jennifer C.: The Open Knowledge Foundation:

Open Data Means Better Science. In: *PLoS Biology* 9/12 (2011), 1–4.

Murgante, Beniamino/Borruso, Giuseppe: Cities and Smartness: A Critical Analysis of Opportunities and Risks. In: Beniamino Murgante/Sanjay Misra/Maurizio Carlini/Carmelo M. Torre/Hong-Quang Nguyen/David Taniar/Bernady O. Apduhan/Osvaldo Gervasi (Hg.): *Computational Science and Its Applications–ICCSA 2013*. Berlin 2013, 630–642.

Obama, Barack: Transparency and Open Government (2009). In: http://www.whitehouse.gov/the_press_office/TransparencyandOpenGovernment (6.3.2015).

Pentland, Alex: *Social Physics. How Good Ideas Spread – The Lessons from a New Science*. New York 2014.

Sunlight Foundation: *Ten Principles for Opening up Government Information*. Washington, D. C. 2010.

Tacke, Oliver: Open Science 2.0: How Research and Education Can Benefit from Open Innovation and Web 2.0. In: Theo J. Bastiaens/Ulrike Baumöl/Bernd J. Krämer (Hg.): *On Collective Intelligence*. Berlin 2010, 37–48.

Villum, Christian: »Open-Washing«: The Difference Between Opening Your Data and Simply Making them Available (2014). In: http://blog.okfn.org/2014/03/10/open-washing-the-difference-between-opening-your-data-and-simply-making-them-available/ (11.5.2016).

Thilo Hagendorff

30 Digitale Überlieferung

Unter dem Begriff der ›digitalen Überlieferung‹ wird hier eine dreifache Aufgabe verstanden: (1) Die *Notwendigkeit der Weitergabe*: Information muss über sehr lange Zeiträume verständlich, also Wissen generierend, in der *Verantwortung für zukünftige Generationen* weitergegeben werden. Diese – ethisch begründbare – Notwendigkeit beruht auf den langfristigen Auswirkungen heutigen technologischen Handelns. (2) Die *Tradierung von Kulturgütern*: Es besteht die gesellschaftliche Notwendigkeit, analog vorhandene *Kulturgüter* aller Art zu erfassen, sie zu digitalisieren und damit vor dem Verfall zu bewahren. (3) Die *praktischen Herausforderungen einer Vererbung digitaler Bestände, die wir hereditäre Weitergabe nennen wollen*: Es bestehen sowohl der Wunsch wie die wirtschaftliche Notwendigkeit, bereits digital erzeugte und vorliegende Quellen und zunehmend auch *digitale Nachlässe* zu speichern und erschließbar vorzuhalten.

Bei diesen drei Aufgaben ergibt sich ein zweifaches ethisches Problem der digitalen Überlieferung. Zum einen müssen wir eine Auswahl dessen treffen, was wir überliefern müssen und wollen, weil wir nicht alles digitalisieren und auf unabsehbare Zeiten erschließungsfähig aufbewahren können. Zum anderen ergibt sich wegen prekärer technologischer Hinterlassenschaften wie z. B. nuklearer Abfall eine moralische Pflicht zur Weitergabe von Wissen an nachfolgende Generationen, um mit diesen Hinterlassenschaften umgehen zu können.

Die Grundprobleme der Weitergabe von Wissen

Jede Überlieferung muss sich darum bemühen, mit Hilfe geschriebener, gedruckter oder elektronisch auf Trägern eingeschriebener Information zukünftigen Generationen ein Verstehen des in der Gegenwart wichtigen Wissens zu ermöglichen. Um mit Hilfe der Überlieferung Wissen entstehen zu lassen, muss man später eine Information als eine Botschaft in einem bestimmten Kontext verstehen können. Daher muss auch die Kontextinformation (Sprache, Kultur, Technologie) bei jeder Überlieferung weitergegeben werden. Viele historische Missverständnisse liegen darin begründet, dass diese Kontextinformation nicht oder nicht mehr zur Verfügung steht.

Das bedeutet, *dass Information noch kein Wissen ist*: Die Definition des Begriffs Wissens wird oft mit der Definition von Information gleichgesetzt. Dies ist eine Verkürzung, weil sie das hier zu diskutierende Problem nur technologisch sieht. Demgegenüber verstehen wir Wissen als das Ergebnis des Verstehens von Information und deren Integration in schon bestehendes (Vor-)Wissen (vgl. Kornwachs 2010a), das heißt als Ergebnis eines im menschlichen Bewusstsein angesiedelten aktiven Prozesses. Verstehensakte (kognitive Akte) werden von bewussten, zur Selbstreflexion fähigen Personen durchgeführt – über Rezeption, Einordnen, Interpretieren und Bewusstwerden. Wir benutzen hier die Festlegung, dass Information etwas ist, »*was verstanden werden kann*«, und in Folge des Verstehensprozesses neue Information erzeugen kann (vgl. Weizsäcker 1971, 351 f.). Jedes Wissen kann zu einem gewissen Grad explizit durch Information wieder ausgedrückt (versprachlicht oder verschriftlicht) und damit weitergegeben werden. Der Überführungsprozess von Information in Wissen benötigt Zeit, so wie man zum normalen Lesen auch Zeit braucht. Deshalb reicht die massenhafte ubiquitäre Verfügbarkeit von Information für das Gewinnen von Wissen noch lange nicht aus. Geschriebenes Papier, Datenbanken, Webseiten und sogar Bücher sind nicht genug; wir brauchen Zeit und schon immer ein gewisses Vorwissen, um sie ›lesen‹ und verstehen zu können.

Ein weiteres Grundproblem bei der Weitergabe von Wissen liegt im *zeitlichen Zerfall von Information*: Auch Information ›zerfällt‹ ständig, und zwar durch Kopierprozesse bei der Migration von einem Informationsträger zu einem anderen, durch die begrenzten Lebensdauern der Informationsträger wie Papier oder Trägern basierend auf chemischen, elektronischen oder Nano-Speicher-Technologien, sowie durch den Verlust der Kompatibilität der Lese- und Schreibtechnologien. Die Lebensdauern von Informationsträgern hängen sehr stark von der Trägerart selbst, von der Speicherart und dem Isolierungsgrad von der Umwelt ab. Die unterschiedlichen Lebensdauern von Informationsträgern korrelieren auffällig negativ mit dem technischen und organisatorischen Aufwand, den man zu ihrer Nutzung betreiben muss. So rangieren die Haltbarkeiten von Felsmalereien oder Gravuren in Stein von 10000 bis 2500 Jahre. Papyrus hält bis zu 2000 Jahre. Nicht lignin-freies, saures Papier bereitet mit seiner Haltbarkeit von nur ca. 120 Jahren heutigen Bibliotheken größte Probleme. Mikrofilme haben derzeit eine Haltbarkeit von geschätzt 400 Jahren, die Haltbarkeit von CDs und USB Sticks wird zwischen 20 und 120 Jahren geschätzt (vgl. Kornwachs 2010b). Neuere Ansätze versuchen, sehr lange haltbare Informationsspeicher auf der Basis von Kristallen oder Gläsern zu entwickeln (z. B. Zhang et al. 2013), mit denen man potenziell 1000 – 4000 Jahre lang Information speichern könnte. Auch sind biologische Entwicklungen in Vorbereitung, die noch längere Haltbarkeiten bis 10000 Jahre in Aussicht stellen sollen (vgl. Dönges 2013). Entsprechend ist die zugehörige Lese- und Schreibtechnologie hoch komplex und noch im Laborstadium. Daher scheint derzeit keine gegenwärtige Technologie in der Lage zu sein, geschriebene oder elektronisch gespeicherte Information über, sagen wir 4000 Jahre, hinweg ohne essentielle Verluste abrufbar erhalten zu können (vgl. Kornwachs/Berndes 1999, Bd. 1–3).

In der Geschichte der Lese- und Schreibtechnologie kann man zudem im 20. Jahrhundert einen ›Medienbruch‹ durch die Informations- und Kommunikationstechnologien feststellen, d. h. dass man seitdem zum Lesen und Speichern von Bildern und Schrift eine umfangreiche Technologie benötigt. Diesen Medienbruch kann man etwa beim Mikrofilm ansetzen, denn einen Mikrofilm kann man ohne technische Hilfsmittel weder beschreiben noch lesen. Dies ist potenziell problematisch, da für viele Informationsträger (z. B. Magnetbänder, Floppy Disks, bestimmte Filmformate) keine Lesetechnologien bzw. ›Abspielgeräte‹ mehr verfügbar sind. Auch bei Computer-Dateien ändern sich die Standards und Formate in rascher Folge. Daher sind oftmals Aufwärts- oder Abwärts-Kompatibilitäten mit früheren Formaten ausgeschlossen, sei es aus Gedankenlosigkeit oder auch aus kommerziellen Interessen.

Der Informationsverlust infolge des zeitlichen Zerfalls von Informationen spielt sich also auf drei Ebenen ab: Verlust der Kompatibilität der Lesetechnologien (vgl. Wettengel 1995; Ruks 1995), das Altern der Informationsträger, und der Verlust der Kontextinformation (vgl. Kornwachs 2008). Auf allen drei Ebenen kommt es dadurch auch zu einem Wissensverlust. Dies schränkt generell Handlungsoptionen ein. Unsere und die zukünftigen Generationen benötigen aber dieses Wissen (einschließlich des Wissens um die physikalischen und chemischen Grundlagen und der relevanten Technologien), um zukünftig handeln zu können. Die Aufgabe, diesem Wissenszerfall zu begegnen, scheint ungelöst. Besonders deutlich wurde dies durch die Diskussion um die Entsorgung nuklearer und hochtoxischer Abfälle (vgl. Jensen 1993; OECD/NEA 1995; Berndes/Kornwachs 1996; Hotzel et al. 2014).

Ein weiteres Grundproblem der Informationsweitergabe ist der *Erstellungsaufwand:* Unter Kopieren kann man sich einen manuell oder maschinell realisierten Prozess vorstellen, der (unter Umständen auch ungewollt) durch Abdruck, Abschreiben, Fotografieren, Kopieren im engeren Sinne sowie fehlerkorrigierendes Lesen und Schreiben zu neuen Dokumenten führt, ggf. unter Beibehaltung oder Wechsel des Mediums. Die praktischen und ökonomischen Grenzen medialer Mitteilung ergeben sich aus dem Erstellungsaufwand und dem Erschließungsaufwand. Dieser Aufwand ist mit den modernen Lese- und Schreibmedien (ab Mikrofilm bis zum Speicher in der Cloud) sprunghaft angestiegen.

Der Aufwand zur Erstellung eines Dokuments übt einen gewissen Selektionsdruck aus, welcher Inhalt bei einem Dokument dargestellt und tradiert werden soll. Kriterien für die Auswahl z. B. für die Mikroverfilmung (vgl. Baumgarten 1995) oder für die Digitalisierung ergeben sich aus dem Erhaltungswillen für bedeutende Dokumente, der jedoch auch immer politisch und kulturell bestimmt ist. Unter das zu verfilmende oder zu digitalisierende Material fallen wissenschaftliche Bücher, Literatur, Gesetzesbücher, Archivalien und Texte aller Art. Die Bundesrepublik Deutschland hat seit 1976 begonnen, die Mikrofilmkopien besonders erhaltenswerter Dokumente in den Oberrieder Stollen im Schauinsland im Schwarzwald kernwaffensicher einzulagern (vgl. Brachmann/Herrmann/Pollert 1991). Die gesetzliche Grundlage hierzu findet sich schon früh im Gesetz zur Konvention zum Schutz von Kulturgut bei bewaffneten Konflikten vom 14.5.1954. Damit wurde diese Konvention zu geltendem Recht in der Bundesrepublik (vgl. Bundesgesetzblatt 1967 II, 1233 ff.).

Während die ersten Gesetzestexte ›für die Ewigkeit‹ in Stein eingraviert wurden (Assmann 1992), waren die Selektionskriterien dafür, was es wert ist, gedruckt zu werden, zu Gutenbergs Zeiten verschieden und sind in den Zeiten der Digitalisierung nochmals anders. Verbindliche oder allgemein akzeptierte Kriterien für Speicherung gibt es wegen der billigen und ubiquitären Verfügbarkeit von Speicherkapazität jedoch so gut wie keine mehr. Es erscheint zunächst plausibel, dass man für wichtige Dokumente, denen man sowohl eine weite Verbreitung wie eine lange Lebensdauer wünscht, auch einen hohen Erstellungsaufwand in Kauf nimmt. Haltbarkeit und Erstellungsaufwand eines Dokuments müssen heute jedoch nicht mehr unbedingt korrelieren. Dauer der Haltbarkeit, Aufwand zur Sicherung und Selektionskriterien fallen heute ebenfalls nicht mehr zusammen.

Erst recht gilt dies für *das Kopierproblem*: Die sukzessive Herstellung einer Kopie aus einer vorhergehenden Kopie hat eine Verschlechterung der Qualität der jeweiligen Kopie zur Folge. Dies gilt prinzipiell bei einem endlichen Wert der Fehlerrate der Übertragungs- oder des Kopiervorgangs, sei es aus physikalischen und technischen (vgl. Kornwachs 2008, 2010b) oder auch aus menschlichen Gründen, z. B. durch Fälschungen (vgl. Manguel 1998, 222).

Es wird in der Diskussion immer wieder behauptet, dass digitale Kopien prinzipiell fehlerfrei seien oder sogar Fehler korrigieren könnten. Deshalb gelte die Befürchtung, dass wir durch Kopierprozesse unvermeidlich Informationsverluste erzeugten, für die digitale Technik nicht und das Problem der Wissensweitergabe sei durch die digitalen Medien gelöst. Als Argument werden gewöhnlich die automatische Fehlerkorrektur und der Abgleich von Original und Kopie nach dem Kopierprozess angeführt. Jedoch können, wie die alltägliche Erfahrung beim Umgang mit Datenträgern zeigt, auch beim Abgleich Übertragungsfehler unterlaufen.

Bei der nacheinander geschalteten Übertragung digitaler Daten mit Selbstkorrektur, die einem sukzessiven Kopieren entspricht, addieren sich die potentiellen Fehler aller Regenerationsschritte, wenn welche auftreten. Dies ist aber nur eine Frage der Zeit, wie uns die alltägliche Erfahrung beim Umgang mit digitalen Datenträgern lehrt. Meist treten diese Störungen durch Materialfehler beim Träger auf. Um Speicherplatz und damit Kosten zu sparen, wird man sehr hohe Verdichtungen (Datenkompressionsmethoden) wählen. Dies macht die Kopierprozesse auch bei digitalen Medien für Verluste anfälliger (vgl. Kornwachs 2008, 2010b). Stellt man noch in Rechnung, dass Kopierprozesse entsprechend Zeit brauchen, wird man auch für digitale Kopierprozesse eine Grenze finden, bei der entschieden werden muss, welche Daten und Aufzeichnungen gespeichert, tradiert und kopiert werden sollen und welche nicht.

Insgesamt kann man festhalten, dass die Digitalisierung aus technischen und organisatorischen Gründen zu einem beschleunigten Verlust von bereits bestehender Information und damit zu einem Wissensverlust führt. Man spricht seit etwa 1995 vom Datensterben (beispielsweise Bredereck 1995; Schneider 1999; Habbe 2000). Umgekehrt hat uns die Digitalisierung eine immense Verfügbarkeit von Information beschert, wobei das Selektionsproblem aus Zeitgründen – Information ist noch nicht Wissen – sich auch hier in aller Schärfe stellt: Was ist es wert, in der tatsächlich verfügbaren Zeit wirklich rezipiert und verstanden zu werden? Welche Information und welche Informationsträger sind es wert, durch technische und organisatorische Maßnahmen erhalten und weitergegeben zu werden, um damit eine Bedingung für die Weitergabe von Wissen zu erfüllen?

Die Notwendigkeit der Weitergabe

Man kann daher die Frage stellen, welches Interesse spätere Generationen an unserem heutigen Wissen haben könnten und welche Probleme sich aus heutiger Sicht aus der Aufgabe ergeben, Informationen über lange Zeiträume für zukünftige Nutzer verfügbar zu halten. Spätestens seit der Debatte um die Entsorgung von radioaktivem Abfall ist klar geworden, dass wir Strukturen, Materialien und Technologien hinterlassen werden, die über sehr lange Zeiträume hinweg Auswirkungen auf zukünftige Generationen haben könnten.

Erst in der zweiten Hälfte des 20. Jahrhunderts sind die Auswirkungen und Folgen unseres technischen Handelns in den Blickwinkel der Wissenschaft, der Technik und der ethischen Reflexion gerückt. Insbesondere gilt die Aufmerksamkeit nun denjenigen Technikfolgen, die so weiträumig und langfristig sind, dass sie als kaum mehr beherrschbar gelten. In der Technikfolgenabschätzung werden sie als globale Auswirkungen und als Folgen untersucht, die sich über mehrere Generationen auswirken können. Dazu gehören unter anderem die genannte nicht gelöste Entsorgung radioaktiven Abfalls und die Freisetzung gentechnisch veränderter Organismen.

Einige der ethischen Implikationen dieser Situation lassen sich auch bereits anhand der so genannten intergenerationellen Projekte studieren, bei denen der Gegenstand oder das Verfahren einer Technologie über mehr als eine Generation hinweg bei gleichbleibender Zielstellung konstant sind. Dazu gehören z. B. der Bergbau, die Arbeit an großen Bauwerken wie an Dämmen oder in früheren Zeiten an Domen, oder die über drei Generationen hinweg andauernde Aufbauarbeit für die Moor- und Waldbewirtschaftung. Auch Stadt- und Regionalplanung kann man zu den Beispielen hinzuzählen. Hier ist klar, dass es des Wissens der vorigen Generation bedarf, um solche Projekte weiterführen zu können. Dieses Wissen muss also tradiert werden. Einige ethische Fragestellungen und Lösungsvorschläge für solche transgenerationellen Wissenstransfers werden in der Literatur diskutiert (vgl. Berndes/Kornwachs 1996; Kalinowski/Bocherding/Bender 1999; Kornwachs 2000; Birnbacher 1988; Berndes 2001).

Bejaht man diese ethische Notwendigkeit des Wissenstransfers, dann ist z. B. für das Problem des Managements vielfältigen radioaktiven Abfalls (vgl. OECD/NEA 2014) eine Weitergabe des Wissens in Form von Information erforderlich, die über sehr lange Zeiträume hinweg verständlich sein muss. Bei Halbwertszeiten von 20000 Jahren müsste man von einer Abklingzeit von bis zu 100000 Jahren rechnen, um auf 1/32 der ursprünglichen Strahlungsdosis zu kommen. Hier übersteigt der Zeitrahmen die Lebensdauer vieler Generationen. Um zukünftige Generationen in die Lage zu versetzen, mit diesen heiklen Hinterlassenschaften verantwortlich umzugehen, benötigen sie entsprechende und leicht erschließbare Informationen. Dies reicht jedoch nicht aus – wir müssen ebenfalls das Verstehen der bereitgestellten Information ermöglichen. Es gibt mittlerweile viele Überlegungen, wie man die Markierung von Endlagerstätten für radioaktiven Abfall kultur- und spracheninvariant für lange Zeiten sichern könnte (vgl. Posner 1992). Nur die Lagerung von digitaler Information als solcher dürfte zu diesem Zweck aus den oben genannten Gründen nicht sinnvoll sein (vgl. Buser 2010).

Ein weiteres Problem stellt die langfristige Entsorgung toxischer Stoffe dar (z. B. Dioxin). Sie behalten ihre Schädlichkeit, wenn sie nicht behandelt werden, bis zu über 1000 Jahre lang. Versteckte Giftmülldeponien haben somit ein langfristiges Gefährdungspotenzial. Die Weitergabe von Information über deren Lage kann lebensrettend sein. Dasselbe gilt für die Information über die Positionierung von Landminen weltweit. Man schätzt, dass bei der derzeitigen Räumungsgeschwindigkeit die letzten Landminen erst in 4000 Jahren beseitigt sein werden. Weitere Probleme möglicherweise verlorenen, aber unbedingt erforderlichen Wissens sind bei der Seuchenbekämpfung und -prävention sowie bei der Hygiene denkbar. Man hat es hier in der Tat mit einem Wissen zu tun, das bereits erhebliches medizinisches und gerätetechnisches Vorwissen voraussetzt. Bakterien und Viren sind nur mit modernsten Mitteln nachzuweisen und zu beobachten. Stehen diese Mittel nicht zur Verfügung, ist eine Gesellschaft, selbst wenn sie über einen Impfstoff verfügen würde, einer Seuche schutzlos ausgeliefert. Das medizinische Wissen wird von der Gemeinschaft der Ärzte, der Gesundheitseinrichtungen, der Kliniken und der Forschungsinstitute getragen, weiterentwickelt und gepflegt. Eine Zerstörung dieser Institutionen, ein Verlust durch Zerfall der nur digital gespeicherten Information oder eine Marginalisierung dieser Institutionen durch welche geschichtlichen oder politischen Ereignisse auch immer lassen die Möglichkeit einer ›Entmedizinierung‹ realistisch erscheinen. Auch hier stellt sich die Frage, wie die Tradierung medizinischen Wissens aufrechterhalten werden kann.

Dasselbe Problem gilt für die Erfassung, Speicherung, Tradierung und sinngemäße Interpretation der Genkarten heute schon freigesetzter gentechnisch manipulierter Organismen. Nach menschlichem Ermessen scheinen die freigesetzten Organismen harmlos zu sein – bei eventuellen später dennoch auftretenden Gefährdungen durch unvorhersehbare Umstände kann das Wissen um ihre Erzeugung und um die technischen und biologischen Grundlagen ihrer Veränderung jedoch zu einer Überlebensfrage werden (vgl. Kornwachs/Berndes 1999, Bd. 1).

Weniger dramatisch, aber dennoch massiv wirksam in der Geschichte ist *das Vergessen fortschrittlichen institutionellen Wissens* wie Verfassung, demokratische Regeln und Rechtsgrundsätze. Jede Diktatur ›vergisst‹ das Wissen um Demokratie, um Menschenrechte und um die guten Sitten. Dieses institutionelle Wissen ist in gewisser Weise auch ›technisches‹ Wissen, da es Handlungsregulative für Aufbau und Erhalt sowie für den Betrieb von Organisationen und Institutionen enthält. Religionen, Ideologien, Nationalgefühle und dergleichen sind Versuche, dieses institutionelle Wissen weiterzugeben und zu erhalten, ja auch fortzuentwickeln. Die schriftliche Überlieferung reicht hier in der Regel nicht aus, sondern muss durch eine institutionell gesicherte Weitergabe mit einer lebendigen Kommentar- und Diskussionskultur gesichert werden. Daher ist eine Digitalisierung unserer Gesetzestexte und Kommentare allein ebenfalls nicht ausreichend.

Darüber hinaus wird generell in Wissenschaft und allgemeiner Öffentlichkeit die Wichtigkeit, über möglichst viele ästhetische, technische, wissenschaftliche und organisatorische Dokumente (z. B. Publikationen) zu verfügen, betont. Die Anzahl der wissenschaftlichen Publikationen wächst immer noch nichtlinear an, dabei ist das klassische Zeitschriftenwesen durch die Digitalisierung starken Veränderungen unterworfen, ebenso das qualitätssichernde Review System. Hier hat die Digitalisierung in der Tat zu einer sprungartigen Verfügbarkeit für fast jedermann geführt, die Langzeitarchivierung und deren Selektionsprobleme sind jedoch noch nicht gelöst, ebenso wenig das bereits angesprochene Problem der Kontextabhängigkeit des Textverständnisses. Um den Kontext zu verstehen, ist eine Ausbildung in der jeweiligen Disziplin und die Kenntnis der sozial vermittelten Überlieferungen notwendig, und damit auch eine Institution, die dieses Wissen pflegt.

Das Problem der Tradierung von Kulturgütern

Die gesellschaftliche Notwendigkeit, bestehende Kulturgüter aller Art zu erfassen, sie zu digitalisieren und damit vor dem Verfall zu bewahren, ist im westlichen Kulturverständnis unbestritten (vgl. Rothenberg 1995). Dennoch ist dies keine Selbstverständlichkeit, gerade weil es in der jüngsten Vergangenheit in anderen Kulturkreisen Gegenbewegungen gab und gibt, man denke nur an die Kulturrevolution in China oder gegenwärtig an den so genannten Islamischen Staat, der Stätten des Weltkulturerbes gezielt zerstört.

Das vergleichsweise einfache Beispiel des ›typographischen Erbes‹ zeigt die Komplexität der Aufgabe. Sollen lediglich Texte elektronisch erfasst werden (z. B. wissenschaftliche Literatur) oder typographisch bedeutsame Texte (z. B. Gutenberg-Bibel) auch in ihrer ästhetischen und historischen Bedeutsamkeit elektronisch erschließbar gemacht werden, so sind unterschiedliche Methoden der Erfassung und Digitalisierung anzuwenden, wobei schon früher Typographie und Schreib- bzw. Druckkultur unsere Interpretationen und Verständnisse von Texten sowie die Editionsstrategien beeinflusst haben. Diese Abhängigkeit von den technischen Möglichkeiten dürfte auch heute bei der Digitalisierung gegeben sein, und es ist fraglich, ob es gelingen kann, eine medienneutrale Konzeption von textlichen Überlieferungsstrategien zu entwickeln (vgl. Sahle 2013).

Ein anderes Beispiel für Tradierungsversuche kultureller Güter ist die Digitalisierung von künstlerischen Objekten wie Skulpturen oder architektonisch interessanten oder historischen Bauten. Hier sind die technischen Möglichkeiten enorm, Oberfläche und Struktur datentechnisch genau zu erfassen und visuell wiederzugeben oder gar durch 3-D-Druck technisch zumindest oberflächlich replizieren zu können, bevor der Zahn der Zeit oder kulturpolitisches Ungemach das Original unansehnlich macht oder gar zerstört.

Ähnliches gilt für den Erhalt und die digitale Speicherung von Filmen: So ist z. B. der älteste Film im Deutschen Filmarchiv auch der älteste deutsche Film überhaupt, hergestellt 1895 von den Gebrüdern Skladanowsky. Das Filmerbe allein in Deutschland besteht aus geschätzt bis zu 90000 Werken (vgl. Nicodemus 2014). Hinzu kommen Probleme bei der Digitalisierung von analogen Videoaufzeichnungen. Diese können, gerade bei älteren Formaten, oftmals nicht mehr ›ausgelesen‹ werden, weil sie verrauscht sind, oder weil es keine entsprechenden Abspielgeräte mehr gibt.

Jenseits der technischen, finanziellen und organisatorischen Schwierigkeiten, die Fülle des Materials zu digitalisieren, muss die Frage nach der *Notwendigkeit* und damit nach den *Selektionskriterien* gestellt werden. Diese Frage ist nicht neu, weil z. B. bisher nichtdigitale Editionsprojekte von Werken vergangener Autoren, die für bedeutsam gehalten werden, sehr aufwändig waren und noch sind. Dabei ist auch offen, wie viel Aufwand sich Nationen oder Staatengemeinschaften wie die EU angesichts der begrenzten Mittel leisten können oder wollen. Umstritten ist auch, ob jeder auffindbare Gedankensplitter auf einem Notizzettel eines bedeutenden Autors kritisch ediert werden muss. Die Problematik der Selektionskriterien spitzt sich zu auf die Bedeutung von ›bedeutsam‹. Diesem Kriterium liegt eine Wertentscheidung zugrunde und damit wird es zur ethischen Frage, welche Allokation der Ressourcen geboten erscheint. Während in vielen Fällen die Bedeutsamkeit z. B. eines Autors, Dokuments oder Kunstwerks aus der Vergangenheit durch gesellschaftlichen oder weltkulturell geprägten, aber eher durch Denkgewohnheiten begründeten Konsens unstrittig scheint, ist dies für das bereits bestehende digitale Dokumentenmaterial alles andere als klar.

Praktische Probleme der hereditären Weitergabe

Zu der digitalen Erbschaft unserer Tage gehören bereits digital hergestellte Filme und Videoaufzeichnungen, Datenbanken, Webseiten, elektronische Korrespondenz, E-Books, mannigfache Inhalte auf Clouds, Servern und privaten wie staatlichen Rechnern – man denke nur an das Datenmaterial von Konzernen bis hin zu kleinen Firmen, Geheimdiensten, Behörden, Militärs und Universitäten. Dabei ergeben sich technische und ethische Probleme, die eng miteinander verknüpft sind. Auch hier gilt: Die Speicherung, Migration und Konservierung bedingt einen erheblichen organisatorischen, institutionellen und technischen Aufwand, so dass bei knappen Mitteln hierfür eine Selektion nötig wird. Der Aufwand für die Pflege eines digitalen Langzeitarchives, und sei es nur für 200 Jahre, kann als so hoch eingeschätzt werden, dass eine inhaltsneutrale Speicherung ›von allem‹ aussichtslos erscheint.

Die Kriterien für die Aufnahme in ein solches Langzeitarchiv sind ähnlich wie bei der Diskussion um Netzneutralität im Internet: Welcher Inhalt muss aus gesetzlichen Gründen, welcher Inhalt sollte aus ästhetischen, technischen, wissenschaftlichen, politischen, ökonomischen und organisatorischen Gründen überpersonell ›vererbt‹ werden, und welcher Inhalt wird tradiert, nur weil der Erblasser oder die Erben sich dies wirtschaftlich leisten können? Die Diskussion dürfte nach wie vor interessengetrieben ablaufen und ist von einer befriedigenden ethischen Begründung noch weit entfernt.

Hinzu kommt, dass zum Beispiel Institutionen, die digitalisierten Bestände aufbewahren – wie Archive oder Firmen, die Cloud-Dienste oder Dienstleistungen zur Bestandssicherung anbieten – noch nicht sehr lange existieren und damit auch noch nicht gezeigt haben, ob sie über die Fähigkeit der Langzeitstabilität verfügen. Die Garantie für eine langlebige Firmenexistenz kann heute niemand geben, und was mit der Hinterlassenschaft einer Firma geschieht, die als Archivdienstleister fungiert hat, mag zwar gesetzlich geregelt werden, eine Garantie für den Bestand kann jedoch ebenfalls niemand geben. Es darf vermutet werden, dass bei kommerziellen Interessen an solchen Dienstleistungen die bezahlbare Menge der Daten und nicht die Wichtigkeit ihrer potenziellen Inhalte entscheidend ist.

Die Verantwortung für die Sicherung einer digitalen Überlieferung

Angesichts des Zerfalls von Information auf lange Sicht und der bisherigen Unmöglichkeit, selbsterhaltende Lese- und Schreibtechnologien zu entwickeln, wird es in absehbarer Zeit keine rein technische Lösung geben, die diesen Zerfall samt der Überlieferung der Bedingungen aufhalten könnte. Es wird vielmehr darum gehen, stabile Institutionen zu finden, die die Aufgabe der Wissensweitergabe über lange Zeiten erfolgreich übernehmen können. Ob man dies Einrichtungen, die privaten und kommerziellen Interessen dienen, überlassen kann und darf, erscheint fraglich.

Zwei Faktoren bestimmen wesentlich die *Stabilität von Institutionen*: Ein über lange Zeiten im Kern stabiler, aber auch an der Peripherie anpassungsfähiger

Wertekanon, der das Handeln der Institution bestimmt, sowie eine ritualisierte, streng und kritisch organisierte Nachfolgerregelung der sie tragenden Personen. Diese Faktoren kann man in der westlichen Welt leicht bei Institutionen wie der Katholischen Kirche (2000 Jahre), Klöstern (1500 Jahre), Universitäten (knapp 900 Jahre), alteingesessenen Firmen (500 Jahre) oder bei Akademien (300 Jahre) ausmachen.

Die Aufbereitung und Weitergabe von Information, die dem Wissen der Menschen in solchen Institutionen entspricht, ist ein fragiler Prozess, der durch verschiedene Faktoren gefährdet werden kann. Zu den besprochenen technischen Faktoren wie Verlust, Verfall oder Zerstörung von Archiven oder Träger- und Kommunikationssystemen für die notwendige Speicherung oder Übertragung von Information kommen organisatorische hinzu. So ist es oft der Fall, dass es von vorneherein schon gar keine Aufzeichnungen gibt, keine Archive angelegt wurden oder keine oder nur ungenügende ›Updates‹ von Aufzeichnungen, Karten oder Plänen gemacht wurden. Zum Verlust führt bekanntlich auch der Umstand, dass kein oder nur ein ungenügendes Budget zur Erfüllung notwendiger Aufgaben verfügbar ist. Zu den menschlichen Faktoren wie Vergessen, Personalwechsel, allgemeines Desinteresse, Fahrlässigkeit bei der Erfüllung der Aufgaben und Missverstehen (Unverständnis) gehören auch illegale Aktivitäten wie Urkundenfälschung, unerlaubte Entsorgung sowie bewusste Zurückhaltung oder Manipulation von Daten, Informationen und Aufzeichnungen. Diskontinuitäten wie Krieg, soziale Krisen, Konkurse oder Kulturbrüche können ebenfalls zum Verlust der Interpretationsfähigkeit vorliegenden Wissens (zur so genannten Dekontextualisierung) führen (vgl. OECD/NEA 2014, 7).

Da es bisher keine automatisierbare technologische Lösung gibt, können wir Wissen für zukünftige Generation nur weitergeben, indem wir diese Aufgabe stabilen Institutionen anvertrauen. Eine solche organisatorische Lösung wird jedoch wenig effektiv sein, wenn wir nicht wissen, welches Wissen relevant zur Bewältigung der Zukunft sein wird.

Für eine erfolgreiche Unterweisung zukünftiger Generationen mit den technischen und kulturellen Hinterlassenschaften gibt es drei Vorbedingungen: (1) Wir müssen nicht nur die Informationen über unser derzeitiges wissenschaftliches und technisches Wissen transferieren, sondern auch die Bedingungen absichern, unter denen diese Information verstanden werden kann. (2) Wir müssen alle verfügbaren Informationen z. B. über nukleare Lagerstätten und verseuchte Gebiete mit Hilfe stabiler Institutionen sammeln, die für die geeignete Verfügbarkeit dieser Daten verantwortlich sind. Schon existierende Institutionen wie Universitäten, Akademien und Büchereien mit Unterstützung durch supranationale Institutionen wie OECD oder UN sind hier in der Pflicht. (3) Alle Technologien und deren Entsorgung sollten in einem rückholbaren Modus gestaltet sein. Die Option ›vergraben und vergessen‹ ist nicht vernünftig. Wenn neue technische und wissenschaftliche Erkenntnisse verfügbar werden, sollte man die Option haben, das Problem unter neuen Gesichtspunkten erneut anzugehen. Daher ist jede Information, die über eine Technologie weitergegeben wird, nur sinnvoll, wenn die entsprechende Technologie reversibel gestaltet worden ist.

Zu klären sind überdies die ethischen Begründungen von Verpflichtungen gegenüber zukünftigen Personen, die wir mit unserem heutigen Verhalten dazu zwingen, mit unseren technologischen Hinterlassenschaften umzugehen. Wir müssen daher die starke Überzeugung weitergeben, dass die Verbreitung von Information über unsere technischen wie auch digitalen Hinterlassenschaften für jede nachfolgende Generation essentiell ist, um diese Generation in den entsprechenden Wissensstand zu versetzen (vgl. Ott 2014; Kornwachs 2010b). Der ethische Grund hierfür ist einfach: Wir sollten künftige Generationen nicht in Situationen führen, in denen sie nicht mehr verantwortlich handeln können. Das mindeste, was wir tun können, ist, die nachfolgende Generation effektiv, also Verstehen ermöglichend, zu informieren (vgl. Human Interference Task 1984). Die nächste Generation hat dann dieselbe Aufgabe und so fort. Auch dies ist wiederum nur eine notwendige aber keine hinreichende Bedingung, um die Möglichkeiten verantwortlichen Handelns für heute und in weiterer Zukunft offen zu halten. Daraus lassen sich eine Dokumentationspflicht und eine Pflicht zur Kontextsicherung ableiten. Diese sind durch eine reine, sich selbst überlassene digitale Hinterlassenschaft nicht zu erfüllen.

Man kann auch ein entsprechendes Prinzip formulieren, auf dem diese Überlegungen beruhen: »*Handle so, dass die Bedingungen der Möglichkeiten für verantwortliches Handeln für alle Betroffenen erhalten bleiben*« (vgl. Kornwachs 2000, 60). Aus diesem Prinzip lässt sich wiederum ableiten, dass wir heute Handelnden nur zu den Zukünften beitragen dürfen, in denen unsere Handlungen und deren absehbare Folgen keine heute akzeptierten und in Zukunft vorstellbaren Normen verletzen. D. h. die Projekte müssen so angelegt sein, dass sich die Situation für die zukünftigen

Menschen nach unserem derzeitigen Wissen nicht derart verändert, dass diese gezwungen wären, in ihren Handlungen heute als gültig akzeptierte oder in Zukunft vorstellbare Normen zu verletzen (vgl. Berndes 2001). Wenn wir dies durch unser jetziges Handeln schon getan haben, müssen wir wenigstens dafür sorgen, dass die zukünftigen Generationen Wissen über das Gefährdungspotenzial erwerben können. Die digitale Überlieferung ist hierzu ein möglicher Schritt, der aber allein nicht ausreichen dürfte. Gleichwohl bleibt sie eine immense technisch-organisatorische wie ethische Herausforderung.

Literatur

Assmann, Jan: *Das kulturelle Gedächtnis. Schrift, Erinnerung und politische Identität in frühen Hochkulturen*. München 1992.

Baumgarten, Achim: Das Sicherungsverfilmungsprogramm – Notwendigkeit und Möglichkeiten. In: *Der Archivar* 48/1 (1995), 63–66.

Berndes, Stefan/Kornwachs, Klaus: Transferring Knowledge about High Level Waste Repository. An Ethical Consideration. In: *High Level Radioactive Waste Management*. Proc. of the 7th Ann. Int. Conf. March 29 – May 3. Las Vegas, Nevada 1996, 494–498.

Berndes, Stefan: *Wissen für die Zukunft – Ethische Normen der Auswahl und Weitergabe naturwissenschaftlichen und technischen Wissens*. Münster 2001.

Birnbacher, Dieter: *Verantwortung für zukünftige Generationen*. Stuttgart 1988.

Brachmann, Botho/Herrman, Matthias/Pollert, Susanne: *Archive Safety Analysis. Case Study: German Archives During the 20th Century*. Berlin 1991.

Bredereck, Karl: Gefährdung, Restaurierung und Konservierung von Schriftgut. In: *Spektrum der Wissenschaft* 3/9 (1995), 96–103.

Bundesgesetzblatt 1967, Bd. II. Hg. vom Bundesminister der Justiz und für Verbraucherschutz. Bundesanzeigerverlag, Köln 1967.

Buser, Marcos: Literaturstudie zum Stand der Markierung von geologischen Tiefenlagern. Bundesamt für Energie BFE, Schweizerische Eidgenossenschaft (2010). In: http://www.news.admin.ch/NSBSubscriber/message/attachments/19773.pdf (7.1.2016).

Dönges, Jan: Datenspeicher für die Ewigkeit. In: *Spektrum der Wissenschaft* 21/4 (2013), 16–17.

Habbe, Christian: Wohin mit dem Weltgeist? In: *Der Spiegel* (13.11.2000), 170–174.

Hotzel, Stephan/Pescatore, Claudio/Raimbault, Philippe/Claudel, Anne: When Dealing With Long Term, Care as to How Terms Are Used: Reflections From the OECD/NEA RK&M Project Glossary – 14437. Paper on WM2014 Conference, March 2–6. Phoenix, Arizona 2014.

Human Interference Task Force: *Reducing the Likelihood of Future Human Activities that Could Affect Geologic High-Level Waste Repositories*. Columbus, Ohio 1984.

Jensen, Mikael: Conservation and Retrieval of Information – Elements of a Strategy to Inform Future Societies about Nuclear Waste Repositories. Final Report of the Nordic Nuclear Safety Research Projekt Kan-1.3. Nordiske Seminar- og Arbejdsrapporter 1993.

Kalinowski, Martin/Borcherding, Katrin/Bender, Wolfgang: Die Langfristlagerung hochradioaktiver Abfälle als Aufgabe ethischer Urteilsbildung. In: *Ethica* 7/1 (1999), 7–28.

Kornwachs, Klaus/Berndes, Stefan: *Wissen für die Zukunft. Abschlußbericht an das Zentrum für Technik und Gesellschaft. Berichte der Fakultät für Mathematik, Naturwissenschaften und Informatik der Brandenburgischen Technischen Universität Cottbus*. Cottbus 1999.

Kornwachs, Klaus: *Das Prinzip der Bedingungserhaltung. Eine ethische Studie*. Münster 2000.

Kornwachs, Klaus: Logische Strukturen technischen Wissens. In: Klaus Kornwachs (Hg.): *Technologisches Wissen – Entstehung, Methoden, Strukturen*. Heidelberg 2010a, 137–157.

Kornwachs, Klaus: Tradierung von Wissen setzt Haltbarkeit von Information voraus. In: Arnold Groh (Hg.): *Was ist Zeit? – Beleuchtungen eines alltäglichen Phänomens*. Berlin 2008, 69–86.

Kornwachs, Klaus: Zeit zerstört Information. Kann man Tradierprozesse optimieren? In: *Zeitschrift für Semiotik* 32/1–2 (2010b), 153–173.

Manguel, Alberto: *Eine Geschichte des Lesens*. Berlin 1998.

Nicodemus, Katja: Rette sie, wer kann. In: *Die Zeit* (30.1.2014), 53.

OECD/Nuclear Energy Agency (Hg.): *Future Human Actions of Disposal Sites. Safety Assessment of Radioactive Waste Repositories. A Report of the NEA Working Group on Assessment of Future Human Actions of Radioactive Waste Disposal Sites*. Paris 1995.

OECD/Nuclear Energy Agency (Hg.): Preservation of Records, Knowledge and Memory across Generations (RK&M) – Loss of Information, Records, Knowledge and Memory – Key Factors in the History of Conventional Waste Disposal. Final Report March 2014. In: *Radioactive Waste Management NEA/RWM/R* 3 (2014).

Ott, Konrad: Handeln auf Probe für die Ewigkeit? Die Einlagerung hochradioaktiver Reststoffe als eine Generationsaufgabe. In: Nicole C. Karafyllis (Hg.): *Das Leben führen? Lebensführung zwischen Technikphilosophie und Lebensphilosophie – Festschrift für Günter Ropohl zum 75. Geburtstag*. Berlin 2014, 259–276.

Posner, Roland: *Warnung an eine ferne Zukunft. Atommüll als Kommunikationsproblem*. München 1992.

Rothenberg, Jeff: Die Konservierung digitaler Dokumente. In: *Spektrum der Wissenschaft* 3/9 (1995), 66–71.

Ruks, Hans-Joachim: Schriftgutsicherung auf Speichermedien – Möglichkeiten und Grenzen. In: *Der Archivar* 48/1 (1995), 73–77.

Sahle, Patrick: *Digitale Editionsformen, Teil 1: Das typographische Erbe: Zum Umgang mit der Überlieferung unter der Bedingung des Medienwandels*. Norderstedt 2013.

Schneider, Wolf: Das reiche Wissen der Menschheit – vergessen, verloren, zerstört. In: *Geo-Magazin* 4/99 (1999), 116–135.

Weizsäcker, Carl Friedrich von: *Die Einheit der Natur*. München 1971.

Wettengel, Michael: Überlieferungssicherungen in Verwaltungen ohne Papier. In: *Der Archivar* 48/1 (1995), 24–35.

Zhang, Jingyu/Gecevičius, Mindaugas/Beresna, Martynas/Kazansky, Peter G.: 5D Data Storage by Ultrafast Laser Nanostructuring in Glass (2013). In: *CLEO: Science and Innovations*, http://www.orc.soton.ac.uk/fileadmin/downloads/5D_Data_Storage_by_Ultrafast_Laser_Nanostructuring_in_Glass.pdf (7.1.2016).

Klaus Kornwachs

31 Geistiges Eigentum

Begriffsklärung

Der Begriff des geistigen Eigentums ist keinesfalls allgemein feststehend und klar definiert. Vielmehr wird eine Vielzahl von Rechten und Rechtspositionen unter diese Begrifflichkeit gefasst. Neben dem als Anlehnung an den englischen Begriff des *intellectual property* verstandenen geläufigen Begriff des geistigen Eigentums wird häufig auch die Begrifflichkeit des Immaterialgüterrechts verwendet. Die Frage, ob und inwiefern der Begriff des geistigen Eigentums als solcher überhaupt legitim ist oder ob nicht auf neutralere oder stattdessen spezifischere Begrifflichkeiten zurückgegriffenen werden sollte, war bereits Gegenstand mannigfaltiger Beiträge (hierzu bspw. Götting 2006; Dreier 2013, Rn. 29) und soll daher hier nicht weitergehend behandelt werden. Im nichtjuristischen Bereich wird der Begriff des geistigen Eigentums oft allein als Synonym für das Urheberrecht gebraucht (vgl. Götting 2006, 353). Strenggenommen fällt hierunter allerdings eine Reihe von weiteren Schutzrechten an geistigen Gütern, die den jeweiligen Rechtsinhaber Ausschließlichkeitsrechte ähnlich der Rechte am Sacheigentum gewähren (vgl. ebd.). Hierzu zählt beispielsweise das Patentrecht, das Marken- und Namensrecht, das Geschmacksmusterrecht oder aber das Urheberrecht.

Unter Berücksichtigung der in jüngster und jüngerer Zeit vehement geführten Diskussion, welche nicht allein die jeweiligen Fachkreise beschäftigt, sondern vielmehr in allen gesellschaftlichen Bereichen und Schichten geführt wird, soll der Fokus dieses Beitrags auf dem Urheberrecht liegen. In der öffentlich geführten Diskussion tritt das Spannungsfeld zwischen den bestehenden Urheberrechten und der Wahrnehmung dessen, was im Umgang mit geistigen Werken erlaubt ist bzw. erlaubt sein muss, immer weiter zutage. Im Folgenden wird der Begriff des geistigen Eigentums daher als Synonym für das Urheberrecht und urheberrechtliche Aspekte gebraucht.

Begründungsansätze für Urheberrecht und Copyright

Bevor 1710 mit dem *Statute of Anne* das erste Urheberrechtsgesetz verabschiedetet wurde, hatte sich in Europa die Vergabe von Druck-, Bücher- und Territorialprivilegien verbreitet. Diese tauchten erstmals im

15. Jahrhundert auf und waren durch technische Erfindungen im Bereich der Werkreproduktion, namentlich Buchdruck, Kupferstich und Holzschneidekunst, bedingt (vgl. Rehbinder/Peukert 2015, Rn. 26). Schutzgegenstand war allerdings nicht die geistige Schöpfung als solche, sondern vielmehr die finanzielle und zeitliche Investition derjenigen, die solche Werke reproduzierten. So wurden beispielsweise die so genannten Druckprivilegien an Drucker verliehen, welche die Buchdruckkunst in eine Gegend brachten und hierfür ein befristetes Privileg zur ausschließlichen Ausübung ihres Gewerbes in diesem Gebiet erhielten (ebd., Rn. 27). Eine Ausnahme hierzu boten die so genannten Autorenprivilegien, wonach den Urhebern das Recht zuteilwurde, ihre Werke an einen Verleger zu geben, der diese in würdiger und angemessener Weise veröffentlichen sollte (ebd., Rn. 29). Hierbei ging es allerdings vielmehr um den Schutz der ideellen, d. h. die Persönlichkeit des Urhebers betreffenden Belange anstatt der materiellen Interessen des Urhebers. Dieser sollte insbesondere vor Urheberrechtsanmaßungen sowie unsachgemäßen Vervielfältigungen ihrer Werke geschützt werden (ebd.). Anknüpfungspunkt war aber auch hier abermals der beabsichtigte oder bereits erfolgte Druck eines Werkes und folglich nicht die geistig-schöpferische Leistung des Urhebers (vgl. Hansen 2008, 15).

Ausgangspunkt für die Schaffung erster Schutzvorschriften für Verleger, Drucker und anschließend der Urheber waren, wie bereits beschrieben, technische Neuerungen, welche die Werkreproduktion erheblich beschleunigten und einen erhöhten Amortisationsschutz für Drucker und Verleger bedingten, wobei gleichzeitig Anreize zur Verbreitung der neuen Reproduktionstechniken und Werke geschaffen werden sollten (vgl. Dreier 2013, Rn. 10).

Eine Abkehr von der üblichen Privilegienpraxis läutete das *Statute of Anne* ein, welches erstmals einem Urheber ein zeitlich befristetes ausschließliches Vervielfältigungsrecht an seinen Werken zusprach. Dieses fußte zum einen auf Gemeinwohlüberlegungen und zum anderen auf naturrechtlichen Begründungen im Sinne von John Lockes Arbeitstheorie, wonach jedem Mensch ein angeborenes Recht an dem von ihm geschaffenen Gütern zusteht (vgl. Rehbinder/Peukert 2015, Rn. 34–35, kritisch zur Analogie Oberndörfer 2005, 20 ff. und Rehbinder/Peukert 2015, Rn. 35).

Während die urheberrechtlichen Entwicklungen insbesondere in den USA aber auch in England vor allem von utilitaristischen Erwägungen, wie sie etwa in der US-amerikanischen Verfassung zum Ausdruck kommen (»To promote the progress of science and useful arts […]«), bestimmt wurden, entwickelte sich unter anderem in Deutschland ein Begriff des geistigen Eigentums der zusätzlich persönlichkeitsrechtliche Elemente aufnahm und diese als mitkonstituierend ansah (vgl. Schwab 2008, 36 f.).

Im besonderen Maße durch die Schrift Immanuel Kants über die Unrechtmäßigkeit des Büchernachdrucks geprägt, entwickelte sich in Deutschland insbesondere unter der Mitwirkung von Johann Caspar Bluntschli, Carl Gareis und Otto von Gierke die so genannte Lehre vom Urheberrecht als Persönlichkeitsrecht, welche ein urheberrechtlich schützenswertes Werk als unmittelbaren Teil der Persönlichkeitssphäre des Urhebers ansah (vgl. Hansen 2008, 23). Jedes Werk enthält demnach den individuellen Geist seines Schöpfers, spiegelt diesen wieder und lässt sich daher auch als materialisierte Form der Persönlichkeit des Schöpfers bezeichnen (vgl. Hubmann 1954, 40 Fn. 19; Schack 2013, Rn. 43).

Nach heutigem deutschen Urheberrechtsverständnis sind sowohl die vermögens- als auch die persönlichkeitsrechtliche Komponente fester Bestandteil des Urheberrechts und als solche eng miteinander verklammert. Während erstere die materiellen Interessen des Urhebers schützt und zugleich im Sinne utilitaristischer Erwägungen Anreize zur Produktivität und Kreativität zum Wohle der Gemeinschaft schaffen will, hat letztere den Schutz der engen Beziehung, des so genannten geistigen Bands, welches durch den Schöpfungsakt zwischen Urheber und Werk entsteht, zum Ziel (vgl. Bullinger 1997, 54; Schack 2013, Rn. 43). Diese persönlichkeitsrechtliche Komponente ist dagegen den Copyright-Systemen wie beispielsweise in den USA weitgehend fremd (vgl. Ann 2004, 598).

Die Grundkonzeption in der Begründung des Urheberrechts, die sich zwangsläufig auf den von der jeweiligen Rechtsordnung gewünschten Schutzumfang durchschlägt, hat sich im Laufe der Zeit nicht geändert und wurde dahingehend auch nicht weiter hinterfragt.

Waren daher die Hauptgründe für die Einräumung von Schutzrechten für geistiges Eigentum zunächst vorrangig Erwägungen des Gemeinwohls sowie die ökonomische Absicherung des Schöpfers, wurden aufbauend auf dem in der Renaissance aufkeimenden Persönlichkeitsbewusstsein zunehmend persönlichkeitsrechtliche Erwägungen für die Begründung des urheberrechtlichen Schutzes herangezogen. Die identifizierten zwei bzw. drei Begründungsstränge (Gemeinwohlerwägungen, materielle und ideelle Interessen des Urhebers) sind im Laufe der Zeit unverändert geblieben.

Da das Urheberrecht jedoch stets im besonderen Maße auf Neuerungen auf dem Gebiet der Technik zu reagieren hat, als Beispiel sei hier nur die Erfindung der Fotografie oder des CD-Brenners genannt, waren Gesetzgeber, Justiz und Wissenschaft gefragt, das Urheberrecht durch Auslegung, Weiterbildung sowie Verabschiedung ergänzender Vorschriften anzupassen (vgl. Ohly 2014, 9). Die Stellschraube zur Justierung des Urheberrechts wurde jedoch nicht im Begründungsansatz des urheberrechtlichen Schutzes als solchem, sondern vielmehr in den Schrankenbestimmungen, d. h. in den besonders normierten Ausnahmen zu dem durch das Urheberrecht gewährten Ausschließlichkeitsrecht sowie in der Ausweitung des urheberrechtlichen Schutzes auf weitere Werkarten gesucht.

Geistiges Eigentum im Zeitalter der Digitalisierung

Im Zeitalter der Digitalisierung steht das Urheberrecht in einer nie dagewesenen Legitimationskrise. Dies resultiert vor allem aus der voranschreitenden Digitalisierung, den damit verbundenen technischen Neuerungen sowie einer gesteigerten Vernetzung der Bevölkerung. Mit einem Klick lässt sich ein Werk unendlich und ohne wahrnehmbaren Qualitätsverlust vervielfältigen, im Netz mit einem Millionenpublikum teilen und bearbeiten. Eine ganze Generation – so scheint es zumindest – hat sich der Copy-Paste-Kultur verschrieben. Jeder kann und ist, unter Umständen sogar ohne sich dessen zwingend bewusst zu sein, gleichzeitig Konsument und Produzent, so dass das digitale Zeitalter zugleich als Geburtsstunde der Chimäre des *Prosumenten* angesehen werden kann. Gleichzeitig wird die Kluft zwischen den tatsächlichen Urheberinteressen und denen, die als solche ausgegeben werden, immer größer (vgl. Hilty 2003, 984). Während die wahren Nutznießer des Urheberrechtsschutzes immer häufiger die Verwerter sind, fristet die Person des Urhebers zunehmend ein Schattendasein (ebd., 984; Hansen 2008, 40).

Die Beibehaltung des ›urheberzentrierten Paradigmas‹, d. h. die Fokussierung auf den Urheber als Begründungsgrundlage bei gleichzeitig faktischer Schwächung der Figur ist eine der Hauptkonfliktquellen heutiger Urheberrechtsdiskussionen (vgl. Hansen 2008, 40). Eine Übergewichtung der materiellen Aspekte des Urheberrechts schwächt »[...] die Bindung zwischen Autor und Werk« (Kuhlen 2004, 323) und höhlt dessen jetzige Legitimationsgrundlage aus. Das ursprüngliche Idealbild des isoliert schaffenden Künstlers trifft auf das Bild des Urheberkollektivs (vgl. Kreutzer 2008, 321).

Zu der Verschiebung der Rahmenbedingungen im kulturwirtschaftlichen Bereich tritt die Tatsache, dass die voranschreitende technische Entwicklung im Bereich der Reproduktion zunehmend von technischen Schutzmaßnahmen, so genanntem *Digital Rights Management* (DRM), zur Verhinderung der Reproduktion und Bearbeitung von Werken im digitalen Bereich flankiert wird (vgl. Hilty 2003, 984). Bereits diese Schutzmaßnahmen zu umgehen, kann strafrechtlich sanktioniert werden (§ 108b UrhG), was wiederum zu einem fortschreitenden Schwinden der Legitimationsbasis in der Bevölkerung führt. Auch die insbesondere durch die europäische Harmonisierung des Urheberrechts bedingte ›Banalisierung‹ der Schutzvoraussetzungen bei gleichzeitig verstärktem urheberrechtlichem Schutz, reibt die Legitimationsgrundlage in der Bevölkerung weiter auf. So verletzt beispielsweise ein großer Teil der Bevölkerung täglich durch das einfache und simple Veröffentlichen, dem so genannten Posten, urheberrechtlich geschützter Inhalte wie kleiner Bilder (*thumbnails*) oder kurzer Videosequenzen in den Social Media Urheberrechte Dritter. Dieser Austausch via Social Media ist jedoch längst fester Bestandteil des alltäglichen Lebens und der Kommunikation im Netz geworden, so dass ein Unterbinden dieser Form der Kommunikation oder zumindest die Sanktion eines solches Austausches aufgrund urheberrechtlicher Beschränkungen zu Unverständnis in den betroffenen Bevölkerungsgruppen und schlussendlich zu einer schwindenden Akzeptanz des umfassenden Urheberrechtsschutzes in der Bevölkerung führt.

Geistiges Eigentum. Die (vermeintlichen) Gegenströmungen

Im Bereich der Diskussion um die Legitimität des geistigen Eigentums lassen sich grob drei Strömungen unterscheiden. Diejenigen, die für eine Abschaffung des Urheberrechts plädieren, jene, die eine weitere Ausdifferenzierung des Rechts mit Hilfe der herkömmlichen Instrumente fordern, sowie der Versuch der Etablierung alternativer Regelungsmodelle. Diese drei Strömungen sollen im Folgenden analysiert werden. Hierbei erhebt die Diskussion aufgrund der Fülle von Beiträgen in den unterschiedlichsten Fachkreisen keinen Anspruch auf Vollständigkeit, sondern bietet allein ein Instrument zur Einordnung der unterschiedlichen Meinungen innerhalb des zum Urheberrecht bestehenden Meinungsspektrums.

Die Abschaffung des Urheberrechts

Die vollständige Abschaffung des Urheberrechts wird in dieser Radikalität von fast niemandem ernsthaft gefordert. Selbst die Piratenpartei, der immer wieder unterstellt wurde, dass sie das Urheberrecht abschaffen wolle, hat keineswegs eine solche Regelung vor Augen (vgl. hierzu das Parteiprogramm zum Bereich Urheberrecht; hierzu auch Reda 2015).

Allein Joost Smiers und Marieke van Schijndel sprechen sich für eine solch radikale Lösung aus. Hierbei basiert ihre Argumentation auf der Annahme, dass die Erteilung ausschließlicher Rechte an geistigen Schöpfungen zu einer Privatisierung menschlicher Kommunikation führt und so eine Gefahr für die Demokratie darstellt (vgl. Smiers/van Schijndel 2012, 18 ff.). Die Anreiz- und Absicherungsfunktion des Urheberrechts wird aufgrund der Tatsache, dass trotz geringen oder nicht existenten Einkommens der Großteil der Kreativschaffenden dennoch kreativ tätig ist, als nicht zeitgemäß empfunden und insofern abgelehnt (ebd., 29 ff.). Daneben wird die urheberpersönlichkeitsrechtliche Begründung in Frage gestellt, welche vor allem auf den Aspekt der Anerkennung und des Respektes gegenüber dem Urheber reduziert wird (ebd., 23 f.). Künstlerische Werke werden nicht im ideenfreien Raum geschaffen, so die Argumentation, sondern diese entwickeln sich vielmehr in »[…] Kontext bestimmter Traditionen« (ebd., 25; hierzu auch Ferstl/Wedrac 2010, 9).

Einhergehend mit der Abschaffung des Urheberrechtes sehen sie allerdings zwingend das Einbrechen der jetzigen Kulturwirtschaft voraus. Den bestehenden Gefahren des Büchernachdrucks bzw. der allgemeinen Reproduktion von Werken durch Trittbrettfahrer oder einer ausufernden Plagiatskultur soll allein mit Behelfsregelungen aus dem Wettbewerbs- bzw. dem Deliktsrecht sowie mit den Mitteln des öffentlich geführten Diskurses, d. h. der öffentlichen Empörung begegnet werden (vgl. Smiers/van Schijndel 2012, 26; 83 ff.).

Eine weit weniger radikal anmutende Lösung stellt dagegen die Abschaffung der Entstehung des Urheberrechts qua Schöpfungsakt und stattdessen die Etablierung eines Registerurheberrechts ähnlich dem Patenrecht dar (vgl. Lessig 2001, 251 f.). Im Rahmen dieses Registerurheberrechtes soll der Rechteinhaber durch mehrfache Möglichkeit der Schutzfristverlängerung, d. h. durch Verlängerung des zeitlich gewährten Urheberrechtsschutzes unter gleichzeitiger Verkürzung der grundsätzlich gewährten jeweiligen Schutzfrist auf 5 Jahre eine maximale Schutzdauer von 75 Jahren pro Werk bewirken können (ebd., 251). Die so genannte Schutzfrist bestimmt die grundsätzlich gewährte Dauer des urheberrechtlichen Schutzes und ist abhängig von den nationalen Bestimmungen. Zurzeit gilt beispielsweise in Deutschland für urheberrechtlich geschützte Werke gem. § 64 UrhG eine Schutzfrist von 70 Jahren nach dem Tode des Urhebers. Nach dieser Zeit erlischt der urheberrechtliche Schutz und das Werk ist gemeinfrei, d. h. frei von urheberrechtlichen Beschränkungen nutzbar.

Einhergehen mit Lawrence Lessigs Forderung würden abermals eine Fokussierung auf die Schöpferpersönlichkeit sowie starke Gemeinwohlerwägungen. Ein Werk soll nur so lange der freien Verwendung durch die Gemeinschaft vorbehalten werden, wie der Schöpfer oder seine Rechtsnachfolger tatsächlichen von dem geschaffenen Werk profitieren wollen und können.

Eine wirtschaftliche Verwertung von 70 Jahren nach dem Tod des Schöpfers durch dessen Rechtsnachfolger soll damit weitgehend verhindert werden. Dies soll allerdings nicht für unveröffentlichte Werke gelten, für die der bisherige Urheberrechtsschutz qua Schöpfungsakt fortbestehen soll (vgl. Lessig 2001, 251 f.).

Die Anpassung des Urheberrechts

Insbesondere in der rechtswissenschaftlichen Literatur wird immer wieder die Forderung nach neuen Schrankenbestimmungen, d. h. nach Ausnahmen zu den umfassenden Ausschließlichkeitsrechten des Urhebers laut – aktuell in der Diskussion um die Einführung einer allgemeinen Bildungs- und Wissenschaftsschranke (statt aller vgl. Durantaye 2014). Der Einführung neuer Schrankenbestimmungen ist allerdings auf nationaler Ebene kaum Spielraum gelassen, sind doch dem Gesetzgeber aufgrund der bestehenden europäischen Richtlinien weitgehend die Hände gebunden (vgl. Spindler 2014, 2550). Die Einführung weiterer Schrankenbestimmungen, wie etwa einer allgemeinen Bildungs- und Wissenschaftsschranke, würde zudem allein bestimmte Nutzergruppen und Nutzungsarten privilegieren. So könnten zwar unter Umständen öffentlich-rechtliche Kultureinrichtungen ihrem Auftrag der Vermittlung und Sammlung kultureller Informationen insbesondere im digitalen Bereich umfassend nachkommen und so die Hoffmannsche Forderung nach voraussetzungslosem Zugang zu Kultur Wirklichkeit werden lassen (vgl. Hoffmann 1979, 11), allein damit wäre jedoch das bestehende Legitimationsproblem nicht gelöst. Durch die Schaffung bestimmter Privilegien für einzelne Nutzergruppen besteht zudem die Gefahr, bestehende Legitimationskonflikte weiter zu entfachen.

Neben der Einführung weiterer Schrankenbestimmungen wird auch immer wieder eine Verkürzung der urheberrechtlichen Schutzfrist diskutiert (vgl. Spindler 2014, 2551; Reda 2015, 6). Diese ist zurzeit auf 70 Jahre nach dem Tod des Urhebers beschränkt, was insbesondere unter Berücksichtigung der fortschreitenden Herabsetzung der Schutzvoraussetzungen sowie der sich in bestimmten Bereichen (namentlich Software und Computerprogramme) potenzierenden Schnelllebigkeit und der damit verbundenen verkürzten Nutzbarkeitsdauer fragwürdig erscheint.

In jüngster Zeit ist insbesondere im Zusammenhang mit dem Begriff der Werkkopie die Diskussion entflammt, inwiefern sich das Urheberrecht überhaupt auf bestimmte Handlungen erstrecken kann. Unter Berufung auf die Natur des Menschen und dem Grundwesen der Kultur als »Replikationskompetenz« (Sloterdijk 2013, 11) wird zunehmend die der Gesellschaft zwingend innewohnende Notwendigkeit zur Kopie herausgestellt. Der Mensch sei ein »natural-born copycat« (McGowan 2014), die Fähigkeit zur Kopie bestimmt maßgeblich das Schicksal eines jeden Individuums (vgl. Alfino 2014). Bestimmte Formen der Kopie insbesondere im digitalen Raum, so die Forderung, sollen als urheberrechtlich unbedenklich behandelt werden (vgl. Gehlen 2010, 15). Auch über ein abgestuftes Nutzungsmodell, welches das Kriterium der Kreativität als Maßstab der zulässigen Nutzung heranziehen will, wird diskutiert (vgl. Sievers 2010, 97 ff.).

Auf rechtlicher Ebene scheitert diese Forderung jedoch meist bereits auf der Ebene der Begrifflichkeit. Der Begriff der Kopie ist kein urheberrechtlicher Begriff. Das deutsche Urheberrecht spricht hier allein von Vervielfältigungen, wobei dieser Begriff weit ausgelegt wird und so jegliche körperliche Festlegung erfasst, welche den geistig-ästhetischen Gesamteindruck eines Werkes nachbildet und ihn den menschlichen Sinnen unmittelbar oder mittelbar zugänglich macht (vgl. Schulze 2013, Rn. 6). Praktisch gesprochen fällt hierunter von der herkömmlichen Fotokopie über die flüchtige Zwischenspeicherung von Daten im Arbeitsspeicher eines Computers beim Streaming bis hin zur digitalen Zwischenspeicherung von Sekundenfrequenzen eines Werkes, dem so genannten Puffern oder Buffering, zunächst jegliche Form der Werknachbildung.

Aber selbst wenn man diese begrifflichen Differenzen ausblendet, besteht das Problem der Anknüpfung fort. Das Urheberrecht mit seinen geltenden Begründungsansätzen gewährt dem Urheber ein absolutes Ausschließlichkeitsrecht an dem von ihm geschaffenen Werk, mithin auch die Befugnis, zunächst über jegliche Form der körperlichen Vervielfältigung seines Werkes zu bestimmen. Es verwundert daher nicht, dass die Vorschläge zur Anpassung des Vervielfältigungs- bzw. Kopienbegriffs nicht dem rechtswissenschaftlichen Bereich entspringen und hier auch in dieser Form nicht diskutiert werden.

Alternativen zum Urheberrecht. Open Content am Beispiel von Creative Commons

Schließlich lassen sich Tendenzen zur Entwicklung alternativer Regelungsmodelle erkennen, die neben bzw. aufbauend auf dem Konzept des bestehenden Urheberrechts ihre Existenzberechtigung suchen. So beispielsweise die so genannten Open-Content-Lizenzen. Der Begriff des Open Contents ist strukturell dem Bereich Open Data zuzuordnen (s. Kap. VII.29). Eine allgemein anerkannte Definition hat sich bisher nicht herausgebildet, allerdings basiert Open Content ebenfalls wie die Open Source-Bewegung auf der Annahme, dass das bestehende geistige Eigentumsrecht den Austausch von Wissen und Ideen aufgrund zu restriktiver Möglichkeiten der Nutzung und Weiterverwendung behindern kann (vgl. Rosenkranz 2011, 22 f.). Während sich für Software bereits früh alternative Lizenzierungsmodelle im Gegensatz zum proprietären Ansatz herausgebildet haben, dauerte die Entwicklung im Bereich der Lizenzierung klassischer Werke des geistigen Eigentums, wie etwa solche der Kunst oder Literatur, länger.

Eines der erfolgreichsten Modelle in diesem Bereich stellen die Creative Commons-Lizenzen (im Folgenden CC-Lizenzen) dar. Ausgangspunkt der Idee der Creative Commons war die Überlegung, dass allzu weitgehende urheberrechtliche Ausschließlichkeitsrechte sowie ein verstärkter Einsatz von technischen Schutzmaßnahmen zu einer Verknappung urheberrechtlich geschützter Inhalte im digitalen Bereich führen würde (vgl. Dreier 2005, 283; 286; sowie Lessig 2004, 282). Als Gegenmodell zum klassischen »all rights reserved«- Modell des Urheberrechts verfolgt die Creative Commons-Bewegung den Ansatz »some rights reserved« (Dreier 2005, 283; 286). Die CC-Lizenzen stellen ein einfach zu handhabendes Instrument der Rechteeinräumung dar. Der Rechteinhaber kann insgesamt zwischen vier verschiedenen Modulen wählen und so individuell den Grad der und den Rahmen für die Verwertung seiner Werke bestimmen. Namentlich sind dies die Verpflichtung zur Namensnennung (›BY‹), die Verpflichtung zur ausschließlich nicht kommerziellen Verwendung (›NC‹), das Verbot der Bearbeitung (›ND‹) sowie die Verpflichtung zur Weitergabe unter gleichen Bedingungen (›SA‹). Hierbei wird die gewählte CC-Lizenzierung sowohl über die Verlinkung auf den ausführlichen Lizenztext, das Einbinden der Lizenzvereinbarungen auf der Meta-Ebene als maschinenlesbarer Code sowie im Rahmen einfacher Icons und kurzer allgemeinverständlicher Erläuterungen durch den Rechteinhaber kenntlich gemacht.

Das System der CC-Lizenzen ist hierbei jedoch keineswegs als Gegenmodell zum geltenden Urheberrecht konstruiert, baut es doch vielmehr, wie alle Open-Content-Lizenzmodelle, auf diesem auf und bedient sich der dort herrschenden Mechanismen. Die Einräumung der Nutzungsrechte unter Verzicht einer Vergütung für diese erfolgt im Rahmen einer konkludent geschlossenen Lizenzvereinbarung, also einer Vereinbarung, die auf dem schlüssigen Verhalten des Nutzers, nicht aber einer ausdrücklichen Erklärung basiert.

Der Verzicht auf eine Vergütung für die eingeräumten Nutzungshandlungen bedeutet zunächst ein unmittelbares Ausblenden der materiellen Aspekte des Urheberrechts. Diese werden jedoch, wie insbesondere das Modul ›NC‹ zeigt, keineswegs negiert. So haben sich auf der Basis von CC-Lizenzen bereits weitergehende Geschäftsmodelle entwickelt bzw. etablierte Modelle greifen auf CC-Lizenzen zur Verbreitung der entgeltlichen Angebote zurück. Die Bildagentur für Kunst, Kultur und Geschichte, eine der großen Bildagenturen im Kulturbereich, stellt beispielsweise die bei ihr befindlichen Digitalisate in niedriger Auflösung und zum Teil mit einem digitalen Wasserzeichen versehen unter der CC-Lizenz 3.0 BY/NC/SA zur nichtkommerziellen Verwendung frei zur Verfügung, während Bildmaterial in besserer Qualität und ohne Wasserzeichen allein nach entsprechender Bezahlung zur kommerziellen Verwertung zugänglich gemacht wird.

Die ideelle Komponente des Urheberrechts wird dagegen durch CC-Lizenzen in besonderer Weise hervorgehoben. So ist zwingendes Element aller CC-Lizenzen das Element ›BY‹, d. h. die Verpflichtung zur Nennung der Quelle und somit des Urhebers. Damit einher geht eine Refokussierung auf die Quelle des Werkes, in der Regel den Urheber oder denjenigen, der die schützenswerte Investition in diesem Bereich erbracht hat. Die CC-Lizenzen positionieren sich somit schlussendlich als Gegenentwurf zur Verschiebung der tatsächlichen Nutznießer des Urheberrechts auf die Verwerter und zur Übergewichtung der ökonomischen Aspekte des Urheberrechts.

Offene Fragen

Die Diskussion um die Etablierung einer Ethik des geistigen Eigentums bzw. um den ethischen Umgang mit geistigem Eigentum steht erst am Anfang. Es wird deutlich, dass die Diskussion sich an den historisch gewachsenen Begründungssträngen des Urheberrechts zwar orientiert, zunehmend jedoch auch wieder verstärkt auf die Sozialgebundenheit des Urheberrechts hingewiesen wird (zur Theorie der Sozialgebundenheit des Urheberrechts vgl. Hansen 2008, 29 ff.). Eine einheitliche ethische Theoriebildung in Bezug auf das geistige Eigentum oder zumindest eine Diskussion in diese Richtung ist dagegen nicht festzustellen. Allein die drei identifizierten Strömungen mit ihren jeweils abweichenden Nuancen können als Ausgangspunkt um eine Ethikdiskussion im Bereich des geistigen Eigentums herangezogen werden.

Unter Bezugnahme auf die identifizierten Strömungen ist jedoch festzustellen, dass, anders als immer wieder vermutet, das Problem nicht im Bestehen der Autorenschaft oder grundsätzlich in der Figur des Urhebers zu sehen ist, sondern allgemein in der Beibehaltung des herkömmlichen Begründungsansatzes des Urheberrechtes, welche sich zwangsläufig auf den Umfang des Schutzes auswirkt. Die Differenzierung zwischen dem materiellen Werk und der dahinterstehenden geistig-schöpferischen Leistung wird jedoch selbst von jenen nicht in Frage gestellt, die für eine Abschaffung des Urheberrechts eintreten, versuchen diese doch den Schutz schöpferischer Leistungen über Behelfsregelungen zu statuieren.

Dem zur Folge stellt sich zunächst die Frage, an welchen Wertvorstellungen sich die Einräumung ausschließlicher Nutzungsrechte an individuellen geistigen Werken im Zeitalter der Digitalisierung zu orientieren hat. Erst wenn diese im Sinne des dominierenden moralischen Bewusstseins beantwortet werden kann, kann über weitergehende Auswirkungen auf das

›wie‹ eines solchen Schutzes eingegangen werden. Ein starres Festhalten am dreigliedrigen ›urheberzentrierten Paradigma‹ würde zumindest aus juristischer Sicht weitgehend jede Entwicklung im Keim ersticken und als einzig gangbaren Weg jenen der bekannten und als zunehmend unbefriedigend wahrgenommenen Regularien ermöglichen. Es gilt, sich somit zunächst von den »alten Gedankeninstrumenten« (Strömholm 1989, 15) zu distanzieren, um die bestehende Legitimationskrise des geistigen Eigentums zu lösen.

Literatur

Alfino, Mark: Copying, Culture and Values. The Ethics of Copying (2014). In: http://guweb2.gonzaga.edu/faculty/alfino/CopyingCultureValues.htm (8.7.2014).

Ann, Christoph: Die idealistischen Wurzeln des Schutzes geistiger Leistungen. In: *Gewerblicher Rechtsschutz und Urheberrecht – Internationaler Teil* (2004), 597–603.

Bullinger, Winfried: *Kunstwerkfälschung und Urheberpersönlichkeitsrecht. Der Schutz des bildenden Künstlers gegenüber der Fälschung seiner Werke.* Berlin 1997.

Dreier, Thomas: Creative Commons, Science Commons – Ein Paradigmenwechsel im Urheberrecht? In: Ansgar Ohly et al. (Hg.): *Perspektiven des Geistigen Eigentums und Wettbewerbsrechts – Festschrift für Gerhard Schricker zum 70. Geburtstag*. München 2005, 283–298.

Dreier, Thomas: Einleitung. In: Thomas Dreier/Gernot Schulze (Hg.): *Urheberrechtsgesetz. Urheberrechtswahrnehmungsgesetz, Kunsturhebergesetz. Kommentar.* München [4]2013, 1–60.

Durantaye, Katharina de la: *Allgemeine Bildungs- und Wissenschaftsschranke.* Münster 2014.

Ferstl, Paul/Wedrac, Stefan: Owning the Mind. Eigentum Geist: eine Einleitung. In: Paul Ferstl/Stefan Wedrac (Hg.): *Owning the Mind. Beiträge zur Frage geistigen Eigentums.* Frankfurt a. M. 2010, 7–16.

Gehlen, Dirk von: *Mashup. Lob der Kopie.* Berlin 2010.

Götting, Horst-Peter: Der Begriff des Geistigen Eigentums. In: *Gewerblicher Rechtsschutz und Urheberrecht* (2006), 353–358.

Hansen, Gerd: *Warum Urheberrecht? Die Rechtfertigung des Urheberrechts unter besonderer Berücksichtigung des Nutzerschutzes.* München 2008.

Hilty, Reto: Urheberrecht in der Informationsgesellschaft: ›Wer will was von wem woraus?‹ Ein Auftakt zum ›zweiten Korb‹. In: *Zeitschrift für Urheber- und Medienrecht* Sonderheft (2003), 983–1006.

Hoffmann, Hilmar: *Kultur für alle – Perspektiven und Modelle.* Frankfurt a. M. 1979.

Hubmann, Heinrich: *Das Recht des schöpferischen Geistes. Eine philosophisch-juristische Betrachtung zur Urheberrechtsreform.* Berlin 1954.

Kreutzer, Till: *Das Modell des deutschen Urheberrechts und Regelungsalternativen. Konzeptionelle Überlegungen zu Werkbegriff, Zuordnung, Umfang und Dauer des Urheberrechts als Reaktion auf den urheberrechtlichen Funktionswandel.* Baden-Baden 2008.

Kuhlen, Rainer: *Informationsethik.* Konstanz 2004.

Lessig, Lawrence: *The Future of Ideas. The Fate of the Commons in a Connected World.* New York 2001.

Lessig, Lawrence: *Free Culture – How Big Media Uses Technology and the Law to Lock Down Culture and Control Creativity.* New York 2004.

McGowan, Kat: Brilliant Impersonators (2014). In: http://aeon.co/magazine/science/imitation-is-what-makes-us-human-and-creativ/, Erscheinungsdatum (23.6.2015).

Oberndörfer, Pascal: *Die philosophische Grundlage des Urheberrechts.* Baden-Baden 2005.

Ohly, Ansgar: *Urheberrecht in der digitalen Welt. Brauchen wir neue Regelungen zum Urheberrecht und dessen Durchsetzung? Buch I: Gutachten Teil F zum 70. Deutschen Juristentag.* München 2014.

Piratenpartei: ›Urheberrecht‹. In: Parteiprogramm, https://www.piratenpartei.de/politik/wissensgesellschaft/urheberrecht/ (22.6.2015).

Reda, Julia: Entwurf eines Berichts über die Umsetzung der Richtlinie 2001/29/EC des Europäischen Parlaments und des Rates vom 22. Mai 2001 zur Harmonisierung bestimmter Aspekte des Urheberrechts und der verwandten Schutzrechte in der Informationsgesellschaft (2015). In: http://www.europarl.europa.eu/sides/getDoc.do?pubRef=-//EP//NONSGML+COMPARL+PE-546.580+02+DOC+PDF+V0//DE&language=DE (23.6.2015).

Rehbinder, Manfred/Peukert, Alexander: *Urheberrecht.* München [17]2015.

Rosenkranz, Timo: *Open Contents.* Tübingen 2011.

Schack, Haimo: *Urheber- und Urhebervertragsrecht.* Tübingen [6]2013.

Schulze, Gernot: § 16 UrhG. In: Thomas Dreier/Gernot Schulze (Hg.): *Urheberrechtsgesetz. Urheberrechtswahrnehmungsgesetz, Kunsturhebergesetz. Kommentar.* München [4]2013, 290–300.

Schwab, Dieter: Das Geistige Eigentum zwischen Naturrecht und Positivierung. Zugleich einige Anmerkungen zu Pütters Schrift gegen den Büchernachdruck. In: Louis Pahlow/Jens Eisfeld (Hg.): *Grundlagen und Grundfragen des Geistigen Eigentums.* Tübingen 2008, 35–49.

Sievers, Bahne C.: *Die Freiheit der Kunst durch Eigentum. Das Urheberrecht zwischen Persönlichkeits- und Eigentumsrecht und die Verarbeitung des Neuen.* Baden-Baden 2010.

Sloterdijk, Peter: Der Heilige und der Hochstapler. Von der Krise der Wiederholung in der Moderne. In: Thomas Dreier/Ansgar Ohly (Hg.): *Plagiate. Wissenschaftstechnik und Recht.* Tübingen 2013, 11–29.

Smiers, Joost/van Schijndel, Marieke: *No Copyright. Vom Machtkampf der Kulturkonzerne um das Urheberrecht. Eine Streitschrift.* Berlin 2012.

Spindler, Gerhard: Die Reform des Urheberrechts. In: *Neue Juristische Wochenschrift* (2014), 2550–2554.

Strömholm, Stig: Was bleibt vom Erbe übrig? Überlegungen zur Entwicklung des heutigen Urheberrechts. In: *Gewerblicher Rechtsschutz und Urheberrecht – Internationaler Teil* (1989), 15–23.

Hannah Wirtz

32 Anonymität

Der Begriff Anonymität

Der Begriff ›anonym‹ stammt vom altgriechischen *anónymos* ab, was wörtlich ›ohne Namen‹ bedeutet. Lange Zeit wird er vorrangig zur Bezeichnung von Texten und anderen Werken benutzt, deren Autor oder Urheber nicht bekannt ist. Erst relativ spät treten davon abgeleitete Bedeutungen auf (vgl. Ferry 2002; Brodnig 2013). Dies betrifft vor allem die Anonymität als kulturelles Phänomen des Lebens in der Stadt und des Auftretens der ›Massengesellschaft‹. Im deutschsprachigen Raum wird die Anonymität des modernen, hektischen Lebens ein zentrales Thema von Kunst und Literatur (insbesondere im Existentialismus) aber auch von politisch-theoretischen Erwägungen. Während die Literatur eher die individuelle Orientierungslosigkeit – aber teilweise auch die Freiheit – in der Anonymität thematisiert, betrachten Karl Jaspers (1931/1938) oder auch Hannah Arendt (1951/2009) Anonymität als politisches Problem der aufkommenden Massengesellschaft. Arendt sieht darin und in der Möglichkeit als ›Mob‹ zu handeln, in dem einzelne Individuen untergehen und anonym bleiben, einen der Faktoren, die zum Aufkommen des Faschismus beitragen.

In diesen Verwendungen des Begriffs der Anonymität kommen bereits mehrere Faktoren zum Vorschein, welche auch noch in den Diskussionen bezüglich des Internets und der digital vermittelten Kommunikation eine Rolle spielen. Dazu gehört z. B. die Idee der Autorschaft. Sie findet sich insofern wieder, da Anonymität auf der Vorstellung beruht, eine Handlung habe jeweils einen Urheber, ganz ähnlich wie ein Text einen Autor. Anonymität bedeutet dann, dass dieser Urheber zwar vorhanden, aber nicht bekannt ist. Von dieser Anonymität »als Rätsel« unterscheidet Michel Foucault (1988, 247) Texte, für welche die Zuschreibung eines Autors überhaupt keine Rolle spielt. Obwohl Namenlosigkeit mit Anonymität übersetzt werden könnte, geht es hier gerade darum, dass überhaupt kein Autor oder Urheber im etablierten Sinn mehr ausgemacht werden kann. Auf allgemeine Handlungen übertragen zeigt sich hier bereits das Problem, dass die Bedeutung von Anonymität davon abhängt, welche Identitäten jeweils unkenntlich gemacht werden. Auch wenn es sich hierbei um komplexere Konzepte als Autorschaft im klassischen Sinn handelt, muss diese Identifizierbarkeit grundsätzlich immer vorausgesetzt werden, um zu konstatieren, dass sie nicht möglich ist.

Für das Internet und die digitale Kommunikation wird Anonymität insbesondere ein Problem, weil sich relevante Eigenschaften der Kommunikationssituation verschieben. Oft wird von einer grundlegenden Anonymität der Internetkommunikation gesprochen. Tatsächlich fallen viele Merkmale der direkten Kommunikation weg, welche potenziell zur Identifikation dienen können, wie Namen, Gesichter, Aussehen, Stimme. Dies geht jedoch einher mit einer Reduktion anderer Faktoren, welche ebenfalls die Kommunikationssituation beeinflussen, z. B. Mimik und Gestik, Betonung und Sprechlautstärke, Augenkontakt etc. Deshalb muss auch gefragt werden, welche Phänomene, die in der digital vermittelten Kommunikation auftreten, tatsächlich auf einer Zunahme an Anonymität beruhen und welche eher Effekte eines Wegfalls der genannten anderen Faktoren der Face to Face-Kommunikation sind. Hier eine Trennung leisten zu können, gehört zu den Aufgaben einer Definition von Anonymität .

Generell bringt die digitale Kommunikation nicht nur ein Potenzial zur Zunahme von Anonymität mit sich, sondern auch viele Möglichkeiten, diese einzuschränken. Bei jeder digital vermittelten Kommunikation fallen Daten an, welche zur Identifikation der Kommunikationsteilnehmer beitragen können (vgl. Mayer-Schönberger/Cukier 2013). Diese Daten können bei verschiedenen Vermittlern (Telekommunikationsdienstleister, Betreiber von Webseiten) und interessierten Dritten (Geheimdienste, Polizeien) gespeichert und ausgewertet werden. Durch neue Techniken der Auswertung wird es immer schwieriger, Datensätze durch Entfernung ›persönlicher‹ Informationen zu Anonymisieren (vgl. Ohm 2010). Es zeigt sich, dass in digitaler Kommunikation gleichzeitig die Anonymität gegenüber den Kommunikationspartnern zunehmen und gegenüber Dritten abnehmen kann. Doch auch der umgekehrte Fall ist denkbar: Mittels kryptographischer Verfahren lässt sich die Kommunikation anonymisieren, so dass keine für Außenstehende verwertbaren Daten mehr anfallen (z. B. durch den Anonymisierungsdienst »Tor«) und der Inhalt verschlüsseln, so dass auch daraus keine Schlüsse mehr gezogen werden können (z. B. »Pretty Good Privacy«). Gleichzeitig können solche Verfahren den Kommunikationspartnern aber die Authentizität der Person bestätigen. Diese Schilderung zeigt, dass Anonymität keine absolute Eigenschaft ist. Es ist zu fragen

- gegenüber wem,
- mit welchen Mitteln,
- zu welchem Zeitpunkt

eine Person anonym ist. Der Zeitpunkt ist deshalb wichtig, weil später hinzukommende Informationen eine bis dahin bestehende Anonymität im Nachhinein auflösen können.

Definitionen

Die großen Erfolge der Identifikation von Personen anhand verschiedenster Merkmale haben zu diversen Ansätzen geführt, die Definition von Anonymität über das Fehlen des Namens hin auszuweiten.

Gary Marx (1999) erstellt dazu eine Liste mit verschiedenen Formen von Identifikationsmerkmalen: Neben dem Namen führt er die Kenntnis des Ortes einer Person, die Nutzung bestimmter Pseudonyme und die Kenntnis gewisser Muster oder Regelmäßigkeiten (z. B. die Person, die jeden Tag mit uns in der Bahn sitzt) als Wissen an, das zur Identifikation einer Person dienen kann. Dazu nennt er noch soziale Kategorisierungen wie Geschlecht, Hautfarbe, sozialer Status oder Beruf. Und schließlich ist die Identifikation auch über Zugangsdaten, Passwörter, Ausweise und dergleichen möglich. Anonymität bedeutet dann nicht mehr nur die Verschleierung des Namens, sondern je nach Umstand auch die Unkenntnis anderer der hier aufgeführten Identitätsmerkmale.

Ein weiterer wichtiger Bestandteil von Marx' Definition der Anonymität ist die Unterscheidung von schlichter Unbekanntheit und Anonymität: letztere braucht ein gewisses Publikum. Nur wenn es diesem Publikum, also mindestens einer Person, bekannt ist, dass es eine Person gibt, z. B. weil sie etwas online publiziert hat, und bezüglich der die genannten Identifikationsmerkmale nicht bekannt sind, spricht er von Anonymität.

Diesen Punkt stellt auch Wallace (1999; 2008) in ihrer Definition von Anonymität heraus. Ein Einsiedler, der mit niemanden Kontakt hat, ist nicht anonym, sondern unbekannt. Im Gegensatz zu Marx erweitert Wallace die Definition von Anonymität auf die allgemeine Unmöglichkeit, Eigenschaften (*traits*) einer Person miteinander in Verbindung zu bringen. Dabei legt Wallace nicht fest, um welche Eigenschaften es sich handelt. In unterschiedlichen Kontexten sind Menschen durch ganz unterschiedliche Eigenschaften bekannt, z. B. als Autor eines Blogeintrags, durch eine Nummer auf einer Blutprobe, durch Namen, durch bestimmte Handlungen. Relevant für die Anonymität ist, dass die Eigenschaft oder die Eigenschaften, welche eine Person in einem Kontext identifizieren, nicht mit anderen in Verbindung gebracht werden können (Wallace 1999, 25).

Damit wird Anonymität zu einer Frage der praktischen Verbindung von Eigenschaften. Die Eigenschaft, durch die eine Person bekannt ist, z. B. einen Artikel veröffentlicht zu haben, kann im philosophischen Sinn eine definite Kennzeichnung sein: Genauso wie z. B. ›Träger dieses Fingerabdrucks‹ bezieht sie sich auf genau eine real existierende Person. Die Kennzeichnung genügt aber nicht, um diese Person ausfindig oder erreichbar zu machen, was für Wallace aber das Kriterium für Anonymität ausmacht: »Anonymity then is not merely social unknownness, but rather, is a form of inaccessibility to others to whom one is related or with whom one shares a social environment« (ebd.).

Diese Frage nach der Unverfügbarkeit oder Unerreichbarkeit stellt Nissenbaum (1999) in den Mittelpunkt ihrer Auffassung von Anonymität. Sie beruft sich ebenfalls auf die vielfältigen Möglichkeiten, Personen auch dann zu identifizieren, wenn man ihre Namen nicht kennt. Sie sieht deshalb den Wert der Anonymität nicht mehr darin ohne Namen zu bleiben, sondern darin für andere unerreichbar zu sein. Man kann Dinge tun, schreiben oder sagen, ohne dass andere darauf reagieren können, weil sie den Handelnden nicht erreichen können.

Da in vielen anonymen Kontexten, wie z. B. Onlineforen, Menschen durchaus gegenseitig erreichbar sind, verändert Matthews (2010) Nissenbaums Definition. Nicht die Unerreichbarkeit, sondern *untrackable* zu sein, sei die relevante Eigenschaft. Damit meint Matthews, dass Menschen für Personen aus einem anderen Kontext unerreichbar sein müssen: »Anonymity aims at preventing a link being made between two dissociated self-presentations« (Matthews 2010, 355).

Damit wird eine Verschiebung deutlich, welche insbesondere die Anonymität in der digitalen Kommunikation betrifft. Anonymität ist hier weniger eine Frage der eindeutigen Identifikation als eine Frage der Möglichkeit, in problematischer oder diskriminierender Form ›wiedererkannt‹ zu werden. D. h. es geht darum, verschiedene soziale Identitäten auseinander zu halten. Ein ähnliches Problem wird in der Literatur zum Thema Privatheit unter dem Stichwort des *context collapse* (vgl. Wesch 2009), also dem Problem, soziale Kontexte getrennt zu halten, verhandelt.

Damit wird deutlich, dass die obige Kontextualisierung der Anonymität (gegenüber wem, mit welchen Mitteln, zu welchem Zeitpunkt) noch erweitert werden muss um die Frage, zu welchem Zweck man anonym sein will. In einer Selbsthilfegruppe ist es der Zweck, eine bestimmte Eigenschaft oder soziale Identität von anderen Bereichen des Lebens getrennt zu halten. Insofern ist vor allem die relative Verbindung dieser sozialen Identität mit anderen ein Problem, dem mit Anonymität entgegengewirkt wird. Innerhalb der Gruppe will man aber wiedererkannt werden und ansprechbar sein, wozu bestimmte Aspekte der Persönlichkeit offengelegt werden. Will man sich dagegen vor der Macht des Staates schützen, der auf viele Datenquellen Zugriff hat, kann so gut wie jede Handlung zu der Liste von Eigenschaften beitragen, welche am Ende eine Identifikation ermöglicht.

Privatheit und Anonymität

Privatheit und Anonymität hängen eng zusammen. Beide haben einen praktischen und einen normativen Aspekt: Informationen, Körper, Räume sind nicht zugänglich, oder sie sind vielleicht zugänglich, aber es wird gefordert, dass sie dennoch respektiert werden sollten. Bei Anonymität überwiegt der praktische Aspekt: Man ist unerreichbar oder nicht identifizierbar. Da im Internet vor allem technische Maßnahmen für Privatheit sorgen sollen, wird Privatheit oft durch Anonymität umgesetzt. Dennoch ist der Zusammenhang zwischen Privatheit und Anonymität nicht notwendig. Ein Voyeur kann z. B. die Privatsphäre von Menschen verletzen, indem er sie in der Umkleide beobachtet, obwohl diese ihm gegenüber anonym bleiben. Umgekehrt sind Prominente wie der amerikanische Präsident so gut wie niemandem gegenüber anonym, können aber dennoch eine Privatsphäre haben (vgl. Doyle/Veranas 2014; s. Kap. VI.23).

Ethische Aspekte der Anonymität

Generell erlaubt Anonymität, etwas zu tun, ohne dafür mit Konsequenzen oder Reaktionen rechnen zu müssen. Die Einschränkung der Anonymität auf bestimmte Personengruppen, Orte, Zeiten und bestimmte Zwecke macht deutlich, dass es sich hier nicht um den Ausschluss jeglicher Form von Konsequenzen und Reaktionen handeln muss.

Dennoch entsteht durch Anonymität eine Asymmetrie: Jemand tut etwas, das andere betrifft – zumindest in der Form, dass sie davon erfahren. Diese können sich aber nicht oder nur beschränkt an den Urheber der Tat richten. Deshalb schreibt Wallace, dass Anonymität an sich für manche ethische und politische Theorie schon ein Problem darstellt, da sie Beziehungen oder Verhältnisse zu anderen zur Grundlage ihrer Theorie machen, was in einer anonymen Situation nicht möglich ist. Konkret führt Wallace Martin Bubers Ich-Du-Beziehung, Emmanuel Lévinas' Ethik des Anderen und hegelianische Anerkennungstheorien an. Anderseits kann Anonymität auch Grundwerte wie Freiheit und Gerechtigkeit fördern. So operiert John Rawls mit der Idee des ›Schleiers der Unwissenheit‹ an zentraler Stelle mit einer anonymen Position (vgl. Wallace 1999, 28–30). Die Asymmetrie spielt hier keine Rolle, weil die Anonymität in diesem Fall dazu dient, eine generalisierte Position einzunehmen, die von konkreten Interessen und Situationen abstrahiert, wobei diese Voraussetzung an alle gerichtet ist.

Eine Möglichkeit, die durch Anonymität entstehenden Asymmetrien auszugleichen, besteht also darin, Anonymität für alle gleich herzustellen. Dieses Prinzip findet bei Wahlen Anwendung. Hier können Menschen anonym eine Entscheidung treffen (die Stimmabgabe), welche andere betrifft, ohne dass diese den Wähler zur Verantwortung ziehen können. Dieses Recht wird aber allen in wiederum symmetrischer Weise zugestanden. Eine weitere Weise, mit der Asymmetrie in anonymen Interaktionen umzugehen ist eine vermittelnde Stelle. Anonyme Reviews schützen z. B. vor Vorurteilen und Bevormundung. Dennoch gibt es für die Beurteilten die Möglichkeit, über den Herausgeber den Begutachtungsprozess anzuzweifeln.

Idealerweise ist die Asymmetrie dem Kontext entsprechend angepasst. Z. B. sind innerhalb eines anonymen Online-Forums die Bedingungen erst einmal symmetrisch, während Außenstehende nichts von der Kommunikation dort mitbekommen und auch nicht auf sie reagieren können – aber oft auch gar nicht von ihr betroffen sind. Anonymität dient hier also dazu, das Publikum für die Beobachtung von Handlungen bzw. Kommunikation auszuwählen und sowohl die Möglichkeiten der Beobachtungen als auch die Reaktion darauf einzuschränken.

Die durch Anonymität entstehende Asymmetrie ist oft dadurch gerechtfertigt, dass sie einer bereits bestehenden Asymmetrie in sozialen Machtverhältnissen oder Handlungsmöglichkeiten begegnet. Wer mit Diskriminierungen zu rechnen hat, wer gewisse Dinge nicht tun darf oder eingeschränkt ist aufgrund von Klasse, Ausbildung, Hautfarbe, Geschlecht, Herkunft etc., kann diese Asymmetrie durch Anonymität umgehen. Hier geht es weniger darum, konkrete Reaktionen zu verhindern, sondern ein Handeln trotz einer strukturellen Einschränkung überhaupt erst zu ermöglichen.

Diese strukturellen Vorbedingungen des Handelns – Machtbeziehungen, Verteilung von Wissen und Mitteln, etc. – stehen im Mittelpunkt der Auseinandersetzung über eine transparente Gesellschaft. Von Repräsentanten großer Internetfirmen wie Facebook oder Google (vgl. Boodle 2013), aber auch von Wissenschaftlern (z. B. Pentland/Heibeck 2008) wird vertreten, dass eine Gesellschaft mit maximaler Transparenz neben weiteren positiven Effekten wie der effizienteren Generierung und Verteilung von Wissen auch die Abnahme unmoralischer Handlungen zufolge habe, weil bei allgemeiner Transparenz mit entsprechenden Sanktionen zu rechnen sei. Kritiker führen jedoch an, dass dabei genau die oben genannten strukturellen Bedingungen ignoriert würden. Für Menschen, deren Identität sozial stigmatisiert ist, ermögliche Anonymität überhaupt erst ein Handeln, welches langfristig vielleicht positive soziale Veränderungen mit sich bringen könnte (vgl. Baym 2010). Deshalb wurde den Befürwortern einer Transparenzgesellschaft auch vorgeworfen, ihre eigene weiße, gebildete soziale Position in problematischer Weise zur Grundlage gesamtgesellschaftlicher Forderungen zu machen (vgl. Ingram 2010).

Problematisch an dieser Sicht ist allerdings wiederum, dass dieselbe Form von Anonymität online, welche vor Diskriminierung schützt, an anderer Stelle als Hauptgrund für die Ermöglichung von Angriffen, Hate Speech, Bedrohungen und Übergriffen gesehen wird. Hier verschränken sich zwei der ethischen Hauptfragen von Anonymität: Erstens inwiefern Anonymität unmoralisches Verhalten begünstigt und zweitens, wie aus anonymen Positionen heraus soziale Veränderung erreicht werden können oder politische Betätigung möglich ist.

Anonymität und unmoralisches Verhalten

Im Internet, in dem die Kommunikationspartner zumindest in bestimmten Hinsichten anonymer sind als in der direkten Kommunikation, findet sich eine Häufung von Schmähungen, Beleidigungen, Hate Speech, übergriffigem Verhalten und Drohungen. Dies kann dazu führen, dass Menschen ihre Kommunikation stark einschränken, öffentliche Auftritte absagen und sogar ganze Berufskarrieren auf dem Spiel stehen (vgl. Hathaway 2014). Da Anonymität solche unmoralischen und auch strafbaren Handlungen ermögliche, wird immer wieder eine Klarnamenspflicht oder eine andere Methode der Identifikation für alle Internetteilnehmer gefordert.

Diese Forderung basiert allerdings auf einer nicht unproblematischen Voraussetzung: Dass gerade die Anonymität der entscheidende Aspekt der Onlinekommunikation ist, aufgrund dessen Taten begangen werden, welche unter anderen Umständen nicht begangen würden.

Die Auffassung, dass Anonymität unmoralisches Verhalten begünstigt, basiert ganz allgemein gesprochen auf einem pessimistischen Menschenbild: ohne soziale Kontrolle oder Sanktionsdrohungen würden Menschen zu unmoralischen Handlungen neigen. Tatsächlich zieht sich dieses Motiv seit dem Beginn der Philosophie durch politische Theorie und Ethik. In Platons *Staat* findet sich die Legende von Gyges, einem einfachen Hirten, der einen Ring findet, welcher ihn unsichtbar macht. Diesen nutzt er, um sich in den Königshof zu schleichen, die Königin zu verführen, den König zu ermorden und die Macht an sich zu reißen. Dieses Vorgehen wird jedoch nicht als Einzelfall beschrieben, im Gegenteil: »Wenn es nun zwei solcher Ringe gäbe und den einen der Gerechte sich ansteckte, den andern der Ungerechte, so wäre, wie mir scheint, wohl keiner von so eherner Festigkeit, daß er bei der Gerechtigkeit bliebe« (Platon 2004, 360b). Beide würden stehlen, morden und ihre Interessen verfolgen. Diese Stelle wird auch in vielen zeitgenössischen Texten zum Thema Anonymität noch zitiert. Hier besteht also ein impliziter moralischer Generalverdacht, der im Fall von schweren Straftaten wir Terrorismus durch Vorhaben wie die Vorratsdatenspeicherung auch ganz explizit gemacht wird.

Selbst wenn die Häufung von unmoralischem Verhalten im Internet eindeutig auf Anonymität zurückzuführen wäre, müsste man sich fragen, ob grundlegende Überlegungen wie eine Klarnamenspflicht durch solch ein pessimistisches Menschenbild geleitet sein sollten. Denn solche umfassenden Regelungen würden dann eben alle betreffen. Eine Begründung für die Klarnamenspflicht wäre hier also, dass der Schaden, welcher durch unmoralisches Verhalten auch von Einzelnen im Netz angerichtet wird, die Einschränkung der Anonymität aller aufwiegt.

Zusätzlich stellt sich die Frage, inwiefern die bestehenden Ressentiments und Neigungen, die in der Anonymität zum Ausdruck kommen, tatsächlich ausschließlich durch die anonyme Situation gegeben sind, oder aber ob ihnen gesellschaftliche Missstände zugrunde liegen, die *politisch* beeinflusst werden könnten. Coffey und Woolworth (2004) stellen zum Beispiel fest, dass in anonymen Foren rassistische Kommentare verbreiteter sind, als in weniger anonymen Kontexten. Die Frage wäre dann, ob die Unterdrückung der Äußerung von ohnehin vorhandenen, problematischen (in diesem Fall rassistischen) Einstellungen ein ausreichender Ansatz ist, z. B. um die Effekte von Hate Speech einzudämmen, oder ob dieser Rassismus nicht direkt auf anderem Wege angegangen werden müsste (vgl. Brink 2001).

Des Weiteren stellt sich grundsätzlich die Frage, ob Anonymität überhaupt der Grund für die Häufung unmoralischen Verhaltens im Netz ist. Lapidot-Leffler und Barak (2012) diskutieren allgemein den *online disinhibition effect*. Damit meinen sie den Effekt, dass Menschen sich online Handlungen trauen, die sie in direkten Kommunikationskontexten nicht vollziehen würden. Das kann sowohl positiv (z. B. gegen Diskriminierung) als auch negativ sein, wie eben im Fall unmoralischen Verhaltens. Die Autoren nennen verschiedene mögliche Gründe für diesen Effekt: Anonymität, die Unsichtbarkeit der Kommunikationspartner, die asynchrone Kommunikation, und die vorherrschend textuelle Kommunikation. Viele dieser Faktoren treten online gemeinsam auf, deshalb wird in Studien versucht, den Einfluss der einzelnen Elemente auf die Gesamtsituation zu trennen und zu messen. Durch einen Literaturvergleich zeigen die Autoren, dass Anonymität wohl eine wichtige Rolle für den *disinhibition effect* spielt, diese aber komplexer und situationsabhängiger wirke, als oft angenommen (ebd., 435). Lapidot-Leffler und Barak kommen zu dem Ergebnis, dass die Unmöglichkeit Augenkontakt zu haben, noch vor allgemeiner Unsichtbarkeit und Anonymität den größten Einfluss auf den *online disinhibition effect* haben. Sie zeigen, dass dies als komplexere, abgestufte Form von Anonymität verstanden werden kann (ebd., 440). Aus ethischer Sicht ist diese Differenzierung aber wichtig. Denn auch wenn alle hier diskutierten Faktoren als Ausprägungen von Anonymität verstanden werden können, ist es für die moralische Beurteilung und eventuell darauf basierende Gestaltung eines Kommunikationskontextes relevant, wie genau sich die jeweils vorhandenen Faktoren auswirken.

Suler (2004) diskutiert ebenfalls den *online disinhibition effect*. Er bringt den Effekt in Verbindung zu dem oben diskutierten pessimistischen Menschenbild und kritisiert die Auffassung, dass in der Anonymität das wahre Selbst einer Person zum Vorschein komme. Vielmehr sei *disinhibition* ein Effekt vieler sozialer Faktoren, zu denen er über Lapidot-Leffler und Barak hinaus eine ganze Reihe weitere ins Spiel bringt, u. a. die Abwesenheit von Hinweisen auf Status und Autorität der Kommunikationspartner und zwei Phänomene, die er als »solipsistische Interjektion« und »dissoziative Imagination« bezeichnet (ebd., 323). Damit beschreibt er den Umstand, dass insbesondere bei asynchroner, textbasierter Kommunikation die Kommunikationspartner ein Stück weit Produkt unserer Vorstellung sind, was sich dann auch im Verhalten niederschlägt – z. B. wenn man sich gegenüber diesen ›Projektionen‹ Dinge traut, die man gerne täte, aber in einer persönlichen Interaktion nie ausführen würde, oder wenn man seine eigene Persönlichkeit online nicht mit anderen Aspekten seines Lebens in Verbindung bringt.

Während hier die Frage ist, inwiefern Anonymität zum *online disinhibition effect* beiträgt, untersucht Christopherson (2007) die Auswirkungen von Anonymität auch über Enthemmungseffekte hinaus. Sie diskutiert die *equalization hypothesis*, der zufolge der Einfluss sozialer Eigenschaften in anonymen Situationen reduziert würde, was die Kommunikation egalitärer mache. Sie kommt zu dem Schluss, dass sich diese Erwartung nicht bestätigt habe. Als zweites prominentes Modell zur Erklärung der Effekte von Anonymität zieht sie das *social identity model of disindividuation effects* (SIDE) heran. Dieses wurde für Offline-Situationen entwickelt, inzwischen aber erfolgreich auf die computervermittelte Kommunikation übertragen (vgl. Spears et al. 2001): Dieser Theorie zufolge hat Anonymität gerade nicht den Effekt, dass eigene Ziele oder innere Bedürfnisse zum Vorschein kommen. Vielmehr passe sich das Verhalten den gegebenen Normen von sozialen Gruppen an, weil man sich in anonymen Situationen mehr mit der Gruppe oder sozialen Identitäten identifiziere. So kommt Christopherson dann auch zu dem Schluss, dass Anonymität Verhalten fordern könne, das im Gegensatz zu den allgemein anerkannten sozialen Normen stehe, solange dies der Norm der jeweiligen Kommunikationsgruppe entspreche (vgl. Christopherson 2007, 3049).

Ähnlich konstatieren Bodle (2013) oder Joinson (2001), dass der Effekt von Anonymität davon abhänge, ob eher eine individuelle oder soziale Vorstellung der Identität vorherrsche. Zudem komme es darauf an, ob zusätzlich das Publikum anonym ist (was normgerechtes Verhalten verstärke) oder nur man selbst, was als Möglichkeit das *authentic self* auszudrücken, beschrieben wird.

Diesen Punkt führt auch Sierra (2014) an. Sie beschreibt, dass es oft (relativ) bekannte Menschen sind, die im Internet Opfer anonymer Attacken werden. Für sie ist die Konstellation entscheidend, dass eine anonyme Person eine bekannte Person vor einem großen Publikum angreifen kann. Die exkludierenden, diskriminierenden Angriffe dienen dann der Bestärkung der eigenen sozialen Identität der Täter, im diskutierten Fall von männlichen Nerds gegen Frauen. Umso bekannter das Opfer ist, desto mehr Aufmerksamkeit bekommen die Täter für ihre Identitätsproduktion auf Kosten von Anderen. Für Sierra ist diese Möglichkeit, Aufmerksamkeit für die eigene Identitätsarbeit zu bekommen, ein wichtigerer Faktor, als die Äußerungen oder Handlungen der Betroffenen selbst: Menschen werden zum Opfer einfach nur weil ihre Angreifer Aufmerksamkeit bekommen.

Schließlich gibt es Studien, welche den Zusammenhang zwischen Anonymität und unmoralischem Verhalten bezweifeln, weil durch die Einführung von entsprechenden Regeln keine Änderung des Verhaltens zu beobachten war. Cho (2011) etwa untersucht die Folgen eines Klarnamengesetzes in Korea: »the majority of troublemakers continued to swear without restraint under their real names.«

Anonyme Politik

Forderungen, die Anonymität digitaler Kommunikation einzuschränken, wird oft die Relevanz der Möglichkeit, anonym kommunizieren zu können entgegengehalten. Whistleblowing, Verhinderung von Diskriminierung aber auch ganz grundlegend die individuelle Selbstbestimmung werden als Gründe angeführt. So führt der Europarat in seiner *Declaration on Freedom of Communication on the Internet* den Respekt des Wunsches, Anonymität zu wahren als separaten Punkt an, mit Ausnahme der Verfolgung von Straftaten (vgl. Europarat 2003). Dennoch ist anonyme politische und soziale Betätigung nicht unproblematisch. Dreyfus (2001) vertritt die Meinung, dass anonyme Beiträge keine dauernde Diskussion und Kommunikation ergeben. Eine Studie von diversen Kommunikationsforen des Betreibers Disqus kam dagegen zu dem Schluss, dass pseudonymisierte Teilnehmer die relevantesten Beiträge liefern (vgl. Disqus 2010).

Auch emanzipatorische Bewegungen und politischer Aktivismus werden oft mit Anonymität in Verbindung gebracht, zuletzt vor allem durch die Gruppe »Anonymous« (vgl. Coleman 2013). Dieses lose Kollektiv von Aktivisten tritt anonym im Namen von Humanismus und Menschenrechten auf – mit durchaus paternalistischen Zügen. Die Anonymität ist hier sicher eine Quelle für Aufmerksamkeit. Dennoch kritisiert Hayase (2011), dass die Anonymität die Sichtbarkeit der politischen Aktionen verringere. Das maskierte Handeln suggeriere, dass ein Individuum als Individuum nicht viel tun könne. Durch die Masken bekomme das Handeln etwas Superheldenhaftes, das dann anstelle der ohnmächtigen Individuen trete.

Die Aktivitäten sind also nicht eigentlich anonym, sondern schaffen ein wirkmächtiges Pseudonym, das es aber vielen Menschen einfach ermöglicht, sich einer politischen Aktion anzuschließen. Gleichzeitig reduzieren sich dadurch der persönliche Einsatz und die Identifikation mit politischen Zielen.

Pseudonyme ermöglichen es nicht nur, die eigentlichen Handelnden (denen eine entsprechende Betätigung oft nicht zugestanden würde) zu verbergen, sondern durch die Art des Pseudonyms selbst die Handlungen zu beeinflussen. Bekannt sind George Elliot oder George Sand als männliche Pseudonyme weiblicher Autorinnen. Kollektive Pseudonyme wie Luther Blisset haben zum Ziel, Veröffentlichungen und politische Betätigung jenseits individualistischer Interessen zu ermöglichen. Hayase betont außerdem, dass anonyme oder pseudonyme politische Betätigung die affektiven Dimensionen von Politik stärker in den Vordergrund stelle als die rationale.

Die digitale Kommunikation hat zudem die Möglichkeit zur Nutzung anonymer Quellen im Journalismus und deren Auswirkungen auf die politische Landschaft verändert (s. Kap. V.18). Informantenschutz ist Teil des Pressekodex (vgl. Presserat 2015, Ziffer 5.1). Damit gehört die Möglichkeit, die Anonymität von Quellen zu wahren, zur journalistischen Ethik. Durch Informations- und Kommunikationstechnologien ist es für Informanten leichter, wichtige Informationen zu transportieren. Gleichzeitig ist die Wahrung des Informatenschutzes jedoch durch diese Digitalisierung der Kommunikationsnetze erschwert. Dies betrifft zum einen die Verbreitung der Medien. Wer heute in Europa einen Artikel über ein afrikanisches Land schreibt, muss damit rechnen, dass dieser dort zu lesen ist und dortige Informanten bedroht sein können. Zudem können Staaten und Unternehmen Whistleblower durch die Vielzahl digitaler Identifikationsmöglichkeiten leichter ausmachen. Die Arbeit von

Journalisten ist damit in besonderer Form der ambivalenten Situation einer Zunahme der Anonymität gegenüber Kommunikationspartnern einerseits bei gleichzeitiger Abnahme von Anonymität gegenüber Staaten und großen Unternehmen andererseits unterworfen.

Literatur

Arendt, Hannah: *Elemente und Ursprünge totaler Herrschaft* [1951]. München [13]2009.
Baym, Nancy K.: *Personal Connections in the Digital Age*. Cambridge 2010.
Bodle, Robert: The Ethics of Online Anonymity or Zuckerberg vs. ›Moot‹. In: *ACM SIGCAS Computers and Society – Selected Papers from the Ninth International Conference on Computer Ethics: Philosophical Enquiry* 43/1 (2013), 22–35.
Brink, David O.: Millian Principles, Freedom of Expression, and Hate Speech. In: *Legal Theory* 7/2 (2001), 119–157.
Brodnig, Ingrid: *Der unsichtbare Mensch*. Wien 2013.
Cho, Daegon: Real Name Verification Law on the Internet: A Poison or Cure for Privacy? In: *Proceedings of the Tenth International Workshop on Economics of Information Security* 2011, http://www.econinfosec.org/archive/weis2011/papers/Real%20Name%20Verification%20Law%20on%20the%20Internet%20-%20A%20Poison%20or%20Cu.pdf (3.7.2016).
Christopherson, Kimberly M.: The Positive and Negative Implications of Anonymity in Internet Social Interactions: ›On the Internet, Nobody Knows You're a Dog‹. In: *Computers in Human Behavior* 23/6 (2007), 3038–3056.
Coleman, Gabriella: Anonymous in Context (2013). In: https://www.cigionline.org/publications/2013/9/anonymous-context-politics-and-power-behind-mask (17.8.2015).
Coffey, Brian/Woolworth, Stephen: ›Destroy the Cum, and then Neuter Their Families:‹ The Web Forum as a Vehicle for Community Discourse? In: *The Social Science Journal* 41/1 (2004), 1–14.
Disqus: Pseudonyms Drive Communities (2012). In: http://disqus.com/research/pseudonyms/ (17.7.2015).
Doyle, Tony/Veranas, Judy: Public Anonymity and the Connected World. In: *Ethics and Information Technology* 16/3 (2014), 207–218.
Dreyfus, Hubert L.: *On the Internet*. New York 2001.
Europarat: Declaration on Freedom of Communication on the Internet (2003). In: https://wcd.coe.int/ViewDoc.jsp?id=37031 (17.8.2015).
Ferry, Anne: ›Anonymity‹: The Literary History of a Word. In: *New Literary History* 33/2 (2002), 193–214.
Foucault, Michel: Was ist ein Autor? In: Ders. (Hg.): *Schriften zur Literatur*. Frankfurt a. M. 1988, 7–31.
Hathaway, Jay: What Is Gamergate, and Why? An Explainer for Non-Geeks (2014). In: http://gawker.com/what-is-gamergate-and-why-an-explainer-for-non-geeks-1642909080 (17.8.2015).
Hayase, Nozomi: Anonymous in Wonderland: The Identity of Anonymity (2011). In: http://aworldbeyondborders.com/2011/05/15/anonymous-in-wonderland-the-identity-of-anonymity/ (17.8.2015).
Ingram, Mathew: Are Facebook's Views on Privacy Naive and Utopian? (2010) In: https://gigaom.com/2010/06/01/facebooks-views-on-privacy-are-naive-and-utopian-prof-says/ (17.8.2015).
Jaspers, Karl: *Die geistige Situation der Zeit* [1931]. Berlin [5]1998.
Joinson, Adam N.: Self-Disclosure in Computer-Mediated Communication: The Role of Self-Awareness and Visual Anonymity. In: *European Journal of Social Psychology* 31/2 (2001), 177–192.
Lapidot-Lefler, Noam/Barak, Azy: Effects of Anonymity, Invisibility, and Lack of Eye-Contact on Toxic Online Disinhibition. In: *Computers in Human Behavior* 28/2 (2012), 434–443.
Marx, Gary T.: What's in a Name? Some Reflections on the Sociology of Anonymity. In: *The Information Society* 15/2 (1999), 99–112.
Matthews, Steve: Anonymity and the Social Self. In: *American Philosophical Quarterly* 47/4 (2010), 351–363.
Mayer-Schönberger, Viktor/Cukier, Kenneth: *Big Data: A Revolution That Will Transform How We Live, Work, and Think*. New York 2013.
Nissenbaum, Helen: The Meaning of Snonymity in an Information Age. In: *The Information Society* 15/2 (1999), 141–144.
Ohm, Paul: Broken Promises of Privacy: Responding to the Surprising Failure of Anonymization. In: *UCLA Law Review* 57 (2010), 1701–1777.
Pentland, Alex/Heibeck, Tracy: *Honest Signals. How they Shape Our World*. Cambridge, Mass. 2008.
Platon: Der Staat. In: Platon: *Sämtliche Werke in drei Bänden*, Bd. 2. Hg. von Erich Loewenthal. Darmstadt 2004.
Presserat: Publizistische Grundsätze (Pressekodex) (2015). In: http://www.presserat.de/fileadmin/user_upload/Downloads_Dateien/Pressekodex_bo_web_2015.pdf (17.8.2015).
Sierra, Kathy: Why the Trolls Will Always Win (2014). In: http://www.wired.com/2014/10/trolls-will-always-win/ (17.8.2015).
Spears, Russel/Postmes, Tom/Lea, Martin/Watt, Susan Ellen: A SIDE view of social influence. In: Joseph P. Forgas/Kipling D. Williams (Hg.): *Social Influence. Direct and Indirect Processes*. Philadelphia 2001, 331–350.
Suler, John: The Online DisinhibitionEeffect. In: *CyberPsychology & Behavior* 7/3 (2004), 321–326.
Wallace, Kathleen A.: Anonymity. In: *Ethics and Information Technology* 1/1 (1999), 21–31.
Wallace, Kathleen A.: Online Anonymity. In: Kenneth E. Himma/Herman T. Tavani (Hg.): *The Handbook of Information and Computer Ethics*. Wiley 2008, 165–190.
Wesch, Michael: YouTube and You: Experiences of Self-Awareness in the Context Collapse of the Recording Webcam. In: *Explorations in Media Ecology* 8/2 (2009), 19–34.

Tobias Matzner

33 Cyberkriminalität

Mit dem Begriff der *Cyberkriminalität* ist zunächst kein bestimmter strafrechtlicher Inhalt verbunden. Blickt man auf die so genannte Cybercrime-Konvention des Europarates, so beschränkt sich diese im Wesentlichen auf Delikte, die gegen Informationssysteme begangen werden, so dass nur ein Teilbereich der Straftaten des so genannten Computer-, Internet- und Medienstrafrechts davon abgedeckt wird. Deutlich weiter wird der Begriff der Cyberkriminalität vom Bundeskriminalamt verstanden, wonach Cybercrime zunächst ebenso Straftaten umfasst, »die sich gegen das Internet, Datennetze, informationstechnische Systeme oder deren Daten richten,« ferner aber auch solche Delikte miteinbezieht, »die mittels dieser Informationstechnik begangen werden« (Bundeskriminalamt 2014, 5). Diese weite Definition entspricht auch einer verbreiteten Begriffsbestimmung im strafrechtlichen Schrifttum (vgl. Eisele 2013, 1 f.).

Kernbereich der Cyberkriminalität

Den Kernbereich bzw. den originären Bereich der Cyberkriminalität bilden *Angriffe gegen Informationssysteme und Daten*. Gemäß ihrem Schutzzweck stellen diese Vorschriften einen expliziten Bezug zur Informations- und Kommunikationstechnologie (IuK-Technologie) her. Zu diesem Kernbereich gehören das Ausspähen und Abfangen von Daten, deren Vorbereitung (§§ 202a bis 202c StGB) sowie die Datenveränderung und Computersabotage (§§ 303a, 303b StGB). Dabei sind diese zentralen Vorschriften keineswegs eine Reaktion auf strafrechtliche Phänomene des Internetzeitalters; vielmehr wurden diese Delikte bereits vor knapp dreißig Jahren mit dem 2. Gesetz zur Bekämpfung der Wirtschaftskriminalität vom 15.5.1986 in das Strafgesetzbuch (StGB) aufgenommen, um Strafbarkeitslücken zu schließen, die damals mit dem zunehmenden Einsatz von Datenverarbeitungsanlagen in Wirtschaft und Verwaltung entstanden waren.

Inzwischen unterliegt gerade dieser Kernbereich in erheblichem Maße europäischen Einflüssen, wodurch immer wieder Ergänzungen und Modifikationen bedingt sind. So wurden im Jahr 2007 neben kleineren Änderungen bei den eben genannten Vorschriften durch das 41. Strafrechtsänderungsgesetz (dazu etwa Schumann 2007, 675 ff.) – das der Umsetzung des Übereinkommens des Europarates über Computerkriminalität (Nr. 185 – Cybercrime-Konvention) sowie des inhaltlich daran angelehnten Rahmenbeschlusses der Europäischen Union über Angriffe auf Informationssysteme (ABl. EU 2005 L 69, 67) diente – die Strafvorschriften über das Abfangen von Daten und über Tatvorbereitungen (§§ 202b, 202c StGB) neu geschaffen. Die beiden europäischen Rechtsakte verfolgen als Hauptanliegen die Harmonisierung von Strafvorschriften im Bereich der Cyberkriminalität, da solche Straftaten häufig grenzüberschreitend begangen werden und deshalb auch eine grenzüberschreitende Bekämpfung dieser Taten geboten ist. Seit dem Vertrag von Lissabon kommt der Europäischen Union die Kompetenz zu, im Bereich der Computerkriminalität die Mitgliedstaaten zur Schaffung von Mindestvorschriften mittels Richtlinien anzuweisen. Die inzwischen auf dieser Grundlage erlassene Richtlinie über Angriffe auf Informationssysteme (ABlEU 2013 Nr. L 218, 8) muss auch in Deutschland umgesetzt werden. Die Cybercrime-Konvention des Europarates enthält neben den Vorgaben für Strafvorschriften auch Regelungen strafprozessualen Inhalts, wie etwa über die beschleunigte Sicherstellung gespeicherter Computerdaten. Ergänzend zu beachten ist das Zusatzprotokoll (Nr. 189) zum Übereinkommen über Computerkriminalität betreffend die Kriminalisierung mittels Computersystemen begangener Handlungen rassistischer und fremdenfeindlicher Art.

Inhaltlich erfassen die bestehenden Strafvorschriften wichtige Phänomene der Cyberkriminalität: So kann ein unbefugtes Ausspähen von Daten (§ 202a StGB) etwa beim so genannten *Phishing* gegeben sein. Dies gilt jedenfalls dann, wenn der Täter das Passwort elektronisch ausspäht, um sich so unbefugten Zugang zu den Daten zu verschaffen. Dabei spielt es keine Rolle, ob etwa Backdoor-Programme, Netzwerk-Sniffer oder Trojaner verwendet werden. Noch nicht abschließend geklärt ist hingegen die Frage, ob die Vorschrift auch dann verwirklicht ist, wenn das Opfer aufgrund einer täuschenden E-Mail seine Zugangsdaten selbst preisgibt; richtigerweise ist hier eine Strafbarkeit zu verneinen, da keine Zugangssicherung überwunden wird (vgl. Eisele, in: Schönke/Schröder 2014, § 202a StGB Rn. 13, 22). Ferner kann die Anfertigung von *Raubkopien* erfasst sein, wenn ein entsprechender Kopierschutz überwunden wird (näher Lenckner/Winkelbauer 1986, 486).

Zunehmende Bedeutung erlangt diese Vorschrift auch bei *Überwachungsmaßnahmen* innerhalb von Unternehmen, wie z. B. bei der Kontrolle des E-Mail-Verkehrs (vgl. Eisele 2012a, 402 ff.; s. Kap. VII.24).

Entscheidend für die Strafbarkeit ist, zu wessen Verfügung solche Daten stehen. Soweit der Täter über diese verfügen darf, scheidet eine Strafbarkeit aus. Dabei gilt: Dienstliche E-Mails sind regelmäßig für den Arbeitgeber bestimmt, private E-Mails hingegen für den Arbeitnehmer (vgl. Rübenstahl/Debus 2012, 130). Um private E-Mails soll es sich insbesondere handeln, wenn dem Arbeitnehmer für diesen Zweck eine gesonderte E-Mail-Adresse zur Verfügung steht. Greift der Arbeitgeber auf solche private E-Mails zu, über die er nicht verfügen darf, kann er sich strafbar machen. Dasselbe gilt für private Daten, die auf einem dienstlichen Rechner gespeichert sind (vgl. Schuster 2010, 70); dies gilt selbst dann, wenn die Nutzung des Dienstcomputers zu privaten Zwecken nicht erlaubt war, weil das nur weisungswidrige Verhalten im Verhältnis zum Arbeitgeber die Verfügungsbefugnis unberührt lässt (vgl. Eisele 2012c, 52).

Da die Daten gegen unberechtigten Zugang besonders gesichert sein müssen, wird das so genannte *Schwarzsurfen* über ungesicherte WLAN-Verbindungen nicht erfasst (LG Wuppertal MMR 2011, 65, 66; Eisele 2013, 1 f.). Entsprechendes gilt auch beim *skimming*, bei dem Zahlungskarten zur missbräuchlichen Abhebung von Geldern ausgelesen werden, da die Daten auf dem Magnetstreifen nicht in besonderer Weise verschlüsselt sind (BGH NStZ 2010, 275, 276; BGH NStZ 2011, 154; Eisele 2011, 132); jedoch kommen hier ein Fälschen von Zahlungskarten (§§ 152a, 152b StGB), eine Fälschung beweiserheblicher Daten (§§ 269, 270 StGB) und ein Computerbetrug (§ 263a StGB) in Betracht.

§ 202b StGB sanktioniert das Abfangen von Daten während eines Übertragungsvorgangs (vgl. Kusnik 2011, 720 ff.) und bezieht auch das *wardriving* ein, bei dem fremde WLAN-Netze nach Inhalten gescannt werden (vgl. Hagemeier 2011, 72 ff.). Schließlich stellt § 202c StGB Vorbereitungshandlungen unter Strafe, die wie das Verschaffen von Passwörtern oder Computerprogrammen Straftaten vorbereiten. Sehr umstritten ist in diesem Zusammenhang, ob auch so genannte *dual-use-tools* vom Tatbestand erfasst werden. Dabei handelt es sich um Programme, die einerseits zum Aufspüren von IT-Sicherheitslücken oder zu Ausbildungszwecken eingesetzt werden können und damit ganz legalen Zwecken dienen, andererseits aber auch zur Begehung von Straftaten geeignet sind. Im Hinblick auf die Vorgaben der Cybercrime-Konvention werden nach überwiegender Ansicht all diejenigen Programme nicht erfasst, deren primärer Zweck nicht eindeutig auf die Begehung von Straftaten gerichtet ist. Damit ist etwa der Download von Software, die Testzwecken dient, nicht strafbar ist (BT-Drs. 16/3656, 18 f.; BVerfG BR 2010, 79 ff.).

Wegen Datenveränderung strafbar ist (§ 303a StGB), wer rechtswidrig Daten löscht, unterdrückt, unbrauchbar macht oder verändert. Entscheidend für das Merkmal der Rechtswidrigkeit ist, ob eine andere Person berechtigt ist, über die Daten zu verfügen. Wer an einem eigenen *Mobiltelefon* Manipulationen vornimmt, ist daher nicht strafbar. Hingegen begründen Datenveränderungen an *Zahlungskarten*, die der Verfügungsbefugnis des jeweiligen Kreditinstituts unterliegen, den Tatbestand. Wird eine Datenverarbeitung, die für einen anderen von wesentlicher Bedeutung ist, unter bestimmten Voraussetzungen – wozu auch Einwirkungen auf eine Datenverarbeitungsanlage oder einen Datenträger gehören – erheblich gestört, so ist die Strafvorschrift über Computersabotage (§ 303b StGB) verwirklicht.

Als ergänzende Vorschriften lassen sich diesem Kernbereich auch noch die Verletzung von Privatgeheimnissen (§ 203 StGB), die Verwertung fremder Geheimnisse (§ 204 StGB), der Verrat von Geschäfts- und Betriebsgeheimnissen (§ 17 UWG), die Verletzung des Post- und Fernmeldegeheimnisses (§ 206 StGB), das Abhören und Mitteilen von Nachrichten (§ 148 TKG) und Verstöße gegen das Bundesdatenschutzgesetz (§§ 43, 33 BDSG) zuordnen.

Delikte mit allgemeinem Bezug zu IuK-Technologie

Schwieriger einzugrenzen sind Delikte, die *mittels IuK-Technologie begangen* werden, weil letztlich eine Vielzahl klassischer Straftatbestände unter Zuhilfenahme informationstechnischer Mittel begangen werden kann, ohne dass der Gesetzgeber für ihre Sanktionierung die entsprechenden Vorschriften ändern müsste. So können etwa Untreuehandlungen zum Nachteil von Unternehmen (§ 266 StGB) via Online-Banking vorgenommen oder Tötungsdelikte (§§ 212 ff. StGB) mittels computergesteuerter Zündung einer Bombe begangen werden. Nur in wenigen Fällen – wie etwa bei Computerbetrug (§ 263a StGB), der Fälschung beweiserheblicher Daten (§§ 269, 270 StGB) oder dem Zugänglichmachen pornografischer Inhalte mittels Rundfunk oder Telemedien bzw. dem Abruf kinder- und jugendpornografischer Inhalte mittels Telemedien (§ 184d StGB) – hat der Gesetzgeber spezielle Paralleltatbestände geschaffen, um Strafbarkeitslücken für bestimmte Fälle der Informationsverarbeitung zu schließen; auch diesbezüglich kann man von originärer Cyberkriminalität sprechen.

In diesem Bereich hängt die (praktische) Zuordnung zur Cyberkriminalität vor allem davon ab, ob der entsprechende Tatbestand auffälligerweise häufig im Kontext mit IuK-Technologie begangen wird oder sich bestimmte Phänomene der Cyberkriminalität einer Vorschrift zuordnen lassen. Daher wird man auch entsprechende Straftaten – wie etwa illegale Downloads von Musik oder Filmen nach dem Urheberrechtsgesetz (§§ 106 ff.) – der Cyberkriminalität zuordnen können (s. Kap. VII.31). Ferner gehören über Webseiten geschaltete so genannte *Internetfallen*, bei denen der Nutzer über den entgeltlichen Abschluss von Geschäften getäuscht wird, zur Cyberkriminalität. Zwar ist in solchen Fällen nicht der Tatbestand des Computerbetruges (§ 263a StGB) anwendbar, da der Nutzer selbst und nicht ein Informationssystem getäuscht wird. Jedoch liegt hier ein klassischer Fall eines Betruges (§ 263 StGB) vor, weil es insoweit unerheblich ist, ob das Opfer mündlich, schriftlich oder über moderne Medien getäuscht wird. Insofern handelt es sich bei den Internetfallen letztlich um typische Betrugskriminalität, die sich nur die Besonderheiten des Internets zunutze macht. Die große Masse der Fälle des Computerbetrugs nach § 263a StGB betrifft hingegen die *Zahlungskartenkriminalität*, d. h. *die missbräuchliche Verwendung von Zahlungskarten* an Geldautomaten.

Im Übrigen kann man für die Gruppe der originären Cyberkriminalität noch das Verbreiten von rechtswidrigen Inhalten mittels IuK-Technologie und das Einwirken auf andere Personen mittels solcher Technologie unterscheiden:

Die erste Untergruppe betrifft vor allem die Verbreitung und den Besitz von Kinder- und Jugendpornografie (§§ 184b ff. StGB), die heute kaum noch mittels klassischer Schriften, sondern in erster Linie via Telekommunikation und Telemedien erfolgt (s. Kap. VI.22). In diesem Bereich ist in den letzten Jahren eine stetige Ausdehnung der Strafbarkeit seitens des Gesetzgebers zu verzeichnen. So wurde zuletzt mit dem 49. Strafrechtsänderungsgesetz vom 21.1.2015 auch der Abruf von Kinder- und Jugendpornografie unter Strafe gestellt. Zuvor war lediglich der Besitz solcher Pornografie strafbar, was nach überwiegender Ansicht eine Speicherung auf dem Rechner erforderte und beim bloßen Surfen problematisch war (dazu Mitsch 2012, 69). Zu nennen sind ferner beleidigende (§ 185 StGB) sowie rassistische und gewaltverherrlichende (§§ 130, 131 StGB) Inhalte, die via Internet verbreitet werden. Ebenso gehört hierher das Verbreiten von Propagandamitteln verfassungswidriger Organisationen oder das Verwenden von Kennzeichen solcher Organisationen (§§ 86, 86a StGB), die öffentliche Aufforderung zu Straftaten (§ 111 StGB) und die Anleitung zu Straftaten (§ 130a StGB).

Die zweite Untergruppe betrifft zunächst den sexuellen Missbrauch von Kindern durch informationstechnische Einwirkung, wozu insbesondere auch das so genannte *cyber-grooming*, d. h. die gezielte Ansprache von Kindern zu sexuellen Zwecken, gehört (§ 176 Abs. 4 Nr. 3 StGB). Strafrechtlich relevant sind hier Sachverhalte, in denen sich ein Erwachsener als Kind oder Jugendlicher ausgibt, um im Online-Chat Kontakte zu Kindern zu knüpfen, um diese zu einem Treffen oder zur Übersendung von Nacktbildern zu bewegen (vgl. Eisele 2012d, 697 ff.). Derzeit rechtspolitisch umstritten ist, ob auch der Versuch solcher Taten strafbar sein soll, um strafrechtliche Lücken zu schließen, wenn der Täter an einen ermittelnden Polizisten gelangt. In diesem Fall wirkt der Täter nämlich gerade nicht auf ein Kind, sondern auf einen Erwachsenen ein, was aber nach dem Wortlaut der Strafvorschrift nicht ausreicht. Zu nennen ist innerhalb dieser Gruppe ferner die Verletzung des höchstpersönlichen Lebensbereichs durch Bildaufnahmen (§ 201a StGB; überdies § 33 Kunsturhebergesetz), wodurch teilweise auch das so genannte *cyber-mobbing* in sozialen Netzwerken erfasst wird (BT-Drs. 18/2601, 37). Letzteres erlangt etwa strafrechtlich Bedeutung, wenn demütigende Videos, die das Ansehen des Betroffenen erheblich schädigen können, in sozialen Netzwerken gepostet werden. Letztlich ist auch § 238 StGB zu nennen, der Fälle des so genannten *cyber-stalking* einbezieht; exemplarisch hierfür können die Kontaktherstellung via Mobiltelefon oder das Bestellen von Waren auf den Namen des Opfers genannt werden.

Überblick über jüngere Fallzahlen der Cyberkriminalität

Was die Entwicklung der Cyberkriminalität anbelangt, bedarf es einer differenzierten Betrachtung. So ist keineswegs ein eindeutiger Trend dahingehend festzustellen, dass die Kriminalität in allen Teilbereichen wächst. Das ist schon deshalb bemerkenswert, weil nicht nur die Anzahl der informationstechnischen Geräte in der Bundesrepublik Deutschland stetig ansteigt und daher potenziell mehr Tatmittel und Angriffsobjekte zur Verfügung stehen, sondern auch deshalb, weil die stete Ausdehnung der Funktionen neue Begehungsvarianten auf Seiten der Tatmittel und neue Anfälligkeiten auf Seiten der Angriffsobjekte bietet.

Zuletzt wurden für das Jahr 2013 insgesamt 64.426 Taten von Cyberkriminalität polizeilich registriert. Insgesamt war hier nur ein leichter Anstieg gegenüber dem Vorjahr zu verzeichnen. Für den Computerbetrug nach § 263a StGB als einem der zentralen Delikte ist sogar ein Rückgang festzustellen. Andere Taten, wie das Ausspähen und Abfangen von Daten (§§ 202a ff. StGB) blieben in den letzten Jahren weitgehend konstant. Hingegen stieg die Fälschung beweiserheblicher Daten (§§ 269, 270 StGB) sowie die Datenveränderung und Computersabotage (§§ 303a, 303b StGB) deutlich an. Der Hauptanteil der durch Cyberkriminalität angerichteten Schäden liegt derzeit beim Computerbetrug nach § 263a StGB (näher Bundeskriminalamt 2014, 5 ff.).

Die Anzahl der tatsächlichen Verurteilungen ist freilich deutlich geringer als die Anzahl der polizeilich registrierten Fälle, was auf erhebliche Schwierigkeiten bei der Strafverfolgung schließen lässt. Gerade der auch auf europäischer Ebene in den Fokus genommene Kernbereich der Cyberkriminalität erlangt dabei in praktischer Hinsicht bislang eine nur untergeordnete Bedeutung.

Allgemeine Herausforderungen im Bereich der Cyberkriminalität

Die Cyberkriminalität stellt Gesetzgeber und Rechtsanwender vor hohe Herausforderungen. So muss der *Gesetzgeber* zunächst auf zunehmende, sich aber auch stetig wandelnde Angriffsformen reagieren; zu nennen ist etwa die Gefahr von IT-Großangriffen mittels so genannter Botnetze. Hinzukommt, dass die Gesellschaft insgesamt immer stärker von computergesteuerten Vorgängen abhängig und damit auch anfälliger gegenüber Angriffen ist. Die Richtlinie über Angriffe auf Informationssysteme der Europäischen Union bringt dies in ihrer Begründung deutlich zum Ausdruck: »Die Gesellschaft ist in hohem und zunehmendem Maße von solchen Systemen abhängig. Das reibungslose Funktionieren und die Sicherheit dieser Systeme in der Union sind entscheidend für die Entwicklung des Binnenmarktes und für die Entwicklung einer wettbewerbsfähigen und innovativen Wirtschaft« (ABlEU 2013 Nr. L 218, 1).

Dabei muss der Gesetzgeber einerseits bei der Fassung einer Strafvorschrift dem verfassungsrechtlichen Bestimmtheitsgebot (Art. 103 Abs. 2 GG) Rechnung tragen, damit der Bürger vorhersehen kann, unter welchen Bedingungen sein Handeln strafbar ist. Andererseits muss die Fassung der Strafvorschrift aber auch so flexibel sein, dass sie neue technische Phänomene sachgerecht erfassen kann. Weitere Schwierigkeiten ergeben sich daraus, dass der Gesetzgeber zunehmend europäische Vorgaben integrieren muss, die sich mitunter nur schwer in das nationale Strafatsystem einfügen lassen. So knüpft etwa die Vorschrift über das Ausspähen von Daten (§ 202a StGB) an den Zugang zu Daten, das europäische Recht jedoch an den Zugang zu einem Informationssystem an. Eine solche Divergenz ist nur zulässig, soweit das deutsche Strafrecht gegenüber den europäischen Rechtsakten strengere Strafvorschriften schafft, während ein Zurückbleiben hinter den gebotenen Mindestvorschriften europarechtswidrig wäre (hierzu Schuh 2012, 52 ff.). Hinzukommt, dass der Gesetzgeber auch auf strafprozessualem Gebiet tätig werden muss, um den Besonderheiten der Cyberkriminalität durch entsprechend angepasste Strafverfolgung Rechnung zu tragen. Aufgrund der globalen Vernetzung können nicht nur Inhalte, sondern auch Schadsoftware in Sekundenschnelle rund um den Globus verbreitet werden, wobei u. a. die Möglichkeiten der Verschlüsselung und Anonymisierung sowie fehlende Kontrollmöglichkeiten den Ermittlern erhebliche Schwierigkeiten bereiten (s. Kap. VII.32). Aktuelle Stichworte zu diesem Thema sind etwa Beschlagnahme und Durchsuchung von Datenträgern, Überwachung und Aufzeichnung der Telekommunikation, Vorratsdatenspeicherung, Zugriff auf bei Providern gespeicherte E-Mails, Ermittlung des Standorts von Mobilfunkgeräten (IMSI-Catcher), Online-Durchsuchung, Quellen-Telekommunikationsüberwachung und Fahndungsmaßnahmen im Internet, insbesondere in sozialen Netzwerken (vgl. Eisele 2013, 229 ff.).

Aber auch die *Strafverfolgungsorgane* sind vor nicht unerhebliche Probleme gestellt, da oftmals nicht hinreichend geklärt ist, ob bestimmte Phänomene von den strafrechtlichen Vorschriften überhaupt erfasst werden und welche strafprozessualen Befugnisse zur (grenzüberschreitenden) Aufklärung zur Verfügung stehen. Hinzukommt, dass Täter und Provider häufig im Ausland angesiedelt sind, so dass der Zugriff auf diese Personen deutlich erschwert ist. Zudem hat auch der Rechtsanwender auf die europäischen Einflüsse zu blicken. Denn die nationalen Straftatbestände, die auf europäischen Vorgaben beruhen, sind konventions- bzw. unionskonform (richtlinienkonform) auszulegen. Die einzelnen Merkmale der Strafvorschriften sind demgemäß im Lichte der europäischen Rechtsakte zu interpretieren, wobei deren Zielsetzung zu berücksichtigen ist. Allerdings darf bei dieser Auslegung der Wortlaut der deutschen Strafvorschrift nicht überschritten werden, weil dies den verfassungsrechtlichen Anforderungen (Art. 103 Abs. 2 GG) widersprechen würde.

Institutionell wird Cyberkriminalität ebenfalls auf nationaler und europäischer Ebene bekämpft. Aufgrund der zunehmenden Bedrohung durch Cyber-Attacken wurde unter der Federführung des Bundesamtes für Sicherheit in der Informationstechnik (BSI) und mit Beteiligung des Bundesamtes für Verfassungsschutz (BfV) sowie des Bundesamtes für Bevölkerungsschutz und Katastrophenhilfe (BBK) das Nationale Cyber-Abwehrzentrum gegründet, das am 1. April 2011 seine Arbeit aufnahm. Ziel ist es, Sicherheitsvorfälle schnell und umfassend zu bewerten und abgestimmte Handlungsempfehlungen zu erarbeiten. Entsprechend dem transnationalen Charakter von Cyberkriminalität hat inzwischen auch die Europäische Union ein Europäisches Zentrum zur Bekämpfung der Cyberkriminalität bei Europol eingerichtet, das im Januar 2015 seine Arbeit aufgenommen hat. Und auch bei Eurojust gehört die Bekämpfung von Cyberkriminalität zu einer der prioritären Aufgabenbereiche (zum Ganzen etwa Neumann, in: Sieber/Satzger/v. Heintschel-Heinegg 2014, 804 ff. und Grotz, in: Sieber/Satzger/v. Heintschel-Heinegg 2014, 819 ff.).

Deliktsübergreifende Problemkreise

Im Zusammenhang mit Cyberkriminalität lassen sich derzeit drei grundlegende Fragestellungen herausfiltern, die neben einer Fülle von Einzelfragen deliktsübergreifend Bedeutung erlangen und zugleich weiteren Forschungsbedarf offenbaren.

Erstens ist zu beachten, dass Cyberkriminalität häufig transnational begangen wird, so dass sich die Frage der Anwendbarkeit deutscher Strafvorschriften stellt, wenn die Tathandlung im Ausland begangen wird. Nach dem Territorialitätsprinzip ist das deutsche Strafrecht grundsätzlich nur anwendbar, wenn die Tat im Inland begangen wurde (§ 3 StGB), jedoch genügt es hierfür, dass entweder der Täter im Inland gehandelt hat oder der schädigende Erfolg im Inland eingetreten ist (§ 9 StGB). Soweit es sich um Delikte handelt, die sich gegen Informationssysteme oder Daten richten und bei denen daher die Verletzung in Deutschland eintritt (insbesondere §§ 202a, 202b, 303a, 303b StGB), ist das deutsche Strafrecht auch anwendbar, wenn der Täter seinen Angriff vom Ausland vorgenommen hat. Dies gilt aber auch für alle anderen Erfolgsdelikte, wie etwa Betrug und Computerbetrug (§§ 263, 263a StGB) oder Beleidigung (§ 185 StGB), in denen der Verletzungserfolg im Inland eintritt. Umstritten und nicht abschließend geklärt ist dies für Delikte, die wie z. B. die Verbreitung von Pornografie (§ 184 StGB) oder volksverhetzendem Material (§ 130 StGB) bereits bestimmte Handlungen sanktionieren, ohne dass es eines Erfolges überhaupt bedarf (so genannte abstrakte Gefährdungsdelikte und Eignungsdelikte). Der Bundesgerichtshof ließ es hier in der Entscheidung BGHSt 46, 212 ff. (»Auschwitzlüge« im Internet) für die Untergruppe so genannter potentieller bzw. abstrakt-konkreter Gefährdungsdelikte wie § 130 StGB genügen, dass sich die Gefährlichkeit der Handlung im Inland realisieren kann (anders Mitsch 2012, 7). Zu Recht forderte er gleichwohl aus völkerrechtlichen Gründen – das deutsche Strafrecht wäre ansonsten bei Handlungen weltweit stets anwendbar – einen spezifischen Bezug zum Inland (BGHSt 46, 224). Diesen sah der Bundesgerichtshof im spezifischen Inhalt der Leugnung des Holocaustes; zu denken ist überdies etwa auch an einen deutschen Wohnsitz des Täters. Anders urteilte der Bundesgerichtshof allerdings in einer neueren Entscheidung (»*Arische Musikfraktion*«, NStZ 2015, 81) zu rein abstrakten, tatbestandlich inlandsbezogenen Gefährdungsdelikten wie dem Verbreiten von Propagandamitteln verfassungswidriger Organisationen (§ 86 StGB) oder dem Verwenden von deren Kennzeichen (§ 86a StGB). Da diese Delikte keinen Erfolgsort haben, vermag der Strafbarkeitsvorwurf allein an die Tathandlung angeknüpft werden. Liegt diese im Ausland, bleibt der Täter nach aktueller deutscher Gesetzeslage nicht strafbar. Dies gilt selbst für Täter, die gezielt ins Ausland reisen, um von dort aus Propagandamittel oder Kennzeichen verfassungswidriger Organisationen in das Internet zu stellen, auch wenn es hier im Inland mit Strafe bedroht ist (vgl. aber die Gesetzesinitiative BR-Drs. 27/16). Im Ausnahmefall kann das deutsche Strafrecht auch bei Auslandstaten – d. h. unabhängig vom Ort der Handlung und des Erfolges – kraft ausdrücklicher Anordnung für bestimmte Strafvorschriften anwendbar sein (§§ 5, 6 StGB). Dies ist etwa bei der Verbreitung kinderpornografischen Materials der Fall, so dass das deutsche Strafrecht etwa auch auf eine

Tat in Japan oder den USA anwendbar ist (vgl. Eisele 2013, 7 ff.).

Zum Zweiten knüpft das Strafgesetzbuch Straftatbestände immer wieder an den traditionellen Begriff der ›Schrift‹, d. h. an Printmedien. So sanktioniert die Strafvorschrift über Kinderpornografie (§ 184 b StGB) etwa die Verbreitung und den Besitz kinderpornografischer Schriften. Soweit die jeweilige Strafvorschrift ausdrücklich auf § 11 Abs. 3 StGB verweist, der Datenspeicher Schriften gleichstellt, können auch digitale Inhalte als strafbare Kinderpornografie qualifiziert werden. Allerdings sind damit zahlreiche Ungereimtheiten verbunden, die dringend einer Klärung bedürfen. Soweit nämlich Inhalte via Internet verbreitet werden, wird dem Empfänger nicht der Datenspeicher zugänglich gemacht. Vielmehr werden Daten bzw. Inhalte weitergegeben. Entsprechendes gilt, soweit der Besitz von Kinderpornografie unter Strafe gestellt ist, weil dieser eine Perpetuierung der Daten auf dem Rechner voraussetzt. Zwar hat der Bundesgerichtshof einen »spezifischen Verbreitungsbegriff« entwickelt (BGHSt 47, 55, 58 f.); freilich vermag dieser aber weder in der Sache zu überzeugen, noch kann er die Probleme bei der Besitzstrafbarkeit lösen (vgl. Hilgendorf/Valerius 2012, 92). Anstatt herkömmlichen Schriften allen (d. h. auch digitalen) Informationen gleichzustellen (so genannte große Lösung) hat der Gesetzgeber mit dem 49. Strafrechtsänderungsgesetz nur punktuelle Lösungen gesucht (so genannte kleine Lösung). So hat der Gesetzgeber etwa der »Einwirkung mit Schriften« die »Einwirkung mittels Informations- oder Kommunikationstechnologie« gleichgestellt (§ 176 Abs. 4 Nr. 3 StGB) und neben dem Verbreiten und dem Besitz kinderpornografischer Schriften auch das Zugänglichmachen und den Abruf kinderpornografischer Inhalte unter Strafe gestellt (§ 184d StGB). Eine Reformkommission zum Sexualstrafrecht wird sich in nächster Zeit mit einer generellen Erweiterung des Schriftenbegriffes beschäftigen (vgl. Eisele 2014, 4 ff.).

Letztlich stellen sich auch Fragen der Haftungserleichterung für Provider nach dem Telemediengesetz (TMG). Demnach sind Diensteanbieter für eigene Informationen, die sie zur Nutzung bereithalten (so genannte Content-Provider), nach den allgemeinen Gesetzen (voll) verantwortlich (§ 7 Abs. 1 TMG). Hingegen sind Diensteanbieter für fremde Informationen, die sie für einen Nutzer speichern (so genannte Hosting-Provider), nur unter engen Voraussetzungen haftbar (§ 10 S. 1 TMG). Privilegiert sind auch so genannte Access-Provider, die fremde Informationen in einem Kommunikationsnetz übermitteln oder zu denen sie den Zugang zur Nutzung vermitteln. Entscheidend ist damit die Frage, wann eine eigene und wann eine fremde Information gegeben ist. Bedeutung erlangt dies etwa für Anbieter von Auktionshäusern oder Foren, da die Rechtsprechung davon ausgeht, dass der Anbieter sich auch Inhalte des Nutzers, die dieser einstellt, zu Eigen machen kann, so dass diese zu eigenen Inhalten des Anbieters werden. Das soll auch dann der Fall sein, wenn die fremde Urheberschaft zwar für Dritte erkennbar ist, sich der Anbieter mit den Inhalten jedoch identifiziert (vgl. etwa Hilgendorf/Valerius 2012, 62 f.). Bei Internetportalen nimmt dies der Bundesgerichtshof – in Anlehnung an die Rechtsprechung des Europäischen Gerichtshofs – an, wenn der Betreiber »tatsächlich und nach außen sichtbar die inhaltliche Verantwortung« für die publizierten Inhalte übernimmt (BGH MMR 2010, 556, 557). Hier wird es Aufgabe der Strafrechtswissenschaft sein auszuarbeiten, unter welchen konkreten Bedingungen ein solches Zueigenmachen vorliegt. Dabei wird man auch die Intention der Vorschriften des TMG im Blick behalten müssen, die das Ziel verfolgen, den elektronischen Rechtsverkehr zu erleichtern und nicht durch überzogene Haftungsregeln zu beschränken (OLG Zweibrücken MMR 2009, 541).

Literatur
Borges, Georg/Stuckenberg, Carl-Friedrich/Wegener, Christoph: Zum Entwurf eines Strafrechtsänderungsgesetzes zur Bekämpfung der Computerkriminalität. In: *Datenschutz und Datensicherheit* 2/4 (2007), 275–278.
Bundeskriminalamt: Cybercrime – Bundeslagebild 2013 (2014). In: http://www.bka.de/nn_224082/SharedDocs/Downloads/DE/Publikationen/JahresberichteUndLagebilder/Cybercrime/cybercrimeBundeslagebild2013,templateId=raw,property=publicationFile.pdf/cybercrimeBundeslagebild2013.pdf (4.8.2015).
Eisele, Jörg: Schriftliche Stellungnahme zur Sachverständigenanhörung im Ausschuss für Recht und Verbraucherschutz des Deutschen Bundestages zum Entwurf eines … Gesetzes zur Änderung des Strafgesetzbuchs – Umsetzung europäischer Vorgaben zum Sexualstrafrecht (2014). In: https://www.bundestag.de/blob/338844/f833f1ea050bb7978ef55f06174ff16b/eisele-data.pdf (4.8.2015).
Eisele, Jörg: *Computer- und Medienstrafrecht*. München 2013.
Eisele, Jörg: Arbeitnehmerüberwachung und Compliance unter Berücksichtigung der Cybercrime-Konvention. In: *Zeitschrift für Internationale Strafrechtsdogmatik* 7/8–9 (2012a), 402–408.
Eisele, Jörg: Der Kernbereich des Computerstrafrechts. In: *Juristische Ausbildung* 34/12 (2012b), 922–934.
Eisele, Jörg: *Compliance und Datenschutzstrafrecht. Strafrechtliche Grenzen der Arbeitnehmerüberwachung*. Baden-Baden 2012c.

Eisele, Jörg: Tatort Internet: Cyber-Grooming und der Europäische Rechtsrahmen. In: Eric Hilgendorf/Rudolf Rengier (Hg.): *Festschrift für Wolfgang Heinz zum 70. Geburtstag*. Baden-Baden 2012d, 697–713.

Eisele, Jörg: Payment Card Crime: Skimming. In: *Computer und Recht* 27/2 (2011), 131–136.

Eisele, Jörg/Brunst, Philipp W.: *Praxishandbuch Internetstrafrecht*. Stuttgart 2009.

Gercke, Marco: Die Strafbarkeit von ›Phishing‹ und Identitätsdiebstahl. In: *Computer und Recht* 21/8 (2005), 606–612.

Gröseling, Nadine/Höfinger, Frank Michael: Hacking und Computerspionage – Auswirkungen des 41. StRÄndG zur Bekämpfung der Computerkriminalität. In: *Multimedia und Recht* 10/9 (2007), 549–553.

Hagemeier, Stefanie: Das Google WLAN-Scanning aus straf- und datenschutzrechtlicher Sicht. In: *Höchstrichterliche Rechtsprechung zum Strafrecht* 12/2 (2011), 72–79.

Heinrich, Bernd: Der Erfolgsort beim abstrakten Gefährdungsdelikt. In: *Goldammer's Archiv für Strafrecht* 146/2 (1999), 72–84.

Hilgendorf, Eric/Valerius, Brian: *Computer und Internetstrafrecht*. Berlin ²2012.

Kusnik, Katharina: Abfangen von Daten – Straftatbestand des § 202b StGB auf dem Prüfstand. In: *Multimedia und Recht* 14/11 (2011), 720–726.

Lenckner, Theodor/Winkelbauer, Wolfgang: Computerkriminalität – Möglichkeiten und Grenzen des 2. WiKG (I). In: *Computer und Recht* 2/8 (1986), 483–488.

Malek, Klaus/Popp, Andreas: *Strafsachen im Internet*. Heidelberg ²2015.

Mitsch, Wolfgang: *Medienstrafrecht*. Berlin 2012.

Rübenstahl, Markus/Debus, Stefanie: Strafbarkeit verdachtsabhängiger E Mail- und EDV-Kontrollen bei Internal Investigations? In: *Neue Zeitschrift für Wirtschafts-, Steuer- und Unternehmensstrafrecht* 1 (2012), 129–137.

Schönke, Adolf/Schröder, Horst (Hg.): *Strafgesetzbuch. Kommentar*. München ²⁹2014.

Schuh, Daniel: *Computerstrafrecht im Rechtsvergleich – Deutschland, Österreich, Schweiz*. Berlin 2012.

Schumann, Kay H.: Das 41. StRÄndG zur Bekämpfung der Computerkriminalität. In: *Neue Zeitschrift für Strafrecht* 27/12 (2007), 675–680.

Schuster, Frank Peter: IT-gestützte interne Ermittlungen in Unternehmen – Strafbarkeitsrisiken nach den §§ 202a, 206 StGB. In: *Zeitschrift für Internationale Strafrechtsdogmatik* 5/2 (2010), 68–75.

Seidl, Alexander: Debit Card Fraud: Strafrechtliche Aspekte des sog. ›Skimmings‹. In: *Zeitschrift für Internationale Strafrechtsdogmatik* 7/8–9 (2012), 415–424.

Sieber, Ulrich/Satzger, Helmut/von Heintschel-Heinegg, Bernd (Hg.): *Europäisches Strafrecht*. Baden-Baden ²2014.

Statistisches Bundesamt: Rechtspflege. Strafverfolgung 2013. In: *Fachserie* 10/3 (2015), https://www.destatis.de/DE/Publikationen/Thematisch/Rechtspflege/Strafverfolgung-Vollzug/Strafverfolgung2100300137004.pdf?__blob=publicationFile (4.8.2015).

Jörg Eisele

34 Cyberwar

Der Begriff ›Cyberwar‹ ist noch relativ jung und taucht laut Google Trends in der Öffentlichkeit erst seit 2007 auf, obwohl er wissenschaftlich bereits 1993 formuliert wurde (vgl. Arquila/Ronfeldt 1993). Die Diskussion um die Charakteristika, die Möglichkeiten des Auftretens und Einsatzes sowie der Folgen von Cyberwar haben sich dann jedoch sowohl in der Öffentlichkeit als auch im wissenschaftlichen Diskurs schnell etabliert.

Neben den Überlegungen über zukünftige Erscheinungsformen einen Cyberwars sind es vor allem drei Ereignisse der letzten Jahre, die die Diskussionen maßgeblich prägen. Hierzu gehören: (1) Nach dem Versetzen eines sowjetischen Ehrendenkmals in Estland im April 2007 gab es massive Cyberattacken auf estnische Infrastrukturen (mutmaßlich russischen Ursprungs), was u. a. zur Gründung des NATO Cooperative Cyber Defence Centre of Excellence (CCD COE) in Tallinn führte. (2) Im militärischen Konflikt zwischen Südossetien, Abchasien, Russland und Georgien im August 2008 wurden georgische Webseiten attackiert, wofür Georgien Russland verantwortlich machte. (3) Unter dem Namen ›Stuxnet‹ wurde 2010 ein Computerwurm bekannt, der über 60000 Computer weltweit befiel, davon weit mehr als die Hälfte im Iran. Laut Experten war die Schadsoftware sehr komplex und speziell darauf ausgerichtet, iranische Nuklearanlagen zu sabotieren, und tat dies auch erfolgreich (vgl. Farwell/Rohozinski 2011, 23 f.).

Diese drei Beispiele werden häufig dafür verwendet, den Beginn des Zeitalters der Cyberkriege auszurufen. Randall Dipert sieht im Aufkommen von Cyberwar »the first major new form of warfare since the development of nuclear weapons and intercontinental missile« (2010, 385), weshalb dieser auch eine große Herausforderung für Rechtssysteme und politische Regulierung sei.

Ob als erweiterte Form der Kriegsführung, als Teil von Spionage und Sabotage, als terroristisches Bedrohungsszenario oder gar als ›humanere‹ Form der Kriegsführung: Die Grenzen zwischen den Begriffen Cyberkriminalität, -vandalismus, -attacken, -spionage, -sabotage, -konflikten, -terrorismus und Cyberkriegen sind fließend und deren Vermischung und Unklarheit nicht ohne Folgen (s. Kap. VII.33). Manche Autoren (vgl. z. B. Arquilla/Ronfeldt 1993) verstehen auch die Verwendung von Informationstechnik zu Propagandazwecken, den so genannten ›Infowar‹ oder ›Netwar‹, als ein Teilbereich des Cyberwar

(s. Kap. VI.19). Eine schlanke Definition ist daher kaum möglich. Mariarosaria Taddeo (2012, 114; 2014, 42) definiert Cyberwar als

> »Nutzung der Kommunikations- und Informationstechnologie im Rahmen einer offensiven oder defensiven militärischen Strategie, die von einer [politischen Macht] verfolgt wird und auf die sofortige Unterbrechung oder Kontrolle der Ressourcen des Gegners abzielt und die in der Informationsumgebung stattfindet, wobei die Handelnden und die Ziele sich sowohl in der physischen als auch in der nicht-physischen Domäne befinden, und deren Grad der Gewalt je nach den Umständen verschieden ist.«

In vielen Arbeiten zu Cyberwar wird mit Analogien gearbeitet, um das Neue und Besondere der Bedrohungen und schädlichen Möglichkeiten von Informationsinfrastrukturen besser fassen, erklären und angehen zu können. ›Cyberwar‹ selbst ist auch eine Analogie und setzt die Angriffs- und Schadenspotenziale der neuen Techniken in Bezug zu Krieg, Armeen und Militär. Das geschah sogar mehr als zehn Jahre vor den Attacken in Estland, welche dann mit diesem Konzept eingeordnet wurden. Analogien sind jedoch nicht neutral und wertfrei, sie prägen unser Denken und unsere Wahrnehmung, die Schwerpunktsetzung und die Lösungsmöglichkeiten. Im Folgenden werden nun einige Besonderheiten von Cyberwar bzw. Cyberattacken v. a. im Unterschied zu konventionellen militärischen Attacken diskutiert, ebenso wie Ähnlichkeiten zu anderen nichtmilitärischen Konzepten. Anschließend wird auf den Begriff und die Analogie des Krieges selbst noch einmal detaillierter eingegangen und diskutiert, ob diese angemessen ist, welche Konsequenzen die Analogiebildung hat und ob es Alternativen gibt.

Besonderheiten und Problematiken

Myriam Dunn Cavelty (2010, 2) unterscheidet ausgehend von Militärdoktrinen drei verschiedene Teilbereiche von *computer network operations* (CNO): die Lahmlegung oder Zerstörung gegnerischer Netzkapazitäten, auch *computer network attack* (CNA), die unterstützende Erlangung von Informationen durch Infiltration/Manipulation gegnerischer Rechner, auch *computer network exploitation* (CNE), und schließlich die *computer network defense* (CND) als Maßnahmen zum Schutz und Abwehr von gegnerischen CNA und CNE (vgl. auch Gaycken 2011a, 121–167). Ein Beispiel für eine Art der CNA ist ein so genannte *Distributed denial of service* (DDoS). Hierbei werden durch Schadsoftware zum Missbrauch umkonfigurierte Rechner, so genannte Botnetze, beauftragt, gegnerische Infrastruktur mit riesigen Mengen unnützer Anfragen zu überhäufen, so dass die Rechner aufgrund der über sie hereinbrechenden Last ausfallen. Schadsoftware wie Computerwürmer, Viren oder Trojaner sind darüber hinaus auch eine Möglichkeit der CNE, indem sie zur Infiltration fremder Rechner eingesetzt werden, um Informationen zu sammeln, zu manipulieren oder zu löschen. Viren, Würmer, und Trojaner werden im Alltag häufig synonym verwendet, auch wenn sie unterschiedliche Formen von Schadsoftware beschreiben. Während Viren der Mithilfe eines ›Wirts‹ zu ihrer Verbreitung bedürfen und sich in Dateien einnisten, sind Computerwürmer selbständige Programme und kopieren und verbreiten sich auch selbst. Trojaner wiederum sind dadurch charakterisiert, dass sie ebenso auf die Mithilfe der Betroffenen angewiesen sind und sich zum Zwecke der Verbreitung nach als ein nützliches Programm tarnen und ihre schädliche Wirkung (anfangs) verstecken. Natürlich treten auch Mischformen auf.

Die Verwendung von Informationstechnologie als Waffe ist in vielerlei Hinsicht nicht so klar sichtbar und einschätzbar wie bei traditionelleren und konventionelleren Methoden. Es ist häufig nicht zweifelsfrei feststellbar, ob überhaupt ein Angriff stattfindet oder ob es sich bei der Störung um einen Fehler oder einen Zufall handelt bzw. es kann insgesamt fraglich sein, ob der Angriff überhaupt die Schwelle einer direkten Gewaltausübung überschreitet. Weiterhin können Zweifel darüber bestehen, wo der Angriff seinen Ursprung und wer ihn zu verantworten hat, sowie welche Konsequenzen und Schäden sich mittel- und unmittelbar daraus ergeben. Auch auf der Seite eines Aggressors lässt sich im Vorfeld eines Angriffes nicht klar abschätzen, ob das Ziel erreicht werden kann und welche Kollateralschäden zu erwarten sind (vgl. Andress/Winterfeld 2014, 245).

Eines der größten Probleme bei Cyberangriffen ist die Frage des Angriffsursprungs und damit der Verantwortung, auch ›Zuordnungsproblem‹ genannt (vgl. Dipert 2010). Diese Frage ist relativ vielschichtig. Zuerst einmal ist es praktisch kaum möglich, einen Computerwurm oder eine DDoS-Attacke einem Urheber zweifelsfrei zuzuordnen. Hierbei kommt die teilweise technikinhärente Anonymität und dezentrale Struktur der Internetinfrastrukturen ins Spiel (s. Kap. VII.32). Identifizierende IP-Adressen und andere Datenspuren von Angriffen können verschleiert werden, Sandro Gaycken (2011b, 92) spricht sogar von einer vollständigen Manipulationsmöglichkeit und deshalb von »Datenmärchen«. Außerdem werden Attacken häufig über gekaperte oder eingekaufte Computer(-netze) aus organisiert, so dass z. B. auch eine staatlich gesponserte Attacke von privaten Computern lanciert werden kann. Möglich sind deshalb auch so genannte *False-Flag*-Angriffe, die nur den Anschein erwecken, einen bestimmten Ursprung zu haben, um damit z. B. eine Diskreditierung oder Gegenreaktion zu provozieren. Darüber hinaus stellt sich die Frage, ob nur der menschliche oder institutionelle Urheber einer Attacke verantwortlich ist, oder ob auch z. B. ein intelligenter Wurm oder Virus selbst als Handelnder und damit als verantwortlich verstanden werden kann und sollte.

Zweitens ist natürlich auch ein Motiv nur selten feststellbar. Es ist auch möglich, dass ein Wurm wie Stuxnet andere Ziele attackiert oder anders wirkt, als vorher geplant. »Ob Hacker, Krimineller, Teenager, staatlicher Datenspion, ob mit einer dezidierten Absicht oder aus Naivität oder Unwissen« (Gaycken 2011b, 94) – diese Informationen fehlen oder sind nicht zweifelsfrei feststellbar. Außerdem sind Cyberattacken meist nicht mehr überschaubar oder kontrollierbar, wenn sie einmal lanciert wurden, weswegen auch nicht unterstellt werden kann, dass die Wirkung auch bewusst geplant und vorhergesehen wurde.

Eine dritte Frage betrifft auch die Verantwortung des Opfers bzw. der angegriffenen Ziele: Inwiefern muss man von einer Pflicht ausgehen, selbst für einen ausreichenden Schutz und eine angemessene Vorbereitung auf informationstechnische Gefahren zu sorgen? Dipert (2010, 401 f.) z. B. formuliert eine solche Pflicht, denn ein bekanntes Gefahrenniveau erfordert Vorsichtsmaßnahmen – besonders, wenn Technik oder Einrichtung trotz möglicher Gefahren lebensnotwendig ist. Gaycken geht wiederum davon aus, dass man sich passiv kaum schützen kann und deswegen solche Anstrengungen vergebens sind (vgl. Gaycken 2011b).

Diese Fragen der Zuordnung und Verantwortung sind bei Cyberangriffen in einer anderen Qualität anzutreffen als bei konventionellen Angriffen. Ein weiterer qualitativer Unterschied betrifft die Vermischung und Unterscheidbarkeit von Kombattanten und Zivilisten. Die Norm der Trennung zwischen militärischen und zivilen und damit nicht angreifbaren Akteuren ist im Bereich der Cyberattacken noch schwerer aufrecht zu erhalten. Es ist fraglich, ob solch eine Unterscheidung theoretisch überhaupt denkbar ist, da die meisten Ziele oder Wege mindestens sowohl zivile als auch militärische Bedeutung haben oder auch nur über zivile Infrastruktur erreichbar sind (vgl. Andress/Winterfeld 2014, 251 f.; Lin/Allhoff/Abney 2014, 41 f.).

In den Überlegungen zu Cyberwar wird häufig die Wirkasymmetrie betont, die sich durch den informationstechnischen Anwendungsbereich ergibt. Es gibt sehr unterschiedliche Ansichten darüber, wie kostengünstig und einfach es ist, eine Cyberattacke zu starten. Häufig wird betont, dass diese mit einfachsten Mitteln und sehr günstig zu organisieren sind. Das mag vielleicht für einfache eingekaufte DDoS-Attacken zutreffen, dennoch zeigen Beispiele, wie der Wurm Stuxnet, dass hierfür ein hohes Maß an Organisation, langfristiger Planung, Geld und Wissen notwendig ist. Aber, auch wenn der Entwicklungsprozess aufwändig ist, so ist doch den Möglichkeiten der Cyber-Angriffe gemeinsam, dass sie nicht auf exotischen Waffensystemen, Technologien oder Entwicklungen aufbauen, sondern ganz alltägliche Komponenten benutzen. Jeder Computer kann als Waffe verwendet werden und jede Person mit fortgeschrittenen IT-Kenntnissen oder infizierten Geräten ist ein potenzieller Kombattant. Die Wirkungen und auch die Notwendigkeiten zur Abwehr oder zum Schutz vor solchen Gefahren hingegen sind dennoch um ein vielfaches komplexer und teurer. Während Angreifer fokussiert und auch testend vorgehen können, muss die Abwehr auf alle Möglichkeiten vorbereitet sein.

Eine weitere Besonderheit der informationstechnischen Angriffe ist die Frage nach der ausgeübten Gewalt (vgl. z. B. Andress/Winterfeld 2014, 246). Viele Definitionen von Waffen oder Attacken beinhalten eine physische Gewaltanwendung, die Waffenanwendung charakterisiert und damit auch Cyberangriffe charakterisieren müsste (vgl. Farwell/Rohozinski 2012, 111). Wenn Cyberattacken nun Menschen töten, verletzen oder auch Gegenstände zerstören, so fällt es nicht schwer, diese auch als Waffen zu verstehen und sie konventionellen kriegerischen Attacken in der Beurteilung gleichzustellen (vgl. Farwell/Rohozinski 2011, 30). Aber Cyberattacken werden dem meistens nicht entsprechen (vgl. Dipert 2010, 386), auch wenn es vielleicht in Zukunft denkbar wäre. Jedoch wurde bisher lediglich beim Stuxnet-Fall bekannt, dass eine mittelbare physische Zerstörung der nuklearen Anreicherungsanlagen wahrscheinlich stattgefunden hat, welche auf eine

Manipulation der Zentrifugen zurückgeführt werden kann (vgl. O'Connell 2012, 201 f.). Es ist nicht bekannt, dass jemals ein Mensch getötet oder verletzt wurde (vgl. Rid 2012, 11).

Unter dem ebenso neu geschaffenen Begriff des ›Cyberharm‹ wird diskutiert, welche Folgen Cyberattacken haben können und wie diese zu bewerten sind, vor allem, wenn es sich nicht um Schäden und Opfer handelt, wie sie auch bei konventionellen Attacken mit einem traditionellen Verständnis erfasst werden können.

Bislang ist jedoch noch ungeklärt, wie mittelbare und indirekte Folgen einer Attacke zu werten sind. Zum einen gehören dazu »[...] the malfunctioning of [attacked] systems that causes the intended harm to a person, organism, or artifact« (Dipert 2010, 398). Zum anderen das (Nicht-)Funktionieren bzw. die Störung sowohl des informationstechnisch angegriffenen Systems, als auch der provozierte teilweise Ausfall von Infrastruktur und der Zusammenbruch von Wirtschaft, Versorgung und öffentlichem Leben. Es stellt sich die Frage: Ist das als Gewaltanwendung einzuordnen? Denn in diesen Fällen geht es nicht um eine schwere oder irreparable Zerstörung eines physischen Gegenstandes oder die Verletzung eines Menschen, sondern um die zeitweise und reversible Störung einer (gesellschaftlichen) Funktion. Traditionelle Theorien erfassen eine Funktionsbeeinträchtigung nicht als Gewaltanwendung oder Schaden (vgl. z. B. Dipert 2010, 395 f., 400; Taddeo 2014, 43).

In Hinsicht auf die Bewertung der Zerstörungskraft von Cyberangriffen stellen einige Autoren zudem die Frage, wie denn generell ›Opfer‹ in Bezug auf Cyberangriffe zu fassen seien. Wie oben angemerkt, ist es nicht nur schwer, zwischen zivilen und militärischen Angreifenden und Zielen zu unterscheiden, sondern auch festzulegen, ob virtuelle Systeme oder Rechner ebenso den Status eines moralischen Empfängers von Handlungen haben (vgl. Taddeo 2014, 45).

Gleichzeitig sind die Unklarheiten und Besonderheiten bei der Bewertung von Cyberattacken auch Basis für Überlegungen, Cyberattacken als Alternative zu konventionellen militärischen Mitteln zu verstehen und sie als ›menschlichere‹ Kriegsführung voranzutreiben. Gerade die genannten Eigenschaften der oft reversiblen Schäden und nicht-tödlichen Anwendbarkeit von Cyberkriegsführung führen nicht wenige zur Schlussfolgerung, dass Cyberwarfare das Leid auf der Welt reduzieren kann (vgl. z. B. Arquilla/Ronfeldt 1993, 155; Dipert 2010, 392; Farwell/Rohozinski 2011, 34). Außerdem könnten Cyber-Attacken im Vergleich zu konventionellen Angriffen Geld sparen und mit weniger Schaden die gleichen Ziele erreichen. Als Beispiel wird hierfür gerne die *operation orchard* der israelischen Armee im September 2007 herangezogen (vgl. Hollenbach 2014), bei der ein vermuteter syrischer Kernreaktor zerstört wurde. Bevor die israelische Luftwaffe jedoch den Angriff auf die Anlage flog, wurde die syrische Luftabwehr durch eine mutmaßliche israelische Cyberattacke ausgeschaltet, so dass man die Stellungen der Luftabwehr vor einem Angriff nicht physisch angreifen und zerstören musste, wobei auch Menschenleben in Gefahr gewesen wären. Dies wurde von einem Oberstleutnant der Bundeswehr als möglicher Weg der Humanisierung von Kriegsführung gewertet (vgl. ebd.).

Diesen Argumenten gegenüber steht jedoch die Warnung, dass auch bei gezielten und vermeintlich wenig schädlichen Cyber-Attacken die Gefahr eines unvorhergesehenen und unkontrollierbaren Kollateralschadens besteht. Neil C. Rowe (2009, 5–7) weist zum Beispiel darauf hin, dass Cyberattacken nicht so gezielt und chirurgisch geplant werden können, wie es den Anschein erweckt. Zum einen ist es aus oben genannten Gründen der Virtualität, der dezentralen Struktur und der Möglichkeiten der Manipulation von Adressen nicht nur schwer, die wirklichen Ziele zu erkennen und auszumachen, sondern auch, sie zu lokalisieren und v. a. sie von zivilen oder nicht notwendigen Zielen zu unterscheiden und diese Unterscheidung langfristig beizubehalten. Es ist praktisch kaum möglich, militärische Ziele auszumachen und zu erreichen, ohne zivile Infrastruktur zu verwenden oder in Mitleidenschaft zu ziehen. Darüber hinaus sind Cyber-Attacken häufig eine neue Generation von *Fire-and-Forget*-Waffen (vgl. Farwell/Rohozinski 2011, 24), die nach ihrem Start oder der Aktivierung weder gestoppt noch in ihrer Wirkung oder Funktion kontrolliert werden können. Die Komplexität von informationstechnischen Systemen macht es deshalb nicht nur sehr schwer, überhaupt die Effizienz und Effektivität der Aktionen abzuschätzen, sondern auch unvorhergesehene Ketten- und Kaskadeneffekte, unkontrollierte Verbreitungen oder Nebenreaktionen in allen Möglichkeiten im Voraus zu durchdenken, abzuwägen und einzudämmen. So zeigt zum Beispiel der Stuxnet-Fall, dass nicht nur die wenigen Computer in einer iranischen Nukleareinrichtung betroffen waren, sondern dass auch geschätzt mehr als 100.000 zivile Computer durch den Wurm befallen wurden (vgl. Hollenbach 2014), von denen sich 40 % außerhalb des Irans befanden (vgl. O'Connell 2012, 194). Die Folgen dieses Befalls sind nicht in Gänze abschätzbar gewesen und es ist nicht vorstellbar, dass jemals Gewissheit über die Wirkung und die zu erwartenden Schäden vor Beginn einer Attacke besteht. Erschwerend hinzu kommt, dass eine vollständige retrospektive Feststellung der Schäden, die ebenso für eine angemessene Bewertung der Effizienz und Effektivität einer Attacke notwendig ist, kaum durchzuführen ist (vgl. Rowe 2009, 7 f.). Es gibt keine Instrumente, die einen umfassenden Überblick und einen ausreichend tiefen Einblick in alle potenziell betroffenen Systeme ermöglichen könnten.

Auch wenn einige Autor_innen in den Waffen der Cyberwarfare eine humanere oder auch effizientere Kriegsführung sehen, so zeigen die genannten Einschränkungen jedoch, dass u. a. die Unkontrollierbarkeit und die hohe Wahrscheinlichkeit der Kollateralschäden einer positiven Bewertung von Cyber-Attacken als einer ›sauberen‹ Form der Kriegsführung entgegenstehen. Im Gegenteil, abseits des grundsätzlich problematischen Status von Angriffen werfen sie noch viele weitere Probleme auf.

Diskussion des Kriegsbegriffs

Im Folgenden soll der Begriff des Cyberwars selbst im Mittelpunkt stehen. Begriffe und auch Analogien sind nicht neutral, sondern sie tragen bestehende Bedeutungen in sich und prägen unser Denken und unsere Wahrnehmung. Aus verschiedenen Blickwinkeln soll nun deshalb beleuchtet werden, warum der Begriff des Cyberwars selbst problematisch ist, welche Folgen damit zusammenhängen und welche Alternativen sich bieten.

Thomas Rid ist ein ausgewiesener Kritiker der Idee des Cyberwars und versucht begrifflich zu klären, warum es noch keinen Cyberwar gab, aber auch, warum es keinen echten Cyberwar geben wird. Er zeigt dies anhand der drei Clausewitzschen Definitionselemente eines Kriegs: Um als Krieg klassifiziert zu werden, muss ein Konflikt demnach (1) gewalttätig und potenziell tödlich sein. Er muss (2) instrumentell sein und darf nur als Mittel verstanden werden, dem Gegner seinen eigenen Willen aufzuzwingen. Und er muss (3) politisch sein, d. h. kein isolierter Akt, sondern Teil eines größeren intentionalen Handelns, weswegen der Wille/die Forderung des Aggressors dem Gegner bei einem Angriff auch kundgetan werden muss. Rid (2012) stellt fest, dass es bislang kaum einen Fall gibt, der landläufig unter dem Stichwort Cyberwar diskutiert wird und auch nur eines der Elemente erfüllt. Eigentlich fehlt allen das Element der klaren Ziele (instrumentell) und einer bekannt gemachten politischen Zuordnung; nur Stuxnet zeugt von einer Gewaltanwendung im originären Sinne, erfüllt aber Anforderungen (2) und (3) nicht. Rid (2012, 15 f.) bestreitet nicht, dass es auch politische Cyberattacken gibt, aber diese sind dann weder als (unpolitischer) Cybercrime zu verstehen noch als Cyberwar, sondern je nachdem als (Cyber-)Subversion, Sabotage oder Spionage. Diese können natürlich auch militärische Aktionen flankieren, aber sind nicht mit Kriegen an sich zu vermischen.

Viele Autor_innen betonen die Tatsache, dass nicht nur die Mittel von ökonomisch motivierten sowie politischen Cyberattacken identisch sind und praktisch nicht zu unterscheiden (vgl. z. B. Farwell/Rohozinski 2012, 112), sondern auch die Akteure und Netze, die sowohl für politische als auch wirtschaftliche Attacken herangezogen werden, sind häufig dieselben. Auch bei den Zielen ist es wie oben angesprochen so, dass auch bei vermeintlich rein militärischen Aktionen trotzdem Unternehmen bewusst oder unbewusst Ziele werden. Aus empirischer Sicht ist somit eine Unterscheidung in rein politisch/militärische oder ökonomische Attacken schwer vorzunehmen, was natürlich auch die begriffliche Unterscheidung in Cybercrime, Cyberwar und andere erschwert.

Einige Wissenschaftler_innen argumentieren, dass die Analogie des Krieges nicht den richtigen Charakter von Cyberattacken trifft und zu problematischen Schlussfolgerungen führt. Die Kriegsanalogie erlaubt relativ leicht, ein militärisches Verständnis des Problems in der Öffentlichkeit zu etablieren und ebenso auch eine militärische Bearbeitung des Problems als angemessen erscheinen zu lassen. Andere als Alternativen vorgeschlagene Analogien wie z. B. der Vergleich mit maritimer Piraterie oder mit Pandemien fördern wiederum ein gänzlich anderes Problemverständnis. Dies definiert die Möglichkeiten zur Problembearbeitung und die Zuständigkeiten von Akteuren und Institutionen. Um bei den genannten Beispielanalogien zu bleiben: Ein ›Krieg‹ wird vom Militär, Militärbündnissen oder Verteidigungsministerien behandelt, ›Piraterie‹ hingegen vornehmlich unter dem Gesichtspunkt der (organisierten) Kriminalität von Polizeibehörden, während Pandemien eher von Akteuren der Daseinsvorsorge und des Katastrophenschutzes behandelt werden. Natürlich sind je nach Gesellschaft auch militärische Akteure in den Katastrophenschutz oder ähnlichem involviert, aber der Fokus und die Herangehensweise unterscheiden sich von einem Problem, das als Krieg verstanden wird. Analogien und darin eingebettete Bedeutungen und Vorstellungen haben einen Einfluss auf die Handlungsmöglichkeiten der jeweiligen Akteure. Nicht nur die Beobachtungen, dass Cyberwar mit Krieg häufig gar nicht viel gemein hat, machen den Begriff problematisch, sondern auch die Folgen, die diese Begriffsverwendung hat. Mary Ellen O'Connell (2012) z. B. widmet sich eingehend der Militarisierung des ›Cyberspace‹ und argumentiert, dass diese nicht nur auf einer unangemessenen Kalter-Krieg-Logik aufbaut, sondern auch problematische Folgen hat.

Zum einen beobachtet O'Connell, dass hauptsächlich militärische Institutionen mit der Bearbeitung des Problems beauftragt werden. In den USA wurden die Budgets in den vergangenen Jahren deutlich zu Lasten des Department of Homeland Security hin zum Pentagon (vgl. O'Connell 2012, 189) verschoben. Außerdem wurde weltweit eine Reihe von Institutionen und Programmen innerhalb der Militärs gegründet, die sich mit defensiver und ›offensiver‹ Cyber-Abwehr beschäftigen, wie z. B. das U. S. Cyber Command, das oben genannte NATO CCD COE oder auch die Entwicklung ›offensiver Cyber-Fähigkeiten‹ der Bundeswehr (vgl. Meister 2015). Das Pentagon hat den Cyberspace sogar zu einer Domäne des Kriegs analog zu See, Land und Luft erklärt (vgl. Arquilla 2012). Häufig werden in Äußerungen der betreffenden Akteure Herausforderungen des Cyberwars beschrieben und mit Herausforderungen des nuklearen Zeitalters und des Kalten Kriegs (vgl. z. B. Dipert 2010) verglichen. Die Schlussfolgerungen aus diesen Vergleichen legen einen Fokus auf Abschreckung und Selbstverteidigungsmöglichkeiten, auf Varianten der Gegenschläge und auf die Frage, inwiefern Cyber-Attacken für einen präemptiven Schlag geeignet sein könnten (vgl. O'Connell 2012, 195–198). Weitere Überlegungen zielen darüber hinaus in die Richtung, ob auf eine Cyberattacke auch mit konventionellen Waffen und Angriffen geantwortet werden darf (vgl. Dipert 2010, 400–402) – vor dem Hintergrund des oben genannten Zuordnungsproblems der Attacken zu einem Aggressor eine sehr problematische und gefährliche Überlegung (vgl. auch Barrett 2013, 8 f.). Aber auch den Angriff ›nur‹ mit einer Cyber-Attacke zu beantworten ist problematisch und von fraglicher Angemessenheit, ebenso wie die der Argumentation eines humanen Cyberwars folgende Vorstellung, mit Cyberattacken einfacher und ›besser‹ politische und ökonomische Ziele durchzusetzen.

Viele Autorinnen und Autoren wenden auf das Problem der Cyberattacken und den Umgang damit die Theorien des *gerechten Krieges* an (vgl. z. B. Andress/Winterfeld 2014; Barrett 2013; Dipert 2010). Diese Theorien und Grundsätze, die auf eine lange Tradition wie z. B. den Arbeiten von Immanuel Kant und Arbeiten wie *Just and Unjust Wars* von Michael Walzer (1977) aufbauen, beschäftigen sich vor allem mit der Frage, unter welchen Umständen ein Krieg gerechtfertigt ist (*ius ad bellum*) und welche Prinzipien während eines Krieges aus moralischer Sicht zu berücksichtigen sind (*ius in bello*). Zum *ius ad bellum* gehören die Prinzipien der legitimen Autorität des Agierenden und eine gerechte Absicht, das Vorliegen eines hinreichenden Kriegsgrundes, die Verhältnismäßigkeit der Reaktion und vorige Ausschöpfung aller anderen Mittel sowie die Aussicht auf Erfolg. Zu den Prinzipien des *ius in bello* gehören demnach die Verhältnismäßigkeit der Mittel im Krieg und die Unterscheidung zwischen Kombattanten und Nicht-Kombattanten sowie die Immunität letzterer. Auch wenn viele Autor_innen diese Prinzipien anwenden, so stellt sich aufgrund oben genannter Besonderheiten von Cyberattacken die grundsätzliche Frage, ob diese Überlegungen angemessen sind (vgl. z. B. Taddeo 2014). Um einige Beispiele zu nennen: Aufgrund des Zuordnungsproblems und der ungeklärten Frage der Gewaltpotenzials von Cyberattacken kann eine solche kaum als legitimer Grund für eine gerechte kriegerische Selbstverteidigung gelten. Und da die Unterscheidung in zivile und militärische Ziele bei Cyberattacken praktisch unmöglich ist und Kollateralschäden kaum vernünftig ausschließbar sind, so ist auch eine Nutzung von Cyber-Attacken als Teil eines ›gerechten Krieges‹ kaum zu rechtfertigen.

Solche strategischen Fragen werden aber erst dadurch möglich, dass man eine militärische Denkweise an die offensichtlichen Herausforderungen und Unsicherheiten der informationstechnisch erweiterten Gesellschaft anlegt.

Ausblick und Lösungsvorschläge

Von vielen Autor_innen mit einem militärischen Hintergrund, also die Mehrzahl derer, die über den Begriff des Cyberwars schreiben, wird vor allem gefordert, mehr in die defensive und auch offensive Aufrüstung zu investieren. Außerdem sollen demnach Szenarien entwickelt werden, wie auf Angriffe zu reagieren ist, welche Verteidigungsstrategien und Gegenangriffe möglich und nötig sind und darüber hinaus, wie Cyberattacken auch als ›humanere‹ Eingriffsmöglichkeit nutzbar gemacht werden können (vgl. z. B. Denning/Strawser 2014).

Gaycken (2011a, 191–208; 2011b) wiederum ist der Meinung, dass ein defensiver Schutz (v. a. in Form von zentralisierten nationalen Cyberabwehrzentren), aber auch ein präventiver und offensiver Schutz kaum möglich sind, da die Komplexität der Angriffsmöglichkeiten die Abwehrpotenziale überwiegt. Stattdessen sieht er in der Entnetzung von militärischen und sicherheitsrelevanten Einrichtungen die einzige erfolgversprechende Möglichkeit, den Herausforderungen zu begegnen.

Offensichtlich gibt es auch alternative und nicht vornehmlich militärische Herangehensweisen an die Problematik. O'Connell und andere schlagen zuvorderst vor, die Kriegsanalogie nicht weiter zu bedienen und einen nüchternen Blick auf die Probleme zu wagen. Nur weil Informationstechnik auch als Waffe eingesetzt werden kann, könne man nicht einen rein militärischen Blick darauf werfen. Viele Technologien haben einen Dual-Use-Charakter, sind also sowohl von ziviler als auch militärischer Bedeutung. Dennoch ist häufig die ökonomische oder zivile Form der Nutzung die deutlich relevantere, welche auch die Basis für die Betrachtung und Regulierung liefern sollte. O'Connell (2012, 199) vergleicht beispielhaft Cyberwaffen mit Chemiewaffen, da diese ebenso keine exotischen Bestandteile beinhalten müssen, sondern aus Techniken und Materialien mit großer Bedeutung im Alltag hergestellt werden und ähnlich schweren Kontrollmöglichkeiten unterliegen. Ähnlich wie im Bereich der Chemie sollten also auch im Cyberbereich die ökonomischen Regularien und zivilen Diskussionen im Vordergrund stehen und nicht Möglichkeiten der militärischen Selbstverteidigung.

Andress/Winterfeld (2014, 250 f.) ordnen Cyberattacken so genannten ›unfreundlichen Akten‹ zu. Diese beinhalten u. a. auch »[…] unfavorable trade decisions, space-based surveillance, boycotts, severance of diplomatic relations, denial of communications, espionage, economic competition or sanctions, and economic and political coercion« (Lin 2010, 71 f.). Die UN Charta definiere zwar nicht eindeutig, was unter einer Gewaltanwendung und damit der Voraussetzung für eine Selbstverteidigung eines Staates zu verstehen ist, aber es sei in der internationalen Staatengemeinschaft grundsätzlich anerkannt, dass diese unfreundlichen Akte – unabhängig von der Schwere ihrer Auswirkungen – eine gewaltsame Selbstverteidigung nicht rechtfertigten (ebd., 72). Dieser Einschätzung folgend sollte man Cyberattacken also genauer untersuchen und sie, z. B. Thomas Rid (2012) und anderen folgend, einteilen: Entweder in Cyberkriminalität, die in bestehenden Regulierungsrahmen des Rechtsstaates natürlich unter Berücksichtigung internationaler Abkommen zu behandeln ist; oder in Sabotage und Spionage, die zwar militärische Operationen unterstützen mögen, aber keine eigene Form eines Krieges darstellen. Wenn fast jeder Hackerangriff schon als kriegerische Handlung gewertet würde, führt das zu einer Absenkung der Kriegsschwelle bzw. einem kriegerischen Dauerzustand. Solchen Attacken und generellen Herausforderungen sollte deshalb in der angemessenen Weise begegnet werden. Hierzu kann laut O'Connell (2012, 205) auch gehören, dass man internationale Verträge vorantreibt, die ähnlich aussehen könnten wie andere Regulierungsbemühungen in Feldern, die durch Dual-Use-Handlungsoptionen geprägt sind (z. B. Chemiewaffen-Kontrollvereinbarungen). Generell würde hierbei die Planung und Nutzung von Informationstechnik als *Waffe* verboten und auf Verstöße könnte dann analog im Rahmen des UN Sicherheitsrats oder anderer Institutionen reagiert werden. Jedoch nicht vor dem Hintergrund einer möglichen Selbstverteidigung, die einen Gegenschlag rechtfertigt und Informationstechnik explizit als Kriegsschauplatz in die Planungen einschließt. Adäquatere Mittel sähen daher eher wie Sanktionen aus. Andere Autoren (vgl. z. B. Gaycken 2011b) sehen jedoch kaum eine Möglichkeit, solche Verträge zu überprüfen und deren Einhaltung zu erzwingen.

Eine weitere Forderung von O'Connell (2012, 206–209) ist, sich bei der Bearbeitung des Problems an einer »guten Cyber-Hygiene« auszurichten, sodass private und öffentliche Akteure sich um Transparenz bemühen und dabei zusammenarbeiten, die defensive Sicherheit von informationstechnischen Systemen zu erhöhen. Die Analogie hierbei liegt bei der Bekämpfung und Vorbereitung auf Pandemien, die eben nicht militärisch sondern gesamtgesellschaftlich erfolgen sollte und einer defensiven Charakterisierung folgt, die nicht von hundertprozentiger Sicherheit ausgehen kann. Hierzu gehört auch, eine hohes Maß an Dezentralität der Infrastruktur und Resilienz der einzelnen Teilsysteme zu bedenken.

Zusammenfassend lässt sich festhalten: Cyberwar ist noch ein recht neues Konzept, erlebt aber eine sehr starke Resonanz sowohl in der öffentlichen Diskussion als auch in militärischen Planungen. Einige Cyber-Attacken von unterschiedlicher Ausrichtung und Intensität sind bereits zu beobachten und werden auch in Zukunft zu beobachten sein. Cyber-Attacken zeichnen sich dabei durch einige Besonderheiten aus, wie z. B. die Wirkasymmetrie, das Zuordnungsproblem, die ständige Gefahr der unkontrollierten Kollateralschäden und die kaum mögliche Bestimmbarkeit der Aggressoren als auch der Ziele als zivil oder militärisch. Problematisch an der Bezeichnung der neuen Phänomene als Cyberwar ist die daraus folgende rein militärische Bearbeitung des Problems, das eigentlich eher anderen bekannten Konzepten wie Kriminalität, Sabotage oder Spionage ähnelt. Daher – und um die Diskussion der Problemlage nicht allein militärischen Betrachtungsweisen zu überlassen – ist die Bearbeitung des Themenkomplexes Aufgabe der weiteren wissenschaftlichen Reflexion.

Literatur
Andress, Jason/Winterfeld, Steve: *Cyber Warfare. Techniques, Tactics and Tools for Security Practitioners*. Waltham, Mass. ²2014.
Arquilla, John/Ronfeldt, David: Cyberwar is Coming! In: *Comparative Strategy* 12/2 (1993), 141–165.
Arquilla, John: Cyberwar Is Already Upon Us. But Can it Be Controlled? In: *Foreign Policy* 192 (2012), 1–4.
Barrett, Edward T.: Warfare in a New Domain: The Ethics of Military Cyber-Operations. In: *Journal of Military Ethics* 12/1 (2013), 4–17.
Denning, Dorothy E./Strawser, Bradley J.: Moral Cyber Weapons. In: Luciano Floridi/Mariarosaria Taddeo (Hg.): *The Ethics of Information Warfare*. Cham 2014, 85–103.
Dipert, Randall R.: The Ethics of Cyberwarfare. In: *Journal of Military Ethics* 9/4 (2010), 384–410.
Dunn Cavelty, Myriam: Cyberwar: Konzept, Stand und Grenzen. In: *CSS Analysen zur Sicherheitspolitik* 71 (2010), 1–3.
Farwell, James P./Rohozinski, Rafal: Stuxnet and the Future of Cyber War. In: *Survival. Global Politics and Strategy* 53/1 (2011), 23–40.
Farwell, James P./Rohozinski, Rafal: The New Reality of Cyber War. In: *Survival. Global Politics and Strategy* 54/4 (2012), 107–120.
Gaycken, Sandro: *Cyberwar. Das Internet als Kriegsschauplatz*. München 2011a.
Gaycken, Sandro: Krieg der Rechner. Warum es so schwierig ist, sich vor militärischen Cyberangriffen zu schützen. In: *Internationale Politik* 2 (2011b), 88–95.
Hollenbach, Michael: Das Internet als Kriegszone (2014). In: http://www.deutschlandfunk.de/cyberwar-das-internet-als-kriegszone.886.de.html?dram:article_id=299105 (5.8.2015).
Lin, Herbert S.: Offensive Cyber Operations and the Use of Force. In: *Journal of National Security Law & Policy* 4/1 (2010), 63–86.
Lin, Patrick/Allhoff, Fritz/Abney, Keith: Is Warfare the Right Frame for the Cyber Debate? In: Luciano Floridi/Mariarosaria Taddeo (Hg.): *The Ethics of Information Warfare*. Cham 2014, 39–60.
Meister, Andre: Geheime Cyber-Leitlinie: Verteidigungsministerium erlaubt Bundeswehr ›Cyberwar‹ und offensive digitale Angriffe (2015). In: *netzpolitik.org*, https://netzpolitik.org/2015/geheime-cyber-leitlinie-verteidigungsministerium-erlaubt-bundeswehr-cyberwar-und-offensive-digitale-angriffe/ (5.8.2015).
O'Connell, Mary E.: Cyber Security without Cyber War. In: *Journal of Conflict & Security Law* 17/2 (2012), 187–209.
Rid, Thomas: Cyber War Will Not Take Place. In: *Journal of Strategic Studies* 35/1 (2012), 5–32.
Rowe, Neil C.: The Ethics of Cyberweapons in Warfare. In: *International Journal of Cyberethics* 1/1 (2009), 20–31.
Taddeo, Mariarosaria: Information Warfare: A Philosophical Perspective. In: *Philosophy and Technology* 25/1 (2012), 105–120.
Taddeo, Mariarosaria: Wie kann Ethik bei der Regelung des Cyberkriegs helfen? In: *Ethik und Militär* 1/2 (2014), 41–46.
Walzer, Michael: *Just and Unjust Wars. A Moral Argument with Historical Illustrations* [1977]. New York ²1992.

Andreas Baur-Ahrens

35 Computerspiele

Computerspiele sind zu einem Massenphänomen geworden. Zirka 30 Millionen Personen in Deutschland nutzen Computerspiele. 43 % der männlichen und 42 % der weiblichen Bevölkerung werden als regelmäßig Spielende eingeordnet. Nach Alter differenziert lässt sich im Jahr 2015 festhalten, dass die Anzahl der Spielenden bei 81 % der 14- bis 29-jährigen liegt, während sie für die Altersgruppe der über 65-jährigen nur noch bei 11 % angegeben wird (vgl. Bitkom 2015). Entgegen den obigen Zahlen gelten Computerspiele immer noch als ›Spielzeug für Jungs‹, was insbesondere darin begründet liegt, dass in der allgemeinen Wahrnehmung häufig nur bestimmte, sehr zeitintensive Spiele als ›echte‹ Computerspiele gewertet werden. Weibliche Personen sind häufig mit der Vorstellung konfrontiert, nur als ›einfach‹ geltende Spiele überhaupt spielen zu wollen und komplexere Spiele nicht zu beherrschen. Aufgrund dieser normativen Rahmung eröffnen sich für Frauen weniger Räume eines ungezwungenen Ausprobierens für ›komplexere‹ Spiele, wodurch wiederum die allgemeine Wahrnehmung von Computerspielen als ›Spielzeug für Jungs‹ reproduziert wird (vgl. Cote 2015). Es ist davon auszugehen, dass die Anzahl an Spielenden in den nächsten Jahren weiter steigen wird. In den Staaten Korea und Japan werden Computerspiele bereits heute eher als selbstverständlicher Teil des alltäglichen Lebens wahrgenommen. Die Computerspielindustrie hat seit 30 Jahren fast durchgängig Zuwächse zu verzeichnen.

Der Mythos des ›vereinsamten Spielers‹ lässt sich in der Regel nicht aufrechterhalten. Spielhallen, LAN(Local-Area-Network)-Partys, Computerspiele für Partys und Online-Spiele zeigten und zeigen die Bedeutung sozialer Interaktion für die Spielenden. Allerdings gelten in der öffentlichen Diskussion virtuelle Beziehungen weitestgehend als ›nicht-real‹, obwohl diese Beziehungen sehr reale Konsequenzen haben.

Die sich seit 2001 formierenden *game studies* bemühen sich u. a. um Definitionen von Computerspielen. In ihrer Hybridstruktur vereinen die meisten Spiele narrative, spielerische und simulative Elemente. Häufig genannte Eigenschaften sind Regelhaftigkeit, freiwillige Nutzung, Performativitäts- und technische Anforderungen. Computerspiele sind klar definierte Spiele, d. h. es gibt Regeln, die die Basis aller Handlungen sind. Zudem haben Computerspiele eindeutige Ziele, deren Erreichung den Gewinn eines Spiels ausmacht. Wie die meisten Spiele werden Computerspiele aus dem übrigen Alltag exkludiert; sie schaffen klar abgegrenzte Räume mit eigenen Gesetzen und Logiken und etablieren damit einen *magic circle*. Die Regeln werden freiwillig befolgt, um das Spiel zu erleben – immersiv darin einzutauchen und sich selbst weniger wahrzunehmen –, obwohl die Regeln willkürlich sind. Im Unterschied zu Unterhaltungsmedien wie Film oder Buch hängen Computerspiele von den performativen Handlungen der Spielenden ab. Zudem erzählen Spiele häufig Geschichten (vgl. Juul 2005).

Computerspiele geben meistens visuelle und auditive Elemente auf einem Bildschirm bzw. Lautsprecher aus, die von den Spielenden interpretiert werden müssen, um danach mittels eines spezifischen Gerätes – Tastatur, Controller etc. – einen Input zu geben. Die Software berechnet die Reaktionen unter Rückgriff auf die Hardware eines Computers, weshalb hier auch Konsolenspiele und die auf dem Spiele-Markt inzwischen dominanten Smartphone-Apps als Computerspiel gelten müssen.

Die ersten ›Computerspiele‹ waren Konstruktionen von Technikern, die diese in ihrer Freizeit herstellten. Sie gehörten zu den wenigen, die damals überhaupt Zugang zu Rechnern hatten. Als früheste Spiele gelten *Tennis for Two* von Higinbotham (1958) sowie *Spacewar!* von Russell, Graetz und Wiitanen (1962). In den ersten Jahrzehnten der Computerspiele konstruierten zumeist nur sehr wenige Personen sowohl Hardware als auch Software. Während wirtschaftlicher Hoch- und Tiefphasen von 1970 bis 1985 differenzierte sich die Spielindustrie in Arcade-Produktionen, Spielkonsolen und Spiele für den PC aus. Seit 1985 kann die Spielindustrie kontinuierliche Zuwächse verzeichnen. Mit der Verbreitung von Spielen etablierten sich LAN-Partys und ab Ende der 1990er die professionalisierten *eSports*. Das Internet ermöglichte zudem das Entstehen von persistenten Online-Welten in fiktiven Universen.

In den 2000er Jahren lockten *casual games* – Spiele, die wenig zeitlichen Aufwand erfordern – bisher vernachlässigte Zielgruppen an. Durch die Einführung der *Nintendo Wii* 2006 und der *Microsoft Kinect* für die *Xbox 360* 2010 wurden verstärkt bewegungsbetonte Spiele möglich. Die Verbreitung von Smartphones und Tablets steigerten den Trend, ständig vernetzt zu sein und mit anderen zu spielen; Spiele-Apps waren 2014 die am häufigsten heruntergeladenen und umsatzstärksten Apps schlechthin. Das so genannte *mobile gaming* ermöglicht zudem die Benutzung von GPS, um Spiele mit einer konkreten Benutzung des

Aufenthaltsorts der Spieler_innen zu kombinieren. Die Erweiterung der physischen Realität mit virtuellen Zusatzinformationen, die so genannte *augmented reality*, hält in Zukunft noch weitere Spieloptionen bereit. Als nächste größere Transformation werden *virtual reality*-Geräte angekündigt, in denen die virtuelle Welt entsprechend der jeweiligen Kopfbewegung auf der Netzhaut oder auf Bildschirmen direkt vor dem Auge projiziert wird. In Staaten, in denen der Besitz von Computern nur einer privilegierten Minderheit vorbehalten ist, wird vor allem über Handys und in Spielhallen gespielt.

Gamification und Lernen durch Computerspiele

Seit 2010 hat der Begriff *Gamification* an Popularität gewonnen. In seiner engen und verbreiteten Bedeutung wird dieser Begriff für Prozesse verwendet, spielerische Elemente aus Computerspielen in andere Kontexte zu übertragen. So werden z. B. für die Erledigung bestimmter Aufgaben am Arbeitsplatz Punkte verteilt und die gesammelten Punkte der Teilnehmenden werden auf öffentlich einsehbaren Ranglisten ausgestellt. Angepriesen wird Gamification als Managementwerkzeug. Der Reiz, der von implementierten Spielmechanismen ausgehe, soll zu verstärkter Motivation, erwünschten Verhaltensänderungen und steigender Loyalität führen (vgl. Zicherman/Linder 2013).

Kritisiert wird, dass Gamification Spiele mit Punkteverteilung gleichsetze oder nur als rhetorischer Begriff dem Verkauf bestimmter Managementmechanismen diene (vgl. Bogost 2014). Zudem wird kritisiert, dass ethische und psychologische Erkenntnisse über die Komplexität von Spieldesign ignoriert würden. Spiele funktionierten, da sie freiwillig und aktiv gespielt werden. Ihre Anwendung im Arbeitsalltag führe dazu, dass bei den Teilnehmenden vor allem Gefühle von Manipulation, Kontrolle und Disziplinierung evoziert würden (vgl. Deterding 2014; Schrape 2014).

Eine weite Definition von Gamification beschreibt das Durchdringen vieler Lebensbereiche, die vorher durch andere Medien besetzt waren, durch analoge und digitale Spiele. So fragt die Forschung zum *game-based learning* nach den Vermittlungsmöglichkeiten bestimmter Inhalte durch Computerspiele. Dies ist jedoch nicht neu, denn Spiele sind schon in frühen Kulturen als Technik des Lehrens eingesetzt worden. Der Einsatz von Computerspielen gilt aufgrund ihrer Verbreitung bei vielen Kindern und Jugendlichen als guter Einstieg, um sie für ein Thema zu gewinnen. Heute vermitteln Computerspiele zumindest den selbstverständlichen Umgang mit dem Computer, was für das Arbeitsleben eine Notwendigkeit darstellt (vgl. Nohr 2008).

Spiele beruhen auf Prinzipien, die für nachhaltiges Lernen als förderlich erachtet werden. Die Spielenden müssen aktiv und konstruktiv mit den Medieninhalten umgehen, um zu gewinnen, und sie erleben Spaß dabei. Das intendierte Wissen wird deutlich besser vermittelt, wenn es nicht auf einer narrativen Ebene verbleibt, sondern Teil der Spielhandlung wird (vgl. Gee 2007).

Während viele Action-Spiele vor allem die Hand-Augen-Koordination und die Reaktionsgeschwindigkeit trainieren, vermitteln andere Spiele Einblicke in effizientes Wirtschaften, manche fördern gar das kreative Gestalten oder die Selbstreflexion. Sofern mit anderen Personen gespielt wird, werden durch die Interaktionen meistens auch soziale Kompetenzen vermittelt. Entscheidend für die Kompetenzförderung ist die situative Einbettung. Mit einer kompetenten pädagogischen Begleitung lassen sich bereits diverse Mainstream-Spiele sinnvoll im Unterricht einsetzen; *educational games* bzw. *serious games* werden hingegen gezielt für die Vermittlung von Wissen entwickelt (vgl. Ritterfeld/Cody/Vorderer 2009). Eine weitere Form stellen *exergames* dar, in denen die Spielenden zum Ausüben physischer Aktivitäten motiviert werden sollen. Umstritten ist die Nutzung von Computerspielen für militärisches Training, weil dadurch der Eindruck entstehe, auch das Erschießen von Menschen im realen Einsatz hätte nur spielerischen Charakter, was eine Verharmlosung des Kriegsgeschehens sei.

Auch beim Einsatz im Unterricht bleibt problematisch, dass intrinsische und extrinsische Motivation massive Unterschiede für die Nutzung haben. Sofern Spiele aus Zwang gespielt werden, verschwindet ihr Reiz; ihr didaktischer Nutzen unterscheidet sich dann nicht weiter von anderen Medien (vgl. Ruggill/McAllister 2013).

Schließlich wird Gamification als Mittel propagiert, neue Sensibilitäten für Probleme zu erschaffen und durch einen rücksichtsvolleren Umgang miteinander neue Formen des Zusammenlebens zu ermöglichen (vgl. McGonigal 2011). Spiele schaffen Orte des Ausprobierens, die schließlich eine Weltorientierung außerhalb des Spiels ermöglichen. Allerdings bilden Medieninhalte nicht nur die Welt ab, sondern konstruieren sie auch ein Stück weit. Die im Spiel verwendeten Zeichen beanspruchen ihre Bedeutung aus ihrem Kontext heraus. Daher wird die Vermittlung einer spezifischen Spiele-Lesekompetenz eingefordert, die auch den sozio-historischen Kontext für die Spielenden verständlich macht (vgl. Zagal 2010).

Sucht

Es ist immer noch unklar, ob ›Computerspielsucht‹ eine eigene Form von Abhängigkeit ist, oder als eine sekundäre Abhängigkeit als Ausdruck anderer, als pathologisch definierter Zustände auftritt. Insbesondere die Abgrenzung zur ›Internetsucht‹ – deren Existenz ebenfalls umstritten ist – erweist sich als schwierig. Die American Psychological Association hat 2013 eine »Internet Gaming Disorder« (IGD) in Sektion III der letzten Edition des *Diagnostic and Statistical Manual of Mental Disorders (DSM-5)* aufgenommen. Dies bedeutet, dass weitere Forschung vonnöten ist, ehe IGD als Diagnose anerkannt wird. Nachdem ursprünglich vornehmlich Online-Spiele mit persistenten Welten als besonders suchtfördernd galten (soziale Verpflichtungen gegenüber den eigenen ›Gilden‹, ›Clans‹, ›Teams‹; Angst davor, Wichtiges zu verpassen), wird heute vor allem auf den Glücksspielcharakter als Suchtpotenzial abgestellt.

Bisher kommt die Forschung zu teilweise sehr widersprüchlichen Ergebnissen. Zur Beurteilung von Computerspielsucht wird häufig auf das exzessive Spielen einzelner Personen verwiesen. 13,2 % der Spielenden im Alter von 14 bis 17 Jahren sind vielspielend, d. h. mehr als drei Stunden am Tag (vgl. Quandt et al. 2013). Zur Beurteilung einer Sucht sind Spielhäufigkeit und -dauer allein jedoch keine aussagekräftigen Kriterien. Erst sofern das Spielen zu problematischen Konsequenzen führt – Vernachlässigung sozialer Beziehungen außerhalb des Spiels, Versäumnis beruflicher bzw. schulischer Aufgaben – lässt sich begründet von einer Abhängigkeit sprechen (zum Überblick vgl. Fritz et al. 2011).

Forschende, die von der Existenz einer Sucht ausgehen, stellen je nach Methode eine Häufigkeit von 0,8 % in Italien bis 26,7 % in Hong Kong für Formen des pathologischen Spielens fest; dies wird häufiger Männern als Frauen attestiert (vgl. Kuss et al. 2014). Die Anzahl gefährdeter Personen wird auf 5 bis 13 % geschätzt (vgl. Kuss/Griffiths 2012). Allerdings sind die Fallzahlen bei vielen Untersuchungen eher gering, ihr Fokus meist auf Kinder und/oder Jugendliche gerichtet und ihre Repräsentativität daher unklar.

Das Bildungsniveau gilt nicht als Faktor für eine Suchtherausbildung. Relevant ist insbesondere ein wenig reglementierter Zugang zu Medien im Allgemeinen und Computerspiele im Besonderen über einen längeren Zeitraum. Computerspielsucht scheint mit Schulangst und Konzentrationsdefiziten zu korrelieren. Zugleich werden abhängigen Personen ausgeprägte kognitive Fähigkeiten und ein starkes Organisationstalent attestiert. Die hier ausgelebte soziale Kompetenz wird aber nicht außerhalb des Spiels transferiert; den pathologisch Spielenden wird eher eine fehlende Perspektivenübernahme zugeschrieben. Als Motivation gelten vor allem die Möglichkeit der Flucht vor Problemen sowie die Erfahrung von Macht und Kontrolle. Für die meisten als abhängig geltenden Personen sind Spiele eine wichtige Quelle von Erfolgserlebnissen, sowohl durch das immanente Belohnungssystem als auch die Anerkennung durch die Mitspielenden. Spielen wird zu einer medialen Bewältigungsstrategie, die von Frustration und Enttäuschung ablenken soll und bewusst zur Stimmungsverbesserung eingesetzt wird. Die genauen Wirkungszusammenhänge dieser Faktoren sind jedoch ungeklärt (vgl. Fritz et al. 2011, 205 ff.; Mößle et al. 2014, 54 f.).

Kunstfreiheit versus Gewalt

In Deutschland ist seit 2008 der Bundesverband der Entwickler von Computerspielen Mitglied im Deutschen Kulturrat, Computerspiele sind damit Kulturgut (vgl. Zimmermann/Geißler 2008). Neben den großen Spiele-Herstellern und -Distributoren etabliert sich seit etlichen Jahren eine Independent-Szene, in der Einzelpersonen oder kleine Gruppen gemeinsam Spiele herstellen, die andere Inhalte und Spielfunktionalitäten thematisieren (vgl. Anthropy 2012). Zudem existiert – teilweise in Überschneidung – eine lebhafte Kunstszene im Gaming-Bereich.

Der Status als Kunst ist jedoch umstritten. Nicht zuletzt ist das einem häufig restriktiven Kunstbegriffs geschuldet, dem die so genannten ›Killerspiele‹ gegenüber gestellt werden. Diese werden als jugendgefährdend gewertet. Der Vorwurf der Jugendgefährdung ist bisher jedem Medium zu Beginn seiner Verbreitung widerfahren. Der Begriff ›Killerspiele‹ wird in der Wissenschaft ob seiner Konnotationen weitestgehend abgelehnt, stattdessen wird der Begriff ›gewalthaltige Computerspiele‹ verwendet.

Juristisch ausschlaggebend ist die Kunstfreiheit. So wird dem Staat einen Eingriff in die Inhalte von Kunst verboten. Dennoch werden Grenzen gezogen, diese finden sich aber in anderen Rechtsgütern begründet, vor allem im Jugendschutz. So wird in der Bundesrepublik Deutschland die Gewaltdarstellung durch den Jugendmedienschutz geregelt, gesichert durch Art. 6 Abs. 2 Satz 1 des Grundgesetzes sowie § 1 Abs. 1 des Kinder- und Jugendhilfegesetz. 2003 wurden neue gesetzliche Rahmenbedingungen erlassen, die auf das sich ändernde Medienangebot reagieren: das – 2008 verschärfte – Jugendschutzgesetz des Bundes (JuSchG) und der Staatsvertrag über den Schutz der Menschenwürde und den Jugendschutz in Rundfunk und Telemedien der Länder (JMStV). Das JuSchG regelt den Umgang mit Medieninhalten, etwa die vorgeschriebene Alterskennzeichnung. Für diese zeichnet sich zunächst die von Unternehmen gestellte Unterhaltungssoftware-Selbstkontrolle (USK) verantwortlich, hier sitzen Vertreter_innen der Länder, Kirchen, Industrie und Medienpädagog_innen (s. Kap. IV.12). Sofern die USK die Kennzeichnung eines Spiels verweigert, entscheidet die Bundesprüfstelle für jugendgefährdende Medien. Diese darf ein Spiel indizieren; das heißt, sowohl Verkauf als auch Werbung an Minderjährige wird verboten. Die Maßgabe für die Indizierung ist, dass »Mord- und Metzelszenen selbstzweckhaft und detailliert dargestellt werden« und diese Spiele dadurch »verrohend« wirken (JuSchG § 18 Abs. 1).

Seit 2013 existiert die *International Age Rating Coalition* (IARC), in der fünf Institutionen in globaler Kooperation lokal angepasste Alterskennzeichnungen für Online-Spiele und Apps vergeben. Diese erweitern das bisherige Spektrum der deutschen USK und dem europäischen *Pan-European Game Information-System* (PEGI). Alterskennzeichnungen generell sind jedoch nicht so effektiv wie gewünscht. Neben der Möglichkeit, eine illegale Kopie des Spiels herunterzuladen, erhalten viele durch nahe Bezugspersonen das gewünschte Spiel, oft auch durch die Eltern selber.

In Bezug auf Computerspiele meint ›Gewalt‹ meist die Darstellung physischer Gewalttaten, an der durch Spielhandlung partizipiert werden kann. Psychische oder strukturelle Gewalt spielen in dieser Diskussion selten eine Rolle. In den kritisierten Spielen wird die virtuelle Ausübung physischer Gewalt gegen andere Figuren belohnt, teilweise ist dies die einzige Gewinnoption. Diese Handlungen werden durch die Narration legitimiert, da die Spielfigur sich meistens im Konflikt mit ›dem Anderen‹ befindet, und Gewalt als einzig mögliches Mittel der Konfliktbewältigung verbleibt. In manchen Spielen werden gewalttätige Handlungen in spezifischer Weise ästhetisiert, etwa durch Zeitlupen-Modi oder wechselnde Kameraperspektiven. Kritikpunkte sind entsprechend die Verharmlosung oder Verherrlichung von Gewalt.

Im Unterschied zu anderen Medien funktioniert bei gewalthaltigen Spielen die Gewalt auf einer rein symbolischen Ebene, die schlicht Gewinnen bzw. Verlieren kennzeichnet (vgl. Jahn-Sudmann/Schröder 2010). Eine direkte und eindeutige kausale Verbindung zwischen symbolischer Gewalt und gewalttätigen Verhaltensweisen ist sehr schwer zu erfassen. Die psychologische Forschung kommt entsprechend zu unterschiedlichen Ergebnissen. Manche Meta-Analysen haben gezeigt, dass gewalthaltige Spiele kurzfristig geringe bis mittelstarke Effekte auf aggressive Emotionen, Kognitionen und Verhaltensweisen haben. Einige gehen davon aus, dass bei einem wiederholten Umgang mit gewalthaltigen Computerspielen die aggressiveren Zustände als stabiler Teil in die Persönlichkeit der Spielenden integriert werden, insbesondere bei Vielspielenden (vgl. Anderson et al. 2010). In anderen Meta-Analysen wurden derartige Ergebnisse nicht gefunden (vgl. Elson/Ferguson 2014). Es bleibt umstritten, ob die Steigerung aggressiven Verhaltens tatsächlich auf die symbolische Gewalt zurückzuführen ist. So haben etliche Studien die ludischen Spezifika ignoriert, obwohl eventuell Zeitdruck, Frustrationserlebnis oder Realitätsnähe für die emotionale Erregung entscheidender sind.

Die Verantwortung für die kritisierten Inhalte wird zumeist den Entwicklungsstudios und Vertrieben zugeschrieben. Diese verweisen auf die existierende Nachfrage bzw. die bestehende Alterskennzeichnung. Zudem wird von Eltern erwartet, dass sie sich mit dem Medienumgang ihrer Kinder auseinandersetzen. Auch für die Kinder selbst ist in einer Gesellschaft, in der Medien einen bestimmenden Teil des Lebens ausmachen, ein kritischer Umgang mit Medienangeboten von großer Bedeutung. Generell ist daher die Vermittlung von Medienkompetenz auch im Umgang mit Computerspielen ein wichtiger Baustein der Medienpädagogik und des Kinder- und Jugendmedienschutzes (s. Kap. VIII.39).

Die moralphilosophischen Positionen gehen in der Beurteilung von Handlungen in Spielen auseinander. Das Töten der vom Computer gesteuerten Charaktere ist vor allem aus tugendethischer Ebene umstritten. Hier werden unter Umständen falsche Praktiken eingeübt, die die Ausbildung eines tugendhaften Selbst verhindern. Auf der anderen Seite bietet sich auch bei gewalthaltigen Spielen manchmal die Möglichkeit moralischer Reflexion, sofern das spielende Subjekt nicht schlicht als Konsument, sondern als moralischer

Agent verstanden wird (vgl. Coeckelbergh 2007; Sicart 2009). Deontologisch wird argumentiert, dass die vom Computer gesteuerten Charaktere keine moralischen Entitäten sind, deren Tötung abzulehnen wäre; die Handlung sei entsprechend unproblematisch. Utilitaristische Argumente beruhen auf der Wahrscheinlichkeit, dass gewalthaltige Spiele gewalttätiges Verhalten fördern (vgl. Waddington 2007). Dem noch mangelnden Nachweis für diesen Zusammenhang wird ein behaupteter Nutzen gegenüber gestellt; eine gesicherte Position ist bisher nicht möglich. Es fällt schwer, Computerspiele aufgrund des möglichen Risikos von Gewaltförderung stärker als bisher zu reglementieren, während eher aggressive und physisch verletzende Aktivitäten wie Fußball gesellschaftlich gefördert werden (vgl. Schulzke 2010). Infrage gestellt wird zudem, dass das symbolische Töten von Menschen akzeptiert wird, andere Spielinhalte wie z. B. virtueller Kindesmissbrauch aber abgelehnt werden, obwohl beides im Raum des Spiels stattfindet (vgl. Luck 2009; Seddon 2013).

In den allerwenigsten Spielen werden jedoch Tabus verhandelt; weitaus eher reproduzieren Spiele hegemoniale Aussagen, die ethisch zu problematisieren wären. So beinhalten viele Spiele sexistische und rassistische Aussagen. Neben der allgemeinen Überrepräsentation von weißen männlichen nicht-behinderten Personen mittleren Alters werden die minorisierten Personen häufig in stereotyper Form dargestellt (vgl. Ouellette 2013; Ledder 2015). Ideologische Aussagen über gesellschaftliche kausale Zusammenhänge werden zudem in Algorithmen transformiert und dadurch vermittelt (vgl. Bogost 2007).

Auf einer anderen Ebene, wenn auch nicht ganz unabhängig voneinander, steht die Auseinandersetzung mit anderen Spielenden. So sind diskriminierende Kommentare durch andere Nutzende bei vielen Online-Spielen üblich und nur selten werden Maßnahmen dagegen ergriffen (vgl. Cross 2014). Einige weibliche Spielende spielen als Taktik nur noch mit ihnen vertrauten Personen oder nehmen in der virtuellen Umgebung männliche Identitäten an, um seltener von sexuellen Übergriffen betroffen zu werden (vgl. Cote 2015). Neben den allgemeinen Voraussetzungen eines akzeptablen Umgangs miteinander ist die Verbindung zwischen den Spielenden und ihren Charakteren relevant. Einige Spielende haben starke Bindung zu ihren Charakteren aufgebaut. Phänomene wie sexualisierte Gewalt gegen die Charaktere schlagen sich auch auf die Spielenden nieder und sollten Sanktionen nach sich ziehen (vgl. Johansson 2009).

Literatur

Anderson, Craig A./Shibuya, Akiko/Ihori, Nobuko/Swing, Edward L./Bushman, Brad J./Sakamoto, Akira/Rothstein, Hannah R./Saleem, Muniba: Violent Video Game Effects on Aggression, Empathy, and Prosocial Behavior in Eastern and Western Countries. A Metaanalytic Review. In: *Psychological Bulletin* 136/2 (2010), 151–173.

Anthropy, Anna: *Rise of the Videogame Zinesters. How Freaks, Normals, Amateurs, Dreamers, Dropouts, Queers, Housewives and People Like You are Taking Back an Art Form.* New York 2012.

bitkom: Gaming hat sich in allen Altersgruppen etabliert (2015). In: https://www.bitkom.org/Presse/Presseinformation/Gaming-hat-sich-in-allen-Altersgruppen-etabliert.html (17.8.2015).

Bogost, Ian: *Persuasive Games. The Expressive Power of Videogames.* Cambridge, Mass. 2007.

Bogost, Ian: Why Gamification Is Bullshit. In: Steffen P. Walz/Sebastian Deterding: *The Gameful World. Approaches, Issues, Applications.* Cambridge 2015, 65–79.

Coeckelbergh, Mark: Violent Computer Games, Empathy, and Cosmopolitanism. In: *Ethics and Information Technology* 9 (2007), 219–231.

Cote, Amanda C.: ›I Can Defend Myself‹: Women's Strategies for Coping with Harassment While Gaming Online. In: *Games and Culture*, 24.5.2015.

Cross, Katherine Angel: Ethics for Cyborgs: On Real Harassment in an ›Unreal‹ Place. In: *Loading…* 8/13 (2014), 4–21.

Deterding, Sebastian: Eudaimonic Design, or: Six Invitations to Rethink Gamification. In: Mathias Fuchs/Sinia Fizek/Paolo Ruffino/Niklas Schrape (Hg.): *Rethinking Gamification.* Lüneburg 2014, 305–331.

Elson, Malte/Ferguson, Christopher J.: Twenty-Five Years of Research on Violence in Digital Games and Aggression. Empirical Evidence, Perspectives, and a Debate Gone Astray. In: *European Psychologist* 19/1 (2014), 33–46.

Fritz, Jürgen/Lampert, Claudia/Schmidt, Jan-Hinrik/Witting, Tanja (Hg.): *Kompetenzen und exzessive Nutzung bei Computerspielern: Gefordert, gefördert, gefährdet.* Düsseldorf 2011.

Gee, James Paul: *What Video Games Have to Teach Us About Learning and Literacy.* New York/Hampshire [2]2007.

Jahn-Sudmann, Andreas/Schröder, Arne: Überschreitungen im digitalen Spiel. Zur Faszination der ludischen Gewalt. In: Peter Riedel (Hg.): ›*Killerspiele‹ - Beiträge zur Ästhetik virtueller Gewalt. AugenBlick. Marburger Hefte zur Medienwissenschaft* 46 (2010), 18–35.

Johansson, Marcus: Why Unreal Punishments in Response to Unreal Crimes Might Actually Be a Really Good Thing. In: *Ethics and Information Technology* 11 (2009), 71–79.

Juul, Jesper: *Half-Real. Video Games Between Real Rules and Fictional Worlds.* Cambridge, Mass. 2005.

Kuss, Daria J./Griffiths, Mark D.: Online Gaming Addiction in Children and Adolescents: A Review of Empirical Research. In: *Journal of Behavioral Addictions* 1/1 (2012), 1–20.

Kuss, Daria J./Griffiths, Mark D./Karila, Laurent/Billieux, Jöel: Internet Addiction. A Systematic Review of Epidemiological Research for the Last Decade. In: *Current Pharmaceutical Design* 20/25 (2014), 4026–4052.

Ledder, Simon: ›Ich will kein Freak werden‹. Die Produktion von ›Verbesserung‹ und ›Behinderung‹ in Digitalen Spielen. In: Robert Ranisch/Marcus Rockoff/Sebastian Schuol (Hg.): *Selbstgestaltung des Menschen durch Biotechniken*. Tübingen 2015, 253–269.

Luck, Morgan: The Gamer's Dilemma: An Analysis of the Arguments for the Moral Distinction Between Virtual Murder and Virtual Paedophilia. In: *Ethics and Information Technology* 11/1 (2009), 31–36.

McGonigal, Jane: *Reality is Broken: Why Games Make Us Better and How They Can Change the World*. London 2011.

Mößle, Thomas/Wölfling, Klaus/Rumpf, Hans-Jürgen/Rehbein, Florian/Müller, Kai W./Arnaud, Nicholas/Thomasius, Rainer/te Wildt, Bert T.: Internet- und Computerspielsucht. In: Karl Mann (Hg.): *Verhaltenssüchte. Grundlagen, Diagnostik, Prävention, Therapie*. Berlin 2014, 33–58.

Nohr, Rolf F.: *Die Natürlichkeit des Spielens. Vom Verschwinden des Gemachten im Computerspiel*. Münster 2008.

Ouellette, Marc A.: Gay for Play: Theorizing LGBTQ Characters in Game Studies. In: Jason C. Thompson/Marc A. Ouellette (Hg.): *The Game Culture Reader*. Newcastle upon Tyne 2013, 47–65.

Quandt, Thorsten/Breuer, Johannes/Festl, Ruth/Scharkow, Michael: Digitale Spiele: Stabile Nutzung in einem dynamischen Markt. Langzeitstudie GameStat: Repräsentativbefragungen zu digitalen Spielen in Deutschland 2010 bis 2013. In: *Media Perspektiven* 10 (2013), 483–492.

Ritterfeld, Ute/Cody, Michael J./Vorderer, Peter (Hg.): *Serious Games: Mechanisms and Effects*. New York 2009.

Ruggill, Judd Ethan/McAllister, Ken S.: Against the Use of Computer Games in the Classroom: The Wickedness of Ludic Pedagogies. In: Jason C. Thompson/Marc A. Ouellette (Hg.): *The Game Culture Reader*. Newcastle upon Tyne 2013, 86–102.

Schrape, Niklas: Gamification and Governmentality. In: Mathias Fuchs/Sinia Fizek/Paolo Ruffino/Niklas Schrape (Hg.): *Rethinking Gamification*. Lüneburg 2014, 21–46.

Schulzke, Marcus: Defending the Morality of Violent Video Games. In: *Ethics and Information Technology* 12/2 (2010), 127–138.

Seddon, Robert Francis John: Getting ›Virtual‹ Wrongs Right. In: *Ethics and Information Technology* 15/1 (2013), 1–11.

Sicart, Miguel: *The Ethics of Computer Games*. Cambridge, Mass. 2009.

Waddington, David I.: Locating the Wrongness in Ultra-Violent Video Games. In: *Ethics and Information Technology* 9 (2007), 121–128.

Zagal, José: *Ludoliteracy: Defining, Understanding, and Supporting Games Education*. Pittsburgh, Pennsylvania 2010.

Zicherman, Gabe/Linder, Joselin: *The Gamification Revolution: How Leaders Leverage Game Mechanics to Crush the Competition*. New York 2013.

Zimmermann, Olaf/Geißler, Theo (Hg.): *Streitfall Computerspiele. Computerspiele zwischen kultureller Bildung, Kunstfreiheit und Jugendschutz*. Berlin ²2008.

Simon Ledder

36 Virtuelle Realität

Im Zentrum der Debatten um die ›virtuelle Realität‹ kreuzen sich drei Themen:

1. die Diagnose eines bedeutsamen medial-technischen Wandels (das technikphilosophische und technikhistorische Thema);
2. eine damit verbundene Verunsicherung bezüglich des Status von Realität und ihres Verhältnisses zu Virtualität (das erkenntnistheoretische Thema);
3. die anlässlich dieser Veränderungen evozierten ethischen Reflexionen (das ethische Thema).

Im Folgenden soll der *Zusammenhang* der drei Themen freigelegt werden, um ein Verständnis nicht nur des Gegenstands, sondern seiner normativen Implikationen zu erreichen. Die Problemlage, vor die uns die Rede von einer ›virtuellen Realität‹ stellt, wird dann begreiflich und die vielfältigen Diskurslinien gewinnen eine Ordnung.

Die Vielfalt des Virtuellen

Zunächst scheint der Gegenstand ›virtuelle Realität‹ in eine Reihe von heterogenen Technologien, Anwendungsgebieten und Theorien zu zerfallen, deren Einheit sich keineswegs von selbst versteht. Indem wir uns zunächst dieser Vielfalt zuwenden, gewinnen wir anhand der Beispiele einen Eindruck und eine Übersicht über den gegenwärtigen Stand der Applikationen, Technologien und Thesen.

(1) Anwendungen und Anwendungsszenarien finden sich inzwischen in zahlreichen Gebieten, so etwa in der Medizin, im Militär, im Bildungsbereich, den Wissenschaften, der Industrie sowie dem Unterhaltungsbereich. Industrielle Produktionsstraßen werden beispielsweise virtuell geplant, auf ihre Leistungen geprüft und gestaltet (vgl. Jun et al. 2012). Zu Schulungs-, Trainings- und Planungszwecken werden virtuelle Operationen in der Chirurgie durchgeführt (vgl. Riva 2014). Soldatinnen trainieren den Kampf, Militärstrategen simulieren das Gefecht (vgl. Smith 2014). Psychologinnen bringen Patienten virtuell in Situationen, vor denen diese Phobien haben, um sie zu therapieren (vgl. Mühlberger 2014). Ein großes Anwendungsgebiet stellen ferner Spiele dar (vgl. Damer/Hinrichs 2014). Viele weitere Beispiele ließen sich anführen. Hinzu kommt, dass eine zentrale Leitidee bei der Entwicklung der Informationstechnik seit den frühen 1990er Jahren die informelle Durchdringung der gesamten Lebenswelt ist, welche unter program-

matischen Titeln wie *ambient intelligence*, *ubiquitous* oder *pervasive computing* firmiert.

(2) Vielfältig sind außerdem die Technologien, auf denen die erzeugten virtuellen Realitäten basieren. Dabei spielen Visualisierungstechniken eine große Rolle. ›Virtuelle Welten‹ können auf einfachen Displays repräsentiert werden, sie können durch geschlossene *head mounted displays* oder in Datenbrillen erzeugt werden, welche die Realität mit zusätzlichen Informationen überlagern (*augmented reality*) und dann etwa die Reparatur von Maschinen durch Technikerinnen unterstützen, indem diesen die Baupläne oder nötigen Handgriffe eingeblendet werden. Eine andere Technik ist die so genannte CAVE (*Cave Automatic Virtual Environment*). In einer CAVE werden virtuelle Welten so präsentiert, dass sie dreidimensional mitten im Raum zu stehen scheinen und von den Betrachtern manipuliert werden können. Ingenieurinnen betrachten auf diese Weise die Strömungseigenschaften etwa von Automobilkarosserien, Kriminologinnen rekonstruieren die Geschehnisse eines Tatorts, Biologen erforschen kleinste Lebewesen, indem sie virtuell in deren ›Innerem‹ stehen und ihre Organe betrachten.

(3) Vielfältig sind drittens auch die Theorien zur virtuellen Realität. Neben Beiträgen, die eine begriffliche Klärung des Gegenstands ›virtuelle Realität‹ und ihres Verhältnisses zu Realität und Wirklichkeit verfolgen, stehen zahlreiche zeitdiagnostische und ethische Beiträge, welche die sozialen, politischen und normativen Implikationen (Chancen, Gefahren und Risiken sowie die utopischen und dystopischen Momente) virtueller Realitäten diskutieren.

Die Vielfältigkeit der Applikationen, Techniken und Theorien führt dazu, dass die Situation unübersichtlich ist. Worin ist die Einheit der Rede vom Virtuellen zu finden? Und warum widmen sich zahlreiche politische Theorien, soziologische Studien und ethische Analysen den sozialen und normativen Implikationen virtueller Realität?

Die Suche nach einer Einheit in der Vielfalt des Virtuellen

Eine erste Strategie könnte darin bestehen, die Einheit im Anwendungszweck zu suchen. Dies erweist sich jedoch schnell als aussichtslos angesichts der skizzierten Heterogenität der Einsatzzwecke. Auch die Untersuchung der zum Einsatz kommenden Techniken führt zu keinem Ergebnis. Offensichtlich spielt die Informationstechnik gegenwärtig eine entscheidende Rolle. Daher verwundert es nicht, wenn Theorien des Virtuellen diese technologische Dimension adressieren: »Everything about the virtual is a question of technique« (Massumi 2014, 63; vgl. auch Heim 1998). Die aktuelle Relevanz der virtuellen Realität ist ohne die moderne Informationstechnologie nicht zu denken. Virtualität und digitale Informationstechnik fallen jedoch nicht zusammen, wie historische Studien zeigen (vgl. Rieger 2014). So wird verschiedentlich der Beginn einer Geschichte der Virtualisierung vor der Informationstechnik angesetzt: Höhlenmalerei, Mythos, Romane, die Camera Obscura und Experimentalsysteme werden in diese Geschichte der Virtualität gestellt (vgl. Damer/Hinrichs 2014; Hubig 2010; Bittarello 2014). Begründet wird dies unter anderem damit, dass bestimmte Leistungsmerkmale der Virtualität – wie die Simulation von Effekten, die Modellierung der Realität, das Ermöglichen eines Probehandelns oder die Immersion, das heißt das Eintauchen in eine virtuelle Welt – bereits diesen Medien zugeschrieben werden können.

Virtualisierung in historischer Dimension

Die bislang vergebliche Suche nach einer Einheit des Virtuellen hat die Historizität des Themas vor Augen geführt: Das Phänomen ist hinsichtlich der Techniken, auf denen es basiert, historisch. Mit den technischen Möglichkeiten wandeln sich die möglichen Applikationen. Schließlich weisen die Theorien selbst häufig eine geschichtliche Perspektive auf, sofern sie Virtualisierung als Transformationsprozess (von Gesellschaft, Wissenschaft und Kommunikation, Sexualität und Liebe, Organisation und Arbeit) betrachten. Dabei treten dann etwa Verlustgeschichten (eines Authentischen oder Natürlichen) neben die Schilderung utopischer Potenziale.

Es gibt eine weitere historische Dimension, die bislang noch nicht Thema war. Die jeweilige Erscheinungsform virtueller Realität wird zu Beginn nicht nur als neuartig erlebt, sondern als artifiziell. Sie kann aber schließlich so selbstverständlich werden, dass sie unmerklich in den Alltag integriert ist. Dann verliert sie unter Umständen sogar ihre Anmutung, virtuell zu sein (vgl. Heim 2014). Dieser Prozess betrifft nicht nur einzelne Virtualitätstechniken und technische Entwicklungslinien, sondern die zunehmende Zahl an technischen Geräten, die im Verbund virtuelle Realitäten erzeugen. Virtuelle Realität gliedert sich als solche zunehmend in die Lebenswelt ein, erscheint unter

Umständen gar als Lebensform. Dies ist von Bedeutung für die Theorien virtueller Realität. Es erläutert ihre aktuelle Intensität und prognostiziert ihr mögliches Abklingen. »The more virtual things become, the weaker the meaning of ›virtuality‹« (ebd., 110).

Technik und Modalität

Die bisherigen Überlegungen haben die Bedeutung der Geschichte hervortreten lassen; im gleichen Zuge haben sie die Frage aufgeworfen, wie der Gegenstand ›Virtualität‹ angesichts seiner (historischen) Vielfalt begriffen werden kann. Bedenkt man die scheinbar zeitlosen begrifflichen Bestimmungsversuche einerseits (was virtuelle Realität ist) und die historische Perspektive andererseits, scheint das Feld in zwei Teile zu zerfallen: Begriffslogische Fragen und erkenntnistheoretische Analysen einerseits sowie historische Überlegungen und technikhistorische Reflexionen andererseits. Diese Spannung gilt es ernst zu nehmen. Sie tritt an der Frage auf, wie es möglich ist, dass sich Modalverhältnisse (Bestimmungen der Modalität als Aussage darüber, was als wirklich, real, möglich oder nun virtuell gilt) durch Technik ändern können. Wie hängen also Technik und Modalität zusammen – und warum führt dies in eine Geschichte der Virtualisierung?

Generell kann von Technik *erstens* objektstufig gesprochen werden. Dann handelt es sich um eine Bestimmung von Gegenständen, entsprechend geht es um Artefakte, seien es Werkzeuge, Maschinen oder Systeme. Durch Technik werden reale Möglichkeiten bereitgehalten, also Optionen, bestimmte Effekte hervorzubringen. Dazu gehören auch Techniken, die es ermöglichen, virtuelle Realitäten zu erzeugen.

Von Technik wird *zweitens* auch im Sinne einer Form des Weltbezugs gesprochen (vgl. Cassirer 1995). Gemeint ist: Technik stellt *eine* Form des Weltbezugs (im Unterschied zu anderen wie Kunst, Wissenschaft, Religion) dar. Für Ernst Cassirer besteht die spezifisch technische Form, in der wir uns auf Welt beziehen, darin, dass wir angesichts bestimmter Zwecke, die wir verfolgen, nach Möglichkeiten suchen, diese zu realisieren. Der technische Weltbezug ist daher mit einem Sinn für neu zu entdeckende, zu erfindende Möglichkeiten begabt (ebd., 62, 81). Artefakte sind dann ein mögliches Resultat dieser Form des Weltbezugs. Bedeutender aber als die einzelnen Artefakte (Erfindungen) ist es, diesen Blick auf die Welt selbst zum Gegenstand der Reflexion zu machen. Auch dieses zweite Verständnis von Technik betrifft Modalfragen. Während Technik objektseitig reale Optionen bietet (und verschließt), ist Technik als spezifisches Weltverhältnis durch den Sinn für Möglichkeiten (die es zu eröffnen gilt oder die verschlossen sind) charakterisiert.

Eine *dritte* Möglichkeit setzt weder bei Technik als Gegenstandsbestimmung noch bei Technik als Form eines spezifischen Weltverhältnisses an, sondern verbindet beides: Hier geht es um gegenständliche Techniken, welche entwickelt und eingesetzt werden, um Weltverhältnisse zu gestalten; also um die (technische) Gestaltung des (technischen) Weltverhältnisses durch den Einsatz technischer Instrumente, Maschinen und Systeme. Christoph Hubig hat diese Gedanken in einer Reihe von Arbeiten systematisch entwickelt (vgl. Hubig 2006, 15; 2007; 2008). Computersimulation oder Datenbrillen können dann wie Begriffe (Intellektualtechnik) oder Messtechniken (Realtechnik) als Gestaltung unserer Verhältnisse zu Wirklichkeit und Realität verstanden werden. Sie werden verständlicherweise als Fortsetzung der Geschichte der technischen Gestaltung von Weltverhältnissen begriffen.

Technik leistet hier also, was Technik immer leistet, nämlich Möglichkeiten zu erschließen. Indes liegt doch ein wesentlicher Unterschied vor, sofern Virtualisierungstechnologien nicht lediglich neue Optionen *in* die Welt bringen, sondern eine *neue Welt* eröffnen oder eine *neue Weise*, sich zu Welt zu verhalten, erschließen; und das heißt Möglichkeiten, die den Bezug zu Welt, nicht Optionen in der Welt betreffen (vgl. Hubig 2010; 2012).

Der Zusammenhang von virtueller Realität und technischer Entwicklung wird erst auf der dritten Ebene vollends verständlich. Es geht nicht ausschließlich um Optionen in der Welt durch den Einsatz von Werkzeugen, Maschinen, Systemen, auch nicht lediglich um Technik als Form eines Weltbezugs mit Sinn für die Eröffnung von Möglichkeiten. Virtualität und virtuelle Realität verweisen auf Technologien, die unser Weltverhältnis durch den Einsatz von Werkzeugen, Maschinen und Systemen gestalten und das heißt technisch verändern und formen. Systeme, die virtuelle Realitäten konstituieren oder erschließen, können dann wiederum eingesetzt werden, um neue technische Optionen (neue Instrumente, Maschinen, Systeme) zu entwickeln.

Ausgehend von dieser dritten Position ordnet sich alles Weitere, insbesondere finden die oben genannten Probleme ihren Lösungsort. Es wird verständlich, welche Überlegungen den begrifflichen Modellierungen von ›Virtualität‹ und ›virtueller Realität‹ zugrunde liegen, warum es eine Geschichte der Virtualisierung des

Wissens geben kann, schließlich: warum und inwiefern die virtuelle Realität normative Implikationen aufweist.

Begriffliche Modellierung von ›Virtualität‹ und ›virtueller Realität‹

In der Frage, wie Virtualität und virtuelle Realität begrifflich zu bestimmen sind, haben sich drei unterschiedliche Linien entwickelt. Während die erste Virtualität als einen spezifischen Möglichkeitsbegriff fasst, fokussiert die zweite vor allem das Verhältnis von Virtualität und Realität. Diese zweite Linie denkt die Unterscheidung von Realität und Virtualität als den von unterschiedlichen Gegenständen (und damit objektstufig): es gibt verschiedene Klassen von Gegenständen, die einen sind virtuell, die anderen real, und die Schwierigkeit besteht darin, beides begrifflich zu unterscheiden und gleichwohl den Verbindungen (›virtuelle Realität‹) gerecht zu werden. Der dritte Zugang weicht davon ab, insofern Virtualität nicht objektstufig, sondern reflexionsbegrifflich modelliert wird.

Die meisten Vorschläge auf der ersten Linie rekurrieren auf das Werk von Gilles Deleuze, in dem an zahlreichen Stellen eine Explikation des Begriffes des Virtuellen (in Fortführung von Bergson u. a.) unternommen wird. Eines der Bedeutungsmomente betrifft den Unterschied zwischen realen Möglichkeiten und den möglichen Möglichkeiten: Das Virtuelle eröffnet und verschließt den jeweilig realen Möglichkeitsraum. Deleuze ist Ausgangspunkt verschiedener Beiträge, welche diesen Begriff der Virtualität auf Phänomene der virtuellen Realität im informationstechnischen Kontext beziehen und verschiedene virtuelle Welten miteinander vergleichen (vgl. Massumi 2014; Nusselder 2014; Zabel 2014; DeLanda 2013).

Vorschläge, welche das Verhältnis von Virtualität und Realität (bzw. von virtueller Realität und realer Realität) objektstufig zum Ausgangsproblem machen, diskutieren insbesondere die Frage, inwiefern das Virtuelle selbst als Realität begriffen werden muss und welches Verhältnis diese Realität zur realen Realität aufweist. Ziel ist die Bildung einer präzisen Ontologie (vgl. Brey 2014).

Demgegenüber konzipieren reflexionsbegriffliche Modelle das Virtuelle als Verhältnis eines Selbst zur Welt. In diesem Sinne wird Virtualität als Gestaltung des Weltbezugs durch den Einsatz von Technik verstanden (vgl. Hubig 2006, 12 f., 73 f., 229–234). Die beiden oben genannten Linien werden hierbei aufgegriffen und reinterpretiert. Dabei werden zwei Kernbedeutungen von Virtualität unterschieden: Virtualität als Vermittlung von Gegenständen, die in der Erfahrung nicht unmittelbar gegeben sind, Virtualität als Bildung von Gegenständen, die außerhalb des Virtuellen überhaupt nicht gegeben sind (vgl. Hubig 2010; 2012). Die beiden Kernbedeutungen verweisen auf die Rede von der Eröffnung einer neuen Welt und einem neuen Verhältnis zur Welt, wie sie weiter oben diskutiert wurde.

Diese beiden Kernbedeutungen von Virtualität (in der objektstufigen Fassung und ihrer reflexionsbegrifflichen Reinterpretation) stehen in einer ideengeschichtlichen Konstellation, in der die Figur eines *mimetischen* Verhältnisses der Technik zur Natur verblasst, woraufhin der Gedanke *möglicher* Welten erst eröffnet wird und schließlich zur *simulierten* Welt führt. Die Möglichkeit zu sagen, dass es mehrere mögliche Welten gibt, ist Resultat eines langen und verwickelten geschichtlichen Prozesses (vgl. Blumenberg 1957). Erst mit dem Verblassen der Idee von der Nachahmung der Natur (durch die Technik) ist es nach Hans Blumenberg möglich geworden, Technik als schöpferisch Neues zu denken, das auf nichts in der Natur Gegebenes verweist und durch sie in ihren Möglichkeiten nicht limitiert wird. Daher tritt die Idee möglicher Welten auf, als der Mimesis-Gedanke an Überzeugungskraft verliert. Diese möglichen sind zwar zunächst keine *virtuellen* Welten, jedoch schaffen sie die Voraussetzung für diese.

Entsprechend dieser historischen Linie von der Mimesis zur technischen Neuheit lässt sich von Simulation als Form virtueller Realität demzufolge in zweierlei Sinne sprechen: Die Simulation kann sich am Vorbild einer Naturentdeckung orientieren, etwa, wenn die Prozessdynamik der Atmosphäre simuliert wird, um ihre Eigenschaften zu enthüllen; sie kann sich aber auch am Vorbild der Täuschung orientieren, wie in dem Fall, in dem eine Krankheit simuliert wird. Die Schwierigkeit, beides auseinanderzuhalten, ist Anlass für wissenschaftsphilosophische Überlegungen zur Verifikation und Validierung der Computersimulation und für kritische Diagnosen eines Verlusts an Realität, Natur, Authentizität.

Die Virtualisierung des Wissens

Virtuell werden also Gegenstände, die nicht unmittelbar oder überhaupt nicht anderweitig gegeben sind, zugänglich. Dies spielt eine große Rolle in der Virtualisierung des Wissens und der Wahrnehmung.

Dabei zeigt sich, was bereits umrissen wurde – dass die Virtualisierung ihre große Bedeutung im Zusammenhang mit Visualisierung erwirbt, wofür neue Techniken wie CAVEs oder *head mounted displays* stehen. Dies ist von Bedeutung für die Grundlagen der Wissenschaft. Denn als Begründung und Rechtfertigung wissenschaftlichen Wissens wurde, insbesondere im logischen Positivismus, Erfahrung betrachtet, das hieß primär: sinnliche Wahrnehmung. Doch die Grenze, welche zwischen Theorie und Beobachtung damit gezogen werden sollte, erwies sich als äußerst problematisch, wie die Studien zur Theoriebeladenheit der Beobachtung zeigten (vgl. etwa Fleck 1935, 118 f.; Hanson 1958, 4–30). Mehr noch: Die Idee der Theoriebeladenheit zielte auf den Nachweis, dass Mess- und Beobachtungstheorien, die sich in Messapparaturen und Beobachtungsinstrumenten verkörpert finden, eine große Rolle für den wissenschaftlichen Wissenserwerb spielen (vgl. Carrier 2008, 69–77). Damit geriet auf neue Weise in den Blick, dass wissenschaftliche Beobachtung den Einsatz von Instrumenten einschließt, die nicht unmittelbar gegebene Gegenstände zugänglich machen sollen. Bereits die sinnliche Wahrnehmung operiert mit Intellektualtechniken (Begriffen, Schemata) und ist nicht unmittelbar (vgl. Blumenberg 1963). Der Einsatz von Beobachtungsinstrumenten wie Fernrohr oder Mikroskop macht zugänglich, was der sinnlichen Wahrnehmung entzogen ist (vgl. Blumenberg 2002).

In diesen Zusammenhang wurde auch die Rede von Virtualität in einem weiten Sinne eingeordnet. Die Naturwissenschaften modellieren die Natur schematisch (Modell 1), um die Dynamik des schematischen Modells dann in einem experimentellen Modell (Modell 2) zu beobachten. Dieser vermittelte Zugang zu Gegenständen wurde verschiedentlich als Virtualisierung im weiten Sinne bezeichnet (vgl. Hubig 2010). Der Grund dafür ist: Das Experimentalsystem macht Gegenstände zugänglich, die nicht unmittelbar gegeben sind, und erbringt in diesem Sinne eine Leistung, die als Virtualisierung bezeichnet werden kann.

Dabei zeigt sich eine historische Tendenz: Die Vermittlungsketten nehmen im Lauf der Technikgeschichte zu (vgl. Sachsse 1978, 3–9). Die ›unmittelbare‹ sinnliche Wahrnehmung beschränkt sich inzwischen vielfach auf das Ablesen von Messergebnissen. Im Zentrum des Interesses stehen Gegenstände, die nun nicht direkt gegeben sind, sondern nur durch komplizierte Ableitungsketten zugänglich werden (vgl. bereits Campbell 1920, 267–293).

Die aktuell avancierteste Technologie im Kontext virtueller Realität, die Computersimulation, weist die vielleicht längste und komplexeste Vermittlungskette auf (vgl. Kaminski et al. 2016): Ein fachliches Modell, welches die relevanten Faktoren in ihrem Zusammenhang beschreibt, muss in ein abstrakteres mathematisches Modell übersetzt werden, dieses wiederum muss, damit die ihm zugrundeliegenden Differentialgleichungen berechnet werden können, in ein numerisches Modell transformiert werden. Das numerische Modell muss schließlich implementiert, anschließend berechnet und – damit die Ergebnisse lesbar werden – in der Regel visualisiert werden. Die bloße Zahl der Übersetzungsschritte gibt jedoch nur bedingt Aufschluss über die Komplexität des Vermittlungsprozesses. Die Komplexität tritt hervor, wenn die Übersetzungsbrüche betrachtet werden. Das numerische Modell ist keineswegs die Lösung des mathematischen Modells, vielmehr eine häufig experimentell austarierte, unter Implementierung von artifiziellen Zusätzen, die vom mathematischen Modell abweichen, gewonnene Annäherung an dieses (vgl. Winsberg 2010, 16 f.; Lenhard 2015, Kap. 1; Kaminski et al. 2016). Das führt etwa dazu, dass bei einem Simulationsresultat, das von parallel erhobenen Messdaten abweicht, nicht ohne weiteres beurteilt werden kann, wie diese Abweichung zustande kommt. Mit anderen Worten: Es kann am mathematischen oder am numerischen Modell, an den Daten, an der Implementierung oder an der Berechnung liegen. Diese Ungewissheit des virtualisierten Wissenserwerbs ist bedeutsam, weil sich an ihr ethische Problemlagen zeigen: Sie adressiert die Frage nach der noch zu rechtfertigenden Ungewissheitstoleranz (als reflektiert dramatisierende Position vgl. Dupuy 2004), welche insbesondere im Falle existenzieller Bedrohungen wie beim Klimawandel zu erheblichen Problemen führt.

Krisendiagnosen und Gestaltungsansätze: Normative Implikationen der virtuellen Realität

Die Virtualisierung des Wissens und Handelns hat zu zahlreichen ethischen und politischen Reflexionen geführt. Problematisierende Positionen werden insbesondere von der Annahme eines Verlustes getragen. Worin der Verlust besteht – Realität, Lebenswelt, Natur – und in welchem Maße dieser ausfällt, wird unterschiedlich gewertet. Verschiedene ethisch motivierte Gestaltungsansätze stellen eine Antwort auf die These eines Verlusts durch die Virtualisierung des Wissens und Handelns dar.

Als prominenter Vorläufer der Verlusttheorien kann Walter Benjamins These von einem Verschwinden der Aura anlässlich technisch reproduzierter, in diesem Sinne imitierter Gegenstände gelten (vgl. Benjamin 2012). Bei Benjamin werden durchaus Hoffnungen mit dem Verschwinden der Aura verbunden. Spätere Cybermanifeste greifen in gewisser Weise diesen Gedanken wieder auf, wenn der Verlust an Authentizität durch Virtualisierungen mit einer Öffnung politischer Gestaltungsräume verknüpft wird (vgl. zahlreiche Belege dafür in der Anthologie von Bruns/Reichert 2007). Dabei werden die Ordnungen auflösenden und verwischenden Potenziale der Virtualität hervorgehoben (exemplarisch Haraway 1991).

Während hier teilweise weiterhin zwischen dem Virtuellen und dem Realem unterschieden wird, behaupten totalisierende Positionen einen Verlust ›ohne Rest‹. In dieser Weise sind Diagnosen von einer totalen Simulation zu verstehen, welche Realität auslösche. Paradigmatisch hierfür ist Jean Baudrillards These von dem ›perfekten Verbrechen‹: Perfekt ist es in dem Sinne, dass das Opfer, die Realität, radikal verschwunden sei (vgl. Baudrillard 2011). Paradox bleibt dabei, wie diese Position konsistent formuliert werden kann, wenn das ›Verbrechen‹ perfekt ist.

Eine andere prominente Krisendiagnose findet sich in der Phänomenologie Edmund Husserls. Husserls Thema ist die (technische) Modellierung von Welt und Selbst in den mathematischen Naturwissenschaften und der Psychologie. Deren Modelle bestehen in Idealisierungen, die insofern technisch sind, als ihre Entstehungs- und Begründungskontexte nicht mehr nachvollzogen werden müssen: man muss von den Modellen nicht wissen, wer sie entwickelt hat oder wie sie begründet werden. Sie können stattdessen technisch ›einfach‹ gebraucht und genutzt werden. Problematisch wird dies, wenn die Entstehungs- und Begründungskontexte vergessen oder nicht mehr verstanden werden, da sie selbst nicht Gegenstand der Modellierung sind. Dann werden, so Husserl, die (methodischen) Idealisierungen schließlich für die Realität selbst genommen (vgl. Husserl 1976, 52). Die Therapie dieser Krise sieht Husserl darin, dass die Instanz, welche die Modelle hervorbringt, das modellierende Subjekt, selbst nicht auf seine Resultate, die Modelle, reduzierbar sei. Husserls Gedanke ist, dass die Modellierung ein gestaltetes Weltverhältnis darstellt. Gestaltung setzt Alternativen voraus. Alternativen aber sind die Minimalvoraussetzung für ethische Reflexion. Wie oben dargestellt, ist Virtualisierung als eine (technische) Gestaltung des Weltverhältnisses zu begreifen.

In nuce wird damit verständlich, warum Virtualität notwendig ein ethisches Thema ist.

Ethische Bedenken werden auch dort geltend gemacht, wo die Gestaltung und Gestaltbarkeit virtueller Systeme Personen oder Gruppen entzogen ist. Virtuelle Systeme können Nutzerinnen die Einsicht in die Systemzustände und -regeln, nach denen Effekte zustande kommen (Transparenz), sowie den Einfluss auf ihre Gestaltung gestatten oder entziehen. Insbesondere die bei Virtualisierungen genutzten Nutzerstereotype, die aber weder einsichtig noch für die von ihnen Betroffenen veränderbar sind, gelten hierbei als problematisch (vgl. Hubig 2003; Wiegerling et al. 2008; Wiegerling 2011). Exemplarisch dafür sind Assistenzsysteme, welche Personen beim Einkauf (smarte Umkleidekabine) und bei Organisationsaufgaben aller Art (Navigation, Interessen, Wissensbestände) unterstützen. Der Anspruch dieser Systeme ist, sich unmerklich an die Nutzerinnen ›anzuschmiegen‹ und deren Präferenzen möglichst präzise in Modellen von diesen abzubilden. Als kritisch erachtet wird dies, wo die virtuelle Repräsentation der Realität zu ihrer realen Formation führt (indem Effekte eine bestimmte Realität entstehen lassen).

Der angesprochene Verlust wird dabei in einem Verlust der Schnittstelle verortet, über welche Nutzerinnen Einsicht in Systemzustände und -regeln nehmen können und wo Gestaltungsoptionen zugänglich werden (vgl. Hubig/Harrach 2014). Gerade dieser Verlust ist im *ubiquitous computing* aber gleichsam die programmatische Absicht, ist dessen Idee doch die unmerkliche, implizite, unauffällige Interaktion mit dem Nutzer. Einer der Vorschläge, diesen Konflikt auszugleichen, wird durch den Gestaltungsansatz im Modell der Parallelkommunikation offeriert (vgl. Hubig 2011). Dabei sollen durch Kommunikationsebenen zwischen Informationstechnik und Nutzer, Nutzerinnen und Nutzern sowie Nutzern und Entwicklerinnen angemessene Transparenz- und Gestaltungsoptionen wiedereingeführt werden. Grenzen dieses Ansatzes könnten dort auftreten, wo die Systeme auch für die Entwickler so intransparent sind, dass der Einsatz der betreffenden Technik prinzipiell infrage gestellt werden muss. In avancierten Ansätzen des *machine learning* ist dies möglicherweise der Fall (vgl. Kaminski 2014; Harrach 2014).

Literatur

Baudrillard, Jean: *Das perfekte Verbrechen* [1996]. München 2011.
Benjamin, Walter: *Das Kunstwerk im Zeitalter seiner tech-*

nischen Reproduzierbarkeit. Drei Studien zur Kunstsoziologie. Frankfurt a. M. 2012.

Bittarello, Maria Beatrice: Mythologies of Virtuality: ›Other Space‹ and ›Shared Dimension‹ from Ancient Myths to Cyberspace. In: Mark Grimshaw (Hg.): *The Oxford Handbook of Virtuality*. Oxford 2014, 86–110.

Blumenberg, Hans: ›Nachahmung der Natur‹. Zur Vorgeschichte der Idee des schöpferischen Menschen. In: Ders.: *Ästhetische und metaphorologische Schriften*. Frankfurt a. M. 1957, 9–46.

Blumenberg, Hans: Lebenswelt und Technisierung unter Aspekten der Phänomenologie. In: Ders.: *Wirklichkeiten in denen wir leben. Aufsätze und eine Rede*. Stuttgart 1963, 7–54.

Blumenberg, Hans: *Sidereus Nuncius. Nachricht von neuen Sternen*. Frankfurt a. M. 2002.

Brey, Philip: The Physical Social Reality of Virtual Worlds. In: Mark Grimshaw (Hg.): *The Oxford Handbook of Virtuality*. Oxford 2014, 42–54.

Bruns, Karin/Reichert, Ramón (Hg.): *Reader Neue Medien. Texte zur digitalen Kultur und Kommunikation*. Bielefeld 2007.

Campbell, Norman Robert: *Physics. The Elements*. Ann Arbor 1920.

Carrier, Martin: *Wissenschaftstheorie zur Einführung*. Hamburg 2008.

Cassirer, Ernst: Form und Technik [1930]. In: Ernst Cassirer: *Symbol, Technik, Sprache. Aufsätze aus den Jahren 1927–1933*. Hamburg 1995, 39–90.

Damer, Bruce/Hinrichs, Randy: The Virtuality and Reality of Avatar Cyberspace. In: Mark Grimshaw (Hg.): *The Oxford Handbook of Virtuality*. Oxford 2014, 17–41.

DeLanda, Manuel: *Intensive Science and Virtual Philosophy*. London 2013.

Dupuy, Jean-Pierre: *Pour un catastrophisme éclairé – Quand l'impossible est certain*. Paris 2004.

Fleck, Ludwik: *Entstehung und Entwicklung einer wissenschaftlichen Tatsache. Einführung in die Lehre vom Denkstil und Denkkollektiv*. Frankfurt a. M. 1935.

Hanson, Norwood Russell: *Patterns of Discovery. An Inquiry into the Conceptual Foundations of Science*. Cambridge 1958.

Haraway, Donna Jeanne: *Simians, Cyborgs, and Women. The Reinvention of Nature*. New York 1991.

Harrach, Sebastian: *Neugierige Strukturvorschläge im maschinellen Lernen. Eine technikphilosophische Verortung*. Bielefeld 2014.

Heim, Michael: *Virtual Realism*. New York 1998.

Heim, Michael: The Paradox of Virtuality. In: Mark Grimshaw (Hg.): *The Oxford Handbook of Virtuality*. Oxford 2014, 110–125.

Hubig, Christoph: Selbstständige Nutzer oder verselbstständigte Medien – Die neue Qualität der Vernetzung. In: Friedemann Mattern (Hg.): *Total vernetzt. Szenarien einer informatisierten Welt*. Berlin 2003, 211–229.

Hubig, Christoph: *Die Kunst des Möglichen I. Technikphilosophie als Reflexion der Medialität*. Bielefeld 2006.

Hubig, Christoph: *Die Kunst des Möglichen II. Grundlinien einer dialektischen Philosophie der Technik*. Bielefeld 2007.

Hubig, Christoph: Der technisch aufgerüstete Mensch – Auswirkungen auf unser Menschenbild. In: Alexander Roßnagel/Tom Sommerlatte/Udo Winand (Hg.): *Digitale Visionen. Zur Gestaltung allgegenwärtiger Informationstechnologien*. Berlin 2008, 165–175.

Hubig, Christoph: Leistung und Grenzen der Virtualität beim Wissenserwerb. In: Klaus Kornwachs (Hg.): *Technologisches Wissen. Entstehung, Methoden, Strukturen*. Berlin/Heidelberg 2010, 211–225.

Hubig, Christoph: Virtualisierung der Technik – Virtualisierung der Lebenswelt. Neue Herausforderungen für eine Technikethik als Ermöglichungsethik. In: Carl Friedrich Gethmann (Hg.): *Lebenswelt und Wissenschaft. XXI. Deutscher Kongreß für Philosophie*. Hamburg 2011, 146–159.

Hubig, Christoph: *Realität – Virtualität – Wirklichkeit*. Vorlesung an der TU Darmstadt 2012.

Hubig, Christoph/Harrach, Sebastian: Transklassische Technik und Autonomie. In: Andreas Kaminski/Andreas Gelhard (Hg.): *Zur Philosophie informeller Technisierung*. Darmstadt 2014, 37–53.

Husserl, Edmund: *Die Krisis der europäischen Wissenschaften und die transzendentale Phänomenologie. Eine Einleitung in die phänomenologische Philosophie*. Den Haag 1976.

Jun, Zhou/Puhong, Li/Yanliang, Zhang/Jianxin, Deng/Zhanqiang, Liu: Virtual Design of Piston Production Line. In: Cecília Sík Lányi (Hg.): *Applications of Virtual Reality*. Rijeka 2012, 1–30.

Kaminski, Andreas: Lernende Maschinen: naturalisiert, transklassisch, nichttrivial? Ein Analysemodell ihrer informellen Wirkungsweise. In: Andreas Kaminski/Andreas Gelhard (Hg.): *Zur Philosophie der informellen Technisierung*. Darmstadt 2014, 58–81.

Kaminski, Andreas/Schembera, Björn/Resch, Michael/Küster, Uwe: Simulation als List. In: *Jahrbuch Technikphilosophie* 2 (2016), 93–121.

Lenhard, Johannes: *Mit allem rechnen – zur Philosophie der Computersimulation*. Berlin 2015.

Massumi, Brian: Envisioning the Virtual. In: Mark Grimshaw (Hg.): *The Oxford Handbook of Virtuality*. Oxford 2014, 55–70.

Mühlberger, Andreas: Virtuelle Realität in der Klinischen Emotions- und Psychotherapieforschung. In: Sabina Jeschke/Leif Kobbelt/Alicia Dröge (Hg.): *Exploring Virtuality. Virtualität im interdisziplinären Diskurs*. Wiesbaden 2014, 149–161.

Nusselder, André: Being More than Yourself: Virtuality and Human Spirit. In: Mark Grimshaw (Hg.): *The Oxford Handbook of Virtuality*. Oxford 2014, 71–85.

Rieger, Stefan: Menschensteuerung. Zu einer Wissensgeschichte der Virtualität. In: Sabina Jeschke/Leif Kobbelt/Alicia Dröge (Hg.): *Exploring Virtuality. Virtualität im interdisziplinären Diskurs*. Wiesbaden 2014, 19–43.

Riva, Giuseppe: Medical Clinical Uses of Virtual Worlds. In: Mark Grimshaw (Hg.): *The Oxford Handbook of Virtuality*. Oxford 2014, 649–665.

Sachsse, Hans: *Anthropologie der Technik. Ein Beitrag zur Stellung des Menschen in der Welt*. Braunschweig 1978.

Smith, Roger: Military Simulations Using Virtual Worlds. In: Mark Grimshaw (Hg.): *The Oxford Handbook of Virtuality*. Oxford 2014, 666–679.

Wiegerling, Klaus: *Philosophie intelligenter Welten*. Paderborn 2011.

Wiegerling, Klaus/Heesen, Jessica/Siemoneit, Oliver/Hubig, Christoph: Ubiquitärer Computer – Singulärer Mensch. In: Dieter Klumpp/Herbert Kubicek/Alexander Roßnagel/Wolfgang Schulz (Hg.): *Informationelles Vertrauen für die Informationsgesellschaft*. Berlin 2008, 71–84.

Winsberg, Eric B.: *Science in the Age of Computer Simulation*. Chicago 2010.

Zabel, Gary: Through the Looking Glass: Philosophical Reflections on the Art of Virtual Worlds. In: Mark Grimshaw (Hg.): *The Oxford Handbook of Virtuality*. Oxford 2014, 407–419.

Andreas Kaminski

VIII Ethische Einzeldiskurse

37 Ethik des Internets

Das Internet ist das Leitmedium des 21. Jahrhunderts. Es ist eine längst weltumspannende Infrastruktur für den Austausch von Daten, auf der sich (nahezu) in Echtzeit Informationen aller Art verbreiten lassen. Es bietet zahllose Kommunikationsräume, in denen sich Menschen über alle nur denkbaren Facetten des Lebens austauschen und so soziale Beziehungen pflegen oder neu knüpfen. Zudem ist es ein Werkzeug geworden, mit dem eine wachsende Zahl von ökonomischen Transaktionen abgewickelt werden können. Und bereits jetzt sind Entwicklungen im Bereich der Mobilkommunikation und des ›Ubiquitous Computing‹ absehbar, die die Allgegenwart des Internets noch verstärken werden. Vor diesem Hintergrund hat der vorliegende Beitrag das Ziel, wesentliche Merkmale der internetbasierten Kommunikation darzustellen und darauf aufbauend ethisch relevante Positionen und Aspekte zu diskutieren, die aus dem Umgang mit dem Internet resultieren.

Das Internet als separate Sphäre?

In den 1990er Jahren war es weit verbreitet, das Internet als Sphäre zu betrachten, die von der ›echten Welt‹ getrennt existiert. Diese Sichtweise war nicht zuletzt deswegen so erfolgreich, weil sie an populärkulturelle Vorstellungen vom ›Cyberspace‹ und ›Virtual Realities‹ anschließen konnte, wie sie sich in Büchern (z. B. *Neuromancer* von William Gibson) oder Filmen (z. B. der Matrix-Trilogie) artikulierten. Weitere Nahrung erhielt sie durch populärwissenschaftliche Arbeiten, z. B. von Howard Rheingold (1994) oder Sherry Turkle (1998) zu Identitätsbildung und ›virtuellen Gemeinschaften‹ in der Online-Kommunikation. Diese stellten die Potenziale von Chaträumen oder Onlineforen heraus, Menschen beim Experimentieren mit Identitätsentwürfen zu unterstützen und Prozesse der Vergemeinschaftung zu fördern, die einzig auf computervermittelter Kommunikation basierten. Aber auch Online-Spiele wie World of Warcraft oder die frei gestaltbare ›virtuelle Welt‹ von Second Life unterstützten die Vorstellung vom Internet als einem eigenen Ort, der losgelöst von den Konventionen des alltäglichen Miteinanders existiere.

Ethisch relevant sind diese Vorstellungen insofern, weil sie (explizit oder implizit) davon ausgehen, dass Online und Offline unterschiedliche handlungsleitende Werte und Normen gelten bzw. gelten sollten. Die Möglichkeit beispielsweise, in einem Chatroom oder einer grafisch aufwändig gestalteten Umgebung in eine andere Identität schlüpfen und Persönlichkeitsfacetten, Fantasien und Wünsche ausleben zu können, galt vielen frühen Nutzerinnen als Verheißung, um als beengend empfundenen Formen der sozialen Kontrolle oder auch tatsächlicher Stigmatisierung, z. B. auf Grund von sexuellen Vorlieben oder körperlichen Beeinträchtigungen, zu entgehen (vgl. dazu ausführlicher den Forschungsüberblick bei Döring 2003, 269–314). Die Sets von Regeln und Konventionen, die in vielen online formierten Gruppierungen aus sich selbst heraus entstanden und das soziale Miteinander regulierten, wurden wiederum als Beleg gedeutet, dass sich im Internet basisdemokratisch-libertäre Ideale verwirklichen ließen (vgl. Beck 2006, 165–170).

Mit der »Unabhängigkeitserklärung des Cyberspace« (Barlow 1996) entstand sogar ein einflussreiches Manifest, das die Vorstellung vom Internet als Raum mit eigenen Normen und Formen der sozialen Organisation kultivierte, der insbesondere gegen staatliche Kontrolle verteidigt werden müsse:

> »Governments of the Industrial World, you weary giants of flesh and steel, I come from Cyberspace, the new home of Mind. On behalf of the future, I ask you of the past to leave us alone. [...] You have no sovereignty where we gather. [...] Your legal concepts of property, expression, identity, movement, and context do not apply to us. They are all based on matter, and there is no matter here. Our identities have no bodies, so, unlike you, we cannot obtain order by physical coercion. We believe that from ethics, enlightened self-interest, and the commonweal, our governance will emerge« (ebd., o. S.).

Zwar wirkt diese Vorstellung in Spuren noch bis in die Gegenwart nach, doch inzwischen ist weithin akzeptiert und durch viele Studien belegt, dass Online und

Offline keine getrennten Sphären, sondern vielmehr auf vielfältige Weise miteinander verflochten sind, sich also wechselseitig durchdringen. Dies gilt auf einer sehr grundlegenden Ebene: Die Materialität der kommunikationstechnischen Infrastrukturen, auf denen das Internet aufbaut, und die Körperlichkeit seiner Nutzerinnen verbinden die ›echte Welt‹ mit den Kommunikationsräumen des Internets. Die bei Barlow artikulierte Vorstellung, online existiere keine Materie und Identitäten hätten keine Körper, ist zwar rhetorisch eindringlich, aber eben auch faktisch falsch. Hinzu kommt, dass wir zwar die Möglichkeit haben, im Internet mit Personen oder Organisationen in Kontakt zu treten, zu denen wir bislang keinerlei Verbindung hatten. Doch für viele Anwendungen, gerade im Bereich der sozialen Medien gilt, dass Menschen dort soziale Kontakte pflegen, die außerhalb von Plattformen wie Facebook oder Twitter ankern (vgl. Schmidt 2011). Dies wiederum bringt mit sich, dass sie existierende Werte und Konventionen (wie Ehrlichkeit, Verlässlichkeit oder Authentizität) in die Interaktionen einbringen, also das Handeln online an ähnlichen ethischen Maßstäben messen, wie das Handeln außerhalb des Internets.

Damit soll nicht gesagt sein, dass keine Unterschiede zwischen Kommunikationssituationen im Internet und denen mit Kopräsenz oder anderen Formen der Medienvermittlung (wie Telefon, Brief oder Fernsehen) existieren. Das Verhältnis ist allerdings komplexer, als es die simple Vorstellung von den zwei separaten Sphären einerseits wie auch von einer Bedeutungslosigkeit des medientechnischen Kontextes andererseits nahelegen würde: Das Internet schafft eine Vielzahl von unterschiedlichen Kontexten für menschliche Interaktion. Im Umgang damit können Nutzerinnen sich an etablierten Praktiken orientieren, also praktisches Wissen und normative Maßstäbe aus anderen Situationen übertragen – oder aber versuchen, sich gemeinsam mit anderen auf neue, zumindest aber adaptierte Praktiken zu einigen.

Inwiefern diese Prozesse der Medienaneignung, ob individuell oder auf der Ebene ganzer (Sub-)Kulturen und Gesellschaften gesehen, dann tatsächlich zu einer eigenständigen Ethik führen und inwiefern bestimmte Prinzipien übertragen werden, ist somit eine empirische Frage, die kaum auf der allgemeinen Ebene ›des‹ Internets zu beantworten ist. Der folgende Abschnitt diskutiert daher Vorschläge, wie sich Bereiche der Internetkommunikation differenzieren lassen, um ihre ethisch relevanten Aspekte treffend systematisieren zu können.

Hybridmedium Internet

Technisch gesehen umfasst das Internet jegliche Form des Datenaustauschs zwischen digitalen Rechnern, die mit Hilfe spezifischer technischer Protokolle und Standards koordiniert bzw. organisiert werden. Seit den Anfängen in den 1960er und 1970er Jahren, spätestens aber mit der Etablierung des World Wide Web (WWW) in den 1990er Jahren, hat es sich zu einem weltumspannenden Netzwerk von buchstäblich unzähligen, miteinander verbundenen Servern und Endgeräten (vom Arbeitsplatzrechner über das heimische Notebook bis hin zum Smartphone) entwickelt (vgl. Abbate 1999). Diese rasante Verbreitung und gesellschaftliche Etablierung ist darauf zurückzuführen, dass technisch nicht festgelegt ist, welche Art von Daten im Netzwerk fließen. Anders gesagt: Auf der Grundlage vernetzter Computer bauen zahlreiche einzelne Dienste, Kommunikationsgattungen und Angebote auf. Sie unterscheiden sich in ihrer technischen Funktionsweise, v. a. aber im sozialen Gebrauch, den Menschen von ihnen machen.

Dienste sind grundlegende Formen des Datenaustauschs auf der Grundlage der technischen Struktur des Internets, z. B. E-Mail, Chat oder FTP (für File Transfer Protocol; Datenaustausch). Mittlerweile dominiert das World Wide Web, das erst in den frühen 1990er Jahren entstand, die Wahrnehmung vom Internet, insbesondere auch weil es zwischenzeitlich viele der vormals separierten Dienste integriert hat. So nutzen beispielsweise zahlreiche Personen inzwischen kein separates E-Mail-Programm oder einen eigenen Chat-Client, sondern greifen auf webbasierte Angebote wie beispielsweise Googlemail oder Web.de bzw. Chat-Funktionalitäten auf Plattformen wie Facebook zurück.

Damit sind einzelne *Angebote* angesprochen: Der Internetdienst WWW beinhaltet eine buchstäblich unüberschaubare Vielzahl von Plattformen, Portalen und einzelnen Webseiten. Diese reichen von weltweit millionenfach genutzten Angeboten wie Facebook, Wikipedia, Amazon, YouTube oder Ebay über journalistische Angebote wie tagesschau.de und Webauftritte von Unternehmen, politischen Parteien oder Kirchen bis hin zu thematisch spezialisierten Diskussionsforen und Communities wie z. B. »www.ich-habe-ein-pferd.com« oder »www.radflirt.de«. Hinzu kommen zahllose Webseiten von Einzelpersonen, seien es Filmstars oder Musiker, Politiker oder Wissenschaftler – oder seien es Privatpersonen, die ihre Familie, ihre Hobbies oder ihre Urlaubserinnerungen mit anderen teilen wollen.

Eng mit internetfähigen mobilen Geräten, also Smartphones und Tablet PCs verbunden, ist das Prinzip der *applications* oder kurz: Apps. Dies sind einzelne Programme, die in der Regel auf bestimmte Funktionen oder Einsatzzwecke spezialisiert sind; teilweise sind sie eine Alternative zum Aufruf von Homepages im Web-Browser, teilweise erschließen sie eigenständige Inhalte, Informationsdienste und Spielwelten oder ähnliches. Sie setzen üblicherweise eine Internetverbindung voraus, um den Datenaustausch von und zum mobilen Gerät zu leisten, aber auch um überhaupt auf dem Gerät installiert werden zu können.

Die Vielfalt der einzelnen Angebote und Apps lässt sich wiederum nach *Gattungen* klassifizieren. So können z. B. – ohne Anspruch auf Vollständigkeit – Netzwerkplattformen, Suchmaschinen, Stadt- oder Gemeindeportale sowie Shopping-Plattformen voneinander unterschieden werden. Gattungen der Internetkommunikation fassen also jeweils eine Vielzahl von Angeboten zusammen, die bestimmte formale Gemeinsamkeiten aufweisen, z. B. im Hinblick auf die Kommunikationsformen, die sie unterstützen, oder die Prinzipien, nach denen Inhalte angeordnet sind.

Über solche Klassifikationsversuche hinausgehend liegen mittlerweile zahlreiche Vorschläge vor, die Formen und Folgen der netzbasierten Kommunikation überblicksartig-systematisch zu diskutieren, z. B. aus soziologischer (vgl. Schelske 2007; Papsdorf 2013), aus sozialpsychologischer (vgl. Döring 2003) oder aus kommunikationswissenschaftlicher Perspektive (vgl. Beck 2006; Schweiger/Beck 2010; Fraas et al. 2012).

Um ethische Konfliktfelder und mögliche Lösungen identifizieren zu können, sind die genannten Systematisierungen aber nur ansatzweise geeignet. Stattdessen wird im vorliegenden Beitrag eine Unterscheidung von verschiedenen Modi der Internetkommunikation vorgeschlagen, die teilweise auf Systematisierungen aus den genannten Quellen beruht, diese aber auch um kommunikationssoziologische Gedanken erweitert. Demnach ist das Internet als »Hybridmedium« (Höflich 2003) zu verstehen, das verschiedene Dienste, Angebote und kommunikative Gattungen auf einer technischen Grundlage zusammenführt. Zudem, und das ist in diesem Zusammenhang entscheidend, unterstützt es verschiedene Kommunikationsmodi, die vormals auf andere Medienformen verteilt waren (zum Konzept der Kommunikationsmodi auch Hölig 2014).

Drei grundlegende Kommunikationsmodi lassen sich in der Internetkommunikation unterscheiden:

1. Das *Publizieren bzw. die ›One to many‹-Kommunikation*: Dieser Modus verweist auf Kommunikationsprozesse, die typisch für Massen- bzw. Broadcastmedien sind. Ein ›Sender‹, in der Regel eine journalistische Redaktion, verbreitet Informationen an eine Vielzahl von verstreuten und untereinander nicht verbundenen ›Empfängern‹. Auch im Internet finden wir diesen Modus vor, z. B. bei publizistischen Angeboten wie »Spiegel Online«, »tagesschau.de« oder »kicker.de«.

2. Die *Konversation* bzw. die ›One to one‹- oder ›One to few‹-Kommunikation: Dieser Modus verweist auf dialogische Kommunikation, in der die Rollen von ›Sender‹ und ›Empfänger‹ regelmäßig wechseln. Außerhalb des Internets verbinden wir diesen Modus mit der Face-to-Face-Kommunikation, aber auch mit Medien der interpersonalen Kommunikation wie dem Brief oder dem Telefon. Online finden wir ihn z. B. bei der E-Mail und in Chat-Systemen, aber auch bei Apps wie WhatsApp oder bei der Internet-Telefonie über Skype.

3. Die *Mensch-Maschine-Interaktion* (oder ›Human-Computer-Interaction‹): Sie wird in Situationen aktiv, in denen softwareseitig bestimmte Transaktionen, z. B. der Kauf von Waren oder die Einreichung eines Formulars bei einer Behörde, unterstützt und abgewickelt werden. Auch die Vielzahl der Fälle von *information retrieval*, von der Suche über Suchmaschinen über das Nachschlagen in Online-Enzyklopädien bis hin zur Recherche in spezialisierten Datenbanken, fällt hierunter.

Die Perspektive auf Kommunikationsmodi liegt also in gewisser Weise quer zur Unterscheidung von Angeboten oder Gattungen, denn wir können bei einem konkreten Angebot durchaus verschiedene Modi finden. Journalistische Webseiten bieten mittlerweile z. B. in der Regel auch Kommentarfunktionen zu ihren Artikeln an. Auf redaktionell erstellte Beiträge, die im Modus des Publizierens kommuniziert werden, kann also Anschlusskommunikation unter den Nutzerinnen folgen, die im Modus der Konversation stattfindet. Beim kostenpflichtigen Abruf von Artikeln aus dem Online-Archiv des Nachrichtenanbieters würden zudem Modi der Mensch-Maschine-Kommunikation (bei der Recherche in der Datenbank) und der Transaktion (bei der Bezahlung des Artikels) aktiviert. Hinzu kommt, dass sich auch zwischen den Modi Bereiche der Konvergenz finden lassen. So verwischt die iPhone-App ›Siri‹ zumindest auf der Oberfläche von Kommunikation die Grenzen zwischen Konversation und Mensch-Maschine-Kommunikation: Die Nutzerin eines Smartphones kann in natürlicher Sprache Anfragen in das Smartphone sprechen, die von der

App erkannt und beantwortet, bei Unklarheiten hingegen durch Nachfragen geklärt werden. So wird der Anschein eines Gesprächs mit der ›persönlichen Assistentin‹ Siri erweckt.

Dennoch: Zu unterschiedlichen Modi werden diese genannten Kommunikationsformen, weil sie mit jeweils eigenen und unterscheidbaren Bündeln von Erwartungen einhergehen, die – wie später noch verdeutlicht wird – wiederum in unterschiedlichen Gebrauchsweisen bzw. Praktiken münden.

Systematisierung ethischer Probleme des Internets

In den vergangenen etwa 20 Jahren, in denen sich das Internet gesellschaftlich etabliert hat, sind eine Reihe von Vorschlägen gemacht worden, ethische Probleme der neuen Informations- und Kommunikationstechnologie systematisch aufzulisten. Klaus Beck (2010, 133 ff.) folgend, lassen sich drei Typen der Systematisierung unterscheiden:

1. *Systematisierung nach diskursethischen Prinzipien*: Dieser Zugang zu ethischen Fragestellungen orientiert sich an übergreifenden ethischen Prinzipien. Unter Rückgriff auf die Habermassche Diskursethik und Theorie des kommunikativen Handelns (Habermas 1981; 1991) diskutiert Beck exemplarisch die Prinzipien Verständlichkeit, Wahrheit, Wahrhaftigkeit sowie zusätzlich die Menschenwürde, die als grundlegende Maßstäbe menschlicher Kommunikation und Interaktion auch im Internet gelten (sollen). Sie müssen in spezifischen Situationen konkretisiert werden, um handlungsleitend zu wirken – z. B. in geteilten Erwartungen darüber, ob Kommunikation auf einer Plattform nur mit Klarnamen stattfinden soll, oder ob Pseudonyme oder gar völlig anonyme Kommunikation möglich ist. Damit hängen wiederum Erwartungen an die Authentizität und Aufrichtigkeit von Kommunikation zusammen, die beispielsweise das Anlegen von ›Fake-Profilen‹ untersagen oder zumindest als Bruch der kommunikativen Normen ächten (vgl. Heise 2013).
2. *Systematisierung nach Funktionsbereichen*: Dieser Zugang wird z. B. von Bernhard Debatin (1999) vertreten, der das Internet als Handlungsfeld auffasst, das sich – zumindest analytisch – in verschiedene Funktionsbereiche untergliedern lässt. Konkret nennt er die Funktionsbereiche Wissen, Freiheit und Identität, in denen jeweils unterschiedliche ethische Probleme existieren, sich aber auch jeweils spezifische Mechanismen und Institutionen der (Selbst-)Regulierung herausgebildet haben. Im Funktionsbereich Wissen beispielsweise stellt sich das Problem, die Qualität und Nachprüfbarkeit online vermittelter Informationen zu beurteilen (was wiederum den übergreifenden Wert der Wahrheit berührt). Lösungen für dieses Problem können zum einen darin bestehen, etablierte Mechanismen der Qualitätssicherung auf die Online-Kommunikation zu übertragen: So gelten das Prinzip des ›Peer Review‹ bei akademischen Texten oder die im Pressekodex niedergelegten Standards der journalistischen Arbeit auch online (vgl. Baum 2010, 199 ff.). Zum anderen können neue Mechanismen entstehen, wie das Beispiel der Wikipedia zeigt: Dort beruht die Qualitätssicherung der enzyklopädischen Artikel darauf, dass jede einzelne Änderung kenntlich und nötigenfalls rückgängig gemacht wird; zudem existiert zu jedem Eintrag eine separate Diskussionsseite, auf der Konflikte über Formulierungen oder die Überprüfbarkeit von Aussagen ausgetragen und beigelegt werden können (vgl. Pentzold 2007).
3. *Systematisierung nach konkreten Problemfeldern*: Ein dritter Zugang zu ethischen Fragen der Online-Kommunikation orientiert sich an einzelnen Konflikt- oder Problemfeldern. Hierzu liegen z. B. bei Johanna Schwenk (2002) und Rüdiger Funiok (2007) eine Reihe von Vorschlägen vor. Stärker als die beiden zuvor genannten Zugänge kann diese Form der Systematisierung zu spezifischen und anschaulichen Katalogen von Ethik-Problemen führen, die andererseits aber nur dann nicht beliebig wirken, wenn sie auch die Maßstäbe offenlegen, an denen sie ethische Forderungen aufstellen oder Diskrepanzen zwischen Sollen und Sein diagnostizieren.

Andreas Schelske entwickelt beispielsweise seinen Katalog von ethischen Problemen in vernetzten Medien anhand der Leitfrage »Wann, wie und wodurch werden Menschen daran gehindert, an dem Ideal eines ›guten‹ Lebens in der Informations- und Netzwerkgesellschaft teilzunehmen?« (2007, 154). Davon ausgehend unterscheidet er sieben Problembereiche, denen er jeweils ein Ideal zuordnet:

> »Zugangsschranken: Im Ideal sollen alle einen Zugang zum Internet haben.

Kommerzialisierung: Im Ideal ordnet sich das Gemeinwohl nicht der Ökonomie unter.
Informationsflut: Im Ideal ist vollständige Informationstransparenz gegeben.
Soziale Technikfolgen: Im Ideal hat Technik nur positive Folgen.
Wahrheit und Glaubwürdigkeit: Im Ideal kommunizieren wir alle die Wahrheit.
Fragwürdige Inhalte: Im Ideal werden Freiheitsrechte gewahrt.
Datensicherheit: Im Ideal [existieren] Datensicherheit und freier Datenzugriff gleichzeitig« (ebd.).

In jedem dieser Bereiche finden sich faktisch allerdings Bedingungen, die im Widerspruch zu diesen Idealen stehen – so verhindern z. B. Unterschiede in Bildung, Kompetenzen und Einkommen einen tatsächlich freien und gleichberechtigten Zugang zum Internet, etc. Dadurch treten alltäglich Entscheidungs- und Abwägungsprobleme auf, wie wir unser individuelles Handeln mit allgemeinen Idealen und ethischen Prinzipien in Einklang bringen können.

Kommunikationsmodi und ihre ethischen Aspekte

Die Beschäftigung mit ethischen Entscheidungsproblemen führt vor Augen, dass individuell-situatives Handeln auch im Internet immer in normative Strukturen eingebettet ist. Insbesondere Joachim R. Höflich (2003) hat unter Bezug auf die Mikrosoziologie von Erving Goffman (1977) herausgearbeitet, dass Situationen der Online-Kommunikation jeweils eigene Rahmungen besitzen, also Bündel von Erwartungen an das eigene Handeln wie auch an das Handeln der kommunikativen Gegenüber, die die konkrete Interaktion anleiten. Diese Rahmungen entstehen durch wiederkehrende Interaktionen, in denen die Beteiligten ihr Handeln aneinander ausrichten und so im wörtlichen Sinne erwartbar machen. Im Lauf der Zeit bilden sich daraus geteilte Konventionen und Normen oder allgemeiner: Regeln heraus. Dabei sind zwei Formen zu unterscheiden: Adäquanzregeln legen fest, welcher Kommunikationskanal – also welches Medium, welcher Dienst oder welches konkrete Angebot – für bestimmte kommunikative Zwecke zu nutzen ist. Sie geben also Aufschluss über die Eignung spezifischer kommunikativer Optionen für spezifische kommunikative Zwecke. Ein Messaging-Dienst wie WhatsApp beispielsweise hat sich für viele Formen des privaten Austauschs etabliert, gilt aber weiterhin als inadäquat für Kondolenzschreiben. Wenn die Entscheidung für einen bestimmten Kanal bzw. ein bestimmtes Angebot gefallen ist, kommen prozedurale Regeln ins Spiel. Sie beeinflussen den konkreten Ablauf der Kommunikation, also z. B. den Einsatz von Emoticons oder Aktionswörtern beim Chatten oder die Form einer geschäftlichen Anfrage per E-Mail.

Eine solche regelorientierte Perspektive kann also die Frage beantworten, wie es im Internet auch zwischen vormals einander völlig unbekannten Personen zu gelingender Kommunikation und sogar zum Gefühl der wechselseitigen Verbundenheit kommen kann: Dazu ist nicht zwingend emotionale Nähe oder ein tatsächliches Gemeinschaftsgefühl vonnöten, sondern es genügt die gemeinsame Orientierung an geteilten Adäquanz- und prozeduralen Regeln. Teilnehmerinnen einer Mailingliste, regelmäßige Besucherinnen des Kommentarbereichs einer Nachrichtenplattform oder aktive Nutzerinnen der Wikipedia folgen (jeweils eigenen) Konventionen und Routinen, mit denen sie ihr Handeln wechselseitig erwartbar machen, und es sind diese geteilten Vorstellungen vom ›richtigen‹ Handeln in den jeweiligen Kommunikationsräumen, die den Zusammenhalt stiften. Nicht regelkonformes Verhalten hingegen wird sanktioniert, wobei die Bandbreite von Ignorieren der ›Newbies‹ über konstruktive Kritik bis hin zum aggressiven ›Flaming‹ reichen kann.

Folgt man diesen Gedanken, lassen sich die in der Online-Kommunikation anfallenden ethischen Abwägungen aus Nutzersicht wie folgt ausdrücken:
- Abwägungen der Medienwahl, die durch Adäquanzregeln gerahmt werden: Ist in der konkreten Situation, in der ich mich befinde und für die konkreten kommunikativen Ziele, die ich verfolge, eine bestimmte Internet-Anwendung ethisch angemessen?
- Abwägungen des Mediengebrauchs, die durch prozedurale Regeln gerahmt werden: Wie kann ich in der konkreten Nutzung einer Anwendung ethischen Maßstäben folgen?

Die Maßstäbe, an denen sich Medienwahl und Mediengebrauch messen lassen müssen, sind wiederum vom Kommunikationsmodus abhängig, der (wie oben beschrieben) zentral über unterschiedliche Erwartungen an das Handeln der beteiligten Akteurinnen bestimmt wird. Den von Beck (2010) vorgeschlagenen Typen der Systematisierung ethischer Probleme der Internetkommunikation lässt sich also eine weitere Systematisierung an die Seite stellen, die sich an den drei beschriebenen Kommunikationsmodi im Internet orientiert.

Ethische Probleme des *Publizierens*

Weil dieser Modus v. a. mit der Tätigkeit journalistischer Medien verbunden ist, fallen in diesen Problembereich viele (potenzielle) Konflikte, die in der Medienethik des Journalismus (vgl. Brosda 2010) thematisiert werden und sich an Erwartungen knüpfen, die z. B. die Wahrheit der publizierten Informationen, sorgfältige Recherche oder die Wahrung von Persönlichkeitsrechten und Würde bei der Berichterstattung über Personen betreffen. Diese Prinzipien gelten auch für den Online-Journalismus, und es gibt eine Reihe von Institutionen, die als Teil der freiwilligen Selbstkontrolle bzw. der regulierten Selbstregulierung ihre Einhaltung kontrollieren und Verstöße sanktionieren (s. Kap. IV.12).

Weil das Internet aber zu einer Transformation des Journalismus beiträgt (vgl. Neuberger 2009), treten neue Akteure auf den Plan, für die sich korrespondierende Erwartungen und Institutionen der Regulierung ethischer Konflikte erst herausbilden. So sind für Laien die technischen Hürden massiv gesunken, Informationen aller Art einem Publikum zugänglich zu machen; dies führt dazu, dass eine Person auch ohne journalistische Expertise und Selbstverständnis auf YouTube, Twitter oder in einem Blog unter Umständen mehrere hundert oder mehrere tausend andere Menschen erreichen kann. Ab wann diese »persönlichen Öffentlichkeiten« (Schmidt 2011, 107–134) nicht mehr der privat-persönlichen Kommunikation dienen, sondern in den Modus des Publizierens eintreten, lässt sich nicht eindeutig festlegen. Klar ist aber, dass mit gestiegener Reichweite auch Erwartungen an entsprechende Angebote artikuliert werden, ethische Prinzipien des Publizierens einzuhalten, z. B. was die Wahrung der Privatsphäre von Dritten oder die Kennzeichnung von Elementen strategischer Kommunikation im Sinne von Sponsoring oder PR angeht (s. Kap. VIII.41).

Ein weiterer Aspekt des Wandels von Online-Öffentlichkeit ist das Eintreten von technischen Intermediären in den Prozess des Filterns, Aufbereitens und Verbreitens von Informationen. Der Online-Journalismus wie auch neue Akteure der publizistischen Laien-Kommunikation sind für die Herstellung von Reichweite in wachsendem Maße auf Dienste angewiesen, die Unternehmen wie Google, Facebook oder Twitter bereitstellen. Diese verstehen sich in der Regel als ›Plattformen‹, versuchen ihre eigene Rolle also so zu rahmen, dass sie als neutrale Mittler nicht für die Inhalte selbst verantwortlich gemacht werden können, die andere mit ihrer Hilfe verbreiten (vgl. Gillespie 2010). Allerdings sind in jüngerer Zeit insbesondere im Zusammenhang mit der wachsenden Aufmerksamkeit für die Rolle von Algorithmen für die Herstellung von Öffentlichkeit auch vermehrt Erwartungen laut geworden, solche Intermediäre nicht nur an Maßstäben der Mensch-Maschine-Interaktion (s. u.) zu messen, sondern als publizistische Akteure zu behandeln (s. Kap. VII.26).

Ethische Probleme der *Konversation*

Dieser Problembereich besitzt enge Berührung mit Ansätzen einer Kommunikationsethik der Online-Kommunikation, die aus individualethischen Überlegungen (vgl. z. B. Wolff 2007) oder den oben bereits erwähnten diskursethischen Prinzipien hergeleitet ist. Situationen der dialogischen Kommunikation sind demnach auch im Internet von Erwartungen an die Wahrhaftigkeit, Authentizität, Verständlichkeit, Reziprozität o. ä. gerahmt, die den wechselseitigen Austausch und die Koorientierung der Kommunizierenden gewährleisten. Ein Bruch mit diesen Erwartungen kann also das Gelingen von Verständigung verhindern oder zumindest in der Enttäuschung von in das Gegenüber gesetztem Vertrauen münden, was wiederum zukünftige Kommunikation unwahrscheinlicher macht.

Diese Erwartungen sind uns aus anderen dialogischen Situationen vertraut, ob in der Face-to-Face-Kommunikation oder beim Einsatz von traditionellen Medien der interpersonalen Kommunikation wie dem Telefon oder dem Brief. Die technologischen Besonderheiten der digital-vernetzten Kommunikation bringen aber veränderte Bedingungen für Konversationen mit sich, wie sich unter Rückgriff auf danah boyd (2008) zeigen lässt. Sie stellt heraus, dass Internetkommunikation persistent (also dauerhaft gespeichert), kopierbar und durchsuchbar ist. Das wiederum hat zur Konsequenz, dass die Reichweite von Äußerungen potentiell beliebig skalieren kann, also die Größe des Publikums für eine Äußerung, ein Foto oder Video technisch zunächst nicht festgelegt ist. Damit werden aber grundlegende Annahmen und Erwartungen, die den Modus der Konversation rahmen, im Internet brüchig: Kommunikative Grenzüberschreitungen (Beleidigungen, Lügen, etc.) beispielsweise kommen auch in Face-to-Face-Situationen oder am Telefon vor, sind dort aber flüchtig und auf das Gespräch beschränkt. Online hingegen sind sie auch Wochen oder Monate später noch auffindbar und können sich unter Umständen rasant verbreiten. Ethische Problemfelder wie das Cyber-Mobbing oder auch die ›Shitstorms‹, bei denen einzelne Personen, Unternehmen o. ä. im Zentrum einer Lawine von Schmähungen und Kritik stehen, lassen sich daher auch als unintendierte Folge von technischen Innovationen deuten, die den Modus der Konversation um Aspekte der Persistenz, Kopierbarkeit und Durchsuchbarkeit von Kommunikation erweitern.

Ethische Probleme der *Mensch-Maschine-Interaktion*

Der dritte grundlegende Modus der Internetkommunikation wirft ebenfalls eine Reihe von Problemfeldern auf. Zunächst sind grundsätzliche Fragen nach der ethischen Dimension in der Technikgestaltung berührt, die eben auch die Gestaltung informationstechnischer Systeme, oder noch konkreter die Entwicklung von internetbasierten Anwendungen und Diensten betreffen (s. Kap. II.3). Neben Erwartungen an die Effizienz und Effektivität solcher softwaretechnischen Systeme, die in der Usability-Forschung untersucht werden, spielen zunehmend auch Kriterien wie die Barrierefreiheit oder die *sustainability* von Softwaresystemen eine Rolle für die Technikentwicklung.

Ein anderer ethisch relevanter Bereich der Mensch-Maschine-Interaktion betrifft die Integrität der eingesetzten informationstechnischen Systeme. Bei online getätigten Transaktionen (eine Überweisung, ein Kauf, ein behördliches Formular, etc.) gilt z. B. die Erwartung, dass personenbezogene Daten geschützt und sicher sind, also das Recht auf informationelle Selbstbestimmung gewahrt bleibt (s. Kap. VII.25). Zudem sollten Nutzerinnen darauf vertrauen können, dass die gewünschte Transaktion auch tatsächlich vollzogen wird, dass also Vertragstreue existiert und man nicht in betrügerischer Absichten getäuscht wird (wie z. B. beim ›Phishing‹ oder dem Identitätsdiebstahl; s. Kap. VII.33).

Außerdem betrifft ein weiterer ethisch relevanter Bereich der Mensch-Maschine-Interaktion die Entwicklungen im *information retrieval*, bei denen Softwaresysteme als (wahrgenommener) Interaktionspartner auftreten, also als »Informationsassistenten« (Kuhlen 1999) oder »virtuelle Helfer« (Krämer 2008) agieren. Mit wachsender Handlungsfähigkeit dieser programmierten Agenten, und mit ihrer steigenden Verbreitung in unterschiedlichen gesellschaftlichen Sphären steigt auch die Anforderung daran, ihre ethischen Implikationen zu reflektieren und bei der (Weiter-)Entwicklung zu berücksichtigen. Dies betrifft u. a. Fragen der informationellen Autonomie ihrer menschlichen Gegenüber oder auch der Zuschreibung von Verantwortung für folgenreiche Entscheidungen auf Grundlage von Informationen, die auf Missverständnissen zwischen Nutzerin und Informationsassistent beruhen.

Fazit

Dieser Beitrag sollte einen Überblick über das Trägermedium Internet und seine ethisch relevanten Merkmale und Problemstellungen geben. Er hat dazu der verbreiteten These, das Internet sei eine eigenständige Sphäre, die losgelöst von der ›realen Welt‹ existiere, die Erkenntnis gegenüber gestellt, dass internetbasierte Interaktionen untrennbar mit unserer übrigen sozialen Welt verbunden sind. Dies liegt auch daran, dass es als ›Hybridmedium‹ eine Vielzahl von kommunikativen Angeboten vereint, die vormals auf unterschiedliche Medien verteilt waren. Vor allem am Nebeneinander der Kommunikationsmodi des ›Publizierens‹, der ›Konversation‹ sowie der ›Mensch-Maschine-Interaktion‹ lässt sich dieser hybride Charakter des Internet veranschaulichen.

Zudem diente diese Unterscheidung dazu, bisherigen Vorschlägen zur Systematisierung ethischer Aspekte nach ethischen Prinzipien, nach Funktionsbereichen oder nach konkreten Problemfeldern eine weitere Systematisierung an die Seite zu stellen, die explizit kommunikationssoziologisch argumentiert: Menschen richten in der Online-Kommunikation ihr Handeln an Adäquanzregeln und prozeduralen Regeln aus, die auch beinhalten, welche Medienwahl bzw. welcher Mediengebrauch in konkreten Situationen ethisch angemessen ist. Diese Abwägungen hängen wiederum grundlegend mit dem Kommunikationsmodus zusammen, in den Menschen eintreten. Es macht somit ethisch beispielsweise einen Unterschied, ob Informationen im Modus des Publizierens an ein breites Publikum verteilt oder im Modus der Konversation einem einzelnen Kommunikationspartner mitgeteilt werden. Auch das Wissen darüber, ob ich mit einer tatsächlichen Person oder mit einem softwarebasierten Angebot, also etwa einer Datenbank oder einem virtuellen Agenten interagiere, mich mithin im

Modus der Mensch-Maschine-Interaktion befinde, wirkt sich auf ethische Abwägungen aus.

Ein genereller Vorteil einer Orientierung an Kommunikationsmodi ist, dass diese zu einem gewissen Grad unabhängig von technischen Innovationen, insbesondere aber von den Konjunkturen einzelner Angebote und Anbieter sind. Mit ihrer Hilfe lässt sich vielmehr sogar nachzeichnen, wie die Entwicklung von internetbasierten Kommunikationstechnologien mit regelmäßigen Zyklen der Anpassung, Umformung und Stabilisierung von kommunikativen Rahmungen inklusive ethischer Maßstäbe vonstattengegangen ist. Allerdings ist nicht garantiert, dass es auch in Zukunft möglich ist, die hier beschriebenen drei Modi ausreichend klar voneinander abzugrenzen, um ihnen heuristischen Wert zu geben. So ließe sich argumentieren, dass die wachsende Verbreitung von Smartphones und Tablet PCs in Verbindung mit dem Bedeutungsgewinn sozialer Medien bereits längst die Konvergenz von Konversation und Publikation befördert hat, weil die Reichweite kommunikativer Äußerungen nicht mehr eindeutig abgrenzbar ist. Zudem ist unstrittig, dass in bisher unbekanntem Maße technische Intermediäre eine Rolle für die publizistische Vermittlung spielen, weil Algorithmen an die Seite des Journalismus bei der Auswahl, Filterung und Aufbereitung von Informationen treten und für die Nutzerinnen Nachrichtenströme kanalisieren, aggregieren und personalisieren. Schließlich greifen zur Marktreife gelangte Technologien der ›Augmented Reality‹ oder des ›Ubiquitous Computing‹, die bereits seit Jahren diskutiert werden, inzwischen fundamental in Situationen der Face-to-Face-Kommunikation ein, wie an den Auseinandersetzungen um die Folgen von ›Google Glass‹ und anderer internetfähiger Kleidungsstücke für die Privatsphäre bereits ansatzweise deutlich wird. All diese Entwicklungen fordern nicht nur die Kommunikations- und Medienforschung heraus, sondern werfen auch ihre eigenen ethischen Probleme auf, die wissenschaftlich wie gesellschaftlich zu diskutieren sind.

Literatur

Abbate, Janet: *Inventing the Internet*. Cambridge, Mass. 1999.
Barlow, John P.: A Declaration of the Independence of Cyberspace (1996). In: https://w2.eff.org/Censorship/Internet_censorship_bills/barlow_0296.declaration (2.7.2015).
Baum, Achim: Deutscher Presserat. In: Christian Schicha/Carsten Brosda (Hg.): *Handbuch Medienethik*. Wiesbaden 2010, 186–216.
Beck, Klaus: *Computervermittelte Kommunikation im Internet*. München 2006.
Beck, Klaus: Ethik der Online-Kommunikation. In: Wolfgang Schweiger/Klaus Beck (Hg.): *Handbuch Online-Kommunikation*. Wiesbaden 2010, 130–155.
boyd, danah michele: Taken Out of Context: American Teen Sociality in Networked Publics (Diss. University of California, Berkeley 2008). In: http://www.danah.org/papers/TakenOutOfContext.html (2.7.2015).
Brosda, Carsten: Journalismus. In: Christian Schicha/Carsten Brosda (Hg.): *Handbuch Medienethik*. Wiesbaden 2010, 257–277.
Debatin, Bernhard: Ethik und Internet. Zur normativen Problematik von Online-Kommunikation. In: Rüdiger Funiok/Udo F. Schmälzle/Christoph H. Werth (Hg.): *Medienethik – die Frage der Verantwortung*. Bonn 1999, 274–293.
Döring, Nicola: *Sozialpsychologie des Internet. Die Bedeutung des Internet für Kommunikationsprozesse, Identitäten, soziale Beziehungen und Gruppen*. Göttingen ²2003.
Fraas, Claudia/Meier, Stefan/Pentzold, Christian: *Online-Kommunikation. Grundlagen, Praxisfelder und Methoden*. München 2012.
Funiok, Rüdiger: *Medienethik. Verantwortung in der Mediengesellschaft*. Stuttgart 2007.
Gillespie, Tarleton: The politics of ›platforms‹. In: *New Media & Society* 12/3 (2010), 347–364.
Goffman, Erving: *Rahmen-Analyse. Ein Versuch über die Organisation von Alltagserfahrungen*. Frankfurt a. M. 1977 (engl. 1974).
Habermas, Jürgen: *Theorie des kommunikativen Handelns*. Frankfurt a. M. 1981.
Habermas, Jürgen: *Erläuterungen zur Diskursethik*. Frankfurt a. M. 1991.
Heise, Nele: ›Doing it for real‹ – Authentizität als eine kommunikationsethische Grundlage onlinebasierter Forschung. In: Martin Emmer/Alexander Filipović/Jan-Hinrik Schmidt/Ingrid Stapf (Hg.): *Echtheit, Wahrheit, Ehrlichkeit. Authentizität in der Online-Kommunikation*. Weinheim 2013, 88–109.
Höflich, Joachim R.: *Mensch, Computer und Kommunikation. Theoretische Verortungen und empirische Befunde*. Frankfurt a. M. 2003.
Hölig, Sascha: *Informationsorientierte Kommunikationsmodi zwischen Massen- und interpersonaler Kommunikation*. Baden-Baden 2014.
Krämer, Nicole C.: *Soziale Wirkungen virtueller Helfer. Gestaltung und Evaluation von Mensch-Computer-Interaktion*. Stuttgart 2008.
Kuhlen, Rainer: *Die Konsequenzen von Informationsassistenten – Was bedeutet informationelle Autonomie oder wie kann Vertrauen in elektronische Dienste in offenen Informationsmärkten gesichert werden?* Frankfurt a. M. 1999.
Neuberger, Christoph: Internet, Journalismus und Öffentlichkeit. Analyse des Medienumbruchs. In: Christoph Neuberger/Christian Nuernbergk/Melanie Rischke (Hg.): *Journalismus im Internet. Profession – Partizipation – Technisierung*. Wiesbaden 2009, 19–105.w
Papsdorf, Christian: *Internet und Gesellschaft. Wie das Netz unsere Kommunikation verändert*. Frankfurt a. M. 2013.
Pentzold, Christian: *Wikipedia. Diskussionsraum und Informationsspeicher im neuen Netz*. München 2007.

Rheingold, Howard: *Virtuelle Gemeinschaft. Soziale Beziehungen im Zeitalter des Computers.* Bonn 1994.
Schelske, Andreas: *Soziologie vernetzter Medien. Grundlagen computervermittelter Vergesellschaftung.* München 2007.
Schmidt, Jan-Hinrik: *Das neue Netz. Merkmale, Praktiken und Folgen des Web 2.0.* Konstanz ²2011.
Schweiger, Wolfgang/Beck, Klaus (Hg.): *Handbuch Online-Kommunikation.* Wiesbaden 2010.
Schwenk, Johanna: *Cyberethik. Ethische Problemstellungen des Internets und Regulierungsansätze aus Sicht der Online-Nutzer.* München 2002.
Turkle, Sherry: *Leben im Netz. Identität in Zeiten des Internet.* Reinbek 1998 (engl. 1995).
Wolff, Oliver Jan: *Kommunikationsethik des Internets. Eine anthropologisch-theologische Grundlegung.* Hamburg 2007.

Jan-Hinrik Schmidt

38 Ethik der Medienwirtschaft

Dieser Beitrag stellt das Spannungsverhältnis zwischen einer ökonomisierten Medienlandschaft und medienethischen Forderungen dar. Dazu wird zunächst das Phänomen der Ökonomisierung in einer mediatisierten Welt beschrieben und mit der steigenden Macht von Organisationen verbunden. Einige Zielkonflikte zwischen medienökonomischen und ethischen Qualitätsansprüchen in Zeiten der Digitalisierung und neuerer journalistischer Arbeitsweisen sowie Fragen der institutionellen Steuerung solcher Konflikte werden ebenfalls angesprochen. Da viele ethische Dilemma-Situationen erst durch die Ökonomisierung der Medien entstehen, wird vorgeschlagen, wirtschafts- und unternehmensethische Lösungsmöglichkeiten für solche Dilemmata heranzuziehen. Diese sind v. a. auf der Mesoebene der Medienunternehmung und der Makroebene der Medienpolitik anzusiedeln, weshalb diese beiden Ebenen auch vorrangig betrachtet werden.

Ökonomisierung der Medienkommunikation

Mediatisierung meint in gesellschaftlicher und kommunikativer Hinsicht vielerlei: dass individuelle Beziehungen, gesellschaftliche Zusammenhänge, Lebenswelten etc. durch Medien konstruiert und weitergegeben werden, dass Medien Zeit und Lebenschancen mitbestimmen, dass Kommunikationsmöglichkeiten und -komplexitäten ansteigen, dass das Verhältnis von Organisationen und Gesellschaft neu gedacht werden muss und vieles anderes mehr (vgl. etwa Castells 2001; 2002; Krotz 2001; Silverstone 2005; Hjarvard 2008). Aus ökonomischer Perspektive impliziert Mediatisierung neue Wertschöpfungsmöglichkeiten und Produktionsweisen, aber auch neue medienökonomische und medienethische Herausforderungen.

Neue Möglichkeiten der Speicherung von Wissen und dessen prozesshafte Verarbeitung, mobile Datenkommunikation, Datenbanken, interaktive Analysetools und viele durch Digitalisierung ermöglichte Technologien werden entlang der medienökonomischen Wertschöpfungskette verwendet (aus medienökonomischer Sicht vgl. Doyle 2002; Picard 2002). Prozesse werden optimiert (beispielsweise *e-procurement*, *supply chain management*), Mitarbeiter produktiver gemacht (*workflow management systems*), neue Kanäle zu Kunden eröffnet (*e-service*, *e-commerce*) und Organisationen ›wissend‹ gemacht (*e-learning, collaborative environments*). Auch die Kommunikation mit den Stakeholdern wird durch neue Medien (Social Media) erleichtert. Die Transformation überkommener Produktionsweisen in eine Informationsgesellschaft (vgl. Castells 2002) scheint somit kontinuierlich weiterzugehen.

Solcherart mediatisierte Organisationen haben einige interessante Eigenschaften (vgl. Litschka/Karmasin 2012). Ihre Ziele und Aufgaben können nun nicht mehr rein strategisch-rational erklärt werden, da die kommunikativen Prozesse, die involviert sind, Organisationen zu interaktiven, sozialverträglich aufgebauten und vor allem ›quasi-öffentlichen‹ Institutionen machen. ›Private‹ Organisationen in diesem Sinn kann es dann nicht mehr geben, bestenfalls privates Eigentum an Produktionsmitteln. Die eine Seite dieser Entwicklungen ist also die ›Publizität‹ solcher Organisationen (und bei Medienunternehmen mit starker Öffentlichkeitswirkung bzw. sogar einem öffentlichen Auftrag wird dies umso mehr gelten). Die andere Seite ist die Ökonomisierung der Kommunikation und der öffentlichen Sphäre.

Dieses Problem wird in der politischen Ökonomie der Medien (z. B. Babe 1995; Mosco 2009) thematisiert und lässt sich anhand der Schlagworte *commoditization* und *commodification* erklären. Ersteres bezeichnet den Versuch, den Wert von Information mittels Geld zu bewerten und das relative Preissystem (eigentlich also: die ›Unsichtbare Hand‹ bei Adam Smith) über Angebot von und Nachfrage nach Information entscheiden zu lassen; letzteres meint die Umwandlung von Gebrauchswerten in Tauschwerte (vgl. Mosco 2009, 129). Informationen (und in weiterer Folge Informationsgüter, Kulturgüter etc.) sollen dann über Märkte gehandelt werden; die Berechnung erfolgt u. a. anhand des Konzepts von Grenznutzen und Grenzkosten (also der Frage nach dem Kosten-/Nutzenzuwachs für die nächste produzierte/konsumierte Einheit). Aus medienethischer Sicht gilt es, entgegen den erwähnten Ökonomisierungstendenzen die kommunikativen Prozesse einer marktlich geprägten Güter- und Geldwirtschaft zu durchleuchten. Denn wie Robert Babe (1995) warnt, kann *commoditization* auch medienpolitisch relevante Probleme mit sich bringen, z. B. strengere Gesetze zum geistigen Eigentumsrecht, Information Highway-Initiativen, Deregulierungen im Mediensektor und Handelsabkommen, die wiederum meist den Interessen des Medienkapitals dienen: »Communication *means* influence, and a capacity to exert influence over perhaps millions means power« (Babe 1995, 40).

Die Ökonomisierung der Medienkommunikation wird vor allem von marktmächtigen Unternehmen getragen. Diese Unternehmen, so argumentieren einige Kommunikationswissenschaftler (vgl. Saxer 1999; Schmidt 2000; Ortmann 2002), sind kommunikative Konstrukte und durch die permanente Produktion von öffentlicher Wirkung, Aufmerksamkeit und Content eigentlich auch Medienunternehmen, auch wenn die Kernkompetenzen andere sein mögen. Wenn man nun die Gestaltungsmacht der Organisationen über unsere Lebenszeit, Konsumoptionen, Kapitalströme, Pensionen, Sinnstiftung bei der Arbeit und vieles anderes mehr betrachtet, scheint es einleuchtend, ihnen auch moralische Verantwortlichkeit direkt zuzuschreiben – eine Forderung, die die Unternehmensethik seit langem aufstellt (vgl. Ulrich 2001; Noll 2002; Göbel 2006; Karmasin/Litschka 2008). Befassen wir uns aber zunächst noch mit Fragen der Medienqualität unter ethischen und ökonomischen Prämissen (s. Kap. V.13).

Medienwirtschaft und Medienqualität unter ethischen Aspekten

Aktuelle Studien zeigen, dass in der medialen Kommunikation wirtschaftliche Sachzwänge als qualitätseinschränkend betrachtet werden. Zum Beispiel wurden im Projekt ›MediaAct‹ (7. EU-Rahmenprogramm 2012, www.mediact.eu) Journalisten und Journalistinnen repräsentativ befragt, was denn Qualität am nachhaltigsten beeinflusse. Eine Frage war u. a. »Which context factors influence journalistic quality?« Neben medienpolitischen und -kulturellen Faktoren ist es v. a. der wirtschaftliche Druck, der als dominantes Problem gesehen wird. Die (wirtschaftliche) Globalisierung und die Refinanzierungskrise sind also auch in den Einstellungen von professionellen Journalistinnen und Journalisten deutlich vorhanden. Wenn wir mit Christian Schicha (2003, 45) die normativen Aufgaben der Medien mit ihrer

- Informationsfunktion (Nachrichtenvermittlung),
- Aufgabe der Bereitstellung relevanter Themen für den öffentlichen Diskurs (Agenda Setting),
- Bildungs- und Sozialisationsfunktion (Vermittlung von Werten),
- Integrationsfunktion (Suchen gemeinsamer Ziele),
- Korrelationsfunktion (Meinungsbildung),
- Artikulationsfunktion (aller gesellschaftlichen Kräfte) sowie ihrer
- Kritik- und Kontrollfunktion

beschreiben, sind Maßnahmen, die die Qualität der Medienprodukte fördern und sichern, wesentlich zur Erfüllung dieser Aufgaben. Diese Medienqualität kann dreidimensional konzipiert werden: Ein qualitativ hochwertiges Medienprodukt zeichnet sich ökonomisch durch eine hohe Auflage/Zuschauerschaft etc. aus, ist effizient produziert (vgl. Ökonomisierung) und erfüllt Marktpräferenzen natürlich auch des Anzeigenmarktes. Dazu sollte es publizistisch die kulturell geprägten Vorstellungen der Rezipient/innen hinsichtlich eines ›ästhetischen‹ (gut designten, gut lesbaren, ansprechend gestalteten etc.) Produkts erfüllen und ein Konsumbedürfnis zufriedenstellen; ethisch sollte es ein moralisch legitimierbares Produkt sein, das die oben genannten normativen Funktionen berücksichtigt und einem Moralbedürfnis entgegenkommt.

Die Frage für Medienschaffende lautet dann oft, welchem Anspruch im Konfliktfall zu entsprechen sei; die Frage der Medienethik und Wirtschaftsethik lautet, wie der Konfliktfall unter Umständen a priori zu verhindern ist (s. u.). Im Sinne des ›Primats der Ethik‹ müsste diese als Hauptfaktor der Qualitätsbeurteilung auch in der Wirtschaftswissenschaft (vgl. Ulrich 2001) alle anderen Faktoren dominieren, um eine konsistente Handlungsbeurteilung im journalistischen Bereich zu erreichen. Der ökonomische Druck, der sich u. a. durch Arbeitsplatzunsicherheit für Journalist/innen, schlechte Bezahlung von Freelancern, Redaktionszusammenlegungen, Anreize für Werbeumfeld-Journalismus und Public Relations (PR)-Abhängigkeiten oder digitale Konkurrenzangebote (die oft gratis konsumierbar sind) ausdrückt, sollte also nicht dauerhaft zu den erwähnten ethischen Qualitätsansprüchen und normativen Aufgaben der Medien in Widerspruch stehen.

Um diese theoretischen Überlegungen beispielhaft auf eine aktuelle Frage der Medienethik, nämlich der Bedeutung des Online-Journalismus und der dort verstärkt agierenden ›Produser‹ anzuwenden, könnte man ethische Medienqualität mit der Forderung nach ›Transparenz‹ verbinden, wie es z. B. Meier und Reimer (2011) versuchen. Ein ›Qualitäts‹-Problem bei dieser Form der Content-Produktion ist der Mangel an öffentlicher Teilhabe am Produktionsprozess im Sinne einer Kenntnis der Entstehungsgeschichte des Contents und einer Qualitätsüberprüfung im Sinne des ›double checks‹. Das Vertrauen des Publikums in die Qualität und die ethische Legitimierbarkeit des Prozesses kann nun durch Transparenz erhöht werden. Das Internet mit seinen vielfältigen Interaktions- und Archivierungsfunktionen, seiner Schnelligkeit und kaum vorhandenen Platzbeschränkungen ist prädestiniert, dies zu ermöglichen. Im digitalen Journalismus sollte es demnach nicht mehr nur darum gehen, Quellen offenzulegen und Fehler zu korrigieren; vielmehr können etwa in Web-Videos, Blogs, Twitter-Feeds und sozialen Netzwerken redaktionelle Entscheidungen diskutiert und legitimiert werden. Dies würde nicht nur die ästhetische Qualität, sondern auch im Optimalfall die ethische Qualität rechtfertigen.

Wirtschafts- und Unternehmensethik als makro- und meso-ethische Steuerung

Wie kann nun die ethische Reflexion auf die zunehmende Ökonomisierung der Medienkommunikation reagieren und dem ökonomischen Druck auf die Medienqualität theoretisch durchdachte und praktisch anwendbare Konzepte entgegensetzen?

Ein Vorschlag ist, das vielen Dilemma-Situationen zugrunde liegende Verhältnis von ethischer und ökonomischer Rationalität neu zu bestimmen. Daraus folgt eine Konzeption von Medienethik als Wirtschaftsethik medial vermittelter Kommunikation bzw. als Unternehmensethik der Medienunternehmung, wie sie etwa Matthias Karmasin (1998) für die Mesoebene der Organisation und Michael Litschka (2013) für die drei relevanten Bereiche der Medienökonomie, der Medienunternehmung und des Medienmanagements entwickelt haben. Aus wirtschaftsethischer Sicht ist die Unternehmung auch ein ethischer Akteur und sie hat im Sinne eines Modells gestufter Verantwortung für ihre Handlungen einzustehen (s. Kap. III.9). Insbesondere die Rolle der Medienunternehmung als Ort journalistischer Berufsausübung und bei der Produktion von (informativer, unterhaltender und werblicher) Öffentlichkeit und die daraus resultierende gesellschaftliche Sonderstellung, aber eben auch die damit implizierte Gemeinwohlorientierung begründet eine besondere Verantwortung der Medienunternehmung. Diese Verantwortung muss im Rahmen unternehmensethischer Prozesse wahrgenommen werden.

Wirtschafts- und Unternehmensethik als Disziplin findet auf drei Ebenen statt (vgl. Karmasin/Litschka 2008, 26). Auf der Makroebene geht es um ethische Fragen der Rahmenordnung und der Anreizsysteme und es werden v. a. abstrakte Probleme wie etwa Gerechtigkeit, Einkommensverteilung oder Grundprobleme der Marktwirtschaft behandelt. Auf der Mesoebene der Organisationen geht es um Unternehmen als »öffentlich exponierte« Institutionen (vgl. z. B. Dyllick 1992, 15), die als entscheidende Einheiten im Wirtschaftssystem auch eine eigene ethische Analyse gerechtfertigt erscheinen lassen. Auf der Mikroebene werden die individuellen Pflichten, Tugenden und ethischen Motivationen der Marktteilnehmer (als Personen) reflektiert; im Unternehmen wird diese Ethik dann v. a. zur Managementethik, da Manager und Managerinnen die Hauptverantwortung für Unternehmenserfolg und Unternehmensexternalitäten tragen. Da in einer komplexen arbeitsteiligen Wirtschaft Handlungsfolgen nicht immer einzelnen Individuen zugeteilt werden können und Handlungsmotivationen nicht mehr an eine Wertegemeinschaft gebunden sind (in der anonymen Großgesellschaft ist eher von einem Wertepluralismus auszugehen), ist sinnvollerweise von einer arbeitsteiligen Zuweisung ethischer Anliegen auszugehen und mit einem Modell gestufter Verantwortung zu arbeiten (vgl. Noll 2002, 36 f. sowie Karmasin/Litschka 2008, 27 f.).

In einer Lebenswelt, die von Medien durchdrungen ist und deren mediale Realität kritischer Reflexion bedarf, kommt diese Einteilung auch der Medienethik zupass. Denn das verlegerische, journalistische und Medienmanager/innen-Handeln ist immer auch durch die Rahmenbedingungen medialer Produktion bestimmt, also etwa durch die Oligopolstruktur des Medienmarktes, neue Informationstechnologien, den öffentlichen Auftrag des Rundfunks (*public value*), medienpolitische (und rechtliche) Vorgaben, digitalisierte Produktionsprozesse etc., v. a. durch die Art und Weise, wie Medienunternehmen konstituiert sind, also welcher Organisation, Kultur und Politik sie sich bedienen, um ihre Ziele zu erreichen. All dies determiniert und begrenzt in einem gewissen Sinne individuelles Handeln und erst das Zusammenwirken individueller Dispositionen zum moralischen Handeln mit den richtigen Anreizsystemen für solches Handeln in Unternehmen und Rahmenordnung lässt ethisches Handeln zu. Im Grunde genommen lassen sich also auch medienethische Fragen auf den drei wirtschaftsethischen Ebenen ansiedeln, was eine gesamthafte Analyse nahelegt. Dann würde die Wirtschaftsethik mit der Ebene der Ethik der Medienökonomie korrespondieren, die Unternehmensethik würde zur Ethik der Medienunternehmung und die Individualethik zur Ethik des Medienmanagements (der Medienproduktion, des Medienkonsums).

Welche Möglichkeiten der Integration wirtschafts- und unternehmensethischer Theorien in medienethische Fragestellungen gibt es nun? Wenn wir den Fokus auf makro- und meso-ethische Felder legen, sind die Alternativen zahlreich (vgl. für das Folgende Karmasin/Litschka 2014): Auf der Ebene der Rahmenordnung wäre es möglich, Ergebnisse ökonomisch orientierter Ansätze aus der Institutionellen Ökonomik, Verhaltensökonomik, Governanceethik oder ökonomischen Ethik heranzuziehen. In der Sozialethik und politischen Ethik sind die »klassischen« Ansätze von John Rawls' Gerechtigkeitstheorie (1979), den Kommunitaristen, Michael Sandel (2013) oder verschiedener politischer Ökonom/innen vorhanden. Sogenannte ›integrative‹ Ansätze, die philosophisches und ökonomisches Denken verbinden, ohne einem Paradigma den absoluten Vorrang zu geben, sind beispielhaft im Capability Approach von Amartya Sen verwirklicht. Diskursorientierte Theorien, die bei Jürgen Habermas (1991) und kommunikativen Ethiken anknüpfen, sind zwar schon lange in der Medienethik vorhanden, können aber ebenso wirtschaftsethisch gewendet werden und somit zur Lösung der oben beschriebenen, ›ökonomisch‹ induzierten Problemlagen beitragen, so etwa die Integrative Wirtschaftsethik Peter Ulrichs. Wenn wir nur die drei Beispiele der Verhaltensökonomik, des Capability Approach und der Rawlsschen Gerechtigkeitstheorie konkretisieren wollen, könnte man wie folgt argumentieren:

Die Verhaltensökonomik hat eine wichtige Rolle bei der Untersuchung menschlichen Entscheidungsverhaltens in moralischen Dilemma-Situationen; durch ihre Experimente kann sie die tatsächliche Motivationslage der Medienakteure herausfiltern, z. B. inwiefern diese durch ökonomische Ziele in ihren Entscheidungen geleitet werden oder ob Fragen der Fairness, Reziprozität und ähnlicher wirtschaftsethischer Konzepte eine Rolle spielen (eine empirische Überprüfung auf diesem Gebiet findet sich in Litschka et al. 2011). Der Capability Approach von Sen ist in seinen weitreichenden Auswirkungen auf die ökonomische Forschung bereits gut rezipiert, verbindet er doch ökonomische Analysemuster (bspw. aus der Social Choice Theorie) mit philosophischen Überlegungen (beispielsweise zu Gerechtigkeitstheorien). Sein Ansatz kann in der Medienethik vielfältig verwendet werden, z. B. wenn es um das Wahlverhalten (und die Wahlmöglichkeiten) der Medienkonsument/innen geht oder um eine Kritik an utilitaristischen Ansätzen innerhalb der Medienethik. Man könnte *capability* mit Sen dann als ›Medienbefähigung‹ verstehen und mit diesem Begriff beide Aspekte des ›Well-Being‹ (Zielerreichung) und der ›Agency‹ (Möglichkeiten der Zielerreichung und Wege dorthin) für die Wohlfahrt einer Person als zentral verstehen. Sens komparatives Gerechtigkeitsverständnis wiederum, also dass es nicht ein Gerechtigkeitsprinzip angesichts pluralistischer Wertvorstellungen geben könne und Perfektion in diesem Sinne unerreichbar bleibe, bedeutet, dass wir interpersonelle Nutzenvergleiche für Wohlfahrtsanalysen heranziehen müssen und diese nur durch ein mit Vielfalt, Transparenz und Interkulturalität ausgestattetes Mediensystem möglich sein werden (vgl. hierzu genauer Litschka 2015).

Bei John Rawls' Kontraktualismus ist zunächst seine egalitäre Auffassung des Differenzprinzips interessant, die zu einem spezifischen Verständnis des Pareto-Kriteriums führt (wonach eine Verteilungssituation effizient sei, wenn niemand bessergestellt werden kann, ohne zumindest eine andere Person schlechter zu stellen). Dieses Kriterium hat in der Ethik immer wieder starke Kritik hervorgerufen (z. B. weil es extreme Ungleichverteilungen immer noch als effizient und in weiterer Analyse auch normativ als gerecht sehen kann). Die Medienpolitik jedenfalls sollte sich nicht am Pareto-Optimum orientieren, wenn es z. B. um Startchancen oder Subventionen für Medienbetriebe geht, sondern an der demokratisch verstandenen Gleichheit des Differenzprinzips (im Sinne einer Besserstellung der bislang am schlechtesten Gestellten). Da die Rawlssche Gerechtigkeitskonzeption eine öffentliche ist, kann die Publizität, die Massenmedien für solche Konzeptionen herstellen, ein motivierender Faktor zur Einhaltung der beschlossenen Grundsätze sein.

Auf der institutionellen Ebene der Medienunternehmen könnten dann unternehmensethische Ansätze untersucht werden, die sich mit Fragen der Organisation und Kommunikation von Ethik im Unternehmen beschäftigen. Hier werden v. a. das Thema Verantwortung (Corporate Social Responsibility) und der Stakeholder-Ansatz im Vordergrund stehen sowie organisations- und prozessethische Überlegungen, mittels derer sich Unternehmen der Medienwirtschaft abseits von PR und ökonomischer Rationalität (aber unter Einbezug der Notwendigkeit wirtschaftlich effizienten Handelns) die *license to operate* und die dafür notwendige Reputation erhalten können. Als »öffentlich exponierte Organisationen« mit Publizitätserfordernis sollen Medienunternehmen die Lücken der Rahmenordnung füllen und »konsensfähige Strategien« (vgl. Steinmann/Löhr 1994) als Geschäftsgrundlage suchen. Angesichts der Kapitalverflechtungen der Medienwirtschaft, der internationalen Verknüpfungen der Konzerne, der Programmkonvergenz und technologischen Konvergenz und des hohen Integrierungsgrades der Medienunternehmen (s. o.) ist die *license to operate* nur noch mittels unternehmensethischer Aktivitäten zu sichern.

Die hierbei relevanten unternehmensethischen Ansätze finden sich u. a. bei Donaldson und Dunfee (1999) und ihrer »Social Contracts Theory«, bei Freeman (2008) und seinem Stakeholder Approach, aber auch im deutschsprachigen Raum, wo diskursethische und prozessethische Begründungsformen (z. B. Thielemann/Ulrich 2009; Steinmann/Löhr 1994; Krainer/Heintel 2010) die Unternehmensethik prägen. Um zwei Beispiele herauszugreifen: Prozessethik kann als Widerspruchsmanagement – und durch die Delegation ethischer Entscheidungen an die passende Stelle – als sehr geeignet für unser wertpluralistisches Mediensystem angesehen werden; insbesondere scheint die ihr eigene Betonung der Selbstbestimmung (statt Fremdbestimmung) im Einklang mit empirisch erhobenen Positionen von Medienmanager/innen hinsichtlich Regulierungsfragen bedeutend zu sein (vgl. hierzu Litschka et al. 2011). Der Stakeholder-Ansatz wiederum zeigt neue Wege der Wertschöpfung und ist zurzeit der dominierende Ansatz der Organisationsethik im betriebswirtschaftlichen Bereich. Und nicht zuletzt geht es auf organisatorischer Ebene vor allem darum, ethischer Reflexion einen konkreten Ort zu geben, also die erwähnten Ansätze auch wirklich im täglichen Arbeitsleben ankommen zu lassen. Hierbei gibt es eine ganze Armada von Möglichkeiten, etwa Stakeholder-Dialoge und Plattformen, *ethics officers* als Anlaufstelle für Fragen und ausgestattet mit Problemlösungskompetenz und Durchsetzungsmacht, *ethics-audits* als ›due diligence‹ ethischer Prozesse in Unternehmen und viele andere (vgl. hierzu Karmasin/Litschka 2008).

Auf allen Ebenen (vgl. zur Mikroebene z. B. den kantianisch geprägten Ansatz von Bowie/Werhane 2005 zur Managementethik) kann somit Medien- und Kommunikationsethik auch als wirtschaftsethisches Projekt verstanden werden, eben um den sich ausweitenden wirtschaftlichen Prozessen (Ökonomisierung, Digitalisierung, Konvergenz, Konzentration etc.) im Mediensektor ein ethisches Gegengewicht zu bieten.

Offene Fragen und Zukunftsaussichten

Der Sinn des Einbezugs wirtschaftsethischen Denkens in die Disziplin Medienethik ist ein besseres Verständnis ökonomisch-ethischer Denkmodelle und deren Reichweite im tatsächlichen Entscheidungsverhalten der Teilnehmer und Teilnehmerinnen im Mediensektor. Verkürzungen auf Ökonomismen, wie sie z. B. in einer rein neoklassischen Medienökonomik (theoretisch) und einer ökonomisierten Medienwirtschaft (praktisch) vorkommen können, sind dann unwahrscheinlich. Es besteht die Hoffnung, mit diesem Verständnis bessere Anreizsysteme (womit auch medienpolitische und -rechtliche Fragen angesprochen sind) auf Makroebene und bessere Selbst- und Koregulierungsmaßnahmen auf Mesoebene zu schaffen, die ethisches Verhalten nicht benachteiligen, sondern begünstigen. Damit ist nicht die Wichtigkeit individualethischen Verhaltens auf Mikroebene bestritten, vielmehr wird dieses durch die erwähnten Maßnahmen ergänzt.

Die Fokussierung auf die Medienwirtschaft, die eine wirtschaftsethisch erweiterte Medienethik aus theoretischen und empirischen Gründen besitzt, wirft auch neue Forschungsfragen auf:

- Wie lassen sich die bearbeiteten Wirtschaftsethik-Ansätze nach einer erfolgten theoretischen Fruchtbarmachung auch empirisch in der Medienlandschaft überprüfen?
- Welche Entscheidungsgrundlagen haben Teilnehmer/innen der Medienwelt? Wo fallen hier ethische und ökonomische Denkmuster zusammen, wo braucht es regulierende Maßnahmen, um den beiden Rationalitäten gleichermaßen gerecht zu werden?
- Wenn Wirtschaftsethik die Verbindung ökonomischer und ethischer Rationalität ist (oder Wege dorthin aufzeigt), wie kann dann Medienqualität von dieser Verbindung profitieren?
- Wie kann die Aufgabe der Publizität durch Massenmedien und die ›Regierung durch Diskussion‹, wie Sen (2010) Demokratie definiert, erreicht werden, wenn Tendenzen der Ökonomisierung in eine andere Richtung weisen?

Literatur

Babe, Robert E.: *Communication and the Transformation of Economics. Essays in Information, Public Policy, and Political Economy*. Boulder 1995.
Bowie, Norman E./Werhane, Patricia H.: *Management Ethics*. Cambridge 2005.
Castells, Manuel: *Das Informationszeitalter I. Der Aufstieg der Netzwerkgesellschaft*. Opladen 2001.
Castells, Manuel: *Das Informationszeitalter II. Wirtschaft, Gesellschaft, Kultur. Die Macht der Identität*. Opladen 2002.
Donaldson, Thomas/Dunfee, Thomas W.: *Ties That Bind*. Boston 1999.
Doyle, Gillian: *Understanding Media Economics*. London 2002.
Dyllick, Thomas: *Management der Umweltbeziehungen. Öffentliche Auseinandersetzungen als Herausforderung*. Wiesbaden 1992.
Freeman, R. Edward: Managing for Stakeholders. In: Abe J. Zakhem/Daniel E. Palmer/Mary L. Stoll (Hg.): *Stakeholder Theory. Essential Readings in Ethical Leadership and Management*. Amherst, New York 2008, 71–88.
Göbel, Elisabeth: *Unternehmensethik. Grundlagen und praktische Umsetzung*. Stuttgart 2006.
Habermas, Jürgen: *Erläuterungen zur Diskursethik*. Frankfurt a. M. 1991.
Hjarvard, Stig: The Mediatisation of Religion: A Theory of the Media as Agents of Religious Change. In: *Northern Lights 2008. Yearbook of Film & Media Studies* 6 (2008), 9–28.
Karmasin, Matthias: *Medienökonomie als Theorie (massen-)medialer Kommunikation. Kommunikationsökonomie und Stakeholder Theorie*. Graz 1998.
Karmasin, Matthias/Litschka, Michael: *Wirtschaftsethik. Theorien, Strategien, Trends*. Wien 2008.
Karmasin, Matthias/Litschka, Michael: Medienethik als Wirtschaftsethik medialer Kommunikation? Möglichkeiten und Grenzen der Integration zweier aktueller Bereichsethiken. In: Matthias Maring (Hg.): *Bereichsethiken im interdisziplinären Dialog*. Karlsruhe 2014, 367–382.
Krainer, Larissa/Heintel, Peter: *Prozessethik. Zur Organisation ethischer Entscheidungsprozesse*. Wiesbaden 2010.
Krotz, Friedrich: *Die Mediatisierung kommunikativen Handelns*. Opladen 2001.
Litschka, Michael: *Medienethik als Wirtschaftsethik medialer Kommunikation. Zur ethischen Rekonstruktion der Medienökonomie*. München 2013.
Litschka, Michael: Medien-Capabilities als polit-ökonomisches Konzept in der Medienethik: Theoretische Grundlagen und mögliche Anwendungen. In: *Communicatio Socialis* 2/48 (2015), 190–201.
Litschka, Michael/Karmasin, Matthias: Ethical Implications of the Mediatization of Organizations. In: *Journal of Information, Communication and Ethics in Society* 10/4 (2012), 222–239.
Litschka, Michael/Suske, Michaela/Brandtweiner, Roman: Management Decisions in Ethical Dilemma Situations. Empirical Examples from Austrian Managers. In: *Journal of Business Ethics* 104/4 (2011), 473–484.
Meier, Klaus/Reimer, Julius: Transparenz im Journalismus. Instrumente, Konfliktpotenziale, Wirkung. In: *Publizistik* 56/2011 (2011), 133–155.
Mosco, Vincent: *The Political Economy of Communication*. Los Angeles 2009.
Noll, Bernd: *Wirtschafts- und Unternehmensethik in der Marktwirtschaft*. Stuttgart 2002.
Ortmann, Günther: *Regel und Ausnahme. Paradoxien sozialer Ordnung*. Frankfurt a. M. 2002.
Picard, Robert G.: *The Economics and Financing of Media Companies*. New York 2002.
Rawls, J.: *Eine Theorie der Gerechtigkeit*. Frankfurt a. M. 1979.
Saxer, Ulrich: Organisationskommunikation aus kommuni-

kationswissenschaftlicher Sicht. In: Peter Szyszka (Hg.): *Öffentlichkeit. Diskurs zu einem Schlüsselbegriff der Organisationskommunikation.* Opladen 1999, 21–37.

Sandel, M.: *What Money can't Buy: The Moral Limits of Markets.* New York 2013.

Sen, Amartya: *Die Idee der Gerechtigkeit.* München 2010.

Schicha, Christian: Medienethik und Medienqualität. In: *Zeitschrift für Kommunikationsökologie* 2 (2003), 44–53.

Schmidt, Siegfried J.: Kommunikationen über Kommunikation über Integrierte Unternehmenskommunikation. In: Manfred Bruhn/Siegfried J. Schmidt/Jörg Tropp (Hg.): *Integrierte Kommunikation in Theorie und Praxis.* Wiesbaden 2000, 121–143.

Silverstone, Roger: Mediation and Communication. In: Craig Calhoun/Chris Rojek/Bryan Turner (Hg.): *The International Handbook of Sociology.* London 2005, 188–207.

Steinmann, Horst/Löhr, Albert: *Grundlagen der Unternehmensethik.* Stuttgart ²1994.

Thielemann, Ulrich/Ulrich, Peter: *Standards guter Unternehmensführung. Zwölf internationale Initiativen und ihr normativer Orientierungsgehalt.* Bern 2009.

Ulrich, Peter: *Integrative Wirtschaftsethik. Grundlagen einer lebensdienlichen Ökonomie.* Bern ³2001.

Wieland, Josef: *Governanceethik im Diskurs.* Marburg 2004.

Michael Litschka

39 Publikums- und Nutzungsethik

Medien im semiotischen und technischen Sinne sind das Ergebnis eines komplexen Prozesses der Produktion, Distribution und Rezeption (vgl. Wunden 1999; Funiok 2007, 11). All diese Einzelschritte können Objekte medienethischer Reflexion sein. Dennoch liegen zwar zur *Medienproduktion* in ihren verschiedenen Aspekten (Information, Unterhaltung und Kommunikation), zu den *Medienprodukten* selbst sowie inzwischen auch zum Bereich der *Distribution* eine Fülle an Untersuchungen vor, zum Bereich der *Rezeption* finden sich jedoch nur wenige theoretische Konzeptionen und noch weniger Untersuchungen (vgl. Hamelink 1995). Auch in gängigen Handbüchern zur Medienethik taucht das Publikum, der Rezipient oder der Nutzer nur marginal (vgl. z. B. Ward 2013; Plaisance 2009; Himma/Tavani 2008) oder überhaupt nicht auf (vgl. z. B. Wilkins/Christians 2009; Floridi 2010).

Das hat konzeptionelle Gründe. Medienrezeption erscheint im Sinne der klassischen mathematischen Informationstheorie (vgl. Shannon/Weaver 1949) als das passive Ankommen medialer zielgerichteter Kommunikation des Senders an seinem Ziel, dem Empfänger. In technisch vermittelter Individualkommunikation sind die Rollen des Senders und Empfängers jedoch jeweils umkehrbar. Anders hingegen in den Massenmedien: Hier scheinen die Rollen im Kommunikationsprozess ›one to many‹ unumkehrbar, Rezipienten sind nicht mehr als ein »disperses Publikum« (Maletzke 1963, 23), das sich zufällig konstituiert und jenseits der konkreten Rezeption nicht zu einer gemeinsamen Gruppe gehört. Verantwortung für Medieninhalte und Angebote scheinen nur dem Produzenten und gegebenenfalls noch dem Distributor zuweisbar. Das disperse Publikum bleibt Objekt.

Dem gegenüber weist Rüdiger Funiok (2007, 156 f.) in Bezug auf die Benennung des Publikums als ›User/Nutzer‹ zurecht darauf hin, dass der Umgang mit jeder Art von Medien ein aktiver Prozess sei, der eine eigene Handlungsverantwortung der Mediennutzer begründe. Dies gilt schon für die von Harry Pross 1972 differenzierten vordigitalen Medien (›primäre‹ wie Sprache, Gestik und Mimik sowie die sich nach dem zunehmenden Bedarf an Medientechnik auf Seiten der Produktion sowie dann auch der Rezeption unterscheidenden ›sekundären‹ und ›tertiären‹ Medien), noch viel stärker aber für die aktuellen, in Nachgang zu Pross als ›quartär‹ bezeichneten digitalen Medien (vgl. Rath 2003). Sie erlauben eine umfassende Interaktivität und mediale Gestaltung durch den Nutzer.

Die handlungstheoretische Deutung der Rezeption als aktiven Vorgang (z. B. der Auswahl von Medienangeboten) führt zu einer gängigen Zweiteilung der medienethischen Systematik in ein »produzentenorientiertes« und ein »rezipientenorientiertes Verantwortungskonzept« (Fenner 2010, 311). Im Folgenden werden wir diese Logik der medialen Akteursgruppen durchbrechen und nach der Publikumsethik eine mediale Nutzungsethik thematisieren.

Geschichte der ethischen und medienkritischen Diskussion

Hermann Ebbinghaus stellte einmal für die Psychologie fest, sie habe eine lange Vergangenheit, aber eine nur kurze Geschichte. Dies trifft auch auf die Medienkritik und die ethische Reflexion auf das Publikum zu.

Kritik am Medialen finden wir bereits bei Platon, der die Schrift als neues Medium kritisch beäugt. Diese früheste Kritik ist bereits an den Lesenden, also den Rezipienten orientiert. Und in den folgenden Jahrhunderten bricht diese Kritik nicht ab – immer scheint zumindest die nachwachsende Generation durch ›Medien‹ gefährdet. Allerdings ist auch medial das Neue immer der Feind des Alten. Immer erscheint das jeweils ›neue‹ Medium als Ende der zivilisierten Welt. Die Zeitungsdebatte im 16. und 17. Jahrhundert, die Kritik an der Romanlektüre v. a. von Leserinnen im 18. Jahrhundert, die Schmutz- und Schund-Debatte des 19. und beginnenden 20. Jahrhunderts, die Kritik am Kino, am »Nullmedium« (Enzensberger 1988) Fernsehen, am Computer, an Computerspielen und v. a. digitalen Bildschirmmedien überhaupt, und jetzt den Social Media – stets rückte das ehedem kritisierte Medium unter dem Eindruck des je neuen Medienangebots zum Bildungsgut auf. »Medienmoralisierung« (Kerlen 2005, 42), eine wertende, v. a. abwertende Medienreflexion, ist also kein Novum.

Die eigentliche Geschichte medienethischer Reflexion hingegen ist kurz: In den 1960er Jahren setzt eine erste US-amerikanische Diskurswelle ein (z. B. Rivers/Schramm 1969; Merrill/Barney 1975), die ab den 1970er Jahren im deutschsprachigen Raum mit dem Schwerpunkt ›Journalismus‹ aufgegriffen wird (vgl. Funiok 2014) – hier ist v. a. der Name von Hermann Boventer zu nennen (z. B. 1983). Ab den 1990er Jahren erweitert sich die Thematik kommunikations- und medienwissenschaftlich (vgl. Krainer 2014) auf Medien überhaupt und es wurde deutlich, dass eine »realitätsadäquate« bzw. »phänomentreue« Medienethik (Rath 2013a, 296 f.) – ohne die Differenz von Sein und Sollen zu verwischen (vgl. Karmasin 2000) – einen grundlegenden Empiriebedarf (vgl. Rath 2000) hat.

Damit differenzierten sich zugleich die medienethischen Zielgruppen. Gaben quasi selbstverständlich der Journalismus für eine *politische* Medienmoralisierung und die v. a. kindlichen bzw. jugendlichen Rezipient/innen für eine *pädagogische* Medienmoralisierung das Objekt der Reflexion ab, so wurde deutlich, dass für eine technisch differenzierte und gestaltete Medienkommunikation handlungstheoretisch nun unterschiedliche mediale Akteure in den Blick genommen werden mussten. Neben die ›Macher‹ oder die Medienproduzenten und die ›Rezipienten‹ oder die Mediennutzer tritt auf einer anderen Ebene, nämlich der Ebene der nationalstaatlich-politischen Ermöglichung medialer Produktion, Distribution und Rezeption, der ›Gesetzgeber‹ bzw. die Medienregulierer (vgl. Rath 2010). Waren die politischen Eliten bisher v. a. unter dem Schlagwort Zensur sozialethisch relevant, zwingt ein zunehmend technisch, ökonomisch wie auch medienpraktisch *konvergentes* »Medienwirkungsfeld« (Marci-Boehncke 2010, 483) zu einer aktiven und *positiven* politischen Gestaltung medialer Praxis, da unter den Bedingungen der digitalen Globalisierung eine vollständige politische Regulierung durch Verbote mehr und mehr anachronistisch erscheint.

In doppelter Weise kommen damit ›das Publikum‹ bzw. ›der Nutzer‹ wieder in den Fokus medienethischer Reflexion: Einerseits haben wir es mit einer digitalen Mediatisierung des Alltags zu tun, die das Publikum medial aktiviert. Andererseits vermag die Medienregulierung nationalstaatlicher Provenienz weder die politische noch die pädagogische Medienmoralisierung umzusetzen (s. Kap. IV.12). Daher muss der Konsument selbst, als Publikum und als Nutzer, zum Träger medienethischer Verantwortung werden.

Publikumsethik

Das Publikum als moralisches Subjekt zu sehen, ist keineswegs selbstverständlich. Setzt man den Verantwortungsbegriff als eine »mindestens dreistellige Relation« an, die »Verantwortungs*subjekt*, Verantwortungs*bereich* und Verantwortungs*instanz* verknüpft« (Zimmerli 1993, 115), dann wurde das Publikum in erster Linie als Verantwortungsbereich, also als Objekt, für das man Verantwortung hat bzw. übernimmt, und als Instanz der Verantwortung, vor bzw. gegenüber der man Verantwortung hat bzw. übernimmt, verstanden. In beiden Fällen ist die ethische Thematisierung des Publikums paternalistisch, d. h. die ethische Reflexion sieht das Publikum als ein ›disperses‹ Gegenüber, das selbst nicht als handelndes Subjekt, sondern nur als Mündel oder als Maß der medialen Handlung konzeptualisiert ist. Dies ist auch schon in der US-amerikanischen Tradition so. Zwar spricht die US-amerikanische Medienethik, wie John P. Ferré (2009) in seiner Darstellung der Geschichte der Medienethik in den USA zeigt, meist nicht von *audience*, sondern von *the public*, aber auch dieser umfassendere Begriff einer Öffentlichkeit als Gesamtheit der verschiedenen Zielgruppen medialer Angebote ist immer Objekt paternalistischer medienethischer Verantwortung – entweder im Hinblick auf Rechte, Ansprüche und Bedürfnisse der Öffentlichkeit oder im Hinblick auf seine (und der Journalisten) moralischen Defizite.

Es kann als das Verdienst von Clifford Christians angesehen werden, Verantwortung von Öffentlichkeit und Publikum 1988 erstmals systematisch bearbeitet zu haben. Er macht in seinem Beitrag deutlich, dass eine rein passivistische Deutung dieser Öffentlichkeit und der jeweiligen Publika die »Collective Responsibility« (Christians 1988, 52 f.) der Zielgruppe medialer Angebote für die Ausgestaltung, die individuelle Wirkung und die sozialen Folgen übersieht.

Die von Christians angestoßene Diskussion hätte zu einer ›Ethik der Öffentlichkeit‹ im Sinne von Jürgen Habermas' (1990) Rekonstruktion einer bürgerlichen als kritischen Öffentlichkeit führen können – wie z. B. bei Matthias Loretan (1994). Allerdings ist bemerkenswert, dass auch Christians selbst seine Überlegungen nicht mehr weiterführt und sich auch in aktuellen US-amerikanischen Arbeiten meist eine paternalistische Publikumsethik, die das Publikum schützt oder als rein ökonomische Basis medienprofessionellen Handelns ausmacht, zu finden ist, selbst wenn die aktuelle digitale Mediennutzung in den Blick genommen wird. Öffentlichkeit und Publikum bleiben Objekte der Verantwortung, *für* die ein jeweils zu benennendes Subjekt (z. B. Medienschaffende, Politik oder Bildungsinstanzen) Verantwortung zu übernehmen oder zu tragen hätte.

Im deutschsprachigen Bereich sind es v. a. Wolfgang Wunden und Rüdiger Funiok, die den Aspekt der Medienrezeption aufgreifen. Wunden legt den Text von Christians bereits 1989 auf Deutsch unter dem Titel »Gibt es eine Verantwortung des Publikums?« vor und führt die Diskussion zur Verantwortung jetzt ›des Publikums‹ weiter.

Die deutschsprachige Diskussion folgt schwerpunktmäßig dem durch die Übersetzung Christians' vorgegebenen Publikumsbegriff. V. a. Rüdiger Funiok systematisiert seit 1996 explizit eine »Publikums- und Nutzerethik«. Zwar sind für ihn verschiedene ethische Perspektiven einer solchen Ethik zu nennen, v. a. bedürfnisethische und »glücksethische« (2007, 163 ff.) Aspekte – das Individuum als Konsument ist unter den Bedingungen eines kapitalistisch verfassten Medienmarktes frei, gemäß seinen Bedürfnissen zu wählen, wird dabei ethisch aber auf »Kategorien zur Bewertung eines kultivierten Bedürfnislebens« (ebd., 167–169) verwiesen. Die »Selbstentfaltung« (ebd., 169) ist dabei an die Verantwortung gegenüber der sozialen »Mitwelt« und »Umwelt« gebunden – ›Verantwortung‹ als sozialethischer Grundbegriff der Moderne ist also für Funiok publikumsethisch die maßgebende Kategorie. Doch scheint sich die verantwortungsethische Konkretion schwierig zu gestalten. V. a. drei Verantwortungsfelder nennt Funiok: »Staatsbürgerliche Mitverantwortung für die Medien« (ebd., 158 ff.), »Verantwortung für sich selbst und die eigene Freizeit« (ebd., 160 f.) sowie »Mitverantwortung für Heranwachsende« (ebd., 161 f.). Im Folgenden sollen diese Verantwortungen kurz exemplarisch für die weitgehend von Funiok beeinflussten publikumsethischen Positionen diskutiert werden.

Mitverantwortung des Publikums

Die zwei genannten Mitverantwortlichkeiten setzen dabei eine besondere Doppelfunktion des Publikums voraus. Die staatsbürgerliche sowie die erzieherische Mitverantwortung zeigen die öffentliche Funktion und das »soziale Dasein« des Publikums an. Sofern das Publikum eben auch aus Staatsbürgern sowie aus privat oder professionell Erziehenden besteht, trägt es Mitverantwortung für mediale Angebote und mediale Praxen. Im Nachgang zu Cees J. Hamelink (1995) formuliert Funiok Sollenssätze, die ein Publikum als zugleich staatsbürgerliche bzw. erziehende Individuen zu beachten habe. Hier steht einerseits die »demokratische Rolle der politischen Medieninformation« (Funiok 2007, 158) im Vordergrund und andererseits ist erzieherisch die Sorge um die Wirkungen medialer Inhalte auf die nachwachsenden Generationen die maßgebende Richtschnur publikumsethischer Verantwortung.

In beiden Fällen jedoch ist die jeweilige Verantwortung nicht an die Funktion als Publikum gebunden. Vielmehr wäre der Hinweis auf eine nicht bestehende Rezeption kein Argument gegen die staatsbürgerliche und die erzieherische Mitverantwortung. Jeder Staatsbürger und jeder privat wie auch professionell Erziehende hat die Mitverantwortung für die demokratiestabilisierende Funktion der Medien sowie für den Schutzanspruch der nachwachsenden Generation auf Unversehrtheit ihrer Entwicklungspotenziale zu mündigen, eigenverantwortlichen und glücksfähigen Individuen. Die Publikumsverantwortung ist also in diesen Feldern eine abgeleitete, die durch das eigene ›Publikum-Sein‹ ethisch nicht relevant verändert wird. Sie entspricht, um den Pflicht-Verantwortungskonnex bei Funiok (ebd., 157) aufzugreifen, dem pflichtethischen ›kategorischen Imperativ‹ Immanuel Kants, der uns eine vernunftmäßige Zustimmung zu den Maximen kommunikationsermöglichender Informiertheit der Gesellschaft und kommunikationsermöglichender Kompetenz des einzelnen Gesellschaftsmitglieds abverlangt.

Selbstverantwortung des Publikums

Anders steht es mit dem von Funiok betonten Aspekt der Selbstverantwortung als Publikum. Hier steht zunächst die Voraussetzung, Medien überhaupt zu nutzen, im Fokus. Sofern Menschen Medien rezipieren, sind sie für sich selbst in Bezug auf die Wirkungen, die diese Nutzung auf sie hat, verantwortlich. Funiok diskutiert dies im Hinblick auf eine bedürfnis- oder glücksethische Verantwortung, wobei die zusätzliche Frage offen bleibt, welche Kriterien für eine gelungene oder »kultivierte« (ebd., 167) mediale Bedürfnisbefriedigung ins Feld geführt werden könnten. Ethiktheoretisch ließe sich diese Pflichtbeschreibung ebenfalls mit Kant als »assertorische hypothetische Imperative« der eigenen »Glückseligkeit« und »zu seinem eigenen größten Wohlsein« (Kant 1785, 416) bezeichnen, die zwar jedem Menschen grundsätzlich zu unterstellen, aber inhaltlich nicht kategorisch zu bestimmen sind.

Publikumsethik als eigene Ethik des »dispersen Publikums« ist also einerseits ein ernst zu nehmender Aspekt im Prozess der medialen Produktion, Distribution und Rezeption, wird aber inhaltlich entweder an andere soziale Funktionen (als Staatsbürger oder Erziehender) gebunden oder bleibt inhaltlich ein hypothetischer Imperativ, dessen externe Verantwortungszuweisung nicht ohne weiteres einzuholen ist. Angesichts der medialen Realität in entwickelten Gesellschaften muss daher die ethische Reflexion auf eine produktabhängige Medienrezeption im Sinne eines dispersen Publikums durch die Reflexion auf die ethischen Implikationen medialer Praxis überhaupt ergänzt und ersetzt werden.

Nutzungsethik

Nutzungsethik fußt auf dem Gedanken, dass unter den aktuellen Bedingungen des Medienwandels die klassische ethische Trennung nach Akteursgruppen in einem Handlungsfeld und die daran anschließende Verantwortungszuweisung allein unzureichend geworden ist. Dieser Wandel wird seit 2001 terminologisch als »Mediatisierung« (Krotz 2001) gefasst. Krotz bezeichnet mit diesem Begriff das Phänomen, »dass durch das Aufkommen und durch die Etablierung von neuen Medien für bestimmte Zwecke und die gleichzeitige Veränderung der Verwendungszwecke alter Medien sich die gesellschaftliche Kommunikation und deshalb auch die kommunikativ konstruierten Wirklichkeiten, also Kultur und Gesellschaft, Identität und Alltag der Menschen verändern« (Krotz 2007, 43). Durch diesen grundlegenden, bis in die Prähistorie zurückgehenden technischen Medienwandel verändern sich die Kommunikationsformen des Menschen in Abhängigkeit von seinen jeweiligen technischen Kommunikationsmöglichkeiten. Dabei sind zwei Faktoren zu unterscheiden: zum einen *Medialität als anthropologischer Grundzug des Menschen*, zum anderen die gegenwärtige Realisierung dieser Medialität im Prozess der Mediatisierung als »Produsage« (Bruns 2006).

›Medialität‹ meint die grundsätzliche symbolische Vermitteltheit des menschlichen Selbst- und Fremdverständnisses (vgl. Rath 2014, 63–82) als anthropologische Beschreibungskategorie, die den Menschen in den Worten Ernst Cassirers als *animal symbolicum* vorstellt. Cassirer (1996) definiert damit den Menschen als ein Wesen, dem sich Welt nur symbolisch erschließt. Medialität ist also nicht eine mögliche – und insofern zufällige – Form menschlicher Welterschließung im Sinne einer Rekonstruktion, sondern sie ist die einzige, fundamental allen Menschen zukommende Form von Welterschließung als Konstruktion. Diese grundlegende Medialität erhält über den historischen Prozess der Mediatisierung ihre Realisierung in der Weise des Umgangs mit und damit der Aneignung von Medien. Die aktuell dominante Digitalisierung ist dabei nicht nur eine mögliche technische Weiterentwicklung, sondern sie hat die Vielfalt der Medien selbst grundlegend verändert. Medien ›erscheinen‹ uns zwar in ihrer jeweiligen besonderen Gestalt als Text, Bild, Bewegtbild und Ton, doch sind sie nicht mehr analog an eine bestimmte spezifische Materialität (Papier, Zelluloid, Stein, Leinwand etc.) oder vordigitale Technologie gebunden, sondern der mediale Inhalt wird digitalisiert und ist erst über einen technischen Übersetzungsprozess wieder analog zu präsentieren, z. B. ausgedruckt, und dann zu rezipieren.

Digital online können Medien und ihre Inhalte ortsunabhängig vorgehalten, aufgerufen und bearbeitet werden. Dabei ist das Internet ein *Meta-Medium*: Es ist selbst technisches Medium, zugleich aber auch Ort oder ›Adresse‹ (vgl. Andriopoulos/Schabacher/Schumacher 2001) anderer Medien. Über das Internet lassen sich andere digitalisierte Medien finden und abrufen. Diese technische Integration der Medien in das Netz ist nicht nur universal, sondern verändert herkömmliche Medien grundlegend, denn die digitale und interaktive Gestalt entzieht Medieninhalte zwar der haptischen und materiellen Realität, eröffnet aber zugleich für jeden und jede die Möglichkeit, Medien digital zu bearbeiten, zu verändern oder überhaupt erst zu erstellen (zu den medienphilosophischen Implikationen vgl. Rath 2003).

Diese aktive Erweiterung der Handlungsformen des Nutzers hat Axel Bruns (2006) durch die Portmanteaus ›Produsage‹ für den Prozess der Produktion medialer Inhalte durch einen Nutzer sowie ›Produser‹ für diese nicht-professionellen, produzierenden Nutzer selbst bezeichnet. Die Rollenverteilung zwischen Produzent, Distributor und Rezipient löst sich demnach auf, verschmilzt im nicht-professionellen Produser.

Aus dieser Neugestaltung der medialen Rolle, die nicht mehr zwischen Profession und Laientätigkeit, sondern zwischen Nutzung und Nichtnutzung unterscheidet, erwächst auch ein neues ethisches Verständnis. Eine Mündel- oder Maßstab-Funktion eines Publikums, aus der eine patriarchale Bewahrmoral resultiert, muss überführt werden in eine aktive Kompetenzmoral, die den und die Nutzer/innen als Akteure und damit moralische Subjekte ernst nimmt. In diesem Sinne ist Medienkompetenz verantwortungsethisch zu fordern. Sie ist die Bedingung der klassischen Kategorie der *imputatio*, der moralischen Zurechenbarkeit einer Handlung oder wie wir sagen können, einer Medienpraxis.

›Medien-Werte‹ *revisited*

Wir können also festhalten, dass die Publikumsethik in ihrer Reflexion auf die Rezeption als Aktivität einen nur passivistischen Publikumsbegriff aufbricht und die Rezipient/innen in die Position des moralischen Verantwortungssubjekts stellt. Die gegenwärtige Realisierung der anthropologisch grundgelegten Medialität des Menschen im Zuge der digitalen Mediatisierung führt zugleich zu einer Relativierung der ursprünglich angenommenen Akteursgruppen. Zwar lassen sich diese noch analytisch und in Bezug auf ein konkretes Medienformat oder -angebot unterscheiden, als *animal symbolicum* ist der Mensch im digitalen Zeitalter jedoch immer auch Produzent und Distributor – Produser. D. h., wir können die Frage nach den Verantwortungsbereichen, wie sie von Wunden (1999) entfaltet wurde, aufgreifen und nach dem normativen ›Wert‹ fragen, der auf diesen Stufen Geltung beanspruchen kann. Dabei werden wir die am Konzept einer strengen Akteursgruppentrennung orientierte Stufenfolge Wundens erweitern.

1. *Qualität*: Wunden (1999) führt als Wert für den Produktionsbereich (und wir können aktuell ergänzen: für den Infrastrukturaufbau) mediale »Qualität« an. Allerdings reicht dieser Wert – in Ermangelung eines absoluten Qualitätsbegriffs (vgl. Rath 2013b) – nur in beschränktem Maße: Sofern es um das Qualitätsmerkmal ›Zweckmäßigkeit‹ (z. B. von elektronischen Diensten) und sofern es um das Qualitätsmerkmal ›Kundenzufriedenheit‹ geht, ist die Qualität nur abgeleitet über die Kompetenz des Publikums bzw. des Nutzers zu verstehen (s. Kap. V.13). Mit anderen Worten: »Nicht alles, was rezipiert wird, ist qualitativ hochstehend, sondern das ist qualitativ hochwertig, das kompetent rezipiert und genutzt werden kann« (ebd., 303).

2. *Öffentlichkeit*: Wunden (1999) führt als Grundwert der Mediendistribution (und wir können aktuell ergänzen: die digitale Bereitstellung von medialen Angeboten) den Wert ›Öffentlichkeit‹ ein. In Bezug auf Mediendienste können wir das Kriterium ›Öffentlichkeit‹ als ›öffentliche Zugänglichkeit‹ der Dienste verstehen. Damit ist die prinzipielle Gelegenheit für jeden gemeint, diese Dienste in Anspruch zu nehmen. Ebenso wie Qualität ist Öffentlichkeit ein auslegungsbedürftiger Wert. Habermas (1990, 157) bestimmt »Besitz« und »Bildung« historisch als Bedingungen für die Realisierung von Öffentlichkeit. Haben die ökonomi-

schen Ressourcen für die Teilhabe an medialer Öffentlichkeit auch mehr und mehr an Bedeutung verloren, so ist hingegen Bildung nach wie vor zentral: Nicht alles, was digital zugänglich oder nutzbar ist, ist wertvoll für öffentliche Teilhabe und Diskurs, sondern nur solches, das kompetent zugänglich gemacht werden kann. Denn ›Öffentlichkeit‹ als Wert wird nur abgeleitet über die Kompetenz des Publikums bzw. des Nutzers realisiert.

3. *Kompetenz:* Am Ende der medienwirtschaftlichen Handlungskette steht die Rezeption oder Nutzung. Als aktiver Prozess gelingen mediale Rezeption und Nutzung allerdings, wie wir unter (2) gesehen haben, wenn Bildung zur medialen Kompetenz führt. Dabei geht es nicht allein um die technische Fertigkeit, moderne Medien zu bedienen, sondern auch um die Fähigkeit, Medienangebote, Produkte wie Dienstleistungen, in ihrer weltvermittelnden Bedeutung zu erfassen, zu verstehen und gegebenenfalls zu kompensieren. Kompetenz ist damit zugleich eine Forderung an den Nutzer, sich diese Kompetenz anzueignen.

Wir stellen also fest, die Medienwirkungsstufen Produktion, Distribution und Rezeption weisen nur auf den ersten Blick differenzierte Wertzuweisungen auf. Vielmehr laufen alle Stufen auf eine kompetente Mediennutzung und eine kompetente Medienaneignung hinaus.

Medienkompetenz

Medienkompetenz bezieht sich auf das Ideal des selbstbestimmt und frei agierenden Medienakteurs. Er hat, folgt man der gängigen Kompetenzdefinition von Franz E. Weinert (2001, 27 f.), die »Kenntnisse«, »Fertigkeit« und »Haltungen«, die notwendig sind, um Medien souverän, das heißt, ebenso »erfolgreich« wie auch »verantwortungsvoll«, zu nutzen.

Es scheint naheliegend, Medienkompetenz an Medienpädagogik zu binden. Als Grundlage eines medienpädagogischen Verständnisses sind im deutschsprachigen Bereich immer noch die vier Dimensionen der Medienkompetenz nach Dieter Baacke (1996, 120) maßgebend: »Medien-Kritik, Medien-Kunde, Medien-Nutzung, Medien-Gestaltung«. Allerdings zeigt sich, dass dieser Begriff normativ zu verstehen und erst als normative Kategorie pädagogisch verwendbar ist. Denn der Kompetenzbegriff enthält indirekt normative Vorstellungen von der anzuzielenden Handlungsfähigkeit des medial agierenden Menschen. ›Kenntnis‹ zielt auf eine kognitive Durchdringung der technischen und sozialen, v. a. der ökonomischen sowie der politischen Bedingungen medialer Praxis. Diese Durchdringungen sind dabei sowohl analytisch als Anschluss an bestehende Wissensbestände als auch reflexiv als Wahrnehmung von Abhängigkeiten, Interessen und sozialen Erwartungen in medialen Praxen zu verstehen. In gleicher Weise lässt sich dies für ›Fähigkeit‹ bestimmen. Sie zielt auf eine instrumentell-technische, in gewisser Weise handwerkliche, ästhetische als auch interaktive und damit letztlich kommunikative Praxis ab und umfasst dabei alle möglichen Gruppen medialer Akteure, die Anbieter ebenso wie die Rezipienten bzw. ihre Hybridisierungen im Web 2.0, die Produser (vgl. Bruns 2006).

Beide Bereiche, Kenntnisse und Fertigkeiten, führen zu ›hypothetischen Imperativen‹ im Sinne Kants, also normativen Regeln, die den Erwerb dieser Kenntnisse bzw. Fertigkeiten als ›gesollt‹ vorstellen. Dabei sind die medialen Praxen einem Zweck untergeordnet, z. B. Informationsbedürfnis, Lust an der Unterhaltung, Bedarf an Beratung. Die medialen Kenntnisse und Fähigkeiten sind nötig und insofern geboten, wenn diese Zwecke als Zielvorgaben gesetzt werden. Eine moralische Notwendigkeit, diese Zwecke auch tatsächlich anzusetzen, besteht jedoch nicht.

Mit diesen Kenntnis- und Fertigkeitserwartungen sind die von Baacke genannten Medienkompetenzfelder Medienkunde, Mediennutzung, Mediengestaltung abgedeckt. Nicht hingegen berücksichtigt sind die ›Haltungen‹, die von Weinert (2001) so genannten »motivationalen« und »volitionalen« Aspekte der Kompetenz. Diese Haltungen setzen eine normative Grundüberzeugung voraus, die dem ›kategorischen Imperativ‹ Kants entspricht. Hier liegt der Zweck im Handeln selbst begründet, es ist notwendig ›gut‹ und verallgemeinerbar. Damit erhält die normative Komponente ›Medienkritik‹ bei Baacke eine besondere Bedeutung. Sie wird aus der Reihe der anderen Komponenten herausgelöst. Sie ist nicht mehr ein Medienkompetenzaspekt neben den drei anderen, sondern durchzieht die Medienkompetenz als normatives Prinzip.

Medienkompetenz, normativ-kategorisch als Medienkritik verstanden, fragt damit nach der Verallgemeinerbarkeit des unser Medienhandeln als Nutzer (auf Stufe der Produktion, der Distribution und der Rezeption) leitenden Mediennutzungsinteresses. Dieses liegt ›quer‹ zu den drei anderen Medienkompetenzkomponenten, durchzieht als kritischer Prüfstein unseren medialen Habitus. Der moderne Produser hat somit sowohl die Verantwortung als Medienproduzent als auch als Medienrezipient bzw. Nutzer/in zu übernehmen. Diese Kompetenz zu erwerben ist allerdings ein Sozialisationsprozess, wodurch gerade für die Medienethik der Bezug zur Medienpädagogik bzw. Medienerziehung systematisch notwendig wird (vgl. Rath 2015; Siponen/Vartiainen 2002).

Medienkompetenz stellt eine Herausforderung an die Medienpraxis dar, die empirisch erfassbar ist, auch in ihren Begrenzungen. Zugleich impliziert Medienkompetenz einen normativen Anspruch an die Medienakteure, sofern sie der Medialität nicht entgehen können und im kommunikativen Handeln auf andere Medienakteure angewiesen sind.

Fazit und Ausblick

Die Einsicht in die aktive Rolle des Publikums bzw. unter den Bedingungen der Digitalisierung der Produser führt zu einer doppelten Aktualität der Publikums- bzw. Nutzungsethik im Rahmen der Medienethik. Die Differenzierung des Medienwirkungsfeldes nach Produktion, Distribution und Rezeption ist sinnvoll, da wir in konkreten Medienhandlungen unterschiedliche Rollen als Medienakteure übernehmen, denen unterschiedliche Anteile an einer kollektiven und kollaborativen Verantwortung zukommen.

Allerdings ist die Unterstellung, einer professionalisierten Medienproduktion und Mediendistribution stände ein disperses und nicht-professionelles ›Publikum‹ gegenüber, das nicht Subjekt ethischer Verantwortung sein könnte, falsch. Bereits in den Anfängen der Publikumsethik wurde diese Fehleinschätzung erkannt und benannt. Aber die Möglichkeiten der digitalen Mediengestaltung und die Präsenz in einem partizipativen Netz erweisen das Akteursrollenkonzept als nur noch analytisches Instrument. Wir sind als Produser immer auch zumindest prinzipiell in der Rolle der Produzenten und, wenn wir die interaktiven Kommunikationsplattformen berücksichtigen, Distributoren. Die Publikumsethik weitet sich aus zur Nutzungsethik, da die Grenzen der Akteursrollen verwischen.

Damit wendet sich die Reflexion auf ein ethisch vertretbares Medienhandeln von der Frage nach dem Medieninteresse ab und der Frage nach der Medienkompetenz zu. Für das Subjekt medialer Praxis wird die Fähigkeit, Medien auf allen Stufen des Medienwirkungsfeldes kompetent zu nutzen, zu einer ethischen Forderung. Dabei ist die Medienkritik als Fähigkeit, mediale Angebote daraufhin zu befragen, ob sie in Inhalt, Form und Praxis sittlich gewollt werden können, zentral. Medienethik wird spätesten hier zu einem didaktischen Prinzip: Dem Wissen und Können des jeweiligen Medienhabitus steht ein Wollen gegenüber, das über den Prozess einer werturteilsbefähigenden Medienerziehung die zukünftigen Medienakteure befähigt, Qualität und Öffentlichkeit kompetent zu realisieren.

Literatur

Andriopoulos, Stefan/Schabacher, Gabriele/Schumacher, Eckhard (Hg.): *Die Adresse des Mediums*. Köln 2001.

Baacke, Dieter: Medienkompetenz – Begrifflichkeit und sozialer Wandel. In: Antje von Rein (Hg.): *Medienkompetenz als Schlüsselbegriff*. Bad Heilbrunn 1996, 4–10.

Boventer, Hermann: Journalistenmoral als ›Media Ethics‹. Kodifizierte Pressemoral und Medienethik in den Vereinigten Staaten von Amerika. In: *Publizistik* 28/1 (1983), 19–39.

Bruns, Axel: Towards Produsage: Futures for User-Led Content Production. In: Fay Sudweeks/Herbert Hrachovec/Charles Ess (Hg.): *Proceedings: Cultural Attitudes towards Communication and Technology*. Perth 2006, 275–284.

Cassirer, Ernst: *Versuch über den Menschen. Einführung in eine Philosophie der Kultur*. Hamburg 1996.

Christians, Clifford G.: Can the Public be Held Accountable? In: *Journal of Mass Media Ethics* 3/1 (1988), 50–58.

Christians, Clifford G.: Gibt es eine Verantwortung des Publikums? In: Wolfgang Wunden (Hg.): *Medien zwischen Markt und Moral. Beiträge zur Medienethik*. Stuttgart 1989, 255–266.

Enzensberger, Hans Magnus: Die vollkommene Leere. Das Nullmedium Oder Warum alle Klagen über das Fernsehen gegenstandslos sind. In: *Der Spiegel* 20 (1988), 243–244.

Fenner, Dagmar: *Einführung in die angewandte Ethik*. Tübingen 2010.

Ferré, John P.: A Short History of Media Ethics in the United States. In: Lee Wilkins/Clifford D. Christians (Hg.): *The Handbook of Mass Media Ethics*. New York 2009, 15–27.

Floridi, Luciano (Hg.): *The Cambridge Handbook of Information and Computer Ethics*. Cambridge, Mass. 2010.

Funiok, Rüdiger: Grundfragen einer Publikumsethik. In: Ders. (Hg.): *Grundfragen der Kommunikationsethik*. Konstanz 1996, 107–122.

Funiok, Rüdiger: Hauptthemen und Autoren in der Entwicklung der deutschsprachigen Kommunikations- und Medienethik. In: Marlis Prinzing/Matthias Rath/Christian Schicha/Ingrid Stapf (Hg.): *Neuvermessung der Medienethik – Bilanz, Themen und Herausforderungen seit 2000*. München 2014, 19–34.

Funiok, Rüdiger: *Medienethik. Verantwortung in der Mediengesellschaft*. Stuttgart 2007.

Habermas, Jürgen: *Strukturwandel der Öffentlichkeit. Untersuchungen zu einer Kategorie der bürgerlichen Gesellschaft*

[1962]. Mit einem Nachwort zur Neuauflage 1990. Frankfurt a. M. 1990.
Hamelink, Cees J.: Ethics for Media Users. In: *European Journal of Communication* 10/4 (1995), 497–512.
Himma, Kenneth Einar/Tavani, Herman T. (Hg.): *The Handbook of Information and Computer Ethics*. Hoboken 2008.
Kant, Immanuel: *Grundlegung zur Metaphysik der Sitten* [1785]. Akademie-Ausgabe. Bonner Kant-Korpus. Bd. IV, 385–463, http://korpora.org/Kant/ (11.8.2015).
Karmasin, Matthias: Ein Naturalismus ohne Fehlschluß? Anmerkungen zum Verhältnis von Medienwirkungsforschung und Medienethik. In: Matthias Rath (Hg.): *Medienethik und Medienwirkungsforschung*. Wiesbaden 2000, 127–148
Kerlen, Dietrich: *Jugend und Medien in Deutschland. Eine kulturhistorische Studie*. Weinheim 2005.
Krainer, Larissa: Medienethik als Aufgabe inter- und transdisziplinärer Reflexionsleistung. Ein Beitrag zur deutschsprachigen Fachgeschichte und Fachzukunft. In: Marlis Prinzing/Matthias Rath/Christian Schicha/Ingrid Stapf (Hg.): *Neuvermessung der Medienethik – Bilanz, Themen und Herausforderungen seit 2000*. München 2014, 35–55.
Krotz, Friedrich: *Die Mediatisierung kommunikativen Handelns. Der Wandel von Alltag und sozialen Beziehungen, Kultur und Gesellschaft durch die Medien*. Opladen 2001.
Krotz, Friedrich: *Mediatisierung. Fallstudien zum Wandel von Kommunikation*. Wiesbaden 2007.
Loretan, Matthias: Grundrisse der Medienethik. Ethik des Öffentlichen als Theorie kommunikativen Handelns. In: *ZOOM K&M* 4 (1994), 56–62.
Maletzke, Gerhard: *Psychologie der Massenkommunikation: Theorie und Systematik*. Hamburg 1963.
Marci-Boehncke, Gudrun: Medienverbund und Medienpraxis im Literaturunterricht. In: Volker Frederking/Axel Krommer/Christel Meier (Hg.): *Taschenbuch des Deutschunterrichts*, Bd. 2: *Literatur- und Mediendidaktik*. Baltmannsweiler 2010, 482–502.
Merrill, John C./Barnes, Ralph D.: *Ethics and the Press. Readings in Mass Media Morality*. New York 1975.
Plaisance, Patrick Lee: *Media Ethics. Key Principles für Responsible Practice*. Thousand Oaks 2009.
Pross, Harry: *Medienforschung. Film, Funk, Presse, Fernsehen*. Darmstadt 1972.
Rath, Matthias: ›Werte-volle‹ Medien? Medienpädagogik zwischen Wertevermittlung und Werturteilskompetenz. In: *merz wissenschaft* 59/3 (2015), 10–18.
Rath, Matthias: Das Internet – die Mutter aller Medien. In: Klaas Huizing/Horst F. Rupp (Hg.): *Medientheorie und Medientheologie*. Münster 2003, 59–69.
Rath, Matthias: Empirische Perspektiven. In: Christian Schicha/Carsten Brosda (Hg.): *Handbuch Medienethik*. Wiesbaden 2010, 136–146.
Rath, Matthias: *Ethik der mediatisierten Welt. Grundlagen und Perspektiven*. Wiesbaden 2014.
Rath, Matthias: Kann denn empirische Forschung Sünde sein? Zum Empiriebedarf der normativen Ethik. In: Ders. (Hg.): *Medienethik und Medienwirkungsforschung*. Wiesbaden 2000, 63–87.
Rath, Matthias: Medienethik – zur Normativität in der Kommunikationswissenschaft. In: Matthias Karmasin/Matthias Rath/Barbara Thomaß (Hg.): *Die Normativität in der Kommunikationswissenschaft*. Wiesbaden 2013a, 289–299.
Rath, Matthias: Medienqualität und die Kompetenz des Publikums. Medienethische Anmerkungen zu einer Chimäre. In: *Communicatio Socialis* 46/3–4 (2013b), 297–305.
Rivers, Williams L./Schramm, Wilbur: *Responsibility on Mass Communication*. New York 1969.
Shannon, Claude E./Weaver, Warren: The Mathematical Theory of Communication [1949]. Urbana [10]1964.
Siponen, Mikko T./Vartiainen, Tero: Teaching End-User Ethics: Issues and a Solution Based on Universalizability. In: *Communications of the Association for Information Systems* 8 (2002), http://aisel.aisnet.org/cais/vol8/iss1/29 (2.7.2015).
Ward, Stephan J. A. (Hg.): *Global Media Ethics. Problems and Perspectives*. Chichester 2013.
Weinert, Franz E.: Vergleichende Leistungsmessung in Schulen – eine umstrittene Selbstverständlichkeit. In: Ders. (Hg.): *Leistungsmessungen in Schulen*. Weinheim 2001, 17–31.
Wilkins, Lee/Christians, Clifford G. (Hg.): *The Handbook of Mass Media Ethics*. New York 2009.
Wunden, Wolfgang: Freiheitliche Medienmoral. Konzept einer systematischen Medienethik. In: Rüdiger Funiok/Udo F. Schmälzle/Christoph H. Werth (Hg.): *Medienethik – die Frage nach Verantwortung*. Bonn 1999, 5–55.
Zimmerli, Walter Christoph: Wandelt sich Verantwortung mit technischem Wandel? In: Hans Lenk/Günter Rophl (Hg.): *Technik und Ethik*. Stuttgart [2]1993, 92–111.

Matthias Rath

40 Bildethik

Zur Begründung der Relevanz bildethischer Forschung wird für gewöhnlich die Bedeutung visueller Darstellungen in der Medienlandschaft herausgestellt (vgl. Isermann 2010; Leifert 2007). Im selben Atemzug wird gerne auch auf die zum Gemeinplatz avancierte Klage über eine für den Betrachter kaum zu bewältigende Bilderflut Bezug genommen.

Ethische Relevanz kommt der Bildkommunikation aber nicht nur aufgrund der reinen *Quantität* bildlicher Reize in der Medienlandschaft zu. Vielmehr zeichnet sich das Medium Bild durch eine Reihe von *Qualitäten* aus, die es zu einem wirkungsvollen, zugleich jedoch höchst problematischen Kommunikationsmittel machen. Nicht zu Unrecht bezeichnet Susan Sontag das Bild als ›grundlegende Einheit‹ des menschlichen Gedächtnisses; das Erinnern, so Sontag, friert Ereignisse ein und macht sie zu Bildern (vgl. Sontag 2003, 22). Bilder dienen dem kollektiven Gedächtnis als Erinnerungsstützen und scheinen dabei komplexe Ereignisse und Zusammenhänge auf besonders prägnante, pointierte Weise zum Ausdruck zu bringen. Sie emotionalisieren (vgl. Knieper/Müller 2006); dadurch können sie die Aufmerksamkeit des Publikums oft wirkungsvoller als Texte auf sich ziehen. Unter anderem deshalb ist die Verfügbarkeit attraktiven Bildmaterials längst ein ausschlaggebendes Kriterium bei der Selektion von Nachrichteninhalten geworden (vgl. Diehlmann 2006): ein Geschehen, das visualisierbar ist, hat einen hohen Nachrichtenwert (s. Kap. V.14). Das hohe Emotionalisierungspotenzial kann zur Folge haben, dass von den Zusammenhängen, in denen ein abgebildetes Ereignis steht, abgelenkt wird, sorgt andererseits aber dafür, dass das Dargestellte im Gedächtnis haften bleibt, denn Ereignisse von emotionaler Bedeutung werden leichter erinnert (vgl. Verhovnik 2014). Gegenüber Texten haben Bilder u. a. den Vorteil, dass sie nicht erst in Fremdsprachen übersetzt werden müssen; sie tragen somit entscheidend zur Globalisierung der Medienkommunikation bei. Ein weiterer, entscheidender Grund für die Popularität insbesondere *fotografischer* Bilder wie auch für das mit ihnen verbundene Konfliktpotenzial ist schließlich ihre vermeintliche Beweiskraft. Fotos, so die naive Annahme, dokumentieren reale Geschehnisse; sie können *beweisen*, dass ein Ereignis wirklich stattgefunden hat, dass eine bestimmte Person zu einer bestimmten Zeit an einem bestimmten Ort war, usw.

Zusammengenommen sorgen diese Charakteristika dafür, dass Bilder so tiefgreifenden Einfluss auf unsere Wahrnehmung gesellschaftlicher Verhältnisse, Personen und Ereignisse nehmen können, dass, wie Mitchell feststellt, »die Vorstellung, dass Bilder über eine Art von gesellschaftlicher Macht verfügen«, zum »vorherrschende[n] Klischee der gegenwärtigen visuellen Kultur« avancieren konnte (Mitchell 2008, 50).

Bezieht sich die Bildethik auf die Pragmatik oder die Semantik des Bildes?

Ethik als philosophische Disziplin bezieht sich auf das menschliche Handeln; Bildethik kann daher nicht im eigentlichen Sinn als Ethik des Bildes oder der bildlichen Darstellung gedacht werden, denn Bilder sind Dinge, keine Personen. Entscheidungsfreiheit und die damit einhergehende moralische Verantwortung kommen ihnen nicht zu. Widerspruchsfrei ist Bildethik nur zu verstehen als *Ethik des kommunikativen Handelns mit Bildern und durch Bilder*. Schnittstellen mit einer allgemeinen Bildwissenschaft ergeben sich daher, wie Stefan Leifert feststellt (vgl. Leifert 2007), nicht primär auf dem Sektor der Bildtheorie oder der Phänomenologie des Bildes, sondern auf dem der Bild*pragmatik*.

Wessen Handeln muss reglementiert werden?

Massenmediale Bildkommunikation findet, wie Oliver Scholz ausführt (vgl. Scholz 2004), *arbeitsteilig* statt. Dafür, dass ein Bild in einem gegebenen medialen Kontext auftritt, zeichnen heute in der Regel mehrere Personen und Instanzen verantwortlich. Bei massenmedial verbreiteten Gebrauchsbildern ist der *Bildproduzent* dem Rezipienten nur selten bekannt. Ausnahmen finden sich auffällig häufig unter Fotografen, die sich auf die Dokumentation von Kriegen und Katastrophen spezialisiert haben (vgl. Godulla 2014, 403). Meist tritt der Urheber in der Wahrnehmung des Publikums hinter sein Werk zurück. Darüber, ob und wo die Arbeit eines Fotografen publiziert wird, entscheidet ein Heer von sogenannten Gatekeepern in Agenturen und Redaktionen (vgl. ebd.), die über die Weiterverbreitung von Informationen und Bildern entscheiden. Daraus ist zu folgern, dass nicht nur Bildjournalisten, sondern auch die »Imagebroker« (ebd.) und selbst der »Endkunde« (ebd.), der über die Nachfrage das Bildangebot mitbestimmt, moralisch relevante Akteure für Art und Inhalt der kursierenden Bilder sind. Der Publikums- oder Rezipientenethik muss ein fester Platz im bildethischen Diskurs eingeräumt werden (vgl. Jansen 2003; s. Kap. VIII.39). Gegenstand der Bildethik sind also *sämtliche* Handlungen, die im Zusammenhang mit Bildern unternommen werden – von der Bildproduktion und der Selektion durch Agenturen und Redaktionen über die Präsentation und Kontextuierung im Publikationsmedium bis zur Aufnahme durch das Publikum. Daraus ist zu schließen, dass Bildethik nicht allein als Teil einer journalistischen Berufsethik aufgefasst werden kann.

Standortbestimmung: Journalistische Berufsethik oder philosophische Disziplin?

Berufsethische Fragen werden im Journalismus vor allem mittels des Systems der freiwilligen Selbstkontrolle verhandelt (s. Kap. IV.12). Das zentrale Organ der Selbstkontrolle in Deutschland ist der Deutsche Presserat; die Normen, für deren Einhaltung er sich einsetzt, sind im *Pressekodex* zusammengefasst (Deutscher Presserat 2013). Verboten ist demnach die Veröffentlichung entwürdigender oder ehrabschneidender Bilder; gegen Persönlichkeitsrechte darf nicht verstoßen werden, d. h. auch: Fotos dürfen nicht veröffentlicht werden, wenn dadurch die Abgebildeten in Gefahr geraten, und bei Verbrechen und Unfällen gilt das Gebot des Opferschutzes; bei Berichterstattung über Gewalt, Kriege und Katastrophen müssen stets die Interessen der Betroffenen und Abgebildeten gegen das Interesse der Öffentlichkeit an Aufklärung abgewogen werden; Symbolfotos müssen als solche gekennzeichnet werden und dürfen nicht als dokumentarische Bilder missverstehen sein; Manipulationen von Bildern müssen kenntlich gemacht werden.

Als *philosophische Subdisziplin* steht die Bildethik noch am Anfang. Medienethische Forschung setzt sich, wo es um Bilder geht, meist mit sehr konkreten Problemstellungen auseinander, ohne dabei auf einer Metaebene über zugrundeliegende moraltheoretischen Voraussetzungen zu reflektieren. Welches Handeln mit Bildern wie beurteilt wird, hängt aber wesentlich vom moralischen Begründungssystem ab. Liegt bildethischen Erwägungen z. B. eine *folgenorientierte Ethik* zugrunde, so ist primär die tatsächliche oder mutmaßliche *Wirkung* der jeweils diskutierten Bilder von Interesse. Es muss dann berücksichtigt werden, wie sich die Auseinandersetzung mit diesen Bildern auf die Verfassung und die Einstellung der Rezipienten auswirkt und ob die Verbreitung der Bilder einen als positiv oder als negativ zu wertenden Einfluss auf die öffentliche Meinung, auf gesellschaftliche Prozesse und politische Entscheidungen nimmt. Darüber hinaus muss einkalkuliert werden, welche Auswirkungen die Herstellung und die Publikation dieser Bilder für das Wohlbefinden und die Zukunft der darauf abgebildeten Personen oder für Dritte hat. Wird jedoch beispielsweise auf der Basis einer *Gesinnungsethik* argumentiert, rücken andere Faktoren in den Vordergrund. Es stellt sich dann u. a. die Frage, ob das jeweilige Bild in guter oder fragwürdiger Absicht gemacht und verbreitet wurde: Hat ein Fotograf Leidende porträtiert, um die Weltöffentlichkeit für ihre prekäre Situation zu sensibilisieren, oder nutzt er ihre Not für sein berufliches Fortkommen aus? Geht es bei der Veröffentlichung von Schnappschüssen, die die Privatsphäre eines Politikers verletzen, um die Aufdeckung von Missständen, oder wird hier mit Blick auf die Auflage ein Skandal inszeniert?

In bildethischen Arbeiten wird noch häufig eher unsystematisch auf beide Begründungssysteme zurückgegriffen. Auch wird selten spezifiziert, auf welche *Werte* sich bildethische Urteile stützen, und die Kriterien, nach denen Interessen verschiedener betroffener Parteien gewichtet werden, werden kaum transparent gemacht. Zu den Fragen, mit denen die Bildethik sich auseinandersetzen muss, gehört aber auch die, wessen Interessen im Rahmen eines ethischen Umgangs mit Bildern zu berücksichtigen sind.

Wer muss geschützt werden? Welche Interessen müssen abgewogen werden?

Einerseits sind in der Regel die *abgebildeten Personen* betroffen. Ihre Rechte können mit einer Publikation unautorisierter Bilder verletzt werden. Auch schon vor der Veröffentlichung kann ihnen durch die Umstände, unter denen das Bild aufgenommen wurde, Unrecht zugefügt worden sein. So stellt schon das Eindringen einer unbefugten Person in den privaten Lebensbereich eine Verletzung der Privatsphäre dar, unabhängig davon, ob dabei entstandene Bilder später öffentlich sichtbar werden oder nicht. Bilder von Kriegs- und Gewaltopfern werfen zudem oft die Frage auf, ob die dargestellte Gewalttat v. a. deshalb begangen wurde, um ein wirkungsvolles Bild zu erzeugen, das zu bestimmten Zwecken verwendet werden kann. Wenn Terroristen Geiseln töten, dann oft mit dem Ziel, Fotos der Hinrichtung herstellen und verbreiten zu können.

Andererseits sind aber auch Situationen vorstellbar, in denen die *Bildbetrachter* des Schutzes bedürfen. In dieser Hinsicht kommt z. B. dem Jugendschutz Bedeutung zu. Aber auch erwachsene Menschen können unter Umständen anfällig gegenüber drastischen Darstellungen sein, z. B. als Folge eines erlittenen Traumas. Besonders schockierende oder belastende Bilder können auch bei Erwachsenen traumatischen Stress auslösen, vor allem dann, wenn sie in großen Mengen rezipiert werden. Manche Menschen könnten sich darüber hinaus aufgrund kultureller Prägung oder individueller Wertvorstellungen von bestimmten Motiven abgestoßen fühlen. Solche Fälle werfen die Frage auf, ob informationelle Selbstbestimmung nicht auch das Recht einschließen müsste, selbst zu entscheiden, ob, wann und wie man mit bestimmten Kategorien von Bildern – z. B. pornografischen Bildern oder Gewaltbildern – konfrontiert werden möchte (vgl. Studer 2006, 24).

Über den einzelnen Betrachter hinaus können Bilder auch ganze *Bevölkerungsgruppen* in Gefahr bringen, z. B. wenn sie als Instrumente einer rassistischen Hetze eingesetzt werden. Im Zusammenhang mit Gewalttaten wie beispielsweise Amokläufen ist zu fragen, ob mediale Aufmerksamkeit – auch in Form der Veröffentlichung von Bildern – Nachahmungstäter anstiften könnte; in einem solchen Fall wären *potenzielle zukünftige Gewaltopfer* die Leidtragenden. Werden Bilder von terroristischen Gräueltaten öffentlich gezeigt, fördert dies ein Klima der Angst, das die *Gesamtgesellschaft* beeinträchtigt. Zuletzt sollte noch Erwähnung finden, dass auch die *Presse* in ihrer Gesamtheit, als gesellschaftliche Institution, durch die Publikation ungeeigneter Bilder Schaden nehmen kann – indem beispielsweise Fälle von Bildmanipulation das Ansehen der Presse und das Vertrauen der Bürger/innen in die Berichterstattung beschädigen.

Bildethische Problembereiche

Aus ethischer wie juristischer Perspektive interessant ist das Problemfeld der Persönlichkeitsrechte (dazu im Pressekodex Ziffer 8; s. Kap. VII.25). Ethische Fragen können über den durch die Gesetzgebung abgesteckten Rahmen hier weit hinausgehen. Kann es beispielsweise moralisch falsch sein, besonders unvorteilhafte Bilder Prominenter zu zeigen, auch wenn damit nicht gegen geltendes Recht verstoßen wird? Wessen Interesse rechtfertigt eine derartige Bloßstellung? Müsste eine Abwägung zwischen dem Wert der Pressefreiheit, dem Wunsch des Publikums nach Unterhaltung und der Würde des Abgebildeten unter *ethischen* Vorzeichen zu anderen Schlüssen kommen als unter juristischen?

Wenngleich in medienwissenschaftlichen Publikationen durchaus präsent, wurde die Thematik der Einflussnahme medialer Bilder auf *Menschenbild* und *Körperbild* ihrer Betrachter aus dezidiert *bildethischer* Perspektive noch nicht eingehend beleuchtet. Durch Manipulation von Fotos werden heute Bilder menschlicher Körper erzeugt, die anders aussehen, als dies real möglich wäre, und die erst dadurch einem auf die Spitze getriebenen Schönheitsideal genügen. Es ist zu fragen, ob die Dominanz derartiger Bilder v. a. in Werbung und Modemagazinen die Wahrnehmung echter menschlicher Körper durch das Publikum verzerrt und dadurch z. B. das Selbstbild junger Frauen beeinträchtigt.

Ein weiteres Untersuchungsfeld betrifft die Funktion von Medienbildern bei der *Marginalisierung und Stereotypisierung von Bevölkerungsteilen, insbesondere bestimmter Minderheiten,* sowie der *Aufrechterhaltung ausgrenzender Normen* (s. Kap. VI.20). Das Wirken visueller Stereotype rückt zunehmend in den Fokus der Forschung. Die Gefahr rassistischer Stereotypisierung durch Bilder ist beispielsweise Gegenstand neuerer Forschung (z. B. Koch 2009). Problematisch kann dabei u. a. die suggestive Zusammenstellung symbolischer Repräsentationen sein, da diese zur Folge haben kann, dass sich bei den Zuschauern Assoziationen verfestigen – z. B. wenn in der Berichterstattung über extremistische Gewalttaten Symbolbilder verwendet werden, die ganz allgemein auf den Islam Bezug nehmen, und das Publikum schließlich eine ganze Religion primär mit Terror assoziiert (vgl. Schiffer 2006). Ins Positive gewendet, stellt sich aber ebenso die Frage, ob Bilder Vielfalt bestärkend visualisieren und damit Toleranz und Akzeptanz befördern können.

Umstritten ist in diesem Zusammenhang, ob Bilder als Argumente verwendet werden können bzw. ob und auf welche Weise sie Thesen argumentativ untermauern können (vgl. Sachs-Hombach/Masuch 2007).

Das vielleicht brisanteste Problemfeld der Bildethik ist aber der Themenkomplex Gewalt und Konflikt (vgl. Knieper/Müller 2005; Isermann/Knieper 2009; s. Kap. VI.21). Ein beachtlicher Anteil der Sprüche des Deutschen Presserats bezieht sich auf diesen Bereich (vgl. Studer 2006; Leifert 2006). Generell stellt der Presserat die Menschenwürde in den Vordergrund. Eine namentliche Identifikation abgebildeter Gewalt- oder Kriegsopfer stellt demnach nicht notwendig einen Verstoß gegen die Würde der Opfer dar; Bedingung für die Akzeptabilität drastischer Darstellungen ist allerdings, dass das betreffende Bild ein Dokument der Zeitgeschichte darstellt, es also »über sich hinausweist, Hintergrund vermittelt, authentisch und ›symbolisch aussagekräftig‹ ist« (Studer 2006, 25). Gewaltbilder, die von den Tätern zu propagandistischen Zwecken aufgenommen wurden, sollen allerdings nicht gezeigt werden.

Schon wenn der Kontext eines Gewaltverbrechens oder eines blutigen Konfliktes gar nicht gegeben ist, erfordert die bildliche Darstellung von Toten oder Sterbenden besondere Sensibilität (vgl. Stapf 2006), da hier an ein Thema gerührt wird, das zwar für alle Menschen existentiell, zugleich aber mit Tabus behaftet ist und auf das sich erhebliche Ängste richten. Besonders dort, wo bei der Bildkommunikation kulturelle Grenzen überschritten werden, besteht die Gefahr, mit Bildern des Todes Gefühle zu verletzen. Wenn nun der Tod oder das Sterben von Menschen abgebildet werden, die Opfer von Gewalt geworden sind, besteht die Gefahr, dass die Abgebildeten durch die Art der Darstellung in entwürdigender Weise auf ihre Opferrolle reduziert werden. Hinzu kommt, dass das Bild einen mit einer Gewalttat verbundenen Akt der Demütigung performativ wiederholen kann, das Opfer also bei jedem Zeigen erneut erniedrigt wird und Bildverwender wie Rezipienten sich damit zum Erfüllungsgehilfen der Täter machen – eine ungewollte Komplizenschaft, die sich z. B. islamistische Terrororganisationen zu Nutzen gemacht haben (vgl. Müller 2005).

Zudem ist nicht auszuschließen, dass eine übermäßige Konfrontation mit schockierenden Gewaltmotiven den Bildbetrachter emotional abstumpfen lässt – auch wenn langfristige Auswirkungen des Gewaltbildkonsums auf die Psyche durch die Medienwirkungsforschung bislang nicht nachgewiesen wurden.

Andererseits kann nicht vernachlässigt werden, dass Bilder von Gewalttaten auch zur Aufklärung über begangenes Unrecht beitragen und damit positive Veränderungsprozesse anstoßen können. Dass Bilder im öffentlichen Diskurs nicht wirkungslos bleiben, zeigt sich gerade in der Kriegsfotografie immer wieder – beispielsweise haben Fotografien und Fernsehaufnahmen aus dem Vietnamkrieg einen entscheidenden Beitrag zum Meinungsumschwung in der amerikanischen Bevölkerung über diesen Krieg geleistet.

Ein generelles Abbildungsverbot für Gewaltszenen wird deshalb auch von kritischen Stimmen nicht eingefordert. Allerdings ist umstritten, wo bei der Darstellung von Gewalttaten und bei Opferbildern die Grenzen des Akzeptablen verlaufen. Dabei steht nicht nur zur Disposition, *was* öffentlich gezeigt werden darf, sondern auch *wie*. So scheint manchem der Grad der Gefährdung menschlicher Würde nicht nur von der Auswahl des Bildsujets, sondern zu einem nicht unerheblichen Teil vom Einsatz bestimmter gestalterischer und kompositorischer Mittel abzuhängen.

Die herausgehobene Ästhetisierung geschundener Körper verletzt anscheinend die moralischen Intuitionen etlicher Bildbetrachter. Die Bildberichterstattung, so bemerkt etwa Alexander Godulla, gerät vor allem dann in die Kritik, »wenn Krisenfotos (etwa die Darstellung von Kampfhandlungen oder die Porträtierung von Katastrophenopfern) einen kompositorischen Standard erreichen, der als ästhetisch und damit wirklichkeitsverzerrend oder gar affirmativ empfunden wird« (Godulla 2014, 404 f.). Das Moralempfinden vieler Menschen läuft hier auf eine Ablehnungshaltung hinaus, die philosophisch nicht leicht zu begründen ist und zudem in Konflikt mit den Konsumgewohnheiten und Erwartungen moderner Bildbetrachter gerät: Das breite Publikum nimmt Bilder eher wahr, wenn sie geschickt komponiert sind; ein unattraktives Foto kann die Aufmerksamkeit der Rezipienten nicht wirksam binden und damit auch weniger effizient für Leid und Unrecht sensibilisieren (vgl. ebd., 405). Verschärft tritt dieser Konflikt zutage, wenn der ästhetische Reiz von Fotografien, die Schreckliches dokumentieren, durch nachträgliche Manipulationen gesteigert wird (vgl. dazu Paul Hansens *Gaza Burial* 2013; dazu z. B. Mayer 2014, 435 f.). Der moralisch motivierte Antiästhetismus einiger Kritiker massenmedial verbreiteter Gewaltbilder steht im Gegensatz zu Strategien der ästhetischen Transformation, die in der bildenden Kunst gerade in der Absicht eingesetzt werden, Bilder im Dienste einer moralisch-ethischen Kommunikationsabsicht nutzbar zu machen (man denke beispielsweise an die Arbeiten Alfredo Jaars). Augenscheinlich werden an vermeintlich reine ›Gebrauchsbilder‹ wie Pressefotos andere Erwartungen gestellt als an Bilder, die als Kunstwerke im engeren Sinn aufgefasst werden.

Mit dieser Problematik haben wir ein Konfliktpotenzial angesprochen, das Bildern eigen ist und das im Bereich der rein sprachlichen Kommunikation keine vergleichbare Rolle zu spielen scheint – oder aber zumindest dort aktuell nicht mehr vergleichbar kontrovers diskutiert wird. Damit ist schon angedeutet, weshalb es notwendig ist, innerhalb der allgemeinen Medienethik die Bildethik als eigenständiges Forschungsfeld zu etablieren.

Warum eine eigenständige Bildethik? Bildspezifische medienethische Problembereiche

In Anbetracht der häufig engen Verknüpfung von Bildern mit sprachlich vermittelten Informationen im medialen Kontext (vgl. Köhler 2008) mag es manchem wenig sinnvoll scheinen, innerhalb der Medienethik einen gesonderten Problembereich der Bildethik herauszustellen. Dennoch sollte Berücksichtigung finden, dass an Bilder von Rezipientenseite spezielle Erwartungen gestellt werden, z. B. hinsichtlich des Verhältnisses der Fotografie zur Realität. Fotografien, so bringt Thomas Knieper die Problematik auf den Punkt, erzeugen die »Illusion eines intuitiv verfügbaren Informationsgehaltes« und einer »Nähe zum Dargestellten« (Knieper 2003, 194). Der naive Betrachter begegnet fotografischen Aufnahmen mit der Erwartung, dass sie die Wirklichkeit unverzerrt abbilden. Die Künstlichkeit des technisch erzeugten Bildes und seine problematische Vieldeutigkeit erschließen sich hingegen nur einem kompetenten Rezipienten.

Die Manipulation fotografischer Aufnahmen ist historisch gesehen kein neues Phänomen (vgl. Forster 2003). Besondere Brisanz kommt der Problematik heute aber aufgrund der größeren Möglichkeiten digitaler Bildbearbeitung zu. Folglich befasst sich ein großer Anteil der Entscheidungen des Deutschen Presserates mit Bildmanipulationen. Die Veröffentlichung manipulierter Fotografien, *die den Betrachter täuschen*, wird durch den Pressekodex untersagt (Ziffer 2). Nachbearbeitete Bilder werden dabei v. a. abgelehnt, wenn durch die Veränderungen die eigentliche, ursprüngliche Bildaussage verfälscht wird. Gravierende Eingriffe ins Bild – wie das Hinzufügen oder Entfernen von Personen oder Gegenständen – müssen dem Rezipienten kenntlich gemacht werden (vgl. Leifert 2006). Als weniger problematisch fasst der Presserat »rein handwerkliche Veränderungen« auf, die »die Qualität der Bildoberfläche und die Sichtbarkeit des Bildobjekts verbessern sollen, aber keine bewusste Täuschung darstellen« (ebd., 18). Zu Recht macht Leifert aber auf ein »definitorisches Defizit« (ebd.) aufmerksam: Weder im Pressekodex noch in Begründungen aus der Spruchpraxis wird abschließend geklärt, wo Manipulation anfängt und legitime Nachbearbeitung aufhört.

Insbesondere im Bereich der Pressefotografie gilt noch immer das Ideal des authentischen, Realität unverfälscht abbildenden Bildes. Dabei wirft dieses Authentizitätsideal eine Reihe fundamentaler Fragen auf, die schwierig zu beantworten sind (ausgeführt u. a. bei Haller 2008): Wann kommt eine nachträgliche Bildbearbeitung einer Täuschung gleich? Wo verläuft die Grenze zwischen künstlerischer Gestaltung und betrügerischer Manipulation? Welche ethischen Grenzen sind der Freiheit des Fotokünstlers bei der Nachbearbeitung eines Bildes gesetzt? Wann entsteht durch eine ästhetisch motivierte Bildbearbeitung, z. B. eine Veränderung der Farbwerte, eine Verzerrung auch auf der Inhaltsebene und wann nicht (dazu z. B. auch Forster 2003, 72)? Ist die Vermittlung eines falschen Eindrucks durch ein Bild erst dann als Fall von Manipulation zu werten, wenn sie absichtlich geschah, oder kann die Herstellung oder Verwendung eines irreführenden Bildes auch dann als unaufrichtig kritisiert werden, wenn die Täuschung vom Urheber oder Verwender nicht beabsichtigt war?

Fraglich scheint, ob es überhaupt möglich ist, mit Hilfe der Fotografie objektiv Wahrheit abzubilden (s. Kap. III.7). Ob Bilder ganz generell wahrheitsfähig sind, ist eine kontroverse philosophische Frage (vgl. Schwarte 2015) – schließlich ist oft schon strittig, welche ›Aussage‹ über das abgebildete Geschehen einem Bild zuzuschreiben ist. Dass Fotografie objektiver Reales abbildet als andere Bildtechniken, darf ebenfalls bezweifelt werden. So betont z. B. Godulla die notwendig subjektive und interpretative Seite des Mediums: Das Fotografieren erfordere eine »Pointierung einzelner Bildelemente zu Ungunsten anderer, wodurch zwar Prägnanz entsteht, aber auch Selektivität« (Godulla 2014, 404).

Der technische Prozess des Fotografierens bildet zudem Dinge und Ereignisse bisweilen anders ab, als sie von Anwesenden wahrgenommen werden – z. B. gleichen Farben, die auf der Fotografie sichtbar werden, nicht zwangsläufig dem unmittelbaren Wahrnehmungseindruck. Haller stellt die These auf, dass eine nachträgliche Manipulation die Authentizität sogar steigern kann, indem sie das Bild der authentischen subjektiven Wahrnehmung des Fotografen angleicht (vgl. Haller 2008). In Anbetracht solcher Überlegungen ließe sich auch das u. a. von Leifert besonders herausgestellte Prinzip der »professionellen Augenzeugenschaft« (Leifert 2006, 19) im (Bild-)Journalismus als eine Norm verstehen, die Spielraum für die Eröffnung einer individuellen, subjektiven Perspektive auf das Geschehen lässt. Die tatsächliche Falschdarstellung von Ereignissen – ob absichtlich oder unabsichtlich, ob durch das Hinzufügen oder durch das Auslassen von Information – muss selbstverständlich auch unter diesem Vorzeichen als Normverstoß gewertet werden.

Auf einen weiteren wichtigen Aspekt der Authentizitätsproblematik macht Leifert aufmerksam: Es mache einen Unterschied, ob an »authentische« Bilder nur der Anspruch gestellt werde, dass sie nicht nach der Aufnahme verändert worden sein dürfen, oder ob darüber hinaus »Authentizität« nur denjenigen Bildern attestiert werde, die auch wirklich »eine Situation der Wirklichkeit aufgenommen (…) haben, die ohne die Präsenz der Kamera die gleiche gewesen wäre wie mit ihr« (ebd., 23). Legte man den letztgenannten Maßstab an, würde eine sehr große Anzahl von Medienbildern diesem Anspruch nicht mehr gerecht. Schon jedes Bild, auf dem Politiker für die anwesenden Kamerateams posieren, sich demonstrativ die Hände reichen o. ä., wäre dann strenggenommen eine verfälschende Darstellung. Dieses Beispiel zeigt, wie wenig sich ein zu enges, idealisierendes, mit unerfüllbaren Erwartungen verknüpftes Konzept von Bildauthentizität dafür eignet, realen Kommunikationszusammenhängen gerecht zu werden.

Als vielversprechende Alternative erscheint deshalb der Ansatz, Authentizität nicht als eine Eigenschaft aufzufassen, die Bildern aus sich selbst heraus zukommt, sondern als Resultat einer Zuschreibung durch die Gemeinschaft von Produzenten, Verwendern und Rezipienten (vgl. Schierl 2003).

Über die Authentizitätsproblematik hinaus tut sich im Bereich der Bildkommunikation ein zweites charakteristisches Problemfeld auf: Bilder sind generell deutungsoffen; Vagheit und Ambivalenz des semantischen Gehalts scheinen ein Wesensmerkmal des Mediums Bild zu sein (vgl. z. B. Knieper 2003, 194). Es kann begründet in Zweifel gezogen werden, ob Bilder überhaupt analog zu sprachlichen Bezeichnungen eindeutig auf Gegenstände Bezug nehmen können. So äußert beispielsweise Manfred Harth den Einwand, dass in der Bildkommunikation der Verwendungsbezug ausschlaggebend sei, man also eher von »(Bild-) Verwender-Bezugnahme« als von »Bildbezugnahme« sprechen müsste (Harth 2001, 42). Ähnlich formuliert Sachs-Hombach die These, dass Bilder zwar in gewissem Sinne als Prädikate aufzufassen seien, denen ein Inhalt zugeschrieben werden könne, die Referenz sich aber erst aus dem Kommunikationskontext ergebe (vgl. Sachs-Hombach 2001). Er weist hier auf die bemerkenswerte *Kontextsensibilität* visueller Medien hin: Da Bilder vielerlei Informationen (z. B. Zeitangaben, Orts- und Personennamen, politische Hintergründe…) nicht aus sich selbst heraus, sondern lediglich mit Hilfe begleitender Texte transportieren können, und sie zudem narrative Zusammenhänge in der Regel nur im Zusammenhang von Bilderfolgen oder innerhalb anderer intermedialer Bezüge wiedergeben können, sind sie in besonderem Maße – und möglicherweise in höherem Maße als Texte – *kontextabhängig*. Dass damit nicht nur eine genuine Schwäche des Mediums Bild benannt ist, sondern auch eine wertvolle kommunikative Funktion, verdeutlicht Jörg R. J. Schirra mit seinen Ausführungen zur *Kontextbildungsfunktion* von Bildern: Laut Schirra dienen Bilder im multimedialen Zusammenhang oft dazu, den Diskursrahmen abzustecken, in dem sprachliche Informationen zu verstehen sind (vgl. Schirra 2001, 98).

Im Zusammenhang ethischer Fragestellungen muss diese besondere Kontextsensibilität des Mediums Bild ebenso berücksichtigt werden wie seine Vagheit in der Bezugnahme auf Gegenstände und die notorische Uneindeutigkeit der Bildaussage. Konkret bedeutet dies, dass ein Bild *an sich* moralisch niemals problematisch ist, da es *aus sich selbst heraus* keine Behauptungen über die Welt aufstellt, keine Forderungen erhebt und keine Wertungen vornimmt. Die Umstände seiner Entstehung, seine Verwendung im medialen Gesamtkontext und die Rezeption durch den Betrachter generieren jedoch in ihrem Zusammenspiel mit der Bildgestalt eine Bildbedeutung, auf die sich eine ethische Problematisierung beziehen kann. Aufgabe der Bildethik ist es daher auch, zu beleuchten, wie Bedeutungszuschreibungen in der Bildkommunikation zustande kommen, wie sie sich wandeln können und wie die ethischen Implikationen einer bildbasierten kommunikativen Handlung durch derartige Prozesse mitbestimmt werden.

Literatur

Deutscher Presserat: *Pressekodex*. Aktuelle Fassung vom März 2013. In: https://de.wikipedia.org/wiki/Pressekodex (1.11.2015).

Diehlmann, Nicole Anna: Informationen oder Bildgeschichten? Qualitative Befunde zu Selektionskriterien in Fernsehnachrichten. In: *Zeitschrift für Kommunikationsökologie und Medienethik* 8/1 (2006), 33–36.

Forster, Klaus: Rezeption von Bildmanipulationen. In: Thomas Knieper/Marion G. Müller (Hg.): *Authentizität und Inszenierung von Bilderwelten*. Köln 2003, 66–101.

Godulla, Alexander: Authentizität als Prämisse? Moralisch legitimiertes Handeln in der Pressefotografie. In: *Communicatio Socialis* 4 (2014), 402–410.

Haller, Michael: Die Wirklichkeit der Bilder – Authentisch und inszeniert: Zur Doppeldeutigkeit eindeutiger Bildaussagen. In: Michael Haller (Hg.): *Visueller Journalismus. Beiträge zur Diskussion einer vernachlässigten Dimension*. Berlin 2008, 29–53.

Hansen, Paul: *Gaza Burial.* Fotografie (2013). In: http://www.worldpressphoto.org/collection/photo/2013/spotnews/paul-hansen (13.4.2016).
Harth, Manfred: Bezugnahme bei Bildern. In: Klaus Sachs-Hombach (Hg.): *Bildhandeln.* Marburg 2001, 41–54.
Isermann, Holger/Knieper, Thomas: Tod und Leid auf Seite eins. In: *Message. Internationale Fachzeitschrift für Journalismus* 2 (2009), 26–29.
Isermann, Holger: Bildethik. In: Carsten Brosda/ Christian Schicha (Hg.): *Handbuch Medienethik.* Wiesbaden 2010, 304–317.
Jansen, Gregor M.: *Mensch und Medien. Entwurf einer Ethik der Medienrezeption.* Frankfurt a. M. 2003.
Knieper, Thomas: Die ikonologische Analyse von Medienbildern und deren Beitrag zur Bildkompetenz. In: Thomas Knieper/Marion G. Müller (Hg.): *Authentizität und Inszenierung von Bilderwelten.* Köln 2003, 193–212.
Knieper, Thomas/Müller, Marion G. (Hg.): *War Visions. Bildkommunikation und Krieg.* Köln 2005.
Knieper, Thomas/Müller, Marion G. (Hg.): Emotionalisierung durch Bilder. Herausgeberband der *Publizistik: Vierteljahreshefte für Kommunikationsforschung* 51/1 (2006).
Koch, Ansgar: Visuelle Stereotype im öffentlichen Zuwanderungsdiskurs? Pressefotos von Migranten in deutschen Tageszeitungen. In: Thomas Petersen (Hg.): *Visuelle Stereotype.* Köln 2009, 58–78.
Köhler, Sebastian: Ent-Sprechungen: Zu Verhältnissen zwischen journalistischen Bildern und Texten. In: Michael Haller (Hg.): *Visueller Journalismus. Beiträge zur Diskussion einer vernachlässigten Dimension.* Berlin 2008, 91–104.
Leifert, Stefan: Professionelle Augenzeugenschaft. Manipulation und Inszenierung als Gegenstand von Selbstkontrolle und Bildethik. In: *Zeitschrift für Kommunikationsökologie und Medienethik* 8/1 (2006), 16–23.
Leifert, Stefan: *Bildethik. Theorie und Moral im Bildjournalismus der Massenmedien.* München 2007.
Mitchell, William J. T.: *Das Leben der Bilder. Eine Theorie der visuellen Kultur.* München 2008.
Müller, Marion G.: »Burning Bodies«. Visueller Horror als strategisches Element kriegerischen Terrors – eine ikonologische Betrachtung ohne Bilder. In: Knieper/Müller 2005, 405–423.
Sachs-Hombach, Klaus: Bild und Prädikation. In: Ders. (Hg.): *Bildhandeln.* Marburg 2001, 55–76.
Sachs-Hombach, Klaus/Masuch, Maic: Können Bilder uns überzeugen? In: Joachim Knape (Hg.): *Bildrhetorik.* Baden-Baden 2007, 49–70.
Schierl, Thomas: Der Schein der Authentizität: Journalistische Bildproduktion als nachfrageorientierte Produktion scheinbarer Authentizität. In: Thomas Knieper/Marion G. Müller (Hg.): *Authentizität und Inszenierung von Bilderwelten.* Köln 2003, 150–167.
Schiffer, Sabine: Sinn-Induktionsphänomene ernst nehmen. In: *Zeitschrift für Kommunikationsökologie und Medienethik* 8/1 (2006), 27–32.
Schirra, Jörg R. J.: Bilder – Kontextbilder. In: Klaus Sachs-Hombach (Hg.): *Bildhandeln.* Marburg 2001, 77–100.
Scholz, Oliver: *Bild, Darstellung, Zeichen: philosophische Theorien bildlicher Darstellung* [1992]. Frankfurt a. M. ²2004.
Schwarte, Ludger: *Pikturale Evidenz. Zur Wahrheitsfähigkeit der Bilder.* Paderborn 2015.
Sontag, Susan: *Regarding the Pain of Others.* New York 2003.
Stapf, Ingrid: Der Tod und die Medien. Überlegungen zu ethischen Aspekten und Kriterien einer Bildethik. In: *Zeitschrift für Kommunikationsökologie und Medienethik* 8/1 (2006), 57–64.
Studer, Peter: Presseräte zu Bildern von Krieg und Gewalt. Der Schweizer und der Deutsche Presserat im Umgang mit den Begriffen Bildikone und Menschenwürde. In: *Zeitschrift für Kommunikationsökologie und Medienethik* 8/1 (2006), 24–26.
Verhovnik, Melanie: Eingebrannte Bilder. Die Problematik medialer Bildberichterstattung am Beispiel von School Shootings. In: *Communicatio Socialis* 4 (2014), 411–430.

Inga Tappe

41 Ethik der Public Relations

Öffentlichkeitsarbeit bzw. *Public Relations* (PR) – die Begriffe werden synonym benutzt – oder die etwas moderneren und weiter entwickelten Varianten *Kommunikationsmanagement* bzw. *Organisationskommunikation* (auch: *strategische Kommunikation*) sind ein immer noch expandierendes Berufsfeld mit geschätzt mindestens 40–50.000 hauptberuflich arbeitenden Akteuren in Deutschland. Die Zahl der PR-Praktiker dürfte die Zahl der Journalisten (vgl. Weischenberg/Malik/Scholl 2006) mittlerweile deutlich übertreffen. Vor über 20 Jahren begann an Universitäten und Fachhochschulen die akademische Ausbildung für dieses Berufsfeld, eine kontinuierliche, universitäre Forschung nahm schon in den frühen 1990er Jahren ihren Anfang. Public Relations sind für das Informations- und Kommunikationsmanagement von Organisationen aller Art (Unternehmen, Verbände, Vereine, Parteien, NGOs, etc.) zuständig und stellen Kommunikationsbeziehungen zu allen möglichen Anspruchs- bzw. Stakeholdergruppen her. Viele, aber nicht alle Merkmale klassischer Professionen sind in diesem Berufsfeld vertreten. Ein wichtiges Merkmal, das dieses Berufsfeld von klassischen Professionen unterscheidet, ist der sogenannte ›offene Berufszugang‹: Im Gegensatz zu Juristen, Ärzten oder Ingenieuren kann im Grunde jeder PR-Praktiker werden, sofern er oder sie einen Arbeitgeber findet. Ein Merkmal jedoch, welches dieses Berufsfeld, das sich selbst auch gern als Profession sieht (vgl. Bentele et al. 2015), mit den klassischen Professionen gemeinsam hat, sind *berufsethische Regeln* und *Normen*.

Diese werden – wie Gesetze auch – nicht immer eingehalten. Dem Deutschen Rat für Public Relations (DRPR), dem Selbstkontrollorgan der PR-Branche, liegen oftmals Fälle der Täuschung und des Betrugs der Öffentlichkeit vor, die dort diskutiert und behandelt werden, z. B. Aktionen von PR-Agenturen, die bezahlte Demonstranten einsetzen oder die Erfindung von real existierenden Personen in Blogs oder sozialen Netzwerken. Die Spruchpraxis des DRPR (vgl. Avenarius/Bentele 2009; www.drpr-online.de) zeigt, dass ethisches Fehlverhalten in der PR-Praxis nicht selten vorkommt und dass in vielen solchen Fällen auch öffentliche Rügen ausgesprochen werden.

Gesetzesnormen, Ethik und PR-Ethik

Das Handeln von PR-Akteuren und PR-Organisationen findet prinzipiell in gesellschaftlichen und in organisatorischen Kontexten statt (vgl. Bentele 2015a). Soziale und organisatorische *Normen* bilden dabei wichtige Rahmenbedingungen des beruflichen Handelns. *Ethische* Normen ergänzen dabei *gesetzliche* Normen. Diese beiden Normtypen ergänzen sich also gegenseitig. Historisch gesehen sind die Normen menschlichen Zusammenlebens in einer kaum trennbaren Gemeinsamkeit von Sitte, Religion und Moral entstanden und somit der Ursprung jedes schriftlich fixierten Rechts in der griechisch-römischen Antike (vgl. Wesel 2006, 58 ff.).

Ethik ist heute eine primär philosophische, bis zur griechischen Philosophie zurückreichende Teildisziplin der praktischen Philosophie und beschäftigt sich mit der Beschreibung des moralisch-sittlichen *Handelns* der Menschen (deskriptive Ethik) und mit der Begründung von moralischen *Normen* (normative Ethik). Die Grundfrage der praktischen Philosophie und speziell der normativen Ethik ist: »Was soll ich tun?« (Fenner 2010, 2), die ethische Theorie versucht, »allgemeine Kriterien für gut, richtig, gerecht, etc. zu entwickeln« (Nida-Rümelin 2005, 3).

Ausgehend von der in der Philosophie üblichen, analytischen Unterscheidung zwischen (a) praktisch-moralischem Handeln (= Moral), (b) der Reflexion solchen Handelns in ethischen Diskursen (= Ethik) und (c) meta-ethischen Diskursen stellen sich auf der ersten *Ebene des praktisch-moralischen Handelns* Fragen wie die, welche sittlichen Einstellungen existieren, wie sie auf reales Handeln angewendet werden, ob und inwiefern sich Individuen an sittlich-moralische Vorstellungen, die in der Gestalt von *Ge-* oder *Verboten* vorliegen, gebunden fühlen usw. Auf der *ethischen* oder *moraltheoretischen* Ebene stellen sich Fragen nach der Begründungs- und Überzeugungskraft von Moralvorstellungen und auf der *metaethischen* Ebene schließlich werden unterschiedliche Ethiken diskutiert und miteinander verglichen, dies vor allem in der Wissenschaft (vgl. u. a. Pieper 2007; Höffe 2008).

PR-Ethik kann heute als Teil der – allgemeinen – *Kommunikationsethik* betrachtet werden, die u. a. auch die Ethik interpersonaler Kommunikation enthält. Die *Ethik der öffentlichen Kommunikation* stellt ebenfalls ein wichtiges Teilgebiet der Kommunikationsethik dar. Dazu lassen sich u. a. die Ethik der Werbung, die Ethik des Journalismus (s. Kap. V.13) und der Medien, die Internet-Ethik und eben die Ethik der PR zählen. Letztere überlappt sich z. B. mit der *Wirtschaftsethik* (s. Kap. VIII.38; vgl. z. B. Homann/Lütge 2013; Suchanek 2007) oder der *Ethik politischen Handelns*. Wie andere Bereichsethiken kann die PR-Ethik als ein Teil der *angewandten* oder *praktischen Ethik* betrachtet werden. PR-ethische Diskurse finden sich einerseits bei Branchenangehörigen selbst, andererseits in der Wissenschaft, vor allem der Kommunikationswissenschaft (vgl. u. a. Avenarius/Bentele 2009; Schicha/Brosda 2010).

Eine Ethik der Public Relations beschäftigt sich mit dem moralisch-sittlichen Handeln von PR-Praktikern und den Normen, die diesem Handeln zugrunde liegen, deren *Begründung, Entstehung, Angemessenheit, Systematik* usw. Die PR-Ethik ist somit weniger eine *Tugend-* als zuallererst eine *Handlungsethik* (vgl. zu diesem Begriffspaar Nida-Rümelin 2005, 5 ff.), die an das berufliche Handeln auch individuelle und organisationsbezogene Verantwortlichkeiten knüpft. Konkret widmet sie sich z. B. Fragen von Transparenz und Offenheit, Geheimhaltung, Wahrheit und Lüge, Wahrhaftigkeit, Täuschung, Objektivität, Präzision, Loyalität, Integrität und Fairness, Vertraulichkeit, des Verschweigens von Information, der Probleme und Grenzen der Beeinflussung anderer, z. B. von Politikern (beispielsweise beim Lobbying), der Vergabe von Geschenken an Journalisten oder des Anbietens von Wirkungsgarantien etc.

Die Aufgaben einer PR-Ethik können einerseits darin bestehen, *Wertvorstellungen, Normen* und *Handlungsempfehlungen* zu formulieren bzw. auszuarbeiten, andererseits tragfähige Argumentationen vorzulegen, um im Fall von Ansprüchen, die im Konflikt miteinander stehen (z. B. Loyalität gegenüber dem Auftraggeber versus Verantwortung gegenüber der Öffentlichkeit), eine *Güterabwägung* vornehmen zu können. Die Verantwortung für die Güterabwägung kann dabei auf individueller Ebene (*Individualethik*), auf Organisationsebene (*Organisationsethik*) oder auf Berufsfeldebene (*Branchenethik*) angesiedelt werden. Akzeptiert man diese Unterscheidung in drei Typen von PR-Ethik analog zu der entsprechenden Unterscheidung im Bereich Medien und Journalismus, so ist der weltweite PR-ethische Diskurs vor allem als eine auf das Handeln des Einzelindividuums, aber auch der Organisation bezogene *Branchenethik* zu verstehen, die also sowohl das individuelle Handeln von PR-Akteuren als auch das organisatorische Handeln normieren will.

Ethische Normen der PR werden in der Regel nicht von Philosophen, sondern von den nationalen und internationalen *Berufsverbänden*, auch von Organisationen selbst (z. B. Unternehmen, großen Agenturen) entwickelt. *Kodizes* und *Richtlinien* sind verschriftlichte, berufsethische und/oder berufliche Verhaltens- und Handlungsnormen, die meist auch mit *Zielwerten* versehen sind. Ihre Überwachung und teilweise auch ihre Bildung obliegen in manchen Ländern, so auch in Deutschland oder Österreich, Organen der freiwilligen Selbstkontrolle, deren Sanktionsmöglichkeiten sehr beschränkt sind, da aufgrund des ›offenen Berufszugangs‹ wirkungsvolle Sanktionsmöglichkeiten wie Geldstrafen oder Berufsverbote nicht infrage kommen. Stärkste Sanktionsmöglichkeit in den Bereichen Journalismus und PR ist die öffentliche *Rüge*, die nur durch die Veröffentlichung und die daraus resultierenden Effekte (z. B. auf Kollegen, Kunden, Berufsverbände) Wirkungen über den kommunikativen ›Prangermechanismus‹ entfalten kann.

Internationale und nationale Grundsätze sowie Kodizes

Moralische Verhaltensanforderungen an PR-Praktiker haben sich mit der Geschichte des Berufsfelds entwickelt. Die älteste bekannte PR-Richtlinie dürfte die »Declaration of Principles« von Ivy L. Lee sein, die dieser ab 1906 im Rahmen seiner Pressearbeit in den USA bekannt gab (vgl. Hiebert 2005, 482 ff.). Sie enthielt u. a. die Forderungen nach *Offenheit* der Pressearbeit (gegenüber der damals eher dominierenden verdeckten Pressearbeit) und *Genauigkeit*. Mit dieser Deklaration revolutionierte Lee das damals vorherrschende Selbstverständnis der PR und läutete eine neue Epoche ein.

Für Deutschland finden sich ethische Regeln für Pressearbeit als *informelle Regeln* historisch schon früh (vgl. Bentele 1997; Kunczik 1997). Die ›Standesehre‹ der frühen ›Literaten‹ wurde schon vor 1920 hochgehalten. PR-Regeln wie die, dass amtliche Nachrichtenstellen keine Meinungen, sondern ›Tatsachen‹ festzustellen und zu verbreiten hätten, wurden öffentlich thematisiert und diskutiert. Wenn man einmal von den Propagandatheorien, den ethischen Propagandaregeln der 1920er Jahre und den Anwendungen durch Adolf Hitler und Joseph Goebbels absieht (s. Kap. VI.19), wurden in Deutschland ethische PR-Regeln nicht vor den ersten Buchpublikationen in der Zeit nach dem Zweiten Weltkrieg schriftlich formuliert bzw. kodifiziert. Eines der ersten deutschen Nachkriegssynonyme für PR – öffentliche Meinungspflege – wurde von Herbert Gross (1951, 25 ff.) auch aufgrund ethischer Kriterien von Werbung und Propaganda abgegrenzt (s. Kap. VIII.42). Die im selben Jahr erschienene Schrift von Carl Hundhausen (1951, 159 ff.) diskutiert *sechs Grundprinzipien* der Public Relations, darunter das Prinzip der *Wahrheit,* das Prinzip der *vollständigen Wahrheit* (s. Kap. III.7), das Prinzip der *Offenheit* und das Prinzip *übereinstimmender Interessen.* Während das Prinzip der Wahrheit sich in der aristotelischen Tradition auf die Übereinstimmung von Denken und Wirklichkeit bezieht, formuliert Hundhausen auch ein Prinzip der *vollständigen Wahrheit,* das verlangt, die »ganze« und nicht nur die »halbe« Wahrheit kundzutun, wobei er auch betont, dass die Vollständigkeit nicht immer unmittelbar, sondern teilweise erst nach und nach herstellbar ist (Hundhausen 1951, 161). Mit »übereinstimmenden Interessen« sind die Interessen der Öffentlichkeit und die der Unternehmen gemeint; das Prinzip wird als Zielnorm betrachtet.

Mit diesen Grundsätzen liegt – sieben Jahre vor Gründung der Deutschen Public Relations Gesellschaft (DPRG) – historisch zum ersten Mal in Deutschland ein schriftlich formulierter Ethik-Kodex vor.

Die von vielen nationalen Berufsverbänden heute anerkannten internationalen Kodizes sind der Code d'Athènes und der Code de Lisbonne. Der Code d'Athènes wurde am 12. Mai 1965 von der Generalversammlung der International Public Relations Association (IPRA) in Athen beschlossen (vgl. Watson 2014). Im Code de Lisbonne, 1978 verabschiedet, sind u. a. Verpflichtungen gegenüber der »Allgemeinen Erklärung der Menschenrechte« (Art. 2), eine Verpflichtung zur Wahrheit, Aufrichtigkeit, zur Offenheit, aber auch zu Loyalität und Geheimniswahrung gegenüber dem Arbeit- oder Auftraggeber (Art. 3, 4, 7) enthalten. Auf internationaler Ebene hat die IPRA diesen Code de Lisbonne zusammen mit anderen Kodizes im Jahr 2011 zu einem IPRA Code of Conduct integriert.

Die genannten internationalen Kodizes bilden gemeinsam mit nationalen deutschen Kodizes, insbesondere mit den 1991 verabschiedeten Sieben Selbstverpflichtungen, in denen Normen wie Wahrhaftigkeit, Fairness und Redlichkeit an zentraler Stelle genannt werden (Avenarius 1998, 56 ff.), lange Zeit eine normative Grundlage für die *Spruchpraxis des Deutschen Rats für Public Relations.* Dieser hat dann am 1. Dezember 2011 nach 2-jähriger Analyse und Diskussion den Entwurf eines *Deutschen Kommunikationskodex* einstimmig beschlossen, der nach ausführlicher, öffentlicher Diskussion am 29. November 2012 in Kraft trat. Der Deutsche Kommunikationskodex ist heute der Leitkodex für das gesamte Berufsfeld in Deutschland.

Daneben greift der Rat auf selbst entwickelte *DRPR-Richtlinien* zurück, die für konkrete PR-Arbeitsfelder und ethische Problemzonen entwickelt wurden. Einen Überblick über die wichtigsten Kodizes und Richtlinien, die in Deutschland gelten, gibt Tab. 42.1.

Eine kritische Betrachtung der Kodizes zeigt, dass sich der Code d'Athènes zu stark auf allgemeine, ethische Normen menschlichen Zusammenlebens wie die Charta der Vereinten Nationen stützt und er keine erkennbare Systematik aufweist. Der Code de Lisbonne ist deutlich klarer strukturiert und enthält wichtige Ansätze für einen modernen PR-Kodex: z. B. die Normen der Offenheit, der Aufrichtigkeit, aber auch der Loyalität. Der Deutsche Kommunikationskodex stellt nach dem Selbstverständnis des Rates einen modernen Ethik-Kodex für Angehörige des Berufsfelds dar und gibt anhand von fünfzehn verschiedenen Leitsätzen einen »verbindlichen Verhaltensrahmen« vor. Bewusst gewählte Leitnormen sind Transparenz, Integrität, Fairness, Wahrhaftigkeit, Loyalität und Professionalität. Eng im Zusammenhang mit dem Kommunikationskodex zu sehen sind die seit 1997 vom DRPR meist aufgrund konkreter Anlässe – d. h. *induktiv* – entwickelten Richtlinien, die deutlich konkreter als der Kodex ausfallen und näher an Arbeitsfeldern der PR-Praxis liegen. Sie markieren, analog zum Deutschen Pressekodex, eine Ebene zwischen realem Handeln und realen Verfehlungen einerseits und den allgemeiner gehaltenen Kodizes andererseits. Durch die *Spruchpraxis* des DRPR werden Kommunikationskodex und Richtlinien auf einzelne Fälle bezogen und konkretisiert.

Der Deutsche Rat für Public Relations (DRPR) und seine Spruchpraxis

Die Existenz von Kodizes kann nur dann überhaupt eine gewisse Wirkung zeigen, wenn auch entsprechende Institutionen existieren, die auf deren Einhaltung achten. Nur auf dem Papier oder auf Webseiten stehende Selbstverpflichtungen können kaum Wirkungen zeigen. In Deutschland ist es der 1987 gegründete Deutsche Rat für Public Relations, der als Organ der freiwilligen Selbstkontrolle fungiert. Er sieht sich als analoges Organ zum Deutschen Presserat und zum Deutschen Werberat. Nach einer ersten, recht inakti-

Kodex	Wann, durch welche Organisation verkündet bzw. verabschiedet
I. International	
Code d'Athènes (Code of Athens, auch Code d'Ethiques)	am 12.5.1965 von der International Public Relations Association (IPRA) verabschiedet, 1966 von der Deutschen Public Relations Gesellschaft (DPRG) angenommen
Code de Lisbonne: Der europäische Kodex professionellen Verhaltens in der Öffentlichkeitsarbeit	1978 von der CERP angenommen; 1980 von der DPRG in reduzierter Fassung übernommen; 1991 abermals in veränderter, aber immer noch reduzierter Fassung von der DPRG bekräftigt
ICO International Professional Charter, auch Rome Charter	1991 durch das International Commitee of Public Relations Consultancies Assocations (ICO) in Rom verabschiedet, 1995 von der deutschen Gesellschaft Public Relations Agenturen (GPRA) übernommen
Declaration of Principles (Global Protocol on Ethics in Public Relations)	2002 von der Global Alliance, dem internationalen Verband der PR-Verbände, in Rom beschlossen
IPRA Code of Conduct (Zusammenführung des Code of Venice [1961], Code of Athens [1963] und des Code of Brussels [2007])	2010 vom IPRA-Vorstand angenommen, 2011 verabschiedet
II. Deutschland	
Grundsätze der Deutschen Public Relations Gesellschaft	1964 von der Mitgliederversammlung der DPRG angenommen
Grundsätze für GPRA-Agenturen	von der GPRA 1995 verkündet
Die Sieben Selbstverpflichtungen eines DPRG-Mitglieds	1991 von der Ethikkommission der DPRG erarbeitet, 1995 als einer der ethischen Maßstäbe des Berufsstandes in die DRPR-Leitlinien übernommen
Deutscher Kommunikationskodex	am 29.11.2012 vom Deutschen Rat für Public Relations nach öffentlicher Diskussion beschlossen
DRPR-Richtlinien:	
DRPR-Richtlinie PR und Journalismus	1997 als »Richtlinie zum Umgang mit Journalisten« vom DRPR verabschiedet, im Oktober 2013 aktualisiert, erweitert und umbenannt
DRPR-Richtlinie für die Handhabung von Garantien	am 22.1.1999 vom DRPR verabschiedet
DRPR-Richtlinie über Product Placement und Schleichwerbung	2003 vom DRPR verabschiedet, am 1.12.2011 aktualisiert
DRPR- Richtlinie zur Kontaktpflege im politischen Raum	am 12.5.2004 vom DRPR verabschiedet
DRPR-Richtlinie zur ordnungsgemäßen Ad-hoc-Publizität	am 21.11.2005 vom DRPR verabschiedet
DRPR-Richtlinie zu Medienkooperationen	am 3.12.2008 verabschiedet
DRPR-Richtlinie zur Online PR – Richtlinie zu PR in digitalen Medien und Netzwerken	am 27.8.2010 vom DRPR verabschiedet

Tab. 41.1 Wichtige internationale und deutsche PR-Kodizes und Richtlinien

ven Phase (vgl. Hacker 2009) begann der Rat mit der Übernahme des DRPR-Vorsitzes durch Horst Avenarius im Jahr 1991 eine aktive Arbeit, die sich mit dem Selbstverständnis eines Selbstkontrollorgans deckte. Der DRPR und seine Entscheidungen werden heute nicht nur von Fachleuten, sondern auch von größeren Öffentlichkeiten wahrgenommen. Nach einer Strukturreform in den Jahren 2011 und 2012 wurde ein Trägerverein gegründet, in dem die inzwischen vier Trägerorganisationen Deutsche Public Relations Gesellschaft (DPRG), Deutsche Gesellschaft für Public Relations Agenturen (GPRA), Bundesverband deutscher Pressesprecher (BdP) und die Deutsche Gesellschaft für Politikberatung (de'ge'pol) Mitglied sind. Der Rat selbst, der in der Trägervereinssatzung verankert ist, besteht aus bis zu 21 Mitgliedern. Er kann

Freisprüche, Mahnungen, Missbilligungen und öffentliche Rügen aussprechen. Vor allem öffentliche, medial verbreitete Rügen können ein wirksames Sanktionierungsmittel sein (Prangerwirkung), wenn sie z. B. aktuelle oder potenzielle Kunden, Kollegen oder die allgemeine Öffentlichkeit beeindrucken (vgl. Avenarius 2009; Bentele 2015b). Seit 1991 hat der Deutsche Rat für Public Relations regelmäßig getagt und eine Reihe von Entscheidungen getroffen. Die durchschnittliche Zahl der Fälle pro Jahr liegt vor allem aus strukturellen Gründen deutlich niedriger als beim Deutschen Presserat oder Deutschen Werberat: PR-Arbeit ist der Öffentlichkeit gegenüber deutlich weniger direkt wahrnehmbar und zugänglich als z. B. journalistische Produkte oder Produkte der Werbung.

Funktionen der PR-Ethik für die PR-Berufspraxis

Inwiefern sind PR-ethische Fragen überhaupt ein Thema für eine Auseinandersetzung mit der PR-Praxis? Analysiert man die wichtigsten Gründe, die den Sinn, die Existenz und die Relevanz von Kodizes und Richtlinien für das Berufsfeld und die Arbeit entsprechender Räte begründen, die also ihre Funktionen ausmachen, dann können folgende Funktionen von Kodizes unterschieden werden:

- PR-Kodizes und Richtlinien bieten für einzelne PR-Akteure, Organisationen und das gesamte Berufsfeld eine *Orientierungsfunktion*.
- Weil die Existenz von ethischen Grundsätzen ein wichtiges Merkmal von klassischen Professionen (wie Medizin, Jura, Wissenschaft) ist, haben sie auch eine *Professionalisierungsfunktion*.
- Die Tatsache, dass man sich kommunikativ nicht aus der moralischen Dimension ›herausstehlen‹ kann, man also nicht *nicht* moralisch sein kann, verbunden mit dem Zwang, die Wirkungen der eigenen Kommunikation nicht ausblenden zu können, lässt sich zu einer *Reflexionsfunktion* der Kodizes verdichten, welche die Selbstreflexion von PR-Akteuren einschließt. Überdies werden PR-Akteure stärker als viele andere Berufsgruppen von Journalisten beobachtet, was die Notwendigkeit zur Selbstreflexion verstärken könnte, aber auch zur systematischen Analyse und Evaluation anregt.
- Ethische Grundsätze sind auch *innerhalb von Organisationen* wichtig: Sie formulieren Verhaltensansprüche, denen eine Tendenz zur Demokratisierung innewohnt, weil sie für alle Organisationsmitglieder gelten müssen. Für den einzelnen PR-Praktiker erleichtern existierende Grundsätze Entscheidungen in Konfliktsituationen. Sie haben also eine *Entlastungs- und Demokratisierungsfunktion*.
- PR-Akteure und Organisationen, die kommunizieren, übernehmen mit der Akzeptanz von Kodizes gegenüber ihren Stakeholdern *Verantwortung*. Daraus leiten sich auch *Verpflichtungen* diesen Gruppen gegenüber ab. Es liegt also eine *Verantwortungs- und Verpflichtungsfunktion* gegenüber den Stakeholdern der Organisation vor.
- Schließlich *legitimieren* die moralischen Verhaltensregeln das Handeln der PR-Praktiker für die gesamte Gesellschaft. Ein entsprechender Ethik-Rat hat auch die Aufgabe, dies für die gesamte Branche zu tun, zumal er von allen wichtigen Branchenverbänden getragen wird. Er übt eine *Legitimationsfunktion* für die Branche der Gesellschaft gegenüber aus.

Die Analyse ergibt also *fünf* unterschiedliche Funktionen, die die Kodizes für den Einzelnen innerhalb und außerhalb von Organisationen, für die Organisationen selbst und für das gesamte Berufsfeld haben: *Orientierung*, *Professionalisierung*, *Reflexion*, *Demokratisierung*, *Verantwortung* und *Legitimation*.

PR-Ethik in Ausbildung und Forschung

Das Thema PR-Ethik hat in Deutschland in vielen der seit Anfang der 1990er Jahre entstandenen universitären und außeruniversitären Aus- und Fortbildungsangebote einen Platz gefunden. In den Universitäten und Fachhochschulen, an denen in Deutschland PR-Ausbildung angeboten wird, gibt es regelmäßig Seminare zum Thema Ethik und Public Relations. Damit wird Grundlagenwissen vermittelt, ähnlich wie dies auch in medizinischen Studiengängen mit der medizinischen Ethik oder in Studiengängen der Jurisprudenz mit dem Thema Ethik und Recht geschieht.

Was die *Forschung* zum Thema anbelangt, so gab es bis zum Anfang der 1990er Jahre in Deutschland so gut wie keine *wissenschaftliche* Beschäftigung mit dem Zusammenhang zwischen Public Relations und Ethik (vgl. Bentele 1992). In der neueren einführenden PR-Literatur Deutschlands ist die Behandlung ethischer Probleme ein festes Element: Durchgehend wird das Problemfeld angesprochen und größtenteils – normativ – eine moralische Ausrichtung der PR-Arbeit gefordert (vgl. stellvertretend für viele: Fröhlich/Szyszka/Bentele 2015; Kunczik 2010, 162 ff.; Röttger/Preusse/Schmidt 2014, 279 ff.). Darüber hinaus sind auch in Deutschland die gesellschaftliche Verantwortlichkeit von Unternehmen (*corporate social responsibility*) und die gute und verantwortliche Unternehmensführung (*corporate governance*) zu wichtigen öffentlichen Themen mit starkem Ethikbezug geworden.

Eine Bestandsaufnahme zu ethischen Problemen und zur Selbstkontrolle im Berufsfeld Public Relations haben Avenarius und Bentele (2009) vorgelegt. In diesem Band ist neben einigen reflexiven Beiträgen zur PR-Ethik auch eine Dokumentation aller Fälle, die der DRPR seit Anbeginn bis zum Jahr 2009 behandelt hat, enthalten.

Ein großer Teil der Literatur ist an normativen Problemstellungen ausgerichtet und kann der deskriptiven, angewandten Ethik zugerechnet werden (vgl. z. B. Fitzpatrick/Bronstein 2006; Bowen 2005; Gower 2008). Was die empirische Erforschung von ethikbezogenem Wissen von PR-Praktikern, ethikbezogenen Haltungen und Einstellungen, kurz *dem ethischen Bewusstsein* der PR-Praktiker anbelangt, so wurden in einigen Berufsfeldstudien entsprechende Daten erhoben (vgl. Bentele et al. 2015; Zerfaß et al. 2012).

Fazit und Ausblick

Die Existenz von Kodizes und Richtlinien, ein Merkmal klassischer Professionen, ist für das Berufsfeld und dessen Professionalisierungsprozess sehr wichtig. Kodizes, Richtlinien, die kontinuierliche Analyse, Reflexion und Bewertung von Konfliktfällen und gegebenenfalls die Verhängung von Sanktionen bilden eine unabdingbare Grundlage für das professionelle öffentliche Auftreten von Kommunikationsmanagern und für die Glaubwürdigkeit des gesamten Berufsfelds. In modernen Grundverständnissen von Kommunikationsmanagement (strategische Anbindung und Fundierung, Dialogorientierung, Transparenz, Offenheit) sind weithin akzeptierte ethische Normen enthalten. Die Bereitschaft zur Erreichung gegenseitigen Verständnisses, gegenseitiger Anpassung oder von Konsens ist in vielen Positionspapieren, Kodizes und Modellen genannt, die Praxis sieht allerdings vielfach anders aus.

Um die Diskrepanzen zwischen Normen und Praxis kontinuierlich zu thematisieren und um die wichtigsten ethischen Problemzonen weiter zu normieren, ist die Arbeit eines Gremiums wie die des DRPR wichtig. Wahrhaftige und auch wahrheitsgemäße Information, die Ansprüche an richtige und genaue Information genauso wie Offenheit und Transparenz gelten als unabdingbar für das Entstehen von Glaubwürdigkeit der PR bei Journalisten und anderen Stakeholdern – und schaffen damit Vertrauen als ein Ziel, das so oft von PR beschworen wird. Die verschiedentlich geforderte *ethische Funktion von PR*, in der die Kommunikationsabteilung auch als *moralisches Gewissen von Organisationen* konzipiert wird, ist unter dem Gesichtspunkt der Wahrheitsnorm bei näherer Betrachtung weniger idealistisch als vermutet, betrachtet man die gesetzlichen und ethischen Rahmenbedingungen, wie sie vor allem für aktiennotierte Unternehmen geschaffen wurden. Ein wichtiges Desiderat ist die Verstärkung von *Forschung* in diesem Bereich, die z. B. Grundlagenstudien, empirische Studien, aber auch das Erstellen von Fallstudienliteratur einschließt, um über Lehrmaterialien Hilfestellungen bei moralischen Fragen, ethischen Dilemmata usw. zu geben.

Literatur

Avenarius, Horst: *Die ethischen Normen der Public Relations. Kodizes, Richtlinien, freiwillige Selbstkontrolle*. Neuwied 1998.

Avenarius, Horst/Bentele, Günter (Hg.): *Selbstkontrolle im Berufsfeld Public Relations. Reflexionen und Dokumentation*. Wiesbaden 2009.

Bentele, Günter: Ethik der Public Relations als wissenschaftliche Herausforderung. In: Horst Avenarius/Wolfgang Armbrecht (Hg.): *Public Relations als Wissenschaft: Grundlagen und interdisziplinäre Ansätze*, Bd. 1. Opladen 1992, 151–170.

Bentele, Günter: PR-Historiographie und funktional-integrative Schichtung. Ein neuer Ansatz zur PR-Geschichtsschreibung. In: Peter Szyszka (Hg.): *Auf der Suche nach Identität. PR-Geschichte als Theoriebaustein*. Berlin 1997, 137–169.

Bentele, Günter: Ethik der Public Relations – Grundlagen, Probleme und Herausforderungen. In: Horst Avenarius/Günter Bentele (Hg.): *Selbstkontrolle im Berufsfeld Public Relations. Reflexionen und Dokumentation*. Wiesbaden 2009, 18–47.

Bentele, Günter: Ethik der Public Relations. Grundlagen, Probleme und Reflexion. In: Romy Fröhlich/Peter Szyszka/Günter Bentele (Hg.): *Handbuch der Public Relations. Wissenschaftliche Grundlagen und berufliches Handeln. Mit Lexikon*. Wiesbaden ³2015a, 1069–1087.

Bentele, Günter: Responsible Advocacy? Reflections on the History, System, and Codes of Public Relations Ethics, with Comments on Education and Research. In: Andrea Catellani/Ralph Tench/Ansgar Zerfaß (Hg.): *Communication Ethics in a Connected World*. Brüssel 2015b, 19–32.

Bentele, Günter/Seidenglanz, René/Fechner, Ronny: *Profession Pressesprecher. Vermessung eines Berufsstandes*. Berlin 2015.

Bowen, Shannon A.: Ethics of Public Relations. In: Robert L. Heath (Hg.): *Encyclopedia of Public Relations*. Thousand Oaks 2005, 294–297.
Fenner, Dagmar: *Einführung in die angewandte Ethik*. Tübingen 2010.
Fitzpatrick, Kathy R./Bronstein, Carolyn: *Ethics in Public Relations. Responsible Advocacy*. Thousand Oaks 2006.
Fröhlich, Romy/Szyszka, Peter/Bentele, Günter (Hg.): *Handbuch der Public Relations. Wissenschaftliche Grundlagen und berufliches Handeln. Mit Lexikon*. Wiesbaden ³2015.
Gower, Karla K.: *Legal and Ethical Considerations for Public Relations*. Long Grove, Ill. ²2008.
Gross, Herbert: *Moderne Meinungspflege. Für die Praxis der Wirtschaft*. Düsseldorf 1951.
Hacker, Patrick: Zur Geschichte des DRPR. In: Horst Avenarius/Günter Bentele (Hg.): *Selbstkontrolle im Berufsfeld Public Relations. Reflexionen und Dokumentation*. Wiesbaden 2009, 90–105.
Hiebert, Ray E.: Lee, Ivy. In: Robert L. Heath (Hg.): *Encyclopedia of Public Relations*. Thousand Oaks 2005, 482–486.
Höffe, Otfried (Hg.): *Lexikon der Ethik*. München ⁷2008.
Homann, Karl/Lütge, Christoph: *Einführung in die Wirtschaftsethik*. Münster ³2013.
Hundhausen, Carl: *Werbung um öffentliches Vertrauen. ›Public Relations‹*. Essen 1951.
Kunczik, Michael: *Geschichte der Öffentlichkeitsarbeit in Deutschland*. Köln 1997.
Kunczik, Michael: *Public Relations. Konzepte und Theorien*. Köln ⁵2010.
Nida-Rümelin, Julian: Theoretische und angewandte Ethik. Paradigmen, Begründungen, Bereiche. In: Ders. (Hg.): *Angewandte Ethik. Die Bereichsethiken und ihre theoretische Fundierung*. Stuttgart ²2005, 2–87.
Pieper, Annemarie: *Einführung in die Ethik*. Tübingen ⁶2007.
Röttger, Ulrike/Preusse, Joachim/Schmidt, Jana: *Public Relations. Eine kommunikationswissenschaftliche Einführung*. Wiesbaden ²2014.
Schicha, Christian/Brosda, Carsten (Hg.): *Handbuch Medienethik*. Wiesbaden 2010.
Suchanek, Andreas: *Ökonomische Ethik*. Tübingen ²2007.
Watson, Tom: IPRA Code of Athens – The International Code of Public Relations Ethics. Its Development and Implementation since 1965. In: *Public Relations Review* 14/4 (2014), 707–714.
Weischenberg, Siegfried/Malik, Maja/Scholl, Armin: *Die Souffleure der Mediengesellschaft. Report über Journalisten in Deutschland*. Konstanz 2006.
Wesel, Uwe: *Geschichte des Rechts. Von den Frühformen bis zur Gegenwart*. München ³2006.
Zerfaß, Ansgar/Verčič, Dejan/Verhoeven, Piet/Moreno, Angeles/Tench, Ralph: European Communications Monitor 2012. In: http://www.zerfass.de/ecm/ECM2012-Results-ChartVersion.pdf (28.1.2015).

Günter Bentele

42 Werbeethik

In ihrer Bedeutung und in ihrer Entwicklung ist Werbung abhängig von gesellschaftlichen, soziokulturellen, ökonomischen und technologischen Bedingungen, die selbst dynamischen Prozessen unterliegen (vgl. Siegert/Brecheis 2010, 67). Prozesse der Digitalisierung, die neuen Informations- und Kommunikationstechnologien und die damit verbundenen Möglichkeiten wie z. B. »die punktgenaue, individuelle Bestimmung des Zielpublikums und ebenso eine präzise und personalisierte Bewertung des Werbeerfolgs« (Debatin 2010, 26), eröffneten in den letzten Jahren neue werbeethische Problemfelder und Konfliktzonen – und damit verbunden auch einen gestiegenen Reflexionsbedarf aktueller Entwicklungen.

Werbung als Praxisfeld: Allgemeine Charakteristika

Werbung ist kein neues Phänomen. Historisch gesehen setzt die Entwicklung von Werbung ein mit einer Ausdifferenzierung des wirtschaftlichen Warenangebots und der Sicherung der existenziellen Bedürfnisse in breiten Schichten der Bevölkerung (vgl. Siegert/Brecheis 2010, 68 ff.). Heute hat Werbung nicht mehr nur die Funktion, Informationen über Produkte oder Werbeinhalte zur Verfügung zu stellen und Aufmerksamkeit zu generieren, sondern sie zielt verstärkt darauf ab, Werbebotschaften in der Lebenswelt der Konsumenten zu verankern. Werbung, verstanden als geplanter Kommunikationsprozess, versucht »gezielt Wissen, Meinungen, Einstellungen und/oder Verhalten über und zu Produkten, Dienstleistungen, Unternehmen, Marken oder Ideen [zu] beeinflussen. Sie bedient sich spezieller Werbemittel und wird über Werbeträger wie z. B. Massenmedien und andere Kanäle verbreitet« (ebd., 28). Werbung ist kommerzielle Kommunikation und zugleich auch öffentliche Kommunikation, sofern sie sich Mitteln öffentlicher Kommunikation bedient und publizistische Massenmedien nutzt, um mittels bezahlter Werbeflächen Aufmerksamkeit zu erzeugen. Die Massenmedien, deren Aufgabe in der Herstellung von Öffentlichkeit bzw. öffentlicher Meinung durch Information liegt, werden von der Werbung genutzt und mitgestaltet.

Medien sind in ihrer Finanzierungsstruktur abhängig von Werbeeinnahmen. In gleicher Weise unterliegt Werbung ökonomischen Bedingungen, sie wird von der Wirtschaft initiiert und ist mit wirtschaftlichen Funktionen belegt. Heute ist Werbung im Wirtschaftsprozess nicht mehr wegzudenken, »die Relevanz der Werbung in der und für die Mediengesellschaft ist infolgedessen ebenso spürbar gewachsen wie die strukturelle Macht der Werbewirtschaft« (Siegert 2009, 4). Werbung ist – wie andere Formen medialer Kommunikation auch –, jedoch nicht nur Wirtschaftsgut, sondern immer auch Kulturgut (vgl. Altmeppen/Karmasin 2003), Motor und Seismograf des gesellschaftlichen Wandels und Quelle der Gesellschaftsbeobachtung: Werbung setzt Themen, Trends, prägt Mode und Stile und synchronisiert sich mit dem Zeitgeist, dem Geschmack und den Vorlieben ihrer Zielgruppen (vgl. Schwender/Schlütz/Zurstiege 2014). Der Weg von der Idee bis hin zur Gestaltung und Umsetzung schließt unterschiedliche Akteure am Werbemarkt mit ein: Werbetreibende Unternehmen, Agenturen, Medien und die Rezipienten (vgl. Becker 2013, 228). Da es inzwischen eine Vielzahl unterschiedlicher Werbeträger und Werbemaßnahmen gibt, finden sich heute neben klassischen Werbeagenturen immer mehr spezialisierte Agenturen, die in einer beratenden Funktion ihr Expertenwissen einbringen (vgl. Zurstiege 2015, 59 f.).

Erscheinungsformen von Werbung

Die Auswahl der Medien, über die Werbung verbreitet wird, orientiert sich immer auch an den technologischen Möglichkeiten und den aktuellen Nutzungsgewohnheiten der Rezipienten. Klassische Werbeformen wie *Werbeanzeigen* oder *Werbespots*, die über Massenmedien wie Tageszeitungen und Zeitschriften, im Fernsehen und im Kino verbreitet werden, oder *Hörfunkwerbung* sowie *Plakate* im öffentlichen Raum, sind nach wie vor wichtiger Bestandteil werblicher Kommunikation (vgl. Zurstiege 2015, 71 ff.). Neben diesen klassischen ›Werbeformen, die sich uns aufdrängen‹ kommen auch ›Werbeformen, die wir nicht immer als Werbung erkennen‹ zum Einsatz. Dazu zählen Sonderwerbeformen wie z. B. *Advertorials* im Printbereich, redaktionell gestaltete Anzeigen, die den Anschein eines redaktionellen Beitrags erwecken (vgl. Köberer 2014), oder *Product Placement*, die Integration von Marken- und Produktbotschaften in das Programm (vgl. Schumacher 2007). Heute werden die klassischen Werbeträger und (Sonder-)Werbeformen ergänzt durch neue Medien und Formate der Online-Kommunikation (vgl. Siegert 2010). Das Internet ist einerseits, wie klassische Massenmedien auch, Transporteur von Werbebotschaften. Es finden sich Werbemaßnahmen wie z. B. *Online-Banner* und *Native-Ads*, die im Printbereich Werbeanzeigen und Advertorials entsprechen. Andererseits haben sich einhergehend mit Prozessen der Digitalisierung gänzlich neue Formen der Multimedialität, der Interaktivität und der Kunden(ein)bindung eröffnet, das Potenzial nutzergenerierter Kommunikation wird zunehmend ausgeschöpft (vgl. Knoll 2014). Das Internet ermöglicht insbesondere über Social Media-Kanäle die Weiterleitung von bereits bestehenden Seiten, Videos oder ähnlichem. Hier setzt das *virale Marketing* (vgl. Eckler/Rodgers 2014) an: Es fokussiert auf die freiwillige Unterstützung der Rezipienten und die gezielte Weitergabe von Empfehlungen. Doch nicht nur ›Werbeformen, die von uns gesucht‹ werden, wie virale Werbebotschaften, verweisen auf den Veränderungsprozess im Werbesystem – auch auf den Einzelnen zugeschnittene, personalisierte Werbung verdeutlicht diese Entwicklung. Die Personalisierung von Werbung ist schon immer Leitwert werblicher Kommunikation. Heute bilden leistungsstarke Cookie- und Datenbank-Technologien die Basis für eine Vielzahl erfolgreicher Online-Werbeformen, deren Stärke in der Personalisierung liegen (vgl. Becker 2013, 222 f.). Diese ›Werbeformen, die wissen wo unsere Interessen liegen‹ basieren auf personenbezogenen Daten. Viele Dienste großer Internetkonzerne wie z. B. Google oder Facebook sind kostenlos. Das Geschäftsmodell besteht darin, die kostenlose Nutzung von Online-Diensten bereit zu stellen und dafür die personenbezogenen Daten der Nutzer zu sammeln und weiter zu verwerten. Die neuen Informations- und Kommunikationstechnologien werfen insofern Reflexionsbedarf auf in Bezug auf Fragen von Transparenz, Datenschutz, Privatsphäre und Überwachung (s. Kap. VII.25). Fragen wie diese, die sich auf aktuelle Entwicklungen und Herausforderungen im Praxisfeld Werbung beziehen, sind von der Werbeethik her zu beantworten.

Stand der wissenschaftlichen Debatte zur Werbeethik

Der Orientierungs- und Reflexionsbedarf aktueller Entwicklungen im Bereich der Werbung ist groß. Ein Blick auf die wissenschaftliche Debatte bezüglich der Situation der Ethik in der Werbung zeigt, dass eine vertiefte medienethische Auseinandersetzung mit werbeethischen Fragestellungen sowie die kommunikations- und medienwissenschaftliche Beschäftigung mit diesem Feld der angewandten Ethik aktuell noch ausstehen (vgl. Thomaß 2010, 14). Es finden sich Beispiele für Werbeforschung, bei der u. a. Moralvorstellungen von Werbepraktikern eingeholt werden (vgl. z. B. Drumwright/Murphy 2004; Cunningham 2005). Diese empirischen Zugänge sind wichtig, um die Bedingungen und Handlungsweisen im Rahmen ethischer Reflexion berücksichtigen zu können. Dennoch haben Hannes Haas und Petra Herczeg (2014, 77) zufolge »in der Kommunikationswissenschaft […] die empirisch sozialwissenschaftliche Ausrichtung mit ihrem Postulat der Werturteilsfreiheit kritische und normative Ansätze an den Rand gedrängt.« Werbung und Ethik werden derzeit häufig noch nicht zusammengedacht, auch wenn sich erste Ansätze einer Entwicklung der Werbeethik finden, wie im deutschsprachigen Raum z. B. von Thomas Bohrmann (1997; 2010) vorgelegt.

Im englischsprachigen Raum legte Frank P. Bishop (1949) den Entwurf einer utilitaristisch orientierten Werbeethik vor. Seither entstanden weitere Arbeiten mit werbeethischer Ausrichtung (vgl. u. a. Drumwright 2012; Spence/van Heekeren 2005; Zinkhan 1994), es finden sich jedoch in einschlägigen internationalen Handbüchern zur Medienethik (vgl. Fortner/Fackler 2011; Wilkins/Christians 2009) keine Beiträge zur Werbeethik. Ansätze einer *ethics of advertising* aus dem kommunikations- und medienwissenschaftlichen Feld sowie werbeethische Fragestellungen, die im Rahmen einer *ethics of marketing* unter ökonomischen Gesichtspunkten aufgegriffen werden (vgl. z. B. Smith/Murphy 2012), beziehen sich zumeist auf einzelne Problembereiche der Werbepraxis. Aktuelle werbeethische Beiträge beschäftigen sich mit Fragen von Big Data, Privatheit und Überwachung (vgl. u. a. Couldry/Turow 2014).

In der Werbepraxis werden immer wieder Grenzen überschritten, die aus werberechtlicher Perspektive zwar legal, aus werbeethischer Perspektive jedoch fragwürdig sind. Instanzen der institutionalisierten Selbstkontrolle kümmern sich auf pragmatische Weise bereits um das Fehlverhalten der Werbepraxis: auf nationaler Ebene der Deutsche Werberat und auf internationaler Ebene die Europäische Allianz der Werbeselbstkontrolle (EASA).

In Deutschland existiert ein duales System zur Regulierung der Werbung. Es besteht aus umfangreichen rechtlichen Vorgaben für die kommerzielle Kommunikation und freiwilligen Verhaltensregeln der Werbewirtschaft. Der Handlungsspielraum der Werbewirtschaft wird dort rechtlich begrenzt, wo er nachteilig für den marktwirtschaftlichen Wettbewerb ist oder gegen Grundsätze der demokratischen Verfassung verstößt. Neben gesetzlichen Regelungen – wie etwa dem Verbot irreführender, belästigender oder jugendgefährdender Werbeaussagen – finden sich ergänzend professionsethische Richtlinien, die im Kodex des Deutschen Werberats verankert sind. Neuerdings werden auch Werbemaßnahmen im Onlinebereich berücksichtigt, »so genannter User Generated Content […] oder virale Kommunikationsformen […] können insgesamt oder in Teilen ebenfalls als Maßnahmen kommerzieller Kommunikation einzustufen sein« (Deutscher Werberat 2011). Seit 2012 gibt es auch ein eigenes Selbstkontrollorgan, das sich explizit mit dem Bereich digitaler Medien bzw. Werbung befasst, den Deutschen Datenschutzrat Onlinewerbung (DDOW). Diese Formen der Selbstregulierung können verstanden werden als »eine Form bewusster, aus Freiheit geleisteter Selbstbeschränkung im wirtschaftlichen und/oder medialen Handeln mit dem Ziel, die Übernahme von ethisch gerechtfertigter Verantwortung auch unter Marktbedingungen zu ermöglichen« (Rath 2003, 50). Im Rahmen institutionalisierter Selbstkontrolle und auch in der wissenschaftlichen Debatte ist *Verantwortung*, insbesondere mit Blick auf das Spannungsfeld ökonomischer und ethischer Interessen, in dem sich Werbetreibende bewegen, ein wichtiger Leitwert.

Werbeethik als angewandte Ethik: Eine Frage von Verantwortung

Werbeethik ist immer auch angewandte Ethik, sofern man die Werbeethik – wie auch die journalistische Ethik und die Ethik der Public Relations – als bereichsspezifisches Anwendungsfeld der Medienethik versteht (vgl. Köberer 2015a). Die Werbeethik hat die Aufgabe, Werbung unter Rückbezug auf normative Kriterien zu reflektieren, Verantwortungsverhältnisse zu benennen, also die verantwortbaren Folgen individuellen und korporativen Handelns zu beurteilen und ergänzend zu bestehenden werberechtlichen Bestimmungen konkrete Handlungsempfehlungen bereit zu stellen. Im medienethischen Diskurs bezieht sich der Prozess der Rechtfertigung einer zu verantwortenden Handlung auf einen Verantwortungsbegriff, bei dem verschiedene Ebenen berücksichtigt werden (vgl. Funiok 2007). Verantwortungsträger sind zum einen die werbetreibenden Unternehmen und die Agenturen. So sollten Agenturen aus werbeethischer Perspektive, selbst wenn sie im Auftrag ihrer Kunden handelnde Dienstleister sind, nicht alles was möglich – und vor allem ökonomisch lohnenswert ist – auch umsetzen. Die Orientierung an werbeethischen Prinzipien sollte Aufgabe reflektierter Professionalität und Beratungskompetenz der Agenturen sein und in die alltägliche Arbeit implementiert werden. Neben werbetreibenden Unternehmen und Agenturen sind zum anderen auch die Rezipienten Träger von Verantwortung. In diesem Sinne kann jeder Bürger in Deutschland, der sich z. B. über grenzwertige Werbeinhalte und -maßnahmen empört, Verantwortung übernehmen und die Möglichkeit wahrnehmen, beim Deutschen Werberat (online) Beschwerde einzureichen.

Werbeethischer Bedarf: Was darf Werbung – und was nicht?

Die Frage, wo die Grenzen der Beeinflussung im Werbeprozess liegen, lässt sich nicht leicht beantworten. Die Beeinflussung des Verbrauchers durch Wettbewerbsaktivitäten ist unter marktwirtschaftlichen Bedingungen nicht grundsätzlich verwerflich. Problematisch wird der Versuch der Beeinflussung erst, sobald er manipulativ angelegt ist und die Zielsetzung für den Rezipienten nicht klar ersichtlich ist. Es gibt Schweiger und Schrattenecker (1992, 264) zufolge vier *Formen von Manipulation*: »Schleichwerbung, unterschwellige Werbung, ablenkende Kommunikation, selektive Informationsweitergabe.« Nach Bohrmann (1997, 58) sind solche manipulativen Versuche ethisch »höchst problematisch und zu verurteilen, da sie die Unwissenheit des Konsumenten ausnutzen sowie seine Autonomie und rationale Urteilsfähigkeit untergraben«, also gegen das Person- und Autonomieprinzip verstoßen. Aus werbeethischer Perspektive sind auch Werbemotive, welche die Unerfahrenheit und mangelnde Kritikfähigkeit von Kindern und Jugendlichen ausnutzen und Werbemaßnahmen, die über Mitleidsmotive wirken, nicht vertretbar.

Die *Hybridisierung von Werbung und redaktionellen Inhalten* zeigt sich nicht nur anhand der Wiederentdeckung von Advertorials im Printbereich und dem Einsatz von *native advertising* in der Online-Kommunikation – auch die allmähliche Aufweichung der strengen Regeln zu integrierter Werbung auf EU-Ebene sowie die Lockerung des Verbots von Schleichwerbung im Fernsehen im Rundfunkstaatsvertrag (2010) verdeutlichen diese Entwicklung. Werbung ist zunehmend in nicht gekennzeichneten Erscheinungsformen vorzufinden. Aus normativer Perspektive ist die Erkennbarkeit von Werbung jedoch weiterhin zu fordern (vgl. Köberer 2014). Einerseits gilt die Trennung von Werbung und redaktionellen Inhalten als Kriterium journalistischer Qualität. Andererseits ist die Erkennbarkeit von Werbung im Sinne des Verbraucherschutzes zu fordern, da sie eine kategoriale Zuordnung der Inhalte ermöglicht. Um dem Anspruch nach Transparenz – im Sinne der Erkennbarkeit von Werbung – Rechnung zu tragen, finden sich sowohl werberechtliche als auch presserechtliche Vorgaben und darüber hinaus professionsethische Richtlinien, die eine klare Trennung von Werbung und redaktionellen Inhalten gewährleisten sollen.

Doch nicht nur Formen manipulativer Werbekommunikation, auch *diskriminierende und stereotype Werbeinhalte*, die gegen moralisch akzeptierte Werte verstoßen, fallen in den Bereich werbeethischer Betrachtungen. Da Werbung eine geringe Aufmerksamkeitsspanne hat, »setzt sie in besonderem Maße auf höchst verdichtete Darstellungen und auf Motive, die schnell funktionieren und auf Seiten des Betrachters nicht viel Nachdenken erfordern« (Zurstiege 2015, 70). Dies sind oftmals stereotype, auch provozierende Darstellungen, welche Menschen oder Bevölkerungsgruppen diskriminieren, beispielsweise die Verletzung religiöser Empfindungen betreffend. Kurzfristig führen solche Werbemaßnahmen möglicherweise zum Erfolg, da sie Aufmerksamkeit auf sich ziehen. Langfristig können auf diese Weise allerdings das Vertrauen in die werbetreibenden Unternehmen sowie das gesellschaftliche Vertrauen geschwächt werden – »letzteres sollte weniger aus ökonomischen, sondern vielmehr aus ethischen Gründen als kollektives Gut geschützt werden« (Förster 2012, 13).

Ein weiterer Bereich, der werbeethisch problematisch ist, ist die *Personalisierung von Werbung*. In der digitalen Gesellschaft eröffnen Formen sozialer Interaktion in der Online-Kommunikation sowie mobile Endgeräte wie Smartphones und Tablets neue Möglichkeiten der personalisierten Adressierbarkeit werblicher Angebote. *Mobile advertising* wird für Unternehmen immer wichtiger, da z. B. durch Ortungsfunktionen eine gezielte, personalisierte Zusammenstellung von Werbemitteln möglich ist. Hier stellt sich insbesondere die Frage nach dem ethischen Stellenwert von Privatheit, nach der Legitimierung des Zugriffs und der Weiterverwertung personenbezogener Daten und Informationen. Es ist problematisch, dass die Konsumenten keine Transparenz bezüglich der Nutzung und Verwertung ihrer Daten erlangen, denn es besteht auch die Gefahr, dass die gesammelten Informationen langfristig zu Nutzerprofilen zusammengeführt werden. An solchen Daten besteht großes wirtschaftliches Interesse, denn sie geben z. B. Banken Auskunft darüber, ob ein Kunde zahlungsfähig ist und informieren Versicherungen über das Risikoverhalten ihrer Kunden.

Werbeethische Herausforderungen in der digitalen Gesellschaft: Ausblick

Ein Blick auf aktuelle Entwicklungen zeigt, dass die Werbepraxis sich unter den Bedingungen digitaler Kommunikation stetig wandelt: Standen bisher klassische ›Werbeformen, die sich uns aufdrängen‹ wie Anzeigen und Werbespots und ›Werbeformen, die wir nicht immer als Werbung erkennen‹ wie Advertorials im Fokus, finden sich heute auch ›Werbeformen, die von uns gesucht werden‹ wie virale Werbebotschaften und ›Werbeformen, die wissen wo unsere Interessen liegen‹ in Form von personalisierter Werbung. Eine Tendenz aktueller Werbeentwicklung, die in diesem Beitrag bisher nicht aufgegriffen wurde, jedoch mit Blick auf künftige Entwicklungen ein interessantes (Problem-)Feld darstellt, sind ›Werbeformen, die werben, aber keine Werbung sind‹ wie z. B. Haul-Videos. Haul-Videos sind Clips auf YouTube, bei denen Jugendliche sich in den eigenen vier Wänden vor die Kamera stellen, ihre Einkäufe (Kosmetikprodukte, Kleidung) vorstellen und unter anderem Styling- und Schminktipps geben. Die Jugendlichen werden bei diesem Format zu einer Art Stiftung Warentest von und für Pubertierende (vgl. Köberer 2015b). Die Werbewirtschaft hat bereits auf das Format reagiert und stellt Jugendlichen Gratisprodukte zur Verfügung, die sie einbinden können. Unternehmen gehen immer häufiger Kooperationen mit YouTubern ein und profitieren von ihrem großen Bekanntheitsgrad und der hohen Nutzerbindung. Aus normativer Perspektive ist es problematisch, wenn Inhalte sozialer Kommunikation und ökonomische Interessen (Sponsoring) zusammenfallen, dies nicht offensichtlich erkennbar ist bzw. kommuniziert wird und die Frage nach der Wahrhaftigkeit und Glaubwürdigkeit der Inhalte und Kommunikatoren aufkommt.

Neue Werbeformen, die von den Konsumenten selbst gestaltet werden und/oder sich durch die freiwillige Unterstützung von Rezipienten online verbreiten, lösen sich aus der Abhängigkeit klassischer Medien. Der werbliche Kommunikationsprozess verändert sich: Die Rollen von Kommunikator und Rezipient verschwimmen, die Nutzer werden selbst zu Produzenten, mit Axel Bruns (2009) gesprochen zu *Produtzern*. Zudem werfen aktuelle Trends, wie z. B. *local based advertising* und *realtime bidding* (vgl. Becker 2013, 224), die sich auf das Sammeln und Verwerten personenbezogener Daten und Formen personalisierter Werbung stützen, »in Bezug auf ihre individuellen und gesellschaftlichen Wirkungen sehr unterschiedliche Fragen auf« (Zurstiege 2015, 91). Werbeethische Herausforderungen in der digitalen Gesellschaft beziehen sich z. B. auf Fragen von Transparenz, Authentizität und Privatheit. Die Forderung nach Transparenz meint dabei auch die Offenlegung der Interessen der Medienunternehmen wie z. B. die Darlegung der Nutzungs- und Verwendungszwecke personenbezogener Daten. Dabei stellen sich auch Fragen hinsichtlich der Zuschreibung und Übernahme von Verantwortung neu. Tendenziell verlagern Werbeformen, die sich durch Interaktivität und das Sammeln personenbezogener Daten auszeichnen, die Verantwortung mehr und mehr auf die Rezipienten bzw. Produtzer. Ein weiterer Aspekt, der im Hinblick auf Formen von User Generated Content und der Verbreitung viraler Werbeformen anschließt, ist das Eindringen der Kommerzialisierung in den Bereich der privaten bzw. sozialen Interaktion. Daher ist aus werbeethischer Perspektive auch zu klären, über welche Kompetenzen die Produtzer – insbesondere Kinder und Jugendliche – verfügen sollten. Jeder hinterlässt Spuren im Netz, die zu Nutzerprofilen zusammengeführt werden können. Personalisierte Werbung setzt – neben funktionsfähigen Datenbank- und Content-Management-Systemen – auch die Bereitschaft der Nutzer voraus, überhaupt digitale Spuren im Netz zu hinterlassen und personenbezogene Daten preiszugeben. So kann beispielsweise die informationelle Selbstbestimmung (zum Teil) geschützt werden, indem bestimmte Suchmaschinen sowie Zusatzprogramme, so genannte Add-ons, genutzt, Cookies nur gezielt für einzelne Seiten erlaubt und mehrere Browser verwendet werden. Wie sich zeigt, führen die neuen Möglichkeiten der digitalen Gesellschaft jedoch nicht nur zu der herausfordernden Frage, wer aus werbeethischer Perspektive warum, wofür und vor wem Verantwortung übernehmen sollte und wie dies in der (Werbe-)Praxis gelingen kann. Neue Formen von Interaktivität ermöglichen auch mehr Einfluss- und Kritikmöglichkeiten von Seiten der Rezipienten. So können die Nutzer selbst Verantwortung übernehmen z. B. in Bezug auf die Weitergabe von fragwürdiger bzw. sensationsheischender Werbung oder mit Blick auf die Initiierung von Gegeninitiativen wie z. B. von der Bloggerin Jess Baker (vgl. The Militant Baker 2013), um die Kampagnemotive der Modefirma Abercrombie & Fitch zu kritisieren.

Für den Bereich klassischer Werbung in den Massenmedien finden sich bereits vergleichsweise klar definierte rechtliche wie auch professionsethische Regelungen. Im Hinblick auf neue Werbeformen der Online-Kommunikation allerdings, sind ethische Standards und verbindliche Normen erst noch zu formulieren. Bisher finden sich noch zu wenige Beiträge, die sich explizit mit normativen Aspekten von Werbung oder gar der Entwicklung werbeethischer Konzepte beschäftigen. Dieses Desiderat zu schließen, sollte künftig ebenso Aufgabe wissenschaftlicher Forschung sein wie die weiterführende Reflexion und Implementierung werbeethischer Standards in die Praxis – insbesondere im Hinblick auf Formen digitaler Werbung.

Literatur
Altmeppen, Klaus-Dieter/Karmasin, Matthias: Medien und Ökonomie. Intention und Überblick. In: Klaus-Dieter Altmeppen/Matthias Karmasin (Hg.): *Medien und Ökonomie*, Bd. 1/1: *Grundlagen der Medienökonomie: Kommunikations- und Medienwissenschaft, Wirtschaftswissenschaft*. Wiesbaden 2003, 7–17.
Becker, Jörg: *Die Digitalisierung von Medien und Kultur*. Wiesbaden 2013.
Bishop, Frank P.: *The Ethics of Advertising*. London 1949.
Bohrmann, Thomas: *Ethik – Werbung – Mediengewalt. Werbung im Umfeld von Gewalt im Fernsehen. Eine sozialethische Programmatik*. München 1997.
Bohrmann, Thomas: Werbung. In: Christian Schicha/Carsten Brosda (Hg.): *Handbuch Medienethik*. Wiesbaden 2010, 293–303.
Bruns, Axel: Vom Prosumenten zum Produtzer. In: Birgit Blättel-Mink/Kai-Uwe Hellmann (Hg.): *Prosumer Revisited: Zur Aktualität einer Debatte*. Wiesbaden 2009, 191–205.
Couldry, Nick/Turow, Joseph: Advertising, Big Data and the Clearance of the Public Realm: Marketers' New Approaches to the Content Subsidy. In: *International Journal of Communication* 8 (2014), 1710–1726.
Cunningham, Anne: Advertising Practitioners Respond: The News is Not Good. In: Lee Wilkins/Renita Coleman (Hg.): *The Moral Media: How Journalists Reason about Ethics*. Mahwah 2005, 92–101.
Debatin, Bernhard: Herausforderungen und ethische Standards für den Multi-Plattform Journalismus im World Wide Web. In: *Zeitschrift für Kommunikationsökologie und Medienethik* 1 (2010), 25–29.
Deutscher Werberat: *Deutscher Werberat und Online-Werbung – Zuständigkeit und Beschwerdeverfahren. Fassung von 2011*. In: https://www.werberat.de/sites/default/files/uploads/media/deutscher_werberat_und_online-werbung_zustaendigkeit_beschwerdeverfahren_2011.pdf (15.6.2015).
Drumwright, Minette E./Murphy, Patrick E: How Advertising Practitioners View Ethics: Moral Muteness, Moral Myopia, and Moral Imagination. In: *Journal of Advertising* 33/2 (2004), 7–24.
Drumwright, Minette E.: Ethics and Advertising Theories. In: Shelly Rodgers/Esther Thorson (Hg.): *Advertising Theory*. New York 2012, 463–479.
Eckler, Petya/Rodgers, Shelly: Viral Advertising: A Conceptualization. In: Hong Cheng (Hg.): *The Handbook of International Advertising Research*. Oxford 2014, 184–202.
Förster, Kati: Über den Wert von Vertrauen für Medien. In: *TEXTE* 7 (2012), 4–15.
Fortner, Robert S./Fackler, Mark (Hg.): *The Handbook of Global Communication and Media Ethics*. Oxford 2011.
Funiok, Rüdiger: *Medienethik: Verantwortung in der Mediengesellschaft*. Stuttgart 2007.
Haas, Hannes/Herczeg, Petra: Die Kommunikationswissenschaft als Ombudsfach? Normative Orientierungen in der Werbeforschung. In: Matthias Karmasin/Matthias Rath/Barabra Thomaß (Hg.): *Normativität in der Kommunikationswissenschaft*. Wiesbaden 2014, 75–100.
Knoll, Johannes: Onlinewerbung und nutzergenerierte Inhalte – Ein Forschungsüberblick. In: Holger Schramm/Johannes Knoll (Hg.): *Innovation der Persuasion. Die Qualität der Werbe- und Markenkommunikation in neuen Medienwelten*. Köln 2014, 75–89.
Köberer, Nina: *Advertorials in Jugendprintmedien. Ein medienethischer Zugang*. Wiesbaden 2014.
Köberer, Nina: Medienethik als *angewandte Ethik* – eine wissenschaftssystematische Verortung. In: Marlis Prinzing/Matthias Rath/Christian Schicha/Ingrid Stapf (Hg.): *Neuvermessung der Medienethik*. Weinheim 2015a, 99–113.
Köberer, Nina: Pubertierende Stiftung Warentest. Von Jugendlichen für Jugendliche: Ein medienethischer Blick auf *Haul-Videos*. In: *Communicatio Socialis* 48/3 (2015b), 265–275.
Rath, Matthias: Medien in Zeiten der Globalisierung – Selbstregulierung zwischen Freiheit und Verantwortung. In: *Medienjournal: Interdependenzen des medialen und sozialen Wandels* 27/1 (2003), 41–50.
Schumacher, Pascal: *Effektivität von Ausgestaltungsformen des Product Placement*. Wiesbaden 2007.
Schweiger, Günter/Schrattenecker, Gertrud: *Werbung. Eine Einführung*. Stuttgart 1992.
Schwender, Clemens/Schlütz, Daniela/Zurstiege, Guido (Hg): *Werbung im sozialen Wandel*. Köln 2014.
Siegert, Gabriele: Theoretische Basis: Die I/P-Matrix zur Systematisierung der Werbung. In: Gabriele Siegert/Nathan Thomas/Ulrike Mellmann (Hg.): *Werbung im internationalen Vergleich: Zustand und Entwicklung*. München 2009, 3–7.
Siegert, Gabriele: Online-Kommunikation und Werbung. In: Wolfgang Schweiger/Klaus Beck (Hg.): *Handbuch Online-Kommunikation*. Wiesbaden 2010, 434–460.

Siegert, Gabriele/Brecheis, Dieter: *Werbung in der Medien- und Informationsgesellschaft*. Wiesbaden ²2010.
Smith, N. Craig/Murphy, Patrick E. (Hg.): *Marketing Ethics*. London 2012.
Spence, Edward H./van Heekeren, Brett: *Advertising Ethics*. New Jersey 2005.
The Militant Baker: To: Mike Jeffries, c/o Abercrombie and Fitch (2013). In: http://www.themilitantbaker.com/2013/05/to-mike-jeffries-co-abercrombie-fitch.html (16.06.2015).
Thomaß, Barbara: Ethik der Kommunikationsberufe Journalismus, PR und Werbung: Bilanz und Herausforderung. In: *Zeitschrift für Kommunikationsökologie und Medienethik* 1 (2010), 10–16.
Wilkins, Lee/Christians, Clifford, G.: *The Handbook of Mass Media Ethics*. New York 2009.
Zinkhan, George M.: Advertising Ethics: Emerging Methods and Trends. In: *Journal of Advertising* 23/3 (1994), 1–4.
Zurstiege, Guido: *Medien und Werbung*. Wiesbaden 2015.

Nina Köberer

43 Ethik der TV-Unterhaltung

Unterhaltungssendungen im Fernsehen erhalten außerordentlich viel Aufmerksamkeit. In der Prime Time laufen Unterhaltungssendungen: Filme, Serien, Sport, Casting- oder Spielshows. Sie werden am stärksten rezipiert und reizen zu intensiver Zustimmung oder zu empörter Kritik – manchmal zu beidem gleichzeitig. Anlass für die Kritik am Fernsehen ist oft genug sein Unterhaltungsprogramm, aber das Unterhaltungsprogramm macht gleichzeitig auch eine große Faszination aus. Im medien- und sogar im zivilisationskritischen Diskurs überhaupt ist es oft genug die Medienunterhaltung, die Gegenstand der Debatten ist: »Wir amüsieren uns zu Tode« (Postman 1985).

Intellektuellen gelang es selten, moderne Formen der Zerstreuung als in moralischer Hinsicht gut und richtig auszuzeichnen. Eine Ethik der TV-Unterhaltung hat es daher insofern schwer, als sie sich mit einer breiten Ablehnung, einer Anti-Unterhaltungsethik (vgl. Hausmanninger 1999, 2), konfrontiert sieht. Hinzu kommt, dass dem Unterhaltungsbegriff im Vergleich mit anderen Schlüsselbegriffen der Medienkommunikation, wie etwa Information und Wissen, eher wenig Aufmerksamkeit zuteilwird.

Als zweite Schwierigkeit für eine TV-Unterhaltungsethik ist auf die Veränderung des Fernsehens selbst hinzuweisen. Im Zuge der Digitalisierung und Vervielfältigung der Angebote von audio-visuellen Unterhaltungsangeboten könnte der Verdacht bestehen, eine TV-Unterhaltungsethik mache als medienethischer Einzeldiskurs gar keinen Sinn mehr. Stattdessen sollte man auf eine Ethik der Unterhaltung abzielen, die nicht die Rezeptions- oder Ausstrahlungstechniken, die Rezeptionsgewohnheiten oder die (Nicht-)Linearität des Angebots (Programm-TV versus Streaming on Demand) als Unterscheidungsmerkmal zur Bestimmung ihres Gegenstandes heranzieht, sondern den Aspekt der Audio-Visualität als solchen (also die Kombination von Ton- und Bewegtbild zur Rezeption auf einem wie auch immer gearteten Bildschirm) in den Blick nimmt. Ich verfahre im Folgenden genau in dieser Weise, nehme also das Kunstwort *Television* (TV) dem Wort nach ernst, wobei ich das klassische Programm-Fernsehen immer noch als die dominante und wirkmächtigste Form der Rezeption von audio-visuellen Unterhaltungsangeboten ansehe und entsprechend vorrangig behandele.

Grundlagen einer Ethik der TV-Unterhaltung

Für eine Ethik der TV-Unterhaltung ist ein konsistenter Unterhaltungsbegriff hilfreich, wenn nicht sogar notwendig. Dies ist allerdings angesichts der Heterogenität des Unterhaltungsphänomens nicht einfach. Auch die Theorien der Unterhaltung sind recht verschieden (vgl. Wünsch 2002). Werner Früh greift vor allem zurück auf emotions- und erregungspsychologische Ansätze und startet mit der Prämisse, dass Unterhaltung grundsätzlich auf der Erleben-Seite zu lokalisieren ist und dieses »kognitiv-affektive Erleben« von denen, die dieses Erlebnis haben, »positiv evaluiert« (Früh 2003, 29) wird. Die Abneigung, etwa gegenüber einer Talk-Show, ist zwar ebenfalls ein kognitiv-affektives (emotionales) Erleben, wird aber vom Zuschauer in diesem Fall nicht positiv evaluiert. Zudem geht Früh davon aus, dass niemand zur Unterhaltung gezwungen werden kann oder man von jemandem fordern kann, sich mit etwas bestimmtem unterhalten zu lassen. Die Gäste einer Talkshow können noch so gut ausgewählt sein – ob jemand davon unterhalten wird, hängt zuletzt vom Zuschauer selbst ab.

Früh definiert Unterhaltung durch das Fernsehen allgemein »als angenehm erlebte Makroemotion [...] unter der Bedingung, dass bestimmte personale, mediale und situative bzw. gesellschaftliche Faktoren kompatibel sind und der Rezipient außerdem die Gewissheit hat, die Situation souverän zu kontrollieren« (ebd., 50). In diesem Sinne *sind* TV-Unterhaltungsangebote auch keine Unterhaltung, sondern stellen ›nur‹ Unterhaltungspotenziale dar, die als konkretes Erleben fallweise realisiert werden können, wenn die Faktoren Person, Medien und gesellschaftlicher Kontext in eine entsprechende Passung gebracht werden können (vgl. ebd., 52).

Unterhaltungsangebote können also auch langweilen (also nicht unterhalten), nicht als Unterhaltung intendierte Medienangebote können dagegen manche Menschen unterhalten. Informationssendungen können unterhalten, Unterhaltungssendungen informieren; die Leitdifferenz ist also nicht Unterhaltung/Information sondern Unterhaltung/Langeweile bzw. Missvergnügen (vgl. Klaus 1996). Allerdings wissen Programmverantwortliche aus Erfahrung, wovon sich ein Publikum unterhalten fühlt und können ihr Programm entsprechend ausrichten, Redaktionen einrichten und Unterhaltung produzieren, die aller Wahrscheinlichkeit nach ihren Zweck erfüllt. Genauso wissen auch Zuschauer, wovon sie sich gemeinhin unterhalten fühlen und gestalten in dieser Weise ihr Unterhaltungserleben. Unterhaltung bildet sich als Phänomen also sowohl auf der Angebots- wie auch auf der Rezeptionsseite aus, so dass beide Seiten Gegenstand der psychologischen und kommunikationswissenschaftlichen Forschung sein können (vgl. Brosius 2003). Insofern kann es wichtig sein, nicht nur die alltagskulturelle *Verwendung*sseite eines unterhaltenden Artefakts in den Blick zu nehmen (wozu die Cultural Studies etwa in der Folge von Ien Ang oder John Fiske tendieren), sondern auch die *Erscheinung*sweise dieses ästhetischen Kulturproduktes zu analysieren und in den Unterhaltungsbegriff und die Beurteilung von Unterhaltung einzubeziehen (vgl. Hügel 2007). In den Blick gerät dadurch auch, dass die mediale Unterhaltung eine Geschichte hat und sich im Laufe der Zeit als Institution herausbildete.

Die normative Perspektive auf die Unterhaltung war von Anfang an stark polarisiert. Der Literatursoziologe Leo Löwenthal verweist auf die lange Geschichte einer positiven und negativen Einschätzung von Unterhaltung, Zerstreuung und Vergnügen (vgl. Löwenthal 1980, 10–13). Er führt für eine positive Sichtweise Michel de Montaigne (1533–1592) an, der den Menschen als überfordert ansieht durch äußere Veränderungen. Der Wegfall der mittelalterlichen Kultur lässt den Menschen einsam, ohne Glauben und haltlos zurück. In dieser Situation gibt die Unterhaltung dem Menschen Erholung und Zerstreuung, Haltung und Motivation, Ablenkung und Trost. Die andere Position wird paradigmatisch Blaise Pascal (1623–1662) zugeschrieben. Er warnt vor Zerstreuung und hält das Theater für schädlich, weil es den Menschen von sich selbst entfernt. Unterhaltung stellt eine Verführung dar, die dem Menschen seine Bestimmung verdunkelt und ihn von dieser wegführt. Unterhaltung hilft beim Weiterleben oder wirkt selbstzerstörerisch – in diese Polarität kann man die bewertenden Äußerungen zur Unterhaltung einordnen (vgl. Schneider 2000). Walter Benjamin und Marshall McLuhan folgen in ihrer positiven Grundeinschätzung der Unterhaltung eher Montaigne; Theodor W. Adorno, Max Horkheimer, Neil Postman und Jean Baudrillard schließen inhaltlich eher an Pascal an.

Festzuhalten ist aber zunächst, dass empirische Untersuchungen positive Effekte der TV-Unterhaltung für Individuen zeigen können (vgl. Vorderer 2003). Individuell ist Unterhaltungserleben entlastend und befreit vorübergehend von Arbeit und Alltag. Unterhaltung kann aber auch zur Identitätsarbeit anregen, dabei helfen, dass man sich in sozialen Zusammenhängen zurechtfindet, »als Einladung zur Empathie mit anderen« (Funiok 2007, 99) fungieren oder ein Nachdenken über oder spielerische Auseinandersetzung mit Werten befördern (vgl. Kottlorz 1993). In Casting-Shows werden Menschen präsentiert, die sich mit ihren Talenten und Fehlern als Identifikationsfiguren etwa für Jugendliche anbieten und so bei der Bewältigung von Entwicklungsaufgaben helfen. In Daily-Talk-Shows oder (Scripted-)Reality-Formaten werden Lebensstile portraitiert und überzeichnet, so dass dies zur Bestätigung des eigenen Lebensstils führen kann. Besonders narrative Formate wie Serien bieten mit den moralischen Orientierungen ihrer Helden und Anti-Helden Anlass, generell oder beispielsweise in Bezug auf Gesellschaft und Familie die eigene Wertorientierung zu reflektieren. Unterhaltsame Formate können Bildungsprozesse und Wissensaneignung unterstützen (Infotainment), wie etwa die klassische Sesamstraße im Bereich Kinderprogramme oder Fernsehdokumentationen für das ältere Publikum. Im Rahmen der Cultural Studies wird den Aneignungspraktiken der Zuschauerinnen und Zuschauer ein widerständiges und befreiendes Potenzial zugeschrieben: Fans etwa gehen in der Interpretation und Fortschreibung ihrer Lieblingsserien oft sehr eigene Wege und nutzen narrative Rahmen für die selbstbewusste Darstellung alternativer, auch subkultureller Lebensweisen.

Für eine zeitgemäße TV-Unterhaltungsethik, die alte Fehler nicht noch einmal machen möchte, ist eine Differenzierung in der Ablehnung der Unterhaltung interessant, die Thomas Hausmanninger (vgl. 1999, 3–5) vornimmt. Mit ihm kann man zwei Grundtypen der Kritik an medialer Unterhaltung unterscheiden, deren Wurzeln in der Debatte um sogenannte Trivialliteratur am Ende des 19. Jahrhunderts liegen. Diese Debatte entzündet sich seitdem mit gleichen Argumenten um 1910 am Film, nach 1945 an den Comics und dann am Fernsehen, Video, am Computer und schließlich am Internet. Der erste Grundtypus, von Hausmanninger bewusst vereinfachend die ›rechte‹ These genannt, warnt vor dem allgemeinen Verfall der Sitten durch die TV-Unterhaltung. Diese Form der Kritik rechnet dabei damit, dass die moralischen Einstellungen der Menschen labil sind und durch Autoritäten geschützt werden müssen und er im Zweifel ein eher lasterhaftes Wesen ist. Die TV-Unterhaltung hat in dieser Sichtweise »das negative, anthropologische Latenzpotential, die vorhumanen Sedimente der Evolution loszutreten« (ebd., 4). Und sie rechnet damit, dass die Unterhaltungsmedien direkt auf die Zuschauer und Zuschauerinnen wirken: Gewalt im TV bewirkt demnach eine Gewaltneigung und nackte Körper promiskuitive Sexualmoral. Für beide Annahmen in dieser kausalen Form gibt es keine guten empirischen Belege; Korrelationen kann man dagegen nachweisen, die aber wegen komplizierter multifaktorieller Wirkungszusammenhänge kaum isoliert und erklärt werden können. Dieser Typ der Kritik an der Medienunterhaltung empfiehlt als Gegenmittel Kunstgenuss. Allerdings natürlich eine ›richtige‹, temperierte Kunst, die ästhetische Bildung und moralische Stabilität wieder herzustellen in der Lage ist.

Für den zweiten, ›linken‹ Typ der Medienkritik steht die Kritische Theorie. Horkheimer und Adornos Kritik an der ›Kulturindustrie‹ steht im Kontext ihrer Totalitarismustheorie. Wie der Faschismus können auch Demokratien unter kapitalistischen Vorzeichen Herrschaftssysteme sein, in denen Autonomie und individuelle Freiheit nur scheinbar möglich sind. Medienunterhaltung und Massenkultur sind entscheidend für diese totalitäre Vergesellschaftung, »indem sie einerseits die Inhumanität der modernen Gesellschaft verschleiern und andererseits den einzelnen […] kompensative Gratifikationen für ihr dociles Funktionieren im System zukommen lassen« (Hausmanninger 1999, 5). Die sinnliche Wahrnehmung und das kognitiv-affektive Erleben zersetzen hier nicht wie in der ›rechten‹ These den sittlichen gesellschaftlichen Zusammenhalt, sondern dienen als Fluchtwelt zur Wahrung der Stabilität der (kapitalistischen) Gesellschaft. Es ist weniger die Flucht vor der Realität als eine Flucht »vor dem letzten Gedanken an Widerstand«: »Vergnügt sein heißt Einverstanden sein« (Horkheimer/Adorno 1969, 153). Auch hier kann die Medienunterhaltung keinerlei humane Kraft entfalten. Und wiederum soll die Kunst helfen, aber dieses Mal gerade nicht im Sinne einer Temperierung der menschlichen Instinkte, sondern durch die Freilegung von Widerstandspotenzial und gefährlichen Erinnerungen. Die Anarchie der ästhetischen Sinnlichkeit in der Kunst und ihr Skandalisierungspotenzial sind der Ausweg.

Normative Perspektiven einer zeitgemäßen Ethik der TV-Unterhaltung

Auf der Suche nach einer zeitgemäßen Ethik der TV-Unterhaltung wird man konstruktiver vorgehen müssen, wenn man ein praxisorientiertes Verständnis der Medienethik vertritt. ›Sittenverfall‹ und ›Unterhaltung als Totalitarismus-Vehikel‹ sind in dieser Form keine geeigneten Mittel für eine auf konstruktive Kritik und professionelle Verbesserung angelegte ethische Reflexion der TV-Unterhaltung. Moralische und kritische Einsichten, die aus den Grundtypen der Unterhaltungskritik gewonnen werden, münden aus ethischer Perspektive z. B. in Diskussionen um die Bedeutung der individuellen Selbstkontrolle (Nutzungsethik) oder die Umwandlung von politischen Öffentlichkeiten in Unterhaltungsöffentlichkeiten (vgl. Dörner 2000). Solche Impulse können »mitgenommen« werden, ohne dass man die »Humanität vergnüglicher Mediennutzung« (Hausmanninger 1999) aus dem Blick verliert. Elaborierte Ethiken der TV-Unterhaltung gibt es allerdings wenig, was erstaunlich ist angesichts des Reizpotenzials dieses massenmedialen Genres.

Moralische Kriterien für die TV-Unterhaltung können auf verschiedenen Konkretionsebenen entwickelt werden: Man kann zunächst bedürfnisethisch bzw. anthropologisch-ethisch vorgehen. Hausmanninger erarbeitet im Rückgriff auf Arnold Gehlens Begriff der Funktionslust und mit dem Begriff der *delectatio* (Thomas von Aquin) eine differenzierte Skizze der grundsätzlichen ethischen Legitimität der (TV-)Unterhaltung: »Unterhaltung kann damit als eine Weise menschlicher Selbstverwirklichung begriffen werden, die, gerade weil sie entlastet von funktionalen, äußeren Zwecksetzungen stattfindet, eine Verwirklichung des Menschen als Menschen sowie – mit Blick auf die je besonderen Vorlieben – des Individuums in seiner Besonderheit ist. Damit eröffnet sich der Blick auf die spezifische Legitimität medialer Unterhaltung« (Hausmanninger 1999, 7). Ethisch konkret wird diese Perspektive in einer normativen Rahmenordnung des Rechts, in Gestalt einer institutionalisierten Selbstkontrolle und -bindung der TV-Unterhaltungsanbieter und den individuellen Tugenden. Die Normierung orientiert sich am Grundsatz der Ermöglichung, Wahrung und Förderung des menschlichen Personseins aller Beteiligten, worin etwa der Jugendschutz unmittelbar seine Begründung findet.

Der Begriff der Menschenwürde passt daher als moralische Orientierung für die TV-Unterhaltung gut, obwohl die Argumentationen auf Grundlage des Menschenwürde-Grundsatzes recht komplex sind (vgl. Rath 2001). Die Würde des Menschen steht auf dem Fundament seiner Freiheit. Die Sicherung der menschlichen Würde wird in modernen Gesellschaften daher durch die Verankerung von Freiheitsrechten realisiert. Allerdings können (verfassungs-)rechtliche und ethische Diskussionen um die Verletzung der Würde des Menschen verschieden ausfallen, wie man in der Diskussion um die Sendung *Big Brother* gesehen hat. Menschen dürfen sich in rechtlicher Perspektive freiwillig der dauernden Beobachtung oder dem Ekel aussetzen wie es in der Sendung *Ich bin ein Star – Holt mich hier raus!* geschieht. Dass in solchen Sendungen mit der Bedrohung der Würde des Menschen zu Unterhaltungszwecken mindestens ›gespielt‹ wird, kann durchaus ein Ergebnis ethischer Analyse sein, was dann die Sendung moralisch disqualifiziert. Die Funktionalisierung von Menschen und ihren Schicksalen zur Unterhaltung von anderen ist ethisch unter dem Würdeaspekt zu kritisieren. Menschen werden in Casting-Shows vorgeführt, dem Amüsement ausgesetzt, der Lächerlichkeit preisgegeben. Gerade in nicht-fiktionalen Unterhaltungssendungen stellt sich die Frage nach den Grenzen der Fernsehunterhaltung immer wieder. Für einen möglichst großen Show-Effekt wird ein Risiko eingegangen: das seelische und leibliche Wohl der Protagonisten wird aufs Spiel gesetzt – zu Unterhaltungszwecken. Der Unfall bei der Spielshow *Wetten Dass!?*, bei dem sich der Wettkandidat Samuel Koch eine Querschnittslähmung live im Fernsehen zugezogen hat, lässt den Zynismus gerade der nicht-fiktionalen TV-Unterhaltung überdeutlich werden – obwohl das ZDF mit dieser Sendung im Vergleich eher vorsichtig agierte.

Qualitätskriterien der TV-Unterhaltung

Als praxisorientierende Leitfäden für die Medienethik bieten sich Qualitätsstandards an. Sie können normative Forderungen (die nicht immer moralisch sein müssen) übersetzen in Handlungsorientierung. Die Diskussion hierzu ist im Bereich der Kommunikations- und Medienwissenschaft mittlerweile recht breit (vgl. Hallenberger 2011). Qualitätsstandards für TV-Unterhaltung sind allerdings noch wenig untersucht und vorgeschlagen. Für den öffentlich-rechtlichen Rundfunk sind diese Qualitätsstandards angesichts seines qualifizierten Programmauftrags, zu dem neben Bildung, Information, Beratung ja auch die Unterhaltung gehört, wichtig und bedeutsam. Siegert/Rimscha/Sommer (2013) untersuchen die Diskussion um Medienqualität sehr breit und destillieren daraus (ohne Rückgriff auf spezifisch ethische Argumente) zehn Qualitätskriterien der Unterhaltung im öffentlich-rechtlichen Fernsehen:

»1. Ist das konkrete Unterhaltungsangebot rechtmäßig?
2. Ist das konkrete Unterhaltungsangebot transparent hinsichtlich der Hintergründe und Ziele?

3. Entspricht der Inhalt des konkreten Unterhaltungsangebots den Ansprüchen an öffentliches Fernsehen, beispielsweise in puncto gesellschaftlicher Relevanz und Aktualität?
4. Entspricht die Gestaltung des konkreten Unterhaltungsangebots den Ansprüchen an öffentliches Fernsehen, beispielsweise in Dramaturgie und Kunstsinn?
5. Zeichnet sich das konkrete Unterhaltungsangebot durch Verständlichkeit, Glaubwürdigkeit, Richtigkeit und Realitätsbezug aus?
6. Ist das konkrete Unterhaltungsangebot unbedenklich, nicht anstößig, nicht menschenverachtend und kritisch?
7. Ist das konkrete Unterhaltungsangebot professionell?
8. Ist das konkrete Unterhaltungsangebot innovativ?
9. Ist das konkrete Unterhaltungsangebot renommiert und findet Akzeptanz?
10. Ist das öffentliche Unterhaltungsangebot insgesamt vielfältig?« (Siegert/Rimscha/Sommer 2013).

Diese Liste deckt sich in einigen Punkten mit den ethischen Perspektiven auf die TV-Unterhaltung und sollte bei der Programmplanung und kann bei der Evaluation von TV-Unterhaltung angewendet werden. Die Frage bleibt, ob diese oder ähnliche Programmstandards auch für private TV-Anbieter gelten sollten. Man wird sicher nicht die gleichen Kriterien anlegen können, aber auch private Unternehmen und noch mehr private Rundfunkunternehmen haben eine Gemeinwohlverantwortung.

Herausforderungen der Digitalisierung

Außer einer moralisch per se natürlich nicht problematischen Pluralisierung der Abspielwege von audiovisueller Unterhaltung stellen sich im Zuge der Digitalisierung der Unterhaltung neue Fragen des Urheberschutzes, des Jugendschutzes, des Daten- und Privatheitsschutzes und der gesellschaftlichen Folgen der Individualisierung bzw. Personalisierung des Unterhaltungsangebots. Der Urheberschutz steht vor der Herausforderung durch illegale Streaming-Plattformen, auf denen vor allem Filme und Serien angeboten werden. Urheber werden damit um ihre Erlöse gebracht und die Gefahr besteht, dass weniger in Unterhaltungsformate investiert wird. Auf der anderen Seite pluralisieren sich auch die Erlösmodelle: Amazon etwa produziert Unterhaltungssendungen und bietet diese ihren Stammkunden ohne zusätzliche Kosten an, um die Verkaufs-Plattform attraktiv zu halten.

Im Bereich des Jugendschutzes werden im Zuge der Digitalisierung vornehmlich nationale Programme der (Selbst-)Kontrolle unwirksam, wenn entwicklungsgefährdende Inhalte über die erwähnten Streaming-Portale ohne wirksame Alterskontrolle rezipierbar sind. Hier entfällt dann auch die Unterscheidung von Kinder- bzw. Jugendunterhaltung und Erwachsenenunterhaltung, weil strenge Alterskontrollen etwa für Pornografie-Plattformen nicht vorgenommen werden. Eltern haben hier eine wichtige Verantwortung, den Internetzugang der Kinder zu regulieren und abzusichern.

Allgemeine Probleme des Datenschutzes, der informationellen Selbstbestimmung und der Überwachung im Zuge der Digitalisierung betreffen auch die audio-visuelle Unterhaltung. Individuelle Unterhaltungsrezeption wird durch internet-verbundene Abspielgeräte und über die neuen Plattformen wie etwa Netflix aufgezeichnet, abgespeichert und ausgewertet. Dies ermöglicht in Zukunft sicherlich individualisierte Werbung auch im Fernsehen, was ein Motor für weitere Datensammlung bei der Unterhaltungsrezeption sein wird.

Die auf der Basis von massenhaft aufgezeichneten allgemeinen und individuellen Nutzerdaten arbeitenden Filter- und Vorschlagsalgorithmen ermöglichen eine starke Personalisierung des Unterhaltungsangebotes. Angesichts des übergroßen Angebots sind solche Dienste hilfreich. Auf der anderen Seite geht damit auch das verloren, was McLuhan die Lagerfeuer-Funktion des Fernsehens genannt hat (vgl. McLuhan 1964, 91). Wir finden uns nicht mehr zusammen vor einem Programm ein und teilen nicht die gleiche Unterhaltungserfahrung. Stattdessen unterteilen wir die Unterhaltungsrezeption bis auf die Ebene des Individuums. Zwar gibt es immer noch Gemeinschaften der Rezeption gerade bei Fernsehserien, diese fallen aber nicht mehr zusammen mit regionalen, nationalen oder politischen Gemeinschaften und können diese daher nicht integrieren.

Spezifische ethische Herausforderungen

Generell stellen sich wegen der Attraktivität der TV-Unterhaltung Probleme bei der wichtigen Trennung von Werbung und Programm. Die Produktplatzierung spielt als ethisch problematische Werbeform in Spielfilmen ebenso eine Rolle wie bei Spielshows oder auf Online-Videoplattformen. Sofern es sich um Kinder und Jugendliche als Zielgruppe handelt, ist dies besonders sensibel, da diese Gruppe Werbeformen noch schlechter identifizieren kann als Ältere. Dies ist Sache der rechtlichen Regulierung und der Medienselbstkontrolle. Bei der Plattform YouTube etwa, über die ja viele Unterhaltungssendungen rezipiert werden, ist die gesetzliche Regelung der Trennung von Programm und Werbung zwar auch rechtlich geregelt (vgl. § 58 Rundfunkstaatsvertrag), aber schwierig durchzusetzen, auch weil die Unterscheidung zwischen Werbung und Inhalt generell immer unklarer wird.

Das Thema Wahrhaftigkeit und Authentizität wurde besonders in den Diskussionen um die Scripted-Reality-Formate virulent. Als Form der Realitätsunterhaltung hat sie sich in den letzten Jahren stark entwickelt. Es handelt sich um Sendungen, die wie Dokumentationen oder Doku-Soaps aussehen, denen aber ein Drehbuch zu Grunde liegt. Dies, verschiedene dokumentarische Stilmittel wie O-Töne und versteckte Kameras und der Einsatz von Laiendarstellern erzeugen einen hohen Authentizitätsgrad bei den Zuschauern. Auf die Fiktionalisierung der Inhalte wird, so die Kritik, nur ungenügend hingewiesen (vgl. Ahrens/Weiß 2012), was gegen das ethische Gebot der Wahrhaftigkeit verstößt. Wiederum ist dies aus der Perspektive des Jugendschutzes besonders heikel.

Schließlich ist noch auf die normierende Kraft einiger TV-Unterhaltungsformate hinzuweisen, die sich zum Beispiel auf Körper- und Geschlechterbilder auswirkt. Die Sendung *Germany's Next Topmodel* (GNTM) etwa inszeniert Initiationsrituale in eine unkritisch dargestellte Schönheitsindustrie durch eine Art Zähmung von Jugendlichen und jungen Frauen mit dem Ziel der Passung in das ›Model-Business‹ (vgl. Decker 2011). In Bezug auf das Körperbild fällt darüber hinaus auf, dass GNTM-Seherinnen signifikant öfter als Nicht-Seherinnen denken, sie seien zu dick (vgl. Götz/Mendel 2015, 56). Körperzufriedenheit und Selbstwertgefühl hängen miteinander zusammen, was die moralische Problematik der Sendung verdeutlicht. Wichtig und richtig ist, dass medienerzieherisch in Schule und Familienzusammenhang gegengearbeitet werden muss. Allerdings gelingt die Steigerung der individuellen TV-Unterhaltungskompetenz allgemein und in diesem Fall nicht immer und vor allem nicht bei jeder und jedem. Rechtliche Regulierung und Kontrolle und die Verantwortung der Programmproduzenten und -anbieter spielen daher weiterhin eine wichtige Rolle.

Literatur

Ahrens, Annabelle/Weiß, Hans-Jürgen: Scripted-Reality-Formate: Skandal oder normal? Ein Orientierungsvorschlag. In: *tv diskurs. Verantwortung in audiovisuellen Medien* 16/3 (2012), 20–25.

Brosius, Hans-Bernd: Unterhaltung als isoliertes Medienverhalten? Psychologische und kommunikationswissenschaftliche Perspektiven. In: Werner Früh/Hans-Jörg Stiehler (Hg.): *Theorie der Unterhaltung. Ein interdisziplinärer Diskurs*. Köln 2003, 74–88.

Decker, Jan-Oliver: »Germany's Next Topmodel« - Initiation durch Domestikation. Zur Konzeption der Person in Castingshows. In: Petra Grimm/Oliver Zöllner (Hg.): *Medien – Rituale – Jugend. Perspektiven auf Medienkommunikation im Alltag junger Menschen*. Stuttgart 2011, 135–156.

Dörner, Andreas: Politische Identität in Unterhaltungsöffentlichkeiten. Zur Transformation des Politischen in der medialen Erlebnisgesellschaft. In: Robert Hettlage/Ludgera Vogt (Hg.): *Identitäten in der modernen Welt*. Wiesbaden 2000, 155–180.

Früh, Werner: Triadisch-dynamische Unterhaltungstheorie. In: Werner Früh/Hans-Jörg Stiehler (Hg.): *Theorie der Unterhaltung. Ein interdisziplinärer Diskurs*. Köln 2003, 27–56.

Funiok, Rüdiger: *Medienethik. Verantwortung in der Mediengesellschaft*. Stuttgart 2007.

Götz, Maya/Mendel, Caroline: Der Gedanke, »zu dick zu sein«, und Germany's Next Topmodel. In: *Televizion* 28/1 (2015), 54–57.

Hallenberger, Gerd (Hg.): *Gute Unterhaltung?! Qualität und Qualitäten der Fernsehunterhaltung*. Konstanz 2011.

Hausmanninger, Thomas: Von der Humanität vergnüglicher Mediennutzung. Überlegungen zu einer Ethik medialer Unterhaltung. In: *Theologie der Gegenwart* 42/1 (1999), 2–14.

Horkheimer, Max/Adorno, Theodor W.: *Dialektik der Aufklärung. Philosophische Fragmente*. Frankfurt a. M. 1969.

Hügel, Hans-Otto: Ästhetische Zweideutigkeit der Unterhaltung. Eine Skizze ihrer Theorie. In: Ders. (Hg.): *Lob des Mainstreams. Zu Begriff und Geschichte von Unterhaltung und populärer Kultur*. Köln 2007, 13–32.

Klaus, Elisabeth: Der Gegensatz von Information ist Desinformation, der Gegensatz von Unterhaltung ist Langeweile. In: *Rundfunk und Fernsehen* 44/3 (1996), 403–417.

Kottlorz, Peter: *Fernsehmoral. Ethische Strukturen fiktionaler Fernsehunterhaltung*. Berlin 1993.

Löwenthal, Leo: *Literatur und Massenkultur*. Frankfurt a. M. 1980.

McLuhan, Marshall: *Understanding Media. The Extensions of Man*. New York 1964.

Postman, Neil: *Wir amüsieren uns zu Tode. Urteilsbildung im Zeitalter der Unterhaltungsindustrie*. Frankfurt a. M. 1985.

Rath, Matthias: Die Pflicht zur Würde. Überlegungen zu einem medienethischen Konzept. In: *medienheft* (2001), 1–10.

Schneider, Norbert: Los mit Lustig – eine thematische Einführung. In: Gunnar Roters/Walter Klingler/Maria Gerhards (Hg.): *Unterhaltung und Unterhaltungsrezeption*. Baden-Baden 2000, 19–31.

Siegert, Gabriele/Rimscha, Bjørn von/Sommer, Christoph: *Unterhaltung als öffentlich-rechtlicher Auftrag. ORF Jahresstudie 2013. IPMZ – Institut für Publizistikwissenschaft und Medienforschung.* Zürich 2013. In: http://zukunft.orf.at/rte/upload/texte/qualitaetssicherung/jahresstudie_unterhaltung.pdf (30.3.2016).

Vorderer, Peter: Was wissen wir über Unterhaltung? In: Siegfried J. Schmidt/Joachim Westerbarkey/Guido Zurstiege (Hg.): *a/effektive Kommunikation. Unterhaltung und Werbung.* Münster ²2003, 111–132.

Wünsch, Carsten: Unterhaltungstheorien. Ein systematischer Überblick. In: Werner Früh (Hg.): *Unterhaltung durch das Fernsehen. Eine molare Theorie.* Unter Mitarbeit von Anne-Katrin Schulze und Carsten Wünsch. Konstanz 2002, 15–48.

Alexander Filipović

44 Informationsethik und kulturelle Vielfalt

Interkulturelle Informationsethik (IIE) kann in einem engeren und einem breiten Sinne verstanden werden. IIE im engeren Sinne meint die kritische Reflexion über die Auswirkungen der *digitalen* Informations- und Kommunikationstechnologien auf geltende Werte und Normen einzelner Kulturen sowie, umgekehrt, die Problematisierung über die Art und Weise wie die kulturell geprägten Werte und Normen sich auf die ethische Beurteilung von Informations- und Kommunikationstechnologien in allen Bereichen des gesellschaftlichen Lebens auswirken (vgl. Capurro 2007; Capurro et al. 2007; Brey 2007; Hongladarom/Ess 2007; Hongladarom/Britz 2010; Bielby 2015). Ihr Ziel ist nicht die bloße Beschreibung solcher Werte und Normen in Bezug auf die Informations- und Kommunikationstechnologien, ohne die ethischen Ansätze in Beziehung zueinander zu setzen (so wie die *multikulturelle* Informationsethik verfährt), sondern ein kritischer Vergleich derselben mit dem Ziel, als Katalysator gesellschaftlicher Veränderungen zu wirken. Als kritische Reflexion der auf Informations- und Kommunikationstechnologien bezogenen Regeln für die Weltgemeinschaft, soll sie Beiträge zur Grundlage für ein globales Informationsethos liefern. Eine solche *transkulturelle* Informationsethik als Bestandteil der IIE im breiten Sinne bedeutet in diesem Zusammenhang, dass dieselben Regeln, Werte und Normen universell gelten und ihre Begründung und Deutung nicht kulturell bedingt ist. IIE im breiten Sinne bezieht diese Fragestellungen auf andere Medien und Epochen. Die Übergänge zwischen IIE im engeren und im breiten Sinne sind aber fließend nicht nur weil die digitalen Informations- und Kommunikationstechnologien in verschiedenen medialen Kontexten eingebettet sind, sondern auch, weil eine kritische Beurteilung gegenwärtiger digitaler Herausforderungen in Bezug auf andere Medien sowie auf vergangene Erfahrungen stattfinden sollte.

Als deskriptive Theorie analysiert IIE Machstrukturen, die informationellen Prozessen zugrunde liegen. Als normative und emanzipatorische Theorie problematisiert sie gegebene Informations- und Kommunikationsmoralen und ihre traditionsgebundenen Grundlagen, deckt Informations- und Kommunikationsutopien auf, kritisiert verdeckte Widersprüche und Interessen bei Informationstheorien und -praktiken und analysiert ethische Konflikte in diesem Bereich (vgl. Capurro 2008). Sie richtet sich sowohl auf einzelne gesellschaftliche Gruppen, insbesondere auf Informationsspezialisten, als auch auf die Gesellschaft insgesamt. Wie im Falle anderer Fachethiken, darf aber IIE nicht auf Fragen ethischer Verantwortung einzelner Berufsgruppen (Berufsethik) eingeschränkt werden.

Die interkulturelle Perspektive auf die Informationsethik geht auf den 1997 von der UNESCO organisierten »First International Congress on Ethical, Legal, and Societal Aspects of Digital Information« in Monaco zurück. Weitere Meilensteine stellen der »World Summit on the Information Society« (WSIS) 2003 in Tunesien und 2005 in Genf sowie die darauf folgenden regionalen und internationalen von UNESCO und ITU (International Telecommunication Union) veranstalteten Konferenzen dar. Die akademische Debatte um IIE fokussiert sich ab 2004 mit der internationalen Konferenz »Localizing the Internet. Ethical Issues in Intercultural Perspective«, die organisiert vom International Center for Information Ethics (ICIE) in Karlsruhe stattfand. Die Erörterung allgemeiner kultureller Aspekte der Informations- und Kommunikationstechnologien findet zudem bereits seit 1998 im Rahmen der von Charles Ess und Fay Sudweeks organisierten Konferenzen »Cultural Attitudes towards Technology and Communication« (CATaC) statt.

Darstellung des Problemfelds

Grundlegungsfragen der IIE stellen sich vor dem Hintergrund der philosophischen Debatte um die Quellen der Moral, insbesondere des Verhältnisses von Kognition und Emotion im Hinblick auf die Begründung von Werten und Normen, die einen universellen Anspruch erheben können sollen (vgl. Capurro 2008, 640–644). Die insbesondere seit der Aufklärung geführte Debatte um zensurfreie Kommunikation steht heute insbesondere im Kontext der durch die Informations- und Kommunikationstechnologien hergestellten digitalen Globalität. Diese scheint auf den ersten Blick genau jene technische Grundlage für die Universalität von Normen und Werten bereitzustellen, die sich die Philosophen der Aufklärung für die ungehemmte Verbreitung von ›gedruckten Schriften‹ (Kant) erträumten. Wie aber schon damals gilt auch heute, dass technische Globalität keinen hinreichenden Grund für die Geltung universaler Normen und Prinzipien bereitstellt. Diese müssen einem solchen Medium zugrunde gelegt werden, will die so geeinte Menschheit in Freiheit miteinander kommunizieren. Technische Globalität lässt vielmehr kulturelle Differenzen bezüglich ethischer Werte und Prinzipien sowie die damit verbundenen gesellschaftlichen Machtstrukturen zum Vorschein kommen. Bei aller Vergleichbarkeit von in vielen Kulturen vorkommenden ethischen Werten und Normen mit Bezug zum Beispiel auf die Goldene Regel oder auf moderne Universalkodizes wie die Allgemeine Deklaration der Menschenrechte bleibt die Arbeit der Deutung, Erweiterung und Anwendung solcher Regeln nicht erspart, um nicht bei abstrakten Universalismen stehen zu bleiben oder diese sogar für partikuläre Interessen zu missbrauchen. Wir können Friedrich Nietzsche beipflichten, wenn er schreibt, dass wir im »Zeitalter der Vergleichung« leben (Nietzsche 1999, 44–45), vorausgesetzt, dass wir diese Vergleichung nicht nur auf einer ontischen, sondern auch auf einer strukturellen Ebene, d. h. auf unterschiedliche grundlegende Zugangsweisen des Menschen zu sich selbst und zur gemeinsamen Welt beziehen.

Solche Zugangsweisen, die einem *ethos* zugrunde liegen, erfolgen nicht nur in Form rationaler Argumente, sondern basieren auf »Grundstimmungen« (Baier 2006), die das Alltagsleben der Menschen mit ihren Sitten und Gebräuchen (*mores*), oft über Jahrhunderte einen spezifischen Charakter verleihen. Die kulturell geprägten Regeln des Zusammenlebens sind aber nicht voneinander abgeschottete Ganzheiten, sondern stehen miteinander in Wechselwirkung. Es ist eine Grundannahme interkultureller Arbeit in der Informationsethik sowie in der interkulturellen Philosophie generell, dass Kulturen und die sie gründenden und gestaltenden Normen, Prinzipien und Grundstimmungen nicht dem Verdacht der Inkommensurabilität ausgesetzt sein können und sollen, will man nicht das Miteinandersein in der gemeinsamen Welt aus den Augen verlieren. Auch ethische Verschiedenheiten, die sich nicht theoretisch aufheben, lassen sich vergleichen, um auf dieser Basis eine Grundlage für ein Mitdenken und -tun zu schaffen, dass nicht so tut, als ob es keine Differenzen gäbe, um sich der Deutungsarbeit zu entledigen. Daher auch die grundlegende Bedeutung eines unaufhörlichen Übersetzens für die interkulturelle Philosophie und somit auch für die IIE (vgl. Cassin 2014).

Gesellschaftliche Herausforderungen

Diese Problematik kommt in der aktuellen Diskussion um die Grundlegung der IIE deutlich zum Vorschein. So plädiert zum Beispiel Charles Ess für eine *Global Information Ethics*, die er mit Blick auf Aristoteles einen »*pros hen* [bezogen auf eines] Pluralismus« nennt. Diese Form eines auf ein *telos* (Ziel) hin orientierten Pluralismus erkennt die kulturellen Differenzen und will dadurch eine kulturimperialistische Homogenisierung durch digitale Informations- und Kommunikationstechniken vermeiden (vgl. Ess 2014, 256–257). Ess analysiert die Verbindungen eines ethischen Pluralismus in der zeitgenössischen westlichen Ethik im Vergleich zum konfuzianischen Denken vor dem Hintergrund der Digitaltechniken (vgl. Ess 2005). Beide Traditionen berufen sich, so Ess, auf Begriffe wie Resonanz und Harmonie, um sowohl pluralistische Strukturen als auch unaufhebbare Differenzen zu artikulieren. Ess' Pluralismus ist kein bloßer *modus vivendi*, welcher Spannungen und Konflikte ungelöst lässt, sondern strebt nach einer robusteren Form des Zusammenlebens auf der Basis von gemeinsamen ethischen Normen und Werten, ohne die tieferen Widersprüche aufzuheben, wobei diese Gemeinsamkeit unter Umständen zu einer noch robusteren Form von Einheit auf der Basis von Kohärenz führen kann. Es ist aber nicht klar, so Key Hiruta in seiner Kritik auf Ess, wie diese Suche nach Einheit mit der Verschiedenheit von ethischen Perspektiven in Einklang gebracht werden kann, jenseits bestimmter unannehmbarer Sachverhalte, wie etwa Kinderpornografie im Internet. Hiruta fragt, ob überhaupt diese Form von Pluralismus notwendig und wünschenswert ist. Der von Ess bemühte sokratische Dialog ist außerdem tief in der westlichen Tradition verwurzelt (vgl. Hiruta 2006).

Dem *pros hen*-Ansatz von Charles Ess habe ich mit Bezug auf die erwähnten ›Grundstimmungen‹ ein *hothen* [woher]-Ansatz entgegengesetzt, der die Aufmerksamkeit auf den letztlich nicht rational fassbaren *Ursprung* moralischer Normen richtet und sich dadurch von einem ›auf ein Ziel hin‹ orientierten Ansatz unterscheidet (vgl. Capurro 2008a, 650). Dieser Ursprung ist demnach nichts anderes als die Faktizität, Grundlosigkeit und Einmaligkeit menschlicher Existenz in der Welt. Seine Wahrnehmung und Thematisierung kommt immer kategorial, d. h. kulturell und sprachlich gefärbt zum Vorschein. Moralität entsteht aus der Wahrnehmung und dem Respekt gegenüber der Einmaligkeit der Welt und der menschlichen Existenz. Beide sind nicht beweisbare, aber aufweisbare Wahrheitswerte, worauf alle Moral beruht. Der moralische Imperativ ist jener Ruf, für unser Leben in der gemeinsamen Welt Sorge zu tragen. Obwohl dieser Ruf universell ist, sind verschiedene Auslegungen möglich, die wir als Individuen und Gesellschaften ansammeln und ein dynamisches kulturelles Gedächtnis bilden. Diese ethische Reflexion genügt aber nicht, um das Gute zu tun, sondern Letzteres bedarf der Erfahrung des Rufes selbst, worauf eine Theorie nur hinweisen kann. So gesehen, ist das In-der-Welt-sein selbst der Ursprung des Rufes. Es ist eine nicht-metaphysische universale Referenz für unterschiedliche Erfahrungen und ethische Theorien. So erfährt zum Beispiel der Buddhismus die Erfahrungen in der Welt in all ihrer Flüchtigkeit in einer Grundstimmung von Trauer und Glück, tief bewegt durch das Leiden. Auch wenn Grundstimmungen allen Menschen gemein sind, gibt es spezifische Weisen, die einzelnen Kulturen und Epochen zugrunde liegen wie zum Beispiel das Staunen (*thaumazein*) in der griechischen Welterfahrung. So wie es keine absoluten Unterschiede zwischen den Kulturen gibt, so auch keine ausschließlichen Grundstimmungen. Ekel, Gewissensqualen und der ›große Zweifel‹ etwa sind dem japanischen Buddhismus und dem modernen westlichen Nihilismus gemeinsam (vgl. Baier 2006).

In seinem Beitrag zur Informationsethik in Japan unterscheidet Toru Nishigaki zwischen der Suche nach ethischen Normen im Kontext der digitalen Informationstechniken und den Veränderungen in unserer Auffassung von Mensch und Gesellschaft, die notwendigerweise die Emergenz der Informationsgesellschaft begleiten (vgl. Nishigaki 2006). Nishigaki nennt als Beispiel die westliche Idee eines *coherent self*, die durch datenverarbeitende Roboter in Frage gestellt wird. Während diese Veränderung aus westlicher Sicht als eine Form von Nihilismus aufgefasst wird, lehrt der Buddhismus, dass es so etwas wie ein kohärentes Selbst nicht gibt. Die entscheidende ethische Frage lautet dann, so Nishigaki, wie unsere Gesellschaften sich verändern und nicht inwieweit das Selbst gefährdet ist. Es könnte sein, dass der Westen jetzt eine östliche Ethik braucht und umgekehrt. Eine »einfache Brücke« (*easy bridge*) zwischen Informationstechniken und östlicher Philosophie gibt es nicht. Aus fernöstlicher Sicht scheinen die Informationstechniken eine starke Affinität zur jüdisch-christlichen Tradition und ihrer Suche nach einer universalen Interpretation von heiligen Texten zu haben, im Gegensatz etwa zur Abkehr eines ZEN Meisters bezüglich universaler oder konventioneller Begriffsdeutungen (vgl. Nishigaki 2006). Mit anderen Worten, der Buddhismus lehrt uns, eine andere Strategie beim Umgang mit Differenzen als die westliche Kontroverse zwischen Monismus und Pluralismus. Es handelt sich auch um eine Praxis, die sich von der sokratischen unterscheidet. Ein Beispiel für die kulturelle Wechselwirkung zwischen dem »Fernen Osten« und dem »Fernen Westen« (Jullien 2002) bietet, so Nishigaki, die Theorie der Autopoiesis des Biologen Francisco Varela, die auf einer buddhistischen Vorstellung von Erkenntnis basiert und eher mit der Phänomenologie übereinstimmt als mit der vom Kognitivismus vorausgesetzten Trennung zwischen der ›Außenwelt‹ und ihrer ›Repräsentationen‹ im Gehirn. Ethische Normen sind, so Nishigaki, ein Verhaltensschema (*behavior pattern*) aus der Sicht eines externen Beobachters. Die Anwendung westlicher Ethik würde bedeuten, dass die Diskussion über Moral nur auf der Basis westlicher Verhaltensschemata stattfinden würde.

Diese Formen der Problematisierung der Zugänge zu normativen Standards sind genau, was IIE anstrebt, wenn man sie als Prozess vergleichender Reflexion versteht: »Ein humanoider Roboter könnte eher in China und Korea aber nicht in Indonesien oder in Westasien, wo die islamische Tradition stark ist, angenommen werden« (Nishigaki 2012, 17, übers. R. C.). Bernd Frohmann schlägt eine ethische Infragestellung der lokalen Auswirkungen des Internets in Anschluss an Michel Foucault und Gilles Deleuze vor (Frohmann 2007). Er analysiert das heutige Verhältnis zwischen dem Lokalen und dem Globalen in Bezug auf Kapital, Information, Technologie und organisationale Interaktion im Vergleich zur Zeit des British Empire. Für Frohmann muss ethisches Handeln nach einer »Weise der Subjektivierung« (*mode of subjectivation*) suchen und sich nicht vom Willen zur Wahrheit, d. h. zu Wissen, Universalität und Transzendenz blenden lassen. Ein philosophisches *ethos* sucht das Kontingente und Singuläre eher als universale Bestimmungen, die das »Loslassen vom Selbst« (*free of oneself*), zum Beispiel im Sinne der buddhistischen Tradition, blockieren. IIE sollte nach Frohmann mit einer genauen Situationsanalyse anfangen, was nicht als monokultureller Chauvinismus missverstanden werden darf (vgl. Frohmann 2007, 65). Es geht darum, kritisch wahrzunehmen, in welcher Form Computer eine Gesellschaft kontrollieren können und welche Strategien die Menschen entwickeln, um einer solchen Kontrolle zu entgehen, vor allem wenn Computer als Instrument lokaler oder globaler Unterdrückung eingesetzt werden. Ich stimme mit Frohmann darin überein, dass es Alternativen zwischen einem in sich geschlossenen monokulturellen Chauvinismus und meta-kulturellen, d. h. metaphysisch begründeten ethischen Ansprüchen gibt und dass die Frage danach in Bezug auf die Informations- und Kommunikationstechnologien Gegenstand der IIE ist.

Moralische Argumente können nach Michael Walzer ›dick‹ oder ›dünn‹ sein je nachdem wie tief sie sich auf die kulturelle Dimension einlassen (vgl. Walzer 1994). Mit ›dünner‹ Moral meint er eine Moral, deren Maximen entlokalisiert sind, im Gegensatz zur ›dicken‹ Moral mit kulturspezifischen Wurzeln. Beide Auffassungen von Moral bieten die Chance auf einen kritischen interkulturellen Vergleich. Fernöstliche Traditionen der indirekten Rede lassen sich mit westlichen Traditionen der direkten Rede, d. h. der *pahrrhesia* oder Redefreiheit, vergleichen, um eine mögliche Gestaltung der Informationsgesellschaft in China zu erörtern (vgl. Capurro 2009). Pak-Hang Wong hat einen interkulturellen Dialog bezüglich der Auffassungen vom ›guten Leben‹ im Westen und in China mit Bezug auf die Informations- und Kommunikationstechnologien vorgelegt (vgl. Wong 2010). In diese Richtung gehen auch Versuche, afrikanische Denktraditionen in Beziehung auf die digitalen Informationstechniken im Allgemeinen sowie auf Online Social Networks insbesondere zu setzen und Unterschiede zu westlichen Denkansätzen hervorzuheben (vgl. Capurro 2007a und 2013). Dabei spielt vor allem der Begriff *ubuntu* eine entscheidende Rolle (vgl. Olinger et al. 2005). Dieser Begriff fasst das zwischenmenschliche Verhältnis gegenüber dem üblichen westlichen Individualismus als grundlegend auf und ist für Mogobe Ramose zentral in der afrikanischen Philosophie, wenn es um die Frage nach der sozialen und politischen Organisation geht. Er ist in vielen afrikanischen Sprachen zu finden (vgl. Ramose 2002). Im Rahmen der ersten afrikanischen Konferenz über Informationsethik, die 2007 in Pretoria unter der Schirmherrschaft der UNESCO und mit Unterstützung des südafrikanischen Department of Communications stattfand, wurde die *Tshwane Declaration on Information Ethics in Africa* verabschiedet. Dort heißt es unter anderem: »Politik und Praktiken bezüglich der Schaffung, Verbreitung und Nutzung von Information in und über Afrika sollten in einer Ethik universaler Werte, Menschenrechte und sozialer Gerechtigkeit begründet werden. Indigenes Wissen und kulturelle Diversität bilden einen wertvollen Beitrag Afrikas für die globale Informationsgesellschaft. Sie sollten bewahrt, gepflegt und angewandt werden, um das Weltwissen zu bereichern« (Tshwane 2007).

Eines der meist diskutierten informationsethischen Themen seit den 1990er Jahren ist zweifellos die Frage des Verhältnisses von Privatheit und Öffentlichkeit im digitalen Zeitalter (s. Kap. VI.23). Diese Debatte erstreckt sich auf Einzelbereiche wie soziale Netzwerke, Überwachung, Cyberkriminalität, Internet der Dinge oder Cyberkrieg (s. Kap. VII.24, 33, 34). Was die interkulturelle Perspektive anbelangt, fällt dabei auf, dass westliche Analysen der Privatheit aus ethischer Sicht sich meistens auf die Unterschiede zwischen Europa und USA beschränken (vgl. Nissenbaum 2010; Rössler 2001), während eine umfassendere Erörterung in Bezug auf den Fernen Osten, Afrika oder Lateinamerika bisher nur ansatzweise stattgefunden hat (vgl. Capurro 2013a). Wenn unter Privatheit die Freiheit zu offenbaren oder zu verbergen, wer wir in der gemeinsamen Welt sind, verstanden wird, dann lässt sich eine interkulturelle, d. h. kritisch vergleichende und nicht bloß multikulturelle, d. h. bloß aneinanderreihende Analyse kultureller Unterschiede durchführen (vgl. Capurro et al. 2013). Freiheit ist nicht die Eigenschaft eines weltlosen und von den anderen Menschen und Dingen in der gemeinsamen Welt isolierten Subjekts, sondern vollzieht sich immer im Rahmen eines mit den anderen Menschen und Dingen gestalteten und -gestaltbaren Spielraums.

Die Bedeutung von Privatheit und Öffentlichkeit und damit auch das Verständnis von der Freiheit zur Gestaltung dieser Unterscheidung ändern sich je nach Epoche und Kultur. Jürgen Habermas hat in seiner klassischen Analyse den Strukturwandel der Öffentlichkeit in der westlichen Tradition dargestellt ohne aber den damit zusammenhängenden Wandel von Privatheit mit derselben Schärfe und Ausdrücklichkeit zu analysieren und ohne die kulturellen Unterschiede jenseits der westlichen Kultur zu berücksichtigen (vgl. Habermas 1990). Das Internet hat einen globalen und lokalen Strukturwandel von Öffentlichkeit und Privatheit mit sich gebracht (s. Kap. III.8). Aus der Perspektive des erwähnten Begriffs von Privatheit, lautet die ethische Frage nicht ›was‹, sondern ›wer‹ sind wir, wenn wir im Internet sind und wie der Zusammenhang des In-der-Cyberwelt-Seins zum In-der-Welt-Sein selbst ist (vgl. Capurro et al. 2013). Die oft im Mittelpunkt der Diskussion um den Schutz der Privatsphäre gestellte Frage des Datenschutzes kann dann aus der Perspektive des ›Wer-seins‹ erörtert werden. Die im deutschen und europäischen Recht verankerte Auffassung der informationellen Selbstbestimmung lässt sich auf dieser ethischen Grundlage bestimmen (vgl. Nagel 2013; s. Kap. VII.25). Die IIE-Debatte über Privatheit liegt in Ansätzen mit Bezug auf Japan (vgl. Nakada/Capurro 2009; Orito et al. 2011), Thailand (vgl. Hongladarom 2007), China (vgl. Lü 2005), Lateinamerika und Afrika (vgl. Capurro 2013) vor.

Ausblick

IIE ist eine junge Disziplin. Nur ein Bruchteil der aktuellen Fragen, z. B. hinsichtlich geistigen Eigentums, Gender oder digitaler Spaltung, ist bisher Gegenstand von Analysen im Rahmen der IIE. Es sind kulturell geprägte Normen und Prinzipien zwischenmenschlicher Kommunikation, die auch zunehmend den digital vernetzten Dingen, dem sogenannten Internet der Dinge, zugrunde gelegt werden, welche gegenwärtig im Fokus der Aufmerksamkeit stehen. Der damit zusammenhängende Bedarf an informationsethischer Reflexion ist das Symptom einer moralischen Krise, welche aufgrund der globalen Dimensionen der Informations- und Kommunikationstechnologien nicht anders als interkulturell sein kann und ist. Die öffentliche Debatte über die Digitalisierung der Gesellschaft ist auch zunehmend politisch und wirtschaftlich brisant, wie die Reaktionen von *global players* auf die Enthüllungen von Edward Snowden deutlich zeigen (vgl. Capurro 2015). IIE ist Teil einer rechtlichen und politischen Debatte über die möglichen Ausformungen von Freiheit und Gerechtigkeit im digitalen Zeitalter.

Literatur

Baier, Klaus: Welterschließung durch Grundstimmungen als Problem interkultureller Phänomenologie. In: *Daseinsanalyse* 22 (2006), 99–109.

Bielby, Jared: Comparative Philosophies in Intercultural Information Ethics. In: *Confluence: Online Journal of World Philosophies* 2 (2015), 233–251.

Brey, Philip: Is Information Ethics Culture-Relative? In: *Journal of Technology and Human Interaction* 3 (2007), 12–24.

Capurro, Rafael: Intercultural Information Ethics. In: Capurro/Frühbauer/Hausmanninger 2007, 21–38, http://www.capurro.de/iie.html (13.4.2016).

Capurro, Rafael: Information Ethics for and from Africa. In: *International Review of Information Ethics* 7 (2007a), 1–13, http://www.i-r-i-e.net/inhalt/007/01-capurro.pdf (13.4.2016).

Capurro, Rafael: Einleitung. In: Petra Grimm/Rafael Capurro (Hg.): *Informations- und Kommunikationsutopien*. Stuttgart 2008, 7–14, http://www.capurro.de/infoutopien.html (25.9.2015).

Capurro, Rafael: Intercultural Information Ethics. In: Kenneth E. Himma/Herman T. Tavani (Hg.): *The Handbook of*

Information and Computer Ethics. New Jersey 2008a, 639–665, http://www.capurro.de/iie.html (13.4.2016).

Capurro, Rafael: Ethik der Informationsgesellschaft. Ein interkultureller Versuch. In: *Jahrbuch Deutsch als Fremdsprache* 35, München 2009, 178–193, http://www.capurro.de/parrhesia.html (13.4.2016).

Capurro, Rafael: Ethical Issues of Online Social Networks in Africa. In: *Innovation: Journal of appropriate librarianship and information work in Southern Africa* 46 (2013), 161–175, http://www.capurro.de/OSNAfrica2012.html (13.4.2016).

Capurro, Rafael: Intercultural aspects of digitally mediated whoness, privacy and freedom. In: Capurro/Eldred/Nagel 2013a, 211–234.

Capurro, Rafael: Shapes of Feedom in the Digital Age. In: Hasan S. Keseroğlu/Guler Demir/Elsa Bitri/Aysenur Gunes (Hg.): *Proceedings of the International Symposium on Philosophy of Library and Information Science. Ethics: Theory and Practice*. Istanbul 2015, http://www.capurro.de/kastamonu.html (13.4.2016).

Capurro, Rafael/Eldred, Michael/Nagel, Daniel: *Digital Whoness: Identity, Privacy and Freedom in the Cyberworld*. Frankfurt a. M. 2013.

Capurro, Rafael/Frühbauer, Johannes/Hausmanninger, Thomas (Hg.): *Localizing the Internet. Ethical Aspects in Intercultural Perspective*. München 2007.

Cassin, Barbara (Hg.): *Philosopher en langues. Les intraduisibles en traduction*. Paris 2014.

Ess, Charles: Lost in Translation? Intercultural Dialogue on Privacy and Information Ethics. In: *Ethics and Information Technology* 7 (2005), 1–6.

Ess, Charles: *Digital Media Ethics* [2009]. Cambridge, UK ²2014.

Frohmann, Bernd: Foucault, Deleuze, and the Ethics of Digital Networks. In: Capurro/Frühbauer/Hausmanninger 2007, 57–68.

Habermas, Jürgen: *Strukturwandel der Öffentlichkeit* [1962]. Frankfurt a. M. ⁶1990.

Hiruta, Kei: What Pluralism, Why Pluralism, and How? A Response to Charles Ess. In: *Ethics and Information Technology* 8 (2006), 227–236.

Hongladarom, Soraj: Analysis and Justification of Privacy from a Buddhist Perspective. In: Hongladarom/Ess 2007, 108–122.

Hongladarom, Soraj/Ess, Charles (Hg.): *Information Technology Ethics: Cultural Perspectives*. Hershey 2007.

Hongladarom, Soraj/Britz Johannes: Intercultural Information Ethics. In: *International Review of Information Ethics* 13 (2010), 2–5, http://www.i-r-i-e.net/inhalt/013/013-full.pdf (13.4.2016).

Jullien, François: *Der Umweg über China. Ein Ortswechsel des Denkens*. Berlin 2002.

Lü, Yao-huai: Privacy and Data Privacy in Contemporary China. In: *Ethics and Information Technology* 7 (2005), 7–15.

Nagel, Daniel: Cyberworld, Privacy and the EU. In: Capurro/Eldred/Nagel 2013, 235–279.

Nakada, Makoto/Capurro, Rafael: The Public/Privacy Debate. A Contribution of Intercultural Information Ethics. In: Rocci Luppicini/Rebecca Adell (Hg.): *Handbook of Research in Technoethics*. Hershey/New York 2009, 339–353.

Nietzsche, Friedrich: Menschliches Allzumenschliches. In: Ders.: *Kritische Studienausgabe*, Bd. 2. Hg. von Giorgio Colli und Mazzino Montinari. München 1999.

Nishigaki, Toru: The Ethics in Japanese Information Society: Consideration on Francisco Varela's ›The Embodied Mind‹ from the Perspective of Fundamental Informatics. In: *Ethics and Information Technology* 8 (2006), 237–242.

Nishigaki, Toru: Is a Society of Cohabitation with Robots Possible? In: Ders./Tadashi Takenouchi (Hg.): *Information Ethics. The Future of Humanities*. Nagoya City 2012, 1–25.

Nissenbaum, Helen: *Privacy in Context: Technology, Policy, and the Integrity of Social Life*. Stanford 2010.

Olinger, Hanno N./Britz Johannes/Olivier, Martin S.: Western Privacy and Ubuntu: Influences in the Forthcoming Data Privacy Bill. In: Philip Brey/Frances Grodzinsky/Lucas Introna (Hg.): *Ethics and New Information Technology*. Enschede 2005, 291–306.

Orito, Yohko/Eunjin Kim/Yasunori Fukuta/Kiyoshi Murata: Online Privacy and Culture: A Comparative Study Between Japan and Korea. In: ETHICOMP Sheffield Hallan University 2011, http://www.ccsr.cse.dmu.ac.uk/conferences/ethicomp/ethicomp2011/abstracts/ethicomp2011_33.php (13.4.2016).

Ramose, Mogobe: Globalization and *ubuntu*. In: Pieter Coetzee/Pieter Abraham Roux (Hg.): *Philosophy from Africa. A Text with Readings*. Oxford ²2002, 626–650.

Rössler, Beate: *Der Wert des Privaten*. Frankfurt a. M. 2001.

Tshwane Declaration on Information Ethics in Africa. In: http://www.africainfoethics.org/tshwanedeclaration.html (15.6.2016)

Walzer, Michael: *Thick and Thin: Moral Arguments at Home and Abroad*. Notre Dame 1994.

Wong, Pak-Hang: The ›Good Life‹ in Intercultural Information Ethics: A New Agenda. In: *International Review of Information Ethics* 13 (2010), 26–32, http://www.i-r-i-e.net/inhalt/013/013-full.pdf (13.4.2016).

Rafael Capurro

45 Informationsgerechtigkeit

Zu den Aufgaben der angewandten Ethik gehört, allgemeine ethische Theorien zu adaptieren und für die Praxis fruchtbar zu machen. Will man nun das Konzept der Gerechtigkeit für die Medien- und Informationsethik nutzbar werden lassen, so ist zu bedenken, dass

> »[d]as menschliche Zusammenleben [...] zwei Seiten [hat], denen zwei Begriffe der Gerechtigkeit entsprechen. Hinsichtlich sozialer Institutionen [...] heißt die geschuldete Moral institutionelle oder objektive Gerechtigkeit, im Fall von Recht und Staat auch politische Gerechtigkeit. Im personalen oder subjektiven Verständnis bedeutet sie dagegen Rechtschaffenheit [...]. Hier ist Gerechtigkeit ein Charakter- oder Persönlichkeitsmerkmal, eine moralische Tugend [...]« (Höffe 2001, 30 f.).

Folgte man Otfried Höffe, müsste also Informationsgerechtigkeit im Rahmen einer Professionsethik wie der Medien- und Informationsethik zwei Ebenen der menschlichen Praxis im Umgang mit Informationen anleiten. Die dafür notwendigen Anpassungsleistungen wären umfänglich und – diese These ist sicherlich kontrovers – im Fall der »personalen oder subjektiven« Ebene schlicht überflüssig. Ohne dies hier begründen zu können (vgl. Weber 2014) wird im Folgenden angenommen, dass für Informationsgerechtigkeit als Rechtschaffenheit im Umgang mit Informationen auf die Forderungen existierender Individualethiken verwiesen werden kann. Das bringt natürlich Probleme mit sich, schon weil die Zahl solcher Ethiken groß ist und darin widersprüchliche Forderungen gestellt werden (man denke nur einmal an das prinzipielle Verbot der Lüge bei Kant, das aus konsequentialistischer Sicht so nicht haltbar ist), doch muss dieser Verweis hier ausreichen.

Informationelle Bürgerrechte

Betrachtet man die lebensweltlichen Bereiche, in denen Informationsgerechtigkeit relevant werden kann, ergibt sich der Sinn einer Beschränkung von Informationsgerechtigkeit auf institutionelle oder politische bzw. soziale Gerechtigkeit. Denn zumindest in Bezug auf die entsprechende wissenschaftliche und/oder politische Debatte ist festzustellen, dass dabei stets im Vordergrund steht, welche Rechte und gegebenenfalls Pflichten Personen gegenüber gesellschaftlichen und staatlichen Institutionen im Umgang mit Informationen sowie im Umgang mit den Medien, mit deren Hilfe auf diese Informationen zugegriffen werden kann, haben. Zusammenfassen kann man die Rechte hinsichtlich des Umgangs mit Informationen mit dem Ausdruck ›r2c‹, wie ihn Rainer Kuhlen (2004) in die Diskussion eingebracht hat: *right to communicate*, das Recht zu kommunizieren. Dabei ist Kommunikation als bidirektionaler Austausch von Informationen zu verstehen, um zu betonen, dass Informationsgerechtigkeit sich nicht nur auf Meinungsäußerung bezieht (*right to write*, ›r2w‹), sondern auch auf Informationszugang (*right to read*, ›r2r‹). Letztlich wird mit dem Recht auf Kommunikation das gefordert, was Art. 19 der Allgemeinen Deklaration der Menschenrechte oder auch Art. 10, Abs. 1 der Europäischen Menschenrechtskonvention garantieren sollen:

> »Jeder hat das Recht auf Meinungsfreiheit und freie Meinungsäußerung; dieses Recht schließt die Freiheit ein, Meinungen ungehindert anzuhängen sowie über Medien jeder Art und ohne Rücksicht auf Grenzen Informationen und Gedankengut zu suchen, zu empfangen und zu verbreiten« (Allgemeine Menschenrechtsdeklaration).

Dieses Recht findet sich ebenfalls im Art. 5, Abs. 2 des bundesdeutschen Grundgesetzes, in dem die freie Meinungsäußerung *und* der ungehinderte Informationszugang garantiert werden. Dies unterscheidet das Grundgesetz von der Verfassung der 5. Französischen Republik, deren vierter Artikel nur die Meinungsfreiheit erwähnt, oder von der US-amerikanischen Verfassung, deren erster Zusatzartikel ebenfalls nur von freier Meinungsäußerung und nicht vom freien Zugang zu Informationen spricht. Das gilt gleichfalls für die japanische Verfassung mit dem Art. 21. Obwohl dies nur wenige Beispiele sind, kann man jedoch davon ausgehen, dass zumindest in den Verfassungen westlich geprägter Demokratien das Recht auf freie Meinungsäußerung stets ausdrücklich auftaucht und das Recht auf ungehinderten Informationszugang im Sinne des Art. 19 der Allgemeinen Deklaration der Menschenrechte entweder genannt oder aber doch dem Geiste der jeweiligen Verfassung nach garantiert wird.

Wenn dem aber so ist, ergibt sich die Notwendigkeit, einerseits über Informationsgerechtigkeit in Bezug auf gesellschaftliche und staatliche Institutionen und in Hinblick auf Bürgerrechte zu sprechen und andererseits auch über Informationsgerechtigkeit als Bestandteil einer Medien- und Informationsethik zu diskutieren. Auf den ersten Blick erscheint eine ethische Debatte über den gerechten Umgang mit Informationen und den gerechten Umgang mit den Medien (als die dafür notwendigen Werkzeuge) zwar fast schon müßig, da generell die Wirksamkeit moralischer Grundsätze und Normen durchaus infrage gestellt werden kann. Aus guten Gründen verlassen wir uns nicht (nur) auf die Moralität unserer Mitmenschen, wenn wir wollen, dass unsere verbrieften Rechte durchgesetzt werden, sondern auf die zu deren Sicherung eingesetzten Institutionen – also Recht und Gesetz, Gerichte, Anwälte und Strafverfolgungsbehörden. Doch so zu argumentieren hieße eine ganze Reihe von zentralen Fragen unbeantwortet zu lassen.

Die erste dieser Fragen ist jene nach der moralischen Begründung für Meinungsfreiheit und freien Informationszugang. Deutlicher wird dies, wenn man den zweiten Absatz des Art. 10 der Europäischen Menschenrechtskonvention betrachtet:

»(2) Die Ausübung dieser Freiheiten ist mit Pflichten und Verantwortung verbunden; sie kann daher Formvorschriften, Bedingungen, Einschränkungen oder Strafdrohungen unterworfen werden, die gesetzlich vorgesehen und in einer demokratischen Gesellschaft notwendig sind für die nationale Sicherheit, die territoriale Unversehrtheit oder die öffentliche Sicherheit, zur Aufrechterhaltung der Ordnung oder zur Verhütung von Straftaten, zum Schutz der Gesundheit oder der Moral, zum Schutz des guten Rufes oder der Rechte anderer, zur Verhinderung der Verbreitung vertraulicher Informationen oder zur Wahrung der Autorität und der Unparteilichkeit der Rechtsprechung.«

Wird Informationsgerechtigkeit als ungehinderter Zugang zu und ungehinderte Weitergabe von Informationen verstanden, konkurrieren diese beiden Ansprüche mit anderen wohlbegründeten oder zumindest begründbaren Ansprüchen. Informationsgerechtigkeit kann somit nicht darin bestehen, dass Zugang und Weitergabe von Informationen uneingeschränkt gefordert werden, sondern es muss ein Ausgleich zwischen verschiedenen normativen Ansprüchen hergestellt werden. Dieser Ausgleich oder auch eine Hierarchisierung von Ansprüchen bedarf einer moralischen Fundierung. Dafür soll im Folgenden auf die Debatten der politischen Philosophie zurückgegriffen werden, denn dort werden schon lange Theorien der gerechten Verteilung von Rechten und Freiheiten bzw. sozialen Grundgütern diskutiert.

Informationszugang als soziales Grundgut

Ein selbstbestimmtes und gelingendes Leben ist nur möglich, wenn bestimmte Güter zur Verfügung stehen, die John Rawls als »soziale Grundgüter« bezeichnet: »The primary social goods [...] are rights, liberties, and opportunities, and income and wealth« (Rawls 1999a, 79); zudem nennt Rawls die Selbstachtung als möglicherweise wichtigstes Grundgut (ebd., 386 ff.). Ohne Grundgüter ist die Entwicklung eigener Lebenspläne unmöglich, denn sie bilden die Bedingungen der Möglichkeit freier und selbstverantwortlicher Entscheidungen; ohne sie sind wir vollständig der Willkür anderer ausgesetzt.

Normative Diskurse um die gerechte Verteilung dieser Grundgüter bezogen sich nun lange Zeit auf Rechte und Freiheiten wie das Recht auf Leben, die körperliche Unversehrtheit, Meinungs- und Versammlungsfreiheit sowie Einkommen als Grundlage eines gelingenden Lebens. Die Transformation moderner Gesellschaften weg von der Industrie- oder Dienstleistungs- hin zur Informationsgesellschaft macht es jedoch notwendig, Informationen bzw. den Zugang zu Informationen als soziales Grundgut zu begreifen, denn »[e]s ist hier die Rede von einer Gesellschaftsform, die ihre An-sich-Existenz der Lebensspenderin *Information* verdankt. Information ist das wichtigste Ordnungs- und Organisationsprinzip dieser neuen sozialen Konstellation und Konfiguration« (Badura 2000).

Aufgrund ihrer Immaterialität findet sich nicht selten die These, dass Informationen zu den reinen öffentlichen Gütern gehören, deren Gebrauch keiner Rivalität unterläge und von deren Gebrauch prima facie niemand ausgeschlossen werden könne. Doch obwohl die Grenzkosten der Vervielfältigung und Verbreitung von Informationen unter bestimmten Bedingungen gegen Null gehen, gilt dies nicht für deren Erstellung – die Gestehungskosten eines Kinofilms liegen nicht selten bei deutlich über 200 Millionen Dollar, die Entwicklung eines neuen Medikaments verschlingt in der Regel mehrere Milliarden Euro und selbst philosophische Forschung ist mit Personal- und Sachkosten verbunden. Nicht nur deshalb müssen Aussagen, Informationen zu teilen sei besser, als sie allein zu besitzen (vgl. Spinner 2002b, 299), mit Skepsis betrachtet werden, denn selbst in Sondermilieus wie der Wissenschaft hängt die Gültigkeit einer solchen Aussage von der eingenommenen Perspektive ab: Für die Gelehrtenrepublik mag sie zutreffen, für den einzelnen Wissenschaftler jedoch nicht. Informationen exklusiv zu besitzen oder allein über sie zu verfügen kann zudem mit erheblichen Vorteilen verbunden sein. Das gilt bei Eigentumsfragen bezüglich Immaterialgütern ebenso wie im Fall des Zugriffs auf personenbezogene Informationen: »[T]he problems of privacy and copyright are exactly the same. With both, there's a bit of ›our‹ data that ›we've‹ lost control over. In the case of copyright, it is the data constituting a copy of our copyrighted work; in the case of privacy, it is the data representing some fact about us« (Lessig 2006, 200).

Robert Nozick (1974) und andere libertäre Autoren halten die Ungleichverteilung von sozialen Grundgütern für unproblematisch, sofern sie das Ergebnis freiwilliger Tauschakte oder einer Erstaneignung darstellen. Unberücksichtigt bleibt dabei, dass Menschen durch ihre Startposition in einer Gesellschaft unterschiedliche Voraussetzungen beim Erwerb dieser Grundgüter mitbringen; Chancengleichheit verstehen libertäre Autoren in der Regel nur im Sinne von gleichen formalen Rechten und der Abwesenheit von Diskriminierung (z. B. Cavanagh 2003). Nicht zuletzt in Bezug auf Informationszugang wird jedoch leicht ersichtlich, dass beispielsweise junge Menschen durch die Schichtzugehörigkeit ihrer Eltern massive Nachteile erleiden und nicht die gleichen Chancen besitzen – das ist ein wesentlicher Aspekt der Debatte um die digitale Spaltung (u. a. Norris 2001; Warschauer 2003; Weber 2006). Solche Ungleichheiten und deren Auswirkungen sind es, die nicht nur Helmut Spinner (2002a, 113 f.) dazu bringen, libertären und marktliberalen Autoren vorzuwerfen, dass sie in provozierender Weise blind für die moralische Fragwürdigkeit vieler Ungleichheiten sind, obwohl diese nicht Ergebnis eigener Entscheidungen und Handlungen sind, sondern unverdient durch die sozialen Bedingungen zustande kommen.

Einfache Prinzipien der Informationsgerechtigkeit

Aus liberal-egalitärer Sicht müssen soziale Grundgüter umverteilt werden, damit eine Güterverteilung entsteht, die einerseits absichts-sensitiv und andererseits ausstattungs-insensitiv ist: Die Folgen eigener Entscheidungen sollen nicht ausgeglichen werden, aber unverschuldete Nachteile und Handicaps sehr wohl (vgl. Kymlicka 1996, 168). Rawls (1999a, 53) will mit seinen beiden Gerechtigkeitsprinzipien erreichen, dass grundsätzlich jedes Mitglied einer Gesellschaft Zugriff auf den gleichen Anteil an sozialen Grundgütern bekommt wie jedes andere (Gleichheitsprinzip). Doch sollen Unterschiede in der Güterverteilung möglich sein, sofern diese den am schlechtesten Gestellten in einer Gesellschaft zugutekommen (Differenzprinzip). Im Hinblick auf den Informationszugang als sozialem Grundgut könnte dies beispielsweise in der staatlichen Subventionierung eines Internetzugangs für jene bestehen, die sich diesen aufgrund ihrer Situation nicht selbst leisten können.

Informationen sind jedoch stets Informationen über etwas und sagen etwas über Ereignisse, Sachverhalte, Personen usw. aus. Daher ist es unsinnig zu fordern, dass jede Person den gleichen Anteil der vorhandenen Informationen erhält. Es kann in der Debatte um Informationsgerechtigkeit nicht um Informationen selbst gehen, sondern um das Recht des Zugangs auf bestimmte Informationen.

Um allgemeine Rechte und informationelle Eingriffsfreiheit wahren zu können, muss der Informationszugang in vielen Fällen restriktiv gehandhabt sowie eine inhaltliche Festlegung getroffen werden, welche Informationen einerseits zur Grundversorgung gehören, um Informationsgerechtigkeit herzustellen, und andererseits, welche Informationen bei allgemeinem Zugang andere zentrale Rechte und Freiheiten gefährden könnten. Der Informationszugang ist also nicht dem Einkommen ähnlich, sondern vielmehr einem Recht, das in eine lexikalische Ordnung mit anderen Rechten gebracht werden muss, um Kollisionen vorzubeugen. Daher müssen das Rawlssche Gleichheits- und Differenzprinzip zur Erreichung von Informationsgerechtigkeit inhaltlich präzisiert werden; insbesondere das Differenzprinzip muss dabei umformuliert werden, denn die Legitimität von informationellen Ungleichheiten muss nicht nur in Bezug auf ein Mehr des Informationszugangs, sondern auch auf ein Weniger in Hinblick auf Informationseingriffe begründet werden. Das informationelle Differenzprinzip dient also nicht nur der Begründung von informationellen Ungleichheiten, sondern auch der Abwehr von Informationszugangsansprüchen. Eine erste Formulierung könnte daher lauten (angelehnt an Spinner/Nagenborg/Weber 2001, 168):

1. Jede Person soll gleiches Recht auf Zugang zum umfangreichsten System von Informationen und Wissen haben, das mit dem gleichen System für alle anderen vereinbar ist und
2. informationelle Ungleichheiten in Bezug auf den Zugang zu Informationen sind so zu gestalten, dass (a) vernünftigerweise zu erwarten ist, dass sie zum Vorteil aller dienen, und (b) sie mit Positio-

nen und Ämtern verbunden sind, die jeder Person offen stehen.

Diese beiden Prinzipien allein leisten jedoch nicht, was gerade gefordert wurde, da Informationsgerechtigkeit nicht um den Preis der Verletzung anderer zentraler Rechte und Freiheiten erstrebt werden darf – gemeint ist in erster Linie das Recht auf Privatsphäre, aber auch ein vernünftiger Schutz geistigen Eigentums, der Anreize gibt, Informationsgüter überhaupt zu produzieren (vgl. Weber 2012). Es muss also eine inhaltliche Bestimmung vorgenommen werden: Das »umfangreichste System von Informationen und Wissen« kann zwar im Grundsatz mit »Wissen aller Arten, in jeder Menge und Güte« (Spinner 1997) identifiziert werden, doch bestimmte Informationen müssen davon ausgenommen sein, damit wir nicht die Kontrolle über wichtige Aspekte unseres Lebens verlieren (vgl. Nagenborg 2005 bezüglich Theorien der Privatsphäre). Der zweite Absatz des Art. 10 der Europäischen Menschenrechtskonvention beinhaltet solche Einschränkungen, allerdings werden dort in erster Linie staatliche Belange berücksichtigt; die hier gemeinten Limitierungen sollen jedoch vor allem Bürger vor der Willkür ihrer Mitbürger und des Staates schützen.

Komplexe Prinzipien der Informationsgerechtigkeit

Es muss also eine Balance zwischen Informationsgerechtigkeit zur Behebung informationeller Ungleichheit auf der einen Seite und Informationsgerechtigkeit zum Schutz vor Informationseingriffen auf der anderen Seite gefunden werden. Deswegen dürfen informationelle Ungleichheiten (1) die Freiheit vor Informationseingriffen, (2) die Freiheit zur Verwendung eigener Informationen sowie (3) die Freiheit des Zugriffs auf Informationen nicht verletzen (vgl. Weber 2009). Diese Forderungen entsprechen der libertären und letztlich auch liberal-egalitären Intuition, dass das Individuum Rechte besitzt, die nicht um der Wohlfahrt anderer verletzt werden dürfen.

Obwohl eine Informationsgerechtigkeitstheorie mit einfachen Prinzipien schon um der Klarheit willen wünschenswert wäre, wird deutlich, dass es vermutlich nicht gelingen wird, eine solche einfache Theorie zu formulieren. Denn die obigen einfachen Informationsgerechtigkeitsprinzipien sind, *mutatis mutandis*, den gleichen Kritikpunkten ausgesetzt, denen auch Rawls' Theorie der Gerechtigkeit ausgesetzt war und

ist: Libertären Autoren gehen die Eingriffe in das Eigentum zum Zweck der Umverteilung zur Herstellung von Gleichheit grundlegend zu weit; mit Friedrich August von Hayek (1944) gesprochen sehen sie darin den »Weg zur Knechtschaft«. Sie plädieren daher wie Robert Nozick (1974, IX) für starke Eigentumsrechte, ansonsten aber für einen Nachtwächterstaat:

»[...] a minimal state, limited to the narrow functions of protection against force, theft, fraud, enforcement of contracts, and so on, is justified; [...] any more extensive state will violate persons' rights not to be forced to do certain things, and is unjustified [...]. Two noteworthy implications are that the state may not use its coercive apparatus for the purpose of getting some citizens to aid others, or in order to prohibit activities to people for their own good or protection.«

Umverteilung, gleich ob zur Erreichung allgemeiner Gerechtigkeit oder von Informationsgerechtigkeit, ist aus libertärer Sicht moralisch nicht begründet; staatliche steuerlich finanzierte Maßnahmen – nicht nur zur Schließung der digitalen Spaltung – werden von libertärer Seite verworfen. An dieser Stelle sei jedoch erwähnt, dass die von libertären Denkern geforderten starken Eigentumsrechte bestimmte Aspekte der Informationsgerechtigkeit auch stärken können: Lawrence Lessig (2002) argumentiert, dass sich Privatsphäre über Eigentumsrechte sichern lässt, damit also Informationseingriffe abgewiesen werden können. Jedoch sieht er Kultur und Kreativität durch starke geistige Eigentumsrechte gefährdet, weil so die Rechteinhaber jede Informationsnutzung unterbinden oder doch zumindest strikt kontrollieren könnten (Lessig 2001; 2004). Nicht zuletzt widerspricht es libertären Ideen, Menschen daran zu hindern sich selbst zu schaden. Für die Informationsgerechtigkeitsdebatte hat dies wiederum weitreichende Folgen, denn es bedeutet unter anderem, dass der Staat niemanden paternalistisch daran hindern dürfte, freiwillig die eigene Privatsphäre aufzugeben und Informationen preiszugeben.

Genauso, wie gegen die liberal-egalitäre Auffassung von Gleichheit argumentiert wurde (zur Übersicht Anderson 1999), kann man beispielsweise mit dem Fähigkeitsansatz von Martha Nussbaum und Amartya Sen (zusammenfassend Gasper 1997) argumentieren, dass die Rawlsschen Gerechtigkeitsprinzipien nicht weit genug gehen, weil sie nur eine gleiche Güterausstattung und nicht gleiche Befähigungen herstellen sollen – diese Kritik könnte auch an die oben genannten Informationsgerechtigkeitsprinzipien gerichtet werden. Fähigkeiten auszugleichen bedeutet, dass jene, die durch Geburt oder Wechselfälle des Lebens Nachteile erfahren, ein Anrecht auf einen größeren Anteil an sozialen Grundgütern als andere haben, damit bei ihnen die gleiche Fähigkeit zu einem guten Leben wie bei allen anderen Menschen ausgebildet werden kann. Für die Schließung der digitalen Spaltung hieße dies, dass ein solches Prinzip massive Unterstützungsleistungen für benachteiligte Personen nach sich ziehen würde.

Nimmt man allein schon die bisher genannten Einwände ernst, ist ein Festhalten an einfachen (Informations-)Gerechtigkeitsprinzipien nicht mehr möglich. Doch es müssen zwei weitere Aspekte in die Theoriebildung der Informationsgerechtigkeit einfließen: Das Internet als das Medium des globalen Informationszugangs überschreitet soziale, kulturelle und politische Grenzen in einer Weise, wie es andere Medien bisher nicht taten. Es wirft damit moralische Fragen auf, für die noch keine überzeugenden Lösungen vorliegen. Dies betrifft zuallererst die globale digitale Spaltung; Millionen Menschen haben keinen Internetzugang und damit auch einen sehr eingeschränkten Informationszugang (Castells 2001, 247): »The differentiation between Internet-haves and have-nots adds a fundamental cleavage to existing sources of inequality and social exclusion in a complex interaction that appears to increase the gap between the promise of the Information Age and its bleak reality for many people around the world.«

Wie jedoch die digitale Spaltung zu schließen sowie die damit einhergehenden Ungleichheiten und Ausschließungen zu beheben und wie vor allem die damit verbundenen Probleme der normativen Begründung für Hilfs- und Umverteilungsmaßnahmen zu lösen sind, sofern man überhaupt davon ausgeht, dass solche Maßnahmen moralisch legitimiert werden können, ist völlig unklar, denn »[u]m Solidaritätsprobleme dieser Größenordnung zu lösen, wird die Weltgesellschaft eines funktionalen Äquivalents 1. für die ›Erzwingungsstäbe‹ (Max Weber) und 2. für die ›lückenlose demokratische Legitimationskette‹ (Böckenförde) des westlichen Nationalstaats bedürfen. Aber dafür gibt es bislang noch nicht einmal eine brauchbare Theorie« (Brunkhorst 2000, 286).

In der Tat ist Rawls (1999b) ambitionierter Entwurf, seine Theorie der Gerechtigkeit auf Staaten auszudehnen, massiver Kritik ausgesetzt gewesen; entscheidend für die hier gemachten Überlegungen aber ist, dass sich *the law of peoples* gar nicht an Individuen richtet, sondern an Völker: (1) Daraus lassen sich daher keine Informationsgerechtigkeitsprinzipien ableiten, die die Rechte und Pflichten von Bürgern untereinander und im Verhältnis zu den jeweilgen staatlichen Institutionen gestalten; (2) Es lassen sich daraus keine Gerechtigkeitsprinzipien ableiten, mit denen die im Internet üblichen unmittelbaren Interaktionen von Mitgliedern verschiedener Völker in Bezug auf den Informationszugang reguliert werden. Es kann hier nur eine Vermutung bleiben, aber möglicherweise ist dies nicht nur ein Problem der Rawlsschen Theoriebildung im Bereich überstaatlicher Gerechtigkeitsprinzipien, sondern aller Ansätze, die konzeptionell von Nationalstaaten ausgehen.

Der Anspruch auf Wahrnehmung der Verantwortung für die globale Herstellung von Informationsgerechtigkeit wirft folglich eine weitere schwerwiegende Frage auf, denn es ist unklar, wessen Gerechtigkeitsmaßstäbe dabei gelten sollen. Damit ist nicht so sehr gemeint, dass kommunitaristische, liberale, libertäre oder auch feministische Autoren keine Einigkeit über Gleichheit und Gerechtigkeit herstellen können, sondern dass kulturelle Überzeugungen dem entgegenstehen: Wie soll bei internationalen Programmen zur Schließung der digitalen Spaltung damit umgegangen werden, dass beispielsweise in vielen Ländern Frauen aus der jeweiligen kulturellen Binnensicht gar nicht als Betroffene der digitalen Spaltung gelten, da sie grundsätzlich nicht den Männern gleichgestellt sind und daher keinen Anspruch auf Bildung, Meinungsfreiheit oder Informationszugang haben? Michael Walzer hat in *Spheres of Justice* (1983) dafür plädiert zu akzeptieren, dass unterschiedliche lebensweltliche Bereiche, eben Sphären, mit ganz verschiedenen Gleichheits- und Gerechtigkeitskonzepten existieren. Will man dies für eine Theorie der Informationsgerechtigkeit nutzbar machen, müsste man den Gedanken aufgeben, dass es im globalen Netz einheitliche Informationsgerechtigkeitsprinzipien geben könnte – dies allerdings könnte bedeuten, die Gestaltung und Regulierung des Internets zu renationalisieren oder zu rekulturalisieren (letztlich wird man damit auf die Kommunitarismus/Liberalismus- und die Gruppenrechte-Debatte zurückgeworfen, z. B. Mulhall/Swift 1992; Barry 2001).

Selbst wenn man diese Befürchtung nicht teilt, bleibt doch festzuhalten, dass die Komplexität der lebensweltlichen Bedingungen und der in westlichen Gesellschaften stark verbreitete Wunsch nach Trennung von öffentlicher und privater Sphäre dazu beitragen, dass es unmöglich erscheint, eine Theorie der

Informationsgerechtigkeit auf wenigen einfachen Prinzipien aufzubauen. Bedenkt man nun noch, dass kommunitaristische Autoren (sehr deutlich bei Etzioni 1999) informationelle Gerechtigkeitsgrundsätze eher auf das Gemeinwohl denn auf den Schutz individueller Ansprüche hin ausrichten wollen, bleibt nur noch festzuhalten, dass Rawls' Gerechtigkeitsprinzipien einen Ausgangspunkt für die Suche nach einer Theorie der Informationsgerechtigkeit bilden können, doch noch deutlich über diesen Ansatz hinausgegangen werden muss.

Hinweise auf mögliche Lösungsansätze

Um dies zu erreichen und eine über Rawls hinausgehende Theorie – zumindest für bestimmte Formen der Informationsnutzung – zu entwickeln, haben einige Autoren (van den Hoven 1997; 1999; Nissenbaum 2004; Nagenborg 2009) versucht, Walzers Ansatz einer komplexen Gerechtigkeit für eine Theorie der Informationsgerechtigkeit zu nutzen. Am interessantesten scheint dabei Walzers Idee des ›blockierten Tauschs‹ (engl.: *blocked exchange*): Es gibt Gerechtigkeitssphären, zwischen denen (bestimmte) soziale Grundgüter nicht ausgetauscht werden dürfen, so Macht aus der politischen Sphäre in die ökonomische Sphäre (Vorteilnahme, Gefälligkeitsgesetze etc.) oder Einkommen in die umgekehrte Richtung (Ämterkauf, Bestechung usw.), da sich die Verteilungsprinzipien der Sphären unterscheiden und der Austausch zu Missbrauch führen könnte. Begreift man nun Informationszugang als soziales Grundgut, dann müssten (1) je Sphäre Informationsgerechtigkeitsprinzipien für dieses Grundgut festgelegt und (2) Bedingungen angegeben werden, unter denen ein Austausch über Sphärengrenzen hinweg erlaubt oder blockiert wird. Es ist offenbar, dass dies zu einer sehr komplexen Theorie der Informationsgerechtigkeit führen muss, deren Entwicklung im Übrigen stets unabgeschlossen bliebe, solange neue Formen des Informationsaustauschs oder neue Informationsarten entstehen. Sicherlich wäre es jedoch möglich, ein grundlegendes Schema für solche sphärenrelativen Informationsgerechtigkeitsprinzipien zu entwickeln. Zu bezweifeln ist jedoch, dass eine Informationssphäre mit zahlreichen Subsphären (vgl. Nagenborg 2009) definiert werden könnte, für die dann Informationsgerechtigkeitsprinzipien zu formulieren sind. Diese Konzeption kann nicht in Einklang mit der Tatsache gebracht werden, dass Informationen und Informationszugang in ganz unterschiedlichen sozialen Kontexten bzw. Sphären eine dominante Rolle spielen und dort in andere soziale Grundgüter umgetauscht werden können (müssen). In Theorien der digitalen Spaltung (bereits in Warschauer 2003) wird dem indirekt durch die Nutzung von Pierre Bourdieus Konzept des sozialen Kapitals Rechnung getragen, da dieses die prinzipielle Umtauschbarkeit verschiedener Kapitalsorten annimmt. Die normative Theoriebildung könnte hier von soziologischen Theorien durchaus lernen.

Dies gilt auch in Bezug auf die soziale Praxis. Sicher kann diese keine normativen Aussagen rechtfertigen, da dies einen Sein-Sollen-Fehlschluss implizierte. Doch die Entwicklungen rund um Wissensallmenden (vgl. Weber 2012) wie Creative Commons, Open Source, Open Access, Open Data und ähnlichen sozialen Bewegungen zeigen, dass viele Menschen mit den vorgefundenen Modalitäten der Informationsverteilung unzufrieden sind bzw. diese angesichts des technischen Wandels, der globalen Vernetzung und der gesellschaftlichen Bedeutung von Informationen überwinden wollen. Diese sozialen Bewegungen lassen sich nun als Sphären der Informationsgerechtigkeit begreifen, in denen ganz unterschiedliche Gerechtigkeitsprinzipien entwickelt werden. Nicht nur, aber auch als Inspiration der Theoriebildung der Informationsgerechtigkeit sind sie daher von größter Bedeutung.

Literatur

Anderson, Elisabeth S.: What is the Point of Equality? In: *Ethics* 109/2 (1999), 287–337.

Badura, Henrich: Die Informationsgesellschaft und ihre Werterscheinungsformen. In: *B. I. T. online* 3/1 (2000), 17–28, http://www.b-i-t-online.de/archiv/2000–01/fach1.htm.

Barry, Brian: *Culture and Equality: An Egalitarian Critique of Multiculturalism*. Cambridge, Mass. 2001.

Brunkhorst, Hauke: Ist die Solidarität der Bürgergesellschaft globalisierbar? In: Hauke Brunkhorst/Matthias Kettner (Hg.): *Globalisierung und Demokratie*. Frankfurt a. M. 2000, 274–286.

Castells, Manuel: *The Internet Galaxy*. Oxford 2001.

Cavanagh, Matt: *Against Equality of Opportunity*. Oxford 2003.

Etzioni, Amitai: *The Limits of Privacy*. New York 1999.

Gasper, Des: Sen's Capability Approach and Nussbaum's Capabilities Ethic. In: *Journal of International Development* 9/2 (1997), 281–302.

Hayek, Friedrich August von: *The Road to Serfdom*. London 1944.

Höffe, Otfried: *Gerechtigkeit: Eine philosophische Einführung*. München 2001.

Kuhlen, Rainer: *Informationsethik: Umgang mit Wissen und Information in elektronischen Räumen*. Konstanz 2004.

Kymlicka, Will: Liberal Individualism and Liberal Neutrality. In: Shlomo Avineri/Avner de-Shalit (Hg.): *Communitarianism and Individualism*. Oxford 1996, 165–185.
Lessig, Lawrence: *The Future of Ideas: The Fate of the Commons in a Connected World*. New York 2001.
Lessig, Lawrence: Privacy as Property. In: *Social Research* 69/1 (2002), 247–269.
Lessig, Lawrence: *Free Culture: How Big Media Uses Technology and the Law to Lock Down Culture and Control Creativity*. New York 2004.
Lessig, Lawrence: *Code Version 2.0*. New York 2006.
Mulhall, Stephen/Swift, Adam: *Liberals and Communitarians*. Oxford 1992.
Nagenborg, Michael: *Das Private unter den Rahmenbedingungen der IuK-Technologie: Ein Beitrag zur Informationsethik*. Wiesbaden 2005.
Nagenborg, Michael: Designing Spheres of Informational Justice. In: *Ethics and Information Technology* 11/3 (2009), 175–179.
Nissenbaum, Helen: Privacy as Contextual Integrity. In: *Washington Law Review* 79/1 (2004), 119–158.
Norris, Pippa: *Digital Divide: Civic Engagement, Information Poverty, and the Internet Worldwide*. Cambridge, Mass. 2001.
Nozick, Robert: *Anarchy, State, and Utopia*. New York 1974.
Rawls, John: *A Theory of Justice*. Cambridge, Mass. 1999a.
Rawls, John: *The Law of Peoples*. Cambridge, Mass. 1999b.
Spinner, Helmut F.: Differentielle Erkenntnistheorie zur Untersuchung von ›Wissen aller Arten, in jeder Menge und Güte‹. In: Christoph Hubig (Hg.): *Cognitio humana – Dynamik des Wissens und der Werte*. Berlin 1997, 505–528.
Spinner, Helmut F.: Informationelle Waffengleichheit als Grundprinzip der neuen Informationsethik: Über Gleichheit, Ungleichheit, Unterlegenheit im Wissen. In: Ulrich Arnswald/Jens Kertscher (Hg.): *Herausforderungen der Angewandten Ethik*. Paderborn 2002a, 111–135.
Spinner, Helmut F.: Wissenskommunismus für Wissenskapitalisten – Anachronismus oder Futurismus des Informationszeitalters? In: Klaus Peter Dencker (Hg.): *Die Politik der Maschine*. Hamburg 2002b, 295–324.
Spinner, Helmut F./Nagenborg, Michael/Weber, Karsten: *Bausteine zu einer neuen Informationsethik*. Berlin 2001.
van den Hoven, Jeroen.: Privacy and the Varieties of Moral Wrong-Doing in the Information Age. In: *Computers & Society* 27/3 (1997), 33–37.
van den Hoven, M. J.: Privacy or Informational Injustice? In: Lester J. Pourciau (Hg.): *Ethics and Information in the Twenty-First Century*. West Lafayette 1999, 140–150.
Walzer, Michael: *Spheres of Justice: A Defense of Pluralism and Equality*. New York 1983.
Warschauer, Mark: *Technology and Social Inclusion: Rethinking the Digital Divide*. Cambridge, Mass. 2003.
Weber, Karsten: Entwicklung und digitale Spaltung – Zusammenhänge und Prioritäten. In: *PROKLA. Zeitschrift für kritische Sozialwissenschaft* 36/4 (2006), 533–547.
Weber, Karsten: Anything goes? Ethisch sensible Problemfelder in der digital vernetzten Wirtschaft. In: Detlev Aufderheide/Martin Dambrowski (Hg.): *Internetökonomie und Ethik. Wirtschaftsethische und moralökonomische Perspektiven des Internets. Volkswirtschaftliche Schriften*, Heft 556. Berlin 2009, 11–34.
Weber, Karsten: Globale Wissensallmende und Informationsnachhaltigkeit. In: Matthias Maring (Hg.): *Globale öffentliche Güter in interdisziplinären Kontexten*. Karlsruhe 2012, 139–160.
Weber, Karsten: Wider die Medienethik als Professionsethik: Der Versuch einer Verankerung in der politischen Philosophie. In: Matthias Maring (Hg.): *Bereichsethiken im interdisziplinären Dialog*. Karlsruhe 2014, 383–402.

Karsten Weber

46 Hackerethik

Die Anfänge der Hackerethik reichen zurück bis in die 1960er Jahre (vgl. Himanen 2001, 107). Sie hat sich parallel zur sozialen Aneignung der Computertechnologie entwickelt und prägt bis heute ihr normativ-reflexives Moment. Der Begriff selbst kann unterschiedlich verstanden werden: 1. Kann er eine Quasi-Professionsethik bezeichnen, die sich mit den typischen moralischen Fragestellungen des Hackertums beschäftigt. Dabei verweist er auf die interne Reflexion moralischer Standards, Normen und Werte innerhalb der Hacker-Communities. 2. Meint die Hackerethik im engeren Sinne häufig die Rekonstruktion einiger fundamentaler Grundsätze aus dem Buch *Hackers – Heroes of the Information Age* (Levy 1984/2010). 3. Wurde von Pekka Himanen (2001) vorgeschlagen, Hackerethik als eine neue Form einer allgemeinen Arbeitsethik (in Abgrenzung zur protestantischen Arbeitsethik) zu fassen.

Der folgende Beitrag nimmt die Grundsätze von Steven Levy (1984/2010) als Ausgangspunkt, um diesen Teilbereich der Kommunikations- und Informationsethik zu erkunden. Dabei wird nicht der Anspruch erhoben, eine Hackerethik darzustellen, die allgemein anerkannt wird. Vielmehr ist zu beachten, dass sich innerhalb der Szene verschiedene »moralische Genres« (Coleman/Golub 2008) ausgebildet haben. Der Begriff ›Hacker‹ wird zudem nicht von allen Autoren und Akteuren gleichbedeutend verwendet (vgl. Nissenbaum 2004). Der Text von Levy erlaubt jedoch die Thematisierung der wesentlichen Aspekte der Hackerethik. Zudem besitzt er innerhalb der Szene Autorität. So wurde der Kodex sehr schnell vom Chaos Computer Club (CCC, deutscher Hackerverein) angenommen und später vom Verein selbst um einige Punkte ergänzt (vgl. Kulla 2003). Er dient bis heute als Leitbild, fließt in interne Ethikdiskurse ein und wird dadurch kontinuierlich (re-)aktualisiert (vgl. CCC-Website, 29C3-Tagungsdokumentation). Der CCC repräsentiert nicht alle Hackerinnen und Hacker, prägt aber im deutschsprachigen Raum den Diskurs um Hacking entscheidend mit.

Himanen (2001, 17 f.) beschreibt den typischen Hacker als eine Person, für die nicht mehr nur im Vordergrund steht, mit dem Computer ihren Lebensunterhalt zu verdienen. Ihre primäre Motivation sei eher im Bereich der sozialen Bindung, Gemeinschaftsbildung und Unterhaltung zu verorten. Er bezeichnet diese Relevanzverschiebung als »Linux-Netzwerk-Effekt«, bei dem viele Hacker zusammenarbeiten, weil sie Spaß an ihrem Tun haben (vgl. ebd.). In Anlehnung an Linus Torvalds, finnisch-amerikanischer Programmierer und Initiator der Entwicklung des Linux-Kernels (zentraler Bestandteil eines freien Betriebssystems), wird hier festgestellt, dass der Computer selbst die Unterhaltung ist, nicht der Konsum anderer Unterhaltungsmedien (Games, Filme, etc.) über den Computer (ebd., 21). Hacking beschreibt den spielerisch-gestalterischen Umgang mit der Technologie und das Experimentieren mit Programmierung und Hardwaremodifikation – der Hacker gilt als klassischer Tüftler.

Im Gegensatz dazu definieren Hyjung-jin Woo et al. (2004) den Hacker als Person, die in ein fremdes System eindringt und eine fremde Webseite ohne Wissen und Zustimmung des Betreibers verändert. In den meisten Fällen des untersuchten Samples handelt es sich dabei um einen verhältnismäßig harmlosen Streich. Der Forschungsgruppe zufolge dominiert der Typus des ›Merry Pranksters‹ gegenüber dem vor allem in Sicherheitsdiskursen dominierenden Bild des potenziell militanten ›Cyberkriminellen‹. Die im letztgenannten Zusammenhang zunehmend negative Zuschreibung führt Helen Nissenbaum (2004) nicht auf Veränderungen in der Praxis des Hackens zurück, sondern auf sich verändernde Diskurshoheiten im sozialen und institutionellen Kontext. Im Zusammenhang mit der Kriminalisierung der Tätigkeit steht auch die Pathologisierung als ›Computersucht‹, die es zu ›heilen‹ gilt, was am Beispiel von Kevin Mitnick deutlich wird. Nachdem er 1989 bereits mehrfach wegen ›computerbezogener Straftaten‹ festgenommen wurde, konnte er im fünften Fall seine Haftzeit auf ein Jahr reduzieren unter der Auflage einer halbjährigen ›Therapie‹ gegen seine ›Sucht‹. Darüber hinaus wurde ihm jegliche Computernutzung verboten (vgl. Coleman/Golub 2008, 265 f.; Mitnick 2011). Insofern werden Hacker auch oftmals mit dem Typus des *compulsive programmers* (vgl. Weizenbaum 1976) in Verbindung gebracht, ihr Handeln je nach Diskurshoheit und politischer Gemengelage nicht mehr als freiwillig, sondern als Zwangshandlung interpretiert.

Im Folgenden werden die Grundsätze der Hackerethik mit ihren zentralen Aspekten diskutiert, orientiert an der deutschen, ergänzten Fassung des CCC. Diese sind nicht überschneidungsfrei, sondern greifen an mehreren Stellen ineinander. Trotzdem legt jeder Grundsatz einen eigenen inhaltlichen Schwerpunkt.

»Der Zugang zu Computern und allem, was einem zeigen kann, wie diese Welt funktioniert, sollte unbegrenzt und vollständig sein«

Man kann nur verstehen wie Systeme funktionieren, wenn man sie auseinander nimmt. Dieses Axiom bildet den Ursprung der Hackerethik. Barrierefreier Zugang zu Computertechnologie steht daher im Fokus des ersten Grundsatzes. Der ›Hands-on‹ Imperative folgend soll jede technologische Blackbox geöffnet und ihre Einzelteile falls nötig neu zusammengesetzt werden. Ziele sind dabei immer das Erkennen von Strukturen und die Verbesserung bestehender Systeme (vgl. Levy 2010). Damit geht Levy in seiner Formulierung der Hackerethik über ein rein technisches Systemverständnis und eine rein professionsethische Perspektive hinaus und konstruiert einen allgemein-ethischen Bezugsrahmen von prinzipiell emanzipatorischem Charakter: es gilt Gegebenes zu verstehen, zu hinterfragen und – wo nötig – selbst zu verbessern. Der individuelle Handlungsspielraum soll dabei möglichst nicht eingeschränkt werden. Jeder kann potenziell die Lösung für das in die Technologie oder in ein System eingeschriebene Problem entwickeln. Es geht im Kern um einen »respektlosen« (Wau Holland zit. nach Eckoldt 1988, 157), dabei aber nicht destruktiven, sondern kreativen und bisweilen spielerischen Umgang mit Technologie, der zugleich zur Voraussetzung wie auch zur Bedingung von Eigen-Mächtigkeit wird. Für Himanen (2001) liegt hier das zentrale Abgrenzungsmoment der Hackerethik von der protestantischen Ethik: »Kapitalismus, Kommunismus und bislang auch die neue Informationswirtschaft propagieren einfach die Form der protestantischen Ethik [hier charakterisiert durch Arbeit, Messbarkeit, Rationalismus und Materialismus], die sie für die reinste halten« (Himanen 2001, 84 f.). Die Hackerethik fordere bestehende Systeme heraus, unter anderem dadurch, dass nach einer Marktwirtschaft gefragt werde, »bei der Wettbewerb nicht auf der Kontrolle von Informationen basiert« (ebd.).

Frei zugängliche Information gilt als Grundlage für jede Form von Produktivität, Wettbewerb entsteht durch den Umgang mit diesen Informationen, den Einsatz der eigenen Fähigkeiten. Neben den Aspekten der Kreativität und Produktivität wird deutlich, dass die Hackerethik als Bereichsethik wie auch als allgemeine Ethik immer in Aushandlung mit den politischen Vorstellungen des Liberalismus formuliert wird. Darauf weisen auch Gabriella Coleman und Alex Golub (2008) hin: in der Praxis des Hackens sehen sie die »kulturelle Artikulation des Liberalismus« sowie die kontinuierliche Auseinandersetzung mit seinen Spielarten und »moralischen Genres«, worunter die Autoren in Anlehnung an Mikhail Bakhtin unterschiedliche Schwerpunkte liberaler Theorie fassen, die sich in der Hackerethik wiederfinden lassen. Das individuelle ›Hands-on‹ ebenso wie die Maxime der Offenheit existierender Systeme mit dem Ziel ihrer kontinuierlichen Verbesserung, also die Verknüpfung von Freiheit und Fortschritt, sind demnach im Rahmen liberaler Denkweisen lesbar (vgl. auch Coleman 2013c).

Mit dem freien Zugang zu Technologie und Wissen und dem in Abhängigkeit von eigenen Fähigkeiten formulierten Handlungsimperativ betont die Hackerethik eine besondere gesellschaftliche Verantwortung, die sich aus der Kombination aus Freiheit, Wissen und Können ergibt: es gilt als Technikexperte die eigenen Möglichkeiten zu nutzen, Probleme zu lösen, positiven Wandel zu befördern und das Individuum zu schützen. Sind Wissen und Fähigkeiten in einem gesellschaftlich besonders relevanten Bereich – hier im Feld der öffentlichen, aber auch der privaten Kommunikation – ungleich verteilt, wird den jeweils über mehr Handlungsmöglichkeiten verfügenden Experten diese besondere Verantwortung zugeschrieben, womit die individualethische Perspektive stärker als bei einer Gleichverteilung in den Vordergrund rückt. Diese Zuschreibungspraxis wird an folgendem Beispiel besonders anschaulich: Der Jurist und Journalist Glen Greenwald wendet sich an die Hackercommunity und betont die individualethische Perspektive. Sie seien es, die *für sich selbst abwägen und entscheiden* müssten, ob sie mit ihren Fähigkeiten die Privatsphäre anderer schützen wollen, sich also auf die Seite der Zivilgesellschaft begeben wollen, oder Geheimdiensten bzw. mit diesen kooperierenden Firmen in die Hände spielen (vgl. Krempl/Kuri 2013, dazu auch frank/46halbe/erdgeist 2013). Er wirft mit dieser Ansprache über die Hackerethik hinaus relevante Fragen zum Zusammenspiel von Entscheidungsfreiheit, individueller Verantwortung und Expertentum auf.

»Alle Informationen müssen frei sein«

»If you don't have access to the information you need to improve things, how can you fix them?« fragt Levy (2010, 28) und benennt damit die Informationsfreiheit als Kernaspekt der Hackerethik. Hier wird der

Fokus auf das Individuum, das als kreatives Subjekt verstanden wird, erneut deutlich. Damit grenzt sich die Hackerethik von allen deterministischen Makrotheorien ab. Das zugrunde liegende Menschenbild, das zugleich die Einzigartigkeit und die Handlungsfähigkeit jedes Menschen betont, erinnert, wie Coleman/Golub anführen, an Charles Taylors *expressive self*, das über sein selbstbestimmtes Handeln hinausgehend Sichtbarkeit und soziale Anerkennung anstrebt (vgl. Coleman/Golub 2008, 267). Der freie Informationsaustausch soll individuelle Kreativität fördern, die zugleich Sichtbarkeit und Anerkennung wie gesellschaftliche Problemlösung und Fortschritt ermöglichen (vgl. Levy 2010).

Die Dimension der Informationsfreiheit ist auch normativer Ankerpunkt in der Debatte um die Kommodifizierung von Wissen, der auch in der wiederkehrenden Auseinandersetzung um ›geistiges Eigentum‹ oder die ›kulturelle Allmende‹ (›Commons‹) als Orientierung dient. Die Beschränkung des Zugangs zu gesellschaftlichen Wissensbeständen ist ein wiederkehrendes Thema und stand beispielsweise im Vordergrund des JSTOR-Hacks, für den Aaron Swartz 2011 in den USA angeklagt wurde (vgl. Atkinson/Fitzgerald 2014). Im Rahmen dessen sind zahlreiche Forschungspublikationen der Zeitschriftendatenbank JSTOR frei im Netz zur Verfügung gestellt worden: ein klares Statement gegen das Verständnis von Bildung und Wissen als Ware und die proprietäre Publikationspraxis in der Wissenschaft sowie für die Informationsfreiheit, offenen Zugang zu und freie Zirkulation von gesellschaftlichen Wissensbeständen. Kooperation und freier Informationsaustausch gelten in der Hackerethik traditionell sowohl auf individueller als auch auf gesellschaftlicher Ebene als zukunftsweisender als Wissens- und Patentmonopole (vgl. Himanen 2001). Informationsfreiheit bildet dabei die Voraussetzung für alle anderen Aspekte der Hackerethik (vgl. Stallman 1985; Wark 2004; Greenberg 2012). Auch innerhalb der Free/Open Source Software Bewegung, die Code für alle zugänglich und in verschiedenen Kontexten an spezifische Bedürfnisse anpassbar frei zur Verfügung stellt, dient sie als normativer Bezugsrahmen. Durch die hier praktizierte Transparenz erhöht sich die kommunikationstechnologische Sicherheit, Hintertüren oder Malware können durch die Offenheit des Codes und die damit einhergehende Unbegrenztheit des Kreises derjeniger, die ihn einsehen können, besser erkannt, Sicherheitslücken auf Rechnern von Unternehmen oder Privatpersonen schneller geschlossen werden.

Informationssicherheit und Informationsfreiheit bedingen einander, die taktische Gegenüberstellung von Freiheit und Sicherheit greift an dieser Stelle also nicht.

»Mißtraue Autoritäten – fördere Dezentralisierung«

Was zunächst als Abgrenzung von den als lähmend empfundenen bürokratischen Praktiken des IT Konzerns IBM, »[…] an empire unto itself, secretive and smug« (Levy 2010, 30), formuliert wurde, geht jedoch über die konkrete Arbeitssituation eines Hackers hinaus und integriert diese Erfahrung in ein gesamtgesellschaftliches Reflexionsmoment. Hierarchischautoritäre Systeme, die durch Bürokratieapparate stabilisiert werden, werden als Gegenpol zum ›Handson‹ des schöpferischen Individuums beschrieben. »Bureaucrats hide behind arbitrary rules (as opposed to the logical algorithms by which machines and computer programs operate): they invoke those rules to consolidate power, and perceive the constructive impulse of hackers as a threat« (ebd., 29). Der hier als kontraproduktiv wahrgenommenen Verwaltungshierarchie wird ein dezentrales System ohne Befehlsketten gegenübergestellt. Menschen sollen so besser ihren eigenen Interessen folgen und Fehler selbst beheben können (ebd.). Offene, dezentrale Kommunikationsnetzwerke, wie sie beispielsweise durch die Technologie des Internets möglich sind, spiegeln diesen aus der Forschungspraxis stammenden Ansatz auf der Infrastrukturebene wider. Diese inhärent politischen Aspekte werden in entsprechenden Projekten wie beispielsweise im Rahmen der Freifunkbewegung (vgl. Förderverein Freie Netzwerke e. V.) proaktiv umgesetzt.

Daneben wird auch algorithmenbasierte Maschinenlogik als den willkürlichen und von Machtinteressen geprägten Systemregeln, die lediglich der Stabilisierung von zwischenmenschlichen Hierarchien dienen, überlegen bewertet. Innerhalb dieses Mediennutzungs- und -gestaltungssegments scheinen sich jedoch trotzdem wieder eigene Hierarchien herauszubilden, was beispielsweise in Colemans ethnographischen Studien zur Open Source Entwicklung und zum Anonymous-Kollektiv deutlich wird (vgl. Coleman 2013a, 2013b, 2013c). Man wird dem eigenen Anspruch und dem Prinzip der Arbeitsteilung ohne Hierarchien also nicht immer gerecht, auch wenn sich die hier erfassten Hierarchiebildung auf der Grundlage dessen etablieren, wie aktiv und produktiv man für die jeweilige Community tätig war.

Um Dezentralisierung zu fördern und Machtkonzentration entgegen zu wirken, aber auch Freiheit im Sinne von Offenheit der Kommunikation zu garantieren und sogenannte *chilling effects* durch potenzielle oder reale Überwachung zu verhindern, wird im Einklang mit der Hackerethik das Recht auf Anonymität im Internet (vgl. Bäumler/von Mutius 2003) durch die Verbreitung und Weiterentwicklung von Verschlüsselungs- und Anonymisierungssoftware wie beispielsweise GnuPG, Pretty Good Privacy (PGP, das auf dem sogenannten Web of Trust basiert) und Tor (einem Netzwerk zur Anonymisierung von Verbindungsdaten) gefördert (s. Kap. VII.24, 32). Hier ergänzen sich die Prinzipien Datenschutz und Kommunikationsfreiheit mit dem Ideal des freien und offenen kommunikativen Austauschs, weshalb sie vor allem für politische Diskurse in demokratischen Gesellschaften von immer größer werdender Relevanz sind.

»Beurteile einen Hacker nach dem, was er tut und nicht nach üblichen Kriterien wie Aussehen, Alter, Rasse, Geschlecht oder gesellschaftlicher Stellung«

Das egalitäre Selbstverständnis, das auch in diesem Grundsatz zum Ausdruck kommt, lässt sich teils auf den akademischen Ursprung des Hackertums zurückführen. Auch in der Wissenschaft bildet die individuelle Leistung traditionell das zentrale Beurteilungskriterium. Die Beurteilung eines Hackers auf der Grundlage seines Tuns ist zudem aufgrund der Bedeutung von Pseudonymen sowie des zum Teil prahlerischen Kommunikationsstils naheliegend.

Insbesondere wenn das eigene Tun im Konflikt mit dem herrschenden Recht steht, können Hacker nicht in der Öffentlichkeit in Erscheinung treten. Wollen sie dennoch die Autorenschaft für einen Hack beanspruchen, bleibt nur die Nutzung eines Pseudonyms. Pseudonyme erlauben zugleich die Kommunikation zwischen Hackern. Wie bereits Bruce Sterling (1992) festgestellt hatte, gilt unter Hackern jedoch kein Schweigegebot. Gerade für den ›Hacker Underground‹ gilt, dass er das Establishment gerne lautstark an seine Existenz erinnert (vgl. Coleman/Golub 2008). Der dabei zum Einsatz kommende expressive und überzogene Sprachstil, der uns beispielsweise auch in den Proklamationen von Anonymous begegnet, macht es naheliegend, der tatsächlichen technischen Expertise ein größeres Gewicht beizumessen, um einen Hacker als Hacker zu identifizieren und seine Leistung zu beurteilen.

Die Betonung des Tuns verweist dabei erneut auf die Hackerethik als Arbeitsethik (vgl. Himanen 2001); in der Praxis ermöglicht der Grundsatz dabei auch eine gesellschaftspolitische Lesart des Hackertums: »Hacking is just as much about breaking out of things as it is about breaking into things. Hacking is lifestyle, and a mindset. It is about learning more about the technologies we use and social norms we are subject to«, heißt es etwa in einer Veröffentlichung von Anonymous (2011). Der Widerstand gegen Überwachungstechnologien, die darauf abzielen, Menschen zu kategorisieren und zu typisieren, lässt sich beispielsweise ebenso aus diesen Grundsatz ableiten wie die Abneigung gegen kommerzielle soziale Netzwerke. Die Kritik bleibt nachvollziehbar, wenn diese wie Facebook den Anspruch erheben, das Internet als solches zu ersetzen: »We've been able to build what we think is a safer, more trusted version of the Internet by holding people to the consequences of their actions and requiring them to use their real identity« (Kelly 2010, zitiert in Kirkpatrick 2011, 201).

Allerdings muss auch gefragt werden, ob die Anerkennung auf Grundlage des eigenen Tuns nicht im praktischen Widerspruch zum Gleichheitsgedanken steht. Der Grundsatz klingt durch die Ablehnung der ›üblichen Kriterien‹ sehr inklusiv, bezieht sich allerdings expressiv verbis nur auf Hacker. Und viele Menschen verfügen schlicht nicht über die nötigen Ressourcen, um die geforderten technischen Fähigkeiten zu entwickeln, die etwa in dem Manual »How To Become A Hacker« (Raymond 2001) gefordert werden. In der Praxis zeigt sich dann auch, dass weibliche Hacker es nicht leicht haben, als Hacker anerkannt zu werden (vgl. Nagenborg 2006). Die Sexismus-Debatte anlässlich eines Zwischenfalls auf dem CCC-Kongress im Jahre 2012 verdeutlicht, dass die Kategorie Geschlecht weiterhin Sprengkraft innehat (vgl. theri 2013).

Schließlich gilt es noch die Hierarchiebildung innerhalb der Szene zu beachten. Nicht alles Wissen wird mit allen geteilt. Im Grunde verfügen Hacker über ein arkanes Wissenssystem, innerhalb dessen bestimmte Inhalte nur an Mitglieder mit einem entsprechenden Status weitergegeben wird. Das ist moralisch vertretbar, wenn es darum geht, die Kontrolle über ›gefährliches Wissen‹ zu behalten. Zugleich droht dieser selektive Umgang mit Wissen jedoch den Gleichheitsanspruch zu unterwandern.

Das Verhältnis zum Computer: »Man kann mit einem Computer Kunst und Schönheit schaffen«, »Computer können dein Leben zum Besseren verändern«

Die letzten beiden Grundsätze thematisieren das Verhältnis zwischen Mensch und Technik. Dass man mit dem Computer auch Schönes schaffen kann, war zu Beginn des Computerzeitalters keineswegs offensichtlich. Levy (2010, 31) macht auf diesen Umstand aufmerksam, wenn er daran erinnert, dass es Hacker waren, welche Computer dazu nutzten, Musik zu machen. Gerade in der Frühzeit war eine instrumentelle und nüchterne Betrachtung der sehr teuren Technik naheliegend; Hacker brachen damit und entwickelten eine spielerischen Umgang mit der Technik. Hierin kommt der Kerngedanke von Hacken als »schöpferische[r], praktische[r] und respektlose[r] Umgang mit komplizierter Technik« (Wau Holland, zit. nach Eckoldt 1988, 157) zum Ausdruck. Ebenso wird die Frage nach dem Selbstverständnis des Hackers aufgeworfen.

Sind Hacker also Künstler, wie etwa der Titel von Donald E. Knuths *The Art of Computer Programming* (Erstveröffentlichung des ersten Bandes 1968) nahelegt? Zumindest lässt sich feststellen, dass sich hacken aus der Außenperspektive als anschlussfähig an Formen der künstlerischen Praxis erweist (vgl. Wark 2004). Es gibt prominente Beispiele wie etwa das »Blinkenlights«-Projekt 2001, bei dem eine Häuserfassade in ein interaktives Computerdisplay umgewandelt wurde, das als künstlerische Intervention im urbanen Raum wahrgenommen wird. Die Schnittmenge zwischen künstlerischer Praxis und Hackertum wird auch bei Anonymous sichtbar: Hier wird die mediale Inszenierung arbeitsteilig von Kulturschaffenden übernommen, welche sich nicht als Hacker im engeren Sinne klassifizieren lassen (Coleman 2011).

Allerdings wird in diesem Grundsatz auch Bezug auf die Ästhetik des Programmierens genommen, welche sich beispielsweise in eleganten oder gewitzten Lösungen äußern kann (vgl. Levy 2010, 32–34; Coleman 2013c). Man kann die Aussage, dass man »mit einem Computer Kunst und Schönheit schaffen« kann, aber auch als Ausdruck einer ambivalenten Einstellung zum Computer lesen: Man kann eben auch andere Dinge damit schaffen, die alles andere als kunstvoll und schön sind. Diese Lesart wird durch den sechsten Grundsatz nahegelegt: »Computer *können* dein Leben zum Besseren verändern« (Hervorh. MN/SaS). Ausdrücklich heißt es hier nicht, dass sie das Leben der angesprochenen Person verbessern werden. »Wie gesagt: können«, heißt es dementsprechend auch in den »Erläuterungen« zum Kodex: »Das funktioniert natürlich nur, wenn man in der Lage ist, dem Computer Strukturen vorzugeben, die diese Tendenz zum Besseren bereits beinhalten. Wenn diese Strukturen fehlen, kann auch der Computer nicht helfen« (Schrutzki 1988, 172). Damit verweist Reinhard Schrutzki indirekt darauf, dass hier von einem Computer die Rede ist, zu dem man selbst Zugang hat und über dessen Programm man selbst bestimmt. Levy wollte mit dem Grundsatz auch eine sanfte Form der Missionierung zum Ausdruck bringen: Nicht nur könnte jede(r) vom Umgang mit dem Computer profitieren, eine Welt, in welcher die ›Hackerethik‹ Gültigkeit hat, würde eine bessere Welt sein: »This was the implicit belief of the hackers, and the hackers irreverently extended the conventional view of what computers could and should do – leading the world to a new way of looking and interacting with computers« (Levy 2010, 34).

Wenn der Grundsatz im historischen Kontext zunächst eine auf den individuellen Hacker bezogene Lesart nahelegt, so lässt sich doch die Idee des ›Hacktivismus‹ mit ihm in Zusammenhang setzen. Der Begriff wurde in den 1990er von der Hackergruppe »Cult of the Dead Cow« geprägt (vgl. Jordan/Taylor 2004; Ruffin 2004). Hacktivisten nutzen (Computer-)Technik, um politische Veränderungen herbeizuführen. Die Aktionen werden dabei in der Regel als gewaltfrei und als Form des zivilen Ungehorsams aufgefasst (vgl. Critical Art Ensemble 1996). Ob diese Selbstwahrnehmung zutreffend ist und welche Aktionsformen in welchen Kontext zu rechtfertigen sind, bleibt jedoch Gegenstand der Diskussion (z. B. McReynolds 2015).

Ergänzungen: individueller Datenschutz und Systemtransparenz

Levys Kodex wurde sehr früh vom CCC adaptiert und erweitert. Es ist bemerkenswert, dass er seitdem keine weiteren Ergänzungen oder Revisionen erfahren hat, obwohl der CCC Kongress 29C3 die Verantwortung für das eigene Tun zum Gegenstand hatte (vgl. erdgeist 2013). Die erste Ergänzung, »Mülle nicht in den Daten anderer Leute«, ist im historischen Entstehungskontext zu betrachten. Sie bringt auch ein Klugheitsgebot zum Ausdruck, denn es ist durchaus im Eigeninteresse eines Hackers, keine Spuren in einem System zu hinterlassen – und sei es nur, um auch weiterhin diesen Rechner nutzen zu können (vgl. Schrutzki 1988, 175–177). Zugleich kommt hier das Gebot zum Ausdruck, Computer konstruktiv zu nutzen und Dritten nicht zu schaden:

> »Du bist jetzt in der Lage, einen der besten Computer der Welt zu benutzen. Und wenn ich sage: benutzen, dann meine ich das auch so. Wenn du ihn runterfährst, hast du nichts davon. Wenn du die Projekte der anderen Benutzer störst, fällst du früher oder später auf, wirst rausgeworfen und hast auch nichts mehr davon. Also lösche nichts, was du nicht selbst produziert hast, müll nicht in den Daten anderer Leute rum und vor allem: Sag es nicht weiter, es sei denn, du kannst es vor dir selbst verantworten« (Schrutzki 1988, 175–176).

Die Verpflichtung dazu, die Daten und Rechner Dritter zu respektieren, bildet auch den Hintergrund der Kritik an der ›Kriegserklärung‹ der Hackergruppe »Legion of the Underground«, die 1999 dem Irak und der Volksrepublik China den Krieg erklärt hatte. Diese Kriegserklärung rief eine Koalition von 2600, CCC, Cult of the Dead Cow und anderen Gruppen auf den Plan. In einer gemeinsamen Stellungnahme wurde gefordert: »The signatories to this statement are asking hackers to reject all actions that seek to damage the information infrastructure of any country. *Do not* support any acts of ›Cyberwar.‹ Keep the networks of communication alive. They are the nervous system for human progress« (2600 et al. 1999).

Die zweite Ergänzung, »Öffentliche Daten nützen, private Daten schützen«, kann als Korrektiv zum zweiten Grundsatz aufgefasst werden. Was genau Informationsfreiheit umfasst, ist Gegenstand einer lebhaften Debatte innerhalb der Hacker-Community (Levy 2010, 464–465). Forderungen nach einer spezifizierten Informationsfreiheit und informationeller Selbstbestimmung werden hier zusammengebracht (s. Kap. III.6, VII.25). Während öffentliche Daten im Sinne der ersten Ergänzung genutzt werden sollen, sollen private Daten aktiv geschützt werden. Dass beide Forderungen in Konflikt geraten können, ist offensichtlich, da auch private Daten öffentlich zugänglich sein könnten. Die Idee des »inversen Panoptikons« (Barth 1997) war dabei ein hilfreiches Konstrukt, indem gefordert wurde, dass der Grad an Transparenz mit der gesellschaftlichen oder politischen Bedeutung einer Person zunehmen sollte. Während für den ›Normal-Bürger‹ ein maximaler Anspruch auf Schutz der Privatheit besteht, sollte dieser Schutz zum Beispiel für Politiker(innen) nur in eingeschränktem Maße

gelten (s. Kap. VI.23). Diese Einschränkung deckt sich mit medienrechtlichen Festlegungen in Bezug auf Personen des öffentlichen Lebens. Auch sollen öffentliche Verwaltungsdaten sowie Forschungsergebnisse staatlicher wissenschaftlicher Dienste und Universitäten offengelegt und sinnvoll nutzbar gemacht werden, was auch unter den Stichworten Open Governance oder Open Access verhandelt wird (s. Kap. VII.29). Hier verbinden sich die Ansprüche der Hackerethik mit dem zentralen Verständnis demokratischer Öffentlichkeit.

Schluss: Schnittstellen und Ausblicke

Der hier dargestellte Kodex dient im Bereich der Entwicklung der Informations- und Kommunikationstechniken – analog zum Pressekodex der journalistischen Ethik – als ethischer Orientierungspunkt. Ausgeklammert werden jedoch individualethische Aspekte wie die Grundsatzfragen ›Für wen/in wessen Interesse arbeite ich?‹ oder ›Wen unterstütze ich durch mein Wissen und Können?‹, zu denen jedoch durch die aufgeführten Leitlinien indirekt Entscheidungshilfe geleistet wird und die auch in internen Diskursen bzw. auf öffentlichen Treffen thematisiert werden (vgl. z. B. CCC-Website, 29C3-Tagungsdokumentation). Ein eindrückliches Beispiel liefert hier die Reflexion über die individuelle Gewissensfreiheit im Kontext der Entwicklung von Spähsoftware im CCC-Vereinsmagazin *die datenschleuder* (frank/46halbe/erdgeist 2013).

Die Hackerethik ist nicht nur für Hacker im engeren Sinne von Bedeutung. Im Bereich Social Media sieht beispielsweise Mark Zuckerberg eine klare Verbindung zwischen der Philosophie von Facebook und der Hackerethik: »I never had the thing where I wanted to have information that other people didn't. … I just thought it should all be more available. … From everything I read, that's a very core part of the hacker culture. Like ›Information wants to be free‹ and all that« (Zuckerberg, zit. nach Levy 2010, 476). Es gilt die Einflüsse der Hackerethik jenseits der Hacker Community mitzudenken. Ähnliche Begründungsmuster finden sich auch in Open Access oder Open Government Initiativen. Während erstere sich für den freien Zugang zu wissenschaftlichen Fachtexten einsetzen, verbinden letztere die Aspekte der Informationsfreiheit und des Datenschutzes mit der Formulierung von Transparenzanforderungen an ein demokratisches politisches System: Der Slogan »öffentliche Daten nützen, private Daten schützen« sowie das Prinzip der Informationsfreiheit stehen klar im Einklang mit dem demokratietheoretisch legitimierten Open Government-Gedanken des freien Zugangs zu nicht-personenbezogenen Verwaltungsdaten. Öffentlichkeit herstellende Transparenzinitiativen, wie sie beispielsweise hinter der Formulierung des von der Bürgerschaft beschlossenen Transparenzgesetzes in Hamburg stehen (HmbTG 2012), werden in Hackerkreisen begrüßt, Demokratie stärkende und Informationsfreiheit fördernde Initiativen durch entsprechende ethische Leitlinien beeinflusst (vgl. Hackmack 2012).

Ebenfalls in Verbindung mit den Grundsätzen der Hackerethik steht die Praxis des Whistleblowings. Im Rahmen derer werden »Hinweise auf Missstände in Unternehmen, Hochschulen, Verwaltungen etc. gegeben« durch einen Whistleblower, der »meist Mitarbeiter oder Kunde ist und aus eigener Erfahrung [berichtet], Mittler und Medien oder direkt die Öffentlichkeit [informiert]« (Gabler Wirtschaftslexikon 2015; vgl. auch Calland/Dehn 2004).

Um es abschließend noch einmal zu betonen: Levys »Hackerethik«, in der vom CCC adaptierten und ergänzten Form, wurde in diesem Beitrag dazu genutzt, zentrale Punkte einer Hackerethik herauszuarbeiten. Es sollte keineswegs behauptet werden, dass der Text für alle Hacker in irgendeiner Form verbindlich wäre. Zugleich ist es irreführend, die Hackerethik lediglich als ›Professionsethik‹ der Hacker zu lesen (oder zu fordern), denn die Herausforderungen, die hier adressiert werden, betreffen nicht nur diejenigen, welche einem respektlosen Umgang mit Technik frönen.

Literatur

2600/The Chaos Computer Club/The Cult of the Deadcow/ !Hispahack/L0pht Heavy Industries/Phrack/Pulhas: LoU Strike out with International Coalition of Hackers: A Joint Statement (1999). In: http://www.cultdeadcow.com/news/statement19990107.html (25.5.2015).
29C3: Documentation (2012). In: http://events.ccc.de/congress/2012/wiki/Documentation (26.5.2015).
Anonymous: Anonymous is not unanimous (2011). In: http://pastebin.com/4vprKdXH (23.5.2015).
Atkinson, Benedict/Fitzgerald, Brian: The Meaning and Future of Copyright. In: Dies. (Hg.): *A Short History of Copyright*. Heidelberg 2014, 129–136.
Barth, Thomas: *Soziale Kontrolle in der Informationsgesellschaft*. Pfaffenweiler 1997.
Bäumler, Helmut/von Mutius, Albert (Hg.): *Anonymität im Internet. Grundlagen, Methoden und Tools zur Realisierung eines Grundrechts*. Braunschweig 2003.
Calland, Richard/Dehn, Guy (Hg.): *Whistleblowing around the World. Law, Culture and Practice*. Cape Town 2004.
Chaos Computer Club: http://www.ccc.de/ (4.3.2015).
Chaos Computer Club: Hackerethik. In: http://www.ccc.de/de/hackerethik (16.7.2015).
Coleman, Gabriella: Is it a Crime? The Transgressive Politics of Hacking in Anonymous (2011). In: http://socialtextjournal.org/is_it_a_crime_the_transgressive_politics_of_hacking_in_anonymous/ (29.5.2015).
Coleman, Gabriella: Anonymous in Context. The Politics and Power Behind the Mask. In: *CIGI Internet Governance Papers* 3 (2013a), https://www.cigionline.org/sites/default/files/no3_8.pdf (12.5.2015).
Coleman, Gabriella: Anonymous and the Politics of Leaking. In: Benedetta Brevini et al. (Hg.): *Beyond Wikileaks. Implications for the Future of Communications, Journalism and Society*. Basingstoke 2013b, 209–228.
Coleman, Gabriella: *Coding Freedom. The Ethics and Aesthetics of Hacking*. Oxford 2013c.
Coleman, Gabriella/Golub, Alex: Hacker Practice. Moral Genres and the Cultural Articulation ofLiberalism. In: *Anthropological Theory* 8/3 (2008), 255–277.
Critical Art Ensemble: *Electronic Civil Disobedience and Other Unpopular Ideas*. New York 1996, http://www.critical-art.net/books/ecd/ (25.5.2015).
Eckoldt, Thilo: Hacker – mit einem Bein im Knast. In: Jürgen Wieckmann/Chaos Computer Club (Hg.): *Das Chaos Computer Buch. Hacking made in Germany*. Reinbek bei Hamburg 1988, 152–165.
erdgeist: Hacken, Fressen und Moral (2013). In: http://www.ccc.de/de/updates/2013/hacken-fressen-und-moral (26.5.2015).
Förderverein Freie Netzwerke e. V.: http://freifunk.net/ (4.3.2015).
frank/46halbe/erdgeist: Letzter Ausstieg Gewissen. In: *die datenschleuder* 97 (2013), http://ds.ccc.de/097/ds097-ausstieg-gewissen.pdf (26.5.2013).
Gabler Wirtschaftslexikon: Stichwort: Whistleblowing. In: http://wirtschaftslexikon.gabler.de/Archiv/576005965/whistleblowing-v3.html (26.5.2015).
GnuPG: https://gnupg.org/ (12.5.2015).
Greenberg, Andy: *This Machine Kills Secrets. How WikiLeakers, Cypherpunks, and Hacktivists Aim toFree the World's Information*. London 2012.
Hackmack, Gregor: We are All Lawmakers! How to Further Transparency by Law – the Hamburg Example and Beyond. In: https://www.youtube.com/watch?v=KiLn8efBlQ4 (16.7.2015).
Hamburger Transparenzgesetz (HmbTG 2012). In: http://www.luewu.de/gvbl/2012/29.pdf (26.5.2015).
Himanen, Pekka: *Die Hacker-Ethik und der Geist des Informationszeitalters*. München 2001.
Jordan, Tim/Taylor, Paul: *Hacktivism and Cyberwars. Rebels with a Cause?* London 2004.
Kirkpatrick, David: *The Facebook Effect. The Inside Story of the Company that is Connecting the World*. New York 2011.
Knuth, Donald E.: *The Art of Computer Programming* [1968], Bd. 1–4. Hallbergmoos 1997–2011.
Krempl, Stefan/Kuri, Jürgen: NSA-Enthüllungsjournalist Greenwald an Hacker: ›Die Macht liegt in Euren Händen‹ (2013). In: heise online, http://www.heise.de/newsticker/meldung/NSA-Enthuellungsjournalist-Greenwald-an-

Hacker-Die-Macht-liegt-in-Euren-Haenden-2072639.html (11.5.2015).
Kulla, Daniel: *Der Phrasenprüfer. Szenen aus dem Leben von Wau Holland, Mitbegründer des Chaos Computer Clubs.* Löhrbach 2003.
Levy, Steven: *Hackers: Heroes of the Computer Revolution – 25th Anniversary Edition* [1984]. Sebastopol 2010.
McReynolds, Philip: How to Think About Cyber Conflicts Involving Non-state Actors. In: *Philosophy & Technology* (2015), 1–22. DOI: 10.1007/s13347-015-0187-x.
Mitnick, Kevin D.: *Ghost in the Wires: My Adventures as the World's Most Wanted Hacker.* New York 2011.
Nagenborg, Michael: Hacker – Der Computer als Werkzeug und Symbol der Macht. In: Annette Treibel/Maja S. Maier/Sven Kommer/Manuela Welzel (Hg.): *Gender medienkompetent. Medienbildung in einer heterogenen Gesellschaft.* Wiesbaden 2006, 111–123.
Nissenbaum, Helen: Hackers and the Contested Ontology of Cyberspace. In: *New Media and Society* 6/2 (2004), 195–217.
Open Access Plattform: https://www.open-access.net (26.5.2015).
PGP: http://www.pgp.com (12.5.2015).
Project Blinkenlights: http://blinkenlights.net/home (12.5.2015).
Raymond, Eric Steven: *How To Become A Hacker* (2001). In: http://catb.org/~esr/faqs/hacker-howto.html (23.5.2015).
Ruffin, Oxblood: Hacktivism, From Here to There (2004). In: http://www.cultdeadcow.com/cDc_files/cDc-0384.php (23.5.2015).
Schrutzki, Reinhard: Die Hackerethik. In: Jürgen Wieckmann/Chaos Computer Club (Hg.): *Das Chaos Computer Buch. Hacking made in Germany.* Reinbek bei Hamburg 1988, 166–180.
Stallman, Richard: The GNU Manifesto In: *Dr. Dobb's Journal of Software Tools* 10/3 (1985), 30–35.
Sterling, Bruce: *The Hacker Crackdown: Law and Disorder on the Electronic Frontier.* New York 1992.
theri: Der 29c3 aus Sicht eines A-Team-Engels (2013). In: http://theresa.someserver.de/blog/?p=29 (25.6.2015).
TOR: https://www.torproject.org/ (12.5.2015).
Wark, McKenzie: *A Hacker Manifesto.* Cambridge, Mass. 2004.
Weizenbaum, Josef: *Computer Power and Human Reason. From Judgment to Calculation.* London 1976.
Woo, Hyjung-jin et al.: Hackers – Militants or Merry Pranksters? A Content Analysis of Defaced Web Pages. In: *Media Psychology* 6 (2004), 63–82.

Michael Nagenborg / Saskia Sell

47 Roboterethik

In der medialen Wahrnehmung stehen humanoide Roboter oft im Vordergrund. Als fester Bestandteil eines Lebens in der Zukunft sind sie aus Science-Fiction-Literatur und -Filmen kaum wegzudenken. Hier ›findet‹ man die am weitesten entwickelten Roboter, wie Commander Data (›Android‹ aus *Star Trek*), das Roboter-Kind David (äußerlich einem Kind ähnlich, aus dem Film *A. I. – Künstliche Intelligenz*) und Marvin (ein Roboter mit ›echtem menschlichem Persönlichkeitsbild‹, aus *Per Anhalter durch die Galaxis*). Alle diese Roboter dürfen insbesondere in der Gesamtheit ihrer Fähigkeiten als heute technisch unerreicht und möglicherweise auch unerreichbar gelten. Dennoch prägen sie die öffentliche Wahrnehmung von Robotern in der Gesellschaft. Für die Roboterentwicklung ist das gleichermaßen Nach- und Vorteil: Zum einen zeigen sich Betrachter teilweise enttäuscht ob der (im Vergleich bescheidenen) Performanz, die Robotertechnik heute erreicht, zum anderen handelt es sich offensichtlich um eine der Technologien, die schon weit vor ihrer technischen Einführung in der Gesellschaft bekannt war, was mögliche Ressentiments gegenüber Robotern verringern kann (vgl. Christaller et al. 2001, 218). Im Vergleich zu anderer Technik wird über Roboter verstärkt metaphorisch und insbesondere anthropomorphisierend geredet. So wird die ARMAR-Reihe humanoider Roboter des Karlsruher Instituts für Technologie z. B. als »Familie« bezeichnet und es ist von »Generationen« von Computerprogrammen die Rede. Roboter »lernen«, »agieren« und haben einen »Erfahrungsschatz« (Aha/Asfour 2012). Zugespitzt wird diese anthropomorphisierende Rede in der Beschreibung von humanoiden Robotern als ›künstliche Menschen‹, verbunden mit der Frage, ob man diesen bereits einen Personenstatus zuschreiben müsse (vgl. Walser 2010). Insofern sind mit der Robotik besondere Folgen für unser »personales und kulturelles Selbstverständnis« verbunden, da sich der Mensch in der Robotik selbst zu begegnen scheint (vgl. Christaller et al. 2001, 111). Vor diesem Hintergrund wird Robotik nicht nur zu einem Gegenstand der informationsethischen Reflexion, sondern beispielsweise auch zum Thema der Philosophie des Geistes, der Anthropologie, der Technikfolgenabschätzung und der gesellschaftlichen und politischen Diskussion (vgl. Bölker/Gutmann/Hesse 2010).

Begriffsgeschichte und Definition

Roboter sind, ähnlich wie das Förderband, ein Schlüsselelement der Industrialisierung. Fertigungsprozesse wurden in einzelne Arbeitsschritte zerlegt und wenn möglich technisch ausgeführt. Der Effizienzgewinn wurde dadurch erreicht, dass menschliche Handwerker nur noch die Arbeitsschritte übernahmen, die nicht automatisiert werden konnten. Klassische Definitionen beschreiben Roboter als Universal-Werkzeug:

> »Ein Roboter ist ein frei und wieder programmierbarer, multifunktionaler Manipulator mit mindestens drei unabhängigen Achsen, um Materialien, Teile, Werkzeuge oder spezielle Geräte auf programmierten, variablen Bahnen zu bewegen zur Erfüllung der verschiedensten Aufgaben« (Verein Deutscher Ingenieure 1990; VDI-Richtlinie 2860, weitgehend als ISO-Standard übernommen).

Weniger technisch formulierte Definitionen beschreiben Roboter als komplexe sensumotorische Maschinen, die die menschliche Handlungsfähigkeit erweitern und aus mechatronischen Komponenten, Sensoren und rechner-basierten Kontroll- und Steuerungsfunktionen bestehen (vgl. Christaller et al. 2001, 5). Diese Definition ist weit gefasst. Sie lässt auch technische Systeme zu, die nicht unbedingt als Roboter aufgefasst werden, wie z. B. ein modernes Passagierflugzeug, ein vollautomatisierter Containerhafen oder eine moderne *ambient assisted living* (AAL) Wohnung. Sie unterstreicht durch den Verweis auf die mechatronischen Aktuatoren, dass ein Roboter auch physikalisch in der Welt Veränderungen vornehmen kann. Durch dieses Kriterium werden sogenannte *Software-Agenten* oder auch ›Soft-Bots‹ nach diesen Definitionen nicht zu den Robotern gezählt, auch wenn sie, beispielsweise im Online-Handel eingesetzt, durchaus auch Veränderungen erzeugen, die in der realen Welt relevant sind.

Der Begriff ›autonomes System‹ wird auch häufig in Zusammenhang mit Robotern verwendet. Er zielt auf den Entscheidungs- und damit auf den Handlungsspielraum ab, den man einem künstlichen Agenten einräumt. Da auch dieser Begriff weit gefasst ist, soll er hier um den Begriff der kognitiven Robotik ergänzt werden, der als eine ambitionierte Flanke der Entwicklung autonomer Robotersysteme gilt. Kognitive Robotik möchte »durch intelligente Exploration und Verallgemeinerung ihre Umwelt zu verstehen lernen und die gelernten Modelle zur Handlungsplanung nutzen« (Toussaint et al. 2013, 259).

Der Begriff ›Roboter‹ wurde um 1920 von Karel Capek in einem Theaterstück geprägt, dessen Titel übersetzt *Rossums universelle Roboter* lautet, und ist vom tschechischen *robota* für ›Arbeit‹ abgeleitet. Der Erfinder Rossum möchte Maschinensklaven für seine Familie bauen. Er brachte stattdessen seine Familie selbst in die Sklaverei. Diese Ambivalenz scheint auch heute noch auf, wenn die Frage nach der Ersetzbarkeit des Menschen – sei es als ›Ganzes‹ oder bei einzelnen Handlungen – durch Roboter gestellt wird. Diese Frage steht auch im Zentrum der technikethischen und technikfolgenorientierten Befassung mit der Robotik (vgl. Decker 2013). Alan Turing hat die Ersetzbarkeit im Turing-Test mit Blick auf die künstliche Intelligenz (KI) auf den Punkt gebracht, indem er die Ununterscheidbarkeit von Reaktionen im Rahmen einer Dialogsituation zur Testaufgabe machte. Heutige ›Tests‹ wie z. B. die RoboCup–Wettbewerbe zielen ebenfalls auf die Ersetzbarkeit des Menschen z. B. in den Kategorien Fußballspielen, Rettung und ›Erledigungen Zuhause‹.

Robotik in der ethischen Reflexion

In der Robotik werden gemeinhin Industrieroboter und Serviceroboter unterschieden. Industrieroboter sind als Mittel zum Zweck etabliert und werden als eine Erfolgsgeschichte der Industrialisierung angesehen. Vor dem Hintergrund der Tatsache, dass in den seltensten Fällen der gesamte Fertigungsprozess automatisiert werden kann, kommt es notwendigerweise zu einer Kombination aus Handlungen, die von Menschen und Arbeitsschritten, die von Robotern ausgeführt werden. Unter Service-Robotern sind alle Nicht-Produktionsroboter subsummiert. Ihnen wird seit geraumer Zeit ein ähnliches Innovationspotenzial wie Industrierobotern vorhergesagt (vgl. Schraft/Schmierer 1998). Sie werden hauptsächlich in den Bereichen Verteidigung, Rettung und Sicherheit sowie Landwirtschaft – hier v. a. Melk- und Ernteroboter – eingesetzt. In diesen Bereichen werden Serviceroboter von einem menschlichen Experten und unter dessen Aufsicht und/oder in einem geschützten Raum betrieben. Oft kann der Serviceroboter als eine Erweiterung der menschlichen Handlungsfähigkeit beschrieben werden. Mit Hilfe von Überwachungsrobotern kann beispielsweise ein größeres Gelände überwacht werden. Mit einem

Melkroboter lassen sich im gleichen Zeitintervall mehr Kühe melken etc.

Für eine technikethische Beurteilung ist die Unterscheidung Service- und Industrierobotik nur wenig hilfreich, zumal sie sich auch als nicht trennscharf herausstellt. Ein Roboter, der in der Montagehalle einer Automobilfabrik ein Reserverad anreicht, das der menschliche Werker befestigt, kann als Serviceroboter beschrieben werden, ein Melkroboter in einem landwirtschaftlichen Produktionsbetrieb als Produktionsroboter. Mit den weitreichenden Veränderungen, die heute in Zusammenhang mit Industrie 4.0 diskutiert werden, werden sich die Unterschiede weiter verringern. Für die Zusammenarbeit von Mensch und Roboter sind insbesondere drei grundlegende Fragen zu klären, die auch für weitere Anwendungsbereiche zur Herstellung einer Handlungspartnerschaft zwischen Mensch und Roboter von Bedeutung sind: (1) die Verteilungsgerechtigkeit in Bezug auf die Arbeit, (2) die Gefahr einer Instrumentalisierung der menschlichen Arbeiter im Kooperationsprozess und (3) die Sicherheit unbeteiligter Dritter.

(1) Für Arbeitnehmer, in deren Arbeitszusammenhang Roboter eingebracht werden, bestehen drei Möglichkeiten. Entweder sie sind in der Lage und erhalten das Angebot, sich für eine höherwertige Tätigkeit zu qualifizieren (*up skill*), das kann das Führen oder auch die Wartung eines Roboters sein. Oder sie müssen, wieder das Angebot vorausgesetzt, mit einer minderwertigeren Arbeit vorlieb nehmen (*down skill*), die sich aus verbleibenden Tätigkeiten in der Mensch-Roboter-Kooperation ergibt und die oftmals schlechter vergütet ist. Schließlich kann es dazu führen, dass sie kein Angebot mehr erhalten. Die technische Innovation bringt also Gewinner und Verlierer in Bezug auf den Status ex ante hervor, eine Verteilung, die nach utilitaristischen Überlegungen, also einem Kosten-Nutzen-Kalkül, gerechtfertigt sein kann. Denn, so ein Argument, mit der Teilautomatisierung wird immerhin überhaupt noch menschliche Arbeit nachgefragt, während ansonsten möglicherweise rein manuelle Fertigungen in Niedriglohnländer ausgelagert werden (vgl. Christaller et al. 2001, 21). In der Umsetzung kann es geboten sein, den ›Verlierern‹ eine entsprechende Kompensation anzubieten, um die Schlechterstellung abzufedern.

(2) Das Instrumentalisierungsverbot weist, abgeleitet aus dem kategorischen Imperativ, darauf hin, dass es der Würde einer Person widerspricht, bloß als Mittel für einen ihr äußerlichen Zweck eingesetzt zu werden (GMS, 429). Aus utilitaristischer Sicht kann eine Einschränkung der Autonomie und Würde einzelner Personen vertretbar sein, wenn das mit Hinweis auf übergeordnete und umfangreichere Nutzenerwägungen begründet werden kann (vgl. Christaller et al. 2001, 124). In einem konkreten Handlungskontext ergibt sich so ein Interpretationsspielraum, der allerdings nicht den grundlegenden Gedanken des Instrumentalisierungsverbots in Frage stellt, nämlich eine Umkehrung der Zweck-Mittel-Relation. Die ethische Beurteilung des konkreten Handlungskontexts ist entscheidend. Wenn sich in einem Fertigungs- oder Dienstleistungsprozess die Kombinationen aus menschlichen und robotischen Tätigkeiten so darstellen, dass der menschliche Werker nur mehr die nicht rentabel robotisierbaren ›Übergangsarbeiten‹ ausführt, kann das durchaus einer nicht akzeptablen Instrumentalisierung gleichkommen.

(3) Während eine klassische Automatisierung in einer Industriehalle stattfindet, deren Interieur komplett auf die Automatisierungsprozesse hin angepasst wird, ist mit den Überlegungen zu Industrie 4.0 und insbesondere auch mit der Nutzung von Robotern in Dienstleistungszusammenhängen verbunden, dass die Roboter in unserer Lebenswelt agieren. Diese lässt sich nicht abschotten und auch nicht vollständig auf den Einsatz von Robotern anpassen: Eine Verantwortlichkeit gegen ›unbeteiligte Dritte‹, die in den Arbeitsraum eines Roboters treten können wird relevant. Z. B. ist auch der Einsatzbereich eines selbst fahrenden Traktors, der im ›Folgebetrieb‹ einem von einem Menschen gefahrenen Traktor folgt, nicht beliebig anpassbar. Unbeteiligte Dritte, etwa Fahrradfahrer am Feldrand oder Passanten am Zaun eines Geländes, können den Anwendungsbereich des Roboters betreten. Damit ist auch die Möglichkeit gegeben, dass diesen Personen ein Schaden durch den Roboter zugefügt wird, gefolgt von der Frage, wer für die Verursachung dieses Schadens verantwortlich ist. Die Verantwortungsethik als eine spezielle konsequentialistische Ethik widmet sich dem Adressatenproblem und zeichnet somit das Bestimmen des Subjekts oder der Subjekte der Verantwortung als wichtige Aufgabe aus (s. Kap. III.9). »Die Arbeitsteilung des Handelns löst die Folgenverantwortung nicht einfach auf, sondern verteilt sie auf die involvierten Individuen nach Maßgabe ihrer Bedeutung in dem betreffenden kollektiven Handlungszusammenhang« (Bayertz 1991, 190). Im Fall der Servicerobotik ist die Verteilung der Verantwortung zwischen dem Betreiber oder Besitzer des Serviceroboters und dem Roboterproduzenten aufgeteilt. Kann man hier davon ausgehen, dass diese

Aufteilung beim Betrieb technischer Anlagen eingespielten Üblichkeiten folgt, so stellen moderne Robotersysteme, insbesondere dann, wenn sie sich adaptiv/lernend an konkrete Aufgaben anpassen können, neue Fragen. Vor diesem Hintergrund werden auch rechtswissenschaftliche Aspekte diskutiert. So können mit maschinellem Lernen neue Kennzeichnungs- und Testpflichten verbunden sein und in Bezug auf die Zuschreibung von Verantwortung werden Optionen diskutiert, Roboter als juristische Personen anzusehen (vgl. Christaller et al. 2001; Matthias 2004; Beck 2010; Hilgendorf 2013).

Wenn wir Roboter in den Blick nehmen, die in privaten Umgebungen von Personen betrieben werden, die das nicht in einem beruflichen Sinne tun, rückt die Verantwortungsfrage ebenfalls in den Fokus. D. h., ein Kunde kauft z. B. einen Staubsaugerroboter und nimmt diesen in seiner privaten Wohnung in Betrieb. Zum Teil sollen Roboter unmittelbar *an* Menschen eingesetzt werden, z. B. bringen sie Getränke oder werden in die Pflege älterer oder kranker Menschen eingebunden, ob nun im privaten Umfeld, Krankenhaus oder Pflegeheim. Hier ist die Akteurskonstellation erweitert: Es kann nach wie vor eine professionelle Fachkraft (Pflegekraft) geben, die den Roboter als Mittel zum Zweck in der Pflege einsetzt. Andererseits ist mit dem/der zu Pflegenden eine weitere Person im Handlungskontext, an der oder in deren Umfeld der Robotereinsatz stattfindet.

Damit stellen sich neben dem Problem der Verantwortungszuschreibung Fragen der Verteilungsgerechtigkeit: Robotersysteme, die für Patienten und ältere Menschen einen Autarkiegewinn darstellen und dazu beitragen können, dass man noch länger in der eigenen Wohnung und damit im gewohnten sozialen Umfeld leben kann, sind nicht preiswert. Ob ein solidarisch getragenes Versicherungssystem die Kosten übernehmen kann und wird, ist ungeklärt. Somit droht eine ungerechte Verteilung, weil nur diejenigen Personen ein solches Robotersystem nutzen können, die auch in der Lage sind, es selbst zu finanzieren.

Aktuelle Fragen einer Ethik der Robotik

Wie einführend erwähnt, spielen in der öffentlichen Diskussion humanoide Roboter eine besondere Rolle. Das sind Roboter mit menschlicher Gestalt, die teilweise so hergestellt sind, dass sie Menschen zum Verwechseln ähneln. Diese Roboter haben dann nicht nur künstliche Haut und Haare sondern bilden auch entweder eine Frau oder einen Mann nach. Sie werden daher auch gynoid oder android genannt. Humanoide Roboter werden – erstens und meist genannt – als Mittel zu bestimmten Zwecken entwickelt. Insbesondere unsere private Umgebung ist für die Nutzung durch Menschen optimiert, sodass sich der Roboter gerade dann gut fortbewegen, ›handeln‹ und orientieren kann, wenn er zwei Beine und Arme mit Händen hat, sowie einen ›Kopf‹, der Kameras und Mikrophone als visuelle und akustische Sensoren enthält. Die technische Entwicklung berücksichtigt dabei auch Erkenntnisse der Bionik. Dieser Forschungsbereich steht in einem Zusammenhang zum zweiten Grund humanoide Roboter zu bauen, nämlich etwas über Menschen aus biologischer Sicht zu lernen. Mit Hilfe von dann notwendigerweise (teil-)humanoiden Robotern lassen sich die »biologischen Strukturen« besser verstehen (Pfeifer/Lungarella/Iida 2007, 1093). Der dritte und älteste Grund ist der ›Menschheitstraum‹ künstliche Menschen zu bauen. Mit Rabbi Löws Golem und Mary Shelleys Frankenstein literarisch illustriert und oben genannten Beispielen aus Science-Fiction-Filmen bis heute fortgeführt, erlebte der Automatenbau eine erste Blütezeit im 17. Jahrhundert, als Jacques de Vaucanson humanoide Musiker und bionisch inspirierte Tiere baute, angeregt durch Julien Offrey de la Mettries Werk *Der Mensch eine Maschine* (L'homme maschine), welches auch heute noch als visionär für die Robotikforschung angesehen wird (vgl. z. B. Irrgang 2005). Dem Menschen ›zum Verwechseln ähnliche‹ Roboter können als eine Fortführung dieser Tradition beschrieben werden, denn auch hier wird das Ziel verfolgt, etwas über den Menschen lernen zu können. Jetzt allerdings nicht nur in biologischen, sondern in sozialen Zusammenhängen, wenn z. B. das Lachen als zwischenmenschliche Interaktion mit humanoiden Robotern untersucht wird (vgl. Becker-Asano et al. 2011).

Humanoide Roboter dieser Art regen die Diskussion über das dieser Forschung zugrunde liegende Menschenbild besonders an (vgl. Bölker/Gutmann/Hesse 2010). Das ist auch darin begründet, dass humanoiden Robotern seitens der Menschen eine höhere künstliche Intelligenz und auch eine größere Autonomie zugeschrieben wird. Von daher wird in dieser Diskussion darauf hingewiesen, dass die menschliche Lebensform als ein vielschichtiges System beschrieben werden muss, das Bewusstsein und Handlungen sowie die Begründungen für dieselben in einen Zusammenhang bringt (vgl. Rammert/Schulz-Schaeffer 2002). Diese Zusammenhänge herzustellen, stellt eine große Herausforderung für eine technische Ersetzbarkeit des Menschen als Ganzes dar. Wird dieser Gedanke dennoch verfolgt, rekurriert er typischerweise auf ein reduktionistisches Bild des Menschen, indem eine Beschreibungsform gewählt wird, die sich am technologisch Machbaren orientiert. Gerade mit Blick auf die Autonomie muss die ethische Reflexion hier durch die anthropologische Betrachtung ergänzt werden. Nach dieser verfügen Menschen über spezifische Eigenschaften und Fähigkeiten, wie Selbst- und Zeitbewusstsein, Fähigkeit zur Reflexion und zur reaktiven Emotivität, praktische Vernunft, das Vermögen, Zwecke zu setzen, letztlich im »Raum der Gründe« agieren können (Sturma 2003, 43), die sich kaum substituieren oder simulieren lassen. Damit ist eine grundlegende Kritik an der KI-Forschung verbunden, etwa dass der Kontext einer Handlung nicht adäquat berücksichtigt wird (vgl. Dreyfus 1972/1979), was sich z. B. am zentralen Begriff des autonomen Handelns ausführen lässt (vgl. Gutmann/Rathgeber/Syed 2012). Schließlich ist mit der humanoiden Robotik die unter dem Begriff des *embodiment* diskutierten Rolle des ›Körpers‹ verbunden, der in der bio-inspirierten Robotik das zentrale technische Element darstellt. Hier kann kritisch angemerkt werden, dass die Differenz zwischen Körper und Leib zu wenig berücksichtigt wird. Während man ›Körper‹ in der Dritte-Person-Perspektive beschreibt und damit objektivierbar macht, nimmt die ältere Rede vom ›Leib‹ eine teilnehmende Rolle auf, die mit der Erste-Person-Perspektive verbunden ist. Leib ist somit als historisches Phänomen aufzufassen und weist auch selbstreflexive Züge auf, wenn man beispielsweise seine eigene Hand berührt: Man ertastet und wird ertastet (vgl. Wiegerling 2012).

Überlegungen dieser Art sind auch für die Betrachtung von Cyborgs relevant, die eine Kombination aus menschlichem Körper und Robotern darstellen. Die Ersetzbarkeit bezieht sich hierbei auf Körperteile und steht somit in enger Verbindung zur Prothetik. Künstliche Gliedmaßen (Hände, Füße, Arme, Beine) und Sinnesorgane (Hör- und Seh-Implantate), aber auch ein Herzschrittmacher können als Ersatzgeräte für Körperteile und/oder -funktionen beschrieben werden. Während die medizinische Prothetik den Ersatz nicht mehr vorhandener Gliedmaßen mit dem Ziel einer Leistungsgleichheit verfolgt, wird für Cyborgs auch ein Übertreffen menschlicher Fähigkeiten angestrebt (vgl. Warwick 2010; Beck 2010). Damit stellt sich die Frage, ob ein weitgehend durch Implantate und Prothesen ersetzter Körper/Leib noch ein Mensch ist.

Gelten dann für Cyborgs noch die gleichen ethischen Normen wie für Menschen? Bill Joy (2000) hat darauf hingewiesen, dass sich Menschen möglicherweise, befördert durch die konvergierende Entwicklung von Robotik, *genetic engineering* und Nanotechnologie, komplett selbst durch Technik ersetzen könnten. Diese so genannte Joy-Debatte hat die ethische Befassung mit Robotertechnologien beflügelt (vgl. Veruggio/Operto 2006; Capurro/Nagenborg 2009; Lin/Abney/Bekey 2012; Decker/Gutmann 2012), in der zunehmend auch die Bedingungen der Möglichkeit eines moralischen Handelns durch Roboter diskutiert werden. Ron Arkin (2007) spitzte das mit seinem Vorschlag zu, autonome Robotersysteme, die in der Lage sind zu töten, mit ethischen Regeln auszustatten. Die Frage nach einem moralischen Handeln von Robotern ist unmittelbar mit dem Problem verbunden, nach welchen ethischen Regeln Menschen im Kriegsfalle töten würden (vgl. Wallach/Allen 2009; Beavers 2010). Wobei der Gedanke, ethische Regeln in Robotersysteme zu implementieren nicht neu ist. Isaac Asimov verfolgte ihn bereits allgemeiner in seiner Formulierung der »Three Laws of Robotics« (1987). Kontextübergreifende Überlegungen sind sinnvoll, denn selbst die Frage ›Tod oder Leben‹ stellt sich nicht nur in kriegerischen Zusammenhängen.

Auch in Bezug auf das autonome Fahren von Kraftfahrzeugen wird diskutiert, nach welchen Regeln man eine physikalisch unvermeidbare Kollision ›ausführen‹ soll. Schnelle Sensoren und Aktuatoren erlauben möglicherweise eine zielgerichtete Auswahl von Optionen, die einem menschlichen Fahrer zwar genau genommen auch zur Verfügung stehen, die er aber in der Stresssituation eines unvermeidbaren Unfalls kaum präzise ausführen kann. Wenn aber der Ausgang einer Kollision wählbar wird, stellt sich die Frage, nach welchen Kriterien ein technisches System diese Auswahl ausführen soll, wobei jede Kollision unterschiedliche Schadensverteilungen mit sich bringt: Wenn ein Kind so vor ein fahrendes Auto springt, dass ein Unfall unvermeidlich ist, ist vorstellbar, dass nur die Optionen bleiben, in den Gegenverkehr zu fahren, ein parkendes Auto zu rammen oder das Kind zu überfahren. Fragen diese Art werden in der Ethik häufig mit Verweis auf das Trolley-Problem verhandelt, also das Problem der Abwägung verschiedener Schadenssituationen bis hin zur Inkaufnahme des Todes eines Menschen zugunsten der Rettung anderer. Die technische Ausstattung von Automobilen würde nun auch das Implementieren von ›ethischen Regeln‹ erlauben (vgl. Lin 2015). Doch welche Regeln würden hier implementiert? Und welche gesellschaftlichen Konsequenzen wären damit verbunden? Die Forschung für eine technische Umsetzung möglichst ›harmloser‹ Kollisionen hat bereits begonnen (vgl. Frese 2012), ebenso wie der ethische Diskurs, der hier entsprechende Orientierung geben soll. Das könnte auch ein Bereich sein, in dem eine Gesellschaft bewusst auf eine technische Unterstützung verzichtet (vgl. Heesen 2004), wobei diese Position ebenso wie die Frage, welche moralische Fundierung in Robotersysteme implementiert werden sollte, begründungspflichtig ist, denn bekanntlich ist auch die Unterlassung eine Handlung.

Literatur

Aha, Isabell/Asfour, Tamim: *Roboter der nächsten Generation. Abschlusskolloquium des SFBs »Humanoide Roboter« mit Ausblick in die Zukunft* (2012). In: http://www.informatik.kit.edu/309_6235.php (28.8.2013).

Asimov, Isaac: *Robot Dreams*. New York 1987.

Arkin, Ronald C.: *Governing Lethal Behavior: Embedding Ethics in a Hybrid Deliberative/Reactive Robot Architecture*. Technical Report GIT-GVU-07–1 (2007). In: http://www.cc.gatech.edu/ai/robot-lab/online-publications/formalizationv35.pdf (12.12.2013).

Bayertz, Kurt: Wissenschaft, Technik und Verantwortung. Grundlagen der Wissenschafts- und Technikethik. In: Ders. (Hg.): *Praktische Philosophie. Grundorientierungen angewandter Ethik*. Hamburg 1991.

Beavers, Anthony: Editorial of the Special Issue: Robot Ethics and Human Ethics. In: *Ethics and Information Technology* 12/3 (2010), 207–208.

Beck, Susanne: Roboter, Cyborgs und das Recht – von der Fiktion zur Realität. In: Tade Matthias Spranger (Hg.): *Aktuelle Herausforderungen der Life Sciences*. Berlin 2010, 95–120.

Becker-Asano, Christian/Kanda, Takayuki/Ishi, Carlos/Ishiguro Hiroshi: Studying Laughter in Combination with Two Humanoid Robots. In: *AI & Society* 26/3 (2011), 291–300.

Bölker, Michael/Gutmann, Mathias/Hesse, Wolfgang (Hg.): *Information und Menschenbild*. Heidelberg 2010.

Capurro, Rafael/Nagenborg, Michael: *Ethics and Robotics*. Heidelberg 2009.

Christaller, Thomas/Decker, Michael/Gilsbach, Joachim Michael/Hirzinger, Gerd/Lauterbach, Karl W./Schweighofer, Erich/Schweitzer, Gerhard/Sturma, Dieter: *Robotik. Perspektiven für menschliches Handeln in der zukünftigen Gesellschaft*. Berlin 2001.

Decker, Michael/Gutmann, Mathias (Hg.): Robo- and Informationethics. Some Fundamentals. Wien 2012.

Decker, Michael: Robotik. In: Armin Grunwald (Hg.): *Handbuch Technikethik*. Stuttgart 2013, 354–358.

Dreyfus, Hubert: *What Computers Can't Do. The Limits of Artificial Intelligence* [1972]. Cambridge, Mass. ²1979.

Frese, Christian: *Planung kooperativer Fahrmanöver für kognitive Automobile*. Karlsruhe 2012.

Gutmann, Mathias/Rathgeber, Benjamin/Syed, Tareq: Action and Autonomy: A Hidden Dilemma in Artificial Autonomous Systems. In: Michael Decker/Mathias Gutmann (Hg.): *Robo- and Informationethics. Some Fundamentals*. Wien 2012, 231–257.

Heesen, Jessica: Universalisation, Totality and ICT, or: Are There Any Reasons for Demanding ICT-Free Areas? *International Journal of Information Ethics* 2 (2004), 1–11.

Hilgendorf, Eric/Günther, Jan-Philipp (Hg.): *Robotik und Gesetzgebung*. Baden-Baden 2013.

Irrgang, Bernhard: *Posthumanes Menschsein? Künstliche Intelligenz, Cyberspace, Roboter, Cyborgs und Designer-Menschen. Anthropologie des künstlichen Menschen im 21. Jahrhundert*. Stuttgart 2005.

Joy, Bill: *Why the Future Doesn't Need Us*. In: Wired 8/4 (2000), http://www.wired.com/wired/archive/8.04/joy.html (28.8.2013).

Kant, Immanuel: *Grundlegung zur Metaphysik der Sitten* [1785]. In: Ders.: *Werke*. Akademieausgabe, Bd. IV. Berlin 1968 [GMS].

Lin, Patrick: Why Ethics Matters for Autonomous Cars. In: Maurer, Markus/Gerdes, J. Christian/Lenz, Barbara/Winner, Hermann (Hg.): *Autonomes Fahren. Technische, rechtliche und gesellschaftliche Aspekte*. Heidelberg 2015, S. 69–85.

Lin, Patrick/Abney, Keith/Bekey, George A. (Hg.): *Robot Ethics. The Ethical and Social Implications of Robotics*. Cambridge, Mass. 2012.

Matthias, Andreas: The Responsibility Gap: Ascribing Responsibility for Actions of Learning Automata. In: *Ethics and Information Technology* 6/3 (2004), 175–183.

Pfeifer, Rolf/Lungarella, Max/Iida, Fumiya: Self-Organization, Embodiment, and Biologically Inspired Robotics. In: *Science* 318/5853 (2007), 1088–1093.

Rammert, Werner/Schulz-Schaeffer, Ingo (Hg.): *Können Maschinen handeln? Soziologische Beiträge zum Verhältnis von Mensch und Technik*. Frankfurt 2002.

Schraft, Rolf Dieter/Schmierer, Gernot: *Serviceroboter. Produkte, Szenarien, Visionen*. Berlin 1998.

Sturma, Dieter: Autonomie. Über Personen, künstliche Intelligenz und Robotik. In: Christaller, Thomas/Wehner, Josef (Hg.): *Autonome Maschinen*. Wiesbaden 2003, 38–55.

Toussaint, Marc/Lang, Tobias/Jetchev, Nikolay: Kognitive Robotik – Herausforderungen an unser Verständnis natürlicher Umgebungen. In: *at – Automatisierungstechnik* 61/4 (2013), 259–268.

Verein Deutscher Ingenieure (VDI): *Montage- und Handhabungstechnik; Handhabungsfunktionen, Handhabungseinrichtungen; Begriffe, Definitionen, Symbole* (Richtlinie 2860). Düsseldorf 1990.

Veruggio, Gianmarco/Operto, Fiorella: Roboethics: A Bottom-Up Interdisciplinary Discourse in the Field of Applied Ethics in Robotics. In: *International Review of Information Ethics* 6/12 (2006).

Wallach, Wendell/Allen, Colin: *Moral Machines. Teaching Robots Right from Wrong*. Oxford 2009.

Walser, Charlotte: *Personen – Inwiefern wir sind, wofür wir uns halten*. Bern 2010.

Warwick, Kevin: Implications and Consequences of Robots

with Biological Brains. In: *Ethics and Information Technology* 12/3 (2010), 223–234.

Wiegerling, Klaus: Zum Wandel des Verhältnisses von Leib und Lebenswelt in intelligenten Umgebungen. In: Peter Fischer/Andreas Luckner/Ulrike Ramming (Hg.): *Reflexion des Möglichen – Zur Dialektik von Handeln, Erkennen und Werten*. Münster 2012, 225–238.

Michael Decker

48 Values in Design

Values in Design bezeichnet ein Forschungsfeld, welches sich mit der Einschreibung von Werten in Technologien und Artefakte im Allgemeinen und in Informations- und Kommunikationstechnologien im Besonderen beschäftigt. In diesem Artikel wird ›Values in Design‹ als übergeordneter Begriff verwendet, unter welchen sich verschiedene Strömungen und Ansätze, wie z. B. *value sensitive design* (Friedman/Kahn/Borning 2006), *values at play* (Flanagan/Howe/Nissenbaum 2008), oder die enthüllende Computerethik (*disclosive computer ethics*) (Brey 2000, 2010) einordnen lassen.

Values in Design hat als originär interdisziplinäres Forschungsfeld seine Ursprünge in verschiedenen Disziplinen, welche sich auch an der Situierung einiger Hauptvertreter/innen festmachen lassen. Innerhalb der Informatik sind hier Bemühungen im Kontext von Sozialer Informatik, *computer supported cooperative work* (CSCW) und partizipativem Design zu nennen. Innerhalb der Philosophie von zentraler Bedeutung ist die Computerethik. Computerethik beschäftigt sich als junge philosophische Subdisziplin mit der Natur und den sozialen Folgen von Computertechnologien sowie mit der Formulierung und Begründung ethischer Normen für deren Verwendung (vgl. Moor 1985). Gerade in den letzten Jahren hat sich allerdings der Blickwinkel innerhalb der Computerethik erweitert, so dass nicht nur die Nutzung, sondern auch das Design und die Gestaltung von Technologien selbst in den Fokus rückten (vgl. Johnson 2009; Brey 2010). Somit war der Weg geöffnet für eine Analyse der Rolle von Werten im Design- und Entwicklungsprozess.

Als Auftakt zur Formierung von Values in Design als Forschungsfeld wird häufig das Jahr 1997 benannt, in welchem mit Batya Friedmans *Human Values and the Design of Computer Technology* die erste große und immer noch wirkmächtige Publikation zu Values in Design erschien. In diesem Herausgeberband gelang es Friedman mit Hilfe namhafter Forscher/innen u. a. aus Informatik, Philosophie, Anthropologie, Soziologie und Psychologie erstmalig Fragen und Möglichkeiten eines wertegesteuerten Designprozesses auf systematische Weise zu eröffnen. Friedmans These ist, dass Designer im Gestaltungsprozess notwendigerweise soziale und moralische Werte in ihre Produkte importieren. Was jedoch meist ausbleibe, sei die kritische Auseinandersetzung mit dieser unbewussten Werteinschreibung: Welche Werte werden eingeschrieben?

Wessen Werte sind dies? Wie wird im Designprozess bei Wertkonflikten entschieden? Ziel von Values in Design ist demnach einerseits die systematisch-kritische Analyse dieser unbewussten Werteinschreibung sowie andererseits die methodologisch-praktische Unterstützung von bewussten und erwünschten Werteinschreibungen in das Design von Hardware, Software, Datenbanken oder Algorithmen (vgl. Friedman 1997).

Die Beiträge des Sammelbandes beschäftigen sich u. a. mit Themen wie sozialem Interfacedesign, situierter Handlungsfähigkeit, der Moralität künstlicher Agenten, der Politik von Kategorisierungen, sowie mit Fragen zu Privatsphäre oder Verantwortung und zeigen hierbei bereits die Vielschichtigkeit und Diversität der Fragestellungen auf (ebd.). Ein Kernthema von Values in Design behandelt Friedman gemeinsam mit Helen Nissenbaum in ihrem Beitrag zu »Bias in Computersystems« (Friedman/Nissenbaum 1997), welcher sich mit möglichen intentionalen wie nicht-intentionalen Verzerrungen (*biases*) beschäftigt, die ihre Ursache sowohl in gesellschaftlichen Vorannahmen und Stereotypen (z. B. über geschlechtsspezifische Arten der Techniknutzung) als auch schlicht im technischen Design- und Entwicklungsprozess haben können (z. B. nicht-beabsichtigte Folgen scheinbar neutraler Designentscheidungen). Die dritte Quelle solcher Verzerrungen ergibt sich erst später im Prozess der Nutzung selbst. Bei Markteintritt können weitere Probleme dadurch entstehen, dass Produkte auf fremde oder veränderte gesellschaftliche Strukturen und Wertesysteme treffen (z. B. die Nutzung einer Technologie in einem anderen Land mit anderen infrastrukturellen Bedingungen). Ein weiteres wichtiges Thema, welches bereits in dem Sammelband durch Nissenbaum (1997) erörtert wird und heute in Hinblick auf Drohnen und autonome Systeme an Brisanz gewonnen hat, ist die Frage nach der Verteilung von Verantwortung und Haftung in zunehmend vernetzten und integrierten sozio-technischen Welten (teil-) autonomer Artefakte. Friedman und Nissenbaum bleiben wichtige Vertreterinnen von Values in Design und prägen den Diskurs um wertegesteuertes Design bis heute, Helen Nissenbaum vor allem auch durch ihre Arbeiten zur Privatsphäre (vgl. Nissenbaum 2010).

Werte

Trotz seiner Zentralität bleibt das Konzept des Wertes in den Diskussionen um Values in Design häufig unterbestimmt (vgl. Nissenbaum 2005). Dies mag teilweise daran liegen, dass das Konzept höchst komplex ist und nicht nur innerhalb der Philosophie, sondern auch in Soziologie, Psychologie oder Ökonomie sehr unterschiedlich interpretiert wird (vgl. Mitcham 2005). Viele Konzeptualisierungen von Werten legen jedoch nahe, Werte als paradigmatische Beispiele diskursiver und sozialer Konstrukte zu verstehen, da sie Wertzuschreibungen durch Akteure in sozialen Beziehungen wiederspiegeln. So müssen selbst Einzelakteure in ihren Handlungen häufig verschiedene Werte gegeneinander abwägen. Wertvorstellungen diverser Akteure sind oftmals divergent und müssen daher intersubjektiv ausgehandelt werden. Ferner können Werte, selbst im Falle eines Wertekonsenses in sozialen Kontexten, meist nur näherungsweise und nicht absolut erreicht werden. So endet zum Beispiel die Freiheit der einen dort, wo sie die Freiheit der nächsten beschneidet. In all diesen sozialen Prozessen spielen Hierarchien und Machtdifferenzen eine entscheidende Rolle – ein Problem, welches sich auch in der grundlegenden Kontroverse bezüglich der Universalität von Werten manifestiert.

Diese Kontroverse besteht hinsichtlich der Frage, ob es Werte gibt, welche allgemein und überall Gültigkeit haben, d. h. ob Werte wie Freiheit, Gerechtigkeit, Privatsphäre und Vertrauen überall von Wert sind, oder ob ihre Gültigkeit kulturell variant ist. Hier sei die These vertreten, dass die Universalität von Werten desto plausibler ist, je abstrakter ein Wertbegriff bleibt. Sobald Werte jedoch konkretisiert werden, zu politischen Maßnahmen führen oder gar in Technologien eingeschrieben werden sollen, kann der Universalitätsanspruch nicht mehr gehalten werden. Nimmt man den Wert der Gerechtigkeit als Beispiel, so kann man natürlich argumentieren, dass Gerechtigkeit in allen Kulturen zu allen Zeiten einen beträchtlichen Wert dargestellt hat. Allerdings dürfte ein Blick in die Geschichte der Philosophie genügen, um aufzuzeigen, dass von Immanuel Kant über John Stuart Mill zu John Rawls, der Begriff der Gerechtigkeit diverseste Umdeutungen erfahren hat (vgl. Sandel 2007) und folglich Gerechtigkeitskonzepte mit den unterschiedlichsten politischen Maßnahmen kompatibel sein können.

Ähnliches gilt auch im Falle der Einschreibung von Werten in Technologien. Als Beispiel mag hier der Schutz der Privatsphäre dienen, welcher gerade im Kontext deutschsprachiger IT-Politik ein oft beanspruchter Wert ist. Hier gibt es bereits im europäischen Umfeld erhebliche Differenzen hinsichtlich nationaler Gesetzgebungen zum Daten- und Privatsphärenschutz. Ferner wird sowohl auf konzeptueller als auch praktischer Ebene kontrovers diskutiert, was genau unter Privatsphäre zu verstehen, wie sie am besten zu schützen und gegen andere moralische und ökonomische Werte zu gewichten sei (s. Kap. VI.23). Diese Wertfragen stellen sich freilich nicht nur auf der Ebene der Politik. Jeder Nutzer und jede Nutzerin von Technologien wägt häufig durch sein bzw. ihr Handeln den Wert der Privatsphäre gegen andere moralische (z. B. Sicherheit), oder nicht-moralische (Bequemlichkeit, Zeitersparnis) sowie materielle Werte (z. B. die kostenfreie Nutzung von Services) ab.

Die Widerlegung der Technikneutralität

Laut Philip Brey (2001, 2010) besteht eine Aufgabe von Values in Design in der Widerlegung der Annahme, Technologien seien neutral (s. Kap. II.3). Technikneutralität äußert sich häufig in der Annahme, Technologien seien als Werkzeuge lediglich transparente und neutrale Medien menschlicher Intentionalität und könnten folglich nicht unabhängig von menschlicher Nutzung ethisch bewertet werden. Als Konsequenz erübrige sich eine ethische Analyse technischer Artefakte, lediglich die Nutzung jener und somit die dahinterstehende menschliche Intention sei einer ethischen Problematisierung zugänglich. So seien Technologien wie Hammer, Pistole oder Atomkraft selbst neutral, erst die konkrete Nutzung – zum Einschlagen eines Nagels in eine Wand oder zum Töten, zur Energiegewinnung oder als Waffe – entscheide über die ethischen Konsequenzen und lade sie moralisch auf. Der Hammer ist nun ein klassisches Beispiel, welches die Neutralitätsthese zu unterstützen scheint, ist er doch scheinbar gleich gut geeignet, um einen Kopf oder einen Nagel einzuschlagen. Allerdings stellt sich schon am Beispiel der Atomkraft die Frage, ob diese Neutralitätsthese zu halten ist oder ob nicht vielmehr die Technologie selbst bereits bestimmte ethisch relevante Handlungsoptionen und Folgen mit sich bringt (vgl. Jonas 1979; Mumford 1964).

Im Diskursfeld von Values in Design werden Artefakte und Technologien als inhärent moralisch vorprogrammiert verstanden, insofern sie bestimmte moralische Werte und Normen fördern oder behindern. Das Beinhalten von Werten bedeutet nun nicht, dass Technologien selbst moralische Akteure werden oder moralische Verantwortung tragen. Es bedeutet allerdings, dass bereits das Design und nicht erst die Nutzung technologischer Artefakte moralische Konsequenzen haben kann und daher ethisch analysiert werden muss (vgl. Brey 2010). Brey versteht eingebaute Werte (*embedded values*) als eine spezielle Form der eingebauten Konsequenzen von Technologien, d. h. Werte sind nicht nur eingeschrieben, aus ihnen entstehen oft sozio-technische Realitäten. Zentrale und periphere Nutzungsformen von Technologien unterscheidend, bezeichnet er als eingebaute Konsequenzen diejenigen Konsequenzen, welche sich bei den zentralen Nutzungsformen einer Technologie normalerweise manifestieren, d. h. in all jenen Situationen, in denen keine aktiven Gegenmaßnahmen zur Vermeidung eben jener eingebauten Konsequenzen aufgewendet wurden. Als Beispiel hierfür dienen Brey jene Umweltfolgen des Automobils, welche in seinen zentralen Nutzungsformen zum Tragen kommen, nicht jedoch z. B. in der Nutzung eines Automobils in einer künstlerischen Installation. Mit dieser Unterscheidung vermeidet Brey eine neue Form des Technikdeterminismus und erkennt an, dass in der Nutzung von Artefakten Freiheitsgrade bestehen. Zugespitzt bedeutet dies, dass Technologien zwar nicht neutral sind, bestimmte Werte beinhalten und somit auch bestimmte Konsequenzen fördern, Nutzer jedoch in ihrer Verwendung jener Artefakte nicht vollständig determiniert sind und eine gewisse Flexibilität bestehen bleibt. Die Ein- und Vorschreibung bzw. die Möglichkeit der Intervention, Subversion und Handlungsfreiheit unterscheidet sich stark zwischen verschiedenen Artefakten und hängt unter anderem von der Autonomie der Artefakte und der Strenge ihrer Einbettung in Infrastrukturen und Handlungskontexte ab (vgl. Brey 2010).

Dieselbe Einsicht bezüglich der Wertgeladenheit von Technologien findet sich bereits früher in der Technikphilosophie sowie der Wissenschafts- und Technikforschung. So hat bereits Langdon Winner in seinem vielzitierten Artikel aus dem Jahr 1980 die These aufgestellt, dass menschliche Akteure ihre Intentionen und Überzeugungen seit langem in Artefakte, Technologien und Infrastrukturen einschreiben. Er argumentiert im historischen Rekurs auf Karl Marx, Friedrich Engels und v. a. Lewis Mumford, dass technische Artefakte Formen von Autorität und Macht verkörpern können. So unterscheidet Mumford (1964) zwischen inhärent autoritären und demokratischen Technologien, eine Unterscheidung, welche in Folge von diversen Technikkritikern aufgenommen und z. B. auf die politischen und machtbezogenen Differenzen zwischen Kernkraft und Solarenergie angewendet wurde. Gerade die Frage, inwiefern

Technologien eine demokratisierende Kraft innewohnt ist auch und gerade in Bezug auf digitale Technologien wie das Internet seit jeher kontrovers diskutiert worden.

Die Beispiele, derer sich Winner bedient, um die Politik von Artefakten zu verdeutlichen, sind vielfältig: von der Tomatenpflückmaschine im ländlichen Amerika über die Restrukturierung von Straßen und Stadtbild durch Baron Haussmann im Paris des 19. Jahrhunderts zur Gestaltung von Bundesstraßenbrücken in New York beleuchtet er die sozialen und ökonomischen Folgen neuer Technologien.

Dieses Thema der Einschreibung von Werten in Technologien ist auch bei anderen Vertreter/innen der Wissenschafts- und Technikforschung zentrales Thema. So schreibt Bruno Latour (1992) mit Verweis auf automatische Türschließer und piepsende Anschnallgurte, dass wir mittlerweile nicht nur Kraft, sondern auch Werte, Pflichten und Ethik an Maschinen als nicht-menschliche Akteure delegieren und häufig erst aufgrund dieser geteilten Moralität, einer Moralität von Mensch-Maschinen, uns als Menschen ethisch verhalten (vgl. Latour 1992, 232), ja dass die Moralität in der Welt durch diese nicht-menschlichen Akteure zunimmt, in einer Zeit, in der jene, die auf rein menschliche Moralität allein fokussieren, deren Abnahme beklagen. Die Frage, ob Artefakte nicht nur Werte, sondern gar Handlungsfähigkeit besitzen können und was genau dann unter artifizieller oder verteilter Handlungsfähigkeit zu verstehen sei, wird in Wissenschafts- und Technikforschung wie Philosophie weiterhin kontrovers diskutiert (vgl. Floridi 2013; Simon 2015). Gerade in Bezug auf (teil-)autonome Systeme wie Drohnen oder selbstlernende Algorithmen hat diese Debatte zudem nicht nur konzeptuelle, sondern auch politische und rechtliche Brisanz.

Ferner untersucht Madeleine Akrich ebenfalls bereits 1992 anhand verschiedener Beispiele, u. a. anhand eines photoelektronischen Beleuchtungsbaukastens, was passiert, wenn man Technologien auf Reisen schickt, d. h. welche Konsequenzen die Nutzung von Technologien in Kontexten jenseits der imaginierten Nutzungsräume der Entwickler haben kann (vgl. Akrich 1992). Anhand der Analyse der auftretenden Nutzungsprobleme dieser Baukästen in Afrika zeigt sie die reziproken Anpassungsbemühungen zwischen technischem Objekt und neuer Umgebung. Situiert im Kontext der Akteur-Netzwerk-Theorie argumentiert sie, dass das Herstellen technischer Objekt als Wechselspiel zwischen Technologischem und Sozialem, zwischen Innen und Außen des technologischen Artefakts verstanden werden muss, ohne jeweils das Technologische oder Soziale zu essenzialisieren und dadurch technologischem oder sozialem Determinismus zum Opfer zu fallen. Letztlich geht es ihr um die Analyse der Verbindung zwischen technischen und nicht-technischen Aktanten, um Geographien der moralischen Delegation und der Verantwortlichkeiten abbilden und verstehen zu können. Mit ihren Analysen liefert Akrich somit ein frühes Beispiel für die von Nissenbaum und Friedman (1997) proklamierten Verzerrungen aufgrund von Veränderungen gesellschaftlicher Rahmenbedingungen für Technologien und verdeutlicht somit beides: die Relevanz der Analyse sowohl der Design- und Entwicklungsprozesse selbst als auch der späteren Nutzungsbedingungen. In Rekurs auf Michel Foucault (1975) und in Analogie zu Winners Thesen folgert sie zudem, dass technologische Objekte politische Kraft haben, insofern sie soziale Beziehungen sowohl ändern als auch stabilisieren können und diese Prozesse zugleich der Beobachtung entziehen können.

Methoden

Values in Design kann konzeptuell als eine Reaktion auf die in Technikphilosophie sowie Wissenschafts- und Technikforschung bereits existente Kritik an der Neutralität von Technik verstanden werden, auch wenn historisch die Ursprünge teils in anderen Disziplinen zu finden sind. Methodologisch dreht Values in Design diese Einsicht in die Möglichkeit der Aufladung von Technologien durch Werten um und fragt: Wenn ohnehin häufig unreflektiert gesellschaftliche Normen und Werte in Technologien eingeschrieben werden und diese dann in der Gesellschaft wirkmächtig werden, können wir diesen Prozess nicht bewusst steuern, um möglichst positive, faire und gerechte Technologien zu entwickeln? Und wenn ja, wie kann dies am besten geschehen?

Die ausgefeilteste Methodologie für Values in Design entwickelt Friedman mit Kollegen unter der Bezeichnung *value sensitive design* (Friedman/Kahn/Borning 2006). Ihre Methodologie für ein wertegesteuertes Design wird durch drei Phasen charakterisiert, welche sich iterativ wiederholen und nicht in strenger Abfolge zu verstehen sind. (1) In der konzeptuellen Phase wird erhoben, welche Werte für die Entwicklung einer Technologie relevant und wünschenswert sind, wie diese genau zu spezifizieren sind und welche Werte ggf. gegeneinander abgewogen werden müssen (z. B. Privatsphärenschutz versus Sicherheit). (2) In der empirischen Phase geht es einerseits darum, die Frage nach relevanten Werten und deren Gewichtung auch empirisch, d. h. durch Befragung beteiligter Personen (direkte wie indirekte Interessensvertreter/innen) zu untersuchen. Andererseits soll aber auch zu einem späteren Zeitpunkt in der Technologienentwicklung empirisch festgestellt werden, ob die intendierten Werte sich tatsächlich in der Praxis wiederfinden. (3) In der technischen Phase geht es um die Umsetzung der Ergebnisse der konzeptuellen und empirischen Phasen in den technologischen Entwicklungsprozess, d. h. es müssen Werte wie Gleichheit, Fairness, Vertrauenswürdigkeit oder Privatsphäre operationalisiert und soweit konkretisiert werden, dass diese in den technischen Artefakten umgesetzt werden können.

Im Falle digitaler Technologien bedeutet dies zumeist eine Translation von Werten in Softwarecode. Hierbei lassen sich unterschiedliche Formen der Werteinschreibung unterscheiden. Nimmt man das werteorientierte Design von Computerspielen als Beispiel (vgl. Flanagan/Howe/Nissenbaum 2008), so kann ein Wert wie *Kooperation* sowohl inhaltlicher Kern des Spiels sein oder sich in der Spielstruktur, z. B. durch die Anreiz- und Belohnungsmechanismen ausdrücken. Im ersten Fall würde der Wert Kooperation kommunikativ ausgedrückt, im zweiten Fall expressiv. Eine andere Form bewusster Werteinschreibung, welche im Hintergrund geschieht und somit häufig dem Auge des Nutzers verborgen bleibt, bezieht sich auf jene Werte der Designer/innen und Entwickler/innen, welche diese direkt in die Tiefenstruktur von Software einschreiben, z. B. um die Daten der Nutzer zu sichern. Jenseits dieser Beispiele darf nicht vergessen werden, dass Spiele natürlich auch ohne beabsichtige Werteinschreibung den Spieler dazu anregen können, über Werte zu reflektieren, ohne dass ein Resultat dieser Überlegungen vorbestimmt ist.

Friedman hat mit Kolleg/innen die Tragfähigkeit ihrer Methode in zahlreichen Studien zu diversen Themen belegt. In einem Überblicksartikel stellt sie drei Studien vor, welche jeweils unterschiedliche Aspekte ihrer Methodologie unterstreichen und zudem verdeutlichen, welche speziellen Aspekte in verschiedenen Designprozessen auftreten können (vgl. Friedman/Kahn/Borning 2006). So zeigt sich am Beispiel der Entwicklung von Schnittstellen zur Cookie-Kontrolle in Webbrowsern, dass zusätzlich zu den zu Beginn explizierten Werten wie Privatsphäre, Autonomie und Vertrauen im Verlauf des Designprozesses neue Werte und damit Designkriterien entstehen können. Im Fall der Cookie-Kontrolle musste die technische Umsetzung der intendierten Werte Privatsphäre, Autonomie und Vertrauen durch *Informed-Consent*-Mechanismen mit dem Kriterium minimaler Ablenkung in Einklang gebracht werden, d. h. die Erfüllung der moralischen Desiderate musste mit der Nutzbarkeit des Browsers abgewogen werden.

Eine weitere Studie beschäftigt sich mit der Frage, ob Plasmabildschirme, welche live Bilder eines Parks in Büros ohne Fenster übertragen, ebenjene echten Fenster mit Blick auf diesen Park ersetzen können (vgl. ebd.). Ausgangspunkt der Überlegungen sind psychologische Studien, welche die positiven Konsequenzen von Naturerfahrung für das physische und psychologische Wohlbefinden und die Kreativität von Arbeiter/innen belegen. In einem experimentellen Design vergleichen die Autor/innen hier die Nützlichkeit von Plasmabildschirmen im Vergleich zu realen Fenstern. Auch wenn sich letztlich zeigt, dass die Plasmabildschirme nicht an die Nützlichkeit realer Fenster heranreichen, so zeitigt die Studie jedoch andere zentrale Einsichten für Values in Design. Zum einen wird in dieser Studie die Relevanz indirekt Beteiligter deutlich: Da über den Plasmabildschirm Bilder eines nahegelegenen Parks im Livestream übertragen werden, ergeben sich möglicherweise Privatsphärenverletzungen für die Nutzer jenes Parks, welche sich gegebenenfalls der Aufzeichnung ihrer Bewegung im öffentlichen Raum nicht bewusst sind, ein Problem welches sich durch die Speicherung dieser Videodaten noch verstärken würde. Dieses Beispiel zeigt, dass auch Personen im Designprozess berücksichtigt werden müssen, die nicht in direktem Kontakt mit einer Technologie stehen, also keine Nutzer sind, aber dennoch von der Technologie beeinflusst werden. Dadurch müssen nicht nur prinzipiell unterschiedliche Werte im Designprozess gegeneinander abgewogen werden müssen, sondern auch die Werte diverser Beteiligter.

Es ist vor allem dieses Problem der Abwägung und diskursiven Einigung über Werte, welches im Zentrum einer weiteren Studie zum Re-Design eines Simulationsprogramms steht, mit welchem Stadtentwicklungsszenarien erstellt werden können (ebd.). Da jene Simulationsergebnisse politisch wirksam werden und das Leben zahlreicher Menschen beeinflussen können, sollten im Zuge einer Überarbeitung dieser Software Erkenntnisse des Values in Design berücksichtigt werden. In Hinblick auf die politische Situierung der Software waren den Designer/innen Gerechtigkeit, Verantwortung und Demokratie zentrale Werte, welche sie in das Re-Design der Software einschreiben wollten und welche sich in zahlreichen technischen Designentscheidung, z. B. hinsichtlich Open Source, der Granularität der Auflösung (um nicht nur Automobilnutzung, sondern auch Fußwege abbilden zu können) usw. manifestierten. Im Prozess der Auseinandersetzung mit den Beteiligten kam zudem eine Vielzahl weiterer, teils enorm divergierender moralischer, politischer, sozialer und persönlicher Werte zum Vorschein, welche nicht nur diskutiert, sondern für die verschiedenen Szenarien gebündelt, operationalisiert und priorisiert werden mussten. Wichtige Einsichten wurden daher zum einen aus der Unterscheidung zwischen den ursprünglichen Werten der Designer/innen und emergenten Werten, welche im Entwicklungsprozess in Auseinandersetzung mit diversen Interessensvertreter/innen entstanden, gewonnen. Zum anderen waren die Abwägung der unterschiedlichen Werte der diversen Beteiligten sowie außerdem die Reflexion der weitreichenden und tiefgehenden technischen Folgen bestimmter Werteentscheidungen von Bedeutung. Es sei angemerkt, dass Flanagan gemeinsam mit Nissenbaum und Howe in ihren Arbeiten zu Spieldesign eine sehr ähnliche Methodologie unter der Bezeichnung *values at play* entwickelt hat (vgl. Flanagan/Howe/Nissenbaum 2005, 2008).

Kritik

Ein zentraler Kritikpunkt an Values in Design besteht darin, dass mit Wertfestlegungen und deren Einschreibung in Technologien Priorisierungen vorgenommen und festgeschrieben werden, die gegebenenfalls nicht zulässig sind bzw., dass das intentionale Einschreiben von Werten auch eine Machtposition voraussetzt und zementiert, welche hinterfragt werden sollte. So kritisiert z. B. Introna (2005) explizit die *a priori* Festlegung von Werten in der konzeptuellen Phase und plädiert für mehr Offenheit hinsichtlich der Emergenz von Werten im Design- und Forschungsprozess. In diesem Kritikpunkt manifestiert sich sicherlich auch eine Akzentverschiebung zwischen der normativen und deskriptiven Ausrichtung von Values in Design, welche sich idealerweise ergänzen sollte.

Allgemeiner stellt sich das Problem der Machtfrage durch Werteinschreibung auch durch die Frage: Wessen Werte? Wie zuvor erläutert, sind Werte als soziale Konstrukte immer jemandes Werte. Gerade weil bei zunehmender Konkretisierung der Werte im Design-

prozess eine mögliche Universalität und Übereinstimmung immer unwahrscheinlicher wird, ist die Entstehung von Wertkonflikten sehr wahrscheinlich. Auch wenn durch die Inklusion diverser direkter und indirekter Interessensvertreter/innen diesem Problem Rechnung getragen werden soll, so bedeutet reine Inklusion noch lange nicht, dass alle Stimmen gleichermaßen gehört, angemessen gewichtet und im Designprozess aktualisiert werden – ein Problem, welches zwar auch im Kontext von Values in Design (vgl. Simon 2012) hinreichend bekannt ist, aber dennoch stärker berücksichtigt werden sollte.

Ein weiterer, vor allem philosophischer Kritikpunkt, welcher selbst innerhalb des Forschungsfeldes Values in Design bemängelt wird (vgl. Flanagan/Howe/Nissenbaum 2008), besteht in der Unterbestimmtheit zentraler Begrifflichkeiten. In vielen Analysen zu Values in Design werden Werte lediglich benannt und aufgelistet, so dass die philosophisch-konzeptuelle Arbeit hinsichtlich des Wertbegriffs im Allgemeinen und der Spezifizierung bestimmter Werte im Speziellen weiterhin ein Desiderat bleibt.

Aktuelle Entwicklungen und zukünftige Forschung

Inhaltlich hat sich Values in Design seit seiner Entstehung diversesten Werten (Privatsphäre, Vertrauen, Sicherheit, etc.) sowie unterschiedlichsten Technologien (Suchmaschinen, Gesichtserkennungssystemen, sozialen Netzwerkseiten, etc.) gewidmet. Ein Ende der Themen und Fragestellungen ist nicht in Sicht, zumal sich eine interdisziplinäre Gemeinschaft aus Values in Design Forscher/innen international etabliert hat und sich kontinuierlich weiterentwickelt (vgl. Knobel/Bowker 2011).

Zwei zentrale Arbeitsgebiete für Values in Design, welche weiterhin im Mittelpunkt vieler Analysen stehen, sind Algorithmen (Barocas/Hood/Ziewitz 2013; Kraemer/van Overveld/Peterson 2012) und Daten. Diese Fokussierung mag gerade angesichts neuer Möglichkeiten der Datenanalyse, welche sich durch große und vielfältige Datenmengen (Stichwort: Big Data) sowie neue Verarbeitungs- und Analysemethoden (Stichwort: maschinelles Lernen) auszeichnen, nicht verwundern. Bedenkt man die große politische, wirtschaftliche und wissenschaftliche Relevanz dieser Entwicklungen, so erscheint die Analyse bewusst wie unbewusst eingeschriebener Werte und sich daraus ergebender Verzerrungen ebenso zentral wie die Erarbeitung von Richtlinien zur wertesensitiven Entwicklung von Datenbanken und Algorithmen, v. a. in Bereichen, in denen weitreichende Entscheidungen auf Basis ebenjener Datenlagen und Prognosen getroffen werden. Hier zeigt sich, dass Friedmans und Nissenbaums (1997) frühe Analysen zur Verhinderung von Verzerrungen an Relevanz nicht verloren, sondern eher noch gewonnen haben.

Auch wenn die philosophische Auseinandersetzung mit Big Data noch am Anfang steht, so zeigen erste ethische (vgl. Mittelstadt/Floridi 2016) sowie erkenntnis- und wissenschaftstheoretische Analysen (vgl. Leonelli 2014; Rieder/Simon 2016), dass bereits im Prozess der Datenformatierung als auch der weiteren Verarbeitung von Daten und der aus ihnen gezogenen Schlussfolgerungen mannigfaltige Wertentscheidungen getroffen werden, welche kritisch untersucht werden müssten, um nicht eine neuen Form der imaginierten Technikneutralität aufzusitzen und einem blinden Vertrauen in Zahlen (vgl. Porter 1995) zum Opfer zu fallen.

Strategischen Auftrieb erhält Values in Design zudem aus unerwarteter Richtung, nämlich aus der Forschungsförderung. Unter der Bezeichnung Responsible Research and Innovation (RRI) fördern nationale und internationale Geldgeber derzeit verstärkt verantwortliche Forschung und Innovation, welche sich an gesellschaftlichen Zielen und Idealen ausrichten soll. Auch wenn – ähnlich zum Wertkonzept in Values in Design – das Konzept der Verantwortung in vielen RRI-Initiativen unterbestimmt scheint und zudem keine dem Values in Design ähnlichen Methoden vorgeschrieben werden (vgl. Simon 2015), so kommt das Ziel von RRI – Forschung, Entwicklung und Innovation an gesellschaftlichen Idealen auszurichten – dem Grundgedanken von Values in Design, Werte in Technologien einzuschreiben, sehr nah. Daher kann erwartet werden, dass wertgesteuerte Designprozesse im Kontext von RRI-Förderung neue Möglichkeit erfahren dürften und an Relevanz gewinnen werden. In Gegenrichtung können gerade die ethisch-philosophischen Überlegungen aus Values in Design und Computerethik helfen, das Konzept von RRI im Allgemeinen und den Begriff der Verantwortlichkeit in Wissenschaft und Technologieentwicklung im Besonderen zu schärfen.

Literatur

Akrich, Madleine: The De-Scription of Technical Objects. In: Wiebe E. Bijker/John Law (Hg.): *Shaping Technology/Building Society. Studies in Sociotechnical Change*. Cambridge 1992, 205–224.

Barocas, Solon/Hood, Sophie/Ziewitz, Malte: Governing Algorithms: A Provocation Piece (2013). In: http://governingalgorithms.org/resources/provocation-piece/ (1.4.2016).

Brey, Philip: Disclosive Computer Ethics. In: *Computers & Society* 30 (2000), 10–16.

Brey, Philip: Values in Technology and Disclosive Computer Ethics. In: Luciano Floridi (Hg.): *The Cambridge Handbook of Information and Computer Ethics*. Cambridge 2010, 41–58.

Flanagan, Mary/Howe, Daniel/Nissenbaum, Helen: *Values in Design: Theory and Practice* (Research Report). New York, Hunter College & New York University 33 (2005).

Flanagan, Mary/Howe, Daniel/Nissenbaum, Helen: Embodying Values in Technology: Theory and Practice. In: Jeroen van den Hoven/Jon Weckert (Hg.): *Information Technology and Moral Philosophy*. Cambridge 2008, 322–353.

Floridi, Luciano: Distributed Morality in an Information Society. In: *Science and Engineering Ethics* 19/3 (2013), 727–743.

Foucault, Michel: *Überwachen und Strafen. Die Geburt des Gefängnisses*. Frankfurt a. M. 1994 (frz. 1975).

Friedman, Batya (Hg.): *Human Values and the Design of Computer Technology*. Cambridge 1997.

Friedman, Batya: Introduction. In: Friedman 1997, 1–18.

Friedman, Batya/Kahn, Peter H./Borning, Alan: Value Sensitive Design and Information Systems. In: Ping Zhang/Dennis Galletta (Hg.): *Human-Computer Interaction in Management Information Systems: Foundations*. New York 2006, 348–372.

Friedman, Batya/Nissenbaum, Helen: Bias in Computer Systems. In: Friedman 1997, 21–40.

Introna, Lucas: Disclosive Ethics and Information Technology: Disclosing Facial Recognition Systems. In: *Ethics and Information Technology* 7/2 (2005), 75–86.

Johnson, Deborah G.: *Computer Ethics*. Upper Saddle River, NJ 2009.

Jonas, Hans: *Das Prinzip Verantwortung. Versuch einer Ethik für die technologische Zivilisation*. Frankfurt a. M. 1979.

Knobel, Cory/Bowker, Geoffrey C.: Computing Ethics – Values in Design. In: *Communications of the ACM* 54/7 (2011), 26–28.

Kraemer, Felicitas/van Overveld, Kees/Peterson, Martin: Is there an Ethics of Algorithms? In: *Ethics and Information Technology* 13 (2011), 251–260.

Latour, Bruno: Where are the Missing Masses? The Sociology of a Few Mundane Artifacts. In: Wiebe E. Bijker/John Law (Hg.): *Shaping Technology/Building Society. Studies in Sociotechnical Change*. Cambridge, Mass. 1992, 225–258.

Leonelli, Sabina: What Difference does Quantity Make? On the Epistemology of Big Data in Biology. In: *Big Data & Society* 1 (2014). DOI: 10.1177/2053951714534395.

Mitcham, Carl: Values and Valuing. In: Carl Mitcham (Hg.): *Encyclopedia of Science, Technology, and Ethics*. Detroit 2005, 2020–2023.

Mittelstadt, Brent D./Floridi, Luciano: The Ethics of Big Data: Current and Foreseeable Issues in Biomedical Contexts. In: *Science and Engineering Ethics* 22/2 (2016), 303–341.

Moor, James H.: What is Computer Ethics? In: *Metaphilosophy* 16/4 (1985), 266–279.

Mumford, Lewis: Authoritarian and Democratic Technics. In: *Technology and Culture* 5/1 (1964), 1–8.

Nissenbaum, Helen: Accountability in a Computerized Society. In: Friedman 1997, 41–64.

Nissenbaum, Helen: Values in Technical Design. In: Carl Mitcham (Hg.): *Encyclopedia of Science, Technology, and Ethics*. Detroit 2005, lxvi-lxx.

Nissenbaum, Helen: *Privacy in Context. Technology, Policy, and the Integrity of Social Life*. Palo Alto 2010.

Porter, Theodor M.: *Trust in Numbers. The Pursuit of Objectivity in Science and Public Life*. Princeton 1995.

Rieder, Gernot/Simon, Judith: Datatrust: Or, the political quest für numerical evidence and the epistemologies of Big Data. In: *Big Data & Society* 3 (2016) - DOI: 10.1177/2053951716649398.

Sandel, Michael J. (Hg.): *Justice – A Reader*. New York 2007.

Simon, Judith: E-Democracy and Values in Design. In: *Proceedings of the XXV World Congress of IVR – Law, Science and Technology*. Frankfurt a. M. 2012 In: http://publikationen.ub.uni-frankfurt.de/files/24922/World_Congress_2011_No_064.pdf (14.4.2016).

Simon, Judith: Distributed Responsibility in a Hyperconnected Era. In: Luciano Floridi (Hg.): *The Onlife Manifesto. Being Human in a Hyperconnected Era*. Dordrecht 2015, 145–159.

Winner, Langdon: Do Artifacts Have Politics? In: *Daedalus* 109/1 (1980), 121–136.

Judith Simon

IX Anhang

Autorinnen und Autoren

Doris Allhutter, Dr., Wissenschaftliche Mitarbeiterin am Institut für Technikfolgen-Abschätzung der Österreichischen Akademie der Wissenschaften (VI.22 Pornografie).

Klaus-Dieter Altmeppen, Professor für Journalistik an der Katholischen Universität Eichstätt-Ingolstadt (V.17 Anwaltschaftlicher Journalismus).

Andreas Baur-Ahrens, M. A., Wissenschaftlicher Mitarbeiter am Internationalen Zentrum für Ethik in den Wissenschaften der Eberhard Karls Universität Tübingen (VII.34 Cyberwar).

Günter Bentele, Professor em. für Öffentlichkeitsarbeit/PR an der Universität Leipzig (III.7 Wahrheit; VIII.41 Ethik der Public Relations).

Christoph Bieber, Professor für Ethik in Politikmanagement und Gesellschaft an der Universität Duisburg-Essen (III.8 Öffentlichkeit).

Rafael Capurro, Professor em. für Informationswissenschaft und Informationsethik an der Hochschule der Medien Stuttgart (VIII.44 Informationsethik und kulturelle Vielfalt).

Michael Decker, Professor für Technikfolgenabschätzung am Karlsruher Institut für Technologie (VIII.47 Roboterethik).

Patrick Donges, Professor für Kommunikationswissenschaft an der Universität Leipzig (IV.11 Funktionsaufträge des Rundfunks).

Ricarda Drüeke, Assistenzprofessorin an der Abteilung Kommunikationstheorien und Öffentlichkeiten der Universität Salzburg (VI.20 Diskriminierung).

Jörg Eisele, Professor für Deutsches und Europäisches Straf- und Strafprozessrecht, Wirtschaftsstrafrecht und Computerstrafrecht an der Eberhard Karls Universität Tübingen (VII.33 Cyberkriminalität).

Alexander Filipović, Professor für Medienethik an der Hochschule für Philosophie München (II.5 Angewandte Ethik; VIII.43 Ethik der TV Unterhaltung).

Rüdiger Funiok SJ, Professor em. für Kommunikationswissenschaft, Pädagogik und Erwachsenenpädagogik an der Hochschule für Philosophie München (III.9 Verantwortung).

Petra Grimm, Professorin für Medienforschung und Kommunikationswissenschaften an der Hochschule der Medien Stuttgart (VI.21 Gewaltdarstellung; VI.23 Privatsphäre, zus. mit H. Krah).

Armin Grunwald, Professor für Technikphilosophie und Technikethik am Karlsruher Institut für Technologie (II.3 Technikethik).

Thilo Hagendorff, Dr., Wissenschaftlicher Mitarbeiter am Internationalen Zentrum für Ethik in den Wissenschaften der Eberhard Karls Universität Tübingen (VII.29 Open Data).

Nele Heise, M. A., freie Medienforscherin, Referentin und Autorin; Mitglied der Graduate School Media and Communication Hamburg (VII.26 Algorithmen).

Michael Jäckel, Professor für Soziologie an der Universität Trier (II.2 Mediensoziologie).

Silke Jandt, PD Dr., Referentin für Telekommunikation, Telemedien und Rundfunk bei der Landesbeauftragten für den Datenschutz Niedersachsen (VII.25 Informationelle Selbstbestimmung).

Andreas Kaminski, Dr., Wissenschaftlicher Mitarbeiter am Institut für Philosophie der TU Darmstadt (VII.36 Virtuelle Realität).

Dietmar Kammerer, Dr., Wissenschaftlicher Mitarbeiter am Institut für Medienwissenschaft der Philipps-Universität Marburg (VII.24 Überwachung).

Nina Köberer, Dr., Dezernentin für Medienethik und Politische Bildung am Niedersächsischen Landesinstitut für schulische Qualitätsentwicklung (VIII.42 Werbeethik).

Klaus Kornwachs, Professor em. für Technikphilosophie an der Brandenburgischen Technischen Universität Cottbus (VII.30 Digitale Überlieferung).

Hans Krah, Professor für Literatur- und Medienwissenschaft an der Universität Passau (VI.23 Privatsphäre, zus. mit P. Grimm).

Simon Ledder, Dipl.-Sozw., Lehrbeauftragter am Institut für Soziologie der Eberhard Karls Universität Tübingen (VII.35 Computerspiele).

Michael Litschka, Professor im Department Medien und Wirtschaft der Fachhochschule St. Pölten (VIII.38 Ethik der Medienwirtschaft).

Tobias Matzner, Dr., Wissenschaftlicher Mitarbeiter am Internationalen Zentrum für Ethik in den Wissenschaften der Eberhard Karls Universität Tübingen (VII.32 Anonymität).

Stefan Münker, PD Dr., Fachgebiet Medienwissenschaft am Institut für Musikwissenschaft und Medienwissenschaft der Humboldt-Universität zu Berlin (II.1 Medienphilosophie).

Michael Nagenborg, Assistant Professor für Philosophy of Technology an der Universität Twente (VIII.46 Hackerethik, zus. mit S. Sell).

Marlis Prinzing, Professorin für Journalistik an der Hochschule Macromedia in Köln (V.13 Qualität im Journalismus).

Matthias Rath, Professor für Philosophie an der Pädagogischen Hochschule Ludwigsburg (VIII.39 Publikum- und Nutzungsethik).

Philipp Richter, Dr., Wissenschaftlicher Mitarbeiter am Institut für Wirtschaftsrecht, Fachgebiet Öffentliches Recht, insb. Umwelt- und Technikrecht der Universität Kassel (VII.27 Big Data).

Jan-Hinrik Schmidt, Dr., Wissenschaftlicher Referent für digitale interaktive Medien und politische Kommunikation am Hans-Bredow-Institut für Medienforschung der Universität Hamburg (VIII.37 Ethik des Internets).

Marc Sehr, M. A., Wissenschaftlicher Mitarbeiter am Internationalen Zentrum für Ethik in den Wissenschaften der Eberhard Karls Universität Tübingen (V.16 Embedded Journalism).

Saskia Sell, M. A., Wissenschaftliche Mitarbeiterin am Institut für Publizistik- und Kommunikationswissenschaft der Freien Universität Berlin (V.15 Agenda Setting; VIII.46 Hackerethik, zus. mit M. Nagenborg).

Judith Simon, Associate Professor für Philosophy of Science and Technology an der IT University Copenhagen und Projektleiterin am Institut für Philosophie der Universität Wien (VIII.48 Values in Design).

Ingrid Stapf, Dr., Habilitationsstipendiatin, Friedrich-Alexander Universität Erlangen-Nürnberg (IV.12 Freiwillige Medienregulierung).

Inga Tappe, M. A., Doktorandin an der Hochschule für Gestaltung Karlsruhe (VIII.40 Bildethik).

Barbara Thomaß, Professorin für Mediensysteme im internationalen Vergleich der Ruhr-Universität Bochum (II.4 Medien- und Kommunikationswissenschaft).

Marie-Theres Tinnefeld, Professorin an der Fakultät für Mathematik und Informatik der Hochschule für angewandte Wissenschaften München (V.18 Quellenschutz).

Thomas Vesting, Professor für Öffentliches Recht, Recht und Theorie der Medien der Johann Wolfgang Goethe-Universität Frankfurt (IV.10 Medienrecht).

Karsten Weber, Professor Dr., Ko-Leiter des Instituts für Sozialforschung und Technikfolgenabschätzung (IST) der Ostbayerischen Technischen Hochschule Regensburg sowie Honorarprofessor für Kultur und Technik der Brandenburgischen Technischen Universität Cottbus-Senftenberg (VIII.45 Informationsgerechtigkeit).

Patrick Weber, Dr., Wissenschaftlicher Mitarbeiter am Institut für Kommunikationswissenschaft der Universität Hohenheim (V.14 Nachrichtenwert).

Klaus Wiegerling, Professor Dr., Institut für Technikfolgenabschätzung und Systemanalyse des Karlsruher Institut für Technologie (VII.28 Umfassende IT-Systeme).

Hannah Wirtz, Dr., Wissenschaftliche Mitarbeiterin am Zentrum für Angewandte Rechtswissenschaft, Institut für Informations- und Wirtschaftsrecht am Karlsruher Institut für Technologie (VII.31 Geistiges Eigentum).

Guido Zurstiege, Professor für Medienwissenschaft an der Eberhard Karls Universität Tübingen (VI.19 Propaganda).

Personenregister

A

Adenauer, Konrad 90
Adorno, Theodor W. 12, 326–327
Akrich, Madeleine 360
al-Chwarizmi, Muhammed 202
Anders, Günter 12
Andress, Jason 267
Angerer, Marie-Luise 172
Anonymous 253, 346–348
Arendt, Hannah 223, 248
Aristoteles 10–11, 35, 41, 59, 74, 333
Arkin, Ronald 355
Asimov, Isaac 355
Assange, Julian 72
Attwood, Feona 170
Austin, John L. 61
Avenarius, Horst 64, 316, 318
Avenarius, Richard 60

B

Baacke, Dieter 303
Babe, Robert E. 293
Badura, Henrich 338
Baker, Jess 324
Bakhtin, Mikhail 345
Balász, Béla 11
Barak, Azy 252
Bargetz, Brigitte 176
Barlow, John P. 284
Baschwitz, Kurt 149
Baudrillard, Jean 13, 168, 279, 326
Bauman, Zygmunt 24
Bayertz, Kurt 353
Beauchamp, Tom L. 47
Beck, Klaus 287–288
Benedikt XVI., Papst 182
Benjamin, Walter 12, 279, 326
Benkler, Yochai 69
Bentele, Günter 318
Bentham, Jeremy 189, 223
Berkeley, George 217
Bernays, Edward 148
Bin Laden, Osama 22, 128
Bishop, Frank P. 321
Bismarck, Otto von 64, 84
Blumenberg, Hans 277
Bluntschli, Johann Caspar 242
Bodle, Robert 252
Bohrmann, Thomas 321–322

Boorstin, Daniel 17, 20
Bourdieu, Pierre 342
Boventer, Hermann 299
boyd, danah 69, 289
Boyle, Karen 175
Brandeis, Louis D. 179
Brecheis, Dieter 319
Brecht, Bertolt 12, 54
Brendner, Nikolas 130
Brey, Philip 359
Brosda, Carsten 39
Bruns, Axel 21, 69, 302, 323
Buber, Martin 250
Bunz, Mercedes 71
Bussemer, Thymian 147
Butler, Judith 175

C

Capek, Karel 352
Capra, Frank 148
Capurro, Rafael 15, 217
Cardozo, Benjamin N. 140
Cassirer, Ernst 276, 301
Castells, Manuel 68, 341
Chadwick, Andrew 94
Chandler, Daniel 122
Childress, James F. 47
Cho, Daegon 253
Chomsky, Noam 146–147
Christians, Clifford G. 300
Christopherson, Kimberly M. 252
Citron, Danielle K. 205, 207
Coalition of Hackers 349
Coffey, Brian 252
Cohen, Akiba 115, 118
Cohen, Bernhard 121
Cohen, Julie E. 71
Coleman, Gabriella 345–346
Collins, Patricia Hill 175
Cornell, Drucilla 175
Crosby, Philip C. 107
Cukier, Kenneth 229

D

Dahrendorf, Ralf 21
Dearing, James 121
Debatin, Bernhard 20, 22, 74, 287
de la Mettrie, Julien Offrey 354
Deleuze, Gilles 13, 189, 193, 277, 334

de Montaigne, Michel 326
Derrida, Jacques 13, 15
Descartes, René 11
de Vaucanson, Jacques 354
Dewey, John 18
Dipert, Randall 261, 263
Donaldson, Thomas 296
Donsbach, Wolfgang 108
Dörr, Dieter 207
Dreyfus, Hubert L. 253
Dunfee, Thomas W. 296
Dunn Cavelty, Myriam 262
Durkheim, Émile 18
Dworkin, Andrea 175

E

Ebbinghaus, Hermann 299
Eberwein, Tobias 102
Edward Bernays 150
Eichhorn, Wolfgang 122
Eilders, Christiane 116–117, 119
Elliot, George 253
Engell, Lorenz 14
Engels, Friedrich 60, 359
Enzensberger, Hans Magnus 57
Erbring, Lutz 119
Ericsson, Richard 189
Ess, Charles 332–333
Esser, Frank 129

F

Feinberg, Joel 173
Fengler, Susanne 102
Fenner, Dagmar 43
Ferré, John P. 300
Fietz, Rudolf 11
Filipović, Alexander 77
Flanagan, Mary 362
Foucault, Michel 23, 189–190, 193, 248, 334, 360
Fraser, Nancy 159
Freeman, Edward 296
Fretwurst, Benjamin 115, 117
Friedman, Batya 357–358, 360–361, 363
Friedrich, Katja 110
Frohmann, Bernd 334
Früh, Werner 167, 326
Funiok, Rüdiger 22, 74, 154, 287, 298, 300–301

G

Gabler, Neal 22
Galtung, Johan 114–116, 118
Gareis, Carl 242
Gaycken, Sandro 263, 267
Gehlen, Arnold 328
Gerhards, Jürgen 21
Gierke, Otto von 242
Glanzberg, Michael 60
Godulla, Alexander 309–310
Goebbels, Joseph 146, 314
Goffey, Andrew 202, 206
Goffman, Erving 22, 288
Golub, Alex 345
Goold, Benjamin J. 190
Graetz, Martin 269
Greenwald, Glen 345
Gregor XV., Papst 146
Grimm, Petra 181
Gross, Herbert 315

H

Haas, Hannes 133, 321
Habermas, Jürgen 6, 19, 23, 37, 60–61, 67, 179, 225, 287, 295, 300, 302, 335
Haggerty, Kevin D. 189
Haller, Michael 310
Hall, Stuart 123, 157
Hamelink, Cees J. 300
Han, Byung-Chul 223
Harms, Rudolf 12
Harth, Manfred 311
Hartmann, Frank 11
Hausmanninger, Thomas 166, 327–328
Haussmann, Georges-Eugène Baron 360
Hayase, Nozomi 253
Hayek, Friedrich August von 340
Heesen, Jessica 174
Hegel, Georg Wilhelm Friedrich 11, 36, 42
Heidegger, Martin 15
Heider, Fritz 10
Heine, Heinrich 140
Heinrich, Richard 60
Held, Thorsten 92
Herczeg, Petra 321
Herder, Johann Gottfried 11
Herman, Edward S. 146–147
Hermes, Sandra 111
Herz, Marion 173
Hickethier, Knut 179
Higinbotham, William 269
Himanen, Pekka 344–345
Hiruta, Key 333
Hitler, Adolf 314
Höffe, Otfried 337
Hoffmann, Hilmar 245
Höflich, Joachim R. 288
Holbach, Thomas 123

Holderegger, Adrian 74
Holland, Wau 345, 348
Holz-Bacha, Christina 157
Honneth, Axel 19
hooks, bell 157, 175
Horkheimer, Max 12, 326–327
Hoskins, Andrew 128
Hovland, Carl Iver 148–149, 152
Howe, Daniel 362
Hubig, Christoph 27, 29, 276
Hundhausen, Carl 315
Hunt, Lynn 171
Husserl, Edmund 279
Hutter, Michael 86

I

Imhof, Kurt 110
Introna, Lucas 204, 362

J

James, William 60
Jandura, Olaf 110
Jaspers, Karl 248
Joachim, Harold 60
Johnson, Jennifer 170
Johnson, Steven 17
Joinson, Adam N. 252
Jonas, Hans 26, 29, 42, 76
Jonson, Albert R. 47
Joy, Bill 355
Jünger, Ernst 224
Jürgens, Pascal 207
Justinian 82

K

Kant, Immanuel 55, 74, 139, 168, 221, 242, 266, 301, 303, 358
Karmasin, Matthias 294
Kassel, Susanne 156
Kellner, Douglas 126
Kelly, Chris 347
Kepplinger, Hans Mathias 115
Kittler, Friedrich A. 14, 85
Klaus, Elisabeth 155–156
Kloiber, Julia 231
Klonk, Charlotte 22
Kluemper, Donald H. 182
Knieper, Thomas 310
Knightley, Phillip 129
Knoepfler, Nikolaus 46
Knuth, Donald 348
Koch, Samuel 328
Krämer, Sybille 15
Krotz, Friedrich 182
Krüger, Uwe 131
Kuhlen, Rainer 337
Kuhn, Annette 173
Kunczik, Michael 150

L

Langenbucher, Wolfgang 108
Lang, Gladys 121
Lang, Kurt 121
Lapidot-Leffler, Noam 252
Laplace, Pierre S. 210
Lasswell, Harold D. 34, 148–149, 152
Latour, Bruno 360
Lazarsfeld, Paul F. 17, 19, 23, 147–148
Lee, Ivy L. 64, 150, 314
Leifert, Stefan 306, 310
Lenin, Wladimir I. 60
Lessig, Lawrence 244, 339–340
Lévinas, Emmanuel 190, 250
Levy, Steven 344–346, 348, 350
Lewin, Kurt 20
Leyendecker, Hans 107
Link, Jürgen 19
Lippmann, Walter 114, 148
Litschka, Michael 294
Loretan, Matthias 300
Lovelace, Ada 202
Löwenthal, Leo 326
Ludwig XV. 83
Luhmann, Niklas 10, 19, 22
Lünenborg, Margreth 106, 155, 158
Luther Blisset 253
Lyon, David 189–191
Lyotard, Jean-François 13

M

Mach, Ernst 60
Magin, Melanie 156, 207
Marcinkowski, Frank 68
Margreiter, Reinhard 16
Marquis de Sades 171
Marshall, Thomas H. 155
Marx, Gary T. 189, 249
Marx, Karl 36, 60, 359
Matthes, Ulrich 22
Matthews, Steve 249
Maurer, Marcus 121–124
Mayer-Schönberger, Viktor 229
Mayntz, Renate 93
McCombs, Maxwell 121
McGrath, Conor 122
McLaughlin, Greg 129
McLuhan, Marshall 12, 326, 329
Meier, Julius 294
Mersch, Dieter 15–16
Merten, Klaus 147, 167
Merton, Robert K. 17, 19, 23
Miller-Young, Mireille 175
Mill, John Stuart 41, 173, 358
Mitnick, Kevin 344
Molloy, Jennifer C. 230
Moore, George Edward 59
Mossholder, Kevin W. 182
Mumford, Lewis 359
Munday, Rod 122

N
Neuman, Russel 123
Newton, Isaac 11
Nietzsche, Friedrich 11, 13, 332
Nikolopoulos, Iris-Niki 122
Nishigaki, Toru 333–334
Nissenbaum, Helen 249, 344, 358, 360, 362–363
Nozick, Robert 339–340
Nussbaum, Martha 340

O
Obama, Barack 228
O'Connell, Mary Ellen 266–267
Ohler, Josef 117
Östgaard, Einar 114

P
Paasonen, Susanna 176
Papacharissi, Zizi 70–71
Pariser, Eli 150, 223
Parker, Robert 107
Pascal, Blaise 326
Patterson, Zabet 172
Peirce, Charles Sanders 60
Penley, Constance 175
Pfetsch, Barbara 68
Platon 10, 12–13, 251, 299
Plenges, Johann 149
Pörksen, Bernhard 37
Postman, Neil 326
Pross, Harry 298
Puhlmann, Peter 129
Pürer, Heinz 133

Q
Qualter, Terence H. 147

R
Ramose, Mogobe 334
Rath, Matthias 38, 321
Rawls, John 47, 55, 155, 250, 295–296, 338–341, 358
Reimer, Klaus 294
Reith, John 90
Rescher, Nicholas 60
Rheingold, Howard 284
Rhein, Stefanie 181
Rid, Thomas 265, 267
Rimscha, Bjørn von 328
Riverbend 127
Röben, Bärbel 153, 158
Rogers, Everett 17, 121
Ropohl, Günter 193
Rosen, Peter A. 182
Rössler, Beate 178, 190
Roth, Philip 22
Rowe, Neil C. 264
Royalle, Candida 175
Rubin, Gayle 175

Ruge, Mari Holmboe 114–116, 118
Rühl, Manfred 77
Ruhrmann, Georg 158
Russel, Bertrand 59
Russell, Steve 269
Ruß-Mohl, Stephan 102, 109, 111

S
Saarinen, Esa 14
Salam Pax 127
Sandbothe, Mike 15
Sandel, Michael J. 295
Sand, George 253
Sauer, Birgit 174
Saxer, Ulrich 77
Saxer, Wolfgang 133
Schechter, Danny 128
Schelling, Friedrich Wilhelm Joseph 11
Schelske, Andreas 287
Schicha, Christian 293
Schirra, Jörg R.J. 311
Schmidt, Jan-Hinrik 70
Schmidt, Siegfried J. 148
Schmitt, Carl 85
Schneider, Beate 20
Scholl, Armin 133
Scholtes, Sorana 126, 129
Scholz, Oliver 306
Schrattenecker, Gertrud 322
Schrutzki, Reinhard 348–349
Schultz, Tanjev 18
Schulze, Gerhard 23
Schulz, Winfried 114
Schulz, Wolfgang 92
Schuster, Simon 207
Schwabe, Christiane 129
Schweiger, Günter 322
Schwenk, Johanna 287
Schwiesau, Dietz 117
Searle, John R. 61
Seemann, Michael 71
Sen, Amartya 295, 297, 340
Sennett, Richard 23
Serong, Julia 110
Seubert, Harald 183
Shannon, Claude E. 18
Shaw, Donald 121
Shoemaker, Pamela 114–116, 118
Siegert, Gabriele 319, 328
Sierra, Kathy 253
Simanowski, Roberto 71
Singer, Peter 42
Skladanowsky, Emil 238
Skladanowsky, Max 238
Small, Albion W. 18
Smiers, Joost 244
Smith, Adam 41, 293
Snowden, Edward 72, 183
Sokrates 10
Sommer, Christoph 328

Sommer, Denise 158
Sontag, Susan 306
Spieß, Brigitte 156
Spinner, Helmut 339
Spivak, Gayatri 157
Sprinkle, Annie 175
Staab, Joachim Friedrich 116
Stark, Birgit 156, 207
Stegmüller, Wolfgang 60
Sterling, Bruce 347
Stern-Rubarths, Edgar 149
Stieler, Kaspar 63
Strossen, Nadine 175
Sudweeks, Fay 332
Suler, John 252
Sunstein, Cass 150
Swartz, Aaron 346

T
Taddeo, Mariarosaria 262
Tarski, Alfred 59
Taylor, Charles 346
Taylor, Mark C. 14
Taylor, Paul A. 168
Tetens, Holm 47
Tholen, Christoph 15
Thomaß, Barbara 123
Thomas von Aquin 10, 59
Toffler, Alvin 21
Tönnies, Ferdinand 149
Torvalds, Linus 344
Toulmin, Stephen 47
Turing, Alan 202, 352
Turkle, Sherry 71, 284

U
Uhlemann, Heike 158
Uhlemann, Ingrid Agnes 115
Ulrich, Peter 295

V
van Schijndel, Marieke 244
Varela, Francisco 334
Vennemann, Angela 157
Villum, Christian 229
Vincent, George E. 18

W
Wallace, Kathleen A. 249–250
Walzer, Michael 266, 334, 341–342
Warren, Samuel D. 179
Weaver, Warren 18
Weber, Max 37
Weinert, Franz E. 303
Weischenberg, Siegfried 133
Weiser, Mark 218
Werner Micha H. 75
Westin, Alan F. 178
Wiedemann, Verena A.-M. 97
Wiegerling, Klaus 15

Wiener, Norbert 41
Wiitanen, Wayne 269
Wilke, Jürgen 129
Williams, Linda 171–172
Williams, Raymond 5, 22
Winner, Langdon 359–360
Winterfeld, Steve 267

Wittgenstein, Ludwig 13
Wong, Pak-Hang 334
Wood, David 204
Woo, Hyjung-jin 344
Woolworth, Stephen 252
Wunden, Wolfgang 300, 302
Wyss, Vinzenz 111

Z
Zimmermann, Kurt 112
Zuckerberg, Mark 349
Zurstiege, Guido 322

Sachregister

A

Adaptivität 218
Agenda Setting 121, 123–124, 293
Algorithmen 2, 4, 23, 70–71, 77, 100, 183, 193, 202, 204, 206–208, 212, 217, 231, 273, 289, 291, 346, 358, 360, 362
Allgemeine Deklaration der Menschenrechte 332
Ambient Assisted Living 352
Ambient Intelligence 217, 275
angewandte Ethik 2, 26, 29, 41–46, 48, 74, 76, 220, 314, 321
Animal Symbolicum 301–302
Animation 170, 172
anonyme Gemeinschaften 223
Anonymisierung 211, 258, 347
Anonymität 7, 54, 64, 100, 165, 178, 200–201, 213, 215, 248–253, 262, 287, 347
Anthropologie 166, 225, 328, 355
Assistenzsysteme 220, 222
Aufmerksamkeit 6, 54, 123, 164, 168, 306, 319, 322
Augenzeugenschaft 129
Augmented Reality 217, 270, 275
Auskunftspflicht 192
Authentizität 64, 77, 162, 181, 248, 279, 287, 289, 310, 323, 330
Automatisierung 211
autonome Fahrzeuge 355
autonome Systeme 3, 7, 32, 207, 220, 352, 358
Autonomie 47, 55, 139, 166, 174, 178, 183–184, 208, 219, 221–222, 322, 327, 353–354, 359, 361

B

barrierefreier Zugang 345
Berichterstattungsmuster 132
Bibliothekswissenschaft 2–3
Big Data 4, 7, 56, 182–183, 185, 200, 203, 210–215, 218, 221, 362
Bildbearbeitung 77
Bildberichterstattung 180
Bildethik 307–308, 310
Bildmanipulation 310
Bildung 303, 341
biometrische Daten 189
Blogs 77, 127, 130
Boulevardisierung 129
Boulevardmedien 63, 107, 140
Buchdruck 82
Bundesverfassungsgericht 180, 195
Bürgerjournalismus 127, 130, 132

C

Capability Approach 295
Care-Ethik 166
Celebrity Journalism 129
Chancengleichheit 155, 339
Chaos Computer Club 344, 348–350
Chilling Effect 139, 347
Code 70, 72, 100, 208
Coherent Self 333
Computerethik 3, 357, 363
Computerspiele 128, 162, 170, 269–273, 361
– gewalthaltige 271–272
Computerspielsucht 271
Conditio Humana 29, 220
Counter-Surveillance 192
Creative Commons-Lizenzen 245–246
Cultural Studies 37, 106, 327
Cyber-Grooming 257
Cyberkriminalität 224, 255, 257, 259, 261, 265, 267
Cyber-Mobbing 79, 164, 257, 290
Cyber-Stalking 257
Cyberwar 205, 221, 223–224, 261–266, 349
Cyborgs 225, 355

D

Dark Web 151
Daseinsvorsorge 52, 188, 213
Datafizierung 56, 180, 182, 184–185
Data Mining 193
Datenaustausch 77
Datenbanken 286, 290, 358, 363
Datenerhebung 23, 182, 188, 217
Datenjournalismus 231
Datenschutz 71, 78, 139, 142–143, 183, 192–193, 199, 228, 231, 329, 347, 349, 359
– redaktioneller 201
Datenschutzprinzipien 211
Datenschutzrecht 195–196, 198, 211
Datenverarbeitung 188, 195–196, 217
Deinstitutionalisierung 6
Demokratie 2, 36, 52–53, 96, 101, 107–108, 110–111, 135, 138, 140, 142–143, 154, 166, 184, 196, 199, 223, 229, 237, 244, 297, 327, 350, 361
Demokratietheorie 68
Demokratisierung 77, 103
deontologische Ethik 36, 44, 76, 273
Deregulierung 20
Deutscher Datenschutzrat Onlinewerbung (DDOW) 321

Deutscher Presserat 77, 97–98, 101–102, 108–109, 137, 154, 201, 307–308
Deutscher Rat für Public Relations 64, 98, 313, 315, 317–318
Deutscher Werberat 98, 157–158, 321
digitale Kunst 170
digitale Spaltung 56, 231, 339–342
digitale Überlieferung 233, 240
Digital Humanities 219
Digitalisierung 7, 13–14, 34–35, 45, 67–68, 87, 96, 101, 134, 182, 235, 237, 243, 302, 319–320, 329
Diskriminierung 153–155, 170, 174–175, 212, 215, 251, 253, 322
Diskursethik 26, 30, 37, 75, 287, 289, 296
Disziplinierung 159, 189
Dokumentation 180
Drei-Stufen-Test 91–93
Drohnen 143, 358, 360
duales Rundfunksystem 86, 156
Dual-Use 256

E

Echo-Kammer 150–151
Echtzeit 215
Echtzeiterkennung 212
Eigenverantwortung 207
Embedded Journalism 126–129
Entertainisierung 126
Entfremdung 18
Entmündigung 222
Entnetzung 224
Ethos 332, 334
Europäische Allianz der Werbeselbstkontrolle 321
Europäische Menschenrechtskonvention 338

F

Fairness 154
Fälschung 181
feministische Theorie 34, 174
Fernsehurteile 90, 92
Fiktion 162, 171, 180
Filter Bubble 223
Fragmentierung 68, 87
Framing 123
freie Persönlichkeitsentfaltung 212
Freifunk 346
Freiheit 6, 52, 55–57, 59, 79, 82, 96–97, 100, 119, 140, 173–174, 178, 183, 190, 197, 248, 250, 287, 328, 335, 338, 345–347, 358
– demokratische 215
– der Berichterstattung 126, 142
– der Entscheidung 345
– der Gedanken 54
– der Handlung 57, 193, 196
– der Information 2, 4, 102, 120, 138, 170, 197–198, 340, 345–346, 349–350
– der Kommunikation 90, 197, 205, 347
– der Kunst 180, 271
– der Medien 6, 54, 57, 77, 96, 102, 138, 140–141, 143, 170, 174, 180, 198–199

– der Meinungsäußerung 2, 4, 6, 36, 41, 52, 54, 82–84, 138, 140, 170, 173–175, 184, 192, 196–198, 206, 337–338, 341
– der Presse 36, 52, 83, 85, 91, 138, 140, 142, 192, 198
– der Rede 334
– des Gewissens 349
– des Informationszugangs 338
– dienende 52
– individuelle 36, 52, 54, 58, 212, 327
– negative 55–56
– positive 55
– Reich der 222
– virtuelle 55
freiwillige Selbstkontrolle 307, 314–315
Freiwillige Selbstkontrolle der Filmwirtschaft (FSK) 98
Freiwillige Selbstkontrolle Fernsehen (FSF) 163
Friedensjournalismus 128
Funktionen von Medien 52, 154
Funktionsaufträge 89–93, 95, 101
Fürsorge 47, 166

G

Gamification 270
Gatekeeper 4, 22, 179, 203
Gegendarstellung 199
Gegenöffentlichkeit 77, 102
Geheimdienste 72, 78, 142, 183, 188, 222, 345
Geheimhaltung 215, 228, 230, 314
Geheimnis 140–141
Geheimnisschutz 144
geistiges Eigentum 79, 83, 241–243, 245–246, 293, 340, 346
Geltungsansprüche 61
Gemeinsinn 110
Gemeinwohl 30, 57, 69, 76, 98, 167, 174, 196, 213, 242, 244, 288, 294, 329
Gender 156
Gerechtigkeit 32, 47, 76–77, 97, 135, 154–155, 250, 294–296, 335, 337, 339–341, 358, 361
Geschlecht 347
Gesinnungsethik 29, 307
Gewalt 161, 167, 262–263, 265, 267
– sexualisierte 175, 273
Gewaltdarstellung 98, 162, 164–168, 272
Gewaltvideos 165, 168
Glaubwürdigkeit 63, 77, 112, 134, 168, 288, 323
Gleichberechtigung 155
Gleichheit 153, 212, 340–341, 347, 361
Globalisierung 96, 101
Goldene Regel 332
Graswurzel-Journalismus 77
Grundgesetz 90–91, 142, 195, 210–211, 213, 215
Grundgüter 338–339
Grundrechte 195–198, 201
Grundversorgung 57, 90
– informationelle 53, 70
Grundversorgungsauftrag 20
Güterabwägung 314
gutes Leben 43, 103, 334, 341

H
Hacker 344, 347–348
Hackerethik 72, 344–346, 349–350
Hacktivismus 348
Haftung 75
Hate Speech 55, 251–252
Hermeneutik 26, 29, 31

I
Identität 157, 287
– virtuelle 55
Identitätskonstruktion 71
Identitätspolitiken 157
Immaterialgüter 339
Immersion 170–171, 275
Individualethik 3, 77, 101, 129, 289, 297
Individualisierung 5, 22, 77, 218, 222–223
Individualität 19, 193, 214
Individualkommunikation 298
Industrie 4.0 353
Informantenschutz 141–142, 253
informationelle Selbstbestimmung 55–56, 77, 139, 142, 193, 195–199, 201, 205, 211–212, 215, 225, 290, 308, 323, 329, 335, 349
Informationsasymmetrie 183, 214
Informationsethik
– Begriff 3, 70
Informationsethos 331
Informationsflut 54
Informationsfreiheitsgesetz (IFG) 227
Informationsfunktion 293
Informationsgerechtigkeit 337–341
Informationsjournalismus 132–133
Informationssicherheit 346
Informationstheorie 298
Informationszugang 3, 338–339, 341
Informed-Consent 361
Inklusion 77, 154–155
Institutionenethik 137
Integration 18, 53
Integrationsfunktion 86, 91, 154, 293
intelligente Implantate 217, 225
Interaktivität 298, 320
Interessenferne 53
Interkulturalität 296
interkulturelle Informationsethik 331–332, 334–335
Internet der Dinge 77, 79, 211, 217
Internetdienstleister 188
Intimität 170, 173–174, 179
Intimsphäre 178
intuitive Bedienung 218

J
Jedermann-Journalismus 201
Journalismus 2, 4, 35, 39, 62–63, 70, 92, 106, 108, 110–111, 116, 119, 133–136, 154, 159, 253, 289, 291, 299, 307, 310, 314
– anwaltschaftlicher 132–136
– investigativer 132–134, 140, 143
Journalismusforschung 132

Journalistik 35
Journalistinnen und Journalisten 4, 36, 63, 77, 110, 112, 114–115, 119, 124, 126, 128–130, 133–136, 146, 150, 152, 293–294, 314
journalistische Ethik 4, 6, 77, 168, 253, 307, 313, 349
journalistische Unabhängigkeit 75
Jugendmedienschutz 76, 84, 96–98, 100, 161, 163–164, 166–167, 170, 272, 308, 328–330

K
Kamerabrillen 212
Kameraüberwachung 178, 188
Karikaturen 140
Kasuistik 47
kategorischer Imperativ 37, 303, 353
Kino 13, 171
Klugheitsethik 74
Klugheitsregeln 30
Kodizes 36, 62–64, 98, 101–102, 154, 314–315, 317–318
Kognitivismus 334
Kommerzialisierung 38, 42, 101, 110, 292–294, 297, 346
Kommunikationsforschung 34–35
Kommunikationswissenschaft 3
kommunikative Selbstbestimmung 56
kommunikatives Handeln 2, 35, 37, 60
Kommunitarismus 342
Konformismus 214
Konformitätsdruck 212–213
konsequenzialistische Ethik 307
Konstruktivismus 37, 59, 62
kontrafaktische Geltung 75
Kontraktualismus 296
Kontrollgesellschaft 193
Konvergenz 2, 6, 20, 86, 94, 96, 99, 102, 107, 164, 286, 291, 296
Kreditscoring 215
Krieg 149–150, 152, 168, 224, 261–262, 264–267, 355
– Begriff 265
– gerechter 266
Kriegsberichterstattung 128–130
Kriegsfotografie 309
Kriegsreporter 127, 150
Kriminalitätsprävention 164, 221
Kritik- und Kontrollfunktion 293
Kritische Theorie 12, 327
künstliche Intelligenz 3, 70, 352, 354
Kybernetik 210, 214–215

L
Lebach-Urteil 180
Leitmedien 5, 284
Liberalismus 55, 345
Lifelogging 188, 191
Lokalisierung 189
Lüge 61

M
Managementethik 295
Manipulation 12, 53, 119, 128, 214, 307
Massenmedien 2, 17, 19, 94, 298
Media Accountability 93, 96, 101

Media Governance 69, 93
Medialisierung 12, 161, 179
Medialität 10, 15–16, 184, 301–302
Medial Turn 14
Mediatisierung 3, 67–68, 96, 100, 148, 292, 299, 301
Medienanstalten 127
Mediendemokratie 68
Mediendistribution 299, 303–304
Medienethik
– Begriff 2–3, 70, 74
Medienforschung 39, 107, 109
Mediengesetze 154
Medienindustrie 28
Medienkompetenz 39, 57, 76, 98, 102–103, 185, 192, 302–304
Medienkritik 303–304
Medienordnung 52–53, 58
– demokratische 74, 76
Medienpädagogik 102, 303–304
Medienphilosophie 4, 10–11, 13–16
Medienpolitik 34, 39, 78, 90, 92–94, 101–103, 292–293, 295–296
Medienprivileg 199, 201
Medienproduktion 298–299, 303–304
Medienproduzent 304
Medienrecht 34, 82–83, 85–87, 96, 101
Medienregulierung 20, 69, 96
Medienrezeption 299, 303–304
Medienselbstkontrolle 69, 96, 201, 272, 289, 321, 330
Medienselbstregulierung 53, 87, 93, 96–98, 100–102, 111, 207
Mediensoziologie 17, 23
Medientheorie 10–11, 14–15
Medienunternehmen 74, 111, 129, 153, 292–294
Medienwirkung 3, 39, 161, 166
Medienwirkungsforschung 20, 35, 147–148
Medienwirtschaft 34, 293–294, 297, 300, 303
Medienwissenschaft 15
Medium 10–11, 13, 15–16, 27, 90
Meinungsbildung 5–6, 31, 91, 93, 197, 293
– öffentliche 52–53, 85, 90, 97, 154, 199, 204, 213, 227
Meinungsführerschaft 20
Meinungsjournalismus 132–134
Meinungssteuerung 126
Meinungsumfragen 213
Menschenrechte 52, 82, 138, 174, 178, 315, 337
Menschenwürde 63, 98, 166, 174, 195, 201, 213, 215, 221–222, 272, 287, 328, 353
Mensch-Maschine-Interaktion 2–3, 79, 286, 289–291
Metadaten 193
Metaethik 42–43
Militainment 128
Minderheitenschutz 154
Mobilkommunikation 284
Monopolisierung 103, 225
Moral 42–43
Mustererkennung 189, 193, 210

N

Nachhaltigkeit 32
Nachrichtenfaktoren 114–116, 118–119, 122, 124
Nachrichtenwert 114–116, 118–119, 147, 164, 306

negative Meinungsfreiheit 213
Negativismus 114, 118
Netzbetreiber 78
Netzinfrastruktur 4
Netzneutralität 57, 103
Neutralität 134
Normabweichung 189
Normalisierung 154
Nutzerprofile 70, 199, 323
Nutzerstereotype 279
Nutzungsethik 4, 79, 301, 304, 307
Nutzungsmuster 203

O

Objektivität 59, 63
öffentliche Kommunikation 62
öffentliche Meinung 4, 68, 90, 148–149, 206, 307, 319
öffentliche Person 201
öffentliche Rüge 314, 317
Öffentlichkeit 2, 4, 6, 18, 23, 31, 34, 39, 56, 67–69, 71–72, 78, 82, 87, 96–98, 100–101, 124, 135, 138, 140, 148, 151, 154, 178–179, 181–182, 184, 201, 206, 212, 222, 227, 230, 289, 294, 300, 302, 304, 319, 335, 350
– bürgerliche 41
– demokratische 57, 349
– persönliche 67, 70
– politische 21, 68
– programmierte 72
– transnationale 69
– Zerfall der 150
öffentlich-rechtlicher Rundfunk 38, 52–53, 69, 85–86, 89–92, 94, 328
öffentlich-rechtliche Rundfunkanstalten 89, 92, 154
Ombudsleute 102
One to many-Kommunikation 286
One to one-Kommunikation 286
Online Disinhibition Effect 252
Online-Journalismus 77, 289
Ontologie 277
Open Access 342, 349
Open Content 245–246
Open Data 227–232, 245, 342
Open Governance 349
Open Government 227–230, 349
Open Science 228, 230
Open Source 21, 228, 245, 342, 346, 362
Organisationsethik 136, 296

P

Panoptikum 23, 223, 349
Panoptismus 189
Partizipation 21, 26, 30, 57, 93, 102, 153–154, 159, 180, 227–229
partizipatives Design 357
Paternalismus 221–222
Perception-Management 126, 130
Personalisierung 54, 67, 70, 110, 114, 118, 128, 150, 181, 203, 207–208, 218, 223, 320, 329
personenbeziehbare Daten 139

personenbezogene Daten 72, 78, 139, 188, 192–193, 195–196, 198–200, 211, 290, 320, 323, 339
Persönlichkeitsmerkmale 212
Persönlichkeitsprofile 143, 211, 215
Persönlichkeitsrechte 79, 87, 180, 192, 195, 198–199, 212, 242, 307–308
Persönlichkeitsschutz 96, 100, 139
Persuasive Computing 222
Pflichtenethik 75
Phänomenologie 334
Plagiat 88
Politik 30, 44, 67–68, 149, 178, 253
Politikberatung 30
Politikerinnen und Politiker 91, 119, 314
politische Ethik 41, 295, 314
politische Kampagnen 210
politische Kommunikation 68, 148
Pornografie 100, 170–176, 181, 257, 259, 329, 333
Positivismus 278
Postcolonial Studies 37
Post-Privacy 71, 184
Poststrukturalismus 13–14
Pragmatismus 60
Prävention 192
Predictive Policing 193, 210
Presse
– Begriff 198
Pressekodex 63, 75, 108–109, 142, 154, 201, 253, 287, 307, 310, 349
Presselenkung 150
Presseprivileg 139
Presserecht 83
Presseregulierung 201
Presse- und Informationspolitik 126
Prinzipienethik 75
Prinzipien mittlerer Reichweite 47
Privacy Enhancing Technologies (PET) 192
Privacy-Paradox 78, 183
Privatheit 23, 55, 70, 78, 174, 178–179, 181, 184, 190, 192, 221–222, 225, 249–250, 322–323, 335, 349
Privatheitskompetenz 184
privat-kommerzieller Rundfunk 20, 69, 85, 89–90, 92, 94, 329
Privatsphäre 23, 76, 140, 143, 170, 174, 178–183, 185, 205, 250, 289, 291, 307, 340, 345, 358–359, 361
Produser 6, 21, 69, 180, 294, 301–304, 323
Professionsethik 6, 38, 74, 77, 98, 101, 130, 142–143, 159, 307, 324, 332, 344–345, 347, 350
professionsethische Richtlinien 321–322
Programm 163
Programmauftrag 38, 52, 89–90, 92–93, 154
Programmautonomie 91
Propaganda 34, 62, 85, 89, 128, 130, 146–149, 151–152, 168, 257, 261, 314
Propagandavideo 168
protestantische Ethik 345
provisorische Moral 29
Pseudonyme 253
Public Journalism 18
Public Relations (PR) 35, 39, 62, 64, 77, 114, 122–123, 128, 146, 148–150, 152, 294, 296, 313–314, 317–318

Public Service 70
Public Value 91, 295
Publikumsethik 4, 74, 76, 136, 299–302, 304, 307
Publikumsgeschmack 106

Q
Qualität
– im Journalismus 4, 77, 106–112, 119, 128, 168, 322
– in den Medien 20, 76, 101, 293–294, 297, 302, 304
Qualitätssicherung 106–107, 111, 287
Quellenschutz 142, 253

R
Rauschen 214
Realitätskonstruktion 4, 159, 161, 163, 181
Reality-Soap 128
Reality-TV 163, 179
Recht am eigenen Bild 84, 180
Recht auf Vergessenwerden 192
Redaktion 4, 77, 102, 108–109, 112, 135–136
Redaktionsgeheimnis 141–143
Responsible Research and Innovation 26, 29, 363
Roboter 32, 333, 351–356
Roman 82
Rückkanal 77
Rundfunk
– Begriff 198
Rundfunkgebühren 53, 70, 91
Rundfunkrecht 85–87
Rundfunkstaatsvertrag 52, 86, 89, 92, 94–95, 201, 322

S
Satire 140
Schadsoftware 261–262
Schmähkritik 198
Schweigespirale 184
Science and Technologie Studies (STS) 359
Scoring 215
Scripted Reality 163, 330
Second Screen-Nutzung 21
Selbstbestimmung 222–223, 225, 253
Selbstdatenschutz 78, 192
Selbstoptimierung 3, 210, 215
Selbstorganisation 218
Selbstregulierung 54
Selbstverpflichtung 206
Selbstverwirklichung 328
Selbstzensur 184
Sensation Seeking 162, 165
Serious Games 78, 270
sexualisierte Darstellung 156
Shitstorm 290
Sicherheit 57, 178, 190, 210, 267, 338, 346
Simulation 13, 275–279
Skandalisierung 109
Social Physics 211
Softwaregestaltung 3
Solidarität 57, 133, 215, 341
Sollensethik 43
Sorgfaltspflicht 201

soziale Informatik 357
soziale Kontrolle 284
soziale Medien 20, 64, 70, 78, 100, 102, 123, 127, 130, 151, 168, 182–183, 188, 210, 243, 285, 293–294, 299, 334, 349
Sozialethik 4, 76–77, 295
Staatsferne der Medien 201
Stakeholder 313
Stereotype 135, 148, 154, 156–157, 175, 205, 222, 273, 322, 358
stereotype Darstellungen 154, 157
Stereotypisierung 155, 158, 308
Stigmatisierung 284
Stimulus-Response-Modell 20
strategische Kommunikation 148–149
Strebensethik 43
Subsidiaritätsprinzip 94
Suchmaschinen 4, 123, 143, 172, 184, 188, 192, 199, 201, 204–205, 207, 213–214, 223, 286, 323
Suggestivkraft 53, 85
Surveillance Studies 189–190

T
Tabu 273
Talkshow 179
Täuschung 65, 314
Technik
– Begriff 27
Technikdeterminismus 3, 359
Technikethik 3, 25–26, 28–31, 76
Technikfolgenabschätzung 26, 29, 226, 236
Technikgestaltung 25–26, 290
Technikneutralität 359–360, 363
Technikphilosophie 3, 359
technische Verbesserung 26
teleologische Ethik 36, 74
Territorialitätsprinzip 259
Terrorismus 157
Totalität 214
Transparenz 57, 67, 72, 79, 93, 97, 110, 129–130, 154, 183, 188, 192, 207, 211, 221, 223, 227–230, 251, 267, 279, 294, 296, 314, 323, 349
Transzendenz 334
Trennungsgebot 63, 201, 330
Trolley-Problem 355
Tugenden 295
Tugendethik 75, 272

U
Überlegungsgleichgewicht 47
Überwachung 23, 54, 56, 71–72, 78, 139, 151, 188, 190–193, 221, 255, 258, 329, 347
Ubiquitous Computing 27, 189, 211, 217–218, 275, 279, 284, 291
Ubuntu 334
umfassende IT-Systeme 56
Umsonstkultur 200
Unabhängigkeit der Medien 206
Unabhängigkeitserklärung des Cyberspace 284
Universaldienst 53
Universalisierung 37

Universalität 334, 358, 362
Universalmaschine 2, 86
Unterhaltung 19, 22, 94, 325–329, 344
Unterhaltungssoftware Selbstkontrolle (USK) 98
Unternehmensethik 74, 78, 293–294, 296
Urheberrecht 3, 82, 87, 96, 228, 241–246, 257
Urheberschutz 100, 329
User Generated Content 21, 321, 323
Utilitarismus 30, 44, 74, 242, 273, 353

V
Value Sensitive Design 357, 360
Values in Design 357–363
Verantwortung 3, 6, 18, 22, 26, 28–29, 31–32, 48, 74–79, 93, 97–98, 100–102, 112, 134–136, 152, 154, 168, 193, 201, 206, 208, 213, 220, 222, 238, 262–263, 290, 293–294, 296, 298–302, 304, 314, 321–323, 341, 345, 358–359, 361, 363
– Begriff 75
Verantwortungsethik 29, 74–75, 302, 353
Verbraucherschutz 170, 322
Verdinglichung 168, 213
Verein Deutscher Ingenieure (VDI) 31, 352
Vergemeinschaftung 6, 284
Vergesellschaftung 19
Verhaltenssteuerung 214
Verhaltensvorhersage 210, 212, 214, 221
vernetzte Gesellschaft 20
Verschlüsselung 248, 258, 347
Versicherheitlichung 191
Verständigung 2, 5, 289
Vertrauen 63, 108, 289, 318, 322, 358, 361
Vertraulichkeit 314
Vielfalt/Pluralität 2, 5–6, 53–54, 57, 85, 87, 89–91, 97, 110, 140, 154–155, 174, 296, 333
vierte Gewalt 140
Virtualisierung 6, 225, 277–278
Virtualität 264, 277, 279
virtuelle Agenten 218, 290, 358
virtuelle Identität 54
virtuelle Realität 270, 274–275, 278, 284
Volkszählungsurteil 184, 195–196
Vorratsdatenspeicherung 143, 251, 258
Voyeurismus 180
VR-Datenbrillen 170, 275–276

W
Wahrhaftigkeit 6, 59, 61–63, 65, 143, 201, 287, 289, 314, 323, 330
Wahrheit 6, 59–65, 147, 152, 175, 287–289, 310, 314–315, 318, 334
Wahrheitstheorien 59
Wahrscheinlichkeitsaussagen 210–211, 214
War Porn 168
Web 2.0 21, 151, 303
Werbeethik 313, 319–321, 323
Werbewirtschaft 78, 159
Werbung 39, 53, 62, 65, 77, 146, 148–149, 152, 156, 159, 173, 315, 319–320, 322, 324, 329
– personalisierte 188, 200, 320, 322–323, 329

Wert
- Begriff 358
Wertkonflikte 6, 30, 35, 358, 362
Wertneutralität 27-28
Wertpluralismus 92, 295-296
Whistleblowing 72, 141-143, 253, 350
WikiLeaks 72
Willensbildungsprozess 196, 212
Wirtschafts- und Unternehmensethik 78, 294-297, 314
Wissen 19, 21, 87, 233-234, 236-237, 239-240, 334
World Summit on the Information Society (WSIS) 332

Z
Zeitungsmarkt 53
Zensur 83, 97, 126, 139-140, 142, 174, 206, 299
Zerstreuung 18
Zeugnisverweigerungsrecht 138, 142
Zivilgesellschaft 345
zukünftige Generationen 233-234, 236, 239-240
Zuschauerbeteiligung 21-22

Printed by Printforce, the Netherlands